2007

JIANGXI NIANJIAN

江西年鉴

江西省人民政府主办

《江西年鉴》编辑委员会编

主　编　吴新雄

副主编　魏小琴

晏驹腾

刘　斌

江西出版集团　江西人民出版社

图书在版编目(CIP)数据

江西年鉴　2007/江西省人民政府主办,《江西年鉴》编辑委员会编.
—南昌:江西人民出版社,2007.12

ISBN 978-7-210-03798-9

Ⅰ.江…　Ⅱ.①江…②江…　Ⅲ.江西省-2006-年鉴　Ⅳ.Z525.6

中国版本图书馆 CIP 数据核字(2007)第 206245 号

责任编辑　姚继舜

江西年鉴　2007

江西省人民政府主办

《江西年鉴》编辑委员会编

江西人民出版社出版发行

江西省地方志四方印刷厂印刷　新华书店经销

2007 年 12 月第 1 版　2007 年 12 月第 1 次印刷

开本:889 毫米×1194 毫米　1/16　印张:37　插页:24

字数:1400 千　印数:1-3000 册

ISBN 978-7-210-03798-9　定价:260.00 元

江西人民出版社地址:南昌市三经路 47 号附 1 号

邮政编码:330006　**传真电话**:6898827　**电话**:6898893(**发行部**)

网址:www.jxpph.com E-mail:jxpph@tom.com web@jxpph.com

(赣人版图书凡属印刷、装订错误,请随时向承印厂调换)

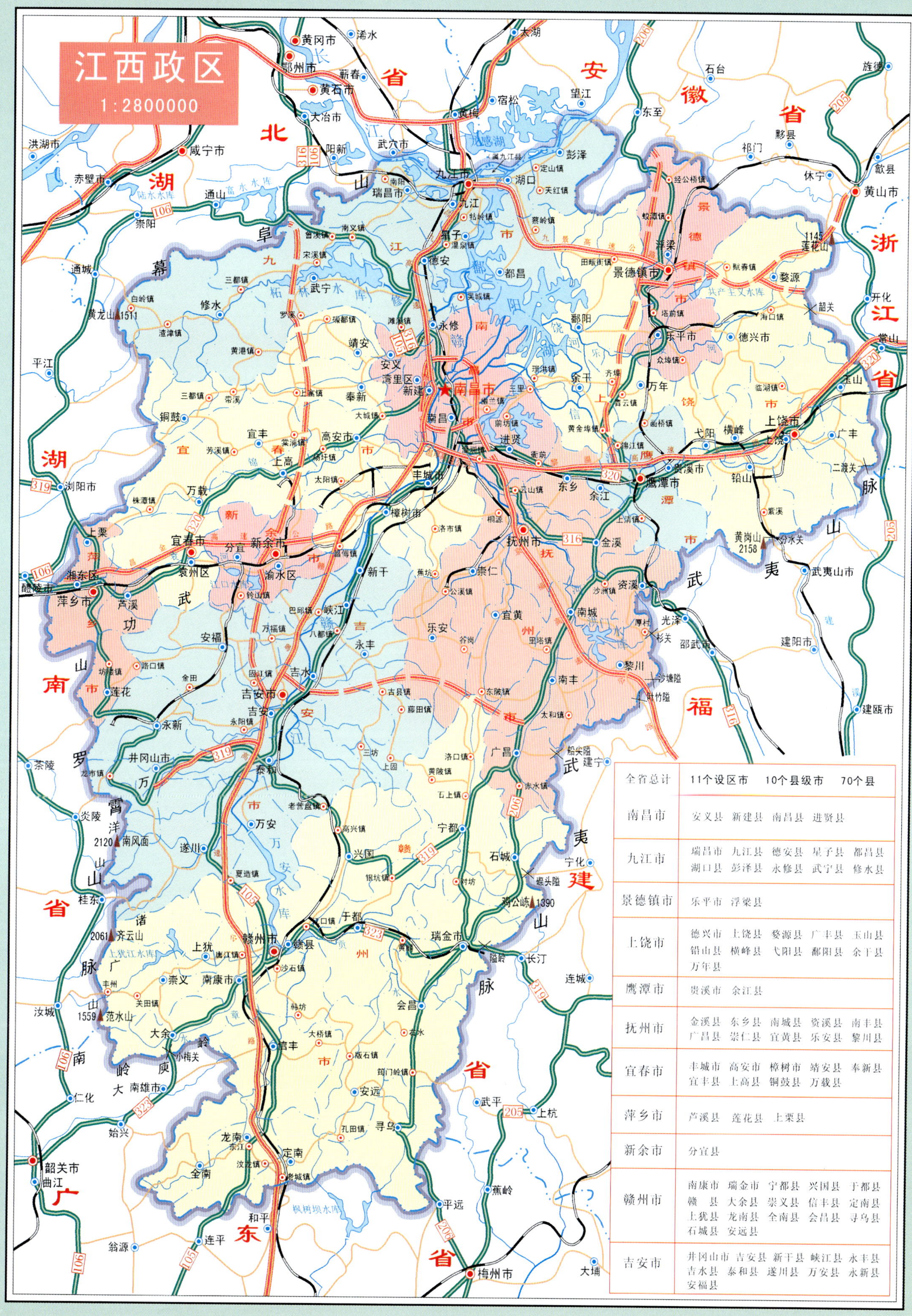

全省总计	11个设区市　10个县级市　70个县
南昌市	安义县　新建县　南昌县　进贤县
九江市	瑞昌市　九江县　德安县　星子县　都昌县　湖口县　彭泽县　永修县　武宁县　修水县
景德镇市	乐平市　浮梁县
上饶市	德兴市　上饶县　婺源县　广丰县　玉山县　铅山县　横峰县　弋阳县　鄱阳县　余干县　万年县
鹰潭市	贵溪市　余江县
抚州市	金溪县　东乡县　南城县　资溪县　南丰县　广昌县　崇仁县　宜黄县　乐安县　黎川县
宜春市	丰城市　高安市　樟树市　靖安县　奉新县　宜丰县　上高县　铜鼓县　万载县
萍乡市	芦溪县　莲花县　上栗县
新余市	分宜县
赣州市	南康市　瑞金市　宁都县　兴国县　于都县　赣　县　大余县　崇义县　信丰县　定南县　上犹县　龙南县　全南县　会昌县　寻乌县　石城县　安远县
吉安市	井冈山市　吉安县　新干县　峡江县　永丰县　吉水县　泰和县　遂川县　万安县　永新县　安福县

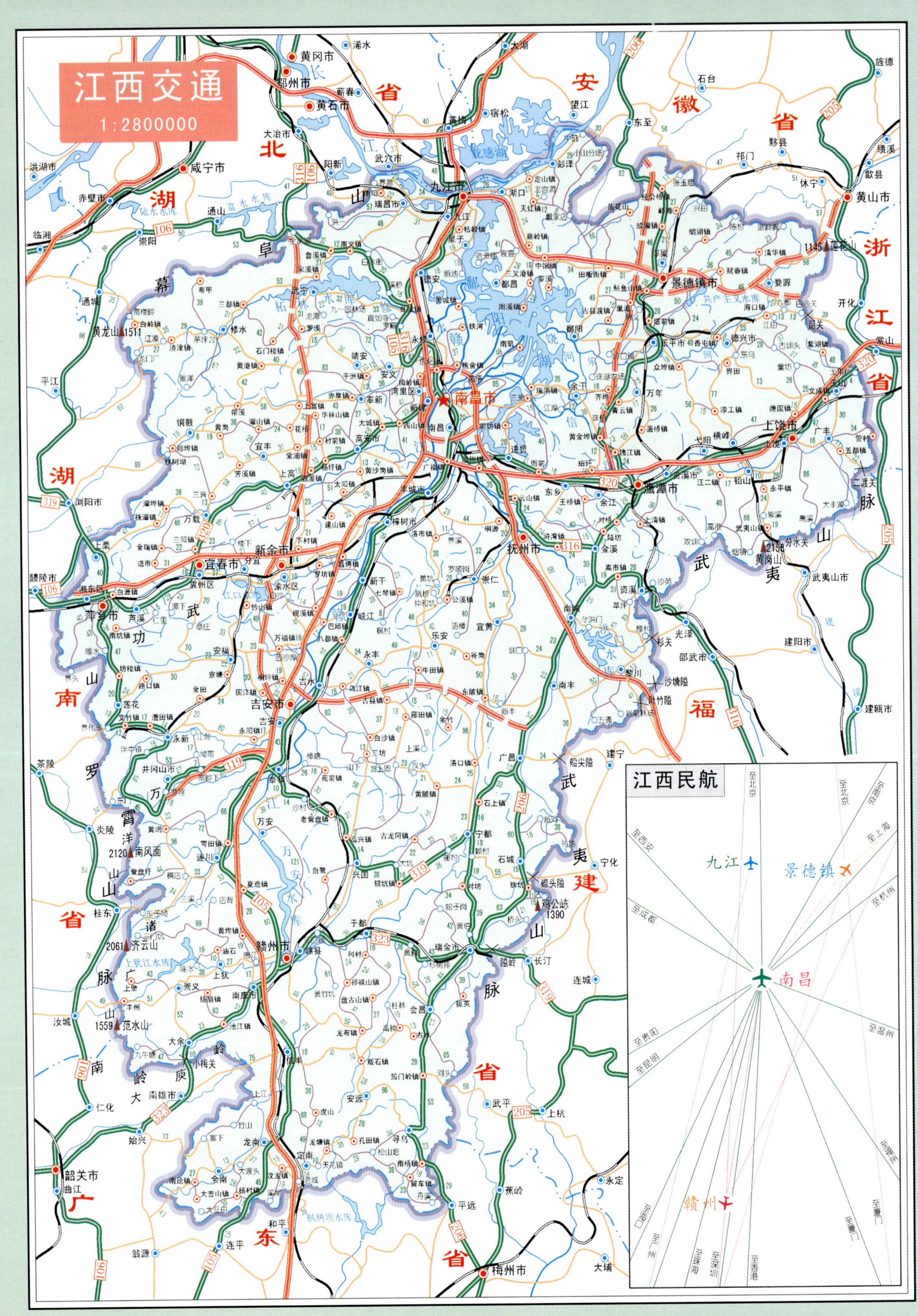

江西交通
1:2800000
江西民航
九江
景德镇
南昌
赣州
至北京
至西安
至成都
至贵阳
至昆明
至上海
至杭州
至温州
至厦门
至深圳
至香港
至珠海
至广州
至海口
南昌市
九江市
景德镇市
上饶市
鹰潭市
抚州市
宜春市
新余市
萍乡市
吉安市
赣州市
湖北省
安徽省
浙江省
福建省
广东省
湖南省
黄冈市
鄂州市
黄石市
咸宁市
黄山市
韶关市
梅州市
武夷山市
邵武市
建阳市
浏阳市
醴陵市
鄱阳湖
柘林水库
万安水库
幕阜山
九岭山
罗霄山脉
武功山
武夷山脉
大庾岭
诸广山

江西旅游
1:2800000
国家历史文化名城
南昌市、景德镇市、赣州市
国家级风景名胜区
庐山、井冈山、龙虎山、三清山、仙女湖、三百山、龟峰、梅岭-滕王阁
国家级自然保护区
鄱阳湖自然保护区、桃红岭梅花鹿自然保护区、井冈山自然保护区、武夷山自然保护区、九连山自然保护区
国家级森林公园
庐山山南森林公园、马祖山森林公园、鄱阳湖口森林公园、三爪仑森林公园、明月山森林公园、梅岭森林公园、灵岩洞森林公园、翠微峰森林公园、三百山森林公园、天柱峰森林公园、枫树山森林公园、武功山森林公园、萍乡森林公园、泰和森林公园、鹅湖山森林公园、龟峰森林公园、上清森林公园
省级风景名胜区
永修的云居山、瑞昌的青山、武宁的柘林湖、修水的南崖一清水岩、萍乡市的杨岐山、莲花的玉壶山、南昌市的梅岭、乐平市的洪岩、婺源的灵岩洞、吉安市的青原山、遂川的白水仙一泉江、峡江的玉笥山、安福的武功山、赣州市的通天岩、宁都的翠微峰、瑞金市的罗汉岩、会昌的汉仙岩、龙南的小武当山、上犹的陡水湖、崇义的聂都溶洞群、大余的梅关一丫山、南城的麻姑山
省级自然保护区
庐山自然保护区、官山自然保护区、九连山自然保护区、新建的南矶山候鸟区、进贤的青岚湖、永修的云居山、都昌一鄱阳的鄱阳湖白鳍豚及江豚产卵场、靖安九岭山自然保护区、铜鼓的天柱峰保护区、万载的三十把保护区、永丰的水浆保护区、井冈山的黄洋界娃娃鱼保护区、新干一峡江一吉安段的赣江鲥鱼及四大家鱼产卵场保护区、婺源的鸳鸯湖保护区、崇义的阳岭自然保护区
湖北省
安徽省
浙江省
湖南省
福建省
广东省
南昌市
九江市
景德镇市
上饶市
鹰潭市
抚州市
宜春市
新余市
萍乡市
吉安市
赣州市
黄冈市
鄂州市
黄石市
咸宁市
黄山市
韶关市
梅州市
幕阜山
九岭山
武功山
罗霄山
武夷山
诸广山
南岭
大庾岭
九宫山 1543
黄龙山 1511
莲花山 1145
黄岗山 2158
南风面 2120
齐云山 2061
范水山 1559
鸡公岐 1390

● 贾庆林在江西考察工作

◀ 4月18～20日，中共中央政治局常委、全国政协主席贾庆林在江西省领导孟建柱、黄智权、吴新雄、钟起煌、陈达恒等陪同下，深入井冈山、泰和、景德镇等地考察工作。

9月22～23日，中共中央政治局常委、全国政协主席贾庆林在省委书记孟建柱、省长黄智权等陪同下，到九江等地考察调研。其间，贾庆林出席了“'2006赣台(九江·庐山)经贸合作研讨会”开幕式。

图为4月18日，贾庆林在井冈山瞻仰革命烈士陵园。

● 曾庆红同江西代表团共商发展大计

▶ 3月5日，十届全国人大四次会议在北京开幕。下午，中共中央政治局常委、国家副主席曾庆红到人民大会堂江西厅，同江西省的全国人大代表一起认真审议温家宝总理的政府工作报告。

图为曾庆红同江西省的全国人大代表一起审议温家宝总理的政府工作报告，共商发展大计。

本版图片均为周霖　摄

回良玉在江西考察工作

▶ 8月23～25日，中共中央政治局委员、国务院副总理回良玉，在省委书记孟建柱、省长黄智权、省委副书记彭宏松等陪同下，深入新干县、泰和县考察林权制度改革情况，出席在井冈山召开的全国集体林权制度改革现场经验交流会议并讲话。

图为回良玉在新干县神政桥乡水南村，与当地农民亲切交谈。

吴仪在江西考察工作

◀ 5月23～24日，全国血吸虫病防治工作会议在江西余江县、南昌市召开。中共中央政治局委员、国务院副总理、国务院血防工作领导小组组长吴仪出席会议并讲话。会议期间，吴仪在省委书记孟建柱、省长黄智权等陪同下，深入进贤县三里乡，走访了农户和小学。

图为吴仪在进贤县三里乡健武小学，亲切看望孩子们，询问他们学习生活和血防健康教育情况。

本版图片均为周霖　摄

贺国强在江西考察工作

3月18～21日，中共中央政治局委员、书记处书记、中央组织部部长、中央先进性教育活动领导小组组长贺国强在省委书记孟建柱、省长黄智权等陪同下深入赣州市瑞金、于都等革命老区调研。

图为贺国强在瑞金市沙洲坝镇沙洲坝村与村民亲切交谈。

周霖　摄

成思危在江西演讲

4月21日，“同促崛起——非公经济与江西崛起”高层论坛在南昌举行。全国人大常委会副委员长、民建中央主席成思危作题为“落实政策，积极引导，促进非公有制经济健康发展”的主旨演讲。

沈翔　摄

刘延东在江西考察调研

▶ 4月15～19日，全国政协副主席、中共中央统战部部长刘延东深入南昌、上饶等地调研。省领导孟建柱、王君、余欣荣、王林森等陪同。

图为刘延东在农家与村民亲切交谈。

罗莉 摄

张思卿在江西考察调研

◀ 5月19～21日，全国政协副主席张思卿率全国政协常委视察团就“加快长江经济带发展问题”到江西视察。

图为张思卿率视察团在九江港视察。

孙卫国 摄

罗豪才在江西考察调研

5月19～28日，全国政协副主席、致公党中央主席罗豪才率致公党中央考察团就“林业发展与社会主义新农村建设”到江西进行专题调研。其间，省领导孟建柱、黄智权、钟起煌看望了考察团全体成员，吴新雄、彭宏松、熊盛文参加了有关座谈会，王林森、黄懋衡陪同考察。

图为罗豪才在赣州市崇义县横水镇左溪村考察新农村建设。

魏学渊　摄

周铁农在江西考察调研

10月19～26日，以全国政协副主席周铁农为团长的全国政协委员视察团，就“鄱阳湖水资源保护和开发利用情况”在江西省视察。

图为周铁农和视察团一行视察鄱阳县珠湖联圩水面开发养殖情况。

孙卫国　摄

阿不来提·阿不都热西提在江西考察调研

7月17～20日，全国政协副主席阿不来提·阿不都热西提率全国政协经济委员会调研团到江西，就“发展农村经济，加强基础设施建设，建设社会主义新农村”进行专题调研。

李兆焯在江西考察调研

9月8～15日，全国政协副主席李兆焯率全国政协委员视察团就“老区扶贫开发工作情况”到江西进行视察。

图为李兆焯和视察团成员在瑞金市大柏地乡乌溪村与村干部村民座谈。

本版图片均为孙卫国　摄

省第十二次党代会产生新一届省委班子

▲ 孟建柱在大会上作报告。

12月12～16日，中国共产党江西省第十二次代表大会在南昌举行。这次大会是在江西加快崛起、全面建设小康社会处于关键时期召开的一次极为重要的会议。会议的主要任务是，回顾总结省第十一次党代会以来的工作，进一步明确今后一个时期江西经济社会发展、和谐社会建设和党的建设主要任务；选举产生新一届省委和省纪委；动员全省广大党员干部群众，以邓小平理论和“三个代表”重要思想为指导，坚持科学发展观，促进社会和谐，加快富民兴赣，努力在新的起点上实现江西崛起的新跨越。大会选举孟建柱、吴新雄、王宪魁、董君舒、陈达恒、刘上洋、舒晓琴、潘逸阳、凌成兴、赵智勇、余欣荣、弘强、王清葆为省委常委；孟建柱为省委书记，吴新雄、王宪魁为省委副书记。

▶ 大会开幕式会场。

◀ 12月16日下午，新当选的省委常委与记者见面。

左起：孟建柱、吴新雄、王宪魁、董君舒、陈达恒、刘上洋、舒晓琴、潘逸阳、凌成兴、赵智勇、余欣荣、弘强、王清葆。

本版图片均为周霖　摄

● “科学发展，和谐创业”活动蓬勃开展

为全面贯彻落实科学发展观，构建社会主义和谐社会，进一步动员全省上下推进全民创业，加快富民兴赣，为实现“十一五”发展目标而努力奋斗，根据省委部署，从4月1日开始，全省上下广泛开展了“科学发展、和谐创业”主题教育活动。活动开展期间，全省各地各部门把主题教育活动摆在重要位置，周密部署，科学规划，狠抓落实，保证了活动健康有序开展，营造了科学发展、和谐创业的浓厚氛围，促进了全省经济社会又好又快发展。

▲ 和谐创业高峰论坛在南昌举行。

邓小勇 摄

▲ 江西省“科学发展、和谐创业”专家学者宣讲团赴全省各地宣讲。

梁振堂 摄

▶ 全省十大创业先锋表彰大会隆重举行。

周霖 摄

▲ 小额贷款助推创业潮。 宗欢 摄

▲ 都昌回乡青年于冬平创办科华照明厂生产绿色节能灯。

杨继红 摄

●“十一五”开局，经济建设又好又快发展

2006年，在党中央、国务院和省委、省政府的正确领导下，全省上下以邓小平理论和“三个代表”重要思想为指导，以科学发展观统领经济社会发展全局，认真落实国家宏观调控政策，开拓创新，扎实工作，实现了“十一五”规划的良好开局。全省生产总值4619亿元，比上年增长12.3%；人均生产总值突破1万元，人均财政收入超过1000元。全年直接利用外资28.07亿美元，增长15.9%，继续保持中部6省首位。城镇居民人均可支配收入9551元，增长10.8%，全省经济建设朝着又好又快方向发展。

◀ 6月6日，第三届泛珠三角区域经贸合作洽谈会开幕。江西省省长黄智权、副省长孙刚出席开幕式，江西省与泛珠三角区域客商共签订投资贸易项目81个，合同总金额达75.6亿元。

图为第三届泛珠三角区域经贸合作洽谈会开幕。

梁振堂 摄

▶ 江铃集团平均不到5分钟就有一辆汽车下线。2006年，江铃集团实现销售收入133.90亿元，比上年增长14.5%。

宗欢 摄

◀ 2006年，全省外贸出口37.53亿美元，同比增加53.8%。出口主体增多，出口商品结构不断优化，出口层次不断提升。

图为生产出口电子产品的新余飞宇公司DVD生产线。

宗欢 摄

▶ 9月23日，由国务院台湾事务办公室和江西省人民政府联合主办的“'2006赣台（九江·庐山）经贸合作研讨会”在庐山举行。大会签约项目92个，台商投资金额10.1亿美元，较上届研讨会增长30.2%。

周霖、宗欢　摄

◀ 10月18日，“'2006中国景德镇国际陶瓷博览会”在景德镇市隆重开幕。38个国家和地区、国内25个省市区的参展商、采购商以及全国旅行社常务理事会成员单位1200余人参加开幕式。

图为瓷博会上，景德镇颜色釉瓷器吸引中外宾朋观赏。

杨继红　摄

▶ 全省税务系统开展形式多样的活动，为江西经济社会发展、财政增收提供优质服务。

图为南昌市西湖区地税局工作人员向纳税人发放税收宣传资料。

南昌市西湖区地税局　供稿

● 社会主义新农村建设全面推进

2006年，中共江西省委、江西省人民政府贯彻落实中央一号文件精神，根据中央提出的“生产发展，生活宽裕、乡风文明、村容整洁、管理民主”的总体要求，结合江西实际，制定了《关于推进社会主义新农村建设的实施意见》，在总结赣州市新农村建设试点经验的基础上，在全省范围内开展了社会主义新农村建设，取得令人瞩目的成效。全省8990个试点自然村，共硬化村组道路和入户便道1.84万千米；48万户农户完成了改水；38万农户用上了无害厕所；半数试点村确定了主导产业；成立新农村建设农民理事会1.2万多个。

▶ 4月27日，省委书记孟建柱在大余县新城镇水南村新农村建设点与村民们亲切交谈。

周霖　摄

▲ 有着数百年历史的龙南围屋在新农村建设中得到了原生态保护。

宗欢　摄

▲ 7月13日，全省社会主义新农村建设工作会议在赣州召开。

周霖　摄

▲ 江西省新农村建设本着规划先行的原则，充分尊重民意，科学合理规划村庄，以规划为龙头进行整治建设。

图为赣县吉埠镇枧田村的孩童在规划图前欢快地玩耍。

赖国柱 摄

▲ 江西省把新农村建设与集体林权制度改革紧密结合起来，取得明显成效，农民造林积极性空前高涨。

图为南丰县林农拿到林权证时满心喜悦。

▶ 江西省在新农村建设中把发展生产和富裕农民作为工作的落脚点，利用江南水乡优势，努力把水产业做成特色产业，特种水产品产量和产值大幅增长，成了出口创汇的抢手货。

图为樟树市店下水库，鸭农和鸭群在夕阳辉映下构成一幅美丽的画卷。

杨晓宁 摄

▲ 江西按照城乡统筹发展的要求，实行城乡规划一体化，由各级政府分担出资任务，对乡镇、行政村和试点自然村进行统筹规划。

图为新规划的铜鼓县扶贫移民新村丰润花园。

刘宏 摄

▲ 江西省新农村建设坚持因地制宜，把村庄整治作为工作的切入点，打造了一批环境优美、风格各异、具有文化内涵和区域特点的山乡村寨、水乡新村、平原新农村社区。

图为整治后的兴国县龙口镇文院自然村。

左羽宵 摄

● 走出去，请进来，携手促发展

▲ 3月29～31日，由浙江省委书记、省人大常委会主任习近平，省委副书记、省长吕祖善率领的浙江省党政代表团在江西开展传经送宝，考察指导活动，江西省领导孟建柱、黄智权、董君舒、陈达恒等陪同参观考察。其间，举行了江西·浙江合作项目签约仪式，两省共签订合作项目130个，合同总金额150.11亿元。

图为江西·浙江合作项目签约仪式在南昌滨江宾馆举行。

▶ 10月2日，由重庆市委副书记、市长王鸿举率领的重庆市党政代表团到达江西，先后在萍乡、宜春、新余等地考察访问。并在南昌举行了“赣渝两省市经济社会发展情况交流会”。江西省委书记、省人大常委会主任孟建柱，省委副书记、省长黄智权等出席交流会。

图为10月2日赣渝两省市经济社会发展情况交流会会场。

本版图片均为周霖　摄

1月16～18日，澳门特别行政区行政长官何厚铧率领政府代表团和随行的由60多人组成的企业家代表团在江西省进行访问。

16日，孟建柱、黄智权、吴新雄、钟起煌、陈达恒、潘逸阳、佘欣荣、钟家明、凌成兴等江西省领导分别会见何厚铧特首及代表团主要成员，并与代表团举行座谈，就两地如何在CEPA和泛珠三角经济圈“9+2”框架下加强合作、共谋发展充分交换了意见，并签署了两地经贸合作备忘录和旅游合作备忘录。

1月16日，在江西省与澳门特别行政区政府座谈会上，两地签署了经贸合作备忘录和旅游合作备忘录。

1月16日，省委书记孟建柱、省长黄智权会见何厚铧。

本版图片均为周霖　摄

5 月 15～18 日，省委书记孟建柱、省长黄智权率江西省赴广东学习考察团在广东省，先后到深圳、东莞、广州等地学习考察。其间，考察团在广州与广东省就赣粤经济社会发展情况举行座谈会，并举行了赣粤经济技术合作项目签字仪式，两省共签订合作项目 92 个，总投资额 123 亿元。省领导王君、傅克诚、吴新雄、钟起煌、董君舒、陈达恒、刘上洋、潘逸阳、余欣荣、蒋仲平、万学文、凌成兴、赵智勇、金异等参加考察。

▲ 江西省学习考察团在深圳华为技术有限公司考察。

▲ 赣粤经济技术合作项目签字仪式在广州举行。

◀ 江西省学习考察团在广州国际会议展览中心考察。

▶ 江西省赴广东学习考察团在深圳腾讯科技有限公司考察。

本版图片均为周霖　摄

● 社会建设全面推进

2006 年，全省社会建设全面推进。义务教育进一步巩固，职业教育规模扩大，高等教育扎实推进。全省各级政府出台多项倾斜政策，努力扩大就业和再就业规模，全年新增城镇就业 44.5 万人。基本完成了 204 个疾病预防控制和医疗救治体系建设项目，突发公共卫生事件应急处置能力明显提高。完善了城乡特困群众的社会救助体系，200 多万困难群众得到救助。九江地震灾后重建全面完成。解决了 80 万农村人口的饮水安全问题。保持了社会稳定。

▲ 为努力实现广大群众“住有所居”，全省 11 个设区市积极推进经济适用住房建设和完善廉租住房制度。

图为省政府举行“积极推进经济适用住房建设和完善廉租住房制度”新闻发布会。

▲ 九江地震灾后，在各级政府大力关怀和资助下，受灾群众住房重建工作在 2006 年底以前全面完成。

图为新建的受灾群众住宅楼。

▲ 为让更多的劳动者就业，全省各级劳动部门积极为群众提供就业指导和服务。

图为 2006 年冬季大型招聘会。

▲ 全省各级政府和有关部门大力为贫困地区培训师资力量。

图为江西省慈善总会举办的第三期贫困地区教师培训班开学典礼。

本版图片均为邓小勇　摄

编辑说明

一、《江西年鉴》是江西省人民政府主办的综合年鉴，由《江西年鉴》编辑委员会主编、江西省地方志编纂委员会编辑，稿件由省直各单位、各市县区、中央驻赣单位编委会和编辑室及有关单位提供。

二、《江西年鉴》以马列主义、毛泽东思想、邓小平理论、“三个代表”重要思想和科学发展观为指导，逐年记录江西经济建设和社会发展的基本情况，每年出版一卷，为加快江西发展服务。

三、本卷年鉴为江西省级地方综合年鉴，着重记载2006年江西发生的事情。

四、本卷年鉴分为综合情况、动态信息和辅助资料三大部分。综合情况设特载、大事记、专记、江西概览4个栏目。动态信息设中国共产党江西省委员会、江西省人民代表大会常务委员会、江西省人民政府、中国人民政治协商会议江西省委员会、中国共产党江西省纪律检查委员会、民主党派、人民团体、军事、法治、外事侨务和港澳台事务、农业、工业、非公有制经济、信息化建设、园区经济、旅游业、国内贸易、对外贸易 经济合作、就业与再就业、社会保障、交通、金融、财政税收、经济管理与监督、城乡建设、水利、自然观测、环境保护、教育、科学技术、社会科学、文化艺术、新闻出版　广播电视　互联网、医疗卫生、体育、居民生活、社会保障、民政、市县区、人物39个栏目。辅助资料设专录、统计资料2个栏目。江西政区图、江西交通图、江西旅游图为2005年版地图。

五、本年鉴内容层次设置完全是为了方便分类编辑和读者系统阅读，并不反映严格的科学分类体系，机关、企事业单位等排序和层次并不表示其地位和规模。部分条目因内容需要对比时，涉及到2006年度之前的情况。所载省领导人截至2007年8月；市县区领导人截至2006年底，录在所属市县区内容之后，便于系统查阅。《政府工作报告》中一些经济数据为快报数据，以统计资料中的数据为准。

六、《江西年鉴》得到全省上下和社会各界的大力支持和帮助，在此谨表谢意。因经验不足和条件所限，难免有疏漏和不完善之处，敬请广大读者见谅并予以指正。

《江西年鉴》编辑委员会

《江西年鉴》编辑人员

目　录

CONTENTS

卷　首

特　载

大事记

专　记

江西概览

中国共产党江西省委员会

江西省人民代表大会常务委员会

江西省人民政府

中国人民政治协商会议江西省委员会

中国共产党江西省纪律检查委员会

民主党派

人民团体

军　事

法　治

外事侨务和港澳台事务

农　业

工 业

非公有制经济

信息化建设

园区经济

旅　游　业

国内贸易

对外贸易　经济合作

就业与再就业

社会保障

交 通

金 融

财政税收

经济管理与监督

城乡建设

水　利

自然观测

环境保护

教　育

科学技术

社会科学

文化艺术

新闻出版　广播电视　互联网

医疗卫生

体　育

居民生活

民　　政

市县区

人　物

专　录

统计资料

特　载

本栏编辑　李目宏

坚持科学发展　促进社会和谐 在新的起点上实现江西崛起的新跨越

——在中国共产党江西省第十二次代表大会上的报告

中共江西省委书记　孟建柱

（2006年12月12日）

同志们：

中国共产党江西省第十二次代表大会，是在我省加快崛起、全面建设小康社会处于关键时期召开的一次极为重要的会议。大会的主题是：以邓小平理论和“三个代表”重要思想为指导，全面贯彻落实科学发展观，动员全省广大党员和干部群众，坚持科学发展，促进社会和谐，加快富民兴赣，努力在新的起点上实现江西崛起的新跨越。

现在，我代表中国共产党江西省第十一届委员会向大会作报告，请予审议。

一、回顾不平凡的五年，全省发展已站在一个新的历史起点上

省第十一次党代会以来的五年，是我省发展史上不平凡的五年。全省人民在党中央的正确领导下，坚持以邓小平理论和“三个代表”重要思想为指导，认真落实科学发展观，紧紧围绕实现江西在中部地区崛起和全面建设小康社会的奋斗目标，大力弘扬伟大的井冈山精神，积极探索加快江西发展新路，成功战胜突如其来的非典疫情和频繁的自然灾害挑战，着力解决前进中的突出矛盾和问题，全省改革开放和社会主义现代化建设取得了巨大成就。

——五年来，全省最显著的变化是经济社会发展跃上了一个新台阶，江西崛起的态势初步显现。全省经济快速平稳增长，农业基础地位进一步强化，工业化、城镇化进程明显加快，经济结构明显改善，综合实力明显增强，城乡面貌明显改观，人民群众的生活质量不断提高。初步预测，2006年全省生产总值4610亿元，比2001年增长1.12倍；人均生产总值10660元，同比增长1.04倍；规模以上工业增加值1150亿元，同比增长2.73倍；财政收入520亿元，同比增长1.59倍；全社会消费品零售总额1420亿元，同比增长86%；城镇居民人均可支配收入9400元，同比增长70.7%；农民人均纯收入3572元，同比增长60%；三大产业的比重由23.3:36.1:40.6调整为16.9:50:33.1。经过全省人民努力奋斗，“十五”计划提前一年全面完成，实施“十一五”规划开局良好，一些重要的发展指标在中部地区和全国位次前移或进入前列。

——五年来，全省最突出的变化是形成了全面开放、深化改革的格局，赣鄱大地充满生机活力。开放型经济发展取得重大突破，实际利用外资总量和人均水平居中部地区首位，利用省外资金大幅增加，一批国内外知名企业落户江西。对外贸易成倍增长，与沿海发达地区和国际经济的对接与互动向纵深发展，与港澳台的经济联系和对外交往日益加强。提前一年全面实施农村税费改革和取消农业税。在全国率先全面进行林业产权制度改革和农村信用社改革。行政审批制度改革、财政体制改革、投融资体制改革、国有企业改革、国有资产管理体制改革和市场体系建设等取得较大进展，民营经济加速发展，全民创业方兴未艾，县域经济活力明显增强。

——五年来，全省最难得的变化是着眼长远发展，积聚了巨大的发展能量。近五年全省固定资产投资比前五年增长2.63倍，一大批重点工程和项目先后竣工或正在抓紧建设。出省主通道及省会至各设区市公路均实现高速化，县乡和农村公路改造取得重大进展，铁路和机场建设大力推进，区位优势进一步凸显。电力建设和电网改造取得重大

突破。综合通信能力显著提高。农业基础设施和大型水利工程建设取得新的进展,环境保护和生态建设力度进一步加大,防灾抗灾能力明显增强。94个开发区、工业园区初具规模,六大支柱产业不断发展。人才跨省流动进出比由1:7转变为1:1,其中高层次人才实现进多于出。全省综合发展环境明显改善,经济持续发展能力显著增强。

——五年来,全省最可喜的变化是围绕加快崛起,形成了各项事业协调发展、党的建设全面加强的良好局面。科技对经济增长的贡献率不断提高。教育事业蓬勃发展。文化、卫生、体育、人口与计划生育等各项事业全面进步。就业、社会保障和扶贫工作取得显著成效。思想道德建设和精神文明创建活动深入开展。民主政治建设进一步加强。依法治省工作稳步推进。国防后备力量和国防动员建设取得新的进展。安全生产形势显著好转,促进和谐平安的各项工作进一步强化,全省政治社会稳定。党的建设全面加强,保持共产党员先进性教育活动取得明显成效,干部教育培训工作力度加大,干部制度改革迈出新步伐,各级领导班子和党员干部的思想政治素质和领导水平明显提高,机关作风和效能建设继续加强,党风廉政建设和反腐败斗争深入推进,各级党组织的凝聚力、战斗力进一步增强。

——五年来,全省最深刻的变化是广大干部群众思想观念变了、干事创业氛围浓了、自信心更强了。在深入持续的解放思想学习教育活动推动下,全省上下破除各种束缚发展的思想观念,市场意识、开放意识、竞争意识和求新思变、加快发展的意识大为增强,专心干事、齐心创业、共谋发展的氛围日益浓厚。广大干部群众在亲身感受全省的发展变化中,对江西的未来更加充满信心。

这些成绩和变化来之不易,是党中央正确领导的结果,是全省各级党组织、广大党员和干部群众在原有的工作基础上不断进取、团结奋斗的结果。在此,我代表中共江西省第十一届委员会向全省广大党员和干部群众,向各民主党派、各人民团体和社会各界人士,向驻赣部队、武警官兵、公安干警,向港澳台同胞和海外侨胞,向所有关心、支持江西建设的同志们、朋友们表示衷心的感谢和崇高的敬意!

回顾我省这几年的发展历程,集中到一点,就是始终坚持以邓小平理论、"三个代表"重要思想和科学发展观为指导,立足本省实际,把握发展大势,抓住发展机遇,初步走出了一条符合江西省情的经济欠发达地区加快发展、科学发展的道路。实践中主要有以下几点体会:

(一)必须坚持从实际出发,不断探索和完善正确的发展思路。思路决定出路。进入新世纪以来,为开创全省发展的新局面,我们从经济欠发达的基本省情出发,注重把中央的方针政策和工作部署同本地实际紧密结合起来,注重抓住机遇、用好机遇,积极探索加快崛起、富民兴赣的发展路子。在发展视野上,坚持跳出江西看江西,自觉把江西的发展置于全国乃至全球的发展格局之中去谋划;在发展目标上,针对我省农业比重大、工业化滞后的实际,坚持以加快工业化为核心,以大开放为主战略,把推进工业化、城镇化与解决"三农"问题有机统一起来,全力推进江西在中部地区崛起;在发展路径上,着眼于"环境是最大的品牌",坚持从改善和优化发展环境入手,一方面充分发挥比较优势,不断提升对外开放水平,另一方面充分激发内在活力,大力推进全民创业,实施外源型发展和内源型发展双轮驱动;在发展理念上,坚持以人为本、和谐发展,把广大人民的根本利益作为一切工作的出发点和落脚点,强调既要兴赣更要富民,既要金山银山,更要绿水青山。实践证明,从江西省情出发,不加快发展不行,不科学发展更不行。把加快发展与科学发展有机结合起来,是我省贯彻落实科学发展观的显著特征,是江西崛起之路的鲜明特色,也是在新的起点上实现江西崛起新跨越必须遵循的基本思路。

(二)必须坚持以解放思想为先导,大力推进思想观念和体制机制的创新。观念就是财富。我们紧紧抓住解放思想这个关键环节,采取每年开展一次主题教育活动、举办"双周日新知识讲座"、组织干部到沿海发达地区学习考察和挂职锻炼等多种办法,不断清除小农经济、计划经济和"官本位"思想观念的影响,不断推动解放思想由领导层向全社会延伸,由浅层向深层延伸,由注重统一思想认识向更多地解决实际问题延伸。同时,坚持破立结合,大力塑造江西人的新形象,加快推进体制机制创新;坚持开创性、操作性、坚韧性的有机统一,既注重创新思路,更注重操作落实,既坚持与时俱进,不断完善发展思路,又坚持经实践检验是正确的发展思路不动摇,切实做到不争论、不折腾,看准了的事一抓到底,认准了的路坚定不移朝前走。实践无止境,解放思想无止境。面对新形势新任务,我们必须高扬解放思想、实事求是、与时俱进的旗帜,进一步推进思想观念和体制机制创新,为实现发展的新跨越提供不竭的动力。

(三)必须坚持以发展凝聚人心,形成加快崛起的强大合力。发展是永恒的主题。万众一心、团结奋斗是我们这些年战胜各种困难、实现又好又快发展的力量源泉。我们坚持以发展的硬道理统领各种道理,以发展的目标凝聚各方面的智慧和力量,以发展成果由人民共享激励全省上下同心同德、共同奋斗;坚持用辩证和历史的观点看待和处理前进中的问题,注重引导好、发挥好、保护好干部群众的积极性和创造性,形成了全省上下众志成城促崛起的强大向心力、凝聚力和创造力。这一局面来之不易,我们务必十分珍惜、全力维护、不断发展。

(四)必须坚持正确处理改革发展稳定的关系,努力营造和谐稳定的社会环境。稳定是发展的基础,和谐是发展的重要目标。在推进江西崛起进程中,我们始终注意正确处理改革发展稳定的关系,紧紧抓住促进社会公平与正义这个基本点,既着力做大"蛋糕",又尽力切好"蛋糕";紧紧抓住正确处理人民内部矛盾这个关键点,从解决人民群众反映的突出问题入手,理顺群众情绪、化解社会矛盾;紧紧抓住发挥各方面的创造活力这个着眼点,努力营造和谐创业、和谐兴赣的社会氛围,促进了社会和谐稳定。建设社会主义和谐社会是一项长期而艰巨的任务。我们必须始终坚持正确处理改革发展稳定的关系,以改革促进和谐,以发展巩固和谐,以稳定保障和谐。

(五)必须坚持大力加强党的建设,着力提高各级党组织的领导能力和领导干部的综合素质。成就江西崛起的伟业,关键是加强全省各级党组织建设,造就一支高素质的干部队伍。我们坚持把伟大事业与伟大工程融为一体,着力加强党的执政能力建设和先进性建设,着力提高各级干部特别是领导干部的思想境界和领导水平,着力推进党风廉政建设和反腐败工作，着力增进各级领导班子和全省干部的团结，为加快崛起、富民兴赣提供了有力保证。新形势新任务对加强党的建设提出了新要求，我们要坚持不懈地推进党的建设新的伟大工程，进一步巩固和发展伟大事业与伟大工程相互促进、共同发展的良好局面。

五年来，我们取得的成绩和进步是巨大的，也是初步的、阶段性的。江西作为经济欠发达省份的地位尚未根本改变，一些指标仍低于全国平均水平，经济社会发展中还存在许多亟待解决的困难和问题，实现江西崛起的任务还很艰巨；随着改革的深入和利益的调整，社会矛盾日益增多，促进社会和谐稳定，还要做大量艰苦细致的工作；一些党员领导干部思想素质、领导能力和工作作风与新形势新任务的要求还不完全适应，一些领域的腐败现象还比较严重，极少数领导干部以权谋私、腐化堕落的案件仍时有发生，加强党的建设和干部队伍建设还需要付出更大的努力。我们务必保持清醒的头脑，高度重视并采取切实措施解决前进中存在的问题，不断开创全省工作的新局面。

二、牢牢把握发展的新机遇，努力在中部地区崛起中有更大作为

当前和今后一个时期，江西正处在一个重要的发展阶段。我们既面临前所未有的发展机遇，也面临前所未有的挑战。经济全球化趋势深入发展，知识经济和网络化潮流奔腾而来，科技创新和技术扩散日益加快，国际产业分工向纵深发展，国际环境总体上对我们发展有利。我国经济社会发展进入新的阶段，工业化和城镇化加速推进，消费结构和产业结构加速升级，服务业、社会事业和基础设施建设加速发展，统筹城乡、区域协调发展的力度进一步加大，社会主义市场经济体制逐步完善，为我省发展提供了有利的宏观经济环境。特别是中央提出科学发展观和构建社会主义和谐社会等重大战略思想，为我们进一步指明了前进方向；国家促进中部地区崛起战略进入实施阶段，对中部省份的支持力度加大，与我省发展能量不断积蓄、自主发展能力显著增强两大动力汇聚，国际和我国沿海地区产业重组及生产要素加快转移，与我省基础设施日趋完善、投资发展环境大为改善双重因素叠加，为我们提供了前所未有的发展机遇和发展空间。同时，必须清醒认识，国际贸易摩擦加剧与国内部分产能过剩并存，将使国际国内市场竞争更加激烈；我国已进入改革发展的关键时期，一方面区域之间的竞争，更多地表现为经济增长质量和自主创新能力的竞争，另一方面空前的社会变革，既给我们发展进步带来巨大活力，也必然带来这样那样的矛盾和问题；我省经济社会发展总体水平不高，经济总量小、经济增长方式粗放、产业结构不合理、竞争力不强等问题还比较突出，资源约束和环境压力越来越大，实现江西崛起任重道远。综合分析各种因素，江西正处在从人均生产总值1000美元向全面建设小康社会迈进的关键时期，正处在经济增长方式转变、经济社会结构转型的重要阶段，正处在崛起进程爬坡过坎的紧要关口。不进则退，慢进也会退。我们不能松劲，更不能懈怠；我们耽误不得，更失误不起。

党的十六大后，胡锦涛总书记先后两次视察我省工作，殷切希望我们"齐心协力，富民兴赣"，并指出"江西具有独特的发展优势和广阔的发展前景，可以而且应当在促进中部地区崛起中有更大的作为"。全省上下一定要以高度的历史使命感、强烈的忧患意识和宽广的时代眼光，紧紧抓住重要战略机遇期，积极应对各种挑战，励精图治、锐意进取、敢有作为、善有作为，努力在新的起点上实现江西崛起的新跨越。总体要求是：以邓小平理论和"三个代表"重要思想为指导，全面贯彻落实科学发展观，加快转变经济增长方式，提升发展质量和效益，大力推进农业农村现代化、新型工业化、新型城镇化、经济国际化和市场化，努力建设创新创业江西、绿色生态江西、和谐平安江西，全面加强社会主义经济建设、政治建设、文化建设、社会建设和新时期党的建设，为加快富民兴赣和全面建设小康社会而努力奋斗！

在新的起点实现江西崛起的新跨越，就要全面贯彻落实科学发展观，坚持把经济社会发展的着力点放在全面协调可持续发展上，放在增进人民群众的福祉上，努力做到经济增长速度比较快，综合经济效益比较好，资源利用效率比较高，城乡发展比较均衡，人与自然关系协调，整个社会和谐，人民群众获得更多实惠和幸福感，为建设充满活力、富裕文明、山清水秀、和谐平安的新江西迈出关键性的一大步。今后五年的主要目标是：在优化结构、提高效益、降低消耗、保护环境的基础上，实现全省生产总值和财政收入"两个翻番"，力争全省生产总值达到或接近一万亿元、财政收入超过一千亿元；工业化、城镇化水平进一步提高，社会主义新农村建设取得阶段性成效；单位生产总值能耗较大幅度下降；财政收入占生产总值的比重和税收占财政收入的比重进一步上升；就业、社保、科技、教育、文化、卫生、体育、环保和人口与计划生育等社会事业取得新的发展；城镇居民人均可支配收入基本达到全国平均水平，农民人均纯收入高于全国平均水平。

实现上述要求和目标，必须把保持政策的稳定性、连续性同坚持与时俱进、开拓创新有机结合起来，深入实施以下发展战略：

第一，深入实施以新型工业化为核心的发展战略，加速农业大省向工业强省转变。由农业文明走向工业文明是人类社会发展不可逾越的阶段。我省实现工业化的任务还相当艰巨，要坚定不移地实施以新型工业化为核心的发展战略，坚持以信息化带动工业化，以工业化促进信息化，进一步发挥工业化与信息化在统筹城乡发展、解决群众就业、加快富民兴赣中的主导性作用。

第二，深入实施统筹发展战略，促进城乡和经济社会协调发展。坚持把大力推进新型工业化、新型城镇化与解决"三农"问题作为一个相互联系、相互促进的系统工程，在着力增强农业农村自我发展能力的同时，进一步探索以工业化致富农民、城镇化带动农村、产业化提升农业，从根本上解决"三农"问题的路子，促进城乡协调发展。要更加注重社会事业的发展，不断提高全省人民的文化、教育、健康、社会保障水平，促进人的全面发展。

第三，深入实施大开放和改革攻坚战略，建设更具活力、更加开放的经济体系。要坚定不移地实施大开放主战略，积极探索更高阶段开放和更高效益开放的新途径，不断提高开放水平。要按照完善社会主义市场经济体制的要

求，加大改革攻坚力度，力争在一些重要领域和关键环节取得实质性突破。要把大开放与深化改革更紧密地结合起来，以改革和开放的相互促进、双向推动，加快建设更具活力和更加开放的经济体系。

第四，深入实施科教兴赣、人才强省战略，着力提高自主创新能力。要以提高自主创新能力为主线，深入实施科教兴赣和人才强省战略，保护创新热情，鼓励创新实践，完善创新机制，落实创新配套措施，培养高水平的创新人才，增强全社会的创造活力，进一步强化科技、教育、人才的支撑作用，提高我省经济社会发展的核心竞争力。

第五，深入实施生态立省、绿色发展战略，不断增强可持续发展能力。要把生态立省、绿色发展的理念贯穿于生产建设、生活消费的各个方面，切实转变增长方式和消费方式，坚持在集约利用资源中求发展，在保护生态环境中谋崛起，巩固和发展我省的生态环境优势，建设资源节约型、环境友好型社会，大力培育生态文明，使崛起的江西青山常在、绿水长流、资源永续利用。

第六，深入实施创业富民、和谐发展战略，进一步增进人民群众的幸福感。要坚持发展为了人民、发展依靠人民、发展成果由人民共享，大力推动全民创业，让经济发展成果更多地变成人民群众的财富；坚持追求物质富有与精神富有的统一，着力推进社会全面进步和人的全面发展，大力促进社会和谐，提高人民群众的幸福指数。

三、坚持以科学发展观为统领，进一步推动经济社会又好又快发展

发展是第一要务，也是解决社会一切矛盾和问题的根本途径。要坚持以科学发展观统领经济社会发展全局，切实把经济社会发展转入科学发展的轨道，进一步推动全省经济社会又好又快发展。

（一）加快增长方式的转变，在扩大总量的同时着力提升发展质量和效益。扩大总量、提升质量和效益，是我省发展面临的双重艰巨任务。要按照新型工业化的要求，把扩大总量与提升质量效益统一起来，通过加快转变增长方式，扩大有效总量，提升发展质量和效益，切实增强全省经济的综合实力和竞争力。

着力推进产业结构调整，提高产业发展层次和园区建设水平。充分发挥比较优势和后发优势，把工业化与信息化、生态化结合起来，逐步形成以六大支柱产业为主体，先进制造业、基础产业、农产品加工业、高新技术产业和现代服务业联动发展的产业格局。以市场为导向，以大企业为龙头，加强新产品开发和市场营销，做大做强汽车航空及精密制造业、电子信息和现代家电业、中成药和生物医药业、食品工业、特色冶金和金属制品业以及材料工业等六大支柱产业。加强资源整合，按照“科学规划、集约利用、提高附加值、拉长产业链”的要求，培育和壮大矿业经济，使优势资源转化为优势产业。加快改造提升传统产业，推进产业技术升级。大力推动重点领域的高新技术产业发展。打破行业、区域和所有制限制，合理引导企业重组，发展产业集群。大力发展金融保险、现代物流、信息服务、软件外包等生产性服务业，加快发展旅游业，全面提升服务业发展水平，促进制造业与服务业、实体经济与虚拟经济、传统产业与新型产业良性互动发展。工业园区是全省经济发展的重要载体，也是极为宝贵的发展资源。要强化效益观念，搞好产业规划，选准发展项目，加强产业配套，创新管理模式，完善服务体系，节约使用土地，不断提升园区集约化发展水平、产业带动能力和对当地经济发展的贡献率。

继续把加强重大基础设施建设摆在战略地位，为推动经济社会持续发展提供有力支撑。加快高速公路路网建设和农村公路建设，进一步扩大铁路、水运、航空的运输能力，形成便捷、通畅、高效、安全的综合交通运输体系。加强电力、煤炭等能源建设，建立稳定可靠的能源保障体系。以提高水资源的节约保护、开发利用和防洪抗旱能力为重点，建设调控有力的水利工程体系。完善自然灾害监测、预警体系，增强综合防灾减灾能力。大力推进信息技术在经济社会领域的普及应用，建设更加完善、安全可靠的信息网络体系，提升普遍服务能力。

加强环境保护和生态建设，增强可持续发展能力。坚持节约优先、环保优先，积极发展循环经济，大力推广清洁生产，鼓励支持节能环保型产品产业的研发与生产，着力提高资源能源利用效率，逐步形成节约型、环保型增长方式和消费模式。严格执法，加强监管，依法淘汰落后工艺技术和生产能力，加强水、大气、土壤等污染防治，提高工业废水废气达标排放率和城市生活污水、生活垃圾处理率。加大水土保持力度，加强森林资源保护，推进生态体系建设，进一步提高生态效益。健全生态补偿机制，完善资源节约和环境保护的激励和约束机制，强化政府、企业和全社会保护环境、节约资源的责任，切实保护好江西的青山绿水。

（二）以促进农村生产力发展和农民增收为重点，扎实推进社会主义新农村建设。按照生产发展、生活富裕、乡风文明、村容整洁、管理民主的总体要求和发展新产业、形成新机制、建设新村镇、树立新风尚、培育新农民、创建好班子的工作目标，统筹规划，因地制宜，遵循客观规律，尊重农民意愿，扎实稳步推进新农村建设。

树立现代农业理念，按照“希望在山、潜力在水、重点在田、后劲在畜、出路在工”的思路，大力实施农业综合开发，推动农业农村经济全面发展。切实保护耕地，稳定和提高粮食综合生产能力，建设优质商品粮基地。优化农业产业结构，积极推进“一村一品”，大力发展优势特色农产品、无公害农产品、绿色食品和有机食品。继续推进农业产业化，加大对龙头企业的支持力度，做大做强一批带动力强的农业龙头企业和合作经济组织，发展壮大一批覆盖面广、效益好的农业支柱产业。大力提升农业科技和装备水平，推进励农民兼业创业，促进农业持续发展和农民持续增收。

切实贯彻工业反哺农业、城市支持农村的方针，加快基础设施向农村延伸、公共服务向农村覆盖、现代文明向农村辐射，逐步将自然村落改造建设成现代文明的新型村落社区，使广大农民成为有文化、讲道德、守法纪、懂技术、会经营的新型农民。以村镇规划为龙头，加大乡村道路、洁净能源、安全饮水、农田水利等基础设施建设力度，推进村庄整治，加快改善农村面貌。进一步改善农村办学条件，大力发展农村职业教育，加强农民职业技能培训。加快农村公共卫生和基本医疗服务体系建设，全面实行新型农村合作医

疗和大病救助制度。继续做好扶贫开发工作。加强农村文化和体育设施建设，基本实现广播电视“村村通”，积极推进农村信息化。大力开展以思想道德建设为核心的农村精神文明创建活动，倡导文明健康的生活方式，努力建设富裕文明的新农村。

按照巩固农村税费改革成果和完善社会主义市场经济体制的要求，全面深化农村综合改革。以转变政府职能为重点，深化乡镇机构改革；以落实教育经费保障机制为重点，深化农村义务教育改革；以增强基层财政保障能力为重点，深化县乡财政管理体制改革。稳定和完善以家庭承包经营为基础、统分结合的双层经营体制，按照依法、自愿、有偿的原则规范流转土地承包经营权，发展多种形式的规模经营。稳妥推进国有农（林）场改革，继续搞好集体林业产权制度改革。深化农村流通体制改革，改善农村金融服务，完善农村社会化服务体系。加大政府投入力度，鼓励社会资本投入，形成对农业农村发展的多元投入和稳定增长机制。

（三）着力增强中心城市的集聚力辐射力，促进区域经济协调发展。中心城市是江西崛起的脊梁。要把做大做强中心城市摆到突出位置，以中心城市的崛起带动全省崛起。大力支持省会南昌加快发展，全面提高产业、人口、资源的集聚和辐射能力，强化核心增长极的作用，使之建成我国中部地区重要的先进制造业基地和区域物流商贸中心、金融中心。赣州和九江、上饶要发挥独特的区位优势，加快产业发展，加大建设力度，分别建成对接珠三角、长三角的“桥头堡”和具有较强辐射带动功能的区域中心城市。景德镇、萍乡、新余、鹰潭、宜春、吉安、抚州要充分发挥自身优势，明确城市定位，加快人口和生产要素集聚，力争用5年左右的时间，使大多数设区市城区人口达到或超过50万，形成以更多中心城市为核心的增长板块。同时，加快建设一批经济实力较强、功能比较完善、特色比较鲜明、环境优美的中小城市和小城镇，形成大中小城市和小城镇协调发展的格局。在发展沿京九线城市带和沿浙赣线城市带的基础上，进一步打破行政区划，建立城际间协调发展的机制，大力促进城市间的合作与联系，积极创造条件，构建以南昌为核心的环鄱阳湖城市群。逐步建立比较完善的城市网络体系，形成人流、物流、信息流的通道，对外发挥连接东西、贯通南北的作用，将我省经济更好地融入全国经济之中，对内促进区域经济分工，有效整合资源，带动全省经济繁荣。

要高度重视城市发展的内涵，提升城市发展水平。大力发展与城市定位相适应的产业，加强基础设施建设，完善城市功能，增加就业岗位，提升经济实力。提高城市规划水平，注重发挥我省独特的生态优势，凸显城市人文个性，提高城市建设品位。坚持把以人为本的理念，贯穿于城市建设管理的各个方面，努力营造适宜人居、适宜创业的环境。

加快发展县域经济是统筹城乡发展的重要结合点。要以促进农民增收、增加财政收入、壮大经济实力为主要任务，充分发挥各地的比较优势，着力打造一批特色鲜明的经济板块，培育壮大一批经济强县。进一步处理好条块关系，凡是有利于县域经济发展、法律法规没有明确限制下放的权力，原则上都要下放，使县级的责任和权力统一起来。进一步完善财政管理体制，充实和增强县级财政实力，提高县级政府提供公共服务的水平。强化科技、人才和信贷支持，为县域经济加快发展提供有力支撑。

（四）推动开放型经济与全民创业更紧密结合，加快富民兴赣步伐。全面开放、全民创业是促进江西崛起、加快富民兴赣的两个战略支点。必须将两者放在同等重要的位置，促进外源型发展与内源型发展紧密结合，加快江西崛起、富民兴赣进程。

全面提高开放型经济发展水平。坚持对内对外开放并举，深入推进区域合作，加快经济国际化进程。不断提高“三个基地一个后花园”的建设水平，努力把我省建设成融入国际国内分工体系的先进制造业基地、优质安全农产品生产加工基地、高素质劳动力培养输送基地和面向海内外的旅游休闲“后花园”。在充分发挥我省区位、资源、生态等优势的同时，进一步创造体制机制、产业配套、综合服务等方面的新优势，不断提高对外吸引力；在大力推动工业领域开放的同时，加快农业、服务业和基础设施领域的开放，拓展对外开放的领域；在继续扩大利用内外资总量的同时，更加注重招商选资、提高利用内外资的质量，加快引进全球500强企业和境内外大企业来赣投资落户；在积极“引进来”的同时，努力提高出口对全省经济发展的贡献率，加强对外经济技术合作与劳务合作，鼓励有条件的企业“走出去”拓展发展空间。

深入推动全民创业。大力营造浓厚的创业氛围，使人民群众中蕴藏的巨大发展热情转化为生动的创业实践。进一步激活各类创业主体，支持经营管理和科技人员领头创业，吸引外出务工经商人员返乡创业，大力扶持下岗失业人员自主创业，鼓励高校毕业生自立创业，推动广大农民致富创业，引进省外人才和归国留学人员来赣创业，激励各级干部在富民兴赣中干出一番事业，使“百姓创家业、能人创企业、干部创事业”成为赣鄱大地奔腾不息、蓬勃发展的创业潮。进一步落实各项政策措施，大力发展民营经济，加快中小企业发展，让更多的创业者拥有施展才华的平台，使更多的民营企业通过不断创业做大做强。高度重视企业家队伍建设，努力造就一支具有远大目光、时代精神和高度社会责任感的企业家队伍。

进一步优化发展环境，是推动开放型经济和全民创业向纵深发展的关键所在，要强化服务理念，不断提高办事效率和服务水平；强化法治理念，坚持依法行政，依法办事，公正透明，廉洁高效；强化诚信理念，坚决杜绝不兑现承诺、“新官不理旧事”的行为；强化“人人是环境”的理念，坚持以发展为大局，使优化和维护全省发展环境成为每个地方、部门和公民的自觉行动。要建立健全良好的市场经济秩序，保障各类市场主体公平竞争。

（五）大力推进科技创新和教育创新，进一步增强经济社会发展的动力。科技是支撑发展的持久动力，也是引领未来的主导力量。要把增强自主创新能力作为统领科技发展的战略主线，作为转变经济增长方式、推动产业优化升级的战略基点，坚持有所为有所不为，发挥比较优势，集中有限资源，以优势领域的重点突破带动整体科技水平的提升。实施重大科技专项和重大科技工程，下决心取得一批具有自主知识产权的核心技术和关键技术，并加速科技成果的转化和产业化。继续深化科技体制改革，加快以企业为主体、市场为导向、产学研紧密结合的科技创新体系建设。着力强化企业创新能力，推进大中型企业研发中心建设，积极发展各类科技企业，加强高新技术园区及产业化基地建设，加大对自主创新的政策支持和资金投入，发展创业风险投资，加强知识产权保护，健全有利于创新创造的激励机制。坚持把原始创新、集成创新与引进消化吸收再创新结合起来，加快增强自主创新能力。

当今世界，知识越来越成为提高综合实力和竞争力的决定性因素，人力资源越来越成为经济社会发展的战略性资源。要始终坚持把教育放在优先发展的战略地位，加大教育投入，保证财政性教育经费增长幅度明显高于财政经常性收入增长幅度。以建立完善的国民教育体系和终身教育体系为重要支撑，以培养高素质劳动者和创新型人才为根本任务，统筹城乡、区域教育，统筹各级各类教育，统筹教育发展的规模、结构、质量、效益，努力办好让人民群众满意的教育。坚持育人为本、德育为先，全面实施素质教育，努力培养德智体美全面发展的社会主义建设者和接班人。深化教育体制改革，加快教育结构调整，整合优化教育资源，普及和巩固义务教育，大力发展职业教育，着力提高高等教育质量和管理水平，引导民办教育健康发展。积极发展继续教育，加快建立网络化、开放式、自主性的终身教育体系，努力建设学习型社会。要进一步加强人才队伍建设，大力培养造就一批创新型的领军人才、创业复合型人才和有潜力的中青年人才，加快培养更多的优秀党政人才和企业经营管理人才，抓紧培养高技能人才和农村实用人才，引进国内外高层次人才，努力造就一支规模宏大、结构合理、素质优良的人才队伍。坚持在创新实践和公平竞争中发现人才、不拘一格使用人才，坚持用事业凝聚人才，用实践造就人才，用机制激励人才，用法制保障人才，最大限度激发各类人才的创新激情和活力。

（六）坚定不移地推进各项改革，为科学发展提供强有力的体制保障。体制优势是最有竞争力的优势，体制保障是最根本的保障。实现江西崛起的新跨越，必须实现改革的新突破。要进一步建立健全国有资产监督和管理体制，积极探索国有资产监管和经营的有效形式，完善授权经营制度，提高国有资产的控制力和增值率。资产流动，是市场经济的一种必然现象。我们既要采取切实措施防止国有资产在流动中流失，也要注意国有资产“不流动”、凝固化而造成的流失。要积极引进国内外有市场、有技术、有实力的战略投资者，加快推进国有大企业投资主体和产权多元化，增强企业的活力和竞争力，更好地实现国有资产保值增值。加快行政管理体制改革，是全面深化改革的关键环节。要更大程度地发挥市场在资源配置中的基础性作用，进一步推进政府职能转变，实行政企分开、政资分开、政事分开以及政府与市场中介组织分开，减少和规范行政审批。凡是公民、法人和其他组织能够自主解决、市场竞争机制能够调节、行业组织或者中介机构通过自律能够解决的事项，除法律另有规定的外，行政机关不应干预，切实把工作重点转到营造良好的发展环境、提供优质高效的公共服务、维护社会公平正义上来。要统筹推进财税、金融、投资体制、事业单位改革和现代市场体系建设，加快完善社会主义市场经济体制。当前和今后一个时期，改革攻坚任务十分艰巨。我们既要进一步增强改革的紧迫感和使命感，坚定改革的信心和决心，又要提高改革决策的科学性、改革措施的协调性和改革成果的普惠性，协调和兼顾各方面利益关系，确保各项改革有序平稳推进。

四、坚持以人为本，大力推进社会主义和谐社会建设

新世纪新阶段，既是一个发展机遇期，又是一个矛盾凸显期。我们要始终按照以人为本的要求，遵循以发展求和谐、以和谐促发展的基本思路，加强和谐平安江西建设，努力构建民主法治、公平正义、诚信友爱、充满活力、安定有序、人与自然和谐相处的和谐社会。

（一）认真解决人民群众最关心、最直接、最现实的利益问题，促进社会公平。公平是和谐的基础，兼顾各方面的利益是促进公平的关键。要实施积极的就业政策，把扩大就业作为调整经济结构的重要目标，大力发展劳动密集型产业和服务业，发挥中小企业和非公有制经济对促进就业的作用，努力增加就业岗位。进一步健全就业服务体系，加强就业和再就业培训，扩大就业、再就业扶持范围，健全再就业援助制度，实现经济发展与增加就业良性互动。依法扩大城镇养老、失业和医疗等社会保险覆盖面，积极探索建立失地农民和进城务工人员的社会保障制度，逐步提高城乡居民最低生活保障水平，完善城乡社会救助制度，发展社会福利、慈善事业和商业保险，逐步建立社会保险、社会救助、社会福利、慈善事业相衔接的覆盖城乡居民的社会保障体系。努力促进教育公平，保障人民享有受教育的机会，力争不让一个学生因贫困而失学。坚持公共医疗卫生的公益性质，深化医疗卫生体制改革，加大财政投入，加强公共卫生体系建设，为群众提供安全、有效、方便、价廉的公共卫生和基本医疗服务，切实解决群众特别是农村贫困群众看病难、看病贵的问题。完善经济适用房和廉租房制度，切实解决城镇低收入家庭的住房困难。进一步优化财政支出结构，新增财力继续重点向困难群体倾斜，向农村倾斜，向基层倾斜，向社会事业倾斜。在实现城乡居民最低生活保障全覆盖的基础上，明后两年实现城乡义务教育免学杂费和贫困生资助政策全覆盖、城乡困难群众大病医疗救助全覆盖、农民和缺乏基本医疗保障的城镇居民合作医疗全覆盖。进一步做好人口和计划生育工作，积极发展老龄事业。完善劳动关系协调机制，发展和谐劳动关系。完善职工工资稳定增长机制，努力实现群众收入水平与经济增长水平同步增长。注重分配公平，着力提高低收入者收入水平，逐步扩大中等收入者的比重，有效调节过高收入，坚决取缔非法收入，努力缩小行业和部分社会成员之间收入分配的差距。

（二）正确处理新形势下的人民内部矛盾，加强社会建设与管理。现阶段的社会矛盾主要是人民内部矛盾。要高度重视和正确处理人民内部矛盾，加强社会建设与管理，最大限度地增加和谐因素，最大限度地消除不和谐因素，不断促进社会和谐。要坚持把实现好、维护好、发展好群众的利益作为一切工作的出发点和落脚点，干工作、搞建设一定要遵循客观规律，顺应民心民意，严格依法办事。任何一项改革发展措施的制定，都要考虑人民群众的承受能力，兼顾社

会各阶层、各方面群众的利益，避免因决策失误和工作不当引发社会矛盾。要加强和改进新形势下的群众工作及信访工作，完善利益协调机制、诉求表达机制、矛盾调处机制和权益保障机制，综合运用政策、法律、经济、行政等手段和教育、协商、疏导等办法，把矛盾化解在基层、化解在萌芽状态。整合社会管理资源，健全党委领导、政府负责、社会协同、公众参与的社会管理格局，着力提高新形势下解决各类社会问题、处置各类突发事件的能力。强化基层基础工作，全面开展城市社区建设，积极推进农村村落社区建设，完善基层服务和管理网络。切实加强各行业、各领域的安全监管，保障人民群众生命财产安全。依法加强对互联网和民间组织的管理，加大对服务性、公益性、自律性民间组织的扶持力度，充分发挥这些组织在提供服务、反映诉求、化解矛盾、规范行为方面的积极作用。

（三）加强先进文化建设，大力培育和谐文化。文化是民族之根、国家之魂，也是实现江西崛起、构建和谐社会的精神支柱。要牢牢把握社会主义先进文化的前进方向，坚持马克思主义在意识形态领域的指导地位，坚持用马克思主义中国化的最新成果武装教育干部群众，用中国特色社会主义共同理想统一思想、凝聚人心，用民族精神和时代精神凝聚力量、激发活力，用社会主义荣辱观引领社会风尚、规范道德行为，建设社会主义核心价值体系，不断巩固发展我们团结奋斗的共同思想基础。牢牢把握正确的舆论导向，坚持团结稳定鼓劲、正面宣传为主的方针，大力营造科学发展、和谐兴赣的浓厚氛围。加强思想道德建设，深入开展群众性精神文明创建活动，不断提高城乡文明程度和公民文明素质。

和谐文化的生命力在于扎根社会生活，引领现实社会向着更加和谐的方向发展。要把弘扬井冈山精神，塑造江西人“求新思变、开明开放、诚实守信、善谋实干”的新形象，同培育“与人为善、见贤思齐、包容宽容、尚荣知耻”的和谐精神结合起来。大力倡导与人为善，使同事之间、邻里之间、社会成员之间多尊重信任，多支持帮助，多关心关爱，形成良好的人际关系，促进社会和谐，推进事业发展。大力倡导见贤思齐，虚心向先进学习，真心为别人取得的进步和成功叫好，努力形成你追我赶、争先创优，干事创业、建功立业的生动局面。大力倡导包容宽容，理性看待社会现实，正确对待自己、他人和社会，正确对待困难、挫折和荣誉，努力促进人的心理和谐。大力倡导尚荣知耻，明荣辱之分，做尚荣之事，拒为耻之行，坚决反对不明是非、不辨善恶、不分美丑的言行，弘扬社会正气，把社会和谐建立在共同的理想和价值取向基础上。

以文化为核心的软实力是一个国家和地区综合竞争力的重要体现。要坚持一手抓公益性文化事业，一手抓经营性文化产业，进一步解放和发展文化生产力，努力使文化建设走在经济建设前面，不断满足人民群众多层次、多方面、多样性的精神文化需求。要深入推进文化体制改革，积极培育现代文化市场体系，大力推进文化产业结构调整，不断改善文化领域宏观管理，形成以公有制为主体、多种所有制共同发展的文化产业格局。要制定规划、完善政策、增加投入，加强公益性文化设施建设，加快建立覆盖全社会的公共文化服务体系，鼓励支持广大文艺工作者创作更多更好的优秀作品，提高人民群众对文化产品和文化服务的享有度和满意度。要充分发掘和利用我省丰富的文化资源，做大做强媒体产业、出版产业、演出娱乐产业和红色旅游产业，建成若干文化产业发展基地，培育发展一批具有较强实力的大型文化企业和企业集团，进一步提升我省文化事业和文化产业的影响力和竞争力。

（四）加强民主法制建设，巩固和发展民主团结、生动活泼、安定和谐的政治局面。坚持党的领导、人民当家作主和依法治国的有机统一，积极稳妥地推进政治体制改革，保障人民享有广泛的民主权利。坚持和完善人民代表大会制度，进一步发挥人大代表的作用，加强人大常委会制度建设，保证和支持全省各级人大及其常委会依法行使地方国家权力机关的职能。坚持和完善中国共产党领导的多党合作和政治协商制度，进一步加强人民政协工作，积极推进政治协商、民主监督、参政议政的制度化、规范化、程序化。不断巩固和壮大新世纪新阶段的爱国统一战线，正确认识和处理政党关系、民族关系、宗教关系、阶层关系、海内外同胞关系，加强同各民主党派、工商联和无党派人士合作共事，支持民主党派、工商联加强自身建设，全面贯彻党的民族、宗教、对台和侨务政策，充分发挥统一战线在促进社会和谐中的独特优势和凝聚人心、汇聚力量的重要作用。进一步做好工会、共青团、妇联等群团组织的工作。大力发展基层民主，继续推进厂务公开、村务公开，保障人民群众依法行使民主权利，充分发挥社会各阶层在推动经济社会发展中的作用。完善地方立法程序和机制，进一步提高公众参与度和立法质量。加强社会主义法治理念教育和政法队伍建设，深化司法体制改革，提高执法水平，努力营造公正、高效、权威的司法环境。拓展和规范法律服务，加强和改进法律援助工作。深入开展法制宣传教育，形成全体公民特别是各级领导干部自觉学法守法用法的氛围。坚持“打防结合，预防为主，专群结合，依靠群众”的方针，大力推进社会治安综合治理，完善社会治安防控体系，深入开展平安创建活动，依法严厉打击各种严重刑事犯罪活动，为加快富民兴赣创造良好的社会治安环境。强化国家安全意识，加强国家安全工作，有效防范和严厉打击境内外敌对势力的渗透破坏活动，切实维护国家安全。进一步加强党对武装工作的领导，深入开展国防教育，加强国防后备力量和国防动员体制建设，广泛开展军民、警民共建，充分发挥民兵、预备役人员和武警官兵在富民兴赣中的作用。进一步做好拥军优属、拥政爱民工作，不断巩固和发展军政军民团结。

五、坚持以加强党的执政能力建设和先进性建设为重点，全面推进党的建设新的伟大工程

加强党的执政能力建设和先进性建设，是党的建设的根本任务，也是在新的起点上实现江西崛起新跨越的根本保证。要紧紧围绕加强党的执政能力建设和先进性建设，进一步加强全省各级党组织的思想、组织、作风和制度建设，为江西的跨越式发展提供坚强的政治组织保证。

（一）牢固树立立党为公、执政为民理念，始终保持思想上的先进性。立党为公、执政为民，体现了“三个代表”的根本要求，体现了党的根本宗旨。保持思想上的先进性，

最重要的是牢固树立立党为公、执政为民的理念,并切实贯彻落实到我们的各项工作中去。要深入学习贯彻党章,进一步坚定理想信念,加强道德修养,始终做到与时代发展同步伐,与人民群众共命运。要坚持正确的权力观。权力是把双刃剑,用权为公,就能造福人民,使人高尚;以权谋私,就会为害社会,走向腐化堕落。各级领导干部一定要始终把权力当做一种使命、一种责任和一种义务,坚持以为民掌权为本分,以为民造福为天职,慎用权力,用好权力。要坚持正确的政绩观。不思进取、无所作为、没有政绩的干部是不称职的干部。但是,我们所要的政绩,必须是符合科学发展观的政绩,是经得起群众、实践和历史检验的政绩。要坚持以科学发展观引领正确的政绩观,以正确的政绩观落实科学发展观。坚持为人民创造政绩,靠求真务实创造政绩,把实现人民群众的利益作为追求政绩的根本目的,把尊重科学、真抓实干作为创造政绩的唯一途径,把获得人民群众的认可作为检验政绩的根本标准,坚决防止片面追求政绩、脱离实际,坚决防止追逐眼前政绩、损害长远利益,坚决防止搞虚假政绩、劳民伤财,坚决防止为凸显政绩,不计政绩成本、不讲为政道德。要坚持正确的群众观。党的根基在人民,血脉在人民,力量在人民。各级干部要坚持权为民所用,情为民所系,利为民所谋,坚持对上负责与对下负责相统一,关心群众、善待群众,千方百计为群众排忧解难,以真情凝聚群众,以真心赢得民心。为广大群众办好一件实事,解决一个难题,比一百个空洞的口号更重要!

(二)坚持科学执政、民主执政、依法执政,不断提高领导能力和水平。面对日新月异的新形势和千变万化的新情况,各级领导干部要具有宽广的眼界,善于进行理论思维和战略思维,正确把握时代发展的要求,科学判断形势,尊重客观规律,不断提高运用科学发展观统筹经济社会发展全局,推进经济社会全面协调可持续发展的水平,牢牢掌握发展的主动权。要加强以民主集中制为核心的制度建设,大力发展党内民主,坚持集体领导下的个人分工负责制,完善党委内部议事和决策机制,建立健全充分反映党员和党组织意愿的党内民主制度,保障党员的民主权利,努力营造党内不同意见平等讨论的环境和讲真话、讲实话的浓厚氛围,以党内民主推动社会民主。积极推进政务公开,逐步推进党务公开,建立社情民意反映制度和重大事项社会公示、听证制度,扩大公民有序的政治参与,丰富民主的实现形式,使决策更好地集中民智、反映民意。要增强广大党员干部的法治意识,尊重和维护宪法和法律的权威,严格按照法定权限和程序行使权力、履行职责,依法保障公民和法人的合法权益。切实增强各级领导干部依法执政的能力,善于运用法律手段,管理经济、文化和社会事务,推动各项工作开展。

(三)适应新形势新任务的要求,努力建设高素质干部队伍和优秀领导团队。区域发展的竞争,说到底是干部队伍素质的竞争,尤其是领导团队能力和水平的竞争。要全面贯彻"四化"方针和德才兼备原则,不断深化干部人事制度改革,努力建设一支想干事、会干事、干成事、好共事、不出事的高素质干部队伍。按照科学发展观和正确政绩观的要求,建立科学的干部选拔任用机制和干部政绩评价体系,扩大干部工作中的民主,扩大广大群众对于部工作的知情权、参与权、选择权、监督权,真正把那些政治上靠得住、工作上有本事、作风上过得硬、人民群众信得过的干部选拔到各级领导班子中来。在实际操作中,要注意保护和任用那些埋头实干、不事张扬、作风正派、敢于坚持原则、政绩突出的干部。要加大干部培养教育力度,全面推进培训干部工作。高度重视培养优秀年轻干部、妇女干部和党外干部。要大力加强领导班子建设,努力把各级领导班子建设成政治坚定、务实高效、团结和谐、奋发有为的优秀领导团队。面对执政条件和社会环境的变化,各级领导干部要加强学习,着力提高思想政治理论素养,始终保持清醒的头脑,始终保持坚定的理想信念,始终保持与党中央在思想政治上的一致,切实把握好大局、把握好方向。要把科学发展观的要求转化为领导科学发展与促进社会和谐的实际能力,不断提高审时度势的应变力、总揽全局的驾驭力、开拓进取的创新力、攻坚破难的操作力,正确应对和处理改革发展稳定中的问题。要切实贯彻"两个务必"和"八个坚持、八个反对"的要求,大兴求真务实之风,坚决防止和克服官僚主义、形式主义,坚决防止和克服浮躁心态、漂浮作风,切实做到一心一意干事业,扎扎实实抓工作。要进一步增进各级领导班子的团结,努力营造团结和谐的氛围,增强各级领导班子的凝聚力和亲和力。

(四)着力增强基层党组织的创造力、凝聚力和战斗力,进一步夯实党的执政基础。党的基层组织是党全部工作和战斗力的基础,也是党执政的重要组织基础。要按照围绕中心、服务大局、拓宽领域、强化功能的要求,充分运用先进性教育的成功经验,深入推进"三项创建"、"三培两带"和无职党员"设岗定责"等活动,把全省基层党组织建设成为促进科学发展、加快富民兴赣的坚强战斗堡垒。要切实加强农村基层组织建设,推动农村基层组织创新和工作创新,建立党员经常受教育、农民长期得实惠的长效机制;进一步加强国有企业党建工作,完善工作机制,充分发挥党组织的政治核心作用;加大在新经济组织和新社会组织中建立党组织的工作力度,探索党组织和党员发挥作用的方法和途径,扩大党的工作覆盖面;以服务群众为重点,创新工作方式,努力构建城市社区党建工作新格局;继续加强机关党建工作,进一步加强学校、科研院所、文化团体等事业单位的党建工作,全面提高基层党组织建设的整体水平。党员是党的肌体的细胞和党的活动的主体。要把发展党员工作与加强党员教育管理结合起来,努力改善党员结构,切实提高党员质量,推进党员教育管理工作创新,不断提高党员队伍的整体素质,增强党员队伍的生机与活力。要增强广大党员的先进性意识,切实做到"平常时期能看得出来,关键时刻能冲得出来,危难时刻能豁得出来",以党员的先锋模范作用团结、凝聚广大群众。

(五)进一步加强党风廉政建设,不断提高拒腐防变能力。党风廉政建设和反腐败斗争关系党的生死存亡。各级党委要充分认识反腐倡廉工作的长期性、复杂性、艰巨性,坚持党要管党、从严治党的方针,坚定不移、持之以恒地抓紧抓好这项工作。要贯彻标本兼治、综合治理、惩防并举、注重预防的反腐倡廉战略方针,推进教育、制度、监督并重的惩治和预防腐败体系建设,着力从源头上遏制腐败。加强对各级干部的廉政教育,努力提高各级干部的思想道德修养和精神境界，筑牢拒腐防变的思想防线，提高拒腐防变的能力。加强廉政文化建设，大力营造以廉为荣、以贪为耻的社会氛围。加强廉政制度建设，真正形成用制度规范从政行为、按制度办事、靠制度管人的有效机制。进一步健全监督制约机制，切实加强对领导干部行使权力的全方位、全过程监督，着力防止权力失控、决策失误和行为失范。要继续保持查办案件的高压态势，依纪依法严肃查处领导干部滥用职权、谋取私利、贪污贿赂、腐化堕落、失职渎职等方面的案件。深入开展治理商业贿赂工作，继续下大力气纠正损害群众利益的不正之风。对腐败分子必须彻底查处、绝不姑息。要严格执行党风廉政建设责任制，以反腐倡廉工作的实际成果取信于民，保持党的肌体纯洁健康，保证党的事业不断向前推进。

同志们！江西崛起是一个全民奋起，艰苦创业，摆脱贫困，全面实现小康，由不发达地区变为发达地区的历史进程。我们正处于江西崛起的关键时期，正经历着一个前所未有的历史大飞跃。实现全省的社会主义现代化，让全省人民都过上幸福的生活，这是我们庄严的历史责任。让我们紧密团结在以胡锦涛同志为总书记的党中央周围，高举邓小平理论和"三个代表"重要思想伟大旗帜，全面落实科学发展观，为在新的起点上实现江西崛起的新跨越，为开创江西更加幸福美好的明天而奋斗！

中国共产党江西省第十二次代表大会会场 邓小勇摄

政府工作报告

——在江西省第十届人民代表大会第五次会议上

代省长 吴新雄

（2007年1月25日）

各位代表：

现在，我代表省人民政府，向大会作政府工作报告，请予审议，并请各位省政协委员和列席会议的同志提出意见。

一、2006年工作简要回顾

过去的一年，在党中央、国务院和省委的正确领导下，全省上下以邓小平理论和“三个代表”重要思想为指导，全面贯彻党的十六大和十六届三中、四中、五中、六中全会精神，以科学发展观统领经济社会发展全局，认真落实国家宏观调控政策，开拓创新，扎实工作，实现了“十一五”规划的良好开局。

——经济平稳较快增长。全省生产总值4619亿元，按可比价计算比上年增长12.3%；其中，一产786亿元，增长6.5%，二产2319亿元，增长16.3%，三产1514亿元，增长9.9%；三次产业结构调整为17.0:50.2:32.8，二产比重提高2.9个百分点。财政总收入518.1亿元，增长21.7%；人均生产总值突破1万元，人均财政收入超过1000元。全社会固定资产投资2683亿元，比上年增长23.7%。社会消费品零售总额1428亿元，增长15.5%。

——开放水平不断提升。全年直接利用外资28.07亿美元，增长15.9%，总量继续保持中部六省首位。引进省外单项投资5000万元以上工业项目资金580亿元，增长23%。海关外贸进出口总额61.94亿美元，增长52.6%；其中出口37.53亿美元，增长53.8%，增幅列全国第二。

——人民生活继续改善。全年新增城镇就业44.5万人。城镇居民人均可支配收入9551元，比上年增加931元，增长10.8%；农民人均纯收入3585元，比上年增加319元，增长9.8%。年末城乡居民人均储蓄存款7263元，比上年末增加878元。居民消费价格指数上涨1.2%，比预期目标低1.8个百分点。

去年的政府工作，始终坚持以科学发展观为统领，突出“科学发展、和谐创业”这个主题，大力推进经济社会协调发展。

把生产发展放在社会主义新农村建设首位，落实各项支农惠农政策，促进了农业增产和农民增收。为促进粮食增产，全年发放各种种粮补贴15.64亿元，粮食总产量达到379.3亿斤，比上年增产8.5亿斤。农业结构继续优化，畜牧、水产业稳步发展，经济作物产值占种植业产值比重近50%。农业产业化经营水平继续提升，经营领域进一拓宽，各类农业产业化组织实现销售收入667亿元，增长27%。大力推进“一村一品”，形成了一批产业特色鲜明、辐射带动力较强的专业村。整合各类支农资金6.21亿元，在全省1万个自然村开展了社会主义新农村建设试点，农村基础设施得到改善，建成100万亩标准化农田。加快农村富余劳动力转移，认真实施农民工培训“阳光工程”，跨省劳务输出达到563万人，全省各类园区吸纳农村劳动力就业84万人。

着力提升经济运行质量，工业化和城市化水平继续提高，现代服务业协调推进。全年完成工业增加值1806亿元，增长19.0%；其中规模以上工业增加值1189亿元，增长22.7%，销售收入和实现利税分别增长41%和51%；工业增加值占生产总值比重39.1%，提高3.2个百分点，工业经济效益综合指数174.8%，提高25.1个百分点。围绕增强企业自主创新能力，实施了一批重点技改项目，开发了一批新产品。大力推进工业园区建设和支柱产业发展，工业园区完成工业增加值766亿元，增长36%，纳税亿元以上的工业园区达到35家；六大支柱产业完成增加值703.5亿元，增长27.9%；年销售收入超100亿元的大型企业7户，其中江铜销售收入超300亿元。城镇建设有序推进，全省城镇化率达到38.68%，比上年提高1.58个百分点。城乡商贸流通进一步繁荣，现代服务业健康发展，成功举办第二届中国红色旅游博览会，旅游接待总人数和旅游总收入分别增长18.7%和22.2%。

认真贯彻中央宏观调控政策，坚持有保有压的原则，切实加强基础设施建设。杭瑞公路赣皖界—婺源—景德镇、宁樟公路白沙关—婺源、南昌西外环行等3条高速公路先后建成通车，全省高速公路通车总里程达到1770公里；完成国省道改造800公里；硬化农村公路10000公里。浙赣铁路电气化发改造全面完成任务，井冈山铁路顺利建成，向莆铁路、昌九城际铁路前期工作取得重大进展。昌北国际机场扩建工程已经奠基。黄金埠电厂一台机组、丰城电厂二期一台机组、井冈山仙口水电站、分宜电厂循环流化床机组并网发电，全年新增电力装机188万千瓦，新增220千伏和500千伏输变电线路1761公里。全年完成水库除险加固817座，改造大中型机电泵站107座，并在文化、卫生、体育等社会事业领域实施了一批重点工程。

**不断深化重点领域改革，着力推进对外开放，发展的动

力与活动力进一步增强。继续推进农村综合改革试点，林业产权制度改革进展顺利，国有水管单位体制改革基本完成。新型农村合作医疗试点县(市、区)由11个扩大到40个，参合农民达到1221万人。“省直管县”和“乡财县代管”试点扎实推进。国有资产监督管理体制进一步完善，国有企业在招商重组、退城进郊、主辅分离和政策性破产等方面稳步推进，国有资产保值增值能力增强，21户省属企业集团资产增值率达到20.3%。23家上市公司完成股权分置改革，清欠工作全面完成，为新股上市和上市公司再融资创造了有利条件。金融体系进一步完善，风险得到有效化解。大力推动全民创业，积极发展非公有制经济，非公有制经济税收的贡献率达到45.8%。组团参加了第三届“9+2”泛珠三角经贸合作洽谈会、第十届厦洽会、首届中部博览会和文博会、第三届东盟博览会等重大经贸活动，成功举办了香港经贸合作活动周、第四届赣台经贸合作研讨会、第三届景德镇国际陶瓷博览会，扩大了江西的影响，签约了一批重大招商引资项目。有世界500强背景的企业落户江西累计24家，国内500强企业落户江西46家。对外开放平台建设取得重大进展。九江出口加工区封关运行，并实现了出口零的突破；南昌出口加工区获得国家批准。电子口岸建设深入推进，海铁联运规模不断扩大，检验检疫水平提高，通关条件进一步改善。“走出去”战略取得新进展，对外工程承包业务进一步拓展，在纳米比亚、伊朗等国家取得一批探矿权和开采权。对外交往扩大，菲律宾总统阿罗约等一批重要国宾来赣访问。

把发展社会事业放在更加突出的位置，全面实施科教兴赣战略，经济社会发展的协调性进一步增强。召开了全省科学技术大会，制定了《江西省中长期科学和技术发展规划纲要(2006～2020)》。科技投入力度加大，在电子信息、生物医药和新材料三大领域实施了一批重大科技项目，科技成果的引进、消化、吸收和再创新取得新进展，哲学社会科学事业取得新成绩。义务教育进一步巩固，职业教育规模扩大，高等教育扎实推进。人才跨省流动进出比达到1:1，其中高层次人才实现进多于出。文化事业和文化产业加快发展，19个项目被批准为国家级首批非物质文化遗产名录；实现了50户以上自然村有线电视“村村通”。基本完成了204个疾病预防控制和医疗救治体系建设项目，突发公共卫生事件应急处置能力明显提高，加强了血吸虫病、艾滋病、结核病等传染性疾病的防治。低生育水平持续稳定，人口自然增长率控制在7.79‰。环境质量总体状况良好，监测监管能力得到加强。成功举办了省第十二届运动会。民族宗教、外事侨务、涉台事务、气象服务、防震减灾、统计审计、新闻出版、民兵预备役、“双拥”活动、人防、妇女儿童、老龄、残疾人等各项工作取得新进步。

继续实施积极的就业政策，认真解决关系群众切身利益的实际问题，促进了社会和谐稳定。认真落实新一轮就业政策，实现了新旧政策的平衡过渡，再就业小额贷款发放继续保持全国领先水平。进一步完善了企业基本养老保险制度，确保了新老制度平稳衔接，提高了企业退休人员基本养老金标准。建立了农村最低生活保障制度，初步形成了全省城乡特困群众的社会救助体系，200多万困难群众得到救助，并提高了农村“五保户”供养标准，其中分散供养由年人均800元提高到1200元，集中供养由年人均的1200元提高到1800元。九江地震灾后重建全面完成，各类受灾群众的生产生活得到妥善安置。按照人均每年600元的标准，对大中型水库移民实施后期扶持。贫困村整村推进工作取得新成效，完成了5万移民扶贫搬迁任务。解决了80万农村人口饮水安全问题。全面实现清理拖欠工程款和农民工工资的目标，初步建立了农民工工资保障金制度。加强食品、药品、餐饮卫生监管，有效地保障了人民群众健康安全。认真落实安全生产责任制，严格实施安全生产许可制度，对重点领域、重点行业进行了专项整治，安全生产态势总体平稳。以开展商业贿赂专项治理和解决损害群众利益的突出问题为重点，深入开展反腐败斗争。社会治安综合治理进一步加强，社会保持稳定。

各位代表，过去的一年，我们胜利实现了“十一五”规划的良好开局，保持了经济社会又好又快发展的势头。这些成就的取得，是党中央、国务院和中共江西省委坚强领导的结果，是全省人民团结奋斗、勇于探索、积极进取的结果，也是与历届政府打下的扎实基础分不开的。在此，我代表省人民政府，向全省广大工人、农民、知识分子和干部，向各民主党派、工商联、无党派人士和社会团体，向驻赣人民解放军、武警官兵、公安干警，致以崇高的敬意！向所有关心、支持江西发展的同志们、朋友们和海内外友好人士，表示衷心的感谢！

在看到成绩的同时，我们也清醒看到经济社会生活中还存在不少困难和问题。主要是经济社会发展整体水平还不高，产业结构还不够合理，竞争力还不强，资源约束和环境压力越来越大；农民增收难度较大，困难群众生产生活还有不少问题亟待解决；影响社会和谐稳定的因素不少，一些矛盾还比较突出；政务环境有待进一步优化等。我们将高度重视这些存在的问题，并在改革发展中努力克服和解决。

二、2007年工作目标和主要措施

2007年，是深入贯彻落实科学发展观、积极推进和谐社会建设的重要一年，是落实中共江西省第十二次代表大会战略部署、在新的起点上实现江西崛起新跨越的第一年，也是实施“十一五”规划的第二年。今年政府工作总的指导思想是：坚持以邓小平理论和“三个代表”重要思想为指导，全面落实科学发展观，突出构建和谐社会这条主线，抓住又好又快发展这个关键，着力实施“民生工程”，不断增强人民群众的幸福感；着力转变经济增长方式，不断提高经济运行质量、壮大经济总量；着力推进改革开放，不断增强经济社会发展的内在活力和外源动力；着力推动政府管理创新，不断提高各级政府的决策力、执行力和公信力；力争推进“五化”有明显进展，建设“三个江西”有明显成效，在新起点上实现江西崛起新跨越迈出坚实的步伐，以优异成绩迎接党十七大胜利召开。

综合考虑各种因素，2007年全省经济社会发展总体目标是：生产总值增长11%，财政总收入增长15%；全社会固定资产投资增长20%；社会消费品零售总额增长14%；实际利用外资增长10%，引进省外单项投资5000万元以上工业项目资金增长15%，外贸出口增长20%；城镇居民人均可支配收入增长8%，农民人均纯收入增长8%；城镇登记失业率控制在4.5%以内；居民消费价格总水平涨幅控制在3%以内；全省生产总值综合能耗下降4%；主要污染物排放总量减少2%；人口自然增长率控制在8‰以内。

实现上述目标，必须始终围绕省第十二次党代会确定的战略部署，求真务实、开拓创新、自加压力、负重奋进，坚持正确的发展思路不动摇，深入实施以新型工业化为核心的发展战略，加速农业大省向工业强省转变；深入实施统筹发展战略，促进城乡和经济社会协调发展；深入实施大开放和改革攻坚战略，建设更具活力、更加开放的经济体系；深入实施科教兴赣、人才强省战略，着力提高自主创新能力；深入实施生态立省、绿色发展战略，不断增强可持续发展能力；深入实施创业富民、和谐发展战略，进一步增进人民群众的幸福感。为此，今年重点抓好以下五方面的工作：

（一）坚持以人为本，积极实施“民生工程”

把关注民生作为建设和谐社会的首要任务来抓，从人民群众最关心、最直接、最现实的利益问题入手，着眼实现“四个全覆盖”：城乡困难群众最低生活保障全覆盖，城乡困难群众大病医疗救助全覆盖，城乡义务教育免学杂费和贫困生资助政策全覆盖，到2008年实现农民和缺乏基本医疗保障的城镇居民合作医疗全覆盖。突出8个重点、办好52件实事。

第一，把扩大就业、促进再就业作为“民生工程”的头等大事来抓。着力办好4件实事，主要包括：建立小额贷款激励机制，根据新增小额贷款额度，对金融机构和100%还贷的社区给予适当奖励；免费为有创业愿望和创业条件的下岗职工、高校毕业生、城镇复员退伍军人、农民工等提供创业培训和创业指导；实行免费培训、免费职业介绍、免收管理、登记、证照费和提供岗位补贴、社会保险补贴、小额担保贷款贴息补助的“三免三补”政策，建立促进“零就业家庭”就业的长效机制，使有就业愿望和就业能力的“零就业家庭”至少有一个就业；在劳务输出人员相对集中的省外大城市，建立健全省级驻外劳务服务管理机构，为我省外出劳务人员提供全方位服务。今年力争新增城镇就业43万人，新增农村劳动力转移45万人。

第二，进一步完善社会保障制度。重点办好6件实事，主要包括：提高企业职工养老保险金标准，在前两年月人均增加160元的基础上，从今年7月1日起人均再增加80元；对城镇大集体困难企业中未参加养老保险且基本生活保障水平低的退休职工，从今年起，按月人均200元标准给予生活补助；对国有农场、林场、水利困难企事业单位中未参加养老保险且基本保障水平低的退休职工，给予适当生活补助；采取财政解决一点、土地出让收入安排一点、农民安置补偿费负担一点的办法，开展失地农民就业和社会保险试点，并积极开展商业保险试点；选择1～2个设区市开展失业保险基金市级统筹试点；推进非公有制企业、城镇个体工商户、灵活就业人员和破产改制企业职工参加社会养老保险，力争今年城镇职工基本养老保险参保人数增加45万人。

第三，进一步完善社会救助体系。着力办好5件实事，主要包括：从今年起，提高农村居民最低生活保障补差水平，使月人均补差水平达到30元；提高六十年代初期精简退职老弱残职工补助标准，生活补助金每人每月提高50元；继续改建、扩建、新建城乡敬老院、福利院、光荣院；大力发展慈善事业，实施“蓝天计划”进一步改善孤残儿童的生存、生活条件。

第四，扎实抓好扶贫工作。巩固扶贫成果，切实防止返贫，着力办好5件实事，主要包括：继续实行移民搬迁扶贫，完成5万群众的移民搬迁任务，省专项安排资金1.5亿元；抓好1800个扶贫开发工作重点村的整村推进；抓好贫困农民和扶贫移民户的劳动力转移培训，全年完成6万人培训任务；省级农业产业化专项资金重点向贫困地区农业产业化龙头企业倾斜；继续抓好机关单位定点扶贫、干部包户扶贫和光彩事业社会化扶贫。

第五，济困助学，努力促进教育公平。着力办好6件实事，主要包括：建立农村义务教育阶段中小学校舍维修改造长效机制，财政今年再安排2.85亿元；增加农村义务教育和公办高校经费，农村小学年生均公用经费由40元提高到60元、初中由60元提高到80元，公办高校生均经费今年增加200元，明年再增加200元，并积极推进高校助学贷款；农村和城市义务教育全部实施免学杂费和贫困生免教科书费；对城乡贫困寄宿生生活费给予适当补助，其中农村贫困寄宿生生活费补助从每人每年100元提高到300元，城市贫困寄宿生生活费从今年起每人每年补助300元；建立高中、中职和考取大学的特殊困难家庭学生资助政策体系，从今年起，对公办高中的特殊困难家庭学生每人每年补助800元，对职业高中、普通中专、成人中专、技工学校的特殊困难家庭学生每人每年补助1000元，对本省考取大学的特困家庭学生每人一次性补助5000元；将农民工子女义务教育纳入流入地政府教育发展规划，以全日制公办中小学校接收为主，让进城务工农民子女与城镇居民子女一样就近入学，不得加收借读费等不合理费用。享受教育公平是每个公民的基本权利，我们一定要让所有孩子不因家庭经济困难而失学，不因家庭经济困难而辍学。

第六，努力解决看病难、看病贵问题。着力办好10件实事，主要包括：开展新型农村合作医疗的县（市、区）由40个扩大到80个，力争新增参合农民1200万人；增加城乡困难群众大病医疗救助资金投入；采取财政补助的办法，建立城镇居民合作医疗保险制度；资助国有及国有控股困难企业职工参加医疗保险；资助国有农垦、农场、林场、水利困难企事业单位和城镇大集体困难企业退休职工参加城镇居民合作医疗保险；解决企业离休人员医药费单独统筹历年超支问题；增加投入，改善村卫生所、乡镇卫生院和县级综合医院业务用房和医疗设备，培训医务人员，提高医疗水平；增加城市社区基本公共卫生服务经费，扩大城市社区基本公共卫生服务覆盖面，今年要覆盖95%以上的街道和城市居民；着力整治药品价格虚高和医药领域商业贿赂，提高对药品、医疗器械的检验监测能力；设立食品抽验、检验专项资金，提高食品安全检测能力。我们一定要让人民群众有病能看、看得起病、用药安全、饮食放心。

第七，改善群众的生活、生产条件。今年着力办好12件实事，主要包括：推进经济适用住房建设，在设区市房地产开发总量中，今年经济适用住房的比例不低于20%，合理确定价格，使符合条件的中低收入家庭通过8～10年的努力,基本具有买得起80平方米左右经济适用住房的能力;进一步完善廉租房制度,以发放租赁住房补贴为主、实物配租和租金核减为辅的形式,帮助更多的城市特困群众解决住房困难;推进省直机关和事业单位住房分配货币化改革,对未购买公有住房和住房面积未达到规定标准的职工发放住房补贴;切实改善群众出行条件,优先发展公共交通;理顺污水处理收费价格,对城市污水集中处理进行奖励;大力发展农村公益事业,省财政新增安排农村公益事业专项资金2亿元,总额达到3亿元;加强1~5万亩的圩堤除险加固和小型农田水利建设,省财政新增安排1亿元;认真解决好100万农村人口饮水安全问题;改造和硬化农村公路1万公里,新建通村砂石路2500公里,完成一批"渡改桥"项目,实现100%乡镇通油路、90%行政村通公路;实现20户以上自然村户户通电;在去年基础上再完成1万个自然村通电话;省财政增加农村文化专项资金2000万元,总额达到1.2亿元,用于丰富农民文化生活。

第八,努力增加人民群众收入。在发展生产、提高效益的基础上,进一步落实政策,理顺分配关系,让改革发展的成果惠及广大人民群众。着力抓好4件实事,主要包括:落实好中央和省里的一系列支农惠农政策,让农民得到更多的实惠,切实防止农民负担反弹,在加快农村经济发展和农村劳动力转移就业的基础上,有效增加农民收入;稳定物价,提高最低工资标准,扩大就业,支持创业,有效增加城镇职工工资性收入;实施好机关事业单位工资制度改革,规范公务员津贴补贴发放;对津贴补贴发放水平明显偏低的困难县(市、区),省财政给予适当补助。今年要确保农民人均纯收入和城镇居民人均可支配收入增长8%。

为确保"民生工程"的52件实事落实到位,各级政府要用系统的思维去谋划,用抓工程的办法来实施。一是建立目标管理责任制。按照职责和分工,把52件实事分解落实到各级政府和有关部门,由行政主要领导负总责,签订责任状,做到每件实事有部署、有要求、有措施、有专人负责,一级抓一级,层层抓落实。二是集聚财力,提供保障。进一步调整和优化财政支出结构,新增财力实行"四个倾斜":向困难群众倾斜、向农村倾斜、向基层倾斜、向社会事业倾斜,省市县(区)三级财政安排44亿元以上,加大"民生工程"的投入。三是认真落实各项配套政策措施,对"民生工程"依法依规实行税费减免。四是组织和动员社会力量参与"民生工程"。制定规范,积极有序引导社会组织和个人参与慈善事业、开展救助募捐,鼓励社会各界力量投入"民生工程"、兴办公益事业,同时鼓励和支持各级保险机构面向困难群体开展各类商业保险业务,不断完善社会化的保险救助体系。

(二)全面落实科学发展观,推动经济又好又快发展

坚持以科学发展观统领经济发展,在努力壮大经济规模的同时,更加注重转变经济增长方式,更加注重发挥优势、培育特色、增强后劲。积极实施好产业经济"十百千亿工程",到2010年,培育壮大一批年销售收入超10亿元的农业产业化龙头企业、旅游集团企业和现代物流企业、一批年销售收入超百亿元的大型企业集团、一批年销售收入超500亿元的工业园区,培育若干个年销售收入超千亿元的特色产业。促进一、二、三产业协调发展,增强全省经济的综合实力和竞争力。

*以发展现代农业为重点,扎实推进社会主义新农村建设。*一是认真落实国家确立的各项支农惠农政策,对粮食实行最低收购价,及时发放各种粮食补贴,调动农民种粮积极性,力争今年粮食总产量达到380亿元。进一步加大对"三农"的投入,省本级财政今年用于农业的支出6.3亿元,增长19.1%。二是实施"造地增粮富民工程",在不填湖,不填河,不占林地,不破坏生态环境的前提下,增加耕地资源,提高耕地质量,开发整理新增耕地10万亩以上。三是大力推进农业产业化。积极发展开放型农业,着力在扩大市场,做大规模,创优品牌,深度加工、增强"公司+农户"带动能力上取得新成效。培育壮大10个以上年销售收入超10亿元,100个年销售收入超亿元的重点龙头企业。力争赣南果业保鲜包装、新余珊娜果品保鲜、阳光乳品有机奶、国鸿和福润生猪加工、南昌梅氏仙丹禽蛋加工、上饶五洲星食品罐头、江西利康鲜菇加工等产业化项目建成投产。加强龙头企业的带头作用,力争农业产业化经营带动农户增加10%,农民来自农业产业化的收入增长10%。四是积极开展"一村一品"活动。在水果、茶叶、水产、生猪、棉花、中药材、油茶、毛竹、食用菌等方面培育一批优质高效生态农产品基地。五是整合涉农基金16亿元,在全省再选择1万个自然村开展社会主义新农村建设试点,主要解决农村引水安全、乡村道路、清洁能源、农村电网和通广播电视等突出问题,让农村面貌有一个看得见的变化。进一步健全农技、农机、良种推广体系,强化动物疫病防治,促进粮食增产、农业增效、农民增收。

*按照企业做强、产业做优、、经济版场做大的要求,扎实推进新型工业化。*一是做强一批企业集团。重点抓好江铜新增30万吨电解铜、九江化纤年产6万吨黏胶短纤等一批重点企业的重大项目的投产,形成昌河汽车、江西中烟公司等一批销售收入超50亿元的企业集团;力争江铃集团销售收入超150亿元,新纲、九江石化超200亿元,江铜集团超400亿元。同时,抓好中小企业的发展,引导中小企业做专做精做特做强。二是做优具有比较优势的产业。围绕壮大六大支柱产业,抓好江铃4万台轻型客车、威刺30万台大屏幕液晶电视等一批重大工业项目,力争六大支柱产业完成增加值850亿元,增长21%。发挥我省铜、钨、稀土、钽铌、岩盐、石英石、萤石等有色金属和非金属矿产资源优势,抓好赛维公司300兆瓦太阳能多晶硅片,江西经源矿业5000吨石英拉管、江钨集团3000吨硬质合金和年产300万支钍钨丝瓷控管等一批矿产深加工项目,延长产业链,提高附加值。到2010年,力争形成1~2个年销售收入超千亿远的优势产业。三是着力壮大经济增长版块。以30个省级重点工业园区为重点,积极推进共青服装,景德镇陶瓷,袁州医药,贵溪铜业等8个省级特色工业园建设,形成南昌高新软件、星火有机硅、新余多晶硅、赣州钨和稀土、樟树及新干岩盐等一批省级特色产业基地。进一步抓好昌九工业走廊建设,逐步把昌九工业走廊建设成为具有较强竞争力的外向型经济示范区、重要的先进制造业基地。力争超百亿元的园区达到7个,上缴税款超亿元的园区41个;全省工业园区实现销售收入2630亿元,上交税金158亿元。四是加强工业生产调度和服务,力争全省规模以上产业增加

值、销售收入和实现利税分别增长20%、25%和30%以上，工业经济效益综合指数提高10个百分点，工业单位综合能耗下降5%。

以旅游产业为龙头，大力发展第三产业。一是进一步打响“红色摇篮、绿色家园”旅游品牌。大力推进红色文化游、绿色生态游、陶瓷特色游、乡村民俗游、度假休闲游；着力抓好道路、宾馆等重点旅游配套设施建设，切实增强游、购、娱、食、住、行旅游整体功能，放大旅游点、线、面联动效应，提高旅游综合效益；创新旅游发展体制，着力引导和推进旅行社、景区、宾馆等经济实体互相参股合作的旅游集团的组建；继续办好第三届红色旅游博览会。力争全年接待旅游人数7000万人次，增长16%，旅游总收入460亿元，增长18%，其中入境旅游人数和旅游外汇收入增长22%以上。二是以发展现代物流业为重点，繁荣商贸流通。抓好南昌昌南农产品物流中心、省供销综合仓储物流中心、宜春现代物流中心等一批重点物流中心建设，通过联合重组、内引外联，形成一批年营业额10亿元以上的大型物流企业。继续实施繁荣农村市场的“万村千乡市场工程”、为农村提供信息服务的“农村商务信息工程”、帮助国有流通企业解困的“减债脱困工程”和“人才强商工程”，加强农村流通服务体系建设，为扩大消费特别是农村消费创造有利条件。三是以信息、金融保险和资本市场建设为核心，提升现代服务业。加强信息网络平台建设，整合信息网络资源，促进信息共享；加强信息网络的开发利用，积极推进电子政务、电子商务，提高全社会的信息化水平；积极发展信息产业，重点扶持泰豪、先锋、金鼎、思创、行知等软件企业发展，鼓励发展软件外包业务；抓好信息领域的管理，加强信息安全。积极推进江西发展银行、农村合作银行和上饶市城市商业银行等地方银行的组建，争取中信银行等股份制银行进入江西设立分支机构。推进江西安康人寿保险公司的组建，鼓励和支持各级保险公司开展多种形式的农村保险、责任保险和健康养老保险。大力推动具备条件的企业上市，力争江特股份、正邦科技、泰豪软件、天施康等企业在境内上市，瑞丰生物在新加坡上市。力争江西高速控股公司和江西煤炭集团分别发行企业债券20亿元和6亿元。

以增强中心城市的集聚力、辐射力为重点，促进区域经济协调发展。大力支持省会南昌加快发展，全面提高产业、人口、资源的集聚和辐射能力，强化核心增长极的作用，使之成为重要的先进制造基地和区域物流商贸中心、金融中心。赣州、九江和上饶要发挥独特的区位优势，加快产业发展，加大建设力度，分别建成对接珠三角、长三角“桥头堡”和具有较强辐射带动功能的区域中心城市。景德镇、萍乡、鹰潭、宜春、吉安、抚州要充分发挥自身优势，明确城市定位，加快人口和生产要素集聚，力争用5年左右的时间，使大多数设区市城区人口达到或超过50万，形成以更多中心城市为核心的经济增长板块。加快建设一批经济实力较强、功能比较完善、特色比较鲜明、环境优美的中小城市和小城镇，促进大中小城市和小城镇协调发展。加快推进农村人口向城镇转移，力争全省城镇化率提高1.7个百分点。着力打造一批特色鲜明的县级经济板块，加快县域经济发展。进一步扩大县级发展自主权，增强县域经济的“造血”功能，提高县财政公共服务能力，对财政收入三年翻番和工业快速增长的县（市、区）继续给予奖励；对效益好、发展快、后劲足的开发区给予奖励，对非亿元县实施“两奖两挂一补”的激励措施，让发展慢的快发展，发展快的更好发展。今年全省所有县（市、区）财政总收入要过亿元，并形成若干个经济总量超100亿元、财政总收入超10亿元的经济强县。

以交通、能源、水利设施和社会事业为重点，继续推进基础设施建设。公路方面，确保建成景德镇至鹰潭、南康至大余2条高速公路，力争建成武宁至吉安、萍乡至洪口界、景德镇绕城3条高速公路；开工建设九江至瑞昌、瑞金至赣州、隘岭至瑞金3条高速公路，力争鹰潭至瑞金、石城至吉安、湖口至彭泽等高速公路开工建设；支持上饶市招商引资建设“上武”高速公路；确保年底实现全省高速公路通车里程突破2000公里；完成国省道改造800公里和农村公路1万公里。铁路方面，续建铜九铁路江西段，开工建设南昌至九江城际铁路、向莆铁路；同时抓紧实施昌北国际机场扩建工程。能源方面，建成黄金埠电厂、丰城电厂二期，完成278公里500千伏和709公里220千伏及110千伏输变电线路；续建分宜电厂1台33万千瓦机组、大岭风电场1.7万千瓦机组；开工建设华能瑞金电厂，并做好井冈山电厂和萍乡电厂扩建、新昌电厂新建等项目的前期工作，力争年底全省统调装机容量突破1000万千瓦；抓紧做好“川气入赣”的前期工作。水利方面，全面建成廖坊水利枢纽，抓紧病险水库除险加固；续建鄱阳湖二期防洪第五个单项、赣抚平原等6个灌区改造和一批大型排涝泵站更新改造，开工建设伦潭水利枢纽、山口岩水利枢纽等重点项目。社会事业方面，建成景德镇中国陶瓷博物馆、井冈山爱国主义教育基地、省人民医院综合病房楼、省档案馆；开工建设南昌大学第二附属医院医疗中心、省儿童医院门诊大楼、省方志馆、省社科中心楼等；继续抓紧省奥林匹克体育中心、省艺术中心、省妇幼保健院综合大楼、南昌大学第一附属医院急诊创伤抢救中心的建设。

（三）坚定不移地推进各项改革，推动开放型经济与全民创业更紧密地结合

实现江西崛起新跨越，必须把着力点放在激活内源动力和集聚外源动力上，不断增强改革开放促进科学发展的整体效应，加速经济市场化和国际化进程。

协调推进各项改革，为科学发展提供强有力的体制保障。一是深化国有企业制度建设。进一步完善薪酬分配制度，促进企业经营者与企业真正结成命运共同体，增强“我要发展”的内在动力和活力。以市场为中心，建立精干高效、反应灵敏的企业市场化运行机制和体制。按照有进有退的原则，发展股份制经济，有序引导资产向优势企业集中，促进国有资产在流动中保值增值和经营成果最大化，提高国有经济的控制力、影响力、带动力。进一步健全国有资产监督管理体制，防止国有资产流失。二是加快推进公共财政体系建设。更加关注民生，优化财政支出结构，捏紧拳头办大事。开展财政“支出绩效管理年活动”，建立财政专项资金使用绩效考核评估机制。今年对所有财政转移支付县市，全部纳入“省直管县”试点范围；“乡财县代管”试点范围扩大到50%以上。三是进一步深化金融体制改革。支持国有商业银行转换经营机制，推动中小银行金融机构联合重组。完善农村信用社改革,积极扶植和推进村镇银行发展。切实增强金融、保险对县域经济、成长型企业、“民生工程”和新农村建设的支持力度。高度重视防范和化解金融风险。四是推进农村综合改革。重点抓好乡镇职能转变和人员分流;开展化解乡村债务试点;实施国有农场、林场税费改革,继续完善林业产权制度配套改革,推进水利工程管理体制改革。进一步规范土地承包经经营权流转,促进农业规模化经营。

深入推进全民创业,促进外源型发展与内源型发展紧密结合。进一步激活各类创业主体,支持经营管理和科技人员领头创业,吸引外出务工经商人员返乡创业,大力扶持下岗失业人员自主创业,鼓励高校毕业生自立创业,推动广大农民致富创业,引进省外人才和归国留学人员来赣创业,激励各级干部在富民兴赣中干出一番事业,使“百姓创家业、能人创企业、干部创事业”成为赣鄱大地奔腾不息、蓬勃发展的创业潮。进一步放宽市场准入,加大财税金融支持,完善社会服务,鼓励、支持和引导个体私营等非公有制经济健康发展,让更多的创业者拥用施展才华的平台,使更多的民营企业通过不断创业做大做强。高度重视企业家队伍建设,努力造就一支具有远大目光、时代精神和高度社会责任感的企业家队伍。

坚定不移地实施大开放主战略,全面提高对外开放水平。抓好“十个结合”,突出“三个带动”,提高对内对外开放水平。把扩大开放与推进农业产业化结合起来,与增强技术创新能力、促进科技成果产业化结合起来,与培养壮大具有比较优势的产业结合起来,与做强做大核心企业集团结合起来,与搞好搞活国有及国有控股企业结合起来,与加快推进重大基础设施建设结合起来,与培育发展大旅游、大市场、大物流结合起来,与抢占更多国际市场份额和获取更多国际资源能源结合起来,与引进国内外智力、聚集创新型人才队伍结合起来,与全民创业结合起来,突出“重大产业带动”、“重点企业带动”、“重大项目带动”,促进产业集聚、项目集群。精心组织好香港经贸活动周、第五届赣台经贸合作研讨会、第三届中国“五会”(南昌)经贸恳谈会、第四届景德镇陶瓷博览会等重大招商活动,力争重点产业、重点企业、重大项目招商有较大突破。做大做强外贸出口企业,着力扶持100家重点出口企业,力争8家企业出口超亿美元。鼓励和支持有条件的企业“走出去”,拓展国际市场,开辟原材料、能源基地;积极推进对外工程承包和劳务合作。加强对外开放平台建设,提高检验检疫服务水平。建成电子口岸实体平台,全面提升通关效率。争取南昌出口加工区年内封关运行,提升海铁联运效能,改善外贸货运条件,争取增开1~2条国际航线。加强与沿海地区的对接,实现对内对外开放良性互动。切实加强外事工作,扩大对外友好交往,推进对外交流与经贸合作的有机结合。

(四)加快社会事业发展,推进和谐平安江西建设

按照全面协调可持续发展的要求,加快社会事业发展,妥善化解各类社会矛盾,以发展求和谐,以和谐促发展。

抓好科技创新体系建设,大力推进科技成果产业化。把原始创新、集成创新和引进消化吸收再创新有机结合起来,按照“十一五”科技规划,加大科研攻关和创新平台建设,建立以企业为主体、市场为导向、项目为载体、产学研紧密结合的科技创新和产业化机制。在电子信息领域,重点实施硅衬底半导体发光器件、8寸晶元片等产业化项目;在先进制造业领域,重点实施汽车自动变速箱、微型摄像模组等产业化项目;在生物技术与现代农业领域,重点实施赣南果业、泰和乌鸡良种繁育、中药现代化和分子育种等产业化项目;在新材料领域,重点实施高纯度多晶硅料、汽油抗爆剂、核级海绵锆等产业化项目;在新能源领域,重点实施生物柴油、燃料乙醇等产业化项目。同时,启动一批重大科技攻关专项。为确保重大科研成果产业化顺利实施,建立四个保障机制:一是培养、引进和集聚创新创业型人才队伍,使之成为推动科技与市场对接、形成现实生产力、实现产业化的关键力量。二是按照“有限目标、重点推进、政府引导、企业为主”的原则,政府组织,专家评估,每年筛选确定一批在国内外具有先进水平的新技术、新工艺,以及科技成果产业化项目,实施重点推进。三是整合各类财政性科技发展专项资金、金融性配套资金,建立市场化运行,企业化管理的科技创新担保机制、贴息机制、金融支持机制,对重点科技成果产业化项目给予重点支持。四是对重点支持的科技成果产业化产品,列入全省各级政府优先采购目录,提供有效的市场支持。

把教育放在优先发展的位置,办人民满意的教育。进一步建立完善的国民教育体系,深化课程和考试评价制度改革,加强教育与市场、与社会需求的对接,全面推进素质教育,统筹抓好各类教育的协调发展。继续巩固和提高九年制义务教育。今年完成80~100万平方米危房改造任务;建成120所农村寄宿制学校;在300所学校实施“新农村卫生新校园建设工程”;完成2000名农村中小学骨干教师和780名农村初、高中校长培训;继续实施农村中小学现代远程教育工程,使工程覆盖面由69%提高到90%以上,确保今年顺利通过国家教育部对我省“两基”工作的整体检验。把职业教育与就业需求紧密结合起来,加强技能型人才培养。今年建设13所县级中等职业学校、10所职业示范性院校,建设20个职业重点教育实训基地,招收中等职业教育新生30万人,在校生达到80万人。把高等教育的工作重点切实转到提高教学质量上来,办好一批国内知名并领先的学科。继续鼓励和规范社会力量办学,促进民办教育健康发展。

加强医疗卫生体育和人口工作,提高人民的健康保障水平。按照为广大人民群众提供安全、有效、方便、价廉的公共卫生和基本医疗服务的要求,加强农村卫生服务体系建设,完成23个县级医疗卫生机构、214个乡镇中心卫生院的改扩建任务,为90个县级综合医院、483个乡镇中心卫生院改善医疗设备,为1万个村卫生所改善业务用房、装备基本医疗设备。加强社区卫生机构服务能力建设,对全省600所社区卫生服务机构装备设备、改善条件,为社区卫生机构培训全科医生500名、护士750名、业务骨干1000人次。加强公共卫生体系建设,从今年起,用两年的时间,使100%的市、县的疾控机构达到国家要求的疾病检测能力,并切实抓好人感染高致病性禽流感、艾滋病、血吸虫病、结核病等重大传染性疾病的防治。大力扶持中医事业发展。切实规范医疗服务收费,加强对医疗机构的监督,构建和谐的医患关系。高度重视人口和计划生育工作,继续稳定低生育水平，提高出生人口质量，着重解决出生人口性别比过高的问题。加强残疾人、儿童福利设施建设，给他们更多的生活和健康关爱。大力开展全民健身活动，提高竞技体育水平，抓好我省运动员参加2008年奥运会的入选工作。

*大力推进文化建设，为建设和谐社会提供强大的精神力量。*坚持用先进文化凝聚力量、激发活力，弘扬伟大的井冈山精神，培育创新创业文化。实施好文化精品工程，鼓励创作更多的优秀文学艺术和影视作品；抓好重点演出单位尖子人才的培养和引进，提高演出水平，打响江西品牌。改善农村文化设施条件，建设和利用好县图书馆、文化馆，加快建设一批乡镇文化站。按照全国统一部署，抓好第三次全国文物普查，加强文物保护，积极做好三清山申报世界自然遗产工作。抓好文化产业发展，集中力是规划建设江西文化产业园，壮大出版、广电、报业等文化产业，开成一批有竞争力的龙头文化企业。抓好文化市场管理，规范网吧、音像等行业经营，加强民间演出团体管理，深入开展"扫黄打非"。高度重视哲学社会科学的研究和普及，加强文史工作；积极开展对外学术交流和文化交流，提高江西国际知名度。

*加强社会管理，维护社会稳定，保障人民群众安居乐业。*高度重视和正确处理人民内部矛盾，最大限度增加和谐因素，最大限度消除不和谐因素。推进城乡社区建设。加强信访工作，综合运用法律、政策、经济、行政等手段和教育、疏导等办法，积极调处和化解社会矛盾。加强对"社会人"、社会组织、虚拟社会的管理。坚持"打防结合、预防为主、专群结合、依靠群众"的方针，加快构建群防群控的社会治安防控体系。严厉打击各种刑事犯罪，努力预防和减少违法犯罪活动。按照"安全第一、预防为主、综合治理"的方针，强化安全生产责任制，抓好煤矿、烟花爆竹、交通、建筑施工、消防等重点领域的安全整治，最大限度减少安全事故。加强和改进法律援助。重视国家安全工作。加强民兵预备役和国防动员。深入开展创建"双拥"模范城（县）活动。

（五）抓好资源节约和生态环境保护，推进绿色生态江西建设

把生态立省、绿色发展贯穿于生产建设、生活消费各个方面，倍加珍惜良好的生态环境，使崛起的江西青山常在、绿水常流、资源永续利用。

*切实加强资源节约和综合利用。*大力推进节能，重点抓好100家高耗能企业节能；抓好100个房屋建筑工地（小区）节能试点和政府建筑物、办公系统节能改造；引导商业和民用节能。大力推进节材和循环经济，着力抓好100家资源综合利用企业、100家清洁生产企业、100家环保企业、100家再生资源回收和利用企业等循环经济典型企业，推动节能节材和资源再利用。开展"国土资源管理年"活动，提高对国家实行最严格土地管理制度的认识，稳定全省耕地总量，加强对基本农田保护区的保护，建立规范有序的省市县乡村和农民用地管理、督查、处理机制。把管地、造地、用地有机结合起来，切实落实耕地占补平衡。抓好矿产资源的合理开发和综合利用。按照"科学规划、合理布局、适度规模、深度加工"的原则，加强矿产资源勘查、开采、使用有序管理，限制和淘汰粗放型资源开采、经营项目，鼓励符合国家产业政策、符合省重点支持产品目录的项目发展。

*严格控制污染物排放。*严把环境保护准入关，切实做到"三个坚决不搞"。严格遵守环境保护设施与主体工程"三同时"制度，未执行"三同时"未以环保验收的项目不得投产；对超过污染物排放总量控制指标、生态破坏严重的地区，停止审批新增污染物的建设项目；对污染处理设施不能稳定达标或超总量排污的企业，坚决责令整改；直至关闭。对"评先"、"创优"坚决实行生态环保"一票否决权"。严格控制排污，把二氧化硫和化学需氧量总量控制控制指标分解落实到各级政府，并实行动态管理，努力实现全年二氧化硫排放量削减1.27万吨、化学需氧量排放量削减4000吨的目标。切实保护好生活用水安全，全省137个饮用水水源保护区内的排污口在年底前要全部关闭；在南昌、抚州等地建成4个污水处理厂、2个垃圾处理场和1个医疗废弃物处置中心，续建江西省危险废物处置中心和鹰潭、吉安、萍乡等地污水处理厂，开工建设上饶垃圾处理场。重视解决农村面源污染问题。进一步加强城乡生活环境整治，力争50%的市县进入省级园林城市行列，努力为人民群众营造一个舒适优美的人居环境。

*把治山、治江、治湖有机结合起来，全面推进生态环境建设。*落实好生态公益林的补偿政策，适当提高补偿标准，今年新增1000多万亩公益林享受补偿政策。严格控制森林特别是严禁天然阔叶林的采伐，坚决打击偷伐、偷运。抓好植树造林、平原绿化，力争全年完成植树造林面积300万亩任务。加强重点流域的综合治理，实施好赣江上游水土治理项目和国家农业综合开发水土保持项目，继续抓好"五河"上游水质保护、水土保持，加强东江源区水土保持和面源污染防治，实施全国第二批生态修复试点工程建设，确保全年完成水土流失初步治理面积200万亩以上。进一步加强湿地保护，合理确定鄱阳湖及部分河流、大中型水库划入自然保护区或湿地公园的范围，维护湿地生态功能和生物多样性。

三、进一步加强政府自身建设

按照建设法治政府的要求，积极推进责任政府、服务政府、廉洁政府和效能政府建设；以转变职能、增强决策力、执行力和公信力为重点，进一步强化政府自身建设，推动政府管理创新，为人民群众营造良好的安居乐业环境，为市场主体营造良好的投资创业环境。

进一步转变政府职能，强化公共服务和社会管理。继续推进政企分开、政资分开、政事分开，管好政府该管的事，在履行好经济调节和市场监管职能的同时，更加注重履行公共服务和社会管理职能，着力创新"三个保障机制"：一是创新公共服务保障机制。以解决民生问题和推进社会事业发展为重点，加大公共服务支出，为公众提供更多、更好的教育、卫生、救助和福利等公共服务。二是创新社会公平保障机制。注重分配公平，着力提高低收入者收入水平，逐步扩大中等收入者比重，调节过高收入，坚决取缔非法收入，努力缓解行业和部分社会成员之间收入分配差距扩大的趋势。逐步消除不同区域、不同群体享受政府提供的公共产品的差异，当前尤其要注意教育的普惠性，促进教育公平。三是创新社会稳定保障机制。进一步建立和完善利益协调机制、社会矛盾排查调处机制、突发公共事件应急管理机制，维护社会和谐稳定。

坚持依法行政，进一步规范行政行为。加强政府立法，规范行政执法行为，强化对执法部门的监督。今年重点加强经济发展、环境保护、资源节约、维护稳定等方面的立法，安排地方性法规和政府规章项目51件，争取8件地方性法规提请省人大常委会审议，8件规章出台。继续开展相对集中行政处罚权工作。大力推行行政执法责任制，加大对省直42个行政执法部门、77个执法主体的监督，做到严格执法、公正执法、文明执法。进一步加强民主法制建设、法制宣传和普法教育，提高全民的法律意识。自觉接受人民代表大会及其常委会的法律监督和人民政协的民主监督，及时办理人大代表建议和政协委员提案，认真听取民主党派、工商联、无党派人士和人民团体的意见，支持司法机关依法办案。进一步建立健全科学决策、民主决策制度，高度重视群众、专家学者和参事的意见，特别是与民生有关的重大政策措施出台，必须得到群众的广泛认同。政府所有的工作，都必须经得起实践的检验，经得起群众的检验，经得起历史的检验。

进一步提高行政效能，增强政府公信力。严格执行和规范行政许可制度，进一步精简行政审批事项。大力推进政务公开，畅通人民群众了解公共信息的渠道，开通"省长信箱"，建立直达、快捷的民声通道。继续推进电子政务建设，完善"一站式办理"、"一条龙服务"、一次性告知、限时办结等制度。加强政府工作绩效评估，确立正确的政绩导向，着手建立"民生工程"考核评价体系、经济发展考核评价体系、资源节约和环境保护考核评价体系、政务环境考核评价体系、社会发展考核评价体系、社会稳定考核评价体系等"六大考核评价体系"，引导各级领导树立正确的政绩观，积极推行行政问责制，推进责任政府、效能政府建设。

加强公务员队伍建设，切实抓好反腐倡廉、勤政廉政。认真实施公务员法，不断提高政府工作人员的政治素质、思想素质、业务能力和道德修养，提高全面贯彻落实中央方针政策的理解力、执行力和操作力。始终坚持解放思想、实事求事的思想路线和求真务实的工作作风，坚决反对形式主义，坚决反对一切劳民伤财的"形象工程"、"政绩工程"，自觉地把实现好、维护好、发展好广大人民群众的根本利益作为一切工作的出发点和落脚点，作为衡量和检验政府一切工作的根本标准。全面落实胡锦涛总书记在中纪委第七次全会上的讲话精神，严格执行廉洁自律的各项规定，加强对政府权力运行的监督，凡是涉及有碍公平、公正的事，坚决做到不插手、不干预、不打招呼、不写条子，对以权谋私者坚决查处。时刻牢记立党为公、执政为民的宗旨，以富民兴赣为己任，以江西崛起为使命，致力于事业，无愧于人民，努力使公务员成为人民满意的公仆，努力使政府成为团结开拓、求真务实、亲民爱民、勤政廉政的政府。

各位代表，在新的起点上实现江西崛起新跨越，是时代赋予我们的光荣使命。展望未来，我们充满信心。让我们更加紧密地团结在以胡锦涛同志为总书记的党中央周围，以邓小平理论和"三个代表"重要思想为指导，全面落实科学发展观，在中共江西省委的领导下，大力弘扬伟大的井冈山精神，齐心协力，与时俱进，开拓创新，扎实工作，为实现江西崛起、全面建设小康社会而努力奋斗！

江西省第十届人民代表大会第五次会议会场 邓小勇摄

大事记

本栏编辑　李自宏

1月

4日　中共江西省委在江西艺术剧院举行党外人士专场形势报告会，省委书记孟建柱向江西省党外人士通报江西“十五”计划完成情况和“十一五”规划期间的发展思路。

5日　2006年人民银行工作会议在南昌召开。会议主要任务是学习贯彻中央经济工作会议精神，总结2005年人民银行的各项工作，安排部署2006年主要工作。

7日　江西北大科技园开园庆典暨合作签约仪式在南昌经济技术开发区举行。江西省省长黄智权、北京大学校长许智宏等出席庆典并剪彩揭牌。

8日　江西迄今规模最大、功能最全、品位最高的文化重点项目——江西艺术中心在南昌开工。中心总投资4.1亿元，工程预计两年完成。

12日　省政府发布《江西省突发公共事件总体应急预案》。

16日　澳门特别行政区行政长官何厚铧率政府代表团抵南昌，对江西省进行为期3天的访问，随行的还有60多人组成的澳门企业家代表团。江西省领导孟建柱、黄智权等参加会见和两地座谈。赣澳签署两地经贸合作备忘录、旅游合作备忘录。

17日　中共江西省委、省政府制定发布《关于推进社会主义新农村建设的实施意见》，实施意见共分9个部分。

18日　江西思创科技集团与南昌市信息办等单位承担的2004年度国家863计划软件重大专项项目“基于Linux的业务基础组件平台的研究与应用”，顺利通过国家科技部验收。这是江西首个863软件项目通过国家级验收。

19日　庐山获中央文明办、建设部、国家旅游局授予的“全国文明风景旅游区”奖牌和证书。

20日　全省农村工作会议在南昌召开。会议认真贯彻党的十六大和十六届三中、四中、五中全会和中央农村工作会议以及省委十一届十次全体会议精神，总结2005年农业和农村工作，表彰2005年全省农业和农村工作衔进单位、先进个人，研究“十一五”规划期间全省保持粮食稳定增产和农民持续增收，特别是推进社会主义新农村建设的政策措施，部署2006年全省农业和农村工作。

2月

7～11日　中国人民政治协商会议江西省第九届委员会第四次会议在南昌召开。会议通过了政协江西省第九届委员会第四次会议决议和提案审查报告。

8～12日　江西省第十届人民代表大会第四次会议在南昌召开。会议通过了政府工作报告和江西省国民经济和社会发展第十一个五年规划纲要等7项决议，补选了省十届人大常委会秘书长和委员。

12日　中共江西省委、省政府在南昌召开2005年度经济发展先进县（市、区）表彰大会。授予贵溪市“2005年度财政收入超10亿元先进县（市、区）”、南昌等10个县（市、区）“全省经济发展综合先进县（市、区）”、奉新县等10个县（市、区）“全省工业发展县（市、区）”、吉水县等10个县（市、区）“全省农业发展先进县（市、区）”荣誉称号。

19日　江西首例连体婴儿在省儿童医院成功分离。该手术国内仅成功实施10余例。

21～22日　中共江西省委、省政府在南昌召开全省开发型经济暨工业园区工作会议。会议强调要坚定不移实施大开放主战略，大力推进经济国际化的进展。

25日　江西省在南昌市召开“十一五”交通建设动员大会，发出全省“十一五”交通建设动员令。大会提出力争新增高速公路1500千米，通道建设转向路网建设，公路通达转向运输通畅，环保生态之路、资源节约之路、安全之路促进交通事业和谐发展。

26日　江西省首家农民工定点医院授牌暨医疗证发放仪式在南昌市江西广济医院举行，意味着在南昌务工的农民工今后上医院看病将享受优惠政策。

28日　省长黄智权主持召开第42次省政府常务会议，听取省安全生产监督管理局关于全国安全生产工作会议精神及贯彻意见的汇报。会议通过了《江西省森林资源保护激励暂行办法》。

3月

1日　南昌市政府在全省率先发布政府令，规定从即日起禁止非医学需要鉴定胎儿性别。

省委、省政府命名表彰全省群众性精神文明创建活动成绩突出的先进单位。授予南昌市等9个城市文明城市称号、南昌县三江镇等100个村镇文明村镇称号、南昌供电公司等

1006个单位第十届文明单位称号；授予新余市等18个城市创建文明城市工作先进城市称号、南昌县向塘镇等200个村镇创建文明村镇工作先进村镇称号。

5日　下午，中共中央政治局常委、国家副主席曾庆红到人民大会堂江西厅，同出席十届全国人大四次会议的江西省全国人大代表一起，认真审议温家宝总理的政府工作报告。

6日　省长黄智权在北京港澳中心会见香港特别行政区行政长官曾荫权，双方就进一步加强赣港两地的交流与合作进行了交谈。副省长孙刚会见时在座。

11日　省政府与国家知识产权局在北京签署合作会商议定书。合作会商的内容主要涉及江西经济、科技、贸易和社会发展有重大影响的知识产权问题。中共江西省委副书记、常务副省长吴新雄，国家知识产权局局长田力普代表双方签署议定书并讲话。

13日　中国自主研发的L15（猎鹰）新型高级教练机在洪都航空工业集团公司（江西南昌）首飞成功。

17日　省委召开全省领导干部会议，传达贯彻十届全国人大四次会议和全国政协十届四次会议精神，联系江西实际就贯彻落实"两会"精神进行部署。省委书记孟建柱主持会议并讲话。黄智权、彭宏松、吴新雄分别传达了"两会"盛况和主要精神。傅克诚、钟起煌等出席。

20日　从即日始，鄱阳湖及长江江西段先后实施春季禁渔。根据江西省春季禁渔实施方案，20日12时至6月20日12时，鄱阳湖湖区以湖体水线及周边5条河流干流的入湖口为禁渔区；4月1日12时到6月30日12时，长江江西段禁渔区上起瑞昌市码头镇江西岭，下至彭泽县牛矶山，全长152千米。

18～21日　中共中央政治局委员、书记处书记、中央组织部部长、中央先进性教育活动领导小组组长贺国强，在中共江西省委书记孟建柱、省长黄智权陪同下，深入赣州瑞金、于都等革命老区，进行调研。

21日　由国家信访局组织的全国信访干部先进事迹巡回报告团抵赣，省委书记孟建柱，省委副书记、省长黄智权等领导会见报告团全体成员。22日上午，全国信访干部先进事迹报告会在南昌举行，报告会采取电视电话会议的形式，省委副书记彭宏松主持并讲话，省领导陈达恒、舒晓琴等在主会场出席报告会。报告会上，吴天祥、梁雨润、吴美娟3人讲述了自己的感人事迹。

22日　省委举行党外人士情况通报会。省委副书记、省纪委书记傅克诚向党外人士通报了全省反腐倡廉工作情况。

26日　省委书记孟建柱在南昌会见了以工党领袖、前总理阿尔弗雷德·桑特为团长的马耳他工党代表团。省委常委、省委秘书长陈达恒会见时在座。

29～31日　由浙江省委书记、省人大常委会主任习近平，省委副书记、省长吕祖善率领的浙江省党政代表团抵达江西传经送宝、考察指导活动。江西省领导孟建柱、黄智权、董君舒、陈达恒等陪同参观考察。其间，浙赣两省签订合作项目130个，合同总额150.11亿元。

31日　江西省农村综合信息网正式开通。省委书记孟建柱、省长黄智权致贺信，副省长孙刚点击开通网络。

省委、省政府决定成立江西省社会主义新农村建设领导小组，省委书记孟建柱任组长，省委副书记、省长黄智权任第一副组长，省委副书记彭宏松、副省长熊盛文任副组长。成员由省委农工部等32个部门和单位的主要负责人组成。下午，召开领导小组第一次会议，孟建柱讲话，彭宏松主持会议。

4　月

3日　中国具有完全自主知识产权的L15（猎鹰）高级教练机在洪都航空集团公司试飞圆满完成汇报飞行。省委书记孟建柱到现场观摩。国防科学技术工业委员会主任张云川，省长黄智权现场观摩并讲话。

国家劳动和社会保障部部长田成平一行抵达江西调研。省领导孟建柱、黄智权、彭宏松、熊盛文在南昌会见了田成平一行。

6～7日　省委书记、省委先进性教育活动领导小组组长孟建柱在南昌会见以敬正书为组长的中央先进性教育活动巡回检查组。7日，省委副书记、省委先进性教育活动领导小组常务副组长王君主持汇报会，就江西省第三批保持共产党员先进性教育活动向中央巡回检查组作了专题汇报。董君舒作汇报，刘上洋、舒晓琴出席汇报会。

8日　省强制戒毒劳教所被司法部正式命名为"部级现代化文明劳教所"，省司法厅举行命名揭牌仪式，彭宏松、舒晓琴、金异等领导出席命名揭牌仪式。

9～10日　江西中部及偏北地区29个县（市、区）遭遇强对流天气袭击，在暴雨、狂风、雷电袭击下，部分地区出现灾情。灾情最重的广昌县直接经济损失过1亿元，吉水、吉安县和吉安市青原区出现冰雹，局部地区冰雹直径达7厘米。

9～14日　中华全国供销总社党组书记周声涛一行在江西调研。省委书记孟建柱、省长黄智权在南昌分别会见了周声涛一行，省委副书记彭宏松参加会见。

10日　省委书记孟建柱在南昌会见了澳大利亚昆士兰州中国协会主席汤姆·伯恩斯先生一行。省领导陈达恒、余欣荣会见时在座。

11日　下午袭来的暴雨，使全省遭受较为严重的洪涝灾害。据初步统计，全省共倒塌房屋1万多间，直接经济损失7亿多元。全省全力抗洪救灾。

14～20日　第十一世班禅在江西参观学习。其间，省委书记孟建柱、省长黄智权分别会见了第十一世班禅；王君、陈达恒、凌成兴、王林森等参加会见。

15～19日　全国政协副主席、中共中央统战部部长刘延东在江西调研。省领导孟建柱、王君、余欣荣、王林森等陪同。

15日　省委书记孟建柱在南昌会见到江西的香港慈善家余彭年及"彭年光明行动"医疗队成员。副省长熊盛文会见时在座。

省委副书记、常务副省长吴新雄会见亚洲开发银行副行长格林伍德一行并出席省政府与亚行代表团的深化合作工作座谈会。

15～22日　新华通讯社社长田

聪明一行在江西调研。省委书记孟建柱、省长黄智权在南昌分别会见田聪明一行。傅克诚、刘上洋、潘逸阳、余欣荣、赵智勇等分别看望和陪同。

16日 省政府在南昌举行“支持汽车工业稳健发展政策措施新闻发布会暨省产汽车知名品牌展示推介会”,省领导孟建柱、黄智权、吴新雄先后到南昌八一广场参观车展,陈达恒、凌成兴陪同参观,黄懋衡出席。

江西省暨南昌市“彭年光明行动”启动仪式在南昌举行,省长黄智权向慈善家余彭年先生颁赠“光明特使”牌匾。余欣荣、熊盛文参加仪式。年初,余彭年先生与省政府签订协议,捐款1800万元,年内为江西省1万名贫困白内障患者免费实施复明手术。

17日 在“科学发展、和谐创业”专家学者宣讲团即将启程之际,省委书记孟建柱与全体宣讲团成员座谈,向他们提出了要求。省委常委、省委宣传部部长刘上洋主持座谈会。

17～18日 工商联工作会议在南昌召开。全国政协副主席、中共中央统战部部长刘延东出席会议并讲话。省委书记孟建柱看望了与会代表。中共中央统战部副部长、全国工商联党组书记胡德平主持会议。省委副书记王君致辞。

18日 省委书记孟建柱、省长黄智权及随行的省委常委、省委秘书长陈达恒到遭受风雹袭击的吉安县横江镇察看了解受灾群众的生产生活情况,代表省委、省政府亲切看望和慰问受灾群众。

18～20日 中共中央政治局常委、全国政协主席贾庆林在江西省领导孟建柱、黄智权、吴新雄、钟起煌、陈达恒等陪同下,深入井冈山,泰和、景德镇等地考察工作,同干部群众回顾峥嵘岁月,重温革命历史,展望美好未来,共商发展大计。

21日 “同促崛起——非公经济与江西崛起”高层论坛在南昌举行。全国人大常委会副委员长、民建中央主席成思危作了题为《落实政策,积极引导,促进非公有制经济健康发展》的主旨演讲。

省委在南昌召开全省政协工作会议。省领导孟建柱、黄智权、王君、钟起煌讲话。傅克诚、吴新雄等出席会议。

省委书记孟建柱会见了国家知识产权局局长田力普一行。

22日 省长黄智权在南昌会见了由中央财经工作领导小组办公室副主任刘鹤率领的国家“十一五”规划报告团一行。省领导刘上洋参加会见。

25日 江西省青年联合会第八届委员会第一次全体会议、江西省学生联合会第七次代表大会在南昌举行。省领导孟建柱、黄智权、傅克诚、吴新雄在大会开幕前会见与会代表,王君会见并在开幕式上祝词,钟起煌参加会见并出席开幕式。

27～28日 全省职业教育工作会议在南昌召开。省长黄智权出席会议并讲话。省委副书记王君出席会议,省委副书记、常务副省长吴新雄出席会议并讲话,副省长孙刚作工作报告,省政协副主席黄定元出席会议。

29日 江西省人民政府与中国银行在南昌签订了全面战略合作协议。省委书记孟建柱在签约前会见了由中国银行常务副行长华庆山率领的中国银行代表团一行。省长黄智权出席签约仪式,省委副书记、常务副省长吴新雄参加会见并在仪式上致辞。

30日 中共江西省委第十一届十一次全体会议在南昌召开。省委常委会主持会议,孟建柱讲话。会议决定今年第四季度在南昌召开省第十二次党代会。

《江西省水资源条例》经省十届人大常委会第十二次会议审议通过,于是日颁布实施。

江西省庆祝“五一”国际劳动节暨表彰大会在南昌隆重举行。大会表彰了江西省2006年全国和全省“五一劳动奖状”和“五一劳动奖章”获得者,以及2005年度全省经济技术创新活动先进集体和先进个人。

5　月

2日 新余市经济开发区正式投产国内设计产能最大的太阳能光伏产业所需的多晶硅片,并生产出第一块亚洲最大的太阳能多晶硅铸锭,重达275千克,比国际国内240千克的通常规格多出了35千克。通过对铸锭的切片,就能生产出价值昂贵的多晶硅片。这标志着我国太阳能光伏产业开始走向自主发展的民族之路,彻底打破了我国多晶硅产品长期依靠进口的“瓶颈”,也将成为我省工业经济新的增长极。

8日 江西省与菲律宾保和省缔结友好省关系签字仪式在南昌隆重举行。菲律宾总统阿罗约专门发来贺信,省长黄智权与菲律宾保和省省长奥门塔多共同签署《中华人民共和国江西省和菲律宾共和国保和省建立友好省关系协议书》。根据协议,双方将本着平等互利的原则,在经济、贸易、科技、文化、教育、体育、卫生等方面积极开展交流与合作,促进共同繁荣发展。

10日 《江西省人民政府拟订地方性法规草案和制定规章程序规定》经省人民政府第44次常务会议审议通过。该规定在总结多年来省政府立法工作经验基础上,对省政府拟订地方性法规草案的立项、起草、审查、决定、提请审议和制定规章的立项、起草、审查、决定、公布、备案、解释作出了明确具体的规定。省长黄智权于5月19日发布江西省人民政府令,该规定自2006年7月1日起开始实施。

11日 省政府召开2005年度工业崛起奖励表彰电视电话会议,授予江西铜业集团公司、省电力公司、南昌市、赣县等72个单位“年度贡献奖”;授予南昌高新技术产业开发区、江西新余经济开发区、江西奉新工业园区等18个单位“园区发展专项奖”;授予江西铜业集团公司、新余钢铁有限责任公司、江铃汽车集团公司等10个单位“江西工业十强企业”称号;授予青山湖区、贵溪市、南昌县等10个单位“江西工业十强县(市、区)”称号;授予何昌明、涂建民、王锡高等10人“江西工业十佳创业能人”称号。省领导孟建柱、黄智权、傅克诚、彭宏松、钟起煌、陈达恒、蒋仲平出席会议并为获得先进称号的单位及个人颁奖。副省长凌成兴主持会议,副省长孙刚宣读表彰通报。

12日 江西省首名非血缘关系造血干细胞捐献者邓椿敏赴福州,经16日、17日两次造血干细胞采集,邓椿敏为一名慢性粒细胞白血病患者完成造血干细胞捐献。19日顺利返回江西。26岁的邓椿敏是南康市下岗职工。

省政府与国家电网公司在南昌签署了《关于共同推进江西电网“十一五”发展会谈纪要》、《关于共同推进江西省农村“户户通电”工程建设会谈纪要》和《关于开发建设江西洪屏抽水蓄能电站的协议》。根据纪要和协议，“十一五”规划期间，江西电网将纳入国家电网发展“十一五”规划中，国家电网公司对江西电网的投资规模将达207亿元；双方将在江西省农村“户户通电”工程和开发建设江西洪屏抽水蓄能电站等方面开展全面合作，确保2007年底实现我省农村“户户通电”的目标。

13日　由国家电网公司和江西省政府联合举办的江西省农村“户户通电”工程启动仪式，在安义县新民乡罗丰村举行，这标志着全国农村“户户通电”工程正式启动。

15～18日　为学习广东省改革开放和经济社会发展的经验，进一步加强赣粤两省间的交流与合作，由省委书记孟建柱、省长黄智权率领的江西省学习考察团在广东考察深圳、东莞、广州等地经济社会发展情况。17日　江西广东经济技术合作项目签字仪式在广州举行，赣粤两省共签订合作项目92个，总投资额123亿元，其中亿元以上项目31个，投资额88亿元。17日，学习考察团在广州与广东省方面举行了赣粤经济社会发展情况座谈会。

19日　全省林业产权制度改革表彰暨配套改革动员大会在南昌召开，会议总结了近两年我省林业改革经验，全面部署了林业配套改革工作。会上，表彰了林改先进集体和先进个人。

21日　省委、省政府在南昌召开全省旅游发展大会，回顾总结“十五”计划时期的旅游工作，谋划“十一五”规划时期旅游产业的发展，推动江西省旅游工作实现新的跨越发展。

23～24日　全国血吸虫病防治工作会议在余江县、南昌市召开。中共中央政治局委员、国务院副总理、国务院血防工作领导小组组长吴仪出席会议。会议期间，吴仪在省委书记孟建柱、省长黄智权等陪同下，在进贤县实地考察了血防综合治理试点工作；并参观了余江县“送瘟神”纪念馆，详细听取了余江血防工作的介绍。农业部部长杜青林、国务院副秘书长徐绍史、卫生部副部长王陇德等出席会议。彭宏松、陈达恒、余欣荣、胡振鹏、魏小琴等省领导分别出席会议、陪同考察。副省长胡振鹏代表省政府就江西省血防工作试点情况在大会上发了言。

23日　由省直单位52名机关干部组成的“科学发展、和谐创业”政策宣讲团，深入全省各设区市和大专院校，为城乡居民、个私业主、下岗人员、退伍军人和转业干部、在校大学生作了一场场精彩的创业政策宣讲报告。活动于6月2日结束。

25日　全国发展“一村一品”经验交流会在江西省召开。会议传达了中纪委书记吴官正考察农业部的重要讲话精神，交流了各地发展“一村一品”的经验，深入研讨培育农村产业，搞活农村经济，增加农民收入，推进社会主义新农村建设的有效途径。国家农业部部长杜青林出席会议并讲话。省委书记孟建柱应邀到会并讲话。省领导黄智权、吴新雄、熊盛文出席会议。吴新雄在会上介绍了江西省“一村一品”发展情况。农业部副部长危朝安主持会议并作会议总结。

26日　江西省第十届人民代表大会常务委员会第二十一次会议通过《江西省预算审查监督条例》，并于当日公布，该条例自2006年7月1日起施行。

30日　《江西省生活饮用水水源污染防治办法》经省政府第45次常务会议审议通过，于6月13日公布，该办法于2006年8月1日起施行。

6　月

1日　江西江中药业股份有限公司注册的“江中”商标被国家工商总局认定为中国驰名商标。这是2006年上半年国家工商总局认定的62件驰名商标中江西省唯一的一件。之前，江西省共有“江铃”、“汇仁”、“金圣”、“汪氏”等14件商标获得中国驰名商标称号。

2日　国务院批准文化部确定的第一批国家级非物质文化遗产名录向社会公布，江西省有19个项目入选。首批国家级非物质文化遗产名录共有518项。

10日　中共江西省委决定在纪念建党85周年之际，对近年来在工作中取得优异成绩的江西铜业集团公司党委等40个先进基层党组织、施华山等40名优秀共产党员、李金霞等40名优秀党务工作者予以表彰，分别授予“全省先进基层党组织”、“全省优秀共产党员”和“全省优秀党务工作者”荣誉称号。

12～13日　针对江西省局部地区因持续出现的强降雨天气造成的严重灾害，民政部党组副书记、常务副部长李立国率教育部、财政部、国土资源部、交通部、农业部、卫生部、总参作战部、中国红十字会等9部门组成联合救灾工作组到江西省灾情最严重的信丰县察看灾情，指导救灾工作，代表党中央、国务院慰问受灾群众。民政部、财政部决向江西紧急下拨3500万元救灾应急资金。省政府也紧急下拨500万元资金，用于赣州灾区救灾工作。6月中旬，财政部、民政部又向江西省下拨特大自然灾害救济补助费1700万元，省财政厅也已下拨1030万元救灾资金，灾区各级财政安排本级救灾资金1500万元，共计2530万元，确保受灾群众有饭吃、有水喝、有衣穿、有临时住所居住。

13日　省委、省政府做出关于表彰“11·26”九江抗震救灾和灾后重建先进集体、先进个人的决定，授予中共九江市委、九江市人民政府等77个单位为“11·26”九江抗震救灾和灾后重建先进集体，授予卢坤生等141人为“11·26”九江抗震救灾和灾后重建先进个人。20日，省委、省政府在南昌召开九江抗震救灾和灾后重建总结表彰大会。

14日　省委、省政府作出关于实施《江西省中长期科学和技术发展规划纲要(2006～2020年)》增强自主创新能力的决定。

16日　九江(北纬29.66度、东经115.73度)发生2.6(ML3.3)级地震。这次地震属九江2005年11月26日地震的序列活动。

19日　全省科学技术大会在南昌召开。会议的主要任务是，深入学习贯彻胡锦涛总书记、温家宝总理在全国科学技术大会上的重要讲话和全国科学技术大会等重要会议精神，部署实施《江西省中长期科学和技术发展规划纲要(2006—2020年)》。会议宣读了《中共江西省委、江西省人民政府关于表彰"江西省突出贡献人才"的决定》《江西省人民政府关于2005年度江西省科学技术奖励的决定》《江西省人民政府关于表彰首届优秀高技能人才的决定》,省领导为受表彰人员和单位颁奖。

20日　江西省第一个出口加工区——九江出口加工区正式通过国家海关总署、国家发改委等国家九部委的封关验收。

27日　全省精神文明建设工作表彰大会在南昌召开。会议对江西省的全国创建文明城市工作先进城市、文明风景旅游区、文明村镇、文明单位、精神文明创建工作先进单位和个人,以及江西省文明城市、文明村镇、文明单位、精神文明创建工作先进单位进行了表彰,南昌市、庐山管理局、省国税局的负责人和萍乡市湘东区麻山镇麻山村主任作了典型发言。

29日　省委在江西艺术剧院隆重举行庆祝中国共产党成立85周年暨总结保持共产党员先进性教育活动大会,全面回顾85年来中国共产党领导全国各族人民进行革命、建设和改革事业所取得的辉煌成就,认真总结全省开展保持共产党员先进性教育活动的主要成效和成功经验,表彰全省先进基层党组织、优秀共产党员、优秀党务工作者,并对进一步推进全省党的建设工作作出了部署。

7　月

1日　江西省率先在中部地区建立了农村居民最低生活保障制度。全省已有100多万农村特困群众被纳入农村低保范围。移民扶贫搬迁工程使15万深山库区群众搬出大山。全省基本普遍实行了农村大病医疗救助,有1221万农民参加农村新型合作医疗。

5日　全省循环经济工作会议在南昌召开。会议传达了省委书记孟建柱、省长黄智权对全省发展循环经济工作提出的要求,并明确了全省发展循环经济的总体思路、目标和主要任务。省委副书记、常务副省长吴新雄出席会议并讲话。

10日　国务院、中央军委授予武警江西省总队吉安市支队井冈山市中队"井冈山爱民模范中队"荣誉称号。

12日　国家商务部公布了2005年我国进出口额最大的500家企业及出口额最大的200家企业名单,江西铜业集团公司以进出口总额6.82亿美元排在第222位,是江西省唯一入选我国进出口500强的企业。江铜此次的排名比2004年又前移了20位。

12~13日　全省社会主义新农村建设工作会议在赣州召开。会议现场考察了赣州市的新农村建设工作,分析了全省新农村建设形势,研究部署了下一步全省新农村建设工作。

18日　中国记协主办的全国优秀新闻作品年度最高奖——第16届中国新闻奖评选结果揭晓,江西省共有8篇作品获奖,其中获一等奖2篇,二等奖5篇,中国新闻名专栏1个,获奖等次之高、数量之多,创江西省新闻史的纪录。

21日　全省人民防空工作会议在南昌召开。会议的主要任务是,传达贯彻第5次全国人民防空会议和南京军区人民防空会议主要精神,总结江西省"十五"时期人防工作,部署"十一五"时期全省人防建设任务。

28日　《江西省三清山风景名胜区管理条例》由江西省第10届人民代表大会常务委员会第22次会议于通过并公布,该条例于8月1日起施行。

《江西省职工代表大会条例》由江西省第十届人民代表大会常务委员会第二十二次会议通过。

31日　江西省双拥模范城(县)命名表彰大会在省艺术剧院举行。省领导孟建柱、傅克诚、吴新雄、钟起煌等出席,黄智权等讲话,彭宏松主持。

8　月

2日　省政府召开全省农村中小学基础设施改造工程工作电视电话会议,副省长孙刚到会讲话。会议指出,省、县(市、区)两级筹措5亿资金改善全省义务教育的基础设施。

4日　第四届全国特殊奥林匹克运动会在黑龙江省哈尔滨市落下帷幕,江西省代表团获41金15银10铜,还获得组委会颁发的体育道德风尚奖。

5日　由全国旅游工作协调小组办公室、江西省旅游局、吉安市委市政府主办,井冈山管理局、井冈山市委市政府承办的"永远的激情——中国·井冈山红色旅游高峰论坛在井冈山隆重举行。省领导吴新雄等出席。

6日　靖安县首届中国三爪仑生态漂流文化节开幕,省领导钟起煌等出席开幕式。

8日　全省"十一五"规划公路养护管理暨农村公路建设现场会在南昌召开。省委常委、南昌市委书记余欣荣出席会议,副省长凌成兴到会讲话。会议确定"十一五"规划期间农村公路建设规模突破6万千米,总投资约153.7亿元。

由省农业厅投资3000万元,规划建筑面积达33035平方米的华东地区最大的种子加工储备中心,在南昌开工兴建。

9日　全省军队转业干部安置工作会议在南昌召开。省委书记孟建柱、省长黄智权分别提出要求,省委副书记、常务副省长吴新雄出席会议,副省长熊盛文主持会议。

10日　省委书记孟建柱,省长黄智权要求各地紧急行动,严阵以待,应对50年一遇台风"桑美"。副省长、省防总总指挥熊盛文坐镇省防总调度指挥。11日凌晨"桑美"入赣,全省造成经济损失3.48亿元。

由中共中央文献编辑委员会编辑的《江泽民文选》第一卷、第二卷、第三卷在南昌发行。社会各界人士争相购阅,省委副书记彭宏松考察发行现场。

11日　江西省扶贫开发协会成立,省委副书记王君出席协会第一次会员代表大会。

全省工商联工作会议在南昌召开,会议传达了中央有关文件和会议精神,对省、市工商联换届工作作出了部署。省政协副主席、省委统战部部长王林森出席并讲话。

9~12日　省委常委、省委宣传部部长刘上洋率江西省文化产业考察团赴湖南、广西两省学习考察。

13日　省服装职业学院学生何薤见义勇为斗劫贼被刺伤。省委书记就此作出批示,省委常委、省委政法委书记舒晓琴到医院探望何薤。

14日　全省政法委书记培训班在南昌举行开班典礼,省委常委、省委政法委书记舒晓琴出席典礼并讲话。

江西省最大硫酸项目江铜——瓮福40万吨硫酸项目投产。

15日 全省血吸虫病防治工作会议在南昌召开，孟建柱、黄智权分别对进一步加强血防工作提出要求，副省长胡振鹏出席会议并讲话。

江西省产权交易所上饶办事处挂牌成立，这是全省在设区市设立的首家产权交易办事处。

16日 卡博特蓝星化工（江西）有限公司年产4800吨气相二氧化硅项目在江西星火工业园竣工投产，该项目填补了国内空白，达到世界先进水平。省领导孟建柱会见美国投资商。

17日 省委常委中心组召开学习会议，学习《江泽民文选》和胡锦涛总书记在中共中央学习《江泽民文选》报告会上重要讲话精神。孟建柱主持并讲话。

全国青少年健美操锦标赛在南昌举行。

18日 《江西省国防信息动员办法》经省人民政府第49次常务会议审议通过，自2006年10月1日起施行。

21日 省委宣传部在南昌八一广场举行"和谐创业在江西"大型系列采访报道活动启动仪式。省委常委、省委宣传部部长刘上洋出席仪式并讲话。

22日 《中华人民共和国义务教育法》执法检查动员会在南昌召开。省人大常委会副主任钟家明、孙用和、万学文，副省长孙刚出席会议。

23日 首届中国青少年艺术节落幕，由江西教育电视台千里马影视演员中心选送的快报《说点儿》获得影视表演类少年组金奖。

24日 江西省在全国率先实现森林防火省、市、县三级联网远程监控。

25日 南昌海关举行"争做国门忠诚卫士"主题教育报告会。省委副书记、常务副省长吴新雄出席报告会并讲话。

全国集体林权制度改革现场经验交流会议在井冈山市举行。中共中央政治局委员、国务院副总理回良玉到会并讲话，23～25日，回良玉在省委书记孟建柱、省长黄智权、省委书记彭宏松等陪同下，深入新干县、泰和县实地考察林改情况。

26日 全国大学生"重走长征路、续写长征精神"实践接力活动在江西瑞金正式启动。

28日 中部省份县级第一家检验检疫机构——江西出入境检验检疫局龙南办事处建成开检，省委副书记、常务副省长吴新雄致信祝贺。

29日 省委副书记、常务副省长吴新雄在南昌会见抵赣访问的以色列驻华大使海逸达一行。

30日 全省残疾人事业工作会议在南昌召开。省委副书记王君发来贺信，副省长熊盛文出席会议并讲话。

31日 省委书记孟建柱、副省长胡振鹏到江西省中医院看望医护人员，并与中医界知名专家探讨中医药事业发展大计。

9 月

1日 省委书记孟建柱在南昌会见印度尼西亚中国友好协会会长乌玛一行。

江西新农村建设网开通，省委副书记彭宏松出席开通仪式并讲话。

2日 中国（南昌）首届国际华人作家滕王阁笔会召开，国内外近30位华文作家参会，省委常委、南昌市委书记余欣荣出席笔会开幕式。

4日 省委党校举行秋季开学典礼。省委副书记、省委党校校长王君出席并讲话。

5日 省长黄智权主持召开第50次省政府常务会议，审议并原则通过《江西省安全生产条例（草案）》《江西省宗教事务条例（草案）》和《江西省经济体制改革"十一五"专项规划》

6日 省政府召开全省首次版权工作会议。副省长孙刚、国家版权局副局长阎晓宏到会。

中国名牌产品表彰大会在北京召开，江西省11家企业的11个产品荣登中国名牌榜。

8日 第二届全省职工职业技能大赛闭幕，4人获省"五一劳动奖章"、20人获省技术能手称号。

9日 2006年中国·梵净山"东太杯"首届全国大学生攀岩精英挑战赛在贵州举行。江西省选手包揽冠亚军。

10日 省政府召开昌北机场扩建工程征地拆迁动员会，副省长凌成兴出席会议并讲话。

12日 全省"一村一品"工作经验交流会召开，省委副书记、常务副省长吴新雄出席会议并讲话，省委常委、南昌市委书记余欣荣出席现场交流会。

15日 全省农田水利基本建设现场会在宜春市召开，省委副书记彭宏松、副省长熊盛文出席会议并讲话。

19日 永丰县举行欧阳修千年华诞纪念活动。

12～19日 以全国政协副主席李兆焯为团长的全国政协委员视察团在江西省视察老区扶贫开发工作，孟建柱、钟起煌出席有关会议。

20日 省十届人大常委会第二十三次会议在南昌召开。

21日 中国南昌第五届金秋经贸活动月开幕，省领导吴新雄宣布开幕，20多个国家和地区的驻华大使、领事出席。

22日 中共中央政治局常委、全国政协主席贾庆林在庐山会见前来出席2006赣台（九江·庐山）经贸合作研讨会的中国国民党副主席江丙坤、新党主席郁慕明及部分台湾嘉宾。

《江西省文物保护条例》由江西省第十届人民代表大会常务委员会第二十三次会议通过，于2007年1月1日起施行。

23日 2006赣台经贸合作研讨会在庐山隆重开幕。贾庆林出席开幕式，孟建柱为开幕式致辞，黄智权主持。研讨会签约项目92个，投资金额10.1亿美元。

26日 中央文明办、民政部、新闻出版总署、国家广电总局与江西省委、省政府共同主办的"红军长征路图书长廊"援建仪式在于都县举行。中央4部委在江西省援建752个新农村书屋。

27日 2006·江西创业博览会在南昌召开。孟建柱等领导参观博览会。

28日 江西省第二届花卉园艺博览交易会在南昌开幕。省委书记孟建柱、省长黄智权，全国政协人口资源环境委员会副主席、中国花卉协会会长江泽慧等出席开幕式。

29日 "祝福祖国"国庆文艺晚

会在省艺术剧院举行,省领导孟建柱、黄智权、王君等观看了晚会。

江西省农民工银行卡特色服务开通暨"百福卡"首发仪式在南昌举行。省委副书记、常务副省长吴新雄出席开通仪式并讲话。

30日 南昌市第五座跨江大桥——洪都大桥正式开工建设,省委书记孟建柱出席开工典礼,省长黄智权下达开工令。洪都大桥南主桥位于南昌市赣江铁路桥下游约300米,北主桥距赣江铁路桥下游约800米,由北岸连接线、跨赣江北支大桥、扬子洲高架桥、跨赣江南支大桥、南岸连接线5个部分组成。全长9.35千米,投资总额15.3亿,为江西省投资规模最大的跨江公路大桥。

10 月

3日 首次参加举重世界锦标赛的江西选手邱红梅,在女子58公斤级比赛中,以237公斤夺得总成绩冠军。

10~15日 由王景茂、沈淑济任组长的国务院妇儿工委评估督导组到江西开展《中国妇女发展纲要(2001~2010)》和《中国儿童发展纲要(2001~2010)》中期评估督导。

12日 全省第二届计算机(微机)调试员职业技能大赛在南昌市、新余市同时开赛。

14日 在浙江东阳花园村召开的第六届全国"村官"论坛评选出2006年度全国十大杰出"村官",南昌市青山湖区进顺村党委书记罗玉英榜上有名。

15日 江西省第二届体育科学大会在南昌市召开,省委副书记王君致信祝贺,副省长胡振鹏到会讲话。

16日 由江西省人民政府、国家广播电影电视总局、国家旅游局共同主办的2006·中国(江西)红色旅游博览会在主会场瑞金市叶坪红军广场举行盛大开幕式。省委副书记、常务副省长吴新雄出席并为"长征号"红色旅游专列授旗。博览会包括开幕式、红色旅游专列发车仪式、红色旅游展示推介会、红色经典歌舞《哎呀嘞·这片红土地》演出、中国客家美食节和红色山歌艺术节等一系列活动。其中,"长征号"(瑞金-延安)红色旅游专列是国家旅游领导小组办公室为纪念红军长征胜利70周年而开通的首趟红色专列。

全国首家设区市农村合作银行——江西新余农村合作银行在新余市正式挂牌开业。

17日由监察部副部长、全国厂务公开协调小组副组长陈昌智率领的全国厂务公开协调小组到赣检查厂务公开民主管理工作。

18日 2006中国景德镇国际陶瓷博览会开幕,省委副书记、常务副省长吴新雄宣布开幕并讲话,来自世界38个国家和地区,国内25个省、市、自治区的参展商和采购商出席会议。博览会于22日闭幕。

第37届全国药交会在樟树市开幕,会期4天,国内外5600多个厂家、商家参加。

20日 由重庆市委副书记、市长王鸿举率领的重庆党政代表团到江西省考察访问。

26日 萍乡至洪口界高速公路开工,省委副书记、常务副省长吴新雄出席典礼并下达开工令。

29日 第十二届江西省运动会在新余开幕。省委书记孟建柱宣布开幕,省长黄智权致开幕词。运动会于11月6日闭幕,共有6005名运动员参赛,产生金牌1003块,21人次破省级纪录。

31日 江西省第十届人民代表大会常务委员会第二十四次会议在南昌市举行。省委书记、省人大常委会主任孟建柱主持会议。会议决定吴新雄为江西省人民政府代省长,会议通过了关于接受黄智权辞去省长职务请求的决定。

11 月

1日 由江西省人民政府和全球自然基金会共同主办的第十一届世界生命湖泊大会在南昌市开幕。省委副书记、代省长吴新雄出席大会并致辞,副省长胡振鹏主持会议,全球自然基金会主席玛丽安、德国联邦自然保护局主席哈马特等27个国家和地区的代表、驻华使节和专家学者出席会议。会议的主题是"湖泊保护与农业协调发展"。本届大会会期5天。

3日 由江西微软技术中心研发的微软技术中心在线平台开通,代省长吴新雄宣布平台开通,并与微软全球副总裁、大中华区首席执行官陈正永一起开通平台。

10~13日 以上海市政协副主席、民建中央副主席黄关从为团长的上海市政协港澳委员考察团莅赣考察。

12日 中共江西省纪律检查委员会举行第八次会议。会议原则通过省纪委向省第十二届党代会的工作报告。

13日 中共江西省委第十一届十四次全会在南昌举行。省委常委会主持会议,省委书记孟建柱讲话。会议确定省第十二次党代会于12月12~16日在南昌召开,原则通过了提交省第十二次党代会的报告和省纪委的工作报告,投票表决通过了省委常委会提名的部分设区市党政领导班子正职拟任人选和推荐人选。

代省长吴新雄主持召开第五十一次省政府常务会议,原则通过《江西省森林条例(草案)》和《江西省人事争议处理办法》,批准了江西省第五批省级文物保护单位、2006年度主要学科学术和技术带头人培养对象。

14日 交通部与省政府签署《关于落实中央一号文件农村公路建设任务的实施意见》,省委副书记、代省长吴新雄,副省长凌成兴参加签字仪式。交通部部长李盛霖听取了省政府关于江西省交通工作的汇报。

15~20日 由解放军总政治部副主任刘振起中将为组长的爱心捐款转赠工作组到江西,把中央部门单位和军委领导机关"送温暖,献爱心"活动中捐助的800万元爱心款送到赣州、吉安市灾区。

16~17日 全国劳动争议处理工作座谈会在南昌举行。国家劳动和社会保障部副部长华福周出席并讲话,省委副书记彭宏松到会致辞。

18日 中国(赣州)第五届脐橙节在安远县开幕,会期2天。

19日 江西省一次性投资最多的交通重点工程——景婺黄(常)高速公路通车典礼在婺源县举行。省委书记孟建柱致贺信,省委副书记、代省长吴新雄在典礼上讲话,并下达通车令,副省长凌成兴主持典礼。景婺黄(常)高速公路是杭州至瑞丽国家高速公路的重要组成部分，是全国首批部省联合组织实施的公路勘察设计典型示范工程之一，也是江西省“十一五”规划期间竣工的首条高速公路。工程始建于2004年11月，线路总长151.3千米，概算总投资66.9亿元，它的建成使江西省高速公路总里程达到1730千米。

21～23日　江西省第十届人民代表大会常务委员会第二十五次会议在南昌召开。会议听取了省人大法制委副主任委员何庆怀所作的关于《江西省实施〈中华人民共和国妇女权益保障法〉办法(修订草案修改稿)》审议结果的报告，表决通过了《江西省实施〈中华人民共和国妇女权益保障法〉办法》及人事任免事项。

22日　南昌昌北国际机场扩建工程奠基，省委书记孟建柱宣布奠基，省委副书记、代省长吴新雄，国家民航总局副局长杨国庆讲话，省领导彭宏松、钟起煌出席典礼。工程建成后，机场等级将提升至4E，可以全重起降波音747大型民航客机，满足2020年客流量达1200万人次的需要。

22日　江西省铁路建设集团公司暨江西省铁路建设办公室正式挂牌，省委副书记、代省长吴新雄出席仪式并揭牌。该公司是经省政府批准，于8月16日成立，主要负责江西省地方铁路的规划、设计、施工、监理和运营管理。

中国工农红军通信学校旧址修复落成典礼在瑞金市叶坪乡松坪举行，总参谋部副总参谋长葛振峰上将出席并讲话，南京军区司令员朱文泉上将、省委副书记傅克诚致辞。

23日　省政府召开第五十二次常务会议，代省长吴新雄主持会议。会议研究全面加强应急管理工作。会议批准吉安市、上饶市、九江市、南康市、崇义县、新干县、永丰县、万年县、修水县、玉山县、奉新县、上高县、都昌县为省级园林城市。

28日　2006年江西省十大创业先锋表彰大会在南昌召开，省领导孟建柱、傅克诚、彭宏松、王宪魁、陈达恒、刘上洋出席大会并为十大创业先锋颁奖。2006年江西省十大创业先锋是：涂建民、丁友生、谢琦、卢国平、叶彩义、李建林、罗静婷、陈苏、周捷、徐全龙。

12　月

9日　省政府召开第五十三次常务会议，代省长吴新雄主持会议。会议讨论并原则通过关于全面落实科学发展观，加强环境保护的若干意见及其他事项。

12日　中国共产党江西省第十二次代表大会在南昌开幕。孟建柱代表中共江西省第十一届委员会向大会作工作报告。会议的主题是：以邓小平理论和“三个代表”重要思想为指导，全面贯彻落实科学发展观，动员全省广大党员和干部群众，坚持科学发展，促进社会和谐，加快富民兴赣，努力在新的起点上实现江西崛起的新跨越。吴新雄主持大会，642名代表出席大会开幕式。

16日　中国共产党江西省第十二次代表大会闭幕。大会选出新一届中共江西省委员会和中共江西省纪律检查委员会，通过了关于中共江西省第十一届委员会报告的决议、关于中共江西省纪律检查委员会工作报告的决议，孟建柱主持闭幕式。

下午，在中国共产党江西省第十二届委员会第一次全体会议上，经选举，孟建柱、吴新雄、王宪魁、董君舒、陈达恒、刘上洋、舒晓琴、潘逸阳、凌成兴、赵智勇、余欣荣、弘强、王清葆当选省委常委。孟建柱为省委书记，吴新雄、王宪魁为省委副书记。

20日　江西省红十字会成立五十周年纪念大会在南昌举行，中国红十字会会长彭珮云，省委书记、省红十字会名誉会长孟建柱出席大会并讲话，省领导吴新雄等出席。

全国法院系统第十八届学术讨论会在南昌举行，近200名来自全国各省区市法院系统的与会代表就“公正司法与构建和谐社会”中心议题进行研讨。最高人民法院副院长万鄂湘出席会议，省委副书记王宪魁出席会议并致辞。

25日　代省长吴新雄主持召开第五十四次省政府常务会议。会议听取了省财政厅关于2007年财预算安排的汇报、省发改委关于2007年经济社会发展计划安排的汇报、省国土资源厅关于国土资源管理情况的汇报，原则通过《江西省人民政府关于保险业改革发展的实施意见》。

26日　全省政法工作会议在南昌市召开，省委书记孟建柱，省委副书记、代省长吴新雄出席会议并讲话，省委副书记王宪魁等出席。

27日　省政协九届二十一次常委会议召开，省委副书记、代省长吴新雄应邀到会，就《政府工作报告(征求意见稿)》起草的有关情况作说明，省政协党组书记傅克诚参加会议。会议于28日闭幕。

30日　第二届中国(南昌)绿色·无公害食品博览会暨江西食品展销洽谈会开幕，省内及江苏、广东、上海、湖北、福建等10余个省市参展企业达800余家，参展产品1000余种，省领导孟建柱、吴新雄等参观绿博会。

江西省第十届人大常委会第二十六次会议决定废止《江西省县级以上人民代表大会常务委员会评议工作条例》，决定废止《江西省人民代表大会常务委员会关于个案监督的若干规定》，决定废止《江西省县级以上人民代表大会常务委员会鉴定条例》。

(余日蓉)

专　记

本栏编辑　李目宏

省党代会为江西“十一五”规划实现崛起新跨越绘制蓝图

2006年12月12日至16日，中国共产党江西省第十二次代表大会在南昌举行。这次党代会是在江西加快崛起、全面建设小康社会处于关键时期召开的一次极为重要的会议，大会高举邓小平理论和“三个代表”重要思想伟大旗帜，全面贯彻落实科学发展观，对今后5年江西经济社会发展和党的建设作出了战略部署，为江西“十一五”规划的发展绘制了美好蓝图。省第十二次党代会的召开，标志着江西在中部地区崛起踏上了新的征程。

一、在新起点上实现江西崛起新跨越的总体要求

党的十六大后，中共中央总书记胡锦涛先后两次视察江西省，寄语江西干部群众：“齐力协力，富民兴赣”，并指出“江西具有独特的发展优势和广阔的发展前景，可以而且应当在促进中部地区崛起中有更大的作为”。省第十二次党代会根据胡锦涛总书记对江西广大干部群众提出的殷切希望，集中全省人民的意愿，提出了在新的起点上实现江西崛起新跨越的总体要求，这就是：以邓小平理论和“三个代表”重要思想为指导，全面落实科学发展观，加快转变经济增长方式，提升发展质量和效益，大力推进农业农村现代化、新型工业化、新型城镇化、经济国际化和市场化，建设创新创业江西、绿色生态江西、和谐平安江西，全面加强社会主义经济建设、政治建设、文化建设、社会建设和党的建设，为加快富民兴赣和全面建设小康社会而努力奋斗。

二、在新起点上实现江西崛起新跨越的基本内涵和主要发展目标

在新的起点上实现江西崛起的新跨越，就是要全面贯彻落实科学发展观，坚持把经济社会发展的着力点放在全面协调可持续发展上，放在增进人民群众的福祉上，努力做到经济增长速度比较快、综合经济效益比较好、资源利用率比较高、城乡发展比较均衡、人与自然关系协调，整个社会和谐，人民群众获得更多实惠和幸福感。这是对新跨越内涵作出的科学界定和深刻阐述，既体现了我省发展理念的重大进步，又体现了全省人民新的追求。主要发展目标是：

1. 实现全省生产总值和财政收入“两个翻番”。今后5年，江西省将在优化结构、提高效益、降低消耗、保护环境的基础上，实现全省生产总值再翻一番，超过9220亿元，力争达到或接近1万亿元，全省人均生产总值折合2470美元。2011年，全省财政收入超过1000亿元，比2006年增长一倍以上；全省人均财政收入达2200元以上。

2. 工业化、城镇化水平进一步提高。全省第一产业在国民经济中的比重降至12%以下，二、三产业所占比重达到88%以上。其中，工业增加值占全省生产总值的比重超过40%，成为最大的一业，全省进入到工业化中级阶段的中期。力争到2011年，全省工业增加值达到3800亿元，全省六大支柱产业规模以上企业实现工业增加值达到1600亿元，占全省规模以上工业增加值的70%以上。形成在中部地区乃至全国有影响的铜、有机硅、盐化工、轻型汽车、新型显示器、钨生产加工、稀土生产加工、特色陶瓷研发加工、中药现代化、服装鞋帽10大工业基地。做优做强工业园区，使工业园区每平方千米销售收入达到10亿元以上、税收达到7000万元以上；销售收入过百亿元的工业园区超过20个。发展一批“专、优、特、精”中小企业，加快形成一批规模迅速扩大，拥有自主知识产权的龙头企业，努力把江西建成先进的制造业基地。

科学推进城镇化进程。促进城市群的形成和发展，强化中心城市产业基础和扩张能力，实现城市规模和结构层次的新跨越。加快发展县城和实力强的中心镇，增强带动乡村发展的能力。强化城镇基础设施建设，逐步实现基础设施投资、建设、运营、管理的市场化和企业化运作。进一步改善城市道路和公共交通状况，进一步改善城市工业和生活燃料结构，进一步

提高城镇供水与污水集中处理率和城镇生活垃圾无害化处理率,进一步提高城镇绿化水平,有效提供良好的人居环境和就业机会,逐步建立城乡统一的劳动力市场和公平竞争的就业制度。力争到2011年,全省城市化率达到47%以上,城镇人口达到2123万人左右。

3. *社会主义新农村建设取得阶段性成效*。努力探索符合江西省情的社会主义新农村建设的途径和方式,使广大农村逐步达到"五新一好"目标:一是发展新产业,不断提高农业现代化水平,促进农民收入持续增长,实现生活宽裕;二是形成新机制,充分发展农村合作经济组织,逐步提高农民组织化程度,统筹城乡发展的体制机制初步建立和不断完善;三是建设新村镇,统筹规划村镇建设,加强农村基础设施和公共服务,改善村容镇貌;四是树立新风尚,加强农村民主政治建设和精神文明建设,形成健康文明新风尚,促进农村社会和谐稳定;五是培育新农民,不断提高农民整体素质,逐步成为守法纪、有文化、懂技术、会经营的新型农民;六是创建好班子,加强农村基层组织建设,更加健全村党组织领导的充满活力的村民自治机制,使基层干部真正成为农民群众的贴心人,组织农民创造幸福生活的带头人。

4. *单位生产总值能耗较大幅度下降*。强化能源节约和高效利用的政策导向,加大节能力度。通过优化产业结构特别是降低高耗能产业比重,实现结构节能;通过开发推广节能技术,实现技术节能;通过加强能源生产、运输、消费各环节的制度建设和监管,实现管理节能,着力降低钢、铁、有色金属、煤炭、电力、化工、建材等重点耗能行业的能耗,推广先进的节能监控技术和能源计量检测,推动新建住宅和公共建筑节能,新建建筑严格实施节能50%的设计标准。努力构建节约型的增长方式、节约型的产业结构、节约型的城镇化模式、节约型的交通运输体系和节约型的消费模式,单位生产总值能耗由2005年的1.06吨标煤/万元下降到2011年的0.82吨标煤/万元,年均下降4%。

5. *财政收入占生产总值的比重和税收占财政收入的比重进一步上升*。把转变增长方式、改善产业结构、提高企业效益、壮大支柱产业、做强工业园区、发展县域经济作为提高财政收入占生产总值比重的主攻方向,努力形成财政收入比GDP更快增长的长效机制,力争今后5年财政收入占GDP的比重达到12%~13%。通过深化财税体制改革,加强税源管理,优化业务流程和纳税服务,做到应收尽收,坚决不收过头税,不断提高税收征管的质量和效率,使税收占财政收入的比重由目前的80%左右上升到90%,为财政增收提供更为可靠的保障。

6. *就业、社保、科技、教育、文化、卫生、环保和人口与计划生育等社会事业取得新的发展*。(1)建立扩大就业的长效机制和政府扶助、社会参与的创业与就业促进体系。今后5年新增城镇就业230万人以上,城镇登记失业率控制在5%以内。(2)建立与经济发展水平相适应的多层次、宽覆盖、高效率的社会保险体系。(3)加速科技创新,全面提升科技整体水平,提高科技进步对经济社会发展的贡献率。经过今后5年的努力,全省科技进步贡献率达到51%以上,高新技术产业增加值占工业增加值的比例超过32%,专利授权量年均增长10%,为建设创新型江西奠定坚实基础。(4)进一步完善基础教育、职业教育和高等教育相衔接的教育体系,完善继续教育和培养制度,建设学习型社会。2011年,全省"普九"人口覆盖率达到100%,小学、初中适龄少年儿童入学率分别超过99%和98%;全省高中阶段教育毛入学率达到84%左右,中等职业教育招生规模超过30万人,与普通高中招生规模大体相当;高等职业教育招生规模占高等教育招生规模的一半以上;建设普通高等学校80所左右,各类高等教育在读数超过100万人,毛入学率达到26%左右,争取所有本科院校通过教育部本科教学工作水平评估,高职高专院校完成新一轮人才培养工作评估。(5)繁荣和发展社会主义先进文化。发展文化事业,着力打造"红色文化"品牌,每年推出1至2台思想先进、艺术质量上乘、广大人民群众欣赏喜爱的优秀剧目。建成江西艺术中心和井冈山一号工程,健全博物馆、图书馆、群艺馆、文化馆等文化公益设施,到2011年新建改建一批县城数字电影院、乡镇数字电影放映固定场所,确保"一村一月放映一场电影",广播电视人口综合覆盖率基本达到100%,不断扩大人民群众的文化活动空间;做大做强一批文化企业集团,在全省范围推出4至5个在省内外具有较高知名度的艺术表演团体,扩大江西特色文化的影响力,办好江西艺术节、陶瓷艺术节、傩文化节等重大文化活动。(6)提升公共卫生服务能力。加强公共卫生服务体系建设,建立省市县乡村五级疾病预防控制体系和突发公共卫生事件医疗救治体系,建立卫生监管综合网络和卫生安全监测预警机制。以发挥好乡镇卫生院的枢纽作用为重点,建设农村卫生服务体系,重点建成1000所乡镇卫生院,基本完成县级医院、预防保健机构和乡镇卫生院建设改造和设备配置任务;在全省设区市和有条件的县级市建成较为完善的社区卫生服务体系,其中设区市按照每3~10万居民或按街道办事处所辖范围设置1所社区卫生服务中心。(7)切实保护好生态环境。通过抓重大生态工程项目建设,构建持续利用的资源保障体系和良好的生态环境。加快植树造林步伐,5年净增森林面积50万公顷,森林覆盖率由60.05%提高到63%以上。改善林分结构,更好地保护和恢复森林系统生态功能。健全和完善水土保持预防监管法规体系、执法体系和技术服务体系。在五大河流源头建设生态功能保护区。加快水土流失治理步伐,每年防止水土流失面积18.67万公顷以上,5年累计防止水土流失面积达到93.33万~100万公顷。从源头上控制污染物的排放。在固体废弃物处置和综合利用方面,逐步建立和完善固体废弃物污染防治管理制度和监控体系。在水环境保护方面,建立健全水环境监测体系,建设五大水系市界断面重要饮用水源地质自动监测网络,保障全省主要江河湖泊水环境功能区基本达到水环境目标要求。在大气污染综合防治方面,控制新增燃煤,普遍推广清洁煤燃烧技术,削减二氧化硫排放量,全省机动车尾气基本实现强制性的达标排放。取缔城市露天排挡,整治锅炉及餐饮油烟污染。努力做到建筑工程领域无尘化、无害化管理,设区市空气质量达到国家二级标准。(8)控制人口数量、提高人口素质。到2011年末,全省人口总量控制在4520万人以内,人口自然增长率不超过8‰。

7. 城乡居民生活显著改善。到2011年,城镇居民可支配收入超过14100元,年均增长8.6%,基本达到全国平均水平;农民人均纯收入达到4930元,年均增长7.1%,高于全国平均水平。消费结构进一步优化升级。城乡居民恩格尔系数分别降低到0.4和0.5以下。居民居住面积在资源环境承载能力范围内继续增加,城镇人均住房使用面积超过30平方米,农村人均居住面积超过35平方米。

三、在新起点上实现江西崛起新跨越,必须深入实施六大发展战略

省第十二次党代会报告在总结新世纪以来江西经济社会发展经验,准确把握国内外发展趋势,深刻分析江西发展阶段性特征,广泛征求各地、各部门、社会各界人士意见和建议的基础上,坚持解放思想,实事求是,与时俱进,本着立足当前,着眼长远的要求,提出要深入实施六大发展战略:

第一,深入实施以新型工业化为核心的发展战略,加速农业大省向工业强省的转变。要坚定不移地实施以新型工业化为核心的发展战略,坚持以信息化带动工业化,以工业化促进信息化,进一步发挥工业化与信息化在统筹城乡发展、解决群众就业、加快富民兴赣中的主导作用。

第二,深入实施统筹发展战略,促进城乡和经济社会协调发展。坚持把大力推进新型工业化、新型城镇化与解决“三农”问题作为一个相互联系、相互促进的系统工程,在着力增强农业农村自我发展能力的同时,进一步探索以工业化致富农民、城镇化带动农村、产业化提升农业的路子,从根本上解决“三农”问题,实现城乡协调发展。要更加注意社会事业的发展,不断提高全省人民的教育、健康、社会保障水平,促进人的全面发展。

第三,深入实施大开放和改革攻坚战略,建设更具活力、更加开放的经济体系。要坚定不移地实施大开放主战略,积极探索更高阶段开放和更高效益开放的新途径,不断提高改革开放水平。改革是崛起的根本动力。要按照完善社会主义市场经济体制的要求,加大改革攻坚力度,力争在一些重要领域和关键环节取得实质性突破。要把大开放与深化改革更紧密地结合起来,以改革开放的相互促进、双向推动,加快建设更具活力和更加开放的经济体系。

第四,深入实施科教兴赣、人才强省战略,着力提高自主创新能力。要以提高自主创新能力为主线,深入实施科教兴赣和人才强省战略,激发全社会的创新精神,培养高水平的创新人才,抢占经济发展的制高点,进一步强化科技、教育、人才对经济社会发展的支撑作用,提高江西经济的竞争力。

第五,深入实施生态立省、绿色发展战略,不断增强可持续发展能力。要把生态立省、绿色发展的理念贯穿于生产建设、生活消费的各个方面,切实转变增长方式和消费方式,坚持在集约利用资源中求发展,在保护生态环境中谋崛起,巩固和发展江西省的生态环境优势,建设资源节约型和环境友好型社会,大力培育生态文明,使崛起的江西青山常在、绿水长流、资源永续利用。

第六,深入实施创业富民、和谐发展战略。要坚持发展为了人民、发展依靠人民、发展成果由人民共享,大力推动全民创业,让经济发展成果更多地变成人民群众的财富;坚持追求物质富有与精神富有的统一,着力推进社会全面进步和人的全面发展,大力促进社会和谐,增强人民群众的幸福感。

(省委政策研究室)

“科学发展，和谐创业”主题教育活动纪略

为全面贯彻落实科学发展观，构建社会主义和谐社会，进一步动员全省上下推进全民创业、加快富民兴赣，为实现“十一五”规划发展目标而努力奋斗，根据省委的部署，从4月1日开始，全省上下广泛开展了“科学发展，和谐创业”主题教育活动。活动开展以来，各地各部门以高度的责任感和使命感，把主题教育活动摆在重要位置，周密部署，科学规划，狠抓落实，确保了整个活动健康有序地进行，营造了科学发展、和谐创业的浓厚氛围，促进了全省经济社会又好又快发展。

组织开展了系列宣传活动。活动开展以来，各地各部门采取各种行之有效的方式进行宣传造势，营造了浓厚的舆论氛围。一是开展大型采访报道活动。5月和8月，先后精心组织了“科学发展在江西”、“和谐创业在江西”大型系列采访报道活动，各新闻单位组织记者深入一线采访报道，开设了一批特色栏目节目，刊播了一系列消息、评论、通讯和言论，突出报道了全省各地各部门开展主题教育活动的动态、举措、经验，推出了一批“和谐创业”先进典型，整个系列采访报道反响热烈，深入人心。二是拍摄制作电视专题片。省委宣传部、省广电局、江西电视台联合制作了我国第一部宣传科学发展观的大型电视专题片《沧桑正道——科学发展纵横谈》，该片通俗易懂、生动形象、深入浅出，于2月、3月在中央电视台十套、一套播出。三是制作设置大型户外公益广告牌。各地各部门按照省里要求，在高速公路出省口、主要交通要道、交通沿线、大型公共场所、繁华街道、社区、乡村等悬挂了近800块、7万余平方米的大型户外公益广告牌。四是开展主题教育活动标语集中展示宣传活动。“五一”期间，组织各设区市在市中心广场等大型公共场所，通过悬挂气球、中国结、红灯笼、吊旗等形式，集中展示主题教育活动宣传标语。据统计，南昌市红谷滩、九江市烟水亭、宜春市十运会广场、萍乡市秋收起义广场、吉安市人民广场等地，悬挂了10余万条主题教育活动标语，营造了浓厚的宣传氛围。五是印发张贴宣传画。省主题教育活动办公室印制下发了5万份主题教育活动宣传画，并组织力量将宣传画张贴到全省城乡。此外，各地各部门还利用宣传栏、黑板报、画册、墙报、横幅、标语、传单、橱窗、彩虹门、喷绘墙等多种形式进行全方位宣传。据不完全统计，全省共悬挂宣传横幅15000余条，发放宣传单20多万张，使主题教育活动做到了家喻户晓、深入人心。形式灵活多样的宣传引起了省内外的热烈反响。一年来，仅通过江西网站浏览主题教育活动通栏的网民突破了50亿人次，约700万人，分别来自132个国家和地区。其中关于主题教育活动的专题及原创报道点击率突破了3100万人次，通过论坛、博客、新闻跟帖等方式参与讨论的网友约113万人次。大江网刊发的《孟建柱：让创业策划家喻户晓》稿件被新华网、新浪网、网易等国内30多家网站转载。

组织开展了系列宣讲活动。4月20日至30日，根据省里统一部署，精心挑选了30位专家学者，组成专家学者创业文化宣讲团，分赴全省各设区市、县（市、区）及9个大型企业和17所大专院校开展宣讲活动。在历时11天的宣讲活动中，共作大型报告137场，召开小型报告会和座谈会60余场，直接听众达20万人次，引起强烈反响。省委书记孟建柱给予了充分肯定。5月19日，孟建柱接见了宣讲团全体成员并与大家一起座谈，对宣讲活动再次给予了高度评价，认为“开展得很有效、很成功，达到了预期的目标”。5月23日至6月2日，省委宣传部又会同省发改委、教育厅、人事厅、财政厅、民政厅等12个省直部门组成创业政策宣讲团，分赴全省各设区市和26所大专院校开展宣讲活动，取得了圆满成功。7月28日至9月24日，经过精心挑选，由16位先进个人和2个先进集体代表组成的“创业先进典型事迹报告团”，分赴全省各设区市、部分县区和驻赣部队及大专院校，巡回报告40场，直接听众近3万人。各地各单位也积极策应省里的部署，组织开展各种宣讲活动。宜春市组织近万名机关干部赴基层宣讲，市委书记、市长带头下基层宣讲。萍乡市举行“三创”巡回报告会，深入到县区及各乡镇和部分厂矿、市直单位进行宣讲。所有这些宣讲内容实、形式新、效果好，被群众称为是推动全民创业的“及时雨”、“助力剂”。

组织开展了系列论坛研讨活动。4月12日，围绕“让全民创业的主流意识奔涌起来”这个主题，举行了“科学发展、和谐创业”专家学者论坛。5月23日，围绕“干部要做百姓创业的服务员”这个主题，举办了全省领导干部论坛。省委常委、宣传部长刘上洋出席了这两次论坛，并在专家学者论坛上作了主旨演讲。7月3日，围绕“扬起创业的风帆”这个主题，举办了全省创业者论坛，省委副书记、常务副省长吴新雄出席论坛并发表主旨演讲。此外，省里还举办了国家“十一五”规划报告团在赣报告会、三峡移民精神报告会和“温州人创业”报告会。这些活动的成功举办，宣传了创业文化和创业政策，在社会上引起广泛关注。群众评价说是“在头脑中刮起风暴”。各地各部门在积极参加全省重点活动的同时，结合自身的实际，也组织开展了一系列论坛研讨活动。省社科院举办了“浙赣文化论坛”、“科学·创新·创业”论坛等系列活动。九江市举办了全市“和谐社会与可持续发展”报告会，召开了“做科学发展观的坚定实践者，建科学发展观的模范实践城”理论研讨会。

组织开展了社会主义荣辱观系列教育活动。按照中央和省委统一部署，3月24日，召开了学习贯彻社会主义荣辱观座谈会，省委书记孟建柱对树立和践行社会主义荣辱观作出重要指示。省委常委、省委宣传部部长

刘上洋应邀在省政协报告会上宣讲社会主义荣辱观。组织开展了全省青少年“知荣明耻,创新创业”主题演讲比赛,以及全省大中专学生志愿者“知荣辱,树新风”暑期文化科技卫生“三下乡”社会实践活动。编辑出版了社会主义荣辱观通俗读本《中外道德楷模100人》,省委书记孟建柱作序。印制了10万套“八荣八耻”挂图,免费下发到基层。推出了“以辛勤付出为荣”的新余日报社副总编辑袁鹏、义务宣讲井冈山精神的原井冈山革命博物馆馆长毛秉华,以及在广东东莞舍己救人的于都青年刘久荣、救人不留名的万年籍海军士官曹建华、在抗洪救灾中英勇献身的龙南县村支书张义昌、勇斗持刀歹徒的江西服装学院学生何蕤、只身勇救27人的省交通系统职工熊文清、为扑救火灾光荣牺牲的靖安县3名消防官兵等一批践行社会主义荣辱观的先进典型,在省内乃至全国引起了热烈反响。其中熊文清被评为2006“中国骄傲”人物。

组织开展了系列评选活动。重点抓了全省“十大爱心人物”、“十大创业先锋”的评选。在各地认真组织推荐、考察审定的基础上,择优产生“十大创业先锋”、“十大爱心人物”候选人,在省主要报纸和网站及11个设区市的党报刊播,公开接受群众投票。社会各界踊跃参与投票,仅“十大创业先锋”的评选,通过网站、手机短信和剪报投票就超过360多万人次,在基层和广大干部群众中引起了热烈反响。不少群众通过写信、打电话,或在网上对评选活动给予高度评价,认为“这样广泛公开地评选创业先进人物,使创业精神深入了人心,让创业活动走进了广大百姓的生活,大大调动了全省人民的创业热情和积极性”。11月28日,江西省隆重召开表彰会,省委书记孟建柱等领导出席会议并向“十大创业先锋”颁奖。

组织开展了系列文化活动。省里举办了“歌唱创新创业新江西”《金色童年》少儿歌曲征集评选暨小歌手电视大赛活动。全省11个设区市都组织了选拔赛,共有万余名少年儿童参加了各级大赛角逐,演唱了1000多首歌曲。组织开展了“科学发展,和谐创业”文艺调演并举办了专题文艺晚会,创作、排演了一批贴近生活、具有较高艺术水准的节目。举办了“科学发展,和谐创业”全省青年歌手电视大奖赛,历时3个月,全省共有6000余名歌手参加。与此同时,各地各部门也组织开展了一系列文艺调演、诗歌节以及读书活动、征文活动、演讲比赛、知识竞赛、短信征评、摄影书法美术展览、影视作品展播等活动,增强了主题教育活动的感染力、凝聚力。

组织开展了系列实践活动。主要组织开展了“文明帮建”活动。组织1000个省文明单位帮助1000个村建设宣传文化活动室,着力改善农村精神文化生活条件,不断促进村风文明。各设区市、县(市、区)参照省里的做法,纷纷组织市、县文明单位帮建农村宣传文化活动室。据统计,全省各地共挑选了400多个乡镇、3000多个村进行结对帮建,各级帮建单位共投入或争取资金近3000万元。同时,开展了“四个千下基层”活动,组织1000名科技工作者、1000名文化工作者、1000名法律工作者、1000名卫生工作者进社区下农村,提供科技、文化、法律、卫生服务,受到广大群众欢迎。

在开展主题教育活动中,各地各部门始终着眼于促进经济社会又快又好发展,始终坚持以维护、实现和发展好群众的根本利益为落脚点,以促进社会和谐稳定为着力点,进一步提高了广大干部群众的思想认识,推动出台了一系列服务科学发展、和谐创业的举措,取得了可喜成效。体现在以下方面:

*弘扬了创业文化、激发了创业热情。*主题教育活动把解放思想与培育创业文化结合起来,把引进和移植沿海地区创业文化与弘扬自身的文化传统结合起来,把整体创业文化建设与机关文化、城市文化、乡村文化建设结合起来,进一步丰富了创业文化的内涵,营造了鼓励探索、善待挫折、宽容失败、激励成功的良好创业氛围。通过广泛开展主题教育活动,广大干部群众深化了对科学发展观的认识和理解,进一步增强了科学发展、和谐创业的自觉性和坚定性,增强了抓住机遇、加快发展的紧迫感、责任感,形成了尊重创业、理解创业、支持创业的新局面。有的群众说“只要敢想、敢闯、敢试、敢干,人人都能成为创业者,人人都能成为成功者。”

*优化了创业环境,推进了创业实践。*在主题教育活动中,相关职能部门制定落实了一系列具体可行的措施,优化发展环境,切实推动科学发展、和谐创业。省劳动和社会保障厅出台十项便民措施,为就业创业渠道创造良好条件。省财政厅研究出台了40项公共财政政策,为创业提供了强有力的财政支持。省人事厅会同有关部门出台163条支持“一村一品”具体措施,此外各地各部门进一步以主题教育活动为契机,坚持以人为本,把群众利益放在首位,着力为群众办实事、办好事。省妇联举行“促进妇女创业就业三八专场招聘会”共为女性提供4354个就业岗位,得到社会各界特别是妇女同志的赞许和欢迎。

*提升了宣传思想工作形象,扩大了宣传思想工作影响。*一年一度的主题教育活动,紧扣中心,紧贴大局,切实增强了宣传思想工作的主动性和实效性,进一步提高了宣传思想工作的地位和影响力。在江西5年来“十件最有影响的大事”评选活动中,主题教育活动被群众投票评选为“十件大事之一”,名列第五。江西省开展主题教育活动的做法,还得到了中宣部的充分肯定和好评,中宣部办公厅《通报》全文刊发了江西的经验材料。

(彭海宝)

江西省全面开展社会主义新农村建设纪略

2006年，江西省委、省政府贯彻落实中央一号文件精神，根据中央提出的“生产发展、生活宽裕、乡风文明、村容整洁、管理民主”的总体要求，结合江西实际，制定了《关于推进社会主义新农村建设的实施意见》，在总结赣州市新农村建设试点经验的基础上，在全省范围内开展社会主义新农村建设。

坚持从实际出发，探索欠发达省份新农村建设的路子。省委、省政府根据江西农业比重大、农村基础设施落后、农民生产生活条件较差，经济欠发达这一基本省情，把中央的方针政策、工作部署同本地实际紧密结合起来，积极探索符合我省实际的新农村建设路子。在工作思路上，努力做到“一全面四坚持”。即全面贯彻落实科学发展观，着眼社会和谐，实行城乡统筹；坚持把发展生产和富裕农民作为落脚点，坚持把解决农民最关心、最直接、最现实的问题作为切入点，坚持把加快农村社会事业发展作为着力点，坚持把深化农村改革、创新工作机制作为推进的动力。在工作目标上，逐步实现“五新一好”。以“生产发展、生活宽裕、乡风文明、村容整洁、管理民主”为目标，通过10～15年的努力，使广大农村基本实现“五新一好”，即：发展新产业，农业现代化水平明显提高，农民收入持续增长，实现生活宽裕；形成新机制，以农业产业化龙头企业、产业协会等为主体的农村合作经济组织充分发展，合作经济组织覆盖农户明显增加，农民组织化程度逐步提高，乡镇政府职能得到切实转变；建设新村镇，村镇建设纳入规划管理，农村生产生活设施和公共服务更加完善，村容镇貌显著改观；树立新风尚，加强农村民主政治建设和精神文明建设，加快社会事业发展，形成健康文明新风尚，促进社会和谐稳定；培育新农民，农村人力资源得到有效开发，农民整体素质不断提高，逐步成为守法纪、有文化、懂技术、会经营的新型农民；创建好班子，农村基层组织建设进一步加强，党组织的凝聚力、战斗力、创造力明显提高，基层政权真正做到科学执政、民主执政、依法执政，村党组织领导的充满活力的村民自治机制更加健全，基层干部真正成为农民群众的贴心人、组织农民创造幸福生活的带头人。在工作方法上，实行规划先行、整治起步、经济社会发展顺势而进。一是抓好规划的编制和实施。各试点村都把制定和实施村庄整治建设和产业发展规划放在工作的首位，坚持先规划后建设，未规划不建设。在规划的编制上认真抓好四个环节：勘探设计，收集资料；理事会参与，征求农民意见；认真组织认证、评审规划初步成果；严格执行规划审批制度。二是以“六改四普及”（改水、改路、改厕、改房、改栏、改环境，普及沼气、普及有线电视、普及电话、普及太阳能）为重点，切实改变农村人居环境，让农民走平坦路、喝干净水、上卫生厕、用洁净能、住整洁房。坚持“一户一宅”，引导农民整修现有住房，拆除没有保留价值的土坯房和“空心房”，引导有建房需求的农民在规划区内拆旧建新，引导独立户和散户集中建房，做到房屋整洁。实施人畜分离，对猪牛栏进行改造，有条件的地方提倡发展畜牧小区。采取多种模式，推广使用自来水，确保水质安全。提倡使用水冲厕，改变农民生活习惯。改善农村通行条件，逐步做到进村道路和村内道路硬化。整治脏、乱、差，搞好农户家庭卫生，实行村庄绿化。在有条件的村庄普及沼气，推行“猪—沼—果（菜）”等生态农业模式。完善县、乡、村有线电视传输网络，提高农村的有线电视入户率。加强农村通信网络和互联网建设，提高农村的电话普及率和网络覆盖率。积极发展适合农村特点的清洁能源，在有条件的村庄和农户逐步推广太阳能热水器。

坚持试点示范，因地制宜，逐步推进。为了稳步推进全省的新农村建设工作，省委、省政府决定以试点为抓手，计划每年建设1万个左右的试点自然村，分年实施，逐步推进。在规划部署上，坚持把自然村作为试点的基本单元。年内，按照农民自愿、村庄申请、乡镇初审、县级把关、市级协调、省级审批备案的程序，全省确定了8990个新农村建设试点自然村，其中省级6210个，市县级2780个。在建设模式上，坚持因地制宜，各有创造。在村庄整治过程中，注重体现农村特点和地域特色，立足自然村现有基础进行房屋建设改造、设施配套和环境整治，传承地方优秀历史文化，不推山、不填塘、不砍树，依山就势，坚持人与自然的和谐统一，不搞统一模式，防止千村一面。如南昌市实施了“改造城中村、建设小康村，撤并小型村、建设中心村，整治自然村、建设示范村，培育专业村、建设特色村”四种建设模式；上饶市推出了“五村同创”建设模式，即把试点自然村同时建成卫生村、节约村、生态村、文明村和小康村。浮梁县以瑶里风景区为龙头，以浮东新农村建设示范片为依托，精心打造红色、绿色、古色旅游景点，积极发展“农家乐”乡村游。在推进路径上，坚持“三个结合”：一是基础设施建设与优势产业发展相结合，从整治脏乱差，解决农民要求最迫切、受益最直接的路、水、厕等问题入手，有效激发农民建设美好家园的积极性，继而搞好农民培训，推动农民发展生产、自主创业。二是经济建设与社会发展相结合，既认真落实好促进生产发展的各项支农政策，把政策转化为现实生产力，努力增加农民收入，又着力解决农村上学难、看病贵、文化生活贫乏、社会保障水平低等问题，让农民享有更多的新农村建设成果。三是农民主体作用与政府主导作用相结合，一方面，把宣传和组织群众、依靠群众的力量实现新农村建设的目标任务作为着眼点，使农民的事情真正由农民作主，另一方面，充分发挥政府在规划建设、资金支持、政策倾斜、公共服务上的主导作用。

坚持统筹城乡发展，集中人财物资源投入新农村建设试点。省委、省政府把新农村建设作为统筹城乡经济社会发展的核心工作来谋划，重点在建设规划、财力分配、资源利用等方面，推出了政府支持、企业带动、社会帮扶的政策措施。一方面，加大政府投入力度。在财力较弱、反哺能力有限的情况下，集中省财政资金1亿元、省交通资金1亿元，整合各类项目资金4.21亿元，用于支持新农村建设试点，各市县也纷纷加大资金支持，省市县三级政府投入新农村建设的资金总数达10.97亿元。另一方面，积极探索资源整合途径。通过广泛宣传动员，形成了“各级政府投一点、部门单位助一点、社会各界扶一点、受益群众投资投劳自筹一点”的新农村建设资金筹措机制，较好地解决了力量整合和资金投入的问题。年内，广大试点村的农民自主筹资和投劳折款共达19.5亿元，社会各界支持资金达8.4亿元，全省8990个试点村，村均投入资金43万元。各地还加大了对事关农村未来发展的村庄建设规划、产业与社会发展规划的人、财、物支持，提高了资源利用效率，增强了农村发展后劲。

坚持把创新工作机制贯穿于新农村建设的全过程。在新农村建设实践中，广大干部群众不断探索，总结出一套“农民主体、政府主导、干部服务、社会参与”的工作推进机制。一是突出农民主体作用。农民是新农村的建设者，也是新农村成果的享有者。农民对新农村建设的理解、支持、参与程度，决定着新农村建设的成效。各地把宣传发动群众，增强农民的主体意识、落实农民的主体地位、维护农民的主体权益作为新农村建设的首要任务，通过农民理事会运作等方式，实现新农村建设试点搞不搞，怎么搞，搞到什么程度，都由农民说了算；有关建设规划、资金筹措、项目管理等事务，都由农民自己做主，使农民真正成为新农村的建设主体、投入主体、管理主体和享有主体。二是发挥政府主导作用。省里成立了以省委书记为组长、省长为第一副组长，省委、省政府分管领导为副组长，省直有关部门主要领导为成员的领导小组，下设办公室；市、县两级都相应成立了新农村建设领导小组及其办事机构，并形成了领导小组成员单位之间协调联动的工作机制。与此同时，加大政策的引导扶持，贯彻落实“四个倾斜”、“三个明显高于”、“两个主要用于”、“一个加大”等一系列惠农政策，加大资金投入，激发广大农民投入新农村建设的动力。三是提高干部服务水平。采取领导小组成员单位分工负责抓协调、各级机关和企事业单位驻村帮扶帮建、组织开展“践行先进性、建设新农村”活动等多种办法，动员大批干部融入新农村建设的伟大事业，有效促进了干部作风的转变，使广大干部自觉服从和服务于新农村建设工作大局。四是组织社会力量参与。如省里先后组织了“千企扶千村”、“千名师生帮编制规划”、“千名工程技术人员帮建筑设计”、“支农、支教、支医”、“教育、文化、卫生、科技四下乡”、“社会捐赠”等活动，有效吸引了社会力量参与新农村建设。

坚持把指导和督查作为推动新农村建设试点的有效方法。为有序推进全省新农村建设，省、市、县三级新农村建设办公室都建立了督查指导制度和相关的工作制度。在工作体系上，构建了以各级新农村建设办公室为轴心力量、各级有关部门为协同力量、乡村基层为基本力量，纵向贯通、横向联合，职责明确、运转协调的工作指导体系。同时，建立了信息报送制度、议事协调制度、定期报表制度、指导督查制度等。在宏观把握上，注重做好方向性、前瞻性、协调运作性的工作，重点是掌握试点动态、把握试点进展、总结试点经验；同时，注重调查研究与解决问题相结合，针对试点中出现的问题，开展专题调查研究，制定出能解决问题的工作文件，有效指导全省试点工作。在督促检查上，根据新农村建设试点不同推进阶段、各个工作环节，定期或不定期开展有针对性的面上督查、专门督查、随机抽查、交叉检查和明查暗访，及时寻找工作中的差距和不足。比如，针对少数试点村脱离实际，盲目修建大型广场、环村公路，种植进口草坪、名贵花木，搞面子工程、花架子，导致农民负担加重等苗头，及时提出了“六个不搞”，纠正了试点中的偏差。在情况调度上，通过每季一报的试点村主要建设项目统计报表和资金筹集使用投入统计报表，全面了解各地试点村改路、改水、改厕、普及沼气，以及财政支持、农民自筹、各方支援试点资金情况，然后有针对性地进行指导。同时，及时发现和发掘典型，注重用实践经验规范和带动试点工作，从而促进新农村建设又好又快发展。

一年来，在省委、省政府的正确领导下，各级党委、政府高度重视试点工作，各级部门单位和社会各界热情支持试点工作，广大农村基层干部和农民群众积极投身试点实践，全省新农村建设试点开局良好，进展顺利。一是村容村貌明显改观。全省8990个试点自然村，涉及农户578825户，共硬化村组道路和入户便道1.84万千米；48万余户农户完成了改水，占农户总数的83%；约38万农户用上了无公害卫生厕所，占农户总数的67%。广大试点村农民走上平坦路、喝上干净水、用上卫生厕、点上洁净能、住上整洁房，试点村昔日旧貌变新颜，一批环境优美、风格各异、具有文化内涵和区域特点的山乡村寨、水乡新村、平原新农村社区正在全省各地崛起。二是产业发展明显加快。很多试点村坚持以产业规划为龙头，以生产基地为依托，以合作经济组织为纽带，推动“一村一品”和优势产业快速发展。全省8990个试点村，有半数以上确定了主导产业，形成“乡有特色产业、村有特色品种、户有特色项目”的“一村一品、一乡一业”发展格局。三是乡风文明明显提升。广大试点自然村基本实现村村通广播电视，户户通电话，部分村还开通了因特网。试点村与城市的联系更加紧密，现代文明的建设进程逐步加快，文明、科学的生活方式蔚然成风。四是民主管理明显进步。各试点村以老党员、老干部、老模范、老教师和老军人为主体，选举产生村民理事会，负责新农村建设的组织和管理工作。年内，全省成立新农村建设农民理事会1.2万多个，理事会积极组织农民参与新农村建设和监督管理，农民群众在建设管理中不断培育互助合作和民主管理精神，较好地实现了群众对农村公共事务和公益事业的自我管理、自我服务、自我监督，使村民自治落到了实处。

江西省开展新农村建设试点的成功实践，得到了中央的肯定和全国的关注。2006年的中央农村工作会议，安排江西省作了关于新农村建设的典型发言,《中办通报》发表了江西省新农村建设专刊;中共中央政治局常委、国务院总理温家宝4月中旬视察江西时,称赞江西推进新农村建设的思路和举措是对的;国家许多部委到江西进行调查研究,从不同方面总结江西新农村建设经验。同时,新农村建设试点工作受到了兄弟省份的普遍关注,赢得了农民群众的普遍赞誉。至今,全国除台湾外的所有省、区、市都到江西考察新农村建设,考察团组达300多个;广大农民在新农村建设试点中得到了更多的实惠,建设新家园、创造新生活的积极性进一步高涨。

(王　志　徐清华　黄承锋)

漂亮别致的新农村建筑　　邓小勇摄

江西概览

本栏编辑　李目宏

自然环境

【区域位置】江西省位于长江中下游交接处的南岸，地处北纬24°29′14″～30°04′41″，东经113°34′36″～118°28′58″之间。赣江是境内主川，故简称"赣"。东邻浙闽，南连广东，西接湖南，北毗鄂皖，古称"吴头楚尾、粤户闽庭。"东西宽约490千米，南北长约620千米，总面积16.69万平方千米，占全国陆地总面积的1.74%，居华东各省市首位。

【地势地貌】　地势周高中低，从外向内，由南向北，渐次向鄱阳湖倾斜，构成一个向北开口的巨大红色盆地。地貌类型齐全，区域差异明显，分布大体呈不规则的环状结构形式。以鄱阳湖为核心，向外依次为鄱阳湖平原、赣中南丘陵和边缘山地。山地占全省面积的36%，丘陵占42%，岗地和平原占12%，水面占10%，素有"六山一水二分田，一分道路和庄园"之说。

【山河湖泊】　主要山脉多分布于省境边陲，走向以东北和西南走向为主体。赣东北和赣东有怀玉山、武夷山和黄山支脉，赣南有大庾岭和九连山，赣西有罗霄山脉，赣西北有幕阜山和九岭山。全省有大小河流2400多条（其中全年有水的约160条），总长约1.84万千米。主要河流有赣江、抚河、信江、修河、饶河等五大江河，其中赣江自南而北流贯全省，包括贡水在内全长766千米，是江西最大河流和仅次于岷江的长江第二大支流。江西湖泊众多，并集中于五河尾闾地区，以鄱阳湖最为著名。鄱阳湖是中国第一大淡水湖，湖泊面积5100平方千米。

【土地资源】　全省土地大致可分三大类：红、黄壤土地，红壤丘陵，平岗地。土壤主要有五种类型，分别是红壤、黄壤、紫色土、潮土、水稻土。土地资源利用以耕地、林地、牧草地为主要形式。全省耕地面积214.06万公顷，林地面积1050.80万公顷，草地面积384.73万公顷。全省未利用或难利用的土地面积355万公顷，约占全省土地总面积的21.25%。

【矿产资源】　江西地下矿藏丰富，矿产资源种类齐全，资源配套程度高，伴（共）生组分丰富。全省发现矿产150多种，产地5000多处，其中已探明储量的101种。储量居全国前三位的有铜、钨、银、钽、钪、铀、铷、铯、金、伴生硫、滑石、粉石英、硅灰石等。铜、钨、钽、稀土、铀、金、银被誉为江西的"七朵金花"。江西有色金属、稀有和贵重金属品种多，储量大，是全国有色金属矿藏丰富的省区之一。

【能源资源】　主要有水能、光能、风能及能源矿产等。水能资源理论蕴藏量682.03千瓦，可开发利用的610.9万千瓦，全部开发年发电量可达215.6亿千瓦小时。光能资源较为丰富，全年太阳总辐射能力为4057兆焦耳/平方米～4794兆焦耳/平方米，全年日照为1473～2078小时，日照百分率为33%～47%。风能，年平均风速为1.0～3.8米/秒（不含庐山），全省年大风日数为0.5～28天，风能资源较为丰富的地方，主要集中在鄱阳湖滨、赣江和抚河下游及高山顶和峡谷地带。能源矿已发现煤炭、石油、天然气等7种，其中煤炭产地在全省共有190处，分布在70个县；主要煤田有11个，主要分布在浙赣铁路沿线地区。

【生物资源】　全省动物资源丰富，有哺乳类100余种、鸟类420种、两栖类40种、爬行类77种、鱼类205种，还有水生哺乳类、软体动物、浮游动物等。有国家一级保护动物18种，分别为云豹、豹、虎、白鳍豚、黑鹿、白鹳、黑鹳、中华秋沙鸭、金雕、黄腹角雉、白颈长尾雉、白头鹤、白鹤、鸨、蟒、中华鲟、白鲟。全省植物起源古老，组分较复杂，种类繁多，类型齐全，提供物质原料的资源植物生产潜力很大。主要有用材植物、木本粮食植物、油脂植物、药用植物、观赏植物等。

历史概况

江西的开发有着悠久的历史，最早可上溯到4万～5万年之前。距今约3500年左右的吴城、新干等商周遗存表明，赣江中游地区此时已经具有了较为发达的农业和手工业，形成了早期的国家权力和中心聚落，存在一支与中原地区并驾齐驱的青铜文明。

春秋战国时代，江西迭为吴、楚、越争雄之区。设有行政区番邑、艾邑。秦灭六国之后，江西成为统一的封建国家的重要组成部分，大部分地区隶属于治所在今安徽寿县的九江郡。西汉初年，江西境内设豫章郡，属扬州刺史部，郡治南昌县，下辖18个县，管辖范围大体上与现今江西相当。到东汉时期，江西经济已有相当水平，是农产品自给有余、渐有输出的地区。

三国两晋南北朝时期，由于北方战乱频仍，南方相对稳定，大批北方移民进入赣江流域，江西开发的深度与广度得到加强。农业生产力有了明显的提高，鄱阳湖流域成为东晋、南朝的重要产粮区。

隋唐时期，江西经济文化的发展大大加快。隋朝，江西地区保留下7郡24县。唐太宗时，全国分10道，江西地区属江南道。唐玄宗时，将江南道析分为东西两道，江西地区属江南西道。江南西道简称江西道，后来的“江西”省名即源于此。江西道下辖8州37县，包括现在江西全境。由秦始皇时期开凿的大庾岭古干道，经唐开元初年张九龄大规模拓修，形成长江—鄱阳湖—赣江—大庾岭—广东南北交通干道，进一步提升了江西在全国范围内南北通衢的地位和在中外的影响力。江西成为国内外人流、物流的要道之一。交通的便利，促成了江西经济、社会和文化的发展，从唐代开始日益走向繁荣。隋唐时期，江西文化发展主要表现在禅宗的广泛传播、对外来文化的吸收和积极加强与中原文化的交流。

五代十国时期，江西相继受吴国和南唐的统治。南唐后期，中宗李璟升洪州为南昌府，建为南都。

两宋时期，江西的发展进入了第一个高峰时期，江西地区的社会和文化发展居于全国的领先地位。全省共设有13州(军)68县。粮食主产区的地位进一步加强，南宋时江西输送给国家的赋粮占全国总额的三分之一。茶叶、桑麻、纺织、渔业生产国内有名。以矿冶、陶瓷、造船为代表的手工业十分发达。景德镇、吉州的制瓷业名闻遐迩，景德镇成为久享盛誉的千年瓷都。造纸、刻书等行业，已达到较高的工艺水平。人口到北宋崇宁元年(1102年)，已达1000万人。宋代江西文化的发展，可以用群星灿烂、成就辉煌来形容。江西文学的发展实居于全国的领袖地位，“唐宋古文八大家”，江西就出了三家，分别是欧阳修、曾巩、王安石，各领一代风骚。理学和书院的发展也是“甲于天下”。

元朝开始设立行中书省。1282年，江西行省最后确立，治所设南昌，辖区除今江西大部分地方外，还有今广东省的广州路等大片地区。

明清时期，江西的发展进入了第二个高峰期。明清地方行政体制实行省、府、县三级管理制度。江西省在明代划为13府、77县以及1个府直辖州，清代设13府、1直隶州、75县，全省辖地与现今的区域大体相同。江西的农业、手工业发展在全国又处领先地位，是封建国家的一个重要的财赋之区。明代江西每年向朝廷纳粮米始终在250万石以上，仅次于南直隶，列各布政司之首。制瓷、造纸、纺织、药材等传统产品呈现出量多质优的局势，行销全国。商业和市镇经济的繁荣，是这一时期江西经济社会发展的显著特点。江右商与徽商、晋商齐名，并为中国古代社会三大商帮；景德镇、樟树镇、河口镇和吴城镇，分别以经营瓷器、药材、纸张茶叶和航运，快速崛起，成为远近闻名的江西四大名镇。明清江西文化的发展，也呈现出多姿多彩的局面，举其大者：一是科举发达，名宦辈出；二是理学昌明，书院兴盛；三是在文学、戏剧、科技、史学、音乐、绘画、医学、考据、水利等领域，涌现出一大批优秀的人才，汤显祖和宋应星是其中的杰出代表。清代中期以后，江西开始走下坡路。清代后期，江西经济社会发展面临着前所未有的艰难与低落，未能完成与时代相适应的变革与转型。

民国时期，江西是国民政府统治的重心地区，也是大革命的风云际会之地、全国土地革命战争的中心和东南抗日战争的重点省区。中国共产党领导在江西及周边省份相继创建了井冈山和中央、赣东北、赣西南、湘赣、湘鄂赣、闽浙皖赣等革命根据地，将土地革命的大本营放在江西，建立了人民当家做主的新型社会形态和新民主主义性质的新型经济，指明了中国未来发展的思路和方向。

江西解放后，全省人民在中国共产党的领导下，走上了建设新江西的社会主义道路。中共十一届三中全会以后，江西人民在邓小平理论和党的基本路线指引下，坚定不移地以经济建设为中心，坚持改革开放，初步建立了社会主义市场经济体制，市场在配置资源中日益显著地发挥着基础性作用。进入新世纪，围绕实现在中部地区崛起，江西全省积极学习兄弟省市改革开放先进经验，走经济社会发展新路。大力实施大开放主战略，加快推进新型工业化、城市化、农业产业化，不失时机地推进信息化。确立了把江西建设成为沿海发达地区产业梯度转移的承接基地、优质农副产品加工供应基地、劳务输出基地和沿海地区群众旅游休闲的“后花园”的战略定位，提出加快对接长珠闽、融入全球化。一系列战略举措，使江西改革开放和现代化建设呈现出崭新面貌。“十五”计划期间，全省生产总值年均增长11.6%，在中部地区排位第二。现在，4300万江西人民正在省委、省政府的正确领导下，以“三个代表”重要思想为指导，全面落实科学发展观，大力弘扬井冈山精神，解放思想，坚定信念，敢闯新路，和谐创业，富民兴赣，实现又好又快发展，为实现江西在中部地区的崛起和全面建设小康社会而努力奋斗。　　（张棉标）

2006年人口发展状况

【人口总量持续低速增长，净增数量相对稳定】根据2006年人口变动情况抽样调查推算，2006年底，江西人口总量达到4339.13万人，其中男性人口为2219.46万人，女性人口为2119.67万人，全年净增27.89万人。从人口发展总体情况看，2006年全省人口总量比2000年增加了190.59万人，平均每年以30万左右的人口数量增长。比20世纪90年代年均40万增量减少了近10万人口，降低了25%。说明江西自2000年育龄妇女总和生育率低于更替水平后，一直稳定在低生育水平状态，因而保持了人口总量持续低速增长且增长规模相对稳定的态势。但由于人口年龄结构和妇女生育周期变化，人口出生率逐步回升，人口低速增长的最低极限已经到了拐点，2006年全省人口净增量基本保持了上一年近28万人的水平，增长规模相对稳定。

【人口自然增长率下降幅度减缓，稳定控制在政府计划目标以内】　江西在计划生育政策逐步深入人心和人们少生快富、优生优育观念的推动下，尽管受年龄结构和育龄妇女生育周期的影响，出生水平从2005年开始有所回升，但回升幅度较小，因而全省人口自然增长水平总体上保持了下降但幅度减缓的趋势。据统计，2006年全省人口出生率为13.80‰，死亡率为6.01‰，人口自然增长率为7.79‰，与20世纪80年代14‰和90年代12‰的平均水平相比，人口自然增长率下降幅度分别为6.21和4.21个千分点，与2000年相比，下降幅度减少为1.69个千分点，与2005年相比，人口自然增长率下降幅度仅有0.04个千分点。

从政府计划目标执行情况来看，2006年全省人口出生率与计划目标值13.80‰持平，人口自然增长率比计划目标值7.80‰低0.01个千分点，人口总量比计划目标值4345万少5.87万人。说明江西已圆满完成了2006年国家下达的人口计划目标。而全省11个设区市无论在人口总量上，还是在人口自然增长水平上，也均稳定控制在省政府计划目标以内。

【人口密度不断增加，地域分布格局依旧】 江西自20世纪70年代末实行计划生育政策以来，人口总量快速增长势头得到了有效的控制。但由于人口基数较大，总人口在低生育水平的情况下平均每年还在以30万左右的总量水平增加，因而保持了人口密度逐年上升的格局。1990年全省人口密度为每平方千米222人，到2006年，人口密度增加到260人，16年间共增加了38人。同时，由于各地的增长速度不同，因而人口在自然地理分布上，一直存在以中部地区人口稠密，东南部地区人口相对稀少的格局。其中人口密度最高的设区市是南昌市，达到613人，人口密度最低的是吉安市为187人，人口密度高于全省平均水平的设区市已占三分之二。

【家庭户规模向小型化发展，婚姻关系基本稳定】 随着人们的思想观念不断转变，少生优育逐步成为现代家庭组合的导向，小型化家庭户主体越来越明显：一是家庭户规模呈逐步缩小趋势，二是以两代户为主要特征的小型化、核心家庭占居主体地位。据调查统计，20世纪80年代初全省家庭户规模为4.94人，到90年代初减少到4.40人，2000年又减少为3.76人。到2006年，全省家庭户规模只有3.37人，家庭户规模逐年缩小。其中两代户的比例占59.86%，单身户比例占6.32%，一代和三代以上户的比例之和只占33.51%，也就是说，相当于一半以上的家庭为两代户的小型家庭，代际减少、结构简化的三口之家核心家庭成为家庭户主体。

在全省15岁及以上人口中，有配偶比例占75.65%，达到最高水平；未婚者占17.45%；丧偶者占5.62%；离婚者占0.82%。城镇离婚比例高于乡村，城镇丧偶比例低于乡村。总体上说，江西已婚人口婚姻关系还比较稳定。

【人口城镇化进程继续加快，城镇化水平再创新高】 近几年来，随着工业化进程的推进和经济的持续快速发展，江西市镇建设的范围和规模继续扩大，农村剩余劳动力向城镇转移流量大大增加，从而加速了城市化进程，使城镇化水平进一步提高。2006年底，江西城镇人口为1678.38万人，占总人口的38.68%，与上年相比，城镇人口增加了78.91万人，比重提高了1.58个百分点。与2000年相比，城镇人口增加了529.65万人，比重提高了10.99个百分点。江西城镇化水平自2000年以来，平均以每年近2个百分点的速度增长，是新时期人口城镇化发展较快的时期，在中部六省中也处于领先位置。

【教育事业全面发展，人口文化素质明显提高】 江西随着"科教兴赣"战略实施，政府对教育的投入逐年增加，基础教育和成人教育在大力发展，学龄儿童和初中适龄人口入学率和升学率大幅度上升，高等教育普及程度不断提高。特别是2006年，全省以农村义务教育为重点，全面推进了基础教育事业发展。据资料统计，2006年江西学龄儿童入学率已达99.05%，小学升学率达到100%，初中升学率达到71.36%，分别比上一年提高了0.04、0.54和0.42个百分点；在全省6岁及以上各种文化教育程度人口中，每10万人口中具有大专以上文化程度的有5050人，高中文化程度的有14760人，初中文化程度的有36830人，小学文化程度的有35742人。与2000年相比，每10万人口中拥有小学文化程度的人数减少了6556人；拥有初中、高中和大专以上文化程度的人数分别增加了490、4000和2226人。其中男性人口明显高于女性，城镇人口高于农村。

【劳动年龄人口不断增加，"人口红利"赢得经济快速发展】 2006年，江西15～64岁劳动年龄人口达到2987.49万人，占全省人口的68.85%。与2000年相比，劳动年龄人口增加了247.36万人，比重上升了1.02个百分点，在上年的基础上增加了31.7万人，上升了0.29个百分点。总抚养比为45.02%，大大低于20世纪80年代初的76.38%，也低于2000年的47.43%。也就是说，全省劳动力年龄段的人口继续维持在70%左右，相当于每10个劳动年龄人口负担的非劳动年龄人口由20年前的8个减少到5个，抚养负担明显减轻，江西处于劳动年龄人口的"黄金"时期，即"人口红利"期。

【65岁以上老年人口比重不断提高，养老保障压力加大】 根据2005年1%人口抽样调查资料，江西在"十五"计划期末已进入了人口老年型社会，跨入了老龄化时代。2006年，江西65岁以上老年人口达342.36万人，占总人口的7.89%，与上一年相比，老年人口增加了25.48万人，比重上升了0.54个百分点，意味着老年人口比重在提高，人口老化程度在加快。

（杨　幸）

2006年环境质量概况

2006年，全省11个设区城市中有9个城市的环境空气质量达到国家二级标准，2个城市环境空气质量达到国家三级标准；全省8条主要河流的监测断面中，Ⅰ～Ⅲ类水质比例为76.8%。但环境形势仍不容乐观，二氧化硫、化学需氧量、烟尘和工业粉尘排放量居高不下,水环境和固体废物污染日益突出,生态环境服务功能下降,抵御自然灾害的能力减弱。

【水环境】　全省8条主要河流和湖泊有监测断面112个,全省地表水总体水质良好。8条主要河流的监测断面Ⅰ~Ⅲ类水质断面比例为76.8%,与上年相比基本持平。全省8条主要河流中,长江九江段、信江、修水断面水质为优,达标率100%;抚河、饶河水质为良好;袁河、渌水、赣江水质为轻度污染。全省地表水主要污染物是氨氮、石油类、总磷和粪大肠菌群。

赣江　有38个监测断面,总体水质轻度污染。Ⅰ~Ⅲ类水质断面比例63.2%。上游赣州江段水质轻度污染,断面达标率53.3%,主要污染物为氨氮和粪大肠菌群;中游吉安江段水质良好,断面达标率88.9%;中游宜春江段水质为优,所有断面达到Ⅲ类水质标准;下游南昌江段水质轻度污染,断面达标率为45.5%,主要污染物为氨氮和粪大肠菌群。与上年相比,赣江总体水质有所恶化。

抚河　有13个监测断面,总体水质良好。Ⅰ~Ⅲ类水质断面比例84.6%,主要污染物为石油类。抚州江段Ⅰ~Ⅲ类水质断面比例81.8%,南昌江段100%。与上年相比,水质有所好转。

饶河　有12个监测断面,总体水质良好。Ⅰ~Ⅲ类水质断面比例75.0%,主要污染物为氨氮和总磷。与上年相比,总体水质有所下降。

袁河　有13个监测断面,总体水质轻度污染。Ⅰ~Ⅲ类水质断面比例69.2%,主要污染物为石油类和粪大肠菌群。萍乡江段和宜春江段水质为优,所有断面达到Ⅲ类水质标准;新余江段水质为轻度污染,断面达标率20.0%,主要污染物为石油类和粪大肠菌群。与上年相比,袁河水质略有好转。

渌水　有6个监测断面,总体水质轻度污染。Ⅰ~Ⅲ类水质断面比例66.7%,主要污染物为溶解氧、氨氮、总磷、阴离子表面活性剂和粪大肠菌群。与上年相比,断面达标率增加16.7个百分点。

长江九江段　有5个监测断面,总体水质良好。Ⅰ~Ⅲ类水质断面比例100%。与上年相比,水质有所改善。

信江、修水　两条河流分别设有监测断面13个和8个,全部达到或优于Ⅲ类水质标准。与上年相比,水质基本稳定。

鄱阳湖　有4个监测点位。其中都昌和蛤蟆石水质为Ⅳ类,主要污染物为总磷和总氮,康山和莲湖水质为Ⅴ类,主要污染物为总磷;都昌、蛤蟆石和康山富营养化程度为中营养,莲湖富营养化程度为轻度富营养。

全省废水排放量13.45亿吨,其中工业废水排放量6.41亿吨,工业废水排放达标率93.24%;城镇生活污水排放量7.04亿吨,城镇生活污水集中处理率21.9%。全省化学需氧量排放量47.42万吨,其中工业废水中化学需氧量排放量11.58万吨,城镇生活污水中化学需氧量排放量35.84万吨,工业氨氮排放量0.79万吨,石油类排放量318.92吨,挥发酚排放量24.13吨,氰化物排放量25.56吨,生活氨氮排放量2.73万吨。

【空气环境】　南昌、景德镇、萍乡、鹰潭、新余、宜春、吉安、抚州和上饶9城市的空气环境质量达到国家二级标准,九江和赣州两城市的空气环境质量达到国家三级标准。

二氧化硫　全省11个设区城市年均值除九江和赣州达到三级标准、景德镇达到一级标准外,其余8城市达到二级标准。全省城市环境空气中二氧化硫年均值范围在0.019~0.068毫克/立方米之间,年均值0.040毫克/立方米,与上年相比无变化。

二氧化氮　全省11个设区城市年均值达到一级标准。全省城市环境空气中二氧化氮年均值范围在0.019~0.037毫克/立方米之间,年均值0.026毫克/立方米,与上年相比下降0.002毫克/立方米。

可吸入颗粒物　全省11个设区城市年均值达到二级标准。全省城市环境空气中可吸入颗粒物年均值范围在0.043~0.100毫克/立方米之间,年均值0.074毫克/立方米,与上年相比下降0.006毫克/立方米。

与上年相比,全省大气环境总体略有改善;有6个设区城市空气质量向好的方面发展,九江市环境空气质量仍为三级标准,有4个城市空气质量有不同程度下降,其中赣州市下降明显,由上年的二级下降为三级。

降尘　全省城市降尘年均值范围在1.73~8.94吨/平方千米·月之间,年均值5.61吨/平方千米·月,与上年相比增加0.12吨/平方千米·月,南昌、新余和萍乡3城市降尘年均值超标,其余8城市均在标准范围内。

城市降水　全省城市降水pH年均值为4.73,除九江市外其他10城市降水pH年均值低于5.6,酸雨污染仍较严重;全省城市酸雨频率为77.6%,酸雨频率大于80%的城市有南昌、景德镇、鹰潭、赣州、上饶、吉安和抚州,酸雨频率最大的城市是上饶,为95.1%;酸雨频率在60%~80%之间的城市是萍乡。与上年相比,全省降水酸性强度和酸雨频率略有下降。

全省工业废气排放量5095.56亿标立方米,其中燃料燃烧过程中废气排放量2551.54亿标立方米,生产过程中废气排放量2544.02亿标立方米;全省二氧化硫排放量63.40万吨,其中工业二氧化硫排放量56.99万吨,生活二氧化硫排放量6.41万吨;烟尘排放量23.03万吨,其中工业烟尘排放量21.20万吨,生活烟尘排放量1.83万吨;工业粉尘排放量34.82万吨。

【声环境】　全省11个设区城市区域环境噪声等效声级在49.6~58.8分贝之间,达到二类标准(60分贝);全省城市区域环境噪声等效声级均值53.7分贝,比上年下降1.6分贝。全省城市道路交通噪声等效声级在66.4~73.4分贝之间,赣州市超过评价标准(70分贝),南昌市接近评价标准。全省城市道路交通噪声等效声级均值68.7分贝,比上年下降1.9分贝。

全省各级环保部门对环境噪声监管力度进一步加大,对人口集中地的“电焊、金属切割、建筑施工、交通噪声”加强了监督管理,对重点时段(如中考、高考期间)开展24小时的噪声监控,增加检查频次及夜巡,确保噪声污染源处于有效的监控之中,使噪声扰民行为依法得到处理。

【固体废物】 全省工业固体废物产生量为7392.64万吨，综合利用量2636.64万吨，综合利用率35.63%，处置量4196.84万吨，排放量8.30万吨，贮存量559.60万吨。与上年相比，工业固体废物产生量和综合利用量均有不同程度增加。

【辐射环境】 全省原野γ辐射空气吸收剂量率60～182nGy/h，道路γ辐射空气吸收剂量率40～172nGy/h；土壤放射性核素含量：^{238}U23.42Bq/kg、^{232}Th34.56Bq/kg、^{226}Ra23.18Bq/kg、^{40}K600.07Bq/kg；江（河）水放射性核素年均值^{238}U0.0838μg/L、^{232}Th0.711μg/L、^{226}Ra6.75mBq/L、^{40}K78.9mBq/L、总α0.0331Bq/L、总β0.0764Bq/L，除^{232}Th外，均在江西省本底范围内。

全省移动通信基站100m范围内，电视调频广播发射塔1000～2000m范围内，环境敏感点综合场强分别为0.08～3.85V/m，0.48～2.88V/m，符合国家《电磁辐射防护规定》（GB8702－88）的12V/m限值；中波广播发射台周边1000m范围内环境敏感建筑物综合场强为4.58～15.08V/m，符合国家《电磁辐射防护规定》（GB8702－88）的40V/m限值。

全省高压输变电工程周围200m工频磁场0.72～6.65μT，符合《500KV超高压送变电工程电磁辐射环境影响评价技术规范》（HJ/T24－1998）中推荐的公众全天辐射时的工频限值0.1mT作为磁感应强度的评价标准。

全年共收贮16家涉源单位的闲置废弃放射源44枚，截至2006年底，全省城市放射性废物库收贮闲置废弃放射源716枚。

（杜　林）

2006年气候状况

【概　况】 2006年全省年平均降水量接近常年略偏多，呈北少南多分布，其中7～8月赣东北雨量偏少3～7成；年平均气温18.6℃，比常年偏高0.9℃，仅次于1998年的18.8℃，为有气象记录以来的第2高温年，也是自1997年以来连续第10个高温年；日照全省偏少。2005/2006年冬季（2005年12月～2006年2月）平均气温略偏高，强冷空气活动频繁，造成大范围的降温和雨雪天气；春播期天气属偏好年份，部分地区有轻度春分寒，无清明寒；汛期（4～6月）无全省性大范围洪涝，雷雨大风、冰雹和强降水天气造成多起局地洪涝灾害；伏秋期（7～9月）全省出现了中等程度的干旱；台风影响较早且较频繁，全年共有5个台风影响我省，7～9月有3个台风进入江西，台风“碧丽斯”、“格美”半月内先后重创我省中南部，导致上犹、遂川等地山洪爆发，山体滑坡、崩塌，台风“格美”因造成人员伤亡数量多成为近年来对我省致灾最重的台风。全年气候事件主要有台风、暴雨洪涝、高温干旱、风雹、强雷电、大雪、大雾等。气象灾害给我省造成的直接经济损失约为64.1亿元，其中农业直接经济损失31.2亿元。2006年出现的气象灾害多为局部性，气候年景总体偏好。

全省年平均气温明显偏高。2006年全省年平均气温18.6℃（84站），较常年偏高0.9℃，年平均气温为自1959年以来仅次于1998年（18.8℃）的第二高温年，是1997年以来的连续第10个高温年。各站年平均气温在17.0（铜鼓）～20.2℃（于都）之间，全省大部分地区偏高0.6～1.2℃，以乐安偏高1.5℃为最高。全年仅9月平均气温比常年偏低1℃，5月、6月持平，其他月份均为偏高，且以10月份偏高3℃为最多。年极端最高气温39.9℃，出现在广昌县；年极端最低气温－6.3℃，出现在修水县。秋季异常高温，10月份全省平均气温是有气象记录以来同期最高的值。

全省年降水接近常年略偏多，但分布不均匀，春、夏季降水量偏多，秋、冬季偏少。2006年全省年平均降水量为1685.7mm（84站），较常年略偏多，但降水分配不均，北少南多。全省年降水量在986.8（德安）～2295.2mm（横峰）之间，其中南昌市、九江、景德镇、抚州和上饶北部偏少1～3成，吉安、赣州、宜春大部和上饶南部偏多1～4成。汛期（4～6月）全省平均降水量为833mm，较常年偏多1.1成，以贵溪1329mm为最多，偏多5.3成，德安414mm为最少，偏少3.3成。

全省大部分地区年日照时数偏少，冬、夏、秋日照偏少，春季接近常年。2006年全省平均日照时数为1553.6h，较常年偏少194.7h，在1149h（崇义）～1938h（德安）之间。全省大部分地区偏少，赣北和赣中北部大多偏少100～200h，赣中南部和赣南大多偏少200～400h，局部偏少400h以上，以会昌县偏少573.6h为最多。

【重要气候事件及主要气象灾害】 2006年我省主要气象事件有：台风、暴雨洪涝、高温干旱、风雹、雷电、强降水、大雾、大雪、春季寒潮等。全年因各种气象灾害或因气象灾害而产生的次生灾害致使农作物受灾面积达119.9万公顷，成灾面积16.2万公顷，绝收面积12.2万公顷；损坏房屋35.9万间，倒塌房屋5.9万间；受灾人口1873万人，死亡139人，失踪54人，因灾受伤9131人，出现饮水困难人口9.4万人，被困人口8254人，转移安置人口11.2万人；因灾死亡大牲畜4.9万头；公路不同程度损坏3924.6千米，电力通讯设施损失1.6万千米。气象灾害给江西省造成直接经济损失达64.1亿元，其中农业直接经济损失31.2亿元。

从全省农作物受灾面积和经济损失来看，暴雨洪涝、台风、局地强对流、干旱、雪灾是主要的气象灾害（未包括农作物病虫害）。

暴雨洪涝。2006年江西省先后出现15次区域性暴雨过程，并伴有短时强降水发生，其中汛期（4～6月）共发生了11次区域性暴雨过程，其中最为严重的是6月3～8日的连续性暴雨过程，这次连续性暴雨过程出现时间之早，灾害之重，历史少见。据统计，2006年因暴雨洪涝致使江西省农作物受灾面积45.5万公顷，成灾面积11.8万公顷，绝收面积5.8万公顷；受灾人口871.5万人，因灾受伤1360人，被困人口8220人，转移安置人口15416人；因洪灾死亡40人，失踪12人（不包括“格美”台风中部队死亡人数），因灾死亡大牲畜4.5万头；损坏房屋4.8万间，倒塌房屋2.5万间；直接经济损失29.4亿元，其中农业直接经济损失12.5亿元。

台风。2006年有5个台风(热带风暴)影响江西,其中有3个台风的中心进入江西,台风影响早、个数多、危害重。5月16～18日第1号台风“珍珠”是影响本省时间最早的台风,从7月14日至8月11日不到一个月的时间,第4号强热带风暴“碧利斯”、第5号台风“格美”、第8号强台风“桑美”3个台风接连入赣,对江西造成较严重的影响。据统计,2006年因台风灾害共造成全省17.8万公顷农作物受灾,绝收面积1825公顷;受灾人口247.2万人,死亡35人,失踪51人(不包括“格美”台风中部队死亡失踪的人数),受伤31人,转移安置人口4.12万人;死亡大牲畜0.335万头;损坏房屋5847间,倒塌房屋1.6万间;直接经济损失达17.4亿元,其中农业损失7.4亿元。但台风降水也给全省生产生活带来了益处,5次台风过程全省平均降雨量达180.1mm,比历史平均值偏多1倍多(历史年平均值为78.2mm,1951～2005年资料统计)。给全省带来了约616.4亿m^3的降水资源,使汛期降水不足的地区得到了水源补充,水库蓄水增加。

风雹、强降水等强对流天气。2006年全省出现了6次明显的强对流天气,导致局部地区发生灾情,据统计,2006年因风雹灾害共造成全省29.6万公顷农作物受灾,成灾面积7745公顷,绝收面积3.8万公顷;受灾人口达446万人,死亡8人,因灾受伤1336人,转移安置人口5.5万人;因灾死亡大牲畜0.02万头;损坏房屋29万间,倒塌房屋1.7万间;直接经济损失13.4亿元,其中农业直接经济损失7.7亿元。

高温干旱。6～9月共有70个县站日最高气温　35℃的高温日数在30天以上,其中有47个县站的高温日数达到了40天以上,以铅山的63天为最多。

7～10月份全省降水分布不均匀,北少南多,较历年同期相比,赣北大部偏少3～6成。受降水偏少影响,我省北部出现较为明显的旱情,据不完全统计,全省有20个县市出现明显旱情,受灾人口达132.3万人,饮水困难人数9.4万人,转移安置518人,农作物受灾面积13.7万公顷,成灾面积3.3万公顷,绝收面积1.4万公顷,直接经济损失2.0009亿元,其中农业直接经济损失1.8927亿元。

持续高温干旱使全省用电负荷一路攀升,8月29日20时19分升至711万千瓦,比去年的最高用电负荷高出28.5万千瓦,创历史新高。南昌地区最大电力负荷达到153.7万千瓦,这也是南昌地区电力今年迎峰度夏以来第七次突破历史纪录。

强雷电。根据江西省气象局灾情上报统计,2006年全省因雷击死亡79人,受伤44人,雷灾起数685起,建筑物受损35起,电子电器等其他设备受损1474余台(件),造成直接经济损失1664.32万元,间接经济损失2566.1万元(人员伤害损失无法估量,故未列入其中)。以6、7两月雷灾最为严重。

受西风带低槽东移影响,6月22～27日江西遭受强对流天气袭击,其中以雷电造成的人员伤亡最为严重。截至6月28日18时,22～27日的强对流天气造成受灾人口27.9486万人,24人遭雷击身亡;农作物受灾面积11954公顷,直接经济损失达5035.6万元。7月份的局地强雷电也导致16人死亡,10人受伤。

寒潮、大雪。2月15日开始受冷空气和西南气流的共同影响,江西出现了一次大风、降温和降水天气过程。过程降温赣北赣中12～15℃,赣南16～18℃。受低层切变和高空低槽东移影响,17日夜间～18日江西北部普遍出现雨夹雪和小雪天气,部分出现中到大雪,雨雪量一般为5～12mm。18日上午赣北有23个县市出现积雪,其中16个县市积雪深度超过2cm,以庐山22cm为最深,修水9cm次之。2月份出现的降雪过程对江西公路、民航春运造成了很大的影响。受17日晚到18日凌晨降雪天气影响,路面积雪情况较为严重的乐温高速公路和九景高速公路不得不全线关闭,由于交通管理部门的及时处理,封路未造成大批车辆滞留高速。此外昌九高速公路的大部分路段也进行了封闭,公路由南昌往返九江的客运都出现不同程度的延误。昌北国际机场也一度关闭,约40个进出航班出现延误情况。

春季寒潮天气。3月11～13日,江西普遍出现了一次大风、降温、降雪的寒潮天气过程。3月11日夜间到12日赣北赣中有14个县市出现8级以上大风,其中庐山、永修、星子、丰城等4县风力达到9级。12日夜间开始赣北普遍出现小到中雨夹雪或雪,部分出现大雪,有41个县市出现积雪,其中,11个县市积雪深度超过5cm,以庐山14cm为最深,萍乡12cm次之。11～13日日平均气温赣北普遍下降了12～14℃,赣中赣南下降15～18℃。过程最低气温赣北赣中大部零下1～1℃,赣南1～3℃。

恶劣天气使油菜、柑橘、春茶、大棚蔬菜、药材等农作物和经济作物的生长受到严重影响,大雪压倒树枝随处可见,南昌城区,成年人腰一般粗的树干被齐根刮断,行人的雨伞被风折断,狂风大雪造成房屋损坏。积雪、大风和强降温给人们的生产、生活带来不便。受灾区域涉及宜春、新余、吉安、抚州和九江等5个设区市的22个县(市、区)。其中,宜春市的高安、丰城、樟树、九江市的永修、都昌、吉安市的泰和、峡江等县(市)受灾较为严重。据统计,全省有156万多人受灾,因灾伤病3050人,农作物受灾面积118.8千公顷,其中绝收面积超过8.3千公顷,倒塌房屋376间,损坏房屋4923间,冻死大牲畜375头,灾害造成直接经济损失达1.4亿元,其中农业直接经济损失1.3亿元。

此次寒潮过程对电力、交通等部门影响也较大。从南昌供电公司了解到,因为大风缘故南昌市共发生117起供电故障。另外,南昌市区内发生了10余起广告牌砸落事件,造成车辆受损、行人受伤。雨雪天气对交通造成了一定影响,据了解,由于地面积雪较明显,南昌昌北国际机场在13日10时之前被迫关闭,多架航班延误。

寒露风。受北方较强冷空气影响,9月8日开始江西省出现了较明显的大风、降温、及强降水天气过程,日平均气温东部和南部下降了7～10℃,其他地区下降了4～6℃;9～12日全省平均气温19.4℃,为历年同期最低;日极端最低气温普遍为17～19℃,上饶、黎川、南丰、乐安、万安等县市在16℃以下,全省普遍出现轻度以上寒露风,其中有61个县市出现重度寒露风。寒露风对处抽穗扬花期的二晚影响明显,导致空壳率增加、结实率下降,影响品质和产量。2006年寒露风的出现日期比历年平均提前15～25天，出现日期之早，位于历史第3位（历年最早为1989年9月4～5日，其次为2000年9月7～9日）。据不完全统计，全省因寒露风导致的低温灾害损失为4090万元。

大雾。2006年发生17次大雾天气过程，最低能见度在50米以下，因大雾引起的交通事故较多，还造成航班延误，高速公路关闭，空气质量下降。

3月7～10日江西连续4天出现区域性大雾天气，3月10日早晨江西有62个县市出现大雾天气，是2006年范围最大的大雾天气。晨8时，47个县市能见度低于500米，其中进贤、安义、宜春等22个县市能见度小于100米。由于能见度低，全省大部分高速公路封路，昌泰、昌樟、赣粤、温厚以及机场高速公路的部分路段受影响纷纷关闭，从8日23时开始，昌泰高速公路吉安段关闭，其他4条高速公路也先后关闭，至10日9时许，5条高速才恢复正常通车。

12月15日早晨江西有60个县市为大雾、浓雾所笼罩，晨8时全省有37个县市能见度低于500米，其中南昌、新余等16个县市能见度不到100米。此次大雾天气对机场、高速公路以及城市交通等产生了影响严重，15日南昌昌北国际机场的12个航班受影响延误，省内所有的高速公路均暂时封闭，4720多辆机动车受阻，这在今年尚属首次。

12月27日清晨，大雾笼罩在昌樟高速公路上，能见度很低，加上高速公路有一半路面正在维修，路上的车辆都尽量放低速度，缓慢前行。尽管如此，还是发生了事故，在药湖大桥路段，由南向北朝南昌方向，13辆车先后发生连环追尾，并造成1死8伤，而该路段也因此堵车近5个小时。

【水稻作物气候影响评价】 2006年双季早稻生育期间（3月下旬～7月下旬）未出现明显低温、大范围洪涝及高温等灾害，气象条件利大于弊。主要特点有：春播期为正常年景，秧苗发育进程快，移栽返青期早于常年；分蘖期北部气象条件基本有利，生长率明显超过去年同期，仅局部早稻受短期低温危害；孕穗期局部暴雨成灾；抽穗期持续高温对开花授粉不利；灌浆乳熟期大部地区温光适宜，籽粒干物质积累快，但赣南遭两次热带气旋袭击，使局部稻田受淹。加上全省广泛推广"多播一斤种，增收百斤粮"增产技术因素，2006年全省早稻单产达历史最高，总产为近5年最高。

2006年双季晚稻生育期间（6月中旬～10月下旬）农业气象条件主要特点为：移栽期大部地区降水较充足，确保了二晚栽插面积；分蘖孕穗期降水分布不均，局部有旱涝出现；孕穗～抽穗期大部地区出现重度寒露风，影响结实率；灌浆期日较差大，有利籽粒增重；后期晴好天气有利晚稻适时收晒。总体上2006年晚稻全生育期间气象条件利大于弊，为偏丰年景，总产较2005年略有减少，但仍为近5年来第二高产年。

【棉花作物气候影响】 2006年江西省棉花生育期间（4月中旬～11月下旬）农业气象条件主要特点有：苗期温高光足，降水适宜，齐苗率高；现蕾期无大范围明显洪涝渍害；开花结铃期受台风带来的降水影响，伏旱危害不严重；裂铃吐絮期气象条件适宜棉桃生长及棉纤维伸长，对产量形成有利；后期无雨利于收花晾晒。总体看，气象条件是利大于弊，其中主产棉区之一的九江天气气候条件属特好年份，2006年全省棉花单产为历史最高产量年，总产为1998年以来最高。

【油菜作物气候影响评价】 2006年油菜生育期间（2005年9月下旬～2006年5月中旬）农业气象条件主要特点有：播种期降水略偏少，不利油菜播种和移栽；越冬期无明显冻害，光照、降水基本适宜，有利油菜营养生长和安全越冬；现蕾抽薹期遇阴雨寡照天气，但由于热量充足，对油菜抽薹影响不大；开花期遇寒潮雨雪冰冻天气，对产量影响较大；成熟期晴好少雨，有利收晒。总体来说，2006年度全省油菜为平年年景，产量与上一年相比，单产增加0.6%，总产提高2.7%。

【气候与能源影响评价】 2006年全省平均气温偏高，夏季7、8月份的持续高温使全省用电负荷一路攀升，8月29日20时19分全省电力负荷升至711万千瓦，比2005年的最高用电负荷高出28.5万千瓦，创历史新高；南昌市最大电力负荷达到153.7万千瓦，这也是南昌地区电力负荷2006年迎峰度夏以来第七次突破历史纪录。全省各统调电厂水电厂发电量较去年偏多，全年全网发电量为358.3512亿千瓦时，与上年同期相比增加了9.6%。

由于降水分布不均，江西北部部分地区出现旱情，加上上游来水受到影响，致使江河水位长期偏低，全省秋冬各统调水电厂发电量较去年同期偏少，其中2005年12月份、2006年10～12月份较2005年同期明显偏少10%以上。

【气候与水资源影响评价】 7～8月，由于高温少雨，加上长江上游来水量小，江西大江大河水位持续偏低，8月22日，赣江、抚河、信江、饶河和修水等5大江河控制站水位低于警戒水位5～7米，长江九江站水位12.1米，比警戒水位低近8米，鄱阳湖湖口站、星子站水位分别为11.48米和11.83米，比警戒水位低7～8米，为新中国成立以来少见的低水位。同时受副热带高压控制，持续出现了35℃以上的高温天气，赣北赣中部分县市最高气温超过38℃，日蒸发量大。水库蓄水量不足，据8月14日统计，景德镇、鹰潭、九江、南昌、新余等市大中型水库蓄水量只占库容的50～60%，有20多座水库干涸。

8～11月，由于降水偏少，赣北出现秋旱，鄱阳湖流域上游来水减少，加上长江上游四川、重庆等地出现严重的高温干旱，长江水位低，致使鄱阳湖水位连续4个月突破历史同期最低值，同时也出现了新中国成立以来历史同期最低水位。10月31日，鄱阳湖星子站水位只有9.95米，比正常年份水位偏低1米，而鄱阳湖都昌站水位在10月14日仅达9.39米。持续的低水位造成近6万人饮水困难。

根据卫星遥感监测，2006年8月30日EOs/MODIs—Terra星资料遥感监测表明，鄱阳湖主体及附近水域面积为1866平方千米，仅为多年平均的54%，与历史同期相比，鄱阳湖水域面积明显偏小，湖体处于典型的枯水年份。

【气候与交通影响评价】 2006年全省局部地区出现的暴雨洪涝、强降水、大风和大雾等灾害性天气，以及由强降水引发的泥石流、山体滑坡等地质灾害，对江西省铁路、公路、民航、航运等交通设施造成了一定的损失和影响。共造成铁路通车中断近40小时，公路不同程度损坏3924.6千米，74个航班延误。

（邓晓明）

2006年体制改革

2006年是"十一五"规划的开局之年。全省认真落实科学发展观和构建社会主义和谐社会的战略思想，按照省委、省政府关于深化全省经济体制改革的部署和要求，围绕推进"五化"，建设"三个江西"，积极探索和推进各项改革，不断增强发展的动力和活力，为实现经济社会又好又快发展创造了良好的体制环境。

【国有企业改革不断推进，非公有制经济发展环境进一步优化】 国资国企改革继续深化 进一步加强国资监管政策法规体系建设，出台了一系列有关企业领导人员管理、薪酬管理、投资管理、财务监督、产权管理等办面的制度办法。加快推进国有企业领导人员选拔任用制度改革，组织3家出资监管企业面向海内公开招聘了3名企业高层经营管理人员。全面完成省属国有企业产权重新登记换证工作，建立了重要资产评估项目招标制度，完成了95个资产评估项目的审核备案。制定出台了《江西省省属企业负责人薪酬管理暂行办法》，加强了企业负责人经营业绩考核、薪酬管理和工资总额管理工作。省属国有企业改革取得明显成效，在股权分置、企业上市、公司制改革、产权多元化、改制转制、债务重组、劣势企业退出和主辅分离等工作都取得重大进展。

非公有制经济发展环境不断优化 制定出台了《关于鼓励支持和引导个体私营等非公有制经济发展的实施意见》，从放宽市场准入、加大财税支持、加大金融支持、提升社会服务水平、提高自身素质、维护合法权益、改进政府监管等7个方面提出了38条支持措施。

【农村各项改革继续推进，城乡统筹发展步伐加快】 农村综合改革向深层推进 进一步推进了农村综合改革。结合县乡换届，继续精简人员和机构，妥善安置分流人员。加快城乡义务教育经费保障机制改革，建立和完善各级政府责任明确、财政分级投入、经费稳定增长、管理以县为主的农村义务教育管理体制。继续对农民实行粮食直补、良种补贴、农机具购置补贴和农业生产资料增支直补。整治和规范涉农收费，完善村内"一事一议"筹资筹劳管理制度。稳妥推进国有农场税费改革，减轻农工负担。

林权制度改革取得显著成效 全省林权制度主体改革已基本完成，正积极推进以建立"六大体系、一个中心"为主要内容的林业产权制度配套改革，取得了较好的效果。全省有31个县（市）已经建立了林业产权交易中心，已开展森林资源产权交易1081宗，交易金额65562.5万元。森工企业改革已稳步推进，已改制企业386家，妥善安置职工3.83万人，分别占应改制企业、职工人数的73.5%和65%。

农村土地制度进一步完善 积极推进城乡土地登记，扩大了土地登记覆盖面。根据自愿有偿的原则依法流转土地承包经营权，探索多种形式的规模经营，支持土地向种养大户流转。稳步推进土地征收征用制度改革，不断完善征地制度，健全对被征地农民的合理补偿机制，采取多种方式安置被征地农民。规范土地交易行为，经营性用地全面推行了招标、拍卖、挂牌出让制度，非经营性用地建立了公开供地机制。

其他涉农管理体制改革取得新进展 水管体制改革继续推进。粮食流通体制改革进一步深化，省属国有粮食企业基本完成改制工作，全省80%以上的市县国有粮食企业完成了改制工作，并开始进行企业产权制度改革和体制机制创新试点。县级供销合作社综合改革试点开始启动。

【财政金融价格改革稳步推进，经济调控机制更加完善】 财政体制改革继续深化 省级所有行政事业单位全部纳入部门预算编制范围，市县部门预算编制范围进一步扩大。政府收支分类改革试运行。省级全面辅开国库集中支付改革，所有设区市完成改革启动工作，县级积极扩点扩面。非税收入征缴逐步规范，"收支两条线"进一步落实，省直行政单位国有资产有偿使用收入纳入财政专户管理。"省直管县"、"乡财县代管"改革稳步推进，有条件的地方开展了"村账乡代理"试点。认真落实国家改革公务员工资政策，清理津贴补贴。

金融体制改革继续深入 加强对地方性法人金融机构的风险监控，积极防范区域金融风险，促进辖内银行业、证券业、保险业协调发展。健全金融稳定工作制度，初步建立江西省金融业信息资料共享机制。建立了江西省金融机构反洗钱工作机制，开展了反洗钱可疑交易线索核查联络协调工作。继续推进农村信用社产权制度和管理体制改革。社会信用体系建设继续加强。出台《江西省人民政府关于保险业改革发展的实施意见》。

价格形成机制改革稳妥进行 全面启动经营性基础设施项目收费改革，完成了设区市供水价格改革，制定了调整水价的具体措施。规范了城市出租汽车经营企业的收费行为。进一步规范了全省电价管理。

【社会事业体制改革积极推进，经济社会发展日趋和谐】 科技体制改革继续推进 进一步加快了科研院所管理体制改革步伐，积极推进应用开发类科研机构转制工作。大力推进省属科研院所管理体制改革，开展了公益类科研院所的定位分类调查，为社会公益类科研院所的分类改革做好了前期基础工作。

教育体制改革逐步深化 进一步完善了农村义务教育管理体制，稳步推进农村义务教育经费保障机制改革，所有县（市、区）教育事业费列入了财政预算。建立了贫困家庭学生资助体系，继续对全省21个国家扶贫开发工程重点县贫困家庭学生、城市低保特困户子女实行"两免一补"，在职业教育阶段建立贫困家庭学生助学金、奖学金和国家助学贷款制度。进行了建立新的农村义务教育经费保障机制的试点。中等职业教育积极探索定单式培养、跨地域联合等办学模式。

全省中小学教材出版发行体制改革进展顺利 积极开展全省中小学教材出版发行教材招投标试点工作，积极引入市场竞争机制，实现全省中小学教材出版和发行招标总降价9000万元左右，平均每位学生减负达到15.2元。

医疗卫生体制改革继续推进 新型农村合作医疗试点工作取得新进展，全省有40个县(市、区)开展了合作医疗试点工作，使参加合作医疗的农民得到更多的实惠。建立完善城乡困难群众大病医疗救助制度，逐步扩大农村困难群众大病医疗救助范围。不断完善医院管理和医疗服务质量评价体系，建立医院管理长效机制，探索建立医院院长考核评价制度。

深化文化体制改革 积极贯彻落实《关于深化文化体制改革的若干意见》精神，逐步深化文化体制改革，大力推进文化事业单位人事制度改革，全省实行聘用制的文化事业单位和人员覆盖率达到90%。启动了农村电影改革发展综合试点工作。推进国有电影发行放映企业改革，构建了以乡村放映队为基点、以县级电影发行企业为主干、以数字电影节目发行为纽带、以农村数字电影院线为龙头的农村电影发行放映网络。

【就业和收入分配制度改革扎实推进，社会保障体系进一步健全】 *就业和收入分配体制改革继续深化* 在全国率先形成了一整套比较完备的促进就业和再就业的政策体系。制定出台了《江西省职业技能考核鉴定管理条例》，规范了职业技能鉴定活动，完善了技能人才评价体系，推进了高技能人才队伍建设，全面实施技能人才培养等四大工程。研究草拟了《江西省企业工资支付规定》，调整了江西最低工资标准及其适用区域，建立了建设领域农民工工资保障金制度，出台了机关事业单位工资制度改革3个实施意见，并开始实施。

社会保障体系进一步完善 出台了《关于完善企业职工基本养老保险制度的实施意见》《江西省2005年和2006年调整企业退休人员基本养老金的通知》《关于加强劳动合同管理有关问题的通知》、关于贯彻《企业年金试行办法》的实施意见和关于贯彻《企业年金基金管理试行办法》的实施意见。下发《关于完善城乡社会救助体系的意见》，建立农村居民最低生活保障制度。开展了农民工参加医疗保险专项扩面行动，重点推进农民工较为集中的加工制造业、建筑业、采掘业和服务业中与用人单位建立劳动关系的农民工参加医疗保险。实施农民工"平安计划"，用3年左右时间，基本实现全部煤矿、非煤矿山企业和大部分建筑企业及工伤风险程度较高的其他用人单位所聘用的农民工参加工伤保险。进一步完善省级行政事业单位住房改革制度。完善城镇廉租住房制度。

【涉外经济体制改革不断深化，对外开放水平进一步提升】 *坚持和完善开放型经济工作机制* 建立和完善有效促进机制，坚持和完善全省开放型经济调度会制度、重大项目调度会制度、重大产业项目用地协商会议制度、重大项目领导跟踪服务责任制以及进出口协调推进制度等，定期调度通报开放型经济发展情况。

建立和完善企业信贷担保体系 建立对重点出口企业信贷担保机制，建立担保体系和企业反担保机制，担保机构进行市场化运作。建立和完善银企合作机制，拓宽"走出去"企业的融资渠道。银行积极为境外工程承包提供担保和保函授信服务，保险机构积极扩大出口信用保险范围，增加出口信用保险规模，为境外项目、劳务承包提供保险服务。

进一步发挥鼓励政策促进作用 研究出台了《江西省2006年引进重大外资项目奖励办法》《江西省(中部)外经贸易发展促进资金管理办法》和《江西省外贸出口发展基金管理办法》等鼓励政策，用足用好国家外贸促进政策，促进我省外经贸事业的更快更好地发展。

旅游管理体制改革积极推进 制定出台了《关于大力发展红色旅游的若干意见》，精心打造"红色摇篮，绿色家园"品牌。推行红色旅游景区管理体制改革。加强了旅游业的区域合作，主动与兄弟省市特别是"长珠闽"地区和中心城市互相对接，达成了《中部六省区域旅游合作协议》，积极促进客源互送，联合拓展旅游市场。

【行政管理体制改革继续深化，政府职能进一步转变】 *行政审批制度改革不断深化* 进一步清理了省级行政许可项目，健全了行政审批配套制度，建立完善了公示制、首席代表制、一审一核制、并联审批制、首问责任制、服务承诺制、限时办结制、一次性告知制、听证制和过错责任追究制等相关的配套制度，基本做到以制度规范行政审批行为。

投资体制改革取得重大突破 制定出台了与投资体制改革相配的省政府规章。《江西省企业投资项目核准暂行办法》《江西省企业投资项目备案暂行办法》已颁布实施，《江西省政府投资项目管理办法(送审核)》正在修改完善。《江西省政府投资公益性项目"代建制"实施办法》《江西省政府投资项目评议公示制度实施办法》《委托投资咨询评估管理办法》立法前期工作也已启动。积极推进"代建制"试点工作。省档案馆、省方志馆作为"代建制"试点项目进展顺利。加快基础设施领域的对外开放步伐。积极采用BOT、股份制经营等多种形式，引入竞争机制。完善了项目追踪问效制度。实行资金追踪问效制度，对项目资金的管理和使用、工程进度和工程质量及时进行了追踪问效。

(洪小波 徐伟民 幸红波)

2006年国民经济和社会发展状况

【概 况】 2006年，全省人民在省委、省政府的正确领导下，以邓小平理论和"三个代表"重要思想为指导，全面贯彻党的十六大和十六届五中、六中全会精神，坚持以科学发展观统领经济社会发展全局，努力构建社会主义和谐社会，认真贯彻落实国家宏观调控的各项政策措施，开拓创新，扎实工作，经济社会保持了良好发展势头，为全面实施"十一五"规划奠定了坚实基础。全年实现生产总值4670.5亿元，比上年增长12.3%，连续4年保持12%以上的增幅。其中,一产增长6.5%,二产增长16.3%,三产增长9.9%。人均生产总值突破1万元,达10798元,比上年增加1358元。经济结构进一步优化。三次产业结构由上年的17.9∶47.3∶34.8调整为16.8∶49.7∶33.5,二三一结构得到进一步巩固和发展。其中,工业占生产总值的比重达到38.7%,比上年提高2.8个百分点,对经济增长的贡献率超过50%,工业是推动经济快速增长的主导力量。

【农　业】 2006年,全省粮食种植面积354.72万公顷,比上年增长0.8%,其中稻谷播种面积327.11万公顷,增长1.4%。粮食总产量1896.5万吨,增产42.6万吨,总产量连续3年创历史新高;肉类总产量250.1万吨,增长2.2%;水产品产量179.9万吨,增长6.7%。全年完成造林6.4万公顷,增长34.5%,森林覆盖率达到60.05%,位居全国第二位。农业生产条件继续改善。年末农业机械总动力2137.1万千瓦,比上年末增长20.0%,其中:农用排灌动力机械522.0万千瓦,增长20.0%;联合收割机达1.67万台,增长36.5%;农用运输车1.39万辆,增长19.0%。全年农用化肥施用量(折纯)132.6万吨,比上年增长2.5%。农村用电量48.3亿千瓦小时,增长7.1%。有效灌溉面积183.64万公顷,新增5000公顷。

【工业和建筑业】 2006年,全省工业增加值1806.2亿元,比上年增长19.0%。其中,规模以上工业增加值达到1288.1亿元,增长33.1%,连续4年保持20%以上增长。支柱产业支撑作用加强。六大支柱产业完成工业增加值703.5亿元,增长27.9%,对规模以上工业增长的贡献率为59.4%,拉动规模以上工业增长13.5个百分点。主要工业产品产量较快发展。全年规模以上工业企业一次能源生产总量1503.2万吨标准煤,增长19.5%;发电量403.5亿千瓦小时,增长14.4%;原煤2122万吨,增长19.2%;钢材1236万吨,增长21.2%;服装5.3亿件,增长20.8%;机制纸及纸板91.4万吨,增长39.2%;汽车23.4万辆,增长12.9%。工业经济效益大幅提高。全年规模以上工业产品销售率98.5%;实现主营业务收入首次突破4000亿元,达到4137亿元,增长43.5%;实现利润194.2亿元,增长72.8%;实现利税423.7亿元,增长51.5%。工业经济效益综合指数突破170%,达到174.7%,比上年提高28.2个百分点。工业园区发展水平进一步提升。年末全省入园投产工业企业达6506家,比上年末增加692家;安置从业人数106.3万人,净增就业岗位21.4万人,增长25.2%;园区完成工业增加值737.4亿元,增长33.2%;主营业务收入、利润、利税分别完成2235.6亿元、105.4亿元和227.0亿元,分别增长54.1%、49.1%和47.4%。建筑业平稳发展。全省建筑业实现增加值514.6亿元,增长7.6%。

【固定资产投资】 2006年,全省全社会固定资产投资2685.6亿元,比上年增长23.8%。其中,城镇固定资产投资2377.4亿元,增长25.0%。在城镇投资中,第一产业投资23.9亿元,增长23.9%;第二产业投资990.7亿元,增长35.9%,其中工业投资983.8亿元,增长35.6%;第三产业投资1362.9亿元,增长18.1%;非国有投资1370.8亿元,增长31.8%,占城镇投资的比重由上年的54.7%提高到57.7%。重点项目和基础设施建设继续加强。全省共实施重点工程项目87项,其中总投资5亿元以上的项目44项,10亿元以上的项目26项。房地产开发运行平稳。全年房地产开发投资346.0亿元,增长14.9%。商品房竣工面积1621.5万平方米,增长3.8%;商品房销售建筑面积1777.2万平方米,增长7.7%;商品房销售额303.5亿元,增长20.3%。

【国内贸易】 2006年,全省社会消费品零售总额达到1428.0亿元,比上年增长15.5%。分城乡看,城市零售额748.9亿元,增长17.0%;县及县以下零售额679.2亿元,增长13.9%。分行业看,批发零售业零售额1262.7亿元,增长15.4%;住宿餐饮业零售额149.1亿元,增长18.2%。居民消费结构不断升级。在限额以上批发零售业零售额中,汽车类零售额44.3亿元,增长52.1%;家用电器及音像器材类25.2亿元,增长27.1%;家具类1.5亿元,增长41.5%;电子出版物及音像制品类0.8亿元,增长58.3%;化妆品类2.6亿元,增长26.1%;金银珠宝类3.5亿元,增长19.0%。新兴流通业态快速发展。年末亿元以上的商品交易市场有86个,成交额达666.7亿元。限额以上连锁企业达到46个,比上年末增长35.3%。全年连锁商业销售额410.7亿元,增长85.3%。

【对外经济】 2006年,全省海关进出口总额61.9亿美元,比上年增长52.6%。其中,出口37.5亿美元,增长53.8%;进口24.4亿美元,增长50.7%。出口对象日益多元化,对韩国出口增长130%,对印度出口增长110%,对新加坡出口增长69.9%,对美国出口增长45.5%。利用外资成效显著。全年新批外商投资企业数982个,合同金额40.3亿美元,增长4.0%;实际使用外商直接投资28.1亿美元,增长15.9%。对外经济合作发展势头良好。全省对外承包工程和劳务合作合同项目142个,比上年增加36个;合同金额4.07亿美元,增长42.7%;完成营业额3.08亿美元,增长45.6%。

【交通、邮电和旅游】 2006年末,全省铁路运营里程2307千米。全年各种运输方式完成货物周转量947.8亿吨千米,增长7.5%;完成旅客周转量656.5亿人千米,增长8.7%。机场旅客吞吐量291万人,增长19.8%。邮电通信业快速增长。全省邮电业务总量318.3亿元,比上年增长22.7%。旅游业发展势头良好。全省共接待海内外游客6050万人次,比上年增长18.7%;旅游总收入390.9亿元,增长22.1%。其中,接待境外游客49.7万人次,增长33.4%,完成旅游外汇收入13961万美元,增长34.3%;接待国内游客6000万人次,增长18.6%,完成国内旅游收入380.0亿元,增长22.0%。

【财税、金融和保险业】 2006年,全省财政总收入达518.6亿元,比上年增长21.8%,已是第四年保持20%以上的增幅。地方财政收入达305.5亿元,增长20.7%。金融市场继续平稳运行。年末全省金融机构人民币存款余额5214亿元,比年初增加779亿元,同比多增128亿元。其中,城乡居民储蓄存款余额3152亿元,比年初增加399亿元。金融机构贷款余额3461亿元,比年初增加451亿元,同比多增83亿元。资本运作取得新突破。年末全省境内上市公司25家,比上年增加1家;境外上市公司1家。上市公司股权分置改革基本完成。全年从资本市场直接融资6.35亿元。年末全省证券公司营业网点122家,证券交易额2416亿元,比上年增加1533亿元;期货公司1家,成交金额799.7亿元,比上年增加491.5亿元。保险事业健康发展。全年保费收入98.2亿元,增长9.4%。赔款和给付支出合计21.1亿元,增长31.3%。

【教育和科学技术】 2006年,全省研究生教育在校研究生12149人,比上年增长23.2%。普通高校在校生77.1万人,增长19.3%。普通高中、初中、小学在校生分别达86.9万人、180.7万人和399.9万人。小学适龄儿童入学率为99.6%,提高0.6个百分点。科技活动取得新进展。全年研究与试验发展(R&D)经费支出34.8亿元,增长20.6%,占生产总值的0.75%,比上年提高0.04个百分点。国家级、省级重点实验室35家;国家工程(技术)研究中心2家,省工程(技术)研究中心45家;省级企业技术中心66家。全年共有296项科技成果通过了省级科技主管部门鉴定。有4项科技成果获国家级科学技术进步奖。全年受理专利申请3171件,增长12.7%;授权专利1536件,增长12.9%。全年技术市场合同成交金额9.3亿元。综合技术服务水平进一步提高。年末共有947家产品质量检验机构,共获2929张管理体系认证证书,共有348家企业获得1696张3C证书,共获226张自愿性产品认证证书。法定计量技术机构202个,全年强制检定计量器具84万台件。开展定期产品质量监督抽查5034批次;截至2006年底,共发放工业产品生产许可证1172张,增长63%。年末拥有气象雷达观测站点7个,卫星云图接收站点13个。全年测绘部门为经济社会发展提供各种基本比例尺地形图8271张,大地成果17010点,航摄成果15865片。

【文化、卫生和体育】 2006年末,全省共有艺术表演团体78个,文化馆101个,公共图书馆105个,博物馆87个。全省共有广播电台12座,中短波广播发射台16座,广播综合人口覆盖率94.5%;电视台12座,有线电视用户352.7万户,电视综合人口覆盖率96.2%。全年共出版各种图书、杂志、报纸3308种,比上年增加64种;共出版各类杂志5603万册、图书15340万册、报纸66587万份。卫生事业进一步加强。年末共有各类医疗卫生机构10210个(包括个体机构),卫生技术人员11.98万人,医院和卫生院床位8.16万张。乡镇卫生院1528个,床位2.01万张,卫生技术人员2.71万人。体育事业继续发展。年末共有全民健身中心4个,青少年俱乐部73个,晨晚炼健身活动点4000多个。全年在国际和国内的重大比赛中共获得43枚金牌、43枚银牌和35枚铜牌。

【人口、人民生活和社会保障】 根据人口变动情况抽样调查统计,2006年末全省总人口为4339.13万人,比上年末增加27.89万人。全年出生人口59.69万人,出生率为13.80‰;死亡人口25.99万人,死亡率为6.01‰;自然增长率为7.79‰,比上年下降0.04个千分点。人民生活水平不断提高。全省农民人均纯收入3585元,增长9.8%;城镇居民人均可支配收入达9551元,增长10.8%。农村居民家庭恩格尔系数为49.3%;城镇居民家庭恩格尔系数为39.7%,比上年下降1.2个百分点。年末城、乡居民人均住房使用面积分别达到29.1平方米和35.9平方米,比上年末分别增加1.2平方米和1.8平方米。就业再就业工作稳步推进。年末从业人员2321.1万人,比上年增加44.4万人。全年城镇新增就业人员44.5万人,城镇净增就业人员30.0万人;下岗失业人员实现再就业23.3万人。共发放小额担保贷款11.61亿元,增长1.3倍,直接扶持下岗失业人员自主创业2.46万人,带动就业人数7.23万人。农村劳动力转移培训人员56.8万人,跨省劳务输出达到562.9万人。年末城镇登记失业率为3.64%。社会保障事业继续完善。年末全省参加城镇基本养老保险人数为415.0万人,比上年末增加27.6万人。全年共发放城镇居民最低生活保障金8.64亿元,享受最低生活保障100.2万人。农村低保制度全面建立,享受低保人数104.7万人,发放农村低保金2.46亿元。社会福利事业稳步发展。年末共有各类收养性社会福利单位2066个,提供床位14.7万张,收养人数13.4万人,临时救济困难户达3.65万人次。城镇建立各种社区服务设施3053个。全年通过销售社会福利彩票筹集社会福利资金5.28亿元,接收社会捐赠款4809万元。

【资源、环境与安全生产】 2006年,全省水资源总量1581.7亿立方米,比上年增长6.1%。人均水资源量约3645立方米,增长4.4%。全年平均降水量1680.0毫米,增长1.4%。全年总用水量203.4亿立方米,比上年减少2.2%。全省基建占用耕地4400公顷,比上年减少2.9%,退耕还林6400公顷。矿产资源勘探取得新成效。全省已发现的矿种有166种(以亚种计)。查明资源储量的矿种共计106种。环境保护力度不断加大。年末全省共有县级以上环境监测站96个,比上年增加6个。在对环境空气质量进行监测的11个设区市城区中,有9个设区市城区环境空气质量达到二级(达标),有2个设区市城区环境空气质量为三级。全省已建成59个城市烟尘控制区,面积达1011.1平方千米,增长25.9%;已建成44个环境噪声达标区,面积达540.5平方千米。全年完成环境污染治理项目218个,环境污染治理项目投资7.4亿元。自然生态保护工作扎实推进。全年已建有自然保护区134个,其中国家级自然保护区5个,自然保护区总面积达9257平方千米,占全省国土面积的5.6%,比上年提高0.2个百分点。已批准建设国家级生态示范设区市3个、生态示范县22个(含生态示范区建设试点地区),生态示范区总面积达95549平方千米。现已通过国家验收的生态示范县(区)6个。安全生产形势总体较好。全年共发生各类伤亡事故15709起，死亡2902人，比上年减少422人，下降12.7%。全省亿元GDP生产安全事故死亡率为0.63，下降0.19。

（张万才）

2006年精神文明建设

2006年，全省精神文明建设工作坚持以邓小平理论和“三个代表”重要思想为指导，认真贯彻落实党的十六届四中、五中、六中全会和省委十一届十次全会、省第十二次党代会精神，全面贯彻落实科学发展观和构建社会主义和谐社会等战略思想，紧紧围绕全省工作大局和“科学发展，和谐创业”主题，以召开全省精神文明建设工作表彰大会为契机，按照“创造新优势，打造新品牌，形成新特色，展示新亮点”的思路，坚持与时代同行、与发展同步、与群众同心，贴近实际、贴近生活、贴近群众，各项工作视野更加开阔、思路更加清晰、作风更加务实、载体更加丰富、合力更加增强、氛围更加浓郁，呈现出重点突破、整体推进、蓬勃发展、健康向上的良好态势，迈出了新步伐，取得了新成绩。尤其是一些重点工作，抓得紧，抓得实，力度大，效果显，在社会上产生了广泛而深远的影响。

【科学筹划、精心准备，精神文明建设工作表彰大会圆满成功】 召开高规格的精神文明建设工作表彰大会，是我省近十年和进入新世纪以来的第一次，承前启后，牵动全局，影响深远，众人瞩目。为把大会开成一个隆重热烈、团结鼓劲、务实进取、振奋人心和具有里程碑意义的盛会，不仅组织省内主要新闻媒体对部分先进典型和经验进行了长达半个月的集中采访报道，为大会的召开造足了声势、营造了氛围，而且隆重表彰了获得全国殊荣的154个单位、3位个人以及我省自评的9个首届文明城市、100个首届文明村镇、1006个第十届文明单位和218个精神文明创建工作先进单位，集中展示了我省精神文明建设工作取得的丰硕成果，极大地激发了全省人民在新的起点上推进精神文明建设的热情和信心，全省上下形成了你追我赶、争先创优的生动局面。

【加强协调、整合力量，文明帮建活动扎实推进】 充分发挥文明单位在新农村建设中的带头示范作用，组织实施了1000个省文明单位帮助1000个村建设宣传文化活动室活动，掀起了新一轮的文明帮建热潮。各设区市、县(市、区)参照省里的做法，纷纷组织市、县文明单位组织帮建农村宣传文化活动室。据统计，全省各地共挑选了400多个镇、3000多个村进行结对帮建，形成了以铁路沿线、交通干线村镇为主，遍及全省的文明帮建示范点网络。共投入或争取资金近3000万元用于农村公共基础设施建设，已有1800多个文明帮建示范点兴建了多种功能的精神文明活动中心，有效满足了广大农民求知、求乐、求美、求健康的迫切愿望。同时，深入开展了“四千下基层”活动，组织1000名科技工作者、1000名文化工作者、1000名法律工作者、1000名卫生工作者进社区下农村，提供科技、文化、法律、卫生服务，着力解决群众各种实际困难，促进农村各项事业的发展，受到了广大群众的热烈欢迎。

【完善机制、拓展深化，“文明信用农户”创评活动高潮迭起】 各地各部门坚持把深入开展“文明信用农户”创评活动作为推动新农村建设的重要载体和有力抓手，摆上位置，抓紧抓实，务求实效。通过层层开会动员培训、发挥典型示范作用、运用农村宣传文化阵地和宣传手段进行广泛宣传等途径，在全省营造了浓厚的创评氛围。成立公评公议会，建立健全评议组织和运行机制，形成了省、市、县、乡四级联动，一级抓一级、层层抓落实的良好工作格局。按照“三评两榜一确定”的程序，以家庭道德档次及信用等级为标准，严格评审把关，确保创评活动公开、公平、公正，评比结果经得起检验。履行优惠承诺，兑现优惠政策，妥善解决农民群众资金短缺、贷款难和农村信贷工作“恐贷”和“放贷难”等实际问题，帮助农民实现快速增收，推动农村产业规模化发展。据统计，目前我省共评选出“文明信用农户”近40万户，累计发放“文明信用农户”贷款30亿元，有力地促进了乡风文明和良好的农村信用环境，激发了农民致富奔小康的热情。

【培育品牌、狠抓督导，未成年人思想道德建设工作成效明显】 经过去年一年全力推进，全省未成年人成长环境进一步优化，体制机制进一步完善，形式内容进一步创新，全省上下重视、支持未成年人思想道德建设的大气候、大氛围、大合力逐步形成。围绕树立和践行社会主义荣辱观，在广大青少年中广泛开展了“知荣辱、树新风”主题道德教育和实践活动，以“八荣八耻”为主要内容的新童谣征集与传唱、大型巡游宣讲、万人签名承诺仪式等活动蓬勃开展、有声有色；组织力量编写了社会主义荣辱观青少年教育读本《中外道德楷模100人》一书，由省委书记孟建柱作序，省委常委、宣传部长刘上洋任主编；举办了全省青少年“知荣明耻，创新创业”主题演讲比赛；印制了10万套“八荣八耻”挂图，免费赠送给全省各级各类学校。围绕打造江西省“金色童年”少儿文化艺术品牌，举办了“歌唱创新创业新江西”《金色童年》少儿歌曲征集评选暨小歌手电视大赛，江西电视台少儿·家庭频道连续3次转播了半决赛和决赛实况，省内主要媒体以《我省打造“金色童年”品牌》为题作了详尽介绍。围绕抓好12项重点专项工作，采取多种形式加强了与各牵头单位和责任单位的日常联系，制定下发了《全省未成年人思想道德建设责任单位考评办法》，组织对全省11个设区市和省直有关部门开展未成年人思想道德建设工作情况进行了专项督查，形成了自查报告，得到中央文明办的肯定与表扬。

【面向基层、服务群众，“民心工程”深得人心】 各地各部门坚持以人为本、为民创建的宗旨，立足实际办了一大批作用大、影响大的实事好事，深受人民群众赞誉好评。按照严格标准、规范程序、调查核实、公示确认的工作要求，精心实施“西部开发助学工程”，一批贫困高中生和大学生得到及时资助，组织开展的05级受助大学生暑期社会实践活动取得良好效果。

认真抓好“百县千乡宣传文化工程”第二期计划实施，援建的南康市、峡江县和永修县3个县级宣传文化中心进展顺利，态势良好。切实加大“万村书库工程”和“电视进万家工程”落实力度，成立组织，精心部署，规范程序，严把关口，整个赠送工作圆满顺利、领导认可、群众满意。尤其是承办中宣部、中央文明办在本省瑞金市举行的“万村书库工程”赠送仪式，得到中宣部领导及与会代表的充分肯定和高度赞扬。

【积极探索、不断改进，创新力度明显加大】 立足于新形势、新任务、新要求，对群众性精神文明创建活动在科学化、制度化、规范化等长效管理方面进行了有益探索，取得了突破性进展。一年来，先后制定出台了《江西省文明社区考核标准》(试行)、《江西省文明行业考核评分细则》(试行)、《江西省文明单位创建测评标准》(试行)和《全省未成年人思想道德建设责任单位考评办法》等4个规范性、操作性都比较强的文件，逐步建立起了比较科学完备的指标体系，使创建工作有章可循、有据可依，较好地改变了以往考评弹性大、主观性大、恶性竞争的状况，形成了有效的监督和激励机制，为推动群众性精神文明创建活动质量、水平的提高以及向广度、深度发展创造了更为有利的条件。

【注重挖掘，搞好推介，典型工作亮点频出】 隆重推出了万年县青云中学79岁的退休教师、共产党员何子策，50多年如一日，省吃俭用，无私资助贫困学子的先进典型，中宣部、中央文明办专门下发通知，要求各新闻媒体把何子策作为关爱未成年人的先进典型在全国进行集中宣传报道。继续开展全省未成年人思想道德建设工作创新案例评选，一批获奖案例被汇编成册，免费发放到各基层组织和中小学校。遴选上报的7个创新案例荣获全国第二届创新案例二、三等奖。此外，近两年各地积极探索总结关心留守儿童的经验做法，如：赣州市“关爱农村留守孩”工程、上饶市“教师代理家长”制度、新余市“选聘代理家长”制度、鹰潭市“走百村、进万户、帮万人”活动等，得到中宣部、中央文明办的肯定与好评，中央电视台《焦点访谈》栏目记者专程到江西采访，并于2006年6月23日作了专题报道。

(李 旭)

省级领导机构成员名单

(截至2007年8月)

中共江西省委

书　　记　孟建柱
副 书 记　吴新雄　王宪魁
常　　委　孟建柱　吴新雄
　　　　　王宪魁　董君舒
　　　　　陈达恒　刘上洋
　　　　　舒晓琴(女)　潘逸阳
　　　　　凌成兴　赵智勇
　　　　　余欣荣　弘　强(女)
　　　　　王清葆
秘 书 长　陈达恒

江西省人大常委会

主　任　孟建柱
党组书记　彭宏松
副主任　孙用和　朱英培
　　　　蒋仲平　全文甫
　　　　张海如　万学文
　　　　蒋如铭
秘书长　肖远湛

江西省人民政府

省　　长　吴新雄
常务副省长　凌成兴
副 省 长　赵智勇　胡振鹏
　　　　　孙　刚　熊盛文
　　　　　洪礼和
秘 书 长　魏小琴(女)

政协江西省委员会

主　　席　傅克诚
副 主 席　王林森　殷国光
　　　　　刘运来　全　异
　　　　　雍忠诚　倪国熙
　　　　　一　诚　朱张才
　　　　　曾页九　陈清华
　　　　　李华栋
秘 书 长　胡剑平

中国人民解放军江西省军区

党委第一书记　孟建柱
司 令 员　王　宁
政治委员　王清葆
副司令员　吴品祥
副政治委员　石成林
参 谋 长　李怀良
政治部主任　孙荣正
后勤部部长　李家润

(省委办公厅会议处审定)

中国共产党江西省委员会

本栏编辑　陈超萍

综　述

2006年，在党中央、国务院的正确领导下，全省广大干部群众坚持以邓小平理论和“三个代表”重要思想为指导，认真贯彻党的十六大和十六届三中、四中、五中、六中全会精神，以科学发展观统领经济社会发展全局，认真落实国家加强和改进宏观调控的政策措施，全省经济社会保持平稳较快发展，精神文明建设、民主法制建设和党的建设得到进一步加强，实现了“十一五”规划发展的良好开局。

*坚持科学发展，推进和谐创业，保持国民经济平稳较快增长的良好势头。*全年生产总值4619亿元，比上年增长12.3%；财政总收入518.1亿元，增长21.7%；全社会固定资产投资2683亿元，增长23.7%；外贸进出口总额61.94亿美元，增长52.6%；实际利用外资28.07亿美元，增长15.9%；城镇居民可支配收入9551元，增长10.8%；农民人均纯收入3585元，增长9.8%；市场物价保持稳定，居民消费价格上涨1.2%；全省城镇新增就业44.5万人。积极推进社会主义新农村建设。把发展生产放在新农村建设首位，落实各项支农惠农政策，促进农业增产和农民增收。严格耕地保护制度，稳定粮食播种面积，粮食总产量达到189.65亿千克，比上年增产4.25亿千克。继续调整农业结构，大力推进“一村一品”。大力实施农民工培训“阳光工程”，加快农村富余劳动力转移。在全省近1万个自然村开展了社会主义新农村建设试点，农村基础设施得到改善，农村面貌发生新的变化。着力转变经济增长方式，加快推进工业化和城市化进程。围绕增强企业自主创新能力，实施了一批重点技改项目，开发了一批新产品。大力推进工业园区建设和支柱产业发展。城镇建设有序推进。城乡商贸流通进一步繁荣，现代服务业健康发展，成功举办第二届中国红色旅游博览会，旅游接待人数和旅游总收入大幅度增加。加强基础设施建设。重点建设了一批交通、能源、水利等方面的重大项目，并在文化、体育、卫生等社会事业领域实施了一批重点工程。出省主通道及省会至各设区市公路均实现高速化，县乡村公路改造取得新进展，铁路建设、机场建设、电力建设和电网改造取得重大突破，江西省区位优势进一步凸显。农业基础设施、环境保护和生态建设力度进一步加大，防灾抗灾能力明显增强。坚定不移地推进各项改革，对外开放水平全面提高。全面进行林业产权制度改革和农村信用社改革。新型农村合作医疗试点县（市、区）由11个扩大到40个，参加合作医疗农民达到1221万人。积极推行农村综合改革，“省直管县”和“乡财县代管”试点取得成效。国有资产监督管理体制进一步完善，国有企业在引进战略投资者、退城进郊、招商重组、主辅分离和政策性破产等方面稳步推进。大力推动全民创业，积极发展非公有制经济。开放型经济发展取得重大突破，利用省外资金大幅增加。成功举办香港经贸合作活动周、第四届赣台经贸合作研讨会等活动，扩大了江西的影响，一批国内外知名企业落户江西。对外贸易成倍增长，与沿海发达地区和国际经济的对接与互动向纵深发展，与港澳台的经济联系和对外交往日益加强。

*加快社会事业发展，坚持为民办实事，着力促进社会和谐。*以实施《江西省中长期科学和技术发展规划纲要（2006—2020）》为重点，全面实施科教兴赣战略，加大科技投入力度，在电子信息、生物医药和新材料三大领域实施了一批重大科技项目，科技成果的引进、吸收、消化和再创新取得新进展。义务教育进一步巩固，职业教育规模扩大，高等教育扎实推进。文化事业和文化产业加快发展，实现50户以上自然村有线电视“村村通”。基本完成疾病预防控制和医疗救治体系建设项目，加强传染性疾病的防治，突发公共卫生事件应急处置能力明显提高。低生育水平持续稳定，人口自然增长率控制在7.8‰。环境质量总体状况良好，监测监管能力得到加强。成功举办省第十二届运动会。实施新一轮就业政策，再就业小额贷款发放继续保持全国领先水平。进一步完善企业基本养老保险制度，提高了企业退休人员基本养老金标准。建立农村最低生活保障制度，初步形成基本覆盖全省城乡困难群众的社会救助体系，提高了农村“五保户”供养标准。九江地震灾后重建全面完成。完成了5万移民扶贫搬迁任务。解决了80万农村人口饮水安全问题。全面实现清理拖欠工程款和农民工工资的目标，初步建立农民工工资保障金制度。加强食品、药品、餐饮卫生监管，有效保障了人民群众健康安全。严格实施安全生产许可制度，对重点领域、重点行业进行专项整治，安全生产态势总体平稳。

加强精神文明建设和民主法制建

设,营造良好的社会政治环境。牢牢把握正确的舆论导向,营造聚精会神搞建设、一心一意谋发展的良好氛围。坚持不懈用邓小平理论、"三个代表"重要思想和科学发展观等重大理论创新成果武装全省广大干部群众。深入开展"科学发展、和谐创业"主题教育活动。在全省广泛开展"建言献策、建功立业"活动。积极推进文化体制改革,促进文化事业和文化产业的发展。组织生产了一批优秀文艺作品,努力满足人们日益增长的精神文化生活需求。群众性精神文明创建活动进一步深化,爱国主义教育基地建设稳步推进。积极稳妥地推进民主与法制建设。既注重充分发挥省委的领导核心作用,又注重调动方方面面的积极性,形成推进改革开放和现代化建设的强大合力。积极推进依法行政,进一步提高行政效能,改进机关作风。基层民主政治建设不断加强,政务公开、厂务公开、村务公开进一步推行。大力推进社会治安综合治理,广泛开展平安创建活动,积极预防和排查调处社会矛盾,保持了全省社会政治稳定。

深入推进党的建设,进一步提高执政能力和水平。省第十二次党代会胜利召开,选举产生了新一届省委领导班子。圆满完成省市县乡四级党委换届工作,加大了选拔女干部和党外干部工作力度。紧密结合新农村建设,扎实开展第三批先进性教育活动,先进性教育活动取得了丰硕的实践成果、制度成果和理论成果。开展大规模培训工作,累计培训各类干部31万人次。深入推进人才集聚、人才开发和领军人才建设"三大工程",人才队伍建设不断加强。干部人事制度改革不断深化,进一步加大公开选拔力度,拿出9个正厅级职位在全省范围内进行公推公选。重点推进农村、国有企业、城市社区、"两新"组织的党建工作。围绕建设社会主义新农村,深入推进"三级联创"、"三培两带"、无职党员定岗定责活动。全省村级组织活动场所建设稳步推进。探索建立社区组织员队伍建设制度。加强换届期间干部选拔任用工作的监督,建立重要举报立项督查制度。坚持标本兼治、综合治理、惩防并举、注重预防的方针,加大从源头上防治腐败力度。切实解决损害群众利益的突出问题,坚决纠正人民群众反映强烈的不正之风。认真开展巡视工作,并针对上学难、上学贵和看病难、看病贵等问题开展专项巡视。完善纪检监察机关对派驻机构的统一管理办法,进一步发挥派驻机构的职能作用。深入开展反腐败斗争,保持严惩腐败的高压态势,查处了一批有影响的大案要案和严重侵害群众利益的案件,依法依纪惩处了一批腐败分子。治理商业贿赂专项工作取得阶段性成效。

(省委办公厅编辑室)

省委重要会议

【省委十一届十一次全体会议】 4月30日,中共江西省委第十一届十一次全体会议在南昌举行。会议传达贯彻了全国省区市党委换届工作座谈会精神,审议通过了《中共江西省十一届委员会十一次全体会议关于召开中国共产党江西省第十二次代表大会的决议》,决定中国共产党江西省第十二次代表大会于2006年第四季度在南昌召开。会议还投票表决通过了省委常委会提名的新余市委书记拟任人选。

会议由省委常委会主持。省委委员、候补委员出席会议,不是省委委员的设区市委书记列席会议。

【省委十一届十二次全体(扩大)会议】 7月19日,中共江西省委十一届十二次全体(扩大)会议在南昌举行。会议对省委领导班子及成员进行了民主测评,对十七大"两委"人选及新一届省委领导班子、省纪委正副书记人选进行了全额定向民主推荐。

会议由省委常委会主持,中央考察组组长李景田作讲话,省委书记孟建柱作动员讲话。省委委员、候补委员,省纪委委员,省人大常委会、省政府、省政协党员领导干部,在赣的党的十六大代表和部分老同志,各市、县(市、区)党政主要负责人以及省直各单位主要负责人参加了会议。

【省委十一届十三次全体(扩大)会议】 7月27日,中共江西省委十一届十三次全体(扩大)会议在南昌举行。会议对省委换届考察人选进行了二次推荐。

会议由省委常委会主持,中央考察组组长李景田作讲话。省委委员、候补委员,省人大常委会、省政府、省政协党员领导干部,省高级法院院长、省检察院检察长,省纪委常委及各设区市委书记参加了会议。

【省委十一届十四次全体会议】 11月13日,中共江西省委十一届十四次全会在南昌举行。会议确定了中国共产党江西省第十二次代表大会于12月12~16日在南昌召开,审议并原则通过了将提交省第十二次党代会审议的省委报告和省纪委的工作报告,表决通过了省委常委会提名的部分设区市党委、政府领导班子正职拟任人选和推荐人选。

会议号召,全省各级党组织和广大党员、干部要以邓小平理论、"三个代表"重要思想和科学发展观为指导,以对党和人民高度负责、对江西未来发展高度负责的态度,努力做好各方面工作,以优异成绩迎接省第十二次党代会的胜利召开。

会议由省委常委会主持。省委委员、候补委员出席会议;省纪委委员,省人大常委会、省政府、省政协党员领导干部,各设区市有关负责人,以及省直有关单位的主要负责人列席会议。

【中共江西省第十二次代表大会】 12月12~16日,中国共产党江西省第十二次代表大会在南昌举行。会议回顾总结了省第十一次党代会以来的工作,提出了今后一个时期江西省经济、政治、文化、社会建设和党的建设主要任务,动员全省广大党员和干部群众,以邓小平理论和"三个代表"重要思想为指导,坚持科学发展,促进社会和谐,加快富民兴赣,努力在新的起点上实现江西崛起的新跨越!会议通过了中共江西省第十一届委员会向大会所作的报告和省纪律检查委员会工作报告,选举产生了中国共产党江西省第十二届委员会和中国共产党江西省纪律检查委员会。

会议认为,省第十一次党代会以来的5年,是江西省发展史上不平凡的5年。全省人民在党中央的正确领导下，坚持以邓小平理论和“三个代表”重要思想为指导，认真落实科学发展观，紧紧围绕实现江西在中部地区崛起和全面建设小康社会的奋斗目标，大力弘扬伟大的井冈山精神，积极探索加快江西发展新路，成功战胜突如其来的非典疫情和频繁的自然灾害挑战，着力解决前进中的突出矛盾和问题，全省改革开放和社会主义现代化建设取得了巨大成就。

会议号召，全省各级党组织和广大党员、干部要以邓小平理论和“三个代表”重要思想为指导，全面贯彻落实科学发展观，加快转变经济增长方式，提升发展质量和效益，大力推进农业农村现代化、新型工业化、新型城镇化、经济国际化和市场化，努力建设创新创业江西、绿色生态江西、和谐平安江西，全面加强社会主义经济建设、政治建设、文化建设、社会建设和新时期党的建设，为加快富民兴赣和全面建设小康社会而努力奋斗。

【省委十二届一次全体会议】 12月16日，中国共产党江西省第十二届委员会第一次全体会议在南昌举行。会议选举孟建柱、吴新雄、王宪魁、董君舒、陈达恒、刘上洋、舒晓琴、潘逸阳、凌成兴、赵智勇、余欣荣、弘强、王清葆为中共江西省第十二届委员会常务委员会委员；选举孟建柱为省委书记，吴新雄、王宪魁为省委副书记；会议还通过了中共江西省纪律检查委员会第一次全体会议选举结果的报告。

孟建柱受省第十二次党代会主席团的委托，主持了中国共产党江西省第十二届委员会第一次全体会议。选举结束后，孟建柱代表新一届省委常委会就认真贯彻省第十二次党代会精神、加强新一届省委班子的建设等作了重要讲话。省委委员、候补委员出席会议，省纪委委员列席会议。

（省委办公厅编辑室）

省委重要决策

1月17日，省委、省政府下发《关于推进社会主义新农村建设的实施意见》（以下简称《意见》）。《意见》明确了推进社会主义新农村建设的指导思想、基本原则和目标要求。提出抓好社会主义新农村建设，要着力推进现代农业建设，千方百计增加农民收入，加强农村基础设施建设和人居环境治理，大力发展农村公共事业，加强农村民主政治建设，全面深化农村改革，加大对新农村建设的支持力度，切实加强对新农村建设的领导。

3月24日，省委决定，从4月1日开始，在全省广泛开展“科学发展、和谐创业”主题教育活动。要求不断把学习浙江等沿海发达地区的成功经验与江西的实际结合起来，进一步明确科学发展、和谐创业的目标，坚定科学发展、和谐创业的信心，营造科学发展、和谐创业的氛围，形成科学发展、和谐创业的合力，促进全省经济社会在新的起点上实现又快又好发展。4月5日，省委转发了《省委宣传部关于在全省集中开展“科学发展、和谐创业”主题教育活动的实施意见》，明确了“科学发展、和谐创业”主题教育活动的指导思想、活动内容和工作要求。

4月14日，省委决定，为进一步深化干部人事制度改革，拓宽选人用人的视野，将省直9个正厅级单位主要领导职位，在全省范围内进行公推公选。

4月14日，省委决定，为认真贯彻全国省区市党委换届工作座谈会精神，做好全省四级党委换届工作，成立省委换届工作领导小组，并成立省第十二次党代会报告起草小组。

4月29日，省委决定，中国共产党江西省第十二次代表大会于2006年第四季度在南昌召开。

5月10日，省委、省政府下发《江西省“十一五”期间依法治省规划》。明确了全省“十一五”规划期间依法治省的指导思想、基本原则、总体目标，并从加强地方立法、深化全民普法教育、全面推进依法行政、坚持公正司法、完善监督体系、推进基层依法治理工作、拓展和规范法律服务和加强社会治安综合治理等8个方面，提出了“十一五”规划期间依法治省的主要任务。要求各级党委切实加强对依法治省工作的组织领导，抓好依法治省规划的落实。5月11日，省委、省政府转发了《省法制宣传教育工作领导小组关于在全省公民中开展法制宣传教育的第五个五年规划》。

5月19日，省委、省政府下发《关于大力发展红色旅游的若干意见》。要求深刻认识发展红色旅游的重大意义，进一步明确发展红色旅游的总体思路和目标，切实抓好红色旅游的重点工作，加快红色旅游发展的体制机制创新，加大对红色旅游发展的政策扶持力度，加强对发展红色旅游工作的组织领导。

5月19日，省委、省政府部署全省林业配套改革工作。要求全省各地各部门充分认识林改工作的长期性和艰巨性，在总结前一阶段改革经验的基础上，把今后的工作重点转移到推进配套改革、巩固林改成果和加快林业发展上来。加快培育和完善林业产权市场，深化林业管理机构改革，建立和完善“统分结合”的林业经营管理体制和机制。在管理上，做好“五统五放”：公益林管理要统，商品林经营要放；营造林要放，“三防”管理要统；木竹交易要放，资源流转要统；社会化服务要放，采伐管理要统；林业规划要统，林业投融资要放。

6月14日，省委、省政府下发《关于实施江西省中长期科学和技术发展规划纲要，增强自主创新能力的决定》（以下简称《决定》）。《决定》提出，要努力建设创新型江西，促进经济社会全面协调可持续发展；坚持自主创新，推进经济结构调整和增长方式转变，着力提升产业竞争力；创新体制机制，完善区域自主创新体系；着力建设科技人才队伍，增强自主创新智力保障；加强科技基础条件和开发基地建设，夯实自主创新物质基础；加大科技投入，健全自主创新投入体系；加强领导，营造良好的自主创新环境。

6月17日，省委、省政府决定，从2007年6月开始，在全省开展农民工参加医疗保险专项扩面行动。重点推进加工制造业、建筑业、采掘业和服务业中与用人单位建立劳动关系的农民工参加医疗保险，争取2007年底全省农民工参加医疗保险达10万人，到2008年底将与城镇用人单位建立劳动关系的农民工基本纳入医疗保险。

7月12～13日，省委、省政府部署全省社会主义新农村建设工作。要求全省上下把增加农民收入放在更加突出的位置，从农民最迫切需要解决而又能做到的事情做起，加快农村社会事业发展的步伐，坚持把农民为主体、政府为主导的原则贯穿于新农村建设全过程。

10月14日，省委部署加强和谐社会建设工作。要求全省各级党组织和广大党员、干部解放思想、实事求是、与时俱进、奋发进取，全面贯彻党的十六届六中全会精神，切实做好构建社会主义和谐社会的各项工作，切实做好当前的经济发展和其他各项工作，以优异成绩迎接党的十七大召开。

10月15日，省委、省政府决定，从2007年起，在全省范围免除农村义务教育阶段学生学杂费，农村义务教育全面纳入公共财政经费保障范围，以实现确保农村义务教育经费投入，确保每个学生不因贫困失学"两个确保"。

10月24日，省委决定，从10月下旬至12月上旬，在全省广泛开展"构建和谐社会，实现新的跨越"建言献策、建功立业活动。

11月5日，省委、省政府部署全省农村综合改革工作。要求全省各级党委、政府充分认识深化农村综合改革的重要意义，准确把握农村综合改革的指导思想和目标任务，切实加强对改革工作的领导，以转变乡镇政府职能为重点，深化乡镇机构改革，以落实农村义务教育经费保障新机制为重点，深化农村义务教育改革，以增强基层财政保障能力为重点，深化县乡财政管理体制改革，稳妥化解乡村财务，坚决制止发生新的债务，严格要求对农民负担的监督管理，坚决防止农民负担反弹。12月30日，省委、省政府下发《关于深入推进农村综合改革工作的意见》。

12月1日，省委、省政府下发《关于贯彻党的十六届六中全会〈决定〉认真解决群众当前最关心的若干问题大力促进社会和谐的意见》(以下简称《意见》)。要求全省各级党委、政府认真贯彻党的十六届六中全会精神，既要坚定不移地抓好发展这个第一要务，坚持用发展的办法解决前进中的问题，不断为社会和谐创造雄厚的物质基础，又要从解决广大群众最关心的现实问题入手，统筹兼顾，突出重点，力求在解决突出矛盾和问题上不断取得实实在在的成效，不断促进社会和谐。《意见》提出，从2007年起实施40项具体政策措施，并从新增财力中安排40亿元以上资金，解决人民群众当前最关心的一些问题。

12月4日，省委、省政府决定，2007年全省新增30个新型农村合作医疗县(市、区)，全省新型合作医疗县(市、区)总数为70个。全省新型农村合作医疗县(市、区)将占全省县(市、区)总数的70.7%，总人口3228.39万，其中农业人口为2553.40万人。

12月14日，省委、省政府决定，在总结2006年新农村自然村整治建设试点成功经验的基础上，按照"生产发展、生活宽裕、乡风文明、村容整洁、管理民主"新农村建设总体目标的要求，全省从2006年支持6210个新农村建设试点自然村增加到2007年支持1万个试点自然村，支持资金规模从2006年的6.21亿元增加到2007年的16亿多元，每个试点自然村的支持资金将平均达到10万至16万元以上。　(省委办公厅编辑室)

督查工作

【省领导抓督查落实】 2006年，省委组织省级领导干部开展三次集中督查活动：一是就学习贯彻党的十六届六中全会精神，省领导纷纷下基层进行督促检查和指导；二是年初省委组织40多名省级领导深入全省各市、县(区)，走访慰问困难群众和企业，督促检查中央和省委有关政策的落实情况；三是省委、省政府领导多次深入基层，就贯彻落实省委、省政府作出的"科学发展、和谐创业"的决策部署进行督查调研。省委领导还分别就社会主义新农村建设、加强党风廉政建设、构建和谐江西等重大决策部署的落实，深入基层调研，实地进行督促检查。据不完全统计，2006年，省委常委下基层调查研究、抓工作落实共计398天，人均30.6天。

【专项查办工作取得成效】 2006年，省委进一步加大了专项查办工作的力度，尤其是加大了"民声通道"情况反映的核查工作力度。根据中央领导和省委领导的批示要求，省委督查室共核查、督办了23件专项查办。办理了省委书记孟建柱在大型电视论坛上与群众现场互动收到的意见和建议手机短信99件，办理了省人大代表建议和省政协委员提案6件。做到了件件有落实，并按时回复。

【中办、国办联合督查组在江西进行督促检查】 1月10～14日，中央办公厅、国务院办公厅联合督查组一行5人，就江西贯彻落实《中办、国办关于做好2006年元旦、春节期间有关工作的通知》精神情况进行督促检查。督查组先后到九江市、赣州市走村串户，深入帐篷、农舍，实地考察了部分灾民安置点、帐篷学校、光荣院、敬老院等，走访慰问了37户受灾较重的灾民、城市贫困户和重点优抚对象家庭，与部分灾民、困难群众和优抚对象代表进行了座谈，对江西贯彻落实"两办"通知精神的工作给予了充分肯定，对进一步做好困难群众和优抚对象生产生活安排工作提出了建议。省委办公厅、省政府办公厅、省财政厅、省民政厅、省总工会等有关部门人员陪同督查。

【举办全省党委系统督查工作业务培训班】 9月12～17日，全省党委系统督查工作业务培训班在南昌市举行。各设区市委督查室和部分县(市、区)委督查室(办公室)160余人参加了培训，培训班就如何做好新形势下的督查工作进行了学习、交流和探讨。

【对"民声通道"有关情况反映实地督办】 11月份，省委督查室会同省有关部门，分成3个小组，先后到19个县(市、区)共33个乡镇，抽样复查了27件各县(市、区)自查办结省"民声通道"有关情况反映。省委办公厅将复查情况向全省进行了通报，有力地推动了有关地方和单位更好地解决落实群众反映的问题。

【加强督查工作制度建设】 2006年，为进一步规范督查工作，省委督查室按照上级要求加强了督查工作制度建设。一是实行"民声通道"核查工作网上交办与网上办结，缩短了公文流转时间，提高了办结效率；二是根据督查工作发展的要求，制定了《省委督查室工作任务和职责》《省委督查室专项查办工作制度》《江西督查》（普刊）编辑制度、《“民声通道”核办工作流程》等7项工作制度，并认真抓好落实，有力地促进了督查工作的规范有效开展。

（省委办公厅编辑室）

政策研究

【概　况】 2006年，省委政策研究室在省委的直接领导下，以邓小平理论和“三个代表”重要思想为指导，以服务省委中心工作为大局，认真贯彻中央和省委一系列重大决策和部署，全室上下勤奋学习、振奋精神、转变作风、求实创新、扎实工作，各项工作都取得了新的突破，较好地完成了省委交给的各项任务，为全省经济社会又快又好发展作出了积极贡献。全年共编发《半月要览》24期、50万字，《专供信息》36期、3.6万字，《决策参阅》10期、4.5万字，《调研专报》7期、5万字，《书刊选摘》27期、13万字；主持或参与起草省委、省政府文件2个，起草和参与起草省委领导重要文稿145篇、96万字，完成各类调研课题41个，撰写调研报告74篇、38万字，共计210多万字，省领导批示达34人次。

【把握省情，服务领导，在文稿起草的质量上有新的突破】 2006年，省委政研室把提高文稿起草质量放在十分重要的位置，努力把握领导意图，体现总揽全局的精神，把工夫下在中央方针与江西实际的结合点上，先后为省委领导起草和参与起草重要文稿145篇、约96万字，比2005年度多26篇、21万字。在文稿起草过程中，注重抓了以下3点：一是认真领会领导意图，每次接受省委领导重要文稿任务后，室领导都要对参与文稿起草的人员传达省委领导的指示和要求，组织大家一起研究文稿中涉及到的工作情况和相关背景资料，并就文稿的主题、重点、切入点等问题进行认真讨论，以便准确领会省委领导意图，力求站在全局的、战略的高度来思考问题，增强文稿对实际工作的指导性；二是坚持把信息和调研成果融入文稿中，紧密结合工作实际，通过起草文稿尽量多地反映江西省经济社会发展中鲜活的成果，充分发挥参谋的作用；三是注重发挥个人专业特长和集体智慧，对每个重要文稿的起草，都尽可能地多让一些的人员参加，集体讨论，相互启发，既提高了文稿质量，又培养锻炼了干部。同时，尽量听取和吸收有关厅局、企业家和专家的意见，力求做到完整准确，确保了文稿起草的高质量。

【围绕中心，突出重点，在重大课题的调研上有新的突破】 2006年初，为进一步提高为省委决策服务的水平，省委政研室按照省委书记孟建柱提出的“四新”要求，及时制定和下发了《中共江西省委政研室2006年调查研究工作实施意见》（简称《实施意见》），明确了调研工作的指导思想、重点课题、原则要求和组织措施，形成了较为规范的调研工作机制。一年来，按照《实施意见》，围绕省委中心工作，紧紧抓住关系江西省改革、发展和稳定中的10多个重大问题和全省政治、经济、社会中的30多个热点、难点问题，集中力量进行攻关，参与起草了两个政策性文件，形成了21篇调研报告和53篇调研文章、约38万字，比上年度多41篇、18万字，省领导就25篇文章作出了重要批示，对推动工作产生了积极影响。如《把构建和谐社会的要求真正落到实处——修水县加强社会主义和谐社会建设的调查》《做大做强我省矿业经济的几个重要问题》《关于加强我省交通道路管理问题的调研报告》《“十一五”江西经济社会发展亮点及经验总结》《九江县灾后重建面临的主要困难和问题》《金溪县何源镇水晶玻璃加工业兴起的情况调查》《基层对省级新农村建设示范点补助资金问题的反映》《积极构筑把矛盾化解在基层的新平台——安源区矛盾纠纷调处中心的成功实践》《九江市妥善化解企业军转干部和抗美援朝老战士重复集体上访矛盾》《加强和改进农村基层组织建设，为我省新农村建设提供坚强有力的组织保证》《在推进工业化、城镇化进程中有效地保障失地农民的切身利益》《努力探索欠发达地区新农村建设之路》《省农业厅所属科研所生存发展状况的调查》《政银企合作、开发性金融破解中小企业融资难题》《从制度建设入手，逐步建立农民工社会保障》《原省属农垦企业移交属地管理后亟待解决的几个突出问题》《关于赣江学院和江西服装学院学生闹事情况的初步调查》等，为省委在经济、农村、党建、社会稳定等方面的决策提供了更加主动的服务。

【拓宽视野，创新方式，在为领导提供信息服务上有新的突破】 一年来，省委政研室为提升信息服务水平，进一步强化了信息服务工作，创新了工作方式，注重思想内涵，紧贴决策取向，突出鲜活特色，经过努力，共出刊104期、约76.1万字，比上年度翻了一番多、多15.4万字，做到了平均每星期有2份刊物呈送省领导，有21期刊物得到省领导批示，比上年度翻了一番多。其中编发《半月要览》24期、约50万字，得到省委书记孟建柱的好评；《专供信息》36期、约3.6万字，其中10期由省领导作了批示；《决策参阅》10期、约4.5万字，有7期经省领导批示；《调研专报》7期、约5万字，有3期经省领导批示。这4个内刊的编发，有效地提高了省委政研室为领导决策服务的工作层次。此外，为进一步拓宽信息服务领域，创新信息服务方式，为省委领导提供内涵深、层次高、形式活的信息服务，从4月份开始，省委政研室结合实际，创办了《书刊选摘》这一独特鲜活的信息服务形式，经过努力，共编发《书刊选摘》27期、约13万字，得到了省领导的肯定，有1期还由省领导作了批示。

【积极主动，密切配合，在完成省委交办的其他各项工作上有新的突破】 2006年，省委政研室圆满完成了省委交办的其他各项工作。一是圆满完成了省委交办的由本室主任徐毅带队的江西省政府官员培训考察团一行25人赴美国培训考察任务；二是参与编写《江西崛起：新起点、新跨越——中共江西省第十二次党代会报告导读》一书，为学习贯彻省第十二次党代会精神提供了一份重要的参考材料；三是积极参与省政府有关部门的活动和会议,全室共出席、参与各类研讨会、座谈会24人次,并对省政府法制局转来的18个地方性法规征求意见稿提交了书面修改意见;四是按照省保持共产党员先进性教育活动领导小组办公室的要求,先后抽调2名处级干部到省先教办帮助工作,一名处级干部上挂到中央政研室锻炼,此3位处级干部的出色工作均受到挂职单位的好评;五是开展了金溪县许家村小康示范村的建点工作,帮助该村党支部进行先进性教育活动,并为该村解决了部分修路资金,办了一些实事,受到省扶贫办的表彰。（韦梓荣）

组织工作

【概　况】 截至2006年底,全省共有党员181万人,其中女党员28.71万人,预备党员6.82万人。有基层党组织89025个,其中,党委3946个,总支部4994个,支部80085个。有建制村16824个,其中,建立党委的7个,建立总支的387个,建立支部的16430个。有城市街道126个,均已建立党(工)委;城市社区1037个,其中建立党委的29个,建立总支的188个,建立支部的813个,仅有个别党员的2个,没有党员的5个;建制镇居委会(社区)1120个,其中建立党委的1个,建立总支的35个,建立支部的1064个,仅有个别党员的16个,没有党员的4个。有普通高校56所,党委56个,研究生党员4303名,本、专科学生党员29946名。

2006年,在省委的正确领导和中组部的有力指导下,全省各级组织部门突出先进性教育活动和地方党委换届两个重点,统筹兼顾,狠抓落实,各项工作取得了明显成效。

保持共产党员先进性教育活动取得丰硕成果。各级组织部门在党委的领导下,把先进性教育活动放在重中之重的位置上来抓,精心组织,加强指导,把开展先进性教育活动与"和谐创业、富民兴赣"结合起来,与推进社会主义新农村建设结合起来,做到"三批互动、四级联动",取得了丰硕的实践成果、制度成果和理论成果,得到了中央领导的充分肯定。集中教育活动期间,全省共集中整顿软弱涣散党组织2160个,为92865名与党组织失去联系的流动党员理顺了组织关系;各级党组织和党员与困难群众结成帮扶对子60多万个,帮助群众解决生产生活实际困难57万余件。群众评价这次先进性教育活动是"党得民心,民得实惠"的满意工程。"七·一"前夕,省委隆重召开了纪念建党85周年暨先进性教育活动总结表彰大会,对全省推荐的40个先进基层党组织、40名优秀共产党员和40名优秀党务工作者进行了表彰。先进性教育集中教育结束后,及时把工作重点转到做好保持共产党员先进性经常性工作上来。认真贯彻落实中央下发的"四个长效机制"文件,代省委制定了江西省贯彻落实"四个长效机制"文件的《实施意见》,进一步巩固和发展先进性教育活动成果,不断提高基层党组织建设和党员队伍建设水平。

省市县乡四级党委和设区市人大、政府、政协换届工作顺利完成。2006年江西省委,11个设区市党委、人大、政府、政协班子,99个县(市、区)党委班子,1396个乡镇党委班子的换届工作全面完成。县乡党委换届工作于2006年7月份完成,市级党委的换届工作于11月底结束,省委换届工作也于12月16日圆满完成。在整个换届过程中,始终贯彻"以人为本,和谐换届"的指导思想,紧紧围绕全国组织部长会议上提出的"优化结构、提升素质、增强整体功能"的三项要求,深化认识、细化操作、优化班子、强化纪律,指导各级党委圆满完成换届各项工作。会同省纪委先后转发和下发了《关于在地方党委换届工作中进一步严肃组织人事纪律的通知》《关于各地严肃查处领导班子换届期间违反组织人事纪律问题的情况通报》等文件,并查处违反换届选举工作纪律案件7件次,处理12人,为营造风清气正的换届环境提供了有力保障。与此同时,对部分省直部门、省管企业、高校领导班子进行了调整充实。进一步加大了选拔女干部、党外干部工作力度,各级领导班子的整体功能进一步提升。

其他各项工作取得了新的进展。干部教育培训工作,以贯彻《干部教育培训工作条例(试行)》为抓手,进一步创新培训方式,扩大培训规模,整合培训资源,全省累计培训各级各类干部31万多人次,其中培训企业经营管理人员1.6万人次,专业技术人员14.5万人次,境外培训干部330人次。建立了爱国主义教育培训基地、省情教育培训基地、警示教育培训基地、国防教育培训基地,首次印发《2006年度审核出国(境)培训项目计划》,规范了培训市场。人才工作坚持党管人才,牵头抓总,分类指导,建立了人才工作目标责任考核机制,认真实施"三大工程",人才工作环境逐步优化。会同有关部门扎实开展了科技特派员和高校毕业生到基层就业工作,"博士服务团"团队选派点工作、科技副职选派工作、"西部之光"访问学者管理工作等不断推进。积极参加第二届中国中部崛起人才论坛和华东六省一市人才工作交流会,进一步加强了中部六省和泛珠三角、长三角人才工作的交流与合作。党的基层组织建设和党员队伍建设不断加强。在农村,围绕建设社会主义新农村,深入推进了"三级联创"、"三培两带"、无职党员"设岗定责"等活动,全省共创办"三培两带"基地16376个,培养党员致富能手16.8万人,发展致富能手入党3.06万人,带动118万多户群众致富,有21.5万名农村无职党员通过设岗定责获得发挥作用的平台。在国有企业,扎实开展了江铜党建工作经验扩大试点工作,有力地推动了全省面上的企业党建工作;在"两新"组织,通过狠抓督查通报、建点联系,加大了党组织组建工作力度;在社区,制定下发了《关于加强街道社区组织员队伍建设的意见》,对建立和完善社区组织员制度进行了有益探索。机关、学校、科研院所等领域的党建工作水平进一步提升。干部人事制度改革进一步深化,中央出台的"一法、一纲要、三条例和十一个法规性文件"得到贯彻落实。扎实开展了公务员登记等工作。制定下发了江西省公务员法实施工作方案、公务员登记工作方案及贯彻实施公务员法有关问题处理意见,举办了全省市、厅级领导干部实施公务员法培训班,指导全省各地公务员登记工作有序开展。据统计,共研究答复各地在公务员试点和调查摸底工作中提出的20类127个问题。加大了干部监督工作力度，及时查处和通报了违反换届选举工作纪律的案件。组织3个检查组，对16个省直单位近四年来贯彻《党政领导干部选拔任用工作条例》情况开展了专项检查，共向受检单位指出问题45个，提出整改建议51条，并将检查情况在全省进行了通报。建立健全了重要举报立项督查、对党员领导干部进行诫勉谈话和函询等有关制度。

组织部门自身建设得到加强。结合在全省组织部门扎实开展先进性教育活动，延续前两年的做法，突出抓好组工能力和组工文化“两项建设”活动，进一步深化和拓展工作举措和活动载体，使广大组工干部在素质上有新提高，作风上有新转变，纪律上有新加强，形象上有新面貌，工作上有新成效。全省各级组织部门把“两项建设”活动作为加强自身建设的总抓手和主渠道，按照先进性教育活动取得实践成果、制度成果、理论成果的要求，积极参与，认真实践，组织力量对近年来组织工作及自身建设中创造、积累的有益做法和成功经验进行总结提炼，形成了加强组织部门自身建设的长效机制。省委组织部在总结先进性教育活动成果的基础上，编辑了《江西省委组织部机关工作制度汇编》，制定和完善了政务管理、事务管理、自身建设等5个方面的26项制度，较好地规范了机关自身建设。

此外，组工调研、信息、宣传、信访、党员电教、信息化、后勤服务等方面，都有了新的推进。

【积极稳妥地推进领导班子配备改革】 2006年，各级组织部门坚决贯彻中央和省委关于换届工作的部署和要求，积极稳妥地推进领导班子配备改革，认真运用体现科学发展观要求的综合考核评价办法进行换届考察。与换届前相比，市县乡党委副书记职数共减少1614名；党政领导班子成员交叉任职共3557名；新当选的设区市党政领导班子成员平均年龄为48.4岁，比换届前下降2.3岁，县级党委班子成员平均年龄为42.2岁，比换届前下降1.8岁，乡镇党委班子成员平均年龄为36.6岁，比换届前下降1.5岁。干部交流力度进一步加大，市县两级纪委书记、组织部长、法检两长、公安局长，全部实行异地任职。

【在全省范围内公推公选9名正厅级领导干部】 2006年，为进一步拓宽选人用人视野，促进优秀人才脱颖而出，根据《党政领导干部选拔任用工作条例》等有关规定，通过采取公开报名、民主测评和民主推荐、组织考察相结合等办法，在全省范围内公推公选9名正厅级领导干部。这次拿出来公推公选的职位全部是正厅级领导职位，而且位置都很重要。有省委部门的，还有省政府的组成和直属部门领导职位，涵盖党务、经济、科研、执法监督等部门。这次公推公选，是在总结前几次公开选拔工作实践经验的基础上，推动江西省干部工作科学化、规范化和制度化的进一步探索。

【认真做好省党代会秘书处组织组的有关工作】 2006年，省委组织部代省委起草下发了《中共江西省委关于选举产生中国共产党江西省第十二次代表大会代表的通知》，并制定了《关于召开全省党代表会代表选举工作会议的预案》《选举产生中国共产党江西省第十二次代表大会代表操作指导手册》。8月15日，召开了全省党代表会代表选举工作会议，对省第十二次党代会代表名额分配、代表的条件和代表产生的办法、程序等作了全面部署，对如何做好代表选举工作提出明确要求。部机关举全部之力，派出78名干部作为省党代会秘书处组织组的工作人员，参加大会统票计票、各团讨论，及时掌握情况，做好思想政治工作，确保组织意图得到有效落实。

【大力开展村级组织活动场所建设】 2006年，中央作出加强村级组织活动场所建设的重大决策部署后，省委及时成立了村级组织活动场所领导小组。省委组织部与省发改委、省财政厅在深入调研的基础上，制定下发了实施方案，召开了全省场所建设工作座谈会。各地按照中央和省委的部署，坚持把村级组织活动场所建设作为加强农村基层组织建设、巩固农村先进性教育活动成果的一项重要举措来抓，精心组织，周密部署，明确责任，扎实推进，取得了阶段性成效。到2006年底，全省纳入项目规划的2556个村级组织活动场所中，有1710个已开工建设，占总数的66.9%。

【进一步改进干部教育培训工作方式】 2006年，结合省委、省政府“科学发展、和谐创业”、建设社会主义新农村等战略部署，以“1+X”方式与省直单位联合举办76期专题培训班，培训干部5200人次。联合省内外知名院校举办企业经营管理人才高端培训班，培训企业管理人员200余人次；争取上海国际会计学院支持，免费为江西省培训100名企业财务管理领军人才。选派了1680余名干部到发达省市、中央国家机关和基层单位挂职锻炼或跟班学习。从基层选派22名干部到省直机关挂职锻炼，选调102名优秀大学毕业生到基层培养锻炼。

【切实做好“12380”举报电话的受理查处工作】 2006年，省委组织部在受理环节上，注重把反映违反组织人事纪律，特别是跑官要官、突击提干、“带病提拔”等问题的举报作为重点，及时受理，不拖不压。在查核处理上，坚持直接查核与专项查核相结合，对群众反映的选人用人问题，一经查实，严肃处理。2006年，共受理群众举报238件次，其中反映选人用人问题的78件次；共对181名厅（局）、县（处）级领导干部进行诫勉谈话，对91名厅（局）、县（处）级领导干部进行函询。

【扎实推进人才队伍建设】 2006年，省委组织部以实施人才集聚、人才开发和领军人才建设“三大工程”为载体，统筹“三支队伍”，激活“两类人才”，整体推进人才队伍建设。全省人才队伍建设与“十五”计划初期相比，呈现出“三个明显变化”：即人才总量明显上升，由2000年的142万，增加到240.4万；高层次人才培养明显加快，博士生增长422%，硕士生增长363%；人才集聚明显增强，人才进出比由2000年的1:7下降到2006年的1:1，首次实现持平。

【大力加强信息化基础建设和党员电教队伍建设】 2006年，省委组织部对部机关涉密局域网进行了线路改造，采用屏蔽双绞线新铺设局域网信息点129个，并将原有信息点调整用于连接因特网,大大地增加了内、外网信息点,方便了信息传输。对部远程视频会议系统进行了升级改造,系统安全性和稳定性进一步增强。对《江西省党员电化教育工作年度目标管理考评细则》进行了修改完善,组织对全省党员电教工作进行了一次交叉检查。2006年9月,江西省委组织部在北京中国电视艺术家协会驻地举办全省第八期党员电教干部业务培训班,对40名党员电教干部进行20多天的脱产培训。

【井冈山党员干部培训中心规范培训模式】 2006年,井冈山党员干部培训中心进一步规范培训模式,对举办的各类班次进一步规范开班式,内容包括:培训中心主任致欢迎词,作省情、市情介绍,培训班负责人讲话,学员作表态发言,中心为培训班授班旗、为学员颁发红军帽和学员手册等。教学过程中按照庄重神圣的要求设计安排宣誓活动,安排合理的考察线路,把重走红军路等活动组织得更加有效,营造浓厚的革命传统教育氛围。2006年,全年承办培训班38批次,计1992人,共接待2万余人。

【深入开展组织部门"两项建设"活动】 2006年,为进一步深化和拓展树组工干部形象活动,省委组织部在全省组织系统广泛开展了以公道正派为核心内容的组工能力和组工文化"两项建设"活动。建立了月通报、季点评,半年一小结,年终一总结制度,加强了工作督查指导。经评选委员会审定,以无记名投票方式评选表彰了22篇优秀征文,精心编印了《全省组织部门"两项建设"文章选编》。制定了"两项建设"主题演讲比赛、组织工作创新成果展示、乒乓球比赛、摄影书法比赛等活动方案,开展了"深化和拓展'两项建设',努力建设'三个之家'"主题系列文化活动,激发了广大组工干部参与意识和参与热情,营造了和谐的组工氛围。

(省委组织部编辑室)

宣传工作

【概　况】 2006年,全省宣传思想战线认真贯彻全国宣传部长会议精神,在省委的正确领导下,高举邓小平理论和"三个代表"重要思想伟大旗帜,全面贯彻落实科学发展观,围绕中心,服务大局,突出主线条,高扬主旋律,打好主动仗,不断提高引导社会舆论的能力,不断提高建设社会主义先进文化的能力,不断提高创新宣传思想工作的能力,为实现江西省"十一五"规划良好开局,在新的起点上促进经济社会又好又快发展,营造了和谐的舆论环境和文化条件,提供了强大的精神动力和思想保证。

切实加强理论武装,进一步增强了学习贯彻邓小平理论、"三个代表"重要思想和科学发展观的自觉性坚定性。一是以县处级以上领导干部为重点,继续拓展理论学习的深度和广度。省委中心组带头学习,带动了全省广大干部群众认真学习《科学发展观学习读本》和《江泽民文选》,兴起了理论学习的热潮。二是以总结推广先进典型为着力点,逐步提高理论宣传的说服力和感染力。省一报两台开辟了"光辉历程"等专题专栏,重点推出了江铃集团模具车间袁政海班组。摄制了大型理论电视专题片《沧桑正道——科学发展观纵横谈》,先后在中央电视台播出,在全国产生了广泛影响。三是以服务党委、政府的决策为切入点,不断增强理论研究的针对性和实效性。省委宣传部和省社联设立了4个经济社会发展重大研究课题,面向全省公开招标,取得了明显的成效。此外,全省还有27个研究项目获国家社科基金资助,比2006年增加4项;资助经费达220万元,比2006年增加63万元,增长40%,创年申报数、立项数、立项经费和入选学科4项新高。

坚持正确舆论导向,进一步营造了又好又快发展的浓厚氛围。一是认真做好重要会议、重大活动的宣传报道。突出报道了十六届六中全会召开的消息、六中全会《中共中央关于构建社会主义和谐社会若干重大问题的决定》和全省领导干部会议精神。重点报道了江西省党政领导赴广东学习考察、2006赣台经贸合作研讨会、省第十二届运动会、2006·中国(江西)红色旅游博览会。二是认真做好落实科学发展观和建设社会主义新农村的宣传报道。《江西日报》在头版头条、版心等突出位置开设"科学发展在江西"专栏,推出了一系列篇幅较大、图文并茂的重点报道。江西电视台推出了市委书记专访。7月10～11日,26家中央主要新闻单位在重要版面、重要时段同步推出江铜发展循环经济的专题报道。6月1日,全国26家中央主要新闻媒体分别在重要版面和重要时段集中刊播了江西省新农村建设的好经验、好做法,在全国产生了很好的社会反响。三是认真做好纪念建党85周年和红军长征胜利70周年的宣传教育。举办了"伟大的历程——庆祝中国共产党成立85周年图片展"和"纪念红军长征胜利70周年大型图片展"。江西电视台开设《长征英雄谱》等栏目。《江西日报》特别策划"江报直播室——纪念红军长征胜利70周年"和"红色长征,多彩的江西"报道。江西人民广播电台播发系列录音报道《峥嵘岁月——访长征老红军》,推出专栏《光辉历程》,宣传伟大的长征精神。四是认真做好省第十二次党代会的系列宣传报道。开展了"迎接党代会——沿赣江看发展"大型采访报道活动。《江西日报》推出7个连版的迎接党代会系列专题报道和大型航拍报道;江西电视台、江西人民广播电台在迎接党代会专栏中每天推出一个典型报道;各子报、小报和新闻网站从百姓视角策划了一系列生动活泼、贴近性强的报道。11月29日至12月11日,全省各新闻媒体强势启动省第十一次党代会以来江西5年"十件有影响的大事"评选活动。五是认真做好对外宣传工作。举办了第三届"中国网络媒体江西行"活动,共有36家中央及全国省市重点新闻网站、商业门户网站的40多名记者参加采访。省委书记孟建柱会见了采访团全体成员。这次采访共发稿1500余篇,图片5400余幅,规模超过前两届"江西行",形成了网上宣传江西的热潮。六是认真做好互联网宣传管理工作。成立了江西省互联网舆论宣传管理领导小组及其办公室,制定了相关制度,初步建立起互联网管理的协调机制。建立了省直宣传文化系统网上评论员队伍,在网上热点和突发事件中发挥了积极的引导作用。七是认真做好突发事件、群体性事件的舆论引导工作。

进一步完善了突发事件、群体性事件新闻报道的快速反应和应急协调机制，既不回避，也不炒作。特别是对江西省两所民办学校出现学生群体性事件，新闻宣传部门及早介入，严格把关，做了大量很有成效的工作，为避免事件的进一步扩大发挥了积极作用。

深入开展主题教育活动，进一步凝聚了富民兴赣的强大合力。省里成立了主题教育活动领导小组，省委办公厅转发了《省委宣传部关于在全省集中开展"科学发展，和谐创业"主题教育活动的实施意见》（赣办发〔2006〕7号），共确定了22项重点活动。各地各部门结合自身实际，精心组织，抓好落实，整个活动有序推进，效果良好。一是加大宣传力度，营造浓厚氛围。5月份和8月份，先后组织开展了"科学发展在江西"、"和谐创业在江西"大型系列采访报道活动。同时，组织各市县和有关单位设置了一批大型户外宣传标语牌，在省直主要新闻媒体滚动播出主题教育活动15条标语，张贴主题教育活动公益广告宣传画50000份，营造了良好的环境和氛围。二是开展宣讲活动，激发创业活力。根据省委统一部署，精心挑选了30位专家学者，组成专家学者宣讲团，分赴全省各设区市、县（市、区）及9个大型企业和17所大专院校开展宣讲活动。在历时11天的宣讲活动中，共作大型报告137场，召开小型报告会和座谈会60余场，直接听众达20万人次，引起强烈反响。5月10日，省委书记孟建柱对此作出重要批示，给予充分肯定。5月23日至6月2日，组成创业政策宣讲团，分赴全省各设区市和26所大专院校开展宣讲活动，取得了圆满成功。三是组织论坛研讨，深化教育主题。4月12日，围绕"让全民创业的主流意识奔涌起来"这个主题，举行了"科学发展、和谐创业"专家学者论坛。5月23日，围绕"干部要做百姓创业的服务员"这个主题，举办了全省领导干部论坛。四是组织文艺演出，活跃文化生活。举办了"歌唱创新创业新江西"《金色童年》少儿歌曲征集评选暨小歌手电视大赛活动。会同省文化厅组织开展了"科学发展，和谐创业"文艺调演并举办了专题文艺晚会，创作、排演了一批贴近生活、具有较高艺术水准的节目。会同省广电局、江西电视台等单位举办了"科学发展，和谐创业"全省青年歌手电视大奖赛，历时3个月，全省共有6000余名歌手参加。五是开展评选活动，树立先进典型。重点抓了全省"十大创业先锋"评选。各地按照省里要求，积极响应，认真组织推荐。社会各界踊跃投票，在短短20天时间里，网站、手机短信和剪报投票就超过360多万人次，在基层和广大干部群众中引起了热烈反响。六是开展实践活动，服务基层群众。主要组织开展了"文明帮建"活动。组织1000个省文明单位帮助1000个村建设宣传文化活动室。开展了"四个千下基层"活动，组织1000名科技工作者、1000名文化工作者、1000名法律工作者、1000名卫生工作者进社区下农村，提供科技文化法律卫生服务。继续开展科技文化卫生"三下乡"活动。

大力践行社会主义荣辱观，进一步深化了思想道德建设和精神文明创建。一是精心组织社会主义荣辱观宣传教育系列活动。3月24日，召开了学习贯彻社会主义荣辱观座谈会，省委书记孟建柱作了重要指示。组织开展了全省青少年"知荣明耻，创新创业"主题演讲比赛，以及全省大中专学生志愿者"知荣辱，树新风"暑期文化科技卫生"三下乡"社会实践活动。编辑出版了社会主义荣辱观通俗读本《中外道德楷模100人》，省委书记孟建柱亲自作序。印制了10万套"八荣八耻"挂图，免费下发到基层。推出了新余日报社副总编辑袁鹏、井冈山革命博物馆馆长毛秉华等一批践行社会主义荣辱观的先进典型。二是积极开展群众性精神文明创建活动。进一步推进文明村镇示范点帮建工作。各设区市、县（市、区）90%以上的示范点都重新修订了建设规划，1800多个示范村兴建了精神文明活动中心，2400多个示范村硬化了村道，1900多个示范村进行了村道绿化。精心组织实施"万村书库工程"。组织开展了"电视进万家"活动，继续深入开展"西部开发助学工程"、"百县千乡宣传文化工程"、"百城万店无假货"活动。召开了全省精神文明建设工作表彰大会。

三是稳步推进爱国主义教育基地建设。积极争取中宣部加大对省内爱国主义教育基地的资金帮扶力度，中宣部共决定资助江西省爱国主义教育基地资金达2050万元，占2006年全国资助总额的1/5。井冈山"一号工程"建设进展顺利。组织协调有关专家，对《南昌八一起义纪念馆新陈列大纲》进行论证修改。

积极推进文化体制改革，进一步促进文化事业和文化产业繁荣发展。一是着力推出了一系列改革举措。召开了省直宣传文化系统发展文化产业座谈会，省委书记孟建柱出席会议并作重要讲话。代省委、省政府起草了《江西省深化文化体制改革的实施意见》，提出了《江西省学习贯彻落实〈国家"十一五"时期文化发展规划纲要〉的实施方案》（送审稿）。并完成了《江西省文化产业发展"十五"评估与"十一五"展望》等有关对策建议和研究报告。二是着力打造了一系列文艺精品。举办了首届中国红歌会。采茶戏《燃烧的玫瑰》赴京参加了中宣部组织的庆祝建党85周年现代戏展演。此外，拍摄了《那时花开》《东京审判》《恋恋芦花》等影视剧（片）。会同中纪委、监察部电教中心、中央电视台、解放军总政宣传部和南京军区政治部联合打造的重大革命历史题材电视连续剧《井冈山》。三是着力开展了一系列节庆文艺晚会和群众文化活动。先后举办了2006年江西省各界人士迎春文艺晚会、庆祝五一、国庆、省第十二次党代会和大型舞蹈诗《神奇的克孜勒苏》演出等大型文艺晚会，丰富了广大群众的精神文化生活。

不断加强队伍建设，进一步提高了宣传思想工作水平。一是切实抓好先进性教育和"三项学习教育"活动。根据中央和省委的统一部署，按照省委提出的"标准更高、要求更严、效果更好"的要求，在部机关全体党员中扎实开展了保持共产党员先进性教育活动。组织听取了"打拐英雄"施华山的先进事迹报告，收看了《牛玉儒》《凌美龙》先进事迹录像片。召开部机关献计献策大会。对征求到的意见建议进行了集中整改，集中整改率达到82.5%，有力推动了各项工作。二是切实加大干部队伍管理和人才工作力度。制定下发了《2006年—2010年全省宣传文化系统干部培训规划》。

对已确定的35名优秀拔尖人才培养对象提出个性化定向培养意见。加强对重要宣传舆论阵地和重要岗位的管理,重新确定和调整了省直宣传文化系统重要岗位和重要宣传舆论阵地管理范围。进一步规范省直宣传文化系统处级干部管理。积极推行党政领导干部公开选拔、竞争上岗、考察预告、任职公示等制度,引进激励竞争机制。三是切实加强舆情调研督查工作。召开了全省舆情调研督查工作会议。2006年,中宣部《动态日报》等刊物共采用江西省工作动态及经验类稿件20余篇,中宣部舆情信息刊物共采用江西省上报舆情近300篇,领导批示9篇,稿件上报量、采用量较往年有较大增长。参与了中宣部舆情信息教材《舆情信息工作概论》编写和国家重点社科规划课题《舆情信息汇集和分析机制研究》的调研工作。按照中宣部要求,围绕加强社会主义意识形态建设、加强和谐文化建设情况等开展了专项调研,得到中宣部多次表扬和肯定。

【开展"构建和谐社会,实现新的跨越"建言献策、建功立业活动】 2006年,在全省广泛开展"构建和谐社会,实现新的跨越"建言献策、建功立业活动,受到了社会各界的欢迎和好评。根据统一安排,省市县三级新闻媒体在头版重要位置和重要时段开设专栏专题,进行宣传发动,在全省上下营造了"献良策,作贡献,促发展"的浓厚氛围。先后组织召开了"双建"活动基层干部、各界群众座谈会,举办了"建言献策新江西"网上视频直播和"建言献策谋发展"泰豪论坛。特别是省委书记孟建柱亲自参加的"问计于民,共商发展"大型电视论坛,在省内外引起了强烈反响。据统计,在短短一个多月的时间里,广大干部群众和社会各界所提建言献策达3.4万多条。这充分反映了人民群众中蕴藏着无穷的智慧和极大的建设社会主义的积极性。

【开展省第十一次党代会以来"十件有影响的大事"评选活动】 根据省委要求,2006年11月29日,省委宣传部、《江西日报》、省广电局联合组织开展了省第十一次党代会以来江西5年"十件有影响的大事"评选活动。省直和各设区市新闻媒体在第一时间同步强势启动了"十件有影响的大事"评选宣传活动,连续在主要版面和重要时段刊播评选活动的消息、十件有影响的候选大事和评选须知,形成了强大的宣传声势,得到了广大干部群众和社会各界的高度关注和热情参与。12月8日,评出了以下省第十一次党代会以来江西5年"十件有影响的大事":一、开展"科学发展,和谐创业"主题教育活动。二、省第十二次党代会系列宣传精彩纷呈,营造了浓厚氛围。三、全省开展"构建和谐社会,实现新的跨越"建言献策、建功立业活动。四、开展省第十一次党代会以来"十件有影响的大事"评选活动。五、江西一批新闻作品和个人获第十六届中国新闻奖和第七届长江韬奋新闻奖。六、大型电视理论片《沧桑正道——科学发展观纵横谈》连续两次在央视播出,受到社会各界好评。七、江西设立亿元农村文化专项资金为农村文化"买单"。八、江西召开精神文明建设工作表彰大会,推出并表彰了熊文清等一批先进个人和集体。九、江西组团赴湘桂两省(区)学习考察文化产业。十、举办首届"中国红歌会"。12月10日,省直和各设区市新闻媒体精心组织策划,同步推出专版、专题、专栏报道,集中展示了江西5年来经济社会发展的成就和亮点,为省第十二次党代会的召开营造了浓厚的舆论氛围。

【开展"十大创业先锋"评选表彰活动】 2006年,省委宣传部组织开展了"十大创业先锋"评选活动。通过网上报纸公告、各地推荐、组委确定候选人、群众投票等方式,公开透明,在短短20天时间内,共有360多万人次通过报纸、网络和手机短信踊跃投票,最后评选出十大创业先锋。他们是:涂建民(萍乡钢铁有限公司董事长、总经理)、丁友生(新余市蒙山实业有限公司总经理)、谢琦(江西巨元医药公司总经理)、卢国平(南昌县蒋巷镇洲头村党支部书记、江西国旺实业公司总经理)、叶彩义(于都县屏山牧场场长、于都高山青草奶业公司董事长、总经理)、李建林(江西三川集团有限公司董事长、总裁兼党委书记)、罗静婷(吉安市甘雨亭商贸公司总经理)、陈苏(先锋软件集团董事局主席兼总裁)、周捷(江西腾科科技发展公司总经理)、徐全龙(资溪县全龙面包培训中心主任)等10人。11月28日,省委书记孟建柱等省领导出席"十大创业先锋"表彰大会并与"十大创业先锋"合影留念。会上,"十大创业先锋"向全省人民发出了《为"构建和谐社会,实现新的跨越"多创业、创大业倡议书》,在全省上下再次掀起学先锋、赶先进的创业热潮。

【设立亿元农村文化专项资金】 为丰富农民群众文化生活,提高农民文化素质,促进城乡文化协调发展,省委、省政府自2005年起每年投入6000万元(2006年增加到1亿元)设立农村文化事业专项资金,按照"政府出资、市场运作、乡镇搭台、农民点单看戏"的新思路,在全省农村广泛开展送戏、送电影到农村,组织农民群众开展具有地方特色、内容健康的演出以及展览、比赛等文体活动,取得了明显成效。

【召开全省精神文明建设工作表彰大会】 2006年6月27日,全省精神文明建设工作表彰大会在南昌隆重召开。会上表彰了9个首届省文明城市、100个省文明村镇、18个创建文明城市工作先进城市、200个创建文明村镇工作先进村镇、1006个省文明单位,以及一批创建文明村镇、文明城市工作组织单位。省委书记孟建柱、省长黄智权等省领导出席大会并为获奖单位和个人授牌颁奖。这次表彰会集中展示了近几年来江西省精神文明建设取得的丰硕成果,极大地激发了全省人民在新的起点上推进精神文明建设的热情和信心。

【组团赴湘桂两省(区)学习考察文化产业】 2006年8月9~12日,省委常委、宣传部长刘上洋率省直宣传文化系统有关部门主要负责人赴湖南、广西两省(区)学习考察文化产业和文化体制改革工作。考察期间,分别与两省(区)举行了文化产业与文化体制改革情况交流会,听取了两省(区)经验介绍,并实地考察了两省的文化产业的亮点工程和品牌项目。

【在中国新闻奖和长江韬奋新闻奖评选中实现了“三个突破”】 在2006年6月的第十六届中国新闻奖评选活动中,《江西日报》报送的《让和谐创业的主旋律更雄浑更响亮》、江西电视台报送的《地震灾区不平静的一夜》分别获得一等奖;江西电视台的《传奇故事》获得名专栏称号,另有5件作品获得二等奖。在送评的13件作品中,共有8件作品获奖,获奖率达61.5%。在这届中国新闻奖评选中,江西省获奖作品实现了两个“新突破”:一个省份2件作品获一等奖,破中国新闻奖的评奖纪录;江西省获奖作品数量多达8件,破中国新闻奖的评奖纪录。与此同时,在8月举行的第七届长江韬奋新闻奖评选中,江西电视台记者郑忠杰以高票荣获韬奋新闻奖,实现了江西省新闻战线在中国新闻界人物最高奖项零的突破。

【江西新闻上中央报台工作实现了“稳住数量,提高质量”目标】 2006年,《人民日报》(华东新闻版除外)刊发江西稿件458篇,其中:头版头条8篇,头版报眼2篇,头版其他位置45篇,其他版面头条37篇;华东新闻版头版头条刊发江西正面报道27篇,同比增长50%。新华社江西分社刊发江西新闻6619篇,其中:对外稿620篇,图片2192幅。中央电视台《新闻联播》栏目播发江西新闻327条,比上年增加7条;其中头条17条,比上年增加8条;上提要87条,单条132条。中央人民广播电台《新闻与报摘》栏目播发江西新闻182条,其中:头条10条,上提要31条。《光明日报》共刊发江西新闻202篇,其中:头版头条6篇,头版其他位置21篇,其他版面头条15篇。《经济日报》刊发江西新闻444篇,比上年增长了37.8%,其中头版头条12篇,比上年增加7篇;头版其他位置37篇,其他版面头条49篇。中央主要新闻媒体还推出了一系列大型报道和专题,报道江西经济社会发展的新亮点。如:《人民日报》于12月13日头版头条刊发的《江西新增财力让群众共享》。中央电视台于12月12日、12月16日省党代会期间在《新闻联播》单条头条上提要播出的报道。10月7日至11月3日,《经济日报》在“又快又好发展新看点”专栏连续刊发江西省25个县(市、区)的报道,全面展示了江西近年来贯彻落实科学发展观、创新创业、和谐发展的生动实践和巨大成就,在全国引起热烈反响。 (张元城)

统战工作

【概　况】 2006年,是江西省实现崛起的新跨越的关键的一年,也是江西统战工作取得重大进展的一年。这一年来,在省委的正确领导和中央统战部的有力指导下,在省政府及各有关方面的大力支持下,坚持以邓小平理论和“三个代表”重要思想为指导,认真贯彻十六届六中全会精神和第二十次全国统战工作会议精神,树立和落实科学发展观,解放思想、开拓创新,使全省统战工作进一步形成了良好的发展态势。正如全国政协副主席、中央统战部部长刘延东到江西视察时指出的:“江西的统战工作特别突出了一个实字,办实事、抓落实、求实效,呈现了和谐、务实、活跃、稳定的良好态势,为江西的经济社会发展作出了重要贡献。”

认真学习贯彻第二十次全国统战工作会议精神,出台江西省贯彻意见。第二十次全国统战工作会议和中央颁发《关于进一步加强中国共产党领导的多党合作和政治协商制度建设的意见》(中发〔2005〕5号文件)下发后,省委常委会听取了省委统战部关于第二十次全国统战工作会议精神和贯彻意见的汇报,在2006年初召开了全省统战工作会议,极大地促进了江西省统战工作的发展,并出台了赣发〔2007〕15号文件,把统战工作的操作性、适用性、连续性、创新性和时效性提升到一个新的高度。

发挥统战优势,为构建和谐社会建好言献好策。一是继续牵头协调举办各类论坛,推动决策的民主化科学化。5月成功举办了由省委统战部牵头,各民主党派省委会、省工商联和省党外高级知识分子联谊会联合举办,民建省委会承办的“同促崛起——非公经济与江西崛起”高层论坛,全国人大常委会副委员长、民建中央主席、著名经济学家成思危作了主旨讲演,收到了较好的成效。二是以为和谐社会服务为着眼点,推进建言献策的新突破。主要表现在积极引导全省统战系统开展省委组织的“构建和谐社会,实现新的跨越”建言献策、建功立业活动。把老百姓的切身利益为关注点,以国计民生为着眼点来作为检阅参政议政能力的一个实际行动。据初步统计,统一战线系统共报送有关建议800余条,其中有500余条建议被采纳,引起各界关注。省委统战部因协调组织得力而荣获组织工作奖,受到省委的表彰和奖励。

建立防范在前的维稳机制,推动宗教为构建和谐平安江西作贡献。一是以防范在前的维稳机制为抓手,切实做好抵御境外利用宗教渗透的工作。继续依托省宗教工作领导小组,牵头协调有关执法部门和各爱国宗教团体,以“三级网络、两级责任制”的落实为基础,以宗教工作联席会议为依托,排除境外势力干扰,维护社会的稳定;切实帮助解决宗教工作中存在的教会房产等实际问题。二是加强对宗教界代表人士的培养、推荐工作,努力形成一支政治上靠得住、学识上有造诣、品德上能服众的教职人员队伍。极力向中央统战部推荐了近50名宗教界代表人士,纳入“百千万”工程的培养对象;着力抓好天主教、基督教神职人员培养教育工作。与有关部门举办了两期全省天主教界人士爱国主义教育学习班,协助省基督教“两会”举办了1期基督教教职人员学习班,培训近300人次。三积极推动宗教为构建和谐江西作贡献。2006年2月召开了宗教界人士座谈会,听取宗教界人士关于构建和谐社会的意见建议,引导佛教界举办了“祈福中华、赞颂和谐”佛教音乐会。江西省宗教界在研讨宗教如何为构建社会主义和谐社会作贡献的同时,积极付诸行动,如2006年为九江地震灾区、少数民族和贫困地区捐款达400余万元。

在做好宗教工作的同时,江西省认真贯彻全国民族工作会议精神。一是抓赣州市崇义县聂都乡竹洞村民族公路的1200万元建设资金到位,现路基工程已全部完工。二是对民族乡镇换届时确保了换届后全省7个少数民族乡镇的乡镇长职务全部由少数民族干部担任。

统筹统战性社团资源，推动全民创业向纵深发展。一是着眼于引进外部创业力量，积极为招商引资牵线搭桥。参与了省政府举办的2006年江西（香港）招商引资暨经贸合作活动周系列活动，为活动邀请客商130余人；推动了香港百营投资公司在上饶市区的垃圾处理、香港南益集团在南昌的城区改造、香港爱利特有限公司在赣州南康市的酒店超市和澳门中德公司在樟树市的合作项目。推动2006年中国光彩事业宜春行活动，共签约25.8亿元，首期投资在5000万元以上。一年来，江西省各级统战部门共邀请和接待到赣考察洽谈合作项目的港澳台和海外团组共计30多个，港澳台、海外朋友36批次，为各级政府重大招商活动诚邀重要客商发挥了主力作用。二是着眼于激活本土创业队伍，以扶贫开发新模式为服务于社会主义新农村服务。继由统战性社团选人、政府扶贫办定点、农业银行借钱、民营企业家栽树、地方党政组织护园，五方合力进行扶贫开发的被中国光彩会列为“五人共栽摇钱树”项目模式之后，2006年，江西省在光彩事业促进会的基础上成立了由省委统战部主管的扶贫开发协会。这种把扶贫工作和光彩事业结合起来，在全国属首创，国家扶贫办、中国扶贫开发协会同省政府的领导都出席了成立大会。在成立大会上，由省委统战部联合省村建办、省工商联发起，23位省内知名民营企业家联合带头发出在全省民营企业中开展“千企带千村”活动。省委书记孟建柱对此给予充分肯定，批示要深入开展并宣传报道好这项活动。三是着眼于盘活省外、港澳台和海外资源，为江西省社会公益事业提供服务。借助中央统战部支持，在江西省正式开通全国首批“黄丝带爱心电脑教室”，中央统战部副部长、全国工商联党组书记胡德平出席“黄丝带大型慈善功德爱心行动”仪式并讲话。与中央统战部光彩事业指导中心和浙江吉利集团联合开展光彩吉利教育资助行动，江西省的18名新生拿到新生入学生活费2000元及入校后每年的资助款6000元。广泛发动港澳台和海外爱国人士力量，为江西省各项社会事业提供服务。

力促党外干部工作取得新进展。一是大胆创新，率先实现党外省级领导干部民主推荐新模式。受省委委托，2006年底省委统战部召开全省党外领导干部大会，推荐2名省政协党外副主席近期可提拔人选。实行“党外人选由党外干部推荐”的民主推荐新模式，这在江西省历史上是第一次。二是以换届工作为契机，抓好党外干部的举荐、配备工作。目前全省共安排县以上党外人大代表6560人，政协委员11886人，所占比例基本符合中央要求；安排党外副县级以上干部1462人，比4年前增加了20.5%，其中副省8人、正厅1人、副厅96人。11个设区市除配备了49名党外人大常委会副主任、政协副主席外，党外副市长已全部配齐，其中6个设区市配有党外干部的政府工作部门已达1/4。99个县（市、区）配备的党外人大常委会副主任、政协副主席平均在3名以上，政府党外副职现配有90名。全省20所本科高校，有10所配备了11名党外副校（院）长，市、县担任政府部门正职的34名，全省法检两院党外领导干部54人，九江市还配备了非公经济人士担任市政协副主席。三是以培训为落脚点，使党外后备干部队伍建设有新举措。举办了3期干部培训班，举办了各设区党外市厅级后备干部、省直部分县优秀处级干部和党外女干部党外县处培训班，共培训310余人，有力地配合在全省实施了“十百千党外后备干部工程”，所储备的人选将为即将到来的民主党派省委会、省工商联换届和省政协换届以及长期培养提供人才资源。

搭建平台，拓展统战新的着力点。一是适应统战工作社会化的趋势，以新的社会阶层为新着力点，不断扩大统战工作的覆盖面。把扩大统战工作的覆盖面做实在积极拓展基层工作网络和渠道上。截至年底，全省成立基层商会和行业商会1303个，建立了各级党外知识分子团体73个，成员3384名。其中省级1个；市级10个，占设区市总数的90.9%；县级50个，占县（市、区）总数的一半以上；本科院校12个，约占本科院校总数的2/3。新聘党外特约监督员468个，新增10个侨联组织。二是以知联会为载体，切实抓好新的社会阶层人士工作。2006年开始建立了由省知联会主办，各设区市党外知识分子联谊会轮流承办的全省党外知识分子团体工作联席会议制度。全省共建有无党派知识分子联谊会共73个，2006年新增了17个，基本达到了有组织、有牌子、有阵地、有活动的“四有”目标，成为做好新的社会阶层工作的重要载体。三是以培带训，使广大新社会阶层人士成为统战工作新的着力点。2006年，省委统战部举办了全省第一期新的社会阶层人士培训班，组织了省内新社会阶层中自由择业的知识分子的代表人士到省社会主义学院进行集中培训，并向中央统战部推荐了一批新社会阶层重点人选，为统战工作新的着力点奠定了组织基础。

加强统战宣传和理论研究工作，进一步扩大江西统一战线的影响。一是通过创新统战工作宣传方式，扩大统一战线的社会影响。通过配合中央统战部《中国统一战线》杂志社举办全国宣传报道研讨会和邀请中央新闻媒体统战专访“江西行”活动，在《人民日报》上刊登了省委书记孟建柱谈统战工作专版，在《光明日报》、中国新闻社和《团结报》《中华工商时报》上专题报道江西统一战线的成就和在工作方面新思路、新举措文稿20余篇。其中孟建柱在接受《人民日报》专访时谈到的统一战线已经成为加快富民兴赣、促进江西崛起的一个重要战略支点的观点，得到全国政协副主席、中央统战部部长刘延东的肯定，称赞孟建柱讲话是“点睛之笔”。二是借助各方支持，把理论研究作为推动统战事业发展的重要引擎。着力开展统战理论研究和宣传工作，分别与省九三学社和南昌大学举办了两次全省统战理论研讨会议，就成立江西职业教育社和致公党、台盟基层组织问题开展了调研。营造了统战工作的的良好氛围，努力实现以政策理论创新推动统战工作实践的创新。

以“树统战干部形象，建党外人士之家”主题活动为抓手，推动各级统战部门自身建设上新台阶。一是抓“树统战干部形象，建党外人士之家”主题实践活动，塑造统战工作者的新形象。通过“树建”活动的开展，省、市共表彰了100个先进集体和126个先进个人，南昌市委统战部和两名干部还受到中央统战部的表彰，树立了统战工作的新形象。二是抓学习，思想业务素质有所提高。在个人自学和支部学习的基础上，采取中心组学习和机关干部职工集中学习的方式，共集中组织学习6次，每次学习都安排了领导和干部做中心发言，全年组织学习了十六届六中全会精神和《新党章》《江泽民文选》、中共中央总书记胡锦涛在建党85周年暨先进性教育活动大会的讲话、第二十次统战工作会议、省委十二次党代会精神等。在全省统战部门开展树立社会主义荣辱观学习教育活动和向斯塔学习活动，在省直统战系统组织学习了知识分子和统一战线的杰出代表王选的先进事迹。邀请了省委讲师团团长李江源为省直统战系统干部职工作构建和谐社会报告。进一步提升干部职工和思想素质和业务水平。三是抓队伍，促进全省统战组织队伍建设。首先是力求更多的党委常委担任各级统战部长，通过向省委报送《关于在市、县党委换届中进一步解决由党委常委担任统战部长问题的建议》，经各方努力，截至年底，全省设区市党委由常委担任统战部长的已由原来的3名增加到5名，县级党委常委担任统战部长的已由原来的24名增加到45名，增加了近1倍，占了总数的45.4%。

【举办党外人士专场报告会】 1月4日，省委在江西艺术剧院举行党外人士专场形势报告会，1200名党外代表人士参加。省委书记孟建柱作了专场报告。他向与会的党外代表人士通报江西"十五"计划完成情况和"十一五"规划期间的工作安排，并对党外人士发挥参政议政、民主监督作用提出殷切的希望和要求。

【以"同促崛起6+2"高层论坛为抓手，推进建言献策、参政议政工作的开展】 4月21日，省委统战部牵头，各民主党派省委会、省工商联和省党外高级知识分子联谊会联合举办，民建省委会具体承办的"同促崛起——非公经济与江西崛起"高层论坛在南昌举行。邀请了全国人大副委员长成思危作主旨演讲。此次论坛中不少意见和建议融进了江西省即将出台的促进非公经济发展的意见中。自2005年以来，江西共举办8场"同促崛起6+2"高层论坛，出席论坛的副省级以上领导超过60多人次，先后邀请了成思危、许嘉璐、韩启德、黄孟复、张梅颖等国家领导人和民主党派中央负责人以及有关院士120多位专家学者到赣调研考察，登坛发表真知灼见。8场论坛为同促江西崛起奉献了16个主课题、80个子课题的调研报告和109条很有分量的综合性建议。

2006年下半年，全省统战系统积极参与省委组织的"构建和谐社会，实现新的跨越"建言献策、建功立业的"双建"活动。共报送有关建议800余条，其中有500余条建议被采纳，引起了各界的关注。省委统战部和民盟省委会荣获组织奖。集中展现统一战线作为智囊团和人才库的作用，集中展示民主党派、统战性社团参政议政的能力。

【牵线搭桥，开展济困扶贫活动】 2006年，通过省委统战部牵线搭桥，港澳台同胞、海外华侨华人及有关社会团体为江西省一些乡村建设学校36所，资助贫困学生1260多人，兴办公益事业等捐款总计达1490万元；组织了向九江地震灾区募捐活动。共收到港澳台海外人士捐款港币91.97万元、澳币5万元、人民币50.5万元；争取到澳门地区23位全国人大代表、全国政协委员捐赠的230万元港币和澳门基金会捐赠的40万元澳币捐款用于江西省中小学校教学设施的重建。开展"农民培训计划"、"十万招工扶贫"等活动，按照中央统战部统一部署，省委统战部联合省劳动和社会保障厅共同拟制《江西省"温暖工程"李兆基基金百万农民培训"实施意见》，与建设厅共同拟制了《江西省"温暖工程李兆基基金建筑业农民工培训"项目实施方案》，目前项目正在推进中。

【积极参与招商选资，推动经贸合作结硕果】 2006年，省委统战部参与了省政府举办的2006年江西(香港)招商引资暨经贸合作活动周系列活动，邀请了客商130余人，推动了香港百营投资公司在上饶市区的垃圾处理、香港南益集团在南昌的城区改造、香港爱利特有限公司在赣州南康市的酒店超市和澳门中德公司在樟树市的合作项目。推动2006年中国光彩事业宜春行，共签约25.8亿元。目前，在中央统战部和中国光彩会支持下，省委统战部正在落实"中国光彩事业培训基地"落户井冈山的工作，项目一期预计投资2亿元。一年来，江西省各级统战部门共邀请和接待到赣考察洽谈合作项目的港澳台和海外团组共计30多个，港澳台、海外朋友36批次，为各级政府重大招商活动诚邀重要客商发挥了主力作用。

【党外干部实职安排取得新突破】 2006年，全省共新增党外县处级干部133人，副厅级干部10人，正厅级干部3人，副省级干部2人。到2006年底，全省共安排党外县(处)级以上领导干部1580人，其中：省级8人，厅级109人；省法院、检察院领导班子均已配备党外副职，全省法、检两院配备的党外领导干部54名，省政府工作部门共配备10名党外副厅局长；2006年内就新增了财政厅、环保局、农业厅党外副厅局长，其中财政厅配备党外副厅长属全国首例；19所本科院校有12名党外副校长，11个设区市全部配备了党外副市长，99个县(市、区)除个别提拔到市直部门任正县(处)级领导职务外，其余均配备了党外副县(市、区)长，市、县担任政府部门正职的由16名增至34名。 (曾庆军)

政法和社会治安综合治理工作

【概 况】 2006年，全省政法战线在省委、省政府的正确领导下，坚持服从和服务于又好又快发展这个大局，紧紧抓住政法队伍建设这个关键，全面加强政法各项工作，大力推进社会治安综合治理，广泛开展平安创建活动，积极预防和排查调处社会矛盾，有效保持了全省社会政治稳定。一年来，全省刑事发案平稳，杀人、爆炸等严重暴力犯罪下降，群体性事件得到有效控制，涉法涉诉上访减少，城乡治安秩序良好，公众安全感明显增强。据省社情民意调查中心对公众安全感调查，2006年江西省公众认为安全和比较安全的达95.02%，比上一年上升

0.45个百分点，比全国高出3.02个百分点。

一是健全维护稳定工作机制，提高了预防、化解矛盾纠纷的能力。普遍建立健全了矛盾纠纷的信息预警、排查调处、应急处置和责任追究等机制，坚持动态排查、滚动排查和经常性排查，及时发现和化解了大量矛盾纠纷，有效预防和减少了群体性事件的发生。乡镇普遍建立综治、维稳联动中心，实行群众来访联接、矛盾纠纷联调、突发事件联处，实现了维稳力量由散到合的转变，把大量的矛盾纠纷解决在基层，把可能发生的群体性事件解决在萌芽状态。继续推行各级政法委和政法部门领导联合接待群众来访制度，开展涉法涉诉赴京非正常上访集中整治，妥善处理了大量的涉法涉诉信访问题，全省涉法涉诉上访和赴京非正常访大幅度下降，维护了群众合法权益。民政部门加强社团管理，推进村落社区建设，做好优抚工作，关心困难群体，预防和化解了许多不稳定因素，促进了社会和谐。武警部队在处置突发事件、维护社会稳定中发挥了积极作用。

二是加大防范和打击犯罪力度，提高了防范、控制违法犯罪的能力。坚持人防、物防、技防并举，优化配置，加大投入，进一步推进治安防控体系建设，扩大防控覆盖面，提高防控工作科技含量，增强了防控实效。坚持以“打黑除恶”专项斗争为龙头，组织开展侦破命案、打击“两抢一盗”和毒品犯罪等一系列专项行动，始终保持了对严重刑事犯罪的高压态势。加强对治安复杂地区的集中整治，着力解决突出治安问题，改变了一些地方治安不好的状况，增强了人民群众的安全感。加强监狱、劳教工作，提高了监管改造质量。精心组织安全保卫工作，确保了赣台经贸洽谈会、红博会、瓷博会、红歌会、省运会和省党代会等大型活动和重要会议的安全。进一步加强对敌斗争，严密防范和严厉打击敌对势力和各种邪教组织的破坏活动，有效维护了国家安全。

三是深入开展基层平安创建，提高了基层解决治安问题的能力。年初，省委办公厅、省政府办公厅转发了《省委政法委和省综治委关于进一步推进和谐平安江西建设的意见》。各地各部门把和谐平安建设摆上重要议事日程，以深入开展平安县（市区）、平安乡镇（街道）、平安社区（村）、平安湖区、平安边界、平安单位、平安校园、平安家庭等基层安全创建活动为载体，丰富创建内容，提升创建水平，促进了打击、防范、教育、管理、建设、改造等综合治理措施的落实，有效防范和解决突出治安问题，确保了基层安全。通过举办《平安颂》大型文艺晚会，强化多种形式的社会宣传，进一步调动了社会各界参与和谐平安建设的积极性。按照加强基层、建设基层、稳定基层的思路，出台了一系列政策，加强法庭、司法所建设，推进公安“三基”工程，解决基层法官检察官断层问题，进一步巩固了维护社会治安的基础防线。

四是加强和改进执法司法工作，提高了服务经济社会发展水平。组织开展打击经济犯罪活动的一系列专项斗争，维护了社会主义市场经济秩序。加大对职务犯罪的预防和查办力度，推动了反腐败斗争的深入开展。加强民事、行政审判工作，依法调节经济社会关系，化解了大量矛盾纠纷。积极推进司法体制和工作机制改革，加强执法规范化建设，提高了公正执法水平。启动“五五”普法，深入开展“一学三讲”、“法律六进”等法律宣传、法制实践活动，为“科学发展、和谐创业”营造了浓厚的法制舆论环境。拓展和规范律师、公证等法律服务工作，改进政法机关行政管理，简化办事程序，缩短办事时限，提高了办事效率，增强了服务实效。

五是深入开展社会主义法治理念教育，提高了政法队伍整体素质。按照“内化于心、外践于行”的要求，在全省政法机关开展社会主义法治理念教育，紧密联系干警思想实际，打牢依法治国、执法为民、公平正义、服务大局和坚持党的领导的思想基础；紧密联系执法工作实际，努力使社会主义法治理念转化为严格公正文明执法的自觉行动；紧密联系政法领导班子建设实际，结合市、县（市、区）换届工作，配齐配强各级政法领导班子，为政法工作提供强有力的组织保证。坚持政治建警、素质强警、从严治警，强化政法队伍的教育培训和监督管理，进一步提高广大政法干警的思想政治素质和业务水平，塑造了政法队伍的良好形象。

【全面落实综治领导责任制】 2006年，全省综治系统按照“属地管理”原则，进一步明确了各级党政领导班子、党政一把手、分管综治工作领导及领导班子其他成员抓综治工作的责任。按照“谁主管谁负责”的原则，进一步明确了各部门特别是各级社会治安综合治理成员单位参与社会治安综合治理、维护社会稳定的职责。完善了社会治安综合治理领导责任制实施细则，规范了实施“一票否决权制”操作程序。进一步健全了综治、纪检、组织、人事、监察部门联席会议制度、情况通报制度和检查督办制度。依据《中华人民共和国公务员法》、中组部《体现科学发展观要求的地方党政领导班子和领导干部综合考核评价试行办法》《江西省社会治安综合治理及维护社会稳定领导责任制实施意见》的有关规定，进一步完善了社会治安综合治理考评体系，制订了具体操作办法。对工作措施不落实而导致发生恶性刑事案件、重大群体性事件和群死群伤事故等严重危害社会稳定问题的地方、部门、单位，严肃认真查明原因，查清责任，坚决实行责任查究。2006年，省综治委直接对2个县（区）、17个省直综治责任单位分别实行了一票否决、黄牌警告、限期整改，并严肃查究了领导责任。

【组织开展打黑除恶专项斗争】 根据中央统一部署，自2月份开始，在全省范围内开展了声势浩大的“打黑除恶”专项斗争。江西省成立了以省委常委、政法委书记舒晓琴为组长的全省打黑除恶专项斗争领导小组。在省委、省政府的高度重视和坚强领导下，全省政法各部门和有关单位密切配合、通力合作，全省打黑除恶专项斗争取得了重大战果。一年来，全省共摧毁涉黑犯罪组织21个，涉恶犯罪组织169个，破获各类涉黑涉恶案件1821起，抓获各类涉黑涉恶犯罪嫌疑人1336人，缴获枪支96支，扣押非法资金2.75亿元。有效维护了社会治安大局的持续稳定。

【加强民办高校社会治安综合治理工

作】 2006年,全省综治系统严格按照《中华人民共和国民办教育促进法》和《中华人民共和国民办教育促进法实施条例》的规定,进一步规范民办高校招生管理工作。民办高校所在地党委、政府把民办高校社会治安综合治理纳入当地社会治安综合治理目标管理范围,按照"谁办学谁负责"的原则,把保校园平安与保一方平安有机统一起来,切实加强领导。在南昌市内的民办本科高校纳入省直综治目标管理范围,由省综治委直管。其他民办高校纳入各市综治目标管理范围,由各市综治委直管。批准成立民办高校的教育行政主管部门明确一名领导分管校园社会治安综合治理工作,指定一个职能部门抓好此项工作,切实履行监管职责,督促和指导民办高校全面落实校园治安综合治理各项措施,创建平安校园。民办高校法定代表人和党委书记、校长为本校治安综合治理工作首要责任人,确定一名副书记或副校长分管治安综合治理工作。建立社会治安综合治理工作领导小组,由党委书记任组长,校长任副组长。领导小组下设综治办,与保卫处合署办公,综治办主任由分管综治工作的校领导担任。在校园内设立警务室和综治室,开展综治工作和平安校园创建工作。

【积极开展防范和处理邪教工作】 2006年,全省反邪教系统始终保持高压态势,成功侦破了一大批"法轮功"案件,对其他冒用宗教的邪教和有害气功坚持露头就打,有力打击了"法轮功"等邪教及有害气功组织的嚣张气焰;严格落实领导和部门责任,充分依靠社会治安综合治理的力量,建立健全与毗邻各省的区域协防机制,全力维护敏感期、重大节日、重要会议期间社会政治稳定,连续5年实现"三零"目标;教育转化一手抓攻坚,一手抓后续帮教,设身处地帮助已转化的"法轮功"练习者解决了医疗、就业、上学、低保等实际困难,巩固了转化成果;积极探索宣传教育进农村、进社区、进家庭、进厂矿、进景区、进校园、进课堂的有效途径,健身气功的推广工作进展顺利,活动站数量居全国之首。

【举办《平安颂》大型文艺晚会】 为进一步调动社会各界参与和谐平安建设的积极性,根据省委领导指示,由省委政法委、省综治委牵头,联合省委宣传部、省文化厅、省广播电视局、省高级人民法院、省人民检察院、省公安厅、省司法厅、省国家安全厅、省民政厅、省武警总队主办的大型文艺晚会《平安颂》,于5月30日在江西艺术剧院举行。省四套班子领导和社会各界1600多名观众观看了晚会。晚会以建设和谐平安江西,共创富民兴赣大业为主线,展示江西好山好水好风光,新人新事新气象,彰显赣鄱文化风韵,抒发井冈儿女豪情,突出坚持科学发展观,富民兴赣的辉煌业绩,讴歌政法战线保一方平安,促一方发展的成就。晚会总顾问为省委副书记彭宏松,总监制为省委常委、政法委书记舒晓琴。晚会共14个节目,包括舞蹈、男女声独唱、男女声二重唱、音乐短剧、故事表演、音乐什锦剧、女子组合、表演唱、大型歌舞等。晚会特邀中央电视台著名节目主持人撒贝宁、叶迎春担任节目主持。节目由省政法各部门选送,表演单位涉及省各文艺团体、大专院校。晚会注重艺术特色,采用先进的舞台艺术表现手段,使观众在获得审美愉悦的同时,思想得到熏陶,灵魂获得净化,产生了良好的社会效果。

（省政法委编辑室）

农村工作

【概　况】 2006年,全省各地各部门认真贯彻落实十六届五中、六中全会、中央1号文件和中央农村工作会议精神,紧紧围绕社会主义新农村建设这个主题,完善强化支农政策,大力发展农业和农村经济,加强基础设施建设,加快社会事业发展,推进农村综合改革,促进农民持续增收。在自然灾害较多的情况下,保持了粮食增产、农业增效、农民增收的好势头,呈现出经济发展、产业兴旺、社会和谐的喜人局面,实现了社会主义新农村建设的良好开局。

支农惠农政策进一步加强,农村经济实现较快发展。2006年,江西省认真落实支持粮食生产的4项政策,提高种粮补贴标准,安排粮食直补资金6.09亿元,并继续安排水稻良种补贴资金4.5亿元。新增安排4.75亿元对种粮农民实行综合直补,用于弥补柴油及化肥、农药涨价给种粮农民带来的损失。加大了对农民购置农机具的补贴力度,全省新增安排农机具购置补贴1300万元,总额达到3000万元。这些支农惠农政策进一步调动了广大农民的种粮积极性,促进了粮食生产。在前两年粮食生产高位增长的基础上,2006年粮食总产、单产再创历史新高,连续3年喜获丰收。全省粮食总产189.65亿千克,增加4.25亿千克,增长2.3%;单产356.4千克,增长1.5%。

农业结构进一步调整,产业化水平不断提升。年内,全省经济作物总播种面积143.87万公顷,同比增长3.4%。经济作物产量1991万吨,增长1.7%;产值276亿元,增长7.5%。经济作物产值占种植业产值比重比上年提高4个百分点,达到49%以上。生猪出栏2351万头,同比增长0.8%;肉类总产量250万吨,增长2.1%。渔业生产持续较快发展,全年水产品产量178万吨,同比增长5.5%,其中特种水产品产量增长15.5%。农业产业化扎实推进,全省农业产业化经营组织达到1.7万个,基本形成了以274家省级以上龙头企业为核心、600多家市级龙头企业为骨干、一大批县乡产业化组织为基础带动500多万农户的发展态势。各类农业产业化组织固定资产总额达345亿元,增长58%;实现销售收入667亿元,增长27%。农民专业合作经济组织发展较快,达到3000家,同比增加276家;拥有社(会)员48.6万人,带动农户87.2万户;合作组织拥有资产8.7亿元,销售收入22亿元。绿色食品和有机食品产业快速发展,实现销售收入105.8亿元,出口创汇9120万美元,带动农户184万户。

农业科技推广力度进一步加大,科技支撑能力明显增强。年内,全省主推了30个粮食主导新品种,良种覆盖率达到85%以上。加强农机与农艺相结合,推广了机械插秧抛秧、保护性耕作与节本增效农机化技术。组织开展"151"助粮兴农和"增播一斤种、多收百斤粮”活动以及常年的农业技术“三下乡”活动，积极推广测土配方施肥技术，科学防治病虫害。全年安排470万元财政专项资金，开展新型农民科技培训，培养了一大批有文化、懂技术、会经营的新型农民。

农业基础设施建设进一步加强，综合生产能力得到新的提高。全省病险水库除险加固工程开工2604座，完工1910座，投入资金23.16亿元，其中中央补助资金9.72亿元，省级资金8.46亿元。鄱阳湖区治理二期第五个单项防洪工程9座圩堤全面开工，赣抚大堤加固剩余工程基本完成，廖坊水利枢纽工程完成3台发电机组的启动验收，整个工程基本完成，64处大中型机泵站实施了更新改造，列入国家改造规划项目的锣鼓山总站等3座大型排涝泵站已开始实施，赣抚平原等6座大型灌区续建配套和节水改造有序展开。小型农田水利建设投入力度不断加大，财政新增安排了2200万元，总额达到5200万元。农田水利基本建设扎实推进，年内，全省已投入1627万个工日，投资7.26亿元，完成土石方6598万立方米，修复水毁工程6008处，新增蓄水能力3721万立方米，新增供水受益人口84万人。农业综合开发成效明显，共投入土地治理资金6.15亿元，改造中低产田6.67万公顷，建设高标准农田3.33万公顷，新增粮食生产能力8700万千克。优质粮食产业工程取得明显成效，建设了良种繁育基地0.67万公顷、标准粮田2.67万公顷、有害生物预警区域11个。

农村劳动力转移进一步加快，劳务收入的份额明显提高。加强了农村劳务输出前的技能培训，省财政安排劳动力转移培训阳光工程资金4375万元，培训农民23.6万人，转移就业20.5万人，转移就业率86.7%。同时在扶贫资金中安排2100万元，对6万名贫困人口和移民进行转移培训。通过实施农民知识化工程，全省已经形成了一批在国内有影响、有规模、有后劲的江西劳务品牌。2006年，全省跨省劳务输出人数达551万人，同比增加10.2万人，其中有组织输出183万人，同比增加17.3万人。全省跨省劳务收入突破400亿元，农民务工收入成为新增收入的重要来源。2006年全省农民人均纯收入3585元，同比增收319元，增长9.8%；其中劳务收入占农民纯收入的比重达37.9%。连续3年农民人均增收300元以上，为新中国成立以来的第一次。

农村社会事业进一步发展，农村社会更趋和谐稳定。农村教育事业投入加大。年内，省财政安排2.8亿元资金，用于农村困难家庭学生的“两免一补”，使全省100万名贫困家庭义务教育学生得到了实实在在的好处；安排1.2亿元资金用于“一费制”及远程教育，使远程教育对农村学校的覆盖面达到65%。安排4.2亿元资金，用于农村中小学公用经费补助和危房改造；新增安排3亿元资金，专项用于农村中小学课桌椅更新和饮用水及公厕建设。农村卫生事业加快发展。新型农村合作医疗试点范围由11个县扩大到40个县市，1221万参加农村合作医疗农民受益；新增农村卫生事业发展资金3000万元，总额达到8000万元，主要用于农村大病医疗救助、乡镇卫生院设备购置和血吸虫病防治等。新增省级计划生育专款1400万元，总额达到4300万元，用于农村计划生育服务设施建设和实施农村计划生育家庭奖励扶助制度。全省人口自然增长率为7.8‰，低生育水平进一步得到稳定。农村文化事业更加繁荣。省财政安排农村文化专项资金1亿元，以“政府出资、市场运作、乡镇搭台、农民看戏”的运作方式，组织开展送戏下乡、农村电影放映和乡镇文体活动，将群众喜闻乐见、健康向上的文化产品送到农村，丰富了农民的文化生活。农村社会救助体系日趋完善。省财政筹集10亿元资金，在全省建立和完善社会救助体系，建立农村居民最低生活保障制度，全省农村最低生活保障标准按不低于人均70元，月人均补差水平不低于25元，对100万农村居民实行生活补助。进一步提高农村五保供养标准，全省农村五保户集中供养由年人均1200元提高到1800元，分散供养由800元提高到1200元。农村困难群众大病医疗救助范围由农村五保户、农村特困户中的常年救助对象扩大到所有农村五保户和农村低保对象，年人均补助160元。农村扶贫开发力度不断加大。国家和省级财政扶贫资金投入达到6.27亿元，以工代赈资金1.9亿元。全省1800个扶贫开发工作重点村整村推进开局良好，移民扶贫工作稳步推进，实际落实移民搬迁5.17万人。

农村改革进一步深化，农村发展活力逐步增强。农村综合改革全面展开，乡镇机构改革、城乡义务教育经费保障机制改革和县乡财政管理体制稳步推进。林业产权制度改革全面推进，通过林改，全省政策性让利14.61亿元，农民从中直接增收34.88亿元，人均增收109元。林农植树造林的积极性空前提高，2006年全省造林面积22.2万公顷。国有水管单位体制改革基本完成，全省11个设区市以及有改革任务的87个县（市、区）、325个国有水管单位均出台了水管体制改革实施方案，为促进水利工程良性运行，发挥水利工程防洪安全提供了保障。国有农场改革、粮食流通体制改革和农村信用社改革等其他各项改革统筹推进。

社会主义新农村建设试点稳步推进，农村面貌发生巨大变化。年初，省委、省政府根据党中央关于“生产发展、生活宽裕、乡风文明、村容整洁、管理民主”的总体要求，结合江西实际，提出了“发展新产业，培育新农民，建设新村镇，树立新风尚，形成新机制，创建好班子”的新农村建设具体工作目标。在全省选择了8990个自然村（其中省级试点村6210个、市县级试点村2780个），以“改路、改水、改厕、改房、改栏、改环境，普及沼气、普及有线电视、普及电话、普及太阳能”为突破口，大力开展新农村建设试点。各级党委、政府加强了对新农村建设的领导。省、市、县三级都成立了由党委、政府一把手任组长和第一副组长，党政分管领导任副组长，各有关部门主要负责人为成员的新农村建设领导小组，并下设了办公室。各地都把新农村建设纳入当地经济社会发展的总体规划，制定了新农村建设的目标任务，初步形成了“政府主导、农民主体、干部服务、社会参与”的新农村建设工作机制。省级整合集中了6.21亿元资金，以每个自然村平均10万元的补助标准，支持6210个自然村进行整治建设试点。各市县也从有限的财力中挤出近5亿元资金，支持本级试点自然村整治建设。年内，全省8990

个试点自然村，共硬化村组道路和入户便道1.84万千米，48万余户农户完成了改水，用上安全卫生的自来水，约38万农户用上了无公害卫生厕所，基本实现"走平坦路、喝干净水、上卫生厕"的目标，农村生产生活条件得到了明显改善。

【召开全省农村工作会议】 2006年1月20～21日，全省农村工作会议在南昌召开。会议总结了2005年江西省的农业和农村工作，表彰2005年度农业和农村工作先进单位和先进个人，研究"十一五"规划期间江西省建设社会主义新农村、保持粮食稳定增长和农民持续增收的政策措施，部署2006年农业和农村工作。省领导孟建柱、黄智权、彭宏松、危朝安出席会议并讲话。会议明确在年内开展社会主义新农村建设试点，指出要从全局和战略的高度，充分认识社会主义新农村建设的重大意义；要坚持用现代理念指导农业，推动农村生产力不断发展和农民持续增收；要坚持以改善农民生产生活条件为重点，促进农村社会全面进步。并进一步明确了发展农业和农村经济的基本思路，即要走"品种特色化、基地规模化、生产标准化、经营产业化、投入科技化"之路。

【开展"五新一好"社会主义新农村建设】 2006年1月17日，省委、省政府以1号文件的形式下发了《关于推进社会主义新农村建设的实施意见》，文件明确了建设社会主义新农村的目标是"五新一好"，即：发展新产业，实施"一村一品"，提高农业现代化水平，促进农民收入持续增长，实现生活宽裕；形成新机制，大力发展农村合作经济组织，逐步提高农民组织化程度；建设新村镇，实行村庄规划，推进村庄整治，改善村容村貌；树立新风尚，加强农村民主政治建设和精神文明建设，促进社会和谐稳定；培育新农民，开发农村人力资源，提高农民整体素质；创建好班子，加强农村基层组织建设，提高基层组织的凝聚力、战斗力和创造力。

【开展"千企带千村"活动】 2006年，为了动员全社会力量参与新农村建设，省新农村建设办公室、省委统战部、省工商联和省光彩事业促进会联合开展"千企带千村"活动，得到全省民营企业家的积极响应，省内20多位著名民营企业家向全省民营企业家联合发出争做"千企带千村"带头人倡议书，要求"致富思源，富而思进"，要把资金、智慧和人力等资源投向农村，要以项目帮扶为支点，与农民结成利益共同体，促进新农村建设的稳定发展。全省共有4200多家民营企业与4100个自然村结对帮扶，兴办项目800多个，投资总额4.6亿元。

（黄承锋）

机关党的建设

【概　况】 2006年，全省机关党组织坚持以科学发展观为统领，以加强机关党的先进性建设和开展"抓作风、促效能、创事业"主题实践活动为重点，积极主动融入建设和谐平安江西，共创富民兴赣大业的伟大实践，机关党的建设取得了新的成就。2006年11月，在全国机关党建专委会第五次会议上，江西作为大会3个交流的省份之一，介绍了落实机关党建工作责任制的经验和做法。在省委、省政府的坚强领导下，在江西崛起的大背景、大趋势中，江西省机关党的建设站在了一个新的历史起点上。

理论武装工作取得新成效。召开了学习践行社会主义荣辱观先进模范代表座谈会；组织了55个省直单位开展"知荣辱、树新风——我与社区携手同行"活动；举办了优秀党员、劳动模范"我的荣辱观"事迹报告会和团员青年"学习八荣八耻，争当创新创业先锋"主题演讲会等。联合举办了学习《中国共产党章程》知识电视竞赛。工委党校培训党员干部1158人次，工委讲师团组织理论宣讲116场次。

机关党的先进性建设取得新进展。召开了全省机关先进性教育活动理论成果交流会，编辑出版了《省直机关先进性教育活动成果汇编》；举办了全省机关先进性教育活动图片展，制作了"十百千万"主题实践活动专题片；召开了省直机关纪念建党85周年暨表彰动员大会，举办了专题研讨班，开展了全省机关党组织贯彻落实中办《关于加强党员经常性教育的意见》等4个长效机制文件精神专题调研。

机关作风效能建设取得新成果。省直单位广泛开展了"抓作风、促效能、创事业"主题实践活动，取得了"改进机关作风、提高工作效率、规范机关行为、提升队伍素质、推进重点工作"的阶段性成效，推进了学习型、创新型、服务型、和谐型、廉洁型机关建设。

机关文化建设取得新成绩。举办了元旦联欢晚会、省直机关迎新暨纪念省直工会建会20周年"和谐之歌"文艺晚会等，组织了乒乓球比赛、青年羽毛球公开赛和青年棋赛。

党的基层组织建设取得新突破。圆满完成了省第十二次党代会省直单位（含金融、民航系统）115名代表的选举工作。17个省直机关党组织进行了换届选举，机关党务干部队伍结构进一步改善。培训机关党务干部800余人次，培训入党积极分子604名，发展新党员2422名。截至2006年底，省直机关共有基层党委485个，总支332个，支部5691个，党员10.02万名。认真组织实施机关党建工作目标管理，修改完善了《省直机关党的工作目标管理考评办法（试行）》，表彰了2005年度机关党的工作目标管理先进单位。

【扎实开展"抓作风、促效能、创事业"主题实践活动】 2006年，遵照省委书记孟建柱关于"要全面推进机关党的思想、组织和作风建设，努力在'效率、效能和廉政建设'方面抓出成效"的指示精神，经省委第八十一次常委会同意，省直机关工委开展了"抓作风、促效能、创事业"主题实践活动，有力地推进了机关作风效能建设。一是机关党员干部干事创业的能力进一步提高。抓住能力建设这个关键，省直机关兴起了岗位练兵、业务培训、技能训练的热潮。据统计，省直机关举办各类培训班1237个，培训党员干部55568人次。省直机关工委举办了省直机关青年英语演说能力竞赛，省直60个厅局组队参赛；举办了省直机关计算机操作技能大赛，88个厅局的353名选手参加了比赛。二是"办事难、办事繁、效率低、成本高”等影响机关作风和效能的问题正在逐步解决。据统计，各单位共查摆机关作风效能方面存在的问题8505个，已整改6043个，正在整改1812个。三是围绕改革发展稳定大局，各单位结合实际，选择性地推动了重大改革、重点项目、重要工作和久拖不决疑难问题的解决。四是机关作风效能制度建设体系初步形成。本着缺什么补什么的要求，省直各单位普遍建立了岗位责任、服务承诺、限时办结、首问负责、绩效考核5项制度。五是建立健全教育制度监督并重的惩治和预防腐败体系工作有新进展。开通了投诉电话，组织了党风廉政建设特邀监督员到12个省直单位明查暗访。加大了查办案件力度，2006年省直机关共受理群众举报2366件，立案81件，结案73件，处分98人。

【举办2006年全国党建研究会机关专委会课题组研讨交流会】 全国党建研究会机关专委会课题组研讨交流会于9月14～15日在南昌召开，这次会议围绕“落实党政机关基层党组织职责、强化基层党组织功能和健全机关党建工作责任制”问题，开展了认真的研讨交流。中共江西省委对此次会议高度重视，省委副书记王君看望与会代表并合影留念，省委常委、省委秘书长、省直机关工委书记陈达恒出席大会并致辞。全国政协常委、全国政协社会与法制委员会副主任委员，原中央直属机关工委常务副书记伍绍祖与全体与会人员合影留念，并即席发表了热情洋溢的讲话。全国党建研究会机关专委会对这次会议给予了精心的指导，专委会主任委员赵广召、秘书长周延凯出席交流会，并分别做了讲话。中直机关党建研究会派员到会指导。各课题组成员单位和有关部门负责人参加了会议，江西部分省直机关党组织专职副书记、各设区市直机关工委负责人列席了会议。参加课题研讨的各成员单位紧紧围绕加强党的执政能力和先进性建设这一根本任务，深入开展了建立健全机关党建责任制相关问题的研究，提出了许多改进的意见和建议，取得了丰硕的成果。

【召开省直机关纪念建党85周年暨表彰动员大会】 6月26日，省直机关工委在南昌隆重召开纪念建党85周年暨表彰动员大会，表彰了10个基层党建红旗单位、50个先进基层党组织、100名优秀共产党员、50名优秀党务工作者、20个“十百千万”活动先进单位、164个文明单位、17名人民好公仆以及十佳文明单位和十佳人民好公仆，对省直机关“抓作风、促效能、创事业”主题实践活动进行动员部署。省委书记孟建柱专门为大会作出重要批示，充分肯定了机关党建工作的成效，对开展“抓促创”主题实践活动提出了明确要求，省委常委、省委秘书长、省直机关工委书记陈达恒出席大会并作重要讲话。

【认真办好实事做好事】 2006年，省直机关工委筹资81余万元，走访慰问20名长征时期的老党员；组织95名劳模和先进工作者代表疗休养；救助1445户特困党员；为103名单亲和特困女职工办理安宁互助保险；对645户低保党员进行了调查摸底、建立档案；实施困难职工子女就业创业培训计划；组团慰问28名援疆和33名驻非党员干部；慰问37名离岗的机关党委专职副书记；完善了机关党建“三网一库”建设。省直机关广泛开展一日捐活动，为省慈善总会募捐近150万元。省直各单位开展了丰富多彩，健康向上的文化体育活动，省委大院文体委积极创新活动方式，资源共用，责任共担，成果共享，活跃了大院机关干部职工文化体育生活。

（何洪涛）

高校党建工作

【概　况】 2006年，省委教育工委坚持以邓小平理论和“三个代表”重要思想为指导，全面落实科学发展观，按照“突出重点，夯实基础，健全机制，创新载体”的工作思路，围绕加强高校领导班子思想政治建设、基层党组织建设、党员队伍建设，求实创新，狠抓落实，各方面工作都取得了明显成效。

【切实抓好高校保持共产党员先进性的经常性工作】 2006年，省委教育工委认真抓好高校保持共产党员先进性教育活动结束后的巩固提高工作，进一步建立健全加强党的先进性建设的长效机制，切实加强高校党建工作有关制度的建设。以提高高校党委领导班子领导力、提高基层党组织特别是院（系）党组织战斗力、以提高高校民主管理水平为目标，相继完成了《江西省普通高等学校实行党委领导下的校长负责制实施办法》（试行）、《江西省普通高等学校院（系）党政领导班子工作若干规定》（试行）、《江西省普通高等学校党内外民主参与和民主管理制度》（试行）等文稿的起草、征求意见的工作。组织召开了全省高校“党的先进性建设”理论成果交流会。

认真抓好高校深入学习贯彻中共中央总书记胡锦涛在庆祝中国共产党成立85周年暨总结保持共产党员先进性教育活动大会的重要讲话精神的工作，研究部署做好高校保持共产党员先进性的经常性工作，在高校认真贯彻落实《关于加强党员经常性教育的意见》等4个长效机制文件，加强对高校做好保持共产党员先进性的经常性工作的督查。

【进一步加强高校领导班子和干部队伍建设】 2006年，省委教育工委会同省委有关部门，对部分高校领导班子进行了调整充实，同时，坚持深入调研，及时跟踪了解新班子的思想工作状况。加强了对高校领导班子民主生活会的指导。认真做好对高校党委、行政部门处级干部任免前的职数审核工作。全年共审核职数34批次、152人；事前备案4批次、5人。加强干部监督工作，对17所高校贯彻执行《党政领导干部选拔任用工作条例》和《中共江西省委组织部 中共江西省委教育工委关于高等院校处级干部管理有关问题的通知》的情况进行检查并通报。根据省委的统一部署，积极组织和鼓励高校符合报名条件的领导干部，踊跃参加全省公推公选正厅级领导干部的报名。

【高校基层党组织建设成效显著】 2006年，省委教育工委进一步加强了高校基层党组织建设，召开了全省高校基层党组织建设工作经验交流会，推广南昌大学的“支部建在楼栋上”、江西师范大学的“三培两建”活动、江西农业大学在无职党员开展“设岗定责”活动等基层党建工作典型经验和做法。江西师范大学在高知识群体中，全面实施“三培两建”工程，即把优秀的高学历、高职称“双高”人员培养成党员，把“双高”人员中的党员培养成教学科研骨干和学科带头人，把教学科研骨干和学科带头人中的党员培养成后备干部；在教研室、实验室、研究室等建立党支部，在重点课题、重点项目上建立党支部。工程实施以来，已取得明显成效。江西农业大学在无职党员开展“设岗定责”活动，以学生党支部为单位设置了“思政类、学习类、监督类、事务类、其他类”等5大类15种岗位，使党员的先锋模范作用得到进一步发挥。

2006年，“七一”前夕，南昌大学信息工程学院电工电子实验中心教工党支部获“全国先进基层党组织”荣誉称号，南昌大学信息工程学院电工电子实验中心教工党支部、江西中医学院附属医院党委获“全省先进基层党组织”荣誉称号；胡志方、曾志将获“全省优秀共产党员”荣誉称号，熊永华、甘贤立获“全省优秀党务工作者”荣誉称号。与此同时，省委教育工委总结表彰了在高校保持共产党员先进性教育活动中涌现出来的13个先进单位、25名先进个人。在全省高校开展向全国、全省和高校先进基层党组织、优秀共产党员和优秀党务工作者等先进典型学习的活动，努力提升江西省高校基层党组织建设水平。

【加强干部教育培训工作】　2006年，省委教育工委根据高校工作的需要，切实抓好对高校副处以上领导干部和高层次人才教育培训工作。省委教育工委党校举办了6期高校党务政工干部培训班，集中培训了317名处级干部和哲学社会科学骨干；举办了两期博士教师读书班，对113名博士教师进行集中培训。同时，努力拓宽培训视野，开辟培训新途径，组织9所高校党委组织部长赴澳大利亚、新西兰进行短期培训学习考察，组织高校党务政工干部赴兄弟省市短期培训学习考察。选派5名高校干部赴国家教育行政学院学习。

【加强民办高校党建工作】　2006年，省委教育工委按照中央和省委的有关要求，切实加强民办高校党建工作，进一步强化党组织在民办高校的地位和作用，充分发挥民办高校基层党组织的政治核心和战斗堡垒作用。在民办高校开展党建工作，始终坚持“四条原则”，做到“四个结合”。即在指导思想上，坚持“适合学校发展需要、为党员所欢迎”的原则，做到党建工作与教育教学工作相结合；在活动内容上，坚持“讲究实效”的原则，做到提高党员的政治素质和业务能力相结合；在活动时间上，坚持“业余为主时间”的原则，做到原则性与灵活性相结合；在工作方式上，坚持“分类指导”的原则，针对民办高校的不同特点和工作不平衡的现状，坚持统一部署与分类指导相结合。对那些党建工作开展较好的高校，及时总结经验；对那些党建工作较薄弱的学校，积极帮助分析原因，促进改进工作；对那些党组织作用发挥不好、党组织班子成员和党务干部不称职的学校，及时调整班子，督促整改。针对近年来民办高校盲目扩大规模、办学行为不规范的倾向，各民办高校党组织主动做好民办高校举办者的说服工作，痛陈违规办学的危害，抵制违规办学的行为，宣传诚信办学的意义，引导他们落实科学发展观的要求，把工作重心从盲目扩大规模转移到提高学校发展内涵上来，对端正办学思想起到了积极的作用。

【切实加强高校组织部门的“两项建设”】　2006年，省委教育工委按照省委组织部的统一部署，结合实际，精心组织，周密安排，加强对高校党委组织部门开展“两项建设”（组工干部能力建设和组工文化建设）活动的指导，要求高校党委组织部门着力在以下3个方面下工夫。一是坚持认真学习贯彻组织干部人事工作方面的有关法律、法规和政策，努力提高全体组工干部的综合素质和业务水平。二是坚持从严治部，切实加强对组工干部的日常教育管理和监督。三是加强制度建设，改进工作作风，强化服务意识和创新意识。坚持“以人为本”，细心体察每个干部职工的实际情况，把严格要求寓于耐心细致的思想政治工作之中，把严格管理融合在为干部解决工作和生活的实际困难之中。干部有难，组织部想在先；干部有事，组织部做在前；干部有进步，组织部贺在前。这些做法得到了广大干部群众的认可。真正使组织部门成为“党员之家，干部之家，知识分子之家”。

（刘静俭）

领导干部培训

【概　况】　2006年，省委坚持以邓小平理论和“三个代表”重要思想为指导，以科学发展观统领干部教育培训工作，充分发挥党校（行政学院）培训轮训各级领导干部的主阵地、主渠道作用。全省各级党校（行政学院）认真贯彻落实《干部教育培训工作条例（试行）》，紧紧围绕党委政府的工作大局，联系实际创新路、加强培训求实效，圆满完成了全年领导干部培训轮训任务。

围绕发挥干部培训主渠道主阵地作用，不断扩大办学规模。各级党校（行政学院）充分发挥干部教育培训的主渠道主阵地作用，以增强执政意识、提高执政能力为重点，继续大规模、高质量地培训干部，努力为推进“五化”、建设“三个江西”，实现江西崛起提供坚强的思想政治保证、人才保证和智力支持。2006年，省委党校（江西行政学院）全年举办市厅级干部进修班5期，县处级干部进修班5期，中青年干部培训班2期，县处级国家公务员任职培训班5期，乡镇（街道）党委书记进修班5期，与有关部门联合举办干部培训班2期，共培训轮训各级领导干部1258人，培训规模比上年增长14%。此外，还会同省委组织部与美国乔治亚大学续办公共管理专题研修班一期，培训县处级以上领导干部18名。

围绕拓宽学员培训视野，不断开拓办学渠道。各级党校（行政学院）围绕培养学员的战略思维和世界眼光，与时俱进树立“请进来与走出去相结合”的开放办学理念，积极拓宽培训渠道。省委党校（江西行政学院）对内加快了4个基地（革命传统教育基地、职务犯罪警示教育基地、国情省情教育基地、国防教育基地)建设,组织主体班学员走出校门、走出江西进行参观、考察、交流,学习先进经验。对外依托中央党校和国家行政学院的牵头,积极参与国际学术交流和开展合作办学,先后组织学员、教员赴欧美日和东南亚等国家和地区访问、考察和学术交流;邀请国外专家学者来校为学员讲学;继续与美国乔治亚大学组织举办了领导干部公共管理专题研修班。

围绕提高培训实效,不断创新教学方法、完善教学内容。各级党校(行政学院)认真研究干部教育培训规律,根据不同培训对象的特点,积极创新培训方式和方法,与时俱进调整培训内容,努力使干部教育培训体现时代性、把握规律性、富于创造性。省委党校(江西行政学院)着重在4个方面进行了培训方法的改革创新,取得了明显成效。一是按照素质与能力培训相结合的要求,着力推行"分类别、分层次"教学探索。二是推行"课堂教学、现场教学、学员论坛"三位一体的模式,引导学员在理论学习的基础上,更深入地思考研究江西省经济社会发展的重大理论和现实问题。三是不定期地邀请有关领导和研究江西问题的专家参与干部培训(全年共有5位省部级领导干部来校讲课,26位市厅级专家型领导受聘为客座教授)。四是进一步深化了菜单式教学,扩大学员的自主选择面,满足了学员多样化的学习需求。在创新培训方法的同时,省委党校(江西行政学院)积极响应中央和省委重大战略决策的部署,努力做到"省委有部署、党校有声音",与时俱进积极探索培训内容新的实现形式,按照"事前调研——集中研讨——实施前送审——实施后征求学员意见"的办法和"三个是否"的新要求(即是否体现了党的理论创新成果,是否体现了对省情省策的研究,是否体现了让学员通过学习达到"立德、增智、致用"的目的)制定教学计划,确立培训专题,受到学员的普遍欢迎,也多次得到省委主要领导批示的肯定。

围绕提高培训的科研含量,不断强化科研基础地位。各级党校(行政学院)始终认真贯彻党校科研工作"四个服务"的方针,坚持"教学出题目、科研作文章、成果进课堂",加快推进教学科研一体化的进程,使党的创新理论真正进课堂、进教材、进学员头脑。省委党校(江西行政学院)针对重大理论和现实问题,以课题申报为抓手,加强攻关,全年共组织申报6批次课题,有49项省部级以上课题获准立项,其中国家社科基金项目4项(立项数并列为全国省级党校第一位,并首次获得全国党校系统科研集体奖项——课题中标奖)。教职工全年共发表论文358篇,出版学术著作39部,12篇论文在全国党校(行政学院)系统大型理论研讨会获奖,8篇论文在省社会科学优秀成果评比中获奖。《求实》杂志被评为"全国百强社科学报",学术影响力和期刊地位进一步巩固。

围绕增强培训后劲,不断优化队伍建设。以教师队伍建设为重点,以提高素质和能力为核心,各级党校(行政学院)注重使用、引进、培养和激励,努力解决队伍建设的结构性矛盾,提高教职工队伍整体素质。省委党校(江西行政学院)一方面大力引进高素质高层次教研人才,优化人才队伍结构,另一方面积极推行人事代理制的改革,实现了新引进人员由"行政任用关系"向"聘用关系"的转变。同时,通过下派挂职锻炼、出国培训、包村扶贫以及"每月一课"、"每日一读"等日常性教育形式,把理论学习、实践锻炼和党性修养三方面有机统一起来,不断夯实与丰富教员的理论功底和实践经验,进一步增强了培训后劲。

围绕提高培训保障能力,不断完善后勤服务和信息化建设。各级党校(行政学院)在财力有限的情况下,以完善服务保障能力为目标,科学规划、加强管理、突出重点、完善细节,努力实现管理科学化、服务社会化和保障细节化。按照这个思路,省委党校(江西行政学院)在4个方面加大了工作力度。一是通过加强国有资产监管,加大节约节能力度,降低办公成本,节约事业经费。二是规范预算编制与执行,杜绝不合理开支,维护财经纪律的严肃性。三是加大校园整治和基础建设投资力度,通过改造校综合大楼、新建健身场馆、改建北区运动场、更新公务和交通用车等,为学员和教职工进一步改善学习生活工作条件。五是稳步推进信息化建设。一批教学、办公和图书馆急需的信息化技术和设备投入使用,为办公效率和培训质量的不断提高提供了技术保障。

围绕推动全省党校(行政学院)培训水平整体提升,省委党校(江西行政学院)不断加强业务指导,优化服务举措。省委党校(江西行政学院)充分发挥自身优势,不断采取切实有效的形式,加强对基层党校业务指导,优化服务举措,努力促进党校(行政学院)培训水平的整体提升。将教学工作会、科研工作会放在市县召开,邀请当地党校负责人和有关人员共同参加研究;组织市级党校负责人赴先进地区党校学习考察;举办全省党校系统师资培训暨继续教育培训班;开展全省党校系统"创先评优"活动,等等。

【全省党校校长会议召开】 5月9～10日,全省党校校长会议在南昌召开。来自全省11所设区市市委党校、国有大型企业党校、省直工委党校及省教育工委党校的常务副校长共20余人参加了会议。省委党校常务副校长龚培兴讲话,传达了2006年全国党校校长会议、全国行政学院院长会议精神,会议学习了胡锦涛、曾庆红、贺国强等中央领导关于干部教育培训工作的一系列最新重要指示精神,交流贯彻落实省委书记孟建柱关于党校工作重要指示的情况,并深入研讨了如何贯彻落实《干部教育培训工作条例(试行)》和"十一五"规划时期如何加强和改进党校工作。

【第三期江西省领导干部公共管理专题中美研修班开班】 6月12日,由江西省委组织部、省委党校(江西行政学院)和美国乔治亚大学联合举办的"2006年江西省领导干部公共管理专题中美研修班"在省委党校开班。从省直有关单位和部分市县选拔了18名县处级以上领导干部,作为该期学员。省委党校常务副校长龚培兴、省委组织部副部长刘三秋、乔治亚大学卡尔·文森政府学院国际研究中心中国项目负责人彼特·格斯博士等出席开班式并讲话。研修班分两个阶段进行培训,第一阶段为理论学习:6月11日至7月8日在省委党校进行,龚培兴、许晓明、彼特·格斯、弗雷德等中美专家就公共管理、领导科学与艺术、公共财政等专题进行理论讲授;第二阶段为培训与考察活动:9月24日至10月14日在美国进行,主要学习和考察美国联邦、州、县三级政府机构运作情况和公共管理的经验与方法。

【中央党校2006年函授教育工作会议在江西省委党校召开】 10月27日,中央党校2006年函授教育工作会议在南昌江西省委党校召开。中央党校副校长石泰峰向会议致书面讲话。中央党校函授学院院长黄士安、省委党校常务副校长龚培兴出席会议并讲话,中央党校函授学院副院长张东升主持会议。来自全国各省、自治区、直辖市、副省级城市、省会城市以及中直机关工委、中央国家机关工委、铁道部、新疆生产建设兵团党校分管函授教育工作的校领导140余人参加了会议。会议的主题是认真贯彻党的十六届六中全会精神,进一步学习贯彻中央领导关于党校工作和党校函授教育的一系列重要讲话精神,统一思想认识,坚持党校姓党,坚持改革创新,积极探讨党校函授教育新的发展思路和模式。

(省委党校编辑室)

信访工作

【概 况】 2006年,全省信访总量为23.03万件(人次),同比下降16.5%。其中,来信5.16万件,来访17.87万人次;协调处理江西省群众赴京上访2865人次,其中赴国家信访局上访1228人次,赴京非正常上访1637人次;承办中央联席办交办7批信访件940件,按报结时间已完成4批813件(纯案368件),办结率93.2%;办理国家信访局和中央国家机关交办件316件,到期办结286件,办结率90.5%;办理省联席办交办件682件,办结率98.6%。集体访批次和人次同比下降14%和16%,重复上访同比下降29.3%;省联席会议排查解决信访突出问题687个;省"两会"、省第十二次党代会、国庆等重要会议及节日期间群众信访得到及时的接待处理,信访秩序比较和缓。《人民日报》、新华网、《人民信访》《江西日报》、江西电视台、江西电台等报刊媒体采用江西省信访稿件或宣传江西信访工作约52篇(次);省信访局全年共编印《情况交流》14期,《江西信访》杂志12期,采用各地信访工作有关稿件500余篇。省委、省政府领导多次批示予以肯定和鼓励,许多信访群众也寄来信件表示感谢。

【各级领导重视和支持信访工作】 2006年,江西省委常委会先后6次研究信访工作,不完全统计,全年省委、省政府领导批示综合信访材料50多个。省委书记孟建柱始终把群众冷暖挂在心上,高度重视、经常关注过问信访工作,对重大突出问题及时指出并要求解决。省长黄智权部署针对林业产权改革中出现的信访问题进行专题调研和督查。省联席会议领导先后在3次全体成员会议和4次县(市、区)一级的全省性大会上部署有关信访工作。12月8日,在全省信访稳定阶段性总结表彰大会上,孟建柱、吴新雄、傅克诚、彭宏松、王宪魁等9位省领导亲自出席并为受表彰的24个先进单位及104名个人代表颁奖。省委常委、省委秘书长陈达恒亲自召开协调会研究信访问题;省委常委、省委政法委书记舒晓琴亲自接待群众上访并深入基层协调处理突出信访问题;副省长凌成兴亲自赶赴上海协调处理垦民信访问题和协调处理重大信访老户问题;副省长熊盛文多次召开专门会议协调做好军队退役人员有关政策落实和稳定工作。12月31日,陈达恒、凌成兴到省信访局视察全省信访系统信息化建设工作。省委、省政府已开始将信访工作列入评比全省经济发展综合先进县"一票否决"。全省11个设区市党委、政府已经实现并坚持实施主要领导负总责、分管领导具体负责、其他领导"一岗双责",一级抓一级,层层抓落实的责任制。市、县、乡、村的信访工作网络结构逐步建立健全,省直各部门对自己职责范围内的信访问题依法及时妥善处理,协调联动,上下左右已经形成了一种共同做好信访工作的浓厚氛围。

【开展重复上访问题专项治理】 2006年,经省委常委会研究部署,于4月起开展为期4个月的重复访专项治理。各级信访部门组织力量投入行动,通过集中排查梳理、建立台账管理、领导包案处理、联合督查办理,落实领导干部包案责任、主管部门和基层单位的办结责任、联席办和信访机构的协调督查责任,加大问题解决、政策宣传、个案处理、依法管理的力度,有效实现全省重复上访特别是来省赴京重复上访的大幅度减少。全年重访率为7.8%,首次下降到10%以下。

【组织领导干部集中下访月活动】 6月,省委办公厅和省政府办公厅联合下文,在全省范围开展了为期1个月的领导干部集中下访月活动。据不完全统计,全省各级领导干部4900余人带案深入基层,以重点上访户为主要工作对象,耐心倾听群众诉求,详细宣传政策法规,尽力帮助解决实际困难,集中处理了近8000个信访重点难点问题。

【开展集中整治及专项行动】 按照中央联席会议的部署,自2006年6月起开展为期3个月的赴京非正常上访集中整治及处理好部分军队退役人员进京上访专项行动;9月14日,省联席会议又根据中央统一部署,延长3个月的赴京非正常上访集中整治工作。从省到市、县都落实领导责任制,成立由信访干部和公安干警组成的约300人的劝返工作小组,派出警车在北京的重点地区和敏感部位疏导劝返。省联席会议先后于10月8日、11月16日两次召开工作调度会,省委副书记彭宏松等5位省领导亲自出席并作出具体工作布置;省联席会议先后组织两次到各地专项督查,各地各部门也组织相应的督查;12月8日召开了总结表彰大会,健全了赴京非正常上访工作的长效机制。

【实施基层工作提高年活动】 2006年,省信访局继续实施"310"示范工程,对2005年信访形势比较严峻、处理信访工作力度比较薄弱的6个县(市、区)进行挂点帮扶,帮助加强信访工作力度、扭转不利局面。8月份,召开全省基层信访工作现场会，推广了九江市浔阳区（区、街道、社区）三级信访工作网络，靖安县双溪镇的和谐民心工程，南昌县健全信访工作机构、加大对信访工作的投入，南昌市成立信访接待中心等经验做法；并通过《情况交流》《江西信访》等各种途径推广了赣州市章贡区的信访工作“双向承诺制”、安远县的“信访听证会制度”、丰城市三管齐下做好军转人员稳定工作等做法。组织了两年一度的信访工作目标考核，推荐全国信访工作先进集体和先进个人，并评选全省信访工作先进集体和先进工作者。

【深入学习贯彻《信访条例》】 2006年，省信访局举行《信访条例》实施1周年座谈会，开展现场解答疑难、接受群众咨询、免费发放宣传册等活动，组织乡镇分管领导、信访局长培训班、省直系统信访干部培训班，共培训680余人。拓宽“民声通道”，办理网上信访，通过开通电子邮箱和公开手机短信，方便群众提出诉求，受理解决了300多个群众信访问题。印发《江西省信访事项办理、复查、复核工作暂行规定》《江西信访听证会暂行规定》《关于加强对上访人员中精神障碍者救治稳控工作的通知》《江西省信访局履行“三项建议权”职责工作规则（试行）》《江西省关于信访工作责任落实情况实施奖惩的规定（试行）》等规则、规定，作为《信访条例》配套制度。成立信访督查机构，健全督查专员制度，加强信访督查工作。

【推进全省信访系统信息化建设】 2006年，在省财政厅和发改委的大力支持下，省信访局与省信息中心协作，通过公开招标进行设备采购、技术安装等，确保系统建设顺利进行；各级信访部门也积极争取财政及有关部门的支持，在省信访局及有关单位的督促指导下，按照统一进度完成系统安装，12月底顺利如期实现国家局要求的第一批省、市、县与全国四级连网。

【开展“创学习型机关、建高素质队伍”活动】 2006年，按照国家信访局的部署，全省信访系统开展了“创学习型机关、建高素质队伍”活动。先后创新开展“爱岗敬业学习月”、“双十百千万”、全省信访系统岗位知识竞赛、“化解典型疑难信访案例”征文等活动；3月，在组织全省信访干部收听收看全国信访干部先进事迹到赣巡回报告的基础上，开展学习全省优秀共产党员罗松先进事迹活动，进一步检验和提高信访干部的综合素质。

（省信访局编辑室）

老干部工作

【概　况】 截至2006年底，全省共有离休干部1.83万人，退休干部28.21万人，离退休干部党员16.41万人，党支部5327个，党总支108个。全省老干部活动中心（室）300个，日均活动人数近5万人。老干部工作部门管理的老年大学（学校）99所，在校学员24000名。

2006年，江西省各级老干部工作部门坚持以邓小平理论和“三个代表”重要思想为指导，全面落实科学发展观，紧紧围绕“科学发展、和谐创业”这个中心，牢牢抓住“老有所养、老有所医、老有所学、老有所教、老有所为、老有所乐”这条主线，全面落实老干部的各项待遇，努力解决改革发展中老干部工作遇到的重点、难点问题，取得了一定成效。

【加强离退休干部思想政治建设和党支部建设】 2006年，省委老干局通过举办形势报告会、离退休干部党支部书记培训班、老干部读书班，组织老干部认真学习《江泽民文选》《中共中央关于构建社会主义和谐社会若干重大问题的决定》，认真学习十六大以来以胡锦涛同志为总书记的党中央提出的科学发展观、构建社会主义和谐社会、加强党的执政能力建设和建设社会主义新农村、建设创新型国家等一系列重大战略思想，使广大老干部能够及时了解全局，始终紧跟形势；组织老干部参观重大工程建设、社会主义新农村建设，使老同志充分感受经济社会发展的巨大成就；中组部《关于进一步加强和改进离退休干部党支部建设工作的意见》下发后，与省委组织部联合制定了《关于贯彻中组部〈关于进一步加强和改进离退休干部党支部建设工作的意见〉的几点意见》，各地各单位在深入学习领会两个文件主要精神和总体要求的基础上，立足本地本单位实际，以完善组织设置、加强班子建设、解决活动场地、疏通经费返还渠道等为重点，认真查漏补缺，把文件的规定与要求落到实处，扎实推进了江西省的离退休干部党支部建设工作，促进了老干部各项政治待遇的落实。

【进一步落实老干部生活待遇】 2006年，省委老干局针对“三个机制”运行中医药费超支问题，积极与财政、社保、卫生等部门协商，下发了《关于进一步加强离休干部医药费统筹管理服务工作，抓紧解决医药费单独统筹资金超支问题的通知》；以省委、省政府两办名义制定下发了《关于做好江西省国有改制和破产企业离休干部管理服务工作的意见》，基本做到了离休干部“事情有人管、工作有机构负责、所需经费有保障”，基本实现了安置、管理、待遇、服务四到位；出台了《关于加强易地安置和易地居住离休干部管理服务工作的意见》和《关于解决我省部分离休干部生活特殊困难问题的意见》，从制度上保障易地安置离休干部和特困离休干部待遇的落实；在原护理费标准的基础上，对生活完全不能自理的离休干部，每人每月增发200元；结合纪念红军长征胜利70周年，开展了走访慰问老红军活动。

【进一步发挥老干部的重要作用】 2006年，江西省各级老干部工作部门在探索建立保持共产党员先进性长效机制的实践中，充分发挥老干部理想信念坚定、党性观念强的优势，组织他们现身说法和督导巡视，教育在职干部增强宗旨意识，自觉保持党的先进性；在地方党委换届过程中，发挥老干部政治经验丰富的优势，注意听取他们的意见；在树立和实践社会主义荣辱观中，组织老干部、老劳模，开展“八荣八耻”宣讲报告活动；在开展未成年人思想道德教育中，发挥老同志阅历丰富和人格魅力优势，向广大青少年讲光荣历史、革命传统，把党的优良传统和作风不断传承下去；积极组织老干部文艺团体参加全国和省里开展的文体活动，充分展示老同志健康向上的精神风貌，不断丰富社会主义文化建设的内涵；举办老同志歌咏比赛、文艺汇演、书画展览和召开座谈会等一系列活动，隆重纪念建党85周年和红军长征胜利70周年，大力弘扬优良的革命传统和作风。

【推进老干部活动中心、老年大学工作】 2006年，省委老干局下发了《全省老干部活动中心争先创优活动实施方案》和《创建江西省老年大学(学校)示范校试行办法》两个文件。各地各部门按照文件要求，结合本地区本部门实际，采取有力措施增加经费投入，改善活动、学习环境和条件；进一步强化内部管理，建立健全一系列切实可行的规章制度；紧紧围绕新形势下老干部精神文化生活的新需求，注重从老干部的身体状况和兴趣爱好出发，把思想政治教育与文化艺术教育结合起来，把知识性趣味性活动和健身强体活动结合起来，不断丰富活动、学习内容，改进活动、学习方式，拓展活动、学习领域，有效地丰富了老干部精神文化生活。

【加强调研、信息、宣传工作】 2006年，省委老干局认真贯彻落实部分省区市老干部工作部门调研信息工作座谈会精神，积极参与中组部组织的“关于进一步加强新形势下老干部工作的意见”的调研活动；结合江西省老干部工作实际，重点围绕“离退休干部党组织设置”、“完善离休干部医药费保障机制”、“老年大学和老干部活动中心工作”等开展调研，为制定出台有关文件提供了依据；及时向中组部老干部局报送江西省老干部工作信息，信息质量不断提高；召开了全省老干部宣传思想工作会议；《老友》杂志办刊质量进一步提高，越来越受广大老同志的欢迎。《老干部工作专辑》2006年共选登各级老干部工作部门采写的新闻报道、工作调研、经验介绍、工作动态、典型事迹等文章500余篇(条)。

【进一步加强老干部工作人员自身能力和作风建设】 2006年，省委老干局认真做好全国老干部工作先进集体和先进工作者的推荐评选工作，经过层层推选、认真评审、考察公示，江西省2个集体和6名个人受到全国表彰；配合全国“双先”的评选推荐，省委老干局与省委组织部、省人事厅联合开展了全省老干部工作先进集体和先进工作者的评选活动。召开全省老干部工作先进集体和先进工作者表彰大会，全省20个老干部工作先进集体和29名先进工作者受到表彰，极大地激发了老干部工作部门学先进、赶先进的热潮。继续巩固和扩大先进性教育取得的成果，《通过先进性教育推进老干部工作》一文被中国共产党基层党建网宣传推广。认真贯彻执行《干部教育培训工作条例》，先后举办了设区市委老干部局办公室主任、宣传报道信息员培训班。各地各部门也多层次、多形式、多途径加强了干部教育培训工作，老干部工作人员的整体素质得到提高。

(省委老干部局编辑室)

党史编研

【概　况】 2006年，全省各级党史工作部门努力践行科学发展观，认真履行党史工作资政育人职责，较好地完成了年度的各项工作：编纂出版《江西苏区党的建设和政权建设》《今日长征出发地》《情暖井冈——第三代领导集体与江西》《江西纪念抗战胜利六十周年学术研讨会论文集》《光辉的历程》《长征中的井冈儿女》《崛起中的南昌》《上饶红色旅游》《武宁人民革命史》《永修人民革命史》《中共崇义县大事记》《中共赣县大事记》等12部党史专著；公开发表《中国共产党科学观的历史考察》《论胡锦涛的人才思想》《论中国共产党在中央苏区的执政基础》等30余篇理论文章；举办“纪念红军长征胜利70周年暨第五次反‘围剿’学术研讨会”和“华东六省一市纪念建党85周年暨红军长征胜利70周年学术研讨会”；与《江南都市报》共同开展纪念红军长征70周年知识竞赛；在江西革命烈士纪念堂举办“永远的丰碑——纪念红军长征胜利70周年大型图片展览”；与江西电视台共同推出百集电视系列片《长征英雄谱》和8集电视专题片《长征从这里出发》；审定了“南昌起义纪念馆陈列大纲和全国巡展大纲”以及永新“贺子珍纪念馆陈列大纲”。此外，省委党史研究室还为中央电视台《永远的丰碑》专栏撰写《万安暴动》《弋横暴动》等稿件。

【省委批准《江西省2006～2010年党史工作规划》】 《江西省2006～2010年党史工作规划》经省委批准，省委办公厅于2月26日印发。由省委党史研究室起草的该“规划”，明确提出了今后5年全省党史工作的主要任务。其中，编撰出版《中共江西地方史》第二卷(1949～1978)《抗战时期江西人口伤亡与财产损失》《日寇在赣暴行实录》《今日长征出发地》《情暖井冈——第三代领导集体与江西》《江西红色旅游大典》《红土地巨变——回眸改革开放30年》《潮涌赣鄱——从党的十六大到十七大》《毛泽东与赣籍省委书记》《中共江西党史事件大典》《中共党史人物大典》等党史书籍；完成《中国共产党在中央苏区局部执政的实践与经验》《中国共产党江西白区斗争的历史经验与教训》《方志敏精神与构建社会主义和谐社会》《党的八大路线在江西的贯彻与落实》《江西省“文革”运动概况》《思想大解放与全方位对外开放格局的形式》《江西省党组织关于加强党的执政能力建设历程》等专题研究。

【《江西苏区党的建设和政权建设》出版】 省委党史研究室编纂的《江西苏区党的建设和政权建设》由江西人民出版社5月出版，省委书记孟建柱为此书作序。这部党史专著，荟萃了大量珍贵的党史资料，深入研究了江西苏区时期党的建设和政权建设的历史经验，为新时期加强党的执政能力建设提供了有效的历史借鉴。全书60余万字，分为6个篇章：江西苏区党的思想建设、江西苏区党的组织建设、江西苏区党的作风建设、江西苏区的民主政治建设、江西苏区的廉政建设、江西苏区的法制建设。

【《情暖井冈——第三代领导集体与江西》出版】 由省委党史研究室编辑、中共党史出版社9月出版的该书，全面、真切地反映了从1989年6月党的十三届四中全会到十六大的13年间，江泽民、李鹏、朱镕基、李瑞环、乔石、宋平、刘华清、李岚清等党的第三代领导人对江西改革、发展的重视与关怀。全书由"综述"、"考察纪实"、"重要讲话"、"大事记"等部分内容构成，共计22万字。

【《江西纪念抗战胜利六十周年学术研讨会论文集》出版】 省委党史研究室编辑的《江西纪念抗战胜利六十周年学术研讨会论文集》由江西人民出版社9月出版，省委副书记彭宏松为此书作序。该"论文集"汇集了省委宣传部、省委党史研究室等6部门举办的纪念抗战胜利60周年学术研讨会论文28篇，反映了抗战研究最新成果。

【制作百集电视系列专题片《长征英雄谱》】 为纪念红军长征胜利70周年，从9月15日起，省委党史研究室在江西电视台18:30播出的江西新闻联播节目中，每天推出1集《长征英雄谱》。连续播出了百集的该电视专题片，生动、具体、形象地讲述了赣籍老红军参加北上抗日先遣队、红六军团西征和中央红军主力长征的英雄事迹、经典故事，热情讴歌了伟大的长征精神。

【召开华东六省一市纪念建党85周年暨红军长征胜利70周年学术研讨会】 为纪念中国共产党成立85周年、中国工农红军长征胜利70周年，华东六省一市中共党史学会，于9月26日在南昌共同举办了该学术研讨会。来自江西、江苏、福建、安徽、山东、浙江、上海的专家、学者50余人，就"长征精神的内涵及其时代意义"、"中国共产党的执政经验"、"中国共产党的科学发展观"、"中共党史学科的繁荣发展"等重要问题展开了交流和研讨。大会共收到论文44篇，并于会后由江西人民出版社结集出版。

（左家法）

·资　料·

中国共产党江西省历次代表大会简介

第一次代表大会　1927年7月2～23日在南昌松柏巷省立女子师范学校举行，出席代表60余人，代表全省5100余名党员。大会以党的五大精神为指导，讨论了当前的政治形势，研究了今后的工作。由于受陈独秀右倾机会主义错误影响，会议对如何争夺革命的领导权、武装工农群众和反击国民党右派进攻等重要问题议而不决。大会选举产生了中共江西省第一届委员会，汪泽楷为书记，陈潭秋为组织部长，宛希俨为宣传部长。

第二次代表大会　1928年12月5～12日在湖口舜德乡王燧村举行，出席代表20人，代表全省近5000名党员。大会围绕"准备武装暴动，推翻豪绅资产阶级的统治，建立工农兵代表会议——苏维埃政权"这一总任务，提出了加紧群众的日常斗争，争取广大群众；建立中心区域，注意工农兵斗争的联系；加强党组织的建设，创造布尔什维克的党；坚持民众运动的正确方针，开展工人、农民、青年、妇女等各项具体工作。大会选举产生了第二届省委，张世熙为书记，王凤飞为组织部主任，冯任为宣传部主任。

第三次代表大会　1931年11月上旬在兴国召开，到会代表200余人，代表全省3万余名党员。会议分析了国内外政治形势和国民党对苏区进攻失败后的情况，讨论了当前党的工作任务，总结了闽浙赣苏区和湘鄂赣苏区发展情况，布置了扩大红军及肃反工作，选举产生了苏区江西省委，陈正人为代理书记（年底李富春为书记），廖信中为秘书长，陈正人为组织部长，谢佩兰为宣传部长。

第四次代表大会　1933年9月27日至10月4日在宁都七里坪村召开，出席代表364人，代表江西苏区97451名党员。大会的中心议题是，动员全省各级党组织从思想上、组织上做好粉碎国民党第五次"围剿"的准备。大会选出产生了新的一届省委，李富春继续当选为省委书记，蔡畅当选监委书记，廖信中为秘书长，刘球贤为组织部长，萧瑞祥为宣传部长。

第五次代表大会　1956年7月1～21日在庐山召开。出席大会的正式代表449人，候补代表41人，列席代表19人。大会检查和总结了江西解放7年来的各项主要工作，着重研究了全省当前社会主义建设和社会主义改造的几个主要问题。会议选举产生了中共江西省第五届委员会，杨尚奎为第一书记，邵式平、方志纯、刘俊秀、白栋材为书记。

第六次代表大会　1964年1月13～27日在南昌召开。出席大会的正式代表458名，候补代表17名，列席代表134名。杨尚奎作了《进一步动员和团结全省人民深入开展三大革命运动，争取国民经济进一步全面好转而斗争》的报告。会议决定：要在全省干部中，大兴学习之风，开展学习毛泽东著作的运动；要认真学习和推广解放军的政治工作经验，加强人的思想革命化和机关企业革命化的工作；要认真总结经验，树立更多的先进旗帜，继续开展"比学赶帮"的社会主义劳动竞赛；要进一步改进领导作风。杨尚奎当选为省委第一书记，邵式平、方志纯、刘俊秀、白栋材、刘瑞森为书记，郭光洲、黄先、黄知真为候补书记。

第七次代表大会　1970年11月18～25日在南昌召开，到会正式代表大会1034人，列席代表36人。大会以"无产阶级专政下继续革命的理论"为指导，分析总结了全省"文化大革命"的形势和"斗批改"等"经验"，作出了关于开展活学活用毛泽东思想、进一步开展农业学大寨群众运动、继续轮训干部等决定。程世清当选为省委第一书记，杨栋梁为书记，文道宏、白栋材为副书记。

第八次代表大会　1985年6月10～15日在南昌召开，出席大会的正式代表712人，候补代表70人。大会讨论了《江西省1981——2000年经济和社会发展纲要》（草案），通过了中共江西省委关于加强自身建设的决定。万绍芬当选为省委书记，刘方仁、倪献策、许勤为副书记；赵增益当选为省顾问委员会主任，狄生、刘仲侯、王实先为副主任；朱治宏当选为省纪律检查委员会书记。

第九次代表大会　1990年9月21～25日在南昌召开，出席代表583人。大会讨论并通过了毛致用代表上届省委作的《坚持党的基本路线，团结奋斗，振兴江西》的报告，并作出了相应的决定。毛致用当选为省委书记，吴官正、刘方仁、蒋祝平为副书记；朱治宏当选为省纪委书记。根据中央有关规定，这次大会将省顾问委员会改为顾问小组，刘仲侯、王书枫为副组长。

第十次代表大会　1995年8月21～25日在南昌召开，出席代表589人。吴官正作了《抓住机遇，开拓进取，为加快建设繁荣昌盛的江西而奋斗》的报告。吴官正当选为省委书记，舒圣佑、舒惠国、黄智权、钟起煌为副书记；马世昌当选为省纪委书记。

第十一次代表大会　2001年12月12～16日在南昌召开，出席代表663人。孟建柱作了《以"三个代表"重要思想为指针，大力弘扬井冈山精神，为实现江西在中部地区崛起而奋斗》的报告。孟建柱当选为省委书记，黄智权、步正发、王君、傅克诚为副书记；傅克诚当选为省纪委书记。

第十二次代表大会　2006年12月12～16日南昌召开，出席代表642人。这次大会是在江西加快崛起、全面建设小康社会处于关键时期召开的。会议的主要任务是，回顾总结省第十一次党代会以来的工作，进一步明确今后一个时期江西经济社会发展、和谐社会建设和党的建设主要任务。孟建柱当选为省委书记，吴新雄、王宪魁为副书记；董君舒当选为省纪委书记。

江西省人民代表大会常务委员会

本栏编辑　陈超萍

综　述

2006年江西省各级人民代表大会有1506个，其中：省级人民代表大会1个，设区市级人民代表大会11个，县级人民代表大会99个，乡（镇）人民代表大会1395个。各级人大代表约10.8万人，其中全国人大代表80人，省人大代表612人，市级人大代表4310人，县级人大代表20398人，乡（镇）人大代表8万余人。省十届人民代表大会常务委员会实有组成人员65名，其中主任1名，副主任8名，秘书长1名、委员55名。省十届人民代表大会设有内务司法委员会、财政经济委员会、教育科学文化卫生委员会、农业和农村委员会、环境与资源保护委员会、法制委员会等6个专门委员会；省十届人民代表大会常务委员会下设4个厅级工作机构，分别是办公厅、法制工作委员会、选举任免联络工作委员会、外事华侨民族宗教工作委员会。在选举任免联络工作委员会增设全国人大代表联络处（代表工作处）。

2006年，在中共江西省委的正确领导下，省人大及其常委会坚持以邓小平理论和"三个代表"重要思想为指导，全面落实科学发展观，深入贯彻党的十六大和十六届三中、四中、五中、六中全会精神，按照省委十一届十次全会的统一部署和省十届人大四次会议决议的要求，围绕"十一五"规划的实施，依法认真行使各项职权，为推进江西省社会主义民主法制建设，保障和促进江西省经济社会又好又快发展，发挥了重要作用。常委会以提高立法质量为重点，不断加强立法工作，紧密结合江西省经济社会发展的现实需求，适时制定、修订、废止和批准了一批地方性法规。以监督法颁布为契机，按照依法监督、突出重点、讲求实效的原则，认真履行监督职责，有效地支持和促进"一府两院"依法行政、公正司法，保证了宪法和法律、法规在江西省的贯彻实施。围绕提高代表工作质量，不断拓展工作思路，创新工作形式，改进工作方法，努力为代表履行职责、行使权利提供服务，进一步发挥了代表作用。依法加强对市县乡人大换届选举工作的指导，促进基层政权和民主政治建设。坚持党管干部与人大依法任免相统一，认真做好人事任免工作。积极适应形势发展的需要，坚持不懈地加强自身建设，不断增强依法履职能力。

（省人大常委会办公厅研究室）

省人大重要会议

【省十届人大四次会议】　2月8～12日在南昌举行。会议听取了省长黄智权作的政府工作报告，审查了省人民政府提出的《江西省国民经济和社会发展第十一个五年规划纲要（草案）》；听取了省人大常委会副主任钟家明作的省人大常委会工作报告、省高级人民法院院长康为民作的省高级人民法院工作报告、省人民检察院检察长孙谦作的省人民检察院工作报告，省发展和改革委员会主任洪礼和、省财政厅厅长胡幼桃受省人民政府委托分别向大会提交了关于江西省2005年国民经济和社会发展计划执行情况与2006年国民经济和社会发展计划草案的报告（书面）、关于江西省2005年省级总预算执行情况和2006年省级总预算草案的报告（书面）。大会经过认真审议，通过了《江西省国民经济和社会发展第十一个五年规划纲要》和上述各项报告，并作出了相应的决议。省人大内务司法委员会、财政经济委员会、教育科学文化卫生委员会、农业和农村委员会、环境与资源保护委员会、法制委员会分别向会议提交了2006年工作总结和2007年工作要点（书面）；会议补选肖远湛为省十届人大常委会秘书长，补选6人为省十届人大常委会委员。

会议收到代表联名提出的议案25件。经大会秘书处研究，主席团会议通过，将王振兴等10名代表提出的《关于修改、解释和补充〈江西省征用土地管理办法〉有关条款的议案》交由省人大农业和农村委员会办理，其余24件议案改作代表建议、批评和意见，连同大会期间收到的代表提出的建议、批评和意见，共计376件，由省人大常委会选举任免联络工作委员会分别交由有关机关、组织研究处理，并负责答复代表。

大会闭幕前，省委书记、省人大常委会主任孟建柱发表了重要讲话。会议号召，全省人民在以胡锦涛同志为总书记的党中央的正确领导下，以更加饱满的热情、更加旺盛的干劲、更加扎实的作风，万众一心，奋力拼搏，在促进中部崛起中有更大的作为，在新的征程上创造新的辉煌！

【省十届人大常委会会议】　2006年举行常委会会议8次，即省十届人大常委会第十九次至第二十六次会议。

省十届人大常委会第十九次会议1月19～20日在南昌举行。会议审议通过了《江西省人民代表大会常务委员会工作报告（讨论稿）》，决定提请江西省第十届人民代表大会第四次会议审议；审议通过了《江西省第十届人民代表大会第四次会议议程（草案）》《江西省第十届人民代表大会第四次会议主席团和秘书长名单（草案）》，决定提请江西省第十届人民代表大会第四次会议预备会议审议；审议通过了江西省人民代表大会常务委员会代表资格审查委员会关于选举和补选代表的代表资格审查报告；审议决定了江西省第十届人民代表大会第四次会议列席人员范围；听取并审议了有关部门关于省十届人大三次会议代表提出的建议、批评和意见办理情况的报告；审议了省人民政府关于2005年省级预计超收收入安排情况的汇报（书面）、省农业厅关于2005年部门预算执行情况的汇报（书面）、省人口和计划生育委员会主任文红莲的述职评议整改情况的汇报（书面）；通过了有关人事任免事项。

省十届人大常委会第二十次会议3月28～30日在南昌举行。会议审议通过了《江西省水资源条例》《江西省职业技能考核鉴定管理条例》；审议通过了《江西省人民代表大会常务委员会关于批准〈南昌市城市湖泊保护条例〉的决定》《江西省人民代表大会常务委员会关于批准〈南昌市城市建设档案管理条例〉的决定》；审议了《江西省职工代表大会条例（草案修改稿）》《江西省采石取土管理办法（草案）》《江西省三清山风景名胜区管理条例（草案）》；审议了省人大常委会外侨民宗工委关于检查《江西省实施〈中华人民共和国台湾同胞投资保护法〉办法》实施情况的报告（书面）；通过了有关人事任免事项。

省十届人大常委会第二十一次会议5月24～26日在南昌举行。会议审议通过了《江西省预算审查监督条例》；审议了《江西省采石取土管理办法（草案修改稿）》；听取并审议了省人民政府《关于我省"四五"普法工作情况及"五五"普法工作安排意见的汇报》，审议通过了《江西省人民代表大会常务委员会关于加强法制宣传教育的决议》；评议了省外经贸厅厅长杨洪基的述职报告（书面）；通过了有关人事任免事项。

省十届人大常委会第二十二次会议7月25～28日在南昌举行。会议审议通过了《江西省职工代表大会条例》《江西省三清山风景名胜区管理条例》；审议通过了《江西省人民代表大会常务委员会关于批准〈南昌市梅岭风景名胜区条例〉的决定》《江西省人民代表大会常务委员会关于批准〈南昌市机动车排气污染防治条例〉的决定》；审议通过了《江西省人民代表大会常务委员会关于县、不设区的市、市辖区人民代表大会常务委员会组成人员名额的决定》和《江西省人民代表大会常务委员会关于重新确定南昌市东湖区等四个市辖区人民代表大会代表名额的决定》；听取并审议了省人民政府关于2005年省级决算的报告和2006年上半年预算执行情况的汇报、省人大财经委关于2005年省级决算的审查报告，审议通过了《江西省人民代表大会常务委员会关于批准2005年省级决算的决议》；审议了《江西省民办教育促进条例（草案）》《江西省文物保护条例（草案）》《江西省实施〈中华人民共和国妇女权益保障法〉办法（修订草案）》；听取并审议了省人民政府《关于2006年我省国民经济和社会发展计划上半年执行情况的汇报》《关于2005年度省级预算执行和其他财政收支的审计工作报告》、关于江西省贯彻执行《中华人民共和国献血法》和《江西省实施〈中华人民共和国献血法〉办法》情况的汇报；审议了省人大环资委关于检查《中华人民共和国大气环境污染防治法》实施情况的报告（书面）；通过了有关人事任免事项。

省十届人大常委会第二十三次会议9月20～22日在南昌举行。会议审议通过了《江西省采石取土管理办法》《江西省民办教育促进条例》《江西省文物保护条例》；审议通过了《江西省人民代表大会常务委员会关于调整各设区的市人民代表大会换届时间的决定》；听取并审议了省人民政府关于江西省人事工作情况的汇报、关于全省林业工作情况的汇报、关于2005年及2006年1～6月份江西省预算外资金收取使用和管理情况的汇报；听取并审议了省人大常委会选任联工委关于组织部分省人大代表检查省十届人大四次会议期间代表所提建议、批评和意见办理工作情况的报告；审议了省外经贸厅厅长杨洪基关于述职评议整改情况的汇报（书面）；审议了省人大常委会外侨民宗工委关于检查国务院《宗教事务条例》实施情况的报告（书面）；通过了有关人事任免事项。

省十届人大常委会第二十四次会议10月31日在南昌举行。会议审议通过了《江西省人民代表大会常务委员会关于接受黄智权辞去江西省人民政府省长职务的请求的决定》《江西省人民代表大会常务委员会关于吴新雄代理江西省人民政府省长职务的决定》；听取并审议了省人民政府关于江西省实施《中华人民共和国科学技术进步法》及自主创新情况的汇报、关于江西省绿色食品发展情况的汇报。

省十届人大常委会第二十五次会议11月21～23日在南昌举行。会议审议通过了《江西省实施〈中华人民共和国妇女权益保障法〉办法》；审议了《江西省防震减灾条例（修订草案）》《江西省安全生产条例（草案）》《江西省宗教事务条例（草案）》《江西省森林条例（草案）》；听取并审议了省人大常委会执法检查组关于检查《中华人民共和国预防未成年人犯罪法》实施情况的报告、关于检查《中华人民共和国义务教育法》实施情况的报告和省人大环资委关于开展2006年环保赣江行活动情况的报告；听取并审议了省人民政府关于江西省贯彻实施公务员法情况的汇报、关于江西省重点工程建设情况的汇报；审议了省财政厅关于2006年省级预计超收收入安排情况的汇报（书面）；通过了有关人事任免事项。

省十届人大常委会第二十六次会议12月30日在南昌举行。会议审议通过了《江西省人民代表大会常务委员会关于召开江西省第十届人民代表大会第五次会议的决定》；分别审议通过了江西省人民代表大会常务委员会关于废止《江西省县级以上人民代表大会常务委员会评议工作条例》的决定、关于废止《江西省人民代表大会常务委员会关于个案监督的若干规定》的决定和关于废止《江西省县级以上人民代表大会常务委员会监督条例》的决定；听取并审议了省环保局关于省人大常委会开展水污染防治法执法检查后整改情况的汇报；审议了省人民政府关于2005年度省级预算执行和其他财政收支审计查出问题整改情况的报告（书面）；通过了有关人事任免事项。

（省人大常委会办公厅研究室）

地方立法工作

【制定地方性法规】 全年制定地方性法规8件，修订1件，废止3件，批准南昌市人大常委会制定的地方性法规4件。完成了全国人大常委会下发的13件法律草案征求意见工作。

制定和批准制定的地方性法规是：《江西省水资源条例》《江西省职业技能考核鉴定管理条例》《江西省预算审查监督条例》《江西省职工代表大会条例》《江西省三清山风景名胜区管理条例》《江西省采石取土管理办法》《江西省民办教育促进条例》《江西省文物保护条例》《南昌市城市湖泊保护条例》《南昌市城市建设档案管理条例》《南昌市梅岭风景名胜区条例》《南昌市机动车排气污染防治条例》。

修订的地方性法规是：《江西省实施〈中华人民共和国妇女权益保障法〉办法》。

废止的地方性法规是：《江西省县级以上人民代表大会常务委员会评议工作条例》《江西省人民代表大会常务委员会关于个案监督的若干规定》《江西省县级以上人民代表大会常务委员会监督条例》。

【主要做法】 2006年，在地方立法工作中，江西省人大常委会始终牢固树立以人为本、科学发展、和谐发展的理念，坚持把立法的着眼点和落脚点放在促进依法治省、营造良好法制环境上，放在落实科学发展观、实现和维护人民群众的根本利益上，不断加强立法工作，提高立法质量，努力为经济社会全面协调可持续发展提供法制保障。一是注重立法的针对性和实效性，努力促进经济社会全面发展。在维护法制统一的前提下，努力突出地方特色，使立法更好地保障和促进江西省经济发展、社会进步。二是坚持以人为本、立法为民的宗旨，切实维护人民群众的根本利益。在立法实践中，坚持权利与义务、权力与责任相统一，努力防止和克服部门利益倾向，更好地维护最广大人民群众的根本利益、统筹兼顾各方面的具体利益，从法律上、制度上营造公平的社会环境。三是继续推进民主立法、科学立法，不断完善立法工作机制。坚持开门立法，从立法项目的征集到法规草案的起草、审议，始终注重听取民声，尊重民意，采取座谈会、研讨会、论证会等多种形式，广泛征求有关机关、组织和公民的意见，努力扩大立法民主。紧紧围绕立法中的重点、难点，特别是有争议的问题深入调研，反复论证，不断提高立法的科学性。为促进江西省地方立法工作高效有序运行，确保立法质量，在总结近年来立法工作经验的基础上，起草了制定地方性法规的工作程序、立法协调制度和立法质量评价制度。

（省人大常委会办公厅研究室）

监督工作

【听取和审议专项工作报告】 2006年，省人大常委会围绕全省工作大局，先后听取和审议了关于江西省“四五”普法工作情况及“五五”普法工作安排意见的汇报、关于江西省贯彻执行《中华人民共和国献血法》和《江西省实施〈中华人民共和国献血法〉办法》情况的汇报、关于江西省人事工作情况的汇报、关于全省林业工作情况的汇报、关于江西省实施《中华人民共和国科学技术进步法》及自主创新情况的汇报、关于江西省绿色食品发展情况的汇报、关于江西省贯彻实施公务员法情况的汇报、关于江西省重点工程建设情况的汇报。在听取和审议专项工作汇报时，常委会认真抓好审议前的调查研究和审议意见的落实工作。围绕听取和审议关于江西省重点工程建设情况、绿色食品发展和林业工作情况等专项汇报，组织开展相关的专题视察和调研，加深了对实际情况的了解，提高了审议质量。对省人大常委会组成人员在审议中提出的意见和建议，有关专门委员会和常委会工作机构及时进行整理，形成审议意见，转交“一府两院”办理，并认真做好跟踪督查工作。

【加强计划和预算监督】 2006年，省人大常委会先后听取和审议了2005年省级预计超收收入安排情况汇报（书面）、省农业厅关于2005年部门预算执行情况的汇报（书面）、2005年省级决算的报告和2006年上半年预算执行情况的汇报、2006年江西省国民经济和社会发展计划上半年执行情况的汇报、2005年度省级预算执行和其他财政收支的审计工作报告、2005年及2006年1～6月份江西省预算外资金收取使用和管理情况的汇报和2006年省级预计超收收入安排情况的汇报（书面），审议了2005年度省级预算执行和其他财政收支审计查出问题整改情况的报告（书面），批准了2005年省级决算。在预算监督中，积极推动扩大部门预算编制范围，提交代表大会审议的部门预算由2005年的47个增加到2006年的60个。开展了对省国土资源厅部门预算的重点审查，审查内容细化到了具体科目和项目。为了使预算审查监督工作更加深入，继2005年对省农业厅部门预算进行重点审查后，2006年又对其2005年部门决算进行了重点审查。坚持经济形势分析会制度，及时了解全省宏观经济运行情况，有针对性地加强监督。组织专业人员完成了“省域宏观经济运行评价指标体系”课题研究，并运用研究成果对2005年江西经济运行情况作了分析评价，形成了专题报告供常委会组成人员和政府有关部门参考。

【开展执法检查工作】 2006年，省人大常委会组织执法检查组，先后对义务教育法、预防未成年人犯罪法、招标投标法等3部法律的实施情况进行了检查。在执法检查中，把法律法规实施的难点作为检查的重点，依法督促解决面临的突出问题，促进了法律法规的有效实施。义务教育法执法检查以农村地区、边远山区贯彻执行义务教育法情况为重点，进一步推动了全省义务教育均衡、可持续发展。预防未成年人犯罪法执法检查以各级政府及有关部门依法履行职责，开展预防未成年人犯罪工作为重点，促进了全社会进一步重视预防未成年人犯罪工作，推动了和谐平安江西建设。招标投标法执法检查以依法规范招标投标市场，切实维护国家、社会公共利益和招标投标活动当事人的合法权益，提高项目建设质量和效益为重点，督促各级政府及其有关行政执法部门进一步加大执法力度，确保江西省招标投标事业健康、有序、和谐发展。受全国人大常委会委托，对江西省大气污染防治法实施情况进行了检查。

【开展"环保赣江行"活动】 2006年，在以"保护母亲河——赣江"为主题的"环保赣江行"活动中，就"保护水土资源，防治水土流失"专题展开检查采访的同时，对2004年"保护水环境、防治水污染"和2005年"保护森林资源、加快林业生态建设"以及保护东江源检查采访中发现的主要问题的整改情况进行了跟踪检查。有15家中央和省级新闻传媒参加了活动，各新闻单位共制作专题节目5个，采写、编发新闻稿件60多篇，内参7篇。其中新华社国内动态清样刊登的《江西部分开发建设项目可能诱发成规模水土流失》报道引起省领导的重视并作出批示，推动了有关问题的切实解决。针对江西省严峻的水土流失形势，将检查情况形成了《关于我省当前水土生态建设存在的主要问题的汇报》，呈报给了省委、省政府领导阅示。拍摄的《江西水土流失警示片》，如实反映了江西省当前严重的水土流失以及给生态环境和经济社会发展带来的严重危害，使各级领导干部和人民群众进一步树立水土保持生态意识，增强了生态环境保护的紧迫感和责任感。

【作好监督法实施前的准备工作】 2006年，省人大常委会按照全国人大常委会的要求，举办了省人大机关干部和各设区市人大常委会秘书长参加的监督法学习培训班。通过学习培训，使大家统一了思想和认识，增强了贯彻落实好监督法的自觉性。在省人大常委会机关刊物《时代主人》和江西人大网站开辟了专栏，广泛宣传监督法的指导思想、基本原则、调整范围、主要内容和程序，为监督法的实施营造良好的舆论氛围。对江西省地方性法规进行了清理，废止了与监督法规定不一致的3件法规；将需要修改的法规，列入了2007年立法计划。制定了《省人大机关为贯彻实施监督法做好服务工作的若干意见》，明确了机关各部门在贯彻实施监督法中的工作职责和具体要求，为监督法顺利实施奠定了基础。

【开展述职评议】 2006年，省人大常委会开展了对省外经贸厅厅长杨洪基的书面述职评议，并审议了其述职评议整改情况的汇报（书面）。审议了省人口和计划生育委员会主任文红莲的述职评议整改情况的汇报（书面）。按照监督法的要求，将年初安排的对省林业厅厅长、人事厅厅长的述职评议调整为工作汇报。取消了省监察厅厅长的书面工作汇报。

2006年11月1日至2日，部分省人大常委会组成人员和省人大代表对江西省重点工程的建设情况进行视察。 省人大供稿

【组织代表视察工作】 2006年，省人大常委会围绕江西省国民经济和社会发展计划、预算执行以及增强自主创新能力、扩大就业再就业、完善社会保障体系、推进城镇基本医疗保险制度改革、发展循环经济、优化农业区域布局和农产品结构等专题，组织代表到南昌、新余、吉安等市进行集中视察。按照全国人大常委会办公厅的要求，组织部分全国人大代表，分别对铁路、银行和检察院的工作进行了专题视察；围绕村民自治及村级基层组织建设、健全环境保护评价考核和责任追究制度以及文化遗产保护问题进行了专题调研。

【进一步加强信访工作】 2006年，省人大常委会全年受理群众来信、来访9506件（次）。坚持常委会领导信访接待日制度。加强了信访督办工作，对2005年以来发函交办到期没有答复的信访件进行了全面排查，并实行领导包案督办，使一些人民群众反映强烈的实际问题，在有关部门和市、县、区的大力支持下得到妥善处理，对维护社会稳定、促进社会和谐产生了积极的影响。加强对信访信息的综合分析，从中找出带有普遍性、倾向性的问题，为常委会开展监督提供了依据。

（省人大常委会办公厅研究室）

决定重大事项

【关于加强法制宣传教育的决议】 2006年，省人大常委会第二十一次会议在听取和审议省人民政府关于江西省"四五"普法工作情况及"五五"普法工作安排意见的汇报的基础上，结合江西省实际，作出了关于加强法制宣传教育的决议。要求围绕全省经济社会发展"十一五"规划提出的目标任务，进一步加强宪法和国家基本法律的宣传普及，使全体公民进一步掌握宪法基本知识，忠于宪法、遵守宪法，维护宪法的权威；全省一切有接受教育能力的公民都要接受法制宣传教育；坚持学法用法相结合，全面开展多层次多领域的依法治理工作，不断提高全社会法治化管理水平；全面推进法制宣传教育工作的制度化、规范化、阵地化和社会化建设；进一步强化法制宣传教育工作的组织领导，不断加大法制宣传教育工作的投入；依法开展监督，促进法制宣传教育各项工作任务落到实处。

【关于县、不设区的市、市辖区人民代表大会常务委员会组成人员名额的决定】 2006年，省人大常委会第二十二次会议根据《中华人民共和国地方各级人民代表大会和地方各级人民政府组织法》第四十一条的规定，作出决定，确定本省的县、不设区的市、市辖区新一届人民代表大会常务委员会组成人员名额：南昌县、宜春市袁州区、丰城市、抚州市临川区、鄱阳县为35人。南昌市青山湖区、新建县、进贤县、乐平市、修水县、都昌县、新余市渝水区、信丰县、宁都县、于都县、兴国县、瑞金市、南康市、高安市、上饶县、广丰县、余干县为27人。南昌市东湖区、西湖区、青云谱区，安义县，景德镇市珠山区，浮梁县，萍乡市安源区、湘东区、莲花县、上栗县、芦溪县、九江市庐山区、浔阳区、九江县、武宁县、永修县、德安县、星子县、湖口县、彭泽县、瑞昌市、分宜县、余江县、贵溪市、赣州市章贡区、赣县、大余县、上犹县、安远县、龙南县、会昌县、寻乌县、石城县、吉安市吉州区、吉安县、吉水县、新干县、永丰县、泰和县、遂川县、万安县、安福县、永新县、奉新县、万载县、上高县、宜丰县、樟树市、南城县、黎川县、南丰县、崇仁县、乐安县、宜黄县、金溪县、东乡县、广昌县、上饶市信州区、玉山县、铅山县、弋阳县、万年县、婺源县、德兴市为25人。南昌市湾里区，景德镇市昌江区、鹰潭市月湖区、崇义县、定南县、全南县、吉安市青原区、峡江县、井冈山市、靖安县、铜鼓县、资溪县、横峰县为23人。

【关于重新确定南昌市东湖区等四个市辖区人民代表大会代表名额的决定】 由于南昌市东湖区、西湖区、青云谱区、青山湖区因行政区划调整造成人口较大变动，2006年，省人大常委会第二十二次会议根据《中华人民共和国全国人民代表大会和地方各级人民代表大会选举法》第九条、第十条、第十一条的规定，作出决定，重新确定了南昌市东湖区等4个市辖区的人民代表大会代表名额：东湖区227名，西湖区203名，青云谱区172名，青山湖区248名。

【关于批准2005年省级决算的决议】 2006年，省人大常委会第二十二次会议作出了关于批准2005年省级决算的决议。常委会在听取了2005年省级决算的报告和2006年上半年预算执行情况的汇报的基础上，结合2005年度省级预算执行和其他财政收支的审计工作报告，对江西省2005年省级决算（草案）和省级决算的报告进行了审查，同意省人民代表大会财政经济委员会提出的关于2005年省级决算的审查报告，决定批准2005年省级决算。

【关于调整各设区的市人民代表大会换届时间的决定】 2006年，省人大常委会第二十三次会议作出了关于调整各设区市人民代表大会换届时间的决定，各设区的市人民代表大会统一换届的时间调整至2006年第四季度完成。

（省人大常委会办公厅研究室）

选举和任免

【选举、任免情况】 2006年，省人大及其常委会坚持党管干部与人大依法任免干部的统一，认真做好人事任免工作。在省十届人大四次会议上，补选肖远湛为省十届人大常委会秘书长，补选杜宝国、李国强、吴会清、何庆怀、徐日辉、崔林堂为省十届人大常委会委员。省人大常委会全年依法任免国家机关工作人员95人次。常委会第十九次会议决定接受蔡安季辞去省人民政府副省长职务的请求，接受崔林堂辞去省十届人大会常委会秘书长职务和史蓉蓉（女）、弘强（女）、刘南方、刘祖三、李天鸥、高登霄辞去省十届人大常委会委员职务的请求，并报省十届人大四次会议备案；终止弘强（女）的省人大常委会代表资格审查委员会委员职务；免去刘南方的省人民代表大会农业和农村委员会副主任委员职务、刘祖三的省人民代表大会环境与资源保护委员会副主任委员职务、高登霄的省人民代表大会法制委员会副主任委员职务、程受锭的省人民代表大会内务司法委员会委员职务；批准免去陈尚云的上饶市人民检察院检察长职务；根据有关法律规定，连樟寿、张录光、莫继明、王朝新、杨人湖、黄步荣的代表资格终止，确认杜宝国、李国强、徐日辉、朱志群、邹传坚、周亮、汪德和、肖远湛、董汝祥的代表资格有效；通过了省高级人民法院院长、省人民检察院检察长提请的人事任免名单，免去2人的省高级人民法院审判员职务，任命4人为省高级人民法院审判员，任命2人为省人民检察院南昌铁路运输分院检察员。常委会第二十次会议决定接受危朝安辞去省人民政府副省长职务的请求，任命熊盛文为省人民政府副省长；免去徐日辉的省国土资源厅厅长职务，任命刘积福为省国土资源厅厅长；免去蔡安季的省公安厅厅长职务，任命曾页九为省公安厅厅长；免去曾页九的省监察厅厅长职务；免去李国强的省科学技术厅厅长职务；任命孙清儒为省人民代表大会内务司法委员会副主任委员，虞中一、崔林堂为省人民代表大会财政经济委员会副主任委员，徐日辉、严金亮为省人民代表大会环境与资源保护委员会副主任委员，何庆怀为省人民代表大会法制委员会副主任委员，聂道宏为省人民代表大会法制委员会委员，吴会清为省人民代表大会常务委员会代表资格审查委员会委员；免去孙一先的省人民代表大会法制委员会委员职务；批准任命张进军为上饶市人民检察院检察长；通过了省高级人民法院院长、省人民检察院检察长提请的人事任免名单，任命1人为省高级人民法院刑事审判第一庭庭长，任命1人为省高级人民法院刑事审判第二庭庭长，免去1人的省高级人民法院立案庭副庭长职务，任命1人为省高级人民法院立案庭副庭长,免去1人的省高级人民法院刑事审判第一庭副庭长职务,任命2人为省高级人民法院刑事审判第一庭副庭长,任命2人为省高级人民法院刑事审判第二庭副庭长,免去1人的省高级人民法院行政审判庭副庭长职务;任命1人为省高级人民法院行政审判庭副庭长,免去1人的省高级人民法院审判监督庭副庭长职务,任命1人为省高级人民法院审判监督庭副庭长、审判员。免去1人的省人民检察院检察员职务,任命5人为省人民检察院检察员。常委会第二十一次会议通过了省高级人民法院院长、省人民检察院检察长提请的人事任免名单,免去1人的省高级人民法院审判员职务,免去1人的省人民检察院检察员的职务。常委会第二十二次会议通过了省人民检察院检察长提请的人事任免职名单,免去1人的省人民检察院检察员职务。常委会第二十三次会议任命李国强为省人民代表大会教育科学文化卫生委员会副主任委员、杜宝国为省人民代表大会法制委员会副主任委员,决定任命傅世平为省人民代表大会常务委员会办公厅副主任,决定任命汪毓华为监察厅厅长、王海为科学技术厅厅长。常委会第二十四次会议接受黄智权辞去省人民政府省长职务的请求,决定由吴新雄代理省人民政府省长职务。常委会第二十五次会议决定免去肖远湛的省人民代表大会常务委员会办公厅主任职务,决定任命林兴富为省人民代表大会常务委员会副秘书长、办公厅主任;任命陈发芳为省人民代表大会内务司法委员会副主任委员,熊焕高为省人民代表大会环境与资源保护委员会副主任委员;通过了省人民检察院检察长提请的人事任命名单,任命2人为南昌铁路运输分院检察委员会委员、检察员,任命5人为南昌铁路运输分院检察员。常委会第二十六次会议通过了省人民检察院检察长提请的人事任免名单,免去1人的省人民检察院检察委员会委员职务,免去2人的省人民检察院检察委员会委员、检察员职务,免去1人的省人民检察院检察员职务,任命2人为省人民检察院检察委员会委员、检察员。

【依法加强对市县乡人大换届选举工作的指导】 江西省市、县、乡三级人大从2006年第四季度开始,陆续进行换届选举。省人大常委会高度重视,精心部署,合理安排,依法指导。依照法律规定,确定了新一届县、不设区的市、市辖区人民代表大会常务委员会组成人员名额,重新确定了南昌市东湖区等4个市辖区人民代表大会代表名额,根据实际情况调整了各设区的市人民代表大会换届选举时间。在实际工作中,注意加强调查研究,组织人员就换届选举工作中面临的新情况、新问题,深入基层,听取意见,认真研究工作方案。通过举办换届选举专题培训班、派员指导、编发指导手册等形式,有针对性地加强对换届选举工作的指导,发现问题及时依法予以纠正,并督促落实。加强对换届选举工作的宣传,省人大常委会工作机构与省委组织部、宣传部联合转发了中组部、中宣部、全国人大常委会办公厅《关于做好全国县乡两级人民代表大会换届选举活动宣传报道工作的意见》的通知,并根据换届选举工作的进展情况,及时研究提出宣传报道的具体指导意见,确保换届选举工作宣传到位。

(省人大常委会办公厅研究室)

办理代表议案和建议

【代表议案和建议办理情况】 2006年,省十届人大四次会议期间,大会共收到代表议案、建议377件。其中,议案1件,即王振兴等10名代表提出的《关于修改、解释和补充〈江西省征用土地管理办法〉有关条款的议案》。由省十届人大四次会议主席团交付省人大农委办理。省人大农委在大量调查研究的基础上,经过认真审议,认为目前对《江西省征用土地管理办法》进行修改的条件尚不成熟,建议待国家有关法律、法规出台后,再根据上位法的规定,结合江西省实际,进行修改,并把审议结果向常委会作了报告。会议期间代表提出的建议、批评和意见376件,其中代表10人以上联名提出的议案改作建议、批评和意见办理的24件。在376件代表建议、批评和意见中,涉及政法综合方面117件,工业交通方面91件,财经农林方面111件,科教文卫方面57件。其中353件交省政府系统研究办理,7件交省直党群部门研究办理,9件交省人大专门委员会和省人大常委会办事机构研究办理,7件交省高级人民法院研究办理。办理工作涉及60多个单位和部门。除个别代表建议因情况复杂、难以取得一致意见而适当延长办理期限外,其余均在规定时间内办理完毕并答复代表。代表在建议、批评和意见中所提问题已获解决和基本解决的有119件,占31.6%;列入规划准备解决的206件,占54.8%;因政策或客观条件所限一时难以解决的有51件,占13.6%。从代表反馈的437件意见征询表看,407份表示满意或基本满意,占93.1%。

【办理措施】 一是做好经常性督办工作。2006年,在交办代表建议的同时,省人大常委会选举任免联络工作委员会下发了《关于做好省十届人大四次会议代表建议、批评和意见办理工作的通知》,对办理时间、答复格式等提出了具体要求。在办理过程中,与省委办公厅、省政府办公厅及承办单位建立了经常性联系制度,以召开座谈会、电话联系等多种形式进行督办、催办。二是首次开展重点督办工作。在广泛征求意见的基础上,选择《关于加大对农村义务教育学校投入,稳定农村教师队伍》等7项建议,分别交由有关专门委员会分工负责督办。三是组织代表进行重点检查。省人大常委会组织11名省人大代表,对省政府系统15个单位和南昌铁路局、南昌市政府代表建议办理工作进行了检查。这17个承办单位共办理代表建议280件,占建议总数74.5%。通过检查,进一步了解了建议办理的有关情况,提高了各承办单位办理建议的水平和实效。

(省人大常委会办公厅研究室)

·资　料·

2006年通过的江西省地方性法规目录

法规名称	通过日期
1. 江西省水资源条例	2006年3月30日江西省第十届人大常委会第二十次会议通过
2. 江西省职业技能考核鉴定管理条例	2006年3月30日江西省第十届人大常委会第二十次会议通过
3. 江西省人民代表大会常务委员会关于批准《南昌市城市湖泊保护条例》的决定	2006年3月30日江西省第十届人大常委会第二十次会议通过
4. 江西省人民代表大会常务委员会关于批准《南昌市城市建设档案管理条例》的决定	2006年3月30日江西省第十届人大常委会第二十次会议通过
5. 江西省预算审查监督条例	2006年5月26日江西省第十届人大常委会第二十一次会议通过
6. 江西省职工代表大会条例	2006年7月28日江西省第十届人大常委会第二十二次会议通过
7. 江西省三清山风景名胜区管理条例	2006年7月28日江西省第十届人大常委会第二十二次会议通过
8. 江西省人民代表大会常务委员会关于批准《南昌市梅岭风景名胜区条例》的决定	2006年7月28日江西省第十届人大常委会第二十二次会议通过
9. 江西省人民代表大会常务委员会关于批准《南昌市机动车排气污染防治条例》的决定	2006年7月28日江西省第十届人大常委会第二十二次会议通过
10. 江西省采石取土管理办法	2006年9月22日江西省第十届人大常委会第二十三次会议通过
11. 江西省民办教育促进条例	2006年9月22日江西省第十届人大常委会第二十三次会议通过
12. 江西省文物保护条例	2006年9月22日江西省第十届人大常委会第二十三次会议通过
13. 江西省实施《中华人民共和国妇女权益保障法》办法	2006年11月23日江西省第十届人大常委会第二十五次会议修订

江西省人民政府

本栏编辑　陈超萍

综　述

2006年，在党中央、国务院的正确领导下，全省上下坚持以邓小平理论和“三个代表”重要思想为指导，全面树立和落实科学发展观，认真贯彻落实国家宏观调控政策，开拓创新，扎实工作，实现了“十一五”规划的良好开局。

经济平稳较快增长。全省实现生产总值4671亿元，按可比价计算比上年增长12.3%；人均生产总值首次突破1万元。三次产业结构调整为16.8∶49.7∶33.5，其中二产比重提高2.4个百分点，工业对经济增长的主导作用进一步增强。全省实现财政总收入519亿元，增长21.8%；人均财政收入首次超过1000元。全省99个县(市、区)有94个财政收入超亿元。全社会消费品零售总额1428亿元，增长15.5%。全社会固定资产投资2686亿元，增长23.7%。粮食生产全面丰收。粮食总产量达到189.65亿千克，比上年增产4.25亿千克，再创历史最高水平。社会主义新农村建设扎实推进，整合各类支农资金6.21亿元，在全省1万个自然村开展了试点工作，农村面貌有了新变化。工业生产增势强劲，效益大幅度提高。全年完成工业增加值1806亿元，增长19.0%；其中，规模以上工业增加值1288亿元，增长33.1%。销售收入超100亿元的企业已经达到7户。工业园区和六大支柱产业完成增加值分别增长33.2%和34.6%。工业经济效益大幅度增长，全省规模以上工业实现利润194.2亿元，增长72.8%；工业经济效益综合指数174.8%，上升28.4个百分点。现代服务业健康发展。尤其是旅游业发展较快，旅游接待总人数和旅游总收入分别增长18.7%和22.2%。

基础设施建设进一步加强。全省高速公路通车总里程达到1770千米；完成国省道改造800千米；硬化农村公路10000千米。杭瑞公路赣皖界——婺源——景德镇、宁樟公路白沙关——婺源、南昌西外环等3条高速公路先后建成通车，浙赣铁路电气化改造全面完成，井冈山铁路顺利建成，向莆铁路、昌九城际铁路前期工作取得重大进展。昌北国际机场扩建工程已经奠基。新增电力装机188万千瓦，新增220千伏和500千伏输变电线路1761千米。黄金埠电厂一台机组、丰城电厂二期一台机组、井冈山仙口水电站、分宜电厂循环流化床机组并网发电。完成水库除险加固817座，改造大中型机电泵站107座。同时，在文化、卫生、体育等社会事业领域实施了一批重点工程。

改革开放取得新成效。在改革方面：全面推进了全省农村综合改革试点、新型农村合作医疗试点、林业产权制度改革、国有企业产权制度改革和财政金融体制改革，机制体制活力进一步增强。新型农村合作医疗试点县(市、区)由11个扩大到40个，参合农民达到1221万人。“省直管县”达到59个，“乡财县代管”试点在全省所有县(市、区)推开。国有资产保值增值能力增强，21户省属企业集团资产增值率达到20.3%。23家上市公司完成股权分置改革，清欠工作全面完成，为新股上市和上市公司再融资创造了有利条件，2006年省内有1家公司成功上市。

在对外开放方面：成功参加和举办了一系列重大招商引资活动，对外开放对全省经济发展的促进作用进一步增强。对外开放平台建设扎实推进，通关效率大大提高。“走出去”战略取得新进展，在纳米比亚、伊朗等国家取得一批探矿权和开采权。全年直接利用外资28.1亿美元，增长15.9%，总量继续保持中部六省首位；引进省外单项投资5000万元以上工业项目资金580亿元，增长23%。海关外贸进出口总额61.9亿美元、增长52.6%，其中出口37.5亿美元、增长53.8%，增幅列全国第二。有世界500强背景的企业落户江西累计24家，国内500强企业落户江西46家。

社会事业和绿色生态江西建设协调推进。科技投入加大，重点在电子信息、生物医药和新材料三大领域实施了一批重大科技项目，科技对经济增长的贡献率进一步提高。教育事业扎实推进。全省“两基”人口覆盖率达到100%，高于全国平均水平。高中阶段毛入学率提高到60%，高于全国10个百分点。高等教育毛入学率达到22%，超过高等教育大众化15%的标志线7个百分点；高校在校生达到77万人，是2000年的5.3倍。博士学位授予单位由2000年的2所增加到4所，博士点由7个增加到33个，硕士点由213个增加到563个。文化事业和文化产业加快发展，19个项目被批准为国家级首批非物质文化遗产名录；广电、新闻出版等文化产业实力进一步增强。基本完成了204个疾病预防控制和医疗救治体系建设项目，突发公共卫生事件应急处置能力

明显提高,血吸虫病、艾滋病、结核病等传染性疾病防治得到加强。环境质量总体状况良好,全省森林覆盖率超过60.05%;地表水总体水质良好,Ⅰ~Ⅲ类水质断面比例占75%。

人民生活水平有了新提高。群众收入继续增加,城镇居民人均可支配收入9551元,同比增加931元,增长10.8%;农民人均纯收入3585元,同比增加319元,增长9.8%。居民储蓄存款继续增加,年末城乡居民人均储蓄存款7263元,同比增加878元。居民消费价格指数上涨1.2%,比预期目标低1.8个百分点。就业状况继续改善,全年新增城镇就业44.5万人,再就业小额贷款发放继续保持全国领先水平。企业退休人员基本养老金标准进一步提高,人均增加80元。初步形成了全省城乡特困群众的社会救助体系,200多万困难群众得到救助,并提高了农村"五保户"供养标准,其中分散供养由年人均800元提高到1200元,集中供养由年人均1200元提高到1800元。按照人均每年600元的标准,对大中型水库移民实施后期扶持。完成了5万移民扶贫搬迁任务,解决了80万农村人口饮水安全问题。 (陈理云)

省政府重要会议

【省政府全体会议】 2006年,省政府共召开全体会议3次。

1月18日上午,省政府召开全体会议。讨论即将提请省十届人大四次会议审议的《政府工作报告(讨论稿)》和《江西省国民经济和社会发展第十一个五年规划纲要草案(审议稿)》,部署当前工作。省长黄智权主持会议并讲话,副省长吴新雄、凌成兴、危朝安、孙刚,省长助理熊盛文,秘书长魏小琴出席。黄智权强调,要确保政府工作高效有序运转,为"十一五"规划开好局起好步。当前要集中精力抓好以下工作:(一)切实关心群众生活,对贫困地区和灾区群众的生产生活要加倍关心、重点帮助,尤其要做好九江地震灾区倒房恢复重建工作,确保全省人民过一个欢乐、祥和、安定的节日。(二)切实搞好春节期间的市场供应,精心安排好节日期间人民群众的物质文化生活,满足群众多样化需求。(三)切实抓好煤电油供应和春运,确保节日期间城乡居民生活用电,确保工业企业正常生产需要;要有针对性地制定春运方案和应急措施,统筹安排运力,满足旅客的出行需要。(四)切实抓好春耕生产的准备工作,积极宣传各项支农惠农政策,尽早让农民吃上"定心丸",确保粮食种植面积的落实;当前要进一步做好高致病性禽流感防控工作,确保人民群众健康安全。(五)切实维护社会稳定,妥善处理信访突出问题,加强社会治安综合治理,组织开展安全生产大检查,抓好煤矿、道路和水上交通、烟花爆竹、旅游景区和公众聚集场所的安全工作。(六)切实抓好政府机关自身建设,认真学习并切实贯彻好《中华人民共和国公务员法》,扎扎实实抓好公务员队伍建设。

8月4日上午,省政府召开全体会议,传达贯彻国务院通报全国经济形势电视电话会议精神,分析上半年经济形势,部署下半年经济工作。省长黄智权主持会议并讲话,副省长吴新雄、凌成兴、赵智勇、孙刚、熊盛文,秘书长魏小琴出席。黄智权指出,2006年以来,全省经济社会发展总体态势良好,在新的起点上实现了又快又好发展,保持了平稳较快协调发展的好势头。经济平稳快速发展,经济效益显著提高,投资和消费拉动经济发展的作用进一步增强,改革开放不断深化,人民生活明显改善,社会各项事业全面发展。黄智权强调,要按照温家宝总理在7月26日电视电话会议上提出的要求,全面落实科学发展观,把思想认识统一到中央对当前经济形势的正确判断上来,把工作重点统一到中央的决策和部署上来,认真贯彻中央关于加强和改善宏观调控的政策措施,确保中央政令畅通,自觉维护中央宏观调控的统一性、权威性和有效性,紧密结合实际,有针对性地解决经济运行中存在的问题,更加重视调整经济结构、转变经济增长方式,更加重视节约资源和保护环境,更加重视社会发展和民生,更加重视从体制和机制上解决问题,确保完成今年经济社会发展的各项任务。下半年需要着重抓好以下几项工作:第一,继续抓好农业生产和农民增收,有序推进社会主义新农村建设。第二,大力推进结构调整,着力提高工业经济运行质量和效益。第三,进一步优化投资结构,调控固定资产投资适度增长。第四,进一步扩大对外开放,切实提高对外开放水平。第五,努力扩大消费需求,促进经济良性循环。第六,进一步推进和深化各项改革,增强经济社会发展活力。第七,坚持以人为本,着力解决好涉及人民群众切身利益的实际问题。

11月10日上午,省政府召开全体会议。研究部署当前和今后一段时间工作,确保政府工作高效运转。代省长吴新雄讲话,副省长胡振鹏主持会议,副省长凌成兴、赵智勇、孙刚、熊盛文,秘书长魏小琴出席。吴新雄指出,要充分肯定省政府各部门在推动江西经济和社会各项事业又好又快发展,转变职能、推进政府效率效能建设,勤政廉政、树立新形象、展示新风尚上作出的重要贡献。吴新雄强调,要切实抓好当前的各项工作。一是统筹协调各方利益,切实维护社会和谐稳定。要增强重大决策和改革措施的科学性、协调性,创新维护稳定的工作机制,落实维护社会稳定的政治责任,下大力气抓好安全生产,进一步加强社会治安综合治理。二是确保全年各项工作目标任务的完成。要认真对照检查,落实措施和责任,对事关全局的重点、难点问题,主要领导必须亲自抓。三是精心谋划好明年的各项工作。要善于抓准关键、突出重点,以系统的方法研究,用工程的办法实施,明确重点目标,突出重点项目,落实重大举措,以重点工作的突破带动全局工作的发展。要坚定不移地维护中央政策的统一性、权威性,确保政令畅通。要高度关注民生。要坚持把发展作为第一要务,特别注意把握好好与快、经济与环境、当前与长远的关系。吴新雄要求,要切实加强政府部门自身建设。一要做到工作暂时分工不变、程序不变、责任不变,确保工作的稳定性、连续性、时效性。二要不断推进管理创新,努力建设法治政府、责任政府、廉洁政府、服务政府和效能政府。三要弘扬求真务实作风,以勤政廉政的实际行动取信于民。四要不断加强学习,着力提高理解力、执行力和操作力。

【省政府常务会议】 2006年，省政府共召开常务会议14次。

2月28日上午，省长黄智权主持召开第42次省政府常务会议，副省长吴新雄、胡振鹏、凌成兴、孙刚，省长助理熊盛文，秘书长魏小琴出席。会议原则通过《江西省三清山风景名胜区管理条例》《江西省人民政府贯彻国务院关于完善企业职工基本养老保险制度的决定的实施意见》《江西省森林资源保护激励暂行办法》；听取省安监局关于全国安全生产工作会议精神及贯彻意见的汇报，原则同意汇报中提出的江西省2006年安全生产工作安排；同意将江西省企业上市工作领导小组更名为江西省发展资本市场工作领导小组，成立江西省彭泽核电站建设协调领导小组、江西省电子口岸建设推进小组。

4月12日上午，省长黄智权主持召开第43次省政府常务会议，副省长吴新雄、胡振鹏、凌成兴、孙刚、熊盛文，秘书长魏小琴出席。会议原则通过《江西省中长期科学和技术发展规划纲要》《江西省人民政府关于鼓励支持和引导个体私营等非公有制经济发展的实施意见》《中共江西省委、江西省人民政府关于大力发展红色旅游的若干意见》《江西省企业投资项目核准暂行办法》和《江西省企业投资项目备案办法》；同意抚州市政府《关于江西马头山自然保护区申报国家级自然保护区的请示》，报国家林业局批准；同意成立江西省税控收款机推广应用工作领导小组、江西省支持特高压输电工程建设工作领导小组、江西省林业有害生物防控工作指挥部。

5月10日上午，省长黄智权主持召开第44次省政府常务会议，副省长吴新雄、胡振鹏、孙刚、熊盛文，秘书长魏小琴出席。会议同意省科学技术奖励委员会《关于批准2005年度江西省科学技术奖授奖项目的请示》、省人事厅、省科技厅《关于确定江西省第九批主要学科学术和技术带头人培养对象的请示》；原则通过关于贯彻《企业年金试行办法》和《企业年金基金管理试行办法》的实施意见、《江西省人民政府拟定地方性法规草案和制定规章程序规定》；讨论省人事厅草拟的《关于明确机关事业单位立功获奖人员提高退休费标准的通知》；同意将江西省九江出口加工区建设推进小组调整为江西省出口加工区建设推进领导小组，成立江西省城市社区卫生服务工作领导小组，调整江西省企业兼并破产和职工再就业工作协调小组成员；讨论建设用地审批事项。

5月30日上午，省长黄智权主持召开第45次省政府常务会议，副省长胡振鹏、凌成兴、孙刚、熊盛文，秘书长魏小琴出席。会议原则通过《江西省生活饮用水水源污染防治办法》、省财政厅、省民政厅、省卫生厅《关于完善城乡困难群众生活医疗救助体系的意见》；同意抚州市政府《关于在抚州市开展相对集中行政处罚权工作的请示》、省文化厅《关于批准第一批省级非物质文化遗产代表作名录的请示》；同意成立江西省石油价格形成机制改革财政补贴工作领导小组、江西省电力设施保护工作领导小组、江西省农村电影改革发展试点工作领导小组。

6月16日上午，省长黄智权主持召开第46次省政府常务会议，副省长吴新雄、胡振鹏、凌成兴、孙刚、熊盛文，秘书长魏小琴出席。会议原则通过《江西省人民政府关于实施〈江西省中长期科学和技术发展规划纲要(2006—2020年)〉的若干政策》《江西省大中型水库移民后期扶持政策实施方案》《江西省省属企业负责人薪酬管理暂行办法》《江西省2006年度土地利用计划》；讨论建设用地审批事项；同意成立江西省推进农村“户户通电”工作领导小组、江西省土地利用总体规划修编领导小组。

7月17日上午，省长黄智权主持召开第47次省政府常务会议，副省长吴新雄、胡振鹏、凌成兴、孙刚，秘书长魏小琴出席。省军区司令员郝敬民、省武警总队总队长施文求应邀参加会议。会议听取省政府办公厅关于全国应急管理工作会议精神及贯彻意见的汇报；原则通过《江西省民办教育促进条例(草案)》《江西省文物保护条例(草案)》《江西省河道采砂管理办法》；同意成立江西省GDP能耗核算和考核领导小组、江西省质量振兴领导小组；讨论建设用地审批事项。

8月1日上午，省长黄智权主持召开第48次省政府常务会议，传达贯彻国务院通报全国经济形势电视电话会议精神，分析上半年经济形势，部署下半年经济工作。副省长吴新雄、凌成兴、孙刚，秘书长魏小琴出席。

8月18日上午，省长黄智权主持召开第49次省政府常务会议，副省长吴新雄、胡振鹏、孙刚、熊盛文，秘书长魏小琴出席。会议听取南昌市政府和省建设厅关于南昌市城市总体规划(2001～2020年)修编工作和审查情况的汇报，原则同意《南昌市城市总体规划(2001～2020年)》；原则通过《江西省国防信息动员办法》；修订《江西省科学技术奖励办法》；同意新余市在城市管理领域开展相对集中行政处罚权工作；批准第四届江西省工艺美术大师人选；讨论建设用地审批事项；同意成立江西省金融工作协调领导小组、江西省出租汽车行业稳定工作领导小组。

9月5日上午，省长黄智权主持召开第50次省政府常务会议，副省长吴新雄、胡振鹏、凌成兴、孙刚，秘书长魏小琴出席。会议原则通过《江西省安全生产条例(草案)》《江西省宗教事务条例(草案)》《江西省经济体制改革“十一五”专项规划》；批准享受省政府特殊津贴人员和推荐享受2006年国务院特殊津贴人选；同意成立硅衬底发光二极管产业项目推进领导小组；讨论建设用地审批事项。

11月13日下午，代省长吴新雄主持召开第51次省政府常务会议，副省长胡振鹏、孙刚，秘书长魏小琴出席。会议听取省劳动保障厅关于调整最低工资标准及其适用区域的汇报；同意省文化厅提出的第五批江西省文物保护单位名单、省人事厅省科技厅提出的江西省2006年度主要学科学术和技术带头人培养对象名单；原则通过《江西省人事争议处理办法》《江西省森林条例(草案)》；讨论省发改委起草的《江西省人民政府关于加快发展循环经济建设节约型社会的若干意见(审议稿)》。

11月23日下午，代省长吴新雄主持召开第52次省政府常务会议，副省长胡振鹏、凌成兴、赵智勇，秘书长魏小琴出席。会议原则同意《关于提高公共服务水平促进社会和谐的若干政策》《中共江西省委、江西省人民政府关于贯彻党的十六届六中全会〈决定〉认真解决群众当前关心的几个问题促进社会和谐的意见》；讨论省建设厅《关于吉安市等市县申报省级园林城市的报告》；同意成立江西省节能工作领导小组、江西省中等职业教育基础能力建设工作协调领导小组；讨论建设用地审批事项；通过《江西省人民政府关于全面加强应急管理工作的实施意见》。

12月9日上午，代省长吴新雄主持召开第53次省政府常务会议，副省长胡振鹏、凌成兴、赵智勇、孙刚、熊盛文，秘书长魏小琴出席。会议原则通过《江西省人民政府关于全面落实科学发展观加强环境保护的若干意见》《江西省人民政府关于全面落实科学发展观加强资源节约的若干意见》《江西省人民政府关于积极推进经济适用住房建设和完善廉租住房制度的实施意见》《江西省人民政府关于加强地质工作促进矿业经济科学发展的若干意见》《江西省人民政府2007年立法工作计划》；讨论建设用地审批事项；讨论省科技厅关于建立江西省知识产权保护状况发布制度的请示；听取关于九江市都昌县土塘中学学生踩踏伤亡重大安全责任事件的调查报告。

12月25日上午，代省长吴新雄主持召开第54次省政府常务会议，副省长凌成兴、赵智勇、胡振鹏、孙刚、熊盛文，秘书长魏小琴出席。会议听取并原则同意省财政厅关于全国财政工作会议精神及2007年财政预算安排的汇报、省发改委关于全国发展改革工作会议主要精神和江西省明年经济社会发展计划安排的汇报、省国土资源厅关于国土资源管理工作情况的汇报、省监察厅省国土资源厅关于查处土地违法违规案件专项行动的工作报告、省监察厅关于查办9起土地违法违规案件的意见；原则通过《江西省人民政府关于保险业改革发展的实施意见》；讨论建设用地审批事项。

12月30日下午，代省长吴新雄主持召开第55次省政府常务会议，副省长凌成兴、赵智勇、胡振鹏、孙刚、熊盛文，秘书长魏小琴出席。会议原则通过《江西省人民政府关于发展城市社区卫生服务的实施意见》；讨论建设用地审批事项；同意成立江西省积极推进经济适用住房建设和完善廉租住房制度工作领导小组。　（黄冶辉）

办理人大代表建议和政协委员提案

【概　况】 2006年，省十届人大五次会议和省政协九届五次会议期间，省人大代表、省政协委员以高度的政治责任感和强烈的历史使命感，认真履行职责，积极建言献策，共提出人大代表建议369件，提案662件，交由省政府部门办理的有887件，占总数的86%。这些建议、提案主题明确，事由翔实，反映了江西省经济社会发展中的新情况、新问题，体现了全省人民要求加快江西经济社会发展的强烈愿望，凝聚着人大代表和政协委员们的智慧和心血，具有较高的参考价值。经过省政府72个承办部门的认真办理，887件提案已全部办结并答复了人大代表及政协委员，办复率100%。

【各级领导对办理工作更加重视】 2006年，省长吴新雄再三强调：认真对待和办理好人大、政协建议提案，是关系到尊重代表委员民主权利、发扬社会主义民主、健全社会主义法制的一个重要问题，是各级政府及其工作人员一项义不容辞的重要工作。在省政府领导亲力亲为的带动下，各承办单位自觉把办理工作纳入本地区、本部门的重要议事日程，形成了"一把手"负总责、分管领导具体抓、各处（科）室协同办理的良好格局。省财政厅一贯遵循"基本满意就是不满意"的准则，要求办理人员本着求真务实的精神，少说官话、套话、虚话，对能解决的问题，务必尽快解决，确保代表委员满意。省交通厅明确要求办理工作要做到"两确保、三提高"，即：确保所有建议提案答复由厅领导审定，确保办结率和答复率达到100%；工作责任意识要有新的提高，工作规范性要有新的提高，代表委员的满意率要有新的提高。省法制办坚持把代表委员的呼声当做办理工作的"第一信号"，把解决实际问题放在办理工作的"第一位置"，把代表委员满意作为办理工作的"第一标准"。省药监局则提出把"办理及时不及时、答复认真不认真、落实到位不到位、代表委员满意不满意"作为衡量办理工作的标准。

【进一步健全办理制度】 2006年，省政府办公厅在办理建议提案过程中，注重完善督办制度，跟踪承办单位督促办理进度，确保办理工作落到实处。省经贸委重新修订了本厅办理工作规定，新余市政府办与新余市委办联合下发文件，进一步规范了建议提案办理制度。上饶市政府把"五率"（即上会率要达100%、沟通率要达100%、面商率要达50%以上、办复率要达100%、满意率确保90%以上）列入督查工作考核评比中实行量化考评。九江市政府加强与市人大、市政协的联系沟通，建立了3家联席会议制度，交流办理工作情况。

【进一步提高办理质量】 2006年，省政府系统承办的800多件建议提案，全部按期由承办单位逐一书面答复了代表委员，办复率100%。从代表委员对办理过程和办理结果的反馈意见看，绝大多数代表委员都感到满意或基本满意。其中：省发改委、省劳动保障厅、省环保局、省水利厅、省教育厅等部门收到的领衔代表委员的反馈意见，满意率均为100%。省财政厅连续4年代表委员满意率达100%。一批关系到人民群众切身利益的急难问题得到了很好的解决。陈志胜代表提出的关于江西省高速公路线路命名的问题，省交通厅厅长蒲日新亲自组织制定线路命名方案，2006年9月底已彻底更新高速公路沿线所有线路标志、标牌及里程桩号。赣州市政府积极采纳池峰龙委员提出的《关于大力发展红色赣南旅游的建议》，2006年10月份承办了"首届中国红色旅游博览会"，充分展示了江西独具魅力的红色旅游资源和深厚的文化底蕴，在全国引起了很大反响。针对生态公益林补偿这个当前老百姓十分关注的热点问题，省林业厅积极争取到中央财政补偿资金，从2006年起每年新增中央资金0.58亿元，将江西省204.13万公顷国家重点生态公益林全部纳入国家补偿范围，同时省财政决定自2006年起扩大公益林补偿面积、提高补偿标准，每年新增补偿资金1.28亿元。目前,全省已有49个县(市、区)启动了地方公益林补偿制度,补偿面积达53.24万公顷。

【加强重点督办,效果显著】 2006年,省政府从建议提案中选取了水土流失治理、建立"低水平、广覆盖"的农村社会保障体制以及抓好城市交通管理等10项关系国计民生的建议提案作为重点督办件,交由省水利厅、省民政厅、省公安厅等部门牵头办理,省政府办公厅负责跟踪督办。为推动重点督办件的落实,省政府办公厅多次下到有关厅局调研座谈,与经办厅局和建议提案人共商解决办法。承办部门对这些重点督办件高度重视,厅局长亲自督办,积极协调,取得了显著成效。李立功等代表普遍关心的"关于加强农村广播电视覆盖"的问题,省广电局已争取到国家广电总局每年补助江西省高山台常年运行经费900万元,并由国家广电总局与江西省共同投资建设全省广播电视监测网。目前,江西省17个高山台中央一套、七套电视节目的无线覆盖率都达到70%以上,中央一套调频广播节目的无线覆盖率达到75%以上。为切实办好沈红玲代表提出的"关于加强农民科技培训力度"的建议,省农业厅广泛开展了跨世纪青年农民科技培训工程和新型农民科技培训工作,2006年全省共计举办农民实用技术培训班1万余次,散发科技资料1000多万份,发放VCD光盘4000余张。为落实王再兴委员提出的"关于进一步加强食品安全监管"的建议,省质监局建立了质量安全动态电子监管系统,开展了粮、肉、油等专项监督检查以及对生产加工小作坊的整治。目前,全省共取消1021项不符合国家标准的企业生产标准。省建设厅认真采纳政协委员提出的"关于在新农村建设中落实科学规划"的建议,结合"十一五"规划和全省经济社会发展现状,制定下发了《关于进一步加强村镇规划工作的通知》《江西省村庄建设规划导则》等一系列文件。除省政府确定了重点督办件外,各有关承办厅局还根据自身的工作实际确定了本部门的重点督办件。省人事厅把龚三堂代表提出的"关于解决江西省教授级高级工程师工资待遇问题的建议"作为厅重点督办件,副厅长亲自上门与代表沟通,通过努力,顺利解决了代表关心的问题。省劳动保障厅针对王振兴、吴欣康、江莉琴等代表委员提出的建议提案,组织人员,着力解决农民工工伤保险、职业培训以及失地农民和企业职工养老保险等社会保障工作中的重点、难点问题,取得了明显成效。

【创新办理方式有新的进步】 2006年,各承办单位普遍建立了沟通联系制度,与代表委员形成了良好的互动关系。省林业厅主办的38件代表建议中,除10件建议因为代表出差等原因不能见面而通过电话或电子邮件等途径联系外,其余28件都与建议人面商,其中不少建议还多次与代表沟通。同时,各承办单位改变办理工作"闭门造车"的状况,结合自身工作,深入实际,有针对性地开展调研,实地办理。抚州市政府多次派出办理人员深入实地调查研究,召开现场办公会,解决代表委员提出的实际问题。南昌铁路局在收到周维琛等代表提出的"关于要求将上海——江山的旅游列车东延至玉山始发的建议"后,立即组织力量对上饶往上海、杭州方向的客流进行调查统计,经多次协调,已于2006年3月1日起将上海——江山的旅客列车延伸至上饶。各地还充分利用现代化手段,积极探索网上办理。赣州市政府督查室联合市信息办,在赣州市政府网站设立"办理工作"专栏,把当年建议提案、承办单位和办理结果上网公布,接受代表委员和群众的监督。南昌市政府2006年正式运行网上办理工作管理平台,实现办理工作管理信息化。

【跟踪问效反响好】 有些建议提案由于内容复杂、涉及部门多、办理周期长,成了多年悬而未果的"积案"。对于这些建议提案,2006年省政府要求各承办单位尽可能把工作做细做实,不仅仅满足于答复,更重要的是要跟踪落实,切实做到不开空头支票。为办好梁素虹代表在省十届人大三次会议上提出的"关于要求尽快批准建设丰城剑邑大桥的建议",宜春市政府办公室和宜春市发改委等部门多次联合组织调研论证,并与丰城市政府共同努力,最终促成剑邑大桥建设项目通过立项和审批,目前,剑邑大桥建设项目已全面开工。2005年,舒南武代表提出"关于要求认真落实永丰县天主教堂政策,解决信教群众过正常宗教生活场所的建议",省民族宗教局与有关部门多次协商,丰城市政府积极支持,目前该教堂已建成封顶。经过"回头看",省民政厅已圆满落实陈达峰代表提出的"关于要求筹建泰和县光荣敬老院的建议",该县的光荣敬老院已于2006年6月份竣工。对委员呼吁多年要求建设向莆铁路、华能瑞金电厂、廖坊水利枢纽等重大项目的问题,省发改委积极组织力量,千方百计向国家争取资金和政策支持,2003年至2005年共争取到国家资金130亿元,委员们建议的一些重大项目被列入国家规划,前期工作正在积极推进。 (黄小萍)

法制建设

【概 况】 2006年,在省委、省政府的正确领导下,省政府法制办认真贯彻国务院《全面推进依法行政实施纲要》(以下简称《纲要》),紧紧围绕省委、省政府中心工作,按照全面落实科学发展观、构建社会主义和谐社会的要求,求真务实,积极进取,较好地完成了各项工作任务,为推进依法行政、全民创业、富民兴赣作出了应有的贡献。

【认真做好政府立法工作】 2006年,省政府法制办认真做好政府立法工作,为江西经济社会发展提供制度保证。一是精心组织实施省政府立法工作计划。2006年,省政府法制办共完成立法项目20件,其中地方性法规6件、省政府规章14件(出台9件),较好地完成了年度立法工作计划。在立法工作中,省政府法制办始终坚持把提高立法质量放在第一位,坚持开门立法和民主立法。除深入基层调查研究、邀请专家论证外,还将立法项目征求意见稿在政府网站、《江西日报》公布,广泛听取社会公众的意见。对意见分歧较大的问题,与相关方面反复协商,达成一致意见后再提请省政府常务会议讨论。对每一件立法项目,省法制办都坚持在"精致"二字上下功夫,组织人员认真研究,反复修改,确保质量。《江西省企业投资项目核准办法》《江西省企业投资项目备案办法》《江西省生活饮用水水源污染防治办法》等项目,在省政府常务会议审议时一字未改即获通过。《江西省人民政府拟订地方性法规草案和制定规章程序规定》《江西省国防信息动员办法》《江西省森林条例》等项目,在省政府常务会议上受到了省政府领导的好评。二是认真组织论证有关法律、法规及文件征求意见稿。全年共收到法律、法规及文件征求意见稿196件(次),其中法律、法规征求意见稿88件(次),省政府及省直有关部门文件征求意见稿108件(次)。在论证过程中,省政府法制办始终遵循宪法和法律,并根据江西省实际,严谨、负责地提出意见或建议。省政府法制办的意见和建议绝大多数被相关单位采纳,有些意见和建议还受到省政府领导的表扬。三是省政府规章译审工作顺利启动。为改善江西省投资、贸易环境,向外资企业提供省政府规章英文译本,省政府法制办对本省英文译审能力进行了调查摸底,召开了省政府规章译审工作座谈会,并对兄弟省(市、自治区)开展规章译审工作情况作了全面了解。在此基础上,代拟了《江西省人民政府办公厅关于做好省政府规章英文正式译本翻译审定工作的通知》(赣府厅发〔2006〕40号)。第三季度,省政府法制办与有关部门协商后,选择《江西省邮政特快专递专营管理办法》(省政府令第113号)和《江西省企业投资项目备案办法》(省政府令第146号)等两件省政府规章进行试译。经初译、阅改、审核、审定,已将这2件省政府规章英文正式译本在省政府网站予以公布。

另外,省政府法制办按照国务院、省政府的部署,组织各地、各部门,对限制非公有制经济发展的规章、规范性文件进行了清理,共审查规章149件、规范性文件2.5万件,废止规范性文件71件、修改9件,为江西省非公有制经济发展进一步扫清了政策上的障碍。根据省政府领导的批示,省政府法制办还完成了14件专项应急预案简本、《江西省危险化学品车辆运输突发事件应急预案》等4件部门应急预案的审查工作,依法提出了修改意见。起草了省政府总体应急预案发布的社论和有关新闻通稿。审查修改了省政府《关于积极推进经济适用房建设和完善廉租住房制度的若干意见》《全面加强应急管理的实施意见》等文稿。

【积极推进依法行政】 2006年,省政府法制办认真履行省推进依法行政领导小组办公室职责,积极推进依法行政工作。一是加强对基层依法行政工作的指导。2006年上半年,省政府法制办组织人员到部分县(市、区)、乡(镇),就贯彻实施《纲要》、推进依法行政工作进行了调研。针对绝大多数乡(镇)人民政府工作人员不知道本机关执法事项、依据等突出问题,省政府法制办及时组织人员收集、整理、编辑了《乡级人民政府依法行政有关法律法规规章及文件汇编》1万册,免费发送全省各乡(镇)人民政府。同时,还组织人员编写了乡(镇)行政执法人员培训大纲,并召开市、县(区)法制办主任会议,对培训工作作了专门布置。到2006年底,全省共免费培训乡(镇)人民政府工作人员2万多人。二是认真学习外地经验,为领导小组工作正常、有效运转提供服务。2006年9月,省政府法制办派员赴浙江、江苏、河北省,就依法行政工作进行学习考察,形成了考察报告,对进一步推进全省依法行政工作提出了建议,并向省政府领导作了专题汇报,省政府4位领导都批示同意,并肯定这次学习考察很有成效。根据省政府领导的批示,2006年12月,省政府法制办会同省直有关部门,以领导小组办公室名义,组织开展了一次对全省推进依法行政工作的调研。通过选择有代表性的3个设区市、6个县(区)、12个乡(镇)、14个行政执法部门进行调研,基本掌握了全省推进依法行政工作的现状。现已起草两年多来全省推进依法行政工作总结、2007年全省推进依法行政工作要点;草拟了领导小组工作规则、领导小组办公室工作规则、推进依法行政情况定期报告制度、在全省开展依法行政示范县示范单位创建活动办法等制度,并已分送省直有关部门征求意见。与此同时,省政府法制办正在抓紧筹备省推进依法行政领导小组会议。三是切实为各级行政机关干部学法、用法提供服务。根据《纲要》关于领导干部要带头学法、用法的要求,省政府法制办认真整理和校核了1983~2005年省政府发布、现行有效的99件规章,由江西人民出版社出版了《江西省人民政府规章汇编》8000册,免费提供给县级以上人民政府及各部门领导学习使用。《中华人民共和国各级人民代表大会常务委员会监督法》等重要法律、法规出台后,省政府法制办及时编写了学习辅导材料,免费提供给各级政府、各部门领导和法制机构人员学习参考。会昌县人民政府建立学法制度的经验,省政府法制办及时向全省各级行政机关作了介绍,现在一些市、县已开始学习借鉴这一经验。分两期对省直机关500名初次申领行政执法证的人员进行了综合法律知识培训;对152名各级法制机构新进人员进行了业务培训;并先后安排了30余人(次),为省直部门和部分设区市、县(区)政府宣讲《纲要》《行政处罚法》《行政许可法》《行政复议法》。编发了12期《江西政府法制》,刊载法制调研报告、经验交流材料、案例分析文章等近百篇,共50多万字;对省政府法制办门户网站进行了全面改版,增设栏目、扩充内容、增加信息量,为实现网站资料全面、内容详实、方便公众、信息快捷的目标打下了基础。

【继续推进行政执法体制改革】 2006年,省政府法制办继续推进行政执法体制改革,不断提高行政执法水平。一是大力推行行政执法责任制。为贯彻落实国务院办公厅《关于推行行政执法责任制的若干意见》《江西省行政执法责任制办法》,一年来,省政府法制办主要抓了4项工作:(1)下发了《关于切实做好推行行政执法责任制相关工作的通知》(赣府法办字〔2006〕4号),就梳理执法依据、分解执法职权、确定执法责任等工作提出了工作要求和标准,提供了参考资料、示范格式。(2)分别组织召开了省直部门法规处长、设区市政府法制办分管领导参加的座谈会,就梳理行政执法依据和分解行政执法职权工作进行座谈交流,对有关共性问题进行讨论研究。(3)组织3个小组对省直

·资　料·

2006 年度颁布的江西省政府规章一览表

序号	省政府规章名称及发布日期
1.	《江西省企业投资项目核准暂行办法》(2006 年 4 月 14 日省人民政府令第 145 号)
2.	《江西省企业投资项目备案办法》(2006 年 4 月 14 日省人民政府令第 146 号)
3.	《江西省人民政府拟订地方性法规草案和制定规章程序规定》(2006 年 5 月 19 日省人民政府令第 147 号)
4.	《江西省生活饮用水源污染防治办法》(2006 年 6 月 13 日省人民政府令第 148 号)
5.	《江西省国防信息动员办法》(2006 年 8 月 18 日省人民政府令第 149 号)
6.	《江西省河道采砂管理办法》(2006 年 8 月 14 日省人民政府令第 150 号)
7.	《江西省人民政府关于修改〈江西省科学技术奖励办法〉的决定》(2006 年 9 月 20 日省人民政府令第 151 号)
8.	《江西省人民政府关于修改〈江西省实施《失业保险条例》办法〉的决定》(2006 年 10 月 25 日省人民政府令第 152 号)
9.	《江西省人事争议处理办法》(2006 年 11 月 16 日省人民政府令第 153 号)

主要行政执法部门推行行政执法责任制的情况进行了调研。(4)对 44 个省直行政执法部门报送备案的 5658 项行政执法依据目录认真进行了审查,提出了反馈意见,并督促有关部门对其报送备案的执法依据目录内容进行修改。目前,省直行政执法部门的执法依据已按规定格式编印成册,并在门户网站公布。二是积极推进相对集中行政处罚权。指导抚州、新余两市编制了在城市管理领域相对集中行政处罚权工作方案,并与省直有关部门进行了认真协商,方案经省政府常务会议审议批准后,抚州、新余市已正式开展相对集中行政处罚权工作。9 月份,省政府法制办先后派员赴南昌、九江两市就开展相对集中行政处罚权工作情况进行了调研,及时向省政府提交了调研报告,所提意见和建议得到省政府领导的充分肯定。与此同时,省政府法制办就赣州、上饶、井冈山、进贤、东乡等市(县)拟开展相对集中行政处罚权工作进行了指导,为加快在全省开展相对集中行政处罚权的步伐奠定了基础。

【坚持"复议为民",努力把行政争议化解在行政程序中】 2006 年,全省各级政府及部门法制机构共收到行政复议申请 3831 件,符合行政复议受理条件并受理的 2777 件,分别是上年的 124% 和 138%。依法办结 2444 件,其中,经调解协商,有关行政机关主动纠正违法或不当具体行政行为后,申请人自动撤回申请,案件终止的 940 件,占总数 38.46%;决定维持的 938 件,占总数 38.38%;决定撤销的 566 件,占总数 23.16%。省政府法制办共收到行政复议申请 79 件,受理 29 件,依法办结 26 件。

一年来,省政府法制办在认真办理本级行政复议案件的同时,进一步加大了对市、县两级行政复议工作的指导力度。一是年初制定并下发了市、县行政复议工作考核评比和优秀行政复议人员评选方案;二是先后制定并下发了《江西省行政复议案卷材料查阅制度》《江西省行政复议人员办案守则》《江西省行政复议案件统计分析和通报制度》;三是编发了国务院法制办 21 件有关行政复议问题的答复函,供各级行政复议机构人员学习;四是先后召开了全省行政复议工作座谈会、法制办主任和法规处长会、经验交流与表彰会。通过以上举措,有力地推动了全省行政复议工作,充分发挥了行政复议在解决行政争议、化解人民内部矛盾、维护社会和谐稳定中的重要作用。在西安召开的全国第七次行政复议协作会上,江西省政府法制办作了大会发言;在重庆召开的全国行政复议座谈会上,江西作了书面发言。

【加强对规章和规范性文件的备案审查】 2006 年,省政府法制办加强对规章和规范性文件的备案审查,从源头上纠正违法或不当的抽象行政行为。向省政府报送备案的规范性文件 134 件。经过认真审查,对其中存在与上位法相抵触,越权设定行政许可、行政处罚、行政收费以及其他不适当内容的 25 件规范性文件提出了处理意见,做到了"有备必审、有错必纠"。同时,省政府法制办还根据社会公众提出的要求,对 3 件部门规范性文件进行了合法性审查,依法提出了处理意见。为认真总结《江西省规范性文件备案办法》实施 3 年来的情况,省政府法制办组织人员进行了专题调研,向省政府呈报了《关于全省规范性文件备案工作情况的汇报》;开展了规范性文件备案示范点的创建工作,全省 3 个市县级规范性文件备案示范单位,经国务院法制办同意,已正式授牌。此外,省政府法制办依法向国务院法制办和省人大常委会报备了 9 件省政府规章;对南昌市政府报备的 9 件规章进行了审查。

(王县银)

财政预决算

【概　况】 2006 年,在省委、省政府领导下,全省财政部门以科学发展观为统领,积极拓展工作理念,努力创新发展机制,扎实工作,奋力开拓,在经济平稳较快增长的基础上,财政收入继续保持两位数以上增长，有力地确保改革、发展、稳定需要，财政预算执行情况总体良好。

【财政预算收入任务圆满完成】 2006年，全省财政总收入跨越500亿元，达到518.6亿元，比上年增长(以下简称增长)21.8%，自2003年以来连续4年保持20%以上的增幅。财政收入质量进一步提高，财政总收入占生产总值比重11.2%，比上年提升0.7个百分点；税收占财政总收入比重81.3%，比上年提升0.6个百分点。其中：地方一般预算收入305.5亿元，增长20.8%。主要项目预算执行情况是：工商各税161.8亿元，增长21.2%；企业收入36.5亿元，增长21.3%，其中：企业所得税24.7亿元，增长41.8%，国有资产经营收益12亿元，比上年下降6.6%，国有企业计划亏损补贴0.2亿元，比上年下降1.5%；耕地占用税3.7亿元，比上年下降23.1%；契税18.5亿元，增长23.8%；专项收入13.4亿元，增长38.6%；行政性收费和罚没收入以及其他收入71.6亿元，增长19.6%。

【财政支出执行情况良好】 2006年，全省财政支出696.4亿元，比上年增加132.5亿元，比上年决算数增长23.5%。剔除中央财政追加专项开支等部分，地方财政支出516.9亿元(包括中央税收返还、转移支付等财力性补助资金)，完成104.1%。主要项目预算执行情况是：基本建设支出48.9亿元，增长17.1%；企业挖潜改造资金支出16.7亿元，增2.6%；地质勘探费7.2亿元，增长8.5%；科技支出5.8亿元，增长23.6%；支农支出56.6亿元，增长23.8%；教育支出103.8亿元，增长18.0%；文体广播事业费18.2亿元，增长26.0%；医疗卫生支出28.8亿元，增长32.0%；行政事业单位离退休支出22.2亿元，增长10.5%；社会保障补助支出48.6亿元，增长23.7%；行政管理费支出58.6亿元，增长15.1%；公检法司支出46.6亿元，增长14.7%；抚恤和社会福利救济支出28.3亿元，增长12.5%；政策性补贴支出25.2亿元，增长116.7%。

(伍晓峰)

发展研究和决策咨询

【概　况】 2006年，省政府发展研究中心坚持以科学发展观为指导，和谐团结，深入调查研究，努力开拓创新，积极勤奋工作，全面完成了省领导交办的各项任务和中心的年度课题计划。积极参加省委、省政府和省直部门重要决策咨询论证活动；多次与新闻媒体举办各种活动并接受采访；先后赴30多个市县、50多家企业调研，召开各种座谈会30余次，完成各类决策咨询建议、调查报告和研究论文60余篇，计130多万字；出版专著2本，约80万字。有6篇研究报告被省委、省政府领导批示，3篇调查报告被印发省政府“调研参阅”，1篇历年成果获省第十一次社会科学优秀成果二等奖，《江西实现在中部地区崛起的战略与对策研究》获全省政府系统调研论文一等奖，2篇成果分别获“落实科学发展观推进行政管理体制改革”研讨会优秀科研成果一等奖、优秀论文奖。编辑出版《调查研究报告》24期，《调研报告专送件》13期。发展研究中心3位专家参与了对61项国家社科基金申报项目的评审工作。

【召开全国政策咨询工作会议】 2006年1月10～13日，全国政策咨询工作会议在江西南昌召开，全国各省、自治区、直辖市以及国务院有关部门共79个咨询研究机构主要负责人参加了会议。会议的主要内容是学习、宣传、贯彻党的十六届五中全会和中央经济工作会议精神，总结、交流2005年政策咨询工作经验，探讨2006年政策咨询工作。

【召开第三届泛珠三角区域政府研究机构调研合作会议】 2006年11月5～7日，第三届泛珠三角区域政府研究机构调研合作会议在江西庐山召开。会议主题是“泛珠三角区域旅游合作与发展”，国务院港澳办、泛珠三角区域行政首长联席会议秘书处及泛珠三角区域11个省、区政府研究机构的负责人出席了会议，代表们就泛珠三角区域旅游合作与发展进行了广泛交流和深入探讨，达成了很多共识，并形成了会议纪要。

【承担省委、省政府部分重要文件和材料起草】 2006年，省政府发展研究中心承担省委、省政府部分重要文件和材料起草任务。参与了省第十二次党代会报告研究起草工作，并提交了《关于省第十二次党代会报告若干问题的思考提纲》等材料；承担了省委领导交办的《关于“五化”问题的参阅资料》的研究起草；承担了省委领导交办的《关于“十一”时期我省经济社会发展的潜力与活力》的研究起草；承担了全国政策咨询研究工作会议省领导讲话的起草工作；承担了第三届泛珠三角区域政府研究机构调研合作会议省领导的讲话起草工作；参与完成了2006年全省农村工作会议省政府领导工作报告的研究起草；参与了《江西省委省政府关于实施江西省中长期科学技术发展规划纲要，增强自主创新能力的决定》及《江西省政府关于实施江西省中长期科学技术发展规划纲要(2006～2020)》的若干政策的制定工作。

【完成省政府下达的年度课题任务】 2006年，省政府发展研究中心完成了省政府下达的年度课题任务：(1)完成了《关于建设环鄱阳湖生态城市群的设想》研究报告，此报告得到省委书记孟建柱、省政府副省长孙刚的批示、批转，并发省政府《调研参阅》；(2)完成了《我省自主创新的几个案例及对策建议》，该课题是省政府领导交办的系列案例研究课题，共形成了9个典型研究案例，分别刊发在2006年第1～9号《调研报告专送件》，省政府副省长胡振鹏、孙刚多次批示予以肯定；(3)完成了《以制度创新推动景德陶瓷产业发展——关于景德镇市“5·9”煤气事件的初步调查与分析报告”》，省委副书记傅克诚批示予以肯定，并印发省政府《调研参阅》；(4)完成了《创新——江西崛起的灵魂》，发表于《中国经济导报》，省政府副省长孙刚批示予以肯定；(5)完成了《关于江西省旅游业发展“十一五”规划的修改建议》，省政府副省长孙刚批示予以肯定；(6)完成了《做好“三区一极”这篇大文章——萍乡开发区的调查》，发表于省政府《调研参阅》；(7)完成了《关于"五化"问题的参阅资料》，发表于《调查研究报告》；(8)完成了省社科院重点招标课题《全民创业的政策与法规研究》；(9)完成了《全民成为技术创新主体的体制机制研究》；(10)完成了《打造一张金色名片——后花园建设对策研究》，发表于《江西政报》和《调查研究报告》；(11)完成了《江西服务业发展研究》；(12)完成了《"十一五"高调开局，崛起仍需努力——对当前经济形势的预测及下半年经济工作的若干建议》，被国内几十家网站转载；(13)完成了《"江西省级土地利用总体规划修编前期专题研究报告"若干观点的修改意见》；(14)完成了《"万商西进"中江西开放的策略与措施》；(15)完成了《谁在帮助农民致富？——公共财政提供农村精神文明产品机制研究案例调研》；(16)完成了《农民到底喜欢看什么？——公共财政提供农村精神文明产品机制研究案例调研》；(17)完成了《江西"十一五"规划跟踪研究》；(18)完成了《江西与国内外科技政策的对比及启示》；(19)完成了《加强区域合作，促进旅游业共同发展——第三届泛珠三角区域政府研究机构调研合作会议综述》；(20)完成了《海南旅游低价之痒》研究；(21)完成了《江西省"十五"扶贫开发的经验、问题及对策建议》。

【开展对外重大合作课题研究】 2006年，江西省政府发展研究中心与香港特区政府中央政策组合作，以江西发展中心为主合作完成了《共同开拓赣港产业合作互动的新时代——赣港在江西建设产业转移基地中加强合作的研究报告》。报送省政府，省长吴新雄、副省长赵智勇等领导作了重要指示，予以肯定。

【完成其他课题并发表于省内外刊物】 2006年，省政府发展研究中心完成了其他课题并发表在省内、外刊物上。一、《依靠优化结构、改善效益提高GDP的财政收入份额》，发表于《江西日报》；二、《关于江西城市化战略的十个基本观点》，发表于《内部论坛》；三、《华东六省一市加速跑：下一个五年谁领风骚》，发表于《人民日报》《华东新闻》、"中国江苏网"；四、《完善经济普查方案实现常规核算与普查核算顺利衔接》，发表于《中国信息报》；五、《普查年度GDP核算与常规核算衔接中的问题与差异》，发表于《中国信息报》；六、《农村金融：模式选择与制度设计》，发表于《金融经济》；七、《重启农村消费"引擎"的对策研究》，发表于《内部论坛》；八、《对网络特征下自然垄断进行成本曲线的修正》，发表于《江西社会科学》；九、《乡镇自治式改革的背景、意义及前景分析》，发表于《行政与法》；十、《乡镇政府公务员队伍建设探析》，发表于《江西社会科学》；十一、《民族乡政府管理职能建设探析》，发表于《黑龙江民族丛刊》；十二、《如何实现乡镇政府公共决策的科学化和民主化》，发表于《中国行政管理》；十三、《乡镇事业单位改革浅论》，发表于《广东行政学院报》；十四、《发达国家高速公路网形成后生产力分布变化及对我国的启示》，发表于《沿海企业与科技》；十五、《"十五"扶贫开发的经验，问题及"十一五"对象——以江西省为例》，发表于《农村经济与科技》；十六、《论乡镇政府在新农村建设中的主导作用》，被省政府办公厅评为优秀论文一等奖；十七、《新形势下改革和完善政府决策机制的对策思考》，被省政府办公厅评为优秀论文；十八、《斑斓九寨，何以冬游无眠》，发表于《江西日报》；十九、《观光到休闲：江西旅游待升级》，发表于《信息日报》；二十、《学生购票缘何这么难》，发表于《信息日报》；二十一、《江西经济持续快速增长》，发表于《信息日报》。

【参加咨询、论证及学术交流活动】 2006年，省政府发展研究中心根据省委、省政府的安排，或应省直、地市等部门及社会各界的邀请，参加了一些重要决策咨询、论证以及重要学术交流研讨等活动，提出了许多重要意见和建议并被采纳；多次参加省人大财经委经济形势分析会，并提出有关建议；参加了省直兄弟单位咨询、论证、规划修改研讨，接受省市电台、电视台新闻或专题采访；参加国家社科基金项目"粮食主产区农民增收及其国家支持体系研究"(04BSH029)评审；参加了国家社科基金项目有关新农村建设61项课题申请进行了同行专家评议，对中部发展研究课题进行评价。

【研究成果斐然】 2006年，省政府发展研究中心研究成就突出：一是研究员王志国主持的全省跨世纪社会科学学术带头人项目成果——《国民产品系统结构与价格模型方法》通过了省科技厅主持、国家和省有关专家组成的专家委员会评审验收。专家委员会认为：本项目"在马克思经济学，国际比较、价格改革以及宏观经济运行与调控等领域的一些重大理论问题与实际应用方面，形成了一项具有理论方法原创性和实践意义的重要成果"，"是对马克思劳动价值论研究的重要贡献"，同时"为经济运行机制建立和宏观调控提供了重要理论依据和数量依据"。二是陈新华的论文集《横看成岭侧成峰——江西经济走势与区域发展变迁研究》，于2006年8月由江西科技出版社出版。

(过士木)

【"村村通公路"调研成果获省委主要领导批示】 2006年初，省政府决策咨询委"民营经济"课题组赴萍乡两区三县开展了"村村通公路"调研活动。省委书记孟建柱在调研报告《一个深得民心的壮举》上作出批示：省决策咨询委员会深入实际，针对建设社会主义新农村过程中需要解决的突出问题，展开专题调查，提出相关的建议，这个做法很好，望能经常阅看这类报告。萍乡市农村道路建设的报告，拟送各市、县的同志们参阅。该调研成果已在省委《工作情况交流》上刊发，下发到各地市供参阅。

【围绕社会主义新农村建设进行高起点多角度研究】 2006年，省政府决策咨询委进行"江西特色新农村新路探析"课题研究，重点分析了韩国、日本等国家和台湾地区建设新农村，统筹城乡发展的先进经验和模式、中国一些发达地区和中西部省份建设新农村的具体做法和今后发展思路，归纳总结江西省一些地市的发展模式和经验，加以提炼。针对分析江西"三农"问题的现状，结合江西的经验基础、资源状况、比较优势，按照省委、省政府提出的科学发展、和谐创业的要求，结合"三个江西"建设，提出江西省新农村建设的思路。调研成果《培育江西新农村建设的新型农民》一文刊发在省决策咨询委《决策咨询》上。

"推进全民创业"课题组赴赣州、新余等地进行"全民创业与建设社会主义新农村"调研活动，提交了《江西建设社会主义新农村的根本出路在于工业化》调研报告，刊发在《决策咨询》上。

【参加相关社会活动并发挥积极作用】 2006年，省决策咨询委对《省第十二次党代会报告征求意见稿》提出了17条意见和建议，其中着重对"能否对六大战略之间的有机联系作一定的阐述"、"能否在推进社会主义新农村建设的内容里，提出把我省新农村建设的着力点放到加快农村工业化进程上来"等一些建议进行了具体阐述；组织省决策咨询委常委参加"双建活动"座谈会，提出了关于建设和谐社会、和谐平安江西的有关意见和建议；针对电动汽车产业的发展问题，与洪都集团强强联手，在赴上海、深圳、合肥等地考察了当地电动自行车产业发展现状及经验的基础上，组织省发改委、省经贸委等有关部门召开了座谈会，目前两份初步报告正在修改和完善中。

【为进一步推进科学民主决策建言献策】 2006年，根据《中共中央关于加强党的执政能力建设的决定》中关于完善重大决策的规则和程序的要求，省决策咨询委立足自身工作特点，完成了《健全完善科学民主决策机制全面推进依法行政》的调研文章。文中指出：一、健全完善科学民主决策机制是建设法治政府的重要内容；二、决策咨询是科学民主决策机制中不可或缺的关键环节；三、规范重大决策程序，调整和完善政府决策智力支撑体系。

（沈　艺）

人事管理

【概　况】 2006年，在省委、省政府的正确领导和上级部门的精心指导下，全省各级人事部门坚持以邓小平理论和"三个代表"重要思想为指导，树立和落实科学发展观和人才观，大力实施人才强省战略，各项工作实现了新的发展。

一是公务员法实施和公务员队伍建设平稳推进。按照"先省级机关，再市县以下机关；先七类机关，再参照管理单位"的步骤，全面启动了公务员法入轨阶段的各项工作，基本完成全省七类机关公务员登记工作，启动了省直事业单位的参照管理审批工作。与此同时，组织开展2006年度全省公务员招考，推行同等学历同等报考公务员，提高具有基层工作经历人员的招录比例，2099个职位70088人报名，平均每个职位33.4人。组织开展县以上45岁以下公务员MPA主要课程的培训、普通话和电子政务培训测试工作，共培训公务员9万人次。

二是机关事业单位工资制度改革顺利实施。在广泛深入调研基础上，制定了江西省机关事业单位工资制度改革方案，规范了公务员津贴补贴，统筹兼顾了相关群体利益，上下各方比较满意。组织开展了业务骨干培训，工资套改工作有序进行。

三是事业单位人事制度改革继续深化。聘用制推行面进一步扩大，全省实行聘用制的事业单位和签订聘用合同的人员分别达到92%和91.6%。建立了新进人员公开招聘制度，全省事业单位通过公开招聘聘用人员2.5万余人次。宜春、新余市等地的综合改革试点初显成效，得到了中央编办的肯定。

四是人才队伍建设取得重要进展。组织开展专家选拔推荐工作，5人入选国家级百千万人才工程人选，1人被授予全国杰出专业技术人才称号，新增国务院特殊津贴专家48名、省政府特殊津贴专家60名，全省评选30名第四届省工艺美术大师，派出63名优秀中青年专家到国内重点院校和科研院所学习研修。新建了10个博士后科研工作站，是历年来设站最多的一次。人才跨省流动进出比由2000年的1:7转变为1:1，首次持平。截至2006年底，全省三支队伍两类人才总量达到300万。

五是引进国外智力工作成效明显。国家批准资助项目132项，其中，组织实施引进国外技术、管理人才项目70项，比上年增长20%，资助引进高层次国外专家100人次，比上年增长25%；派出国（境）外培训480人次，比上年增长33%。通过专家培训江西省各类技术及管理人员8000人次，推广农户安全储粮技术示范仓5万个。

六是各项人事工作协调发展。军转安置工作顺利推进，完成了军转干部安置任务，落实了部分企业军转干部解困政策。人事争议仲裁工作迈出新步伐，《江西省人事争议处理办法》以省政府令形式出台，全年立案151件，调解结案132件。人事考试平稳进行，全年共组织实施各类人事考试56项，参加考试人员达15万人次。人才市场进一步活跃，全省举办了580场人才招聘会，75万人次进场求职，有17万人次达成就业意向；组织实施"三支一扶"计划，招募了700多名大学生到农村基层支教支农支医和扶贫。开展"建设新农村江西专家在行动"活动，组织95名专家到4个"一村一品"示范县提供智力服务。

【开展公务员法实施工作】 2006年，省委、省政府十分重视公务员法实施工作，省委常委会专门听取了贯彻实施公务员法情况的汇报并研究实施意见。各地、各部门主要领导亲自挂帅，研究制定方案，专题会议部署，保证了公务员法实施的思想到位、组织到位、措施到位。各级组织人事编制部门以积极负责的态度，精心组织实施，按照"先省级机关，再市县以下机关；先七类机关，再参照管理单位"的步骤，全面启动了公务员法入轨阶段的各项工作。围绕公务员队伍人员和编制等问题，组织、人事和编制部门密切合作，广泛开展调查研究，对全省各级党政机关的编制使用和人员情况，进行了全面摸底，提出处理意见。会同省委组织部制定了《江西省公务员法实施工作方案》和《江西省公务员登记工作中有关问题的处理意见》，明确参照管理单位审批办法及有关政策。在模拟登记和试点的基础上，坚持组织登记和自上而下、先易后难，稳步有序开展登记工作。江西省公务员登记工作顺利进行，省市县乡公务员登记工作基本完成，省直事业单位的参照管理审批工作已经启动。

【推进机关事业单位工资制度改革】 2006年，省人事厅依据国家工资改革方案，认真研究新旧工资制度的衔接问题，广泛征求意见，对全省机关事业单位在职人员和离退休人员的实际增资水平进行抽样测算，拟制了公务员工资制度改革、事业单位工作人员收入分配制度改革和机关事业单位离退休人员计发离退休费等问题的3个实施意见。在国家批复江西省实施方案后，省政府召开会议对改革实施工作进行部署。为搞好此次工资制度改革，先后培训省市县各级工资业务骨干1500多人，机关事业单位工资制度改革平稳推进。

【中国江西留学人员创业园硕果累累】 2006年，中国江西留学人员创业园新增留学人员企业6家，择优资助留学人员创业园企业19个项目，共计190.5万元。省人事厅出台了《关于支持留学人员企业发展的政策措施》，在人才引进等10个方面提供优惠政策；制定《省直有关部门挂钩帮扶留学人员企业发展的工作方案》，会同省发改委、省农业厅等有关部门对5家留学人员企业开展对口帮扶，取得了较好的成效。其中：江西博健科技有限公司研发的"江西道地药材栀子制备西红花素研究"科研项目，通过了省科技厅组织专家进行的科技成果鉴定。江西三和科技有限公司研发的"三和塑木"项目已产业化，塑木材料已进入奥运会奥运村运动员公寓项目，成为全国木塑行业首家进驻奥运会赛场的企业。江西腾科科技发展有限公司研发的"DVB－C数据广播平台等系列软件"科研项目已产业化，该企业负责人周捷获得"2006年江西省十大创业先锋"称号。江西莱昂科技有限公司研发的"新型高效生态环保光电灭虫灯"项目，已通过省科技厅科技成果鉴定和农业部植保机构的检测，并推广应用。江西博士联科技研究开发有限责任公司研究的"类抗癌新药抗癌特注射剂"项目已由科技部立项。

【加强博士后工作站建设】 2006年，在国家提高审批条件的情况下，经国家人事部批准，江西省新增设10家博士后科研工作站：景德镇陶瓷学院、江西铜业集团公司、江铃汽车集团公司、省农科院、宜春学院、南昌高新技术开发区、江西特康科技有限公司、江西三和科技有限公司、江西恒大集团和昌河飞机工业（集团）有限公司等，这是江西省历年来设站最多的一次，2006年7月举行了集体授牌仪式。南昌国家高新开发区与园区3个企业联合设站，填补了江西省工业园区工作站的空白。2006年，在站博士后研究人员45人、完成科研项目115项，发表论文128篇，博士后设站单位通过科研项目产生的经济效益达到4719万元。

【加大"一村一品"引智工作力度】 2006年，按照省政府的要求和部署，省人事厅、省外专局加大"一村一品"引智工作力度，加强"一村一品"示范基地建设。省直24个部门和单位出台163条具体措施，组织21个"一村一品"产业招商项目参加江西（香港）招商引资暨经贸合作活动周，签约资金2800万美元，派出了100名农业产业化带头人赴日本、韩国学习培训。全省"一村一品"示范点年销售收入达46.3亿元，带动农户数超过100万户，分别比上年增长15.7%和43%。走出了一条中西部地区"一村一品"引智工作的新路子，江西省被国家外专局批准为全国"一村一品"示范基地。

【开展高校毕业生"三支一扶"工作】 2006年，省委办公厅、省政府办公厅下发文件，正式启动招募万名高校毕业生到农村基层开展支教、支农、支医和扶贫工作计划。采取公开招募、自愿报名、组织选拔、统一派遣的方式，重点招募农村基层急需的农业、林业、水利、医学、畜牧、师范、经济类专业人才。招募工作由省委组织部、省人事厅、省教育厅、省财政厅、省农业厅、省卫生厅、省扶贫办、团省委联合组织，被招募的大学生全部安排到乡村中小学、乡镇农业技术推广站等涉农站所、乡镇卫生院、扶贫开发重点乡的贫困村。"三支一扶"大学生服务期间和服务期满后，享受多项优惠政策。2006年，共招募了736人。

（省人事厅编辑室）

民族宗教工作

【概　况】 2006年民族工作，以深入贯彻落实中央、全省民族工作会议精神，加快全省少数民族地区经济和社会发展为主线，在新的起点上，卓有成效地开展工作，民族地区经济继续保持良好发展势头。全省少数民族农民人均收入达到3152元，比上年增长9.4%。各地民族工作力度加大。赣州、九江、抚州、吉安、萍乡、鹰潭等地出台加强民族工作、加快民族地区经济社会发展的重要文件。民族地区社会主义新农村建设蓬勃开展。全省有42个民族村列入县级以上新农村建设示范点，其中7个列入了省级新农村建设示范点。财政预算上增加少数民族发展资金或民族工作经费。《江西省民族地区经济和社会发展"十一五"规划》经省政府批准，开始实施。赣州、吉安、抚州等设区市编制印发了民族地区经济和社会发展"十一五"规划。启动了第三轮省直有关部门对口支援民族乡村经济发展工作。重点项目建设工作取得新进展。民族小康村创建工作与社会主义新农村建设同步推进。各级政府把民族小康村作为新农村建设的重点对象，安排专项资金，同时，因地制宜积极探索"一村一品"的特色产业发展新路子。民族地区卫生饮水改造纳入全省农村卫生饮水改造计划并开始实施，交通等基础设施建设步伐加快，民族村尚未硬化的公路纳入国家农村公路建设"千亿元工程"，省最后一条民族村通乡公路——崇义县竹洞畲族村通乡公路正式动工修建，赣东北3个民族乡联通公路和吉安2个民族乡联通公路开工投建。民族地区电脑农业试点工作进展顺利。8月份，国家民委在北京召开的全国民委系统"四五"普法总结表彰暨"五五"普法动员大会上，江西省3个先进集体、2名先进个人荣获国家民委表彰。具有民族风情和地方特色的赣南采茶剧《彩练牵，繁荣连》，代表江西参加9月份在北京举办的第三届全国少数民族文艺会演，荣获表演金奖和组织奖。11月底，江西省民族地区发展基础教育经验在全国会议上作了交流，是发言代表中唯一的少数民族杂散居省份。江西民族地区基础教育工作取得的成绩和经验，得到了国家民委、教育部领导充分肯定及与会代表的一致好评。

继续深入宣传贯彻《宗教事务条例》(以下简称《条例》)，大力推进宗教各项工作，维护了宗教领域和谐稳定。在积极落实宗教房产政策方面，对全省宗教房地产进行调查摸底和统计汇总工作，较为全面地掌握了全省宗教房地产底数。省民族宗教事务局与省国土资源厅联合印发了《关于做好宗教用地确权登记工作的意见》，维护了宗教界合法权益。以理顺风景区管理关系为突破口，运用《条例》抓好重点问题的解决，促成三清山三清宫交由道教界管理。在8月召开的全国宗教厅局长会议上，江西省贯彻《条例》的成果作为5个经验单位之一作了典型发言。与贯彻《条例》相衔接，积极巩固全省宗教领域专项治理工作成果。全面完成了保留场所的审核把关和手续办理；分步对全省宗教活动场所进行了分类换证，建立了全省宗教活动场所数据资料库。全面完成了《江西省宗教事务条例》出台的各项前期工作。宗教界自身建设得到加强。目前全省市、县级已成立佛协65个、道协19个、伊协3个，新余市、上饶市成立了基督教"两会"。省天主教"两会"分别举办了全省天主教界人士爱国主义教育学习班、全省天主教神职人员爱国主义教育培训班，并扩大了培训面。首次举办全省基督教界人士爱国主义培训学习班。省级宗教团体办公场所得到改善。妥善处理与宗教相关的矛盾纠纷，维护了宗教界的合法权益，维护了宗教领域稳定。由副省长凌成兴亲自协调，多年久拖未决的南昌市新清真寺用地问题得以落实。省民族宗教事务局与新加坡佛教居士林联系获得捐款70万元，支援地震灾区九江县天坡小学灾后重建。开展了"全省宗教与构建社会主义和谐社会"理论研讨活动，积极挖掘宗教教义教规中的和谐思想，发挥宗教在构建社会主义和谐社会的积极作用。

【《江西省民族地区经济和社会发展"十一五"规划》颁布实施】 12月，经江西省人民政府同意，《江西省民族地区经济社会发展"十一五"规划》(以下简称《规划》)颁布实施。《规划》由江西省发展和改革委员会与江西省民族宗教事务局联合行文，印发给各设区市人民政府、省直各部门付诸实施。《规划》提出了全省民族地区"十一五"期间经济社会发展目标：通过5年的努力，民族经济实力进一步增强，民族地区工业经济份额占比增大，优势农业发展相对集中，经济结构布局合理，生态环境更加优美，社会公共服务功能逐步加强，少数民族群众生活水平明显提高，经济社会和谐发展。少数民族群众人均纯收入年均增幅不低于9%，达到4500元，50%以上的民族村人均纯收入超过全省平均水平，基本消除贫困现象，基本达到全省农村平均发展水平。民族乡村人均居住面积达到35平方米。民族地区九年义务教育、职业技术教育达到与全省发展同步。实现"三个翻番"：7个民族乡财政收入翻一番超过1.8亿元，招商引资进园区办工业资金翻一番超过9亿元，民族地区特色产业和工业企业总销售收入翻一番超过20亿元。

【江西省直部门第三轮对口支援民族乡村经济发展工作启动】 从2006年起，江西省直部门第三轮对口支援民族乡村经济发展工作开始实施。省政府十分重视，2005年全省民族工作会议，省长黄智权对开展新一轮对口支援工作提出了明确要求，副省长吴新雄进行了全面部署。2006年4月11日，省政府办公厅转发了省直有关部门开展第三轮对口支援民族乡村经济发展工作方案，明确了新一轮对口支援工作的目标、任务、要求。第三轮对口支援工作坚持治标与治本相结合，治穷与扶智相结合，输血与造血相结合，按照"生产发展、生活宽裕、乡风文明、村容整洁、管理民主"的要求，把对口支援工作和支持新农村建设试点工作相结合，稳步推进、富有成效。围绕民族地区扶贫整村推进，增强发展能力；围绕小康社会建设，提高发展质量；围绕和睦和谐，提升发展层次，为民族地区社会主义新农村建设和民族乡村持续、快速、健康发展夯实基础。从不同民族乡村的实际出发，确定民族地区新农村建设的目标、任务、措施以及需要解决的重点问题。通过对口支援，逐步实现受援民族乡村生产生活条件逐步改善，产业发展形成特色，社会事业协调推进，民族团结和睦和谐，力争使少数民族群众人均纯收入达到全省农民人均纯收入水平、民族乡招商引资、销售收入、财政收入比"十五"计划末翻一番的目标。主要任务是：帮助解决受援民族乡村发展新产业、形成新机制、建设新村镇、树立新风尚、培育新农民、创建好班子。构建"不荒山、不失地、不空村"三位一体、"山水含秀、良田增收、村寨整洁、产业成带"四素共存的民族地区生态友好型发展新模式。文件下发后，省直部门积极主动与受援民族乡村取得联系，领导带头深入到乡村基层开展调查研究，制定本部门对口支援工作方案，并帮助受援民族乡村制定5年发展规划。省林业厅等部门还专门派出工作组，对受援民族乡村进行驻点帮扶。相关市县对口支援工作网络进一步建立健全。

【全省民族地区社会主义新农村建设取得初步成果】 2006年，按照"生产发展、生活宽裕、乡风文明、村容整洁、管理民主"的总要求，结合民族小康示范村创建活动，江西在全省民族地区开展了社会主义新农村建设，并得到了地方各级党政高度重视和大力支持。各地将民族地区纳入到本地新农村建设的统盘规划中，并在政策与资金方面实行优先照顾，重点倾斜。截至12月底，全省有42个民族村列入县级以上新农村建设示范点，其中7个列入了省级新农村建设示范点，有力地推动民族地区更好更快发展。各民族乡、村以"三清三改"为切入点，狠抓村容村貌的整治；加强了基础设施建设，同时注重突出民族特色；组织开展了实用技术培训，增强农民致富本领；此外，根据各地实际，确立了果业、生猪、毛竹、油茶林等适合民族乡、村发展的产业，引导基层干部群众培植主导产业，帮助农民增加收入。全省民族地区社会主义新农村建设取得初步成果。

【江西省参评节目获得第三届全国少数民族文艺会演表演金奖】 经国务

院批准,由国家民委、文化部、广电总局、北京市人民政府共同主办的第三届全国少数民族文艺会演于9月5～25日在北京隆重举行。为积极做好第三届全国少数民族文艺会演参演工作,江西省精心组织创作了一台具有民族风情和地方特色的戏曲。9月,以副省长熊盛文为团长的江西省全国少数民族文艺会演代表团进京参演。12日晚,江西省代表团参加本届会演的赣南采茶戏《彩练牵,繁荣连》在北京政协礼堂进行了首场演出。国家民委副主任杨传堂、吴仕民亲临现场观看。具有浓郁地方特色的《彩练牵,繁荣连》由"马乡长说媒"、"双打龙凤刀"、"换亲"3个小戏组成,融区域性、民族性和地方性为一体,把不同历史时期的畲家瑶寨发生的系列故事和少数民族的生产、生活情节演绎成动人的、富有内涵的舞台艺术,揭示了民族与时代发展相辅相成的关系,以及汉族与少数民族的兄弟情谊。经过角逐,江西省参演节目《彩练牵,繁荣连》荣获表演金奖和组织奖。

【开展"全省宗教与构建社会主义和谐社会"理论研讨活动】 为了深入贯彻落实党的十六届六中全会精神,深刻领会胡锦涛总书记的讲话精神,积极挖掘宗教教义教规中的和谐思想,发挥宗教在构建社会主义和谐社会的积极作用,11月13日至12月28日,全省民族宗教工作系统和宗教界开展了"宗教与构建社会主义和谐社会"理论研讨活动。此次理论研讨活动力求从理论研究的高度,进一步深入挖掘宗教教规教义中有关和谐的思想资源,正确处理好宗教与政治、经济、文化、社会、自然和法律的关系,发挥宗教自身的积极作用,引导宗教与社会主义社会相适应,为构建社会主义和谐社会服务。

【首届江西省佛教音乐会在南昌成功举行】 11月26日,江西省佛教协会与省社科院宗教研究所联合举办了首届江西省佛教音乐会。省政协主席钟起煌、副主席金异和省佛教界、文化界和社会各界人士近2000人观看了音乐会。此次音乐会的主题是"祈福中华,赞颂和谐"。音乐会上表演了女声独唱、民乐合奏、舞蹈、配乐诗朗诵等多种形式的文艺节目,大德高僧诵经为中华祈福。整个音乐会在舞蹈"和谐家园"中结束。

【举办全省天主教、基督教界爱国主义教育培训班】 1月,江西省委统战部、省民族宗教事务局共同指导省天主教爱国会和省天主教教务委员会举办"全省天主教界人士爱国主义教育学习班",省天主教"两会"常委及全体神职人员共计73人参加。6月,省民族宗教事务局指导省基督教三自爱国运动委员会和省基督教协会举办"全省基督教爱国主义教育培训班",这也是江西省首次对基督教界进行大面积培训。11月,省委统战部、省民族宗教事务局、省天主教"两会"联合举办了"全省天主教神职人员爱国主义教育培训班",全省的神甫及"两会"部分常委参加了学习培训。

【全省巩固宗教领域专项治理工作取得新成果】 2006年,江西省民族宗教事务局通过认真审核专项治理保留场所的筹备设立申请资料,完成了对宗教活动场所的设立审批,有效地巩固了专项治理工作成果;同时,按照国务院《宗教事务条例》规定和国家宗教局的要求,划分了两类宗教活动场所的区别标准,经国家宗教局同意备案。3月底,全面完成了保留场所的审核把关和审核手续办理,核发了登记证。认真开展了专项工作前已登记场所的分类、换证工作。6月份对所有场所进行了统一编号,制作了电子文档后下发至各基层。建立了宗教活动场所数据资料库。此外,由省人大常委会、省民族宗教事务局组成的检查组分别到赣州、抚州、上饶、九江等地进行了贯彻国务院《宗教事务条例》的执法检查,督促指导各设区市进行了执法检查工作。

【南昌市清真寺用地问题得到圆满解决】 11月30日,江西省人民政府副省长凌成兴主持召开了南昌市清真寺易地建设有关问题协会会议。省政府办公厅、省民族宗教局、南昌市政府主要领导及统战等有关部门负责人参加了会议。会议明确以行政划拨方式解决南昌清真寺易地建设用地问题。在南昌市红谷滩新区由市政府行政划拨建设规划用地0.87公顷,净用地0.67公顷作为建寺用地。要求采取公开招标方式,选择设计单位,2007年春节前做出初步设计方案,要体现清真特色、时代眼光、省会形象。12月15日,省政府办公厅给省发改委、省民宗局、省财政厅、省国土资源厅、南昌市人民政府、南昌市红谷滩新区管委会下发《关于印发南昌清真寺易地建设有关问题协调会议纪要的通知》,南昌市清真寺异地建设这个久拖未决的问题得到圆满解决。

【正一派国内授箓活动在江西天师府隆重举行】 12月20～22日,中国道教正一派国内授箓活动在龙虎山嗣汉天师府举行。这次活动由中国道教协会主办,嗣汉天师府承办,是继1995年国内正一派道士恢复传度授箓以来又一次大型的宗教活动。按照传统仪范,授(升)箓科仪在"三大师"(传度师、监度师、保举师)主持下依科进行。中道协任法融会长亲临法坛为箓生演讲《道德经》。中道协副会长张继禹、丁常云、林舟、张金涛及副秘书长袁志鸿等参加了授箓活动。整个授箓醮仪严格规范,对箓生进行了严格考核,同时,还举办了"授箓与道风建设"的专场座谈会。座谈会上,众箓生踊跃发言,提出了许多对弘扬道教,服务社会,构建社会主义和谐社会有益的建议。中道协副会长张继禹作了总结发言。

【制定《关于做好宗教用地确权登记工作的意见》】 11月7日,江西省国土资源厅、省民族宗教事务局联合印发了《关于做好宗教用地确权登记工作的意见》(赣国土资字〔2006〕122号)(以下简称《意见》)。该《意见》对经合法登记的宗教团体、宗教活动场所直接用于从事宗教活动及其生产生活的用地确权予以了明确。并特别强调,各级人民政府国土资源部门和宗教事务部门要提高认识,加强领导和组织协调工作,确保宗教用地确权登记工作顺利开展。为宗教用地办理用地手续要简化办事程序,提高工作效率,并在经济上予以减免优惠。省民族宗教事务局和省国土资源厅自2006年初开始,对全省宗教活动场所依法办理土地使用权登记情况联合进行了深入细致的调研。据统计,全省6605处宗教活动场所中,依法办理土地使用权登记的还不到10%。为此,省民族宗教事务局、省国土资源厅多次召集全省相关部门、宗教团体、宗教界代表人士座谈讨论,研究妥善解决宗教用地确权的办法。《意见》的印发,对进一步做好宗教用地确权登记工作,依法保护宗教用地不受任何单位和个人侵犯,对维护宗教界合法权益,保证宗教活动正常有序进行,维护宗教和睦与社会和谐有着重要的意义。

(林剑卫　宋　璐)

政府采购

【概　况】 2006年,江西省政府采购工作围绕扩大规模、规范管理的工作重点,依法全面推进政府采购制度改革、深化创新,加大了政府采购宣传力度。2006年度全省共完成采购规模67.25亿元,比上年同期的52.97亿增加了14.28亿元,增长了26.95%。节约财政资金11.79亿元。

【扎实有效地推进治理商业贿赂专项工作】 根据省委、省政府治理商业贿赂工作部署,省政府采购办认真落实责任,细化工作任务,精心组织,稳步推进。全省各级均成立了专人负责的治理商业贿赂领导小组,研究制定了《关于开展治理政府采购领域商业贿赂专项工作的通知》,明确了目标任务和阶段安排,并提出了具体要求。开展广泛深入调查摸底,加大宣传力度,畅通举报渠道。根据调查中发现的商业贿赂易发环节上存在的问题,建立了治理商业贿赂长效机制,制定了《江西省政府采购评审专家管理暂行办法》(赣财购〔2006〕13号)、《江西省政府采购代理机构资格认定办法》(赣财购〔2006〕11号)、《江西省政府采购代理机构管理暂行办法》(赣财购〔2006〕26号)等一系列制度,从源头上预防政府采购领域商业贿赂的发生,有效地保证了政府采购活动的公平、公正。

【扩大政府采购规模,提高采购效率】 2006年,省政府采购办扩大政府采购规模,提高采购效率。一是继续做好定点采购管理工作,对定点采购项目实行网络管理,规范了零星采购的行为,节约了财政资金。2006年,全省仅公务用车加油采购一项就节约财政资金1600余万元,并且通过公开透明的网络管理,堵塞了定点采购中可能出现的漏洞,有效地促进了廉政建设。二是加大管理力度、推进协议供货采购。2006年江西省对计算机、打印机、复印机、投影仪等9类办公自动化产品、空调以及公务用车实行协议供货,较好地满足了采购人对产品及时性多样性的需求,同时加大对政府采购协议供货的管理力度。2006年,省本级政府采购协议供货达1.17亿元,节约资金1041万元。各设区市财政部门根据协议采购灵活、快捷、方便的特点,采用区域联动、分级管理的办法。扩大了政府采购协议供货市场,节约了招标成本,有效地促进了县区采购效率的提高,极大地节约了采购资金。三是进一步扩大采购领域、规范采购行为。根据财政部办公厅《关于印发2006年政府采购工作要点的通知》要求,2006年全省各级财政部门重点将中央和省级补助专款、国债资金项目、公共工程以及中小学教材等关系广大群众利益的项目纳入政府采购范围。继续做好政府集中采购工作,严格执行政府集中采购目录。以国库集中支付为手段,扩大政府采购的约束范围。

【认真做好政府采购代理机构审批管理工作】 2006年,为了完善江西省政府采购市场,加强部门集中采购监督管理。省政府采购办制定了《江西省政府采购代理机构管理暂行办法》《江西省政府采购代理机构资格认定办法》。对代理机构的认定、管理作出明确规定,对外地进驻本省的代理机构进行登记管理。同时对政府采购招标投标过程进行了规范,有效地保障部门集中采购公开、公平、公正,减少投诉数量,提高政府采购效率。2006年共审批乙级代理机构5家,确认资格2家。

【进一步规范政府采购专家评审管理】 2006年,省政府采购办进一步充实了采购专家队伍。政府采购专家库共有专家860余人,基本能满足省直单位政府采购评标工作需要。出台了《江西省政府采购评审专家管理实施办法》(赣财购〔2006〕13号),规范了专家的管理、使用程序。规定:政府采购评审专家须当天抽取,在评标过程中,要求采购人不得进入评标现场,排除对评委的干扰。由采购人单位的纪检监察部门派人到场监督。严格的监督管理机制有效地保障了政府采购实行公平原则和规范化操作。

(熊　颖)

中国人民政治协商会议江西省委员会

本栏编辑　陈超萍

综　述

2006年，是江西省实施"十一五"发展规划取得良好开局的一年，也是人民政协事业发展进程中极为重要的一年。中共中央颁发了《关于加强人民政协工作的意见》（以下简称《意见》），这是指导新世纪新阶段人民政协事业发展的纲领性文件。中共江西省委召开了全省政协工作会议，有力地推动了江西政协事业发展。一年来，省政协常委会坚持以邓小平理论和"三个代表"重要思想为指导，全面贯彻落实科学发展观，以学习贯彻中央《意见》和全省政协工作会议精神为主线，坚持把促进发展作为人民政协履行职能的第一要务，坚持把实现和维护最广大人民的根本利益作为人民政协工作的出发点和落脚点，认真搞好政治协商、积极推进民主监督、深入开展参政议政、切实抓好自身建设，各项工作取得新进展，再上新台阶，为江西省实现"十一五"规划良好开局贡献了力量。

一是牢牢抓住学习贯彻中央《意见》这根主线，引领省政协各项工作再上台阶。常委会把学习贯彻中央《意见》摆在全年工作的重要位置，切实推进学习型政协建设，始终保持人民政协坚定正确的政治方向。二是紧紧围绕江西省"十一五"规划的实施精心选题，整合全省各级政协的力量认真搞好政治协商。三是重点抓好对"民营经济发展政务环境"的专题监督，总结经验，积极推进民主监督。提出了切实管用的对策建议，为政府决策提供了依据和参考。四是充分发挥专门委员会的基础性作用，拓宽工作领域深入开展参政议政。五是按照"四位一体"工作布局的要求，切实抓好自身建设。一年来，常委会注重在继承中创新，在探索中发展，各项工作取得了新的进展，实现了年初提出的再上台阶的目标。省内外媒体充分报道了省政协的主要工作，其中《人民政协报》头版16次报道江西省政协的工作。省领导高度评价全省各级政协的工作，认为"人民政协履行政治协商、民主监督、参政议政职能，为全省经济社会的发展，发挥了独特的、不可替代的作用"。人民政协在江西省经济社会又好又快发展中做了扎实有效的工作，发挥了应有的作用。

（凌恭晴）

省政协重要会议

【九届四次会议】　2月7～11日在南昌举行。九届委员会现有委员691名，出席会议的委员660名。省政协主席钟起煌主持了开幕会。会议听取和审议了副主席韩京承所作的常务委员会工作报告和副主席殷国光所作的提案工作情况的报告；与会委员列席了江西省十届人大四次会议，听取和讨论了省长黄智权所作的《政府工作报告》《江西省国民经济和社会发展第十一个五年规划纲要》和其他重要报告；通过了同意邵鸿辞去省政协常委职务的决定；增选卢志鹏等13人为政协江西省第九届委员会常务委员；通过了《政协江西省第九届委员会第四次会议决议》和《政协江西省第九届委员会第四次会议提案审查情况的报告》。会议期间，委员们通过小组讨论、大会发言、联组专题讨论和提案、反映社情民意等形式，就树立和落实科学发展观，实现江西在中部地区崛起、全面建设小康社会等问题提出了许多建设性的意见和建议，表现了高度的政治责任感和积极参政议政的热情。中共江西省委书记孟建柱、省长黄智权等省委、省政府全体领导分别参加了政协联组的专题讨论，面对面听取委员的意见和建议；省委、省政府领导和有关部门负责人听取了大会发言。会议通过的《决议》号召全省各级政协组织和政协委员，要更加紧密地团结在以胡锦涛为总书记的中共中央周围，在中共江西省委的领导和省政府的支持下，坚持以邓小平理论和"三个代表"重要思想为指导，全面贯彻落实科学发展观，坚持和完善中国共产党领导的多党合作和政治协商制度，牢牢把握团结和民主两大主题，认真搞好政治协商，积极推进民主监督，深入开展参政议政，切实抓好自身建设，振奋精神，奋力开拓，使2006年的各项工作再上台阶，为大力推进江西省农业农村现代化、新型工业化、新型城镇化、经济国际化和市场化，建设创新创业江西、绿色生态江西、和谐平安江西作出新贡献。

【九届第十六次常委会议】　1月10～12日，省政协九届十六次常委会议在南昌举行。省委副书记、常务副省长吴新雄到会作《政府工作报告（征求意见稿）》起草情况的说明。11日，与会人员听取了政协江西省第九届委员会常务委员会工作报告（审议稿）起草情况的说明；听取了有关人事安排问题的说明；听取了各专门委员会工作汇报，并进行了民主测评。12日，大会听取了秘书长胡剑平作本次常委会议协调、审议和讨论情况的综合汇报；通过了九届省政协常委会工作报告和提案工作情况的报告；通过了关于召开政协江西省第九届委员会第四次会议的决定；通过了政协江西省第九届委员会第四次会议议程（草案）和日程；通过了政协江西省委员会全体会议工作规则、常务委员会工作规则、专门委员会通则、关于履行民主监督职能若干问题的意见（试行）；通过了政协江西省第九届委员会常务委员会关于文史委员会调整为文史和学习委员会的决定；会议同意邵鸿因工作变动辞去政协江西省第九届委员会委员、副秘书长职务和李木根、封明波、盛洪流、龙德华、王晓媛、饶功旺、许明秋等7人因工作变动等原因辞去政协江西省第九届委员会委员职务；同意撤销张良琛、许志锐政协江西省第九届委员会委员资格。会议通过了省政协增补委员名单和常务委员会任命名单及其他事项。

【九届第十七次常委会议】 2月9日，省政协九届十七次常委会议在南昌召开。会议审议了有关人事事项（草案）；通过曾粮、陈金乐、王国龙任省政协办公厅副主任，免去石弘宝省政协副秘书长、办公厅副主任职务。审议通过了省政协九届四次会议决议（草案）和提案审查情况的报告（草案）；听取了秘书长胡剑平关于省政协四次会议开幕以来情况的汇报。

【九届第十八次常委会议】 2月11日，省政协九届十八次常委会议在南昌召开。会议的主要议程是审议常委会2006年工作要点。

【九届第十九次常委会议】 6月15～16日，省政协九届十九次常委会议在南昌举行。15日，会议通过了省政协九届十九次常委会议程，听取了省政协副主席雍忠诚作《关于推进我省社会主义新农村建设的调研报告》和8位委员的大会发言。省委副书记彭宏松、省政府副省长熊盛文到会并讲话。16日，分组协商讨论，围绕社会主义新农村建设问题反映社情民意。秘书长胡剑平向常委会报告了协商讨论情况。省政协主席钟起煌简要通报了2006年上半年的工作情况，并结合下半年工作谈了3点意见。

【九届第二十次常委会议】 9月12～13日，省政协九届二十次常委会议在南昌举行。省委常委、省委秘书长陈达恒应邀出席会议。省政府副省长胡振鹏应邀到会通报情况。12日，常委会议开幕，副主席雍忠诚主持。会议听取了副主席倪国熙作的《关于建设创新型江西需要研究解决的几个问题》的调研报告。省政协副主席黄懋衡作了《关于产学研结合问题的思考》的发言。温显来等7位委员代表所在界别分别作了大会发言。在13日下午的闭幕会上，秘书长胡剑平作本次常委会议专题协商讨论情况的综合汇报。省政协主席钟起煌讲话，总结本次会议的三个特点。

【九届第二十一次常委会议】 12月27～28日，省政协九届二十一次常委会议在南昌举行。27日上午的大会由副主席王林森主持。会议通过了省政协九届二十一次常委会议议程。省委副书记、代省长吴新雄到会作了关于《政府工作报告（征求意见稿）》起草有关情况的说明和介绍关于政协提案办理情况。会议听取了省政协办公厅副主任曾粮作的《政协江西省第九届委员会常务委员会工作报告（审议稿）》起草情况的说明；听取了省政协提案委员会主任方正平作的《关于省政协九届四次会议以来提案工作情况的报告（审议稿）》起草情况的说明；听取了各专门委员会工作汇报（书面）；听取了王林森作有关人事事项说明。27日下午，分组协商讨论《政府工作报告（征求意见稿）》。28日上午，分组讨论《政协江西省第九届委员会常务委员会工作报告（审议稿）》和《关于省政协九届四次会议以来提案工作情况的报告（审议稿）》；审议《关于召开政协江西省第九届委员会第五次会议的决定（草案）》《政协江西省第九届委员会第五次会议议程（草案）》和日程（草案）。28日下午的大会由副主席黄懋衡主持。大会听取了秘书长胡剑平作的关于本次常委会议协商讨论和审议情况的综合汇报（书面）；原则通过了《政协江西省第九届委员会常务委员会工作报告》和《关于省政协九届四次会议以来提案工作情况的报告》；通过了关于召开政协江西省第九届委员会第五次会议的决定；通过了政协江西省第九届委员会第五次会议的议程和日程；会议同意傅敏先辞去政协江西省第九届委员会常委职务和江晓斌辞去政协江西省第九届委员会委员职务；通过了政协江西省第九届委员会增补委员名单；通过了省政协人事任免名单。

（凌恭晴）

重大活动和重要建议

【组织实施社会主义新农村建设“百村调研”活动】 2006年，省政协提案委员会从3月开始，联合市、县政协提案委员会，组织实施了社会主义新农村建设“百村调研”活动。此活动历时3个月，省、市、县三级政协提案委员会分别组织106个调研组，对全省93个县（市、区）、142个村开展社会主义新农村建设的情况进行了调研，近千名政协委员参加了调研活动，共提交调研报告105篇，形成了《社会主义新农村建设“百村调研”报告集》。“报告集”受到了省委领导、省政协九届十九次常委会议与会人员和省委、省政府有关部门的好评。

【召开全省政协工作会议】 4月21日，省委在南昌召开全省政协工作会议。省委书记孟建柱、省长黄智权讲话，省委副书记王君主持会议并作总结讲话，省政协主席钟起煌代表省政协党组讲话。宜春市、南昌市、省财政厅负责人作了大会发言。

【全国政协常委视察团在赣视察】 5月19～21日，以全国政协副主席张思卿为团长、全国政协常委卢荣景为副团长的全国政协常委赴赣视察团就江西省加快长江经济带发展问题进行调研视察。19日，省委书记孟建柱、省政协主席钟起煌在九江向全国政协常委视察团汇报了有关工作，省政协副主席倪国熙主持汇报会，副省长、九江市委书记赵智勇，副省长熊盛文参加了汇报会。张思卿说,沿长江经济带发展问题是继2005年中部崛起情况的视察后,全国政协常委关注的又一项重大课题。视察团将围绕“十一五”规划,对长江经济带的发展进行调查研究。随后,视察团在九江视察了昌河铃木汽车九江分公司、九江国际水运中心和湖口县金砂湾工业园。

【召开全省政协提案工作座谈会】 5月24日,全省政协提案工作座谈会在萍乡市召开。省政协副主席殷国光出席并讲话。座谈会上,学习了《中共中央关于加强人民政协工作的意见》和《中共中央、省委关于支持和保证人民政协履行职能发挥作用的意见》;传达了华东六省一市政协第十三次提案工作座谈会精神;就省政协《关于构建创新型提案工作体系的意见》和社会主义新农村建设“百村调研”综合报告作了简要说明;交流了建设社会主义新农村“百村调研”情况及提案工作创新举措。

【全国政协专题调研组在赣调研新农村建设】 7月17~23日,全国政协副主席阿不来提·阿不都热西提率全国政协经济委员会调研组在江西省就“发展农村经济、加强基础设施建设,建设社会主义新农村”进行专题调研。7月20日,省委、省政府在南昌召开汇报会,向调研组作专题汇报。副省长熊盛文向调研组汇报了江西省新农村建设的情况。阿不来提·阿不都热西提对此给予了充分肯定。调研组一行先后深入吉安、赣州、南昌等市县区调研。

【全国政协委员视察江西省老区扶贫工作】 9月12~19日,以全国政协副主席李兆焯为团长的全国政协委员视察团在江西省视察老区扶贫工作。9月12日,省委、省政府、省政协召开汇报会,向视察团汇报江西省老区扶贫开发工作情况,孟建柱、钟起煌、孙刚、王林森、黄懋衡等省领导出席汇报会。18日,视察团和中国扶贫开发协会举行了为江西革命老区扶贫开发捐款签约仪式。19日,视察团召开意见反馈会。

【全国政协委员视察江西鄱阳湖水资源保护和开发利用】 10月19~26日,以全国政协副主席周铁农为团长的全国政协委员视察团,就鄱阳湖水资源保护和开发利用问题在江西视察。19日,省委、省政府、省政协召开汇报会,省委书记孟建柱、省政协主席钟起煌出席汇报会,副省长熊盛文向视察团汇报鄱阳湖水资源保护和开发利用情况。20~25日,视察团赴永修、星子、湖口、鄱阳等县视察。26日,视察团在南昌召开意见反馈会,省委副书记彭宏松、省政协副主席倪国熙出席,省政府副省长熊盛文主持。周铁农充分肯定了江西省在鄱阳湖水资源保护和开发利用中取得的成绩以及省政协为此作出的努力。他指出,在鄱阳湖水资源的保护和开发利用中,要进一步树立和落实科学发展观,从实际出发,关注群众的切身利益;要制定科学规划,建立健全有效的管理体制,加大投入,实现鄱阳湖地区人与自然和谐发展;要加强科学研究,完善法律法规,为鄱阳湖水资源的保护和开发利用提供科技支撑和法律保障;要重视发挥人民政协的政治协商、民主监督、参政议政作用,进一步抓好鄱阳湖水资源保护和开发利用工作。

【举行绿色生态江西建设与生态安全高层论坛】 10月25~26日,由江西省政协人口资源环境委员会、江西省科协、中国生态学会等单位联合举办的“绿色生态江西建设与生态安全高层论坛”在南昌举行。省人大副主任万学文,中国科学院院士赵其国,中国工程院院士王浩等省内外有关部门领导、专家学者300多人参加了论坛。

【关于推进江西省社会主义新农村建设若干问题的建议案】 2006年,省政协向省委、省政府报送《关于推进我省社会主义新农村建设若干问题的建议》。其主要内容有以下九个方面:一、充分肯定全省各地对新农村建设进行的积极探索,也指出存在的问题,并提出了进一步提高认识,增强建设新农村的责任感和紧迫感;二、坚持以科学发展观为统领,促进新农村建设又快又好发展;三、统筹城乡发展,把新农村建设与小城镇发展紧密结合起来;四、科学规划,统一布局,有序稳步推进社会主义新农村建设;五、加快建立以工促农、以城带乡的长效投入机制;六、坚持因地制宜,点面结合,分类指导,充分发挥资金使用效益;七、坚持政府引导,农民主体,激发农村自身活力;八、以提高农民现代素质为目标,扎实培育新农民;九、着力完善相关政策,从法律和制度上保障社会主义新农村健康发展。

【开展信息化建设调研工作】 近几年来,省政协经济科技委员会推进江西信息化专家组在省政协副主席黄懋衡的带领下,连续4年围绕江西省信息化建设过程中存在的问题开展民主监督工作,分别就政府门户网站建设、数字化城市、信息化为农服务等问题开展系列追踪调研,积极探索民主监督与舆论监督、群众监督相结合的有效形式,促进民主监督成果的转化。在2006年的调研活动中,专家组针对江西省信息化行政管理体制不顺的状况,深入到南昌市信息办、省人防办、省交通厅等单位实地了解情况,以提案形式向省委、省政府报送了《关于理顺我省信息化工作体制的建议》。省委书记孟建柱,省委副书记、常务副省长吴新雄非常重视专家组的意见,批示省发改委、信息产业厅、人事厅、编办等部门专门召开会议研究,提出具体意见。此外,在专家组的关注和推动下,省电子学会政府网站测评工作委员会分别于2006年初和年中对全省41个厅局和11个设区市门户网站的绩效进行了再测评。专家组这几年来在信息化建设方面坚持不懈的调研工作,引起了省政府的高度重视,省委副书记、常务副省长吴新雄曾专程到省政协听取信息化专家组的汇报,还专门写信感谢专家组为推进江西信息化所做的大量工作。 (凌恭晴)

中国共产党江西省纪律检查委员会

本栏编辑　陈超萍

综　述

2006年，在中央纪委和省委的正确领导下，全省各级纪检监察机关坚持以邓小平理论和“三个代表”重要思想为指导，全面贯彻落实科学发展观，把学习党章、遵守党章、贯彻党章、维护党章作为一项重大任务来抓，坚持标本兼治、综合治理、惩防并举、注重预防的战略方针，抓紧贯彻落实《建立健全教育、制度、监督并重的惩治和预防腐败体系实施纲要》和省委《江西省建立健全教育、制度、监督并重的惩治和预防腐败体系实施意见》，全面履行党章赋予的职责，加大从源头上防治腐败力度，党风廉政建设和反腐败斗争不断深入开展，取得了新进展、新成效。

一是监督检查工作力度不断加大。围绕中央关于加强宏观调控、保护环境、整顿和规范市场经济秩序等重大政策措施和和省委、省政府重大决策，加强监督检查，坚决纠正盲目投资、违规建设、环境污染、市场秩序混乱等问题。

二是领导干部廉洁从政的教育、管理、监督工作进一步加强。加强对广大党员干部的党风廉政教育，严格执行领导干部廉洁从政各项规定，认真落实党内监督条例，党员领导干部廉洁自律意识不断增强。完善纪检监察机关对派驻机构的统一管理办法，较好地发挥了派驻机构的职能作用。

三是查处和纠正损害人民群众利益的突出问题成效明显。治理教育乱收费、纠正医药购销和医疗服务中不正之风工作不断深化，规范出租汽车行业管理、清理和规范评比达标表彰活动工作稳步推进，加强农民负担监管，坚决纠正土地征收征用、房屋拆迁、企业重组改制和破产中侵害群众利益、拖欠建设领域工程款和农民工工资等问题有新的进展。

四是继续保持查办违纪违法案件工作的高压态势。严肃查处领导干部滥用权力、贪污贿赂、失职渎职等案件，以及利用审批权等权力和职务影响谋取私利的案件和侵害人民群众利益的案件，严厉惩处违纪违法分子。扎实推进治理商业贿赂专项工作，突破了一批重要的商业贿赂案件。

五是从源头上预防腐败工作向纵深推进。行政审批制度改革在巩固中深化，财政管理制度、政府投资体制等改革和制度建设进展顺利，政务公开力度不断加大。

六是纪检监察干部队伍自身建设进一步增强。先后开展了保持共产党员先进性教育、“内强素质、外树形象”理论研讨和“做党的忠诚卫士、当群众的贴心人”主题实践等活动，认真解决思想、组织、作风、纪律和工作方面存在的问题，树立了纪检干部“可亲、可信、可敬”的良好形象。

省纪委重要会议

【召开省纪委第七次全会】 1月15～16日，省纪委第七次全体会议在南昌召开。出席会议的省纪委委员32人，列席310人。省纪委常委会主持了会议。省委书记孟建柱出席会议并讲话。省领导黄智权、王君、吴新雄、彭宏松、钟起煌等出席了会议。省委各部门、省直各单位主要负责人，各设区市党政主要负责人参加了会议。全会的主要任务是，以邓小平理论和“三个代表”重要思想为指导，全面落实科学发展观，深入贯彻党的十六届五中全会、中央纪委第六次全会和省委十一届十次全会精神，传达学习中央纪委第六次全会和中共中央总书记胡锦涛在会上的重要讲话精神，总结2005年工作，研究部署2006年党风廉政建设和反腐败工作任务。全会认为，孟建柱的讲话贯穿了胡锦涛重要讲话和中央纪委第六次全会精神，符合江西省实际，对于深入推进江西省党风廉政建设和反腐败各项工作，具有重要的指导意义。全会传达学习了胡锦涛在中央纪委第六次全会上的重要讲话和中共中央政治局常委、中共中央纪律检查委员会书记吴官正所作的工作报告，审议通过了省委副书记、省纪委书记傅克诚代表中共江西省纪委常委会所作的题为《坚持以科学发展观为统领，全面履行党章赋予的职责，为江西的奋力崛起和全面建设小康社会提供有力保证》的工作报告。

【召开省直机关党风廉政建设和反腐败工作任务分工会议】 3月13日，省直机关党风廉政建设和反腐败工作任务分工会议在南昌召开。会议对落实2006年党风廉政建设和反腐败工作任务分工进行了部署。省委副书记、省纪委书记傅克诚出席会议并讲话。省落实党风廉政建设责任制工作领导小组成员、省直机关落实党风廉政建设和反腐败任务牵头单位和责任单位主要负责人、分管领导参加会议。

中国共产党江西省纪律检查委员会第七次全体会议，于2006年1月15日至16日在南昌举行

省纪委供稿

【召开全省纪检监察机关"树立社会主义荣辱观、推进党风廉政建设"座谈会】 4月26日，全省纪检监察机关"树立社会主义荣辱观、推进党风廉政建设"座谈会在南昌召开。省委副书记、省纪委书记傅克诚出席会议并讲话。各设区市纪委、监察局和省直部分单位纪检监察机构负责人及部分专家学者参加座谈会。

【召开全省纠风工作电视电话会】 4月26日，全省纠风工作电视电话会在南昌召开。会议总结了全省2005年的纠风工作，对2006年纠风工作进行了部署。省委副书记、常务副省长吴新雄在会上要求，各地、各部门要把纠风工作置于改革发展稳定的大局中来谋划和部署，增强紧迫感和责任感，不断开创纠风工作新局面。

【召开全省设区市纪委书记监察局长座谈会暨"政风行风热线"建设工作现场会】 5月29日，全省设区市纪委书记监察局长座谈会暨"政风行风热线"建设工作现场会在南昌举行。省委副书记、省纪委书记傅克诚在会上作重要讲话。省委常委、南昌市委书记余欣荣出席会议并致辞。会上，南昌市、吉安市纪委监察局和江西人民广播电台负责人介绍了"政风行风热线"建设工作经验。各设区市纪委负责人分别汇报了各市上半年的工作情况及下半年的工作打算。与会人员还观摩了南昌电视台"政风行风热线"接听实况。

【召开省纪委省监察厅单派驻机构统一管理动员大会】 6月15日，省纪委、监察厅单派驻机构统一管理动员大会在南昌举行。省委副书记、省纪委书记傅克诚在会上作重要讲话。驻在部门代表、派驻机构代表就认真做好单派驻机构统一管理工作，作了大会发言。

【召开省纪委全委扩大会议】 7月19日，省纪委全委扩大会议在南昌召开。省委副书记、省纪委书记傅克诚主持会议并作重要讲话。省纪委委员，省纪委各派驻（出）纪检组组长（纪工委书记），各设区市纪委正副书记，省纪委机关副厅级以上党员干部和各室（厅、中心）主任、机关党委专职副书记，部分省直单位内设纪委书记，部分省属大型企业、高等院校、科研单位纪委书记，驻省中央直属单位纪委（纪检组）主要负责人，共150余人参加了会议。中组部考察组一行3人出席了会议。会议的主要内容是，根据省委和省纪委换届工作要求，对省纪委领导班子及成员进行民主测评，对新一届省纪委领导班子人选进行全额民主推荐。

【召开省纪委省监察厅机关查办案件工作表彰大会】 10月26日，省纪委省监察厅机关查办案件工作表彰大会在南昌召开。124名查办案件工作立功人员和先进工作者受到表彰。省委书记孟建柱在会上作了重要讲话。省领导黄智权、傅克诚、钟起煌、钟家明、康为民出席会议。傅克诚主持会议并讲话。省纪委常委、省监察厅副厅长、省直有关单位负责人、各设区市纪委负责人、省纪委省监察厅机关和各派驻机构干部400多人参加了表彰大会。

【召开省纪委第八次全会】 11月12日，省纪委举行第八次全会，审议并原则通过了省纪委向省第十二次党代会的工作报告。省纪委委员30人出席会议。省纪委常委会主持会议。省委副书记、省纪委书记傅克诚作重要讲话。列席全会的有，未担任省纪委委员的省监察厅副厅长、设区市纪委书记、省委巡视组负责人、省纪委机关各部门负责人。

【召开新一届省纪委第一次全体会议】 经中共江西省第十二次代表大会选举产生的中共江西省纪律检查委员会，12月16日下午在南昌举行第一次全体会议。会议应到45人，实到45人。全会选举产生了省纪委常委会委员和书记、副书记，并经省委十二届一次全会通过。

【召开全省农村基层党风廉政建设工作座谈会】 12月28日，全省农村基层党风廉政建设工作座谈会在南昌召开。省委书记孟建柱会前就加强农村基层党风廉政建设提出要求。省委常委、省纪委书记董君舒出席会议并讲话。省纪委、省监察厅、省委政法委、省社会主义新农村建设领导小组部分成员单位、各设区市纪委负责人出席会议。

廉政建设

【开展党风廉政宣传教育】 2006年，省纪委结合保持共产党员先进性教育活动，以学习贯彻党章和树立社会主义荣辱观为重点，加强对广大党员干部的党风廉政教育。注重运用正反两方面的典型进行廉洁从政教育，引导党员干部树立正确的权力观、地位观、利益观。坚持和完善反腐倡廉“大宣教”格局，加强反腐倡廉网络宣传和舆论宣传阵地建设，逐步拓宽反腐倡廉舆论宣传渠道。深入开展反腐倡廉书画作品展、廉政歌曲传唱和家庭助廉教育活动，制定并下发了关于加强廉政文化建设的意见，创新、丰富廉政文化建设的形式和内容，扎实推进廉政文化进社区、进家庭、进学校、进企业和进农村，努力营造以廉为荣、以贪为耻的道德风尚和社会氛围。

【开展党风廉政治理工作】 2006年，省纪委认真落实“八个坚持，八个反对”、“四大纪律八项要求”和领导干部廉洁从政的各项规定。继续抓好领导干部违反规定收送现金、有价证券和支付凭证的治理工作。认真做好公务员工资制度改革和清理规范津贴补贴工作。深入治理党员干部参与赌博、借婚丧嫁娶之机收敛钱财等歪风，对党政领导干部违规兼职、超编制超标准配备使用小汽车、违规集资建房、多占住房、拖欠公款和用公款为个人办理商业保险、公费出国（境）旅游、公车私用、用公款高消费娱乐等问题进行了治理纠正。

【加强党内监督工作】 2006年，省纪委认真落实党内监督条例，重点加强对领导干部特别是主要领导干部的监督。全省各级纪委负责人同下级党政主要负责人谈话3559人次，领导干部任前廉政谈话10014人次，对有轻微违纪行为的领导干部诫勉谈话838人次，领导干部述职述廉23327人次，领导干部按规定向组织报告个人有关事项2664人次。省委常委会带头向全省作出廉政承诺，省政府领导成员在新闻媒体上公开“廉洁自律三项约定”，主动接受社会监督。认真履行巡视监督职能，省委巡视组在巡视2个设区市和16个县（市、区）的同时，针对“上学难、上学贵”和“看病难、看病贵”的问题开展了专项巡视。完善纪检监察机关对派驻机构的统一管理办法，进一步明确派驻机构履行监督职责内容、方式方法和相关纪律要求，较好地发挥了派驻机构的职能作用。

【查办违纪违法案件】 2006年，全省纪检监察机关共接受来信、来访、举报电话28849件（次），初查核实违纪线索6500件，立案4824件，结案4561件，处分4928人，其中，地（厅）级干部6人、县（处）级干部97人。给予党纪处分3832人，其中开除党籍562人，撤销党内职务66人。受政纪处分1267人，其中开除公职83人，撤职155人。在查办案件工作中，严格依纪依法，严明办案纪律，加强对办案全过程的管理和监督，做到安全文明办案，查办案件的治本功能进一步发挥。治理商业贿赂专项工作取得阶段性成效。全面开展不正当交易行为自查自纠，各行业主管（监管）部门组织本行业系统认真查找、初步纠正了经营活动和市场监管中存在的问题。全省共立案查处商业贿赂案件860件，结案813件，涉案金额6379万元。治理商业贿赂制度建设得到加强。

制度建设

【建立经济责任审计工作机制】 1月23日，省纪委、省委组织部、省监察厅、省人事厅、省国资委、省审计厅等部门联合出台《江西省领导干部任中经济责任审计暂行办法》。“办法”指出，需接受任中审计的领导干部，包括市、县（区）、乡（镇）党政主要负责人；省、市、县（区）党委各组成部门、工作部门、特设机构，以及有关人民团体和事业单位的主要负责人；市、县（区）审判机关、检察机关的主要负责人；国有和国有控股企业法定代表人。“办法”要求，领导干部一般任职两到三年必须进行审计，特殊情况可不受任职时间限制。在领导干部选拔任用、表彰奖励、目标考核等工作中，或者在作出组织处理、行政处分等决定时，任中审计结果将作为重要依据。

【制定换届工作六条纪律】 4月14日，省纪委办公厅下发了《关于加强全省各级党委换届期间党风廉政建设工作的通知》，要求各地区各部门严格执行6条纪律。一是领导干部要从大局出发，坚决服从组织安排，正确对待个人进退留转，正确对待名、利、位、权，严格遵守“四大纪律八项要求”，严格执行廉洁自律各项规定。二是严禁借干部提拔、交流、调整之机用公款相互宴请，迎来送往一律从简，严禁任何形式的铺张浪费活动。三是严禁以各种名义用公款向提拔、交流、调整的领导干部赠送纪念品、礼金、有价证券和支付凭证等。四是严格遵守财经纪律，不得借机突击发钱、发物，领导干部调整后要及时移交、归还公务用车、电脑、通信工具、文件档案等公共财物，凡将公共财物据为己有的，要依法依纪严肃处理。五是不准借领导班子换届或领导干部职务调整、交流之机，购买超标准小汽车，所需公务用车原则上在现有车辆中调配解决。六是严禁临时动议决定干部任免、大额资金使用、审批项目和发包工程等，更不准调离后干预原单位的有关工作。

【制定加强廉政文化建设的意见】 4月17日，江西省纪委、省委组织部、省委宣传部下发《关于加强廉政文化建设的意见》（以下简称《意见》）。《意见》明确了加强廉政文化建设的指导思想、总体目标、基本原则和主要任务，要求各地各部门要采取有效措施，凝聚各方面力量，突出抓好廉政文化“六进”活动。《意见》指出，各地各部门要建立健全廉政文化建设的领导体制和工作机制，充分发挥“党委统一领导、纪委组织协调、部门密切配合、广大群众通过多种形式积极参与”的党风廉政宣传教育大格局的作用，加强和改进对廉政文化建设的组织协调；要建立完善廉政文化建设的长效机制，促进和推动廉政文化建设的深入发展。

【出台商业贿赂案件移送规定】 为了合法、及时查处商业贿赂案件，形成协调配合、科学决策、优势互补、资源共享、便捷高效的工作机制，7月12日江西省出台了《江西省商业贿赂案件移送规定》（以下简称《规定》），同时，查处商业贿赂案件工作联席会议制度正式建立。《规定》指出，执纪执法机关及司法机关在治理商业贿赂工作中，发现涉嫌商业贿赂行为，需要追究相关单位或人员相应责任，且依法不属于本机关管辖的，应当将案件移送法定机关处理。其中，涉嫌违反纪律，需要追究纪律责任的，移送纪检监察机关处理；涉嫌违反行政法律，需要追究行政法律责任的，移送行政执法机关处理；涉嫌违反刑事法律，需要追究刑事法律责任的，移送司法机关处理。联席会议成员由省纪检监察机关、省委宣传部、省检察院、省法院、省公安厅、省工商局、省审计厅、省法制办等部门有关负责人组成。联席会议原则上每月召开一次，主要是通报商业贿赂案件查处情况，交流信息和经验等。

【制定《关于纪委协助党委组织协调反腐败工作的实施办法（试行）》】 为了切实保障纪委履行党章赋予的协助党委组织协调反腐败工作职责，充分发挥有关部门在反腐败工作中的职能作用，形成反腐败合力，促进反腐败工作深入开展，7月18日，江西省出台了《关于纪委协助党委组织协调反腐败工作的实施办法（试行）》。“实施办法”明确了组织协调工作的原则、范围和主要任务；对组织协调工作的程序和步骤、工作的形式、文件管理和传送、工作的保障、责任追究等作出了具体规定。

【制定《关于进一步加强和改进申诉复查工作的意见》】 为进一步提高申诉复查工作水平，切实维护和保障党员和行政监察对象的申诉权利，省纪委办公厅于9月19日下发了《关于进一步加强和改进申诉复查工作的意见》。“意见”共5部分：一是提高认识，强化领导，切实加强和改进申诉复查工作；二是落实“首诉必理、有申必答”规定，确保申诉案件件有着落；三是完善“劝导撤诉”和“回访考察”制度，把以人为本理念贯穿于办案全过程；四是试行“审复分设”和“下管一级”机制，强化申诉复查工作监督职能；五是探索“公开听证”、“公开审理”改革，切实提高申诉案件办理质量。

【制定关于省纪委派驻纪检组履行监督职责的实施意见】 为适应省纪委省监察厅派驻机构实行统一管理的需要，使省纪委派驻纪检组更好地履行对驻在部门党组及其成员的监督职责，9月29日，省纪委下发了《关于中共江西省纪委派驻纪检组履行监督职责的实施意见》。“实施意见”对省纪委派驻纪检组履行对驻在部门党组及其成员监督职责的指导思想和总体要求、监督内容、监督方式方法、监督要求等作出了明确规定。

行政监察

【深入开展纠风工作】 2006年，全省各级行政监察机关严肃查处教育乱收费行为，废止、纠正有关部门自行制定的与国家和省教育收费政策不相符的文件规定15个，清理各级各类学校违规收费项目132个，查处教育乱收费问题340起，174人受到党纪政纪处分或其他处理。严格规范医疗服务行为，查处医务人员收受“红包”、开单提成等问题117起，查处医药购销和医疗服务中违纪违法案件415起，133人受到党纪政纪或其他处理。严肃查处哄抬农资价格、制售假劣农资坑农害农行为，强化了对减轻农民负担工作的监督管理，查处哄抬农资价格、制售假劣农资坑农害农案件1149起、涉农负担案（事）件241起，111人受到党纪政纪处分或其他处理。规范出租汽车行业管理，取消不合理的收费项目60个。建立健全监督查处公路“三乱”快速反应机制，治理公路“三乱”工作成果进一步巩固。充分发挥“政风行风热线”和行政投诉中心作用，及时受理和解决群众诉求，部门和行业作风建设取得新进展。

【积极推进源头治理工作】 2006年，各级纪检监察机关积极推进改革和制度创新，认真贯彻中央《建立健全教育、制度、监督并重的惩治和预防腐败体系实施纲要》和《江西省建立健全教育、制度、监督并重的惩治和预防腐败体系实施意见》。加大干部人事制度改革力度，严格执行《党政领导干部选拔任用工作条例》，进一步健全干部选拔任用和管理监督机制，坚决预防和治理选人用人上的不正之风。加快推进行政审批制度改革，认真贯彻实施《行政许可法》，进一步清理和规范行政审批事项，依法建立、完善行政许可管理和监控机制。加强财政制度改革，认真落实“收支两条线”管理规定，国库集中收付等制度改革稳步推进。积极推进司法体制和工作机制改革。严格执行和完善工程建设招标投标、经营性土地使用权出让、产权交易、政府采购等4项制度。依法有序推进政务公开、厂务公开、村务公开以及公用事业单位办事公开。企业重组改制和破产中的职工利益得到了较好维护。

【认真开展监督检查工作】 2006年，各级纪检监察机关立足服务科学发展、保障科学发展、促进科学发展，认真履行监督检查职能。扎实开展查处土地违法违规案件专项治理，立案查处土地违法违规案件116件，给予党纪政纪处分132人，组织处理9人；纠正干部投资入股煤矿问题，对涉及的48名干部进行挂牌督办；开展城乡规划效能监察，制定了《江西省城乡规划效能监察工作程序》等制度；深入开展安全生产领域责任追究，参加调查责任事故118件，给予党纪处分50人、政纪处分109人、移送司法机关处理38人；认真开展对环境保护法执行情况的监督检查，会同有关部门查处并关闭、停产了一批违法排污企业。加强农村基层党风廉政建设，制定并下发了《关于加强农村基层党风廉政建设的实施意见》，乡村财务管理进一步规范，支农惠农政策进一步落实，促进了社会主义新农村建设。围绕做好地方各级党委集中换届工作，会同有关部门加强了对换届工作的法规政策教育，严明了换届工作纪律，加大了监督检查力度，严格了责任追究，保证了换届工作的顺利进行。

（卢作全　谢良贵）

民主党派

本栏编辑　陈超萍

中国国民党革命委员会江西省委员会

【概　况】　2006年,民革江西省委会共有地方组织12个,其中:省级组织1个,设区市组织11个;基层组织162个,其中:基层委员会1个,总支13个,支部144个,小组4个。全年发展新党员203名,平均年龄38.3岁,其中本科以上占83.8%,具有中高级职称的占81.6%。截至年底,全省共有党员3242人,担任县(区)级以上的人大代表、政协委员,分别为102人、556人,在政府和司法机关任县(处)级以上职务的党员为52人。

参政议政取得新进展。2006年,民革江西省委会向省政协九届四次会议提交了大会发言9篇,集体提案15件,个人提案41余件。其中,《关于建立"低水平、广覆盖"的农村社会保障制度基本框架的建议》被列为省政府重点督办建议案,《关于把我省建设成台商投资现代制造业和新型传统产业重要基地的建议》被列为省政协重点督办提案之一;在省委统战部牵头组织的"(6+2)非公经济与江西崛起"高层论坛上,民革与民盟、民进省委会联合调研论文《实施大开放战略,继续推动我省台商投资我省现代农业》受到了与会省领导的高度关注;《从南昌市知识产权状况看我省自主创新能力建设》等两份调研报告在省政协三季度常委会作专题发言;在中共江西省委组织的以"构建和谐社会,实现新的跨越"为主题的"双建"活动中,收集并报送建言献策"金点子"104条;向民革中央报送社情民意13条。

组织工作稳步推进。2006年,省委会建立了430余名人选的后备干部动态信息库;在各级社院共举办约17期培训(进修)班,有330余名党员参加了培训;圆满完成了抚州、吉安、宜春三个市委会的换届工作;荣获"民革中央组织发展工作先进单位"及"江西省各民主党派省委会机关工作目标管理组织工作先进单位"。

宣传工作扩大影响。2006年,省委会组织了"纪念孙中山诞生140周年"系列宣传活动;组织了"庆祝团结报创刊50周年祝贺"专版、"建设社会主义新农村"专题;健全完善了以各民主党派省委会、民革各市委会机关宣传专职干部组成的《团结报》特约记者队伍;积极宣传报道参政议政工作和先进人物,全年在省级以上媒体发表各类报道28篇。

社会服务取得实效。2006年,省委会联系捐资的会昌中山希望小学、上栗黄十梅希望小学先后竣工,省委会捐资的靖安罗湾中山希望小学举行开工典礼;围绕"全民创业,富民兴赣"主题,省委会召开了"民革省直、南昌市创业人士座谈会",先后组织3批民革创业人士赴台考察交流;江西中山书画院主办"纪念孙中山诞生140周年书画作品展"。

【民革全国祖统宣传工作会议在上饶召开】　2006年9月12～15日,民革全国祖统宣传工作会议在上饶隆重召开。全国政协副主席、民革中央常务副主席周铁农,全国政协常委、民革中央祖统委员会主任李赣骝,江西省政协副主席、中共省委统战部部长王林森,江西省政协副主席、民革省委会名誉主委张华康,民革江西省委会主委、省国土资源厅副厅长陈清华,中共上饶市委书记姚亚平,上饶市副市长、民革上饶市委会主委胡汉平等出席会议。民革全国各地代表80余人参加了会议。张华康主持开幕式,陈清华致开幕词,周铁农、王林森、姚亚平、胡汉平等分别发表讲话。会议邀请了中国社会科学院台湾研究所研究员、科研室主任刘红和《人民日报》国内部港台组组长吴亚明为大会作专题报告。

【民革江西省十届五次全委会召开】　2006年3月27～28日,民革江西省十届五次全委会在南昌召开。会议主要议程是:传达学习了全国"两会"和民革中央十届十五次常委会议精神;听取并审议民革第十届常务委员会2005年工作报告;表彰2005年度民革全省先进单位和参政议政、组织工作先进个人及优秀宣传干部。

【举办"纪念孙中山诞生140周年书画作品展"】　11月10～12日,为缅怀孙中山先生的丰功伟绩,表达对中山先生的深厚感情,由民革江西省委会主办、江西中山书画院承办的"纪念孙中山诞生140周年书画作品展"在南昌美术馆开幕,省领导蒋仲平、王林森、张华康和3个对口联系单位领导及江西美术界人士、省直民革党员近100人出席了开幕式。

(韩树艺　陈　舟)

中国民主同盟江西省委员会

【概　况】 2006年，民盟江西省委员会把促进江西崛起作为第一要务，认真履行参政党职能。一年来，盟省委领导参加了中共江西省委、中共江西省委统战部召开的政治协商会、双月座谈会、情况通报会等活动40多次，参与江西省经济建设和社会发展等重大问题的研究和协商，并提出了一些有益的建议，盟省委主要负责人还列席了中共江西省委的各次常委会。8月，中央巡视组到赣巡视，盟省委领导就江西的经济和社会发展，江西省级领导班子及领导干部的勤政、廉政等问题，坦诚提出意见，积极建言献策。

全国政协十届四次会议期间，盟省委主要负责人联络相关的18个省市的全国政协委员，联名提交了《关于建议国家进一步重视我国湖泊生态环境》的提案，建议国家从加强湖泊的生态功能保护与恢复等8个方面，进一步加强中国的湖泊生态建设。国家环保总局高度重视该提案，在办复函中提出了13项措施落实提案提出的建议，明确表示将加大对鄱阳湖可持续发展建设的力度。对此，江西省副省长熊盛文要求省水利厅、省林业厅做好相关工作，"使中央有关部门在采纳倪国熙副主席建议的过程中能给江西更多的优惠"。

在省政协九届四次会议上，盟省委提交大会书面发言9篇，集体提案14件。其中《关于加强农村中小学教师继续教育工作的建议》被省政府列为5件重点督办提案之一；《关于推动产学研结合的建议》《关于进一步发挥江西省高等农业院校作用的建议》被列为省政协重点督办提案；《关于加快农业机械化发展与创新机制的建议》被省政协提案委《重要提案摘报》采用。盟省委副主委、南昌副市长罗慧芬在此次会议上，提交了关于切实加强知识产权工作，设立专项基金的提案。经省政府研究决定，现已落实每年500万元的知识产权基金。

积极配合盟中央、中共江西省委统战部的部署开展活动。4月，盟省委与各党派省委会联合举办了"非公经济与江西崛起"论坛，参与了《实施大开放战略，继续推动台商投资江西省现代农业》调研课题。召开了"高职院校教育创新和人才培养座谈会"。与会盟员就高职院校教育教学改革与创新、高职院校人才培养、高职院校的经费投入等问题进行了探讨。5月，盟省委与盟南昌市委会联合召开了"民盟参政议政工作研讨会"，邀请省政协提案委主任方正平作题为《运用提案参政议政》的讲座，王东林就如何写好提案畅谈自己的感想体会，与会盟员就如何做好提案工作进行了深入探讨。6月，盟省委邀请省内部分高校领导参加"江西省高等教育与创新人才培养座谈会"。为江西省高校提高自主创新能力，推进教育创新，培养创新人才，提出建议。盟省委充分发挥专委会作用，2006年增补了4名专委会委员，并开展了慰问福利院儿童、妇女保健讲座等一系列活动。盟省委向盟中央信息反映工作也取得了新进展，共向盟中央报送信息56篇，比2005年有所增加。切实加强自身建设，努力建设高素质的参政党。盟省委切实改进"江西民盟网站"的建设，做到既保持特色，又增加知识性、可读性。全年共更新网页、照片500余项（次）。在10月举办了一次"江西民盟网站"知识竞赛。全省盟员踊跃参赛，盟省委共收到答卷3903份，参赛人数占全省盟员总数的73.64%。在2006年的全省统战理论研讨会上，盟省委推荐的两篇论文（作者为刘晓庄、任江南）受到大家一致好评，并被中共江西省委统战部推荐参加全国优秀统战论文评选。盟省委全年共在各类媒体发表宣传稿件50余篇。其中，在盟中央网站上，盟省委的稿件列各省市首位。在最近召开的民盟九届五中全会上，盟省委荣获盟中央授予的"宣传与理论研究工作优等奖"。

积极实施"人才强盟"战略，组织建设有了新进展。截至11月底，全省各级盟组织新发展盟员221人，现有盟员5170人。发挥优势，突出特色，开拓社会服务新领域。在9月召开的"全国各民主党派、工商联、无党派人士为全面建设小康社会作贡献经验交流暨表彰大会上"，盟员、江西省红十字志愿护理服务中心主任章金媛，盟员、江西环球房地产开发有限公司董事长姜正乾被授予全国先进个人称号。10月，江西省部分盟员企业家代表参加了"民盟民营经济（深圳）论坛"，在接受《深圳日报》记者采访时，江西省盟员企业家代表就江西乃至中部地区经济社会发展提出了不少好的意见和建议，并有4篇论文刊载于论坛文集。盟省委还组织盟员参加了由盟中央社会服务部、北京大学民营经济研究院主办的"民办教育高峰论坛"，为盟员创业者提供了良好的平台。

盟省委在总结往年扶贫工作的基础上，不断充实新的工作内容。与民盟南昌市委会联合到农村开展"爱心支教活动"，"送医、送药、送书"活动；与省侨联、省外侨办合作将峡江县金坪华侨农场30名余名农村技术员送到江西农业大学培训；在省农业厅盟员大力支持下，向华侨农场农民送去农村各类实用科技书籍650余册；与盟南大医学院委员会合作，为安义县万埠镇16个行政村送去价值3万余元精装《农村百科全书》，并开展医疗义诊、免费送药活动。

【举办公务员法知识讲座】 6月13日，民盟江西省委机关举办《中华人民共和国公务员法》知识讲座，特邀省食品药品监督管理局副局长、民盟省委副主委刘晓庄作专题讲座。盟省委机关全体工作人员听取了专题讲座。

【开展盟省委社会服务部部长职位竞争上岗工作】 为进一步加强机关自身建设，逐步建立能上能下、公平竞争的用人机制，本着公平、公正、公开，群众公认、注重实绩、德才兼备、任人唯贤的原则，盟省委于2006年6月起，历时半年开展了社会服务部部长职位竞争上岗工作。经过资格审查、笔试、面试、民主测评、民主推荐、组织考核，胡淑玉最终胜出。此次盟省委拿出社会服务部部长职位竞争上岗，在江西民盟的历史上是第一次，在江西省各民主党派省委会机关中也是首次。

【举行教师节座谈会】 9月18日，民

盟省委举行教师节座谈会,全省30多位盟员教师代表参加座谈。省政协副主席、民盟省委主委倪国熙出席座谈会,并向全省盟员教师致以节日的祝贺和崇高的敬意!民盟省委副主委、南昌市副市长罗慧芬,民盟省委副主委徐奔及盟省委秘书长任江南参加了座谈,南昌航空大学副校长、民盟省委教育委员会主任黎俊初主持座谈会。

【民盟全省机关工作经验交流会在南昌召开】 民盟全省机关工作经验交流会于11月在南昌召开。省政协副主席、民盟省委主委倪国熙在会上讲话。会议实事求是地分析了民盟江西省机关建设工作的状况,就机关建设工作取得的成绩和经验进行交流,对存在的问题进行探讨,取得共识,对做好全省机关建设工作起到了积极推动作用。民盟各市委会主委、专职副主委等共计40余人参加了会议。

【积极参加"构建和谐社会,实现新的跨越"建言献策、建功立业活动】 2006年,民盟江西省委积极参加全省"构建和谐社会,实现新的跨越"建言献策、建功立业活动,活动一开始,盟省委迅速向全省各级盟组织发出通知,要求各级盟组织、盟员积极响应江西省委的号召。至12月初,盟省委已向"构建和谐社会,实现新的跨越"建言献策、建功立业活动办公室报送建议255篇,其中《关于落实科学发展观,大力推广'清洁发展机制'项目的几点建议》经省政府副省长孙刚批示,作者、盟省委秘书长任江南应邀参加国家发改委相关研讨会。盟省委常委肖春连作为民主党派唯一代表,应邀参加了中共江西省委宣传部举办的"建言献策谋发展"泰豪论坛。《发展生产才是关键》等一批较好的建言献策文章被《当代江西》《江西日报》《光华时报》、省"双建"活动《快报》、南昌市人民政府网、南昌市"金点子"《简报》刊登。另有4名盟员参加了江西电视台举办的与省委书记孟建柱对话节目。为此,民盟江西省委被评为"构建和谐社会,实现新的跨越"建言献策、建功立业活动"组织工作奖",受到中共江西省委宣传部的奖励。

【民盟江西省十一届五次全会在南昌召开】 民盟江西省第十一届委员会第五次全体会议于12月29~30日在南昌召开。省政协副主席、民盟省委主委倪国熙受民盟江西省第十一届委员会常委会委托,向大会作工作报告。中共江西省委统战部副部长严平出席会议,民盟省委副主委刘晓庄、温锐分别主持会议。

会议通过了召开民盟江西省第十二次代表大会的决定;审议通过了《民盟江西省第十一届委员会第五次全体会议决议》等。会上还对2006年参加"江西民盟网站"知识竞赛的优秀单位和获奖盟员进行了表彰。

(贺泉龙)

中国民主建国会江西省委员会

【概　况】 2006年,全省共发展新会员139名,全年发展率5.42%。到2006年底,全省共有会员2678人,其中大专以上学历1886人,占会员总数的70.4%,中高级职称1476人,占会员总数的55%,经济界会员2002人,占会员总数的75%。民建省直江西财经大学支部和江西农业大学支部相继成立。

一年来,省委会把发展作为参政议政的第一要务,积极建言献策。在年初召开的省政协九届四次会议上,提交大会发言材料《创新思路,破解中小企业融资难题》《关于我省"十一五"时期信息资源开发利用的建议》《关于进一步贯彻落实和完善国家粮食补贴政策的建议》《关于落实和完善福利企业税收优惠政策,促进残疾人就业的几点建议》《积极参与构筑南昌—武汉—长沙大都市圈,大力推进江西城市化进程》《加大投入促进我省农业循环经济发展》《农村师资的现状对农村教育发出了预警》《促进农技推广,加快农村经济发展》《基层信访工作存在的问题及对策》等10篇;提交提案《积极参与构筑南昌—武汉—长沙大都市圈,大力推进江西城市化进程》《加大投入,促进我省农业循环经济发展》《关于大力加强我省信息资源开发利用的建议》《关于进一步贯彻落实和完善国家粮食补贴政策的建议》《关于落实和完善福利企业税收优惠政策,促进残疾人就业的几点建议》《基层信访工作存在的问题及对策》《促进农技推广,加快农村经济发展》等7件。其中《积极参与构筑南昌—武汉—长沙大都市圈,大力推进江西城市化进程》的提案,受到社会瞩目。在《江南都市报》《中华工商时报》等媒体分别以《江西应主倡"中三角"》《打造中国中部核心金三角(民建江西省委提出尽快构筑南昌——武汉——长沙大都市圈)》为题进行报道之后,更是引起社会广泛关注。"人民网"、"中共中央统战部"网站、"中国网"、"新浪网"、《中国财经报》《华尔街电讯》等众多中外媒体纷纷转载报道。《加大投入,促进我省农业循环经济发展》被省政协列为重点督办提案,由省政协人口环境与资源委员会督办。2006年11月16日,在省农业厅4楼会议室召开的省政协九届四次会议第123号提案现场督办会上,江西省农业厅对民建江西省委会在省政协九届四次会议上提交的《加大投入,促进我省农业循环经济发展》的提案,作出令人满意的答复,建议被充分采纳。针对省委会在提案中提出的进行农业、工业综合循环经济试点,大力发展和推广农业循环经济技术,大力开发利用微生物资源,强化农业资源管理体制等建议,江西省农业厅明确答复,必须转变传统的农业发展理念和发展模式,科学统筹农业生产中资源投入、农业生产、废弃物处理等各个环节,把循环经济理论、可持续发展理论和科学发展观落实到农业生产实践中去。该提案办理情况,《团结报》以《江西省农业厅采纳民建江西省委会建议,多项措施,大力推广农业循环经济》为题,在头版给予报道。

省委会始终坚持把思想建设放在工作首位。采取多种形式,组织广大会员认真学习"三个代表"重要思想、十六届五中、六中全会、中央两个5号文件和第二十次全国统战工作会议精神,学习民建的光荣传统,让广大会员充分认识新时期中国政党制度的特点和优势,进一步坚定了接受中国共产党领导的多党合作和政治协商制度的自觉性和坚定性。

深入开展理论研究工作。开展“加强制度建设,提高参政能力”为内容的理论研究工作,通过广泛发动,深入调研,形成理论研究成果12篇,数量上有较大突破,会员参与面得到较大提高,其中《加强我会基层组织制度建设的几点思考》荣获2006年度民建中央优秀理论成果一等奖。开展了省政协理论研讨会理论研究文章的组织工作,报送了《监督是权利也是义务》等政协理论文章。组织《中介组织从业人员的主要特征和主要诉求》《多管齐下,化解非公企业融资难题》等两篇理论文章在省各民主党派、省工商联2006年度统战理论研讨会进行了交流。

全省民建各级组织在省级以上媒体刊登有关民建工作和人物先进事迹的稿件120余篇。其中《于无声处听惊雷》获民建中央2006年度新闻宣传优秀作品奖。民建省委会获民建中央2005~2006年度新闻宣传工作先进单位二等奖。

【召开民建江西省六届七次全委会】 12月30日,民建江西省第六届委员会第七次会议在南昌召开。民建省委会名誉主委喻长林,民建省委会副主委肖山、吴瑛、孙菊生,副主委兼秘书长徐良平,中共省委统战部一处处长张勇等出席会议。民建省委会机关各部室负责人列席会议。省政府副省长、民建省委会主委胡振鹏主持会议。胡振鹏在会上就全省各级民建组织进一步深入学习贯彻中共江西省第十二次代表大会精神作了讲话;吴瑛在会上传达了民建八届五中全会精神。会议增选陈长安为民建江西省第六届委员会副主任委员。

【为经济建设服务】 2006年,全省民建各级组织和会员企业积极参加为三农办实事,支边扶贫,转移农村剩余劳动力,办学培训,安置下岗职工,招商引资和捐助社会公益事业等活动。据不完全统计,一年来,为三农办实事56件,投入扶贫资金122.58万元;转移农村剩余劳动力1000余人;会办和会员办校共12所,在校学生人数实现历史性突破,高达22761人;举办各类专业培训班62期,为社会培养各类有用人才7486人;协助党和政府安置下岗职工14892人;招商引资8项,引资资金5.33亿元,美元100万;捐助各项社会公益事业和济困救灾17项,捐赠资金共计149.06万元。

（廖　雷）

中国民主促进会江西省委员会

【概　况】 民进江西省委会现有市级委员会9个,市级支部2个,省直工作委员会1个;基层组织166个,其中基层委员会4个,总支委员会8个,支部151个,小组3个。2006年发展新会员153人,平均年龄37.8岁,其中具有高中级职称的有112人,博士(含在读)2人,硕士(含在读)17人。到2006年底,全省会员为2310人,平均年龄49.6岁,具有高中级职称和中上层人士会员分别占总数的82.3%和92.2%,教育文化出版界会员占总数的70.9%。担任政府和司法机关县(处)级以上职务的有19人,担任各级人大代表和政协委员的有424人(次)。

2006年,民进向省政协九届四次会议提交了73件提案,占大会642件提案的11.4%。其中民进省委会集体提案29件,会员个人提案44件,集体提案占全部121件集体提案的24%。会后,有3件提案被选为重点提案,会员个人提案《关于合理开发利用矿产资源的几点建议》由省政协主席钟起煌督办,民进省委会集体提案《江西应尽早开展创建生态省工作的建议》和会员个人提案《书画艺术品市场大有可为》两个提案分别由刘运来和黄定元两位副主席督办。民进共递交书面发言材料17篇,占87篇总数的19.5%,其中以省委会名义提交16篇,个人1篇;民进省委会《应把发展生态经济作为江西可持续发展的战略举措》作大会发言,受到广泛关注。大会期间,省委书记孟建柱,省政协主席钟起煌,省委常委、省委秘书长陈达恒,副省长熊盛文(时任省长助理)来到民进、共青团等界别组成的第一联组直接听取委员的意见。民进会员就“推进我省文化产业的发展”、“研究生教育发展”、“发挥民办职业教育的优势”、“开展农民工培训”、“农村新经济组织发展和农村社会保障、回乡青年创业等问题”、“加大对政府集中采购的监督力度”直接向省领导提出了意见和建议。会后省政协编印《建言献策100例》《社情民意100例》,民进分别入选13例、10例。在其后的几次省政协常委会议上,民进有3篇书面发言材料,有3人作大会发言。民进省委会全年报送《江西民进信息》40期,其中《民进信息》、省委统战部采纳5篇。

2006年,民进省委会在《人民政协报》《团结报》《民主》等中央媒体上发稿30篇,在《江西日报》、江西卫视、《光华时报》等省内媒体上发稿93篇,《民进中央会讯》刊登2篇,省级电台、电视台报道12次,“江西民进网”全年共发各类文章848篇。

【召开民进江西省五届五次全委会】 3月22~23日,民进江西省五届五次全委(扩大)会议在南昌召开。省委副书记彭宏松、省政府副省长凌成兴到会祝贺。民进省委会名誉副主委伊剡、全体省委委员出席了会议,各市委会主委、专职副主委、省直属地方组织和省直工委负责人、各专门工作委员会主任、省委会机关各部门负责人、省直基层组织负责人80余人列席了会议。会议学习了中共十六届五中全会、中共江西省委十一届十次全会精神和民进中央十一届四中全会精神,听取了彭宏松副书记代表省委、省政府作的重要讲话,听取了全国人大十届四次会议、政协全国十届四次会议精神的传达。会议听取并审议了省政协副主席、民进省委会主委刘运来代表常委会所作的工作报告。委员们一致认为:2005年,省委会按照中共中央〔2005〕5号文件的要求,根据民进中央的工作部署,以思想建设为核心搞好政治交接,以组织建设为基础提升参政党整体素质,以制度建设为保障提高参政议政能力,以机关建设为抓手推进各项工作,不断加强自身建设,大力推进参政议政、为经济建设服务工作,各方面均取得了比较明显的成效,特别是人才工程、参政议政精品工程、江西民进新形象工程的建设取得了可喜的成绩。会议决定批准常委会的工作报告。

会议学习了《民进中央关于加强参政议政能力建设的意见》，讨论了《民进江西省委会关于贯彻〈民进中央关于加强参政议政能力建设的意见〉的意见（草）》。会上向2005年获得参政议政、新闻宣传、信息、网络宣传工作的先进单位和表扬单位颁发了奖牌。省委统战部副部长黎细保、严平到会祝贺，严平代表省委统战部讲话。省文化厅、省新闻出版局、省出版集团公司等对口联系厅局负责人应邀出席了会议开幕式。

【召开民进江西省五届十八次常委（扩大）会议】 9月10日，民进江西省五届十八次常委（扩大）会议在南昌召开。会议学习了第二十次全国统战工作会议精神，传达了胡锦涛、贾庆林等中央领导重要讲话精神和全国政协副主席、中央统战部部长刘延东的工作报告。省政协副主席、民进省委会主委刘运来主持学习并讲话。

会议对民进省委会领导班子及领导班子成员换届以来履行职责情况进行了评议。省政协副主席、民进省委会主委刘运来代表民进江西省第五届领导班子就换届以来所做的工作进行了述职。民进省委会副主委王世兰、汤建人、方志远、李志跃作为领导班子成员分别在会上就各自履行职责情况进行了述职。与会人员对领导班子及其成员在本届任期内的政治把握能力、组织领导能力、参政议政能力、合作共事能力以及廉洁自律情况进行了认真的、实事求是的评议。

会议还学习了《民进中央关于2007年省级组织换届工作的意见》以及各民主党派省委会《关于做好各民主党派省、市级组织换届工作协商纪要》；审议通过了民进省委会2007年换届有关工作文件。出席这次会议的有民进省委委员，各市委会主委和一名副主委，省直属地方支部主任，省委会各专委会、江西民进民营企业家联谊会、江西民进书画院、省叶圣陶研究会的负责人，省委会机关处级干部，省政府参事，省特邀检察员、监察员等共计约60人。

【开展专题调研成绩突出】 2006年，民进省委会就农村师资队伍建设课题，发动民进各市委会结合当地情况开展调研，形成了12篇调研报告。选择了7个课题开展专题调研，形成了7篇调研报告送省委、省政府，分别是：《关于建立农民增收长效机制的几点建议》《关于加强农村师资队伍建设的建议》《大力发展农村职业教育，切实提高农民综合素质》《大力培养农村实用人才，推进社会主义新农村建设》《大力推进信息化新农村建设》《繁荣文化事业，发展文化产业》《加快自主创新，提升企业核心竞争力》。省委书记孟建柱对《关于加强农村师资队伍建设的建议》作出批示，代省长吴新雄、副省长孙刚先后作了批示；孟建柱对《大力发展农村职业教育，切实提高农民综合素质》作出批示："加强农村职业教育十分必要，这对提高农民综合素质，建设社会主义新农村，全面建设小康社会都有着极其重要的作用。省民进的建议很好，拟请教育厅认真研酌。"副省长胡振鹏在《加快推动自主创新，大力提升企业核心竞争力》的报告上作出批示。

【参加"构建和谐社会，实现新的跨越"建言献策、建功立业活动】 2006年，中共省委在全省范围内开展了"构建和谐社会，实现新的跨越"建言献策、建功立业活动，民进省委会积极行动，动员广大会员建良言、献良策。民进省委会坚持每周一报，将江西民进各级组织和会员的建言献策梳理后报送省"双建"活动办公室、省委统战部以及《江西日报》、江西卫视等省内新闻媒体。短短一个多月时间，民进省委会报送建言献策41篇，"关于加快推进我省企业自主创新的建议"等被编入"双建"活动《快报》，"加强鄱阳湖湿地保护与开发利用"、"建议将11月定为'金点子'大赛活动月"等7条建议在江西卫视、《江西日报》"双建"活动专栏上播出或刊登。

【开展社会公益活动】 2006年，民进省委会积极开展社会公益活动。协助民营企业家会员向遭受水灾的上犹县灾民捐赠价值4万余元的非油炸方便面；向南昌县八一乡中心学校赠送了150本少儿读物、20套高考复习辅导书和价值千元的学习用纸；联合南昌市商贸委向南昌县八一乡的50名贫困中小学生捐赠1万元助学款；组织会内医疗专家到南昌县蒋巷镇开展"送医送药下乡活动"，为当地居民进行现场义诊送药，举办妇科知识讲座，近千名群众现场参与。

【培训推荐后备干部】 2006年，民进省委会积极培训推荐后备干部。全省会员中有1人参加浦东干部学院学习，5人参加中央统战部、民进中央、中央社会主义学院的培训，131人参加省委组织部、省委党校、省委统战部、民进省委会、省社会主义学院的培训。举办了1期全省专职干部培训班，组织省委常委到四川学习考察，组织省委会机关干部到海南学习考察。为提高会员的参政议政能力，省委会邀请民进中央副主席王佐书为骨干班学员讲课。2006年，民进会员中新任领导职务的有副市（厅）级4人，正县（处）级1人、副县（处）级6人；新增设区市级人大代表、政协委员54人；新当选全国、省级学术团体秘书长以上职务的有6人。（李　冰）

中国农工民主党江西省委员会

【概　况】 2006年，农工党全省组织共有设区市委会10个，县级市委会1个，基层组织267个，其中总支27个，支部232个，小组6个。新成立了农工党铜鼓县支部。

到2006年底，全省共有党员4017人，平均年龄53.6岁。其中2006年新发展党员152人，发展率为3.9%；新发展党员具有中高级职称128人，占总数84.2%。全省党员中，有全国人大常委、人大代表2人，全国政协委员2人，全省各级人大代表124人，各级政协委员580人；担任副厅级以上领导干部13人，担任政府正、副县（处）级领导实职19人，担任团体、事业单位副县（处）级以上领导实职40人。

2006年，省委会坚持以理论学习为重点，组织广大党员认真学习邓小平理论和"三个代表"重要思想，学习科学发展观、《江泽民文选》，认真学习中共十六大以来中共中央一系列治国理政的重大战略思想和中共江西省委第十一届十次全会及十二次党代会精神，并结合全国全省“两会”、第二十次全国统战工作会议精神和中发〔2005〕5号、中发〔2006〕5号和赣发〔2005〕16号文件等一系列重要文件精神，不断加强中国共产党领导的多党合作和政治协商制度教育，努力提高广大党员的思想政治素质，增强为构建社会主义和谐社会作贡献的信念。

省委会紧紧围绕中共江西省委、省政府的中心工作，充分发挥农工党组织的优势，积极为江西省经济建设和社会发展参政议政、建言献策。在省政协九届四次会议上，省委会共提交集体提案16件，大会发言材料8篇。其中《建立医院经济运行监管机制，确保群众医疗费用公平合理》提案被列为省政协重点提案，由省政协主席钟起煌亲自督办；《突出城市个性，打造现代中心城市特色魅力》提案在大会上宣读。

【农工党中央慰问团到赣开展慰问活动】 1月8日，全国政协副主席、农工党中央常务副主席李蒙率农工党中央慰问团专程到赣慰问农工党江西省组织80岁以上老党员。中共江西省委副书记王君、省政协主席钟起煌专程看望李蒙副主席一行，并进行了亲切交谈。在农工党中央、农工党江西省委会慰问80岁以上老党员座谈会上，李蒙和老党员进行了亲切的座谈，并代表农工党中央衷心地祝愿老党员们身体健康，全家幸福。

【农工党江西省九届五次全委会议召开】 4月6～8日，农工党江西省九届五次全委会在南昌举行。中共江西省委常委、省委组织部部长董君舒出席并作讲话，中共江西省委统战部副部长严平应邀莅会指导，省政府对口联系部门的负责人应邀出席会议开幕式。

会议审议通过了主委万学文代表九届常委会作的工作报告。会议传达了农工党十三届四次全会精神和《中共江西省委关于进一步加强中国共产党领导的多党合作和政治协商制度建设的实施意见》，表彰了全省“抗震救灾”工作先进集体、先进个人和捐资助学先进个人，通过了《中国农工民主党江西省第九届委员会第五次全体会议决议》。

【深入开展理论研究工作】 2006年，农工党江西省委会以构建和谐社会、学习贯彻两个中央5号文件精神为研究重点，进一步加大了理论研究工作力度。省委会领导亲自撰写理论研究论文，理论研究工作呈现崭新的面貌，取得了可喜的成绩。在农工党中央2006年理论研究成果评比中，主委万学文撰写的《坚持科学发展观，推进和谐社会建设》荣获一等奖；省委会副主委郑小燕撰写的《新时期民主党派代表性人物要带头提高四种能力》荣获三等奖，省委会荣获“先进组织工作奖”。

【捐资兴建希望小学】 5月20日，农工党江西省委会在鄱阳县开展捐资兴建希望小学暨义诊活动，捐资21万元兴建“泰豪前进希望小学”，捐资3万元兴建三庙前乡高峰小学教育设施；在义诊活动中，共组织13名农工党员医疗专家为当地群众诊治800人次。

【成立农工党铜鼓县支部】 2006年9月，在中共江西省委统战部和中共宜春市委的大力支持帮助下，经中央统战部同意，农工党铜鼓县支部正式成立，实现了省委会多年的愿望，壮大了农工党全省组织力量。

【设立构建和谐社会联系点】 9月28日，农工党江西省委会在南昌市青云谱区岱山街办迎宾社区举行构建和谐社会联系点启动仪式。省委会在居民社区设立构建和谐社会联系点，旨在通过开展捐款捐物、医疗义诊、法律咨询、访贫问苦等工作，为人民群众送健康送温暖，做好事办实事。启动仪式上，省委会主委万学文，副主委郑小燕、陈协和出资捐助的农工党员企业家共同向贫困学生与贫困家庭捐款。

【拍摄《中国农工民主党》专题片】 10月9～12日，农工党中央摄制组来江西省进行电视专题片《中国农工民主党》的拍摄。《中国农工民主党》以反映中国共产党领导的多党合作和政治协商制度，介绍农工党的历史沿革、重要人物和重要事件，农工党与中国共产党肝胆相照、合作共事的典型事迹为主要内容。摄制组在南昌市、永修县、修水县和九江市采访了当年参加过解放九江、修水、永修的农工党老党员，查阅、收集了有关的党史资料及解放战争时期农工党在以上地区的资料，并拍摄了有关场景。

【举办“国际科学与和平周义诊”等医疗义诊活动】 11月4日，农工党江西省委会在构建和谐社会联系点——迎宾社区举办了第十八届“国际科学与和平周”义诊活动，为社区居民免费开展心电图、B超及血脂、血糖等专项检查和医疗义诊活动，共为居民义诊500余人次，专项检查150人次。

3月19日，省委会在南昌市开展了以“携起手来，共抗艾滋，奉献爱心，共享生命”为主题的“巾帼红丝带爱心行动”，组织专家教授向广大市民提供艾滋病防治知识的咨询和解答，向群众发放《艾滋病防治》《预防吸毒过量》《艾滋病的自我保护》等宣传资料1000多份。11月25日，省委会在安义县开展医疗帮扶活动，向安义县无偿捐赠价值43万元的医疗用品，帮助安义县开展妇女病普查普治工作，并组织专家开展医疗义诊活动。

【开展建言献策、建功立业活动】 11月，农工党省委会积极响应中共江西省委的号召，在全省组织和党员中开展“立足新起点，实现新跨越”建言献策、建功立业活动，全省党员提出建议271条，其中124条被中共江西省委“双建”办快报采用，连续3期刊载。

【主办第二届中国·南昌医药保健品博览会】 11月19日，农工党江西省委会和南昌市人民政府共同主办的“第二届中国·南昌医药保健品博览会”在南昌隆重举行。中共江西省委常委、南昌市委书记余欣荣，省人大副主任、农工党江西省委会主委万学文，江西省副省长胡振鹏，省政协副主席、中共江西省委统战部部长王林森等领导出席开幕式。博览会期间举行了医药保健品新科研成果、新生产技术、新产品及专利专场推介会和意向竞标会,为省内外医药企业展示实力、寻求合作提供了更多商机和发展空间。来自国内外近80家医药企业和全国医药界知名专家、学者、医药经销企业代表,省市部分医学院校、医院的有关负责人及农工党省、市部分党员共500多人参加了博览会。　（江建中）

九三学社江西省委会

【概　况】　九三学社江西省委有所属市委会9个,省直基层委员会5个,省直支社16个,小组1个;成员2001人,其中高校、科研、医药卫生、工程技术界占76%,有博士学位的70人,有硕士学位的142人。具有高中级职称的占98%,大中城市占92%,女社员占31%。是年发展新社员110人。

参政议政取得新进展。2006年,在政协江西省第九届四次会议上,提交了大会发言18篇,提案25件,其中:《社会主义新农村建设需注重成本管理》的大会口头发言受到好评,《江西茶叶生产形势与发展对策》被选为主席督办提案,并被《中国农民报》连续跟踪报道,取得了良好的效果。《新农村建设如何打造资金链和控制成本》《新农村建设项目重在科学规划》分别在“专报”刊登供省领导参阅,同时被九三学社中央选为政协十届全国委员会第四次会议提案。

2006年,开展参政议政课题调研25个并形成调研报告,其中《从江西共产主义劳动大学发展轨迹,看今天农村职业技术教育》被列为2006社中央中标课题,在6月份九三学社中央常委会上作了专题发言,引起强烈反响。《农村新房建设的调查与建议》《重点突破——江西省技术创新研究》在2006年政协江西省第二、三季度常委会上发言,对农村新房建设、江西省科技自主创新提出了建议。

反映社情民意取得新实效。一年来,九三学中央采纳九三学社江西省委会信息44条,列全国第五名,获得“九三学社2006年度信息工作先进单位三等奖”。《关于强化新农村建设成本管理的建议》信息,得到中共中央政治局委员、国务院副总理回良玉和全国人大副委员长、九三学社中央主席韩启德重视与签批。向江西省政协信息中心、中共江西省委统战部报送信息180多条。副主委陈汉杰被授予“九三学社2006年度信息工作积极分子”称号,社员吴清萍和谢力军被聘为九三学社中央特邀信息员。

组织建设迈上新台阶。完成了“九三学社江西省基层组织建设状况的调查报告”,为做好组织建设工作夯实了基础。在全省范围内建立了人才库,实行动态管理,为政治安排和实职安排形成储备。一年来,共选派了31名社员参加省社院基层骨干班,11人参加县处班,3人参加中央社院,2人参加省妇联培训班的学习。社省委对各市委会网络操作员进行了培训,完成了1107位社员的信息录入工作。

思想建设探索新途径。在全省文教界中青年社员中开展了思想状况调研,形成了题为“科学发展作统领,以人为本促思建”的调研报告,得到了九三学社中央副主席邵鸿的充分肯定。在全省社组织范围内开展的“社会主义荣辱观在践行中”的征文活动中,共收到稿件50余篇,经过评审,有16人次获奖,3个基层组织评为组织奖。一年来向九三学社中央网站、团结报、光华时报、心桥网等媒体报送稿件98篇。《社会主义新农村建设必须注重成本管理》在江西省政协好新闻评选中获得三等奖。

【社会服务蓬勃发展】　2006年,九三学社江西省委会所属市委会积极开展社会服务。赣州市委会组织医务人员深入农村、社区、学校,进行科普讲座和义诊活动,受益人数达千余人,启明星医院继续坚持为部分困难家庭的白内障患者免费施行手术,得到了社会各界的好评。鹰潭市委会建立科技示范点,结合实际,建议当地调整产业结构,并免费提供技术支持和推荐优良品种,定期委派具有专业知识的社员进行技术指导,取得了良好的社会效益。宜春市委会派出畜牧专家,长期为农民和养殖大户传授技术,解决疑难病症10余起,听取技术讲座200余人。2006年,九三学社赣州市委会被评为“全国社会服务工作先进集体”;九三学社鹰潭市委会余江县基层委员会和九三学社江西省直电力支社社员谢力军,分别被评为全国“各民主党派、工商联、无党派人士为全面建设小康社会作贡献”的先进集体和先进个人。

【五届五次全委会召开】　5月11日上午,九三学社江西省第五届委员会第五次全体会议在南昌市召开。会议听取了九三学社中央副主席邵鸿传达2006年全国“两会”精神;通过了同意邵鸿因赴京任九三学社中央副主席而辞去九三学社江西省委会主委职务请求的决定;会议选举李华栋为九三学社江西省第五届委员会新任主委。

【五届六次全委扩大会议召开】　九三学社江西省五届六次全委扩大会议于12月23～24日在南昌市开幕,会议学习了中共十六届六中全会精神和中共江西省第十二次代表大会精神,传达了九三学社中央第十一届五次全委会会议精神,审议并通过了主委李华栋所作的九三学社江西省五届常委会2006年度《工作报告》和《五届六次全委(扩大)会议决议》。会上表彰了2006年度社省委参政议政、社会服务、信息工作和“建言献策、建功立业”、“社会主义荣辱观在践行中”征文活动先进集体和个人。

【社员肖克东获首批“九三学社王选关怀基金”资助】　6月份,九三学社中央副主席王选夫人陈堃銶老师按照王选生前遗愿,捐出100万元成立了“九三学社王选关怀基金”,为社内离退休老同志中经济困难的重病患者提供一定的医疗补助。吉安市委会社员肖克东获首批九三学社王选关怀基金资助金1.5万元。　（梁　磊）

人民团体

本栏编辑　李荣根

江西省总工会

【概　况】 2006年,江西省各级工会用科学发展观统领工会工作全局,坚定不移地走中国特色社会主义工会发展道路,按照“扩大覆盖面、增强凝聚力”的要求,认真贯彻“组织起来、切实维权”的工作方针,全省工会工作呈现出蓬勃发展的良好态势,为江西省改革发展稳定作出了积极的贡献。

职工创新活动更加丰富。全省各级工会紧紧围绕加快崛起、富民兴赣的大局,在全省职工中深入开展“为实现‘十一五’规划建功勋、创辉煌”竞赛活动,广泛开展岗位劳动竞赛、技术比武、金点子、发明创造等形式多样的职工经济技术创新活动。全省参加各级各类职业技能竞赛的职工达56.6627万人,涉及20多个行业。为进一步激发广大职工“学技术、比技能、创一流”的积极性,省总工会和省有关厅局联合举办第二届全省职工职业技能大赛。组织开展“创建学习型组织、争做知识型职工、勇为创业型人才”、职工职业道德“百佳”班组、“和谐江西十大楷模”评选、“安康杯”知识竞赛、“关爱农民工生产安全与健康特别行动”、职工读书自学成才和职工文化体育等活动,提高了职工队伍的整体素质。评选表彰了一批全国和省五一劳动奖状、奖章获得者。首次举办全省“百名劳模话创业”讲坛活动,用劳模和创业典型的先进事迹激励职工的创新创业激情。省总工会还筹集资金388万元对劳模进行了各种困难补助,倡导了尊重劳模、关爱劳模的良好社会风尚。

工会组建工作更加深入。调整后的省新经济组织工会组建工作领导小组对加强外商投资企业工会组建工作进行了研究部署。全省各级工会把抓好外资企业工会组建和农民工入会工作作为重点工作来抓。省总工会召开全省工会推进外商投资企业工会组建工作现场会,积极创新工会组织形式和组建方式,探索工会组建的长效机制。特别是沃尔玛深国投百货有限公司南昌八一广场分店工会的成立,为全国突破沃尔玛公司建会工作作出了重要贡献。2006年,全省共有外商投资企业(含港澳台合资企业)工会994家,发展会员62.9万人;基层工会涵盖独立法人单位53594家,会员人数438万人。上年经中华全国总工会考核,省总工会荣获一等奖,并被评为“全国工会组建工作先进单位”。

协调劳动关系更加推进。省人大常委会审议通过了《江西省职工代表大会条例》,江西是全国第四个实现职代会地方立法的省份。省总工会共参与10部涉及职工切身利益的法律法规的修改制定。省、市、县(区)和260个乡镇(街道)、工业园区建立协调劳动关系三方会议制度并开展构建和谐劳动关系企业和工业园区活动。省总工会与省有关部门联合下发《江西省劳动合同制度三年行动计划实施方案》。全省各级工会坚持全过程参与国有企业改组、改制工作。全省签订集体合同的企业达18372家,实行厂务公开制度的企业有7759家。全省非公有制企业民主管理取得积极进展,职代会建制率达63.4%,厂务公开建制率达65%,得到全国厂务公开领导小组检查组的充分肯定。全省工会劳动争议仲裁员参与处理案件172件,省市两级工会共接听“12351”职工热线电话1847个,接待处理职工信访2846件,维护了职工队伍和社会政治稳定。

工会帮扶工作更加扎实。全省各级工会认真做好维护农民工合法权益工作,积极配合政府劳动保障部门开展农民工工资支付情况专项检查,帮助3.52万名农民工追回被拖欠的工资2302万元。广泛开展为农民工“送温暖”、送文化、送清凉、送健康、送安全等活动,共筹集资金730万元,走访慰问农民工3.65万名,帮助771名农民工返乡过年。举办2006年度“金秋助学”活动,筹集和发放832万元,资助困难职工和农民工子女15841人。在上年“送温暖”活动中,全省工会共筹集资金8391万元,走访4352户困难企业,慰问补助困难职工、困难劳模家庭278790户,办实事6021件。全省建立工会困难职工帮扶中心148个,基本形成市、县(区)、基层上下联动的三级帮扶救助网络,全面完成工会促进再就业三年工作目标。

工会自身建设更加加强。省总工会党组争取省委组织部下发《关于市、县(区)换届中解决好工会主席按同级党政副职级干部配备》的明传电报,工会主席高配工作有了新的进展。全省工会开展了对1000名下岗职工和1000名低保职工再就业和生活状况(简称“双千调研”)等重点调研,特别是省总工会和省国防工会关于江西省军工企业改制情况的调研报告受到省领导好评。省总工会举办培训班11期,培训工会干部690人。全省实行工会经费由地税部门统一代征,省总工会联合省有关部门对财政划拨工会经费和税务代征工会经费工作进行了督促检查,工会经费收缴稳定增长。工会经审工作贯彻落实规范化建设标准有明显进步,推广"审验证"制度取得了新的成绩。工会资产管理和实力进一步增强。成功化解投资风险,为党政分忧。省总工会新建50年来第一栋独立的办公大楼,工作条件大为改善,提高了工会的地位和形象。

【省政府与省总工会第六次联席座谈会召开】 会议于1月17日在南昌召开。省长黄智权出席会议并讲话,副省长凌成兴主持会议。会议确定:(1)适当增加"送温暖"资金和劳模慰问补助资金,共计950万元。(2)省政府授权省地税局和全省地税系统,切实做好工会经费的代收工作。由省总工会和省地税局联合发文就委托税务部门代收工会经费和工会筹备金工作的操作办法出台具体规定。(3)省财政带头并要求各级财政将财政拨款的行政事业单位的工会经费应单独列入年度财政预算并及时足额划拨到位。(4)基层工会账户被取消和地方工会账户进入财政核算中心问题,由人行南昌中心支行和省财政厅予以帮助解决。

【省委组织部下发《关于市、县(区)换届中解决好工会主席按同级党政副职级干部配备》的内部明传电报】 电报于2月23日下发。提出:(1)对在换届考察全额定向民主推荐中得票较多、经考察符合提拔条件的现任工会主席,可以在提拔担任同级人大、政协副职后继续兼任市、县两级工会主席。(2)现任工会主席不具备提拔条件的,可以从现任人大、政协副职中选配1名同志兼任工会主席。(3)工会主席由同级人大、政协副职兼任后,市、县两级工会可以设常务副主席1名,仍按正县级、正科级干部配备。

【省总工会十一届四次常委(扩大)会议召开】 会议于8月1日在南昌召开。会议的主要任务是:传达贯彻全国工会领导干部高级研讨班和全总十四届九次主席团(扩大)会议精神,总结上半年工作,深入研究新形势下加强工会工作问题,努力推动工会工作创新发展。全省十一个设区市的工会主席就如何贯彻落实《企业工会工作条例》,抓好外资企业工会组建工作进行了经验交流。

【沃尔玛南昌分店成立工会】 8月14日,沃尔玛深国投百货有限公司南昌八一广场分店工会正式成立,并召开了第一次会员大会,选举产生了首届工会委员会和经费审查委员会,标志着江西省外资企业组建工会工作进入了一个新的历史阶段。省、市领导向首批工会会员赠送了优惠卡、保健医药盒、书籍等物品。会员们宣读了倡议书,号召全省广大外商投资企业的全体员工组织起来,切实维权,实现双赢。

【继续开展"金秋助学"活动】 8月18日在南昌和11个设区市同时举行2006年"金秋助学"启动仪式。在省总工会举办的启动仪式主会场上,省总工会主席张海如代表省总工会向100名困难职工和困难农民工子女(其中50名困难大学生、50名困难中小学生)现场发放了助学金,他还当场和1名困难职工子女结成了帮扶对子。为了推动这项活动的深入开展,2006年省总工会继续从本级经费中拨出助学专款20万元,在全省帮扶资助150名困难职工和农民工子女上大学;帮扶资助150名困难职工和农民工子女上中小学。

【全省工会推进外资企业工会组建工作现场会暨工会新闻宣传工作会议】 9月18日在上饶召开。省总工会主席张海如出席并讲话,他就外资企业工会组建工作提出三点:(1)认真学习,深刻领会中央和省委领导重要批示精神,充分认识外资企业工会组建工作的重要性和紧迫性。(2)明确责任,落实措施,全面推进外资企业工会组建工作。(3)加强领导,形成合力,全力推进外资企业工会组建工作。会议还强调要加强新时期工会新闻宣传工作。

【举办"百名劳模话创业"讲坛活动】 9月29日,来自全省各条战线的100名劳模精英共聚一堂,共话"十一五"规划、共谋江西崛起大业。省委书记孟建柱和省领导王君、张海如、凌成兴出席并接见劳模代表。孟建柱充分肯定了此次活动的重要意义,强调指出:科学发展、和谐创业,是实现江西又快又好发展的战略举措;推进科学发展、和谐创业,需要大力弘扬伟大的劳模精神,需要充分发挥全省广大职工的主力军作用,需要贯彻落实全心全意依靠工人阶级的根本方针。明确要求,要通过举办劳模论坛,大力宣传身边的创业典型的先进事迹,大力宣传创业文化,大力宣传创业政策,进一步统一思想、凝聚人心、鼓舞士气,在全省形成百姓创家业、能人创企业、干部创事业的生动局面。19位劳动模范讲述了自己激扬的创新创业史,畅谈了投身推进"五化"、建设"三个江西"的决心和打算。

【开展"双千"调研】 10～11月,由省总工会领导带队组成9个调研组并会同各设区市总工会调研组对全省1000名下岗职工和1000名低保职工的生产生活状况进行调研。调研采取随机抽样、上门入户的方式,同时采用个别访问、问卷调查和召开座谈会等方法,深入了解掌握全省下岗职工和享受低保职工的就业、经济、生活、社会保障等情况,摸清他们面临的突出问题、困难和原因,更多地引起社会对低收入群体利益的关注,更好地反映表达他们的诉求,推动党和政府有关就业、培训、社保、低保等优惠政策的落实。"双千"调研报告得到省委、省政府的好评。

【各级工会为农民工办实事】 (1)实施推进劳动合同三年行动计划。7月,省总工会与省劳动和保障厅、省企业联合会、企业家协会制定下发《江西省劳动合同制度三年行动计划实施方案》。该实施方案确定"从2006年至2008年,用三年时间实现各类企业与劳动者普遍依法签订劳动合同"的目标任务,督促用人单位依法实行劳动合同制度。(2)维护农民工劳动安全卫生权益。省总工会组织开展由500多家企事业单位60多万职工群众参加的"安康杯"竞赛活动,其中10万以上的农民工接受了基本的劳动安全、卫生健康和职业病防治知识的教育。(3)为农民工提供法律援助。各市、县(区)工会设立"维护农民工合法权益投诉中心"或"帮扶窗口",设立24小时值班电话,叫响"农民工有困难找工会"、"职工有困难找工会"的口号。(4)开展为农民工"送温暖"活动。各级工会把农民工作为"送温暖"活动的重点对象。元旦春节期间,省总工会在已经安排了566万元资金基础上,再增拨53万元专门用于开展为农民工的"送温暖"活动。在"金秋助学"活动中,全省各级工会多方筹集资金700万元切实解决农民工子女入学难问题。(5)改善农民工的精神文化生活。与文化部门共同组织文艺节目为在工作岗位上的农民工进行慰问演出,丰富他们的精神文化生活。(6)积极帮助农民工追讨欠薪。帮助3.4万余名农民工追回被拖欠的工资2286.6万元。(7)保障农民工民主政治权利。各级工会在非公有制企业积极推行职代会制度和厂务公开民主管理制度,从政策制度上维护了农民工的民主权益。

【省劳动和社会保障厅、省总工会、省企业联合会、省企业家协会联合下发《关于推进我省签订女职工权益保护专项集体合同工作的通知》】 文件于9月7日下发。要求进一步完善女职工权益保护专项集体合同的主要内容和签订履行程序。女职工权益保护专项集体合同的主要内容有:(1)女职工的劳动就业权利:包括男女同工同酬,保险福利待遇均等,反对就业性别歧视。(2)女职工的特殊劳动保护:包括女职工禁忌从事劳动的范围,"四期保护",妇女病的普查普治。(3)女职工的教育和培训:包括对女职工进行职业教育、技术培训,为女职工参加继续教育和开展特色活动提供条件等。

【省总工会十一届三次委员(扩大)会议召开】 会议于1月18日在南昌召开。省委副书记王宪魁出席会议并讲话。会议的主要任务是:传达贯彻中华全国总工会十四届四次执委会议精神,总结2006年的工作,部署2007年的工作任务。团结动员全省广大职工,为在新的起点上实现江西崛起的新跨越建功立业。省委副书记王宪魁、省总工会主席张海如出席会议并讲话。省总工会党组副书记、副主席文之周作了工作报告。

【成功化解江西职工互助保险投资风险】 省总工会领导班子会同江西职工互保秘书处,果断采取"稳"(稳定局面)、"降"(降低成本)、"追"(积极追偿)、"控"(控制规模)、"争"(争取支持)、"运"(安全运行)等有效措施,克服重重困难,填平了全部6个多亿的资金缺口并实现近1个亿的盈利,为党政分了忧,为维护全省职工队伍和社会政治稳定作出了重要贡献,得到中华全国总工会和省委、省政府领导的高度好评。

【省总工会、省地税局联合下发《关于由地方税务机关代征工会经费和工会筹备金的通知》】 文件于3月20日下发。决定自2006年1月1日起,由地方税务部门统一代征全省范围内企业、事业单位的工会经费和工会筹备金,以确保工会经费和工会筹备金依法及时足额上解。文件规定,企事业单位应按全部职工工资总额的2%计提拨缴工会经费(工会筹备金)。征收的比例为:已建立工会组织的单位,按单位全部职工工资总额的2%代征工会经费。基层工会留用经费,由地方总工会按规定的比例拨给;未建立工会组织的单位,自期满后的第一个月起,按单位全部职工工资总额的2%代征工会筹备金;由中华全国总工会和省总工会批准自管经费的产业、直属基层工会所属基层单位,按规定比例应上缴所在地方总工会的经费,由地方税务部门代征,其余上解部分按原渠道不变。文件要求,各地方总工会、地方税务部门要加强联系,紧密配合,完善工作机制,促进代征工作健康、规范发展。各地方总工会要做好催报催缴工作,对逾期未缴或少缴工会经费(工会筹备金)的企事业单位下发催缴通知书,并抄送同级地税部门,依照《江西省实施〈中华人民共和国工会法〉办法》第四十一条规定,按欠交金额每日5‰加收滞纳金;对经催缴无效,长期拖欠或拒缴工会经费或筹备金的,依照《中华人民共和国工会法》规定,由工会组织向当地人民法院申请支付令和强制执行。

【《江西省职工代表大会条例》施行】 该条例于7月28日经江西省第十届人民代表大会常务委员会第二十二次会议通过。自2006年9月1日起施行。该条例共七章37条。该条例规定,职工代表大会是企业、事业单位以及其他组织职工实行民主管理的基本形式和行使民主权利的机构,应当在企业、事业单位以及其他组织推行以职工代表大会为基本形式的职工民主管理制度。该条例特别规定非公有制企业职工代表大会可以行使下列职权:(1)根据企业经营者的要求,听取业主或者经营者关于企业生产经营管理情况和重大技术改造方案,提出意见和建议。(2)协商工资协议、裁减人员方案、劳动安全卫生方案、女职工特殊保护措施、职工奖惩办法、职工福利基金和公益金的使用方案等与职工切身利益密切相关的其他事项。(3)审议通过集体合同草案以及涉及职工权益的重要规章制度。(4)监督企业贯彻实施劳动法及其他有关法律、法规情况,职工各项社会保险费缴纳情况,实行厂务公开情况,签订和履行劳动合同、集体合同的情况。(5)根据企业经营者的要求,民主评议企业经营管理人员,并提出奖惩的建议;选举或者罢免职工一方平等协商的代表以及公司制企业的董事会、监事会中的职工代表。(6)向政府和有关部门推荐劳动模范和先进工作者。(7)依照法律、法规规定,或者经企业与工会协商确定需要由职工代表大会行使的其他职权。第三章规定了职工代表的构成。对职工代表的权利和义务作了详细规定。第22条规定,100人以下的企业、事业单位以及其他组织,可以实行职工大会制度或者职工代表大会制度;100人以上的,应当建立职工代表大会制度。该条例还对不按规定召开职代会等情况明确了法律责任。

(黄　虹)

共青团江西省委员会

【概　况】 在教育引导青年上有新成效。紧紧抓住"育人"这个根本,积极开展各种教育活动,努力增强思想政治工作的导向性、整体性、示范性,不断加强和改进青少年思想政治教育。(1)突出导向性。一是抓住《江泽民文选》出版发行的有利契机,深入学习实践"三个代表"重要思想,帮助广大团员青年特别是团干部、大学生、青年骨干和少先队辅导员进一步领会"三个代表"重要思想。二是组织广大团员青年认真学习《科学发展观学习读本》,引导团员青年深刻认识科学发展观的重大意义、深刻内涵和基本要求,推动青年用科学发展观的武装头脑。三是广泛开展爱国主义教育。抓住中国共产党成立85周年、新中国成立57周年、红军长征胜利70周年等重大时机,举办"千名大学生入党集体宣誓仪式"、"井冈山红色歌谣青年歌手邀请赛"、"青少年红色之旅——江西行"等活动。四是深入开展了社会主义荣辱观教育。举办了全省青少年社会主义荣辱观教育大讨论,各地团队组织通过演讲赛、座谈会、专题报告等形式,引导青少年践行社会主义荣辱观。(2)突出整体性。积极协调、争取有关单位的支持,努力构建青少年思想政治教育社会网络,形成了有关部门齐抓共管青少年思想教育工作的格局。与省委宣传部、省教育厅、省司法厅、省民政厅等单位一道,构建家庭教育、学校教育、社会教育"三位一体"的教育模式。与政法部门一道,实施"红铃铛法制快车江西行"活动,以红铃铛宣讲团、红铃铛模拟法庭中队会、"红铃铛伴我成长"演讲赛等互动参与的活动,用青少年喜闻乐见的方式来宣传法制教育工作,提高广大青少年的法律意识和依法维护自身合法权益的能力。与省委政法委、省直机关工委等部门一道,做好违法青少年的帮教工作,通过开展向启明学校捐建"阳光书屋"、"一对一"等帮教活动,给他们送去温暖和关怀,挽救失足青少年,帮助他们重新树立起生活的信心。与关工委、军分区一道开办少年军校,强化了中小学生行为规范养成教育,提高了中小学生的"五自"能力,全省共有50多万少年儿童在暑期参加了丰富多彩的少年军校活动。(3)突出示范性。加大对先进典型的宣传力度,充分发挥榜样的示范带头作用,在青少年中形成了崇尚先进、学习先进、争当先进的良好局面。一是广泛开展"我与祖国共奋进十杰进校园十杰进社区"活动,举行大型报告会40余场,宣传自主创业、敬业爱岗先进人物典型;二是广泛宣传勇救落水儿童英勇献身的刘久荣、为抢救人民财产光荣牺牲的靖安消防官兵朱川浩、袁波等的先进事迹,弘扬正气、树立典范;三是通过评选"十大杰出青年"、"十大杰出农民"、"十佳文明、自强大学生"、优秀共青团员和团干部等先进人物,使团员青年学有榜样,赶有目标,刻苦学习、努力工作、立足岗位作奉献。

在服务经济建设上有新作为。充分发挥团员青年生力军作用,在经济建设主战场建功立业。(1)在服务社会主义新农村上有新作为。一是继续深入推进百村万户青年文明行动示范村建设。全省共筹集资金近600万元,创建示范村102个,受惠群众6500户。二是加强农村青年致富培训。积极争取农科部门的支持,充分利用农村青年中心、青年农民夜校、业余团校、科技示范基地等阵地,开展多种形式的职业技能培训,提高农村青年的综合素质,共举办农村青年致富培训班32期。三是整合社会资源服务社会主义新农村建设。开展全省青年文明号集体"真情进农村,服务进万家"、"省青联委员服务新农村建设"等活动,通过青年文明号集体、青联委员与结对乡(村)1+1帮扶,促进帮扶村的建设;通过大学生"科技文化卫生三下乡",为新农村建设提供农业咨询、技术培训等服务,共有12万名大学生奔赴农村广阔舞台,为新农村建设贡献力量。(2)在服务全民创业上有新作为。继续开展以"青春创业,建功江西"为主题的"江西青年创业行动",引导广大青年在创业中成就人生。一是举办"十佳创业青年"巡回演讲,大力宣传创业者的奋斗历程,让有志创业的青年分享他们的创业经验、汲取创业教训、了解创业艰辛,激发投身创业的热情。二是联合省农村信用联社下发《关于为青年创业提供金融扶持的指导意见》,采取拓展担保方式、优惠贷款利率、放宽抵押比例、创新信贷方式等方法,为农村青年创业提供切实可行的金融扶持,已有23个项目获得了近6500万元的授信贷款。三是创建基地推动青年创业企业发展。与江西清华科技园、上高县政府等单位共同建立了青年创业、培训、就业基地、创业园,形成产业集群的规模效应。四是启动江西青年创业小额贷款项目。与国家开发银行江西分行合作,努力实现双方优势互补,互利双赢,更好地服务青年创业成才,实现青年由就业到创业的转变。(3)在推动大开放主战略上有新作为。一是加强与发达地区青年组织交流。继续抓好长三角3+2青年论坛,进一步巩固、推进了省内青年与长三角地区青年经济、文化、青少年事务等方面的交流合作。先后在北京、广东开展"青年心、家乡情"活动,加强与省外江西籍知名企业家的交流与合作,为他们了解家乡、报效家乡牵线搭桥,创造平台。二是加强与港澳台地区交流。全面加强与港澳台地区青年组织的交流,特别是在与台湾青年组织交流方面取得了新的突破。先后接待了台湾"国际青商总会"总会长李玉文等率领的6批次共30余人来赣访问交流团,增进了赣台青年之间的了解。三是加强与国外青年组织交流。在团中央的统一指导下,先后接待日本、菲律宾等国家青年代表团,先后组织31名团干部和省青联委员赴韩国、日本、印度、澳大利亚等国进行了交流访问。(4)在青年人才开发上有新作为。一是组织开展以"岗位学习、岗位成才、岗位创造、岗位奉献"为主题的江西青年建功成才月活动,推行"青年项目制",开展青年岗位能手、安全示范岗和优秀师徒评选活动,进一步提高广大青工的职业能力和水平。与省劳动和社会保障厅出台相关政策,对获得职业技能大赛单项前三名的青工,授予全省青年岗位能手称号,技术等级可晋升至职业资格(三级),并颁发相应职业资格证书,为青年职工成才开辟快车道。二是与江西迈达智业管理咨询有限公司合作,创办"江西青年智库",探索一条社团组织与市场主体合作的活动模式。首个子项目"青年智库·工商管理研修班"共举办了四期,1000余名青年参加了培训人次。三是组织青年人才为江西实现新跨越建言献策。组织广大青年积极参加省委举办的"构建和谐社会,实现新的跨越"建言献策、建功立业活动,先后举办了"喜迎党代会、实现新跨越——省青联委员'建言献策、建功立业'座谈会","迎接党代会,策应新跨越——赴赣博士服务团建言献策座谈会",为江西经济发展提出了许多宝贵意见。四是创造性地开展第六批赴赣博士服务团工作。发挥赴赣博士服务团整体优势,为江西旅游产业的发展献计献策。先后在赣州举行赴赣博士服务团"2006赣州旅游产业发展论坛";赴萍乡对该市旅游业发展开展考察调研、献计献策活动;组织赴赣博士服务团成员参加省旅游局开展的"策应新跨越、建言大旅游——赴赣博士服务团座谈会"。

在服务社会和谐上有新贡献。坚持维护和促进人与人、人与自然、人与社会以及人自身的和谐,引领青年在和谐社会建设中竞展风采。(1)深入推进青年志愿者行动。一是在3·5"中国青年志愿服务日"期间组织开展"志愿服务、共建和谐"主题活动,在"五一"期间组织开展"我与祖国共奋进、我与江西共崛起——践行社会主义荣辱观志愿服务月"主题活动。二是组织实施2006年度"江西大学生志愿服务西部计划"。经过严格选拔,选送了220名大学生志愿者奔赴广西、海南从事1~2年的志愿服务。三是组织实施2006年度"江西'三支一扶'大学生志愿者兼任乡镇团委副书记工作项目",全省已选派736名应届高校毕业生到全省11个市,94个县(市、区)从事为期2年的支教、支农、支医和扶贫工作,143名大学生志愿者已走上乡镇团委副书记的工作岗位。四是组织开展"志愿中国·人文奥运"——2008北京奥运志愿者(江西地区)招募活动,已有近3000名志愿者预报名,电话咨询达8000余人次。(2)深入开展青年文明号活动。一是深化青年文明号管理,进一步增强青年文明号的品牌效应。全面推进青年文明号有形化建设,完善"江西省青年文明号管理办法",加强青年文明号的监督、规范管理,严把命名、审核关。二是突出"职业文明"这一核心,扎实开展社会主义道德实践活动,使广大青年文明号集体能树立良好的职业道德,坚守岗位,热情服务,诚实守信,以优质的服务推动岗位文明建设。三是举办青年文明号文化广场系列活动。开展了青年文明号风采大赛、青年文明号集体服务社会主义新农村活动展示、青年文明号巡礼等三大活动,展示了青年文明号集体的良好形象。(3)深入推进保护母亲河行动。一是创建青少年生态教育示范基地。团省委联合省人大环资委、省环保局、省旅游局共同命名首批10个"全省青少年生态教育基地",依托基地对青少年进行生态环保教育。二是组建青年环保志愿者队伍。依托各高校环保社团招募组建了一批业务相对专业、人员比较稳定的队伍,江西农大、江西财大等环保社团围绕湿地保护,开展了大量环保实践活动。三是开展鄱阳湖湿地保护活动。通过向当地基层干部和村民宣传湿地保护知识,对当地湿地资源、湿地利用的基本情况进行调研,结合当地实际寻求湿地保护、湿地恢复和湿地利用的最佳结合,同时增强全社会特别是广大青少年保护湿地的意识。鄱阳湖湿地保护项目荣获了"中国丰田环保奖二等奖"。四是深化传统环保活动。利用各种环境纪念日、重大生态环境事件开展"小手牵大手——保护母亲河"宣传教育活动;继续与人大环资委开展好"环保赣江行"志愿服务活动;开展植树绿化活动,在全省范围内开展植绿护绿活动;推荐保护母亲河项目工程建设,启动了小渊基金都昌项目。(4)深入推进特殊青少年群体关爱工程。重点抓好了留守孩关爱工程。江西外出务工青年较多,有350万留守孩,各级共青团和少先队组织积极实施留守孩关爱工程,广泛开展了情理进家庭、法理进校园、伦理进社区的三进活动,开设"青少年维权岗"、心理咨询中心、"留守孩托管中心"三个平台,抓好教育阵地延伸、工作网络延伸、工作机制延伸,通过组织城乡少先队员手拉手、团队手拉手、青年典型与留守孩手拉手等方式,切实解决留守孩亲情缺失、教育缺位的问题。"希望工程"救助工作扎实有效,"希望工程圆梦大学"共筹资1700万元,名列全国第一。启动了"生命希望工程"项目,积极筹资为贫困地区建设"希望医院",为贫困患病青少年提供援助。一年来,希望工程"手拉手"救助贫困学生2000余名,援建希望小学30所。(5)深入推进保护明天行动。一是健全了12355青少年维权和心理咨询服务公益热线。完善了省级12355青少年维权热线的日常管理,通过开展12355维权月活动,推动12355热线进学校、进社区、进媒体,同时,积极推进各设区市12355热线的建设工作,切实为全省青少年解决各种心理、法律等方面的困难。二是争取省人大常委会的支持,在全省范围开展了《预防未成年人犯罪法》实施情况的执法检查,有利地营造了全社会共同关心关注预防青少年违法犯罪工作的良好氛围,为长效推进预防青少年违法犯罪工作奠定了基础。三是积极构建社会化维权网络。依托职能部门,进一步深化优秀青少年维权岗创建活动,全省共创建全国优秀"青少年维权岗"80个,省级优秀"青少年维权岗"320多个、市级优秀"青少年维权岗"660多个。这些优秀青少年维权岗已经成为维护青少年合法权益的中坚力量。

在加强自身建设上有新发展。坚持以改革的精神、发展的思路、创新的实践加强自身建设,不断提高共青团组织的吸引力、凝聚力和战斗力。(1)做好青联、学联、少工委换届工作。4月24~26日,召开省青联八届一次全委会、省学联第七次代表大会,5月31日至6月2日,召开省第四次少先队代表大会,选举产生了新一届省青联、省学联、省少工委的领导班子。换届会议不仅为省青联、省学联、省少工委今后五年的工作指明了方向,同时也以此加强了省青联、省学联、省少工委的自身建设。(2)加强团的组织建设。按照党建带团建的要求,积极争取党委把团建纳入基层党建总体布局中。继续深入开展党建带团建"五个一工程"(即:县党政主要领导每年与团县委书记谈一次心;县委每年专题研究一次青年工作;县党政主要领导每年参加一次团的活动;按照全县每位党员一元钱的标准从党费中单列"党建带团建"专项经费;团县委结合自身工作实际创建一项"党建带团建"特色工作),不断增加落实面。按照"规范标识,展示形象,扩大影响"的要求,全面加大了团建有形化建设的宣传和推动力度,深入挖掘团建有形化的内涵,有力推进了团建"六有形"建设,切实打造团建有形化的特色品牌。(3)加强团干部队伍建设和团员队伍建设。一是加强了团干部培训。分别举办全省基层团干部培训班、高校团委书记培训班，中学团干部培训班和少先队辅导员培训班等，继续选派团干部参加省委党校中青班、县处班，团中央举办的各类培训班；加大挂职锻炼工作力度，拓宽了挂职锻炼的领域。配齐配强县乡团委领导班子，使江西省的团干部更能适应新形势的要求。二是巩固和扩大增强共青团员意识教育成效。通过坚持“三会一课”制度，建立街道、社区团组织，健全团日活动制度、规范团的活动仪式，完善新团员入团集体宣誓、重温入团誓词和超龄离团仪式等措施，增强了团员意识；三是抓好“推优”工作，为党组织输送新鲜血液。年内，35000名团员经团组织“推优”入党，“推优”成为了党组织发展青年党员的重要渠道。(4)扎实推进服务新农村团建基础工程。积极开展“农村基层团建活动月”活动，通过开展“千村建设”、“千村示范”、“万堂团课”和“万对帮扶”活动，加强了对农村基层团建工作的调研和指导，推出一批农村基层团建的先进典型，创新了农村基层团组织的设置方式，对一批团建薄弱的农村基层团组织进行重点建设，进一步提升了农村基层团建工作水平。

【团省委十三届四次全委会召开】 1月16～17日，共青团江西省委十三届四次全体(扩大)会议在南昌召开。省委副书记王君到会作了重要讲话，团省委书记钟志生代表团省委常委会作《青春献江西、奋斗促崛起，团结带领广大团员青年在实施江西“十一五”规划中发挥生力军作用》的工作报告，大会表彰首届江西“十佳”创业青年及2005年度全省共青团工作先进单位，审议通过了《关于团结带领全省广大团员青年在实施江西“十一五”规划进程中充分发挥生力军作用的决定》。团省委副书记郭美荐作了总结讲话。

【省青联八届一次全委会暨省学联第七次代表大会】 4月24～26日，江西省青年联合会八届一次全委会暨江西省学生联合会第七次代表大会在南昌召开。省领导王君、钟起煌、钟家明、熊盛文、石成林等出席开幕式，全国青联、学联和各省(市、区)青联、学联向大会发来贺电贺信，省委副书记王君代表省委致祝词，团省委书记钟志生、省科协主席徐俊如在开幕式上致辞，团省委副书记郭美荐、省学联执行主席纪旭分别作省青联、省学联工作报告。开幕式上，还为第十三届“江西十大杰出青年”颁了奖。省直有关厅局领导、各界青年代表共1100余人参加了开幕式。26日上午，大会选举产生了新一届省青联和省学联领导班子并举行了闭幕式。这次大会的主要收获有：一是审议通过了省青联、学联工作报告。大会审议通过了郭美荐代表省青联七届常委会作的《在江西崛起进程中奏响新时代的青春之歌》和纪旭代表省学联六届委员会作的《投身伟大时代、矢志报效祖国，为实现江西在中部地区崛起奋发成才》的工作报告。工作报告全面总结了新世纪以来，在省委正确领导下，省青联、学联在服务大局、服务社会、服务青年中所取得的优异业绩，科学分析了当前青联、学联工作所面临的大好形势，确定了今后五年的努力方向和工作任务。二是选举产生了新一届省青联、学联领导班子。省青联八届一次全委会选举团省委副书记郭美荐为省青联主席，肖洪波、王少玄、梅亦等25人为副主席，聘请团省委书记钟志生为省青联名誉主席，大会还选举产生109位省青联常委和秘书长、副秘书长。省学联七大选举南昌大学、江西师范大学等17个大中专学校为第七届省学联主席团会员团体，并在第七届省学联主席团第一次全体会议上选举南昌大学学生纪旭为第一任执行主席。三是通过了省青联组织细则修正案。根据全国青联组织细则修正案以及省青联发展的需要，这次大会对省青联组织细则进行了修订，明确了省青联的指导思想和新时期青联的任务，明确规定青联领导成员连任不得超过两届，以保持青联的朝气和活力。

【省少先队第四次代表大会召开】 5月31日至6月2日，中国少年先锋队江西省第四次代表大会在南昌召开。省领导王君、钟起煌、钟家明、熊盛文、吴品祥等出席开幕式，开幕式上宣读了省委书记孟建柱《“六一”寄语——致全省少年儿童的一封信》，全国少工委向大会发来贺电，省委副书记王君代表省委致祝词，团省委书记钟志生、省教育厅厅长漆权、省妇联主席李亚平在开幕式上致辞，开幕式上还对全省十佳少先队辅导员和全省十佳少先队员进行了颁奖，梅亦代表省第三届少工委向大会作了《星星火炬代代相传、引领成长、塑造未来》的工作报告。6月2日，大会选举产生了中国少年先锋队江西省第四届工作委员会委员并举行了闭幕式。随后中国少年先锋队江西省第四届工作委员会第一次全体会议选举省教育厅副厅长王占铭为江西省第四届少工委名誉主任，团省委副书记梅亦为江西省第四届少工委主任，选举杨慧文、汪立夏、康茹为江西省第四届少工委副主任。

【开展希望工程圆梦大学行动】 2006年暑假期间，团省委联合省国资委、省教育厅等有关部门共同开展“江西希望工程圆梦大学”大型公益行动。活动累计筹集捐款总额1679.7万元，资助了4000名贫困大学生圆大学梦。这次活动得到了省领导的高度重视。8月10日，省委副书记王君在团省委向省委的“希望工程圆梦大学”活动专题请示上作出专门批示。9月6日，省委副书记王君、省人大副主任孙用和、省政府副省长孙刚、省政协副主席金异等领导出席“江西希望工程圆梦大学”捐赠仪式。活动得到了社会各界的积极参与，一大批富有爱心和社会责任感的企事业单位、社会团体和个人积极参与，踊跃捐款。团省委一方面加强了捐款的管理使用，让有限的善款发挥出最大的效应；另一方面，加强对贫困大学生的教育引导，在为贫困大学生送去爱心捐款的同时，通过正面引导，帮助广大受助学生自强、自信、自立，倍加珍惜来之不易的学习机会，以优异的成绩回馈社会，用自己的作为报效祖国。

【开展青春建功新农村行动】 1月20日，江西省率先在全国开展“青春建功新农村行动”。行动涵盖服务农村青年创业和转移就业、乡村青年文化行动、大学生“三下乡”社会实践活动、“百村万户青年文明行动示范村”创建、保护母亲河行动、基层团组织建设和农村青年中心建设等方面。在各级团组织的共同努力下，青春建功新农村行动取得了明显成效。一是服务农村青年创业有新举措。与省农村信用联社联合下发《关于为青年创业提供金融扶持的指导意见》,采取拓展担保方式、优惠贷款利率、放宽抵押比例、创新信贷方式等方法,共有22个项目获得了6000余万元的贷款。省农发行首批项目资金1000万元已全部发放。同时,与省农村信用联社联合开展全省农村青年致富带头人和创业致富示范基地评选,共为首批致富带头人和致富示范基地授信贷款4932万元。二是服务社会主义新农村建设有新载体。2006年,全省100所大中专院校近12万名学生志愿者积极投身到“三下乡”活动中,组建大学生服务社会主义新农村建设全国重点团队16支、省级重点团队120支,举办讲座1110余场,捐款315300元,捐物价值243150元,义诊4万人次。三是服务农村精神文明建设有新阵地。2006年,从省移动公司争取资金40.8万元,在全省建设三级“农村青年中心移动示范点”16个、援建神州行农村青年中心书屋84个,向全省捐赠农村实用科技图书15,000册。截至2006年12月,全省共创建农村青年中心300个。农村青年中心在项目带动、繁荣文化、推动基层团建中有力服务了社会主义新农村建设。四是服务生态环境保护有新作为。2006年争取“丰田环保奖二等奖”15万元资助,用于鄱阳湖湿地保护;争取日本驻中国大使馆“利民工程无偿援助项目”70万元资助,用于于都县银坑镇5个行政村的饮用水改建;争取“丰田环保奖项目资助奖”10万元,用于井冈山生物多样性研究;争取日本小渊基金200万元资助,用于援建都昌生态绿化林。五是“百村万户青年文明行动示范村”创建活动有新进展。百村万户青年文明行动示范村创建活动是共青团服务“三农”发展的重要途径和具体举措。创建活动自2004年启动以来,全省各级团组织通过社会化运作,积极整合社会资源,截至2006年12月,全省共筹集资金近600万元,创建示范村102个,受惠群众6500户,创建活动呈现出良好的发展态势,把农民对文明的渴望、增收的盼望、成才的期望和发展的希望带进了农村,成为了全面实现小康社会的“农村希望工程”。

(杨龙兴)

江西省妇女联合会

【概　况】　全省11个设区市,99个县(市、区),1637个乡镇(街道)建有妇联组织;建有农村基层妇代会16923个;县级以上机关、事业单位妇委会3704个;高等院校妇女组织33个;妇联团体会员3264个;非公有制经济组织中妇女组织544个;民主党派妇女组织15个。

2006年,省妇联不断提升妇联组织联系妇女、服务妇女、教育妇女、维护妇女儿童合法权益的能力,立足省情特点、发挥妇联特长、突出妇女特色,引领广大妇女在大力推进“五化”、建设“三个江西”、构建社会主义和谐社会的伟大实践中创佳绩、立新功,共获得厅级以上表彰27项(其中国家级表彰12项),多项工作走在全国前列。

结合省情,做好发展文章。各级妇联紧紧围绕党政工作大局,以服务社会主义新农村建设为重点,以推进广大妇女创业就业、增收致富为任务,在团结动员广大妇女参与江西经济建设的实践中,统筹推进城乡妇女发展。一是服务社会主义新农村建设,突出统筹城乡妇女发展的重点。以妇联系统的新农村建设“百村万户”样板和巾帼示范村创建活动为载体,引导广大妇女为建设社会主义新农村作出了积极贡献。省妇联争取培训经费在全省7个市县举办实用技术培训班,着力培育新型女农民。上饶、九江等地妇联开展农村妇女SYB(即“创办你的企业”)指导培训。全省共有42.9万人(次)农村妇女参加了各类技术培训,获得农民技术员职称和绿色证书的农村妇女增至4万余名。全省妇联系统争取、运作省内外各类扶助资金帮扶妇女发展。省妇联实施的“三八绿色工程”、“香港回归扶贫基金”、“玫琳凯妇女创业基金”、省政府“农业发展基金”等项目,都取得了推动发展、增强辐射、促进增收的良好成效。仅“香港回归扶贫基金”项目就累计完成220万元的扶助计划,惠及19个县20个乡(镇)的1493户农户,户均项目年纯收入达2040元。省妇联和修水县妇联荣获全国妇联“香港回归扶贫基金”项目实施组织奖。各地妇联积极扶持了一批“妇”字号示范基地和龙头企业、妇女专业合作经济组织和农村女能人,带动妇女发展。省妇联发展部被全国农村妇女“双学双比”竞赛活动领导小组授予“全国‘双学双比’先进集体”荣誉称号。赣州市妇联、新余市“双学双比”协调小组在全国性会议上作典型发言,展示了江西省妇女参与新农村建设的特色。全省已树立新农村建设“巾帼示范村”100个、“巾帼示范户”1万户。二是深化“三基地一沼气”建设,打造推动城乡妇女发展的品牌。结合妇女工作实际,进一步深化了妇联劳务输出转移基地、科教培训示范基地、妇女创业示范基地和沼气工程的建设工作,得到全国妇联领导的肯定。省妇联会同宜春市妇联举办了“沼气建设”培训班。萍乡市妇联引导广大妇女参与沼气工程建设,大力发展巾帼沼气示范户(组、村),使1万多农村妇女通过沼气工程受益。全省已建立妇联系统劳务输出转移基地(点)320个、科教培训示范基地(点)783个、妇女创业示范基地(点)6265个。2006年,全省新增沼气建设示范户32112户(池),使11万余人受益。“三基地一沼气”建设已成为江西省妇联推动城乡妇女发展的有效载体和特色品牌。三是围绕创新创业江西建设,抓准促进城乡妇女发展的主题。以省委、省政府“推动全民创业,加快富民兴赣”为契机,大力推广“六大创业模式”(能人型、基地型、庭院型、加工型、家政型、园区型),实施“三大创业行动”(百万妇女项目创业行动、百万妇女转移创业行动、百万妇女社区创业行动)。联合省中小企业局、省女企业家协会表彰命名了“百佳”创业女性、“百佳”妇女创业示范基地,联合省女企业家协会表彰了10名“优秀女企业家”、14名“杰出创业女性”,进一步激发了妇女创业发展的热情。与11个设区市妇联分别联合当地有关部门在“三八”节期间举办“春风送岗位”女性专场招聘会,提供就业岗位累计4.5万个。上饶、景德镇市妇联推动城乡妇女从事家庭来料加工,从业妇女近15万人。上饶市妇联还组团参加了义乌国际小商品博览会，并设展台接待海内外客商、签订合作意向。南昌市妇联建立了10余个社区服务配送中心，引导妇女在社区服务领域就业创业。宜春市妇联在实施“三带”（带头创业、带头致富、带领群众致富）致富工程基础上，又启动“巾帼建功”、“三创”（创造新岗位、创造新业绩、创造新生活）、“三帮”（帮助贷款、帮助培训、帮助维权）致富工程，为城乡妇女提供小额贷款。鹰潭市、县、乡三级妇联“巾帼招工小分队”，为妇女就业提供服务。各地还通过举办“下岗不落志、再创新生活”报告会、开设“巾帼风采”论坛、表彰“家政创业明星”等措施，增强女性创业就业的信心和勇气。全省妇联系统已建有职介机构160余家，全省外出务工妇女近200万人。

发挥优势，做好和谐文章。各级妇联充分发挥联系妇女和家庭的优势，坚持维稳、维权并重，着力提高妇女整体素质，增加社会和谐因素，在促进社会公平、维护社会稳定中推动性别和谐、彰显家庭和谐，带动社区和谐、促进社会和谐。一是发挥协调优势，在推进两纲实施、健全法律法规、推动性别和谐上有新成效。各级妇儿工委以两纲中期评估为契机，强化职责，细化措施，狠抓落实，使一些重点指标取得了突破性进展，受到国家两纲中期评估督导组好评。省妇联成立《江西省实施〈妇女权益保障法〉办法》修改工作领导小组，推动、配合省人大常委会修订出台了《江西省实施〈妇女权益保障法〉办法》，该办法于12月1日正式实施（江西省为全国第四个出台实施办法的省）；积极参与了省人大组织的《未成年人保护法》第9稿的修改工作。各级妇联以领导班子换届为契机，配合党委做好女干部培养选拔工作。省委组织部与省妇联联合召开市厅级女干部会议，民主推荐设区市党政主要女领导干部人选。全省各设区市四套班子都基本配备了女干部。二是发挥教育优势，在强化宣传引导、加强思想教育、彰显家庭和谐上有新进展。一方面把建设和谐家庭与妇联系统系列创建活动、社会主义荣辱观宣传教育结合起来，弘扬家庭美德，提升女性思想道德素质。通过授予陈云茹等121名省“三八红旗手”、南昌市滕王阁管理处等36个单位省“三八红旗集体”荣誉称号，开展第三届江西省十大女杰评选活动，授予谭洁等10人省“十大女杰”、王燕玲等10人省“十大女杰提名奖”荣誉称号，为全省妇女树立学习榜样。通过评选表彰“廉内助”、举办廉政培训班、组织收看警示片、开展家庭助廉教育知识竞赛和读书征文评选等活动，推动廉政文化进家庭。省妇联、鹰潭市妇联和安远县妇联荣获全国妇联家庭助廉教育工作省级、市级和县级先进集体称号，新余、南昌等市妇联荣获全国家庭助廉教育知识竞赛优秀组织奖，吉安县妇联推荐的《挂在墙上的美丽龟壳》一文获得家庭助廉教育读书征文活动全国一等奖。另一方面把建设和谐家庭与未成年人思想道德建设、“双合格”家庭教育工作结合起来，打造家庭教育“妈妈”品牌，促进城乡未成年人健康成长。开展“感动江西优秀母亲”评选活动，刘焕荣、钟文花、何月香、辛冬梅被全国妇联评为“中国优秀母亲”。省妇联被全国妇联授予第二届“中国十大杰出母亲”暨首届“中国优秀母亲”评选活动组织奖。《妇女之声报》“感动江西优秀母亲系列报道”荣获“全国妇女报刊好作品奖”和“江西报刊新闻奖”。联合省文明办、省教育厅、团省委等部门成立了江西省小公民道德建设暨“双合格”家庭教育宣传实践活动领导小组；开展“城乡儿童手拉手，共建美好新农村”互助活动、“知荣辱、树新风、促和谐”亲子携手同行“双合格”家庭道德教育实践月活动；联合省家庭教育研究会开展家庭教育论文评选、知识竞赛等活动，陶冶了未成年人的思想道德情操，推进了家庭教育工作。三是发挥组织优势，在创新特色工作、扩大品牌效应、带动社区和谐上有新突破。开展“岗区联创”活动，推动“巾帼文明岗”与“文明社区”结对互助，实施科教、文体、法律、卫生、环保、政策、岗位进社区，帮扶社区群众，服务社区和谐。全省已有620余个“巾帼文明岗”参与活动，结对社区达410对。抚州市妇联拓宽五好文明家庭创建领域，率先在全省开展五好文明小区和五好文明村落创建活动；景德镇市妇联开展了学习型社区创建、“三观教育进社区”等活动。四是发挥工作优势，在帮扶弱势群体、解决实际问题、促进社会和谐上有新成绩。联合省文明办、省教育厅、省关工委下发《关于开展关爱农村留守儿童行动的意见》；争取了“留守儿童社会支持”等五个项目经费累计达15.8万元。省妇联在全国留守儿童工作电视电话会议上作了典型发言。南昌市妇联开展贫困母亲调查捐助活动，筹资9.6万元扶助贫困母亲。全省妇联系统募集春蕾资金200余万元，建“春蕾小学”4所、开春蕾班2个，并资助了一批春蕾女童和女大学生。省妇联荣获中国妇女发展基金会“大地之爱·母亲水窖”项目实施省级组织奖，乐安县妇联荣获县级组织奖。

改革创新，做好自身建设文章。各级妇联不断拓展工作领域，增强服务功能，夯实组织根基，在思路创新、组织创新、机制创新、工作创新上下工夫，努力做到“规定动作”抓早抓优，“自选动作”出新显亮，整体推进妇联各项工作。一是抓思路创新。围绕社会主义新农村建设，省妇联坚持“城乡联动、载体互接”，提出了正确处理政府主导与妇联服务、妇女主体与妇联引导、社会参与与妇联作为的三大关系，抓住新农村建设过程中生产方式、生活方式、组织方式转变给妇女带来的新机遇，统筹推进城乡妇女发展的工作思路，引起了兄弟省市的关注，得到了全国妇联的肯定。二是抓组织创新。在巩固基层妇联组织、提高村妇代会主任进“两委”比例的基础上，探索在新经济社会组织和外出务工妇女群体中建立妇女组织的有效途径，扩大了妇女组织和妇女工作的覆盖面。南昌市妇联通过把农村女能人推选进妇代会班子，探索建立“妇代会抓协会、能人办协会”的“妇联+协会”组织形式。抚州市妇联在一批新经济组织中建立妇女组织，引导开展各种活动。三是抓机制创新。进一步健全完善了大宣传、大调研、大培训、大维权的工作格局。整合各类新闻媒体和妇联宣传网络资源共同推进妇联工作，完成了江西女性网改版工作，扩大了妇女工作影响力。省妇联荣获“全国妇联系统省级信息工作优秀单位”称号，荣获中国妇女报社“2006年度妇女新闻宣传工作进步奖”，被省委宣传部授予“全省‘科学发展,和谐创业’主题教育活动先进单位”称号。江西女性网荣获“全国妇联系统省级十佳网站”称号。开展妇联系统调研报告评选活动、千名农村妇女问卷调查活动;省妇女研究会召开“社会主义新农村建设与性别平等”专题研讨会。省妇女研究会、省家庭教育研究会被省社联授予“江西省社会科学工作先进单位”。举办首届全省新农村建设“女村官”培训班,对“巾帼示范村”女性党支部书记、村委会主任进行免费培训;会同省委组织部、统战部举办县(市区)女领导干部能力建设专题研究班、党外女干部培训班;省妇联干校丰富培训内涵,培训女干部200余人。各级妇联通过抓实信访工作,开展“平安家庭”创建、送法律下乡进社区等活动,为妇女儿童提供法律服务;省女法律工作者联谊会组织会员坚持每月一次维权接待日活动,开展法律咨询、送法下乡、爱心帮教等服务。省妇联被全国妇联授予“全国《中华人民共和国妇女权益保障法》知识竞赛活动优秀组织奖”。四是抓工作创新。借助社会各方面力量,推动各项工作有效开展,为妇女儿童谋利益。联合省文明办、省教育厅,依托南昌仁爱女子医院成立全国首家由妇联牵头的“江西省少女救助中心”,并配套组建了爱心志愿者联谊会,为意外怀孕少女提供医疗救助、心理咨询、法律援助等服务,引起社会广泛关注;利用“仁爱女子慈善医疗基金”为一批贫困妇女减免了医疗费用,并为各设区市妇联推荐的5名贫困妇女进行了免费妇科手术;联合江西日报社开展“寻找‘春蕾妈妈’”系列活动,以结对认亲的形式帮助贫困女童,已成功认亲1100余对,创新了“春蕾计划”的实施。 (龚爱萍、石爱忠、马 赣)

【女干部培养选拔工作力度进一步加大】 为了做好女干部的培养工作,省委组织部、省委统战部与省妇联联合举办培训班,分别对94名县(市、区)女领导干部和96名党外女干部进行了培训。10月9日,省委组织部、省妇联联合召开在职女厅局长、省属大型企业女领导干部会议,民主推荐设区市党政主要女领导干部人选。参加会议的110余名厅级女干部民主推荐了4名设区市党政主要女领导干部人选。10月11日,省委组织部召开培养选拔女干部、发展女党员工作会议,传达贯彻全国培养选拔女干部、发展女党员工作座谈会精神,回顾、总结、部署有关工作。省委常委、省委组织部部长董君舒就各级党政领导班子换届过程中加大选拔使用女干部力度提出了工作目标和要求,并对妇联配合党委在培养选拔女干部、发展女党员方面所做的工作给予了充分肯定。

(饶冬梅)

5月30,日省妇联组织“春蕾妈妈”和结对认亲的“春蕾女童”在南昌动物园参观。 省妇联供稿

【一批先进集体和个人获全国维权工作贡献奖】 1月16日,全国维护妇女儿童权益工作贡献奖表彰电视电话会议召开。省妇联主席李亚平,省纪委副书记汪毓华,省妇联副主席潘玉兰出席江西分会场会议,省维护妇女儿童合法权益联席会议全体成员、在南昌的先进集体和个人代表共60余人参加会议。省财政厅等19个先进集体和施华山等9位先进个人受到表彰,被授予全国维权工作贡献奖。

(熊晓斌)

【各地举办“三八”专场招聘会】 3月5日,省妇联与省劳动和社会保障厅联合在省职业介绍中心举办促进妇女创业就业“三八”专场招聘会。省委副书记王君看望了招聘会的工作人员和应聘人员。省妇联副主席潘玉兰主持招聘会开幕式。招聘会共提供5000多个就业岗位、30个创业项目供参会人员选择。省女法律工作者联谊会在招聘现场开展了“三八”维权宣传咨询活动。“三八”节期间,全省各级妇联分别联合当地有关部门先后举办了近百场“春风送岗位”女性专场招聘会。

【省妇女研究会开展新农村建设专题调研】 6月16日,省妇女研究会在南昌召开“社会主义新农村建设与性别平等”专题研讨会。省妇联主席、省妇女研究会名誉会长李亚平到会讲话。50多位来自不同系统的专家学者参加了研讨会,就新农村建设对妇女发展和性别平等的影响、妇女在新农村建设中的角色和作用、妇联组织如何服务新农村建设等问题进行了广泛交流和热烈讨论。此前,省妇女研究会秘书处于5月下旬在上饶市玉山县开展了新农村建设专题调研,并结合各地妇联有关材料,形成妇联组织服务新农村建设的专题调研报告,上报省社会主义新农村建设办公室。

(石爱忠)

【“双学双比”活动取得突出成绩】 1月20日,全省农村妇女“双学双比”活动协调小组第十八次工作(扩大)会暨新农村建设推进会议在南昌召开。副省长、省“双学双比”活动协调小组组长危朝安出席会议并作重要讲话,省政府副秘书长赵泽华主持会议。会议对省妇联等获得全国"香港回归扶贫基金"项目实施先进集体、全国"双学双比"示范基地、全国妇女培训基地、全国"三八绿色工程"示范基地的单位进行了授牌、表彰。2月23日,全省11个设区市"双学双比"活动协调小组和成员单位在分会场收听收看了全国"双学双比"领导小组"动员组织广大妇女积极参与新农村建设暨'双学双比'表彰电视电话会议"实况,听取了全国人大副委员长顾秀莲的重要讲话。省长助理熊盛文出席了江西分会场会议。省妇联、省中小企业局和南昌市、上饶市、新余市、高安市、信丰县"双学双比"活动协调小组等7个单位荣获全国"双学双比"活动先进集体荣誉称号;65名女能手受到全国表彰,其中廖淑芳获"全国十大绿化女状元"荣誉称号并进京领奖,彭贞红获"全国十大农民女状元"提名奖。新余市副市长、"双学双比"活动协调小组组长毛木根作为受全国表彰的先进集体代表在北京主会场作新农村建设经验介绍。

【妇女创业双"百佳"受到表彰命名】 9月21日,省妇联会同省中小企业局、省女企业家协会在南昌联合召开全省"百佳"创业女性和"百佳"妇女创业示范基地表彰命名会议,对全省100名优秀创业女性和100个妇女创业示范基地进行表彰命名授牌。副省长、省"双学双比"协调小组组长熊盛文出席会议并作重要讲话,省妇联主席、省双协小组副组长李亚平和省中小企业局局长谢碧联到会并讲话。会议由省妇联副主席潘玉兰主持,省女企业家协会会长金祖光宣读表彰决定,省政府副秘书长赵泽华、省中小企业局副局长林宗霖出席会议。会议进行了经验交流,并组织与会代表赴奉新县江西飞宇竹制品有限公司参观学习。

【省女企业家协会表彰优秀女企业家和杰出创业女性】 5月25~27日,省女企业家协会召开四届三次年会暨江西省"优秀女企业家"、"杰出创业女性"表彰大会。副省长胡振鹏,省妇联主席、省女企业家协会名誉会长李亚平到会讲话,省女企业家协会会长金祖光主持会议并致辞。会议表彰了10位江西省"优秀女企业家"和14位江西省2005年度"杰出创业女性",邀请省委党校教授和省中小企业局领导进行了专题讲座,并组织代表参观了江西洪都钢厂新工业园区和江西蓝图铝业有限公司。

【举办全省新农村建设"女村官"培训班】 8月27~29日,首期全省新农村建设"女村官"培训班在南昌举办。培训对象全部为新农村建设"巾帼示范村"女性党支部书记、村委会主任,共64人。省妇联主席李亚平到会并与"女村官"们合影,省妇联副主席潘玉兰作开班动员讲话,省新村办指导组组长廖志斌就江西省新农村建设作了介绍、指导、答疑。省委党校、省建设厅和省妇联等单位的专家、学者对新农村建设中的问题研究、村镇建设规划、新时期农村妇女权益的维护及妇女干部的培养等专题作了讲解。赣州、新余、宜春、抚州等地的"女村官"代表就新农村建设工作经验进行了大会发言。培训期间,"女村官"们参观了南昌经济技术开发区蛟桥镇下罗村和青山湖区湖坊镇进顺村的新农村建设情况。

(温肖霞)

江西省工商业联合会

【概　况】 截至2006年底,全省共有基层组织887个,其中乡镇商会702个,街道商会96个,异地商会27个,市场商会26个,开发区商会及其他商会36个。全省共有各级行业组织332个。其中,省直6个,各设区市45个,县级以下271个。全省共有工商联会员43279名,其中,企业会员16132名,个人会员21688名,省工商联直属企业会员92家。

初步实现会员数据库的动态管理,基本建成全省非公有制经济代表人士数据库;光彩事业取得了新的进展。截至2006年9月,全省光彩事业实施项目139个,投资总额499074万元,公益事业和慈善事业项目163个,捐赠金额4304万元,民营企业安排农民工29万余人,安排下岗职工再就业17万余人;在九江地震救灾活动中,省工商联与省光彩会立即行动起来,向工商联执委和光彩会理事发出"捐助灾区、奉献爱心"的倡议书。本会领导携会员企业捐献200多万元钱物。九江市工商联动员民营企业家、各基层商会向地震灾区累计捐款794万元,九江市工商联荣获全省抗震救灾和灾后重建先进集体。4月10~16日,全省各地工商联、总工会、劳动部门开展以"发展民营经济,落实扶持政策,开拓就业天地"为主题的民企招聘周活动。全省共收集用人单位3750家,其中民营企业3320家,提供就业岗位147193个,其中民营企业126900个,签订就业意向35815人,其中下岗失业人员11602人,进城务工人员12621人,大学毕业生6782人,签订职业培训意向书8344人,发放政策宣传品217274份,发放就业跟踪服务卡44745份,维权及法律援助6609人次。

【开展全省民营企业"千企带千村"活动】 省工商联积极响应省委关于动员和支持社会力量支持社会主义新农村建设的号召,将光彩扶贫的工作重点转向推动民营企业参与到新农村建设上来。4月26~28日,省政协副主席、省工商联会长金异专程陪同省委书记孟建柱赴赣州进行社会主义新农村建设等方面的考察调研,并就工商联进一步做好党委桥梁、政府助手、参与促进新农村建设、服务经济建设等建言献策。省工商联与省委统战部、省新农村建设办公室、省光彩会联合成立江西省民营企业"千企带千村"活动领导小组,由省工商联会长担任组长,领导小组办公室设在省工商联咨询培训处。召开全省"千企带千村"工作经验交流会议,注重抓好具体落实,以点带面,推动各地工作的开展。截至2006年底,全省已有1447家民营企业家参与到企业带村工作中来,实现企业与村对接帮扶1072个,帮扶资金2亿多元。省委书记孟建柱对该项活动作出亲笔批示:"省内二十多位著名的民营企业家向全省民营企业家发出的争做'千企带千村'带头人的倡议很好,请省新农村办公室和省工商联积极帮助推动这一工作,请省新闻单位跟踪报道，积极宣传他们积极投身新农村建设中涌现出来的先进事迹。”极大地鼓舞了广大民营企业家参与新农村建设的积极性。

【商会服务取得新成绩】 调研参政实现新提高。在省政协九届四次大会上，撰写提案8篇，其中1件提案获得省政协副主席、省委统战部长王林森的督办；参与组织“非公经济与江西崛起”高层论坛；完成了《2005年江西省民营经济发展分析报告》《2005年江西省民营企业发展报告》和《2005年江西省商会发展报告》，并按照副省长孙刚的指示寄送给省发展非公有制经济领导小组全体成员单位。

开展系列评选表彰活动。与省政府新闻办、省残联等单位联合开展首届“江西十大爱心单位、十大爱心大使”评选活动；与省总工会、省文明办、省发改委等单位联合开展“创建学习型组织，争做知识型职工，勇为创业型人才”评选活动；与团省委，江西日报社等联合开展“首届江西十大和谐楷模”评选活动；与省劳动厅开展就业和社会保障工作先进民营企业评选表彰活动；与省总工会联合开展“关爱员工、实现双赢”的评选表彰活动；参与江西省突出贡献人才评选表彰活动，并负责全省非公有制经济组织范围内经营管理类人才的评选。在全省科学技术大会上，省工商联副会长、泰豪科技集团董事长黄代放，省工商联副会长、萍乡钢铁集团董事长涂建民被评为“江西省突出贡献人才”，受到省委、省政府的表彰和奖励。张果喜、王翔、杨文龙被评为全国第二届优秀中国特色社会主义事业建设者，48名民营企业家被评为江西省第二届优秀中国特色社会主义事业建设者。

法律维权实现新突破。根据形势发展需要，与赣江律师事务所合作，成立了省工商联民营企业维权中心。中心成立后，接受了江西特力麻醉呼吸设备有限公司等数十起来访申诉。加强交流，召开全省工商联法律服务和维权工作座谈会。继续做好涂景新案维权工作，在省工商联的持续努力下，案情取得突破性进展，12月底海南省高级人民法院二审作出终审判决，由一审的死缓改判为涂景新无罪，有力地提升了工商联声誉。

内外联络建立新平台。与德国中小企业联合总会联合举办全省民营企业引进国外专家座谈会，座谈会为民营企业、工商联、引智部门搭建了一个沟通、学习的平台；为贯彻“走出去”战略，省工商联组织商会干部和民营企业家赴西欧进行商务考察，重点学习德国、法国商会管理的工作经验；组织机关干部赴山东、河南、山西及广西工商联学习考察；由会长金异带队的江西省经贸考察团成功赴法国、比利时等地考察，为江西省民营企业家提供了一个学习投资的机会；组织非公有制经济执委、常委赴哈尔滨、满洲里考察度假，丰富了企业家的生活；为各地工商联机关干部和民营企业家办理了2批次组团出访的申报及签证手续，申办因公护照6本，申请因公签证5人次，帮助企业家和干部顺利从事境外活动。

努力加强自身建设。召开全省工商联秘书长工作交流会议，会议总结交流了各地工商联在机关自身建设和会务管理等方面的经验；在省委统战部直属机关党委的关心、支持下，省工商联机关党支部进行了换届，并依照程序选举成立省工商联机关党委；省工商联办公大楼经过半年多的装修改造，于4月底顺利入住办公。机关办公环境和条件有了显著改善。2006年，省工商联被评为全省服务非公有制经济发展先进单位。

（谢黎明）

江西省文学艺术界联合会

【概　况】 2006年，江西省文联履行“联络、协调、服务”的职能，团结和带领广大文艺工作者在加强理论学习、打造品牌活动、培养文艺人才、繁荣文艺创作、组织深入生活、开展艺术交流、加强组织建设、提高服务水平等方面做了大量工作，产生了良好的社会影响。

结合省委开展的“科学发展、和谐创业”主题活动，在文联机关开展构建和谐社会，创建和谐文化，为江西新发展建言献策大讨论。通过学习讨论，向省委提出若干项关于创建和谐文化，加强文化体制改革，发展和繁荣江西文艺的建议。

配合省委省政府的中心工作和省委宣传部的主题教育活动，举办2006江西新年音乐会。举办“永远跟党走——江西省戏剧界知名文艺家走进社区专场演出”，省文联组织江西知名戏剧家，在全国文明社区——南昌市上营坊社区演出。

省文联及各协会先后举办首届江西省大学生朗诵艺术比赛，江西省第五届青少年故事艺术大赛，第二届江西音乐“映山红”评奖活动，“兰亭奖”全省书法创作研班，第九届亚洲新人歌手江西选拔赛，全国反腐倡廉歌曲评选，江西师大作家班作品研讨会，“长征源”摄影作品展，首届江西省少儿小提琴演奏比赛，“农村公路杯”摄影展，“新农村”全国摄影展南昌巡展，江西省第四届青年书法美术摄影作品展，江西省第一届体育摄影作品展，江西省第二届体育美术作品展，邬成香独唱音乐会，王亮生二胡独奏音乐会暨研讨会，黄四德诗联书法作品展，刘称奇画展，王阿敏油画精品展，赵维人物画展，蓝建民、余对水《高原行》摄影作品展，刘峰音乐作品研讨会，李琦、吴俊平、罗江清、邵乐、刘晋五位管乐演奏新年音乐会，还组团参加“第三届中华民间艺术精品博览会”。

省文联和各协会先组织傩文化考察团20余人赴南丰、赣州等地进行傩文化采风。组织摄影爱好者50余人赴婺源进行采风创作。组织知名摄影家20余人进行聚焦长征路大型采风活动。滕王阁文学院第三批特聘作家到方志敏赣东北革命根据地怀玉山及三清山等地采风等。省文联还组织江西作家艺术家代表与台湾文协交流采风团一行20余人进行座谈，与云南省文联采风团20余人进行座谈交流，与河北省文联“红色之旅”采风团召开笔会。邀请广西作家代表团到江西访问，两地作家进行了深入交流。邀请著名作家蒋子龙、邓刚到江西讲学。在广丰县建立第二个创作基地——铜钹山创作基地。

省文联注重组织建设，提高服务水平。一是开展“抓作风、促效能、创事业”主题实践活动；二是进一步加强组织建设，按照“年轻化、专业化”的原则，进行协会换届工作；三是开展先进市县文联评选和表彰活动；四是加大文联网站建设力度；五是加强省文联硬件建设；六是发展文化产业，开拓文化市场。

【举办省市军民庆祝“五一”诗歌文艺晚会】 为庆祝“五一”国际劳动节，省文联和省委宣传部举办“劳动者情怀——庆”五一“诗歌文艺晚会。晚会由序幕、乡情、爱情、亲情、友情、民情、尾声七部分组成，倡导社会主义荣辱观，弘扬科学发展、和谐创业的主题。省领导孟建柱、黄智权等观看演出。

【举办江西省第四届谷雨诗歌节】 诗歌节期间，在龙虎山召开全省朗诵诗座谈会，邀请全省各地的知名诗人，电视台、歌舞团知名编导参加，对朗诵诗创作进行了交流。召开江西诗歌创作研讨会，邀请《文艺报》《诗刊》《诗选刊》等专业报刊人员参加。在丰城、九江等地举办诗歌专题讲座。

【组织“江西省文联文艺家走进新农村”慰问演出】 为配合省委开展的“科学发展、和谐创业”主题教育活动，推动新农村建设，在纪念毛泽东《在延安文艺座谈会上的讲话》发表64周年之际，省文联组织省内著名艺术家于5月22日赴高安市八景镇举办“江西省文联文艺家走进新农村”慰问演出和现场赠送书画作品活动，受到农民的热烈欢迎。此项活动，中央电视台“新闻联播”作了报道，江西卫视随团专访。

【举办石凌鹤诞生一百周年座谈会】 6月20日，省文联举办纪念江西著名戏剧家、电影评论家、诗人和作家——石凌鹤诞生100周年座谈会，省领导刘上洋等和在南昌的文艺界、文史界知名人士，石凌鹤家属、生前友好共80余人出席座谈会。

（曹　杭）

江西省社会科学界联合会

【概　况】 围绕中心工作，应用对策研究产生重要影响。一是根据省长吴新雄的指示，承办“全面落实科学发展观、切实增强江西发展后劲”专家座谈会，省长吴新雄亲自主持会议并发表重要讲话。二是积极响应省委号召，在全省社联系统和省属学会扎实开展“建言献策、建功立业”活动，收到各类建议137条，上报省委“双建”活动办公室，在95期《快报》中，有11期登载这些建议，占总数的11%多，省社联被省委宣传部评为“双建”先进单位。各设区市及县社联、各学会也通过各种形式建言献策，产生较大社会反响。三是紧贴省委、省政府的重大部署，召开全省理论界“建言献策、建功立业”座谈会，召开全省社科界学习省十二次党代会精神座谈会，举办“现代化与江西的跨越式发展”江西学者论坛。四是围绕各类主题，在全省社联系统和省属学会广泛开展“树立和践行社会主义荣辱观”、“学习贯彻落实科学发展观”、“建言献策、建功立业”、“自主创新与江西崛起”等征文活动，极大地推动了全省社科界为江西“十一五”规划发展出谋划策的积极性，取得了良好效果。五是以《内部论坛》《江西社联动态》《社科规划要报》《科普动态》以及《江西经济蓝皮书》为主的刊物平台，及时地向省委、省政府以及社会各界全面反映全省社科界服务经济社会发展的最新成果。六是各设区市、企业社联在服务决策方面也层出新招。如上饶市社联精心策划大型学术活动，用新理念、新知识、新思维武装头脑；萍乡市社联与市电视台联合制作大型经济专题节目《回眸“十五”，走进“十一五”县区经济访谈》；景德镇市、吉安市、九江市社联围绕中心工作，举办各类研讨会、报告会等活动，活跃了学术气氛，积极推动社科理论成果转化；新余市社联专家论坛形式多样，学术活动有新的突破；宜春市、鹰潭市充分发挥社科内刊平台，侧重刊发应用对策文章，得到地方党委政府的高度重视；洪都集团社联组织多个学会联合攻关，对创建节约型企业和企业文化等课题进行研究，为企业决策提供智力支持；丰城矿务局社联，开展“企业安全文化”、“职工思想动态”等4项大型调研活动，提供的调研报告成为企业文件参照。

坚持精品战略，全省社科规划工作取得突出成绩。2006年，基础理论研究和应用对策研究齐头并进，成果质量整体提升。根据省领导关于组织精兵强将、加紧抢救日军侵华深度受害区抗战史料的批示精神，省社联组织30多个市县社联联合开展“抢救抗战时期江西深度受害区史料”工作，采访日军侵华战争的受害者和亲历者3000余人，收集大量史料，形成了阶段性重要成果。组织专家评审了2005年江西省社会科学文库资助项目，有8部作品入围，质量较往年有所提高。《江西诗词》改版后质量提高、影响扩大，受到诗界好评。全省社科规划工作成绩显著，获得了全国社科规划办表彰。全省国家社科基金课题申报和立项数继续稳步增长，申报项目467项，获立项数27项，获资助经费220万元，居全国各省区市第15位。顺利承办华东地区社科规划协作会。圆满完成省社科研究“十一五”(2006～2007)规划项目申报评审工作，共批准455个项目立项，对全省社科规划组织管理先进单位进行了表彰。组织了13项国家项目鉴定、250项省级课题结项，对在研国家和省级项目开展了全面检查和督促。在省委宣传部的领导下，推动和改进全省经济社会发展重大课题招标工作，4个中标课题按期结项，研究成果报送省委省政府领导供决策参考，并送省两会代表和委员参阅。

学会管理迈上新的台阶，学会活动有声有色。2006年，省属学会管理得到了进一步加强。一是指导学会依法办会，正确处理与登记部门、挂靠单位的关系，积极争取有关部门对学会工作的支持，改善学会工作的社会环境；二是加强对学会学术活动的引导和支持力度，进一步发挥跨学会合作研究的组织协调作用，资助了外语、生产力等5个学会开展活动；三是帮助学会树立自主意识，构建自我发展机制，不断增强整体实力；四是初步形成了学会工作定性和定量相结合的评价体系，修订江西省社会科学工作“双先”条例，江西省邓小平理论研究会、中共江西省委党校科研部等71个单位荣获2006年度江西省社会科学工作先进单位，谢蔚如、舒金庚等71人荣获2006年度社会科学先进工作者荣誉称号；五是全年批复成立了省赣商文化发展促进会、省公共管理学会、省速记学会等4个学会。同时，因相关学会未能按照《社会团体登记管理条例》有关规定开展工作，撤销了省基本经济建设学会和江州义门陈文化研究会两个学会。各学会开展了丰富多彩的特色活动，学会活动的社会影响进一步扩大。省统计学会围绕“全面建设小康社会开展统计监测”“新形势下统计队伍建设问题研究”等重大问题开展调查研究，推出了系列统计分析研究成果；省老年书画研究会与省老年书画协会、新四军研究会联合在省文联展厅举办了庆祝中国共产党成立85周年、纪念红军长征胜利70周年书画展；省楹联学会参与由全国少数专家组成的楹联“申遗”工作；省家庭教育研究会开展以“为国教子、以德育人”为主题的“双合格”家庭教育知识竞赛活动，全省共有6万多名家长和儿童参加；省党史研究会、省井冈山精神研究会与省委党史办等联合主办纪念红军长征胜利70周年知识竞赛，活动参与者达到5万多人；省书院研究会与省社科院、江西师大、江西教育学院、白鹿洞书院联合组织召开了纪念白鹿洞书院建院1030年暨“全国书院理学与传播”学术研讨会，产生了良好的反响。

迎难而上创造平台，科普工作取得新发展。2006年，为充分发挥社会科学普及工作在构建和谐社会中的重要作用，省社联、省属学会和各地市社联，克服科普经费紧缺的困难，努力探索理论联系实际的科普工作新路子，为和谐社会建设积极营造良好的人文环境。首次召开全省社联工作会暨社科普及工作会；先后与省科协等单位共同举办了科学发展观与江西科技创新“1+1科学沙龙”、“客运与城市发展高峰论坛”，在抚州、宜春两地试办社会科学普及基地；为打造社科普及品牌，与省图书馆共同设立“社科大讲堂”，定期举办学术普及讲座。各设区市社联、省属学会也积极开展社科普及。南昌市社联增加科普专项经费，开展“社科专家为您服务”等多项科普活动。赣州市社联建立科普工作示范基地，积极开展科普活动周活动。抚州市社联依托科普基地优势，就“社会科学下基层与新农村建设”等专题举办专家座谈会，取得明显效果。方志敏研究会组织方志敏精神宣读报告团，在省内外机关、学校、企业开展百余场次的宣讲，听众达到20余万人次，受到普遍好评。省钱币学会通过多种形式，走上街头、深入农村、进入校园，向广大群众宣传有关人民币的各项法律法规及反假币知识。省老年体育科学学会把科普作为工作重点，形成庞大的老年体育科普宣传员队伍，以多种多样的宣传形式开展科普教育，取得明显效果。

（省社联编辑室）

江西省科学技术协会

【概　况】　2006年，江西省科学技术协会有省级自然科学学会（协会、研究）110余个，市、县级学会1930个，拥有中高级技术职务为主体的会员30余万人，建立省、市、县、乡四级科协组织1856个，在农村、企业、院校、街道建立科协基层组织2300余个，形成了一个人才荟萃的科技人才组织网络格局，成为推动科技事业发展的重要社会力量。全年省科协围绕“1248”工作大纲，贯彻“责任、素质、卓越”工作主题，立足于工作方式、内容、手段上的求实与创新，积极开拓，扎实工作，开展了一些较有特色的科学技术普及和学术交流活动。在农村科普方面，继续实施江西省农村科普致富“十、百、千”示范工程，组织争创全国科普示范县（市），南昌县、德兴市、修水县、都昌县、南康市、余江县、崇仁县被中国科协确定为第三批全国科普示范县（市）创建单位；举办承办“科普之春”、“科普之夏”、全国科普日暨“科普之秋”、“‘科技致富大王’进井冈山”科技下乡等大型活动；成立江西省农村专业技术协会；贯彻落实中国科协、财政部联合实施的“科普惠农兴村计划”，全省有3个农村专业技术协会，3个农村科普示范基地和3位农村科普带头人入选。在城市科普方面，举办“公共安全”主题宣传活动；召开全省科普工作座谈会暨青少年科学工作室项目现场会和科普创作座谈会；在全国科技活动周期间还举办形式多样的科普知识讲座。在青少年科普方面，举办“中科院科学家科普报告团‘大手拉小手’希望行、第二十一届全省青少年科技创新大赛、第十一届全国青少年信息学（计算机）奥林匹克联赛（江西赛区）、“节能在我身边”夏令营、江西省农村青少年科技夏令营、“大手拉小手青少年科技传播行动”等活动。精心组织国内外学术交流和各类科技服务活动，积极为经济社会全面协调可持续发展服务，紧紧围绕建设“三个江西”举办“江西生态及生态安全、预警”学术沙龙、绿色生态江西建设与生态安全高层论坛、安源科技高层论坛、灾害应急管理与构建和谐社会高端论坛，不断提升学术活动层次，积极开展决策咨询活动。努力拓宽国际及境外科技交流合作渠道，打造“沧海论坛”，成功举办“沧海论坛·第十一届海峡两岸水土保持学术研讨会”、“沧海论坛·首届海峡两岸护理学术研讨会”、第五届海峡两岸科技与经济论坛、第五届海峡两岸大学生辩论赛、赣台两地大学生辩论文化论坛等活动。继续开展“远航工程”，资助刘苑秋、盛世明、何济洲、谢克非、傅春等5名中青年学者赴加拿大、日本、澳大利亚、韩国参加国际会议，开展短期合作研究。大力加强引智建设及科技合作与交流，深入开展“厂会协作”，全省新增项目协作对子20余个，主动承接政府转移职能。

（杜春发）

江西省归国华侨联合会

【概　况】　为开放型经济服务取得新的成绩。2006年，省侨联与省旅游局合作，在澳门成功举办江西（澳门）旅游推介会。积极参与承办江西（香港）招商引资暨经贸合作活动周工作，邀请了百余位海外客商出席开幕式及参观展览。协助南昌市政府和上饶市政府组织两场投资推介会,取得良好的效果。省侨联与乐平市政府联合主办了第四届世界马氏恳亲大会。为巴黎大区和南昌市政府的合作牵线搭桥,接待巴黎市长协会考察团,促成南昌—巴黎友好备忘录的签署。积极邀请100余名海外客商出席2006中国景德镇国际陶瓷博览会。邀请110名海外客商参加第二届中国上饶国际投资贸易洽谈会,引进项目4个,协议资金2.58亿元人民币;协助南昌市侨联广邀客商参加南昌金秋经贸月活动。

坚持服务侨界群众,为社会主义新农村建设出实招。坚持以人为本,对弱势群体和生活困难侨户给予热忱的关怀和帮助。元旦春节期间,走访慰问全省11个设区市的困难归侨侨眷,发放慰问金7.29万元。省侨联为特困归侨钟运雷购置住房,解决了钟运雷居无定所的困难。争取到美国扶贫教育基金、美籍华人张文基、西班牙华侨刘光新的支持,筹集善款资助全省城乡195名贫困学生。争取到新加坡华侨郑添文、许婉华夫妇为江西省的中国侨联爱国主义教育基地八一南昌起义纪念馆和上饶集中营革命烈士陵园各捐款10万元。为南昌市老年归侨侨眷联谊会赞助5000元活动经费。全省新建"侨心学校"3所,捐建资金约60余万元,改善了贫困地区的办学条件。省侨联与省外侨办、民盟江西省委会、江西农业大学共同举办实用技术培训班,为江西省3个华侨农场归难侨培养农业技术骨干30多人。

开辟海内外联谊的新渠道。热情接待到赣考察的中国侨联领导和兄弟省市侨联,以及来自24个国家和地区的侨胞1165人次,广交了新老朋友。5月,省侨联青年委员会和福建省侨联青年委员会共60余名青年在上饶开展"相约红土地"联谊交流活动,并签署"友好合作协议书"。省侨联与赣州、上饶、萍乡等设区市侨联组团首次出访非洲、大洋洲和东欧;与九江、上饶、抚州、鹰潭等设区市侨联分赴香港、澳门,出席了香港侨界社团联会两周年庆典和第十一届澳门缅华泼水节活动;组团访问了欧洲、美洲、亚洲等国,开展侨情调研,积极宣传江西,促进江西省与海外侨团的友谊和交往,开拓了海外联谊工作的新领域。省侨联还积极参加"9+2"泛珠三角省市侨联协作活动,增强江西省侨联与兄弟省市侨联及港澳地区侨团的联谊。

加强能力建设,夯实侨联事业发展的基础。开展全省侨联系统"争先创优"活动,对2005年度全省侨联工作先进单位及优胜单位进行了表彰。举办侨法讲座,对侨联干部进行侨务法律知识培训,提高依法护侨能力。与省法学会合作,召开全省侨务法律理论研讨会。加强对高校侨联工作的指导,召开全省高校侨联工作座谈会,探讨交流新时期高校侨联工作的思路和方法。

【合作举办江西(澳门)旅游推介会】 4月21~24日,省侨联与省旅游局合作,举办江西(澳门)旅游推介会,首次在境外搭建宣传推介江西经济文化的平台。外交部特派澳门公署领事部徐建工主任,澳门特区政府旅游局处长霍惠兰,澳门旅游商会会长陈士杰、澳门旅游协会副会长张志明、澳门缅华互助会会长许国璇等主要官员和人士约200余人出席了推介会。举行了江西旅游摄影图片展,共接待了2000余名观众。推介会获得广泛的赞誉与好评,在澳门刮起了"江西旅游"的旋风。省侨联代表团还参加由澳门缅华互助会举办的第十一届澳门缅华泼水节暨庆祝澳门缅华互助会成立35周年系列活动。

【联合主办第四届世界马氏恳亲大会】 10月22~24日,由江西省侨联和乐平市人民政府联合主办的第四届世界马氏恳亲大会在乐平市举行。这是"世马会"首次在中国大陆召开,也是江西省首次举办世界性姓氏恳亲大会。中国侨联副主席李祖沛,省政协副主席、省委统战部部长王林森,省侨联主席曾华新和有关部门领导以及来自泰国、马来西亚、新加坡、加拿大、美国、港澳台地区和国内17个省、市的近千名马氏宗亲代表应邀出席了招待宴会。马氏宗亲代表围绕"文化与血脉"的主题,畅叙宗亲情谊,共谋合作发展,经贸项目签约资金4.39亿元人民币。

【为巴黎大区和南昌市政府的合作牵线搭桥】 经省侨联与法国江西同乡会等牵线搭桥,由巴黎大区市长协会副主席让-皮埃尔·勒布朗先生率领的法国巴黎大区经贸代表团,于10月10~12日来江西省参观考察。代表团分别参加2006南昌市金秋经贸月活动,参观考察南昌高新技术开发区和昌北经济开发区,并举行了南昌-巴黎友好座谈。省委常委、南昌市委书记余欣荣和副省长孙刚分别会见了法国客人,双方就推进南昌与巴黎的经贸合作进行了友好交流。省政协副主席、省委统战部部长王林森宴请了代表团全体成员。在南昌-巴黎友好座谈会上,让-皮埃尔·勒布朗先生与南昌市政府市长李豆罗共同签署了友好备忘录。省侨联主席曾华新、副主席周锦等全程陪同代表团在赣的考察访问。

【加强侨务法制建设】 围绕加强侨务法制建设的主题,省侨联加大力度,开展多项侨务法制活动。省侨联制定下发《江西省侨联关于开展法制宣传教育的第五个五年规划》,加强依法护侨的力度,进一步增强广大归侨侨眷的法制观念。积极配合中国侨联法律顾问委员会的调研活动,在南昌、宜春、吉安等地开展维护侨益工作的考察。省侨联与省法学会合作,召开全省侨务法律理论研讨会,组织侨界、法学界、法律界的有关人士和专家学者撰写论文39篇,评选出优秀论文18篇,推动侨务法制理论的研究。省侨联在侨乡丰城市石滩镇开展"送法进侨乡"活动,邀请部分律师、法官和司法工作者共同参与,进行了侨法宣传咨询,并向村民们赠送了500多本法制读物和法律书籍,增强了农村归侨侨眷的依法维权意识。

【积极参与"双建"活动】 全省各级侨联响应省委号召,积极参与"构建和谐社会,实现新的跨越"建言献策、建功立业活动。省侨联制定"双建"活动实施方案,与省人大常委外侨民宗工委、省外侨办、省政协港澳台侨委联合召开全省侨界"双建"活动建言献策座谈会,在侨联刊物、网页上开设了活动专栏,深入动员全省广大归侨侨眷,尤其是海外侨胞积极投入"双建"活动。在全省各级侨联的联系和动员下，陈有庆、陈大江、林金龙等一批海外侨界知名人士，通过省侨联参与了建言献策。海外侨胞的热情关注、积极参与，成为全省"双建"活动的一大亮点。侨界建言献策200余条，编印了14期"双建"活动简报供省领导参阅。

（罗丽都）

江西省台湾同胞联谊会

【概　况】 2006年，省台联贯彻"和平统一、一国两制"基本方针和胡锦涛总书记关于新形势下发展两岸关系的讲话精神，与时俱进，扎实工作，着力推进赣台民间交流交往，在台胞接待、招商引资、对台宣传、台情调研和机关建设等方面做出了新的成绩。一年来，加强了与岛内乡亲和各界人士的联系，全年共接待来赣台胞450余人次；促进赣台双向交流，组织了"江西省教育学会参访团"、"江西总商会参访团"、"江西农业参访团"等团组共42人赴台交流考察；多渠道、多形式、多角度地宣传江西和台胞典型人物，《台声》《全国台联通讯》《香港商报》和华夏经纬网等媒体采用稿件30余篇，采写并上报了100余件台情信息。

【举办全国台联2006年台胞青年千人夏令营江西分营活动】 连续两年举办以"龙脉相传、青春中华"为主题的两岸青年学生交流活动。参加此次夏令营的31名岛内营员，主要来自台湾铭传大学等15所高等院校，营员绝大多数是首次来祖国大陆和江西。在赣期间，营员们参加了在南昌女子职业学校茶艺馆举行的开幕仪式，台湾学生与南昌女职学生进行了座谈交流，并欣赏了女职学生的茶艺表演，感受到中华文化的源远流长和茶文化的魅力。台湾青年还听取江西情况的介绍和赣文化讲座，与江西青年联欢。参观游览了滕王阁、秋水广场、景德镇陶瓷博物馆、庐山、龙虎山等风景名胜，还前往北京参加全国台联举行的千人夏令营总营活动。通过内容丰富、形式活泼的夏令营活动，加深了台湾青年学生对祖国大陆和江西的了解与感受，增进了两岸青年之间的互动和友谊。

【联合举办海峡两岸书画作品展】 省台联与省中国画研究会、省书法家协会等单位联合在南昌首次举办了2006年海峡两岸书画艺术交流展暨台北市南菁书画协会书画作品展。省人大副主任蒋仲平和省委统战部、省政协港澳台委、南昌市政府领导等有关部门负责人出席开幕式，54名台湾书画界人士和江西省书画界同仁及其书画爱好者共400余人参加开幕式并参观了书画展。赣台两地书画家们同台献艺，相互交流学习，体现了两岸同胞同根同源的一脉亲情，加深了两岸同胞的感情。此外，省台联在南昌还成功举办台湾画家林中行、邵幼轩、王漪仙国画联展，吸引了不少省、市书画家及其爱好者前去参观学习和交流，书画展引起广泛关注和社会反响。

【为招商引资牵线搭桥】 省台联广交、深交台湾工商界朋友，积极邀请、接待台商来赣参观考察，引荐台商来赣投资兴业，为江西省招商引资牵线搭桥。全年，共引进台资项目3个，合同投资额5800万美元。促进赣台农业合作，继续做好台商投资农业项目的跟踪服务，引荐促成台商投资300万美元在乐安县龚坊镇建立江西台湾农业科技（园）农场，2006年首期26.67公顷果园已开工建设，后续的133.33公顷果园的开发也达成了框架协议。该项目的建设投产将为赣台农业合作试验区的建立起示范作用。参加省政府在香港举行的招商会，主动邀请台商与会，向台商宣传、推介江西；多次带领设区市、县有关部门人员前往台资企业集中地走访台资企业，参加在当地举行的各种推介会、恳谈会等活动。参加2006年赣台（九江·庐山）经贸合作研讨会的组织筹备和接待工作，邀请了台湾岛内和海外180名台商与会，是省直部门邀请台商较多的单位之一。

【组织台胞参政议政】 一年来，江西省台籍全国人大代表和省、市、县政协委员（人大代表）不辱使命，进一步提高参政水平和议政能力，深入调查研究，积极反映社情民意，提出了《关于增加药品采购透明度的建议》《关于更改昌九高速公路九江段路名的建议》《关于培育工业园区企业用工的几点建议》《关于加大新型农民培训力度的建议》等提案和建议，引起有关方面的高度重视并得到采纳。

（林挺华　俞红光）

江西省残疾人联合会

【概　况】 制定实施《江西省残疾人事业"十一五"发展纲要》。经广泛调研、征求意见和反复修改完善，《江西省残疾人事业"十一五"发展纲要》由省政府批准实施。纲要提出了2010年全省残疾人基本生活总体初步达到小康水平的目标，明确了今后五年残疾人事业的指导思想，对残疾人康复、教育、就业和社会保障等工作进行了规划和布置，突出了政府责任、长效机制和分类指导的原则，具有更强的政策性、指导性和操作性，必将极大地推动江西省残疾人事业在新形势的健康快速发展。

较好地完成了江西省第二次全国残疾人抽样调查各项任务。4月1日，全面调查正式启动，通过调查工作人员的艰苦努力，至年底调查的各项任务已基本完成。调查结果显示，江西省残疾人占总人口的比例为6.39%，据此推算，2006年4月1日零时江西省各类残疾人的总数为276.1万人。其中，视力残疾45.5万人，听力残疾62.2万人，言语残疾4.7万人，肢体残疾83.1万人，智力残疾24.4万人，精神残疾19.1万人，多重残疾37.1万人。与1987年数据比较，全省残疾人口总量增加、比例上升，残疾类别结构有所变化。

残疾人康复、教育、就业、扶贫和宣传文体等业务工作成效显著。实施了一批康复项目。完成白内障复明手术1.8万例，完成聋儿听力训练、家长培训521名，完成智力残疾儿童康复训练614名，肢体残疾儿童社区、家庭康复训练614名，机构康复训练120名，为800名低视力患者配戴助视器，供应残疾人辅助器具1.6万件。培训残疾人16301人次。举办了全省残疾人职业技能竞赛。完成残疾人工疗站建设,培训智力残疾人38名。鉴定盲人保健按摩师中级技能68人,高级技能45人,考评主治按摩医师9人。资助各类贫困残疾学生1500余名。创办省级农村残疾人种养业扶贫示范基地13个,安置130余名农村残疾人从事种养业,辐射和带动周边260余户残疾人家庭脱贫。发放康复扶贫贴息贷款4180万元,直接受益的贫困残疾人家庭有1.5万余户、3万余人。省残联与省劳动和社会保障厅、省财政厅联合下发《关于我省城镇贫困残疾人个体户参加基本养老保险给予适当补贴有关问题的通知》,明确了补贴对象、条件、标准和办理程序等事项,稳定了残疾人个体就业。与省电台联合举办第七届残疾人专题节目展播,推荐3件作品参加全国评选并全部获奖。组织残疾人运动员138人次参加国、内外比赛,共获得奖牌111枚,其中金牌66枚、银牌24枚、铜牌21枚。参加第四届全国特奥会,金牌总数为全国第一,是江西省参加历届特奥会以来取得的最好成绩,受到了省政府的通令嘉奖。

【"彭年光明行动"项目启动】 4月16日,江西省"彭年光明行动"项目在南昌隆重举行启动仪式,捐资发起人香港著名慈善家、"胡润2006中国慈善榜第一人"余彭年专程从深圳赶来参加仪式。仪式启动前日,省委书记孟建柱专门会见了余彭年先生,对他扶弱济困、行仁尚义的行为表示欢迎和感谢。当日,省委副书记、省长黄智权出席仪式并向余彭年先生颁赠"光明特使"牌匾。"彭年光明行动"项目总投资额达5亿元,可免费为15万至20万白内障患者实施手术,并对病人承诺包括免费提供手术期间往返交通费用,提供病人手术期间吃饭、住宿费用,眼科手术费、药品费和医疗保险费等六个免费。该项目已在全国九省区启动。项目计划捐资1800万元,为江西省1万名贫困白内障患者免费实施复明手术。启动仪式前,"彭年光明行动"医疗队已在省内5个县市完成了2000例手术,很受当地贫困白内障患者的欢迎,社会反响很大。

【中国残疾人福利基金会向瑞金市贫困残疾人捐赠资金和物资300万元】 为迎接第十六个法定全国助残日,纪念中国工农红军长征胜利70周年,以实际行动支持全国第二次残疾人抽样调查工作,推动残疾人事业的发展,为残疾人办实事,做好事,中国残疾人福利基金会在共和国的摇篮瑞金市开展旨在扶持贫困残疾人的"助残爱心公益"活动,免费向400名贫困残疾人赠送轮椅,为200名贫困聋儿配戴助听器,为100名贫困下肢残疾人安装假肢,资助365名贫困残疾少年儿童入学,并捐书15000册,建立一个社区阅览室。同时,出资100万元,在9个月内,为300户缺房、无房的贫困残疾人解决住房问题。5月8日,中国残疾人福利基金会在红都瑞金市的沙洲坝举行隆重的捐赠仪式,捐赠仪式上当场向10名贫困残疾人代表赠送了轮椅,为10名贫困聋儿代表配戴了助听器,为6名贫困肢残人代表安装了假肢。本次活动得到了中央电视台"我的长征"节目组的大力支持,并对整个活动进行全程跟踪采访报道。

【全省残疾人就业保障金征收工作经验交流现场会在南昌召开】 7月21日,省残联、省地税局在南昌银星大厦联合召开全省残疾人就业保障金征收工作经验交流现场会。会议的主要内容是总结2005年以来全省贯彻落实《江西省残疾人就业保障金征收使用管理办法》的情况,交流经验,部署今后一段时期继续做好残疾人就业保障金的征收工作。会议期间,与会代表还分别听取了南昌市残联、南昌市地税局及广丰县残联有关征收工作的经验介绍,现场观摩了南昌市地税局直属分局办税服务厅、东湖区地税局、高新开发区地税局的残疾人就业保障金的征收工作。

【全省残疾人事业工作会议召开】 8月30日,全省残疾人事业工作会议在南昌市召开。会议由省政府副秘书长金细安主持,副省长、省政府残工委主任熊盛文出席会议并作重要讲话,各设区市政府残工委主任、残联理事长,受表彰县(市、区)政府领导、残联理事长,省政府残工委成员、省残联第四届主席团全体委员、省残联各处室负责人等共180余人参加了会议。会上,省残联党组书记熊印辉传达了省委书记孟建柱、省长黄智权关于发展江西省残疾人事业的重要批示和省委副书记王君为这次会议专门发来的贺信;省残联理事长徐效钢作工作报告,全面总结了"十五"计划期间全省残疾人工作,并对做好"十一五"规划时期和当年的残疾人工作进行了部署。会议表彰了19个残疾人工作先进县(市、区)和2005年度目标管理先进单位,萍乡市、青原区等单位作典型发言。副省长熊盛文在讲话中充分肯定了五年来江西省残疾人工作取得的显著成绩,并指出"十一五"规划时期要重点做好的六方面工作,就牢固树立和全面落实科学发展观,加强残联干部队伍建设,开创残疾人工作新局面提出了要求。

【全省残疾人职业技能竞赛举行】 10月18~20日,江西省残疾人职业技能竞赛在南昌举行。来自全省11个设区市和省直代表队的170余名残疾人选手们,经过5大类18个项目的激烈角逐,共决出18个第一名、19个第二名、20个第三名。获奖选手的实际操作技能测试和理论考试成绩均合格者将在原有技术等级的基础上晋升一个技术等级,由省劳动和社会保障厅颁发职业资格证书,并作为优秀选手选拔参加2007年第三届全国残疾人职业技能竞赛。本次竞赛的成功举办是江西省的首次尝试,其项目之多、规模之大、要求之高、参与面之广、影响之大都是江西省前所未有的。竞赛期间还设立了由残疾人制作的展示残疾人技能的10个参评、参展项目,《江西日报》、江西电视台、江西广播电台、《信息日报》等多家新闻媒体进行了多方位的宣传报道。

【江西省残疾人企业家协会成立】 11月28日,江西省残疾人企业家协会成立暨第一届一次会员大会在南昌隆重召开。副省长孙刚到会并讲话。省政府办公厅副主任翁武生主持会议,省残联、省劳动和社会保障厅,省工商局,省民政厅,省地税局、省财政厅、省国税局、团省委、省青年企业家协会、省女企业家协会等部门有关领导,全省各地残疾人创业者、企业法人共计130余人出席了此次盛会。残疾人企业家协会的成立，是江西省残疾人事业的一件大喜事，是省残联贯彻落实省委、省政府关于开展“全民创业”活动的重大举措；标志着江西省残疾人创业工作进入了一个新的发展阶段，为全省残疾人企业家提供了一个展示自身价值的舞台，创造了一个相互沟通、相互学习的联谊载体，也为社会深入了解残疾人企业及企业文化搭建了一个平台。会议通过了省残疾人企业家协会章程，推举通过了理事名单。省肢残人协会主席、全国劳动模范李洪应被选举为协会会长，会议还选举产生了协会副会长，秘书长等组成人员。

（孙鹏飞）

江西省红十字会

【概　况】 积极参与自然灾害等突发事件人道救助。一年来，省红十字会共接受捐赠和募捐救灾物资价值818万余元，向灾区、贫困学生和特困群众等发放救灾、救助物资价值826.9万余元。积极参与九江地震灾区和赣南水灾灾区的灾后重建工作，援建了7个“红十字博爱新村”，对319户受洪涝灾害侵袭的全倒户重建新居，援助资金共383.6万元。援建、重建了3所中(小)学、3所卫生院和1个居民新村。举办救护培训班和讲座24期，培训救护员2000余人。全省各级红十字会开展救护防病知识普及12万余人次。江西省红十字志愿护理服务中心为社区居民免费进行健康指导、咨询义诊3万余人次。2006年，江西省红十字会实现3例造血干细胞成功捐献，首例造血干细胞捐献者邓椿敏被评为江西省第十四届十大杰出青年。在全国第三届“捐献骨髓拯救生命”优秀新闻作品推选活动中，江西省红十字会获得最佳组织奖。2006年，江西省红十字会被江西省委、省政府授予“九江抗震救灾和灾后重建先进集体”，获得由中国红十字会总会和红十字国际委员会联合表彰的传播工作先进单位一等奖。江西省红十字会机关被江西省直机关工委、省直文明委授予“省直机关第三届文明单位”。

举办江西省红十字会建会五十周年系列纪念活动。为了宣扬红十字会“人道、博爱、奉献”精神，激励更多的人支持红十字事业，举办省红十字会建会五十周年系列纪念活动。12月20日，召开省红十字会成立五十周年纪念大会，中国红十字会会长彭珮云、省委书记孟建柱到会讲话；与省委宣传部联合主办“博爱颂”文艺晚会；与省文明办、省卫生厅联合举办“爱心铸造和谐之路”公益成果展；与省文明办联合举办江西省首届杰出公益奖评选活动；与省广播电视局、江西日报社组织开展首届“江西省红十字新闻奖”评选活动。多种形式的纪念活动，提升红十字会品牌，取得了良好的效果。

【参与自然灾害救助工作】 2006年在对江西省发生的自然灾害特别是“6·8”暴雨洪灾和7月份的第4号强热带风暴“碧利斯”、第5号台风“格美”等自然灾害的紧急救援行动中，省红十字会做到快速反应、及时处理、效果明显。受第5号台风“格美”影响，赣州市上犹县普降暴雨，造成山体滑坡，大量民房倒塌、农田被淹。洪灾发生后，省红十字会立即作出反应，紧急部署救灾工作。迅速将家庭包、消毒剂、抗菌药等价值15万元的救灾物资送到灾区。省红十字会慰问小组在上犹县五指峰乡慰问时，再次遇到正在江西省灾区考察慰问的民政部领导，他对红十字会在自然灾害发生后迅速来到灾区救助灾民的行动，给予好评。红十字国际委员会、红十字会与红新月会国际联合会和香港红十字会救灾管理代表来江西省检查救灾物资发放工作时，对江西省红十字会救灾物资管理工作给予了充分肯定。

【组织实施红十字博爱项目建设】 对省棉农所灾后43户重建民居进行了验收，设置了九江地震红十字援建户统一标识；九江县新合镇重建的“新合镇中心小学”(取名“银湖博爱小学”)和南昌县麻丘镇天狮博爱小学以及重建的九江县“涌泉卫生院”、“港口镇中心卫生院”举行了竣工典礼；在中国红十字会总会、红十字会与红新月会国际联合会、香港红十字会和社会热心人士的支持下，援建了7个“红十字博爱新村”，对319户受洪涝灾害侵袭的全倒户重建新居，援助资金共383.6万元。信丰县古陂镇太平畲族村26户村民已搬入新居。

【人道关怀工作取得新成效】 以“红十字博爱送万家”为主要内容的人道关爱工作深入扎实进行，春节前夕，省、市红十字会分别组织“红十字博爱送万家——温暖关爱困难群众”物资发放仪式，省红十字会机关共筹集价值145万余元的慰问物资，使全省2万余特困和受灾群众得到红十字会的真情救助。省红十字会联合《江南都市报》，在全省开展“为百名白血病患者送关爱”特别行动，为100名白血病患者送去慰问物资和慰问金，并通过新闻媒介呼吁社会各界爱心人士和企业加入到红十字会“送温暖”活动中来。

【卫生救护工作取得新进展】 2006年，省红十字会把汽车驾驶教练员、大专院校师生作为卫生救护培训工作的重点，先后为汽车驾驶教练员、大专院校师生、铁路乘务员等举办救护培训班和讲座24期，培训学员2000余人。组织省红十字会赴台夏令营、省地震局夏令营的同学进行以“紧急避险、意外伤害、公共安全和自救互救”为主要内容的卫生救护培训。在“9·9”世界急救日，组织红十字志愿工作者深入社区开展救护培训。卫生救护培训工作的开展，进一步普及了群众性防病救灾知识，提高自救互救技能。在2006年全国红十字系统卫生救护先进集体评选中，新余市红十字会、景德镇市教育局红十字会和江西农业大学红十字会被评为“全国红十字卫生救护先进集体”。

（省红十字会编辑室）

军　　事

本栏编辑　李荣根

江西省军区

【概　况】 2006年，省军区坚持以科学发展观为统揽，以军事斗争准备为龙头，按照求进、求活、求成、求安、求实、求和的工作思路，开拓创新，狠抓落实，部队和民兵预备役全面建设保持稳步发展的好势头。

科学发展的理念进一步确立。坚持把学习贯彻科学发展观作为首要政治任务大事大抓，协调发展、和谐发展、安全发展、以人为本的理念深入人心。落实团以上党委中心组带机关理论学习，举办干部理论集训班15期；运用江西红色资源开展"大力弘扬老区革命精神，忠实履行新的历史使命"、增强干部事业心责任感等主题教育，加大经常性教育和思想工作力度，总结宣扬"赣西焦裕禄"周年华的先进事迹，广大官兵和职工政治信念坚定，使命意识增强，科学发展的路子逐步走开。

党委班子和干部队伍建设明显加强。紧紧扭住能力建设，抓配备，强素质，严管理，师团党委班子建设发展比较平衡。抓好师团干部调整配备，班子结构进一步优化；深入贯彻《党委工作条例》，建立保持共产党员先进性长效机制，加强民主集中制建设，党内生活进一步规范；组织新任职人武部（预备役团）主官、师旅团参谋长、参谋业务集训等8期，选送干部入军地院校学习培训；深化师团单位办事公开，强化团以上干部的管理监督。

军事斗争准备扎实推进。广泛开展以"履行使命强素质、真打实备做贡献"为主要内容的战斗精神教育实践活动；加强民兵整组，组建军兵种专业分队和民兵应急分队；高标准完成预备役部队调整组建任务，退伍军人比例、专业对口率、在位率有较大提高；召开全省民兵军事训练工作座谈会，依托省人武学院和防空兵训练中心，培训专武干部和防空兵骨干；注重抓好首长机关按纲施训，各师团单位紧贴任务进行使命课题实兵演练；完成国防动员潜力数据核对调查，物资动员任务基本落实到位；人防、交通设施和骨干阵地建设取得新的进步。

安全管理工作取得成效。牢固确立安全发展理念，采取超常措施狠抓工作落实。认真查找薄弱环节，组织教育整顿；逐次打好安全管理"四场战役"，突出管住人、车、枪、弹、密、财等重点，下大力管好干部、职工、管钱管物的人，督促抓好安全管理制度的落实；省军区下发《进一步加强部队安全管理工作的意见》，组织4次安全大检查，在团以上机关全部安装保密办公软件，部队保持安全稳定。

经常性基础性工作比较活跃。组织军分区人武部运行机制试点，以"五个基本"为抓手，部队和民兵预备役基层建设进一步加强；抓住乡镇换届的有利时机，认真抓好调整配备，专武干部队伍素质结构有所优化；协调省委有关部门下发《关于加强各级领导干部国防教育的意见》，全民国防教育基本落实；召开全省民兵预备役部队参建工作座谈会，率兵参建工作取得新的成果。

后勤保障能力明显提升。突出后勤指挥、保障力量、物资储供和针对性训练，加快军事斗争后勤准备。积极开展"创建正规化后勤机关"活动，严密组织财经管理专项整顿、发票整治、军用房地产普查清理工作，进一步规范后勤管理；广泛开展资源节约活动，房改"两项政策"、物资集中采购、职工收入分配制度改革不断深入，保障效益进一步提高。

党管武装氛围更加浓厚。地方各级党委、政府落实地方党委常委议军、武委会例会、党管武装工作述职等制度，自觉把武装工作当做份内的事来筹划和指导。部分设区市新任县（市、区）党政主要领导上任前，到军分区受领军事工作任务，主动征求同级军事机关对转业干部安置意见；深入开展"双拥模范城（县）"创建活动，召开全省"双拥模范城（县）"命名表彰大会，双拥工作氛围进一步浓厚。地方党委、政府注重在经费保障、支持部队基础设施建设、转业干部安置和随军家属就业等方面办实事，全省县以上都建立军事斗争准备基金；全省计划安置的1284名军转干部，86.5%安置到党政机关，团职干部绝大多数安排实职，随军家属安置问题在大多数县得到基本解决。

【中央部门单位和军委领导机关爱心捐款转赠江西灾区】 11月15～20日，总政治部副主任刘振起率总部爱心捐款转赠工作组，将中央部门单位和军委领导机关"送温暖、献爱心"活动中捐助的800万元爱心款送到江西灾区。在赣期间，爱心捐款转赠工作组代表中央部门单位和军委领导机关分别向赣州、吉安市捐赠500万元和300万元。2006年，江西部分地区先后多次遭受强降雨和台风、冰雹等自然灾害袭击。中央部门单位和军委领导机关以及社会各界情系灾区人民，积极为灾区人民和困难群众捐款捐物，切实帮助灾区人民和困难群众解决好过冬问题，充分体现对灾区群众的一片爱心。工作组一行先后到信丰县下杨坊灾民新村、中塅灾民新村和吉安市青原区马埠老村考察灾后重建工作，详细询问灾民的生产生活，鼓励他们战胜困难，重建家园。

（钟国栋　侯毅军）

【省军区党委全会召开】 1月11～13日，省军区党委八届八次全体（扩大）会议在南昌召开，省军区党委常委、委员，省军区后勤部副部长，各师旅单位参谋长、政治部主任、后勤（装备）部长，宜春军分区副政委参加，省军区直属团单位党委正副书记、机关处室领导列席。会议分析总结2005年工作形势，部署新年度工作任务。会上，江西省委书记、省军区党委第一书记孟建柱作重要讲话，省军区党委书记、政治委员王清葆作工作报告，省军区党委副书记、司令员郝敬民讲话，省军区纪委书记、副政治委员石成林作纪委工作报告。

7月24～25日，省军区党委八届九次全体（扩大）会议在南昌召开。省军区党委常委、委员出席会议。会议传达贯彻全军军事训练会议和南京军区党委扩大会议、基层建设总结表彰大会精神，讨论研究大抓军事训练和加强基层建设的对策措施。会上，省委书记、省军区党委第一书记孟建柱作重要讲话，省军区党委书记、政治委员王清葆和党委副书记、司令员郝敬民分别讲话。

9月15日，省军区召开党委八届十次全体会议，省军区党委常委、委员参加。会议通过《省军区出席江西省第十二次党代表大会代表候选人预备人选圈选办法》和监票人，并以等额选举的方式，选举产生省军区出席省第十二次党代表大会代表候选人预备人选。

11月25日，省军区召开党委八届十一次全体会议，省军区党委常委、委员参加。会议以等额选举的方式，选举产生省军区司令员王宁为省军区出席党的十七大代表候选人初步人选。

（杜辉根　邱建新）

【省军区部分领导调整】 11月21日，省军区召开宣布省军区司令员调整任职命令大会，南京军区司令员朱文泉主持调整交接。根据中央军委命令，江西省军区司令员郝敬民退休，上海警备区参谋长王宁任江西省军区司令员。

（王宗军　饶开东）

【学习贯彻科学发展观】 2006年，省军区党委把学习贯彻科学发展观作为首要政治任务和长期战略任务，以总政编印的《树立和落实科学发展观理论学习读本》为基本教材，深入学习领会胡锦涛关于科学发展观的一系列重要论述，认真分析解决部队在思想观念、发展思路、精神状态、能力素质、领导作风等方面存在的矛盾和问题。学习中，坚持突出抓好团以上党委机关的学习，重点学习总政编印下发的两本书和胡锦涛在军委扩大会上重要讲话的主要观点。坚持抓干部理论集训，全区共举办理论集训班15期，干部集训率达100%。坚持抓个人自学，把学习科学发展观与学习军区规定的“五本书”结合起来，定期组织汇报个人学习落实情况。坚持抓专题辅导，邀请军地领导专家为部队作辅导报告16场次，组织75名团以上干部下部队宣讲112场次。8月底至9月上旬，省军区政工领导分别带工作组对部分师单位和团单位学习贯彻科学发展观情况进行检查，帮助查找学习中遇到的矛盾和问题，理清深化学习贯彻的思路。

（熊　巍　丰志明）

【开展“大力弘扬老区革命精神，忠实履行新的历史使命教育”主题教育活动】 2月23日至3月3日，省军区利用视讯会议系统，在全区开展“大力弘扬老区革命精神，忠实履行新的历史使命”主题教育活动。邀请国防大学教授讲授新的历史使命的新思想、新观点，邀请地方史学专家讲授革命传统，重温老一辈革命家在江西的斗争经历和老区革命精神，组织军分区领导讲授新历史使命与老区革命精神的关系，举行周年华事迹报告会。教育中，针对省军区部队和民兵预备役部队在履行新使命上存在的问题和差距，省军区党委有针对性地提出解决理想信念、精神状态、创新意识、工作作风、能力素质等5个方面的问题，组织大家讨论辨析和对照检查，研究改进措施，解决重点问题。通过教育，进一步加深官兵对国家安全形势新变化、军队历史任务新要求、国家利益新发展、世界军事发展新趋势、军队职能任务新拓展的认识，强化对新历史使命深刻内涵的理解，增强履行新使命的自觉性和坚定性。南京军区《政工简报》刊发了江西省军区开展“大力弘扬老区革命精神，忠实履行新的历史使命教育”的经验做法。

（熊　巍　刘以华）

【开展“7·26”救援行动】 7月26日凌晨，受第5号台风“格美”影响，赣州市上犹县遭受特大山洪灾害，受灾群众达8万余人，农作物受淹面积共计2800公顷，倒塌房屋1500多栋，暴雨洪水造成山体滑坡200多处、塌方250多处，损坏公路路面90千米，冲毁大小桥梁90多座，损坏电力通信线路50多千米，直接经济损失达1.5亿元。党中央、中央军委得知灾情后高度重视，中央军委主席胡锦涛当即作出批示，要求尽最大努力搜救失踪人员，减少人员伤亡和损失。省军区获悉灾情后，立即召开紧急会议，及时部署任务。省军区司令员郝敬民、副司令员吴品祥率机关工作组迅速赶赴现场，指导赣州军分区组织部队和民兵预备役人员展开搜救行动，省军区政委王清葆也亲赴一线，慰问部队，鼓舞士气，并协调地方政府提供交通、通信、医疗、水利、善后保障，积极做好安全警戒、防奸保密、新闻管制等工作。

（郭晓明）

【省委武委会全体会议召开】 5月29日，省委人民武装委员会全体会议在南昌召开。省委副书记、省长、省武委会主任黄智权主持会议，省委副书记、常务副省长吴新雄，省军区司令员郝敬民，政委王清葆，及全体委员参加会议。会议在总结2005年度人民武装工作的基础上，围绕军事斗争准备，重点研究解决做好军事斗争准备问题。

（汤王东）

【全省民兵军事训练工作座谈会召开】 8月15～16日，省军区在上饶召开全省民兵军事训练工作座谈会，各师旅单位参谋长、作训负责人，部分人武部部长、预备役工兵团团长、省防空兵训练中心教员，省军区机关处（室）领导参加会议。座谈会以军事斗争准备为牵引，紧贴省军区实际，采取观摩军事训练课目现地演示、观看训练改革成果录像片、参观训练改革成果展、集中座谈讨论等形式，全面分析当前民兵军事训练工作形势，系统梳理存在的主要矛盾和问题，通过座谈讨论，交流经验，增强各级抓好民兵军事训练工作的紧迫感责任感。

（孙 治）

【省国动委第八次全体（扩大）会议召开】 7月20日，江西省国防动员委员会第八次全体（扩大）会议在南昌召开，省长、省国动委主任黄智权出席会议并讲话。省委、省政府领导吴新雄、陈达恒、凌成兴，省军区领导郝敬民、王清葆、吴品祥、石成林、李怀良、孙荣正、李家润等出席会议。省军区司令员、省国动委常务副主任郝敬民总结全省国防动员工作所取得的成绩，部署国防动员工作任务。省军区政委、省国动委副主任王清葆讲话。会上，11个设区市国动委领导分别介绍国防动员工作情况和经验，与会代表还参观了江西省和南昌市人防指挥工程，观摩人防建设成果演示。

（瞿 坚）

【全省科技动员工作会议召开】 12月22日，江西省科技动员工作会议在九江市星子县召开，省国动委科技动员办公室全体成员和各设区市国动委科技动员办公室主任、军地联络员共42人参加。会议传达全军装备工作会议和军区第十次国动委会议精神，省国动委科技动员办公室主任、科技厅厅长王海在会上总结2006年度科技动员工作，部署2007年度工作任务。

（戴 勇）

【《江西省国防信息动员办法》颁布施行】 8月18日，省长黄智权签署第149号江西省人民政府令，宣布《江西省国防信息动员办法》于即日起公布，自2006年10月1日起施行。《江西省国防信息动员办法》共6章38条，对国防信息动员的范畴、组织机构、平时动员准备、战时动员实施以及奖惩办法进行了规范。

（刘 涵）

【开展全民国防教育日活动】 9月16日，是第六个全民国防教育日，主题是"弘扬长征精神，共建钢铁长城"。省国防教育办公室与省委组织部邀请国防大学教授孟祥青在南昌举办国防形势报告会，军地领导干部共1600余人参加。16～17日，由省国防教育办公室主办的国防教育图片巡回展在南昌八一广场举办首展，展览内容由国防教育、国防科技知识、纪念红军长征胜利70周年和人防知识4个部分组成，共100幅图片。首展结束后，在江西师范大学等8所高校及赣州、九江等10个设区市进行巡回展出，历时1个半月，直接受教育人数达100余万人。中央电视台新闻频道、《人民日报》、江西电视台、《江西日报》等媒体对巡展活动进行了宣传报道。

（肖礼圣 夏树刚）

【宣扬周年华先进事迹】 2月28日，在"大力弘扬老区革命精神，忠实履行新的历史使命"主题教育活动中，省军区举行周年华先进事迹报告会。会上，周年华先进事迹报告团的5名成员分别从不同侧面介绍周年华的先进事迹。会后，省军区党委作出关于向周年华同志学习的决定，并在全区掀起向周年华学习活动热潮。周年华原系萍乡市安源区人武部政委，在任期间，团结和带领党委班子狠抓"一线指挥部"建设，扎实做好军事斗争各项准备工作，为国防后备力量建设呕心沥血，忘我奉献，直至献出宝贵生命。他以自身的模范行动，实践了共产党员全心全意为人民服务的宗旨，塑造了一名优秀军队党员干部的崇高形象。

（杨印龄）

【全省双拥模范城（县）命名表彰大会召开】 7月31日，省委、省政府、省军区在南昌召开全省双拥模范城（县）命名表彰大会。省委书记孟建柱，省委副书记傅克诚，省委副书记、常务副省长吴新雄，省政协主席钟起煌，省党政军领导陈达恒、钟家明、石成林、李怀良、陈东祥、陈伯春出席会议，省双拥工作领导小组成员单位和各设区市双拥工作领导小组、驻赣部队师以上单位领导参加。总政治部副秘书长张贡献、全国双拥办副主任董华中宣读贺信，南京军区政治部副主任张玉玺、省长黄智权、省军区政委王清葆分别讲话。会议总结2003年以来全省双拥工作的基本经验，部署今后一个时期双拥工作任务，授予南昌市等56个市（县、区）"双拥模范城（县、区）"荣誉称号，授予南昌市青山湖区湖坊镇民政所所长徐永莲等5人"爱国拥军模范"荣誉称号，通报表彰南昌市民政局、省军区政治部秘书群联处等222个双拥先进单位和个人。

（钟国栋 侯毅军）

【全省民兵预备役部队参建工作座谈会召开】 9月13～14日，省军区在南昌召开全省民兵预备役部队参建工作座谈会，省军区政委王清葆、副政委石成林出席会议并讲话。会议总结2002年以来全省民兵预备役部队参建工作情况，交流经验。会议要求各级围绕江西经济社会发展"十一五"规划，以"三建两扶一发挥"（建设社会主义新农村、建设平安社区、建设和谐社会，扶贫帮困、扶教助学，在急难险重任务中发挥突击队作用）为载体，努力在新的起点上推进民兵预备役部队参建工作深入发展，促进民兵预备役部队全面建设，为建设"三个江西"，推进"五化"进程，加快实现江西在中部地区崛起和全面建设小康社会的目标作出新贡献。

（钟国栋 侯毅军）

【纪念红军长征胜利七十周年系列活动】 2006年，围绕纪念红军长征胜利70周年，省军区政治部组织开展一系列纪念活动，宣传长征胜利的伟大意义，弘扬伟大的长征精神。5～6月，省军区组织宣传骨干参加由中华文化发展促进会、中央人民广播电台军事宣传中心、海峡之声广播电台等单位联合组织的"纪念红军长征胜利会师七十周年大型联合报道活动"，采用广播、网络、图片等传播手段，先后赴于都、瑞金、兴国、信丰、大余等地进行集中采访，完成20余篇专题报道。6～10月，政治部在全区离退休老干部中开展"弘扬红军传统、永葆政治本色”主题宣传教育，组织大型巡回慰问演出和纪念红军长征胜利70周年老干部书画展，激发老同志热爱党、热爱祖国、热爱军队的政治热情。10～11月，华东交通大学选培办在国防生中开展以“弘扬革命传统，坚定国防信念”为主要内容的纪念红军长征胜利70周年主题教育活动，为国防生开设国防教育课，组织国防生进行“重走长征路，做红军传人”野营拉练，在国防生中开展征文比赛和歌咏比赛。

（李平东　刘国党）

【民兵网络心理战分队建设】 8～10月，省军区指导南昌警备区将民兵网络心理战分队调整组建至硬件设施良好、师资力量雄厚的江西师范大学。心理战分队调整组建后，根据职能任务不同，配备电脑、投影仪等网络心战器材，从“精、实、新、稳”4个方面着手，围绕组织健全、训练经常、战法管用和保密安全等问题进行研究探索。9月，分队围绕恢复战斗力，加大训练演练力度，组织进行为期7天的专业训练和演练。

（李平东　陈　进）

【开展资源节约年活动】 2006年，省军区广泛开展以“节约资源、节省开支、勤俭办事、反对浪费”为主题的资源节约年活动。省军区成立以副司令员吴品祥、副政委石成林为组长的资源节约工作领导小组，召开资源节约工作领导小组会议，制订资源节约若干实施措施，对师团单位资源节约工作情况进行调研，在团以上单位建立资源节约工作报告制度，师以下单位按月统计上报节约情况，组织官兵参加军区资源节约百题知识竞赛活动。一年来，全区部队共节约经费238万元。

【民兵医疗救护分队一体化建设试点】 4～10月，为提高民兵医疗救护分队建设质量，省军区在南昌警备区、赣州军分区开展民兵医疗救护分队“组训装”一体化建设试点。在南昌大学附属第一医院、第二医院，南昌市第一医院和东湖区疾病控制中心组建医疗专业分队，开展合成训练演练，提高战时综合救治能力。在赣县、宁都县完成医疗救护分队人装一体化编组与训练试点，指导赣县组织医疗救护分队训练课题演练，检验医疗卫生专业保障力量编组的合理性及实用性。试点达到分队人员编组合理、装备器材配套，实现人与装备的高度结合。

（张　明）

【援建八一爱民学校】 10月29日，南京军区在赣州于都县岭背镇金溪村援建的“八一爱民学校”举行授牌仪式，军区政治部副主任许湘东、副秘书长季风，副省长熊盛文，省军区副司令员吴品祥等出席授牌仪式。为纪念红军长征胜利70周年，中央军委和解放军总政治部组织全军和武警部队在红军长征沿线援建“八一爱民学校”。南京军区组织领导机关和广大官兵踊跃捐款150万元，由江西省地方配套资金50万元，在赣州市于都县岭背镇、会昌县筠门岭镇、宁都县梅江镇、瑞金市大柏地乡、兴国县兴莲乡援建5所爱民学校，促进当地农村教育事业的发展。

（钟国栋　侯毅军）

【红军通信学校旧址修复落成典礼】 11月22日，副总参谋长葛振峰、南京军区司令员朱文泉出席在瑞金市叶坪乡举行的中国工农红军通信学校旧址修复落成典礼。省委副书记傅克诚、国家信息产业部副部长奚国华、省军区司令员王宁、政委王清葆等出席典礼，葛振峰、朱文泉、傅克诚、奚国华为旧址揭幕。

（赖建鸣）

【上饶市民兵开展“民情恳谈”活动】 2006年，玉山县人武部围绕“关注民情民意，致力民安民富，建功和谐社会”的主题，组建民兵“民情恳谈”队伍，利用“圩日聚谈”这个平台，让民兵主动参与“民情恳谈”活动，通过传递政声、了解民情、化解民怨、增进了解，筑牢维护农村稳定的“第一道防线”，架设密切干群关系的“连心桥”，确实让民兵恳谈员当好乡风文明的“传播员”、生产发展的“信息员”、生活宽裕的“领跑员”。民兵“民情恳谈”活动的开展，有力地促进了当地经济与社会的持续协调快速发展，在建设和谐乡村中发挥了生力军作用。

（洪绍林）

【组织民兵参加省运会应急维稳行动】 10月29日至11月6日，江西省第12届运动会在新余市举行。新余军分区组织300名民兵应急队员参加省运会期间应急维稳行动。军分区和人武部组织干部、骨干进行现地勘察，召开现场办公会，科学制定行动方案，组织民兵应急队员进行为期5天的针对性训练。执行任务期间，应急队员军容严整、举止大方、精神振奋、公正执法，展现了新余市民兵英勇、文明、威武之师的良好形象。

（周　平）

【开展参建活动】 2006年，预备役炮兵旅认真贯彻全省民兵预备役参建工作会议精神，制定《关于开展“三建两扶一发挥”活动的意见》，分别与弋阳县漆工镇胡塘村和上饶县煌固镇樟宅村建立新农村建设试点帮扶对子。全年组织官兵为贫困地区困难群众捐款1万余元，捐献衣物320件。在实弹战术演习期间，向抚州金溪县兰溪敬老院捐赠保暖内衣和棉被，受到当地群众的广泛赞誉。

（陈旺林）

武警江西省总队

【概　况】 2006年，中国人民武装警察部队江西省总队（简称江西总队）在武警部队党委和省委、省政府的领导下，始终坚持以“三个代表”重要思想和胡锦涛一系列重要论述为指导，牢固树立和落实科学发展观，按照从严强班子、扎实抓基层、科学谋发展、精心保稳定的思路，狠抓各项工作落实，部队全面建设保持良好的发展态势。

思想政治建设进一步加强。坚持用马克思主义中国化的最新成果武装官兵，把学习贯彻落实科学发展观作为部队政治建设的首要任务。采取专家辅导、网上集训、座谈讨论、参观学习、电视会交流等形式，在全总队深入进行树立和落实科学发展观宣传教育活动。着眼培养党和人民忠诚卫士这个根本目标，围绕落实胡锦涛倡导的人民军队历史使命、理想信念、战斗精神、社会主义荣辱观教育，扎实进行

"忠实履行新世纪新阶段历史使命,永远做党和人民忠诚卫士"主题教育,广泛开展学习贯彻党章、践行社会主义荣辱观和读革命书籍、唱革命歌曲、讲战斗故事、学英模人物等活动,增强了教育实效。运用"三互"(互学、互帮、互教)等有效载体,扎实做好经常性思想工作,认真开展抵御"四不"(不健康场所,不正当交往、不正常消费、不良信息)教育整顿,重视做好心理和法律服务工作,确保官兵思想稳定。重视加强警营文化建设,举办主题文艺晚会,组织文艺小分队下基层演出,广泛开展歌咏比赛、篮球赛、知识竞赛等活动,陶冶了官兵思想情操。

中心任务完成圆满。严格落实勤务制度,确保固定目标安全,先后对10个执勤设施落后、勤务管理较差、问题隐患较多的中队进行挂牌整治。与省司法厅、省检察院联合召开"三共"(共建、共管、共保安全)活动经验交流暨总结表彰大会。进一步加大目标周边违章建筑清理力度,总结推广井冈山市中队简易有效的防逃制逃做法,主动协调、精心指导驻农业监狱部队昼间上勤工作,提高了目标安全系数。坚持以任务为牵引,认真组织千人千里实兵对抗检验性演习,举办反恐训练骨干、参谋人员、教练员、爆破骨干集训,狠抓新兵教育训练和部队勤训轮换,各级遂行任务能力明显提高。全年成功处置执勤事件11起,制止在押犯脱逃4起,完成各类临时勤务173起。

部队秩序正规和谐。认真学习贯彻落实中央军委关于从严治军的指示精神,牢固树立安全发展理念,坚持把从严治警贯穿到具体工作中。深入开展条令条例学习月和百日"双无"(无事故、无案件)活动,举办条令知识竞赛,官兵条令意识进一步增强。以解决突出问题为主要内容,集中进行作风纪律整顿。不断加大从严治警力度,围绕"枪、勤、车、酒、密、色、财、灾、气、赌"十个方面内容,进行全方位的安全大检查,及时发现和解决存在问题,有效消除各类安全隐患,促进部队稳定。

后勤保障能力不断提高。进一步完善三级应急保障体系,组织应急保障演练,提高应急保障能力。举办各类专业人员培训,后勤队伍整体素质得到提高。制定完善《总队财务管理规定》《总队机关经费结算报销补充规定》和《后勤规范化管理实施细则》,加大"四类经费"管理力度,提高经费使用效能。认真搞好工程建设和土地使用权转让、空余房地产出租的审计监督,仔细组织工程招标和集中采购,全年核减、节约经费约1300万元。加大"四配套"建设和管理力度。积极推进医疗保障制度改革,驻昌部队搭建完成卫生机构持卡就医信息平台,后勤综合保障效能明显提高。

基层全面建设有新的发展。举办四级军政主官集训、拟任大(中)队主官培训和支队主官复训,机关按纲指导、基层按纲抓建能力不断提高。总队机关先后组织联合工作组深入基层中队蹲点调研帮建,基层建设整体水平得到提高。坚持以密切内部关系为切入点,大力加强风气建设,严肃查处打骂体罚、侵占士兵利益等问题。重视发挥先进典型的示范作用,5月17日,国务院、中央军委授予吉安市支队井冈山市中队"井冈山爱民模范中队"荣誉称号,总队组织部队广泛开展向井冈山中队学习活动,极大鼓舞广大官兵争先创优热情,促进基层全面建、整体上。经年度综合考评,5个支队被评为先进支队,62个中队被评为先进中队,6个多年未进入先进的中队跨入了先进行列。

党委班子和干部队伍建设成效明显。认真落实党委中心组学习制度,贯彻《军队党委工作条例》和武警党委《关于加强团以上党委民主集中制建设若干规定》,组织参加武警部队贯彻民主集中制网上学习研讨。重视加强作风建设,坚持把"建设一个好班子、带出一支好队伍、营造一种好风气、创造一个好家底"作为衡量各级党委班子和领导干部工作绩效的标准。严格落实党风廉政建设有关规定,狠刹各种不正之风。切实加强干部教育管理,认真落实武警部队团以下干部考核选拔暂行办法,制定下发《进一步加强基层干部队伍建设措施》,严肃查处违纪违规问题。重视人才队伍建设,设立百万人才专项基金,鼓励干部参加在职教育。注重帮助干部解决实际困难,努力创造拴心留人的良好环境。

【参加"3·30"围捕战斗】 4月2日,根据省委指示,江西总队派出官兵,赴南丰县参加围捕"3·30"持枪绑架案犯罪嫌疑人的战斗。战斗历时3昼夜,于4月5日凌晨6时,圆满完成任务。1名犯罪嫌疑人在强大的政治攻势和围、追、堵、截的威慑下投案自首;1名犯罪嫌疑人慑于武力打击,畏罪开枪自杀身亡。此次战斗共缴获仿制64式手枪1枝、64式军用子弹5发,官兵无一伤亡。

【参加"7·26"抢险救灾】 7月26日,赣州市上犹县五指峰龙潭水库和营前镇发生特大山洪。7月27日至8月2日,江西总队根据省委、省政府的指示,派出官兵,赶赴灾区参加抢险救灾战斗。在抢险救灾过程中,官兵顶烈日、冒酷暑、忍虫咬、耐饥饿,采取手挖、肩扛、岸上搬运、水中打捞等方法,连续奋战72小时,受到各级领导及人民群众的一致好评。

【完成江西省第十二次党代表大会安全保卫任务】 12月12~16日,中国共产党江西省第十二次党代表大会在南昌召开,江西总队派出官兵担负党代会开幕式及文艺晚会现场警卫、南昌市城区武装巡逻和机动备勤任务。执勤中,一线指挥员靠前指挥,执勤官兵严守纪律,姿态端庄,精神饱满,正规执勤,受到省领导和与会代表的一致好评。

【"井冈山爱民模范中队"命名大会召开】 5月17日,国务院总理温家宝、中央军委主席胡锦涛签署命令,授予江西总队吉安市支队井冈山市中队"井冈山爱民模范中队"荣誉称号。7月10日上午,在江西省艺术剧院隆重召开"井冈山爱民模范中队"命名大会。总政治部副主任刘振起中将,武警部队政治委员隋明太上将,省委副书记、省长黄智权出席大会并讲话,国务院副秘书长陈进玉宣读《国务院、中央军委关于授予武警江西省总队吉安市支队井冈山市中队"井冈山爱民模范中队"荣誉称号的命令》,公安部党委成员、政治部主任蔡安季等领导出席大会,在京出席会议的江西省委书记孟建柱发来贺信,武警部队政治部副主任徐德学少将主持大会。武警井冈山市中队官兵代表和基层官兵代表作了发言。驻赣解放军、武警、边防、消防、警卫部队官兵代表,政法系统代表和青年学生代表1500余人参加大会。

（杨 俊）

消防部队

【概 况】 2006年,全省公安消防部队紧密围绕"创一流业绩、建一流总队"的目标,努力为"和谐创业、富民兴赣"的大局方针作贡献,全面推进"三基"工程建设,大力提升消防工作和部队战斗力水平,圆满完成了各项任务。

消防社会化进程进一步加快,火灾防控能力显著增强。省政府下发《关于进一步加强消防工作的实施意见》,以省防火委员会名义出台《江西省农村消防工作实施方案》,大力抓好省政府公共消防设施建设"518"计划的贯彻实施。全省32个县(市、区)共建立配备消防摩托车或机动泵的农民义务消防队1615支,现有队员14232人。全省所有设区市的城区、36个城关镇、65个重点镇、8个县级市城区完成了消防规划编制任务;省政府投资3000万元启动了南昌、九江两个水上消防站建设工程,已投入1700余万元完成了南昌水上消防大队一期建设,并于11月8日正式投入使用,填补了江西省消防发展史的空白。江西省首支地震救援队也在筹建当中。

火灾隐患整治工作深入开展,消防安全环境有效改善。开展以商场、市场、学校及周边场所、消防产品、"三合一"、工业园区为重点的火灾隐患普查整治和专项治理活动。提请省政府制定火灾隐患普查整治相关制度,通过发放督办书,签订责任书,召开协调会、督办会及新闻发布会,加大公开曝光和跟踪消防整改措施力度。2006年,省政府4次派出督察组共20多个,开展"拉网式"督察,全省组成各类检查组1210余个次,发现火灾隐患13244处,责令立即改正隐患8863处,责令限期改正隐患3063处,责令"三停"单位87个,依法取缔、查封单位27个;打击假冒伪劣消防产品,查处违法案件35起;对13个重大火灾隐患单位实施了挂牌督办,已整改完毕5个。广泛开展社会化消防宣传教育和培训。编印《江西省公安派出所消防执法手册》12500册,培训派出所民警13000人次。年内共发放消防宣传资料100余万份,举办社会消防培训班150余期,培训人员4万余人次。

深入开展"双争"活动,部队工作面貌发生可喜变化。组织开展了"三项排查"、"两个专项治理"、商业贿赂自查自纠专项治理和刹"三风"、禁"三乱"、斩"三手"肃纪整风及"安全管理教育年"等专项活动,加强党风廉政建设和部队管理,确保了部队内部安全稳定。以"井冈山模范消防大队"为榜样,以瑞金大队基层党组织建设试点为依托,开展支队级单位"一对好主官"、先进支队、"十佳"标兵大中队、标兵个人和"争当优秀消防卫士"评比活动。瑞金大队党总支被中组部评为"先进基层党组织"。开展学习贯彻党章、践行社会主义荣辱观、"立警为公,执法为民"、"解决突出问题,树立良好警风"等专题教育,广泛开展"争创井冈山消防大队式先进单位,争当井冈山消防官兵式优秀卫士"活动、争先创优、立功创模和警民共建、拥政爱民、扶贫帮困活动,涌现出一大批先进集体和先进个人。有9个单位受到国家级表彰,60多个单位受到省部级表彰。其中3个单位被评为全国精神文明创建单位,26个单位被评为省级文明单位,4个单位被评为全国青年文明号单位,19个单位被评为省级青年文明号单位,有6个单位被授予省级拥政爱民先进单位。在首届全国消防部队英模表彰大会上,"英模集体"井冈山消防大队、"执法为民模范"丁晓君、"抢险救援尖兵"李胜利和先进集体瑞金大队、先进个人路祥受到表彰。在"10·17"靖安火灾中牺牲的3名官兵的英雄事迹,社会反响强烈,受到中央、省市领导的高度赞誉。

落实科学发展观,部队"三基"工程建设成效明显。总队制定《江西省公安消防部队建设与发展三年规划(2006-2008)》,出台《关于贯彻"三基"工程建设的意见》,推动各地政府将城镇消防规划、公共消防设施建设、重大火灾隐患整治、多种形式消防队伍建设等纳入城市建设和公共消防安全发展目标。井冈山大队、瑞金大队、南昌特勤一中队、星子中队被确定为全国消防部队"三基"工程建设示范单位,赣州支队被确定为全国消防部队"三基"工程全面建设重点培育单位。全年共投入2000余万元加强基层文化设施建设,6个支队建立了机关文化活动中心;投入3000万元建设总队训练基地,6个基层大、中队整体搬迁,11个基层大、中队完成营房改造,基层中队"三热"问题全部解决。为全省官兵办理了重大疾病医疗保险和伤残保险。加强消防基层硬件建设,配备添置一批专用消防设施。投资2000余万元完成了总队、支队、大队三级网络建设任务,建立总队机关值班考勤管理系统,消防业务信息系统、网络版火灾统计系统。与地方企业合作开发佩戴式无线送受话器,革新了佩戴式电台282部。

2006年,全省共发生火灾6136起,死亡38人,受伤37人,直接财产损失3595万元,与上年相比,火灾起数持平,死亡人数下降9.5%,受伤人数下降27.5%,直接财产损失上升7.2%。全省消防部队共接警出动8669起,出动车辆13906辆次,出动警力84056人次,抢救遇险群众1037人,抢救财产价值3.04亿元,成功实施了"1·12"赣江新建县樵舍水域油轮火灾扑救、"6·1"井冈山龙潭峡谷游客遇险事故救援和"1·26"梨温高速公路东乡段三氯氧磷泄漏事故处置等灭火救援行动。

【江西省三个基层消防大队受到公安部记功表彰】 1月27日和4月30日,中共中央政治局委员、中央书记处书记、国务委员、公安部部长周永康先后签署命令,分别给井冈山市公安消防大队、瑞金市公安消防大队、瑞昌市公安消防大队等3个基层大队记集体二等功一次。

【成功扑救"1·7"江西耐火材料厂建材市场火灾】 1月7日0时15分,江西耐火材料厂建材市场内建-3栋突发火灾。0时23分南昌市消防支队调度指挥中心接到报警后,迅速调集管区的建设路消防中队3台消防车赶赴火场扑救。消防官兵到场后，发现火势已猛烈发展，指挥中心又迅速调集增援力量，集结了10个消防中队、19台消防车、130余名消防官兵投入此次灭火战斗。经过消防官兵奋勇扑救，大火于凌晨5时许被基本扑灭。灭火过程中，消防官兵从火场中抢救出1名被困人员，并成功阻止火势蔓延。

【成功处置赣江新建县樵舍镇水域油轮爆炸火灾事故】 1月12日7时10分，赣江新建县樵舍镇芦洲头水域停泊的抚州航运有限公司所属“合川688”油船和装载有956.2吨90#汽油的“玉茗油驳5号”油驳在起锚时爆炸起火。事故发生后，省消防总队总队长廖世槐等领导迅速赶到火场指挥战斗。16时52分，在省、市党政领导和公安机关、消防部队领导直接指挥下，经过广大参战官兵的奋力扑救和公安、海事、航务等部门的密切配合，火灾被彻底扑灭，并成功防止油液流散污染赣江。

【省消防总队为全省消防部队配发117台消防监督车辆】 7月28日，省消防总队在南昌江西国际汽车城隆重举行“江西省公安消防总队消防监督车辆配发仪式”，给全省消防部队配发由总队投资1111.5万元采购的（包括现代伊兰特、东南兰瑟、江铃陆风和奇瑞瑞虎）4款车型的117辆消防监督用车。

【三名消防官兵扑救靖安县火灾不幸殉职】 10月17日上午，靖安县远南竹材有限公司发生火灾。9时45分，靖安县公安消防大队、中队接到报警，立即出动赶赴火场扑救。在搜救被困人员过程中，消防中队副指导员朱川浩、上等兵袁波、王书龙等3名指战员不幸掉入温度达70～80℃的工业水井中，均身负重伤，3人经抢救无效后英勇殉职。在3名消防官兵受伤救治期间及牺牲后，中共中央政治局委员、中央书记处书记、国务委员兼公安部部长周永康，公安部副部长白景富、刘金国，消防局局长郭铁男、政委陈家强，省委书记孟建柱，省长黄智权，省委副书记彭宏松，省政法委书记舒晓琴，副省长凌成兴，省政协副主席、省公安厅厅长曾页九等领导，或发去慰问电，或到医院看望，并作出一系列批示，要求积极组织抢救伤员工作，妥善安排好殉职官兵的抚恤表彰事宜。公安部先后授予三名牺牲官兵革命烈士称号。

【南昌市消防支队成功组织水上灭火救援实战演习】 为检验省会城市水上灭火救援力量的建设水平，11月8日上午，经过近两个月的精心准备，由南昌市政府牵头组织，省消防总队南昌市支队在刚组建不久的水上大队的码头，成功组织了一次全市“11·8”水上灭火救援实战演习。其间，省委副书记、代省长吴新雄，省委常委、南昌市委书记余欣荣，副省长凌成兴，省公安厅厅长曾页九，南昌市委副书记胡宪等省、市领导莅临演习现场指导和观摩。

（省公安厅编辑室）

人民防空

【概　况】 2006年，全省人防系统坚持以科学发展观为指导，认真贯彻第五次全国人防会议、南京军区人防会议和全省人防工作会议精神，积极抢抓全省经济持续增长、城市化进程加快的机遇，精心谋划，开拓创新，真抓实干，在全省经济社会保持又好又快发展势头的大环境下，再创佳绩，胜利实现“十一五”规划开局之年的“开门红”。

发挥应急准备的强劲牵引力，加速应急能力的提升。高标准地制订省和各设区市《人民防空应急行动方案》，落实指挥编组和指挥人员，明确了指挥体制、指挥机构、指挥协同关系。9月1日起，全省人防系统实行全实时战备值班。人防机动指挥能力明显提高，疏散基地建设有了实质性进展。人防专业队伍纳入民兵序列进行了年度整组，在数量和种类上进一步落实，南昌市还完成了三种新型人防专业队伍组建试点任务。

坚持以建为主、以收促建，防空地下室建设面积再创年度历史新高。设区市本级修建防空地下室完成年度计划的152.3%，且11个设区市全部超额完成年度计划，这在全省尚属首次。县（市、区）修建防空地下室完成年度计划的127.4%，全省修建防空地下室面积再度刷新年度纪录。

加强全程指导，人防重点工程建设稳步推进。以高起点规划、高标准建设、高质量施工为目标，综合集成全省人防重点工程建设经验，从工程选址、立项、方案论证、投标活动、建设管理等方面进行全程指导，使新上的人防重点工程选址优、定位准、功能全、工作顺、进度快。

通信基础设施不断完善，信息化保障能力整体提升。江西省和南昌市人防建立卫星通信系统。全省人防视讯会议系统、程控电话网、指挥自动化网实现了省、设区市及部分县（市、区）间的联网。防空警报系统建设上了新台阶，人防指挥信息系统投入使用，人防指挥通信系统初步具备了为各级政府处置突发事件提供指挥保障的能力。

加强人防经费的筹措和管理，为人防事业发展提供有力的资金保障。全省筹集人防建设经费同比增长43%，其中易地建设费征收同比增长25%，各级地方财政安排人防建设经费同比增长20%。

人防法规政策不断健全，宣传教育不断向深度和广度发展。颁布《江西省人民防空工程竣工验收备案管理暂行办法》，9项人防行政许可项目的程序和标准进一步规范。各级人防服务窗口更加规范，全省人防执法投诉率仍为零纪录。学校人防知识教育稳步发展，编辑出版大型画册《前进中的江西人防》，制作大型展板参加全省国防教育巡展。

加强组织领导和工作指导，县（市、区）人防发展呈现良好态势。51个县（市、区）人防办明确为正科级单位，其中单设正科级行政单位23个。多数县（市、区）人防工作已迈开步伐，并呈现出良好的发展态势。

坚持高标准、严要求，人防机关整体素质进一步提高。全省各级人防机关坚持“准军事化”的建设标准，以严于、好于、高于一般部门为尺度，自身建设有新的进步。

【国家人防办检查组检查江西省人防工作】 7月12～16日，国家人防办副主任李扬率检查组先后到鹰潭市、上饶市、南昌市，听取了有关情况汇报，现场检查了人防机动指挥及应急指挥系统平战转换情况，观摩了防化专业队伍训练，并召开座谈会议进行了专题调研。检查期间，李扬高度评价了近年江西省人防工作所取得的成就，并就下一步全面加强人防建设作了重要指示。副省长凌成兴、省军区参谋长李怀良与检查组就加强人防工作充分交换了意见。

【南京军区领导检查江西人防工作】 3月6日，南京军区副司令员林炳尧率南京军区司令部办公室、作战部、情报部、通信部、军务动员部，联勤部军交运输部、装备部综合计划部等一行14人，在南昌视察省、市部分重点人防工程。他们认真检查了工程内设备设施情况，详细了解了工程建设、功能和管理情况，观看了有关工程资料录像片，并听取了全省人防建设情况汇报。南京军区副参谋长顾守成，省军区政委王清葆、副司令员吴品祥、参谋长李怀良等陪同视察。

【全省人民防空工作会议召开】 7月21日，全省人民防空工作会议在南昌召开。会议的主要任务是，传达贯彻第五次全国人防会议和南京军区人防会议主要精神，总结江西省“十五”计划的人防工作，部署“十一五”规划期间全省人防建设任务。省委书记孟建柱接见了会议代表，省长黄智权到会讲话，省政府、省军区领导郝敬民、蒋仲平、凌成兴、王清葆、吴品祥、李怀良等出席会议。会议表彰了一批全省人民防空先进城市、先进单位和先进个人。

【开展纪念《人民防空法》颁布十周年宣传月活动】 为深入贯彻《人民防空法》、强化全民的国防观念和人民防空意识、进一步营造依法建设人防的良好氛围，从9月1日起，本着隆重、务实、节约的原则，在全省范围开展了为期一个月的集中宣传活动。这次活动通过组织街头宣传、图片展览、知识竞赛、演讲与征文比赛、巡回播放宣传教育片、文艺演出、法律咨询、出版大型画册、召开座谈会或研讨会、参观人防工程等丰富多彩的形式在各地展开。

【省直机关举行纪念《人民防空法》颁布十周年座谈会】 9月8日上午，省人大财经委、省法制办、省司法厅、省人防办等部门举行纪念《人民防空法》颁布十周年座谈会。会上汇报交流了《人民防空法》在江西省的学习宣传、贯彻实施情况，充分肯定了《人民防空法》施行以来江西省人防建设所取得的巨大成就，总结了经验和教训，找出了当前仍然存在的问题和困难，并提出了进一步加强依法行政、依法建设和管理人防的意见和建议。会前还组织参观了人防重点工程和人防信息化建设成果。

【9月18日全省统一试鸣防空警报】 2006年是“九一八事变”75周年、红军长征胜利70周年，为增强市民的国防观念和人民防空意识，教育市民勿忘历史、勿忘国耻、以史为鉴、警钟长鸣，提高城市有关部门的防空袭组织指挥能力，经省政府、省军区批准，9月18日上午10时整，全省50个市、县统一试鸣防空警报，九江市、上饶市同步组织防空袭演练。试鸣总指挥部设在省人防应急救援指挥中心，分预先警报、空袭警报、解除警报三个阶段进行。为确保警报信号覆盖率，综合运用了电声、电动、车载警报器及广播电台、电视、移动电话等各种报知手段发放防空警报。试鸣期间，市民的生产、工作、学习、生活照常进行。副省长凌成兴下达试鸣命令，省军区副司令员吴品祥出席试鸣仪式。《江西日报》、江西卫视、江西二套、江西人民广播电台等媒体到现场进行采访报道。

【全国人民防空工作座谈会在九江召开】 10月17～18日，全国人民防空工作座谈会在星子县召开。各大军区，各省、自治区、直辖市和中央直属机关、中央国家机关人防办，各省军区，有关院校、科研单位负责人参加会议。会议以胡锦涛关于加强国防动员和人民防空建设的重要指示为指导，总结了“十五”计划以来人民防空建设成就，部署了当前和今后一个时期人民防空建设任务，重点研究了信息化条件下人民防空综合能力建设的对策和措施。会上，北京市、上海市、重庆市、天津市、江西省作了经验发言。江西近年的人防全面建设情况，得到了与会领导和代表们的充分肯定。会议期间，组织观摩了省和南昌市人防信息化建设成果。总参作战部副部长马健、国家人防办副主任李扬、南京军区副参谋长孙正禄出席会议并讲话，副省长凌成兴到会讲话，省军区副司令员吴品祥出席会议。

【组织“赣盾—2006”防空袭网上检验性演习】 12月中旬，省人防办组织“赣盾—2006”防空袭网上检验性演习。这是全省人防首次自行组织的演习活动。此次演习指导思想明确，准备工作充分，导调方式灵活，最大限度地贴近实战，使参演人员受到锻炼，防空预案得到检验，存在问题充分暴露，提供了抓好未来训练明确的参照系。

【开展人防工程建设“质量年”和易地建设费征收“零减免年”活动】 为确保“两年”活动深入、扎实、有效，2006年，先后召开全省人防工程建设管理座谈会，出台《江西省人民防空工程竣工验收备案管理暂行办法》，严格了人防工程图纸审查，进一步加强了人防工程质量监督，规范了人防工程防护设备市场，并进行了人防经费收取、使用和管理的专项检查。

（林承杰）

法　　治

本栏编辑　涂小福

公　安

【概　况】 2006年，全省公安机关在省委、省政府和公安部的正确领导下，以邓小平理论和"三个代表"重要思想为指导，深入贯彻落实科学发展观，认真把握维护重要战略机遇期社会稳定的总要求，以着力提高"四个能力"、"两个水平"为目标，坚持抓班子、带队伍、促工作、保平安，有效应对各类重大问题和复杂局面，有力地维护全省社会政治和治安的持续稳定，全省公安工作呈现出安定团结的政治局面进一步巩固、社会治安秩序进一步好转、公安服务效能进一步提升、基层基础建设高潮进一步兴起、公安机关整体形象进一步改善的良好态势。

全省公安机关进一步强化情报信息、专案侦察、社会调查和网上侦控等措施，有效防范境内外敌对势力和非法组织插手利用民间"维权"进行的渗透破坏活动，成功侦破一批重大专案，受到公安部有关领导和省领导的充分肯定。各地因地制宜采取措施，有效抵御境外宗教渗透，制止境内宗教的非法活动。以强化专案侦察为手段，严密重点对象控制，依法严厉打击"法轮功"地下组织活动，全省没有发生"法轮功"反动宣传、电视插播案件及在当地规模性聚集和进京滋事事件。积极开展对冒用宗教名义邪教组织的调查摸底和依法查处工作。积极预防和妥善处置群体性事件，有效调处在征地拆迁、企业改制、工程建设等领域出现的一大批矛盾纠纷。同时以"规范训练、规范管理、规范勤务"为重点，开展强化训练和模拟综合演练，提高特警队的实战水平和机动作战能力。精心组织，周密部署，认真做好重大节庆、"两会"以及省第十二次党代会等重要敏感期的安全保卫工作，确保社会稳定，圆满完成赣台经贸洽谈会、省运会、红博会、瓷博会、药交会等大型活动的安全保卫任务。毫不动摇地坚持严打方针，建立健全经常性严打工作机制，进一步加大打击力度，有效地维护全省社会治安稳定。全年共立各类刑事案件10.35万起，其中杀人、爆炸、抢劫案件同比下降12.1%、33.3%、0.9%；破年内刑事案件5.10万起，同比上升4.8%；抓获各类刑事案件作案成员3.51万人，查获犯罪团伙1309个。

全省公安机关按照社会主义法治理念的总要求，认真贯彻"政治律警，素质强警，从严治警"的方针，进一步提高公安队伍的正规化水平；坚持以思想政治教育为主、以正面引导为主，大力宣扬"井冈山模范消防大队"和刘陆锋、施华山，以及"二级英模"万凯和丁志华、"优秀社区民警"陈勇琦等一批先进典型，进一步弘扬正气，树立公安队伍的良好形象。涌现出一大批先进典型，有12个先进集体荣立二、三等功，有139名民警荣立一、二、三等功并受到表彰。继续推进全省公安民警人身意外伤害保险工作，共为全省近8000名公安民警办理人身意外保险，为11名牺牲、病故和伤残民警办理保险理赔手续。积极发挥英烈基金的抚恤救助作用，努力解决部分困难民警的实际问题。

会同省编办完成新增1600名编制工作。启动高校公安机构体制，改革录用人民警察工作，全省公安机关共新录用2159人（含105名高速公路巡逻民警）。建立省厅高级专业技术人才库，全省共评审刑事科学技术、技术侦察、计算机等专业技术人员253名。继续落实各项谈话制度，切实加强对领导干部的监督。深入开展"三项排查"（排查常见多发问题、顽症痼疾、职务犯罪）和"五项治理"（专项治理商业贿赂、盗抢机动车过户上牌、涉黑涉恶和涉毒涉赌、看守所和候问室非正常死亡、收费罚款和"收支两条线"管理）活动，有效地规范公安民警的执法行为。严肃查处公安民警违禁违纪行为，共查处违法违纪案件100起，查处民警135人。

【开展"解决突出问题，树立良好警风"专项教育整顿活动】 从5月开始，全省公安精心组织开展为期4个月"解决突出问题，树立良好警风"专题教育整顿活动，重点解决民警参与赌博；参与或变相参与经营娱乐场所及充当娱乐场所保护伞；乱罚款、乱收费、乱拉赞助；纪律松弛、长期不上班；班子软弱、管理不力、执纪不严等5个方面的突出问题。全省共有45名民警或家属退出经营娱乐场所，已有449名无故不上班人员归队上班，返岗率达到98%；对12个县级公安机关领导班子和187个基层科所队领导班子作了调整。全体民警普遍受到一次深刻的教育，赢得人民群众和社会各界的好评。公安部长周永康在省厅报送的总结上批示："江西省委、省政府高度重视，省厅认真抓，专题整顿教育取得了好得成效。望坚持不懈地抓下去。"

【进一步推动县级公安局长进同级党政领导班子】 全省99个行政区划县级公安局长中，已担任地方党、政领导职务的有97名，占总数的98%，较换届前上升5个百分点,受到公安部的通报表扬。先后举办全省县级公安局长和2期县级公安机关副职领导干部培训班,共培训县级公安局长、副局长64名和副政委、纪委书记233人。

【组织全省公安机关先进事迹巡回宣讲团】 9~11月,省公安厅组织全省公安机关先进事迹报告团,行程4000千米,先后在省直政法机关和11个设区市及部分县区巡回报告16场,听众达1.5万人,引起社会各界强烈反响。报告团的11位同志有"群众贴心人"邱娥国、"打拐英雄"施华山、"乡村活雷锋"刘陆锋和"红军传人"井冈山消防大队,还有新涌现出来的先进典型"社区好民警"陈勇琦、"国保先锋"姚南杰、"廉洁楷模"张世伟同志和"忠诚卫士"廖作镕烈士之妻帅玲、"法医神探"赵会安、"爱民交警"史纪国、执法为民模范集体庐山公安局。省委常委、南昌市委书记余欣荣,省委常委、赣州市委书记潘逸阳,副省长、九江市委书记赵智勇,抚州市委书记钟利贵,景德镇市委书记许爱民,鹰潭市委书记黄建盛,吉安市市长周萌,上饶市市长刘和平等领导看望或会见报告团成员。

【深入开展"打黑除恶"和打击"两抢一盗"等专项斗争】 至12月底,全省共破获各类涉黑涉恶案件1821起,摧毁涉黑犯罪组织20个、涉恶犯罪团伙169个(其中全国打黑办认定涉恶犯罪组织43个),抓获各类涉黑涉恶犯罪嫌疑人1336人;成功摧毁以抚州熊新兴为首、以萍乡廖建萍为首、以宜春刘世波为首等一批在全省有影响的涉黑涉恶犯罪团伙。强力推进侦破命案专项行动,取得明显成效。全年共发生各类命案490起,成功侦破450起,破案率达91.8%。其中鹰潭现行命案破案率达100%,南昌、新余、萍乡、赣州、上饶、吉安、抚州市现行命案破案率达到90%以上。尤其是成功侦破"3·24"破坏铁轨案、"3·30"谭志雄特大绑架勒索案和吉安市青原区"3·13"特大杀人案、丰城市系列抢劫杀人埋尸案等一批大要案件。全年共破获盗窃、抢劫、抢夺案35383起,抓获犯罪嫌疑人16882名,摧毁盗窃、抢劫犯罪团伙882个,有力遏制了"两抢一盗"犯罪的高发势头。严厉打击各种经济、毒品犯罪活动,重点开展打击侵犯知识产权犯罪(代号"山鹰二号")、治理商业贿赂、打击涉税违法犯罪、整治假币犯罪等一系列专项斗争,进一步加大对在逃重大经济犯罪嫌疑人的追捕力度。全年共破获经济犯罪案件1297起,涉案总价值6.5亿元,挽回经济损失1.3亿元,抓获犯罪嫌疑人1619名;相继破获郭其林虚开增值税专用发票案、"409"特大职务侵占、非法吸收公众存款案等重特大案件。着力推进禁毒人民战争,遏制毒品犯罪活动的蔓延,全年共破获各类毒品案件1179起,抓获毒品犯罪嫌疑人735人,缴获海洛因40.99千克、摇头丸13505粒。

【集中开展学校及周边治安秩序、特种行业重点整治和禁赌、治爆缉枪等专项行动】 全年共破获涉校刑事案件849起,查处扰乱学校、幼儿园正常教学秩序治安案件911起。在全省范围内部署开展为期1个月的集中清查印刷业和出版物市场收缴政治性非法出版物的专项行动,共检查印刷企业、出版物经营单位、音像店3800家,查缴政治性非法出版物295册(盘),缴获盗版书刊8600余册、盗版光盘1.3万张。继续开展打击以"六合彩"、电子游戏赌博机为重点的赌博违法犯罪专项行动,共查处赌博案件6406起,处理违法人员2.32万名。6月,全省公安机关组织开展为期4个月的爆炸物品、枪支弹药、管制刀具等集中专项整治行动,共查破涉枪涉爆案件238起,处理违法犯罪人员1473人,收缴各类枪支7036支、子弹18.39万发、炸药1.38万公斤、雷管9.16万枚。

【落实"五整顿"、"三加强"工作措施,开展无牌无证车辆、道路交通隐患等专项整治】 全省道路交通安全形势保持持续平稳。全年共发生道路交通事故8865起,死亡2190人,与上年同期相比,死亡人数下降9.8%;其中一次死亡3~9人的重特大事故44起、死亡165人,同比分别下降20%、30.7%,没有发生一次死亡10人以上道路交通事故。以贯彻落实国务院《关于进一步加强消防工作的意见》为契机,深入开展以商场、市场、学校及周边场所、消防产品、"三合一"、工业园为重点的火灾隐患普查整治和专项治理活动,切实消除一大批火灾隐患,确保全省消防形势的平稳;成功处置"6.1"井冈山龙潭峡谷游客遇难和"12.6"梨温高速公路东乡段三氯氧磷泄漏等事故。全年共发生火灾事故6136起、死亡38人、受伤37人,与上年同期相比,死亡人数、受伤人数分别下降9.5%、27.5%。同时,开展多种形式义务消防队伍建设试点,增强防控火灾的能力。

【大力推进"三基建设"取得初步成效】 省公安厅党委把加强基层基础建设作为推动全省公安事业发展的大事来抓。省委、省政府领导高度重视,多次作出重要指示和批示,要求抓紧抓好,抓出成效,并在公安经费、编制等方面帮助解决许多困难和问题。各地党委、政府将公安"三基"工程列入当地的"十一五"规划,不少地方还将其提升为"党政工程"。5月,省厅召开全省公安派出所建设现场会和全省公安局长会议,全面部署全省"三基"工程建设任务。全省公安机关集中精力狠抓200个"三所三队"示范点建设。省厅将23个基层所队确定为全省"三所三队"示范点建设单位。厅党委建立领导挂点、部门包干责任制,从厅机关抽调35名处级干部和业务骨干组成11个工作组,对全省"三基"工作进行全面指导和督促检查。各警种、各部门切实加强对本警种、本系统"三基"工作的指导、督促和培训,制定建设标准,形成"条抓块管、上下同心、整体联动"的工作格局。同时各地还把加强基层所队的党支部建设,作为推进"三基"工程建设的重要措施,充分发挥基层支部堡垒作用和党员先锋模范作用。全省调整充实基层警力3657人,有115个县级公安机关的一线警力超过总警力的80%。省厅制定下发《全省公安机关深化大练兵苦练基本功工作意见》,对全省公安民警苦练基本功作出具体部署。突出抓好岗位练兵,进一步提高广大基层民警的整体素质。全省公安机关共举办各类岗位技能比赛、知识竞赛和业务比赛1000余场次,形成全警参与、自觉苦练的浓厚氛围。基层所队的警务保障条件有所改善,全省为基层配发605辆警用车辆和一批刑侦技术设备,60%的派出所完成外观改造任务。

【加快信息化建设步伐】 从提高基层民警计算机操作技能入手,重点解决综合信息系统建设、信息化工作平台建设和办公自动化建设等问题,进一步提高公安基础工作信息化水平。全省各县(市、区)全部开通三级公安网,73个县(市、区)公安机关实行网上办公,公安主干网的覆盖率达到84.8%。派出所、看守所、刑侦队、交警队等基层所队接入公安网带宽在2兆以上,主要公安业务应用系统和八大资源库建成。省市县三级机要保密传输系统建设任务已全部完成;县级公安机关"三台合一"建设完成95.2%;大力加强信息化应用,省公安厅对互联网门户网站和江西公安信息网主页进行全面改版,提升功能,为全省公安民警信息应用、交流提供一个便捷、有效的综合平台。

(省公安厅编辑室)

检 察

【概 况】 2006年,全省检察机关按照科学发展观和构建社会主义和谐社会的要求,努力践行"强化法律监督,维护公平正义"的工作主题,忠实履行宪法和法律赋予的职责,扎实开展专项整改活动,大力加强队伍建设和基层基础建设,各项检察工作取得了新的成绩。

全省检察机关依法惩治刑事犯罪,认真履行批准逮捕和起诉职能,全年共批准逮捕各类刑事犯罪嫌疑人19097人,起诉19861人。积极查办和预防职务犯罪,营造清正廉洁的政务环境。全年共立案侦查国家工作人员贪污贿赂、渎职侵权等职务犯罪案件1001件1163人,决定逮捕435人,起诉751人,通过办案为国家挽回直接经济损失7890多万元。进一步强化诉讼监督职能,依法保护人民群众和诉讼参与人的合法权益。在立案监督中,对侦查机关应当立案而未立案的,监督立案296件。在刑事审判监督中,对认为确有错误的刑事判决、裁定提出抗诉98件。在民事和行政监督中,对认为确有错误的民事行政判决、裁定提出抗诉112件,提出再审检察建议47件。在刑罚执行和监管活动监督中,纠正违法减刑、假释、暂予监外执行42人,查办监管人员职务犯罪案件14件14人。

牢固树立社会主义法治理念,不断改进和加强检察工作。省检察院举办全省检察长专题研讨班,引导广大检察人员深刻理解党中央提出社会主义法治理念的重大现实意义以及对司法工作的新要求。加强上级检察院对下级检察院业务工作的领导,在查办职务犯罪工作中,实行严格的监督制约,以保证办案质量。健全规章制度,完善执法规范体系,对《江西省检察机关执法规范》进行修改和完善,并制定相应的工作文书(样本)200余份,进一步增强了针对性和可操作性。强化督促检查,抓好制度规范的落实,认真贯彻宽严相济的刑事司法政策。

认真开展死刑二审案件开庭审理的相关工作。为适应死刑二审案件实行开庭审理的司法改革需要,省检察院公开遴选11名经验丰富的检察官,公开招录10名法律专业人员,并加强业务培训。进一步规范办案工作,会同省高级人民法院、省公安厅下发《关于死刑案件言词证据问题的若干意见》。加强沟通协调,指派副检察长列席省高级人民法院审判委员会。深化人民监督员制度试点工作。人民监督员全年共监督结案67件,均同意检察机关的处理意见。推行讯问职务犯罪嫌疑人全程同步录音录像制度。省检察院从规范执法行为、尊重和保障犯罪嫌疑人合法权益出发,要求全省检察机关对讯问职务犯罪嫌疑人的全过程实行同步录音录像。

全省检察机关采取有效措施,努力打造一支高素质、专业化的检察队伍,涌现出"全国模范检察院"九江市庐山区人民检察院以及"全国模范检察官"南康市检察院检察长吕端胜、九江市庐山区检察院检察长曹忠彭等一批先进集体和先进个人。着力加强领导班子建设,逐步实现领导班子的专业化,并大力引进专业人才。2006年全省检察机关共招录大学本科以上学历的检察人员168人,其中法学硕士33人,通过国家司法考试的69人;在全国范围内单独为基层检察院招录196名优秀法律人才,其中法学硕士4人,通过国家司法考试的33人。坚持从严治检,严肃查办违法违纪案件。加强检察职业道德和职业纪律教育,增强廉洁从检的意识,提高拒腐防变的能力。2006年全省共有13名检察人员因违法违纪受到党纪政纪处分。

全省检察机关不断增强法律监督机关更要接受监督的意识,自觉接受人大及其常委会的监督。主动向人大及其常委会报告工作,认真执行人大及其常委会的决议、决定,积极配合人大常委会开展执法检查工作。省检察院成立相应的工作机构,配备3名专职人员,负责与人大代表、政协委员、人民监督员、特约检察员以及专家咨询委员会委员的联络,切实加强检察机关接受外部监督的工作。深化"检务公开",增加公开途径,增强检察工作透明度,拓宽接受社会各界和人民群众监督的渠道。

【主办刑事被害人国家补偿制度研讨会】 针对当前刑事被害人权益保护被严重忽视的问题,7月30~31日,省检察院与中国犯罪学研究会、最高人民检察院刑事赔偿办公室在南昌联合举办刑事被害人国家补偿制度研讨会。研讨会认为,建立刑事被害人国家补偿制度,使那些因遭受犯罪侵害的被害人及其家庭得到适当的经济补偿,恢复被侵害的合法权益,是落实宪法保障人权原则,建设法治型、责任型国家的必然要求和具体体现,有利于防止被害人的心理失衡,缓解社会矛盾,维护社会稳定,促进社会和谐;有利于实现被害人和被告人权益保护的均衡;有利于从源头上减少涉法涉诉上访问题的发生。研讨会建议,应当制定刑事被害人国家补偿法,并就补偿的对象、条件、方式、标准、资金来源以及管理、办理机构和程序等方面提出初步意见。12月,在北京举行第二次会议,就起草法律草案进行深入研讨,并决定向下年3月召开的全国人大十届五次会议提交立法议案。

【深化人民监督员制度试点工作】 为进一步促进检察机关严格公正文明执法,确保办案质量,全省各试点检察院严格执行有关规定,确保应当由人民监督员监督的职务犯罪案件无一例外地进入监督程序,并充分保证人民监督员独立自主地进行评议。全年试点院的人民监督员共监督结案67件,均同意检察机关的处理意见。

【计划两年基层检察院招录四百名法律人才】 8月31日,省检察院与省委组织部、省法院、省财政厅、省人事厅、省编办等六部门联合下发《关于今明两年为基层人民法院、人民检察院统一考录优秀法律人才的通知》,通知规定,2006、2007两年,分别招录200名全日制普通高校法律专业本科及以上学历的毕业生,充实到基层检察院工作,保证每个基层检察院有3~4名全日制法律专业本科及以上学历的人员。对这400名大学生实行特殊政策,一是实行困难补助,补助用于偿还助学贷款,三年内每月每人补助600元。二是破格录用优秀人才,被录用人员中,通过国家统一司法考试的法学(律)硕士研究生或第一学历为法律专业本科的法学硕士研究生,一年试用期满后,经考察表现优秀的,可推荐为基层检察院副检察长人选。三是统一组织司法考试的考前培训,对录用后尚未通过国家统一司法考试的人员,由省检察院统一组织考前集中培训,培训经费由省财政专项安排。

【最高人民检察院授予九江市庐山区检察院、曹忠彭、吕端胜荣誉称号】 2月,最高人民检察院授予九江市庐山区检察院全国"模范检察院"荣誉称号,授予九江市庐山区检察院检察长曹忠彭、南康市人民检察院检察长吕端胜全国"模范检察官"荣誉称号。九江市庐山区检察院正朝着业务管理流程化实现业绩强检、队伍管理全员化实现素质强检、检务管理信息化实现科技强检的"三化三强"模式迈进。曹忠彭担任庐山区检察院检察长后,用务实和创新扭转了该院长期落后的局面,一身正气,先后查办一大批有影响的大案要案。吕端胜2000年担任南康市检察院检察长后,创新执法理念,倡导和谐执法、"微笑检察",带出一流的班子和过硬的队伍。

【省检察院为死刑二审案件全面开庭审理积极做准备】 7月1日,江西省死刑二审案件全面开庭审理。为适应办理死刑案件的需要,省检察院积极准备,确保死刑第二审案件开庭审理工作的顺利开展:一是增设工作机构,成立公诉二处;二是增加办案人员;三是加强经费和物质保障;四是大力开展业务培训。

【开展查办商业贿赂犯罪案件】 全省检察机关坚决贯彻落实中央关于开展治理商业贿赂专项工作的重大决策,成立治理商业贿赂领导小组,下设办公室并配备专职人员,统一部署,迅速行动,深入查办商业贿赂犯罪案件。2006年全省检察机关共立案侦查商业贿赂犯罪案件347件358人,其中受贿276件287人、行贿59件59人、单位行贿3件、对单位行贿4件、单位受贿4件、介绍贿赂1件;侦查终结276件281人。分布主要领域为:工程建设79件83人、土地出让25件25人、产权交易11件12人、医药购销80件83人、资源开发与经销33件33人;其中大案182件、要案38人,涉案总金额3000多万元。

【推行讯问职务犯罪嫌疑人全程同步录音录像】 省检察院年初部署,要求全省检察机关于10月底前全面推行讯问职务犯罪嫌疑人全程同步录音录像工作。至11月,全省120个检察院在检察机关办案工作区已设立符合同步录音录像要求的审讯室115个,配备同步录音录像设施229台(套)(含固定和移动);在看守所设立职务犯罪专用审讯室29个,配备同步录音录像设施101台(套)(含固定和移动);配备录音录像技术人员158名;培训反贪、渎检、技术等部门人员300余人次。全省检察机关办理的贪污贿赂案件有555件实行同步录音录像,占所立案件总数的70.16%。实行全程同步录音录像,对遏制翻供现象的发生、规范执法行为、保护办案人员的合法权益、保证办案工作顺利进行、提高办案质量等方面都起到很好的作用。

(省检察院编辑室)

审　判

【概　况】 2006年,全省法院认真贯彻中央、省委关于进一步加强法院检察院工作的决定,牢固树立社会主义法治理念,切实服从、服务于构建社会主义和谐社会、建设"三个江西"、加快江西崛起步伐的大局,依法履行审判职责,全面加强法院建设,各项工作取得了新进展。

紧紧围绕科学发展、和谐兴赣的中心,充分发挥审判职能作用。2006年,省高级法院受理各类案件1324件,办结1223件;全省中级法院基层法院受理各类案件15.31万件,办结15.19万件。以化解矛盾、定纷止争为目标,将调解贯穿于民事审判的各阶段、各环节,坚持做到"能调则调、当判则判、调判结合",努力实现"案结事了"。全省法院一审、二审民事案件的调解、撤诉率为48.62%,与上年相比(下同)上升2.23个百分点。省高级法院审结一、二审民事案件273件,上升10.08%,涉诉标的额25.56亿元。全省中级法院、基层法院审结各类一、二审民事案件83748件,下降0.59%,涉诉标的额63.01亿元。加强行政审判与国家赔偿工作,妥善审理涉及土地征收、房屋拆迁、企业改制、劳动和社会保障、资源环保等社会矛盾问题突出的行政诉讼案件,防止引发群体性事件。省高级法院审结上诉、申诉行政案件30件。全省中级法院、基层法院审结一审行政案件949件,下降28.32%,其中原告撤诉的281件;审结国家赔偿案件28件,赔偿金额为36.77万元。严厉打击危害国家安全、严重危害社会治安、侵犯公民人身财产权利、扰乱社会秩序的涉暴、涉毒、涉枪及侵财类犯罪;深入开展"打黑除恶"专项斗争;严惩严重破坏市场经济秩序的犯罪;依法惩处贪污贿赂、渎职犯罪,开展治理商业贿赂专项工作,推动反腐败斗争深入进行;积极参与"绿剑行动",依法打击破坏资源环境犯罪;积极参与社会治安综合治理,促进平安建设;加强司法领域的人权保护。省高级法院共审结刑事二审、复核及减刑、假释案件807

件。全省法院共审结一、二审刑事案件15458件，下降1.69%；判决生效人犯17563人，其中，判处五年有期徒刑以上刑罚3003人，宣告无罪41人；审结职务犯罪案件622件804人，其中厅级4人、县(处)级27人。认真做好涉诉信访工作，建立健全信访工作机制，完善判后答疑制度，从源头上预防和治理涉诉信访问题。加大领导下访、督办力度，各级法院院长接待来访人员1526次3022人。扎实开展重复访及赴京非正常访的专项治理工作，建立处置赴京赴省非正常访工作预案，妥善处理重点访、难点访，维护正常的社会秩序和审判工作秩序。省高级法院共办理群众来信1232件次，下降24.46%；接待来访2393人次，下降11.93%。省高级法院被评为全省集中整治赴京非正常上访工作先进单位。加强审判监督工作，完善申诉、再审制度，改进申诉复查程序，增加透明度，积极主动回应当事人的正当申诉愿望。坚持依法纠错原则，对确有错误的案件，依法再审改判。省高级法院审结各类再审案件23件，其中改判、发回重审10件。全省中级法院、基层法院审结各类再审案件540件(不包括申诉、申请再审案件)，改判、发回重审254件，占47.04%。深入开展集中清理执行积案工作和保护金融债权专项执行活动，加大执行力度，完善执行措施，规范执行行为，提高案件执行率。加强对全省法院执行工作的监督、指导、协调，采取提级执行、指定执行、交叉执行等多种方式，排除地方和部门保护主义的干扰；积极推行执行案件信息统一管理，建立健全执行联动机制和执行威慑机制，努力探索解决"执行难"的各种措施和途径。执行工作被纳入社会治安综合治理考评体系，为解决"执行难"创造了良好条件。依法加大执行和解工作力度，促使当事人自觉履行义务。省高级法院共执结案件37件，执行标的额12.37亿元；其中和解结案19件，占51.4%。全省中级法院、基层法院执结各类案件43537件，案件执结率66.51%，上升2.46个百分点；执行标的额52.86亿元，上升62.55%；执行期限内结案的占88.66%。对涉农案件实行快立、快审、快判，严厉制裁贩卖假种子、假农药、假化肥以及伪劣药品、产品等坑害农民利益的犯罪，依法审理赌博等严重危害农村社会稳定、破坏选举等危害农村民主管理的犯罪案件。妥善处理农村土地承包和山林土地权属纠纷。依法审理农民工工资、劳动报酬、工伤抚恤等案件，保障农民工的合法权益。全省法院共审结劳动争议和劳务合同纠纷案件2014件，涉诉标的额3674.34万元。

通过开展社会主义法治理念教育、"规范司法行为，促进司法公正"专项整改和创建"学习型、创新型、廉洁型、服务型、文明型"机关活动，坚持不懈地抓好法官队伍的思想政治、纪律作风和司法能力建设。涌现出"中国法官十杰"刘晓金等一大批先进典型。全省法院有44个集体、78名个人受到最高人民法院或省级以上表彰。继续开展"规范司法行为，促进司法公正"专项整改活动。落实审判公开制度，全面实行立案、庭审、证据采信、事实认定、法律依据、判决理由、裁判文书、执行过程的"八公开"，增强工作透明度。对全省法院诉讼费、执行费收取情况进行专项检查，纠正存在的问题。设立执行专用账户，规范执行费用的收取和管理。出台专门规定，规范法律文书送达和巡回审判工作。各地法院还开展形式多样的专项活动，不断加强司法规范化建设。积极开展审判技能竞赛、法律文书评比、案件质量评查等活动，提高法官驾驭庭审、采信证据、认定事实、适用法律、文书制作等能力，办案质量和效率明显提高，全省法院各类案件一审生效率91.6%，二审改判率26.52%，审限内结案率99.92%。严把进人关，省高级法院公开招录20名法学硕士研究生，支持、鼓励法官和其他工作人员参加学历教育和司法考试，省高级法院本科以上学历的有242人，硕士、博士72人；全省法官本科以上学历有3741人，占法官总数的62.67%，比上年上升4.7个百分点，共有硕士、博士233人；上年有145人通过司法考试。加强岗位培训，省高级法院全年培训法官1478人次。上下级法院干部交流力度加大，省高级法院党组经研究决定从中级法院、基层法院选调7名干部充实到省高级法院中层、法官岗位，下调2人到中级法院任职，实现上下级法院干部培养选拔的良性互动。按照《法官法》和《决定》的要求，协助地方党委开展对下级法院领导班子的提名和考察工作，顺利完成中级法院、基层法院领导班子的换届，并对中级法院院长全部实行异地交流任职，领导班子的结构更趋合理。狠抓党风廉政建设责任制和"五严"要求的落实，探索建立不愿为、不能为、不敢为、不必为的长效廉政机制，完善教育、制度、监督并重的反腐倡廉制度体系，增强法官的廉洁自律意识和防腐拒变能力。全省法院共查处违法违纪案件13件14人，分别下降35%和30%。

全省法院认真贯彻《决定》，坚持以"公正司法，一心为民"为指针，提出落实司法为民的五项要求：努力提高审判质量，以公正的裁判保障民利；依法加快办案速度，以高效的审执减轻民忧；继续改进司法作风，以优质的服务减少民怨；积极推进司法公开，以透明的审判满足民需；切实落实便民举措，以人文关怀赢得民心。全省法院积极构建便民诉讼网络，推行人民法庭直接立案机制，落实诉讼权利义务告知制度，加大巡回审判力度，扩大简易程序适用范围，建立简易纠纷速裁机制，大力开展司法救助，共为下岗职工、孤寡老人、残疾人、农民工等特殊困难群体的4032件案件减、免、缓交诉讼费989.38万元，其中减交133件计70.24万元，免交474件计53.64万元，缓交3425件865.49万元。组织全省基层法院新招录公务员125人，其中本科学历98人，研究生学历8人。在省直有关部门的大力支持下，出台吸引人才、留住人才的优惠政策，为基层法院公开招录200名全日制普通高校法律专业本科以上学历的毕业生。认真落实人民陪审员制度，充分发挥人民陪审员作用，全省基层法院共有9033名(次)陪审员参加组成合议庭，审理5229件案件。省高级法院与省财政厅联合制定下发全省基层法院公用经费保障标准，明确各地的执行标准和完成时限。积极争取中央政法补助专款，为基层法院购置了一批警车、安全检查等办案办公设备。充分利用中央投资建设中西部人民法庭的良好机遇，努力争取资金，落实"六化"标准，"两庭"建设呈现快速健康发展的势头。全省有266个人民法庭列入中央预算投资建设，新建人民法庭48个,在建46个。新建审判综合大楼9个,在建35个。信息化建设迈上新台阶,全省法院二级专网传输平台基本建成。45个法院建成局域网,32个法院建立互联网站并与中国法院网联网,联网数名列各省首位。全力抓好死刑二审案件开庭审理工作,确保死刑核准权制度改革顺利实施。7月1日后,死刑二审案件全部开庭审理,并实现开庭同步录音。组建刑事审判第三庭。从下级法院选调优秀刑事法官,进一步充实刑事审判力量。加强和规范司法警务保障,有效维护庭审安全和秩序。建立与省检察院、公安厅、司法厅等部门的联席会议制度,加强工作的衔接配合。制定完善庭审制度规范,提高庭审实效,确保死刑案件质量。按照人民法院"二五"改革纲要的要求,推进审判委员会制度改革,建立检察长列席省高级法院审判委员会制度,邀请检察长列席审判委员会讨论案件30件次;继续深化审判方式、审判管理等改革措施,努力建设公正高效的审判工作运行机制;推进民事裁判文书形式和内容的改革,增强裁判文书的说理性、公开性。

认真做好人大代表建议、来信的办理工作,省高级法院共收到人大代表建议、来信11件,政协委员提案2件,均及时办结并答复。收到省人大内司委等有关部门转办的控告、申诉案38件,其中省人大内司委要求答复的7件,已办结并答复5件,2件已报告办理进展情况。全省法院共收到人大代表、政协委员的建议、提案和来信987件,办结959件。加强与人大代表的联络,定期向人大代表寄送《代表联络专报》,通报全省法院工作开展的总体情况。积极开展邀请人大代表、政协委员旁听庭审、视察等工作,全省法院邀请人大代表、政协委员旁听庭审、听证3043人次。依法办理检察机关提出抗诉的案件,抗诉有理的依法改判,全省法院审结再审抗诉案件125件,改判39件。正确对待舆论监督,及时向媒体反馈意见。此外,省高级法院的调研、司法统计、教育培训、司法行政、网络宣传、法院信息、学术研讨、司法技术、机关后勤服务等工作,被最高人民法院评为全国先进。

【第二十一次全省法院工作会议召开】 1月17~18日,会议在南昌召开。会议的主要任务是贯彻落实《中共江西省委关于进一步加强法院检察院工作的决定》和全国高级法院院长会议、全省政法工作会议精神,回顾总结第二十次全省法院工作会议以来五年的工作情况,研究、部署全省法院今后一个时期的工作任务。省委书记孟建柱对法院工作提出三点要求:一是以科学发展观统领法院工作全局,为构建和谐社会、顺利实施"十一五"规划提供强有力的司法保障;二是着眼于维护和实现最广大人民的根本利益,以改革精神全面推进人民法院的工作;三是加强和改进党的领导,进一步加强人民法院的司法能力建设。省高级法院院长康为民在会上作题为"全面落实科学发展观充分发挥审判职能作用为加快江西发展和实现江西崛起提供司法保障"的工作报告。

【省高级人民法院全面开庭审理死刑二审案件】 3月2日,省高级法院刑事审判第一庭公开开庭审理新建县万金平等人故意伤害上诉案。这是2005年12月7日最高人民法院《关于进一步做好死刑第二审案件开庭审理工作的通知》下发后,江西第一起公开开庭审理的死刑上诉案件。被告人万金平系新建县联圩乡万家村农民,因犯故意伤害罪于2005年12月21日被南昌市中级人民法院判处死刑,剥夺政治权利终身。万金平不服,提出上诉。依照刑事诉讼法的规定,省人民检察院公诉处检察员依法出庭履行职务,原审被告人及其辩护律师、鉴定人等到庭参加诉讼。该案的公开审理,标志着省高级人民法院拉开死刑二审案件全面开庭审理的序幕。

【省高级人民法院提出为构建社会主义和谐社会提供司法保障的意见】
12月18日,省高级人民法院制发《关于为构建社会主义和谐社会提供司法保障的意见》,要求全省各级法院从四个方面为构建社会主义和谐社会提供司法保障:一是认真学习贯彻党的十六届六中全会和江西省第十二次党代会精神,把思想认识真正统一到会议精神上来,切实增强为构建社会主义和谐社会提供司法保障的自觉性和主动性。二是正确把握人民法院在构建社会主义和谐社会中的重要职责和作用。三是充分发挥人民法院审判职能作用,为构建和谐社会提供有力的司法保障。牢牢把握司法工作的原则,确保人民法院工作始终坚持正确的方向。增强司法能力,提高为构建社会主义和谐社会服务的本领。牢固树立和落实科学发展观,为经济社会发展提供司法保障。依法惩治刑事犯罪,维护国家安全和社会稳定。积极参与整治商业贿赂犯罪活动,促进廉政建设和反腐败工作深入开展。积极参与社会治安综合治理,促进社会平安建设。依法调整民事法律关系,促进社会关系和谐。依法保护知识产权和相关智力成果,促进创新型国家建设。加强和改进行政审判工作,促进行政权力和公民权利的和谐。依法审理涉农案件,促进社会主义新农村建设。加强司法调解,最大限度化解社会矛盾纠纷。积极探索高效运行的执行工作管理体制,提高生效裁判的实际执行率。四是完善司法体制机制,增强为和谐社会建设提供司法保障的能力。坚决贯彻中央司法体制改革部署,积极稳妥地推进司法体制机制改革。健全完善审判执行工作制度体系,促进司法规范化建设。改进和完善便民立案机制,最大限度地保障人民群众合理诉求的实现。建立健全司法救助制度,彰显人民司法的人文关怀。加大巡回审判的力度,方便人民群众诉讼。依法扩大简易程序的适用范围,减轻人民群众的诉讼负担。落实人民陪审员制度,加强司法民主建设。全面落实公开审判制度,不断增强审判活动的透明度。深化刑事审判制度改革,加强刑事司法领域的人权保障。完善申诉、再审制度,切实解决人民群众申诉难的问题。改革和完善执行体制和工作机制,切实解决"执行难"的问题。建立健全涉诉信访工作机制,为群众排忧解难。改革审判委员会工作机制,确保办案质量。加强队伍教育管理,完善司法廉洁制度。

【省高级人民法院、省人民检察院就检察长列席审判委员会作出规定】
11月15日,省高级人民法院、省人民检察院联合印发《关于省人民检察院检察长列席省高级人民法院审判委员会会议的规定（试行）》，并要求全省各级法院、检察院结合当地实际参照《规定》制定相关的规定。《规定》的主要内容：一是分别明确应当邀请和可以邀请检察长列席审委会的案件范围：前者包括讨论由省高级人民法院受理的重大刑事抗诉案件，合议庭拟对被告人判处无罪的重大案件，合议庭意见与省人民检察院出庭意见对被告人定罪、量刑以及案件的事实认定有重大分歧的案件；后者包括讨论有重大社会影响或可能引发矛盾激化的刑事抗诉案件，省高级人民法院认为有必要邀请省人民检察院检察长列席会议的其他抗诉案件。二是规范邀请检察长列席审委会的程序。三是明确规定列席审委会会议的检察长，可以就案件的事实、证据及法律适用问题发表意见。

【最高人民法院检查组检查江西法院“专项整改”等五项工作】 8月11～18日，最高人民法院咨询委员会委员、原副院长谢安山率检查组检查江西法院“规范司法行为，促进司法公正”专项整改、社会主义法治理念教育、人民法庭工作、完善人民陪审员制度、法院涉诉信访工作情况等五项工作。检查组先后检查省高级人民法院和南昌、上饶两个中级人民法院，南昌市青山湖区法院、西湖区法院、玉山县法院、广丰县法院4个基层法院，以及青山湖区湖坊法庭、红谷滩新区法庭、玉山王宅法庭、广丰大南法庭、桐畈法庭、排山法庭6个人民法庭。检查组通过听汇报、看资料、看成果和现场视察等方法，对江西法院“专项整改”等五项工作进行认真检查并给予充分肯定。同时对继续抓好五项工作提出殷切希望。

【全国法院系统第十八届学术讨论会召开】 12月19～22日，全国法院系统第十八届学术讨论会在南昌召开。本届学术讨论会收到的近1400篇论文，除各高级人民法院报送的论文外，社会各届人士和检察机关工作人员、律师及高等院校的理论工作者也响应此次征文。这些论文既涉及到司法的功能、价值以及司法权的地位等基础理论问题，也涉及到司法公信力、人民陪审制度、司法调解、法官职业化、监督与司法的关系等一些热点问题。此次学术讨论会评审出401篇获奖论文，大会向获奖代表颁发奖牌和证书。各高级人民法院主管学术研究的院领导、学术研究管理机构负责人、获奖作者、应邀与会的大学、新闻媒体法学研究的专家、学者共199人出席。

【熊新兴等16名被告人因组织领导参加黑社会性质组织被判刑】 被告人熊新兴，曾用名“熊县兴”，绰号“国国”，男，汉族，1967年10月1日出生，江西省抚州市人，小学文化，原抚州联达经济贸易有限公司法定代表人，抚州市临川区政协委员。1996年以来，被告人熊新兴先后成立多家公司，被告人熊建祥、花其辉、唐天安、董啸林、张新军等人分别在公司担任法人代表、总经理等重要职务，以合法公司的形式掩盖其非法的组织活动。此外，熊新兴还拉拢张文锋恶势力团伙，以被告人熊新兴、张文锋为首的黑社会性质组织在抚州市逐步形成，并拉拢有关机关领导和干部充当“保护伞”。在该组织的形成和发展过程中，被告人熊新兴、张文锋组织、领导黑社会性质组织，纠集、指使被告人熊建祥、董啸林、花其辉等组织成员，在抚州市大肆进行故意伤害、窝藏、故意杀人、非法买卖枪支弹药、非法持有枪支弹药、诈骗、保险诈骗、贷款诈骗、合同诈骗、赌博、强迫交易、虚假出资、包庇等犯罪行为，严重干扰和破坏了社会治安秩序、社会主义市场经济秩序和社会管理秩序，严重侵害了国家利益、集体利益和人民群众的生命财产安全。2006年9月26日，九江市中级人民法院一审以组织、领导黑社会性质组织罪、故意伤害罪、贷款诈骗罪等13项罪名，对被告人熊新兴判处死刑，剥夺政治权利终身，并处没收个人全部财产，分别判处其他15个被告人相应刑罚。宣判后，熊新兴等11个被告人不服，向省高级人民法院提起上诉。省高级人民法院经开庭审理认为，原判认定事实清楚，证据确实、充分，定罪准确，量刑适当，审判程序合法，于2006年12月28日作出裁定，驳回上诉，维持原判，并依法以故意伤害罪核准被告人熊新兴的死刑判决。

【黄国平等因施放毒气抢劫赌场被判处死刑】 8月21日，省高级人民法院对备受社会关注的被告人黄国平、杨礼党、李振声（均为男性，汉族，无业）等人施放毒气抢劫赌场一案作出终审判决，以抢劫罪判处上诉人黄国平（41岁，江西九江县人，初中文化）、杨礼党（30岁，广西玉林市人，中专文化）死刑，剥夺政治权利终身，上诉人李振声（40岁，江西省九江县人，高中文化）死刑，缓期二年执行，剥夺政治权利终身，均并处没收个人全部财产。宣判后，黄国平、杨礼党被押赴刑场执行枪决。2005年5月下旬，黄国平与李振声、吴周生密谋抢劫赌场，又纠集杨礼党、庞宏健从广西赶至九江市准备作案。李振声与吴周生经多次踩点，于2005年6月6日晚确定瑞昌市溪西路283号有人赌博后，即买来菜刀、打气筒等作案工具，随后5人分头制作了面罩、租借了车辆，并进行了作案分工，由庞宏健、吴周生负责施毒，杨礼党负责望风和搜集财物，黄国平在外开车接应，李振声则在九江市区等候消息。当晚11时许，黄国平等4人驾车从九江赶往瑞昌，次日凌晨到达赌博现场。按照事先约定的分工，庞宏健、吴周生各持两瓶含有氰化氢的毒气罐闯入二楼房间内施毒，由于毒性较大，2人与在现场打牌、休息的其余5人均当场死亡（后经法医鉴定，7人均系吸入氰化氢气体中毒死亡）。几分钟后，在外等候的杨礼党见庞、吴2人仍未得手，便上楼察看，发现7人中毒倒地后便打开窗户通风，并准备搜集财物，但也因中毒而昏倒在地。随后，负责接应的黄国平见同伙迟迟不归也来到现场，见所有人都中毒倒地便立即逃离现场，并打电话将情况告知李振声。凌晨2时许，李振声从九江市赶到案发现场察看情况后，潜逃至武汉藏匿。6月7日早晨，杨礼党苏醒后在现场搜集现金15950元和手机5部、铂金戒指1枚、黄金项链1根（被抢物品经瑞昌市价格认证中心鉴定总价值为人民币1.9万余元），尔后逃离。

【湖南亚华种业股份有限公司诉南昌市工商行政管理局工商行政处罚案以撤诉结案】 2005年2月25日，湖南亚华种业股份有限公司（下称亚华公司）向其南昌种子分公司提供标注产地为湖南省"株两优02"杂交水稻种子的包装袋一批。后亚华公司南昌种子分公司将江西宜黄产的5.34万千克"株两优02"杂交种子套用(湘)农种生许字(2004)第0700号生产许可证编号加工包装,在景德镇、波阳等地销售牟利。接到举报后,南昌市工商行政管理局于2005年2月25日对亚华公司的违法行为立案调查,经查实,认为亚华公司的上述行为违反了《种子法》第二十条和第二十二条的规定,属于《种子法》第四十六条规定的销售假种子的违法情形。据此,2005年12月31日,该局作出洪工商公处字(2005)第80号行政处罚决定:"没收销售假种子的违法所得451925.8元,并处违法所得额六倍罚款计2711554.8元"。亚华公司不服,向南昌市中级人民法院提起诉讼,请求判决撤销该行政处罚决定。一审法院认为,亚华公司南昌种子分公司行为的法律后果应由亚华公司承担,南昌市工商行政管理局认定亚华公司在未取得种子生产许可证的情况下,销售产地和包装袋不同的稻种,构成销售假种子的违法行为,依法作出行政处罚决定,事实清楚,程序合法,适用法律正确,于2006年4月29日判决维持南昌市工商行政管理局洪工商公处字(2005)第80号行政处罚决定,驳回亚华公司的诉讼请求。亚华公司不服,提起上诉。省高级人民法院受理该案后,考虑到亚华公司作为湖南省第一家上市种子公司,销售假种子的违法行为是其分支机构所为,销售后所造成的损失不大,而所处罚的金额近300万元,加上滞纳金共计2000万元以上,企业难以承受,处理不当将影响整个企业的生产,且该案受到新闻媒体和省有关部门的重视和关注,社会影响很大。针对这种情况,办案人员多次召集双方当事人进行协调,指出亚华公司行为的违法性,最终亚华公司表示愿意接受行政处罚,南昌市工商行政管理局同意在法律允许的范围内适当调整处罚金额,双方达成庭外执行和解协议。2006年9月19日,亚华公司主动撤回上诉。

【原告中国十五冶金建设有限公司与被告高安红狮水泥有限公司等建设工程施工合同纠纷案经调解结案】 2004年2月16日,原告与浙江红狮水泥股份有限公司(以下称浙江公司)在江西省组建的高安红狮水泥有限公司(以下称高安公司)签订回转窑生产线一期土建工程的《建筑工程施工合同》,原告依约向浙江公司交纳100万元履约保证金。2005年7月18日,原告负责施工的高安公司一期生产线顺利完工投产。由于本案工程属于特殊工程,施工技术规范是按照水泥生产的特殊要求制作的,部分工程项目在约定的定额中也没有参照标准。原告向高安公司提交总额为49408889元的决算报告,两被告委托的浙江兰溪兰兴会计师事务所审计量约为3600万元,两者相差1300万元。双方多次协商未果,原告向江西省高级人民法院提起诉讼,要求两被告共同支付工程余款23725970.75元及其截至起诉日的利息570950.19元,返还工程保证金100万元及逾期返还的利息39680元。原告在立案前申请诉前财产保全。应被告要求,在省高级人民法院合议庭的努力下,双方在立案当日便签订有关解除诉讼保全措施的协议。该第一次调解协议签订后,双方取得合议庭同意后先进行庭外和解。但由于双方在结算定额取费标准上的差异及高安公司提出反诉请求等原因,原告立即指责被告违背诚信,拒绝再行协商。双方关系骤然紧张,矛盾趋向复杂化。合议庭在了解变化情况后,紧急召集3家公司协调。双方经过近2周的协商,终于达成第二份调解协议。在第二份调解协议中,双方计算出核对一致的工程量数额,并详细列出450万元差异量及项目名称,同意交由法院再行调处。合议庭针对该份协议主要是缺乏统一定额标准的工程造价专业问题,专门咨询专业造价机构,对各方争议的实质问题有了基本的认识。之后,合议庭根据原告的要求,召集双方的第三次调解。双方对计量标准和数量讨论2天,合议庭最后提出计算建议。最后,双方根据合议庭的建议就450万元差异量达成一致意见,留下欠款利息、支付计划、逾期交工损失等问题以及其他事项另行协商。双方当事人就此达成第三份调解协议。应被告的要求,合议庭召集双方进行第四次协商。原、被告双方都派出公司领导层参加的调解会议,经过1天的协商,原、被告双方终于就本案的全部问题达成第四份调解协议书:高安公司按照约定的时间表向原告支付工程尾款,返还工程保证金,支付欠款利息;原告向被告补偿因逾期交工造成的损失。

(省法院编辑委员会办公室)

司法行政

【概　况】 2006年,江西司法行政重点工作:着力强化法律保障职能。一是确保监所秩序安全稳定,完善防控、排查、应急处置、领导责任机制和犯情网络,加大狱情分析、矛盾排查力度,严格落实"双六条禁令"和"十一项规定",提高安全防范水平。扎实开展监所管理整顿,推进罪犯服刑指导中心建设,探索教育改造挽救新方法新途径,提高教育改造质量。劳教系统全面实现"四无",省强制戒毒劳教所被命名为部级现代文明劳教所;监狱系统实现无重大狱内案件、非正常死亡和重大安全生产事故。二是积极预防化解矛盾纠纷,加强人民调解与行政调解、司法调解有效结合。全省调解组织调处各类矛盾纠纷11.18万件,防止"民转刑"1184件,制止群体性上访1624件。三是预防减少重新违法犯罪,落实帮教安置政策,突出衔接、排查、帮教、安置、监管等环节,加大网络和基地建设力度,提升帮教安置工作社会化水平。至年底全省已建立帮教安置基地185个,帮教率达98%,安置率稳定在87%。四是依法维护正常信访秩序,组织律师参与信访接待,引导群众以理性、合法方式表达利益诉求,有效化解疏导了一批群体性、疑难涉法涉诉上访问题。一年中,仅厅直律师事务所就参与接访97人次,接待来访群众78批325人次。

规范拓展法律服务工作。一是规范管理,强化法律服务功能,制定律师事务所信用等级评定办法等规范性文件,开展《律师法》执法大检查,规范律师事务所档案管理、投诉查处等工作。出台《公证员考核办法》,实施公证岗位培训,严格公证质量检查。修订《法律援助事项受理、审查、指派办法》等制度,统一法律援助文书格式,出台《江西省法律援助经费使用管理办法》。二是创新方式,拓展法律服务领域,开展千名律师下基层、法律服务“八个一”和法律援助“优质服务办案件”等活动,满足社会法律服务需求。全省律师担任法律顾问6390家,代理刑事案件9985件,办理诉讼案件3.06万件、非诉讼1.46万件;公证机关办理公证事项26.7万件;法律援助机构办理法律援助案件1.04万件,同比增长145%,受援对象1.40万名;司法鉴定机构办理鉴定4.68万件,同比增长99%,结论采信率达98%;基层法律工作者担任法律顾问5378家,提供法律服务11万人次,挽回经济损失1.38亿元。三是优化服务,提升法律服务质量,服务全民创业和新农村建设,办理全民创业公证事项14万余件、涉农公证事项5万余件,减免收费100余万元。全力为社会弱势群体提供法律援助,扩大援助对象和服务范围,畅通农民工法律援助“绿色通道”,办理农民工法律援助案件1032件,挽回经济损失1189万元。

全面提升法制宣传水平。一是科学谋划,精心组织,高位启动“五五”普法规划,省人大常委会作出《关于加强法制宣传教育的决议》,省委、省政府印发《江西省“五五”普法规划》和《“十一五”期间依法治省规划》,并于5月31日召开全省第十一次法制宣传教育工作会议,高位启动全省“五五”普法工作。二是突出重点,创新载体,全面深化普法依法治理工作,编写《江西省2006年重点普及法律辅导讲话》和《江西省“五五”法制教育工作手册》,满足各类普法对象需要。大力宣传刑法、公务员法、治安管理处罚法、公证法等7部重点法律,组织13万余名各级领导干部参加法律知识统考。配合“建设新农村江西百村万户助农在行动”大型公益活动,开展与新农村建设相关法制宣传教育。规范“民主法治示范村”创建,深化“一学三讲”主题法制实践活动,推进“法律六进”,提升全社会法治化管理水平。三是完善制度,落实责任,探索建立法制宣传教育工作长效机制。建立普法经费财政保障机制,强化法制宣传阵地和队伍建设,调整充实全省普法讲师团,组建完善普法志愿者队伍。

切实加强基层基础建设。一是推进司法所规范化建设,基本完成第一批司法所办公用房建设,启动第二批建设任务。按照“体系健全、管理规范、制度完善、运转灵活”的目标,促进司法所工作“五规范”。发挥面向基层、面向“三农”的职能优势,通过化解矛盾纠纷,服务地方经济建设,维护群众合法权益。全省司法所宣讲法律1875场次,调处矛盾纠纷1796件,提出法律建议361条(324件被采纳),参与制定规范性文件190件,开展矛盾纠纷大排查891次,参与专项整治2594人次。二是强化监狱劳教基础设施建设,推进监狱布局调整,吉安监狱正式开工兴建,洪城监狱扩建、省未管所配套工程都如期完工并投入使用。完善狱、所警戒设施,初步实现监狱与武警看押部队视频信息共享。加强监狱农田水利等基础设施建设,累计落实项目资金1009万元。三是加快司法行政信息化建设进程,率先在全国建成省、市、县三级信息专网和视频会议系统,自主研发“江西省司法厅电子公文交换系统”,实现全系统24小时无纸化公文交换。设计开发“江西省司法厅人事警务工作信息发布系统”,完成对“台湾公证业务管理系统”、“司法鉴定工作管理系统”功能升级和“司法统一考试网站”内容改版。

稳步推进各项工作改革。一是继续深化监狱体制改革试点,完善试点相关制度规定,实施新绩效考核办法,探索罪犯改造质量评估体系,推行罪犯分级处遇,基本解决监狱企业工人进社保问题。二是稳步推进劳教管理工作改革,稳步推行封闭、半开放、开放三种管理模式,严格条件认定、程序操作、级别升降等环节,使“三区分设”日趋合理,分段式处遇日趋科学,考核奖惩日趋规范。三是巩固扩大律师制度改革成果,扩大公职律师、公司律师制度改革试点,完善律师组织结构和组织形式。四是健全完善公证管理体制,以实施《公证法》及其3个配套管理文件为契机,依法调整公证机构设置,合理配置公证资源。五是严格规范司法鉴定工作管理,严格准入登记,强化规范管理,编制公告名册,配合省人大开展《决定》和《条例》执法检查,推进统一司法鉴定管理体制建立。六是不断完善国家司法考试工作,开通“司法考试网上查询系统”,推行“网上预报名”。2006年,全省司法考试报考人数达5177名,同比上升13.23%,合格572人,占参考人数的12.4%。

精心塑造队伍良好形象。一是实施政治素质工程,提升队伍的创造力,开展社会主义法治理念教育活动,初步实现“六个进一步”目标要求。深化“规范执法行为、促进执法公正”专项整改活动,健全司法行政执法规划,解决执法服务中存在的一些突出问题。学习《江泽民文选》和十六届六中全会精神,自觉用科学理论武装头脑,指导实践,推进工作。二是实施能力素质工程,提升队伍的执行力,加强领导班子建设,增强各级领导班子的凝聚力、战斗力。抓好“三支队伍”建设,树立司法行政队伍良好形象。开展精神文明创建活动,形成知荣辱、讲奉献、树新风的良好风尚,涌现出一批先进典型,3个单位、5名个人荣立二等功,41个单位、81名个人受到省部级表彰,省厅被评为省级文明单位。三是实施廉政素质工程,提升队伍的免疫力。健全党风廉政建设责任制、任前谈话、廉政教育谈话和诫勉谈话等制度,强化重点执法环节和重点工作的监督,严格一把手“五个不直接分管”,防止权力滥用。加大查办案件力度,全年共立案33件,结案31件,未结2件;受党纪处分7人、政纪处分19人,受双重处分2人。切实纠正行政不正之风,查处涉及司法鉴定的投诉举报26起,处罚司法鉴定人2人;受理涉及律师的投诉59起。

【“建设和谐平安江西　推进普法依法治理深入开展”理论研讨会在昌召开】 1月4日,省法宣办、省法学会联合在南昌召开“建设和谐平安江西,推进普法依法治理深入开展”理论研讨会。会议收到论文80余篇,宣读论文34篇,评出一等奖3名、二等奖6名、三等奖9名、优秀奖若干名。

【全省司法局长会议在南昌召开】 1月16～17日,全省司法局长会议在昌召开。会议的主要任务是传达学习贯彻全国司法厅(局)长会议精神,总结“十五”计划期间全省司法行政工作,表彰近三年来全省司法行政系统先进典型,交流经验,研究部署2006年和“十一五”规划时期江西司法行政工作。

【省人大内司委听取“四五”普法工作汇报】 2月20日,省人大内司委召开江西省“四五”普法工作汇报会,听取省司法厅、省直机关工委、省地矿局、省国税局、南昌市实施全省“四五”普法规划和省人大常委会《关于进一步开展法制宣传教育的决议》的情况汇报。省法制宣传教育工作领导小组副组长、省人大常委会副主任孙用和出席会议并讲话。

【加拿大官员来南昌督查“中加法律援助与社区法律服务合作项目”】 3月20~26日,加拿大驻华使馆参赞、加拿大国际发展署项目官员一行5人由司法部法律援助中心工作人员陪同,对江西“中加法律援助与社区法律服务合作项目”进展情况进行督查,并就增进合作事宜进行磋商。

【司法行政系统省市县三级信息专网开通】 4月8日,全省司法行政系统省市县三级信息专网开通仪式暨新闻发布会在昌举行。省委副书记彭宏松轻点鼠标开通专网,省委常委、政法委书记舒晓琴出席并讲话,省政协副主席金异、司法部有关领导同志出席,省直有关部门领导,中央和省主要新闻媒体记者参加开通仪式。

【省强制戒毒劳教所被命名为“部级现代化文明劳教所”】 4月8日,省司法厅在南昌举行省强制戒毒劳教所荣获“部级现代文明劳教所”命名揭牌仪式,省委副书记彭宏松出席并揭牌,省委常委、政法委书记舒晓琴讲话,省政协副主席金异和司法部有关领导出席。

【司法部课题管理专家座谈会在南昌召开】 4月18日,司法部在南昌召开“法治建设与法学理论研究部级科研项目”课题管理专家座谈会,省社科院、南昌大学等12位专家、教授出席座谈会,就课题指南制定、受理申报、立项评审、成果转化、成果评奖等进行研讨。

【《律师事务所信用等级评定办法》出台】 4月30日,省司法厅出台《律师事务所信用等级评定办法》,部署在全省开展律师事务所信用等级评定工作。律师事务所信用等级分为AAA、AA、A三个等级,每两年评定一次,统一授予牌匾。

【吉安监狱新建工程开工】 5月10日,吉安监狱建设工程开工奠基典礼在吉安市吉州区隆重举行。省委副书记彭宏松出席,省委常委、政法委书记舒晓琴讲话。该工程为国家监狱布局调整的重点项目和省“十一五”规划建设重点工程,预计2008年全面建成投入使用。

【全省第十一次法制宣传教育工作会议召开】 5月31日,省委、省政府在南昌召开全省第十一次法制宣传教育工作会议,总结全省“四五”普法工作,表彰先进集体和先进个人,部署“五五”普法任务。省委副书记彭宏松出席会议并讲话,省委常委、政法委书记舒晓琴作工作报告。

【全省司法所建设工作现场会在新余召开】 7月3~4日,省司法厅在新余召开全省司法所建设工作现场会,总结交流第一批司法所建设经验,研究部署第二批建设任务。

【南昌麦迪康医疗器械厂开业典礼隆重举行】 9月8日,省司法厅举行洪城监狱国家技改项目南昌麦迪康医疗器械厂开业典礼。省委副书记彭宏松,省委常委、政法委书记舒晓琴出席并剪彩。该厂技改投入4200万元,计划年产一次性无菌注射器4亿支。

【洪城监狱新建监区落成揭牌仪式隆重举行】 9月8日,洪城监狱新建监区落成揭牌仪式在昌隆重举行。省委副书记彭宏松,省委常委、政法委书记舒晓琴出席并为新建监区落成揭牌。

【全国未成年犯管教所工作研讨会在昌召开】 10月16~18日,第十八届全国未成年犯管教所工作研讨会暨首届“所长主题论坛”在南昌召开,与会代表就未管所改革发展稳定和未成年犯管理教育改造中的焦点、难点和热点问题进行深入交流研讨。省政协副主席、江西启明学校名誉校长刘运来出席会议并讲话。

【司法部副部长郝赤勇到江西考察调研】 10月29日至11月3日,司法部副部长郝赤勇就贯彻落实党的十六届六中全会精神、强化司法行政基层基础等课题在江西考察调研。

【全省十三万多名领导干部统一考法】 11月18日,省委组织部、省委宣传部和省司法厅联合举行2006年度全省领导干部法律知识考试。全省共13万余名各级领导干部参加统考。

【华东地区东方法治网编委会工作会议在井冈山召开】 11月23~24日,2006年度华东地区东方法治网编委会工作会议在井冈山召开,会议对新形势下深化网络法制宣传教育协作进行研究和探讨。

【基本解决监狱工人进社保】 2006年,全省监狱系统1万多名工人进入省级社保,基本解决养老保障问题。省监狱、劳教局机关干警进入省级公费医疗。

(胡大德)

外事侨务和港澳台事务

本栏编辑　涂小福

外事工作

【概　况】 2006年是承前启后、继往开来，全面实施“十一五”规划的开局之年。全省各级外事侨务部门认真贯彻中央十六届五中、六中全会和省委十一届十次会议精神，紧密围绕构建和谐社会、建设“三个江西”的总体目标和任务，坚持以科学发展观统领外事侨务各项工作，坚持抓学习、促发展，抓创新、促开拓，各项事业取得新的成绩。

【及时传达贯彻中央外事工作会议精神】 中央外事工作会议召开后，省委、省政府高度重视会议精神的传达贯彻。9月11日，省委召开专题常委扩大会议，分别全文传达总书记胡锦涛、总理温家宝和国务委员唐家璇的讲话以及《中共中央关于加强和改进新形势下外事工作的意见》，并决定由省政府分管副省长召集省委办公厅、省政府办公厅以及省外侨办等单位就贯彻中央外事工作会议精神、制定《江西省关于加强和改进新形势下外事工作的实施意见》，开展专题调研，提出具体实施意见并做好召开省委外事工作会议的有关准备工作。此后，在省委省政府的领导下，省委办公厅、省政府办公厅以及省外侨办进行为期四个半月的广泛调研和全省外事工作会议的筹备工作。

【菲律宾总统阿罗约访赣】 应省委书记、省人大主任孟建柱2005年9月初在菲律宾与阿罗约总统会谈期间发出的邀请，2006年10月28～29日，菲律宾共和国总统格洛丽亚·马卡帕加尔·阿罗约阁下率领由195人的代表团在前往南宁出席中国—东盟纪念峰会前夕乘专机到江西进行紧张而富有成果的访问。随访的有总统阁下丈夫，以及驻华大使、环境与自然资源部长、贸工部长、农业部长、国家安全顾问、新闻部长、副外长、20位参众议员、6位省长、3位中国事务特使、2位总领事和2位市长等高级官员。在赣期间，阿罗约总统先后到南昌大学发表专题演讲，与孟建柱进行会谈，同时还见证江西与菲律宾保和省进一步发展友好交流与合作关系框架协议以及江西向保和省国立医院捐赠100万元用于购买医疗器材的捐赠书签字仪式，出席省委、省政府联合举办的欢迎宴会。这是江西省第一次成功接待有史以来最高规格和最庞大阵容的外国元首代表团。

【省政府代表出席联合国可持续发展委员会第十四次大会并发言】 应联合国可持续发展司邀请，受省政府领导委派，省外侨办主任程水凤出席在联合国总部召开的联合国可持续发展委员会第十四次大会，并在5月1日的开幕式大会上介绍江西与联合国经济和社会事务部共同举办“2005年联合国可持续发展实施目标国际研讨会”的主要收获和体会，得到联合国主办官员的充分肯定。这是江西代表第一次应邀出席在联合国总部的国际会议并在开幕式上发言。

【中华苏维埃共和国外交史陈列馆在瑞金竣工开馆】 由国务院前副总理钱其琛题写馆名，外交部部长李肇星视察瑞金确定建设的中华苏维埃共和国外交史陈列馆6月顺利竣工并于19日在瑞金隆重开馆。外交部党委委员、纪委书记乔宗淮，江西省政府副省长熊盛文为陈列馆开馆揭牌并作重要讲话。与此同时，第一个全国外事系统爱国主义教育基地也在江西瑞金中华苏维埃外交史陈列馆挂牌成立。

【全省涉外干部培训班在昌举行】 3月26～27日，省外侨办会同省委组织部第一次举办由外交部6个司的领导及外交部门行家进行的系统集中授课、290多名江西涉外领导和干部参加的全省涉外干部培训班。

【'2006江西与日本冈山、岐阜企业经贸恳谈会召开】 10月16日，省外侨办在南昌第一次组织友城间的经贸恳谈会——江西与日本冈山岐阜企业经贸恳谈会。副省长凌成兴出席恳谈会并讲话。日本驻上海总领馆副总领事、日本冈山和岐阜政府、企业代表及驻沪日本经济团体参加恳谈会。

【西山国际学校武术团参加英国爱丁堡军乐节载誉而归】 世界著名的爱丁堡军乐节8月4日晚在苏格兰首府爱丁堡正式开幕。中国武术首次加盟军乐节，由江西西山国际学校的47名中小学生和6名青年教练表演的《武术少年》，持续5分钟，尽显中国传统武术的刚柔并济。从8月4～26日，武术团演出活动30场，为爱丁堡军乐节的20多万现场观众和1亿多电视观众带去中国武术的震撼。这是江西项目第一次应邀参加爱丁堡军乐节，也是继中国军乐团之后第二支出现在该军乐节上的中国演出团体。

【扩大对外交往】 2006年，全省因公出国（境）团组2178批8901人次，同比增长21.4%。其中因公赴港澳371批2055人次，省级领导出访36批36人次、市厅级领导出访883人次。接待外宾和华侨华人及港澳同胞1729批7775人次，同比增长40%，其中省领导会见的重要团组54批832人次。

【加强外事归口管理】 1月7日，省委、省政府以赣办发〔2006〕1号文印发《江西省关于厅（局）级及其以下人员因公临时出国的若干规定》。全年共劝退出国（境）团组19批51人次，核减团组成员73人、境外时间509天、出访国家（地区）15个。同时，加强境外非政府组织在赣活动以及江西民间团体参加境外非政府组织活动的管理，建立由3位省领导挂帅、27个省直部门负责人组成的联席会议机制和小范围协调机制，召开联席会议第一次全体会议。12月7～9日在九江召开全省因公出入境管理暨专管员会议。

【友城工作捷报频传】 全年新增正式结好的国际友城7对，即江西省—菲律宾保和省、九江市—芬兰卡亚尼市、南昌市—法国第戎市、景德镇市—日本爱知县濑户市、井冈山市—韩国南海郡、贵溪市—日本和歌山市有田町、丰城市—日本岐阜县安八町。江西国际友城增至29对。友城间高层互访和实质性交往日益增多。日本岐阜县知事、菲律宾保和省省长、美国肯塔基州前州长等先后访赣。

首次会同有关部门承办由省政府主办的友城间经贸恳谈会——'2006江西与日本冈山岐阜企业经贸恳谈会；举办德国黑森州"莱茵河中上游河谷世界文化遗产图片展"；邀请法兰克福音乐与表演艺术大学管弦乐队来赣演出；菲律宾总统阿罗约访赣时，江西省与保和省签署进一步发展友好交流与合作框架协议及5个合作备忘录，开展实质性交流与合作。

【到访重要团组】 （1）1月16日，德国格特拉格集团总裁哈根梅尔一行到赣出席该集团与江铃汽车集团合资合同签字仪式；（2）3月2日，埃塞俄比亚人民革命民主阵线干部考察团访赣；（3）3月26日，马耳他工党领袖、前总理阿尔弗雷德·桑特率工党代表团访赣；（4）4月10日，澳大利亚昆士兰州中国协会主席汤姆·伯恩斯一行访赣；（5）4月19～22日，塞拉利昂人民党主席阿尔哈吉·贾率代表团访赣；（6）5月8～12日，菲律宾保和省省长奥门塔多率政府代表团访赣，并与江西正式签署建立友城关系协议书；（7）5月19～22日，纳米比亚西南非洲人民组织主席、纳米比亚前总统萨姆·努乔马率代表团访赣；（8）5月17日，德国德固赛集团股份公司总裁迪尔玛·韦威尔来赣考察；（9）6月16～22日，我国驻欧盟大使关呈远率领我驻24个国家和地区的使节组成的我驻外使节团访问江西；（10）俄罗斯科学院季塔连科院士访赣；（11）美国肯塔基州前州长柯灵斯女士访赣；（12）7月14日，英国剑桥大学常务副校长伊思·莱斯利教授访赣；（13）8月15日，美国卡博特公司董事长兼首席执行官凯恩·奔思来赣出席卡博特蓝星化工（江西）有限公司的投产典礼；（14）8月29日，以色列驻华大使海逸达访赣；（15）9月1日，印尼中国友好协会会长乌玛尔一行访赣；（16）9月2日，比利时布鲁塞尔大区议会第一副议长夏贝来赣出席南昌大学"中比文化交流中心"揭牌仪式；（17）ABB（中国）有限公司董事长兼总裁路义普来赣出席ABB与泰豪合资签约仪式；（18）11月1～3日日本岐阜县知事古田肇访赣；（19）11月2日，斯里兰卡统一国民党总书记韦拉戈达率团访赣；（20）11月7日，埃塞俄比亚水资源部国务部长阿杜那·佳贝萨访赣；（21）11月14日，芬兰东芬兰省省长助理杜拉访赣。

（蓝文胜）

侨务工作

【概 况】 2006年的侨务工作，以迎接全国人大常委会侨法执法检查为动力，坚持以人为本、为侨服务，紧贴中心，服务大局，为侨办实事，为促进江西崛起新跨越做出新的贡献。

【知名侨领来访】 （1）1月22日，中国美国商会主席卫兴华访赣，省委副书记、常务副省长吴新雄会见；（2）1月19～23日，丹麦中华工商联合总会会长林洲到访，副省长孙刚、省政协副主席黄定元分别会见；（3）2月15日，菲律宾知名侨领施恭旗、西班牙华人总会陈渔光、葡萄牙华人企业联合会陈坚及奥地利华人商会唐江波访赣，副省长赵智勇会见；（4）4月22～26日，世界华人协会总会副会长、纽约江西协进会常务副主席陈波及纽约大学终身教授饶满龙来赣寻求投资合作项目；（5）12月10～13日，美国集友投资集团董事局主席林天欢一行6人访赣。

【承办大型活动，服务经济建设】 2006年，省外侨办先后承办或参与协办大型招商引资等推介活动18项，以此为平台，全省外事侨务系统共促成签约项目82个，合同外资4.59亿美元；积极争取和接受捐赠项目77个，款物折合人民币2872.2万元。

【为侨服务有新的举措】 2006年，江西为侨服务，一是大力营造依法护侨良好氛围，在全省再次掀起学习宣传和贯彻落实侨法的新高潮，涌现出一批宣传和贯彻落实侨法的先进个人，其中有3人被国侨办评为先进个人，有2个社区被国侨办评为侨务工作先进示范单位。与此同时，积极配合做好侨法检查工作，乘势而上，着力解决一些热点、难点问题。二是围绕社会主义新农村建设，以"生产发展、生活宽裕、乡风文明、村容整洁、管理民主"为目标，召开全省华侨农场改革发展问题座谈会，指导和协调华侨农场在债务剥离、侨居工程、土地确权、税费改革、场区道路、水电以及职工医保等方面做了大量工作，促进侨场建设的进一步发展。三是关心归侨职工生活，在南昌的全国人大代表视察华侨农场，认真倾听侨民的意见，并协助他们解决一些困难。与此同时，继续开展侨务扶贫工作，先后下拨扶贫资金25.5万元，对850名贫困归侨侨眷实施救济；同时省外侨办与民盟和省侨联还举办实用技术培训班，受到侨民的欢迎和好评。四是积极协调服务，认真做好侨务信访，共接待和处理华侨华人、港澳同胞和归侨侨眷来信来访460件，结案418件；较好地处理5起涉侨经济纠纷，为华商排忧解难50件。五是加强调查研究，狠抓基础工作。对在赣投资的华商和重点归侨进行一次全面的调查统计，编印《江西侨务联谊手册》。

【江西社区侨务工作受表彰】 8月29日，在北京召开的全国侨务系统"五五"普法暨表彰工作会议上，江西敖山华侨农场党委书记李森林、赣州市章贡区政府副区长傅培文分别被国务院侨办授予"全国侨法宣传先进个人"和"全国社区侨务工作先进个人"，敖山华侨农场洋林侨民分场被授予"全国社区侨务工作示范单位"，赣州市章贡区解放街办西津路社区被授予"全国社区侨务工作先进单位"称号。

【两家侨资企业当选全国百家明星】 在国务院侨办举办的"2003～2005年度全国百家明星侨资企业"评选中，江西恒茂房地产开发有限公司和赛得利(江西)化纤有限公司被评为"2003～2005年度全国百家明星侨资企业"。

【2006年海外华文教师研修班结业】 8月9日，来自欧美8个国家的11名华文学校老帅在九江华文教育基地圆满完成为期半个月的幼儿教学培训任务，国务院侨办派员出席结业典礼。

【第四届世界马氏恳亲大会在乐平召开】 10月23日，第四届世界马氏恳亲大会在乐平市隆重召开。来自加拿大、美国、泰国、马来西亚、新加坡和我国台湾省以及国内各省市的马氏宗亲代表800多人参加大会。中国侨联副主席李祖沛、省政协副主席王林森到会祝贺。大会坚持文化搭台、经贸唱戏，马氏客商与外来客商共与乐平签订经贸合作项目19个，签约金额4.39亿元。

(蓝文胜)

港澳事务

【概　况】 2006年的港澳事务，积极贯彻省委省政府提出的"对接长珠闽、联结港澳台、融入全球化"战略，积极推进赣港交流与合作，全年因公赴港澳371批2055人次；全年接待港澳同胞来赣381批2587人次。

【澳门特区行政长官何厚铧率代表团访赣】 1月16日，澳门特区行政长官何厚铧率领政府代表团对江西进行为期3天的访问。随行的还包括60多人组成的澳门企业家代表团。孟建柱、黄智权、吴新雄、钟起煌、陈达恒、潘逸阳、余欣荣、钟家明、凌成兴等江西省领导与特首何厚铧及代表团主要成员在滨江宾馆分别进行会见和座谈，就两地在CEPA和泛珠三角经济圈"9+2"框架下加强合作，共谋发展充分交换意见，签署两地经贸合作备忘录和旅游合作备忘录。

【到访重要团组】 (1)2月15～23日，澳门慈善家汤福荣先生访赣；(2)2月14日，文氏后裔文国堂先生来赣捐助吉安县永阳中心小学20万元兴建教学大楼；(3)2月27日，香港慈善家田家炳向萍乡市九中捐资250万港币建设田家炳科技楼；(4)7月25日，香港新创集团有限公司执行董事兼行政总裁陈锦灵访赣，常务副省长吴新雄会见；(5)8月12日，香港煜丰投资集团有限公司董事局主席陈泽盛一行访赣，副省长凌成兴会见。

【港胞沈炳麟先生继续在江西捐献爱心】 19年来，香港大业织造有限公司董事长沈炳麟先生先后在江西80个县市区的贫困乡村捐建项目211个、资金3108万元，捐赠金额仅次于他的故乡浙江。其中2006年捐赠项目4个、资金66.39万元。

【澳门"历史的跨越"图片展在昌举行】 10月12日至11月11日，由澳门特别行政区政府和江西省政府外事侨务办公室等多个部门以及中央驻澳门特区联络办公室宣传文化部、澳门基本法推广协会、江西省博物馆共同举办的"历史的跨越——纪念《澳门基本法》颁布13周年暨澳门回归6周年"图片展在省博物馆展出。10月12日在江西省博物馆隆重举办开幕式，省委常委、省委宣传部部长刘上洋，副省长孙刚，省政协副主席张华康出席开幕式。澳门特别行政区行政法务司司长陈丽敏女士亲临开幕式并致辞。展览展出近400幅图片，从最早1844年法国人埃蒂尔在澳门拍摄的风景照片到近期澳门城市状态，以时间为序，分为鸦片战争后的澳门、民国时期的澳门、新中国成立后的澳门、过渡期的澳门和回归祖国后的澳门5个部分。图片特别反映了澳门回归祖国后实施"一国两制"、"澳人治澳"、"高度自治"方针，确保澳门政治、经济、社会的繁荣、发展和稳定。展览还专门展出反映赣澳关系的图片。

(蓝文胜)

台湾事务

【概　况】 2006年，是两岸关系发展的重要一年，也是江西对台工作不断取得进展的一年。全省台办系统认真贯彻中央对台大政方针和胡锦涛总书记关于新形势下发展两岸关系的四点意见，全面落实科学发展观，紧紧围绕推进祖国和平统一大业和富民兴赣的大局，开拓进取，扎实工作，坚决反对和遏制"台独"分裂活动，深入做好台湾人民工作，努力扩大赣台交流交往，各项对台工作全面发展。

对台经贸合作更富成效。全省台办部门紧紧抓住"中部崛起"和"台商西进"的历史机遇，充分发挥江西的区位优势、人脉优势和环境优势，切实加大对台招商引资力度，扎实推进赣台经济交流与合作，努力做好台商投诉工作，切实保护好台湾同胞的合法权益。全年新引进台资项目188个，项目总投资9.45亿美元，实际进资5.4亿美元。至年底，全省累计批准台资项目2024个，合同台资58.9亿美元，实际进资23亿美元。

全省对台经济工作：一是投资项目规模趋大。全年新增1000万美元以上的台资项目25个，投资金额占总数的47%，有利于形成新的支柱产业。二是区域聚集和产业集群效应初步显现，台商投资初步形成南北两端区域聚集效应。赣南多为承接沿海转移的劳力密集型的加工制造业集群；赣北的南昌、九江则多以技术、资本密集、大市场、大运量为主要特征的现代制造、电子信息、商业百货及建材化工企业集群,而在各市台商投资则明显地向工业园区集聚。三是增资扩股日渐增多。全年共有亚东水泥、泰丰轮胎、华坚鞋城、上高旺旺等16家台企增资。四是台商投资三产业绩看好。百意百货、好又多大型超市落户江西,商贸、物流、网络科技、娱乐等行业投资数量和规模明显增长。五是高新技术企业加速落户江西,为江西积聚经济发展强大后劲。“晶湛科技”、“南昌冠威科技”、“富昌科技”、“新余上扬科技”等一批电子信息类高科技企业入驻江西。

交流交往更趋热络。紧密结合江西实际,充分利用各种优势,扩大赣台文化、教育、科技等多方面的交流,提升交流品质,进一步密切赣台两地联系。全年共接待来赣台胞5.1万余人,组团赴台交流58批315人次,接待来赣交流团组68批1126人次,办理因私赴台4160人次,妥善处理涉台突发事件12起。成功举办台湾青年学生文化生态江西行、台湾乡镇长组团来赣参访交流和江西客属代表团赴台参加第21届世界客属恳亲大会,指导大专院校和省直有关单位开展赣台大学生文化论坛、首届海峡两岸护理学术研讨会、海峡两岸管理科学与经营决策学术研讨会、第11届海峡两岸水土保持学术研讨会等活动。江西的明贤法师和台湾慧在法师被选为西行僧人,参加由海峡两岸佛教团体首度携手合作进行的国际文化交流活动“重走唐僧西行路”。

对台宣传更显创意。坚决反对和遏制“台独”分裂活动,紧扣“科学发展、富民兴赣”主题,进一步提高对台宣传与经济建设的关联度,努力抓好对台宣传、涉台教育和台情调研工作。全年涉台形势报告210场,完成对台宣传用稿5600余篇。成功举办“台湾媒体记者江西客家行”活动,邀请台湾中天电视台《台湾脚逛大陆》节目组和台湾“中国电视公司”《万里江山——大陆寻奇》节目组来赣采访,促成江西电视台与台湾东森电视台签署合作协议书。对华夏经纬网“江西与台湾”网页进行全面改版,新闻发布量居各省第一位,点击率明显上升。

【赣台(九江·庐山)经贸合作研讨会召开】 9月22~27日,由省政府主办、国务院台办协办,省台办、九江市政府、庐山管理局共同承办的2006年度赣台经贸合作研讨会在庐山召开。中共中央政治局常委、全国政协主席贾庆林出席大会开幕式并作重要讲话,省委书记孟建柱致开幕词,省长黄智权主持会议,全国政协秘书长郑万通、全国工商联副主席胡德平、国务院台湾事务办公室常务副主任郑立中、海峡两岸关系协会常务副会长李炳才、全国政协副秘书长全广成,以及省领导吴新雄、陈达恒、余欣荣、蒋仲平、赵智勇、雍忠诚出席。中国国民党副主席江丙坤、新党主席郁慕明以及唐飞、王志刚、杨世缄、焦廷标、陈武雄、黄茂雄、徐旭东、马志玲等台湾知名人士、工商企业界人士共1756人与会。会间签约台资项目92个,合同台资10.1亿美元。是江西历史上规模最大、层次最高、影响最广、效果最好的一次对台经贸交流盛会。

【“台湾乡镇长农业经贸参访团”来赣考察交流】 6月18~25日,由台湾云林县部分乡镇长、县农会总干事、前国大代表和乡(镇)民代表会主席、副主席共17人组成的“台湾乡镇长农业经贸参访团”来赣考察。考察团先后参访考察南昌县小蓝工业园、蒋巷镇现代农业园、吉安市办证中心、农业科技园、高新开发区和泰和县万亩果园、吉安县新农村建设点和滕王阁、庐山等风景名胜。江西新农村建设和风土人情给考察团留下了深刻印象。

【“台湾媒体记者江西客家行”活动成果明显】 7月21~27日,由省台办主办的“台湾媒体记者江西客家行”活动在赣举办。共邀请台湾新新闻周报、无线卫星电视台(TVBS)、东森电视台、中天电视台、“中国时报”、“中国广播公司”等6家台湾主流媒体,共10位记者,历时7天,深入南昌、吉安、赣州3个设区市,采访多个工业园区和部分台资企业,参观滕王阁、井冈山、龙南关西客家围屋等风景名胜。通过这次活动,活跃了赣台两地的新闻交流,拓宽江西在台湾岛内的宣传载体,宣传了江西经济建设成就,展示了江西人的新形象。

【“台湾青年学生文化生态江西行”活动圆满成功】 7月25~31日,由省台办举办,以“文化缘、江西情”为主题的'2006台湾青年学生文化·生态江西行活动在赣举办。来自台湾大学、淡江大学、东海大学、中国文化大学等10多所高校的40多位博士生、硕士生、本科生由江西旅台同乡会总会长黄玠先生带队,历时1周,与南昌大学、江西师范大学、南昌理工学院进行座谈交流和联欢,参观江南名楼滕王阁、庐山和龙虎山。通过对赣文化的探寻和经济建设的亲身体验,增强台湾青年学生对祖国大陆的向心力,增进两岸青年学生的友情。

【台塑集团捐建江西四十五所“明德小学”】 在国务院台办的大力支持下,台塑企业集团于2006年捐资2250万元,在江西重点贫困县兴建45所“明德小学”。江西省委、省政府对此高度重视,省台办充分发挥组织、指导、管理、协调作用,与省教育部门一道精心部署,全力推动此项工作,受到国台办和台塑集团的称道。

(何　强)

·资　料·

2006年全省外事侨务部门主要工作成果

项目	批次	人次	同比增长	说明
因公出国(境)	2178	8901	21.4%	其中:赴港澳2055人次,省级领导出访36批36人次;经贸团576批2851人次,分别占批数、人数的38%、40.7%。

项目	批次	人次	同比增长	外宾		华侨华人		港澳同胞	
接待外宾及华侨华人港澳同胞	1729	7775	40%	981批	3598人次	367批	1590人次	381批	2587人次

巩固发展国际友城	新增7对(江西省—菲律宾保和省、南昌市—法国第戎市、九江市—芬兰卡亚尼市、丰城市—日本岐阜县安八町、井冈山市—韩国南海郡、贵溪市—日本和歌山市清水町、景德镇—日本爱知县濑户市),江西累计拥有国际友城29对("十五"计划以来增长71%)

项目	类别	序号	内容
承办和协办重要活动	主办或承办	1	与外交部国外工作局共同举办"外交为江西经济社会发展和企业'走出去'竭诚服务"专题座谈会
		2	与外交部国外工作局共同举办"外交为全面建设小康社会服务—让世界了解红都瑞金"座谈会
		3	中华苏维埃共和国外交史陈列馆开馆揭牌仪式
		4	与省委组织部共同承办"全省涉外干部培训班"
		5	加强境外非政府组织在赣活动和我省民间组织参加国际非政府组织活动管理工作联席会第一次会议
		6	全省外事侨务办公室主任会议
		7	全省友城工作会议
		8	国务院安办2006年安置印支难民工作座谈会
		9	省海协海外理事顾问金秋恳谈会
		10	日本冈山、岐阜企业江西经贸恳谈会
		11	德国黑森州"莱茵河中上游河谷世界文化遗产图片展"
		12	纪念《澳门特别行政区基本法》颁布十三周年暨澳门回归六周年图片展
	积极参与或协办	13	省政府在新加坡、马来西亚和菲律宾举办的大型招商引资推介会
		14	省政府在日本举办的"江西(东京)投资说明会"
		15	省政府在香港举办的大型招商引资活动
		16	第十一届世界生命湖泊年会
		17	第四届马氏恳亲大会
		18	景德镇国际陶瓷博览会

项目	序号	内容
争取和接受各类捐赠		共计77项,款物折合人民币2872.2万元,其中较大(50万元以上的)项目有:
	1	香港田家炳先生捐资250万港币的萍乡中学项目
	2	香港邝美云女士捐助九江县灾区教育事业252万元项目
	3	澳门汤福荣先生70万元兴建侨心小学(6所)项目
	4	香港乐亚集团杨诗杰先生捐赠80万元物资项目
	5	香港东亚集团慈善总会捐助赣州80万元物资项目
	6	日本老兵竹之内捐资1000万日元在其投降地九江建设敬老院项目
	7	香港沈炳麟先生捐资50.88万元灾区自救项目(3所小学)
	8	张志芬捐赠萍乡中学文源楼25万美元
	9	叶凤英捐赠萍乡七中助学金50万元
	10	港深社团总社捐建安远天心镇五龙小学75万元
	11	于都县日本利民工程项目70万元
	12	社会各界捐助于都办学495万元
	13	新新干中学建设项目10万美元
	14	香港田家炳先生捐赠临川十六中科技实验楼160万元

项目	序号	内容
牵线搭桥促成签约外资项目		共计82项,协议外资45896.25万美元,到位资金11671.6万美元,其中较大项目有:
	1	西班牙侨领陈渔光投资1.2亿元的星子庐山温泉度假村项目
	2	香港陈锦彬投资506万美元九江昌宏钨业有限公司
	3	香港陈银申投资九江国际集装箱港务公司1000万美元
	4	程竖坚先生投资1000万美元的九江宝力新实业有限公司项目
	5	香港锡玉平先生投资1000万美元在德安的中港竹业有限公司项目
	6	江西泓峰集团800万美元的服装织造业及房地产和矿产开发项目
	7	万载4000万元的香港声佳实业有限公司项目
	8	李沿学先生投资桃园实业有限公司5248万元
	9	香港孙伟挺先生投资江西华孚集团第四期项目2500万美元
	10	香港徐英奎投资九江永基生物公司500万美元

(省外侨办提供)

农　　业

本栏编辑　涂小福

综　　述

2006年，是推进社会主义新农村建设的开局之年，也是实施“十一五”规划的起步之年。在自然灾害频发、上年基数较高、政策效应趋稳、市场竞争加剧的情况下，江西农业在省委省政府的正确领导下，坚持以科学发展观为统领，按照“品种特色化、基地规模化、生产标准化、经营产业化、投入科技化”的要求，紧紧围绕“粮食稳定增产、农民持续增收、农产品竞争力增强和农村社会和谐发展”四大目标，大力实施“转变、拓展、提升”三大战略，扎实开展粮食综合生产能力增强等“十二项行动”，农业发展比预想的要好，粮食产量比预料的要多，农民收入比预期的要高，全省农业农村工作出现了前所未有的好局面。

粮食生产连续三年增产　粮食生产在连续两年大幅增产的基础上，2006年粮食生产再创佳绩，全年粮食播种面积360.90万公顷，单位面积产量350.32千克，总产量189.65亿千克，增产4.25亿千克，增2.29%。粮食单产、总产连续三年超历史，为新中国成立以来第一次。

农民收入连续三年大幅增收　在连续两年两位数增长的基础上，2006年继续保持快速增长。全省农民人均纯收入达到3585元，较上年增加319元，增长9.77%。连续三年当年人均增收300元以上，为新中国成立以来第一次，并超过全国平均水平。农产品生产等家庭经营性收入仍是主要来源，工资性收入快速增长，转移性收入稳定增加。

农业各业全面增长　2006年农业总产值1228亿元，增长6.1%。蔬菜、水果等主要经济作物快速增长，经济作物总播种面积143.87万公顷，同比增长3.2%，产值235亿元，同比增加20亿元。尤其是以柑橘为主的果业，以稻草种菇为主的食用菌，以多茬西瓜为主的瓜菜业发展势头迅猛，逐步成为江西的区域主导产业。畜牧业生产保持稳定发展，全省生猪出栏2560万头，同比增2.32%；家禽出笼4亿羽，同比增0.75%。肉类总产量276万吨、禽蛋产量58.1万吨、鲜奶产量15.6万吨，同比分别增长2.6%、2%和22%。畜牧业产值达到390亿元，增长7.8%。渔业养殖生产迅猛增长，水产养殖总面积达到38.03万公顷，增加0.71万公顷，水产品产量180.7万吨，其中特种水产品产量45.8万吨，同比分别增长5.7%、18%。渔业经济规模443.65亿元，增长18.7%。

开放型农业取得实效　积极推进开放型农业经济发展，招商引资和对外出口成效显著。2006年全省引进国内外农业项目752个，合同金额122亿元，实际进资60亿元，同比增长15.5%。全年农产品出口贸易额达到2.3亿美元，同比增长15%。

农业产业化经营快速推进　培育壮大龙头企业，提升农业产业化经营水平。全省各类农业产业化组织数量达到1.72万个，比上年增长25%。各类产业化组织固定资产总额达345亿元，增长58%；实现销售收入667亿元，增长27%。有国家级重点龙头企业14家、省级龙头企业259家、市级龙头企业700多家、县级龙头企业近1000家。全省农民专业合作经济组织数目达到3000家，比上年增加276家；拥有社(会)员48.6万人，带动农户87.2万户；全省培养产业化龙头企业家、农民致富带头人4000余名，农村经纪人3万多名，发展壮大产业化龙头企业1200家，形成有产业特色的专业村近2000个。

农产品质量安全水平稳步提高　2006年全省有346个农产品通过全国无公害农产品认证，新增113个，12个通过有机食品认证，71个获得国家绿色食品认证，认定省级无公害农产品产地504个，南丰蜜橘、军山湖大闸蟹、崇仁麻鸡、圣牛米业4个产品被农业部认定为中国名牌农产品；加强重大动物疫病防控，没有发生高致病性禽流感疫情，生猪“高热病”疫情得到有效控制，家畜血吸虫病阳性率明显下降。

农机装备和作业水平进一步提高　加强农业机械化关键技术的推广，打破了多年来制约农机化发展的“瓶颈”，农机总动力达到2137万千瓦，同比增长20%，机收水平和机耕水平分别提高到40%和62%。精心组织跨区作业，“赣机北上”联合收割机平均单机纯收入2.55万元，“赣机西征”联合收割机台均作业收入2.9万元。

积极组织实施“阳光工程”和新型农民科技培训　全年全省“阳光工程”培训农民工23.6万人次，实现转移就业20.4万人次，转移就业率86.66%，开展新型农民培训14.1万人次。

农村能源事业得到新发展　全年全省新增户用沼气10.16万户，全省户用沼气池达118.84万户，占全省总农户数15%，惠及农民近500万人。农村能源事业的发展，为建设社会主义新农村，改变农民传统生活生产习惯，提升人民生活质量起到了积极的作用。

（吴登飞）

种植业

【概　况】 2006年，全省粮食播种面积360.90万公顷，单产350.32千克，总产189.65亿千克，增产4.25亿千克，增幅2.29%。其中，早稻面积141.16万公顷，总产72.9亿千克；中稻面积40.37万公顷，总产27.35亿千克；晚稻面积148.42万公顷，总产80.63亿千克。油料面积58.58万公顷，总产7.8亿千克。其中：油菜播种面积41.86万公顷，总产4.29亿千克；花生面积13.26万公顷，总产3.2亿千克；芝麻面积3.17万公顷，总产0.27亿千克。经济作物播种面积143.87万公顷，同比增加4.4万公顷，增幅3.2%；产值235亿元，同比增加20亿元，新增纯收入12亿元。实现柑橘总产、棉花单产、食用菌总产、花卉面积、蚕茧价格"五超"历史的好成绩。经济作物产值占种植业产值比重达到48.9%，同比增加4个百分点。其中：全年果园面积40.65万公顷，总产16亿千克；棉花播种面积8.8万公顷，总产1.19亿千克；茶叶面积5万公顷，产量0.2亿千克；蔬菜面积66.73万公顷、食用菌45万吨、西甜瓜面积9.87万公顷，桑园面积1.67万公顷、花卉面积2.34万公顷、中药材面积4.53万公顷、甘蔗面积3万公顷、苎麻面积1.2万公顷。

（程　锦　胡伟平　黄文新）

【开展助农兴粮"一五一"活动】 2006年江西全省开展助农兴粮"一五一"活动，共落实挂牌责任专家800余名，服务水稻面积2.89万公顷，占全省水稻面积的2%。对全省1647户种粮大户免费测土配方，对1000亩以上的户每户免费提供1吨配方肥，并每户免费提供100千克种子；对500亩以上的89户和100亩以上的200户代表，每户免费提供25千克种子及喷雾器1台。平均每亩增产稻谷25～30千克，增加收入30～40元，共增加总产1100～1300万千克，增收1300～1733万元。

【开展"多用一斤种，增收百斤粮"示范工程】 2006年，全省"多用一斤种，增收百斤粮"示范工程示范面积、辐射面积分别达到4.56万公顷、29.77万公顷，平均亩增产分别为45～55千克、27～42千克，共计增产15万吨，带动全省水稻单产提高3千克以上。18个重点县（市、区）建立核心示范点47个、示范农户43542户，辐射面积17.91万公顷。

（胡伟平）

【经济作物优势产业带（块）进一步形成】 通过几年大力实施"南橘北梨、东枣西桃"的果业发展战略，江西逐步形成以赣南脐橙为主的赣南柑橘产业带，以优质早熟梨为主的赣北落叶果产业带，以猕猴桃等为主的优质小水果产业带；形成永丰、乐平、高安等无公害蔬菜生产片和以瑞昌山药、广昌白莲、万载百合为主的特色蔬菜块；形成以棉花优势主产区彭泽、九江等为主的赣北棉花产业带，以渝水区、高安等为主的赣中棉花产业带；形成以婺源、浮梁为主的赣东北茶区，以修水、庐山为主的赣北茶区，以遂川、井冈山为主的赣中茶区；形成以九江县、萍乡、南昌市郊等为主的花卉苗木产业带；形成以樟树、武宁、抚州、赣州为主的药材产业块和以分宜、袁州区为主的优势苎麻产区。

【全面提高产品质量安全水平】 江西各地在发展经济作物产品的过程中，始终坚持以人为本，坚持把改善生产环境条件、制订并严格执行生产操作规程、确保农产品质量安全作为头等大事来抓，建立一批无公害经济作物产品基地，大大提高了经济作物产品质量安全。至2006年底，全省已累计认定省级无公害经济作物产品基地211个，面积约9.8万公顷，产量约60万吨。经作产品共获得国家驰名商标2个、省著名商标11个、绿色食品标志74个、有机食品标志92个、无公害食品196个。完成婺源、修水、永丰、安远、南丰、乐平、高安和浮梁8个县的国家级无公害果业、蔬菜和茶业基地县的创建示范工作。

【示范推广经济作物新品种、新技术】 2006年，全省棉花重点推广产量高、品质好、抗性强的杂交抗虫棉新品种三杂棉3号、泗抗3号、南抗3号等；果树重点推广纽贺尔脐橙、杨小2－6南丰蜜橘、翠冠早熟梨等优质品种；蔬菜瓜果在扩大地方特色蔬菜面积的同时，重点推广白玉萝卜、赣丰五号、茶薪菇等优新品种；蚕桑推广抗性强、茧丝质量好的新品种菁松×皓月等品种；茶叶重点推广平阳特早、白毫早2个产茶时间早、出茶量高的品种；花卉重点推广地方特色名贵花卉杜鹃、金边瑞香等；苎麻重点推广品质一流的地方品种赣苎3号；甘蔗重点推广赣蔗14号。在生产技术上，为了努力降低生产成本、改善产品品质、提高种植效益，重点推广棉花优质高效简化栽培技术、水果套袋栽培技术、稻草菇生产技术、一茬多熟西瓜栽培技术、茶叶清洁化生产技术等。

【大力推进高效经济作物产业化经营】 2006年，全省共有各类经济作物产业化组织1300多个，同比增11.5%；固定资产总额达45亿元，同比增长13%；实现销售收入113.8亿元，同比增长15%。其中销售额500万元以上的规模企业361家，拥有固定资产总值达到21.6亿元，比上年底新增2.1亿元；实现销售收入74亿元，比上年新增12%，直接带动农户181.5万户，农户从事产业化经营增加收入达到9.8亿元，户均增收541元。全省现有合作经济组织823家。同时，经济作物产业化经营外向度正逐步提高。1～10月份全省经济作物产业招商引资签订项目115个，合同引进资金16亿元，实际到位资金11.7亿元，引资额占全省农业产业引资总额的18.3%。

（程　锦　黄文新）

林　业

【概　况】 2006年是江西林业的改革之年、收获之年。全省各地按照建设"绿色生态江西"的总体要求，以林业产权制度改革为总抓手，进一步解放思想、开拓创新、真抓实干，全面开创江西林业又好又快发展的新局面。

全年完成营造林面积共9.17万公顷，其中人工造林面积6.36万公顷、迹地更新面积8110公顷、低产林改造面积1.14万公顷、新增封山育林面积8567公顷；木材产量483.03万立方米、竹材6750.91万根；各种人造板产量201.01万立方米、松香9.45万吨、松节油4.66万吨、樟脑3164吨、活性炭2.87万吨、林产香料1218吨；油茶籽产量23.04万吨、油桐籽1.25万吨、乌桕籽795吨、生漆495吨、五倍子126吨、棕片4986吨、松脂9.71万吨、紫胶（原胶）5651吨、核桃214吨、板栗2.64万吨、银杏（白果）469吨、黄栀子1.90万吨、杜仲1019吨、桂皮232吨、竹笋干7624吨、鲜笋6.43万吨、食用菌2.94万吨、竹壳竹枝竹梢等28.46万吨。全省实现林业产值（按现行价格计算）483.21亿元，比上年增长25.93%；林业固定资产投资完成6.9亿元，比上年增长74.24%。

林业产权制度主体改革基本完成，配套改革顺利推进。截至年底，全省外业勾图、内业输机工作全部完成；林权证发放面积618.85万公顷，发证率为60.5%；已分配到户山林面积共806.67万公顷，分配到户率为88.97%；调处山林权属纠纷6.23万起，涉及面积33.54万公顷，分别占应调处纠纷起数和纠纷面积的93.6%和92.0%。5月19日，省委、省政府召开全省林业产权制度改革表彰暨配套改革动员大会后，各地在继续推进林改主体改革工作的同时，着力转入进行以建设“六大体系、一个中心”为主要内容的林权配套改革工作。在林改中，涌现出一批先进典型，为此省委、省政府决定予以表彰。吉安市、九江市、萍乡市荣获全省林业产权制度改革工作先进设区市；崇义县等38个县（市、区）为林改先进县（市、区）；上饶市林改办等17个林改办为先进林改办；赣县储潭乡等150个乡（镇、场）为林改先进乡（镇、场）。通过林改，给林农带来了较大的实惠，林业成为促进农民致富增收的重要途径。林改后的原木原竹平均税费由56%下降到15%，木竹销售价格平均上涨37%。林木林地流转价格普遍翻了一番，最高的杉木林每亩流转价格达到3800元。全省通过林改直接让利达14.61亿元，全省农民人均林业纯收入达490.7元，比上年增加120.4元，增长32.5%。

10月11～12日国家林业局在江西召开全国油茶产业发展现场会，进一步推动全省油茶产业的发展。宜丰、崇义、奉新、安福4县被命名为“中国竹子之乡”。全省公布2006年新认定的江西省著名商标中，林业行业就有11个著名商标。全省有8家涉林企业被列为省级农业产业化龙头企业，全省涉林龙头企业总数达到26家。国家林业局命名的全国首批40家“全国经济林产业化龙头企业”中，江西省有青龙高科技股份有限公司和春源绿色食品有限公司2家。2006年新成立省松香协会、省活性炭协会、省细木工板协会，改组省林场协会、省森林公园协会等，充分发挥行业协会在林业产业发展中的重要作用。至年底，全省设区市除南昌市外均成立林业产业行业管理机构，列为全额拨款事业单位，并明确其管理职能。全年全省完成木材生产任务483.03万立方米，其中原木424.51万立方米、薪材58.52万立方米；生产竹材6750.91万根，其中毛竹6021.59万根、篙竹729.32万根；生产纤维板91.67万立方米、胶合板50.99万立方米（其中竹胶板19.99万立方米）、刨花板6.46万立方米、其他人造板51.89万立方米。全省森林公园共接待游客803万人次，比上年增长20.28%；旅游总收入5.16亿元，其中门票收入2.14亿元，比上年增长64.62%。

9月，国家林业局、江西省政府共同在南昌举办科技为林改服务暨江西林业科技周活动，签订70多项林业科技合作项目，省林业厅与中国林科院签署科技合作协议；邀请中国林科院开展江西现代林业发展战略与规划研究，以进一步提升江西林业发展水平。全年累计开展送林业科技下乡和林业科技成果推介活动105次，培训林农11万人次。杉木无性系栽培技术、油茶无性系育苗技术、毛竹增产剂、珍贵大径材定向培育技术等一批林业科技成果新技术得到推广应用。林业标准化建设有较大进展。“江西省大径级毛竹用材林培育技术规程”等5个省级林业地方标准颁布施行。组织开展“江西林产知名品牌”评选工作。全年共组织办理出国团组16批68人次，比上年有较大增长。省林科院、中国林科院亚热带实验中心等单位完成的“杉木遗传改良及定向培育技术研究”获国务院授予2006年度国家科技进步奖二等奖。省林科院、省林业科技推广总站被国家林业局授予“全国林业科技工作先进集体”，杜天真、彭九生、龙云英、欧斌、龙光远、赵学民等6人被授予“全国优秀林业科技工作者”。2005年度江西省农业科技人员突出贡献奖评定揭晓，林业行业获二等奖4项、三等奖7项，获奖人员共96人。省林学会获全省科协系统先进集体称号。

2006年，国家林业局批准成立国家林业局干部管理学院井冈山分院，批准在江西湿地保护宣传教育中心加挂全国湿地保护宣传教育鄱阳湖培训基地牌子。新成立“江西省林业厅湿地保护管理办公室”、“江西省林业厅科技推广实验中心”；在省林业工作总站增挂“江西省生态公益林管理办公室”牌子，省木材检查管理总站更名为“江西省木材流通监督管理局”。全省县（市、区）公安局森林分局统一规范为县（市、区）森林公安局，并赋予各级森林公安机关相应的执法权限。全省专业森林消防队定为全额拨款事业单位。增加省属自然保护区事业编制80名。全省市、县两级共完成森工企业改制386家，占应改制企业总数的73.5%，妥善安置职工3.84万人，占职工总数的65%；省属森工企业完成改制4个，改制职工961人，至此基本完成改制的省属森工企业增至10个。江西省获全国春季森林防火“三无创优”活动先进省，受到国家林业局通报表彰。省林业厅获2006年度省直机关党的工作特别优秀奖、2006年全省平安单位和社会治安综合治理先进单位称号。

【全国集体林权制度改革现场经验交流会在江西召开】 8月24～25日，全国集体林权制度改革现场经验交流会在江西省井冈山市召开。中共中央政治局委员、国务院副总理回良玉出席会议，并在讲话中强调，各级党委、政府要把集体林权制度改革工作列入重要议事日程，周密部署，精心组织，不断总结经验，逐步完善政策，加强宣

全省林业产权制度改革表彰暨配套改革动员大会召开

省林业厅供稿

传动员，确保集体林权制度改革顺利推进。江西省委书记孟建柱、省长黄智权参加会议，孟建柱代表江西省委、省政府致辞，国家林业局局长贾治邦作题为"认真总结精心谋划稳步推进集体林权制度改革"的工作报告。国务院副秘书长张勇，中央农村工作领导小组办公室副主任唐仁健，国家发改委副主任毕井泉，财政部副部长廖晓军，农业部副部长尹成杰，国务院研究室副主任李炳坤，中央党校教育长李兴山，国家林业局副局长李育材、祝列克、张建龙，武警森林指挥部政委王长河，福建省政府常务副省长刘德章，辽宁省政府副省长胡晓华，江西省委副书记彭宏松、副省长熊盛文和各省、自治区、直辖市林业厅（局）长及相关处室负责人等400余人出席会议。会议期间，福建省、辽宁省、江西省分别作典型发言；与会代表参观泰和县桥头镇石壁村、遂川县林业要素市场和遂川县衙前镇上芫村林改现场。

【全省林业产权制度改革表彰暨配套改革动员大会召开】 5月19日，全省林业产权制度改革表彰暨配套改革动员大会在南昌召开，会议对近两年来全省开展林业产权制度改革工作经验进行总结交流，表彰一批林改先进集体和先进个人，对下一步林权配套改革工作进行全面部署。省委书记孟建柱、省长黄智权出席会议并提出要求，省委副书记彭宏松、国家林业局副局长张建龙出席会议并讲话。会议要求，在继续抓好林改扫尾工作的同时，要把工作重点转移到推进配套改革、巩固林改成果和加快林业发展上来。

【全省林业产权制度配套改革进展顺利】 在省委、省政府召开全省林业产权制度改革表彰暨配套改革动员大会后。8月31日，省委办公厅、省政府办公厅转发省林业产权制度改革领导小组《关于推进林业产权制度配套改革的意见》。明确提出，要加快建立"六大体系、一个中心"，即建立森林资源管理体系、林业产业体系、林业投融资体系、林业科技服务体系、林业政策法规体系、林业保障体系和林业产权交易中心，逐步形成规范有序、权责明确、运转高效、保障有力的新型林业管理体制和运行机制。全省各县（市、区）采取有力措施，大力推进配套改革。至年底，全省有31个县（市）建立林业产权交易中心；有12个县（市）开展林地抵押贷款业务，共计1.89万公顷林地进行抵押贷款，贷款金额1.21亿元。以防火、防病虫害、防盗为主要内容的林业"三防"组织和林业产业组织等民间协会发展迅速，全省建立各种林业协会组织3283个，参加农户63.87万户，涉及林地林木面积173.5万公顷。除中央、省建立了生态公益林补偿机制外，全省已有遂川、修水、铜鼓、武宁等50个县（市、区、局）启动地方公益林补偿建设，已落实补偿面积55.03万公顷，补助金额2456.3万元。全年共受理并审核征占用林地1390起，较上年增长58.7%；共征收森林植被恢复费3.28亿元，比上年增长57.1%，创历史最高水平。

【全省各地"十一五"规划期间年森林采伐限额确定】 按照《中华人民共和国森林法》及其实施条例的有关规定，森林采伐实行限额采伐制度，严格控制森林资源过量消耗。为此，8月4日，省政府批转省林业厅《关于加强全省"十一五"规划期间年森林采伐限额管理意见》的通知，确定全省"十一五"规划期间年森林采伐限额为1815.3万立方米。按采伐类型分：主伐482.0万立方米、抚育采伐445.3万立方米、更新采伐16.4万立方米、低产（效）林改造667.6万立方米、其他采伐204.0万立方米；按消耗结构分：商品材953.6万立方米（折合木材593.6万立方米）、非商品材861.7万立方米。并将上述限额指标分解落实到各县（市、区）。这是每年采伐森林和消耗林木蓄积的最大限量，要求各地及有关部门必须严格执行，不得突破。

【全省木材加工企业清理整顿成效明显】 5月，省林业厅、省发改委、省环保局、省工商局联合下发《关于印发〈江西省木材加工企业清理整顿工作实施方案〉的通知》，在全省范围内开展清理整顿工作。省林业厅先后派出5个督导工作组进行检查指导。至11月结束，共核查木材加工企业7813家，依法取缔和关闭非法木材加工企业2020家，占企业总数的25.9%。通过清理整顿，规范木材加工企业经营行为，打击违法犯罪活动，提升全省木材加工水平，同时木材经营加工业低水平重复建设和企业无序竞争得到有效遏制。

【林业招商引资成果丰硕】 2006年，全省各级林业部门积极开展招商引资工作，取得丰硕成果。全年实现招商引资项目365个，其中营造林项目80个、木材加工项目133个、林产化工项目38个、花卉种苗项目14个、其他98个。实际到位资金额共34.13亿美元,其中境外资金3120万美元,省外资金26.21亿美元,县、市外资金7.61亿美元。这些项目的建设与投产,将促进林业又好又快发展。

(省林业厅编辑室)

畜牧业

【概　况】 2006年,江西全省畜牧工作按照"后劲在畜"的总体部署,实施畜牧业增长方式转变行动、动物疫病防控行动、科技人员进场入户行动、瘦肉精等违禁药品整治行动,全面推进畜牧兽医管理体制改革,畜牧业保持了稳定发展势头。全省生猪出栏2560万头,同比增长2.32%;家禽出笼4亿羽,同比增长0.75%;肉牛出栏145万头,同比增长9.48%;肉羊出栏140万头,同比增长5.52%。肉类总产量276万吨、蛋产量58.1万吨、鲜奶产量15.6万吨,同比分别增长2.6%、2%和22%。全省畜牧业产值达到390亿元,同比增长7.8%。畜牧业相关产业继续保持快速发展,饲料工业产值94亿元,同比增长8%;兽药产值7亿元,同比增长6%;畜产品加工产值达到100亿元,同比增长45.8%。全省农民来自畜牧业的人平均纯收入增加16元。

全年畜牧业生产的主要特点:一是养殖方式发生新转变,畜禽养殖小区和规模养殖场蓬勃发展。全省生态畜牧小区达到1071个,比上年增加101个,小区内年出栏商品猪450万头,出栏家禽4000多万羽,吸纳1.3万农户。全省畜禽规模养殖场户达到30多万户,其中大型养殖场达到878个,生猪规模养殖比重54.8%,家禽规模养殖比重53.1%,分别比上年提高3.8百分点和1.1百分点。二是区域化格局呈现新趋势,畜禽养殖专业化、区域化趋势明显,"一片两线"优势产业带初步形成。全省建成10个超百万头的养猪大县、10个超十万头的肉牛养殖大县和10个超千万羽的养禽大县。各地涌现出1200个"一村一品"畜禽养殖专业村、专业乡。畜禽优势产区集聚效应不断显现,全省20个生猪重点县生猪出栏占全省总量的44.5%,增加1.2个百分点;10个家禽重点县家禽出栏占全省总量的45%,增加1个百分点。三是产业化经营取得新进展,省内畜牧业龙头企业迅速成长,产业带动能力增强。省级以上畜牧业龙头企业发展到57家,主营销售收入达到136亿元,比上年增长25%。培植20个主营收入超亿元的畜牧龙头企业、8个超5亿元的大型企业,其中正邦、汪氏、金苹果、加大等4家超10亿元。全省有各类畜牧业经济合作组织874个,吸纳12万多畜禽养殖户参加,畜牧业组织化程度有了明显提高。四是畜产品市场出现新气象。全省有360家畜禽贩运流通组织活跃在全国各地,形成长短结合、内外相连的畜产品流通网络。省内畜产品交易市场建设不断发展,涌现出小蓝禽蛋市场、佛塔生猪市场等10个年交易额逾10亿元的畜牧业专业市场。全省鲜活畜产品外销额达到138亿元,其中生猪外销1120万头,同比增长2.8%。全省畜产品出口金额突破亿美元大关,达1.1亿美元,同比增长44%,其中生猪出口18.4万头,增长10.5%。五是质量安全监管取得新成绩。积极开展"瘦肉精"综合整治和兽药专项治理,依法规范畜产品生产和经营行为。全省共查处"瘦肉精"等违禁药品案件35起,刑拘12人,处罚金额272万元,有力地打击使用违禁药物的行为。积极探索和创新监管机制,实行"瘦肉精"监管与动物检疫监督相结合,逐步构建畜产品质量安全监管长效机制。实行主管部门监管与相关部门协助相结合,强化整治合力。实行产地与销区相结合,加大内外监管力度。建立畜产品安全联席会议制度,形成信息共享机制。

【重大动物疫病防控工作成效显著】 全省各地认真实施禽流感等重大动物疫病防控行动,明确各级政府与部门的职责,进一步健全和完善领导责任制,细化各项防控制度。严格按照"政府保免疫密度,业务部门保免疫质量"的要求,全面贯彻强制免疫政策,做到"畜禽不漏针"。严格执行值班制度和疫情报告制度,加强疫情监测、诊断和排查,做到"病死畜禽不漏诊"。加强产地检疫与屠宰检疫,强化检疫监督,做到"出栏畜禽不漏检"。加大省际间动物防疫监督检查站的查证验物工作力度,狠抓外疫查堵,做到"查证验物不漏车"。采取明察与暗访相结合,集中检查与突击性检查相结合,普遍性督查与重点督查相结合,建立健全严格的督查整改机制,确保各项防控措施落实到位。全年全省没有发生高致病性禽流感疫情,高致病性猪蓝耳病疫情得到有效控制,其他动物疫病疫点数下降迅速。农业血防工作得到加强,"三推一控"综合治理进一步推广,家畜血吸虫病查治力度加大,阳性率下降。

【科技进场入户行动为农增产增效】 全年广泛开展"千名畜牧科技人员进场入户行动"、"畜牧业科技入户工程"和"党员联系户"等形式多样的畜牧科技服务活动,全面推广畜牧业相关技术,提高养殖水平,切实降本增效。全省有1200多名技术骨干与企业、合作组织、养殖大户采取上下联动的方式,开展一对一的帮扶服务,根据养殖场户实际需求,为其提供各种养殖和疫病防治等先进实用技术以及市场、政策法规等信息服务。全省县级以上共举办畜牧科技讲座300多次,培训养殖场户13万人次,发放畜牧科技资料近30万份,深入实际现场指导2万次。在全省建立12个畜牧业新技术推广示范点,并通过示范点的辐射带动3800户示范户。采取送科技下乡的形式开展牛人工授精技术,推广肉牛冷冻精液15万支、奶牛冷冻精液15万支。积极组织协会、龙头企业开展技术培训,接受培训的养殖企业和专业户达3万多家(户)。积极开展网络在线咨询、电台热线咨询和牧医800免费热线咨询等活动,共接待各种技术咨询1万人次。

(贺中朝)

水产业

【概　况】 2006年,全省水产业紧紧抓住省委、省政府提出的"水面兴特色养殖"和"潜力在水"的战略机遇期,按照"品种特色化、基地规模化、生产标准化、经营产业化和投入科技化"的要求,转变水产养殖业增长方式,大力开展渔业资源保护,推进优势水产品区域布局,加快发展水产品加工业、外向型渔业和水产产业化,努力促进渔民增收,渔业经济发展取得了新成效。

全年水产品总产量达到180.7万吨,较上年增长7%;特种水产品产量达到45.8万吨,较上年增长18%;水产养殖面积达到38.02万公顷,较上年扩大0.71万公顷;渔业经济总规模443.65亿元,较上年增加69.81亿元,增长18.7%,其中:渔业产值达到198.37亿元(含水产苗种),较上年增加18.51亿元,增长10.3%;水产品出口量达到1.19万吨、增长55.8%,出口额达到1.275亿美元、增长51.2%;用于加工的水产品量22.93万吨,较上年增长23%,水产品加工率达到12%,较上年提高2个百分点;渔民人均纯收入达到5285元,增加515元,增长10.8%;全省水产品市场价格平稳,全年水产品市场零售价格指数为100.25。

【推进“一村一品”、“一县一品”和“一条鱼一个产业”】 2006年,全省实施“一村一品”的县、乡、村达到120多个,涉及20多个品种。瑞金的鳗鱼、进贤和鄱阳的蟹虾、都昌的珍珠、余干的乌鱼、永修的鳜鱼、黎川的甲鱼、彭泽和南昌的彭泽鲫等,单个品种产值已超亿元。“一村一品”的兴起,带动了水产养殖业的快速发展。

【推进社会主义新渔区建设和水产科技入户示范工程】 2006年,江西把新渔区建设与水产科技入户工程示范工作结合起来抓,实施“十百千万”计划。全省有2个县实施部级水产科技入户工程,共培育840个示范户,带动农户1630户,示范面积2400公顷;带动9个县(市)遴选2010个示范户开展省级试点,并辐射带动4470个养殖户;聘请30名省市县专家和200名指导员入户指导,培训渔民1800人次。

【推进水产养殖业增长方式的转变】 2006年,结合全省水产业实际,江西省制定印发水产养殖业增长方式转变行动计划实施方案,组建了斑点叉尾鮰标准化养殖、草鱼免疫防疫、生态健康养殖和小龙虾人工增养殖等4个技术示范推广的开放性研究课题组,在试验示范、农民培训、技术研发等方面取得明显进展,极大地促进全省水产养殖业增长方式转变。

【开展渔业资源人工增殖放流】 6月9日,江西在全省8个设区市和42个县(市、区)同步共向鄱阳湖及赣江、信江、抚河等水域投放“四大家鱼”鲤、鲫鱼、中华绒螯蟹等苗种1.2余亿尾(只)。

【推进水产品加工出口】 2006年,“主攻加工”的渔业发展方针开始见效,全省一批规模大、起点高的水产加工厂相继竣工投产。全省水产品加工企业已达119家,其中5个烤鳗厂,6个小龙虾、鮰鱼加工厂,2个螺蛳加工厂等水产品加工企业具有加工出口权。全省水产品出口额首次突破1亿美元,连续8年列全国内陆省份之首。

(于向阳)

农 垦

【概 况】 2006年,江西农垦拥有独立核算单位168个,其中垦殖场145个、企业集团9个、独立核算的农垦农工商公司11个、独立核算的工业企业3个。垦殖场(企业集团)办工业企业810个、商业企业1982个、建筑企业85个、运输企业418个。拥有土地总面积59.9万公顷,其中耕地面积5.27万公顷、林地面积42.79万公顷、水面面积2.43万公顷、果茶桑园面积1.19万公顷、宜林荒山面积7464公顷,分别占土地总面积的8.79%、71.41%、4.05%、1.99%和1.25%。年末总人口81万人,从业人员24万人,离退休人员11.9万人。年人均纯收入3751元,增加301元,增长8.72%,比全省农民人均纯收入高166元。

2006年完成生产总值47.43亿元,比上年增长22.15%,连续四年保持两位数高速增长,比全省增速高出9.85个百分点,其中第一产业增加值10.19亿元,增长17.38%;第二产业增加值24.98亿元,增长57.35%;第三产业增加值12.25亿元;下降14.09%;一、二、三产业结构由上年的22.4%、40.9%、36.7%调整为21.5%、52.67%和25.83%。工农业总产值(1990年不变价格)为96.81亿元,增长27.19%。固定资产投资15.08亿元,增长35%。引进项目511个,实际进资33.25亿元,比上年增长75%。实现利润总额2.03亿元,增长21.6%。

全年完成农业增加值10.19亿元,比上年增长17.38%。实现农业产值17.28亿元,增长22.13%,占工农业总产值的17.98%,其中种植业产值9.32亿元,占农业总产值的53.72%;林业产值2.25亿元,占农业总产值的12.99%;牧业产值3.34亿元,占农业总产值的19.27%;渔业产值2.09亿元,占农业总产值的12.06%;服务业产值3405万元,占农业总产值的1.96%。在中央和省委两个“1号”文件的带动与促进下,农作物播种面积与产量、畜牧业和水产养殖业等均呈现出增长态势。农作物总播种面积10.04万公顷,其中:粮豆、油料、棉花、茶叶、水果播种面积分别是7.02万公顷、1.13万公顷、2530公顷、5438公顷、6349公顷,分别比上年增长6.4%、0.98%、24.39%、0.2%、3.54%;粮豆、油料、棉花、茶叶和水果产量分别是42.74万吨、1.72万吨、4824吨、2534吨、4.29万吨,分别比上年增长15.52%、增长4.1%、下降7.67%、增长2.77%、增长58.16%。生猪年末存栏32.54万头,增长0.48%;生猪出栏53.51万头,增长3.47%;牛奶产量8954吨,增长44.65%;肉类总产量4.55万吨,增长8.12%;水产品产量3.15万吨,增长31.73%。

工业企业效益增长,全年完成工业增加值24.98亿元,比上年增长57.35%;实现工业产值79.53亿元,增长28.35%;工业产品销售收入58.77亿元,增长32.86%;利税3.89亿元,增长42.2%。规模上1亿元的行业有16个,增加1个行业,累计完成工业产值73.96亿元,占工业总产值的93%,增长1.61个百分点。通过深化改革,形成一批骨干工业企业以及异VC钠、服装纺织、中成药、黄金、食品、茶叶等优势产品。

围绕优化发展环境、改造和改组传统服务业,建设以产地批发市场为重点的市场体系，各垦区放宽市场准入条件，加大政策扶持力度，以商业、服务业、运输业、旅游业为核心的非国有经济得到全面发展。2006年，全省农垦非国有经营单位8530个，其中集体经济单位21个、私有经济单位1640个、港澳台经济单位8个、个体经济单位6861个。拥有从业人员5.44万人，从业人员总收入4.76亿元，年平均收入8758元，比全系统的年平均收入高3015元。实现生产总值13.07亿元、利润1.76亿元、税金1.55亿元。

【新农村建设成效显著】 按照中央提出的"五句话、二十字方针"和省委"五新一好"的目标要求，全年共有160个点纳入全省新农村建设示范点建设规划，共投入建设资金5000多万元，"三清六改四普及"任务基本完成，涌现出许多亮点。九江垦区农垦场的20个自然村纳入新农村建设规划，共投入建设资金400万元，初步形成以柑橘、板栗、西瓜、养猪、水产、棉花、蔬菜等产业为支撑的"一村一品"发展格局，路、水、厕、栏、房以及环境有明显改善。云山集团所属的新民新村在全市评比中排名第一。上饶垦区近百个分场的自然村型的居住点列入全市第一批新农村建设规划，通过发挥农垦企业组织化程度高、产业化水平高和农工文化素质高的优势，新农村建设步伐走在属地的前列。莳山垦殖场所属的牌楼村列为省级示范点，高家岭垦殖场农科所整治建设点成为全市的示范点，鸦鹊湖垦殖场新农村建设得到鄱阳县委、县政府的表彰。新余垦区的九龙山和南英垦殖场分别确定1个省级和1个市级新农村建设示范点，共投入资金90多万元，极大地改善了集镇居民的生活条件，增强了场部的辐射功能。在新农村建设过程出现的"农垦现象"已经引起社会各界广泛关注。

【招商引资规模扩大】 2006年，全系统共引进项目511个，实际进资33.25亿元，比上年增长75%。九江垦区共签约项目109个，协议资金32.1亿元，到位资金15.3亿元，5000万元以上的大项目18个，其中有9个被列为全市百个重大项目。共青、云山开发区继续保持良好招商态势，茅山头、恒丰、赛湖、赛城湖、永丰等场也取得较好成绩，并成为九江垦区招商引资的强势板块。上饶垦区共引进招商项目120个，合同资金17.3亿元，实际进资9.6亿元；鸦鹊湖垦殖场引进的意大利宝飘（香港）服饰公司，在鄱阳县工业园投资4.5亿元建设制鞋产业园；山黄垦殖场引资1800余万元，开发花岗岩、萤石矿和铁矿等项目，活跃了山区经济。抚州垦区共引进企业28家，合同资金1.68亿元，实际进资7400万元，其中5000万元以上的项目1个。南昌垦区合同资金5.5亿元，实际引进内资2600万元、外资100万美元。新余垦区共引进国内省外资金1.52亿元，国外境外资金300万美元。吉安垦区引进企业13家，合同资金1.3亿元，实际进资7600万元。景德镇垦区引进企业31家，其中罗家垦殖场引进内资1.66亿元、外资128万美元；西郊垦殖场引资1.9亿元。赣州垦区引进项目67个，合同资金8740万元，实际到位资金6500万元；全南县茅山垦殖场成功引进外资5000万元开发日用瓷系列产品，产品远销东南亚和欧美等地，企业员工人均年收入逾万元。宜春垦区招商引进项目87个，已建成投产68个，实际进资4.8亿元，顺誉公司、华太药业、亿利板材、干洲砂轮等一批企业已成长为垦区的支柱企业和当地的利税大户。鹰潭垦区共引资1.2亿元，初步形成以有色金属加工为核心的产业集群。这些项目涉及面广、带动性强、产业链长、集群效应明显，为农垦经济的长远发展积聚巨大的能量。

【农垦经济得到媒体高度关注】 农垦经济的持续快速健康发展引起社会各界媒体的高度关注。2006年11月28日，江西日报在《构建和谐社会，实现新的跨越，江西发展报告》专栏以专版形式图文并茂地刊发《江西农垦，走出困境好起来》专题报道，文章从"农业生产取得突破、工业改革初见成效、第三产业快速发展、扶贫工作卓有成效"四个方面全面介绍和宣传"十五"计划时期江西农垦取得的喜人成就，并以"展望未来再创新篇"为标题集中阐述"十一五"规划时期农垦深化改革、谋划未来，加快发展、建设小康社会的总体思路和发展目标，引起广泛而良好的社会反响。

【涌现一批创业先锋】 2006年，农垦创业氛围浓厚，涌现了一批为推动全省农垦经济发展做出积极贡献的先进人物。五星垦殖场涂润水种植水稻84.67公顷，年实现总产量821.5吨；鸦鹊湖垦殖场戴国培身残志坚，承包73.33公顷粮田，走科技种田之路，被

2006年第十七届哈尔滨国际经贸洽谈会的江西农垦展厅

省农垦办供稿

全国农林水利工作委员会授予2006年度全国农林水利产业劳动奖章；共青垦殖场谢荣推广农业机械化，种植水稻65.67公顷，年实现总产量460吨，带动了周边20余户农民增收致富；梅岩垦殖场刘宝金大力建设园林式养猪场，实现经济、社会和生态效益的有机统一，当年商品生猪出栏数5.8万头，实现销售收入5127万元；刘家站垦殖场徐等福继续扩大养殖规模，当年商品生猪出栏数3.8万头，实现销售收入3218万元；共青垦殖场潘毛贞原是一名下岗工人，经过数年的艰苦奋斗，其自办的养猪场当年商品生猪1.1万头，实现销售收入1080万元，带动周边300多户农民养猪致富；梅岩垦殖场刘广福创办金园家禽有限公司实行规模化养殖，当年鸡、鸭、鹅等家禽出栏数50.1万羽，实现销售收入868万元；共青垦殖场职工彭明龙承包共青城蛋鸡场，当年拥有蛋用种鸡2万套、蛋鸡6万羽，实现销售收入450万元；琳池垦殖场陈根荣及时调整产品结构，种植药材、瓜蒌等经济作物24公顷，实现销售收入110万元；河潭垦殖场吴水胜种植油茶200公顷，实现销售收入100万元；芙蓉农场方志和自筹资金1500万元，承包农场荒山建设肉牛养殖基地，当年养殖肉牛504头、种牛260头，实现销售收入500万元；黄岗山垦殖场郑时友大力发展特色果业经济，种植猕猴桃14.67公顷，实现销售收入66万元；云山集团职工陈利民租用荒山进行农业综合开发，种植桃树、梨树、杨梅等34公顷，实现销售收入15万元。

（赵 强）

绿色食品

【概 况】 2006年，江西绿色食品实现全面、持续、快速、健康发展。至年底，有效使用绿色食品标志企业321家，同比增长25.4%；有效使用绿色食品标志产品总数达711个，新增208个，增长41.4%，绿色食品产品个数位居全国第六位；有机食品产品总数达到321个，增长了32.6%，继续保持全国第一。环境监测面积达233.33万公顷（山林、水面、耕地），增长54.9%。全省绿色（有机）食品销售收入达105.8亿元，增长23.6%；带动农户184万户，增长95.7%；出口创汇达9120万美元，增长43.6%。创建全国绿色食品原料标准化生产基地成效显著，23个县（市、区）的25个绿色食品原料标准化创建基地通过农业部专家组的验收评估，宜丰、永新等24个县市（场）被批准为全国绿色农业示范区建设单位。全省绿色食品已呈区域化、规模化、标准化发展的趋势。

【省人大、省政协高度关注全省绿色食品发展】 4月，省人大副主任孙用和、朱英培带队，会同人大农委、法工委、财经委、环资委20多位委员及有关设区市人大、市政府领导50余人赴南昌、上饶、景德镇3市绿色食品生产基地进行视察。充分肯定江西省绿色食品事业所取得的成绩，指出加快绿色食品产业发展，对优化农业生产方式和组织形式，培植农业产业化龙头企业，增加农民收入，发展现代农业所凸现的战略意义。8月，省人大农委再次组团赴山西、甘肃、新疆、陕西4省调研绿色食品发展情况，就加快绿色食品发展交流经验。视察、调研结束后，省人大提出加快绿色有机食品事业发展的书面意见和建议，供省政府决策参考。10月，省委书记、省人大常委会主任孟建柱主持召开省人大常委会第二十四次会议。受省政府的委托，省农垦办党组书记、主任、省发展绿色食品领导小组副组长操香水就“十五”计划期间全省绿色食品发展情况及“十一五”规划时期全省绿色食品发展规划向大会作全面汇报，省人大常委会把绿色食品事业的发展作为一个专题来研究讨论。在省政协九届四次会议上，省政协以第126号议案提出《关于加强我省绿色农业区划工作的建议》，对全省绿色农业的发展给予高度关注。

【省发展绿色食品领导小组成员会议及全省绿色食品工作会议召开】 6、7月份，省政府分别召开省发展绿色食品领导小组成员会议和全省绿色食品工作会议，讨论并通过《关于加快无公害农产品、绿色食品、有机食品的推进意见》《江西省绿色食品“十一五”发展纲要》，副省长熊盛文充分肯定绿色食品工作所取得的成绩，强调指出：绿色食品发展为全省特色农业、品牌农业、市场农业的建设起到了很好的示范带动作用，以绿色食品为平台推进全省现代农业发展，推进社会主义新农村建设大有可为。

【“中部崛起——江西品牌万里行”活动主推江西绿色食品品牌】 7月，商务部“中部崛起——江西品牌万里行”活动在南昌八一广场举行，作为江西主推的绿色食品再次成为社会关注的焦点。活动会上万名观众齐聚现场，向来自各地的观众、媒体等展示美好江西形象。活动中，省发展绿色食品领导小组办公室主任唐安来与来访的国内40多家新闻媒体举行答记者问（发表在《绿色食尚》杂志《红色摇篮放飞绿色希望》一文中）活动，掀起了整个活动的高潮。国内知名媒体对江西绿色食品发展情况、绿色食品产品表现出浓厚兴趣，新华社、新浪网等媒体以大幅版面宣传、推销江西的绿水青山，将江西绿色食品知名企业和品牌迅速推向全国，推向世界。赣产绿色食品精品品牌形象得到了进一步提升。

【全国绿色食品原料标准化生产基地通过农业部专家组的审查评估】 按照“政府推进，产业化经营”的原则，江西先后启动永新等25个县（市、区）、27个具有地方特色的支柱产业绿色食品原料基地创建工作及宜丰等24个县（市、场）绿色农业示范区建设工作，基地总规模近62万公顷，环境监测面积超过66.67万公顷。通过创建基地，把江西各地零散的地方优势品种小生产基地有序地引导成为规模化、标准化生产基地，实现了“品种特色化、基地规模化、生产标准化、经营产业化、投入科技化”。12月，23个县（市、区）、25个绿色食品原料标准化基地成功通过农业部专家组的验收评估。

【参加长沙、上海绿色食品博览会】 5月，中国国际（湖南）首届绿色食品博览会在长沙成功举办。来自全国各省市和香港、台湾地区的代表参加博览会。江西有80余家企业、近700个产品参加展示展销活动，成为本次博览会的主角。12月初，省发展绿色食

2006年上海绿色食品博览会江西省绿色食品有机产品商贸恳谈会

省绿食办供稿

品领导小组成功组织由200余人组成的参展团参加在上海举办的第八届中国绿色食品博览会，副省长熊盛文及有关成员单位领导参加博览会。会上，江西展团有100多家绿色有机食品企业、1000多个产品参展，参展现场交易额5400万元，企业签约总额13.2亿元。两次活动突出展销结合、以展促销、以销促展，充分展示江西绿色食品精品品牌形象和魅力，提高了赣产绿色食品的影响力和知名度，为进一步拓展市场打下良好基础。

【中国(江西)有机食品检查员、绿色食品监管员培训班在井冈山市举办】 5月，中国(江西)有机食品检查员、绿色食品监管员培训班在井冈山市举办。来自全省各市(县、区)绿色食品管理机构人员及部分省市绿色食品机构管理人员近200人参加培训。这是江西举办最大规模的一次培训班，也是为加快绿色食品发展，打造高素质队伍，强化队伍建设的重大举措。省绿办有21人取得绿色食品认证资质，有12人获得国家绿色食品高级注册检查员资质。

（王盛茂）

花卉业

【概　况】 2006年，江西花卉业紧紧抓住农业产业结构调整的契机，坚持以市场为导向，以科技为动力，呈现出花卉业与经济、社会协调发展的新局面，全省花卉产业保持了快速发展势头。据不完全统计，全省花卉苗木种植面积2.34万公顷，比上年增长2900公顷，增长14%。其中观赏苗木面积1.93万公顷，增长1500公顷，增长8.4%；盆栽植物面积2460公顷，增加900公顷，增长57.7%；切花切叶面积235公顷，增加85公顷，增长56.7%；地被植物面积451公顷，增加251公顷，增长125.5%；食用与药用、工业及其他花卉面积690公顷，增加130公顷，增长23.2%。全年花卉苗木销售额为18.03亿元，同比增加5.33亿元，增长42%。

【花卉专业化、规模化水平有明显提高】 据不完全统计，2006年全省有花卉苗木企业1100多家。其中花卉苗木种植面积超过100亩的企业300多家，全省种植花卉苗木的农户有4.5万户，从业人员已达10.5万人。产品结构有所调整，专业化水平明显提高，尤其是盆栽花卉的比重增加3%，并逐步实现五个转变，即：由大路品种向中高档特色品种转变；由露地种植向设施栽培转变；由分散种植向集中经营管理转变；由中小规模苗木生产向大规格苗木生产转变；由常规生产向专业化、标准化转变。长期存在的“小而全”、“小而散”的落后生产状况有了根本性的改变。

【流通网络逐步形成，科技水平明显提高】 至2006年底，江西已有花卉销售市场42家，由南昌兴坤园艺公司兴办的有600个店面的江西省灌城花卉综合大市场第一期200个店面开业。位于南昌黄马(省蚕茶所)的江西花木物流交易大市场正在建设之中。此外，全省约有54家花卉营销公司和965家花卉零售店遍布全省各个城市和县区。花卉苗木的销售流通网络已逐步形成。

花卉科技方面，全省已有10多家科研院所和高等院校从事花卉科研与产品开发，在传统名花的商品化生产技术研究与推广，新品种的引进、保护地栽培、无土化基质栽培、配方施肥、花期调控、野生花卉资源的开发与利用、生物技术的应用、脱毒组培快速繁育等方面都取得显著成果。省林科院、省农科院花卉所生产的高档盆花仙客来、蝴蝶兰及香豌豆获得成功。南洋公司的大花蕙兰、国鸿集团花卉公司的蝴蝶兰以及金边瑞香的花期调控，圣诞花的矮化处理技术研究等都取得成功，科技水平有明显提高。

（程　锦　黄文新）

农业机械化

【概　况】 2006年是实施“十一五”规划的开局之年，也是江西农业机械化继续保持快速发展的一年。全省农机总动力连续三年以20%的速度增长，达到2137万千瓦，水稻机收水平达到40%，机耕水平达到62%，全省水稻机插面积突破2万公顷，新增1.6万公顷。

【农机购置补贴政策使农机装备水平快速提升】 2006年，江西各地精心组织、规范操作、有效监管，农机购置补贴资金全部落实到位，极大地调动农民购机积极性。全省共落实购机补贴资金3400万元(含现代农机装备推进项目400万元)，比上年净增1100万元；补贴各类机具4974台(套)，其中联合收割机4223台、大中型拖拉机248台、插秧机235台、手扶拖拉机

268台,拉动农民投资农机2.1亿元,比上年净增0.5亿元。

【农机使用覆盖面不断扩大】 江西水稻机插秧技术推广稳步快速推进。插秧机由4台发展到年底的335台,机插面积由0.66公顷发展到年底的2万公顷。经济作物生产机械化技术推广力度明显加大。在巩固扩大果业、苎麻生产机械化的基础上,狠抓油菜、花生收获机械化,进行茶叶、牧草机械化试验示范。全省共推广果业机械3800台套,机械化开发果园每公顷降低成本9000元以上,工效是人工的20倍,节省劳动力达40%,比人工降低成本1510元/亩。机械剥麻面积达0.13万公顷,剥麻功效提高16.7倍,出麻率提高1.17%。

【精心组织农机跨区作业】 2006年,江西精心组织农机跨区作业,打造"三赣品牌",实现六个首次:首次组织履带式联合收割机北上机收小麦;首次组织高性能联合收割机西征重庆、四川、陕西机收水稻;首次组织维修服务车随机西征为机手服务;全省联合收割机台均作业收入首次突破3万元大关;首次赣机北上、引机入赣突破3000台;首次全省水稻机收水平突破40%大关。"赣机北上(西征)"的联合收割机总量达到450台,增长11%;总作业面积达到2.53万公顷,增长11%,总作业收入达到1545.5万元,增长26.7%。

【培育完善农机社会化服务体系】 江西各地采取补贴政策引导、资金支持,评选百名农机创业能手和十佳农机创业标兵、组织跨区作业等措施,狠抓农机大户和中介服务组织的培育和发展,取得了明显效果。修水天成、沙洲农机协会,鄱阳乐丰镇农机协会、龙南县农机托管所、南昌县成发农业科技服务有限公司等以"公司+农机大户+种粮大户"型组织形式,服务内容呈现多样化,功能和作用不断加强。

【加大农机安全监理和市场监管力度】 2006年,江西以实施"创建平安农机,促进新农村建设"为总抓手,开展"平安农机"百日专项整治和"五一"及"十一"专项整治等三项整治活动,农机监理工作取得三大突破。一是农机安全规划取得重大突破,农机安全规划列入重点行业和领域;二是农机安全技术检测线建设取得重大突破,全省统一取消手工检测;三是拖拉机法定险统保工作取得重大突破,探索建立"低保费、高保障、广覆盖"的农机保险机制。全年未发生重特大农机事故,有效地预防和减少农机事故,农机安全生产形势保持良好态势。全省统一参加保险的运输型拖拉机覆盖100%的设区市和91.9%的县(市、区),保障了广大农民机手的合法权益。

(陈绪红)

农业综合开发

【概　况】 2006年江西省农业综合开发按照省委、省政府关于"十一五"规划期间农业和农村工作的总体部署,以及国家开发办提出的"十一五"规划,坚持以人为本,服务农民的发展理念,全面落实科学发展观,围绕省委省政府提出的"全民创业、富民兴赣"的发展战略,励精图治,不断创新农业综合开发理念、方式、机制,积极探索建设社会主义新农村下农业综合开发的新路子,项目和资金管埋得到进一步规范,农业产业化结构进一步优化,开发任务与社会主义新农村建设更加紧密,农业综合生产能力进一步提高,农民收入稳步增加,农民生活水平得到进一步提高,年度开发任务圆满完成。2006年度国家农业综合开发项目涉及全省11个设区市的75个开发县(市、区)(新增九江市湖口县及萍乡市湘东区)及2个省直属单位(农业厅、省监狱局)所属的5个国营农场,共报项目145个,年度完成总投资102668.31万元,其中财政资金58589.91万元。

通过各级农发机构和项目区广大干部群众的共同努力,较好地完成2006年农业综合开发计划任务。全年共完成土地治理项目投资53567.81万元,其中财政投资40130.41万元。完成中低田改造5.99万公顷,任务完成率100.3%;完成生态综合治理项目4293.33公顷,新增粮食生产能力20403.65万千克;新增棉花196.9万千克、油料1372.2万千克、糖料12.8万千克。完成产业化经营项目63个,其中重点产业化项目13个、一般产业人项目35个,投资额1.41亿元,新增干鲜果1700万千克、水产品145.5万千克、肉1031.4万千克、蛋340万千克;加工转化农产品4.11亿千克,新增总产值37.19亿元,新增增加值8.36亿元,新增利税3.57亿元。土地治理和产业化经营项目直接受益农户30.44万户,受益农业人口106.02万人。

【管理工作上新台阶】 依据国家有关法律法规和农业综合开发政策,2006年,江西制定《江西省农业综合开项目和资金管理办法》,出台《江西省农业综合开发会计制度》,下发《江西省农业综合开发绩效评估办法》,摸索出"先补后建"的竞争立项方法,即土地治理项目必须竞争立项,项目承建单位上一年把所要建的土方工程完成,第二年参加竞争立项,补建项目;举办财务集训、产业化经营项目管理集训和两期网络集训,提高全省农业综合开发系统人员的工作能力。

【国家农业开发办主任视察江西农业开发】 5月29日至6月3日,国家农业廾发办主任王建国率队在江西省进行调研。调研范围涉及吉安市井冈山市与泰和县、赣州市安远县、宜春市高安市、南昌市南昌县。通过听取汇报、座谈讨论、实地察看、深入田间地头和村庄走访农民群众的方式,结合新农村建设的主要任务,了解有关市、县在推进新农村建设过程中行之有效的做法和经验,听取基层干部群众对农业综合开发的具体意见和要求,探讨财政部门特别是农业综合开发支持新农村建设的切入点和着力点后,提出相关政策建议。国家农业开发办在江西确立吉安市的井冈山市与青原区、赣州市的安远县、宜春市的高安市、南昌市的南昌县为农业综合开发支持社会主义新农村建设试点区。

【积极推进社会主义新农村建设】 2006年,江西农业综合开发根据中央和省委、省政府提出建设社会主义新农村建设的重大战略决策的要求,把推进农业产业结构调整，发展优势农产品作为农业开发的重点，从而打牢新农村建设的产业基础。在赣抚平原和吉泰平原的粮食主产区，大力推广建设高标准农田，推广优质稻种，建设高标准农田3.53万公顷；在丘陵山区继续扶持赣南脐橙、南丰蜜橘等优质特色农产品基地及相关产业，建成特色农产品基地4.13万公顷，相关农业产业化龙头企业42家，培训农民18万人次；在鄱阳湖地区发展水产、水禽产业，开发2万公顷水面，养殖鱼、鸭、蟹、珍珠和种殖莲藕、茭白等10余种。在开发思路上逐步实现"三个转变"：由过去单一围绕水稻搞开发向围绕优势产业搞开发转变；由过去的开发项目各自为战向围绕优势产业集中转变；由过去产业目标多元化向围绕"一县一业"开发转变。

为贯彻落实省委、省政府提出的新农村建设"五新一好"（新产业、新风貌、新机制、新农民、新村镇、好班子）的具体要求，在选择确定的6210个新农村建设试点自然村中的386个村进行大胆探索实践，积极配合"三清三改"（清污泥、清垃圾、清路障、改路、改水、改厕），把田间机耕路修建与乡村道路结合起来，把田间灌溉等水利设施建设同人畜饮水工程结合起来，把农田防护林建设同"绿色家园"结合起来，以改善农业生产条件促进农民生活条件改善，深受干部群众的欢迎。结合新农村建设，共整修机耕路864千米，新建和修建小型水库157座、防护林0.49万公顷。

在实施农业综合开发项目时，注重支持扶持农民合作经济组织，促进农村民主管理发展。全省共扶持农民合作经济组织78个，其中赣南乡镇果业协会34个、蔬菜协会13个、农田灌溉协会26个，主要是提供资金帮助、人员培训、制度建立、技术指导、流通协调，有效地促进农村的民主管理发展，促进农村经济发展。

（罗　华）

科教兴农

【概　况】　2006年，江西农业科教工作以科学发展观为工作统领，紧紧围绕社会主义新农村建设，以提高农业劳动者的科学文化素质为重点，大力宣传与普及现代农业知识，全面开展农民科技与职业技能培训，积极做好农业技术推广与示范，全面普及农村沼气，努力推进大中型沼气工程建设，为农产品竞争力增强、农业增效、农民增收的目标提供了科技与智力支撑。

【大力开展送科技下乡活动】　2006年，全省各地遵循市场导向、因地制宜、尊重科学、注重实效的原则，组织声势浩大的送农业科技下乡活动。根据农事季节和各行业的生产特点，把春耕备耕期间作为农业科技下乡的重点阶段，采取丰富多彩、生动活泼的形式，如印发资料、展板宣传、实物展示、巡回放映、科技咨询、现场指导、举办培训等，把农业科技送进千家万户。全省各级农业部门组织科技下乡活动1500余次，参与的农业专业技术人员达2.1万人次，共发送科技资料415万份，培训农民385万人次。

【扎实推进农业科技入户】　全省2006年共建立农业科技示范户7730户，辐射带动农户15.46万户。先后举办技术指导员培训班102期，培训技术指导员4029人次；举办农户培训班、开展技术咨询1565次（期），累计培训农民14.15万人次，印发科普和培训资料45.74万份。通过先进实用技术培训和开展技术咨询、指导，确保科技示范户先进实用技术的入户率和到位率，保证项目实施的技术含量。水稻示范户平均单位面积产量达到468.9千克/亩，比前三年平均增产27.4%；果树示范户平均单位面积产量达到1800千克/亩，比前三年平均增产20%；生猪示范户平均单位产量达到116千克，比前三年平均增产11.2%；水产示范户平均单位产量乌鱼达到2335千克/亩，比前三年平均增产11.75%；鮰鱼达到325.5千克/亩，比前三年平均增产18.2%。

【切实抓好超级稻示范推广】　为充分利用江西水稻生产的有利条件，结合农业科技入户工程实施，以超级稻品种推广和配套技术培训为主抓手，组织超级稻的示范与推广项目的实施。2006年全省建立百亩核心区23个、千亩示范区23个、万亩辐射区166个，培育核心农户27224户，超级稻示范推广面积30.19万公顷，超过原计划3.52万公顷。针对超级稻种植栽培技术要求较高的实际，通过建立核心农户、遴选主导品种、确定主推技术、举办培训班、印发技术资料、进村入户指导等多种形式，积极推动示范活动。全省共举办培训班1726次（期），培训农民22.55万人（次），发放技术资料126.56万份。据测产验收，超级稻平均亩增产68.6千克，增加总产3.11亿千克，增收4.41亿元，经济效益十分显著。

【努力提高农民科学素质】　2006年，江西按照"围绕主导产业、培训专业农民、进村办班指导、发展一村一品"的总体思路，采取政府买单到村、培训落实到人、机构招标确定、过程规范管理的管理机制，启动14个县（市、区）实施"新型农民科技培训工程"项目。项目区以从事农业生产经营的专业农民为重点，以村为基本实施单元，以提高广大农民的科技吸纳能力，促进农业科技成果的推广应用为目的，多形式地开展农民科技和职业技能培训。一年累计办班844期，参训人员累计2.65万人次，指导老师下村为农民服务876人次，为农业生产和社会主义新农村建设培养一批觉悟高、懂技术、善经营的新型骨干农民。为了促进农村劳动力有序转移，按照"政府推动、学校主办、部门监管、农民受益"的原则，继续实施农村劳动力转移培训阳光工程。按公平、公正、公开的原则，招标确定阳光工程培训基地332个，通过"订单"培训、校企联训、流动办班等形式，培训农民工23.64万人次，实现转移就业20.48万人次，转移就业率为86.66%。阳光工程以农民为对象，以就业为目的，以项目为载体，以学校为平台，走出了一条体制创新、机制创新、管理创新之路。

【全面普及农村沼气建设】　坚持以农村沼气建设为重点，积极推进大中型沼气工程建设，不断探索沼气社会化服务的有效模式，促进江西农村沼气建设迈上新的台阶。2006年，新增户用沼气10.16万户，全省户用沼气池达118.84万户，占全省总农户数的

15%，惠及农民近500万人。农村沼气池建设中，由单纯的改燃节能扩大到利用沼液、沼渣的综合利用，起到“三省”（省柴、省电、省劳）、“三增”（增肥、增产、增效）、“两减少”（病虫害减少、投资减少）、“一净化”（净化环境）的作用，既为农民提供清洁、廉价的可再生能源，又促进农业生态环境得到改善；将农村沼气池建设与改栏、改厕、改厨、改水、改路相结合，人畜粪便进沼气池，烧饭用沼气，农作物秸秆都还田，达到庭院洁净、居室洁净、厨房洁净、猪栏洁净、产品洁净、环境洁净等“六洁净”，人居环境大大改善，实现家居温暖清洁化、农业生产无害化、庭院经济高效化的目标。

（张跃远）

扶贫开发

【概　况】　2006年，江西省扶贫系统坚持以邓小平理论和“三个代表”重要思想为指导，全面落实科学发展观，紧密结合贫困地区的实际，积极推进社会主义新农村建设，扶贫开发取得新的成绩。全年国家下达财政扶贫资金34.426万元，比上年增长16.2%；省财政配套安排9772万元，财政扶贫资金首次突破4亿元大关，达到44.198万元。加强了扶贫资金使用和扶贫项目实施的管理，财政扶贫资金项目动态信息监测体系作用得到发挥。制订《江西省财政扶贫资金绩效考试试行办法》，严格落实财政扶贫资金项目公示公告制、财政报账制，保证了扶贫资金使用管理绩效。

加强扶贫龙头企业的动态管理，协调金融机构优先安排扶贫贷款支持企业发展。因地制宜规划贫困农村产业发展，充分发挥扶贫龙头企业辐射带动作用，促进贫困地区调整优化产业结构，培育、发展、壮大贫困农户稳定增收的扶贫主导产业。结合实施整村推进扶贫开发规划，在重点村积极培育发展民间合作经济组织，不断开辟实现贫困农户稳定增收的产业化扶贫新路子。

【重点村整村推进开局良好】　2006年，在1800个扶贫开发工作重点村启动实施整村推进扶贫规划，着力推进六大建设，并认真落实全省社会主义新农村自然村整治建设试点的部署和要求，深入抓好在“十一五”规划期间1800个重点村中确定的1080个自然村整治建设试点，把整村推进扶贫开发与自然村整治建设紧密结合，促进贫困地区的社会主义新农村建设。

【移民扶贫工作稳步推进】　2006年计划扶贫移民搬迁5万人，实际落实移民搬迁51716人。春节前已有10029户、45608人搬入新居，占全年计划移民任务的92%。全省共新建移民集中安置点395个。各县乡自身投入大量财力建设集中安置点，配套基础设施完善率好于往年，其中解决通路问题的安置点242个，占63.7%；解决通电问题的205个，占53.9%；解决饮水问题的151个，占39.7%。

【加快劳动力转移培训】　2006年，全省加快输出基地、培训基地及接收基地建设，全省省级培训基地有38家，经省批准的市级培训基地有45家，较上年新增市级培训基地36家。同时加强督促检查，不断完善政策措施，建立季报和验收制度。全年目标任务转移培训6万人，实际完成60463人。全省安排转移培训补助资金2100万元，较上年增长40%。补助标准较上年也有所提高。

【扎实推进社会扶贫与对外联络】　2006年，全省对“十五”规划定点扶贫进行认真总结宣传，收集40家省直单位定点扶贫典型材料，组织编辑省直单位定点扶贫宣传画册，审核推举一批定点扶贫先进单位和先进个人，并积极谋划新一轮省直单位定点扶贫。全省党员干部包户扶贫工作有了新进展，不少民营企业以多种形式参与扶贫开发和重点村新农村建设，取得明显效果。在应届大学生“三支一扶”工作中，确定200名大学生到贫困村担任村干部，为扶贫战线输送了新生力量。

中德合作江西扶贫监测评价体系建设试点项目以完善指标体系为主要内容的设计框架基本确定；传输处理系统通过测试；参与式数据收集整理审核方法的开发和测试也已完成。荷兰政府ORET医院援助项目进展顺利。

【进行三项改革试点】　2006年，全省扶贫工作开展三项改革试点。在兴国、宁都、乐安3县进行的“政府与非政府组织合作制订和实施整村推进扶贫规划”试点项目，经过竞标，16家非政府组织已经进驻并开展工作。

在于都、乐安、横峰3县进行的“建立贫困村村级发展互助资金”试点工作进展顺利。积极探索村级加强扶贫资金使用管理、提高扶贫绩效、增强贫困村和贫困户自我发展和持续发展能力的新模式。

扶贫贷款贴息方式改革有新进展。安排下达到户贴息资金1050万元，扶贫项目贴息资金1000万元。通过贴息管理改革，全年共引导金融机构投放扶贫贷款56258万元。其中：扶贫到户贷款21000万元、扶贫龙头企业项目贷款35258万元。

（雷青秀）

工　业

本栏编辑　涂小福

综　述

2006年，全省经贸系统在省委、省政府的正确领导下，认真贯彻落实党的十六届六中全会和省委十一届十次全会精神，牢固树立和认真落实科学发展观，紧紧围绕省政府提出的“三增长、两提高、一降低”的年度目标，即规模以上工业增加值增长20%、力争总量上1000亿元的新台阶，销售收入增长30%、力争总量上3500亿元的新台阶，利税总额增长25%、力争总量上350亿元的新台阶；经济效益综合指数提高10个百分点，工业占GDP的比重提高2个百分点；工业单位综合能耗降低5%。突出工作重点、创新工作举措、狠抓工作落实，工业经济快速发展，实现了“十一五”规划的良好开局。

主要经济指标攀上新台阶　工业占GDP比重大幅提高　2006年全省生产总值4619亿元，按可比价计算比上年增长12.3%，其中全部工业增加值1806亿元，增长19%，占生产总值比重达39.1%，提高3.2个百分点。至年底，全省规模以上工业企业户数4487户，增加702户，完成增加值首次突破1000亿元，达到1189.3亿元，增长22.7%，增幅高出全国平均水平6.1个百分点，列全国第七位、中部六省第二位。

2006年全省规模以上工业企业实现主营业务收入首次突破4000亿元，达到4054.2亿元，增长40.7%，高于同期生产增幅18个百分点，产品产销率为98.5%。全省规模以上工业企业实现利税首次突破400亿元，达到418亿元，增长51%，其中实现利润198.1亿元，增长75.1%。在37个工业行业大类中，有35个行业实现盈利，有色、非金属、电热等行业效益提高较快，对全省工业经济效益的提高拉动明显。全省规模以上工业企业亏损面继续下降，2006年下降到15.5%，下降2.2个百分点。

经济效益综合指数突破170%。2006年全省规模以上工业经济效益综合指数首次突破170%，达到174.8%，比上年提高25.1个百分点。

工业结构调整有新进展　2006年，私营企业、股份制企业、外商及港澳台投资企业成为工业增长的强劲动力。全年私营企业完成增加值333亿元、增长33.3%，对工业增长的贡献率为37.2%，拉动工业增长8.4个百分点，在各类企业中拉动力最强；股份制企业完成416亿元，增长20.4%，拉动工业增长7.1个百分点；外商及港澳台投资企业完成171亿元，增长29.5%，拉动工业增长4.1个百分点。

国有企业运行质量显著提高，实现利税157亿元、增长82.5%，其中利润88亿元、增长178.0%；经济效益综合指数达到210.49%、提高60.54个百分点，利税总额、利润及经济效益综合指数均居各类型企业首位。

高新技术产业快速发展，全省326户高新技术企业全年实现工业总产值565.9亿元，增长40.0%；实现工业增加值162.3亿元，增长46.6%，明显快于全部工业22.7%的增长速度，是GDP增长速度的近4倍，也是新世纪以来增长最快的一年；产品出口交货值63.8亿元，增长38.1%；新产品产值263.3亿元，增长47.2%；对GDP的贡献率达到3.5%，提高0.8个百分点。

园区经济发展迈上新水平　全省94个工业园区内工业企业数达6740户、新增965户；完成基础设施投入370亿元、增长34.22%；园区实际开发面积290平方千米、增长8.55%；安置就业123.8万人、增长16.7%；招商引资实际到位资金1030亿元、增长29.3%，完成工业增加值766亿元、增长36.1%，实现主营业务收入2323亿元、增长57.1%；实现利润136亿元、增长49.8%，税金130亿元、增长36.6%。全省有19个园区主营业务收入超过30亿元，同比新增10个。南昌高新技术开发区突破300亿元，南昌经济技术开发区突破180亿元，南昌小蓝经济开发区突破100亿元。

支柱产业、重点企业实现新突破　全省重点培育的六大支柱产业完成工业增加值703.5亿元，增长27.9%，占全省规模以上工业的59.2%；实现主营业务收入2622亿元、利税283亿元、利润133亿元，分别增长41.35%、47.81%和71.86%。其中特色冶金和金属制品业实现主营业务收入1126亿元、增长52.37%，实现利税144亿元、增长102.4%，成为全省主营业务收入逾1000亿元、利税逾100亿元的第一大产业。

全省百户重点企业实现主营业务收入1713亿元、利税232亿元、利润120亿元，分别增长29.7%、45.4%和72.9%。江铜集团实现主营业务收入超过300亿元，跨上一个新台阶；南钢公司成为全省第六户年主营业务收入逾100亿元的企业。

市县工业增长获得新成效　2006年，新余、宜春、抚州、吉安、九江、萍乡、南昌、上饶8市工业增加值增速超过全省平均水平；抚州、鹰潭、宜春、赣州、吉安、上饶、新余7市主营业务收入增幅超过全省平均水平；鹰潭、南昌、赣州、萍乡、新余、抚州、吉安7市经济效益综合指数超过全省平均水平。其中：南昌市完成工业增加值305亿元，实现主营业务收入954亿元，两项指标均居各设区市首位；新余市完成工业增加值增长41.23%；抚州市实现主营业务收入增长65.25%，增幅分别居各设区市首位；鹰潭市经济效益综合指数达352.50%、提高85.84个百分点，绝对值和提高幅度均居各设区市首位。各县（市、区）工业全面大幅增长，约60%的县（市、区）主营业务收入增幅超过全省平均水平，7个县（市、区）主营业务收入超过100亿元，南昌青山湖区、贵溪市、新余渝水区实现主营业务收入分别达到502亿元、394亿元、305亿元，居各县（市、区）前三位。

*工业发展后劲得到新增强。*全年推进技术进步力度进一步加大、步伐继续加快。在重大项目和技改专项的双轮推动下，加大符合国家产业政策和江西省重点发展领域的有效投入，全省技改资金投入保持高速增长，全年工业投资完成1004亿元、增长38.4%，更新改造投资首次突破500亿元，达到510亿元，比上年增长39%。

重点推进的66项重大技改项目总投资394.9亿元，当年完成投资80.4亿元，累计完成投资115.8亿元。江铜40万吨硫酸和22万吨铜杆线、江铃年产6万台VM发动机、江西赛维LDK公司二期年产200兆瓦多晶硅片、江西星火有机硅年产10万吨有机硅单体、卡博特蓝星（江西）化工年产4600吨气相二氧化硅、南钢高炉改造及热电联产等一批重大项目建成投产。

企业技术中心建设不断推进，全年新增南昌卷烟总厂等9家省级企业技术中心、新钢公司等3家国家级技术中心，全省省级企业技术中心总数达到65家，国家级企业技术中心总数达到6家。全年共有380项新产品列入省级试制计划，完成鉴定100余项。

要素保障水平取得新提高 2006年，全省统调发电量完成355亿千瓦时、增长14%，其中火电325亿千瓦时、增长13%，水电30亿千瓦时、增长23%，实现连续4年迎峰度夏和3年来首次迎峰度冬没有拉闸限电。

确保“三个稳定供应”：一是电煤稳定供应，全省统调火电厂共调入电煤1800万吨、同比多调50万吨，其中，省内电煤950万吨、多调20万吨；省外电煤850万吨、多调30万吨，全省电煤日常库存保持在110万吨以上。二是成品油稳定供应，全省成品油销售量380万吨、增长16.6%，供求基本平衡，日常库存保持在15万吨以上，重大节日增加到18万吨以上。三是铁路运输稳定供应，煤炭、粮食、石油、化肥、抢险救灾等重要物资运输需求得到保证。

企业资金困难有所缓解，第二届江西省银企融资洽谈会省内各银行与688户企业、园区达成信贷合作意向508.16亿元，比上届增加60亿元；至年底，落实到位资金276.9亿元，执行率达54.5%。

环境与资源综合利用达到新要求 按照省政府提出的“工业单位综合能耗降低5%”的要求，加大推进企业节能降耗的力度，全省工业综合能耗呈明显下降态势。全年全省能源消费总量4700万吨标准煤，万元GDP能耗为1.02吨标准煤，同比下降3.2%。规模以上工业万元工业增加值能耗2.72吨标准煤，同比下降5.8%。全省重点调度的百家重点用能企业万元工业产值能耗比上年下降16.8%，节约标煤488万吨。列入国家“千家企业节能行动”的19户企业万元工业产值能耗同比下降19.6%，节约标煤437万吨。

全年全省认定300多家资源综合利用企业和废旧物资回收利用企业。全省资源综合利用企业利用固体废弃物905万吨，比上年增长12%，实现销售收入35亿元，比上年增长20.5%。

全省新增规模以上新型墙体材料生产线206条，新增生产能力65亿块标砖，推广应用新型墙材76.6亿块标砖，增长31%；散装水泥量首次突破千万吨大关，推广散装水泥1123万吨，增长21%，节约包装袋2.2亿个，节约价值达5.1亿元，减少城市粉尘4.7万吨；关闭实心黏土砖企业121家，减少实心黏土砖生产能力近20亿块。至年底，全省钢铁行业已淘汰200万吨落后炼钢产能。新型干法水泥比重达到63%，在全国12个水泥大省中列第三位。

2006年底，全省实施786项清洁生产方案，每年可取得直接经济效益2.8亿元，节电3600万度，节煤10万吨，节气60万立方米，节水1600万吨，废水排放减少2600万吨，COD排放减少500吨，二氧化硫排放减少150吨，经济效益和环境效益十分明显。

（唐晓欣）

煤炭工业

【概 况】 2006年，江西省煤炭工业以整顿关闭和瓦斯治理为重点，进一步深化煤矿安全专项整治，进一步强化监管和管理，取得显著成效。一是经济总量大幅增长。江西原煤产量达2732万吨，比上年增长33.2%，创历史最高；江西煤炭企业实现产值92.6亿元，其中煤炭产值68.6亿元，分别比上年增长25.6%和28.2%。省属煤炭企业实现补贴后利润1.36亿元，比上年增长134%。二是安全投入大幅增长，矿井防灾抗灾能力显著增强，小煤矿单井规模显著上升。煤矿企业全年提取和使用安全技措费和维简费达5.5亿元，比上年增加1.2亿元；一大批矿井实施了技术改造，小煤矿单井产量达2.63万吨。三是安全生产态势继续稳定好转，全年煤矿事故死亡人数132人，比年度控制指标减少6人，比上年减少11人，同比下降7.7%，事故死亡人数创1970年以来最低；原煤百万吨死亡率为4.83，比上年下降30%，创历史最低；继2004年后，江西煤矿再一次杜绝一次死亡10人以上的特大事故。

【煤矿关闭整顿提高到新水平】 用政策引导整顿关闭。2006年，省煤炭行业办制定《江西省煤矿整顿关闭三年规划》《江西省人民政府办公厅关于进一步做好煤矿整顿关闭工作的通知》《关于做好煤炭资源整合工作的通知》等一系列文件，明确和细化江西煤矿整顿关闭和资源整合工作的目标任务、基本原则、实施范围、组织领导、工作程序、保障措施等，为江西煤矿整顿关闭工作按国家政策健康有序进行提供有效的依据和操作方法。一年内，有500多处矿井进行技术改造，有200多处矿井正在办理增加储量的相关手续。江西小煤矿矿井结构明显优化，技术水平明显提高，矿井的综合抗灾能力得到显著提升。为推动整顿关闭工作，省煤矿整治领导小组及其办公室召开6次专题会议，研究煤矿专项整治工作；成立由省煤炭行业办牵头，省国土资源厅、江西煤监局等12个部门处级干部参加的江西煤炭资源整合工作机构；组织召开5次有关整顿关闭的紧急专题会议。通过各有关部门的共同努力，整顿关闭工作取得初步成效。按照国务院安委办的要求，省煤炭行业办明确江西三年关闭矿井目标并报国务院安委办同意，即2006年关闭30处、2007年关闭25处。各地政府按照三年规划和关闭矿井指标，层层落实责任，确定具体关井名单。全年实际关井40处，完成年度关井任务的133%。

【狠抓瓦斯专项治理】 2006年，江西煤矿安全狠抓瓦斯专项治理。一是严守省政府提出的“不超产、不超标、不超员”三条“高压线”。二是强化煤矿安全监控系统和远程联网系统的建设。江西所有高瓦斯矿井和大部分低瓦斯矿井装备了煤矿安全监控系统；建成3个市本级和12个县级煤矿瓦斯远程监控系统，主要产煤县的煤矿安全监控系统实现远程联网。三是采取高位巷抽放、本煤层抽放、穿层抽放等技术手段，强化瓦斯抽放，全年抽放瓦斯14616万立方米，比上年增抽放5223万立方米。四是严格矿井瓦斯等级和二氧化碳涌出量的鉴定。五是继续加强对煤矿瓦斯治理工作的督导和检查。

【狠抓矿容矿貌专项整治】 2006年，省煤炭行业办在江西市、县属和乡镇煤矿范围内开展矿容矿貌专项整治工作。通过一年的整治，市、县属和乡镇煤矿都已建成独立的调度监控室，普遍有了会议室，矿区脏、乱、差的状况得到显著改善。

【狠抓顶板事故专项整治】 为迅速遏制顶板事故多发的形势，2006年10月中旬，省煤炭行业办全面部署开展顶板事故集中整治。第四季度，江西市、县属及乡镇煤矿顶板事故死亡人数占死亡总人数的比例由前三季度的42%下降为29%。顶板事故逐月上升的势头得到初步遏制。

【狠抓劳动秩序专项整治】 为进一步做好劳动秩序专项整治工作，省煤炭行业办规范江西煤矿企业劳动定员管理，落实煤矿企业领导下井带班制度和下井人员登记制度。

【严格生产许可证年检】 在2006年年检中，县级煤炭行业管理部门现场检查达100%，设区市煤炭行业管理部门现场检查达50%，省煤炭行业办检查面达25%。通过严格年检标准，煤矿依法生产的意识得到显著加强，矿井生产条件逐年提高。

【严格生产能力核定】 2006年，省煤炭行业办制定印发《江西省煤矿生产能力复核工作方案》，审查认定江西煤矿生产能力核定资质单位14个，规范能力核定资料采集和报告编写内容，资质单位参加能力复核的专业技术人员全部经培训合格，应参加复核的矿井全部参加复核。

【严格安全生产条件】 江西煤矿企业投入大量资金，对矿井生产系统和安全设施进行改造完善。2006年有312处矿井更换主扇，7.5千瓦及以下功率主扇全部淘汰；260处矿井更换提升绞车，0.8米及大部分1米主提升绞车已淘汰；所有高瓦斯矿井和大部分低瓦斯矿井装备安全监控系统，主要产煤县建立远程安全监控系统。矿井装备、抗灾能力和生产能力有大幅度提高。

【严格煤炭经营监管】 2006年新准入煤炭经营企业68户；对未参加2005年度煤炭经营资格证年检或者年检不合格的136户企业依法注销煤炭经营资格证。年末江西煤炭经营企业共828户。全年，省内煤矿完成电煤供应量910万吨，为江西电煤的正常供应作出应有的贡献。

【加强煤炭企业养老保险工作管理】 2006年，江西进一步做好煤炭企事业单位的养老保险金的收缴工作，收缴率达到104.97%。全年支付离退休合计43098万元，离退休费支出与收缴计划相比，煤炭企业全年实际获国家养老保险费补贴20384万元。2006年底，退休人员人均月基本养老金由上年末的588.79元/月增长到人均养老金741.77元/月，人均净增基本养老金152.98元。

【省煤炭集团经营业绩提高到新水平】 2006年，省煤炭集团公司实现销售收入48.36亿元，同比增长9.9%；实现补贴后利润1.36亿元，同比增长134%；企业总资产90亿元，比上年末增长10.7%；全年国债安全改造项目资金8025万元，争取国债资金2246万元，强力推进质量标准化建设；争取国家资源补勘项目补助资金700万元；成立投融资审查委员会，正式启动集团公司资金结算中心，集团的银行信用等级、筹融资能力提高。此外，省煤炭集团公司还积极增加矿区建设投入，加强社区基础建设，改善职工居住条件。全年在岗职工人均工资较上年增加2000元，其中采掘一线增加3600元。大集体职工参保问题基本解决，有1.2万人纳入当地养老保险统筹。

（吴　妍）

电力工业

【概　况】 江西电网以南昌为中心，北起九江，南接赣州，东至上饶，西抵萍乡，覆盖全省16.69万平方千米，到2006年底，江西电网统调发电厂19座，总装机容量792.91万千瓦，其中火电厂容量664万千瓦、水电容量128.91万千瓦。江西电网主网架仍以220千伏为主，现有500千伏变电站7座，线路1320.91千米；220千伏变电站56座，线路6034.15千米；110千伏变电站229座，线路7637.95千米。通过2回500千伏线路和1回220千伏线路与华中电网联网，江西电网正处于由220千伏主网架向500千伏主网架过渡的时期。

2006年江西全社会用电量累计446.19亿千瓦时,同比增长13.83%。全网统调发电量完成352.14亿千瓦时,同比增长13.01%,其中水电完成30.78亿千瓦时,比上年增加26.65%;火电完成321.35亿千瓦时,比上年增加11.85%,设备平均利用5449小时。电网跨区跨省电能交易总量37.04亿千瓦时,同比增长65.96%;净交换电量10.43亿千瓦时,同比降低43.64%,其中售出电量13.31亿千瓦时,同比增长596.3%;购入电量23.73亿千瓦时,同比增长16.29%。电网电压合格率为99.998%,同比增长0.026%。频率合格率为100%(50±0.2HZ)。一次网损率为1.21%,同比提高0.06个百分点。220千伏系统继电保护累计正确动作率为99.85%,比上年同期提高0.26个百分点。电网水能利用提高率为8.33%,比上年同期下降1.53个百分点。迎峰度夏期间成功应对最高负荷711万千瓦,确保没有拉闸限电,这是在实现电力迎峰度冬没有拉闸限电后,连续4年迎峰度夏没有拉闸限电。

电厂建设方面,统调新增装机:贵溪发电公司1台30万千瓦机组、分宜电厂1台21万千瓦机组、廖坊水电厂3台1.65万千瓦机组、丰城电厂1台66万千瓦机组,同时黄金埠电厂1台65万千瓦机组点火发电。电网建设方面,建成投产"四站五线":乐平变、赣州变、昌南变、鹰潭开关站,罗坊-赣州、南昌-乐平Ⅱ回、丰电二期-昌南-南昌、罗坊-梦山Ⅱ回、黄金埠-鹰潭-乐平线路,赣州50万千伏变电站还被评为全国十大样板工程;同时城网建设、浙赣铁路电气化改造配套供电工程建设、工业园电网建设取得突出成就;农村"户户通电"工程投资20.2亿元,全省17.18万户无电农户、67.27万名无电农民全部告别无电的历史,提前9个月全面完成省政府和国家电网公司确定的目标任务。全年共调入电煤1804万吨,其中省内976万吨、省外828万吨,在煤炭资源紧缺,铁路、水路运力紧张,全省用电负荷连创新高的情况下,电煤抢运工作取得显著的成效,保障全省电煤的可靠供应。这归功于电厂电煤采购得力、煤炭供应得力、铁路保障得力、省经贸委协调得力。

2006年,国网公司与江西省政府签署《关于共同推进江西电网建设和发展的会谈纪要》《关于共同推进江西省农村"户户通电"工程的会谈纪要》和《关于开发建设江西洪屏抽水蓄能电站的协议》。省政府出台"关于加快江西省电网建设的若干意见",编制完成省电力公司"十一五"时期、电网"十一五"时期等发展规划。电网投资和开工、投产规模均再创历史新高。500千伏乐平、赣州、鹰潭开关站,罗坊—赣州、南昌—乐平Ⅱ回、丰电二期—进贤—南昌、罗坊—梦山Ⅱ回、黄金埠—鹰潭—乐平线路(三站五线)建成投产,萍乡变、吉安变、昌北开关站,罗坊—萍乡、罗坊—梦山Ⅱ回、乐平—南昌Ⅱ回、鄂赣Ⅲ回(三站四线)开工建设,新增500千伏变电容量150万千伏安、线路795千米;完成浙赣铁路电气化改造14个配套供电工程;新建、扩建改造220千伏变电站15座,新增变电容量198万千伏安、线路960千米;新建、扩建改造110千伏变电站28座,新增变电容量104万千伏安、线路495千米。公司全年累计完成电网投资46亿元。

2006年,电网建设安全局面稳定,全年实现"零事故";17个220千伏输变电工程达标投产率100%,景德镇李家变等5项工程被评为国家电网公司优质工程,赣州百乐变被评为质量样板工程,九江都昌等4项110千伏工程被评为省优工程。赣州500千伏变电工程被评为国家电网公司"安全文明施工样板工地"和"变电工程质量管理流动红旗"。江西电网经受住了台风"格美"、"桑美"等恶劣天气,以及"7·1"华中电网振荡事故和历史新高负荷711万千瓦的考验,安全生产形势总体较为平稳。全年未发生各类重、特大电网和设备事故、恶性误操作事故,一般事故同比下降66.6%,全年电网连续安全稳定运行8511天。全年开展应急预案、农电安全、煤矿、非煤矿山安全供电等多项专项安全监督工作;认真组织对每起事故进行调查、分析,其中对6起责任事故中涉及的32名事故单位领导和领导班子进行处理;对19人次现场违章者作出下岗处理;完成4个供电企业安全性评价和6个发电企业并网安全性评价工作,确保电网的安全可靠运行。

【省电力公司连续四年获贡献奖】 2006年,省电力公司完成售电量329.69亿千瓦时,同比增长9.73%;实现销售收入217.84亿元,同比增长21.92%;利税总额18.86亿元,同比增长32.62%;净资产收益率5.16%,同比提高3.33个百分点;资产负债率79.55%,同比下降0.93个百分点。省公司被评为江西省A级纳税信用企业,连续4年被授予"全省工业崛起年度贡献奖"。

【分电二公司的项目机组获国家重大创新项目】 江西分宜第二发电有限责任公司是"国家大型循环流化床锅炉示范基地",江西省2005年重点工程。2004年9月举行工程开工仪式,2006年7月7日机组整套试运完成,10月1日机组正式进入商业化运行。

项目为国内首台由哈尔滨锅炉厂有限责任公司制造的HG-670/123.8-L.P超高压、单炉膛、中间再热自然循环汽包炉,平衡通风、固态排渣锅炉,汽轮机为北京北重汽轮电机有限责任公司生产的N210-12.75/535/535超高压、中间再热三缸二排汽凝汽式汽轮机,发电机为北京北重汽轮电机有限责任公司生产的QFSN-210-2水氢氢冷却方式的发电机,主变压器为山东电力设备厂生产的SFP10-260000/220三相强油风冷电力变压器,启/备变为新疆变压器厂生产的SFF210-31500/230三相双绕组户外式有载调压分裂电力变变压器。2006年11月26日,该项目机组入选中国企业新纪录,被中国企业联合会授予2006年度国家重大创新项目,这是江西省唯一获此殊荣的大型工程建设项目。

【丰电二期工程即将生产】 江西丰城发电有限责任公司二期工程是江西省"十一五"计划重点工程,是由江西省投资集团公司和江西省赣能股份有限公司共同投资的迄今第一个本省自行筹资建设电力工程大项目。总装机容量为2台66万千瓦机组,总投资约47亿元,年发电量70多亿千瓦时。2005年5月工程获国务院核准、6月举行开工典礼。2006年10月整组启动冲转一次成功，具备并网发电条件，将于2007年1月移交生产。

【三和廖坊水电厂投入商业化运作】　廖坊水利枢纽工程位于江西省抚河干流中游，距抚州市约45千米，是一座以防洪、灌溉为主，兼顾发电、供水和航运等综合利用的大（Ⅱ）型水利枢纽工程。工程建成后，结合其他防洪措施，可使抚河以西重要圩堤的防洪标准由五十年一遇提高到百年一遇，对保护南昌、抚州等重要城市和京九铁路、105国道等重要交通干线的安全具有重要作用；可为3.35万公顷农田灌溉提供水；每年可为周围城镇提供生活和工业用水2670万立方米；水电站装机容量4.95万千瓦，多年平均年发电量1.55亿千瓦时。坝址以上控制集水面积7060千平方，多年平均径流量233立方米/秒。水库总库容4.32亿立方米，防洪库容3.10亿立方米，调节库容1.14亿立方米；水库正常蓄水位65.00米，死水位61.00米，汛期防洪限制水位61.00米，防洪高水位67.94米，设计洪水位67.94米，校核洪水位68.44米。

1999年12月23日，廖坊水利枢纽工程经国务院批准正式立项，总投资10.2亿元，由国家、江西省和抚州市共同投资兴建。廖坊水利枢纽工程于2002年10月28日开工建设，廖坊水库于2005年12月19日下闸蓄水。三台机组分别于2006年3月、6月、9月通过省电力公司并网运行前安全性评价和机组启动验收委员会验收，并分别在3月17日、6月8日、9月28日投入商业化运行。

（杨　哲）

钢铁工业

【概　况】　2006年，在省委、省政府的正确领导下，江西钢铁行业认真落实科学发展观，积极调整产品结构，大力发展循环经济，实现了快速发展。继上年钢材产量突破1000万吨后，2006年钢产量迈上1000万吨的台阶，工业增加值首次突破100亿元。

至年底，全行业实现销售收入逾1亿元的企业达14家，比上年增加4家，其中逾100亿元的3家，比上年增加1家。全行业全年累计实现工业总产值（现价）459.18亿元，同比增长21.69%；工业增加值101.41亿元，同比增长20.23%；主营业务收入489.02亿元，同比增长22.87%；利税总额32.29亿元，同比增长19.68%；利润总额11.57亿元，同比增长27.94%。

2006年，行业生产持续增长，全年产粗钢1171.54万吨，同比增长21.6%；生铁949.60万吨，同比增长15.8%；钢材1235.77万吨，同比增长21.2%。全年钢、生铁、钢材产量增长量均超100万吨，分别达到208.34万吨、129.78万吨、215.79万吨，为历年来增长量之最。

【重点企业发展保持高速度】　2006年，新钢公司、萍钢公司、南钢公司的主营业务收入和利润总额均保持“两位数”的增长。南钢公司主营业务收入同比增长46.88%，继2004年新钢公司、2005年萍钢公司之后，又一个突破100亿元的钢铁企业，利税总额同比增长35.71%；洪都钢厂实现利税总额和利润总额同比分别增长49.16%和273.85%。在全省百户重点企业中，全行业进入10家，比上年增加3家。

【钢铁产品出口大幅增长】　2006年，江西钢铁行业抓住国际市场价格与国内差距拉大的有利时机，实施出口战略，产品出口取得突破。全省出口钢材56.7万吨，同比增长12.7倍，其中出口产品中板材35.7万吨，比上年增长22.8倍，占出口总量的比重达到63%；出口总额2.8亿元美元，同比增长11.6倍。出口产品结构正在向技术含量和附加值高的钢材方向发展。

【企业重组及产权多元化改造迈出新步伐】　2006年，萍钢公司与九江的金沙港钢铁公司进行资产重组；新钢公司推动特钢公司产权多元化改造，与新余良山钢铁有限公司组建新良钢管公司和新良特钢公司；南钢公司通过江西长力汽车弹簧股份有限公司非公开发行股票实现整体上市；洪都钢厂与中信泰富的合作也在稳步推进，这些举措为江西冶金（钢铁）行业在“十一五”规划期间实现再次跨越式发展奠定基础，为实现江西钢铁行业在“十一五”规划期间销售收入逾1000亿元、利税过100亿元提供保障。

【产品结构调整取得新成绩】　2006年，全省产钢材1235.77万吨，同比增长22.3%，其中板管带材284.91万吨，同比增长28.58%；优质钢材170.72万吨，同比增长74.8%；合金钢钢材67.35万吨，同比增长33.2%。这些技术含量、附加值较高的产品的增幅明显高于钢材产量的平均增幅。全行业合金钢钢材占钢材总量的比重达6.27%，同比提高1.44个百分点；优质钢材占总量的比重达13.92%，同比提高4.18个百分点。

【技术创新获得好成绩】　新钢公司

新钢公司300万吨薄板工程开工典礼

省经贸委综合行业办供稿

高速线材生产线　　省经贸委综合行业办供稿

被国家质检总局授予2006年中国名牌产品生产企业称号,公司技术中心被国家发改委、科技部等部门认定为国家认定企业技术中心。"袁河"牌船体结构用钢板国被国家质检总局授予中国名牌称号,"袁河"牌热轧中厚板获2006年江西省名牌产品称号,并为2008年北京奥运会鸟巢工程供应1.17万吨,为中央电视台主楼钢结构工程提供高质量等级宽厚板,全年实现新产品产值12.68亿元,同比增长760.91%。

萍钢公司获国家实验室认可证书,并获得"全省质量管理先进企业"和"2006年度江西名牌产品生产企业"称号,"博升"牌低碳钢热轧盘条、钢筋混凝土用热轧带产品被授予江西省名牌产品称号,"博升"钢材在国家重点工程武广高速铁路工程中标15.5万吨。

南钢公司"球团竖炉汽化冷却装置"获国家实用型专利,"HSB双回流生物强化工艺治理焦化废水的研究与工程应用"科技成果通过省级鉴定,新开发高性能弹簧钢以及变截面汽车钢板弹簧,填补了省内空白。

【循环经济建设取得新实效】 钢铁行业大力发展循环经济,以"零排放"为目标,在整个生产过程中建立水资源、能源和固体废弃物等3条循环利用链。新钢、萍钢各1套高炉TRT(压差发电)发电机组、南钢的热电联产发电机组并网发电,全年全行业钢铁企业自发电量达4.09亿千瓦时,比上年增长38.79%,在能源循环利用方面有不小的成效。新钢公司的自发电量占公司总用电量的比重达到17.44%;固体废弃物综合利用率达到93%,创造经济效益5500万元。2006年,3家重点钢铁生产企业总能耗658.8万吨标准煤,比上年同期增长12.29%,比同期粗钢产量增幅23.51%低11.22个百分点。

(李江宁)

有色金属工业

【概　况】 2006年,江西省规模以上有色工业企业273家,其中矿山企业118户、冶炼加工及其他企业155户,年末从业人数7.14万人。全行业总资产427.6亿元,净资产125.89亿元。全行业主营业务收入、工业增加值和利税总额三项主要经济指标实现"两年翻一番",即2006年在2004年基础上实现了翻一番。全年全省规模以上有色金属企业实现主营业务收入728.2亿元、利税总额141亿元(利润90亿元)、工业增加值180亿元,分别比2005年增长72.1%、90.5%和200%,分别比2004年增长260%、440%和310%。2006年铜系列实现主营业务收入458亿元、利税102亿元,分别占全行业的62.9%和72.7%,同比分别增长72.1%和49.4%。钨系列实现主营业务收入137亿元、利税23亿元,分别占全行业的18.9%和16.5%;同比分别增长56%和2%。稀土系列实现主营业务收入44亿元、利税5亿元,分别占全行业的6.0%和3.5%,同比分别增长94.4%和7.7%。铅锌系列实现主营业务收入22.9亿元、利税1.2亿元,分别占全行业的3.1%和0.8%,同比分别增长126.6%和3.4%。非公有制企业销售收入和利税实现当年翻一番。2006年,全省规模以上非公有制企业200家,实现主营业务收入323.9亿元,占全行业的44.5%,为上年的2.2倍;利税27.7亿元,占全行业的19.6%,为上年的1.3倍,其中利润为11.1亿元,为上年的2.1倍。主营业务收入超亿元的企业77家。利税超千万元的企业70家,超5000万元企业16家,超亿元企业4家。

矿产品有升有降,冶炼加工产品的比重大幅度提高,"采矿减两成,效益翻一番"取得初步成效。全年生产铜精矿(金属量)16.5万吨、钨精矿4.1万吨,同比分别下降11.5%和9.1%。全年生产钨化合物5.7万吨,同比增长33.1%;生产硬质合金479吨,同比增长87.8%。电铜47.7万吨、铜加工材52.9万吨,同比分别增长11.3%和69.6%。混合稀土氧化物1.2万吨,同比增长26.2%;生产单一稀土氧化物和稀土金属各1.4万吨,同比分别增长17.2%和94.2%。

全行业重点项目建设投入加大,列入计划的61个重点项目陆续开工建设。全年完成投资38.6亿元,同比增长83%。江西铜业集团公司22万吨铜杆线项目已建成投产,江西铜材加工能力达80万吨,生产铜材52万吨,产能和产量均居全国前列,其中江铜集团铜材加工能力达到46万吨,成为国内铜材加工能力最大的企业。江西稀有稀土金属钨业集团公司、江西钨业集团有限公司、南昌硬质合金有限公司、崇义章源钨制品公司、耀升工贸有限公司等单位一批钨冶炼加工项目相继竣工投产。江西已形成仲钨酸铵生产能力8万吨/年,占全国58%;钨粉生产能力2.7万吨/年,占全国35%,成为全国重要的钨冶炼产品生产基地。江西钨业集团有限公司定南、寻乌稀土分离项目建成投产,稀土金属生产能力达到1.5万吨/年,已经成为全国稀土金属重要的生产基地。

【有色工业利润占据全省工业半壁江山】 在全省规模以上工业企业中,2006年有色金属企业主营业务收入占18.3%，利税总额占32.9%，其中利润总额占50%。在全省六大支柱产业中，规模以上有色金属企业主营业务收入占28.1%，利税总额占48.8%，其中利润总额占75.9%，同比分别提高5.9、21.3和20.2个百分点。

【江西钨业集团公司位列度中国大企业集团竞争力五百强】 2006年，国家统计局在第六届中国大企业暨首届中国大企业竞争力500强发布会上，首次向社会发布中国大企业竞争力五百强排名：江西钨业集团有限公司以综合指数72.02、能力指数69.47、机制指数77.96而名列第212位。

【稀有稀土金属钨业集团公司被授予"全国国有企业创建'四好'领导班子先进集体"荣誉称号】 12月4日，中央组织部和国务院国资委党委授予江西稀有稀土金属钨业集团公司"全国国有企业创建'四好'领导班子先进集体"荣誉称号。

【江西有色金属行业"十一五"规划出台】 "十一五"规划制定，到"十一五"规划期末，江西省有色金属工业的发展目标是：有色金属产量100万吨、加工材100万吨；销售收入1000亿元、工业增加值220亿元、利税160亿元以上。

【江西理工大学仲钨酸铵结晶动力学研究填补国际空白】 2006年，该项目在国际上首创微细晶体大量结晶过程成核和晶体生长速率、反应级数、速率常数、活化能研究方法和晶体形貌控制技术，其研究结果对水溶液结晶过程的颗粒制取技术以及粉体材料的发展具有普遍的指导意义，填补国际上结晶动力学基础研究的空白，并入选江西省科学技术进步一等奖。

【江西铜业被列为全国循环经济示范试点工程】 十届全国人大四次会议通过的《国民经济和社会发展第十一个五年规划纲要》中确定："江西铜业"等3家单位新增为全国循环经济示范试点工程。

【江铜和中银集团等合资成立江铜财务有限公司】 12月18日，经中国银监会批准，江铜集团财务有限公司正式开业运营，这标志着江铜的经营范围从生产经营服务领域向金融服务领域延伸。

【崇义章源钨制品有限公司在法国成立营销公司】 11月19日，崇义章源钨制品有限公司与法国瓦兹河谷省中小企业联合会主席、硬质合金公司公司董事长高密耶·皮耶尔签署合作协议、共同出资在法国巴黎成立章源欧洲钨业公司，开创江西省民营钨企业在国外经营的先河。

【江西铜业集团获中华环境奖】 年初，江西铜业集团公司从北京人民大会堂捧回我国在环境保护方面的最高奖励："中华环境奖——2005年绿色东方企业环保奖"。江西铜业集团是全国有色行业和江西唯一获此荣誉的企业。

【省政府关于加强地质工作发展矿业经济的政策出台】 2006年省政府提出科学发展矿业经济，把江西建成重要的原材料和高新技术产业基地的构想，提出铜产业、钨产业、稀土产业的发展目标。

【江铜集团成为江西首家销售收入突破三百亿元的工业企业】 2006年江铜实现主营业务收入310.5亿元、利税93.2亿元，同比分别增长67%和42%，分别占全行业的42.6%和66%，创造了中国铜工业企业历史最好业绩。

（饶振华　黄仁辉）

机械工业

【概　况】 2006年，江西省机械工业规模以上企业完成工业增加值129.45亿元，比上年增长33.6%，占全省工业增加值的比重为11.7%，同比提高近2个百分点；完成主营收入466.29亿元，同比增长37.0%；实现利税总额35.95亿元，同比增长27.9%，其中实现利润总额16.56万元，同比增长19.1%；完成新产品产值112.9亿元。至2006年底，全省机械行业共有规模以上企业584家，从业人员达13.6万人，固定资产净值平均余额135.8亿元。

全省机械行业克服各种不利因素的影响，努力开拓市场，经济运行保持良好态势，产品销售保持稳定增长。全年完成主营收入466.29亿元，同比增长37%，比工业增加值高3.4个百分点。其中"汽车工业行业"完成主营收入210.57亿元，占全省机械工业的45.2%。全省共销售汽车24.06万辆，同比增长11.86%，销售收入达220亿元，实现利税21亿元。江铃汽车集团公司完成主营收入130亿元，生产汽车9.49万辆，销售9.57万辆，完成利税总额15.9亿元。昌河汽车股份有限公司完成主营收入44亿元，同比增长29.7%；生产汽车13.67万辆，销售13.51万辆，同比分别增长18.23%和12.36%。从企业规模看，大、中、小型企业分别完成主营收入208亿元、107.5亿元和150.8亿元，分别占全省机械工业总量的45%、23%和32%。全省机械行业共完成出口交货值29.55亿元（3.79亿美元），同比增长82.9%，再创历史新高。出口交货值占销售产值比率为6.48%，比上年同期提高1.7个百分点。出口交货值超千万元的企业有26个，其中超亿元的有6个。出口交货值最多的是江铃汽车集团公司和江西华夏金属线制品有限公司，分别为6.47亿元和5.91亿元。

【取得多项科研成果及新产品】 2006年，全省机械行业以市场为导向，坚持科学发展观，通过深化改革，依靠科技进步，全年完成新产品开发立项125项，通过鉴定验收82项。完成新产品产值112.9亿元，同比增长61%，比全省工业的涨幅高10个百分点，占全省工业新产品产值的比重达57%，提高13个百分点。全年机械新产品产值率由20%上升到24.4%，提高4.4个百分点。江西泰豪科技股份有限公司实现技术创新项目90余项，专利申请受理38项，被国家科技部认定为"国家火炬计划重点高新技术企业"。江西大众电子衡器有限公司开发的"前置动态测量保护式汽车衡"为国际先进水平。马恒达（中国）拖拉机公司根据市场需求，开发出多种适用机型，如出口印度的FS200－1型、18～30马力的新疆机型等。江西锅炉化工石油机械联合有限公司开发出排式垃圾焚烧锅炉，日处理量为600吨，为国内之最，余热还可用来发电，符合循环经济发展要求。江西制造职业技术学院开发的“智能型毛面球墨铸铁质量自动检测系统”和“微电脑毛面球墨铸铁质量检测仪”达到国内领先水平。

江铃汽车股份有限公司通过国家级企业技术中心验收，是全省3个通过验收的企业之一；南昌凯马柴油机有限公司通过省级企业技术中心验收，是全省9个通过验收的企业之一。全省机械行业省级企业技术中心有20个，国家级企业技术中心有4个，全行业自主开发能力进一步增强。省机械行业办直属单位开展科研项目28项，其中纵向项目5项，自列及横向项目23项。

【强化质量管理】 2006年，省机械行业办配合质监部门认真履行产品质量管理职能，引导和服务企业强化产品质量管理，促进行业产品质量和质量管理水平稳步提高，推进企业品牌建设。完成创名牌10项，其中中国名牌2项，分别是江西三川集团的“三川牌”水表和江西泰豪科技股份有限公司的“泰豪牌”中小型发电机；江西特种电机股份有限公司的“江特”牌三相异步电动机等8种产品获得省名牌产品；采用国际标准和国外先进标准产品数22项；洪都航空集团的助力车、华意电器集团的电冰箱和江西三川集团的水表获得国家免检产品称号。通过深入开展贯彻ISO9000系列标准活动，质量认证工作取得成果，有23个企业通过质量管理体系认证或复评。群众性的质量管理活动蓬勃开展，共取得QC成果160余项，创“质量信得过”班组30余个，直接经济效益760余万元。

【加大技术改造及结构调整】 全省机械行业坚持以高新技术改造传统产业，加大产品结构调整力度，机械产品总数达到7600余种。在纳入统计的47种主要机械产品中，产量比上年同期增长31种，占总数的66%；电站水轮机以298.63%的涨幅居第一。同时通过把股份制改造和战略性重组结合起来，推进跨地区、跨部门、跨所有制的兼并联合与重组，实现资源的重新合理配置，提高生产集中度，培育出江铃、昌河、泰豪、华意、江光、华伍、江联、信江实业、南缆集团等一批重点企业集团。如江西变压器科技股份有限公司与北海银河高科技产业股份有限公司战略合作后，生产规模不断扩大，2006年实现主营收入3.5亿元，利税2200万元；江西凤凰光学仪器集团有限公司近年来先后进军珠三角、长三角，并与日本富士合作，形成了上海、广东、本省三大生产基地，尤其在光学球面玻璃的生产上进入世界同业前5强，2006年实现主营收入8.8亿元，利税7074万元。

【对外合作增长较大】 2006年，全行业共签订合同内资55.75亿元，实际进资31.15亿元；签订合同外资3.51亿美元，实际利用外资1.57亿美元。行办直属企业江西省机床工具总公司参股合作组建的江西中机科技产业有限公司与德国公司合资成立江西奈尔斯—西蒙斯—赫根赛特中机有限公司，注册资本金5100万欧元，其中德方出资3400万欧元，实际到位3032万欧元。2006年，外资企业工业增加值完成44.3亿元，同比增长30.3%；主营收入完成173.2亿元，同比增长33.0%；利税总额完成20.6亿元，同比增长33.9%。

【节能降耗取得初步成效】 2006年，企业万元增加值耗电为984.4度，比上年同期减少11度，全年节约用电1424万度；行业经济效益综合指数达到142.8%，比上年提高8个百分点；总资产贡献率7.14%，比上年提高0.8个百分点；成本费用利润率3.7%，比上年提高0.1个百分点；全行业劳动生产率95022元/人·年，比上年提高26174元/人·年；人均创利税26392元，比上年提高6417元。数据表明江西机械行业的质量和效益有一定的提高，转变经济增长方式效果初显。从机械小行业分析，“汽车工业行业”经济效益综合指数最高为165.37%；其次是“其他民用机械工业行业”和“电工电器工业行业”，经济效益综合指数分别为165.31%和158.22%。

（李新金）

国防工业

【概　况】 2006年是实现“十一五”规划良好开局的一年。全省国防科技工业积极探索江西军工发展新路，努力工作，较好地完成武器装备科研生产任务，经济效益明显提高，民用产业发展呈现良好态势，改革改制平稳推进，全行业安全稳定和谐。2006年，全省国防科技工业完成工业总产值184亿元，同比增长43%；工业增加值39亿元，同比增长42%；实现销售收入161亿元，同比增长32%；实现利税4.6亿元。

【L15（猎鹰）新型高级教练机首飞成功】 3月13日，由我国自主研发的L15（猎鹰）新型高级教练机首飞成功。此机是一种融合多项最新航空技术的新一代超音速喷气式教练机，由江西洪都航空工业集团有限责任公司研发，拥有自主知识产权。它的首飞成功，是我国航空工业大力协同、自主创新的又一成果，标志着我国的飞机研制水平又上了一个新的台阶，对于完善我国初、中、高级教练机的研制生产体系，满足第三代和新型战斗机飞行员的训练需要，竞争国际教练机市场都具有十分重要的意义。

【南昌大学军工研究院成立】 5月28日，南昌大学军工研究院举行成立暨揭牌仪式。江西省国防科工办与南昌大学本着“优势互补、互惠互利、相互促进、共同发展”的原则，组建南昌大学军工研究院，主要从事军工领域的科研开发，致力于为国防建设和江西经济社会发展作出贡献。

【省船舶工业管理办公室设立】 7月26日，经江西省机构编制委员会办公室批准，增设江西省船舶工业管理办公室，作为省国防科工办机关的内设机构，标志着江西船舶工业开始实行归口管理。管理办公室的主要职责是负责贯彻落实国家船舶制造行业的发展方针、政策、规划、技术质量标准和安全规范；根据国家政策、法律法规制定全省船舶制造的质量安全监督管理实施细则和地方法规；负责全省船舶制造的行业规划、布局调整工作；负责省属船舶制造企业的生产许可证的审定、颁发及资质评定，省属船舶设计单位的资格认定；负责管理省属船舶制造企业的技术改造及重大基础建设，促进省属船舶制造、设计单位的技术进步，组织全省船舶行业的科技项目审查及科技成果鉴定；负责全省船舶制造企业的质量、计量、标准、安全的监督检查工作，调查处理重大质量和安全事故；负责全省船舶行业综合统计及分析工作；负责指导省船舶行业协会工作。

【重点项目基地开工奠基】 8月31日，江西省国防科技工业重点项目基地举行奠基典礼。基地占地近13.33公顷，规划总投资4亿元。基地作为江西军工企业的总部基地、研发基地、孵化基地、培训基地，将坚持高起点规划、高标准建设、高质量管理、高效益经营的原则，充分聚集军工产业优势，优化军工资源配置，建设成一个军民结合、军地结合、以生产研发为主的高科技、高效益、体现江西军工特色的国防科技工业基地。基地的建立将有效整合军工资源，为江西军工企业提供一个良好的发展平台，对于进一步提升军工企业的基础能力、创新能力、研发能力，推动江西国防科技工业的快速持续发展，将起到举足轻重的作用。

【国防科工委与江西省政府签署共建东华理工学院协议】 12月28日，国防科工委与江西省人民政府签署共建东华理工学院协议。根据协议，"十一五"规划期间，对东华理工学院的管理，继续实行国防科工委与江西省共建，以江西省管理为主。国防科工委和江西省支持该校整合国防科技学科专业、重点实验室和科研机构，设立国防科学技术学院。国防科工委将按照"同等优先，择优扶持"的原则支持该校国防特色学科专业和实验室建设，并对军工科研立项、成果申报、成果转化以及公派出国留学等工作给予指导和支持，支持该校在国防科技工业高层次人才培养、科学研究等方面加强与国防科技工业企事业单位、军队的联系与合作；支持该校根据国家有关规定申报博士授权单位和更名大学工作，不断提高东华理工学院服务国防科技工业和地方经济建设的实力和水平。江西省将东华理工学院作为重点高校进行建设，继续支持该校把国防系统作为重要服务面向，进一步深化东华理工学院国防科技人才、江西地方经济建设人才和海军后备军官人才培养基地的内涵建设。

【企业技术创新取得可喜成绩】 在7月18曰召开的全省"十五"企业技术创新总结表彰暨"十一五"技术创新工作新闻发布会上，江西省国防科技工业2个单位、14个项目和产品获奖。洪都航空工业集团有限责任公司、泰豪科技股份有限公司荣获江西省"十五"企业技术中心建设先进单位称号；江西昌河汽车股份有限公司"爱迪尔轿车开发"、洪都航空工业集团有限责任公司"K8E教练机开发"、泰豪科技股份有限公司"H400/500系列高速三相同步发电机开发"3个项目荣获江西省"十五"技术创新优秀项目；11项新产品荣获2005年度江西省优秀新产品奖，其中：泰豪科技股份有限公司"2×500KW试验电源"、中国船舶重工集团公司第707研究所九江分部"GJF－　型燃烧净化装置"、宜春飞龙钻头制造有限公司"81/2GY5 l 7FC三牙轮钻头"、江西昌河汽车股份有限公司"K14B发动机"荣获一等奖，江西洪都高尔夫电动车有限公司"DLC－2、DLC－6型洪都电动打猎车"、江西昌河汽车股份有限公司"CH7140轿车"、泰豪科技股份有限公司"泰豪电气管理控制器(THEMS)"荣获二等奖，中国船舶重工集团公司第707研究所九江分部"HW－2000公路计重收费系统"、江西昌河汽车股份有限公司"LIANA轿车燃油箱"、泰豪科技股份有限公司"4×1 000GF电站系统"和"2－200GC方舱电站"荣获三等奖。

（张　玲）

轻　工　业

【概　况】 2006年，江西省轻工业(除纺织、烟草、医药外，下同)规模以上工业企业累计完成工业增加值220.44亿元，同比增长42.87%；实现主营业务收入700.75亿元，同比增长51.39%；完成利税53.21亿元，同比增长49.75%。2006年，全省轻工工业经济效益综合指数168.08%，同比增长38.02个百分点。列入考核的7项主要经济效益指标中6项优于去年，其中总资产贡献率提高2.26个百分点、资本保值增值率提高4.98个百分点、流动资产周转率加快0.55个百分点、成本费用利润率提高0.01个百分点，全员劳动生产率同比增长33.87%，产品销售率提高0.42个百分点。

2006年，全省规模以上食品工业企业完成工业增加值84.75亿元，同比增长31.25%；实现主营业务收入269.85亿元，同比增长37.40%；完成利税19.86亿元，同比增长31.42%。全省规模以上造纸及纸制品业完成工业增加值21.39亿元，同比增长41.91%；实现主营业务收入66.85亿元，同比增长66.61%；完成利税5.44亿元，同比增长66.33%。全省工艺美术品制造业规模以上工业企业完成工业增加值8.45亿元，同比增长44.34%；实现主营业务收入23亿元，同比增长52.82%；完成利税2.16亿元，同比增长81%。全省塑料制品业规模以上工业企业完成工业增加值13.38亿元，同比增长50.57%；实现主营业务收入31.06亿元，同比增长71.51%；完成利税2.01亿元，同比增长40.46%。全省家用电力器具制造业规模以上工业企业完成工业增加值7.01亿元，同比增长52.78%；实现主营业务收入41.76亿元，同比增长41.85%；完成利税1.16亿元，同比增长88.99%。

【招商引资成绩显著】 2006年，全省轻工行业招商引资工作取得可喜的成绩。全年引进省外超亿元的轻工业项目达31个，引进协议资金57.17亿元。具体项目有：南昌天豫食品有限公司、萍青啤酒10万吨新厂、江西中旺食品有限公司、贵溪市星晨电动车工业有限公司、大余永利日用制品有限公司、江西锦江工业酒精有限公司、吉安娃哈哈乳品有限公司、江西双顺皮革有限公司、大川鞋业等。

【产业基地集聚效应显现】 围绕做大做强产业，提高产业集聚效应，加快建设省级产业基地，2006年江西省轻工行业管理办公室及时出台《培育江西省轻工产业基地指导意见》。经组织专家考察认证，先后授予3个省级轻工产业基地，分别是："南康市江西省家具产业基地"、"南昌青山湖区江西省食品产业基地"、"余江县工业园区江西眼镜产业基地"。产业基地的评估和建设，有力地促进整个产业的集群、上下产业链的会聚，从而带动整个区域的经济发展。

【轻工教育科技事业快速发展】 2006年，江西陶瓷工艺美术职业技术学院全年招生1744人，申报省级科研项目5项、市级项目3项，同时还凭借其在陶艺教学的优势，成功申报"陶艺实训基地建设项目"并获得财政部扶助资金130万元。在全国陶瓷艺术评比中，该院教师作品获金奖1个，铜奖及优秀作品奖多个；在景德镇国际陶瓷博览会上，教师作品《无极》获得金奖。省轻工业高级技工学校全年完成招生计划1126人，该校通过深化人事改革，严抓教学管理，教学质量有了很大提高，竞争优势进一步增强。省陶瓷研究所开展国家级科研项目2项、省级项目2项、市级项目2项，在国家级刊物发表科研论文10篇；该所开发生产的"海泰"牌窑炉产品以其创新的自控装置及窑炉结构和操作技术的先进性而深受用户的欢迎，已经被南京、宜兴、河南等地生产企业使用；2006年该所共开发礼品瓷和旅游纪念瓷30多个品种，完成艺术精品瓷设计创作400件，全年创收1309万元，同比增长16%。省轻工业研究所研制的"中性墨水"项目配方经过不断调试，得到了广大制笔厂家的肯定与认可，已产生较为可观的经济效益，销售市场不断扩大。省轻工业设计院实现完全市场化经营，主动迎接设计市场的激烈竞争，不断创新思路，全年设计收入达504万元，同比增长18%。省花炮质检站全年完成质检收入117万元，增幅达28%，同时还多次承担并顺利完成国家质监总局、安监局等部门的委托专项抽查任务。省工艺美术馆实现全年开放的目标，该馆已成为江西对外文化艺术交流的重要窗口。

【联社工作稳定开展】 根据总社要求，省轻工联社及时转发总社《关于确保联社机构稳定，防止联社资产流失的紧急通知》《联社集体资产监督管理暂行办法》。新余市手联社在审计的基础上，分别制订《联社资产管理办法》和《集体资产处置办法》，加强对联社拥有的有形和无形资产的监督管理；南昌市工业合作联社加大企业清产核资工作；抚州市手联社竭力做好资产保值增值工作，企业改制时，联社都派人参与，清理资产、界定产权，凡是联社的资产或权益都以协议形式重新确认，并在资产处置后，全额或按比例收回。同时，市县(区)联社都对本级联社资产进行清产核资，明确产权归属。上饶市手联社加强自有集体资产管理，设置专门科室重新建章立制，对联社资产经营开发、租赁等活动进行规范。至年底，在省联社10户直属企业中，已有7户完成产权制度和劳动用工制度改革，省联社筹措资金650万元，按照省政府赣府发〔2002〕19号文件要求，采取给予一定经济补偿的办法，与415名职工解除了劳动关系；4户企业组建成股份多元化的有限公司，通过吸收社会个人资金，扩大生产经营规模，安置就业人员320多人。

全省各设区市联社均能按照当地市委、市政府的部署，坚持"一厂一策"，切实抓好退城进园的工作，通过实行资产、债权债务、人员"三带走"和"双置换"的形式，积极推进联社集体企业的改制工作，重新组建新的实体，全省联社系统企业改制面达96%。鹰潭市三川水表厂通过股份制改造，现已发展成为全国水表行业的龙头企业，老企业焕发了新生机；南昌市工业合作联社在清产核资，盘活存量的同时，积极拓宽经营业务，发展第三产业，组建集旅游、餐饮、住宿、工艺礼品等一条龙服务的南昌市工联实业有限公司，发展势态良好。针对集体企业"40、50"人员多、比重大、个人技术缺乏、文化程度不高的特点，根据企业破产、改制后这部分职工再就业难的实际情况，各级联社采取积极的对策。新余市手联社联合市劳动局、人事局等相关部门定期举办业务技能和相关法律、法规的培训，并制订相应的工作制度，2004～2006年组织培训各类再就业人员600余人次，通过培训，切实提高企业下岗失业人员再就业技能和创业能力，同时联社还累计为400多名符合条件的失业人员发放《再就业优惠证》。南昌市联社努力争取落实再就业优惠政策，为下岗职工办理享受再就业优惠政策的手续，组织下岗职工参加省、市举办的大型招聘活动，安置下岗职工，并为所属的22户企业全部参加社保，还为特困职工办理低保。景德镇联社所属的7户"三无"企业900多名职工多年向政府和有关部门反映未解决的养老保险问题，后经多方协商，终于在2006年如愿以偿地为他们办理了养老保险。

(吴财锋　梁小平)

陶瓷工业

【概　况】 2006年，全省陶瓷制品制造业完成工业增加值13.28亿元，同比增长51.62%；完成工业总产值(现价)33.96亿元，同比增长64.01%；实现主营业务收入31.03亿元，同比增长81.39%；完成利税总额3.17亿元，同比增长93.25%，实现利润总额1.46亿元，同比增长124.57%。产品销售率97.26%，同比提高0.66个百分点。

2006年分行业生产效益完成情况：日用陶瓷制品制造完成主营业务收入13.44亿元，同比增长81.54%；完成利税总额9617万元，同比增长138.28%。特种陶瓷制品制造完成主营业务收入16.38亿元，同比增长72.07%；完成利税总额2.19亿元，同比增长67.1%。卫生陶瓷制品制造完成主营业务收入5048万元，完成利税总额71万元。建筑陶瓷制品制造完成主营业务收入7.22亿元，同比增长44.57%，完成利税总额2230万元。园林、陈设艺术瓷及其他瓷类完成主营业务收入7071万元，同比增长281.52%，完成利税总额179万元。另外，日用陶瓷完成产量5.49亿件，同比下降9.04%。

2006年，陶瓷制品制造业经济效

益综合指数127.67%，同比提高46.57个百分点。列入经济效益综合指数考核的7项指标均好于去年。其中总资产贡献率10.58%，同比提高3.94个百分点；资本保值增值率132.14%，同比增加27.6个百分点；资产负债率64.23%，同比下降3.6个百分点；流动资产周转率2.26次/年，同比加快0.88次/年；成本费用利润5.15%，同比提高1.17个百分点；全员劳动生产率40563元/人.年，同比提高50.09元/人.年；产品销售率97.26%，同比提高0.66个百分点。

【成功举办'06景德镇国际陶瓷博览会】 由国家商务部、中国轻工业联合会、中国国际贸易促进委员会和江西省政府共同举办的"2006景德镇国际陶瓷博览会"于10月12~18日在景德镇市成功举办。本届博览会有来自12个国家27家企业、国内十大产瓷区618家企业前来参加展示，3200名采购商(其中境外1200名)前来采购，约10000名中外游客前来观光。本届瓷博会招商引进外资1亿美元，引进内资30亿元。经贸洽谈会贸易签约10项，对外交易8000万美元，内贸交易总额2.8亿元，其中现场销售额2000万元，皆较上届有较大增长。瓷博会的成功举办，进一步加强和促进了江西与国内外陶瓷行业的文化交流活动，扩大了江西陶瓷行业的影响力和感召力。

【招商引资工作取得新进展】 2006年，江西省陶瓷行业坚持以大开放为主战略，不断加强招商引资工作力度，提升招商引资质量水平，实现引进招商引资超亿元项目4个。分别是：浙江客商总投资1.2亿元的景德镇神飞特种陶瓷有限公司氧化铝陶瓷及陶瓷外壳系列产品项目、海南客商总投资1.2亿元的江西金环陶瓷有限公司生产240万平方米瓷砖生产线项目、广东客商总投资1.2亿元的江西罗纳尔陶瓷有限公司的瓷砖生产项目、北京客商总投资1亿元的安源陶瓷实业有限公司陶瓷生产项目。

【开展陶瓷瓷土资源调研工作】 根据省政府办公厅《关于印发2006年全省整顿和规范矿产资源开发秩序工作方案》(赣府厅字〔2006〕75号)文件指示精神，2006年省轻工行业管理办公室和省经贸委综合行业管理办公室分别就日用陶瓷、建筑陶瓷、工业用陶瓷资源在全省范围内(景德镇市、萍乡市、高安市、黎川县、玉山县等)展开调研工作。据数据分析江西省黎川县还存在储量较丰富的优质瓷石矿，但优质长石和石英储量偏少。除瓷石、长石、石英以外，全省高岭土资源丰富，全国已探明高岭土矿产地219处，其中江西有32处，拥有资源储量11700万吨，是全国少数拥有资源储量在亿吨以上的省份之一。

【全省陶瓷产业"十一五"发展规划出台】 为进一步推进江西陶瓷产业又好又快的发展，增强陶瓷产业综合实力和竞争力，根据省政府的统一部署，省轻工行业管理办公室和省经贸委综合行业管理办公室共同编制《江西省陶瓷产业"十一五"发展规划》。规划主要从五个方面阐述"十一五"期间江西陶瓷产业发展总体规划。一是发展现状。主要从江西陶瓷产业基本情况、基本特点和存在问题来阐述。二是发展形势。根据国际、国内陶瓷产业发展趋势，全面分析江西陶瓷产业发展所面临的机遇与挑战。具体从日用陶瓷、建筑陶瓷、工业用陶瓷发展分析。三是发展思路。重点从发展方针、发展方向、发展目标三个方面论述。通过规划，力争到2010年全省陶瓷行业完成工业增加值70亿元，实现主营业务收入突破200亿元，实现利税突破25亿元。其中，到2010年，日用陶瓷完成工业增加值34亿元，实现主营业务收入90亿元，实现利税突破4亿元；建筑陶瓷完成工业增加值10亿元，实现主营业务收入25亿元，实现利税突破1.5亿元；工业用陶瓷完成工业增加值25亿元，实现主营业务收入90亿元，实现利税突破20亿元。四是发展项目。"十一五"规划期间重点发展项目76个，总投资78亿元。其中在建、拟建重点项目41个，总投资37亿元；重点招商项目35个，总投资41亿元。五是政策措施。必须进一步提高认识，加强引导，充分发挥政府、企业、科研、市场等多方面作用。省直各有关部门和市、县要根据各自职能，做到领导重视、上下协调、横向配合、整体联动，共同推动陶瓷产业发展。并需要六个方面的政策措施来加以推动，从而确保"十一五"规划目标的实现。

(吴财锋　梁小平)

石化工业

【概　况】 2006年，在省委、省政府的正确领导下，江西石化行业认真贯彻国家的各项宏观调控政策，克服诸多困难，把握发展机遇。全行业经济运行总体平稳，产销大幅增长，实现工业增加值77.81亿元，同比增长18.76%；完成产品销售收入361.35亿元，同比增长39.19%；实现利税总额12.13亿元，同比减利2亿元。其中化工行业(不含原油加工业)实现历史性跨越，呈现出又好又快的发展势头，全年实现工业增加值72.53亿元，同比增长21.9%；完成产品销售收入200.56亿元，同比增长46.62%；实现利税总额20.11亿元，同比增利5亿元。受国际原油价格及成品油价格机制影响，江西原油加工业(中石化九江分公司)效益大幅下滑，亏损12.79亿元。

2006年，重点产品生产实现历史性突破，大部分产品产量大幅增加，19种主要产品中，产量较上年同期增长的有17种，占89.47%，其中增幅在25%以上的达7种，占36.84%。原油加工量突破400万吨，达到415万吨；有机硅单体7.82万吨、赤霉素99.69吨、化肥(折纯)55.8万吨、化学农药原药1.72万吨。

【产品结构进一步优化】 2006年，江西石化企业为了增强市场竞争力，加大投入力度，积极进行产品结构调整，成效逐步显现。落后产品逐步被淘汰，高新技术产品比重加大，优势产品产能进一步提高。有机硅单体产能达到20万吨/年、炭黑产能达到19.5万吨/年、丙烯酰胺产能达到2.5万吨/年，巩固了国内领先地位。建成规模国内最大、技术达到世界领先水平的气相白炭黑生产线。贵化磷复肥产能达到80万吨/年。橡胶行业中轮胎外胎的子午化率达到88.24%，高于全国平均水平44.11个百分点。氯碱行业中离子膜烧碱产量占全部烧碱的比重达到20%,离子膜烧碱产能提高到19.5万吨/年。

【外向型经济日趋成熟】 2006年,江西石化行业加大招商引资力度,积极融入全球化,首次引入世界500强企业建设高技术水平、高附加值的化工项目。香港新世界集团与江西电化合作建设万吨80%水合肼项目、日本大金有限公司与中国中萤集团有限公司合作在九江建设氟化工项目。同时,企业积极实施市场多元化战略,充分利用国内外市场资源,努力开拓国际市场,扩大产品出口,行业出口形势强劲。1~12月,江西化工行业出口交货值达到15.6亿元,同比增长129.75%,增幅居全国第一位,行业外向型经济日趋成熟。

【重点企业主导地位日益突出】 2006年,江西重点石化企业抢抓机遇,加快发展,规模不断突破壮大,综合实力大幅提升,对全行业快速增长、结构优化、技术进步和提高竞争力的带动作用进一步加强,主导地位日益突出。销售收入逾1亿元的企业达到40家,其中逾150亿元的企业1家(中石化九江分公司)、逾10亿元的企业3家(星火、贵化、黑猫)、逾5亿元的企业1家(泰丰)。亿元以上企业的销售收入、工业增加值、利税分别约占全行业的72.1%、42.5%、27.4%,比重不断加大。

【品牌建设成效显著】 2006年,江西石化企业积极实施名牌战略,大力推进产品名牌和著名商标的培育和建设,效果显著,形成一批能体现行业水平、在国内外有较大影响力的产品品牌和商标,增强了企业核心竞争力。"蓝星牌"有机硅甲基环体获得2006年中国名牌产品称号,实现全行业全国名牌零的突破;贵化"施大壮"牌磷酸二铵、泰丰"英雄"牌橡胶轮胎、新瑞丰"瑞丰"牌赤霉素等13个产品品牌获得省名牌产品称号;中石化九江分公司"江海牌"车用无铅汽油、轻柴油、石油液化气、景德镇市开门子农用化工"鑫森森"牌复合肥等4个商标获得省著名商标称号。

【与中部地区其他省的差距缩小】 2006年,江西石化行业销售收入和工业增加值增速处于中部六省首位,利税增速处于中部六省第五位。江西化工行业(除原油加工业)三大指标增速名列中部地区前列,销售收入和利税增速均超过30%,工业增加值增速也远高于其他五省水平,是中部六省中三大指标增速均实现两位数增长的省。虽然江西石化行业的经济总量还处于中部六省下游,但与其他省的差距正逐步缩小,尤其化工行业的利税总额逐步接近山西、安徽,与湖南、湖北的差距逐步减小。

(刘敬东)

纺织工业

【概　况】 至2006年底,江西省纺织行业共有规模以上企业497户、从业人员14.38万人,其中国有及国有控股企业29户、从业人员26128人。

全年全省纺织行业经济运行整体呈现出全面增长的良好态势,工业增加值、主营业务收入、利税总额和出口额四大指标均创历史新高,在中部六省同行业位次全面前移。全行业规模以上企业完成工业增加值66.58亿元,同比增长30%;实现主营业务收入254.12亿元,同比增长30%;完成利税总额13.34亿元,同比增长52%;实际出口9.78亿美元,同比增长33.1%。列入统计范围的11种主要产品产量均实现同比增长,其中服装产量5.27亿件,占全国服装产量的3.1%,居全国同行业第七位;纱产量25.51万吨、布产量3.41亿米、化学纤维产量20.76万吨。

全行业经济运行呈现出以下特点:一是规模以上非国有企业成为支撑全行业发展的主导力量,规模以上非国有企业完成工业总产值、主营业务收入和利税总额分别占全行业的80.4%、81.5%和87.78%;二是南昌、九江和抚州等中心城市带动作用十分明显,三大中心城市合计完成工业总产值、主营业务收入和利税总额分别占全行业的65.6%、62.9%和69.5%;三是服装、棉纺和针织业优势地位更加突出,三大子行业的三大指标分别占全行业的86.6%、78.6%和80.43%。

【纺织服装工业现场会首开历史先河】 9月6~7日,省政府在南昌召开全省食品纺织服装工业现场会。会议充分肯定"十五"计划期间江西纺织服装工业的发展成果,明确提出"十一五"规划期间纺织服装工业发展思路、目标及工作措施。副省长凌成兴对"十一五"规划期间江西纺织服装工业发展提出必须实现"三个翻一番"、呈现"三个新格局"的总体要求。省政府首次以纺织服装为主题召开的现场会,充分表明促纺织服装发展的决心和信心,对凝聚人气、鼓舞士气、从更高的层面推动江西纺织服装工业发展具有十分重要的意义。

【专项资金项目申报收获丰硕】 为了更好地促进纺织行业健康发展,有效缓解贸易摩擦,7月份财政部、国家发改委和商务部联合下发《关于促进我国纺织行业转变外贸增长方式支持纺织企业"走出去"相关政策的通知》,由中央财政设立"专项资金"对纺织行业加快结构调整、促进产业升级的项目给予支持。该资金全部无偿资助企业,支持力度是空前的。在省经贸委综合行办和企业的共同努力下,江西共有11个项目通过评审,获得补助金额1400万元,这是江西纺织服装行业历史上收获最大的一次,从另一个角度印证纺织服装行业在全国同行业地位的提升。

【在中部六省同行业位次全面前移】

2006年,江西省纺织行业三大指标在中部六省及全国同行业中位次均实现全面前移。三大指标均超过安徽省,跃居中部六省同行业第三位;其中利税总额在全国同行业前进五位,跃居第十位,工业总产值和主营业务收入在全国同行业均前移一位,居第十二位。

【《"十一五"结构调整与发展规划》出台】 2006年,江西《"十一五"结构调整与发展规划》提出"十一五"规划期间江西纺织行业结构调整与发展的指导思想、主要目标、发展重点及主要措施，是“十一五”规划期间江西纺织行业发展的总纲。规划提出2010年主要目标为：实现主营业务收入420亿元，其中服装行业150亿元；完成利税总额20亿元；产量棉纱达到30万吨、棉布4亿米、化纤45万吨、服装12亿件；精梳纱比重提高到30%，无结头纱、无梭布的比重均提高到70%，差别化纤维率提高到40%以上；逐步形成4～5个省级纺织服装产业基地、2～3个全国知名纺织服装区域品牌（国家纺织服装产业基地），5～8个中国服装名牌、18～20个江西名牌产品。

【三个“进一步”领航产业发展】 2006年，江西纺织业实现三个“进一步”，一是服装产业支柱地位进一步确立；服装业实现工业增加值、主营业务收入和利税总额分别为29.64亿元、88.51亿元和5.15亿元，分别占全行业的44.52%、34.83%和38.61%，在九大子行业中稳居首位。同时，服装品牌建设也领先于其他子行业，“回圆”牌羽绒服装在2006年荣获“国家免检产品”称号，“深傲”、“大嘴鸭”两个羽绒服装品牌分别获“江西名牌产品”称号。服装产品附加值大幅提升。二是产业基地发展速度进一步加快；省经贸委综合行业管理办公室建立《全省纺织服装产业基地运行调度制度》，从经济运行、技术创新和产业投资等多方面进行全方位的调度和引导，使基地的发展步上一个全新的轨道。三大基地全年累计实现主营业务收入74.76亿元，同比增长28.63%。其中共青城开放开发区于5月30日顺利升级，被中国纺织工业协会授予“中国羽绒服装名城”称号，成为江西首个国家级纺织服装特色产业基地。三是行业结构进一步优化；非国有纺织企业产销比重均占全行业的81%左右，已经成为行业发展的主要支撑力量；服装、棉纺、针织三大子行业的优势地位进一步得到巩固，三大子行业的三大指标占全行业的80%左右；重点骨干企业支撑力量不断增强，全行业年销售收入5000万元以上的企业达142户，比上年新增46户，总计实现销售收入178.53亿元，占全行业的70.25%，同比提高6.85个百分点。

【首届省产“十大”原创服装品牌出炉】 江西服装行业的发展势头迅猛，服装企业的品牌意识不断增强，很多出口加工型企业成功转型，服装品牌的发展日新月异。为了更好地促进服装品牌建设，调动品牌企业的积极性，省经贸委综合行业管理办公室在上半年开展首届省产“十大”原创服装品牌评选活动，经过各设区市行业管理部门组织初评，有12个品牌入围，专家组最终选出鸭鸭、回圆、深傲、雪斯来、亿愿、靓巧、井竹、康意、卓莉娅、OCEAN等十大原创服装品牌，在全省食品纺织服装工业现场会上向厂家颁发了奖牌。

【固定资产投资促进产业升级】 全年纺织行业完成固定资产投资89.92亿元，同比增长42.33%，投资额居全国同行业第八位。固定资产投资呈现出单位项目投资额提高、新增设备技术水平高的特点，新增投资带动一批重点项目顺利实施，有效地推动了行业装备水平的提升。

【专题调研成效显著】 2006年纺织行业主要开展棉纺和化纤两个子行业的专题调研。其中棉纺行业投资情况专题调研是按照国家发改委经济运行局的要求，全面调查全省棉纺行业的发展情况，深入分析江西棉纺行业投资快速增长的重要原因及“十一五”规划期间棉纺行业的发展趋势，提出“十一五”规划期间棉纺行业结构调整目标及五大具体措施，并提出转变经济增长方式、建立权威信息发布体系等四条政策建议。化纤行业现状调研则分析江西化纤行业的发展现状、发展优势，深入剖析存在的问题并提出化纤业调整发展思路及主要措施。两项调研彻底摸清两大子行业的情况，为引导行业健康有序的发展奠定了基础。

（解智敏）

建材工业

【概　况】 截止2006年底，江西建材规模以上工业企业有427户，同比增长3.64%；从业人员7.55万人，同比增长2.16%。生产的产品主要涉及水泥、平板玻璃、玻璃纤维、建筑陶瓷、化学建材、新型墙材、非金属矿及制品等。全年，全省规模以上建材工业企业完成工业增加值70.77亿元，同比增长42.48%；实现主营业务收入189.36亿元，同比增长43.01%；实现利税总额19.01亿元，同比增长54.92%；实现利润9.17亿元，同比增长112.62%。工业产品销售率98.33%，比上年下降0.45个百分点；工业成本费用利润率4.67%，同比增长135.86%；工业资金利税率9.76%，同比增长55.91%；流动资产周转率2.56次，比上年加快0.58次。全员劳动生产率88520元/人，比上年提高30110元/人；资产负债率56.5%，比上年下降1.61个百分点。其中：水泥工业完成工业增加值38.88亿元，同比增长36.97%；实现主营业务收入104.27亿元，同比增长31.29%；实现利税11.03亿元，同比增长61.57%；实现利润4.66亿元，同比增长181.26%。

在全省已有的22种主要建材产品中，有19种产品产量保持一定幅度的增长，3种产品产量有不同程度的下降。其中：水泥产量4206.3万吨，年产量首次突破4000万吨大关，同比增长20.97%；平板玻璃产量682.8万重量箱，同比增长12.35%；玻璃纤维纱产量10.46万吨，同比增长18.75%。增幅列前三位的是塑料管（棒）材、耐火材料制品和建筑涂料，增幅分别为186.77%、117.09%和106.28%。

【产销跃上新台阶】 全年江西建材工业企业销售收入首次突破150亿元大关，达到189.36亿元，年增加56.95亿元；水泥工业年销售收入首次突破100亿元大关。水泥年产量首次突破4000万吨大关。

【水泥工业结构调整取得重大突破】 2006年，全省水泥行业结构调整取得重大突破，发生质的变化，新型干法水泥生产规模达到2820万吨，占全省水泥生产能力的63%，比全国平均水平高出13个百分点，在全国12个主要水泥生产大省中居第三位。

【经济效益创历史最高水平】 2006年,全省规模以上建材工业实现利税总额19.01亿元,同比增长54.92%;实现利润9.17亿元,同比增长112.62%。其中水泥工业实现利税总额11.03亿元,同比增长61.57%;实现利润4.66亿元,同比增长181.26%;销售收入和利税两大指标均提前实现省政府提出的到2007年我省水泥工业“518”(5000万吨水泥产量、实现100亿销售收入、超8亿元利税)目标。

【产业集聚效应明显】 全省建材行业呈现出明显的产业聚集效应。玉山县以岩瑞为核心区的新型建材基地已初具规模,建有以国家免检品牌万年青为龙头的水泥业,以新型墙材制造企业跃达建材为代表的新型建材业和以膨润土生产商维琛实业、轻钙企业炜达公司为骨干的非金属矿产加工业等三大类建材企业57家,规模以上企业43家,2006年已成为江西第一个新型建材产业基地。玻璃纤维及其复合材料生产加工是九江市庐山区一项传统优势产业,具有较好的规模效应,占有国内外较大的市场份额。现有玻纤拉丝企业19家,主要玻纤制品生产加工企业8家,产业工人1.1万余人次,建有拉丝池窑2座、拉丝坩埚598口,所有投产企业设计生产能力15万吨,2006年通过省级产业基地评估。高安建筑陶瓷产业共有22家企业、50条生产线,生产能力达1.5亿平方米,2006年实现主营业务收入10亿多元,实现利税2.5亿元,也形成一定的聚集效应,成为江西省级建筑陶瓷产业基地。萍乡的工业陶瓷和电瓷在全国的市场占有率很高,已初步形成集聚效应。

【水泥产业集中度有明显提高】 全省水泥企业经过跨越式的发展,2006年生产集中度大幅提高,水泥企业平均规模达到19万吨,部分大水泥集团通过收购、重组等方式进一步提高产业集中度,水泥产量前10位的企业生产能力已达到2350万吨,占全省水泥总生产能力的52%,比上年提高9个百分点。生产能力在100万吨以上的大型水泥企业有20家,生产能力已达到3450万吨,占全省水泥总生产能力的77%,比上年提高22个百分点。

【水泥价格出现上扬态势】 经过春节后6个多月的盘整,自9月初起,江西省水泥开始热销,价格持续上扬。年底水泥价格比年初价格上涨20~60元/吨不等,而且部分水泥企业供货已呈紧张态势。南昌、赣州、吉安、宜春、新余等设区市价格上扬较高,上饶、景德镇受浙江和区域市场影响启动稍滞后,上涨幅度不大。期间,全省绝大部分水泥企业抓住有利时机,在注重产品质量和服务的同时满负荷生产。

【与全国及中部其他省份的比较】 2006年,江西建材工业增加值位列中部地区第五位,位次与上年相同,列全国第十四位,位次前移1位;增幅列全国第八位,列中部地区第三位,增幅高于全国平均16.25个百分点。实现主营业务收入位列中部地区第五位,位次与上年相同,列全国第十五位,位次与上年相同;增幅列全国第五位,列中部地区第二位,增幅高于全国平均14.32个百分点。实现利税总额位列中部地区第五位,位次与上年相同,列全国第十四位,位次与上年相同;增幅列全国第九位,列中部地区第三位,增幅高于全国平均18.1个百分点。

江西省水泥产量列全国第十一位,位次后移1位,列中部地区第五位,位次后移1位;增幅列全国第十四位,列中部地区第五位,比全国平均增幅高2.6个百分点。平板玻璃产量列全国第十六位,位次后移二位,列中部地区第五位,位次后移1位;增幅列全国第八位,列中部地区第三位比全国平均增幅高1.8个百分点。玻璃纤维纱产量列全国第五位,位次前移1位,列中部地区第一位,位次与上年相同;增幅列全国第十位,列中部地区第三位,比全国平均增幅低9.5个百分点。

【三企业产品获国家免检证书 一企业获省建材行业唯一的中国名牌】 江西岩鹰水泥有限公司、江西三环水泥有限公司的水泥产品、江西宏丰人造板有限公司生产的“柏顿”牌木地板在2006年度“国家免检产品”评选中获得“国家免检”证书。江西泓泰企业集团的“雅丽泰”牌铝塑板荣获江西建材行业唯一的中国名牌。

(刘乾成)

医药工业

【概 况】 2006年是“十一五”规划开局的头一年,江西医药行业生产总量、经济效益均实现两位数的增长,全年发展速度稳步上升,全行业实现主营业务收入首次突破100亿元大关,达124.99亿元,经济效益也迈上新的台阶,实现利税总额14.89亿元,利润6.33亿元,均创下新高。

2006年,全行业累计完成工业增加值23.03亿元,同比增长22.08%;累计完成主营业务收入124.99亿元,同比增长34.57%;累计完成利税总额14.89亿元,同比增长23.93%,其中实现利润6.33亿元,同比增长33.38%。全行业累计完成工业总产值(现行价)133.00亿元,同比增长31.18%;累计完成化学原料药2106.59吨、中成药29029.5吨。单品种年销售额超亿元的品种有7个。全行业实现销售收入过亿元的企业14家,实现销售收入过10亿元的4家。

全省中成药工业增加值、主营业务收入、利税总额、实现利润分别占全行业的比重为76.09%、72.62%、80.46%、77.25%,继续占据江西医药行业主导地位。

【四大企业排头兵作用明显】 汇仁、江中、济民可信、仁和成为全省医药行业新的排头兵。2006年,汇仁集团主营业务收入24.20亿元,成为行业内规模最大的企业。仁和集团销售收入、利税总额、利润分别增长61.91%、123.69%、207%,是行业内发展最快的企业。江中药业主要指标仍保持20%以上的增幅。济民可信也保持稳步发展,仍为行业内效益最好的企业,实现利税总额达3.85亿元。全年这4家企业主营业务收入均超过10亿元,利税总额均超过亿元;实现主营业务收入占全行业的比重达66.68%,实现利税总额占全行业的比重达69.19%,其中利润占全行业的比重达66.69%。

【产业基地集聚效应明显】 江西5个医药工业集聚地有3个在南昌市、2个在宜春市。2006年，进入以上5个医药工业产业集聚地的企业完成主营业务收入93.88亿元，占全行业的比重为75.11%；利税总额12.40亿元，占全行业的比重为83.27%，其中利润5.49亿元，占全行业的比重为86.73%。从规模来看，小蓝工业园以主营业务收入30.64亿元列第一，江西医药港以26.08亿元列第二，福城医药工业园以19.9亿元列第三。从增幅来看，袁州医药工业园以同比增长209%，列第一，福城医药工业园以同比增长59.62%列第二，进贤医疗器械同比增长45.35%列第三。

【与中部六省比较有所前移】 2006年，江西医药行业工业总产值(现价)在全国排名第十二位，比上年前移三位；主营业务收入在全国排名第十二位，比上年前移一位；利税总额在全国排名第十五位，比上年后移一位；实现利润在全国排名第十五位，比上年前移二位。

江西医药行业工业总产值(现价)在中部地区排名第三位，比上年前移一位；主营业务收入在中部地区排名第二位，位次比上年前移一位；利税总额在中部地区排名第三位，位次与上年相同；利润排名第四位，位次与上年相同。

【仁和成功借壳上市】 6月17日，经省政府批准，由仁和集团采取"壳资分离、资产置换"方式，将仁和集团旗下江西仁和药业有限公司、江西铜鼓仁和制药有限公司、江西吉安三力制药有限公司100%的股权注入上市公司，彻底置换出原化纤类资产；8月27日仁和集团通过竞价拍卖的方式获得了九江化纤67.16%的股权；12月13日重组方案获得中国证监会批准；12月25日重组方案获得上市公司股东大会高票通过。仁和集团是江西省医药行业近年来发展最快的企业之一，此次能经中国证监会批准进入资本市场，将为企业进一步做大做强提供强有力的资金支持。

【五十五户省属医药商业公司整体划转地方】 2006年，省医药集团先后将55户市县医药商业企业整体划转给地方政府管理并将由地方政府招商引资，对划转企业进行资产重组和改革改制。

【"开心人"被认定为"中国驰名商标"】 10月9日，江西开心人大药房连锁有限公司所拥有的"开心人"商标被司法认定为"中国驰名商标"。这是中国药品零售行业首个"中国驰名商标"，也是继国美、沃尔玛、中化、中国粮油后，中国零售行业中的第五个"中国驰名商标"。成为医药零售行业唯一获此荣誉的企业。

【新干县商洲枳壳成为江西省首例地理标志药材产品】 5月17日，国家质检总局发布公告，批准对商洲枳壳地理标志产品实施保护。这是江西第一例地理标志药材的产品。新干县栽培商洲枳壳历史已有1700多年，宋朝时被列为朝廷贡品。

(熊　燕)

食品工业

【概　况】 按照省委、省政府加快富民兴赣，建设和谐社会的要求，全省食品工业继续保持快速发展的势头。2006年，全省规模以上食品工业企业494户，全部从业人员年平均人数7.90万，资产总计222.27亿元，比上年增长23.09%，其中，固定资产净值79.75亿元，比上年增长17.75%；流动资产年平均余额104.42亿元，比上年增长17.61%。全年累计完成工业总产值341.82亿元，比上年增长31.08%；增加值132.52亿元，比上年增长32.59%；主营业务收入337.53亿元，比上年增长34.69%；实现利税总额58.25亿元，比上年增长20.68%，其中利润16.68亿元，比上年增长37.01%，列全省六大支柱产业利润第二位，增幅居全省六大支柱产业第三位。

全省食品工业企业主要产品产量：罐头2.72万吨、乳制品16.15万吨、软饮料50.43万吨、瓶(罐)装饮用水18.69万吨、大米194.10万吨、啤酒74.86万千升、精制茶1.51万吨、白酒(折65度、商品量)7.93万升、卷烟449.02亿支、液体乳9.99万吨，分别比上年同期增长98.29%、33.94%、28.79%、27.97%、22.89%、22.69%、20.73%、19.76%、10.32%、10.20%。

【食品饮料制造业增长迅速】 2006年，食品制造业实现销售收入59.55亿元，比上年增长61.55%，增幅居全省食品工业第一位；饮料制造业实现销售收入47.43亿元，比上年增长53.15%。两大行业销售收入占食品工业总销售收入的31.69%，比上年提高4.62个百分点，成为江西发展现代食品工业的主要力量。

【绿色食品和有机食品继续保持快速发展势头】 2006年，江西绿色有机食品总量规模稳步扩大，实现了又快又好地发展。至年底，全省有效使用绿色食品标志企业达321家，认证绿色食品711个，比上年增长41.35%，位居全国第六；认证有机食品321个，比上年增长32.64%，继续保持全国第一。全省环境监测面积达233.33万公顷，比上年增长66.67%；创建绿色食品标准化生产基地38.67万公顷，比上年增长16.00%。主营业务收入105.8亿元，比上年增长23.60%；出口创汇9120万美元，比上年增长52.00%。

【名牌产品不断扩大】 全省食品企业积极推广科学的质量管理方法，提高科技水平，以品质一流的产品争创名牌，使一批知名品牌产品迅速崛起。2006年，全省有39家食品企业生产的39个食品产品被评为江西名牌产品。有40家食品企业的40个商标被认定为江西省著名商标。57个农产品被认定为2006年度江西省名牌农产品。安福火腿荣获中国名牌产品称号。

【强化食品安全监管】 江西各级政府和有关部门加大对食品安全的监管力度，制定各项防范措施，从源头上严把产品质量关。制定《2006年江西省食品安全专项整治行动方案》《2006年江西省食品放心工程实施方案》《江西省突发公共卫生事件应急预案》(简本)、《江西省突发重大动物疫情应急预案》(简本)、《江西省重大食品安全事故应急预案》(简本)。加大对食品源头污染整治,重点监管和整治农业投入品污染;加强对食品生产加工环节、食品流通环节、食品消费环节的安全监管;继续推进食品安全信用体系建设试点工作,健全长效监管机制;开展农村食品市场专项整治、保健食品专项整治、"瘦肉精"专项整治。通过开展各种食品安全专项整治活动,严厉打击制售假冒伪劣和有毒有害食品的违法犯罪行为,使江西食品安全得到有效保证。

【重点企业贡献突出】 2006年,江西食品工业企业中主营业务收入逾10亿元以上的企业有3家,逾5亿元的有7家,逾1亿元的有40多家,占全省规模以上食品工业企业主营业务收入的65%。其中,南昌卷烟总厂主营业务收入43.76亿元,列全省工业主营业务收入第八位。江西四特酒有限责任公司主营业务收入10.81亿元,同比增长104.27%;实现利税总额2.96亿元,同比增长74.96%,是引领江西白酒行业发展的领头羊。江西汪氏蜜蜂园有限公司主营业务收入8.28亿元,其产品畅销全国。瑞金市红都水产食品有限公司主营业务收入5.11亿元,90%的产品远销日本、美国、韩国、新加坡、东南亚等国家和地区。这些重点食品企业对全省食品工业的发展作出了重大贡献。

【不断扩大对内对外交流】 2006年,江西食品工业企业加强对内对外交流,积极参与各类交流会和博览会。省经济贸易委员会和省食品工业办公室(省食品工业协会)组织20多家重点食品企业赴湖南长沙参加首届中国中部贸易投资博览会,充分展示江西省的比较优势,帮助企业开拓国内外市场,扩大对内对外贸易。为发扬传统节日文化,江西省食品工业协会举办首届江西中秋月饼节,取得良好的社会效益。由省政府主办,省经贸委和南昌市政府承办,省食品工业协会等单位协办的第二届中国(南昌)绿色·无公害食品博览会暨2006江西食品展销洽谈会在南昌市成功举办,本届绿博会的投资洽谈、贸易成交、产销对接等各项工作均取得丰硕的成果。省食品工业协会还组织部分白酒企业赴四川成都参加2006年全国春季糖酒会并参观多家全国知名酿酒企业和部分食品企业参加2006中国(上海)国际餐饮博览会。

【科技创新工作成绩斐然】 "2006年江西省优秀新产品奖"评审,全省食品行业产品共获一等奖2项、二等奖2项、三等奖5项。此外,江西省食品工业协会还协助南昌卷烟厂完成省级企业技术中心认定工作,使南昌卷烟厂的技术研发水平达到一个新的水平;召开南昌亚洲啤酒有限公司啤酒酿造用水水质评价会。

【行业信息化建设实现快速发展】 《江西食品工业简报》在每月一期的基础上进一步做到每季度对江西食品行业进行依次行业分析,为政府决策提供良好的参考;《江西食品网》在加大人力投入、增加信息内容的基础上获得了快速发展,至年底,总点击率已突破800万人次,日均点击率突破万人次,充分发挥一个服务平台的作用;加强信息采编上报工作,其中2篇次上报国办,4篇次被选进省委、省政府两办刊物,另有1篇文章被省委机关刊物《当代江西》登载;加大对企业信息的采集力度,加强对食品企业的统计信息工作,为改善服务平台获得扎实的数据基础。

【专题调研效果显著】 2006年,为充分发挥江西的资源优势,实现转化增值,省食品工业办公室(江西省食品工业协会)收集整理全省食品加工原料资源状况的资料,并在此基础上完成《江西食品工业现状与发展报告》《江西省粮油、柑橘、茶叶资源调查情况》《农产品深加工发展专项规划研究报告》《关于加快发展江西食品产业的意见(代拟稿)》等调研报告,这些报告较为完善地反映各类可用于食品加工的资源状况,为政府有关部门的决策提供参考依据。

(陈叔然)

烟　草　业

【概况】 2006年,江西省烟草系统在省委、省政府和国家烟草专卖局的正确领导下,落实"理顺资产关系,发挥主体作用,强化内部监管,提高市场占有"的主要任务,坚持工业企业做精做优、保持特色、缩小差距、增强实力,培育主导品牌,提升队伍素质;坚持加强专卖管理,积极调整卷烟销售结构,不断加强内部管理监督,提高自律水平,各项工作取得了新的成绩。全年烟叶种植1.30万公顷,同比增加0.27万公顷;收购烟叶51.39万担,同比增长48.91%,均价10.32元/千克。卷烟生产89.8万箱,同比增长5.64%;卷烟销售108.71万箱,同比增长3.62%。实现工商税利58.09亿元,新增7.2亿元,其中工业税利34.86亿元,同比增长12.6%;商业税利23.23亿元,同比增长34.15%。8个市公司税利过亿元,63个县分公司税利超千万元。

按照国办发57号文件精神和国家烟草专卖局关于建立母子公司体制的部署要求,顺利完成体制改革方案上报批复、资产划转变更等工作,基本理顺总公司、省公司、市公司之间的资产关系,建立母子公司体制,实现国家资本向国有法人资本的转变。5月18日,广丰卷烟厂正式上划为中央预算内企业接收;12月7日,南昌卷烟总厂与赣南、广丰卷烟厂合并重组为新的南昌卷烟总厂,与江西中烟工业公司、中国烟草总公司构建三级母子公司体制。省局(公司)全面退出卷烟、烟叶经营,对全省卷烟经营行使宏观调控和监管职能,并对各市局(公司)体制改革方案和公司章程作了批复,全省烟草专卖局(公司)系统共设立11个全资子公司、97个分公司;原南铁经营部的股权无偿转让给南昌市烟草公司,确立省公司国有资产监管的主体地位、市公司市场经营主体地位和县级烟草专卖局基层执法主体地位。

坚持国家局"控制总量,稳定规模,防止过热"的总体要求,认真贯彻落实省政府《关于加快我省烟叶产业发展意见的通知》,积极把握全国“北烟南移”趋势,抓住机遇,适度加快烟叶发展,培育新的经济增长点,全省烟叶收购计划增加到55万担,净增20万担。努力完善各项惠农政策,落实烟叶救灾资金,稳定烟农种烟效益,烟叶生产补贴平均达到每担130元。优化烟叶生产布局,扶持重点优质烟叶产区发展,着力培育4个具有发展潜力的优质重点产烟县。继续大力推广烤烟生产实用技术,进一步开展平衡施肥,实施采收烘烤攻坚计划,漂浮育苗面积达到88.7%,新建密集型烤房1558座。全面推行烟叶产购合同和收购预检制,切实加强烟叶收购调拨过程监督,有效规范烟叶生产经营秩序。加大烟叶基础设施建设扶持力度,烟水配套和烤房建设投入3756万元,兴建烟水配套工程102个、标准烤房11821个,有力促进了烟区社会主义新农村建设。积极创新烟叶生产组织方式,开展烟农协会、烟叶生产合作社等新型组织方式的试点工作,并在机械化冬翻、商品化育苗等方面有较大突破。基层站点建设得到重视,基层站点管理单元的地位进一步突出。坚持烟叶集中统一经营,积极开拓省外烟叶市场,全年省外销售26.8万担,同比增加13.3万担,增长96.52%。

按照“做强金圣、做大庐山”的发展思路,加快品牌整合,有效推进软“南方”系列向“庐山”品牌的整合,促进主导骨干品牌的稳步发展。2006年“金圣”系列销售11万箱,同比增长5%;“庐山”系列销售44万箱,同比增长101%,两大主导骨干品牌产销量集中度由2005年的38%提高至60.56%,税利贡献度由2005年的71.2%提高至78%。至年底,全省卷烟生产牌号由上年的9个牌号42个规格减少至6个品牌32个规格。同时,成功开发盛世典藏“金圣”、新银“庐山”、新软红“金圣”等新产品。9月15日,南昌卷烟总厂“金圣”品牌入选中国烟草“十大梦想品牌”。

坚持把扩大系统外销售作为销售工作的核心任务,高度重视农村卷烟市场和低档烟的销售,认真做好“大丰收”品牌的培育工作,品牌集中度进一步提升,销量持续增长。网建整体推进工作通过国家烟草专卖局验收并被评为优秀。制定实施《2006～2008年卷烟销售网络建设规划》,编制《江西卷烟销售业务流程规范》,在南昌市公司开展强化客户关系管理、优化业务流程试点。大力推广“月计划、周安排”营销模式改革,积极推行“按客户需求组织订单”试点,客户关系管理、集中订货、集中配送工作质量和水平继续提升。推行跨行政区域配送,在婺源、万年成功进行试点。卷烟配送中心建设有较大进展,《江西烟草物流建设规划》通过验收。

全面实施全省烟草专卖管理网络建设。制定《全省专卖管理网络建设操作规范》,进一步完善省、市、县局专卖组织机构,明确工作职责,统一人员配备,健全管理制度,规范工作流程。强化专卖管理执行力,大力开展“责任落实年”活动,切实改进作风、提高效率,提升管理和服务水平,专卖队伍建设取得明显成效。制定印发《卷烟零售户自律小组建设规范》,专卖社区化管理和零售户自律小组工作纳入专卖管理工作目标考核体系,取得了新进展和新实效。大力打击制售假烟网络,开展“打击制售假烟网络年”活动,营造良好卷烟市场环境。充实专卖巡查队伍,加强市场日常巡查。坚持“端窝点、破网络、打团伙、惩首犯”方针,充分发挥与公安、检察、法院等部门联合打假机制作用,始终保持卷烟打假打私高压态势。全省共查处各类卷烟违法经营案件21251起,其中假烟案件3919起、走私烟案件891起,5万元以上大要案件196起。破获符合国家局制售假烟网络标准案件19起、符合省局制售假烟网络标准案件3起。查获假冒卷烟19876万支、走私烟452.66万支。摧毁贩假窝点38个、制假窝点3个。查获烟叶烟丝361.69吨、大型烟草机械6台套。拘留219人,逮捕37人,劳教7人,判刑58人。全面完成国家局下达的打假破网任务,得到国家局和公安部的肯定和好评。

全面开展“两项检查”工作,深入开展内部专卖管理监督检查自查和复查,健全监管机构,成立驻江西中烟工业公司专卖管理监督办公室。江西中烟工业公司先后在内部监督管理、纪检监察再监督、财务审计监督、原料物资管理、生产计划和设备管理、卷烟销售和广告宣传方面出台27项规章制度。开展以财务收支、内部控制制度、预算管理、专项资金审计为重点的同级审计检查,认真开展经济责任和基建项目审计。受审计署委托,省审计厅对全省烟草专卖局(公司)系统审计顺利结束。全面实施统一会计核算制度,开展会计质量抽查和多元化经营企业清产核资,确保全省烟草系统国有资产保值增值。健全完善内部管理监督长效机制,专卖、财务、销售、烟叶四个方面的管监一体化工作得到较好推广,顺利完成人事用工和内部综合管理“管监一体化”试点。以信息化促进规范化、程序化,改进监管手段,提高监管水平。

健全保持共产党员先进性的长效机制,进一步完善争创“四好”领导班子活动方案。积极开展“抓作风、促效能、创事业”和“‘两个维护’在岗位”主题实践活动。广泛开展企业文化建设,吉安市烟草专卖局(公司)红色企业文化建设试点取得阶段性成果。推行“阳光采购”、“阳光工程”,不断加强行业纠风工作。狠抓效能监察,认真做好群众来信来访工作。高度重视职工教育培训和技能鉴定工作,1058人通过职业技能鉴定。

【全省卷烟工业企业合并重组为南昌卷烟总厂】 在南昌、井冈山、兴国卷烟厂联合重组为南昌卷烟总厂和广丰卷烟厂上划为中央预算内企业的基础上,江西中烟工业公司继续抓好企业合并重组工作。7月3日,省政府主持召开全省卷烟工业企业联合重组座谈会,正式启动南昌卷烟总厂、赣南卷烟厂、广丰卷烟厂合并重组。9月21日,南昌卷烟总厂、赣南卷烟厂、广丰卷烟厂签署《南昌卷烟总厂、赣南卷烟厂、广丰卷烟厂合并重组协议书》。12月7日,国家烟草专卖局正式下发《关于江西卷烟工业企业合并重组和建立母子公司体制的批复》(国烟法〔2006〕885号)文件,同意南昌卷烟总厂与赣南、广丰卷烟厂合并重组为新的南昌卷烟总厂,与江西中烟、总公司构建三级母子公司体制,标志着江西卷烟工业企业组织结构调整的实质性工作得以顺利完成。12月28日,南昌卷烟总厂与赣南卷烟厂、广丰卷烟厂正式合并重组为新的南昌卷烟总厂,将于2007年1月1日起正式运行。

【开展跨行政区域卷烟配送试点工作】 自2005年5月3日起,省局(公司)在上饶、景德镇、鹰潭市公司间开展跨行政区域卷烟配送试点,由景德镇市公司、鹰潭市公司分别代上饶婺源县分公司、万年县分公司配送卷烟,打破原按行政区域配送卷烟的卷烟配送体系后,提高了卷烟配送效率。婺源、万年县分公司送货路线分别由原来的15条、11条整合为13条、7条,2006年婺源、万年分公司分别实现人均销售7.3条、7.4条,同比增长1.1条、0.8条。同时,实行卷烟跨行政区域配送促进了卷烟品牌整合,婺源、万年县分公司的卷烟销售品牌分别由跨区域代配送前的129个、108个品牌规格整合为87个、52个。降低了成本费用,每年节约费用45万元左右。

【开展两个维护在岗位主题实践活动】 进一步把广大干部职工的思想认识和行动统一到"牢固树立国家利益至上、消费者利益至上"的行业共同价值观上来,5月至11月,江西烟草系统开展"'维护国家利益、维护消费者利益'在岗位"主题实践活动。在"'国宝杯'牢固树立国家利益、消费者利益至上的价值观"征文活动中,省烟草专卖局局长揭国雄(总经理)撰写的《巩固先进性教育成果,落实行业共同价值观》被国家烟草专卖局评为特别奖、景德镇市烟草专卖局(公司)徐素珍局长(经理)撰写的《落实"两个维护"重在实践》获二等奖。组织开展"'国家利益至上、消费者利益至上'在岗位——听客户讲你我的故事"演讲比赛中,南昌卷烟总厂、宜春市局、景德镇市局的选手代表江西烟草参加国家局组织的行业比赛,并分别获一、二、三等奖。

(王 萱 张金泉)

中小企业

【概 况】 2006年,全省中小企业累计完成增加值2467亿元,增长15.7%,占全省GDP的53.4%;其中工业增加值1463亿元,增长16.8%。上缴税金217亿元,增长24.1%,占全省财政总收入的41.9%。实现出口创汇31.2亿美元,增长48.6%,占全省外贸出口总额的83.2%。新增就业人员133万人,从业人员达到635万,相当于全省城镇就业总人数的93.1%。

省政府制定下发《关于鼓励支持和引导个体私营等非公有制经济发展的实施意见》(赣府发〔2006〕10号)和《关于省个体私营经济领导小组更名并调整领导小组组成人员的通知》《江西省发展非公有制经济考评办法》《省直部门贯彻落实〈江西省人民政府关于鼓励支持和引导个体私营等非公有制经济发展的实施意见〉工作项目分工方案》等3个配套文件。制定下发《全省2006年工业园区指导性目标任务》,对全省工业园区的招商引资实际到位资金、销售收入、上缴税金、工业增加值、从业人员、出口创汇等9项主要经济指标提出指导性目标任务。分片召开工业园区发展情况调度分析会,共有45个工业园区负责人参加会议。推进工业园区信息化建设,46家园区完成了信息化建设的初期目标。举办全省工业园区主任产业发展培训班,省委副书记、省长吴新雄和知名专家学者作专题讲座。启动工业园区创业基地建设试点工作,吉安市全民创业示范园、景德镇市陶瓷行业小企业创业基地和安义全民创业示范园等3个创业基地被国家发改委确定为全国小企业创业基地。审核批准鄱阳县、新建县、莲花县等18个创业基地为省级小企业创业基地。

【进一步完善服务体系】 2006年,争取到500万元中央补助地方中小企业平台式服务体系建设专项资金,支持宜春、新余、九江等3个市级服务平台建设。继续实施中小企业诚信工程,160家企业被评为诚信企业。充分利用国家中小企业银河培训资金和省级中小企业发展专项资金,采取国家、省、市、县四级联动的方式,免费为全省中小企业培训1.34万名经营管理、财会统计、信息服务等人员。继续在江苏无锡举办重点乡镇党政领导中小企业知识培训班,培训人员达180人。继续开展非国有企业专业技术人员的职称评定工作,对全省447名高级职称申报人员进行培训和考试。

【加大融资担保】 全年全面推进工业园区中小企业打捆贷款融资服务工作,共为奉新、新余、德安、安义、万年等7个工业园区的75家中小企业发放流动资金贷款1.45亿元。与省农发行、省财政厅、省农业厅、省外专局等部门联合制定《江西省"一村一品"示范点融资担保试点方案》,经省政府批准同意启动试点工作。促成交通银行向奉新工业园、高安工业园分别发放流动资金贷款1.3亿和1350万。中小企业信用担保机构的管理服务工作取得明显成效,全省已建立省、市、县三级中小企业信用担保机构80家,注册资本为10亿元,共筹集担保资金11亿元,累计担保企业户数1615户,担保业务2728笔,担保总额28亿元。

【多个项目获国家资助】 全年江西共有中小企业公共服务平台、信息网络、信用担保、创业基地、教育培训、信用服务、管理咨询等方面的36个项目获得国家资助,资金总额达1820万元。项目数量和资金总额是历年来江西中小企业获得国家资助最多的一年。特别是江西中小在线信息服务有限公司在顺利完成股权重组的基础上,获得中央预算内国家中小企业信息分站建设项目投资补助240万元,资金数额在全国获得补助的16省市中位居第一。

(何波生)

非公有制经济

本栏编辑 涂小福

综 述

至2006年底,全省登记注册的外商投资企业4276户,累计投资总额231.63亿万美元,注册资本139.85亿美元,外方认缴117.40亿美元。投资总额3000万美元以上有的49户,比上年同期增长28.95%。投资总额在1000~3000万美元的有452户,比上年同期增长25.56%;累计注吊销企业3411户。全省工商部门登记的个体工商户已达71.91万户,比上年同期增长6.56%;从业人员181.39万人,比上年同期增长8.14%;资金总额187.33亿万元,比上年同期增长23.44%。全省工商部门登记私营企业已达8.52万户,比上年同期增长19.8%;从业人员160.62万人,比上年同期增长19.65%;注册资本1295.82亿元,比上年同期增长26.32%。

外商投资企业

【概 况】 2006年,在全省工商行政管理部门新登记外商投资企业852户,比上年同期增长10.22%;其中:合资企业149户、合作企业11户、独资企业690户。投资总额49.21亿美元,注册资本34.79亿美元,外方认缴额为31.71亿美元。其中投资总额在1000~3000万美元的有119户,投资总额在3000万美元的有9户。

从行业分布看,依次为制造业2615户;房地产业577户;农林牧渔业246户;住宿和餐饮业160户;建筑业110户;批发和零售业100户;租赁和商务服务业89户;电力、燃气及水的生产和供应业75户;文化、体育和娱乐业74户;采矿业44户;信息传输、计算机服务和软件业41户;交通运输、仓储和邮政业35户;水利、环境和公共设施管理业34户;科学研究和平技术服务业和地质勘察业32户;居民服务和其他服务业24户;教育业7户;卫生、社会保障和社会福利业4户;金融业3户。

从外商投资企业的国家或地区的来源看:美国240户,所占比重5.61%;英属维尔京群岛102户,所占比重2.39%;日本98户,所占比重2.29%;新加坡89户,所占比重2.39%;澳大利亚65户,所占比重1.52%;加拿大60户,所占比重1.40%;英国48户,所占比重是1.12%;韩国43户,所占比重1.01%;其余的国家或地区所占比例均不超过1%。中国香港2289户,所占比重53.53%;中国台湾632户,所占比重14.78%;中国澳门85户,所占比重1.99%;其中:投资额在1000~3000万美元的452户企业中仅中国香港就有264户,占总数的58.41%;投资额在3000万美元以上的49户企业中,中国香港就有21户。

【外商投资企业平衡发展】 2006年外商投资企业比上年同期增长7.44%,投资总额、注册资本、外商认缴额分别比上年同期增长25.26%、22.68%、26.61%。投资规模在1000~3000万美元的有119户,与上年同期相比持平。

【外商独资企业的比重纠结攀升】 2006年新登记的852户外商投资企业中有外商独资企业690户,占外商投资企业总户数的80.99%,比上年同期增长13.86%。外商独资经营一直是外商投资的首选方式,外国公司积累了在中国市场投资经验,对中国市场的驾驭能力进一步增强,因此,越来越多的外国投资者选择独资的方式投资。

【外商投资企业仍以制造业、房地产业为主】 全年新登记注册制造业549户,比上年增长19.09%,占全省新登记外商投资企业的64.44%;注册17.55亿美元,比上年同期增长23.76%;外方认缴额15.93亿美元,比上年增长23.37%。在制造业中,纺织服装、鞋帽制造业,工艺品及其他制造业,通信设备、计算机及其他电子设备制造业,化学原料及化学制品制造业,非金属矿物制品业投资较大,投资分别为4.43亿美元、3.41亿美元、3.00亿美元、1.94亿美元、1.24亿美元。全年新登记注册房地产业95户,与上年同期持平,所占比重为11.15%,注册资本7.89亿美元,外方认缴额7.49亿美元,分别较上年增长67.48%、71.36%。

【到赣投资的外商投资企业仍以亚洲国家和地区为主】 2006年,新登记亚洲国家和地区投资的企业686户,认缴出资额26.91亿美元,分别比上年增长10.65%和26.13%.

个私经营

【概 况】 2006年,全省个体工商户和私营企业经营范围和投资领域不断扩大,行业结构趋向合理。

至2006年底,全省个体工商户从事第一产业有7557户,占总户数的1.05%,与上年同期相比增长47.94%;第二产业有9.22万户,占总户数的12.83%,与上年同期相比增长4.72%;第三产业有61.93万户,占总户数的86.12%,与上年同期相比增长6.47%。

全省私营企业从事第一产业有3596户,占总户数的4.22%,与上年同期相比增长28.06%;第二产业有3.15万户,占总户数的36.94%,与上年同期相比增长15.08%;第三产业有5.01万户,占总户数的58.84%,与上年同期相比增长22.38%。

从产业结构来看,个体私营经济在第一和第二产业的发展有所突破,第三产业仍占主导地位。从行业分布来看,个体工商户主要集中在制造业、交通运输、仓储和邮政业、批发和零售业、食宿和餐饮业、居民服务和其他服务业中,以上行业户数之和占总户数的94.68%,其中户数最多的批发和零售业达38.96万户,占总户数的54.17%。私营企业主要集中在制造业、建筑业、批发和零售业、信息软件业、房地产业、租赁和商务服务业、居民服务和其他服务业中,以上行业户数之和占总户数的83.37%,其中户数最多的批发和零售业达2.70万户,占总户数31.68%。

一些行业虽然总量不大,由于近年来政策放开,经济发展等原因,发展速度引人注目。如个体工商户从事农林牧渔业共7557户,同比增长47.94%;私营企业从事农林牧渔业共3596户、同比增长28.06%。个私经济正从传统行业逐步向多元化发展。

【效益有所提高,对社会贡献日益加大】 至2006年底,全省个体工商户实现总产值484.88亿元,销售总额或营业收入881.64亿元,社会消费品零售额761.18亿元,与上年同期相比分别增长31.47%、24.42%、33.47%;全省私营企业实现总产值1000.55亿元,销售总额或营业收入1183.07亿元,社会消费品零售额751.02亿元,与上年同期相比分别增长39.77%、52.21%、34.25%。

【已成为就业和再就业的主渠道】 2006年,全省共有15819人持《再就业优惠证》办理个体工商户营业执照,免收工商规费7964.02万元。继2002年实行优惠政策以来,全省工商系统共为82178人持《再就业优惠证》办理个体工商户营业执照,免收工商规费1.6亿元。全年,个体私营经济在自身不断发展壮大的同时,共安置下岗失业人员10.3万人,占全省同期安置下岗失业人员总数的48.11%。

【个体工商户新发展速度放缓,私营企业新发展势头良好】 2006年,在全省工商部门新登记的个体工商户共有15.98万户,比上年同期下降2.63%;从业人员38.66万人,比上年同期下降5.62%,资金总额57.12亿元,比上年同期增长17.84%;在全省工商部门新登记私营企业共有1.82万户,比上年同期增长10.82%;从业人员28.41万人,比上年同期下降10.9%;注册资本276.03亿元,比上年同期增长13.71%。

(唐锋峰)

·资　料·

省政府表彰全省发展非公有制经济先进单位和先进个人名单(2005~2006年度)

一、发展非公有制经济先进设区市(3个)

新余市人民政府
南昌市人民政府
赣州市人民政府

二、发展非公有制经济先进县(市、区)(22个)

西湖区人民政府
安义县人民政府
东湖区人民政府
修水县人民政府
浔阳区人民政府
德安县人民政府
珠山区人民政府
安源区人民政府
上栗县人民政府
分宜县人民政府
余江县人民政府
南康市人民政府
章贡区人民政府
大余县人民政府
樟树市人民政府
袁州区人民政府
上高县人民政府
广丰县人民政府
余干县人民政府
吉州区人民政府
泰和县人民政府
临川区人民政府

三、先进非公有制企业(114家)

南昌市(23家)

汇仁集团有限公司
江西鸿顺德企业集团
江西省康盛广告装饰工程有限公司
南昌兰丰水泥有限公司
江西国鸿集团有限公司
江西汪氏蜜蜂园有限公司
江西洪达医疗器械集团有限公司
江西省李渡烟花集团有限公司
江西雄鹰实业有限公司
南昌盛兴制衣有限公司
南昌亨得利有限责任公司
江西鹏润国美电器有限公司
江西和平(集团)有限公司
江西丰源实业集团有限公司
思创数码科技股份有限公司
江西杏林白马药业有限公司
江西省丰和营造集团有限公司
江西三鑫医疗器械集团有限公司
江西金菱差速器制造有限公司
南昌矿山机械有限公司
南昌市香江实业有限公司
江西华龙物业有限公司
江西省家常饭饮业服务有限公司

九江市(11家)

武宁明星锑业有限公司
江西海扬纺织集团有限公司

江西民生集团有限公司
九江新康达化工实业有限公司
九江清源实业集团有限公司
九江财兴卫浴实业有限公司
九江信华集团有限责任公司
修水县珠江实业有限公司
江西回圆服饰有限公司
江西庐山天沐温泉渡假村
九江富达实业有限公司
景德镇市(5家)
江西锦溪水泥有限公司
江西中景集团有限公司
江西晨航灯头有限公司
江西天新医药化工有限公司
景德镇市鹏飞建陶有限责任公司
萍乡市(6家)
萍乡钢铁有限责任公司
江西武冠实业集团
江西联达冶金有限公司
萍乡市永顺陶瓷包装材料有限公司
江西省永安特种冶金材料有限公司
江西日江水泥制造有限公司
新余市(4家)
新余良山钢管有限公司
江西飞宇电子科技有限公司
江西恩达家纺有限公司
江西赣锋锂业有限公司
鹰潭市(5家)
江西贵雅照明有限公司
江西铜材有限公司
江西恒慧光学眼镜有限公司
鹰潭市东湖五金机械有限责任公司
果喜实业集团有限公司
赣州市(19家)
江西耀升工贸发展有限公司
赣州华坚国际鞋城有限公司
赣县世瑞矿产品贸易有限公司
崇义章源钨制品有限公司
赣州虔东实业(集团)有限公司
南康市众鑫矿业有限公司
大余县伟良钨业有限公司
江西国兴实业集团有限公司
南康市汇丰矿业有限公司
赣州市信达钨钼有限公司
全南晶环科技有限责任公司
江西明达功能材料有限公司
江西圣塔实业集团有限公司
龙南县万宝稀土分离有限公司
赣州发电设备成套制造有限公司
江西杨氏南北鲜果有限公司
赣州菊隆高科技食品有限公司
大余县经伟钨业有限公司

会昌金龙锡业有限公司
宜春市(12家)
江西济民可信药业有限公司
江西华伍起重电器(集团)有限责任公司
仁和(集团)发展有限公司
江西太阳陶瓷有限公司
奉新赣锋锂业有限公司
万载县鑫隆出口烟花制造三厂
上高瑞麦食品有限公司
江西鼎丰玻璃有限公司
江西省金发铜业有限公司
江西铜鼓有色冶金化工有限公司
江西四特酒有限责任公司
江西兰丰水泥(集团)有限公司
上饶市(10家)
上饶市华丰铜业有限公司
江西省德兴市百勤异VC钠有限公司
江西岩鹰水泥有限公司
江西同欣机械制造有限公司
横峰县繁荣铜业有限公司
弋阳县旭日铜矿业有限责任公司
江西立天唐人房地产发展有限公司
江西莲花山矿产实业有限公司
江西万年县南方耐火材料厂
铅山县蓝翔矿业有限公司
吉安市(10家)
吉安县油盘铁矿漳安峥嵘选厂
江西广恩和制药有限公司
江西玉华集团公司
吉安华泰施工有限公司
江西堆花酒业有限责任公司
江西普正药业集团公司
江苏三笑集团遂川日化有限公司
江西电缆有限责任公司
新干兴周实业有限公司
江西省赣泉啤酒有限公司
抚州市(9家)
江西临川酒厂
江西变电设备有限公司
江西添光化工有限责任公司
广昌昌顺物流有限公司
江西联兴纸业有限公司
抚州市金山出口烟花制造有限公司
南城鸿丰铁合金有限公司
江西赣东苎麻纺织有限公司
江西雨帆农业发展有限公司

四、先进个体工商户(80户)

南昌市(11户)
王来明　南昌县莲塘鸭子店
杨梨花　安义县金日大酒店
付　宁　湾里金悦酒楼
刘雪英　南昌市东湖独一处寿福城
刘赣铭　南昌市东湖人情味滋补厨皇
刘春根　南昌市西湖区金碧辉煌餐饮娱乐总汇
聂玉泉　南昌市西湖区玉兔饭庄
邓国林　南昌市豫章城大酒店
周根英　南昌市西湖区民间食府
袁跃红　南昌市西湖区真真大餐馆
张良发　南昌高新区良发粮食加工厂
九江市(9户)
左幼林　湖口塑料开关厂
杜江修　修水民乐家电公司
汪建权　庐山鑫缔宾馆
吴多才　彭泽县芙蓉采石厂
汪山林　星子山林大酒店
刘德生　永修汇丰超市
李建国　九江县渊明山庄
张远球　武宁县球仔摩托车行
占竹林　都昌北大家电公司
景德镇市(4户)
邹　仁　乐平市天园大酒店
冯皆兵　浮梁县吉鑫饮食园
邓爱娣　浮梁县新昌大酒店
申若成　景德镇市拉芳舍美食城
萍乡市(4户)
王戟明　芦溪县爽心居宾馆
李树春　萍乡市湘东区名姿娱乐休闲业发展有限公司
贺银华　莲花县金三角银华摩托车城
吴明平　上栗县明珠宾馆
新余市(3户)
刘　超　新余市山水食府
林立夫　分宜金豪大酒店
钟根牙　分宜县钟氏米厂
鹰潭市(3户)
王　彪　江西百乐城服务有限公司
吴国宝　鹰潭时鲜大酒店
饶坤根　余江建辉食品商行
赣州市(14户)
王福华　赣州市滨江酒楼
胡敦建　赣州市源湖大酒店
卢圣兰　南康市教育大厦宾馆
何桂泉　安远何氏批发超市
刘卫权　瑞金卫权石灰厂
何　斌　南康市何斌土特产中心
廖殿生　定南县金都宾馆
杨烈仁　信丰和丰商店
赖五玉　龙南县吉祥超市

周　颖　石城县汇客隆购物广场
刘　华　赣县田园酒家
唐晓明　宁都县赣宁发展有限公司
范忠民　寻乌县伟强果业农药化肥经销部
丁九生　于都县白天鹅宾馆
宜春市(10户)
熊晓芳　袁州区湖南大碗菜
张云辉　丰城市菜员外酒店
王俊兴　高安市浙江老板王家具厂
李江锡　樟树福旺家购物广场
简小林　奉新县冯客隆购物广场
宋忠平　万载县港湾大酒店
黄子平　上高县欣荣大酒店
龚建勋　宜丰县正大化工厂
舒惠忠　靖安食府
郑向生　江西铜鼓青松宾馆
上饶市(4户)
林　琳　上饶市信州区琳晓芦荟日用品商行
李新发　鄱阳时代购物广场
黄海辉　万年县日新百货超市
章春红　德兴市日新百货超市
吉安市(9户)
陈俊妹　泰和县隆源宾馆
郑国生　新干县家家乐超市
谢辉虹　永新县麒麟公司
李丁福　吉安县雅美服装公司
邵吉荣　井冈山市沁园春大酒店
肖志红　万安县新大新购物中心
张　黎　吉水县永胜皮革劳保手套厂
吴全根　峡江县新世纪超市
刘　兵　吉安市富临门大酒店
抚州市(9户)
徐　全　龙资溪县全龙艺术蛋糕培训学校
江书胜　金溪县河源水晶玻璃加工厂
李立云　东乡县新海大酒店
张仉孙　崇仁县张仉孙麻鸡养殖贩运户
万建华　临川区橡山捏脚铺子
李　勇　南丰御膳房酒店
吴光明　金溪县日新百货超市
陈林富　抚州市万家灯火酒店
李　刚　宜黄县怡煌大酒店

五、优秀非公有制企业家(20名)

南昌市(3名)
熊林根　南昌亨得利有限责任公司董事长兼总经理
邓庆茂　江西省李渡烟花集团有限公司董事长兼总经理
查加智　江西丰源实业集团有限公司董事长
九江市(2名)
王　翔　江西民生集团有限公司董事长
梅　清　九江清源实业集团有限公司董事长兼总裁
景德镇市(1名)
叶　青　江西锦溪水泥有限公司董事长
萍乡市(1名)
涂建民　萍乡钢铁有限责任公司董事长兼总经理
新余市(1名)
肖志贤　新余良山钢管有限公司董事长兼总经理
鹰潭市(1名)
张社喜　江西贵雅照明有限公司董事长兼总经理
赣州市(3名)
谢瑞鸿　赣州菊隆高科技食品有限公司董事长
黄泽兰　崇义章源钨制品有限公司董事长
李虞财　江西国兴实业集团有限公司董事长
宜春市(3名)
熊国庆　江西济民可信药业有限公司总经理
聂景华　江西华伍起重电器(集团)有限责任公司总经理
杨文龙　仁和(集团)发展有限公司总经理
上饶市(1名)
徐仕华　上饶市华丰铜业有限公司董事长
吉安市(2名)
李　希　江西广恩和制药有限公司董事长
周浑华　吉安华泰施工有限公司董事长
抚州市(2名)
杨灿龙　江西临川酒厂董事长
刘双龙　江西添光化工有限责任公司总经理

六、服务非公有制经济发展先进单位(40个)

省委统战部
省发展和改革委员会
省财政厅
省工商局
省国税局
省地税局
省统计局
省外经贸厅
省工商联
人民银行南昌中心支行
南昌市中小企业局
南昌市委宣传部
南昌市国税局
南昌市地税局
九江市工商局
九江市民营企业服务局
九江市财政局
景德镇市中小企业信用担保中心
乐平市中小企业局
江西省电瓷商会
萍乡市工商联
新余市国税局
新余市工商局
鹰潭市行政服务中心管委会
鹰潭市地税局
赣州市中小企业局
赣州市工商局
上犹县财政局
宜春市民营企业局
宜春市财政局
宜春市行政服务中心管委会
上饶市监察局
上饶市工商局
上饶市劳动与社会保障局
吉安市工商局
青原区中小企业局
安福县工业园区管委会
抚州市中小企业局
抚州市工商局
资溪县安全生产监督管理局

信息化建设

本栏编辑　涂小福

综　述

2006年,在省委省政府的正确领导下,江西紧紧围绕全省经济社会发展总体目标,加快推进全省信息化建设,取得了可喜的成绩.

电子政务应用的主导地位进一步突出　各地各部门以全省电子政务统一网络平台为依托,大力开展应用系统建设,促进了各级政务部门转变政府职能,创新政府管理,提高行政效能。省政府公文电子传输系统建成并开通运行,大大提高政府公文传输效率。省政府决策支持综合服务系统建设取得初步成果,进入推广应用阶段。江西省突发公共事件应急平台建设稳步推进,已建成开通交通安全GPS平台。省高级人才信息库系统完成数据采集工作,基本完成管理软件的开发。"民声通道"信息系统完成系统设计方案、民声通道网站、省级内部协同办公平台的开发。

各地、各部门政府网站普遍设立政务公开、网上办事、互动交流栏目,为民服务水平和质量有新的提高。省直部门网上服务事项超过1000项,提供可下载表格230多种;各设区市政府网站网上服务事项平均超过600项,提供下载表格平均达到400多种,极大地方便了企业和社会公众。省政府门户网站进行全新改版,在国信办组织的2006年中国政府网站绩效评估中,江西省政府网站在全国31个省级政府网站中排名第十三名,较上年前进五名;同时江西省政府网站的公众参与指数提升到全国省级政府网站的第十名。开展全省政府网站评比表彰工作,各地各部门对政府网站内容和功能进行全面优化和完善,总体水平有了较大幅度提升,达到"以评促建"的效果。在2006年全国政府网站测评中,江西有4个设区市进入全国市级政府网站前40名。99个县(市,区)的政府网站数量从参评前的80多家上升到96家。

信息基础设施建设进一步完善

2006年,全省固定局用交换机容量(含接入网)1177.4万门,新增81.2万门;移动交换机容量1747.2万门,新增796万门;长途交换机容量46.9万路端,新增6.9万路端;长途光缆长度16358千米,新增246千米。新增电话186.2万户,用户总数达到1813.9万户。其中固定电话新增51.3万户,达到880.6万户;移动电话新增134.9万户,达到933.3万户,移动电话总数首次超过固定电话总数。互联网用户总数424.1万户,其中宽带用户达到98.3万户。全省广播综合人口覆盖率94.5%;有线电视用户达352.7万户,电视综合人口覆盖率96.2%。

全省电子政务统一网络平台进一步完善,率先完成国家电子政务外网江西分中心建设,网络运行稳定,实现与国家政务外网的网络传输系统、网络管理系统、域名系统和安全保障系统的对接,按国家的进度安排,完成省监察厅、省扶贫办与国家对口部门的联网。省政务信息网横向联网工程步伐加快,实现全部省直单位联入省级政务信息网,省级平台用户突破200家。重点推进市、县横向联网工作,设区市实现80%的市直单位联入同级政务信息网,县(区)60%的直属单位联入同级政务信息网。

各领域信息化建设进一步深化

全省大中型企业在不同程度上应用ERP,部分大、中型企业开展初步的网上交易并积累一定的经验,企业信息化试点工作成效显著。《江西省电子商务"十一五"发展规划》颁布实施,"江西电子商务公共网及江西电子商务移动网"启动建设。全省数字认证中心(CA中心)发放CA证书累计超过1.8万份。电子口岸、社会保障、科技教育和医疗卫生领域的电子商务建设都取得长足发展。

全省农村中小学现代远程教育工程顺利推进,开通江西省基础教育资源中心网站,免费为全省中小学教师提供优质教育教学资源。省卫生厅"为民健康网"全面改版,普及卫生知识,开放医院基本信息、医疗价格、药品信息等数据库,方便群众查询。"江西社区信息化综合服务平台"开通运行,为广大社区居民提供社会保障、家政、卫生、保健、求助等综合信息服务。

2006年,自然村通电话比例达到80.6%,行政村通宽带比例达到40.4%,创建"信息田园"、"号码百事通田园热线"、"一村一品"、"农贸集市"、"信息墙"、"农业新时空"等一系列农村综合信息服务。江西省农村综合信息网开通运行,整合了声讯、短信系统及各类、各级网站系统,农民可借助信息电话、短信、互联网、114号码百事通等多种方式,实时获取和发布各种实用信息,并实现实时沟通交流。

信息产业发展进一步加快　电子信息产品制造业规模不断扩大,软件产业发展迅速,产业集中度进一步提高,初步形成门类齐全、具有特色的产业结构,信息产业呈现出较好的态势。2006年,全省电子信息产业完成销售收入154.35亿元,增长37.33%;工业

江西省政务信息网网管中心　　省信息中心供稿

增加值29.88亿元，增长28.96%；利税总额8.51亿元，增长10.09%；出口交货值29.97亿元，增长74.35%。其中软件产业累计完成主营业务收入34.31亿元，增长28.02%。全省电子信息产品制造业企业有2家进入全国百强；软件企业有3家跻身中国软件百强，4家进入国家规划布局内的重点软件企业，年销售收入超亿元的有10家，较上年增加1倍。2006年，全省通信业业务收入稳定增长，完成电信业务总量298亿元，同比增长22.6%。电信业务收入完成122.6亿元，同比增长15.3%。行业利润总额和净利润分别达到12.2亿元、8.4亿元，上缴税费总额7.4亿元。

（宋长生　宁　全）

信息基础设施

【概　况】 2006年，全省固定局用交换机容量（含接入网）1177.4万门，新增81.2万门；移动交换机容量1747.2万门，新增796万门。长途交换机容量46.9万路端，新增6.9万路端，长途光缆长度16358千米，新增246千米。新增电话186.2万户，用户总数达到1813.9万户。其中固定电话新增51.3万户，达到880.6万户；移动电话新增134.9万户，达到933.3万户，移动电话总数首次超过固定电话总数。互联网用户总数424.1万户，其中宽带用户达到98.3万户。全省广播综合人口覆盖率94.5%；有线电视用户达352.7万户，电视综合人口覆盖率96.2%。

【省信息化领导小组第五次会议召开】 5月26日，江西省信息化领导小组第五次会议在南昌召开。省信息化工作领导小组组长、常务副省长吴新雄在会上作重要讲话，副组长、副省长凌成兴出席会议，副组长、副省长孙刚主持会议并作会议总结。省信息化领导小组成员单位及省直有关部门的负责同志参加会议。会议传达学习国家信息化领导小组第五次会议精神，审议并原则通过《江西省国民经济和社会信息化"十一五"专项规划》、审议通过《江西省信息化新农村建设实施意见》和《全省2006年信息化工作要点》，部署全省信息化工作任务，研究讨论全省政府网站评比办法。

【江西电信推进基础网络设施建设】 2006年，江西电信公司积极推进四大工程建设，进一步完善基础网络设施建设。一是IP宽带网改造工程。实施CHINANET骨干网扩容建设，全省CHINANET骨干网出口带宽由40G扩容至100G，并形成每个节点双设备冗余保护的安全网络架构，大大提升全省宽带互联网业务能力和网络质量。实施CN2二期扩容建设，全网采用业界最先进的高端路由器，省出口带宽40G，每个节点双设备冗余保护并有1台业务路由器，具备按业务、客户进行差异化优先等级保障、快速重路由、MPLS标签交换、严格安全控制等功能，并能实现IPv6功能。实施宽带IP城域网优化扩容建设，新增加先进的高端路由器和新一代BRAS设备，实现所有城域网由交换型到路由型的改造，全面支持MPLS、QoS和组播技术，具备为企业互联、高等级关键业务提供安全VPN和网络质量保障能力，网络稳定性和安全性得到大幅提高，全省城域网到骨干网出口达到144G，基本实现千兆带宽到县。在宽带接入网方面，大力推进宽带接入能力建设，全面推广ADSL2+设备使用，接入带宽和接入稳定性得到较大提高，实现全省所有乡镇的宽带覆盖，并在此基础上实现50%的行政村宽带覆盖。二是固网智能化工程。在2005年完成全省固网智能化改造的基础上，积极推进固网智能化广域虚拟网、一号双机、一号通、同振等二阶段业务实现，满足了用户固网智能化新业务的需求。2006年，积极推进PHS SHLR与固网SHLR的融合工作，完成PHS和固网SHLR的融合，实现对PHS和固话用户数据的集中管理。三是软交换工程。2006年，进一步加快软交换试商用工作，利用软交换网实现长途话务分流，大部分分公司开展AG商用，南昌、上饶、鹰潭在合适场合推进IAD应用。四是传输网工程。2006年，开展省干传输系统扩建工程以及部分本地网波分系统及MSTP传输系统等工程的建设。省干传输系统扩建工程为在省干40×10G波分系统基础上，采用72×40G大容量波分技术，同路由新建覆盖全省11个地市的大容量波分系统，形成省干波分第二平面。为满足宽带业务快速发展的需要，2006年启动部分本地网DWDM32　2.5G密集波分系统建设，千兆宽带已覆盖所有县，同时进一步完善县乡传输网络，百兆宽带基本覆盖主要乡镇。

【江西广电启动全省有线电视数字化整体转换工作】 2006年，江西广电网络公司成立有线电视数字化转换工作领导小组，制定《江西省有线电视数字化整体转换实施方案》，并完成江西省有线电视数字化整体转换演示平台的搭建,以及省网络中心机房数字电视平台的节目扩容工作。该平台由数据信息服务平台、数字音频广播平台、NVOD播出平台和VOD互动电视播出平台组成。可为江西省有线电视用户提供61套基本数字电视节目、45套付费数字电视节目和20套数字广播节目;在数据信息服务平台将提供阳光政务、新闻资讯、交通信息、百姓生活、走进江西、旅游观光、电视商务、证券行情等各种便民的信息服务;在VOD互动电视平台将向用户提供丰富多彩的影视节目。

2006年全省共立项布网51117户,乡镇联网436个村共54352户。全省共改造分配网15.55万户、管道工程126千米,乡镇光缆工程杆路1220千米,72个乡镇、1462个村实现光缆联网。

为确保省(国)干线光缆的安全,省广电与江西联通和江西铁通协商,资源共享,置换纤芯、互为备份,完成700多皮长千米的光缆纤芯置换工作,缩短干线光缆发生阻断时所修复的时间,荣获中国有线"2006年度光缆线路维护创新先进单位"的称号。

【江西移动进一步优化网络建设】 2006年,江西移动投资近22亿元,优化建设移动通信网络,新建基站2200个,基本实现省内行政村通电话。还积极实施农村移动信息化建设,完善以移动短信系统、GPRS业务系统、移动行业网关等信息承载平台以及12580、手机报信息服务平台的建设。

江西移动采取有线和无线接入相结合的方式为农村用户提供宽带业务,在信息化乡镇农村用户的接入带宽最大可达到100M,信息化示范村接入带宽至少能达到10M。2006年完成20个信息化示范乡镇和200个信息化示范村的建设。

江西移动建设的行业应用网关应用系统,该系统具有对EC(集团客户)、SI(合作伙伴)进行信用等级评估、上行短信(MO)和下行短信(MT)、短信息存储重发、流量控制、短信内容合法性过滤以及对EC/SI的鉴权的功能,已经为政府、企事业单位重要的移动信息化支撑平台。

江西移动协助省委办公厅和各级地方党委建设"民声通道",为人民群众与党政领导间的沟通搭建了一座畅通便捷的电子桥梁、一个"24小时不关门"的信息绿色通道。2006年江西移动陆续为"民声通道"专用短信平台完善设置自动回复短信、短信到达自动提醒、按照时间和发信人进行排序检索等特色功能,为省委办公厅民声通道工作提供强有力的技术支撑。在此基础上还结合二维码等新技术新应用,在南昌开通全国首个二维码信息社区。帮助省委建设"江西党建移动平台",按分级管理的要求建设,形成覆盖省市县三级、纵向到底、横向到边的网络体系。

【邮政网点实现电子化联网互通】 7月下旬,全省近1500个邮政自办营业网点全部实现电子化并全省联网互通,用户可以享受到比以往更为方便快捷的"一台清"优质服务。与以往手工营业相比,电子化邮政营业系统具有强大业务功能:不仅能与运营商和行政公用事业单位收费系统对接,实现及时查阅用户应缴费用、办理缴费业务、实时打印发票等功能;而且能与运营商票务系统对接,为用户提供快捷的交通和演出门票及彩票等票务订送服务;还能将商家及各类服务商的商品、招生招工等信息加载上邮政营业系统,从而开辟信息传递的"绿色渠道";以及为政府部门提供政令传递和政策传播服务,形成城乡之间产品、信息、资金交互的桥梁和通道;在最短的时间内为用户办理各类邮政和收费业务等。

(施明霞　王　伟)

信息技术应用

【概　况】 2006年,省政府发布《江西省信息化新农村建设实施意见》,江西省农村综合信息网、江西省新农村网先后开通,"千村百镇"信息化示范工程、"送信息下乡,服务新农村建设"活动正式启动。推动信息化新农村建设是省委、省政府推进农村信息化、全面建设社会主义新农村的重要举措,对于解决"三农"问题、统筹城乡发展、提高信息化水平具有重要意义。

电子商务发展迈上快车道。省政府召开全省电子商务工作会议,要求加快发展电子商务,"十一五"规划期间,我省电子商务总体应用水平要进入全国中游,力争跻身全国先进。江西电子商务公共网、江西电子商务移动网建设先后启动,标志着江西电子商务基础设施和应用水平迈上一个新台阶。

电子政务建设稳步推进。省政府发布《关于做好省人民政府门户网站内容保障工作的通知》,并开展全省政府网站评比活动,有力地促进各级政府及部门网站建设。设区市政府和省直部门全部建成网站,99%以上的县(区)政府建立了网站。国家电子政务外网江西分中心建成,省委"民声通道"系统,全省信访纵向业务系统、全省林业纵向业务系统先后启动建设。

【江西省信息化新农村建设全面启动】 3月31日,江西省农村综合信息网正式开通,标志着江西省"信息化新农村"建设全面启动,全省将建设100个"农村信息化示范乡镇"和1000个"农村信息化示范村"。省委书记孟建柱、省长黄智权致信祝贺,副省长孙刚点击按钮开通网络。孟建柱、黄智权在贺信中指出,信息化新农村建设是全面建设社会主义新农村、加速江西省信息化进程的重要内容,对解决"三农"问题、统筹城乡发展、提高信息化水平有着十分重要的意义。

【省高级人才信息库建设工程全面实施】 2月21日,全省高级人才信息库建库业务培训班在省科学院举办,来自全省各设区市的组织、统战、国资、人事、劳动等部门和省直有关单位的120余人参加培训,标志着全省高级人才信息库建设工程已经全面进入组织实施阶段。江西省高级人才信息库覆盖全省各层次、各领域的各类高级人才,在纵向层次上分省、设区市、县(市、区)三个层次,分别设立一级库、二级库、三级库;在横向内容上分为综合库和7个专业库,分别涵盖党政人才、国有企业高级经营管理人才、非公组织高级经营管理人才、高级专业技术人才、高技能人才、农村优秀实用人才以及省外赣籍高层次人才等。省高级人才信息库的建设，将为全省高级人才的有效使用、合理配置、科学管理提供信息服务。

【省司法系统省市县三级信息专网在全国率先开通】 4月8日，江西省司法系统省市县三级信息专网在全国率先开通。信息专网的开通，标志着江西省司法行政系统信息化建设迈入一个新的发展阶段。省委副书记彭宏松，省委常委、省委政法委书记舒晓琴，省政协副主席金异，司法部、省直有关部门负责人出席开通仪式。江西省司法系统省市县三级信息专网工程是整个司法行政系统信息化建设的基础性、关键性工程。它以省政务信息网为依托，不仅实现监狱、劳教系统与各市、县司法局的互联互通、业务协同和安全保密，而且实现司法行政机关与省委、省政府和全省各级党政机关的网络互联、信息共享，走出一条符合司法行政部门实际的自主建设、自我开发、自我发展、自我管理、经济实用的信息化之路。

【"送信息下乡，服务新农村建设"活动正式启动】 5月16日，由省社会主义新农村建设领导小组办公室牵头，江西移动通信有限责任公司和江西日报社联合举办的"送信息下乡，服务新农村建设"活动正式启动。活动由江西移动通信有限责任公司出资，分期在省内农村基层单位免费发放数千台集语音通话、接收、群发短信息和小区广播功能于一体的"农村信息机"，并以此为载体，由江西日报社大江网以短信、声讯、互联网等多种传播方式，免费发布农事指导、政策快讯、劳务资讯等相关农业信息，实现促进农产品交易、解决农户困难，防灾减灾的目的。在此基础上，搭建成一个遍布全省、覆盖大部分乡村的农业信息综合平台。

【省价格监督检查网开通，接受乱收费举报】 5月20日，省价格监督检查局联合南昌市及各区物价部门，开展统一价格举报电话"12358"开通五周年的宣传活动。江西省价格监督检查网(www.jx12358.com)也在当日正式开通。市民如遇到乱收费等行为，均可进行网上投诉举报，网站开设价格标准、收费标准公示等栏目，以方便消费者查询有关的价格(收费)政策和标准；同时，网站还接受市民网上咨询。

【浙赣线全新数字通信系统投入使用】 6月6日，浙赣线全面正式投入使用新型、大容量的数字化铁路通信系统。浙赣线铁路通信系统改造是浙赣线电气化改造的主要配套工程，总投资1.5亿元。浙赣线数字通信系统全面倒接成功后，可全线开通数字调度、无线列车调度、红外线轴温监测、售票、行车调度指挥、铁路信息自动化、微机监测等13项有关铁路信息化建设方面的数字通信业务，通信业务传输容量将提升4倍。

【全省电子商务工作会议在南昌召开】 6月17日，全省电子商务工作会议在南昌召开，副省长凌成兴出席会议并讲话。会议指出，"十一五"规划期间我省将加快电子商务基础建设，建设具有国际先进水平的高速通信网，提供满足电子商务发展要求的宽带化、个人化和智能化的通信服务；宽带骨干网覆盖率在规划市区达到100%，郊区大于90%；宽带接入的家庭普及率全省总体达到50%以上，科技园区达到70%以上。电子商务应用水平进一步提高，各级企事业单位行政管理实现电子化、网络化，政府行政许可项目网上提供比率超过80%，80%以上的企业建有网站，企业间电子商务普及率达到30%，网上商务交易额占全省国内生产总值的20%。"十一五"规划期间，我省将初步完成适应国民经济和社会发展的电子交易平台建设，构建"数字江西"的基本框架，电子商务总体应用水平进入全国中游，力争跻身全国先进。

【江西新农村网开通】 由江西省社会主义新农村建设领导小组办公室、江西移动通信有限责任公司、江西日报社共同举办的江西新农村网开通仪式暨农村移动信息化应用成果发布会6月26日在南昌举行。省委常委、省委宣传部部长刘上洋，副省长凌成兴等出席会议，并点击开通江西新农村网。省移动公司与江西日报社共同推出的"农信通"短信息服务和"新农村手机报"也同时开通。

【井冈山打造旅游电子商务平台】 8月初，井冈山红色旅游电子商务综合服务平台顺利通过国家发改委的项目答辩，获得立项批准。井冈山将投资7860万元，预计用两年的时间搭建起红色旅游电子商务综合服务平台。

【赣县信息网络遍城乡】 赣县大力实施信息网络工程建设，南塘石院、小都、吉埠枧田等11个村推进"网络新村"建设，112户农民购买了电脑并入网，建立2个镇级农民知识化网络培训站，并为此输送1000多名农村富余劳动力。该县以健全两大机制为落脚点，全力构筑城乡"高速公路"。一方面，健全乡村信息网络建设的经费保障机制，从推进新农村建设经费中设立80万元专项经费，采取政府补贴一点、挂点单位补助一点、乡镇帮扶一点、农民自筹一点的方式，解决电脑等设备所需资金的投入问题。对购买电脑上网的农户每台补助1500元，减免上网资费。同时，赣县还通过信息网络建设提升"互联服务"。该县配合政务网向乡镇延伸，在各乡镇配备电脑和背投电视，通过该套设备进行集体培训。此外，还积极建设好农民培训和创业的服务平台，把综合素质高的干部和大学生"村官"推向农村一线，利用赣县农民知识化网开通的"视频教学"、"专家授课"等栏目向农民传授农技知识，教会农民上网，了解农产品市场供求信息。

【信息化助推南昌快速发展】 在第五届金秋经贸活动月中，南昌市十余个信息化项目相继开工。"一卡通"工程，是南昌市推动网络服务、信息内容服务、信息咨询服务业的便民举措。南昌市在城市规划、建设、管理的全过程，始终坚持"数字南昌"理念，并依托政务信息网络平台，在统一的技术标准规范下，构建共享式基础应用公共信息服务平台，充分利用现有资源，将治安、消防、急救、交通、人防、公用事业(水、电、气)等单位，统一在一套完整的多功能智能化信息处理与通讯网络之中。同时，大力推动居民社区和家庭信息化，对已建住宅小区实施改造,实现宽带到楼、宽带入户,推广住宅和小区智能化管理等。依托宽带数据通讯网络及教育软件和资源,建设连接教育局和各级各类校园的“校校通”工程也在进行之中。

【崇义县被列为国家级县域经济信息化试点县】 10月中旬,国务院信息化工作办公室正式下文批准崇义县为10个国家级县域经济信息化试点县之一,这也是江西唯一一个被列入国家级信息化试点的县(市)。通过试点,探索出一条在推进特色产业发展、增加农民收入、加速城乡一体化进程方面的经验和模式,为推进国家县域经济信息化的发展发挥积极的作用。

(陆培军　彭小平)

信息产业

【概　况】 2006年,江西信息产业取得良好的发展,产业规模不断扩大,出口快速增长,经济运行的质量和效益稳步提高。全年完成销售收入154.35亿元,增长37.33%;工业增加值29.88亿元,增长28.96%;利税总额8.51亿元,增长10.09%;出口交货值29.97亿元,增长74.35%。初步形成南昌以新型元器件、应用软件、数字视听、集成电路为主,九江以数字通信整机和电子材料为主,吉安以数字通信整机和通信线缆为主,新余以电子材料和数字视听产品为主,赣州以宽带接入设备和数字视听产品为主的特色板块;形成以晶能光电(江西)公司、江西联创光电科技股份有限公司、吉安市木林森电子科技有限公司为主的LED企业集群;以江西鸿源数显科技公司、江西飞宇电子科技有限公司、南昌中天电气有限责任公司为主的视听产品企业集群;以清华同方七一三厂、江西联创通信公司、友利电电子(江西)有限公司为主的通信产品企业集群;以江西省江铜－耶兹铜箔有限公司、九江德福电子材料有限公司、九江福莱克斯有限公司为主的电子材料企业集群;以江西联创线缆公司、江西泛亚电线电缆公司为主的通信线缆企业集群;以江西赛维LDK太阳能高科技有限公司为核心的新能源新材料企业集群;以泰豪软件公司、南昌先锋软件公司、江西微软技术中心、巴士在线(集团)有限公司等骨干软件企业及数字信息服务商为核心的软件企业集群。2家电子信息产品制造业企业进入全国电子信息产业百强,102家软件企业、225项软件产品通过认定,其中跻身中国软件百强企业3家。进入国家规划布局内的重点软件企业4家,20家企业获得信息产业部计算机系统集成资质证书。南昌市高新技术开发区成为首批国家科技兴贸出口创新基地。全行业技术创新工作不断推进,共列入国家级计划项目15项,其中列入国家重点新产品计划项目2项、国家“863计划”项目1项、国家火炬计划项目10项、国家科技攻关计划项目1项、国家科技兴贸计划项目1项。列入省计划项目共有176项。有7项科技成果获得“2006年度江西省科技进步奖”、21个项目被授予“2006年度江西省优秀新产品奖”。江西联创通信有限公司吉安分公司总装班获得全国质量信得过班组称号。

无线电管理工作认真落实“十一五”规划,在法规制定、基础设施建设、台站管理、频率指配、监测(查处)干扰等方面取得显著成绩,《江西省无线电管理条例》列入省政府立法计划项目,开展建立县级无线电管理协管员制度的试点工作,实现全省无线电管理信息网的互联互通,启动无线电监测网三期工程建设。共核查PHS基站21063个,撤销台站1152台(部),封存电台425台(部),收回频率325个,排除无线电有害干扰80多起,测试电磁环境212次,检测无线设备1750台(部)。至年底,全省无线电台站总数为1174万余部,新增各类无线电台站150万台(部),增长15%。

全年以上饶列入全国首批农村信息化综合信息服务试点城市为契机,深入开展全省新农村信息化建设工作,建设“信息田园”全省农村综合信息服务平台,为农民提供各类涉农信息,为涉农企业提供综合信息。通过签订《农村信息化合作意见书》,积极参与构建泛珠三角区域农村信息化服务体系,搭建泛珠三角——东盟农产品贸易平台。深入推进企业信息化建设,汽车、医药、能源、冶金、机械、化工等行业的一批大型企业将信息技术应用于生产经营活动的各个环节并取得较好效果,南昌等6个制造业信息化示范市已通过国家验收。电子政务应用加快推进,全省电子政务统一网络平台硬件基础设施进一步完善,国家电子政务外网江西分中心和全省政务信息网通信备份线路已开始建设,省政务信息网横向联网工程步伐进一步加快,电子政务应用系统的建设全面展开,政府决策支持综合服务系统、突发公共事件应急指挥系统、高级人才

江西省无线电监测站承担维护空中电波秩序等职责,2006年排除有害无线电干扰26起。图为该站技术人员正在紧急排除民航遇险呼救频率干扰。

省信息产业厅供稿

信息库系统、电子口岸、“金盾”工程、“金财”工程等一批重点项目建设取得阶段性成果,初步实现全省党政机关的网络互联、信息共享、业务协同和安全管理,政府公共服务水平、能力和效率有较大提高。

【**南昌高新区成为首批国家科技兴贸出口创新基地**】 12月5日,南昌市高新技术开发区被商务部和科技部批准为国家科技兴贸出口创新基地,成为首批认定的18个国家科技兴贸出口创新基地之一,也是全国唯一的光机电一体化出口创新基地。这对实施科技兴贸战略、转变外贸增长方式、做大做强光机电产业将发挥有力的促进作用。

【**太阳能电池用多晶硅产业取得快速发展**】 我国太阳能光伏产业发展迅速,每年要大量进口硅晶片用于太阳能电池生产。新余赛维LDK太阳能高科技有限公司主要从事用于太阳能电池的多晶硅铸锭、多晶硅晶片的研发和生产,2006年已形成75MW的生产能力,实现销售收入9亿元。太阳能电池多晶硅快速发展既丰富了江西电子信息产品门类,也为发挥资源优势、培育光伏产业链打下了基础。

【**五个项目获得电子信息产业发展基金资助**】 2006年,晶能光电(江西)有限公司的“半导体照明用外延片开发及产业化”、南昌先锋软件股份有限公司的“基于J2EE的先锋电子医疗构件平台的研发与产业化”、江西联创通信有限公司的“井下综合业务无线通信系统开发与业化”、江西大有科技有限公司的“新型节能环保磁性电子材料开发及产业化”和景德镇陶瓷学院的“陶瓷行业ASP应用服务平台”等5个项目共获得750万元电子信息产业发展基金资助。

【**微软技术中心在线技术支持平台在昌开通**】 由江西微软技术中心独自研发的“全国微软技术中心在线技术支持平台”11月3日在南昌高新区正式开通。作为江西微软技术中心自主创新和拥有自主知识产权的一个软件项目,该平台的开通使之成为全国17家微软技术中心中唯一独立承担微软项目的技术中心。它将依托微软的资源,为全国17家微软技术中心提供一个“协调管理、协同发展、技术协助、开发协作”的技术服务平台,实现资源的协同、集中、共享,全面提升各地微软技术中心及软件企业的核心竞争力。

【**上饶成为首批国家农村信息化综合信息服务试点市**】 12月29日,经信息产业部批准,上饶市成为首批国家农村信息化综合信息服务试点城市,试点期限为3年。

【**全省无线电台站清理登记工作顺利完成**】 为进一步规范无线电管理工作,维护空中电波秩序,确保无线电信息安全,根据国家无线电办公室《关于开展无线电台站数据清理登记工作的通知》(国无办函〔2006〕8号)要求,8月15日至12月30日,在全省集中开展无线电台站清理登记工作。

(黄美昌)

邮　　政

【**概　况**】 2006年是“十一五”规划的开局之年,也是推进邮政改革发展的关键一年。江西省邮政局在省委、省政府和国家邮政局的正确领导下,按照江西省第八次邮政工作会议的总体部署,紧紧围绕“以深化改革促进发展,以加快发展推进改革”的总体思路,顺利完成“政企分开”,加快邮政内部机制创新,保持员工队伍稳定,实现企业效益稳步提高,构建成现代邮政企业的基本框架,为江西邮政公司化运营奠定坚实的基础。江西省邮政局机关荣获首届全国文明单位,被评为江西省第三届“十佳文明机关”;江西省邮政局机关及30个市、县局荣获第十届“省级文明单位”称号;10个省局直属单位荣获第三届“省直文明单位”称号。共创建7个国家级青年文明号、43个省级青年文明号。

2006年,江西省邮政局机关处室及部门16个;省局直属单位18个;省局附属企业4个。下辖11个市级邮政局、85个县(市、区)邮政局。2006年底,全省邮政共有从业人员2.14万人。全省邮政局、所共有1789处,其中城市邮政局所488处、农村邮政局所1301处;全省邮政自办局、所1463处,邮政代办所(点)326处。全省邮政局、所实行信息化改造,已建成邮政营业电子化支局所1454处,比上年增加1241处,其中邮政自办局所1433处、代办所(点)21处。邮政自办网点上线率达到98%。全省共设邮政书报刊亭782个。年末全省共有邮政储蓄网点1301个。

至年底,全省开通各级邮路和物流专线邮路660条,单程总长度达11.37万千米,通往全省11个市、85个县(市、区)及所有的乡镇农村。其中省会南昌到九江、上饶、景德镇、赣州、宜春等10个地市汽车、火车邮路和物流专线33条,单程全长1.17万千米;各地市到县邮路共34条,单程全长5873千米;各县(市)到乡镇农村邮路有404条,单程全长2.66万千米。全省主要邮政生产设备有:信函自动分拣机2套、信函分类理信机3套、包件分拣机1套、推式悬挂输送机1套。全省邮政汽车总数1263辆、火车邮政车厢17节、站台牵引车19辆、叉车6辆、摩托车165辆。

2006年度完成固定资产投资1.68亿元,全省网运完成建设投资3499万元。江西邮政运输网以省会南昌为中心,向全省各二、三级邮区中心局辐射,二、三级中心局向所经转县市局辐射,并连接闽、浙、鄂、湘、皖、粤、沪、豫、赣9省市区域快速邮运网,直达邮路通达20多个省市。形成以汽车运输为主、火车和航空运输为辅,摩托车、自行车等多种运输工具相结合,以信息技术为依托,实现邮运信息化的实物立体运输网络。全省网运能力持续增长、支撑能力明显增强。全年全省网运完成铁路一级干线邮运产品量31.42亿袋千米,列全国第九位;公路一级干线邮运产品量9.01亿袋千米,列全国第十三位;航空邮运产品量42.5亿袋千米。

江西邮政已建成集实物传递、信息传输、货币流通于一体,横联国际、纵接城乡、快捷便利、科技领先的现代化邮政服务网络。精心打造金融类、邮政服务类、速递物流类三大业务板块,提供信函、包裹、汇兑、集邮、报刊发行、特快专递、邮政储蓄、现代物流等300多种专业服务，是全省领先的金融服务机构、卓越的第三方物流供应商。2006年度江西省邮政物流公司进入中国物流百强企业。

【邮政经济持续快速发展】 企业经济运营质量不断提高。2006年全省完成业务收入18亿元，完成年计划的105.9%，同比增长12.8%，收入绝对值排全国第十六位，增幅排全国第九位。比国家邮政局下达的收支差额节约22.1%。经营现金净流量2.4亿元。货币资金存量达到7.1亿元，比年初增加1.2亿元。专业扭亏增盈形势喜人。全年专业收支差额比上年同期减亏增盈1.3亿元，完成扭亏增强总体目标的180%。全省大部分市局实现所有专业比上年同期减亏增盈。县域邮政经济发展壮大。全省县局实现业务收入11.2亿元，同比增长12.2%。十强县局实现收入2.4亿元，同比增长9.1%，收入占全省县局收入的21.4%。

【邮政业务结构调整初显成效】 2006年，邮务类业务发展速度明显加快。函件收入完成1.3亿元，绝对值列全国第十三位。中邮专送广告收入列全国第五位。报刊业务收入完成1.2亿元。2007年度一次性收订流转额首次突破3亿元大关，同比增长14%，增幅创历史新高。集邮业务收入完成8128万元。邮票个性化服务业完成50.6万版（册），绝对值排全国第二位。超额完成2007年新邮预订计划，实现收入2242.4万元，同比增长49.5%。包裹业务收入完成3716万元，同比增长6.8%，增幅列全国第三位。国际业务实现收入1616万元，同比增长33.5%，其中，国际普邮收入增长29.8%，增幅列全国第一位，国际函件收入绝对值列全国第十位。代理和信息业务收入完成1510万元。

速递业务完成收入1.34亿元，同比增长19.3%。物流业务完成收入8064万元，绝对值排全国第十二位。其中分销邮购业务收入居全国第三位，同比增长45.2%，获全国农村物流业务发展二等奖。一体化物流收入排全国第十一位，在全国一体化物流大客户开发评比中获得1个二等奖、2个三等奖。中邮快货收入排全国第九位。江西邮政物流公司成为江西省唯一的“中国物流百强企业”。江西邮政219个分销网点通过了内贸办的审查验收，正式成为政府认可的连锁农家店。

整装待发的特快邮政队伍　　省邮政公司供稿

金融类业务收益水平大幅提升。邮政储蓄在转出38亿老存款，国家调整定期存款利息等不利因素的影响下，仍实现收入11.6亿元，同比增长16.1%。年末邮储余额575.3亿元，新增余额78.7亿元，活期存款比重达到33.2%。全省邮政储蓄市场占有率达到18%，居全国邮政行业第一位，居全省金融部门第二位。

中间业务收入完成1.26亿元，同比增长56%。代收保费及实现收入均居全国第九位。

【体制改革和机制创新取得重大进展】 2006年江西深化邮政体制改革，组建江西省邮政管理局，实现“政企分开”，并按时完成人员配备、资产划分、资金划转等相关工作。继续开展主辅分离辅业改制工作，完成三清山南星宾馆的资产转让，通过对附属企业的关、停、撤、并，实现人员、资产、业务和机构的优化重组。推行专业经营改革，根据专业发展、产品开发和市场客户群体细分，对省直各专业局的组织结构和工作职责重新定位，新成立相关直属专业部门和经营中心，提升专业市场竞争力。完善专业核算体系，推行六大专业经营绩效考核，并纳入专业局班子绩效考核。完善营销体系架构，建立省局以营销管理为主；省专业局以方案策划和组织营销为主；市局以专业营销为主、综合营销为辅；县局以综合营销为主、专业营销为辅，横向到边、纵向到底的无缝隙营销网络体系。健全省、市、县三级营销协调机制，明晰营销关系界面，完善县局营销组织结构和激励制度，提升营销水平。全省专职营销人员达到1530人，占全部从业人员的8%；大客户总数达4771户，大客户收入完成3.5亿元，同比增长25.7%，占业务收入（除储汇）的51.4%，同比增加4个百分点。

“三化”改革工作基本达标，实现生产管理扁平化、流程标准化、操作规范化，强化现场“6S”管理。全省18项速递考核指标，全部达到国家邮政局考核标准，出口特快邮件的次日递率比年初提高3个百分点，荣获全国邮政速递业务质量奖。实行劳务用工改革，在南昌邮区中心局实施非全日制用工试点，提高企业人力效能。加强劳务人员管理，合理规范劳务人员的聘用条件、岗位报酬以及劳务派遣的流程和权限，杜绝不规范用工和飘浮人员现象。

【创新企业管理模式】 2006年，江西邮政按照现代企业制度的要求，深入剖析邮政企业管理体制与省、市、县三级机构管理的现状和问题，提出建设“八大体系”、“五型团队”的企业管理新模式，并与专业科研机构合作，共同研究探讨公司化运作后现代邮政企业管理框架的构建思路，使企业管理框架趋于明晰化。

抓住行业客户需求，实施战略合

作，与三大国有银行、浦发银行、省移动和省电信公司以及医药集团签订互为大客户合作协议，实现强强联合、互惠共赢。加强企业全面预算管理，健全预算组织体系，明确责任，完善流程，动态管理。实行资金一体化运作，管控归集全省邮政资金，基本达到调节企业资金流向，监控企业资金使用，防止资金流失和体外循环的目的。引入资本运营理念，盘活企业的财务资金和现有资产，加大对竞争性业务的投入和支撑，提升邮政的整体竞争实力。开展财务资金、工程建设、经济责任以及部门履职等专项审计935项，使企业财务管理趋于精细化。

实行省局对市局、省局专业对市局专业、省局机关对市局机关纵向绩效考核，省局对直属单位、市局对所属单位横向绩效考核，以及企业对个人360°评价，构建一个完善的绩效考核体系。开展“抓岗位履职，促质量达标”活动，对服务质量投诉实施定量管理，全省邮政服务满意度达到90分以上。机要通信全年未发生邮件失密丢损事故，连续十一年保持质量全红。与工商、公安等部门协作，严厉查处违法经营行为，维护邮政市场秩序，共查获非法经营的信件2000余件，罚款金额31.5万元。使行业监管趋于常规化。

安全生产管理趋于标准化，使各类邮政案件发案率同比下降20%以上，盗窃金库、抢劫运钞车和储蓄网点案件得到有效遏制。城市和农村储蓄余额3000万元以上网点的电视监控安装合格率达100%。全省邮政消防重要隐患整改率达到95%。

【增强企业核心竞争力】 2006年，全省邮政1500个自办营业网点和1300个储蓄网点全部实现电子化。建设完成11个市局的直复营销中心。大力推进小蓝普遍服务基地、民德路速递基地、昌北物流基地、青云谱文化产业基地和洛阳路函件制作基地等五大基地建设，构筑业务发展支撑平台，增强邮政参与市场竞争能力。

加快企业信息化进程，储汇电子稽查系统、邮政订送火车票系统、个性化名址信息系统和短信平台正式上线运行。完成全国报刊发行信息系统、邮政金融客户管理系统、财务管理系统以及11个市局、85个县、区局物流远程车间等重点工程建设。推进速递综合信息处理系统、量收系统、视频会议系统、OA办公系统等信息管理平台的建设和完善，加快“科技兴邮”发展步伐。

【江西省邮政管理局成立】 9月11日，江西省邮政管理局在南昌成立，标志着江西邮政体制改革迈出关键一步。副省长凌成兴、国家邮政局副局长李国华、省委组织部、省发改委、省通信管理局、国家邮政局人教司等有关负责人出席成立大会。大会由省邮政局局长罗桂林主持，国家邮政局人教司副司长张继政宣读省邮政管理局领导班子的任命通知：彭志先任党组书记、局长，江明发任党组成员、副局长。新设立的省（区、市）邮政管理局为副厅级单位，作为省（区、市）邮政监管机构，受国家邮政局垂直领导，下设综合处、市场监管处和普遍服务处等机构。

【《江西邮政年鉴》荣获2006年度全国邮政年鉴一等奖】 9月12～15日，国家邮政局文史中心在江苏扬州召开2006年中国邮政企业文化建设研讨会、全国邮政年鉴评比会。会上，经过专家评选，2005年版《江西邮政年鉴》荣获2006年度全国邮政年鉴评比一等奖。至此，《江西邮政年鉴》已连续三年获得此项荣誉。

【在世界邮展上获奖】 5月27日至6月3日，在美国华盛顿举办的2006世界邮展上，由江西省推荐的龚振鑫制作的《中国人民邮政邮资封、片、简（1950—1970）》邮集获得金奖。为中国、江西集邮争得荣誉。

【全国邮政系统爱国主义教育基地成立】 10月22日，由国家邮政局邮资票品司、邮政文史中心、江西省邮政局和中共赣州市委、赣州市政府主办的《中国工农红军长征胜利70周年》纪念邮票首发式暨全国邮政系统爱国主义教育基地揭牌典礼在江西瑞金叶坪革命旧址群隆重举行。江西省副省长凌成兴和国家邮政局副局长马军胜出席典礼，为基地揭牌并分别在叶坪革命旧址群里种下一棵全国邮政系统爱国主义教育基地纪念树——香樟树，还一起参观全国邮政系统爱国主义教育基地中华苏维埃共和国邮政史料陈列展览。全国邮政系统爱国主义教育基地正式对外开放，凌成兴代表江西省政府向全国邮政系统爱国主义教育基地揭牌表示热烈的祝贺。省经贸委主任涂勤华、副主任张小平、中华全国集邮联合会副会长杨裕华、国家邮政局邮资票品司副司长邓慧国、国家邮政局服务中心主任刘敏、中国集邮总公司纪委书记王春生、省邮政局局长罗桂林、副局长欧阳天高，赣州市委常委肖毅、赣州市副市长刘琮、瑞金市委书记陈晓春等领导及上千人参加全国邮政系统爱国主义教育基地揭牌典礼。揭牌典礼结束后，来自广东、福建、湖南、江西等地的400多名邮政职工和一大批游客参观全国邮政系统爱国主义教育基地。

（叶金平）

通　信

【概　况】 2006年，全省通信行业以科学发展观统领全局，积极推进传统通信业向信息服务业转型，通信业保持了持续、健康发展的势头，实现“十一五”规划的良好开局。全省电信业务量收稳定增长，电信业务总量完成298亿元，同比增长22.6%。电信业务收入完成122.6亿元，同比增长15.3%，上缴税费7.4亿元。电信用户增长迅猛，新增电话186.2万户，用户总数达到1813.9万户，其中固定电话新增51.3万户，达到880.6万户；移动电话新增134.9万户，达到933.3万户，移动电话总数首次超过固定电话。通信能力不断增强，全省固定局用交换机容量（含接入网）1177.4万门，新增81.2万门；移动交换机容量1747.2万门，新增796万门。长途交换机容量46.9万路端，新增6.9万路端，长途光缆长度16358千米，新增246千米。

【通信管孔出租、出售实行最高限价】

为进一步规范江西省内通信管孔出租、出售价格行为，维护电信用户和电信业务经营者的合法权益。根据江西通信设施建设市场价格水平以及实际供求情况，江西省通信管理局和省发改委联合发布通信管孔出租、出售价格标准，规定从3月22日起，对省内不同城区、地段出售、出租通信管孔实行不同的最高限价标准。其中出售通信管孔最高限价可达4.5万元/孔·千米，出租通信管孔最高限价可达4200元/孔·千米·年。出售、出租管孔空置率大于50%的，价格可在最高限价基础上上浮10%。在最高限价内，出售、出租通信管孔价格下浮幅度不限。

【全面完成自然村村村通电话试点工程】 2006年，信息产业部将江西列入全国2个自然村通电话试点省份之一，明确江西自然村村村通工程试点任务为“在江西省委省政府认定的6000个建设新农村示范村中，选择一批未通电话自然村进行试点”。为更好地服务江西地方经济发展，江西通信行业进一步提出2006年完成“万个自然村通电话、千个行政村通宽带、百个乡镇信息化试点”目标。为保证村通工程建设质量，江西省通信管理局要求通电话的自然村必须至少安装1部有人值守公用电话，通宽带的行政村必须至少安装一部宽带电脑终端，信息化试点乡镇必须具备100M以上出口带宽，并有信息服务场所。在省通信管理局的组织下，电信、移动和联通等基础通信运营企业积极响应政府号召，克服困难，奋力拼搏，经过7个多月的艰苦建设，顺利完成自然村通电话10887个，使已通电话自然村比例达到80.6%，上升6.6个百分点；行政村通宽带1077个，使已通宽带比例达到40.4%，上升6.4个百分点；新增农村固定电话用户39万户。创建“信息田园”、“号码百事通田园热线”、“一村一品”、“农贸集市”、“信息墙”、“农业新时空”等一系列农村综合信息服务，全面完成信息产业部下达的自然村村村通工程试点任务，实现“百千万”目标，为加快实施农村信息化建设奠定了扎实基础。

【开展治理移动信息服务专项行动】 由于一些移动短信息服务商（SP）谋求暴利，损害电信消费者合法权益，使短信息服务（费）成为新的用户投诉热点。SP的违规行为主要表现在群发诱骗信息、短信退订困难、强行订制等。为提高移动短信服务质量，严厉打击短信经营欺诈行为。2006年，江西省通信管理局组织开展治理和规范移动信息服务业务资费和收费行为专项活动，集中整治移动信息服务中的虚假宣传、价格欺诈、诱导或欺骗用户消费，强行订制并扣费等侵害消费者权益的行为。省通信管理局通过经济、技术和法律手段等措施综合治理SP违规行为，充分发挥社会监督作用，对恶意侵犯消费者合法权益和屡次违规的增值电信运营企业，通过新闻媒体予以曝光，并给予行政处罚。同时还积极疏通投诉渠道，督促各相关基础电信运营企业进一步完善短信服务平台，全面实行短信息服务定制二次确认，较好地净化了移动信息服务市场的消费环境。专项治理期间，省通信管理局共处罚南昌通力讯、北京中彩通、湖南百迈3家SP，责令11家SP限期整改。

【抗击“格美”台风通信保障有力】 7月26日上午，赣州上犹境内受“格美”台风袭击引发特大山洪，通信设施遭受重创。据不完全统计，赣州电信五指峰至营前6处累计15千米光缆被冲毁，寺下至紫阳电信所300米架空杆线被冲毁，寺下至安和、安和至社溪光缆被冲断。赣州移动中断基站4个，传输杆路倒杆580余根。赣州联通中断基站3个。在省通信管理局的统一组织下，各通信运营企业全力以赴，积极投入到抗洪救灾工作中，在道路、电力、通信全部中断的情况下，出动250多人和100多辆抢修车，抢修被毁光缆，新建通信基站。电信公司沿线的机房、线路冲毁较多，任务艰巨，公司上下众志成城，圆满完成抢修任务。移动公司在抢修自身被毁通信设施的同时，还积极为联通公司提供基站电路、铁塔和相关配套设备。联通公司从外地临时拆下基站赶赴现场，成功新建CDMA基站。经过广大干部职工17个小时的日夜奋战，当地通信全部恢复。此次抗洪救灾展现江西通信应急保障队伍过硬的技术、高效的管理和优良的作风，受到信息产业部通报表彰。

【国防信息动员办法出台】 8月18日，《江西省国防信息动员办法》经江西省政府常务会议审议通过，以省政府令公布施行。该《办法》对加强国防信息动员建设，保障战时快速、有效地实施国防信息动员，提高平战转换能力具有重要作用。信息动员科技含量高，组织协调难度大，该《办法》重点对江西省国防信息动员工作的原则、组织机构、平时动员准备和战时动员实施作出规定，明确国防信息动员遵循军民结合、平战结合、统一领导、分级负责的原则，规定信息基本建设必须贯彻国防要求。该《办法》对国防信息潜力调查、战时无线电管制、信息专业保障队伍建设和参与部队应急通信保障、民用信息资源的征用以及国防信息动员物资储备和调用等方面也作出具体规定。

【纪念第三十八届世界电信日暨首届世界信息社会日】 5月12日，省通信管理局、省通信行业协会、互联网协会、通信学会和江南都市报联合举办学术报告会和通信行业高层论坛会，隆重纪念第三十八届世界电信日暨首届世界信息社会日。此次活动围绕“让全球网络更安全”和“阳光绿色网络工程”主题展开，旨在倡导网络文明和净化网络环境。中国工程院院士方滨兴在报告会上作精彩的主题报告，向与会者详细讲解信息安全的概念、网络信息安全的威胁来源及其防范手段等内容。

【协力打击“黑手机”市场】 为进一步规范移动电话机市场秩序，1月12日，省通信管理局会同省工商、质监、公安、海关、信息产业厅、发改委等相关部门，对移动电话机市场开展联合突击检查，对冒牌、拼装、翻新手机等扰乱市场秩序的非法行为进行综合治理。此次行动分两组对南昌市华禹手机城、移动手机广场等移动电话机市场进行突检，随机抽查24个型号的78部手机，重点检查进网许可标志、“三包”凭证和销售票据以及经销商的营业资格和进货渠道。经检查，发现移动电话机市场中存在一些移动话机进网许可标志粘贴不规范、非原装电池质量参差不齐、二手机市场假冒伪劣手机和电池较多等问题。

（谢劲良）

园区经济

本栏编辑　涂小福

综　述

2006年,全省各地紧紧围绕把工业园区建设成为经济发展的带动区、体制和科技创新的试验区、城市发展的新区,对接长珠闽、融入全球化的对接区的目标,在发展工业园区的过程中,牢固树立和落实科学发展观,按照走新型工业化道路的要求,引导工业园区朝着持续快速协调健康的方向发展。工业园区已经发展成为江西经济社会又好又快发展的重大亮点和重要支撑。

工业园区设立审核工作圆满完成　经过积极争取国家发改委、国家开发区设审办的支持,江西原98家工业园区中有92家通过国家设立审核,加上新批准设立的九江出口加工区、南昌出口加工区,全省省级以上工业园区总数由设立审核前的15家增加到94家(其中国家级4家、省级90家),工业园区设立审核通过率排名全国第一,保留数量名列全国第四、中西部地区第一。全省11个设区市均保留并依法设立省级以上工业园区,其中80个县(市)中有69个县(市)设有省级工业园区,占县(市)总数的86%。这94家工业园区均依法办理了国务院或省政府的批准设立文件,并分别经过国家发改委和国土资源部的正式公告,规范工业园区名称,明确主导产业定位,划定园区四至范围,认定规划面积。其中全省94家省级及以上工业园区的规划面积为41156公顷。

工业园区成为全省工业经济快速发展的重要支撑　全省94家省级及以上工业园区已有入园工业企业9997家,竣工投产工业企业6506户,完成工业增加值737.44亿元,比上年增长33.2%,园区工业增加值占全省全部工业增加值的40.8%。其中工业园区内规模以上工业企业完成工业增加值470.1亿元,同比增长36.1%,增速比全部规模以上工业高3个百分点。园区工业对工业增长的贡献率为67.8%,拉动工业增长12.9个百分点。园区工业企业实现主营业务收入2235.56亿元,相当于全省规模以上工业企业主营业务收入的53.6%,比上年增长54.1%;利润总额105.44亿元,增长49.1%;实交税金121.51亿元,增长46.0%。工业园区主要经济指标保持高速增长的同时,全省超50亿元的工业园区实现新突破。10个工业园区主营业务收入超50亿元,比上年增加5个,其中3个超100亿元,分别是南昌高新区(305亿元)、南昌经济开发区(167亿元)、南昌小蓝经济开发区(101亿元),比上年增加1个。通过园区的快速发展,江西的工业化进程不断加快,全省工业增加值占GDP的比重达到38.7%,比上年升2.8个百分点,与全国平均水平的差距缩小到4.4个百分点。在工业园区等因素的支撑下,全省GDP增长12.3%,增幅在中部地区名列前茅。

工业园区成为江西发展开放型经济的重要载体　全省工业园区招商引资实际到位资金1030.31亿元,增长29.3%。其中实际利用外资20.5亿美元,占全省73%。赛维LDK太阳能多晶硅高科技公司、江锂新材料科技公司、华南铜业、浩鑫铜业等一批大的工业项目落户工业园区。随着工业园区招商引资力度的加大,全省利用外资迈上新台阶,2002年突破10亿美元关口,2004年突破20亿美元关口,2006年全省实际引进外商直接投资28.07亿美元,在全国居第十位。外资项目数、实际利用外资两项指标在中部六省居第一位。外资的大量入园极大地促进了江西外向型经济的发展,全省工业园区2006年实现出口交货值246.85亿元,比上年增长73.1%。

工业园区成为加速工业化过程中集约利用土地的重要途径　全省工业园区建设占用的土地中,利用"三荒"和丘陵地带的面积占70%以上,而占用城乡之间结合地带和农用地的面积不足30%。94家省级及以上工业园区占用土地面积约4.11万公顷,已经承载了1万家入园企业。据测算,按照过去分散建厂的方式来布局建设这些企业,要多占用土地4000公顷左右。全省工业园区每平方千米的主营业务收入达到7.1亿元、招商实际到位资金达到3.6亿元,分别比上年增加1.6亿元和0.6亿元;每平方千米的出口交货值达到8514万元、税金总额达到3637万元,分别比上年增加2657万元和112万元。实践证明,通过依法办事、规范操作,采用依托园区办工业这种形式是江西加快推进工业化的过程中集约利用土地的最有效途径。

工业园区成为江西增加就业岗位的重要阵地　工业园区大量企业的进驻和投产,提供大量就业岗位,有力地缓解江西就业压力,大批农民进入工业园区成为工人,从农民"洗脚进城"转变为市民。2006年末园区工业企业从业人员106.3万人,相当于全省规模以上工业企业从业人员的84%,年内园区净增就业岗位21.4万个,占全省城镇新增就业人数的71.2%。南昌高新开发区、信丰工业园区、南昌经济技术开发区、龙南工业园区、于都工业园区、小蓝工业园区成为就业人员逾3万人的工业园区。工业园区建设对增加就业,转移农村剩余劳动力,化解“三农”问题发挥了积极的作用。

工业园区成为江西发展特色产业和产业集群的重要平台 随着对龙头项目、大项目引资力度的加强,江西工业园区着力于产业配套能力的增强,龙头项目对产业的带动作用和产业聚集效应日益显现。南昌经济技术开发区紧紧围绕奥克斯等家电龙头企业大力提高配套能力,形成完整的产业链,促进家电产业集群的形成。南昌高新区已初步形成电子信息及应用软件、生物医药、光机电一体化、新材料四大支柱产业,以这些支柱产业为主导的产业群体实现的经济效益占全区经济总量的90%以上。全国第10个“国家火炬计划软件产业基地”—金庐软件园已有软件企业190家,占全省总数的80%。星火工业园以有机硅产品为纽带,引进了蓝星化工20万吨有机硅单体项目、美国卡帕特公司4600吨气相白炭黑项目等一批有机硅下游产品精深加工项目,该园区已经成为全国最大的有机硅、硅氮烷和氨基硅烷生产基地。袁州、樟树医药工业园,成为医药企业的聚集地,汇集济民可信、海尔思等几十家医药企业,同时在园区集聚效应影响下,通过招商引资资产重组,带动了全省130多家大小制药企业完成GMP改造任务,增强了全省医药企业的竞争力。鹰潭市工业园和贵溪市工业园引进瑞兴铜材、大金铜材、浩鑫铜材、正发铜材、博群铜线、旺通阀门、白铜项目、中雅铜业多个铜系列产品,以铜加工为主要特色产业集群开始形成。

(汪剑平　沈　丰　彭　地)

南昌高新技术产业开发区

【概　况】 2006年,高新区技工贸总收入、工业总产值和销售收入等3项主要经济指标全面突破300亿元大关,财政总收入突破10亿元大关,是全省第一个也是唯一一个经济总量突破300亿元、财政总收入突破10亿元的开发区。尤其是高新区年销售收入在2003年突破100亿元用了11年时间,2005年突破200亿元用了2年时间,而突破300亿元只用了1年时间。

2006年,高新区实现技工贸总收入387亿元,同比增长36%;完成工业总产值358亿元,同比增长40%;销售收入349亿元,同比增长39%;利税总额59亿元,同比增长26%;财政总收入10.2亿元,同比增长42%;完成城镇固定资产投资51.5亿元,同比增长39%。

在招商引资方面,全年引进合同外资3亿美元,同比增长20%;实际利用外资1.8亿美元,同比增长24%;实际利用内资39亿元,同比增长22%;出口创汇2亿美元,同比增长99%。全年新批外商投资企业30家,引进超千万美元外资项目16个、超5000万元内资项目16个、亿元内资项目8个,全年新注册企业350多家。

在科技创新方面,高新区出台《南昌高新区鼓励科技人员技术创新的奖励办法》,企业技术创新能力进一步增强。全年高新区共有274项产品获得各类计划立项,其中国家级63项,共获得资金支持4058万元。

全年新建道路12.6千米;完成产业路道路排水工程、湖东一、三路延伸段等8条道路的雨、污排水工程;完成艾溪湖220千伏变电站配网工程和高新大道、京东大道、高新五路、孺子二路、城东一路、城东二路、文忠路10千伏电力架空线路的建设,保证了新落户企业的施工用电和生产用电。

全年共栽种乔木11万株、灌木95万余株、草皮44万平方米,新增路灯100余杆,其中乔木栽种数量占全市总量28万余株的2/5,超额完成市政府下达的绿化植树任务。创卫攻坚战取得完胜,在创卫工作中,全区上下形成互联互动、共创共建的良好局面,受到市委、市政府的多次表扬。在综治信访工作上,加强了综治维稳中心和派出所、司法所、人民法庭等基层政法组织建设,确保组织、人员、工作、经费四落实;信访工作坚持“三个结合”:一是定期排查与随时排查相结合,做到抓早、抓小,防患于未然;二是信访部门排查与各部门联合排查相结合,使排查工作横向到边、纵向到底,形成网络;三是排查和解决问题相结合,做到排查和解决并重,随时解决各种矛盾。成立区信访接待中心,每周有1名副县级以上领导带队公开接访。并实行“首问责任制”和“双包责任制”,有力地形成“主要领导负总责、分管领导具体抓、各部门齐抓共管”的信访工作大格局。

【江西省首个863软件项目顺利通过国家验收】 年初,高新企业江西思创数码科技股份有限公司与南昌市信息办等单位承担的2004年度国家863计划软件重大专项项目“基于Linux的业务基础组件平台的研究与应用”,顺利通过国家科技部验收,在该项目建设中,研发人员采用多项先进软件技术,以提高政务应用的高可用性、安全性、可扩展性和可靠性,避免国外操作系统可能存在的安全“后门”隐患。该系统已经在省内外多个政府部门得到运用推广,取得很好的社会效益和经济效益。

【四家企业入选省信息产业技术创新“十佳”单位】 3月2日,在全省信息产业工作会议上,高新区江西联创通信有限公司、南昌利德丰科技有限公司、江西特康科技有限公司、江西日月明实业有限公司等4家企业入选为全省信息产业技术创新“十佳”单位。

【金庐软件园七家软件企业入选全省软件十强】 年初,江西软件企业十强评选结果分晓,南昌高新区金庐软件园有7家软件企业入选,占全省的七成,分别是泰豪软件股份有限公司(第一名)、先锋软件股份有限公司(第二名)、江西思数码科技股份有限公司(第三名)、江西贝尔科技产业有限公司(第四名)、南昌金鼎软件开发有限公司(第八名)、江西联创通信有限公司(第九名)、江西汇天科技有限公司(第十名)。此次排名是根据2005年江西软件产业统计年报数据,按照企业完成软件产品收入、系统集成收入、软件服务收入三项指标之和进行排定的。

【先锋KRM-A6管理信息系统项目通过专家验收】 3月2日,由省发改委主持的《基于Linux先锋KRM-A6

管理信息系统》项目在南昌高新区通过验收。先锋KRM－A6管理信息系统是由先锋软件股份有限公司自主研发的一个基于完整国产软硬件体系、实现跨平台应用的平台软件产品，2003年被国家发改委列入国家软件行动计划软件产业化专项项目，获得国家300万元专项资金支持。经过2年多的研发，A6系列的软件产品——先锋政务通机关办公软件在国内首次成功实现对国产Linux操作系统、国产数据库、中间件、国产Office以及国产服务器等软硬件技术的兼容和整合，成为我国第一个应用良好的国产电子政务软件，也标志着我国国产软件产业的发展实现了群体性突破。

【浙大科技园(江西)首个产业化项目投产】 3月22日，浙大科技园(江西)首个产业化项目正式投产。科技园是江西省与浙江大学省校合作重点项目，占地面积40多公顷，总建筑面积40多万平方米，预计投资将超过16亿元。年底已经吸引包括美国应用纳米集团公司、法国赛特多公司、德国CORONIS公司等数十家科技企业入园创业发展，预计3至5年内，科技园区产值将达到50亿元。

【高新区与印度班加罗尔市签订合作协议】 4月7日，印度班加罗尔市市长蒙塔兹·毕冈女士率班加罗尔市代表团一行到区访问并签订合作协议，决定在IT产业、软件人才教育培训等方面加强合作，促进两市共同发展。班加罗尔市在发展IT产业上有很多好的做法和经验，此次合作能够进一步推动双方在IT领域或其他领域的合作。

【先锋软件启动“中印IT未来之星”项目】 4月9日，南昌市与印度班加罗尔市在江西先锋软件职业技术学院签署“中印IT教育战略合作项目签约仪式”，共同启动“中印IT未来之星”培养项目，计划用5年时间，培养1万名软件外包人才。

【国务院批准在高新区设立南昌国家出口加工区】 5月8日，国务院正式函复中国海关总署，同意在南昌高新技术产业开发区内设立南昌出口加工区，规划面积1平方千米。南昌出口加工区建设过程中，将把工作重点放在承接长三角、珠三角加工贸易产业转移上，力争引进欧洲国家及日本等发达国家的加工贸易项目；在产业导向上，将坚持把对地方经济具有较大拉动作用的产业作为重点来扶持，如微电子、资源深加工、光电、生物医药、家电等产业，逐步延伸出口加工区的产业链，切实将南昌国家出口加工区打造成一个出口加工企业的密集区、特色产业的示范区，打造成区内区外产业配套、工业物流互为联动的试验区以及全省对外开放上水平、上台阶、增后劲的带动区。

【“赣穗港三地IT资源共享合作网”正式开通】 5月26日，在南昌市举办的第三届“泛珠三角”省会城市市长论坛博览会暨南昌市第三届制造业博览会上，由江西金庐软件园建设的赣穗港三地IT资源共享平台——江西“IT资源网”(jinlu. itdb. cn)正式开通。该网站的开通，成为国内外软件企业资源共享多方合作的一个先例，为泛珠三角区域软件企业合作的全面开展迈出了关键性的一步。网站建设工程分两期完成，一期工程将于下年四月完成开发、测试；二期工程预计下年年底结束。

【全省首个省情教育基地在高新区揭牌】 5月31日，全省首个省情教育基地在高新区举行揭牌仪式。为贯彻落实中央提出的“大规模培训干部、大幅度提高干部素质”的战略任务，省委党校决定建立省情教育、国防教育、革命传统教育和警示教育4个教育基地，并首先选择南昌高新区作为省情教育基地。省情教育基地建立后，省委党校与高新区将实现资源共享，优势互补，形成合力。

【高新区与土耳其KOC集团签订合作协议】 6月2日，世界500强之一的土耳其KOC集团阿塞利克(Arcelik)公司洗衣机部部长奥古赞·奥兹土尔克先生一行，就投资落户高新区一事再次来区考察。双方就合作的一些细节问题举行座谈，并签订初步协议。KOC集团是土耳其一家私人企业集团，在世界500强企业中排名前200位，阿塞利克(Arcelik)公司是该集团下属控股子公司。

【南昌宏狄氯碱有限公司正式开业】 6月6日，外商独资企业南昌宏狄氯碱有限公司正式开业。公司由香港宏狄国际有限公司投资，前身为南昌氯碱总厂，主要生产烧碱、聚氯乙烯树脂、AC发泡剂等化工产品，为造纸、印染、塑料、电子等行业提供基础化工原料。预计投产后，到年底可形成5亿元的产值规模，成为江西化工原料制造的重点企业。

【六项成果喜获全省科技进步奖】 高新区6项研究成果荣获2005年度江西省科技进步奖，获奖比例占全省的8.7%，占全市46%。其中二等奖3项，分别是：由江西汇天科技有限公司、江西师范大学周定康等研制的“基于语义的题卷库系统”项目，由江西长城网络有限公司、江西赣龙门教育互联有限公司古和今等研制的“网络信息服务IPCLASSV2.0”项目，由江中股份有限公司卢建中等研制的“江中亮嗓胖大海开发研究”项目；三等奖3项，分别是：由泰豪科技股份有限公司陈永清等研制的“2＊120GQ汽车电站研制”项目，由江西大族电源科技有限公司谢伟民等研制的“三维立体卷铁心干式变压器”项目，由江西金格网络科技有限公司刘勇军等研制的“IWEBOFFICE网络文档中间件开发”项目。

【管委会成为全省首个中小企业服务博士后工作站】 7月7日，南昌高新区管委会及区内企业恒大、特康、三和设立博士后科研工作站正式挂牌。在南昌高新区管委会设立为中小企业服务的博士后科研工作站，填补了江西工业园区无博士后工作站的空白，对促进区域经济发展具有极为重要的推动作用。高新区以博士后工作站和人才交流中心为载体，建立高端人才的引进培养体系，为高新区技术创新提供不竭动力。年底，高新区共拥有7家博士后科研工作站。

【高新区重点国家火炬计划项目占全省100%】 江西省公布共有19个项目列入2006年国家级火炬计划，其中，高新区骨干企业泰豪科技股份有限公司的"H400 系列高速三相无刷发电机"、南昌海天软件有限公司的"HT 逆向工程设计系统"等16项目获得此项殊荣。占全省的84%，占南昌市的94%。泰豪科技股份有限公司"RF－15－CIMC 冷藏箱专用发电机"等2个列入2006年国家级重点火炬计划，占全省全部名额。江西汇仁药业有限公司还被评为国家级重点高新技术企业，是南昌市唯一的1家。

【高新区管委会获金融机构最高资信级别】 南昌高新区管委会经中国建设银行南昌高新支行申报，符合《中国建设银行公司类重点客户管理办法(试行)》规定的有关指标和要求，被中国建设银行总行认定为"总行级公司及机构类重点客户"，享受 AAA 级资信待遇。被列入总行级重点客户名单后，在与建行的合作中，高新区管委会享有授信优先、利/费率优先、服务优先等优惠政策。同时，建行南昌高新支行还围绕高新区未来几年的发展规划，提出相应的服务计划。

【省国防科技工业重点项目在高新区正式开工】 8月31日，江西省国防科技工业重点项目基地在高新区开工建设。投资4亿元的江西国防科技工业重点项目基地，占地近13.33公顷。该基地是江西军工企业的总部基地、企业退城进郊再就业基地、新产品研发和新技术孵化基地、职业技术培训基地。

【长力股份汽车弹簧一期工程竣工投产】 9月17日，落户于高新区的江西长力股份汽车弹簧工程竣工投产，宣告80万件稳定杆、扭杆生产线和1万吨变截面及重型板簧生产线正式投入运营。长力股份汽车弹簧工程自上年9月6日正式开工建设以来，一期工程完成生产厂房等主体建筑工程4个，完成安保、动力、消防等辅助工程14项，并安装设备143台套，于8月进行工艺整线联动试产。

【江西东元电机有限公司举行新厂启用典礼】 9月22日，台湾东元集团旗下的江西东元电机有限公司在高新区隆重举行新厂启用典礼。新厂与南昌东元家电毗邻相望，厂房面积约9万平方米，包括重电厂房与钣焊厂房，年生产能力达200万千瓦，员工人数800余人，主要产品项目包括大中型交流电动机、变频调速大功率高效异步电动机、无刷励磁同步发电机、容量100千瓦以下水轮发电机组等，共50多个系列、两千多个规格，产品出口至东南亚、中东、非洲、南美洲等国家和地区。

【全球机床制造百强德国 NSH 落户南昌高新区】 10月19日，由全球机床制造百强德国奈尔斯西蒙斯赫根赛特股份有限公司(NSH)与江西中机科技产业有限公司共同投资2000万欧元，组建江西奈尔斯西蒙斯赫根赛特中机有限公司(NSH－CTI)在南昌高新区正式开业。新组建的公司(NSH－CTI)将重点服务于轨道机车车辆制造与维修业、汽车工业、航空制造业、船舶制造业、工模具业等领域，其产品主要有不落轮机床、轮对故障自动诊断系统和以"轮对数控动平衡自动去重机床"为龙头的轨道机车车辆零部件数控加工、检测和组装设备。

【南昌高新区 IT 企业家首获"中国软件行业杰出青年"称号】 在由共青团中央、信息产业部、全国青联主办的第三届"中国软件行业杰出青年"评选活动中，中兴软件技术(南昌)有限公司总经理芦东昕获选，成为江西首位获此殊荣的 IT 企业家。

【世界五百强 ABB 联手泰豪在高新区制造先进低压发电机】 10月31日，世界500强企业、全球领先的电力和自动化技术集团 ABB 公司与泰豪科技股份有限公司正式签署合作协议，在南昌国家高新区共同建立南昌 ABB 泰豪发电机有限公司，这是第二家正式落户高新区的世界500强企业。南昌 ABB 泰豪发电机有限公司将引进 ABB 全球低压电机生产技术，在昌设计开发并制造技术先进、性能稳定的低压发电机，以满足国内外市场上日益增长的需求。根据双方的协议，ABB 与泰豪将共同投资1000万美元将采用国际领先技术，生产用于船舶和应急发电机组的低压交流发电机，并将整合双方在国内外的市场开拓经验、技术能力、销售网络资源和客户服务经验。新公司按计划将于2007年1月1日正式投入运营。

【获批为全国唯一光机电一体化出口创新基地】 12月4日，国家科技兴贸出口创新基地授牌大会在北京举行，南昌高新区被批准为首批科技兴贸出口创新基地，也是唯一一家光机电一体化出口创新基地。基地将在2010年以前全面完成建设任务，5年内实现出口创汇10亿美元、其中光机

东元新厂图，9月22日，台湾东元集团旗下的江西东元电机有限公司在高新区举行新厂启用典礼　　南昌高新区供稿

电产品出口创汇6亿美元的目标。光机电一体化产业作为南昌高新区龙头产业,已形成以光机电设备、光电子元器件、数控机床、汽车零配件等领域为主导的产业格局,随着泰豪、捷德、联创、洪都集团、TCL、特康、日月明、中机、易思杰等一批知名自主品牌的崛起,和中兴、微软、ABB、东元等一批国际知名品牌的入驻,南昌高新区光机电产业蓬勃发展,其经济总量占该区总量1/3以上,其出口总额占该区总额4/5以上。

【微软技术中心在线技术支持平台在南昌高新区开通】 11月3日,由江西微软技术中心开发的微软技术中心在线技术支持平台正式在南昌高新区开通。作为江西微软自主创新和拥有自主知识产权的一个软件项目,微软技术中心在线技术支持平台的开通,使得江西微软技术中心成为全国17家微软技术中心唯一独立承担微软项目的技术中心。该平台是全国微软技术中心的统一门户(形象)网站和在线协同办公平台,该项目依托微软的资源,不仅为全国17家微软技术中心提供一个"协调管理、协同发展,技术协助、开发协作"的技术服务平台,而且将使软件首次出现在互联网上,实现资源的协同、集中、共享,全面提升各地微软技术中心以及软件企业的核心竞争力。经过数月的开发和试运行,项目一期工程通过微软验收。

【五百吨多晶硅项目落户南昌高新区】 11月15日,由世界排名第五位的太阳能电池制造商——美国通用硅材料有限公司与南昌高新区管委会签订协议,决定投资6000万美元在昌兴建500吨多晶硅、单晶硅项目。该公司此次在南昌高新区投资的高新技术项目将分两期进行。其中500吨多晶硅项目投资总额5000万美元,预计1年内实现投产,5年内完成总投资,2008年实现销售收入6.3亿元人民币、税收5000万元人民币。单晶硅项目投资1000万美元,2007年第四季度开工建设,达产后产值2亿元人民币;随后将根据多晶硅年产量扩产,2008年形成500吨单晶硅生产能力,产值约10亿元。

【高新区企业喜获国家农业科技成果转化项目资金扶持】 高新区江西赣粮实业有限公司申报的晚籼"宜S"2号良种繁育、推广项目被列入2006年度国家农业科技成果转化项目,获得50万元无偿拨款资助。这也是高新区农产品深加工或资源高效利用的项目申报工作的新突破。

【高新区创业服务中心进入"国家队"】 南昌高新区创业服务中心被批准为国家级高新技术创业服务中心。这是江西省孵化器行业首家获此殊荣,也是全省唯一的一家国家级高新技术创业服务中心。高新区创业服务中心成立于1995年8月,是南昌市中小型科技企业从初创、中试到规模化发展的孵化基地,也是高新技术成果转化、应用、推广和产业化的重要场所。创业服务中心建立以来,已累计完成固定资产投资2400万元,建立设施完备的孵化场地2.3万平方米。近3年,中心引进企业超200家,其中项目科技含量高、技术力量雄厚、科技开发能力强的孵化企业96家,技工贸总收入以平均每年120%的幅度递增,利税以每年200%的幅度递增。孵育毕业企业36家,其中认定为高新技术企业的16家,为社会提供就业岗位数5000余个。

【"水文综合信息服务系统"在南昌高新区通过专家鉴定】 12月27日,由中兴软件技术(南昌)有限公司和江西省水文局共同研制开发的"水文综合信息服务系统",在南昌高新区通过中国水利水电科学研究院等专家鉴定。"水文综合信息服务系统"是一套用于水利水文信息化管理的行业解决方案。该系统可以为水文行业提供水文综合检索、大型水库实时信息服务、电排站实时监控和防洪工程数据库等系统功能。参加鉴定会的专家评委一致认为,该系统具有很高的实用价值,可在工农业生产、防洪抗旱、环境监测、水土资源保护、生态资源优化、水资源调度等领域推广应用。

【吴新雄就出口加工区筹建工作在高新区召开现场办公会】 4月9日,省委副书记、常务副省长吴新雄率省直有关部门负责人来到南昌高新区管委会,就加快推进南昌市出口加工区建设的相关事宜进行现场办公。吴新雄在会上强调,筹建南昌市出口加工区凝聚了省市大量的心血和精力,省直部门一定要本着支持、推进、服务的原则,继续聚集力量、全力配合,通过省市联动,尽快让南昌市出口加工区的建设发挥预期效应。

(宋群芳　熊珍珍)

南昌经济技术开发区

【概　况】 2006年南昌经济技术开发区(以下简称经开区)以科学发展观为统领,深入实施以新型工业化为核心的发展战略,狠抓重点产业、重大项目的开工建设及增资扩股、增产增效,推动经济又好又快发展,取得了"十一五"规划的良好开局。获得省政府年度工业园六大指标综合先进单位专项奖,驻区江西晨鸣纸业有限责任公司董事长侯焕才获得全省"十佳创业能人"专项奖。

2006年全区实现地区生产总值68.8亿元,同比增长18.6%。全年完成工业总产值182.32亿元,同比增长35.66%;工业销售收入181.67亿元,同比增长38.72%;实现利税10.66亿元,同比增长19.6%;财政总收入完成6.3亿元,同比增长19%。同时产业结构进一步优化,一、二、三产结构分别为1:70:29,发展后劲进一步增强。为缓解土地供需矛盾、提高经济运行质量,对新进区的项目要求达到每亩200万元以上的投资强度;鼓励进区项目增资扩股,加大设备投入和技改投入,变粗放式开发为集约式经营。富昌集团新研制的移动二维条码技术和赫立迅无线短程技术处于国际芯片技术前沿。鸿源数显公司研制出LCOS数字一体机85英寸新产品,这是目前世界上最大尺寸的多媒体高清晰数字一体机。奥克斯公司与有关科研所合作生产太阳能空调,使企业的生产能力大大增强。

全区实际引进外资1.77亿美元,同比增长17.91%;实际引进内资37.5亿元,同比增长27.99%。新批内资项目31个,投产26个,开工投产率为83.87%。由于近年来引进的企业相继投产，以及区工业经济外向型水平的进一步提高。2006年出现出口创汇大幅度增长的可喜局面。全区全年完成出口2.3亿美元，同比增长260%，其中晨鸣纸业、硬质合金、江铃陆风、克林尼科、华春集团5家全省重点出口企业分别完成出口创汇6193万美元、3364万美元、4000万美元、804万美元、38万美元，同比分别增长25.49%、63.5%、35%、23.6%、85.9%。

经开区全力实施的“十、百、千、万”工程(即通过三到五年的努力，建成年产10万辆汽车、100万吨涂布纸、1000万台空调、100万片8吋晶圆片)的目标已经初见成效。汽车产业以江铃陆风为龙头，海南海胜、印度马恒达等配套产业产值全年达28亿元，具备年产出6万辆整车生产能力；以晨鸣纸业为龙头的造纸业产值达25亿元，已产出35万吨涂布纸；以奥克斯为龙头的空调家电产业产值全年达20亿元，年产出150万台空调；以晶湛、富昌科技为龙头的微电子产业已初具规模，发展潜力巨大，可为全区工业经济带来广阔的提升空间。以诚志股份为代表的医药制造业、以硬质合金公司和金世纪公司为代表的有色金属冶炼业及压延加工业，以洪都钢厂为代表的特种钢材加工业，以华春公司为代表的环保新型材料业形成的特色产业共实现销售收入30亿元，同比增长32%。这四大特色产业给全区工业经济带来了新的发展商机。

·资 料·

2006年南昌经济技术开发区主要经济指标一览

指标名称	计算单位	实际完成情况	
		完成数额	同比增长%
地区生产总值	亿元	68.8	18.6
工业总产值	亿元	182.32	35.66
实进外资	亿美元	1.77	17.91
实进内资	亿元	37.5	27.99
出口创汇	亿美元	2.38	298.53
利润总额	亿元	7.01	16.2
税金总额	亿元	4.13	7.42
财政收入	亿元	6.3	19

【江西北大科技园打造高新科技高地】 1月7日，江西北大科技园在区举行开园庆典暨合作签约仪式。省长黄智权、北京大学校长许智宏、南昌市委书记余欣荣出席庆典，并为江西北大科技园剪彩。副省长胡振鹏、北京大学副校长岳素兰致辞。双方签署合作建设江西北大科技园创业园协议，并为创业园揭牌。江西北大科技园开园，其工作重心由园区基本建设向园区功能建设方面转变，全年在科技企业孵化、高科技项目建设上厚积薄发，已呈现出良好的发展态势，全年进入科技园企业12家，完成销售产值1.2亿元。科技园吸引了国内三大电子支付平台的“易宝支付”北京通融通公司、江西飞驰互联信息网络有限公司、江西三和科技有限公司、江西汉邦生物工程有限公司等一批高技术、高起点项目入园孵化，提升了科技园的科技含量。园区已完成“废弃木质纤维的综合化利用”、“863”项目“一类新药藜蒿生物制剂”两个项目向国家发改委申报国家循环经济产业化项目，并做好国家高技术产业化项目的前期准备工作。科技园着力做好科技孵化器建设，吸引、选择一批高起点、高附加值、技术成熟、短期内能实现产业化的项目入园孵化，把江西北大科技园建设经开区的科技企业孵化基地、科技成果转化基地、科技成果产业化基地，为经开区及南昌经济持续发展提供强大的科技支撑。

【中部地区规模最大钢材大市场建成营业】 随着我国钢铁工业的不断发展，为尽快改变我国钢铁行业经营混乱的局面，江西昌北钢材大市场近年来在省市各级领导的大力支持下，不断地吸引民营资金，总投资4亿元，在经开区白水湖工业园区征地40公顷，建成我国中部地区规模最大、规格品种最全的一个年吞吐量150万吨、年交易额45亿元的现代化的钢铁销售大市场，并于6月交付使用正式营业。昌北钢材大市场，是由上海金赣、武汉通宝、无锡昌南3家金属材料公司投资开发。建成后的昌北钢铁大市场已成为我国中部地区集铁路运输、仓储加工、销售服务为核心，货物配送、电子商务、信息咨询、产品检测、产品展示、金融服务、饮食住宿、娱乐休闲为一体的一站式服务的钢材大市场。也是江西省最早、最大、基础设备最全的现代化专业市场，仓储占地面积23公顷、建筑面积10万平方米，并配有露天35吨龙门吊两台、20吨龙门吊4台、冷热板加工机、汽车吊、火车皮调轨车、叉车、切边生产线以及两条铁路专线等现代化设备，为广大客户提供了一个绝妙的购物环境，吸引不少的省内外客户前来市场经营。来自河南、湖北、湖南的客商高达100余户，使得白水湖工业园火起来了，形成钢材经营企业与江西经济园同步崛起的一个创富平台。

【蛟桥镇优化新农村建设品位】 蛟桥镇地处经开区腹地，是南昌的北大门。2006年全镇抓住强镇富民这一发展要务，在提升新农村建设品位上下工夫，全年完成社会总产值20.48亿元，财政收入达1.2亿元，同比增长20.3%；农民人均纯收入6127元，增长18%。镇党委、政府紧紧围绕“立足当前、着眼长远、稳步推进、因地制宜、分类指导、依靠群众、惠及农民”的原则，从现实出发，进一步完善镇总体规划，突出镇新农村建设的地方特色，村容村貌有了很大改观。一是在13个行政村规划编制过程中，结合村民经济能力和各村地理位置，对大面积进行了整体拆迁的村，在安置建设时严格按“农村新村”标准执行，如下罗新村、麦园新村、范家新村、青岚新村、龙潭、卫国等新村，努力建设成

“精品小区”；对新村和旧村穿插在一起的，结合实际，分步实施，建设成“田园风光式”新村，如上罗新村、赤府新村、综合场新地；对依山傍水的新村规划建设成“农家山庄式”新村，如双岭、枫景、前进、上风景等村。全年新增拆迁5万平方米，启动安置建设30万平方米，共有40万平方米房屋竣工交付使用。二是在加快安置建设的同时，积极筹措资金，加大对各村基础设施的投入，完善配套服务设施。特别是在道路建设方面有比较大的起色。一年来已竣工道路43千米，在建道路21千米，完成了相当规模的村级道路建设。三是积极推广农村小区的物业管理，加强新农村建设长效管理。针对全镇新农村建设的特点，出台《蛟桥镇关于小区管理的指导性意见》，从物业管理组织、物业管理经费、环境卫生、公共设施、社会治安、精神文化生活等方面探索新村社区化管理模式，逐步实现农民新村管理由突击型向长效型过渡、粗放型向精细型转变，逐步推广落实城市化社区物业管理模式。下罗新村被评为“南昌市卫生村”，下罗村、麦园村被评为省、市文明村，下罗村还被中央文明委授予“全国创建文明村镇工作先进村”称号。2006年上罗新村、青岚新村、范家新村被评为省级新农村建设示范村，双岭村被评为市级新农村建设示范村。

【打造全省最大职业教育培训基地】 为打造职业教育品牌，打造现代制造业基地提供强有力的人才支撑和保障，南昌市优化职业教育资源配置，加强骨干学校建设，4月将南昌二中搬迁，整合原南昌二中昌北校区与南昌第一职业学校的教育资源，以南昌一职为主体组建南昌市职业教育中心，该中心具备学历教育、实训基地、社会培训基地、师资培训基地、劳动技能鉴定基地、科研基地等六大功能，计划用3~5年时间建成1所全国一流的现代职教中心。4月30日，市政府举行南昌市职业教育中心揭牌仪式。职教中心占地17.8公顷，建筑面积达4.2万平方米，能接纳万余名学生就学，资产总值为1.5亿元。位于老市区洪都中大道的南昌一职为职业中专，位于经开区麦庐大道的职教中心为普通中专，两个校区共占地20.5万平方米，建筑面积5.7万平方米，资产总值3.25亿元，两块校牌一套人马。9月职教中心面向全省招收新生。10月经省政府批准，学校统称为南昌市第一中等专业学校。年底南昌市政府授予南昌市第一中等专业学校“南昌市名校”称号，成为唯一一所跃上“名校榜”的职业学校，开创了职业教育跻身南昌名校行列的先例。

【筹建南昌科大取得实质进展】 江西科技师范学院年初新增6个硕士点，实现了学院硕士学位授权学科零的突破，成为全国历年新增硕士授予权单位首次获批硕士点数之最。9月30日在南昌市政府小礼堂举行南昌科技大学筹建交接仪式，宣告原南昌高等专科学校、南昌市技工学校、南昌市高级技工学校正式成建制整体并入江西科技师范学院，标志着筹建南昌科技大学迈出实质性步伐。南昌市委书记余欣荣、市长李豆罗、市委副书记史蓉蓉、省教育厅副厅长李小南、常务副市长龚建华、副市长罗慧芬出席交接仪式。市委、市政府决定高起点、高标准、高速度建设南昌科技大学，并把其列为南昌“科教兴市”的“一号工程”。学校按照国家规定的本科综合性大学设置标准和办学条件，力争在3~5年内办成一所学科门类齐全、教学与科研并重，国内有一定影响的综合性大学，为江西在中部地区崛起和南昌进一步做强做大提供强有力的智力支持和人才保障。科技师院提出高位启动、高位嫁接、高速发展的战备思路，着力做好新校区建设和学科建设两篇文章，并确立“省重点、国内知名、国际上活跃”三大目标，全力推进完全学分制、科研管理体制、学生管理体制、人事分配制度四项改革，建设信息、化工、材料、生命科学和人文社科五大基地。

【华东交通大学首届国防生毕业】 2004年5月27日，华东交大与南京军区正式签约培养国防生，作为南京军区在赣唯一一所培养国防生的高校，在校国防生总数达到570人，分布在6个学院11个专业。2006年华东交大招收220名国防生，总数列全国签约高校第一。6月23日，华东交大举行首届国防生毕业典礼，23名毕业国防生从校长张安哥的手中接过证书，省军区副司令员吴品祥将军专程前往为毕业生壮行。华东交通大学高度重视国防生培养，把它作为一项智力拥军、人才拥军的政治任务，加强领导，严格标准，创新方法，提高质量，确保国务院、中央军委的决策部署和指示精神落到实处，确保为军队现代化建设输送更多的优秀人才。10月31日，华东交大举行国防生大楼竣工典礼。

【美霓光环境公司落户经开区】 8月10日，南昌美霓光环境科技发展有限公司在昌北经济开发区举行落成庆典仪式。南昌美霓兴环境科技发展有限公司是一家科研型股份制企业，已投资1500万元，在南昌经济技术开发区建成国内最大规模的“灯光雕塑”生产基地。公司拥有一流的城市光环境科研、设计规划、制作施工队伍。依靠科研创新，走出自己美化亮化城市的一条新路，大量优秀作品正在走向祖国大江南北，十几年来所做项目及作品多次在国内获奖。

（上官方）

南昌英雄经济开发区

【概　况】 南昌英雄经济开发区于2005年6月1日正式揭牌成立，属南昌市委、市政府派出机构。设为“一区两园”格局，分别位于南昌市的南北大门。下设10个局室，辖1个社会事务管理处、9个行政村、2所子弟学校，规划总面积44.6平方千米，国家核定开发区面积12平方千米。该区有耕地总面积1435公顷、林地面积113.3公顷。有人口6万余人，其中非农业人口4.7万人，人口自然增长率3.1‰。2006年实现国内生产总值（GDP）2.05亿元，较上年同期增长20.3%。其中，工业总产值达2.29亿元，同比增长26.5%倍；工业增加值完成6052万元，同比增长140%，其中规模以上增加值3800万元，同比增长260%；全社会固定资产投资完成4020万元，同比增长76.61%；社会消费品零售总额达1530万元，同比增长

21.4%;实现财政总收入3702万元(不含1~3月份的1049万元),同比增长60.96%。

【国土资源部落实南昌英雄经济开发区四至范围】 10月12日,国土资源部关于《第十三批落实四至范围的开发区公告》(2006年第27号)文件,明确了南昌英雄经济开发区的四至范围。英雄工业园(北园)东至北山垦殖场界,南至南昌啤酒厂、鸡山村鸡山山脚,西至京九铁路,北至黄墩村界;银三角产业园(南园)东至四〇九库,南至煤矿机械厂,西至万湖西山村,北至莲武路。

【举办中国业余高尔夫球公开赛】 由中国业余高尔夫球协会举办的中国第十九届男子、第十七届女子业余高尔夫球公开赛,分别于9月10~15日和9月16~20日在南昌英雄经济开发区翠林高尔夫球会举行。一年一度的传统性国家一级赛事首次在江西省南昌市拉开帷幕。省人大常委会主任万学文、南昌市政府副市长罗慧芬、南昌市人大常委会副主任姚燕平出席开幕式。来自美国、日本、韩国、马来西亚、新加坡等国家以及香港、澳门、中国台北等地区的230名业余高尔夫球选手参加比赛,其中江西籍参赛选手14人。本届比赛采用中国高尔夫球协会审定的、由苏格兰圣安德鲁斯皇家古老高尔夫球俱乐部和美国高尔夫球协会批准的《高尔夫规则》(最新版),设立最多老鹰球奖、最多小鸟球奖和最佳青年球手奖等奖项。

【三个招商引资项目奠基】 9月26日,英雄开发区高新锂离子电池项目、蓝翔医疗器械项目、华正冶炼设备项目3个招商引资项目在英雄工业园同日开工奠基。其中高新锂离子电池项目将投资8亿元在该区打造集研发、制造、销售为一体的大型中美合资高科技锂离子电池生产基地。

【签约南昌国际大学项目】 2006年,英雄开发区与南昌国际大学项目投资方签订投资意向协议书。该项目由中国江西财经大学与德国法兰克福应用科学大学合作创办、江西创世纪教育投资有限公司投资建设。项目累计投资额8亿元人民币,规划在校本科生2万人、研究生200人的规模;拟规划建设用地134万平方米,占地面积约133.33公顷。项目第一期用地约66.66公顷,规划选址在英雄开发区北园,即英雄七路以东、规划路以北、北外环路以南、机场路以西。

【提出创建"海英开发区"的构想】 为进一步加强区域经济合作,促进厦门与南昌经济共同繁荣与发展,在厦门海沧投资总公司和英雄开发区签订投资打造南昌物流基地项目的基础上,11月19日,英雄开发区与厦门海沧区提出打造"海英开发区"的设想。

【设立中小企业发展专项基金】 2006年,英雄开发区拨出20万元财政专款,设立开发区中小企业发展专项基金,且今后每年按上年度个私民营企业实缴税金的0.5%~1%安排纳入预算追加。该基金主要用于四个方面:一是用于开展创业辅导、人员培训、信息咨询、开拓国内国际市场等工作;二是用于奖励区内业绩优良的中小企业、信用担保机构和投融资服务机构等;三是用于奖励创业典型,为小规模创业者提供启动资金;四是用于对实施技术改造和实现产业升级的企业进行奖励。

【打造新农村建设示范村】 2006年,英雄开发区启动新农村建设试点村建设工作。按照"生产发展、生活富裕、村容整洁、管理民主"20字方针要求,对新农村建设试点村横岗村进行整体规划,切实落实"六改、四普及"。投资20万元改造该村饮水工程,让村民喝上放心的自来水。完成旧房改造12栋,外墙刷漆1万多平方米,清理水沟75千米,建造整洁的冲水厕所,植树1000多棵,安装路灯30多盏,彻底整治了昔日脏、乱、差的现象。扎实开展精神文明创建活动,改变村民的各种生活陋习,在村中建立老年活动中心。

【完成学校接管工作】 2006年,英雄开发区完成对江西省畜牧良种场学校、江西省良种繁殖场中学两所学校教师和资产的移交接管工作。接管后,英雄开发区安排资金80多万元,确保被接管教师的工资按月足额及时发放。同时,组织对学校教学硬件设施存在的隐患进行一次全面大排查,并安排10万元专项资金用于整改。在全国第22个教师节前夕,该区还组织两所学校教师召开座谈会,举行隆重的庆祝纪念活动。

(帅和水)

九江经济开发区

【概　况】 九江经济开发区管辖面积120.86平方千米(实管面积为98.68平方千米,虚管区域22.18平方千米),辖向阳、七里湖、滨兴3个街道办事处16个村委会、18个社区,人口10.6万(其中农村人口2.4万)。

开发区有工业企业163家,其中规模以上企业40家。规模企业中,亿元以上企业6户。2006年招商签约项目41个,合同资金46.09亿元,实际进资内资17.65亿元、外资2687万美元。新引进项目中亿元以上的项目16个,其中总投资3亿元以上的5个(含5亿元以上的2个,10亿元以上的2个),新引进项目数和亿元以上项目数创历史新高。全区在建项目30个,总投资22亿元。

2006年全区实现GDP28.5亿元,同比增长15.78%;工业主营业务收入34.13亿元,同比增长41.27%;工业增加值12.86亿元,同比增长61.5%;工业企业上交税金1.46亿元,同比增长37.12%;实现财政总收入1.32亿元,同比增长24%,其中地方财政收入8176万元,同比增长35.3%;城镇居民人均收入9900元,同比增长15.16%;农民人均现金收入3800元,同比增长5.6%。

【出口加工区率先通过国家九部委的封关验收】 6月20日,九江出口加工区通过海关总署、国家发改委、财政部、国土资源部、商务部、税务总局、工商总局、质检总局、外汇局国家9部委联合验收小组的实地验收,成为江西首个通过国家验收的出口加工区。在全国同一批增设的18个出口加工区中,九江出口加工区建设速度最快,是第一个申请验收和获批的出口加工区。九江出口加工区的设立,构筑了九江扩大开放的新平台,将与九江口岸开放优势互补,进一步提升九江的对外开放优势,促进九江乃至全省开放型经济发展。加工区已入区签约项目8个,其中在建5个,威尔制衣和盖拉斯电子项目实现报关出口,完成省政府提出的当年封关当年实现出口业绩的目标。

【昌河铃木汽车九江分公司生产的轿车前景良好】 昌河铃木汽车九江分公司于2003年全面启动建设,2005年建成投产,总投资21.16亿元,厂房建筑面积总计9.15万平方米,总体规划为年产汽车20万辆、发动机30万台,其中一期投资年产汽车10万辆、发动机15万台。公司主要产品有LIANA轿车(两厢、三厢)和K14B发动机。发动机生产线由铸造、加工和装配3个车间组成;汽车生产线由冲压、焊装、涂装、总装4个车间组成。K14B发动机2005年6月实现批量生产。LIANA三厢轿车于2005年11月25日上市,以其低油耗、大空间、良好的造型等优良的性能比,显现出良好的市场前景。2006年公司生产轿车1.34万辆、发动机2.49万台,产值13.11亿元。

【波兰直升机项目落户出口加工区】 波兰PZL飞机制造项目是九江出口加工区引进的重大项目,2006年被列入江西新型工业化"十一五"规划的重点建设项目。该项目对于提高我国飞机生产技术水平、弥补中波两国贸易逆差以及带动九江相关产业发展具有积极的作用,国务院、商务部及省、市领导给予高度重视和关心。项目由九江红鹰科技发展有限公司和波兰PZL直升机工厂投资建设,主要生产、总装和销售SW-4、MI-2PLUS、W-3ASOKOL、卡尼娜KANIA等4种型号的直升机、M18B滑翔机、M28商务喷气机以及航空产品的零部件和其他新增产品项目。项目一期投资总额5000万美元,预计年产36架飞机,年产值1.4亿美元。

【签署澳大利亚平板液晶项目】 该项目由澳大利亚盖拉斯电子有限公司全额投资,总投资6000万美元,主要生产经营电视机及相关电子产品(机顶盒、数字音视频产品)技术开发与服务;并研发本企业所需的原材料、仪器仪表、机械设备及相关零配件服务、IT产品、家用电器等,产品70%以上外销。公司投产后预计年产LCD电视等65万套,达产后预计年销售收入为20亿元。

【签订台湾远纺工业纺织品生产项目】 远纺工业(九江)纺织品生产项目由台湾远东集团投资兴建,项目总投资为1.3亿美元,其中一期投资2800万美元,主要生产各类纯棉纱、涤纶纱、黏胶纱、涤棉混纺纱、其他天然纤维或化学(合成及人造)纤维纱及配套的后加工工程用特种纺织产品等,设计规模为20万锭纺纱及纺织产品深加工能力,预计投产后年产值达1亿美元。

(龚晓军)

星火经济开发区

【概　况】 2006年,省政府将云山经济开发区和永修星火高新技术产业开发区整合为江西永修云山经济开发区(加挂永修星火经济开发区的牌子)。

永修星火经济开发区抓住有机硅单体产能提升契机,大力发展循环经济,园区品位不断升级。2006年5月,园区被认定为江西省山江湖可持续发展实验区,12月被批准为江西省省级有机硅产业基地和省级循环经济试点园区。

2006年,园内企业共创工业总产值16.7亿元,完成销售收入18.4亿元,上缴税金1.28亿元,实现利润3.42亿元。

【卡博特蓝星化工(江西)有限公司竣工投产】 8月16日,由美国卡博特公司和园内企业江西星火有机硅厂合资的卡博特蓝星化工(江西)有限公司年产4800吨气相二氧化硅项目全面竣工投产,项目总投资2980万美元。该项目主要利用江西星火有机硅厂有机硅单体副产物——甲基三氯硅烷为原料,生产高品质纳米级气相二氧化硅,产品主要应用于有机硅弹性体、聚酯树脂、涂料、胶黏剂和油墨等领域,产品质量世界领先。该项目的建设,既保证了国内气相二氧化硅高端市场的供应,又成为星火经济开发区循环经济模式中重要的一环。

(王江云)

新余经济开发区

【概　况】 2006年3月,经国家发改委核定、省政府批准新余市高新技术经济开发区为省级开发区,并更名为"江西新余经济开发区"。开发区全年实现国内生产总值28.7亿元,同比增长76.1%;实现工业主营业务收入82.9亿元,同比增长102.7%;其中规模以上工业实现主营业务收入73.97亿元,同比增长105%;完成固定资产投资16.1亿元,同比增长36.8%;完成财政总收入2.05亿元,同比增长78.27%;完成地方财政收入1.24亿元,同比增长69.44%。全年完成进出口总额8300万美元,同比增长349.1%,占全市出口总额的25%。园区就业总人数达到2.3万人,其中园区企业就业人数达到1.8万人,成为全市劳动力就业的重要基地;综合经济指标名列全省工业园区前三强,先后获"全省工业崛起园区发展专项奖六项指标综合先进单位"、"全国先进民营科技园"等多项殊荣。

全年共引进各类项目34个,合同引资44.43亿元,实际引进省外国内资金20.68亿元,同比增长41.64%;实际引进国外境外资金8623万美元,同比增长169.89%。其中赛维公司境外资金实际到位7195万美元,刷新江西外资企业当年实际到位外资的最高纪录。万嘉实业铜包铝线、铝漆包线、铝杆项目,立德科技高端视听产品及SMT表面贴装项目,科冠能源太阳能电池项目等一批科技含量高、附加值高的项目相继落户。

商贸及城市配套项目已建成9个,还有17个正在抓紧建设。全年开工建设道路23条(段),完成17条(段),总长13.53千米;开挖安装供水管道总长10.4千米;架设专用电网线12万余米;完成南干渠等防洪排涝水沟改造5千米,对区内14.3平方千米内已建道路地下雨污水管网建立数字化系统;园区新增建筑面积51.6万平方米,新增公共绿地面积33万平方米,新安装道路亮化路灯83盏。

全区投入建设资金865万元,启动17个新农村建设示范点,硬化进村道路8.35千米,"组组通"水泥公路正快速推进,有188个自然村通水泥路。接通自来水用户784户,新建无害化公厕16所、水冲式户厕252所,新农村建设取得初步成效。梅园小区、聚龙花园二期已投入使用;胜利等9个新村点开工建设9万余平方米,安置拆迁户830多户,已投入资金300万元用于新村"三通一平"和绿化建设,居住环境进一步改善。

全年免费组织职业技术培训班7期,培训失地农民1305人,其中政府免费培训583人;举办专场人才招聘洽谈会2次,送岗下乡13次,职业推介会16次。园区企业新增上岗就业失地农民3030名,吸纳大中专毕业生3455人,下岗失业人员849人。成立装卸服务公司9个,解决"4050"失地农民就业1549人;安排公益岗位就业391人。

投资800多万元的梅园小学、600多万元的十六中学生宿舍楼投入使用;撤并4所小学。人民医院新院传染病房主体工程完工;查处"两非"医疗案件2起,取缔无证医疗机构5家。

【农业产业化进程明显加快】 2006年,开发区以十万亩优质稻、二万亩果业、万亩优质棉、万亩优质油菜、万亩优质蔬菜和生态养殖等为主的六大农业产业化基地基本形成,"一村一品"工程正有力地推进。

【赛维LDK太阳能多晶硅片项目正式投产】 5月2日,赛维LDK太阳能高科技有限公司正式投产,顺利生产出两块重达275公斤的多晶硅铸锭。一期项目总投资7250万美元,全套引进国际领先的光伏技术、生产和检测设备。全年销售收入达到1亿美元,二期建成年产200兆瓦的多晶硅片生产线,至2007年将实现销售收入4亿美元以上。

【泉州工业园奠基】 6月5日,江西泉州工业园举行开工奠基仪式.该项目由香港信诚集团投资建设,总投资10亿元人民币,主要进行纺织、制革、超纤、服装等产品的生产和销售,建成投产后年销售收入将达到20亿元。

【省首届设区市汽车文化节开幕】 7月8日,以"放眼未来,共谋发展"为主题的江西省首届汽车文化节在经济开发区隆重开幕,九鼎汽车大市场同时举行开业庆典。该汽车文化节是一次高品位、专业性、综合性的汽车文化盛会,融会议、展览、论坛等文化活动于一体,陆续开展汽车装饰、改装、维修展示、文艺表演、越野尝试等20多项活动。省内30余家较大规模、具有一定实力的汽车销售商参展,展出车型100多种。该市场占地6.93公顷,建筑面积6.5万平方米,主要经营各类车辆、汽车零部件、汽车用品等交易,是江西省最大的专业汽车市场之一。

【江西大世界新余城东商业中心开工典礼】 7月25日,江西大世界新余城东商业中心隆重开工。该项目由宁波大世界集团有限公司投资兴建,总投资约20亿元,主要进行写字楼、饮食城、娱乐城、展示中心及部分住宅楼开发建设。全部工程计划在2008年底完成,项目建成后,将打造成新余市第一个CBD即中央商务区。

【孔目江办事处成立】 为顺应形势发展需求,推动经济开发区跨越式发展,经市人民政府批准,将原水西镇6个管理处分离出来,成立孔目江办事处,7月28日正式揭牌。孔目江办事处西接市区,东面与水西镇相连,北接沪瑞高速公路,南临浙赣铁路,辖区面积43平方千米,下辖2个居委会、6个管理处、78个村民小组,总人口2.5万余人。

【赛维LDK承办中国太阳能硅材料及硅太阳电池研讨会】 由国家发改委、世界银行、GEF中国可再生能源项目办公室、上海交通大学太阳能研究所、中山大学太阳能系统研究所主办,新余市委、市政府及江西赛维LDK太阳能高科技有限公司承办的2006年中国太阳能硅材料及硅太阳电池研讨会7月31日在开发区开幕。200多家单位共计400多名国内外专业人士出席会议。大会围绕"中国太阳能硅材料及硅太阳电池"这一主题,发表19个大会报告和5个专题报告,进行了3场讨论会。

【春龙国际大酒店开业】 10月22日,总投资2亿多元人民币,总建筑面积近4万平方米,拥有各类高级客房250多间的五星级春龙国际大酒店正式开业。

(付新 肖鸿 李晶)

樟树市工业园区

【概　况】 樟树市工业园区由城北工业园、福城医药工业园、新基山盐化工业基地三部分组成。2006年园区共有落户工业企业84家,已投产的68家。新增固定资产投资500万元以上投产企业19家,新增固定资产投资10.4亿元,同比增长70.4%;实现主营业务收入30亿元,同比增长108.3%;实现税收1.56亿元,同比增长140%;安排就业1.6万人,同比增长116%。

2006年,园区基础设施配套建设日趋完善,市财政已投入建设资金4.2亿元,完成"六通一平"工程,形成"七纵四横"道路网络,新建3.5万伏安的供电站基本竣工,园区整体环境评估已经完成。主导产业优势显现,园区内已形成医药产业、盐化工产业和食品服装产业三大主导产业特色。2006年三大主导产业实现产值分别为20.85亿元、8.5亿元、1.29亿元。园区内规模企业不断增加,新增规模企业6家,规模企业总数达33家,实现工业增加值7.01亿元,比上年增长117%。园区建设及经济发展不断提速,经省、宜春市相关部门检查验收,批准为省级工业园区。在宜春市表彰的综合先进中,樟树市工业及开放型经济获得工业发展先进县(市区)、民营经济先进县(市区)、工业园区发展先进县(市区)3个单项奖。

(梅建国　柳文红)

南昌民营科技园

【概 况】2006年,南昌民营科技园紧紧围绕打造"功能综合型、管理经营型、产业聚集型、科技动力型"园区发展要求,不断深化服务内涵,突出特色,破解发展瓶颈:一是转变招商策略壮大产业规模,积极推动南昌统一企业有限公司、南昌娃哈哈饮料有限公司、南昌银志纺织服装城实业有限公司等具有比较优势的支柱企业,利用自己的产品、品牌、市场优势吸引其上下游协作伙伴来园办厂兴业,并推动园区企业与具备一定品牌、资本、技术等优势的企业进行战略合作,在园区现有企业生产经营场所和工业组团厂房上做文章,开发新的招商载体;二是调整规划完善功能,在市规划管理部门和规划编制部门的支持下,对园区控制性规划进行调整补充,对部分闲置土地进行用地性质调整,大力推进基础设施完善步伐,实施弱电管网等工程建设,提升园区的品位和档次;三是完善机制加速项目建设,运用调整班子添力度压担子、调整制度抓程序促规范、调整手段变方法硬措施等制度杠杆,建立健全项目推进机制,加快项目建设进度。通过全方位的工作,园区建设发展实现又好又快目标。

全年完成工业产值51.48亿元,同比增长29.2%;工业增加值15.43亿元,同比增长51.9%;上缴税金2.54亿元,同比增长24.6%;完成社会消费品零售总额1.78亿元,同比增长63.8%;完成固定资产投资13.21亿元,同比增长28.3%;其中规模以上企业工业增加值为9.4亿元,同比增长51.6%。引进娃哈哈食品等项目16个,实际到位省外资金8.2亿元,实现合同外资3160万美元、实际引进外资2875万美元,出口创汇达到8018万美元。

【杭州娃哈哈集团投资新项目】 9月,杭州娃哈哈集团再次与园区签署合作协议,由杭州娃哈哈集团投资800万美元,在园区设立南昌娃哈哈食品公司,主要从事碳酸饮料的生产经营,这是杭州娃哈哈集团鉴于3年来双方合作的融洽关系,主动新增的投资项目。项目于10月动工建设,建设周期为7个月,项目投产后,可新增销售收入1.8亿元、上缴税金1500万元。

【获"招商引资先进工业园区"称号】 2月20~22日,省委、省政府在南昌召开江西省开放型经济暨工业园区工作会议,园区凭借着优异的工作业绩,被省政府授予"2005年度招商引资先进工业园区"光荣称号。

【工业经济运行获省政府肯定】 5月12日,省政府在江西艺术剧院召开"工业'三年翻番'考评表彰电视电话会",对全省2005年的工业经济运行工作进行总结表彰,园区以良好的工业经济运行态势,在会上被省政府授予"工业园区六大指标综合先进单位"光荣称号。

【园区企业科技创新成果突出】 2006年,南昌万华生化制品有限公司"高纯度激肽释放酶"、江西新和技术有限公司"RS-1000嵌入式通信网络线路资源检测分析系统"等项目获批国家科技型中小企业创新基金和国家重点新产品;南昌万华生化制品有限公司"利用胰蛋白酶"与"聚乙二醇偶联技术提取抑肽酶"科研课题分别获得江西省科学技术进步三等奖。

【一公司的商标被司法认定为中国驰名商标】 10月,司法部门认定江西开心人集团控股股份有限公司所持有的"开心人"商标为"中国驰名商标",这是中国药品零售行业首枚"中国驰名商标",也是中国零售行业第五枚"中国驰名商标"和江西省第十六枚"中国驰名商标"。中国驰名商标的认定一是行政认定,即通过国家工商总局商标局或商标评审委员会的认定;二是通过司法认定,即通过人民法院的判决认定。司法认定是国际通行做法,根据WTO成员国签订的《知识产权协议》,通过司法认定的驰名商标从其保护程度来看,不仅在本国具有约束力和影响力,在其他成员国也具有同样的法律效力。

【"第三届中国网络媒体江西行"聚焦园区】 11月9日,由江西省委宣传部、省委外宣办、省政府新闻办主办,中国江西新闻网承办,人民网、新华网、中国经济网、中国新闻网、新浪、TOM、腾讯、千龙网等近40家最具代表和影响力的中央、地方重点新闻网站及商业门户网站参与的"第三届中国网络媒体江西行"活动采访团一行到园区采访。对园区的建设发展成就,中国经济网、TOM、新浪、腾讯、千龙网、中国江西新闻网、宁夏新闻网等网络媒体以"南昌民营科技园:区域经济持续发展增长极"为题进行报道,指出园区坚持以民营企业为主体、科技产业为导向,发展食品、医药工业为主旨,以横向、外向经济协作、创新服务体系为动力,不断探索,走出了一条"以龙头产业带动配套产业"的开放开发之路。通过引进、发展一批具有一定技术含量、市场占有率高、品牌优势强的工业企业,实现了园区经济的超常规发展。

(戴 琼 戴华新)

·资 料·

全省工业园区、开发区一览

南昌市

1. 南昌高新技术产业开发区
2. 南昌出口加工区
3. 南昌经济技术开发区
4. 江西南昌小蓝经济开发区
5. 江西新建长埈工业园区
6. 江西安义工业园区
7. 南昌昌南工业园区
8. 南昌昌东工业园区
9. 南昌英雄经济开发区

九江市

10. 江西九江出口加工区
11. 江西九江经济开发区
12. 江西共青城经济开发区
13. 江西瑞昌工业园区
14. 江西九江沙城工业园区
15. 江西武宁工业园区
16. 江西修水工业园区
17. 江西永修云山经济开发区(江西永修星火经济开发区)
18. 江西德安工业园区
19. 江西星子工业园区
20. 江西湖口金砂湾工业园区
21. 江西都昌工业园区
22. 江西彭泽工业园区

景德镇市

23. 江西景德镇高新技术产业园区
24. 江西乐平工业园区
25. 江西景德镇陶瓷工业园区

萍乡市

26. 江西萍乡经济开发区
27. 江西莲花工业园区
28. 江西芦溪工业园区

新余市

29. 江西新余经济开发区
30. 江西分宜工业园区

鹰潭市

31. 江西鹰潭工业园区
32. 江西贵溪工业园区
33. 江西余江工业园区

赣州市

34. 江西赣州经济开发区
35. 江西赣州沙河工业园区
36. 江西赣县工业园区
37. 江西南康工业园区
38. 江西信丰工业园区
39. 江西大余工业园区
40. 江西上犹工业园区
41. 江西安远工业园区
42. 江西龙南工业园区
43. 江西定南工业园区
44. 江西宁都工业园区
45. 江西全南工业园区
46. 江西于都工业园区
47. 江西兴国工业园区
48. 江西会昌工业园区
49. 江西瑞金工业园区

宜春市

50. 江西宜春经济开发区(江西袁州医药工业园)
51. 江西樟树工业园区
52. 江西丰城工业园区
53. 江西靖安工业园区
54. 江西高安工业园区
55. 江西奉新工业园区
56. 江西上高工业园区
57. 江西宜丰工业园区
58. 江西万载工业园区

上饶市

59. 江西上饶经济开发区
60. 江西广丰工业园区
61. 江西玉山工业园区
62. 江西横峰工业园区
63. 江西铅山工业园区
64. 江西弋阳工业园区
65. 江西婺源工业园区
66. 江西万年工业园区
67. 江西鄱阳工业园区
68. 江西余干工业园区
69. 江西德兴大茅山经济开发区

吉安市

70. 江西吉安高新技术产业园区
71. 江西吉安河东经济开发区
72. 江西吉州工业园区
73. 江西吉安工业园区
74. 江西吉水工业园区
75. 江西永丰工业园区
76. 江西新干工业园区
77. 江西安福工业园区
78. 江西峡江工业园区
79. 江西泰和工业园区
80. 江西遂川工业园区
81. 江西永新工业园区
82. 江西万安工业园区

抚州市

83. 江西抚州金巢经济开发区
84. 江西抚北工业园区
85. 江西崇仁工业园区
86. 江西金溪工业园区
87. 江西南城工业园区
88. 江西南丰工业园区
89. 江西广昌工业园区
90. 江西东乡经济开发区
91. 江西宜黄工业园区
92. 江西黎川工业园区

注:对外园区数为94家(包括:江西永修星火经济开发区、江西袁州医药工业园)

(省中小企业局提供)

旅　游　业

本栏编辑　邓玉兰

综　述

2006年是江西旅游业快速融入全省经济社会、有力促进“五化三江西”建设的一年；是红色旅游强势引领、各类旅游交相辉映、大放异彩的一年；是旅游发展氛围空前浓厚、旅游产业经济蓬勃发展的一年。全省旅游发展大会的成功召开，拉开了江西旅游产业大发展的序幕。2006·中国(江西)红色旅游博览会和2006·婺源中国乡村文化旅游节等重大节庆活动的成功举办，将江西“红色之魂、绿色之美、古色之特”的旅游精粹强力推向市场，“红色摇篮、绿色家园”旅游形象品牌止以更高的旋律、更强的后劲唱响中华，走向世界。全省接待旅游总人数6049.96万人次，比上年增长18.73%；旅游总收入390.89亿元，比上年增长22.15%，约相当于全省GDP的8.48%和第三产业生产总值的25.65%，分别比上年提高了0.59个百分点和3个百分点。其中，入境旅游人数49.73万人次，旅游外汇收入1.39亿美元，分别比上年增长33.38%和34.3%；国内旅游人数6000.23万人次，国内旅游收入380亿元，分别比上年增长18.63%和22%；红色旅游接待人数2200.28万人次，综合收入146.58亿元，分别比上年增长25.02%和33.25%，占全省接待旅游总人数和旅游总收入的36.37%和37.5%。

全省坚持推行政府主导型旅游发展战略，各地发展旅游的氛围越来越浓，政府大力推动、各方积极参与、全社会大办旅游的格局基本形成，有力地促进了全省旅游业的快速发展。

全省旅游发展大会拉开了旅游产业大发展的序幕。5月21日，省委、省政府在南昌隆重召开全省旅游发展大会，省委书记孟建柱、省长黄智权、国家旅游局局长邵琪伟等领导都作了重要讲话，省委副书记、常务副省长吴新雄主持大会，副省长孙刚作了主题报告。各设区市、重点旅游县(市、区)政府主要和分管领导、旅游局长、重点旅游景区(点)、旅游企业、旅游院校和科研单位负责人共计450余人参加会议。大会全面总结了全省“十五”规划期间旅游工作，表彰了2005年度全省旅游工作先进单位，进一步明确“十一五”规划期间把旅游业培育成为全省国民经济重要支柱产业和建设红色旅游强省、旅游经济大省的发展思路和目标，深入研究和全面部署了进一步发展红色旅游、乡村旅游、入境旅游等重点工作。这是全省首次召开的旅游发展大会，规格之高、规模之大，前所未有；这次大会的成功召开，有力地推动了政府主导型旅游发展战略的实施，在全省形成了社会各界总动员、齐心协力办旅游的良好氛围。

全省兴起大办旅游产业的热潮。省委、省政府把旅游产业列入重要议程，主要领导亲自深入基层调查研究，协调解决旅游产业发展中的重大问题。按照省委、省政府的部署，各地党委、政府加大了对旅游产业发展的领导和扶持力度，制定加快旅游产业发展的战略思路，出台一系列政策措施。南昌、赣州、新余、宜春等设区市先后召开旅游发展大会，大力营造旅游发展氛围。九江市确立了加快发展大旅游产业的战略思路；吉安市进一步明确举全市之力把旅游业培育成为国民经济的重要支柱产业；赣州市出台培育旅游支柱产业的工作意见；南昌市颁发了加快旅游产业发展的优惠政策；上饶市提出要使旅游业真正成为率先突进和最具活力的重要支柱产业，并成功创建了中国优秀旅游城市。景德镇、鹰潭、萍乡、宜春、新余、抚州等市都采取了有力措施，旅游发展步伐明显加快。各部门和相关方面大力支持旅游产业发展，发改部门把旅游产业纳入国民经济和社会发展规划，财政部门积极从财力上予以扶持，宣传部门积极组织媒体广泛宣传旅游资源和旅游环境，建设、农业、林业、水利、文化、扶贫、统计等部门都加强了与旅游产业融合，丰富了旅游产品，改善了旅游条件，提升了旅游档次，全省旅游产业呈现出全面协调快速发展的良好局面。

（欧阳涓）

红色旅游

【概　况】 2006年，全省坚持以红色旅游引领旅游产业全面快速发展的战略方针，着力推进红色旅游的产业化进程，使红色旅游发展更加强劲，“红色摇篮、绿色家园”旅游品牌更加响亮，红色旅游产业在全省旅游产业中的地位更加显现，江西红色旅游在全国的领先地位更加巩固。

【红色旅游发展思路目标更加明确】

省委、省政府高度重视和大力支持红色旅游发展，5月19日以赣发[2006]5号文件印发《关于大力发展红色旅游的若干意见》，明确提出把全省建成红色旅游强省，将“红色摇篮、绿色家园”打造成为具有国际影响力的旅游品牌,使全省主要红色旅游区成为国内外旅游热点,使红色旅游产业成为推动革命老区经济社会发展的强大动力。“若干意见”明确了发展红色旅游的重点工作,加大了对红色旅游发展的政策扶持力度,在建设景区、举办活动、开展经营等方面实行鼓励措施,在税费、土地使用等方面实施优惠政策。在“若干意见”的指导下,全省发展红色旅游工作力度加强,资金投入加大,扶持政策增多,产业经济发展加快。

【红色旅游产业按系统工程办法全面推进】 6月中旬,省委副书记、常务副省长吴新雄强调要用系统工程的办法做大做强旅游产业。7月26日,省红色旅游工作领导小组在南昌召开扩大会议,省委副书记、常务副省长吴新雄,副省长孙刚在会上作重要讲话。会议审议通过《2006年全省发展红色旅游工作要点》,并将各项工作任务向各地、各有关部门进行了分解,认真组织实施。井冈山市发挥“红绿辉映”的特色旅游资源优势,高举红色旅游旗帜,做足绿色旅游文章,精心规划,完善设施,扩大宣传,科学管理,倾心打造全国红色旅游第一山品牌。瑞金市把旅游产业摆到前所未有的高度,确立“旅游旺市”发展战略,依托丰富的红色旅游资源,努力打造国内外红色旅游名城,取得显著成效。

【2006·中国(江西)红色旅游博览会大展风采】 为进一步推动红色旅游快速发展,江西省以纪念红军长征胜利70周年和中华苏维埃共和国临时中央政府成立75周年为契机,于8~10月,在全省各主要红色旅游区举办2006·中国(江西)红色旅游博览会,特别是10月16日,在赣州(瑞金)主会场隆重举行红博会开幕式和系列大型活动,同时在南昌、吉安(井冈山)、萍乡、上饶4个分会场举办各具特色的主题活动,把红博会推向了高潮。红博会开幕式在瑞金叶坪红军广场举行,省委副书记、常务副省长吴新雄出席并宣布开幕,省委常委、省委宣传部部长刘上洋讲话,省委常委、赣州市委书记潘逸阳致词,副省长孙刚主持开幕式,有关领导和老红军代表为“长征号”瑞金—延安红色旅游专列、“胜利号”红色旅游包机、“瑞金号”、“八一号”、“井冈山号”、“安源号”、“上饶号”等红色旅游团授旗,300名红色旅游导游员进行了宣誓,然后大家观看了“共和国从这里走来”经典情景再现和“十送红军”场景表演。整个开幕式场面壮观、气势恢弘、井然有序、情景感人。赣州主会场举办了《哎呀嘞·这片红土地》歌舞晚会、红色旅游推介会、客家美食节等活动。约1.5万人在瑞金参加开幕式,7.6万人在赣州主会场参加活动,参加红博会总人数达56.8万人。本届红博会紧扣时代脉搏,以鲜明的主题、浓郁的特色、丰富的内容、新颖的形式,全面展示江西省“红色之魂、绿色之美、古色之特”的旅游精粹,充分展现了江西“红色摇篮、绿色家园”旅游品牌的独特魅力,进一步扩大了江西红色旅游的市场外向度和社会影响力,实现了江西旅游“名气响起来,品牌树起来,人气旺起来,收入多起来,水平高起来,发展快起来”的目标。

【红色旅游专列凸显亮点】 10月16日上午,副省长孙刚宣布发车的话音刚落,“长征号”(瑞金—延安)Y436次专列缓缓驶出瑞金火车站。550名赣鄱儿女带着甘甜的红井水、厚重的红壤土,满载革命老区人民情谊,开始传递伟大长征精神的红色之旅。为了更好地展示江西红土地风情,“长征号”列车在陈设卧具和广播设计上着意营造红色主题和革命摇篮的寓意,并成立文艺小分队,开展红色文娱活动,让旅客时时感受到浓郁的红土地风情。“长征号”列车于10月18日抵达延安站,游客在延安参加了纪念红军长征胜利70周年系列活动,于22日下午顺利返回瑞金。10月下旬,全省还增开了上饶—北京、南昌—贵州、萍乡—北京3对红色旅游专列。

【中国(南昌)军乐节增光添彩】 作为红博会的重要组成部分,中国(南昌)军乐节于10月26~28日在南昌举行。本届军乐节汇集了享有极高声誉的中国人民解放军军乐团和英国苏格兰皇家风笛军乐队、俄罗斯国家边防军乐队等国内外最好的军乐团队。活动由开幕式、军乐巡游、军乐晚会、军乐艺术论坛、公益慈善活动等组成。

【井冈山红色旅游高峰论坛成果丰硕】 全国红色旅游工作协调小组办公室、江西省旅游局、吉安市委市政府、井冈山管理局于8月上旬在井冈山主办“永远的激情”——中国井冈山红色旅游高峰论坛,省委副书记、常务副省长吴新雄发表了重要演讲,来自全国的知名专家学者、政府官员围绕红色旅游促进和谐社会建设、推动老区经济社会发展、实现旅游业可持续发展等主题展开热烈讨论和广泛交流,取得了丰硕成果。同时,井冈山还举办“重走长征路”文艺演出、风光摄影展等活动,扩大了井冈山红色旅游的影响。

【参加全国红色旅游导游员讲解员大赛成绩斐然】 为大力展示江西红色旅游导游员的风采,全省通过层层选拔,选派出肖飞华、郝仕强、任梦3名选手参加国家旅游局于11月25日至12月4日在北京举办的全国红色旅游导游员讲解员大赛。选手在大赛中表现出色,得到国家旅游局和评委会的高度评价,肖飞华荣获大赛三等奖,郝仕强荣获最佳形象奖,任梦在复赛中荣获讲解第一名和才艺展示第六名,江西省旅游局荣获最佳组织奖。

【红色旅游开发建设步伐加快】 为支持红色旅游发展,省政府设立了红色旅游发展专项资金,安排1000万元专款用于红色旅游基础设施建设导向性投入,同时要求重点红色旅游市县区将旅游投资向红色旅游倾斜。省旅游局会同相关部门制定《江西省重点红色旅游景区建设方案》,得到中央的大力支持,在30.08亿元红色旅游建设专项资金中,安排给江西5.03亿元,占总量的六分之一强。井冈山革命历史博物馆建设、南昌八一起义纪念馆扩建、永新三湾纪念馆建设、瑞金中华苏维埃中央苏区纪念馆建设、萍乡工人运动纪念馆维修、兴国将军园苏区干部好作风纪念馆建设、于都长征第一渡纪念馆建设、方志敏纪念馆整修、胡耀邦陵园整修等一大批红色旅游工程项目都已开工建设。此外,井冈山机场开通至上海、北京的航班,吉安开行了至深圳、北京的始发列车,赣龙铁路已开通旅客列车,吉安至井冈山铁路也即将竣工,为江西省红色旅游的发展提供了便捷的交通基础条件。

【红色旅游影响力扩大】 社会各界对红色旅游给予了空前的关心和重视,在省第十二次党代会即将召开之际,"红色旅游蓬勃发展"被列入江西五年"十件有影响的大事"评选活动预选名单。省旅游局局长王忠武继2005年获评全国旅游业十大新闻人物后,2006年又被评为全国红色旅游十大人物,并首次作为旅游行业代表出席省第十二次党代会,当选为省委候补委员。同时,瑞金荣膺全国十大红色旅游景区(点)称号。

(欧阳娟)

市场促销

【实施"江西入境旅游倍增计划"初见成效】 省旅游局根据"江西入境旅游倍增计划"的安排,先后组派出11批(次)赴国(境)外旅游促销团组,赴澳大利亚、新西兰、日本、韩国及欧洲、非洲、南美洲等地和香港、台湾地区开展旅游促销活动,着重推介江西名山瓷都名村文化游、名山道教文化游、名山红色文化游3条精品旅游线路。同时,针对重要客源市场加大专业促销力度,组织赣东北环形旅游线上的主要景区(点)赴新加坡、马来西亚联合开展促销活动,进一步拓宽江西省国际旅游市场。各地采取政府主导、企业跟进的方式,加强入境旅游市场开发,取得显著效果。九江先后接待了长江游轮公司的两个航次近300名欧美游客,与韩国相关旅行社共同制定投入100万元的宣传计划,与港中旅联合在香港荷里活广场举办主题为"美丽新庐山,世界休闲地"的嘉年华活动。吉安市政府领导率领重点旅游景区和旅行社负责人前往新加坡、香港开展旅游推介活动。从4~10月,新加坡、马来西亚旅行商共派出14个系列团赴江西旅游,日本国和台湾、香港、澳门地区等主要传统市场及韩国、俄罗斯、美国、加拿大、英国、澳大利亚、新西兰等新兴市场到赣客源都大幅增长。

【与境外旅游机构交流合作有声有色】 1月,省旅游局局长王忠武与澳门旅游发展局局长安栋梁在南昌签订《江西澳门旅游合作备忘录》。4月,省旅游局和省侨联组团参加澳门缅华互助会举办的第十一届澳门缅华泼水节暨35周年系列活动,并举办江西(澳门)旅游推介会,取得圆满成功。6月,井冈山管理局、井冈山市政府、澳门特别行政区旅游局在澳门渔人码头举办为期1个月的"江西吉安·井冈山(澳门)旅游经贸说明会暨井冈山风光摄影展"。澳门特别行政区行政长官何厚铧出席旅游推介活动和图片展剪彩仪式。8月,在哈尔滨市举办的第八届中日韩友好城市大会上,井冈山市与韩国南海郡举行隆重的友好城市签约仪式。11月,南昌市与韩国光州市签订两地友好交流合作书。同时,江西省还组团参加"海峡两岸台北旅游展",推动了赣台两地旅游业的交流与合作。韩国韩亚航空公司、泰国国家旅游局代表团、泰国旅行商先后到江西省考察交流。

【区域旅游合作得到加强】 省旅游局先后组团参加上海中国国际旅游交易会、武汉(华中)旅游博览会、湖南国际旅游文化节、郑州中部6省旅游展示推介会、广东国际旅游节暨泛珠三角旅游推介会等活动,扩大了江西省旅游的知名度和影响力。赣州、韶关、郴州3市共同签署了《红三角整体旅游形象宣传合作协议书》。上犹县政府发起组织江西、广东、湖南3省6县市旅游合作,共同开发建设生态旅游区域。上饶、景德镇、鹰潭、抚州市积极参与安徽、浙江、福建4省12市旅游协作圈活动。赣西也加强了与湖南、湖北的旅游合作。通过旅游区域合作,邻省到赣旅游人数明显增加。

【旅游宣传推广新招频出】 省旅游局和省红色旅游领导小组办公室充分利用中央和江西主流媒体,大力宣传江西省旅游精品线路和重大旅游节庆活动。红博会举办前,先后在成都、南昌、北京、广东、赣州举办3次新闻发布会和2次新闻访谈。江西一报两台紧密围绕江西省重大旅游活动,开辟旅游宣传专栏和专门节目。江西省赴境外的各类商务团组都将旅游作为宣传推广的主要内容。省旅游局会同省委宣传部、省广电局联合制作旅游风光片《美丽的江西》,对外广泛寄发。江西旅游品牌和精品线路的知名度不断提高,影响力明显扩大。

【开展江西百景暨新赣鄱十景评选活动】 由省委宣传部、省建设厅、省旅游局、江西日报社联合主办的"百姓喜爱的江西百景暨新赣鄱十景"评选活动,从4月5日启动,经过景区景点报名和读者推荐、公民投票、专家委员会评审、组委会讨论,并经过向社会公示,确定庐山风景区、井冈山风景区、三清山风景区、龙虎山风景区、婺源景区、武功山景区、瑞金红色故都景区、九江—柘林湖风景区、景德镇高岭—瑶里风景区、资溪大觉山风景区为"新赣鄱十景",南昌八一起义纪念馆、南昌滕王阁、赣州宝葫芦农庄、井冈山荆竹山、安远三百山、乐安流坑古村、弋阳龟峰、鄱阳湖候鸟自然保护区、万载竹山洞、龙南关西客家围屋为"江西十大特色美景",并推出"江西百景",使江西旅游景区扩大了影响,提升了形象。

(欧阳娟)

行业管理

【诚信旅游活动广泛展开】 全省旅游系统按照"优化旅游环境,严格规范管理,努力塑造全省旅游行业诚信优质服务良好形象"的总体要求,广泛开展诚信旅游活动,抓好旅游市场的整顿和规范,建立统一、开放、竞争、有序的旅游市场体系,推进旅游企业从业人员诚信守法经营,引导旅游者理智明白消费;积极开展"争先创优"活动,使爱岗敬业、乐于奉献精神在全省旅游行业蔚然成风。

【旅行社管理逐步规范】 省旅游局深入研究旅行社收客网点建设问题,着力规范旅行社门市部管理,对全省国际、国内旅行社门市部进行了严格清理,有效地规范了旅游市场秩序,保护了消费者权益。年内全省新批准注册旅行社65家,其中国内旅行社60家,出境游组团社5家。至年底全省共有旅行社621家,其中国内旅行社589家,国际旅行社32家(出境游组团社18家)。

【导游人员管理模式不断创新】 省旅游局积极推进导游服务管理机构建设,完善导游人员执业和保障机制,初步建立导游管理体系,探索具有江西特色的导游人员管理模式,被国家旅游局作为典型经验安排在全国旅游工作座谈会上作专题介绍。12月20日,省旅游局在南昌召开全省导游大会,省委副书记、省政府代省长吴新雄受省委书记孟建柱委托,给大会发来贺信;省委常委、省委宣传部长刘上洋代表省委、省政府亲切会见了全国模范导游员文花枝先进事迹报告团全体成员,看望了全省模范、优秀导游员,并为获奖导游员颁奖。大会隆重表彰了全省10名模范导游员、91名优秀导游员。大会就加强导游队伍建设提出了工作思路和主要措施,部署在全省导游队伍中广泛开展社会主义荣辱观、"爱岗敬业、诚信旅游"和学习全国模范导游员文花枝先进事迹等主题教育活动,增强导游员"诚信从业"意识,提高全省导游服务质量,并由模范导游员代表向全省导游员发出诚信执业倡议书,在全省旅游行业中引起了强烈反响。

【星级饭店服务质量年活动圆满成功】 以举办全省旅游星级饭店服务技能大赛为抓手,广泛开展旅游星级饭店全员培训和岗位练兵,提高饭店服务操作技能的标准化、规范化水准。加强星级饭店评定复核工作,作出对7家饭店限期整改、4家饭店摘星的处理。年内全省新评定星级饭店56家,至年底全省共有星级饭店308家,其中五星2家,四星31家,三星131家,二星141家,一星3家。

【旅游安全工作落到实处】 省旅游局认真研究探索旅行社保险体系建设,会同省保监局下发《关于进一步做好我省旅游保险工作的通知》;会同8个厅局制定《江西省旅游突发事件应急预案》,健全了旅游突发事件应急制度,保障了旅游活动的顺利开展,全年旅游行业无重、特大事故发生。

【旅游招商引资工作制度不断强化】 省旅游招商引资工作领导小组牵头建立省、市、项目单位的三级领导负责制,充实和加强了招商引资工作力量;建立旅游招商引资调度会议制度、项目推进制度、招商信息通报制度。领导小组每季度召开一次重大项目调度会,推动招商引资工作,帮助解决实际问题;建立旅游招商引资项目库,重点策划和包装30个旅游重大招商项目和40个红色旅游招商项目,通过多种途径对外推介和发布。

【旅游专题招商引资活动效果明显】 按照省政府的统一部署,省旅游局先后组团参加在昆明举办的第三届泛珠三角区域合作与发展论坛暨经贸合作洽谈会,在香港举办的经贸活动周,在厦门举办的第十届中国国际投资贸易洽谈会暨第二届海峡旅游博览会,在庐山举办的赣台经贸合作研讨会,在湖南举办的第一届中国中部投资贸易博览会等活动,并以举办旅游专题推介会、旅游投资座谈会等形式推介江西省旅游产品及旅游招商项目。2006年度共签订旅游项目241个,其中,内资项目227个,金额为125.93亿元;外资项目14个,金额为2.24亿美元。

【旅游引智工作迈上新台阶】 赣州市委、市政府从广东引进6名博士,分别安排在市县旅游领导工作岗位上。按照省里的部署,在承办2006·中国(江西)红色旅游博览会主会场系列活动中,积极发挥聪明才智,为各项活动的成功举办作出了重要贡献。省旅游局积极向省委申请,从中央赴赣博士团中邀派旅游专门人才来省旅游局工作,并适时召开中央赴赣博士团座谈会,为江西旅游业发展出谋献策。

【旅游规划编制和A级旅游景区创评工作取得新进展】 省旅游局组织编制完成《江西省旅游业发展"十一五"规划纲要》,并指导各市县区做好旅游发展规划和景区开发建设规划。至年底,全省有10个设区市和大部分县(市、区)编制了旅游发展规划,大部分景区景点制定了总体规划和旅游开发建设详规。同时,加强了A级旅游景区创评工作,年内新评定4A级旅游景区2个。至年底全省共有A级旅游景区35个,其中4A级16个,3A级6个,2A级12个,1A级1个。庐山、井冈山已顺利通过了5A级旅游景区国检验收。

(欧阳娟)

国家风景名胜区

【概　况】 2006年,全省风景名胜区工作始终坚持"严格保护、统一管理、合理开发、永续利用"的方针,以编制规划为前提,以综合整治为突破口,以制度创新为着力点,以扩大风景区规模为重点,强化对风景名胜资源的保护,规范景区建设行为,风景名胜区事业进入一个全新的发展期。至年底,全省有风景名胜区(点)400余处,风景名胜区总面积达5225平方千米,其中有庐山、井冈山、三清山、龙虎山、仙女湖、三百山,梅岭—滕王阁、龟峰、武功山、云居山—柘林湖和高岭—瑶里等11处国家级风景名胜区,总面积为2771平方千米。国家级风景名胜区固定资产投资额达到19.4亿元,比上年增长17.9%。全年国家级风景名胜区接待境内外游客1063万人次,比上年增长11.7%。实现旅游收入11亿元,其中门票收入4.5亿元,比上年增长10.9%。

【遗产申报工作有新突破】 继庐山被联合国列入《世界遗产名录》后,三清山正式申报世界自然遗产工作启动,龙虎山、龟峰参加中国丹霞地貌申报世界自然遗产工作启动。在国家公布的首批30处国家遗产预备名单中,江西省三清山、龙虎山、高岭—瑶里和武功山等4处国家级风景名胜区名列其中,数量为全国第一。

【国家级风景名胜区基本完成总体规划编制工作】 全省景区总体规划编制有新突破。井冈山、仙女湖、三百山、梅岭—滕王阁和龟峰等5处景区总体规划已上报国务院审批;庐山、武功山、高岭—瑶里总体规划编制完成;龙虎山已开展总体规划修编。各风景名胜区在总体规划编制过程中已将核心景区的划定和保护管理要求纳入其中。

【资源保护有新突破】 8月，对全省国家级风景名胜区和部分省级风景名胜区进行综合整治检查验收。全省风景名胜区共拆除违法违规和有碍观瞻的建(构)筑1410余处，建(构)筑面积达3.69万平方米；关停采石矿点42处。通过这一系列的整治活动，全省风景名胜资源及生态环境得以保存、恢复和改善，景区脏乱差现象得到根本好转。基本达到“风景资源保护有效，总体规划基本完成，管理机构得到理顺，管理制度建立健全，建设管理规范有序”的工作目标。

·庐 山·

【简 况】 庐山风景名胜区位于江西省北部，北濒长江，南傍鄱阳湖，大江、大湖、大山浑然一体，最高峰汉阳峰海拔1473.8米，包括有牯岭、花径、大天池、含鄱口、五老峰—三叠泉、山南、东林、浔阳、石钟山、龙宫洞、长江—鄱阳湖及建筑文化等12处景区，总面积302平方千米，其中山体面积282平方千米。1982年被国务院列为第一批国家重点风景名胜区；1996年12月6日，联合国教科文组织世界遗产委员会第二十届会议批准庐山以“世界文化景观”列入《世界遗产名录》。全年接待境内外游客175万人次，较上年增长13.7%；实现旅游收入14亿元，较上年增长33.3%。其中门票收入达1.43亿元，较上年增长7.7%；固定资产投资额2362万元；旅游业从业人员7142人。2006年，庐山以第四位的排名被中央文明办、建设部、国家旅游局授予全国十大文明风景旅游区称号。

【启动庐山新城建设】 7月，正式启动山下庐山新城建设，以缓解庐山山上因人口增长而带来的环境压力。新城的规划选址、居民搬迁、房屋拆迁工作已基本结束。

【资源整合有效推进】 2006年，九江市将庐山综合垦殖场、九江市庐山茶科所、九江市林科所、庐山水电厂等4个单位及含鄱口以下、太乙村(含)以上景区先后划归庐山管理，为做好大旅游、大开发文章开辟了广阔空间。

【会议旅游亮点浮现】 成功举办2006年赣台经贸合作研讨会、中国世界遗产地旅游可持续发展规划与管理培训研讨会、和谐中国(庐山)论坛等具有广泛影响力的大型会议和活动，在提高庐山知名度的同时，有效带动了庐山会议旅游市场的升温。

·井冈山·

【简 况】 井冈山风景名胜区位于江西省西南部，湘赣两省交界的罗霄山脉中段，是中国著名的革命圣地。由茨坪、龙潭、黄洋界、主峰、笔架山、桐木岭、湘洲和仙口等八大景区组成，总面积333平方千米。景区有156个景点，470多处景物景观，井冈山斗争时期革命旧址遗迹达55处，其中21处被列为全省重点文物保护单位。井冈山气候属亚热带季风型气候，夏无酷暑，冬无严寒，年平均气温14.3℃，平均降水量1865毫米。拥有动物1108种，植物3800余种，是巨大的动、植物基因库，堪称“绿色的明珠”。1982年被国务院批准为第一批国家重点风景名胜区。2006年接待境内外游客218.46万人次，比上年增长33.93%。实现旅游收入12亿元。其中门票收入1.4亿元，比上年增长96.02%。景区从业人员1200余人。

【着力改善交通设施】 全国首条通往风景区的高速公路泰井高速公路已建成开通，由首都机场管理的井冈山机场开通北京、上海、深圳、广州、厦门等航线，通往井冈山市的吉井铁路已开通北京、上海、深圳、南昌、吉安等区间的列车。景区公路已全部改为2级路面。

【积极开展创建活动】 荣获“全国创建文明风景旅游区先进单位”、“5A级风景旅游区”、“全国最具影响力十大红色旅游品牌”，被江西省委授予江西省第九届“文明单位”，继续保持了“全国保护消费者权益先进景区”的殊荣。

·龙虎山·

【简 况】 龙虎山风景名胜区位于鹰潭市西南18千米处，由仙水岩、龙虎山、上清宫、洪五湖、马祖岩和应天山等六大景区组成；有55个景点、261个景物景观，面积达200平方千米。此外，还包括弋阳龟峰等独立景区(点)，面积40平方千米。景区以红砂岩丹霞峰林地貌为主，自然景观和人文景观丰富。源远流长的道教文化、独具特色的丹山碧水和千古难解的崖墓之奇构成了龙虎山风景名胜区自然景观和人文景观的“三绝”，是中国乃至世界文化遗产中不可多得的瑰宝，素有“神仙所都”、“人间福地”之美誉，是中国道教发祥地。1988年被国务院批准为第二批国家重点风景名胜区，2000～2001年又分别获得国家4A级旅游区、国家地质公园、国家森林公园和全国重点文物保护单位等殊荣，2002年，被授予全省爱国主义教育基地。2006年接待境内外游客140万人次，实现旅游直接收入3900万元，同比分别增长16%和26%；完成财政总收入2082万元，其中地方财政收入1820万元，同比分别增长25.2%和31.1%。

【品牌创建取得新进展】 启动“5A”级旅游区创建工作，入选全国首批国家自然与文化双遗产预备名录，被评为“中国最值得外国人去的50个地方”，当选为“江西十大最佳景区”，成功举办首届中国龙虎山国际溪流垂钓表演邀请赛、首届龙虎山旅游帐篷节暨户外游侠大会等有影响的赛事，提升了龙虎山的知名度和美誉度。

【完善景区建设】 投入资金3100余万元，完成仙水岩景门及门前街道改造和正一观广场、仙水岩停车场改造工程，基本完成长庆坊广场建设主体工程，完成核心景区景点200余米旅游步道国债项目等一批基础设施建设项目。

·三清山·

【简 况】 三清山风景名胜区位于浙、赣、皖三省交界处，上饶市东北部，主峰玉京峰海拔1816.9米。由梯云岭、玉京峰、三清宫、西华台、三洞口、玉灵观和石鼓岭七大景区组成,总面积229平方千米,其中核心景区71平方千米。三清山东险西奇、北秀南绝,景区内千峰竞秀、万壑奔流、古树茂盛、珍禽栖息,集奇特的自然景观和神秘的道教文化于一身。以"雄、奇、险、秀"成为大自然瑰宝,被誉为"江南第一仙峰"、"松石画廊"和黄山的"姊妹山"。1988年经国务院批准为国家重点风景名胜区。2006年旅游收入3.04亿元,门票收入1040万元,接待旅游人次100万人。

【积极推进立法工作】 7月28日,由江西省人大常委会通过,颁布《江西省三清山风景名胜区管理条例》,自2006年8月1日起施行。上饶市委、市政府明确三清山管理区域面积229.5平方千米,并将周边涉及4个乡镇面积达536平方千米范围规划为三清山风景名胜区的缓冲区,进一步加强了三清山风景区的保护与管理。

【加强综合整治工作】 在景区内共设立指示牌、导向牌、温馨提示牌等各种标识标牌346块,共竖立核心景区界桩5块,风景区界桩7块,缓冲区界桩9块。先后拆除核心景区有碍观瞻的建筑56处计12600余平方米。全面完成村庄规划编制工作。

·仙女湖·

【简　况】 仙女湖风景名胜区位于江西省中西部,新余市郊西南16千米处,因秀丽的山水风光和仙女下凡的传说而著名,总面积198平方千米,其中水域面积50平方千米。景区从东向西分为舞龙湖、钟山峡、钤阳湖、大岗山四大景区,有大小岛屿100余座,最高峰大岗山1096米。景区内植物种类3000余种,国家重点保护植物50种,野生动物110余种,森林覆盖率高达95%,素有"亚热带植物基因库"之美称。2002年,仙女湖正式被国家批准为国家重点风景名胜区。2005年12月22日,评为国家4A级旅游区。2006年接待旅游人数15.4万人次,完成旅游总收入2667万元,分别增长25%、30%。其中门票收入924万元,增长25%,景区从业人员280人。荣获"全国56个最具民族特色的风景区"和"江西十大最佳景区"荣誉称号。

【景区建设不断深入】 完成景区景点、旅游城电网改造以及干宝路配套工程建设,加快警官培训中心、碧湖山居项目等一批在建项目建设,启动仙女湖大道、龙王阁暨旅游应急救援监控中心、百岛大酒店等项目建设。

【大力宣传景区风光】 拍摄仙女湖风光片,在央视1、2、3、4套节目插播;编印"仙女湖文集"、仙女湖大型画册等投放到省内外各地进行宣传。

【积极拓展旅游市场】 推行新余市市民"休闲健康天天游"、"淡季旅游门票拍卖"、各类主题游等营销方式,加强与全国各地风景名胜区、旅行社、旅游协会的合作,打造旅游精品线路,与省内外35家旅行社签订了总代理协议,提高了团队游比例。

·三百山·

【简　况】 三百山风景名胜区位于安远县东南部,属武夷山脉南端西坡余脉与南岭东端北坡余脉的绵延交错地带,是长江水系之贡江与珠江水系之东江的分水岭,是香港同胞饮用水的发源地。三百山景区地跨欣山、凤山、镇岗、三百山镇等4乡镇,总面积260余平方千米,主峰海拔1169米。境内森林覆盖率高达98%,中亚热带常绿阔叶林自然生态系统保存完好,116科2500多种木本植物在其中争奇斗妍,400余种野生动物在林内繁衍生息。其景观集火山构造、奇峰幽壑、清溪碧湖、飞瀑深潭、密林古树、珍禽异兽、坚石险滩、温泉诸奇景于一体,融清幽、奇秀、雄险、古朴、野趣等特色于一炉,是一处纯天然、高品位的风景名胜区。1993年5月被国家林业部批准为国家级森林公园,2000年4月被全国保护母亲河工作领导小组列为首批全国"保护母亲河行动"生态教育基地。2002年5月,被国务院列为全国第四批国家重点风景名胜区。2006年固定资产投资额达到4000万元,接待境内外游客9.8万人次,增长22.5%,实现旅游收入2300万元,增长25.2%,其中门票收入40万元,增长33.3%,从业人员数238人。

【推进景区建设】 耗资3000多万元的虎岗温泉独立景点一期工程建设顺利完工并投入运营,筹资20余万元的客家围屋镇岗东生围的修缮全面竣工,完成三百山风景区长坑口至知音泉、风山龙凤旅游公路水泥路面铺设。

·龟　峰·

【简　况】 龟峰风景名胜区位于江西省东北部,弋阳县城区西南12千米处,因整个山形如同一只昂首巨龟而得名。总面积107平方千米,由龟峰、南岩、弋江三大景区组成。龟峰景区三十六峰八大景,峰奇石巧,象形独秀,绝妙绝伦,山环水抱,生态幽雅,属典型的丹霞自然风光区、素有"江南盆景"之称。南岩景区由星罗棋布的自然岩洞,巧夺天工的石窟奇观、恍若迷宫的龙门湖和世界最大天然山体卧佛构成,为佛教南禅宗发源地之一。弋江景区主要有方志敏纪念馆、叠山书院等景点,属爱国主义传统教育区。2004年1月被国务院正式批准为国家重点风景名胜区。现拥有国家级风景名胜区、国家森林公园、国家4A级旅游区、全国爱国主义教育示范基础4张国家级名片。2006年接待境内外游客51.2万人次,实现门票收入3280万元,综合收入1.2亿元。

【宣传营销全面推进】 在中央电视台《请您欣赏》栏目、东方卫视、浙江卫视、江苏卫视、江西卫视等主流卫视播出龟峰形象宣传片,借助旅交会平台业内推介,举办"龟峰谷雨诗会",南昌"山鹰"等龟峰自驾车之旅活动,创建龟峰门户网站等。

【规划建设日臻完善】 完成总体规划修编工作,并上报省政府审批;完成龟峰景区标识标牌系统、龟峰生态停车场及休闲广场等建设,完成一、二景区入口道路及景区绿化整治工作,以及卧佛头部至莲花码头游步道建设,修缮景区游步道16千米。

【招商引资成果喜人】 成功引进香港金玺集团股份有限公司投资1.1亿元共同开发佛陀山景区;引进龟峰文化博物馆投资项目,打造龟峰文化品牌,总投资100万元;龟峰根书大世界招商项目成功运作,向游客开放。

·梅岭—滕王阁·

【简 况】 梅岭,江南最大的"飞来峰",中国音乐的发源地,道教净明宗发祥地,位于南昌市西北,距市中心15千米,占地面积150平方千米。龙腾的山脉、幽深的谷壑、蜿蜒的溪涧、旖旎的峰峦、变幻的云海、如梦的佛光、星罗的湖泊、腾泻的瀑布构成"雄、秀、奇、幽"的自然特色。1985年梅岭成为省级重点风景名胜区,2004年被国务院批准成为第五批国家重点风景名胜区。已建设并对外开放的景区有洪崖丹井、长春湖、狮子峰、神龙潭、紫清山、梅岭主峰、跌水沟、梅峰谷八大景区。2006年梅岭风景名胜区固定资产投资3200万元,全年共接待游客41.02万人次,年增长15.3%;全区门票收入共625万元,年增长15.6%;旅游综合收入3511.2万元,年增长27%。

滕王阁景区位于江西省南昌市赣江与抚河故道的交汇处,与黄鹤楼、岳阳楼并称江南三大名楼。滕王阁自初唐创建,迭废迭兴达28次之多,现滕王阁于1989年第29次重建。整个建筑为宋式仿木结构,建筑面积1.3万平方米,园区面积416公顷。2000年9月获建设部、国家旅游局授予的"全国文明风景旅游区示范点"称号,2001年1月获国家旅游局授予的"国家4A级旅游区(点)"称号,2004年,被国务院定为第五批国家重点风景名胜区,全年共接待游客52万余人,旅游收入达到2349万元,门票收入2300万元,从业人员160人。

【狠抓规划编制工作】 《梅岭—滕王阁风景名胜区总体规划》顺利通过专家组评审,《南昌市梅岭风景名胜区条例》在10月1日颁布施行。标志着梅岭风景名胜区从此步入了法制化、规范化的管理轨道,为梅岭风景名胜区的保护、管理提供了坚强的保障。

【加大力度抓好基础设施建设】 投资10万余元改建滕王阁景区游客专用卫生间;投资50余万元,对主阁一层平台约1500平方米面积进行防水层翻铺,杜绝了渗漏现象;改造主阁水电设施;改造水路管线。

·武功山·

【简 况】 武功山风景名胜区位于江西安福县、萍乡市、宜春市交界处,面积419平方千米。武功山自古以来与庐山、南岳衡山齐名,并称江南三大名山,主峰白鹤峰(金顶)海拔1918.3米,为江西境内的第一高峰,是一处融观光游览、休闲度假、宗教旅游于一体的风景名胜区。风景区有大小数十座山峰,雄伟峻峭各具风姿,悬岩怪石千姿百态。景区内有天然溶洞10多处、温泉2处;有落差达160米的云谷飞瀑;有绝岩高达100米,延绵1000多米长的乌龙崖。2005年12月31日经国务院批准列为国家重点风景名胜区。萍乡武功山景区开发投入1.8亿元,接待游客26.2万人次,旅游总收入5000万元,其中门票收入512.7万元。安福武功山景区全年接待国内外游客42.5万人次,实现旅游收入2.38亿元。宜春市明月山风景区全年接待游客7.9万多人次,门票收入达到1260万元,实现旅游总收入3200多万元。

【完善景区基础设施】 萍乡武功山以金顶景区为重点积极推进景区基础设施建设,6月修通中庵至吊马桩全程1000米游步道;设立灵芝峰景区管理处,先期启动灵芝峰景区2800米的游步道建设等,景区交通、宾招、通信、电力等配套设施得到明显改善;安福武功山风景区新修文家—三天门旅游公路全长11.27千米,改建钱山—三天门旅游公路18千米,总投资1.46亿元的国际温泉度假中心建设工作进展顺利。

【全面展开宣传推广】 举办2006世界旅游小姐大赛中国赛区总决赛,配合中央电视台《走遍中国》剧组拍摄武功山专辑节目《寻找巨型灵芝》;积极参加"2006江西十大最佳景区"和"江西新赣鄱十景"评选活动,荣获最佳景观特色奖和江西新赣鄱十景荣誉称号;完成武功山官方网站的改版工作;承办"2006年中国光彩事业宜春行暨明月山森林温泉旅游节",大大提高了宜春明月山景区的知名度。

·云居山—柘林湖·

【简 况】 云居山—柘林湖风景名胜区位于江西省九江市,地跨永修县和武宁县,面积524平方千米,是一处山水相连的湖泊型风景名胜区。2005年12月31日经国务院批准列为国家重点风景名胜区。

云居山风景名胜区位于江西永修县,由莲花城、百花谷、青石湖、泉祠坳等景区组成,是一座以宗教游览、休闲观光为主要功能的风景名胜区。云居山是中国著名的佛教场所,山上的真如禅寺是佛教禅宗曹洞派发祥地,为全国佛教"三大样板丛林"之一,国家重点开放寺庙。

柘林湖风景名胜区位于江西永修县和武宁县境内,是集游览观光、休闲度假于一体的湖泊型风景名胜区。柘林湖水库拦河大坝雄伟壮观,是亚洲第一大土坝,近坝14平方千米的开阔湖面万顷碧波。沿湖地貌各异,有千仞壁立的悬岩、傍湖而座的村落、湖滨坦荡的田畴、直泄入湖的飞瀑、日出水量60立方米的易家河温泉。人文景观主要有明朝兵部尚书魏源墓、乾隆皇帝游江南留下的石刻等。2006年8月,柘林湖风景区更名为庐山西海。2006年接待境内外游客35万人次,实现旅游收入1600万元,同比增长15%,其中门票收入913万元。

【扩大对外宣传】 参加九江电视台市民议事厅庐山西海栏目,现场推介庐山西海新品牌,并在江西电视台黄金时段推出庐山西海新旅游品牌广告,在《江西日报》《九江日报》《江南都市报》、省交通台等媒体进行广告宣传促销,取得较好的宣传效果。

【进行全面整治】 9月成立以管委会主任为组长的风景区整顿领导小组,对整个风景区进行为期一个月的全面整治,关停了一批不达标的旅游景点,初步形成云居山、庐山西海、扬州等七大特色景区。

【开展招商引资】 参加包括全省赴港招商洽谈会、赣台经贸研讨会等大型招商活动7次,每月参加一次对外大型招商活动。通过以商招商和上门走访等形式,签约了国际会议中心、共青—澧溪高等级旅游公路等重点项目4个,签约资金4.3亿美元。

·高岭—瑶里·

【简　况】 高岭—瑶里风景名胜区位于江西省景德镇市浮梁县,面积192平方千米,距景德镇市50千米,地处皖赣两省四县交汇处,北面与安徽黄山毗邻,是国家4A级景区、中国自然与文化双遗产地。旅游资源分“红”、“白”、“灰(徽)”、“绿”4种。其景点高岭是国家文物保护单位,2005年又被评为国家矿山公园,是古代景德镇制瓷原料的产地,国际黏土矿物学通用术语——高岭土的命名地。至今还遗存有古矿坑127条,古窑遗址67座,水碓149乘,古作坊600余处,古码头100多个。景区四季气候宜人,森林茂密,覆盖率达94%以上,其中景点原始森林在2005年度被评定为国家森林公园。景区内存有大量的古镇、古村落、古桥、古碑刻等历史古迹,尤其是瑶里古镇明清时期的古民居、古商宅、古官第、古祠堂等数量众多,70%以上保存原貌。横卧两岸的东埠石桥全长113米,是江西省最长的仿古石拱桥。瑶里还是革命老区,开国元帅陈毅曾在此工作和生活过,并领导了新四军改编,是重要的爱国主义教育基地。2005年12月31日经国务院批准列为国家重点风景名胜区。2006年接待旅游人次比上年增长67.2%,旅游总收入提高104.98%,景区门票收入达600万元,同比增长30%。

【改善旅游环境】 为了保护好古镇的古貌,在距离古镇2千米以外打造新镇;对瑶里古镇和东埠古街的老建筑进行普查,建立档案管理;进行大规模的专项整治活动,对在景区范围内破坏地形地质地貌和自然环境的活动进行数次全面的清理整顿;对景区公路旅游主干线和入景区公路上的路障和路边违章违规摊点进行彻底清理,景区环境大为改观。对汪胡580米的游步道和安全护栏进行维修,并新建游客集散地100平方米,新增售货亭4栋8间,增加迎客楼客房4间;对梅岭山庄17栋别墅进行改造,并新增设漂流旅游项目;在东埠古街投入23万元,改造河堤、增加绿化带、新建游步道,投入9万元在南泊双龙溪完成一座仿古石拱桥的建设。对高岭矿山公园制订保护性规划,开始建设矿山公园。

【大力开展招商引资】 积极引进国内外资金和企业,为景区发展培植后劲。瑶里风景区先后与福建省投资商签订投资五华山高际禅林寺的意向性协议,总投资达5000万元;与义乌市皇马服饰有限公司签订开发南泊青龙寺的意向协议,总投资达1000万元。

(舒建平　夏　萍)

省级风景名胜区

【概　况】 2006年,在“三个基地一个后花园”的建设浪潮中,江西风景名胜区迅速崛起,全省已形成以世界文化景观遗产庐山为龙头,11个国家重点风景名胜区为中心,以京九风景线为脊梁,以24个省级风景名胜区为骨干,以市县级风景名胜区为联结点,环境优美,游览设施较完善的三级风景名胜区体系。至年底,全省有风景名胜区(点)400余处,风景名胜区总面积达5225平方千米,占全省国土面积的3.1%左右,省级重点风景名胜区24个,分别是抚州市的麻姑山,吉安市的青原山、玉笥山和白水仙—泉江,赣州市的汉仙岩、梅关—丫山、通天岩、翠微峰、罗汉岩、小武当、陡水湖和聂都,萍乡市的杨岐山和玉壶山,景德镇市的洪岩,上饶市的灵岩洞和仙人洞,九江市的秦山和南崖—清水岩,宜春市的百丈山—萝卜潭等风景名胜区,以及年内新增的省级风景名胜区:上饶县灵山、德兴市大茅山、高安市华林寨—上游湖、宜丰县洞山。全省共设立风景名胜区管理局(管委会、管理处)31个,从业人员达2.76万人。景区供水、供电和交通等基础设施得到改善。

【聂都风景名胜区】 位于崇义县,以大理石岩洞群为主要景观特色,面积约135平方千米,中心景区10平方千米。景区内岩洞星罗棋布,千姿百态,较大的双鹤岩、莲花岩、罗汉岩、狮子岩、吐云岩、出水岩、石乳岩等。至今已探明22个洞口,洞口之间相距不过500米。景区内还有石林、龙潭瀑布和建于1749年的章源桥等景点。

【玉笥山风景名胜区】 位于峡江县,是融自然风光和道教文化为一体的风景名胜区,面积约150平方千米。玉笥山被列为道教的洞天福地之一,林木茂盛,分元阳、六石、覆箱三大景区。景区自然景观有紫霄、仙人、温洞、泰、鹤、龟六石,石下清泉环流。人文景观有黄庭坚、朱熹、王阳明等题留的诗赋300余篇,有大量的道教亭、台、楼、阁、宫、观遗址,有保存完好的宋代拱桥百花桥和重修的先觉楼、环玉阁等仿古建筑群。

【华林寨—上游湖风景名胜区】 位于高安市华林山,离市区23千米,辖上游湖国家水利风景区、华林山风景名胜区、伍桥景区等三大景区和六大国(省)级独立景点,以奇石洞天、翠湖幽林和蕴藏着厚重华林文化的史迹胜地为景观特点,融秀甲江南的湖光山色和水上、山地休闲运动于一体,被誉为“赣中休闲胜地,南昌西郊花园”。全年共投入景区建设的固定资产投资额达到1156万元,接待游客3.2万人次,实现旅游收入480万元。

【大茅山风景名胜区】 位于江西德兴市境内,由大茅山、梧风洞、双溪湖3个景区组成,面积154.09平方千米。景区特色为“黛山幽谷、秀湖碧水、奇岩线天、史迹胜地”,是避暑度假、商务会议、寻幽览胜之胜地。景区固定资产投资额达到2000万元,全年接待境内外游客3万次,实现旅游收入600万元。

(夏　萍)

国内贸易

本栏编辑　邓玉兰

综　述

2006年，全省商品市场继续保持快速增长，城乡消费品市场繁荣活跃，新型营销方式继续健康发展，为拉动全省经济发展和建设社会主义新农村作出了积极贡献。

省政府提出促进流通业发展的实施意见。为贯彻落实《国务院关于促进流通业发展的若干意见》（国发[2005]19号），加快江西省流通业发展，充分发挥流通业在促进生产、引导消费、推动经济结构调整和经济增长方式转变等方面的积极作用，9月28日，省政府下发了《关于贯彻国务院关于促进流通业发展的若干意见的实施意见》（赣府发[2006]22号），从深化改革、推广和运用现代流通方式、培育统一大市场、建立农村现代流通体系、支持商业服务业发展、加强流通基础设施建设、建立调控和应急机制、完善政策法规等八个方面，制定了明确具体的政策措施。

全省社会消费品零售总额大幅增长。全省内贸行业采取各种措施，积极开拓市场，扩大消费。全年全省社会消费品零售总额实现1428亿元，总量比上年增加191.8亿元，同比增长15.5%，增速在中部地区居第一位，在全国居第六位。城乡市场继续快速增长，增幅差距由上年的3.5个百分点，缩小到3.0个百分点。各行业快速增长，餐饮业增速第一，同比增长18.2%。各设区市社会消费品零售总额和消费水平均呈快速增长，增长幅度最大的景德镇市达16.7%，其次南昌市为16.6%。社会消费品零售总额最高的设区市是南昌市，达358.4亿元，占全省总量的25.1%，与上年同期相比增幅扩大0.2个百分点；其次是赣州市达184.6亿元，占全省总量的12.9%。全省人均消费额为3334元，比上年同期增长13.4%，人均消费额最大的设区市是南昌市，人均7991元，同比增长14.36%；其次是新余市，人均4871元，同比增长14.37%。

“农村商务信息服务工程”成效显著。根据商务部要求，省内贸办认真抓好“农村商务信息服务工程”试点工作，为新农村建设作贡献。按照试点相对集中的原则，依照交通便利、辐射能力强、有经济发展迫切需要、已形成产业链的要求，确定了南城县、信丰县、樟树市、丰城市为江西省“农村商务信息服务工程”试点单位。认真做好“农村商务信息服务工程”选点、审核和网上申报工作，共申报村级信息服务站50个、乡镇商务信息助理29个、涉农网站5个、农产品集散地4个，培训人员3000人，受惠人口220多万人。组织参与“新农村商网”秋季农副产品网上购销对接会，达成意向成交金额100多万元，实际成交6万元。组织参与“新农村商网”冬季农副产品对接会，共向新农村网上传商户163家发布供求信息282条，信息量报送居全国第四位；通过新农村商网促成27笔成交，总金额5614.8万元，居全国第十一位；成交品种涉及香樟树苗、脐橙、蜜橘、大米、蔬菜、花卉等，产品远销安徽、福建、江苏、广东、四川、上海等地。落实了商务部《新农村商报》的通讯员和“送报到村、专人张贴”工作，向全省17354个行政村免费发放《新农村商报》26期。

市场运行监测工作得到明显加强。省内贸办加强市场运行监测工作，认真抓好城市生活必需品市场监测、重点流通企业市场监测、百县监测、商务部应急商品数据库重点联系企业等工作，取得了明显成效。全省各设区市开展了信息员培训，配备了工作人员，改善了办公条件。至年底，全省已落实样本监测企业358家，比上年增加260家；落实农村市场监测样本县13个，商务部应急商品数据库重点联系企业28家，商务部安装自主式信息泵企业4家。样本企业信息报送率和报表质量有所提高，综合信息报送率为71.1%，其中重点流通企业、城市生活必需品企业、重要生产资料企业、应急商品数据库重点联系企业信息报送率分别为68.4%、80.7%、39.8%和71.4%。在南昌、上饶成功举行“城乡市场信息服务体系四级平台暨地方天气预报”开通仪式。建立了定期市场运行分析制度，继续按月通报全省社会消费品零售额情况，分季度、半年度对市场运行进行总体分析和预测，为政府决策提供依据。落实了财政部、商务部拨付的公共商务信息服务体系建设专项资金。

南昌市“流通企业减债脱困工程”实施成功。南昌市是江西省唯一被商务部列入全国实施“减债脱困工程”的试点城市之一。根据商务部统一部署，在南昌市政府的支持和市商贸委的努力下，南昌市国有流通企业的减债脱困工作顺利实施，全面完成全市国有商业企业在四大资产管理公司的债权回购工作。南昌市涉及历史债务处置的国有商业企业共40家，涉及历史债务本息共16.34亿元。商务部减债脱困工程启动以来，南昌市积极推动这项工作，共处置历史债务8.85亿元，涉及债务企业33家，职工

6264人,盘活、释放了一批被抵押、查封的有效资产,使困扰国有商业企业多年的历史债务问题得以彻底解决,促进了社会稳定和企业改革与发展。

城市商业网点规划工作稳步推进。2006年,商务部城市商业网点规划编制培训工作会在南昌召开,省内贸办按照商务部要求,积极抓好全省各设区市城市商业网点规划编制工作,取得良好效果。全省已有南昌、景德镇、上饶、新余、宜春、抚州等6个设区市完成城市商业网点规划编制工作,并经市政府批准正式实施;鹰潭、九江、萍乡等3个设区市已完成商业网点规划编制工作,待市政府批准后实施;赣州市规划编制初稿已完成,待评审批准后实施;吉安市编制经费已经到位,编制工作正在进行之中。

社区商业工作稳步开展。省内贸办积极开展以"便利消费进社区,便民消费进家庭"为主题的社区商业"双进"工程,大力发展满足城市中低收入居民消费的社区商业服务业。上年全省已有14个省级商业示范社区和2个全国商业示范社区的基础上,新确定16个社区为省级商业示范社区,其中有4个社区被商务部评为全国商业示范社区。

拍卖业健康发展。省内贸办依法加强对全省拍卖行业的监督管理,制定全省拍卖行业发展规划和拍卖企业设立的规范意见,使省拍卖业得到健康发展。2006年,全省共有拍卖企业121家,拍卖从业人员1500人,培训从业人员500名,获得国家注册拍卖师资格130人,拍卖场次1771场,拍卖业务范围涉及到土地、汽车、房地产、艺术品、债权、经营权等多个领域;全省拍卖成交额42.85亿元,其中成交额在1000万元以上的有74家,3000万元以上的有40家,5000万元以上的有24家,逾1亿元的有8家。

(何春阳)

商品市场

【概 况】 2006年,全省商品交易市场结构调整力度加大,市场发展进一步加快。至年底全省有各类商品交易市场1787个,其中,消费品市场1602个,生产资料市场94个,生产要素市场91个。在消费品市场中,消费品综合市场726个,农副产品市场792个,工业消费品市场78个,其他消费品市场6个。年成交额逾1亿元的商品交易市场有86个,实现年成交额666.7亿元,86家逾1亿元的商品交易市场中逾10亿元的有13个,即:南昌洪城大市场130.17亿元、赣州赣南贸易广场52.78亿元、九江市京九农副产品中心批发市场45.6亿元、南昌深圳农产品中心批发市场42.78亿元、江西省装潢建材大市场26.15亿元、吉安农产品批发市场22.43亿元、赣州市龙都商城21.69亿元、樟树中药材专业市场17.83亿元、江西省五华批发市场12.84亿元、南方粮食交易市场管理有限公司11.82亿元、江西省钢材市场有限公司11.6亿元、乐平市赣东北批发市场10.90亿元、九江华东装饰材料市场10.1亿元。比上年增加2个,实现年成交额416.7亿元。

【大型商品交易市场进一步发展壮大】 2006年,全省大型商品交易市场发展迅速,规模逐年扩大,到年底成交额在1亿元以上的市场有86个,与去年相比增加14个,实现年成交额666.7亿元,同比增长29.6%。

全省86个亿元以上市场的地区分布是:南昌市35个、九江市9个、赣州市9个、上饶市8个、宜春市7个、抚州市6个、吉安市4个、景德镇市3个、鹰潭市3个、萍乡市2个。全省13个10亿元以上大型商品交易市场的地区分布是:南昌市5个、九江市3个、赣州市2个、吉安市1个、宜春市1个、景德镇市1个。从亿元以上市场的地区分布点看,商品市场的发展与经济发展水平密切相关。

【商品交易市场结构调整力度加大,市场发展优胜劣汰】 全省商品市场建设按照市场规律,市场结构调整力度进一步加大。至年底,全省商品交易市场总数与上年同期相比有所减少,共减少608个,减幅为25.39%。在各类商品交易市场中,市场数有减有增,其中消费品市场比上年同期减少559个,减幅为25.87%,生产资料市场比上年同期减少51个,减幅为35.17%,生产要素市场比上年同期增加2个,增幅为2.25%。

【商品市场监管力度加强,商品交易市场环境进一步改善】 2006年,全省各有关部门齐心协力,紧密配合,以"依法监管、倡导诚信"为指导,不断健全市场规则,加强对各类市场的监管,并对重点商品、重点市场和重点地区,有针对性地开展各种商品市场检查和商品质量抽查工作。全省仅各级工商行政管理部门提供的数据显示:全省11个设区市共检测农资商品2477批次,其中检测种子242批次,合格率95.87%,比上年度提高4.67个百分点;检测肥料2080批次,合格率72.79%,比上年度下降了1.2个百分点;检测农药216批次,合格率88.43%,比上年度提高了35.97个百分点。同时,切实加强农资市场监管,共检查各类农资经营主体14773个,整顿市场10个;取缔无照经营664户;受理投诉617件;查处非法经营农资案件958件,其中化肥案件666件、农药案件146件、种子案件111件;农机具及其他案件35件,总案值1267.59万元;罚没款439.76万元;没收或查扣假冒伪劣农资62.15万公斤;为农民挽回经济损失711.39万元,有力地打击了扰乱商品交易市场秩序的不法行为。

【实施"双百市场工程"】 根据《中共中央国务院关于推进社会主义新农村建设的若干意见》和《国务院关于促进流通业发展的若干意见》精神,为加强农产品现代流通体系建设,商务部决定从2006年起在全国实施"双百市场工程"该项工程主要包含两方面内容:一是重点改造100家大型农产品批发市场;二是着力培育100家大型农产品流通企业,商务部将会同有关部门选择100家左右辐射面广、带动能力强的全国性和跨区域农产品批发市场,重点加强物流配送、市场信息、检验检测、交易大厅、仓储及活禽交易屠宰区等基础设施建设。同时,选择100家左右有实力的大型农产品流通企业和农村流通合作组织,重点推动农产品流通标准化和规模化,提高优势农产品市场营销水平,组织开展农商对接,探索和推广贸工农一体化、内外贸相结合的经营模式。

为确保江西省"双百市场工程"起好步、开好局,按照商务部统一部署和要求,江西省经贸委结合江西省经济特点,及时研究制定《江西省"双百市场工程"实施规划》,从2006年起,力争用3年时间,通过中央和地方共同推动以及重点市场、重点企业示范带动,完成全省一半左右(约60家)农产品批发市场升级改造,使农产品流通成本明显降低,流通环节损耗大幅减少;全省约10家大型农产品流通企业经超市销售农产品的比例达到30%以上,使更多优势农产品进入跨国公司的国际营销网络。为搞好项目的推荐工作,省经贸委牵头,组织由省农业厅、省质监局、省统计局、省工商局等部门业务处室负责人组成的专家评审组,对照商务部关于实施"双百市场工程"的通知要求,赴企业实地进行认真评估和严格认定,经专家评审组打分确定,南昌深圳农产品中心批发市场有限公司等5家农产品批发市场和江西赣南果业股份有限公司等5家农产品流通企业年度推荐给商务部列为江西省2006"双百市场工程"项目。9月,商务部下发《商务部关于核准江西省2006年度农产品现代流通体系建设项目的通知》,将江西省南昌深圳农产品中心批发市场有限公司、江西九江京九农副产品中心批发市场、乐平市蔬菜批发大市场3家农产品批发市场和江西赣南果业股份有限公司、江西金佳谷物股份有限公司、江西国鸿集团有限公司3家农产品流通企业的建设和改造项目列为"双百市场工程"项目。

(朱亚明)

消费品流通业

【概　况】 2006年,全省社会消费品零售总额实现1428亿元,比上年增长15.5%,增幅比上年提高0.5个百分点,扣除物价因素实际增长14.1%,增长速度居全国第六位。全年消费品市场呈现稳中趋旺,增速稳步攀升,与上年同期比较,第一季度增长14.9%,第二季度增长15.9%,第三季度增长15.1%,第四季度增长16.1%。消费品零售额的快速增长,为促进全省经济可持续发展发挥了重要作用。

【城乡市场快速增长且增幅同步】 2006年,全省城乡居民收入大幅增长,加之消费结构升级推动,城乡消费品市场呈现快速发展势头。全省城市市场实现消费品零售额748.9亿元,比上年增长17.0%,增幅比上年提高0.5个百分点;农村市场(县及县以下)实现消费品零售额679.2亿元,增长13.9%,增幅提高0.5个百分点,城乡消费品市场呈现增幅同步。

【限额以上贸易企业增势强劲】 2006年,全省限额以上批发零售贸易企业实现零售额279.8亿元,在上年增长21.3%的基础上又增长24.5%,发展势头进一步增强,规模化经营水平进一步提高。限额以下企业及个体户零售额比上年增长13.0%,增幅比上年减少0.4个百分点,增速平缓。

【消费结构升级】 随着居民收入水平的日益提高,居民消费观念发生变化,超前消费意识有所增强,消费结构升级已经显现,生活质量逐步提高。一是吃进一步讲究方便、快捷、营养、放心。全年全省餐饮业实现零售额149.1亿元,比上年增长18.2%,高居各行业榜首,成为消费品市场一大亮点。食品、饮料、烟酒类商品实现零售额28.8亿元,增长23.1%。二是汽车消费火爆。汽车类的零售额及其增幅屡现高潮,全年实现零售额44.3亿元,比上年多12.8亿元,增长52.1%,成为全年消费市场的又一个大亮点。受汽车保有量不断上升,燃油需求居高不下,石油及制品类零售额大幅上扬,实现零售额97.3亿元,比上年增长39.0%。三是电子、电器类商品消费活跃。全年电子出版物及音像制品类商品零售额比上年增长58.3%,家用电器和音像器材类商品零售额增长27.1%。四是穿着商品销售依然旺盛,以质地好、款式新、舒适、休闲的服装为主,全年服装鞋帽、针纺织品类商品实现零售额19.5亿元,比上年增长22.4%。五是家具类销售红火。由于全省房地产业发展迅猛,带动相关商品大幅增长,家具类商品零售额比上年增长41.5%。

【市场价格总体平稳】 2006年,全省居民消费价格指数为101.2%,涨幅比上年回落0.8个百分点,其中城市为100.9%,农村为101.6%。居民消费价格指数略有上升,主要是受居住价格上涨较快的影响,比上年上涨5.6%,医疗保健及个人用品价格上涨1.6%,家庭设备用品及服务价格上涨1.5%,食品价格上涨1.1%。而衣着价格则下降0.3%,娱乐教育和文化用品价格下降0.4%,交通和通讯价格下降1.0%。据对全省105家大中型批发零售商贸企业监测,主要生活必需品价格中粮食、食用油、肉、禽、蛋价格呈现上涨趋势,食糖、食盐价格平稳,蔬菜、水果价格随季节变化上下波动较大。

【连锁经营进一步发展】 2006年,连锁商业保持高速发展势头,全省限额以上连锁商业企业46个,门店3144个,实现销售额410.7亿元,占社会消费品零售总额的比重达到28.76%。

【万村千乡市场工程结硕果】 2006年,加快了"万村千乡市场工程"的建设速度,成效明显。全省试点县(市、区)由上年的28个扩大到70个,全年共建设与改造标准化"农家店"4993个,比上年增加3799个,吸纳就业人员8379人,带动企业投入2.6亿元。自2005年开展试点至2006年底,全省累计建设与改造标准化农家店6187个,农家店在试点地区乡镇的覆盖率达到71%,为农村现代流通网络建设夯实了基础。

【开展生猪屠宰加工行业专项整治】 2006年,加大了打击私屠滥宰的力度,加强了对屠宰厂(场)的监管,推进生猪机械化屠宰项目建设,基本保证居民食肉安全。全年生猪定点屠宰量达到313.36万头,比上年增长8%;县以上生猪机械化屠宰厂的比例达到70.1%,比上年提高5个百分点。江西国鸿集团公司年屠宰100万头生猪的现代化屠宰加工项目已开工建设。

(罗新如)

餐饮服务业

【概　况】 2006年,全省餐饮业继续保持较快的发展势头,全年实现销售额149.1亿元,比上年同期增长18.2%,比上年净增25.8亿元,餐饮消费占社会消费品零售总额比重由上年的9.97%上升到10.44%。全省有一定规模的餐饮网点近10万个,从业人员近100万人;住宿和餐饮业固定资产投资41.4亿元,比上年增长28.5%。全省有一定规模的个体和私营的旅馆2.7万个,从业人员10.27万人,分别比上年增长13.8%和2.6%。全省沐浴业网点958个,比上年增加191个;从业人员4095人,比上年同期增加70人。全省美容美发业网点2.56万个,比上年同期增加397个;从业人员5.68万人,比上年减少535人。

【加快餐饮名师、名店建设】 为推动全省餐饮业的繁荣和发展,省烹饪协会在餐饮行业广泛开展了品牌建设,进行了江西省烹饪大师、名师,江西省餐饮服务大师、名师,江西省餐饮名店、江西省地方特色风味店和江西省名菜名点的认定工作。经组织专家评审认定:罗春平等18人为江西省烹饪大师,梁树强等32人为江西省烹饪名师,邬美兰等4人为江西省餐饮服务大师,罗靓等3人为江西省餐饮服务名师。同时还评出10家江西省餐饮名店,4家江西省地方特色风味店,35道江西省名菜名点。

【举办"创业杯"职业技能暨中国赣菜创新大赛】 6月,省内贸办、省劳动和社会保障厅、省总工会和省烹饪协会联合举办江西省"创业杯"职业技能竞赛暨中国赣菜创新大赛。大赛规模大、层次高、选手多,共有来自全省11个设区市的270名选手参加比赛,制作出菜点400道,团体宴14台。经过两天角逐,67人获得金牌,81人获得银牌。

【品牌建设取得成效】 2006年,全省在培育和推广江西知名品牌、弘扬江西品牌文化、加快江西自主品牌建设方面取得成效。江西省金佳谷物股份有限公司的"金佳"牌和江西共青鸭鸭(集团)有限公司"鸭鸭"牌被商务部评为2006年度"最具市场竞争力品牌";江西友家食品有限公司和九江市清真梁义隆饼店被商务部评定为"中华老字号";江西抚州市福满堂餐饮有限公司总经理黄正晖荣获全国十大"中华名厨"称号。

【"品牌万里行——中部崛起品牌行"江西宣传推广活动圆满成功】 7月,按照商务部的统一部署,在全省集中开展"品牌万里行——中部崛起品牌行"江西宣传推广活动。召开江西宣传推广活动新闻发布会,开展"红色故都品牌行"、江西品牌宣传日活动,举办江西省绿色食品品牌发展座谈会、江西自主品牌发展论坛、品牌知识竞赛等多项活动。由于明确了活动的指导思想,加强了组织领导,周密安排了活动的主要内容,并制定了活动的总体方案和每项活动的实施方案,从而确保此次宣传推广活动取得显著成效,受到了商务部和省政府领导的肯定和表扬,中央和地方各主要媒体对整个活动进行了充分报道。

（黎　勤）

生产资料流通业

【概　况】 2006年,全省生产资料供需在受国家宏观调控政策影响,销售总额增速减缓,价格趋于平稳,主要生产资料商品销售额持续平稳增长,涨幅回落。全省生产资料销售额3418亿元,同比增长6.67%,与上年同期相比涨幅回落3个百分点。全省销售原煤2121.70万吨,同比增长19.2%;销售钢材1235.77万吨,同比增长21.2%;销售水泥4206.31万吨,同比增长21.7%;销售汽车23.39万辆,同比增长12.9%。中石化江西分公司在成品油市场供应总体趋紧、价格倒挂的情况下,经营总量稳步扩大,经营质量有所提高,经济效益持续增长,全年销售油品32.2万吨,同比增长7%,实现报表利润5.7亿元,全年实现利税11.5亿元。

【规范汽车流通市场秩序】 认真贯彻商务部《汽车贸易政策》、《汽车品牌销售实施办法》和《二手车流通管理办法》,加强了汽车贸易行业管理。省内贸办、省公安厅、省工商局、省国税局、省地税局联合下发《江西省二手车交易规范实施细则》,开展全省二手车流通管理工作检查,开展汽车品牌经销商、二手车交易市场和二手车经营主体备案管理工作。至年底,全省有二手车交易市场14家,二手车经销企业16家,二手车拍卖企业3家,二手车经纪机构102家。全年二手车交易活跃,成交二手车4.76万辆,比上年增长41.8%。

【建立生产资料市场运行监测网络】 年内加强了生产资料市场运行监测网络建设,落实商务部生产资料重要商品市场监测企业40家、生产资料信息统计样本企业12家。

【省物资集团公司各项工作目标基本完成】 省物资集团公司,坚持科学发展观,各项工作目标基本完成,实现了"十一五"规划良好开局。一是发展速度加快。全年集团公司累计实现销售收入7.4亿元,比上年同期增长22.53%,超额完成省国资委下达的7亿元销售收入的年度考核指标。二是经济效益好转。全年实现销售利润271.08万元,同比增长28.12%,超额完成省国资委下达的220万元的考核指标。三是国有资产得到进一步优化。全年集团公司扩大对绩优公司资本投资30万元,清退业绩不佳股份制公司国有资产70万元。四是正确处理改革、发展、稳定的关系,创建和谐企业取得重大进展。年内集团公司用1500万元专项资金妥善安置了停业企业的334名职工。

（程　洵）

粮食贸易

【概　况】 2006年,全省粮食部门在省委、省政府的正确领导和国家粮食局的指导下,坚持以邓小平理论和"三个代表"重要思想为指导,全面落实科学发展观,认真贯彻落实十六届五中、六中全会精神，以发展粮食经济为中心，以深化企业改革为重点，以依法行政为保障，以服务新农村建设为己任，拓宽思路，锐意进取，全省粮食工作取得可喜成绩，得到省委、省政府领导的充分肯定，国有粮食企业改革、粮食流通监督检查等业务工作受到国家粮食局的表彰。

【着力推进国有粮食企业改革与发展】 一是出台完善全省粮食流通体制改革的政策措施。为贯彻落实国务院《关于进一步完善粮食流通体制改革政策措施的意见》，省人民政府印发了《关于进一步完善粮食流通体制改革政策措施的实施意见》，为进一步深化江西省粮食流通体制改革提供政策依据。二是明确下一步发展思路。全省粮食行业确定"1133"的企业发展目标：即做优做强1个全国粮食行业强势龙头企业集团，争取1个国有粮食企业上市；着力培育省内3个区域性国有粮食企业集团；实现国有及国有控（参）股粮食企业粮食经营达到"3个100"，即年收购稻谷100亿斤、加工大米100万吨、实现销售收入100亿元；提出全省订单粮食面积达到133.33万公顷，直接带动300万户农户的目标；提出理顺政企关系，粮食行政管理部门负责国有粮食企业人事管理、事权管理的国有资产监管思路等。三是全力推进国有粮食企业改革。国有粮食企业进一步完成劳动用工制度改革扫尾工作，年底95%以上县（市、区）的国有粮食企业完成了改制，累计解除劳动关系和内退协保职工13.15万人。与此同时，各地积极探索企业产权制度改革和体制机制创新改革试点，积累了有益的经验。四是实现全省粮食行业扭亏增盈。全省国有粮食企业加大了扭亏增盈工作力度，实现了全行业扭亏为盈的目标，是全国五个实现全行业盈利的省（市）之一，实现利润4522万元，列全国第二位。

【抓好粮食宏观调控基础工作】 一是加强对粮食市场的监测分析。开展常年粮食市场监测，及时向省政府相关部门报送价格监测报告，适时提出启动最低收购价执行预案的建议。二是完善粮食应急体系。制定《〈江西省粮食应急预案〉实施细则》，确定一批具备资质条件的应急粮食加工、供应和储存企业，建立应急企业档案，完善了应急工作方案。三是认真做好军粮供应等政策性粮油供应工作。全省军粮供应工作坚持以部队满意为原则，以确保部队官兵需要为目标，保障了辖区内军粮供应。四是启动省级储备粮轮换。按照省级储备粮新老划断、重新采购、重新布点的工作思路，于年底正式启动对现有省级储备粮的销售处理工作。五是制定全省"十一五"粮食物流发展规划。根据《江西省国民经济和社会发展第十一个五年规划纲要》和省政府确定的"十一五"规划体系，与省发改委联合组织编制并印发《江西省粮食现代物流发展规划》。

【坚持服务新农村建设，帮助农民实现增产增收】 为贯彻落实中央和省委1号文件精神，提出全省粮食部门服务社会主义新农村建设的八条意见和"四帮"措施。通过广泛调查和筛选，省粮食局根据市场粮食销售情况，编制并印发2.5万份《江西省2005年部分优质稻谷品种市场购销信息》送到农民手中，供农民朋友在安排粮食生产时参考，帮助农民种好粮。利用中央财政补助的仓库专项维修资金和省财政配套资金，加上各地自筹，全省共筹集8100多万元对400万吨旧仓房进行了维修，全部维修工作在当年新粮上市前如期完成，为做好全年粮食收购工作准备了充足的仓容。经报国务院有关部门批准，江西省先后启动早籼稻和中、晚稻最低收购价执行预案。为鼓励国有粮食企业积极收购农民手中余粮，省政府出台对早稻收购每千克补贴2分钱费用的政策，并协调有关部门在国家指定收购库点的基础上，增加延伸收购点，指导各地国有粮食企业广泛开展收购优质服务，方便农民卖粮。同时，加强对粮食收购市场的监督检查，维护了粮食流通正常秩序，帮助农民实现增产增收。积极推广新技术，帮助农民储好粮。联合有关单位开展农户储粮减损技术集成与示范课题研究，为试验示范区近300户农户免费发放简易粮仓。在全国粮食科技周期间举办农户储粮科普活动，向农户免费发放科技书刊、宣传资料和防虫药剂。由于措施得力，工作到位，全省国有粮食企业共收购粮食351万吨，占全省粮食收购量的58%。国有粮食企业收购最低收购价粮220万吨。粮食收购取得了保护农民利益、各级政府满意、得到价格实惠、种粮农民满意和粮食流通主渠道作用得到充分发挥、粮食企业满意的效果。

【制定完善粮食行政执法制度】 为认真贯彻落实《粮食流通管理条例》和省政府公布施行的《江西省粮食收购资格许可管理办法》，省粮食局制定粮食流通监督检查工作制度、粮食行政复议工作制度、军粮代供点资格认定与年审办法和粮食行政执法责任制，完善了粮食流通统计制度。绝大多数市县粮食局建立行政执法责任制，完善了相关配套办法，制定粮食行政复议实施办法等规范性文件，确保依法行政有章可循。各地在办理各项行政许可事项、开展粮食监督检查过程中，坚持服务第一、依法办事的原则，方便了广大粮食经营者，保障了经营者权益，树立了粮食行政管理部门良好的社会形象。

【严格依法办理各项行政许可事项】 开展核发粮食收购许可证工作，全省累计核发粮食收购许可证4284户；会同省工商局重新认定全省48家企业的陈化粮购买资格；对全省具备军供粮站（点）供应资格的企业资格进行审核认定；完成对全省152家申报中央储备粮代储资格库点的初审工作，经国家粮食局批准，全省共有103家企业取得中央储备粮油代储资格。

【开展粮食行政执法监督检查】 在全省范围开展粮食收购资格核查，共核查3396户，占发放收购许可证总数量的81%；会同有关部门组织对全省粮食购销企业储存的中央储备粮、地方储备粮、其他政策性粮食和商品粮进行全面检查，检查面达到100%，摸清了全省粮食库存情况。开展执行最低收购价政策情况的监督检查，加强对收购过程中行政执法的检查指导，及时纠正不当和违规行政行为。全省共开展各类监督检查1833次，查处违反《粮食流通管理条例》的案件2329

例。

（林　华）

供销合作

【概　况】 2006年，全省供销合作社在省委、省政府的正确领导下，高举邓小平理论和“三个代表”重要思想伟大旗帜，全面贯彻落实科学发展观，按照构建社会主义和谐社会和建设社会主义新农村的要求，全力推进以“四大经营服务网络”为主要内容的农村现代流通服务体系建设，各项工作都取得了明显成效，实现了“十一五”规划的良好开局。全省供销社实现商品购销总额222.34亿元，同比增长36.77%。其中，购进总额107.16亿元，增长37.97%；销售总额115.18亿元，增长35.67%。盈亏扎抵实现利润总额3223万元，增长31.12%。期末所有者权益达到5.71亿元，增长85.3%，为农服务实力进一步增强。江西省供销社在2006年全国供销合作社系统综合业绩考核中位居第十名。

【大力推进“四大经营服务网络”建设】 一是农副产品流通服务网络日益壮大。至年底，全省供销社共建专业合作社424个，新增122个；专业市场159个，新增80个；村级综合服务组织2175个，新增373个。带动农户近36万户，帮助农民增收6.47亿元，同比增长25.88%。收购农副产品20.62亿元，同比增长90.68%，其中农副产品批发市场交易额和农副产品代购代销额分别增长598.82%和130.26%。二是农资连锁经营服务网络更加完善。各地通过外引内联、股份合作，形成了区域性农资连锁经营服务网络，九江、新余、赣州、萍乡、上饶等市已形成市级网络，彭泽等30多个县（区）已形成县级网络。到年底，全省供销社已建成农资连锁总店218家，连锁门店（包括直营店、配送中心、加盟店）6351家，全年实现农业生产资料销售额36.37亿元，同比增长45%。萍乡市丰农农资连锁有限公司等12家供销社农资企业跻身中国合作贸易企业百强。三是日用消费品连锁经营网络发展迅速。省供销社筹建的占地15公顷的综合仓储物流中心正式启动，将打造成为全省的日用消费品连锁经营服务网络龙头企业。至年底，全省供销社建立日用消费品连锁总店396个，配送中心61个，连锁门店10733个，消费品零售额达32.46亿元，同比增长22.90%。四是城乡再生资源回收利用网络优势凸现。到年底，全省供销社建成再生资源专业市场126个，城乡回收网点2321个。全省的再生资源交易市场进一步规范，瑞昌、崇仁、上高等20多个县（区）实行了再生资源市场统一管理模式，大部分市场具备了精选、剪切、分解、加工等功能。江西再生行业形成了经营上的群体优势和规模优势，提高了市场竞争力，全年实现废旧物资购销总额55.45亿元，同比增长135.36%。

【深化体制与机制改革】 全省各地供销社围绕建设农村现代流通服务体系这一中心工作，不断深化体制与机制改革，积极化解历史包袱、转变职能、组建各类协会，为供销合作事业的进一步发展夯实了基础。一是历史债务有效化解。省供销社积极运作，对进贤等8个县（区）供销社108户企业欠长城资产管理公司近3亿元的债务进行整体打包回购，以省供销社的名义收购了长城资产管理公司对这8个县（区）供销社的债权，又将回购的债权全部无偿转让给了这8个县（区）供销社或其下属企业；新余、鹰潭市供销社及德安县供销社等均以较低成本处理了巨额的历史债务。二是县级、基层供销社职能转变取得新成效。县级供销社在组织管理县域流通经营网络建设和为农民合作经济组织提供服务上发挥了重要作用，如宜丰、靖安、高安、樟树等县供销社组建农村合作经济组织联合会，进一步提高了农民进入市场的组织化程度。基层供销社主动参与农村现代流通服务体系建设，大力发展专业合作社、乡村超市、综合服务中心等，涌现了一批实力雄厚的基层社，如新余市渝水区罗坊供销社被全国供销总社评为“百强基层社”。三是各类协会服务功能显著增强。省供销社成立省农资流通协会、省再生资源回收利用协会和省烟花爆竹流通协会，在省级协会的指导下，6个市供销社和45个县（区）供销社成立了农资流通协会，10个市供销社和46个县（区）供销社成立了再生资源行业协会，70%的市、县（区）供销社成立了烟花爆竹行业协会，全系统共创办各类协会288个。这些协会为活跃城乡经济发挥了积极的作用，主要是为会员提供信息服务，指导经营；制定联合经营方案，引导实行联合经营；对会员进行培训，提高会员素质，全年共培训行业特有工种职业人员6982人次。

【广泛开展调查研究和挂点服务工作】 5月中旬，省供销社领导带领各市供销社、部分县（区）供销社和部分直属企业的负责人赴安徽、山东、江苏学习考察；5～6月，省供销社组织11个调研组分赴各地进行调研；省供销社机关干部实行与县级供销社定点联系制度；九江、上饶、南昌、抚州等市供销社执行了领导班子和科室挂点制，取得了良好的效果。

【创品牌提升供销社影响力】 安福火腿获得“中国名牌”产品称号，玉山野生葛系列产品和武宁10多种鱼产品被中国绿色食品发展中心认证为绿色食品；南昌县三江蔬菜产加销专业合作社等10个单位精选了11类20个品种的农副产品参加全国供销总社组织的“千社千品”展览会。

【开展考核评比活动】 为激励全省各地供销社继续深化改革，加快发展，大力推进“四大经营服务网络”建设，省供销社完善、制定了《2006年设区市供销合作社考核评比方案》和《2006年“十佳”（先进）县级供销合作社考核评比方案》，开展由省供销社组织、各设区市供销社领导参与的全省供销社交叉考核评比活动。九江、新余、上饶、南昌市供销社被评为2006年全省供销合作社综合考评特等奖；赣州市供销社等7个设区市社被评为2006年全省供销合作社综合考评一等奖；玉山、彭泽、南昌等15个县级供销社被评为全省“十佳”；进贤、共青城等14个县级供销社被评为全省先进县级供销社。

（吴小平）

对外贸易　经济合作

本栏编辑　邓玉兰

综　述

2006年，全省外经贸系统认真贯彻党的十六大、十六届六中全会和省委全委会精神，树立和落实科学发展观，坚定不移地实施大开放主战略，坚持对外开放和对内改革并举，大力突破外资，积极扩大外贸，稳步发展外经，不断完善口岸服务平台，开放型经济发展取得新的突破。

*外经贸总量规模快速扩大。*2006年，新批外商投资企业982家，比上年增长4.47%；全年实际利用外资达28.07亿美元，比上年净增3.84亿美元，增长15.85%，排名继续保持中部地区领先。全年完成外贸进出口总额61.94亿美元，比上年净增21.34亿美元，增长52.6%，高出全国平均增幅28.8个百分点；出口完成37.53亿美元，比上年净增13.13亿美元，增长53.8%，高出全国平均增幅26.6个百分点。出口增幅位居中部第一、全国第二，出口总额连超五省区，在全国的排名由2005年的第二十四位前移至第十九位。对外承包工程劳务合作完成营业额3.08亿美元，比上年净增0.97亿美元，增长46%。

*利用外资质量和水平不断提升。*2006年，全省利用外资在招大引强方面取得新的突破，利用外资的质量和水平有了新的提高。丹麦AP穆勒－马士基有限公司南昌代表处、瑞士（南昌）ABB泰豪发电机有限公司、日本（赣州）江钨友泰新材料有限公司等3家具有世界500强背景的企业先后落户江西，合同外资1000万美元以上的大项目达到81个。投资制造业、第三产业的外资比重扩大，进入交通、能源、基础设施、高新技术等领域的外资增多，南昌大学的LED项目实现进资780万美元，标志着产、学、研项目引进国际资本取得重大突破。增资扩股比较活跃，江西赛维LDK太阳能高科技、南昌富昌科技、大益萍洪高速公路、巴士在线等一批重大项目纷纷追加投资，193家外商投资企业扩大了投资规模，实现增资7.07亿美元。

*对外贸易稳定增长机制正在形成。*一是外贸经营队伍迅速壮大，国有企业、外商投资企业、民营企业出口“三分天下”的格局基本形成。二是出口的效益、质量进一步凸显。2006年机电产品出口达6.33亿美元，增长36.4%，跃升为全省第二大类出口商品。高新技术产品出口1.53亿美元，增幅达88.8%，高出总体增速35个百分点。三是贸易结构进一步优化。生产型企业出口占比为64.8%，成为外贸出口的主力军。加工贸易始终保持同比增长1倍左右的增长态势，在全省进出口中所占比重超过22%，比上年提升5.2个百分点。四是重点出口企业的骨干作用显著。全省108家重点出口企业出口额占全省出口总额的近70%，充分发挥了外贸出口的骨干作用。五是南昌高新技术产业开发区获首批“国家科技兴贸出口创新基地”称号，出口基地建设取得成效。外贸出口总额在连续几个月保持3亿美元以上的基础上，2006年12月份首次超4亿美元，达到4.3亿美元，同比增长68.2%，进一步巩固了外贸出口的稳定增长机制。

*“走出去”业务发展取得突破。*外经队伍实力不断壮大，国外经济合作大项目取得突破，如江西国际经济技术合作公司继2005年新签1亿美元的大坝工程项目后，2006年又新签8000多万美元的农田整治项目；南昌对外工程总公司签订的9300万欧元对外承包工程项目合同，为迄今以来签订的总金额最大的对外承包工程项目。对外投资迈出了实质性步伐，实现“四个首次”，即：首次涉及软件业、首次进入美国市场、首次以技术参股方式投资、首次投资高科技领域。境外资源开发成效显著，地矿局、萍矿等企业在境外探矿、开矿进展顺利。

*对外开放平台建设迈上新的台阶。*一是平台建设取得新进展。九江出口加工区在通过国家有关部门封关验收后，已实现出口零的突破；南昌出口加工区获得国家批准设立，工程建设进展顺利。江西电子口岸门户网站开通，电子口岸建设在中部地区率先进入实体平台建设阶段。二是铁海联运不断扩大。继开行了南昌—深圳、南昌—厦门铁海联运班列（五定班列）后，南昌—香港、南昌—上海铁海联运班列也进入试运行阶段，标志着降低进出口货物运输成本取得阶段性成效。三是口岸大通关全面提速。顺利地与长珠闽地区的深圳、厦门、福州、上海相继签订了快速通关协议，全面推行“属地申报、口岸验放”，使进出口通关效率大幅提高。

*开放型经济对经济社会发展的贡献越来越突出。*2006年，开放型经济对全省GDP增长的贡献率达49.5%；开放型经济提供的财政收入172亿元，占全省财政总收入的33.2%，开放型经济完成固定资产投资占全省固定资产投资的53.14%，开放型经济新增就业23万人，占全省新增就业人员的51.7%。

（王胤兴）

商品进出口贸易

【概　况】 2006年,江西省对外贸易克服了人民币升值,国家对外贸出口实行宏观调控,特别是对资源性产品出口从严控制,以及日本肯定列表制度等贸易壁垒和企业资金短缺等各种困难,全省对外贸易发展取得历史性突破,实现了跨越式发展,结构进一步优化,长期、稳定、有效的外贸出口增长机制正在形成,对外贸易又上了一个新的台阶。

对外贸易的商品情况:2006年,全省出口产品在做大规模上取得明显成效,出口额上亿美元的产品已达到8种,比上年增加6种,出口产品结构进一步优化,产品的附加值不断提高。纺织服装仍是第一大类出口产品,出口9.78亿美元,增长33.1%,占全省出口总额的26.1%。其次是机电产品出口6.33亿美元,占全省出口总额的16.9%;钢材出口2.62亿美元,占全省出口总额的7%;阴极铜出口1.66亿美元,占全省出口总额的4.4%;钨及其化合物出口1.58亿美元,占全省出口总额的4.2%。年内进口仍以机电产品、高新技术产品和铜、铁矿砂产品等资源性产品为主,占全省进口总额的98%。铜、铁矿砂产品等资源性产品进口13.2亿美元,占全省进口总额的54.1%。机电产品进口7.38亿美元,占全省进口总额的30.2%,高新技术产品进口3.34亿美元,占全省进口总额的13.7%。

对外贸易的市场情况:年内与200多个国家和地区建立友好的贸易往来关系。欧盟是第一大贸易伙伴,对欧盟的进出口贸易总额达9.14亿美元,占全省进出口总额的14.8%,其中对欧盟出口6.35亿美元,占全省出口总额的16.9%;从欧盟进口2.79亿美元,占全省进口总额的11.4%。美国是第二大贸易伙伴,对美国的进出口贸易总额7.17亿美元,占全省进出口总额的11.6%,其中对美国出口5.5亿美元,占全省出口总额的14.7%;从美国进口1.67亿美元,占全省进口总额的6.9%。日本是第三大贸易伙伴,对日本的进出口贸易总额5.48亿美元,占全省进出口总额的8.8%,其中对日本出口3.68亿美元,占全省出口总额的9.8%;从日本进口1.81亿美元,占全省进口总额的7.4%。第四至第十位的贸易伙伴依次为:中国香港地区、中国台湾省、东盟、智利、韩国、澳大利亚、巴西。

对外贸易的主体情况:全年全省外商投资企业出口12.21亿美元,增长90%,占全省出口总额的32.5%,比上年提高6.2个百分点。民营企业出口11.65亿美元,增长45.2%,占全省出口总额的31.1%。国有企业出口13.67亿美元,增长37.4%,占全省出口总额的36.4%,比上年下降4.4个百分点。全省外商投资企业进口17.31亿美元,增长90.5%,占全省进口总额的70.9%,比上年提高14.8个百分点。民营企业进口1.95亿美元,增长81.5%,占全省进口总额的8%,比上年提高1.4个百分点。国有企业进口5.15亿美元,下降14.6%,占全省进口总额的21.1%,比上年下降16.2个百分点。

对外贸易的方式情况:全年全省加工贸易出口8.16亿美元,增长109.4%,占全省出口总额的21.7%,比上年提高5.8个百分点。一般贸易出口29.35亿美元,增长43.4%,占全省出口总额的78.2%,比上年下降5.7个百分点。其他贸易出口270万美元。全省加工贸易进口5.57亿美元,增长84%,占全省进口总额的22.8%,比上年提高4.1个百分点。一般贸易进口15.4亿美元,增长42.9%,占全省进口总额的63.1%,比上年下降3.4个百分点。其他贸易进口3.44亿美元,增长43.4%,占全省进口总额的14.1%。

【参加华交会】 第16届中国华东出口商品交易会于2006年3月1～6日在上海举行,江西交易团由115家外贸企业和生产企业的500余名代表组成,累计成交15506万美元,比上届交易会增长21.89%。

【参加广交会】 第99届中国出口商品交易会(简称广交会)于4月15～20日、25～30日分两期在广州举行,江西代表团共有135家企业600余名代表参加,累计成交2.96亿美元。第100届广交会于10月15～20日、25～30日分两期在广州举行,江西代表团共有138家企业700余名代表参加,累计成交3.53亿美元。成交的主要商品大类是机电产品、纺织服装类及五矿化工类。

【努力提高外贸依存度】 2006年,全省外贸依存度由上年8%提高到10.5%,外贸出口拉动全省经济增长2.5个百分点,外贸对全省经济社会的发展贡献越来越大。全省出口产品中本省产品占87.4%,工业制成品占94.8%。外贸出口带动了当地经济的加快发展,为地方财政提供了税收,解决了就业压力,提高了居民和农民收入。年内进口大量的成套设备和铜矿砂、铁矿砂资源性产品,为产业结构的调整布局和有色金属、钢铁冶炼行业的发展作出了积极贡献。

【做大做强全省重点出口企业】 积极培育全省重点企业出口大户,充分发挥重点企业出口大户的主力军作用。年初,对原有的33家重点企业进行重新调整,扩大到51家。6月份又在51家企业的基础上将57家出口较大和有发展潜力的企业列入重点出口企业,使全省重点出口企业扩大到108家,出口规模已占全省出口总额的70%以上,已成为全省外贸出口的主力军,有力地拉动了全省外贸出口。

【积极培育出口主体】 2006年,全省新获外贸经营权企业618家,累计达2659家。全年有进出口实绩的企业有1250家,比上年净增200家,其中有306家企业第一次发生出口实绩,净增出口2.44亿美元。

【参加国际贸易展会】 年内先后组织省内企业参加美国拉斯维加斯国际服装、服饰和面料博览会,德国科隆体育用品、露营设备及花园家具生活博览会,印度中国商品与技术展览会,中国华东进出口商品交易会日本(大阪)交易会等,宣传了江西、扩大了江西在国外的知名度,为企业结交了一批新客户,巩固了老客户和市场。

【开展出口名牌建设】 积极利用国家及江西省出台的各项鼓励政策,用足用好品牌建设资金。对被列入商务部、省级出口品牌的18家出口企业给予拨付扶持资金239万元,其中入选商务部重点培育和发展的出口名牌企业的江铃汽车集团公司JMC汽车,给予35万元的支持鼓励,对入选江西省重点培育和发展的出口名牌的江西铜业集团公司等17家企业,每家企业给予12万元的支持鼓励。通过各种有效的举措,调动了生产出口企业创出口名牌、发展出口名牌、保护出口名牌的积极性。

(王胤兴)

技术贸易

【概　况】 2006年,江西省技术出口15320.37万美元,同比增长74.89%,其中高新技术产品出口15283.17万美元,同比增长88.71%,软件出口37.2万美元。从出口产品大类分析,主要是计算机及通信技术、电子技术、生命技术、材料技术、光电一体化技术、计算机集成制造技术、武器技术、生物技术、航空航天技术等九大领域。出口额排名前五位的分别是:计算机及通信技术出口4816.64万美元、电子技术3182.08万美元、生命技术3109.66万美元、材料技术2628.54万美元、光电一体化技术1134.45万美元。从贸易方式分析,一般贸易出口6072.20万美元,同比增长25.50%,来料加工2820.78万美元,同比增长125.79%,进料加工6339.78万美元,同比增长217.86%。从企业性质分析,国有企业出口2402.26万美元,同比下降43.10%;民营企业出口5524.63万美元,同比增长189.34%;中外合资企业出口4802.64万美元,同比增长196.45%;外商独资企业出口2260.03万美元,同比增长572.81%。从出口市场分析,技术出口的国家和地区有81个,排名前五位的出口市场是:美国3763.12万美元,同比增长248.48%;中国香港1694.86万美元,同比增长11.43%;中国台湾省1182.88万美元,同比增长617.11%;新加坡1161.53万美元,同比下降0.98%;韩国898.94万美元,同比增长808.85%。全年江西省技术进口合同数66项,比去年减少2项,合同金额5844.11万美元,同比下降19.39%。其中技术费4293.30万美元,占合同金额的73.46%。技术进口方式主要是技术咨询、技术服务、专有技术许可或转让等。进口主要来自日本、美国、瑞典、中国台湾省等国家和地区,技术引进的领域主要涉及行业是有色金属冶炼及压延加工业、房地产开发与经营、电子及通讯设备制造业、食品制造业等。

【设立出口创新基地】 2006年,南昌高新技术产业开发区荣获首批18家“国家科技兴贸出口创新基地”并是唯一以光机电一体化命名的出口创新基地,该基地将在2010年以前全面完成建设任务,5年内实现出口创汇10亿美元、其中光机电产品出口创汇6亿美元的目标。这将对实施科技兴贸战略,促进高新技术产品出口,提升高新技术产品研发和技术水平,增加出口商品的技术含量和附加值,优化出口商品结构,转变外贸增长方式具有非常重要的现实意义。

【扶持高新技术出口】 2006年,全省进一步大力宣传和落实国家扶持高新技术产品出口的有关政策,着力提高高新技术产品出口的比例,促进企业进步,提高出口产品的质量和附加值,增强企业参与国际合作和竞争的能力。省外经贸厅积极发挥政策的促进作用,共向商务部、财政部争取高新技术出口产品技术更新改造贷款贴息和研究开发资助资金2500万元,促进了全省高新技术出口企业的发展。

(王胤兴)

海外在赣投资

【概　况】 2006年,全省新批外商投资企业数、合同外资金额、实际利用外资金额三项指标继续保持在中部地区的领先优势,利用外资表现为以下主要特点:一是实际使用外资继续保持在中部地区的领先优势,连续四年居第一位,全省月平均实际使用外资额2.34亿美元,高出上年3196万美元。二是投资结构日趋合理,质量、水平不断提高。外资进入交通、能源、基础设施、高新技术产业等领域进一步增多,新批外商投资企业平均规模410.46万美元,比上年增加50.96万美元,合同外资金额在1000万美元以上项目81个,比上年增加2个。全球500强企业(或500强背景)已有24家进入江西省投资。三是全省投资环境进一步优化,县(市、区)成为吸引外资的主体力量。全省99个县(区)实际利用外资在1000万美元以上的县(区)达68个,实际利用外资22.38亿美元,分别占全省总量的68.7%和79.75%。四是工业园区成为吸引外资的主要阵地,年内共引进外商投资企业464家,占全省总数的47.3%,实际使用外资14.38亿美元,占全省的51.2%。

【召开全省开放型经济工作会议】 全省开放型经济工作会议于2月23日在南昌召开。省委书记孟建柱、省长黄智权,省委、省人大、省政府、省政协的领导出席会议并为获奖单位颁奖,会议全面总结了2005年全省开放型经济发展取得的成绩、经验和存在不足,深入分析当前形势,部署2006年开放型经济发展的各项工作。会议之前还安排现场参观,省委副书记、常务副省长吴新雄,副省长凌成兴率队现场参观考察了开放型经济的主要工业园区。

【抓好重大招商引资活动】 按照省政府年度招商引资工作部署,年内省外经贸厅围绕实施重大项目开展了一系列重大招商活动。3月2日,在北京举办日资企业投资江西说明会;3月底4月初,常务副省长吴新雄率省政府经贸代表团赴新加坡、菲律宾、马来西亚开展招商引资活动;5月下旬,常务副省长吴新雄应商务部邀请率省政府经贸代表团赴日本参加中日双方投资促进机构第十四次联席会议,并出席省政府在日本举行的江西(东京)投资说明会;6月25~30日,在香港举办2006江西(香港)招商引资暨经贸合作活动周;9月22~23日协助省台办在庐山举办第四届赣台经贸研讨会;9月26~28日,组织江西省经贸代表团赴湖南长沙参加第一届中国中部投资贸易博览会;协助省直“五

·资　料·

2006年利用外资分国别(地区)比重表

排序	国别(地区)	新批企业数		合同外资		实际利用外资	
		个数	比重(%)	金额(万美元)	比重(%)	金额(万美元)	比重(%)
	全省合计	982	100	403068	100	280657	100
1	中国香港	554	56.42	227631	56.47	158773	56.57
2	中国台湾省	145	14.77	47840	11.87	328217	13.62
3	英属维尔京群岛	50	5.09	31592	7.84	18648	6.64
4	美国	46	4.68	16065	3.99	16430	5.85
5	文莱	8	0.81	10298	2.55	8272	2.95
6	开曼群岛	4	0.41	14438	3.58	7261	2.59
7	中国澳门	19	1.93	7540	1.87	4819	1.72
8	新加坡	12	1.22	2307	0.57	4515	1.61
9	德国	4	0.41	5153	1.28	4040	1.44
10	菲律宾	14	1.43	6408	1.59	2955	1.05
	其他国家(地区)	126	12.83	33796	8.39	16727	5.96

条线”部门在国(境)外举行农业、旅游等专题招商引资活动。通过招商活动,全年全省共签约外资项目约600个、签约金额50多亿美元。

【建立和完善重大项目调度推进机制】 为做好外商投资企业的服务工作,及时解决项目在落户中存在的问题,使签约的项目早审批、早进资、早开工、早投产,坚持“重点项目滚动月报制”和“重大项目滚动周报制”。每月对签约的重点外资项目实行一月一调度,一月一报告,对重大外资项目实行一周一调度,一周一报告,有效推动了重大项目的进展。按照“面对面服务,实打实解决问题”的宗旨,把会议调度改为现场调度,并形成会议纪要抓好落实。通过各部门积极的推动,吉安的华禹手机、新瑞丰科技园,九江的赛得利二期、湖口集装箱码头,南昌的江西晶湛科技、宜春的匹克鞋业等一批重大项目取得了突破性进展。

【实施“万商西进”工程】 江西省高度重视对接“万商西进”工程,提出把江西建设成为“万商西进”桥头堡的目标。年初,省外经济厅重点推出南昌和赣州两市作为“万商西进”工程的先导区,并制定实施方案。6月13日,商务部外资司在江西省赣州市召开“万商西进”工作座谈会,会议就中部省份实施“万商西进”过程中,在科技创新、投资贸易、投资促进、承接产业梯度转移等方面需商务部在政策方面如何支持进行了充分讨论,并就落实中部崛起战略的方式方法进行了探讨和研究。8月1日,省政府在南昌召开江西省建设“万商西进”桥头堡研讨会,省领导吴新雄、黄懋衡出席并讲话。

(王胤兴)

承包工程和劳务合作

【概　况】 2006年,签订承包工程和劳务合作合同项目142个,合同金额4.07亿美元,增长43%;完成营业额3.08亿美元,比上年增长46%;当年外派劳务人员3976人次,年末在外人数8350人。劳务人员派往58个国家和地区,主要国家和地区是:日本、马来西亚、新加坡、印度尼西亚、津巴布韦、斯里兰卡等。

对外承包工程合同额500万美元以上的工程项目有24个,1000万美元以上的项目有11个,分别是南昌对外工程总公司的委内瑞拉社会住房项目(1.2亿美元),阿联酋银行大楼项目(5000万美元),苏丹总统府维修和改建项目(4599万美元)、也门住宅项目(3000万美元);江西国际经济技术合作公司的津巴布韦农田整治项目(8100万美元);南昌国际经济技术合作公司的沙特桥梁工程项目(1600万美元);萍乡矿业集团的阿尔及利亚系谢里夫农田灌溉项目(2220万美元)和泰国仁爱屋项目(6250万美元);江西宜春海程经贸发展有限公司的马里苏格诺农田区域建设项目(1656万美元);江西省电力工程总承包有限公司的印尼占贝发电厂项目(4800万美元);江西建工集团在卡塔尔的多哈机场工程(1325万美元)。

年内全省新设境外投资企业9家,总协议投资金额4346万美元,其中中方协议投资金额2851万美元,超历年累计金额。在境外投资中,企业利用自身技术优势,积极探索境外资源开发新模式,对外投资由贸易类、窗口型为主,向资源开发类和生产型发展,且在投资行业、方式、国别和领域上有新突破;首次涉及软件业,首次以技术参股方式投资,首次投资高科技领域。年内争取国际无偿援助项目2个,资金140万元,分别是欧盟无偿援助江西下岗职工再就业项目和澳大利亚无偿援助兴国县江背中心小学项目。

【对外承包工程水平不断提高】 全省对外经济合作业务中对外承包工程比重加大,领域扩大,项目档次提升,大项目增多,涉及领域由"九五"计划时期的房建、水利、农田整治发展到电力成套建设安装、地质勘探、冶金设计、煤田开发等领域。中国江西国际经济技术合作公司充分利用在津巴布韦建立的良好信誉,继2005年新签2个共1亿多美元的大坝工程项目后,2006年又新签了1个8100万美元的农田整治项目,8月18日,美国麦格劳·希尔公司(McGraw－Hill)在其官方网站发布了2005年度美国《工程新闻纪录》(ENR)全球最大225强国际承包商评选结果,中国江西国际经济技术合作公司再次入选。这是该公司继2003年以来,连续第3年入选全球最大225强国际承包商。

【加强出国劳务基地建设】 到年底,全省共建立出国劳务基地县4个,分别是上高县、南昌县、南丰县和新干县,出国劳务培训基地17个,出国劳务培训中心2个。各基地培养了一大批技术熟练工。全省外派劳务基地累计培训人数近6000余名,有熟练工5500余名,累计选送出国人数2000余名。出国劳务基地的建立,提高了出国劳务人员的素质,省内外经公司从基地选派了大量的出国劳务人员,劳务基地正在逐步得到市场认同,作用日益增强。

【外经带动出口成效显著】 2006年对外承包工程项目带动江西机电产品出口3800万美元,比上年增加1225万美元。其中江西省电力工程总承包有限公司承建的印度尼西亚金光集团火力发电厂项目,总金额4800万美元,该项目带动机电产品出口达3000多万美元。随着境外投资和对外承包工程的扩大,外经工程项目带动外贸出口将成为出口新的增长点。

【加大"走出去"宣传力度】 为帮助各类企业更详细地了解"走出去"相关政策,采取各种形式,加强政策宣讲,解惑释疑。派出3个宣传小组到各设区市、省直有关部门、集团企业进行上门宣传和调研,召开座谈会,走访企事业单位,解答企业在"走出去"过程中遇到的问题,宣传有关政策。印制1500份宣传手册,介绍"走出去"的意义、申办程序、扶持政策、对外投资国别产业导向等,有针对性地进行宣传。与《江西日报》、江西电视台合作,赴境外对重点项目进行实地采拍、采访,编制外经工作综合宣传资料,全方位扩展江西外经宣传工作。

(王胤兴)

省际招商引资

【概　况】 "十一五"规划开局之年,全省对外经济合作系统在省委、省政府的正确领导下,以邓小平理论、"三个代表"重要思想为指导,全面落实科学发展观,认真贯彻落实党的十六届六中全会,围绕省第十二次党代会提出的"六大目标",和"六大战略",坚持以新型工业化为核心,以大开放为主战略,以招商引资为重点,以引进重大项目和战略投资者为突破口,加强区域经济合作,狠抓重大项目的引进和调度,进一步促进企业集群、产业集聚。强化服务理念,不断提高办事效率和服务水平。创新思路,扩大视野,树立敢为天下先,敢用天下钱,敢招天下贤的勇气和胆识,把解放思想作为招商引资的"第一动力",积极探索更高阶段开放和更大效益开放的新途径。进一步加强驻外办事处和在外商会的联络、指导和服务工作,切实做好对口支援工作,努力提高实际效果。2006年实际利用省外资金5000万元以上工业项目投资583亿元,比上年增长23%。

【利用省外资金主要特点】 产业结构越来越优化。引进亿元以上项目155个,占全年引进5000万元以上项目的四分之一,实际进资304.61亿元,比上年增长36.19%,占全年实际进资的二分之一。2006年在赣投资的国内500强企业投资亿元以上工业项目9个,新增3家,达到49家;引进亿元以上工业项目的县(市、区)达到66个,比上年增加6个县。产业集聚的态势越来越明显。围绕江西省六大支柱产业招商引资,积极延伸产业链,企业集群、产业集聚形成的速度有所加快,成效更加明显。全省工业制造业利用省外资金项目638个,占2006年引进项目的88.8%,比上年增加8%,实际进资482.41亿元,占82.7%,比上年增长20.5%。如贵溪依托当地的铜资源,先后引进35家铜材加工企业,铜年生产能力超过30万吨。南昌县依托汽车骨干企业,着力发展汽车及零配件加工,有相关企业28家。投资者对到江西投资兴业的信心越来越大。全年引进5000万元以上712个工业项目中,客商独资项目数占97.9%,投资总额579亿元,占引进资金总额的99.3%。对接长珠闽的战略效应越来越凸显。全省经济合作系统认真贯彻省委、省政府"大开放主战略",坚持"对接长珠闽、连接港澳台、融入全球化"的指导思想,进一步突出以长珠闽地区招商引资为重点,取得显著成效。引进长珠闽地区的工业项目数和实际进资额已占全省利用省外资金的大半壁江山。2006年,全省共引进长珠闽地区5000万元以上工业合同项目562个,占78.27%,比上年增加7%,实际进资430亿元,占73.76%,比去年增长27.18%。赣州、宜春市引进的内资项目中有70%来自"长珠闽"地区。

【参加第三届泛珠三角区域经贸洽谈会】 第三届泛珠三角区域经贸洽谈会于6月6～10日在云南省昆明市隆重举行。江西省组成由省政府副省长孙刚为团长的江西省经贸代表团500余人参加,洽谈会上,全省共签约合作项目81个,签约资金75.6亿元。其特点是:项目规模大,超亿元项目达到20个,占25%。产业结构好,二产项目达70个,占86.4%,投资金额50亿元,占60%。独资项目多,81个签约项目中独资项目76个,占93.8%,投资资金占99%。

洽谈会期间，分别举行了6场招商项目推介会；举行了“江西在滇企业家与知名人士座谈会”、“云南省江西商会揭牌仪式”。与会江西籍企业家与知名人士盛赞近年来家乡经济社会发展取得的巨大成就和创业投资环境发生的深刻变化，感到无比自豪，纷纷表示要回家创业，为家乡多作贡献。

【首届中国中部文化产业博览会上引资27亿元】 首届中部文博会，作为江西省加强与中部各省经济和文化交流的平台，展示江西经济社会和文化产业发展新成就的窗口，扩大招商引资领域，促进江西省文化产业和文化事业发展，省合作办与省直有关部门精心组织，周密策划，全力以赴，招商引资取得丰硕成果。会上共签约合作项目35个，投资总额27.3亿元。

【第三十七届全国药交会引进省外资金增长】 省合作办抓住全国药交会在江西省举行的有利契机，加强项目调度，积极邀请客商，举行项目推介会，重点围绕医药、化工等产业进行招商引资。10月18日的药交会上，江西省共签约合作项目22个，合同资金33亿元，比上届药交会增长12%。

【利用省外资金的统计数据更具科学性和真实性】 2006年9月份以来，省合作办认真落实科学发展观，以求真务实的精神，创新工作方法，实施了新的统计办法，明确进入统计范围的5000万元以上工业项目必须要有进资单、土地、厂房、设备等固定资产投资证明，要有审计部门的审计报告以及评估机构出具的评估报告。新办法实施以来，共挤掉150亿元流动资金计入固定资产投资的水分，对19个刚刚进资的重大项目不予纳入统计考核范围，有力地提高了项目统计的科学性和真实性。

【外商企业投诉案件办结率大幅提高】 2006年，外商企业客商到省外商投诉中心投诉案件36件，已经办理34件，移交有关部门办理2件，办结率94.4%，比上年增加三成；客商到各设区市投诉中心投诉案件24件，比上年减少10件，办结率100%，比上年增加9个百分点。

【举办江西省与外省企业家（南昌）联谊会】 为更好地发挥外省商会实力强、层次高、联系广的优势，扩大引资规模，引进龙头企业，促进招商引资，为市县搭建引资平台，12月20日，省合作办与南昌市政府在南昌象山森林假日酒店联合举办“江西省与外省企业家（南昌）联谊会”。中国康超集团、中国天行集团、中国中月集团和浙江、江苏、福建省商会的会员等50多位知名企业家参加了联谊会。会间，组织企业家们开展网球、羽毛球、乒乓球、射击、攀岩等体育比赛。会后，10余位企业家到江西省各地进行实地考察，表示了投资意向。

（省对外经济技术合作办）

区域经济合作

【概　况】 2006年，江西坚持“对接长珠闽，连结港澳台，融入全球化”发展战略，积极参与区域经济合作，主动承接沿海地区产业转移，扩大招商引资领域，加大对口支援工作力度，区域经济合作取得了显著成绩。

【加大对口支援工作力度】 按照中央的要求，江西省加大向受援地区资金的支援力度，制订对口支援3年规划，确定2006～2008年向重庆市武隆县无偿支援资金300万元；向新疆维吾尔自治区阿克陶县无偿支援资金2400万元。2006年支援重庆市武隆县2个社会公益项目100万元资金和支援新疆维吾尔自治区阿克陶县社会公益项目资金800万元已经全部到位，为新疆边远贫困地区的阿克陶县解决了受地震影响的抗震安居工程、贫困子女上学问题，惠及少数民族人口近万人。对口支援工作在加大“输血功能”的同时，注重强化了“造血功能”，从教育、文化、科技、人才、管理、信息、资金、物资等方面，开展全方位、多形式、宽领域的对口支援工作。有关方面与重庆市武隆县、新疆克州市达成经济技术合作项目6个，为新疆克州定向招收大学本科生100名；设立克州高中班，为克州培养高中生50名；继续选派江西省骨干教师到克州现场教学，接收克州教师到赣培训、进修。通过做好对口支援工作，加强了与西部地区的经济交流与合作，增进了民族团结，为共同促进中、西部地区崛起作出了积极贡献。

【对口支援工作领导小组办公室等单位和个人被国务院三峡工程建设委员会授予先进荣誉称号】 在2006年12月4日全国对口支援三峡库区移民工作会议上，江西省对口支援工作领导小组办公室、抚州市招商局、南昌市对外贸易经济合作委员会等3个单位被授予先进集体荣誉称号，江西省教育厅计财处处长宋雷鸣、江西省红壤研究所党委书记、所长廖绵清、鹰潭市招商协作局办公室主任姜志雄等3人被授予先进个人荣誉称号。

【区域内交流互动频繁】 8月28日，“闽赣十三党政领导第十一次联席会议”在广东省梅州市举行；10月12日，“第三届全国部分重点城市国内合作交流研讨会”在武汉召开；江西省率先提出建立中部6省经济合作部门联席会议机制的倡议，得到了中部地区经济协作部门的响应；11月8日，“闽浙赣皖九方经济区三届二次党政联席会”在浙江省金华市举行。

【三峡移民将享受国家20年后期扶持政策】 根据国务院2006年17号文件精神，江西省有10068名三峡移民享受国家20年后期扶持政策，每人每年600元。其中：原迁外迁移民8633人，自主外迁移民697名，新增人口738名。

（省对外经济技术合作办）

就业与再就业

本栏编辑　邓玉兰

综　述

2006年是落实国家新一轮就业再就业政策的第一年。江西各级党委、政府和有关部门以"三个代表"重要思想为指导,以科学发展观为统领,紧紧围绕省委、省政府全民创业、富民兴赣、构建和谐平安江西和"十一五"发展规划的总体部署和要求,积极落实就业政策,强化就业服务,在努力扩大就业总量的同时,更加关注就业质量和弱势群体的就业问题,全省就业再就业工作继续保持较好的发展态势。全省全年城镇新增就业44.5万人,完成年计划的105.9%,下岗失业人员再就业23.3万人,完成年计划的129.4%,困难群体再就业4.1万人,完成年计划的136.7%,城镇登记失业率3.64%,控制在年计划4.5%以内,就业局势基本稳定。

*政府促进就业工作机制进一步健全,促进就业政策体系进一步完善。*省政府与各设区市政府、各设区市政府与县(区)政府签订了扩大就业目标责任书,及时调整充实就业工作领导小组,成员单位由调整前的25个增加到29个,进一步明确各部门做好就业工作的职责。围绕贯彻落实国务院《关于进一步加强就业再就业工作的通知》省政府制定出台了实施意见和8个配套文件,各地结合实际情况,积极制定各项配套政策,全省促进就业的政策框架和操作办法基本制定出台,初步形成比较完善的促进就业再就业的政策体系。从10月下旬至12月中旬,开展了就业再就业政策落实和就业补助资金使用管理情况的督查活动,省监察厅和省总工会就优惠政策落实情况和下岗失业人员实际生活状况进行了专题调研,省统计局在全省范围内组织了两次城镇劳动力抽样调查,省财政厅调整财政支出结构,加大就业再就业的资金投入,省本级预算安排1.8亿元,为新一轮就业政策的落实提供了有力保障。

*实现新旧政策衔接和平稳过渡,新的就业政策得到较好落实。*各地以贯彻国务院36号和省政府实施意见为重点,集中精力抓好新一轮就业政策的贯彻落实,加大了政策落实情况的督促指导,实现了新旧政策衔接和平稳过渡,促进就业政策效应进一步显现。2006年,全省新发再就业优惠证11.7万个,累计发放达81.9万个。全省社会保险补贴2.4亿元,涉及下岗失业人员14万人,职业介绍补贴84.3万人,职业培训补贴36.6万人,创业培训2.18万人。全省全年国税部门共为8719户企业和个体经营户减免企业所得税3115.5万元,提高增值税起征点,免征增值税1.12亿元;地税部门共减免相关税、费3.49亿元,共为68754人享受国家税收优惠政策提供了有效服务;工商部门为15819人持再就业优惠证的下岗失业人员核发了个体工商户营业执照,免收各类规费共计7964.02万元;卫生部门严格落实6项费用减免,共计免收费用544.5万元,享受达10.20万人次,各项就业再就业政策普遍落实。

*创业促就业的机制进一步完善,创业氛围日益浓厚。*按照省委省政府全民创业、富民兴赣的发展战略,充分发挥小额担保贷款在推动"百姓创家业"、"创业促就业"中的带动作用,各地把推动创业与促进就业紧密结合起来,积极引导各类人员创业,初步建立项目开发、创业培训、开业指导、小额贷款、政策扶持、跟踪服务相结合的创业服务体系和工作机制。通过小额贷款累计扶持和带动创业就业22.67万人,启动《江西省城镇技能再就业计划》和《江西省能力促创业计划》,推广国际劳工组织倡导的"创办和改善你的企业"(SIYB)项目,全省10515名未就业大中专毕业生参加了职业见习和创业见习。建立创业项目资源库,收集创业信息3万余条。5月下旬,省委宣传部牵头组织发改委、劳动保障厅等单位,组成创业政策宣讲团深入11个设区市和26所高校,对全省近年来特别是贯彻国务院36号文件以来制定出台的政策措施进行了广泛的宣传讲解。9月,省劳动保障厅和南昌市政府成功举办以"百姓创家业、以创业促就业"为主题的2006江西创业博览会,共组织1000条创业信息、360个创业项目进场参展,入场人数近4万人次。同时,通过组织创业先进典型事迹报告团赴全省巡回报告、举办以"科学发展和谐创业"为主题的系列论坛、开展"2006江西省十大创业先锋"评选、全省创业先进典型事迹图片巡回展等活动,营造了良好的全民创业氛围,为鼓励创业促进就业发挥了很好的作用。

*加强技能岗位对接,就业援助活动成效明显。*先后开展春季招聘大会、春风行动、三八专场招聘会、民营企业招聘周和技能岗位对接等一系列就业援助活动,共提供技能岗位65.5万个,累计求职人数达到125.1万人,报名登记应聘人数60.2万人次,达成就业意向23.7万人次,现场录用15.2万人。各地劳动保障部门积极做好"零就业家庭"就业援助工作,帮助1.20万户"零就业家庭"的1.98万人

实现就业，分别占“零就业家庭”总户数和需要就业人数的96%和88%；民政部门加快以安置残疾人就业为主的社会福利企业发展，新办社会福利企业49家，集中安置残疾人就业704人，到年底全省368家社会福利企业共安置残疾人就业7180人；工商部门单独或会同劳动保障部门组织下岗失业人员专场再就业洽谈会32次；教育部门加大对就业困难毕业生的帮扶力度，依托毕业生就业信息监测网络对部分毕业生重点指导、重点服务、重点培训、重点推荐。各地还积极推行青年职业见习计划，全省共招募见习单位663家，共有8783名未就业大中专技校毕业生参加职业见习，其中3984人结束了职业见习，一次性就业人数为3185人，一次性就业率达80%。

*着力解决历史遗留问题，并轨工作任务已基本完成。*各地进一步完善工作制度，妥善处理下岗失业人员从基本生活保障制度向失业保险制度并轨，充分发挥失业保险促进就业功能，综合运用税费减免、社保补贴、小额担保贷款、公益性岗位安置等办法，帮助下岗失业人员实现再就业，并重点做好并轨人员再就业的劳动关系处理、社会保险关系接续工作。2006年各设区市实现并轨26.17万人，完成并轨计划25.6万人的102.27%，全省并轨工作目标任务基本完成。

*完善公共就业服务体系，积极推动城乡统筹就业进程。*按照“新三化”的要求，初步形成省及设区市有劳动力中心市场、县（市）有一站式服务平台、街道和建制镇有服务网点四个层级的城乡一体化的公共就业服务网络，完善了失业人员登记和免费就业服务、就业困难群体再就业援助、政府出资购买培训和服务成果以及灵活就业人员社保补贴申领等项工作制度，加大了劳动保障服务平台建设力度，全省已建立街道、乡镇劳动保障事务所994个，工作人员2426人，社区劳动保障事务所1091个，公共就业介绍机构118家。着力改善农村劳动力进城就业环境，扩大工业园区吸纳就业能力，缓解农村转移就业压力。省发改委安排预算内投资1200万元，对单位产出较高、吸纳就业能力较强的园区给予重点扶持。经贸部门加大招商引资力度，全省工业园区招商引资实际到位资金803.4亿元、增长45.2%，园区新增从业人员28万人。积极构建劳务输出品牌和劳务输出基地。在省外建立50个，省内建立130个劳务输出基地，确立余干、丰城两个全国劳务输出示范县，创建安义、都昌、永新、乐平、上栗、南康、信丰、樟树、鄱阳、黎川等10个省级劳务输出示范县和20个省级劳务输出示范乡。

（刘克琦）

劳动就业

【概　况】 2006年，按照省委、省政府就业优先的发展战略，江西各级党委政府紧紧围绕就业再就业工作重点，狠抓各项政策的落实，扎实工作，不断创新，劳动就业各项工作取得了新的进展，政府促进就业的工作机制基本建立，适应体制转轨要求的就业再就业政策体系进一步完善，公共就业服务平台和队伍不断壮大，经济增长与就业良性互动的格局逐步形成。全省新增城镇就业44.52万人，比上年同期增加1.36万人，下岗失业人员再就业23.35万人，比上年同期增加2.55万人，困难群体就业4.14万人，城镇登记失业率为3.64%。

【开展2006年再就业援助月活动】 元旦和春节前后，江西各级劳动保障部门在全省集中开展以帮助就业困难群体再就业为目的、以“送政策、送服务、送岗位、送补贴”为主要内容、以零就业家庭成员、4050人员、残疾下岗失业人员、享受低保且失业一年以上的失业人员为主要对象的再就业援助月活动。活动期间，全省共家访援助对象5.2万人，发放政策宣传资料86万余份，开展免费职业介绍和职业指导41万次，为5.8万人开展免费职业技能培训，为0.31万人开展创业培训，新落实社会保险补贴2.2万人，发放小额担保贷款1.08亿元，帮助7229名就业困难人员实现就业和再就业，充分体现了“规模大、效果好、影响广”的特点。

【实施城镇技能再就业计划】 1月26日，省劳动保障厅下发《江西省城镇技能再就业计划实施方案》，要求各地通过开展针对性、实用性的职业技能培训，提高城镇失业人员、持有“再就业优惠证”人员、城镇大中专毕业生和复员专业退役军人转业转岗所需技能水平，并提供相应的技能鉴定和技能岗位对接服务。总体目标：2006～2010年，全省对180万（每年36万）城镇失业人员、持有“再就业优惠证”人员、城镇大中专毕业生和复员专业退役军人开展职业技能培训，对符合规定条件的按规定给予培训补贴。其中，城镇失业人员90万人（每年18万人），持有“再就业优惠证”人员80万人（每年16万人），城镇大中专毕业生5万人（每年1万人），复员专业退役军人5万人（每年1万人），培训合格率达到90%以上，培训后再就业率达到60%以上。

【实施能力促创业计划】 1月26日，省劳动保障厅下发《江西省能力促创业计划实施方案》，要求各地要广泛发动社会，面向下岗失业人员、大中专毕业生、城镇复员专业退役军人、进城务工的农村劳动者以及社会其他群体开展创业培训，加快形成创业促就业的长效机制，构建以培训为先导、以政策、资金、技术、信息等服务为扶持手段的创业促进就业工作平台，为劳动者成功开业和带动就业创造更好的环境。总体目标：2006～2010年，对全省15万（其中2006年2万、2007年2.5万、2008年3万、2009年3.5万、2010年4万）有创业愿望或具备创业条件的城乡劳动者开展创业培训，对持“再就业优惠证”人员、城镇其他失业人员、进城登记求职的农村劳动者提供一次性创业培训补贴，力争培训结束后3个月内开业成功率达到30%以上，半年内开业成功率达到50%，并实现1人创业平均带动至少3人就业的倍增效应，成功开业的企业中，稳定经营一年以上的比率达到80%。

【就业与再就业春季招聘洽谈大会现场录用12.6万人】 2月6～9日，省劳动保障厅在全省137个会场举行以“进城求职、帮您解难”为主题的省、市、县三级联动的就业和再就业春季招聘洽谈大会。此次招聘洽谈大会全省共组织招聘单位8455家，提供就业岗位信息72.9万个，入场求职人数达到107.6万人，报名登记应聘人数51.3万人次，达成就业意向20.1万人次，现场录用12.6万人，其中“4050”人员9402人，现场发放劳动保障政策宣传资料114.6万份。此次招聘大会是继2003年以来全省劳动保障系统连续第四年召开的大型招聘洽谈大会，呈现出6个特点：一是各级领导高度重视，各地党委、政府领导担任招聘会领导小组组长，并亲自出席招聘会。二是选择时间适合，正逢春节前后大量外出人员寻找工作，有效防止了盲目外出求职。三是招聘地点均设在省市县劳动力市场、街道（乡镇）劳动保障事务所，将就业岗位信息送到“家门口”，节省了时间，降低了成本。四是省内岗位信息明显多于省外岗位信息，且所有岗位信息全部网上发布，并确保发布的用工信息真实有效。五是政府开发的公益性岗位、机关事业单位的工勤岗位、各类企业的后勤服务岗位、街道社区组织开发的服务性岗位，为下岗失业人员和“4050”人员等就业困难群体提供了求职机会。六是招聘周期长，会期为3天，各地还视情况适当延长时间，继续开展“再就业心连心，送岗位上门”活动。

【举办促进妇女创业就业“三八”专场招聘会】 3月5日，省劳动保障厅、省妇联在省职业介绍中心联合举办促进妇女创业就业“三八”专场招聘会。这次招聘会是江西纪念“三八”国际劳动妇女节96周年系列活动之一，旨在帮助就业困难妇女解决就业问题，促进广大妇女积极创业实现就业，促进社会和谐稳定。此次招聘会共收集167家企业的5028个岗位，其中适合女性就业的岗位有4354个，占岗位总数的87%，展示了20个涵盖面宽、操作简单、投资较少的创业项目。在招聘会现场还设立专门的服务窗口，为妇女提供政策咨询、开业指导、创业培训、小额贷款等一站式服务。招聘会吸引了广大下岗失业女工和女大学生入场求职，当天入场求职人数达到5000多人，达成录用意向914人次，取得了较好的社会效益。

【严格“再就业优惠证”发放和管理工作】 4月3日，经省政府同意，省劳动保障厅、省工商行政管理局、省国家税务局、省地方税务局联合下发《关于进一步做好<再就业优惠证>发放和管理工作的通知》，要求各地要严格按照《江西省人民政府贯彻国务院关于进一步加强就业再就业工作的通知的意见》（赣府发[2006]21号）规定的范围，免费发放“再就业优惠证”，持证人员凭“再就业优惠证”在全省范围内享受赣府发[2006]21号文件规定的相应扶持政策；在国务院国发[2006]36号文件下发之日前已通过领取营业执照从事个体经营、被用人单位招收等途径实现再就业的人员，不再领取“再就业优惠证”；“再就业优惠证”采用实名制，限持证人本人使用，对距法定退休年龄不足3年的下岗失业人员，其“再就业优惠证”自行作废，并由发证部门负责收回；“再就业优惠证”的工本费从就业补助资金中列支，实行统一编号，一律免费发放，每年由发证机关年检一次，未进行年检的自动作废。

【民营企业招聘周活动成效明显】 4月10～16日，江西省劳动保障厅、省总工会、省工商联联合在全省11个设区市组织开展“民营企业招聘周活动”。活动期间，全省共有3750家用人单位，其中民营企业3320家；提供就业岗位14.72万个，其中民营企业12.69万个；共有3.58万人签订了就业意向书，其中下岗失业人员1.16万人，进城务工人员1.26万人，大学毕业生6782人，签订职业培训意向书8344人，发放政策宣传品21.73万份，发放就业跟踪服务卡4.48万份，维权及法律援助6609人次。

【部分省区市就业再就业工作座谈会在南昌召开】 6月23日，国务院在南昌召开部分省区就业再就业工作座谈会，中共中央政治局常委、国务院副总理黄菊作出重要批示，要求各地区、有关部门根据当前形势，进一步总结经验，落实政策，群策群力，不断破解再就业工作难题，把就业再就业工作做得更好。国务委员兼国务院秘书长华建敏出席会议并作了重要讲话。他指出，就业是民生之本，做好就业再就业工作是落实科学发展观、构建社会主义和谐社会的客观要求，也是解决好人民群众最关心、最直接、最现实的切身利益问题的具体举措。各地区和有关部门要认真贯彻落实各项扶持政策，扎实做好就业再就业工作。江苏、浙江、安徽、福建、江西、河南、湖北、湖南、广东、广西、重庆、四川等12个省（区、市）政府以及劳动和社会保障部等国务院就业工作部际联席会议成员单位人出席会议。华建敏还在南昌出席了劳动保障部、财政部、中国人民银行召开的落实就业政策推动创业促就业工作座谈会。

【江西革命老区子弟加盟上海邮政投递上岗仪式在上海邮政南站举行】 7月1日，上海市邮政局在上海邮政南站举行江西革命老区子弟加盟上海邮政投递上岗仪式，313名江西子弟郑重宣誓就职。上海市邮政局和江西省劳动保障厅对这次在江西招聘上海邮政投递员工作高度重视。5月7日，江西省劳动保障厅厅长张勇带领有关人员赴上海与上海市邮政局领导进行沟通。经过一个多月的工作，从江西11个设区市26个县（市、区）的1281名符合条件的人员中共录用了313名投递员，其中本科8人、大专66人、中专85人、技校17人、高中137人，革命烈士后代、上海支内职工后代41人。同时，两地厅局各在当地火车站举行了盛大的欢送和欢迎仪式。

【开展七项专项活动，推进技能岗位对接】 7～9月，在全省范围内统一开展以“满足企业急需，服务技能人才”为主题的技能岗位对接系列专项活动，旨在促进全省各类院校毕业生和已参加职业技能培训的劳动者就业，满足用人单位对技能劳动者的迫切要求，构建技能岗位对接桥梁：一是开展送技能岗位进院校活动。针对不同企业、不同院校的特点，各级劳动保障部门与教育部门、各类院校及培训机构协作，组织一批用人单位深入各类院校和培训机构举办专场招聘会，集中为各类院校毕业生和已参加技能培训的登记失业人员提供就业服务。二是开展送技能人才进企业活动。根据用人单位技能岗位的需求，采取送技能人才进企业的形式，主动为企业特别是工业园区企业推荐合格的技能人才。各市、县(区)在活动时期内至少举办了一场工业园区用工专场招聘会。三是开展院校毕业生职业指导活动。活动期间,各级劳动保障部门切实加强与教育部门和各院校的联系,选派一批优秀职业指导人员对院校毕业生进行职业指导。四是开展农民工政策宣传咨询活动。在全省范围内组织开展省、市、县三级联动的农民工进城就业政策宣传活动,印发宣传资料,免费向农民工发放宣传手册,提供政策咨询。五是开展技能培训活动。根据用工企业,特别是工业园区企业对技能劳动者的需求,运用政府培训补贴政策,开展下岗失业人员、未就业大学毕业生、城镇复退军人和进城求职的农村劳动者岗位技能培训。六是开展职业见习活动。协商用人单位或培训机构,确定一批见习基地优先组织已进行失业登记并有见习要求的高校毕业生参加职业见习,提高其职业技能。七是开展微小型创业项目进社区活动。选择一批适宜社区创业的微小型项目,通过在社区现场进行项目演示,让创业者对项目的可操作性和市场前景有充分、直观的了解。

【2006·江西创业论坛在南昌举行】 9月26日,2006·创业论坛在南昌举行,江西省委常委、省委宣传部部长刘上洋、联合国国际劳工组织中国蒙古局局长康妮出席论坛并讲话,联合国国际劳工组织中国蒙古局专家邓宝山、国家劳动保障部劳动科学研究所研究员莫荣、省委组织部副部长、省人事厅厅长揭赣元、省劳动保障厅厅长张勇、江西财经大学校长廖进球等5位来自政府部门或高校的专家学者结合工作实际,阐述了自己的观点。来自南昌的部分高校学生代表、江西省各设区市劳动局局长、就业局局长、本土创业代表参加了论坛。与会专家还同现场听众就如何挑选合适的创业项目、如何规避创业风险等问题进行了现场互动问答。

【2006·江西创业博览会取得成效】 9月27~28日,省劳动保障厅、南昌市政府在南昌联合举办以"百姓创家业、创业促就业"为主题的2006·江西创业博览会。这次博览会以重服务、求实效为特色,为创业者搭建信息畅通的创业服务平台,形式多样地展示创业成果和创业项目,引导各类人员创业,并提供相关创业服务。博览会共收集到来自北京、上海、天津、深圳等16个省市及台湾地区的创业项目1022个,经遴选在博览会现场展示360个项目,发布创业信息1000条。为期两天的博览会入场人数近4万人次,签订项目意向书4053个,涉及培训教育、制造加工、粮油食品、餐饮服务、电子信息技术、种养殖业、采掘业、轻工纺织业、医疗保健、美容美发、咨询服务、家装饰品、交通服务等16个行业,其中实用科技成果类项目131个;劳动保障、工商、税务、银行等部门现场开展创业政策咨询、创业指导6030人次。博览会期间,省委书记孟建柱、省长黄智权等领导参观了博览会,联合国国际劳工组织中国蒙古局局长康妮出席开幕式,中央电视台新闻频道于9月29日下午播出2006·江西创业博览会实况。

2006·江西创业博览会呈现3个突出特点:一是主题鲜明。注重突显"百姓创家业"的主题,博览会全部采取免费方式,不收取参展单位和个人场地租赁、展位、会务费和门票;在参展项目选择上以投资小、见效快,风险低、开发方式多样、群众易于接受、适合百姓创业的微小型项目为主,类型包括连锁加盟类、生产加工类、代理类、实用专利科技成果类和综合类等五大类。二是内容丰富。会场设置创业成果、创业投资项目推介和"一站式"创业政策服务三大展示区。创业区集中展示近年来劳动保障系统创业促进就业成果和创业典型,推介区展示专家评估推介的创业投资项目和现场演示的创业项目,服务区提供电子商务查询、小额贷款、创业指导、专家现场咨询和业务受理等一站式服务。三是活动多样。会展期间还推出2006江西创业论坛、创业电视竞赛、2006江西创业博览会最受欢迎创业投资项目有奖评选、创业投资项目对接和创业项目执行人免费培训等系列活动。博览会结束后,主办单位还将挑选部分优秀创业项目在各设区市进行展示推介。开展创业项目进校园、进社区推介活动,并实行创业培训、小额贷款和税费减免等跟踪服务。

【开展就业再就业政策落实情况专项督查】 10月20日至12月15日,经江西省政府同意,省就业工作领导小组组成4个联合督导组,对全省各地贯彻落实国务院《关于进一步加强就业再就业工作的通知》和省政府的实施意见情况进行为期两个月的督查,重点督查各地就业再就业工作部署安排、配套文件出台、政策措施宣传、工作责任落实、基层平台服务、资金管理使用、年底目标完成等情况,以确保国家新一轮就业再就业政策落到实处。督查采取各设区市自查、省就业工作领导小组联合指导小组跟踪指导、联合督查等方式,通过听取汇报、召开座谈会、检查台账、实地抽查和反馈指导等方式,对全省就业再就业政策落实情况进行深入检查和督促,有效推进了全省新一轮就业再就业政策的落实。从督查的情况看,国家新一轮就业再就业政策在江西省得到较好落实,各项工作目标达到预期目标,全省就业再就业工作继续保持良好的发展势头。

【开展统筹城乡就业试点工作】 11月8日,省劳动保障厅、省发改委、省财政厅、省农业厅联合下发《关于开展统筹城乡就业试点工作的实施意见》,提出开展统筹城乡就业试点工作的目标,建立城乡一体化的劳动力市场,形成保障城乡劳动者平等就业的制度,促进城乡劳动者实现比较充分的就业。同时还提出试点工作主要任务:建立健全管理城乡就业的组织体系,统筹规划和管理城乡就业工作;建立覆盖城乡的职业培训体系,为城乡劳动者提升职业技能提供有效服务;建立覆盖城乡的公共就业服务体系,为城乡劳动者就业、再就业、转移就业提供有效服务;健全劳动用工管理制度,切实维护城乡劳动者权益;完善社会保障制度,妥善解决进城务工人员的社会保障问题。每年从中央和省安排的就业再就业经费中安排一定数量的资金专项用于支持统筹城乡就业试点工作,试点地区也要安排一定数量的资金用于支持统筹城乡就业试点工作。萍乡、新余、赣州3市已被确定为全国统筹城乡就业试点城市,宜春市为全省统筹城乡就业试点城市。

【开展送创业项目和送岗位进社区的“双送”活动】 从12月7日开始，省劳动保障厅在南昌、九江等地开展为期一个月的送创业项目和送岗位进社区的“双送”活动。这是继成功举办2006江西创业博览会后，为促进创业项目、小额贷款、创业培训与创业人员的成功对接，更广泛地推动百姓创家业而举办的全省性就业援助系列活动。“双送”活动的主要内容包括：一是组织一批适宜社区创业的微小型创业项目，通过活动现场演示创业项目，让创业者对项目的可操作性和市场前景作出理性判断。重点推介22个微小型创业项目，发布200条开业低门槛的创业项目信息，同时进行项目咨询和项目签约对接。二是提供就业再就业优惠政策咨询，现场受理小额贷款、免费创业培训申请，并开展工商注册、税务登记、非正规劳动就业组织、行政许可等办理创业手续的相关咨询。三是组织5000个就业岗位直接送到社区，其中公益性岗位近600个，实施岗位对接，重点援助就业困难人员。

【再就业小额担保贷款实现四年三次翻番】 2006年，全省全年发放小额担保贷款11.61亿元，同比增长134%，累计发放量突破20亿元，达到20.6亿元，实现四年三次翻番，其中扶持个人创业贷款12.33亿元，扶持劳动密集型小企业发展8.27亿元；设立担保基金3.76亿元，已回收到期贷款7.91亿元，还款率为98.3%。通过再就业小额担保贷款的资金支持，全省累计直接扶持创业人数5.96万人，带动就业人数16.71万人。全省已初步建立起项目开发、创业培训、开业指导、小额贷款、政策扶持、跟踪服务相结合的创业服务体系和工作机制。

（刘克琦）

劳务输出

【概　况】 2006年，江西省委、省政府高度重视农村劳动力转移工作以省政府名义出台《关于解决农民工问题的实施意见》（赣府发[2006]25号），就进一步解决农民工问题提出了一揽子的具体政策措施，有力地推动了全省跨省劳务输出工作的开展，确保劳务输出人数稳步增长。2006年江西跨省劳务输出达562.9万人，同比增加21.5万人，增幅3.8%，完成年计划的104.2%，其中女性占到总数的55.2%，有组织输出160.8万人，占总数的29%，外出就业前接受培训56.8万人，同比增加10.3万人。输出人员主要是农村剩余劳动力、城镇失业人员、企业下岗职工和院校毕业生，分别达到454万、34万、22万和23万，其中农村剩余劳动力同比增加18万人，占总数的81%。输出去向主要集中在广东、福建、浙江、上海、江苏、北京等地，输出人数分别达到211万、108万、80万、48万、27万和25万。

【江西省农村劳动力转移工作领导小组更名为江西省农民工工作领导小组】 5月26日，江西省人民政府办公厅下发《关于江西省农村劳动力转移工作领导小组更名及成员调整的通知》（赣府厅字[2006]71号），同意将2005年6月2日成立的江西省农村劳动力转移工作领导小组更名江西省农民工工作领导小组，并对领导小组成员进行了调整，办公室还设在省劳动保障厅。

【实施农村劳动力技能就业计划】 9月21日，省劳动保障厅下发《关于做好农村劳动力技能就业计划工作的通知》，确定了农村劳动力职业技能培训种类和对象：一是劳动预备培训，以农村“两后生”（初中或高中毕业后未就业）、退伍兵为主要对象；二是劳务输出培训，以打算外出务工农村劳动力为对象；三是技能提升培训，以进城务工农村劳动力为对象（含省内转移就业的农村劳动力和外省来江西省进城就业的务工人员，包括在省内工业园区内企业就业的农村劳动力）。各地用于农村劳动力职业技能培训补贴的资金应达到中央和省里下达的就业再就业补助资金的10%～15%，最低不能低于10%，农村劳动力职业技能培训补贴标准原则为300元～800元/人，且每人享受一次。

【开展农民工工资支付情况专项检查】 10月18日，江西省劳动保障厅、建设厅、公安厅、总工会联合下发《关于开展农民工工资支付情况专项检查活动的通知》，决定从2006年10月23日至2007年2月12日，在全省范围内组织开展农民工工资支付情况专项检查活动。这次检查的范围是各类用人单位支付农民工工资的情况，重点是招用农民工较多的加工制造、建筑施工、餐饮服务及其他中小型劳动密集型企业、个体工商户支付农民工工资的情况，注重检查用人单位按照国家工资支付和最低工资规定支付农民工工资的情况。此次检查，全省共检查用人单位7493户，涉及职工59.73万人，其中农民工36.93万人；检查中发现拖欠工资的用人单位803户，涉及职工人数5.68万人，其中农民工4.97万人，涉及金额3656.57万元，其中涉及农民工工资3344.82万元；补发职工工资5.29万人，其中农民工4.85万人，责令支付工资及赔偿金3447.25万元，其中农民工工资3268.74万元；支付工资低于最低工资标准涉及企业22户，涉及职工543人，其中农民工329人。

【农民工问题一揽子解决办法出台】 10月25日，省政府下发《关于解决农民工问题的实施意见》（赣府发[2006]25号），要求各地按照“公平对待、一视同仁，强化服务、完善管理，统筹规划、合理引导，因地制宜、分类指导，立足当前、着眼长远”的基本原则，改善农民工就业环境，保障农民工合法权益，引导农村富余劳动力合理有序转移，统筹城乡发展。“意见”共分8个部分35条，涉及解决农民工工资偏低和拖欠问题、依法规范农民工劳动用工管理、切实搞好农民工就业服务工作、积极稳妥地解决农民工社会保障问题、切实为农民工提供相关公共服务、健全维护农民工权益的保障机制、促进农村劳动力就地就近转移就业等各个方面的政策措施。

（刘克琦）

社会保障

本栏编辑　邓玉兰

综　述

2006年，在中共江西省委、省政府的正确领导下，在各级党委、政府和有关部门的精心组织和推动下，各级劳动保障部门和社会保险经办机构认真贯彻党的十六届五中全会精神，紧紧抓住完善企业职工基本养老保险制度这个重点，进一步加大扩面征缴工作力度，巩固确保发放的工作成果，各项工作取得积极进展，圆满地完成了全年各项工作任务，实现了社会保险事业发展"十一五"规划的良好开局。

进一步完善企业基本养老保险政策，确保新老政策平稳过渡。省政府制定下发《关于印发江西省完善企业职工基本养老保险制度实施意见的通知》，在调整个人账户规模、做实个人账户、逐步统一个私经济参保缴费政策、建立省级基金预算管理制度、推进扩面征缴工作、加强经办能力建设等方面作了进一步明确，在研究贯彻实施意见的同时，稳步推进改革基本养老金计发办法，采集2006年7月至2010年6月期间预计退休人员有效样本28.2万个，形成80套测算方案之后以省政府名义下发《关于改革城镇企业职工基本养老金计发办法的通知》。同时，积极推进企业年金，以省政府办公厅名义下发《江西省人民政府办公厅转发省劳动保障厅等部门关于贯彻〈企业年金试行办法〉实施意见、〈企业年金基金管理试行办法〉实施意见的通知》。

创新工作机制和手段，扩面征缴再创历史新高。2006年，江西扩面征缴工作取得前所未有的成绩，基金征缴在2005年高位增长的基础上再创新高，一举跃居全国前列。2006年，养老保险扩面27.54万人，医疗保险扩面36.60万人，参保人数双双突破300万人，分别达303.34万人和313.34万人，超额完成全年任务。工伤保险扩面54.29万人，参保职工人数突破200万人，达207.90万人，完成全年计划的106.24%。生育保险参保人数达到123.23万人，完成全年计划的102.69%。养老保险基金征缴达到73.8亿元，比上年增收15.3亿元，增长26.2%，征缴增幅居全国第七；基本医疗保险基金征缴19.13亿元，同比增收2.38亿元，增长14.26%；工伤、失业、生育保险基金征缴实现两位数增长，分别达到1.34亿元、4.24亿元和4777万元，同比增长40.6%、10%和16.6%。

进一步巩固社会保障待遇发放工作的成果。2006年，在连续两次大幅调整退休人员养老金的情况下，继续保持了离退休人员养老金按时足额发放，实现了养老金当期支付率和社会化发放率两个100%。到年底，全省参加养老保险的离退休人员111.63万人，较年初净增6.15万人，增长5.84%，全年发放基本养老金70.56亿元，补发12.34亿元；全省共为9.98万失业人员发放了1.5亿元的失业保险金。

完善城镇职工医疗保险制度，积极推进城镇居民合作医疗试点。进一步完善国有困难企业和改制企业职工参加医疗保险办法，建立适应困难企业和改制企业职工参加的统账结合的医疗保险和住院医疗保险制度，以参加住院医疗保险为重点，区别不同情况，多方筹措资金，帮助解决参加医疗保险的费用问题。全省国有困难企业和改制企业职工参加医疗保险人数达到55万多人。在抚州等地开展城镇居民合作医疗试点工作。进一步完善离休干部医药费单独统筹管理制度，保障了离休干部在规定范围内的医药费实报实销。出台一至六级残疾军人医疗保障办法，切实保障了退出现役的一至六级残疾军人的医疗待遇。

社会化管理服务工作不断深入。到年底，全省实行社会化管理服务的企业离退休人数达107.30万人，社会化管理服务率为98.80%，其中纳入社区管理人数为92.79万人，社区管理率为86.47%，社会化管理服务工作在社会保险工作中地位进一步提高。全省11个设区市都建立了退休人员档案管理中心，已收集退休人员档案32.5万人，占退休人员总数的35%

社会保险基金监督工作取得新进展。积极开展现场和非现场监督工作，强化经办机构内部控制机制建设，加大对违纪案件查处力度，开展聘用中介机构对参保单位的缴费人数、缴费工资基数核实试点工作，启动企业年金基金合同备案和年金基金监督工作。在全省开展为期3个月的社会保险内部控制和就业再就业资金管理使用情况专项检查。进一步加大挤占挪用基金清还工作力度，全年共清还挤占挪用基金652万元，累计清还1.21亿元。

信息化建设工作进入新阶段。省劳动保障厅制定金保工程建设新方案。一是以应用软件开发为突破，采取统分结合模式，推动金保工程建设。省劳动保障厅信息中心已经正式组建。二是抓好部省联网工作。在2005年实行省本级数据部省联网的基础上，将联网数据上传量扩大到市县，完成劳动保障部下达的数据上传任务。三是自主研发《江西省完善企业职工基本养老保险制度实施意见》应用软件并在全省推广应用，保证了实施意见的顺利实施和养老金计发办法改革的顺利进行。与此同时，进一步完善了省本级养老保险业务柜员制管理系统，实行各行业养老保险业务网上申报，在省劳动保障网开展部分参保人员个人账户查询业务。四是做好养老金计发办法改革的测算工作。根据劳动保障部和省政府的有关要求，省劳动保障厅成立测算小组，研究测算模型，搭建硬件平台，采集318.2万条参保人员信息，对23万条样本进行测算，为养老保险计发办法改革提供了依据。

（刘克琦）

养老失业保险

【监狱企业职工参加基本养老保险办法出台】 1月14日，经省政府同意，省劳动保障厅、省财政厅、省司法厅联合下发《关于我省监狱企业工人参加企业职工基本养老保险有关问题的通知》，自2006年1月1日起，将省监狱企业集团及其子公司的在职工人、退休人员纳入企业职工基本养老保险实施范围，执行统一的企业职工基本养老保险制度，监狱刑满留厂（场）就业老残人员继续按财政部、司法部《关于印发〈监狱基本支出经费标准〉的通知》的有关规定执行，不纳入企业职工基本养老保险范围。同时，该办法还就参保缴费、个人账户、待遇计发等方面作出了明确规定。

【完善企业职工基本养老保险政策出台】 4月24日，省政府下发《江西省完善城镇企业职工基本养老保险制度实施意见》，提出完善企业职工基本养老保险制度的主要任务，明确逐步统一城镇个体工商户和灵活就业人员参保缴费政策。7月1日起，逐年提高缴费基数和比例，至2010年7月1日起缴费基数统一为设区市在岗职工月平均工资，缴费比例统一为20%。实施意见改革了基本养老金计发办法，强调各级政府要认真履行养老保险工作职责，任何地方都不得把免除参加基本养老保险作为吸引外来投资的优惠条件。实施意见提出，按照国务院的统一部署，有计划地开展做实个人账户，从2006年1月1日起，个人账户规模统一由本人缴费工资的11%调整为8%。实施意见对完善基本养老保险省级统筹、建立省级统筹基金预算管理制度、积极发展企业年金、做好退休人员社会化管理服务工作、不断提高社会保险经办能力等方面提出了明确要求。

【城镇贫困残疾人个体户参加基本养老保险可享受适当补贴】 5月19日，经省政府同意，省劳动保障厅、财政厅和省残疾人联合会下发《关于我省城镇贫困残疾人个体户参加基本养老保险给予适当补贴有关问题的通知》，明确规定，在残疾人就业保障金有结余的地方，具备相关条件的城镇残疾人个体户可以申请基本养老保险缴费补贴，月补贴标准按贫困残疾人个体户所在设区市上年度在岗职工月平均工资的60%乘以6%进行核定，补贴所需资金从当地上年度残疾人就业保障金结余中列支，补贴的申请和拨付按年度实行先缴后补的办法，本缴费年度办理上一缴费年度的基本养老保险缴费补贴工作。通知下发前已参保人员从2006年1月1日起执行缴费补贴政策，新参保人员从参保之年的下一年度起执行。

【贯彻企业年金两个“试行办法”的实施意见出台】 6月16日，省政府办公厅下发《转发省劳动保障厅等部门关于贯彻〈企业年金试行办法〉实施意见、〈企业年金基金管理试行办法〉实施意见的通知》，明确规定：凡已参加江西城镇企业基本养老保险的各类企事业单位（包括企业化管理的事业单位、自收自支事业单位、改制为企业的原事业单位），均可建立企业年金制度。建立企业年金所需费用由企业和职工个人共同缴纳。企业缴费每年不超过本企业上年度职工工资总额的1/12，企业和职工个人缴费合计一般不超过本企业上年度职工工资总额的1/6。职工个人缴费可以由企业从职工个人工资中代扣。经同级劳动保障部门、财政部门确定的试点企业，其企业缴费的企业年金在上年度工资总额1/12以内部分，可从成本费用中列支，在税前扣除。此外，“实施意见”对企业年金方案制定、年金方案和基金管理合同备案、基金和账户管理、支付条件和支付方式、受托管理机构、委托管理、经办机构职责履行、中介服务机构、风险控制、信息报告以及基金监管都作了明确规定。

【开展企业退休人员基本情况调查】 6月28日，省劳动保障厅下发《关于在全省开展企业退休人员基本情况调查的通知》，按照劳动保障部的统一部署，从6月22日至8月31日，对全省设区市级以上城市、计划单列市、中央行业参加企业职工基本养老保险的退休人员基本情况进行一次调查。此次调查工作主要依托社区劳动保障工作平台和委托企业管理机构进行，各级劳动保障部门及所属的社会保险经办机构负责整个调查工作的组织安排和工作协调，并对调查工作加强指导，实施专人负责。此次调查主要采取发放调查问卷让退休人员填写的方式进行，调查问卷由劳动保障部统一设计。全省参加调查的企业退休人员共计448280人，其中省直管企业68458人，占全省参加调查退休人员的15.3%。从调查的养老金水平来看，基本养老金是退休人员最重要的养老保障，占全部养老金的96.1%；约1/6退休人员享受统筹外项目养老金，其统筹外项目养老金的月人均水平为96.3元；超过一半退休人员养老金水平偏低，月人均养老金在500元及以下的退休人员占全省参加调查退休人员总数的52.7%；提前退休人员养老金水平较低，且提前退休时间越长，养老金水平越低；参加工作年限越长，养老金水平越高。

【改革城镇企业职工基本养老金计发办法】 8月9日，省政府办公厅下发《关于改革城镇企业职工基本养老金计发办法的通知》，决定从2006年7月1日起实行新的基本养老金计发办法。新的办法规定，对1995年10月1日以后参加工作，缴费年限（含视同缴费年限）累计满15年并按时足额缴费的人员，退休后按月发给基本养老金。基本养老金由基础养老金和个人账户养老金两部分组成。基础养老金月标准以退休时上年度所在设区市在岗职工月平均工资和本人指数化月平均缴费工资的平均值为基数,缴费每满1年发给1%。个人账户养老金月标准为个人账户储存额除以计发月数。对1995年9月30日以前参加工作、本计发办法实施后退休、缴费年限累计满15年并按时足额缴费的人员,在发给基础养老金和个人账户养老金的基础上,再发给过渡性养老金。过渡性养老金月标准为参保人员退休时所在设区市上年度在岗职工月平均工资与本人缴费工资平均指数、1995年9月30日前的视同缴费年限和计发系数的连乘数,计发系数为1.1%。为使按新办法计发的基本养老金与原办法计发的基本养老金平稳过渡,设置了5年过渡期(2006年7月1日至2011年6月30日)。过渡期内退休的人员,按新办法计算的基本养老金低于按原办法计算的基本养老金的差额部分予以全额补齐;按新办法计算的基本养老金高于按原办法计算的基本养老金的高出部分,按一定比例逐年递增。同时,计发办法还对参保时间晚、缴费时间短的参保人员延长缴费期限作出了规定。

【调整企业退休人员基本养老金政策】 10月17日,经省政府同意,省劳动保障厅、省财政厅下发《关于江西省2005年和2006年调整企业退休人员基本养老金的通知》,对2004年12月31日前和2005年12月31日前已按规定办理退休手续的企业退休人员,分别从2005年7月1日和2006年7月1日起调整基本养老金。此次调整基本养老金的基本原则是:在按基本养老金水平、缴费年限普遍调整的基础上,向高龄、参加工作早、养老金偏低以及高级职称人员适当倾斜,城镇企业调整水平为2005年月人均增加60元、2006年月人均增加100元。调整的具体办法是:一是根据基本养老金水平增加基本养老金。基本养老金水平越低,增资越高,体现向基本养老金水平偏低群体倾斜。上年底基本养老金按低于400元和400元以上每增加200元分为一档,共设六档。2005年调整,每人每月分别增加50元、35元、25元、20元、15元、10元;2006年调整,每人每月分别增加70元、60元、45元、40元、35元、30元。二是根据缴费年限长短增加基本养老金。年限越长,增加基本养老金越多,缴费年限按不满20年和20年以上每增加5年分为一档,共设5档。2005年调整,每人每月分别增加12元、17元、22元、27元、32元;2006年调整,每人每月分别增加30元、35元、40元、45元、50元。三是给70周岁以上的退休人员增加基本养老金。按年满70周岁不满80周岁、年满80周岁以上(含80周岁)两个档,2005年、2006年调整,在普遍调整的基础上每人每月再分别增加20元、25元和25元、30元。四是适当向企业具有高级职称的退休科技人员倾斜。在普遍调整的基础上,对具有高级职称(含高级技师)的退休科技人员,退休前被评为正高和副高职称、并被单位聘任了的,2005年、2006年每人每月再分别增加30元、20元和50元、40元。全省参加2005年调待人数为97.61万人,其中城镇企业为91.73万人,农垦企业为5.88万人;参加2006年调待人数为103.6人,其中城镇企业为97.32万人,农垦企业为6.28万人。2005年调待前江西企业退休人员人均月基本养老金水平为526元,两年调待后,人均月基本养老金水平达到686.6元,提高了160.6元。

【调整农垦企业退休人员基本养老金待遇】 10月17日,经省政府同意,省劳动保障厅、省财政厅下发《关于江西省2005年和2006年调整农垦企业退休人员基本养老金的通知》,对按规定参加了企业基本养老保险,在2004年12月31日前和2005年12月31日前达到法定正常退休年龄且已按规定办理退休手续的农垦企业退休人员,分别从2005年7月1日和2006年7月1日起调整基本养老金。具体办法和标准为:按退休人员缴费年限实行普遍调整,在普遍调整的基础上,再对年满70周岁以上的退休人员和具有高级职称的退休科技人员实行部分调整。2005年普调标准为:缴费年限男不满30年、女不满25年的增加21元;缴费年限男满30年不满35年、女满25年不满30年的增加26元;缴费年限男满35年、女满30年的增加31元。对满70周岁不满80周岁,在普调的基础上再增加10元;对满80周岁以上的,在普调的基础上再增加15元;具有高级职称的退休科技人员,在普调的基础上再增加15元。2006年普调标准为:缴费年限男不满30年、女不满25年的增加40元;男满30年不满35年、女满25年不满30年的增加45元;男满35年、女满30年的增加50元。对满70周岁不满80周岁的,在普调的基础上再增加15元;对满80周岁以上的,在普调的基础上再增加20元;具有高级职称的退休科技人员,在普调的基础上再增加25元。

【修改《江西省实施〈失业保险条例〉办法》】 10月25日,省政府发布第152号省长令,决定对《江西省实施〈失业保险条例〉办法》作如下修改:将第二十条修改为"失业保险金的标准,按照低于当地最低工资标准、高于当地城市居民最低生活保障标准的水平,由省劳动保障行政部门会同省财政部门提出意见,报省政府确定"。此外,删去第三条中有关"地区行政公署"的表述。该决定自10月25日起施行。

【养老保险基金增收创历史新高】 到年底,全省共征缴养老保险基金73.8亿元,比上年增收15.3亿元,增长26.2%,征缴增幅居全国第七,从2003年至2006年连续四年保持当年基金征缴收入增长大于养老金支出增长的良好势头。

【失业保险基金征缴连续五年保持两位数增长】 到年底,全省241.04万人参加失业保险,同比增加10.31万人,其中国有企业、事业单位参保人数分别为133.36万人、77.71万人,事业单位参保率达90%以上,且普遍实行了财政代扣代缴。全年共清欠失业保险费1.66亿元,失业保险基金收入为4.47亿元,同比增加4850万元,增长12.2%,基金收入连续五年保持两位数增长,共为9.98万失业人员发放了1.5亿元失业保险金,2006年当年收支结余2亿元。到年底,全省失业保险基金累计结余达到10.73亿元。

(刘克琦)

基本医疗保险

【中德工伤预防国际研讨会在南昌召开】 5月10～11日，由劳动保障部主办的中德工伤预防国际研讨会在南昌召开。劳动保障部原副部长王东进出席会议并讲话，江西省政府副秘书长金细安到会祝贺，江西省劳动保障厅厅长张勇到会致词。此次研讨会旨在研究探讨发展中国工伤预防的理论问题，交流各地开展工伤预防工作的经验和做法，为进一步完善工伤保险制度，制定出台工伤预防方面的指导意见做准备。会上，德国专家埃尔温·拉德克博士和克劳斯·巴特尔博士介绍了德国化工同业公会工伤预防工作的做法和经验，中国人民大学教授孙树菡作了专题报告。劳动保障部有关司局以及广东、江西、河南、湖北、南京、长沙、南昌等19个省、市劳动保障厅(局)工伤保险方面的负责人共70余人参加了会议。

【启动农民工“平安计划”】 6月6日，省劳动保障厅下发《关于印发〈江西省推进农民工“平安计划”方案〉的通知》，决定从2006年开始实施农民工“平安计划”，用3年左右时间，基本实现全部煤矿、非煤矿山企业和大部分建筑企业及工伤风险程度较高的其他用人单位所聘用的农民工参加工伤保险。具体目标为：2006年，省煤炭集团公司、省冶金集团公司、省建材集团公司、省建工集团公司、江西铜业公司、江西稀有稀土金属钨业集团公司、江西钨业集团有限公司所属用人单位聘用的农民工全部参加工伤保险；加快推进各市县属煤矿、非煤矿企业和建筑企业农民工参加工伤保险。到年底，全省有4.16万名农民工参加了工伤保险。

【开展农民工参加医疗保险专项扩面行动】 6月6日，省劳动保障厅下发《关于印发〈江西省开展农民工参加医疗保险专项扩面行动工作方案〉的通知》，决定从6月开始到12月底，在全省范围内开展为期半年的农民工参加医疗保险专项扩面行动，重点推进农民工较为集中的加工制造业、建筑业、采掘业和服务业中与用人单位建立劳动关系的农民工参加医疗保险，争取年底全省农民工参加医疗保险达10万人，到2008年底争取将与城镇用人单位建立劳动关系的农民工基本纳入医疗保险。为完成上述目标任务，省劳动保障厅提出5项具体措施：一是进一步完善农民工参加医疗保险政策，坚持“低费率、保大病、保当期，以用人单位缴费为主”的原则，用人单位没有为农民工参加医疗保险的，按劳保医疗或基本医疗保险的规定，为农民工支付医疗费。二是各统筹地区相应制订便于农民工参加医疗保险的具体办法，畅通用人单位为农民工办理医疗保险的渠道，用人单位可以专门为所聘用的农民工以实名制单项参加住院医疗保险，有条件的地区可由专人办理农民工参保，单独建档，分开建账。三是开展农民工参加医疗保险情况调查，对全省集中聘用农民工的用人单位进行调查建档。四是开展农民工参加医疗保险宣传月活动，提高用人单位和农民工参加医疗保险意识。五是集中办理用人单位参加医疗保险。所有省属及行业单位按属地原则为农民工参加医疗保险，各统筹地区由劳动保障行政部门、劳动保障监察机构、医疗保险经办机构组成联合督办组，逐户逐家上门督促和办理参加医疗保险。到年底，全省有4.91万名农民工参加医疗保险。

【建立困难企业职工参加医疗保险情况按月通报制度】 7月19日，省劳动保障厅下发《关于建立困难企业职工参加医疗保险情况按月通报制度的通知》，决定从2006年7月开始，建立按月通报和按月调度制度，其目的是及时了解掌握困难企业职工参保进度情况，分析存在的困难和问题，以便采取有效措施，确保政策落实到位。通报调度制度主要包括两个方面，一是按月通报现有困难国有企业及大集体企业参加医疗保险情况，二是按月通报已破产改制国有企业及大集体企业退休人员参加医疗保险情况。

【抚州市全面启动城镇居民参加医疗保险】 8月29日，省劳动保障厅对《抚州市城镇居民参加医疗保险试行办法(送审稿)》作出批复，标志着在乐安县试点的基础上，抚州市开始全面启动城镇居民参加医疗保险工作。批复指出，该“试行办法”基本符合劳动保障部和江西省对开展城镇居民参加医疗保险试点工作的要求，结合当地实际，又有新的突破，体现了建立和谐社会和以人为本的理念。办法制定的以住院医疗保险为主体，多种模式选择参保和以个人缴费为主渠道，多渠道筹资缴费的城镇居民医疗保险模式是城镇职工基本医疗保险制度的延伸和发展。办法中拟定的城镇居民参保范围适当。抚州市学习镇江等国家医疗保险试点城市的经验，把在校学生纳入城镇居民医疗保险体系，一是可增强医疗保险基金的调剂能力，利于困难企业和职工参加医疗保险；二是可使参保学生享受到优于商业保险的医疗待遇。

【推进城镇居民医疗保险工作座谈会在新余市召开】 11月14日，经省政府同意，省劳动保障厅在新余市召开全省推进城镇居民医疗保险工作座谈会。会议传达了代省长吴新雄有关城镇居民医疗保险工作的重要批示，总结交流了各地城镇居民医疗保险试点工作经验，全面部署全省推进城镇居民医疗保险工作。会议明确按照“低水平、广覆盖”的原则，争取用3年时间实现城镇居民医疗保险全覆盖。省劳动保障厅正在拟定《江西省城镇居民医疗保险指导意见》，抚州市及所属县(市、区)已全面启动城镇居民医疗保险工作，各设区市和扩大试点市县正在制定方案，积极推进试点工作。

【城镇企业职工基本医疗保险扩面征缴实现两位数增长】 到年底，全省参加城镇职工基本医疗保险人数达到313.34万人，比上年底增加36.6万人，增长13.2%，覆盖率达到37%，比上年提高4个百分点，扩面增长居中部地区第二；基金征缴19.13亿元，同比增收2.38亿元，增长14.26%。工伤保险参保职工达207.9万人，覆盖率达到39%，比上年提高9个百分点。工伤、生育保险基金征缴实现两位数增长，分别达到1.34亿元和4777万元，同比增长40.6%和16.6%。

（刘克琦）

社会保险基金管理

【开展社会保险费征缴执法检查】 5月31日,经省政府同意,报省纠风办审定,省劳动保障厅、监察厅联合下发《关于印发〈关于开展社会保险费征缴执法检查的实施方案〉的通知》,决定从2006年6～9月,在全省范围内联合组织开展社会保险费征缴执法检查,检查的主要范围是外商投资企业、城镇私营企业和民办企业单位,检查的重点是工业园区所属用人单位,对拒不参加社会保险和拒绝当地劳动保障监察部门执法检查的,由省劳动保障厅与省监察厅组成联合检查组直接进行执法检查。此次执法检查,全省共出动执法检查人员2893人,检查用人单位12.30万户,涉及劳动者312.19万人,接受群众举报602件,查处违法案件3860件,下达限期整改指令书3247份,下达行政处理和行政处罚决定书847份,申请法院强制执行71户,督促办理社会保险登记的用人单位11726户,督促依法申报的用人单位8615户,共督促缴纳社会保险费3.94亿元,责令缴纳滞纳金128.85万元。其中督促缴纳养老保险费3.24亿元,涉及人数53万人;督促缴纳失业保险费1891.8万元,涉及人数22.3万人;督促缴纳工伤保险费496.79万元,涉及人数16.97万人;督促缴纳医疗保险费4169.62万元,涉及人数10.6万人;督促缴纳生育保险费438.16万元,涉及人数5.1万人。

【开展社会保险经办机构内部控制和就业再就业资金管理使用情况检查】 6月18日,省劳动保障厅下发《关于开展社会保险经办机构内部控制和就业再就业资金管理使用情况检查的通知》,决定从6月20日至9月30日,在全省范围内对社会保险经办机构(包括劳动保障事务代理机构、劳动派遣机构代理基本养老保险)业务经办管理内部控制和就业再就业资金管理使用情况进行检查。6月20日至7月31日各级劳动保障部门组织社会保险经办机构进行自查,自查面达到100%;8月1日至8月31日,各设区市劳动保障部门组织对所辖县(市、区)的自查工作进行抽查,抽查面达到52%;全省各设区市及县、区的自查报告和检查情况表上报率达100%;9月1～20日,省劳动保障厅组成5个检查组,对11个设区市本级和32个县(区)社会保险经办机构内部控制和就业再就业资金管理使用情况进行检查,检查面达到39%。通过检查,全省共收回挤占挪用基金201.62万元,其中清还1998年3月31日前挤占挪用基金9.8万元(养老保险5万元,生育保险4.8万元),1998年4月1日后191.82万元(养老保险50万元,医疗保险38.99万元,失业保险57.08万元,工伤保险40.75万元,生育保险5万元),纠正1998年3月31日前违纪(养老保险)基金200万元。

【社会保险基金监督举报工作实施办法出台】 8月15日,省劳动保障厅下发《关于印发〈江西省社会保险基金举报工作管理办法〉的通知》,明确规定,公民、法人和其他社会组织依本实施办法对养老、医疗、失业、工伤、生育保险基金收支、管理的违法、违纪行为进行检举、控告。举报的内容包括社会保险费征收、基金支出情况、基金财政专户的储存管理、基金财务管理和会计核算制度执行、基金预留支付费用使用情况等方面。县以上各级政府劳动保障行政部门的社会保险基金监督机构负责管理社会保险基金监督举报处理工作。劳动保障行政部门对于决定受理的举报案件,按照社会保险基金现场监督的程序进行处理,在7个工作日内作出受理或不予受理决定。对不予受理的举报,应当作出决定之日起7个工作日内告知举报人并说明不予受理的理由;决定受理的一般30个工作日结案;情况复杂的案件经劳动保障行政部门主管领导批准,可以延长期限,但最长不得超过60个工作日。对于举报人要求答复本人所举报案件办理结果的,社会保险基金监督机构应将办理结果告知举报人。省劳动保障厅还开通了社会保险基金监督举报电话,方便了公民、法人和其他社会组织对在社会保险基金收支、管理方面违纪违规行为进行举报。年内,共受理举报15起,追回社保基金724.4万元,接待上访举报45人次。

【社会保险基金征缴总量近100亿元】 到年底,江西5项社会保险基金征缴总量近100亿元,达到99.09亿元,同比增加18.37亿元,增长22.76%,其中养老保险基金征缴73.9亿元,同比增收15.4亿元,增长26.38%;基本医疗保险基金征缴19.13亿元,同比增收2.38亿元,增长14.26%;失业、工伤、生育保险基金征缴分别达到4.24亿元、1.34亿元和4777万元,同比增长9.76%、40.61%和16.57%,基金征缴一举跃居全国前列。

【社会保险稽核工作取得新突破】 到年底,全省养老保险书面稽核企业1.6万户,实地稽核1.1万户,查出少报、漏报缴费基数4.83亿元,少缴养老保险费1.36亿元,查出冒领、多领养老保险待遇1509人,冒领多领养老金67万元,追回61万元。

【全省收回挤占挪用基金1492万元】 2006年,省劳动保障厅先后下发《关于进一步加强挤占挪用及其他违纪违规基金清还纠正工作的通知》和《关于开展社会保险基金管理使用问题整改工作的通知》,各级劳动保障部门加大了清还工作力度,成立清还工作领导小组,在各级政府重视和有关部门配合下,全年共收回挤占挪用基金1492.55万元,其中清还1998年3月31日前挤占挪用基金384.09万元(其中养老保险234.29万元,生育保险28.8万元,医疗保险95万元,工伤保险26万元),1998年4月1日后1108.46万元(其中养老保险841.4万元,医疗保险75.99万元,失业保险18.5万元,工伤保险157.17万元,生育保险15.4万元)。纠正1998年3月31日前违纪基金257.48万元(其中养老保险200万元,失业保险57.48万元)。累计清还纠正社会保险基金1.32亿元。

(刘克琦)

交　通

本栏编辑　邓玉兰

公　路

【概　况】 2006年，江西交通工作坚持以科学发展观为统领，认真贯彻以人为本和全面、协调、可持续发展的要求，把"五个协调发展"落实到交通规划、前期、建设和管理的各个层面，实现"十一五"规划发展的良好开局。交通基础设施建设再创历史新高。全年交通基础设施建设投资完成179.4亿元，其中公路建设投资完成178.3亿元，分别比上年增长8.1%和9.1%。景德镇至婺源至黄山（常山）高速公路，南昌西外环高速公路建成通车，新增高速公路190千米，全省高速公路总里程达到1770千米。景德镇至鹰潭、武宁至吉安、南康至大余、景德镇南环高速公路建设速度加快，萍乡至洪口界高速公路开工建设。农村公路建设路面硬化工程完成1.26万千米，其中革命老区、革命圣地农村公路项目基本完成。国、省道公路改造完成835千米。

公路运输生产平稳持续增长。2006年道路运输完成客运量3.8亿人次、旅客周转量214亿人千米、货运量2.7亿吨、货物周转量213亿吨千米，分别比上年增长2.5%、4.8%、7.4%、13.9%。在公路运输持续增长的同时，安全生产形势为近年来最好。全年全省道路客运事故起数、死亡人数、受伤人数同比分别下降34.2%、32.8%、25.9%，杜绝了一次死亡10人以上特大事故。

交通规费继续大幅增收。2006年全省交通规费征收总额突破70亿元，比上年增长20.8%。在推出服务全民创业若干优惠政策的情况下，养路费、客货运附加费、普通公路通行费"三费"征收超过26亿元，比上年增长5.2%；高速公路通行费征收首次突破40亿元，比上年增长34.7%；2006年是摩托车养路费委托代征的第一年，各地加大征收力度，完成征收1.7亿元，比上年增长42.9%；各项地方交通规费和水上交通规费也有较大幅度增长。

交通行业文明得到显著提高。深入开展"学树创"活动，涌现出以熊文清为代表的一批先进典型。全省交通系统有128个单位荣获第十届省级文明单位，占全省受表彰总数的13%，高居全省各行业之首。省交通稽查征费局、省高等级公路管理局被命名为全国交通系统文明行业，有6个单位被授予全国交通文明行业先进单位，5个集体被授予全国交通行业文明示范窗口，1个集体被授予全国交通行业十佳文明窗口称号。省交通厅被评为国防交通理论研究先进单位、全国三绿工程先进单位、全省"十五"安全生产专项整治先进单位，连续15年被评为全省社会治安综合治理目标管理先进单位。省航务局受到二炮和省军区表彰。在省第十二届运动会上，交通体育代表团取得了金牌、奖牌、总分三个第一。

【靖安县交通局加快运输组织结构调整】 靖安县交通局通过引导优势企业，在平等自愿的基础上，以资产为纽带，采取股份合作、兼并、联合、重组、收购等形式，组建跨地市、跨区域、跨行业的大型运输企业集团，实现集约化、规模化、网络化、专业化经营，并以此带动运输企业上规模、上档次，发展壮大。2006年三友、运通、平安3家龙头企业共拥有货车达580辆，占全县所有货车的91%，创税收近千万元，解决就业人员800余人。其中三友公司从创办时的5辆车和租车为主，经过3年的发展，已成为拥有车辆360辆，集车辆、货运、物流为一体的规模企业。该公司已在长三角、珠三角等地设立分公司，成为当地物流业的一支生力军。截至2006年12月，靖安县共有营运货车610辆3995吨位，拥有货运企业15家；全县11个乡镇有9个设立了货运企业，共新增营运货车107辆，增长率为21%，完成货运量96万吨，货运周转量2.60亿吨千米，分别增长17.6%和20.6%。

【高安市汽运产业发展良好】 2006年，高安市汽运产业继续得到较快发展，全市拥有3个汽运集团，177家公司，营运汽车10000多辆（其中新购2990辆），运力总量达6.6万吨（含驻外地运力），市内外有信息部420多家，运力总规模位居全国县、市前列。形成了以高安汽运城为平台，集信息配载、汽车维修、车辆交易、装潢装饰多功能为一体，较为完备的汽运综合服务体系。汽运产业已成为高安的支柱产业、链条产业、致富产业，具有"五增"效应的工程：一是国家税费增加，全年完成养路费，车购税、运管费、工商费2.6亿元。二是地方财政增长，贡献地方财政税收5600万元。三是就业机会增加，产业链条的延伸带动了地方服务业的发展，整个产业吸纳从业人员10余万人。四是群众收入增加，产业从业人员人均增收5800元，全市人均增收660元。五是城市容量增大，产业从业人员致富示范效应带动更多的人参与进来，产业从业人员的进城，促进了城区的房地产市场发展,现在新兴的住宅小区,产业从业人员占到三成以上。

【南城县里塔镇汽车运输业蓬勃崛起】 南城县里塔镇地处昌厦公路沿线,交通基础条件十分便利。该镇政府利用交通优势,大力发展汽车运输业。为了做强做好汽车运输业的文章,镇政府每年拿出20万元作为货运发展基金,凡落户本镇的货车主,每辆车给予2000元的扶持。同时对运输业绩大、效益好、名声佳的司机给予每人1000元的奖励。镇党委还通过党员致富能手带动群众购车。都军村主任投入100多万元发展汽车租赁业,带领90多户群众从事运输业,该村为国家创税就达40多万元。至年底,里塔镇拥有大型货车300辆,从业人员600多人,其中在外地创办物流货运站的有30多人。汽车运输业的兴起还带动了蜜橘销售、汽车维修、餐饮娱乐等第三产业,使该镇形成了一个以运输业为龙头的良性发展产业链。

【景德镇汽车站实行站务员星级服务制】 作为交通行业服务社会的"窗口",景德镇汽车站用"八荣八耻"规范员工的思想和言行,积极探索提高服务质量和管理水平的有效方法,并自9月起全面推行"站务员星级服务制"。该站站务员星级服务制分为六个级次,即见习、一星级至五星级,站务员的工资、奖金与其被评定的星级挂钩,星增薪涨、星减薪降。站务员实行星级评审上岗,经对站务员的服务质量、举止仪容、业务技能、工作纪律和环境整洁五个方面进行考核、考试和评议后,确定其相应的星级。对站务员的星级评定,每月进行一次考核,每季进行一次评审,评上五星级的站务员每月可获得千元以上的劳动报酬,见习站务员和一星级站务员每月只能拿200多元的工资。在站务员星级服务制评审过程中始终注重站务员的服务表现和服务质量。因服务质量问题受到旅客投诉,经核实后,下降直接责任者一个星级;受到新闻单位曝光批评,经核实后,下降直接责任者两个星级。严格的升降级标准,成为站务员自觉提高服务质量和水平的强大动力。

星级服务制的推行,给该站的文明行业创建活动注入了新的活力,使这个国家一级客运站的整体服务功能得以充分发挥,交通行业的文明形象通过这个"窗口"得以充分表示。旅客可以从服务员亲切的微笑、周到的服务和规范的言行中感受到温馨,体会到瓷都人建设文明旅游都市的那份真情。

【广昌——"物流第一县"创货运业发展奇迹】 2006年,"中国物流第一县"广昌县高举"物流兴县"大旗,在货运业发展中大步迈进,全县新增货车769辆,新增运力3251吨,增量为该县上年车辆总数的102%,占抚州全市全年新增量的三分之一强,在"十一五"规划开局之年就实现了该县货运业"十一五"规划的发展目标,创造了该县货运发展中的空前奇迹。

广昌县紧紧抓住"中国物流第一县"物流品牌为当地货运业发展带来的巨大机遇,全力铺就"物流兴县"的黄金大道。该县充分利用广昌物流品牌响、网络广、资源足的优势,在物流业的基业——货运上做文章,把该产业作为支柱产业发展。广昌县交通部门以物流品牌为依托,全面优化货运业发展环境,把广昌在外地的物流企业请回来,把客商运输企业邀进来,把货运投资者留下来,把货运产业推向了发展新干线。首先是组织建立全国首个县级物流协会——广昌物流协会,把与广昌有业务联系的3000余家物流企业同县内16家货运企业整合成有机的整体,全面开发物流网络货运信息资源。政府部门积极做好企业间的"红娘"。县委、县政府及交通部门的领导多次到沿海、沿江地区,邀请广昌籍物流企业家返乡创办货运企业,为物流协会架起企业联姻"鹊桥",依托物流资源优势壮大物流基础产业,使运输经营者有了充足的货源,经营者投资回报前景诱人,为货运业的发展奠定了坚实的基础。其次是给予货运企业发展最优惠的政策。该县交通部门多方积极争取,使各有关部门对货运车辆的税收、养路费、工商管理费予以最大的政策倾斜,县政府出台企业新增货车的多项奖励政策,使货运企业、货车经营者获得实实在在的好处,激发了投资者经营货运业的热情。再是在货运发展环境上做文章。该县货运管理的相关部门,上下齐心,全面优化货运市场发展环境。保险、挂牌、养路费、运输证、工商税务证件一条龙包干服务,一天办结,上牌第二天就可上路营运。县办证中心对车辆缴费、办证节假日不休息。有关部门对新增货车的奖励每月按时兑现。总面积达5.33公顷的广昌交通服务中心、占地2万平方米的汽车综合服务中心等货运基础设施建成投入使用。市场发展环境的全方位改善,使货运经营者放心、安心、舒心,引来各方客商投资广昌货运。东莞安泰、广州施维福、江西昌顺、珠海鑫马通运、莲乡等5家大物流公司相继在家乡设立货运公司,并新增货车520辆。至年底,广昌县拥有货车总数达1280辆,总运力达5500余吨,县运力结构有了大幅度改善,重型车、集装箱运输车占有率达60%以上。全年货运量达315万吨,货运周转量达5.23亿吨千米,分别较上年增长34%、37%。

【加强道路运输管理工作】 2006年是"十一五"规划开局之年,也是道路运输工作的丰收之年。全省道路运输坚持"抓安全、保稳定、促发展"的工作思路,圆满完成了"一个中心、两个建设、三个到位、三个亮点、三个重头戏"的年度工作目标任务,各项工作取得实质性的发展,实现了"十一五"规划发展的良好开局。

道路客货运站场建设速度加快。年内完成站场建设投资1.2亿元,建成8个县级汽车客运站,开工在建122个区乡站,竣工投产83个区乡站。大力推进农村客运候车亭建设,建成1097个候车亭,做到了统一规划、统一设计、统一标识。部、省级农村客运网络化试点县市区扩展到25个,其中渝水区、安义县行政村客车通达率已分别上升到了99.5%、98%。

"清挂"工作初见成效。全省清理挂靠客车8871辆,挂靠客车从上年的13875辆下降到5004辆,,占全省营运客车的比重从81%下降到31%。全省共投入1亿多元的资金收购挂靠客车。

客运安全保持平稳态势,取得"三个大幅度下降,一个杜绝"的喜人成绩,即"事故起数、死亡人数、受伤人数"同比分别下降34.2%、32.8%、

25.9%。春运期间未发生一起死亡10人以上特大事故。加快了全省道路运输GPS安全监控系统的推广使用,建成119个运管三级监督平台,超过100家运输企业安装了监控平台,2070台营运客车和515台危货车辆安装了GPS车载终端。

道路运输客运市场体系逐步完善。年内省公路运输管理局举办两次道路客运班线经营权服务质量招投标工作,对全省82家从事省际、市际班线的运输企业进行质量信誉考核。以客运为龙头的道路运输市场准入、动态考核和退出机制初步建立。

道路运输法制建设卓有成效。加快《江西省道路运输管理条例(草案)》的起草和送审,并列入省政府2007年的立法计划。制定《江西省道路运输行政许可工作规范》,对道路客货运输及站场、维修、驾培等7个方面管理工作进行了规范。

道路运输信息化建设进度加快。成立道路运输信息化建设领导小组,制定《江西省道路运输信息化建设近期、中期规划》,开通运行局OA办公系统,实现省与设区市运管部门无纸化办公的联网;开发应用《江西省道路运输证件打印系统》,统一了全省道路运输经营许可证、道路运输证核发工作。

【稳步推进全省农村客运网络化工作】 为切实解决好农民出行难的实际问题,促进农村经济社会全面发展,服务于建设社会主义新农村,省道路运输管理局根据交通部和省交通厅的部署,结合江西省农村客运基本情况,稳步推进农村客运网络化试点工作。全省已在25个县、市全面开展农村客运网络化试点工作。

农村客运班车通达率明显提升。试点县市的乡镇班车基本开通农村客运班车,行政村的客车通达率也有明显提升,在省交通厅试点单位广丰县、安义县、分宜县、金溪县实现了乡镇100%通班车,行政村班车通达率由原来不足60%分别提升到98.6%、98%、96%、83.2%。使全省乡镇班车通达率提升到99.7%,行政村客车的班车通达率由67.8%提升到72%。

农村客运组织化程度得到提高。赣县、广丰县、渝水区、分宜县的农村客运已经完成股份制改造,基本实现公司化经营。其他试点单位也正在结合江西省道路客运车辆的"清挂"工作,进行股份制改造,引导和鼓励农村客运实行公司化经营。还有非试点单位的宁都县、永修县也全部实现公司化经营农村客运班车。

农村客运基础设施逐步改善。在农村公路条件大幅度提高的基础上,全省建成农村客运站151个,候车亭和招呼站共1千多个,改善了当地农民出行的条件。

农村客运安全有了保障。年内,省运管局统一组织,对全省所有农村客运车辆按照统一的要求,进行了每座15万元的营运客车承运人责任保险。加强对农村客车的技术监管,对运行的客车在发车前必须进行每日的例保,并凭例保合格单发车,提高了农村客运车辆的抗风险能力和确保农村客车的行车安全。

整治农村客运市场秩序。农村客运市场中,存在着无证"黑车"及拖拉机、农用运输车、机动三轮车等许多非法营运现象,省运管局及时调查并反映情况,为省交通厅和省公安厅联合制定《全省打击道路客运非法经营专项整治工作方案》,进行联合打击非法旅客营运车辆专项工作,净化了农村客运市场,保障了农民的生命财产安全,维护了全省农村客运市场秩序。

农村客运成本大幅度下降。为使农村客运班车"开得通、留得住、有效益",省交通厅对25个试点县、市、区的农村客运班车实行了减免交通规费的优惠政策。对经营一级农村客运班线客车的客运附加费减征20%,对经营二级农村客运班线客车的公路运输管理费和客运附加费分别减征50%和70%,对经营三级农村客运班线客车的公路运输管理费和客运附加费分别减征80%和85%;对公司化经营的农村客运班车实行在上述优惠后的基础上再减征10%优惠政策,对新开通的农村客运班线上第一次投入的新营运客车实行在优惠后的基础上再减征50%的优惠政策,全省25个试点市、县、区,共批准1993辆农村客运车辆享受减征运输管理费和客运附加费的优惠政策;共计减征1200万元左右。各个农村客运网络化试点县、市、区的人民政府,对农村客运网络化工作的农村客运站补贴30万元/个、候车亭补贴1万元/个。正在审批试点单位的农村客运车辆交通规费减免手续,预计平均每车客运成本将下降30%,真正做到了降低农村客运的成本,农民得到实惠。

(省交通厅编辑室)

铁　路

【概　况】 南昌铁路局管内铁路东至台湾海峡西岸,西至湘赣省界,北至湖北、安徽省界,南至赣粤省界。南昌铁路局线路分界站(点):京九线北端(孔垄)K1277+000处与武汉铁路局分界,京九线南端(定南)K2008+200处与广州铁路集团公司分界;浙赣线东端(新塘边)K325+600处与上海铁路局分界,浙赣线西端(醴陵东)K889+700处与广州铁路集团公司分界;皖赣线北端(倒湖)K342+500处与上海铁路局分界;武九线(西河村)K191+500处与武汉铁路局分界;合九线(孔垄)K279+900处与上海铁路局分界,漳龙线(虎市)K143.037千米处与广州铁路集团公司分界。南昌铁路局管内的京九、浙赣两大铁路干线,纵贯南北、连接东西,在全国铁路"八纵八横"的路网骨架中,处于重要的位置。2006年,南昌铁路局管内国有铁路营业里程3387千米。其中江西省境内国有铁路营业里程2306.7千米,福建省境内国有铁路营业里程1051.1千米,湖北省境内国有铁路29.2千米,另有福建省与铁道部合资铁路营业里程595.8千米,合计南昌局管理营业铁路里程3951.783千米(含合资铁路595.8千米,不含地方铁路丰洛线24.6千米)。全局铁路车站359个。

2006年,南昌铁路局管内京九线孔垄至定南营业里程731.2千米,双线;浙赣线新塘边至醴陵营业里程长547.4千米,双线,全线电气化(2006年12月31日根据铁道部要求,既有浙赣线并入沪昆线);武九线东龙至庐山营业里程55.8千米,双线;皖赣线倒湖至贵溪营业里程198.4千米,单线;鹰厦线营业里程694.8千米,单线,全线电气化;外福线外洋至福州营业里程186.1千米,单线,全线电气化;2005年4月1日赣龙铁路建成开通,临管运营里程290.1千米。2006年12月31日根据铁道部要求,既有横南线、外福线并为峰福线,即横峰至福州营业里程长189.3千米。南昌铁路局管内在江西省境内支线有向乐线营业长度106.7千米,分文线营业里程长158.5千米,沙浔线营业里程长11.6千米,张塘线营业里程长47.4千米,张建线营业里程长34.8千米,新泰线营业里程长4.3千米,泉高线营业里程长5.7千米,弋樟线营业里程长13.5千米,南昌铁路局管内临时营业线路即南昌铁路局地方铁路177.7千米。其中上饶联络线36.8千米,乐德线营业长度44.9千米,横南线横峰至永平29.6公里并为峰福线,新上线营业里程53.5千米,塔七线上高至七宝山里程6.6千米,九炼线九江至琵琶湖工业区里程6.3千米。2006年南昌铁路局管内营业线路总延展长度6929.8千米。其中正线4784.8千米。复线线路1338.2千米,2006年9月15日浙赣线电气化竣工通车,路局管内电气化线路营业里程从上年的899.5千米增至1447.3千米。2006年南昌铁路局管内200公里/小时及以上高速铁路336.4千米,160公里/小时及以上准高速铁路102.1千米,快速铁路354.2千米。

全年完成基本建设投资93.7亿元,重点项目按期顺利推进。9月15日浙赣铁路电化改造竣工,12月21日时速200千米及以上的中国高速动车组(CRH)进入浙赣铁路提速牵引试验,实现该既有线上时速200千米提速目标。江西省境内时速200千米及以上的高速铁路有336.4千米,这也是江西省现代化建设一个重要标志,江西省铁路进入高速列车时代。

【运输生产年营业收入完成154亿元】 2006年,南昌铁路局完成旅客发送5860万人次,同比增长9.3%;完成货物发送8636万吨,同比增长4%;完成换算周转量1338亿吨千米,同比增长4.2%;完成运输收入80.4亿元,同比增长11.5%;实现营业收入154.1亿元,比上年134亿元营业收入增加20亿元。其中江西省境内铁路旅客发送完成4169.9万人(占全省市场份额的9.7%),同比增长0.4百分点;货物发送5329.0万吨,同比增长10.92%,铁路占全省市场份额的14.9%;铁路旅客周转量为423.5亿人千米(占全省市场份额为63.6%),同比下降0.5个百分点;货物周转量完成641亿吨千米,同比增长5.1%,铁路占全省市场份额的68.5%;合计江西省铁路运输换算周转量为1064.5亿吨千米。江西省铁路市场份额同比发送量增长,周转量下降。

铁路货运抓住福建省推介海西港口群的机遇,主动与南昌等内陆地区货物集散基地对接,加大吸引内陆进口货物经福建港口上岸的力度,组织点对点的直达运输,全年累计开行铁海联运、五定班列和直达列车9490列,直达列车开行比重提高到26.8%;江西、福建两省月均货物交流量上升到77.2万吨,同比增长18%。同时,对煤油粮肥等重点物资实行运力倾斜,重点物资请求车满足率达100%,重点企业运量增长10%以上。南昌铁路局与福建省、江西省融合共进,生产效率、企业实力与服务区域经济社会发展能力显著提升。

铁路客运进一步优化客车开行框架,努力拓展旅游市场、新兴客运市场,提供适应社会需求的客运产品。通过调整列车径路、压缩旅行时间、装备更新换代等措施,打造服务好、品质好的客运产品集群。打好春运、暑运、黄金周客运攻坚战,旅客发送、旅客周转量等指标增幅名列全路前茅,中长途客流同比增长8.2%。抓住赣龙线开通运营契机,形成新的增长点,赣龙线客发增量200万人,占全局总增量的40%。客运基础工作取得好成绩,全局11对列车被评为全路"红旗列车",2个车站被评为全路"文明车站"。

【运输货源呈现前紧后松态势】 2006年,全局日均请求4468车,同比增加255车,增幅6%,日均装车3961车,装车满足率为88.7%。其中上半年全局日均请求3672车,同比少318车,日均装车3818车,装车满足率为104%;下半年全局日均请求5251车,同比增加819车,日均装车4101车,装车满足率为78.1%。上半年货源减少主要原因有:一是管内遭遇"珍珠"强台风和洪涝灾害,地方工农业生产受到极大影响。二是连续降雨,怕湿货物进站困难,矿产品、木材出不了山,散堆装货物怕超重。三是4月份铁路运价上调,使铁路原有价格优势下降。四是受小煤窑停产整顿及雨季水力发电量增加,火力发电受限,电厂煤炭库存量高等因素影响,煤炭需求减少市场萧条。下半年货源增长主要原因是江西省境内公路过路过桥交通计费方式由原来的按车收取变为按吨收取,煤、焦炭、水泥等大宗货源回流。另外晴好天气增多,怕湿货物运输需求加大,又值传统生产旺季,请求车上升。2006年受公路计费方式转变影响,江西省境内日均请求2816车,日均装车2404车,装车满足率为85.3%。福建省境内公路尚未执行这一计费方式,同时煤炭的销量增加,木材运输需求大幅减少,福建省境内日均请求只有1651车,日均装车1557车,装车满足率为94.3%。

【浙赣铁路电气化改造工程竣工】 2006年9月10日,浙赣线电气化改造工程竣工,浙赣全线通电,进行高速热滑试验,标志着历时3年的浙赣线电化改造工程全面竣工。浙赣电气化铁路全线通电时间比铁道部要求提前5天,9月12日,韶山9型电力机车牵引列车,对南昌局管内浙赣线电气化区段进行提速试验。9月15日7时,在南昌站举行浙赣铁路电气化改造工程竣工仪式。江西省副省长凌成兴出席仪式并讲话。

浙赣铁路东起杭州、西至株洲,途经浙、赣、湘三省,全长942千米,仅江西省境内就达547千米,是中国长江以南最重要的东西向繁忙干线,也是中国铁路网规划中"八纵八横"的重要组成部分。浙赣线电气化提速改造工程是在既有浙赣线双线运营设备基础上按时速200千米目标值,改建为客货共线高速铁路。浙赣线电气化改造工程2003年10月15日开工,2004年工程全面铺开,2005年工程加快推进,2006年春运后电气化改造工程进入冲刺阶段,在标准高、难度大、工期紧的情况下,2006年共完成拢口拨接268处、新建或改建线路642.6单面千米、更换III型枕70万根、封闭栅栏缺口1896处、清理废砟370千米、回收轨料40万根、铺设无缝线路1047

千米、架设接触网线861千米，工程高峰期以一个月完成过去一年的换轨工作量的超常进度作业。40多家工程建设单位、数万职工奋战在电气化改造线路上，施工安全、运输安全、劳动人身安全得到有效控制。在攻坚克难中锤炼了“彰显品格、勇当模范”精神，并转化为推动路局改革发展的宝贵财富。

【井冈山铁路铺轨完工】 井冈山铁路东起京九线吉安南站，往西途经吉安县、泰和县、永新县至井冈山，正线全长80.824千米，总投资9亿元。它是铁路中长期规划中衡阳至吉安铁路的东段，也是连通京广、京九两条铁路大动脉的又一重要通道。井冈山铁路于2005年3月31日开工建设，2006年4月28日从吉安南站开始正式铺轨，2006年8月31日全线铺轨完工。

井冈山铁路建设成为一项质优、高标、环保的“阳光工程”。井冈山铁路设计时速120千米，预留时速140千米。设计理念上突出“红色井冈、绿色井冈、腾飞井冈”，把井冈山铁路建成一条“生态景观线”。为了保护生态环境、为井冈山人民留下一条绿色走廊，在确保优质工程的同时，建设者们以环境保护和水土保持作为铁路建设的又一重大战役。为做好绿化工作，在全国范围内公开招标，从40多家竞标单位中选中深圳市如茵生态环境建设有限公司作为施工单位。为了确保高温季节的绿化效果，在无法使用机械设备的情况下，采取肩扛人抬的人工浇水办法，成功绿化111万平方米。

【优先保障28户重点企业运输】 南昌铁路局充分依靠闽赣两省经贸委的支持，对江西省明确的大型企业优先考虑，重点倾斜，保障运力。通过建立重点客户联系制度、服务包保制度，对重点企业提供更直接、更便捷、更有效的服务，保证企业生产原材料供应和产品输出的顺畅。年内江西铜业集团公司、中石化九江分公司、萍乡矿业集团有限责任公司、丰城矿务局、英岗岭矿务局、九江港务局（含四方公司）、新余钢铁有限责任公司、南昌钢铁有限责任公司、萍乡钢铁有限责任公司等28家重点企业共完成发运量2568.8万吨，同比增长8.5%，占江西省铁路货物发运总量的48.2%。年底，根据当地企业发展情况，江西、福建省经济贸易委员会与南昌铁路局共同商议，发文明确和调整两省的铁路重点保障企业。

【南昌南车站货运管理基本实现信息化与网络化】 年内，车站完成货运服务信息系统开发，建立向社会公布的智能化服务平台和南昌南站货场互联网站，开辟南昌南站货场货运互联网和全语音多媒体自动查询系统，使货主足不出户就能办理网上托运预约受理。同时，将货运信息管理系统与货运安全保价系统、货调管理系统、内交付系统、集装箱信息追踪系统、车站办公自动化和货场作业监控系统进行整合、联网，使车站的货运管理和对外服务基本实现了信息化与网络化。

【第六次大提速准备工作基本就绪】 南昌铁路局管内浙赣铁路和京九铁路是2007年全国铁路第六次大提速主要组成部分。2006年9月浙赣线时速200千米的电气化提速工程改造提前完成，同时强化京九、武九、峰福等提速线路的线桥隧涵、通信信号等设备基础。11月15日，铁道部部长刘志军、副部长王志国率部机关有关部门负责人和专业技术人员，对南昌局管内浙赣线上行线提速牵引试验。11月23～27日，铁道部部长刘志军、副部长王志国率部机关有关部门负责人和专业技术人员，对南昌局管内浙赣、京九、武九、横南、外福线提速牵引试验。铁道部在南昌召开的提速牵引试验总结会，对南昌局浙赣线时速200千米提速线路基础工作提出具体要求。对需要整治补强的问题，南昌局立即作出措施行动，细化工作量及设备、劳力和天窗安排，线路动态整治、接触网缺陷整治、立交桥涵改造、栅栏封闭、线路绿化补植、CTC系统调试、动车组建设、CRH快速通道和高站台改造、沿线治安整治等工作同步推进，确保干一项、成一项、好一项。对接新“技规”，研究制定时速200千米线路养护维修和动车组技术管理、运输组织、乘降服务办法。推进和组织动车组司机、检车人员、乘务人员的选拔培训，完成了时速200千米列车运行和电化适应性培训。12月21日，时速200千米及以上的中国高速动车组（CRH）进入浙赣铁路提速牵引试验成功，第六次大提速准备工作基本就绪。

（南昌铁路局编辑室）

民 航

【概 况】 2006年，南昌昌北国际机场运营航线26条，通航城市有北京、上海、广州、深圳、成都、重庆、厦门、西安、福州、哈尔滨、昆明、晋江、宁波、南京、南宁、乌鲁木齐、贵阳、杭州、大连、青岛、海口、太原、汕头、济南、香港等25个。周航班量达290余班次，主要有B757、B737系列、A320、A319、CRJ等机型。运营的航空公司有中国国际航空公司、中国东方航空股份有限公司、中国南方航空股份有限公司、厦门航空有限公司、海南航空股份有限公司、深圳航空有限责任公司、上海航空股份有限公司、四川航空股份有限公司、山东航空公司、春秋航空公司等10家。基地公司有东航江西分公司和厦航南昌分公司。

随着江西经济发展和改革开放的加快，尤其是江西旅游业的兴起，江西省机场集团公司近年力争新开南昌至郑州、天津、温州、兰州、沈阳等航线，增密南昌至广州、深圳、上海、北京、成都等主要干线航班。尤其为了适应泛珠江三角洲发展的需要，亟待增密南昌至香港航线，由每周四班增加到每日一班，并力争尽快开通南昌—澳门—台北航线和南昌—首尔旅游包机。与此同时，根据江西货运市场的汽车配件、服装、高新技术产品、河鲜等货源特点和通关手续的简化，力争近期开通国际货运包机航线。

江西省机场集团公司作为联系江西与世界的纽带、作为展示江西开放的窗口，不断完善空港的软硬件设施、追求人性化服务，提升服务技能，为客户提供更优的服务，为区域经济的发展布好局、服好务。同时，积极探索实践临空产业模式，加快航空物流运输发展，为推动区域经济发展和社会进步作出更大贡献。

2006年，江西省机场集团公司通

过以市场为主战场，注重机场营销；重视航线开发，积极搭建航旅联盟基架；与运营航空公司结成利益共同体，谋求互利共赢；改革客货代理体制，扩充市场份额等方式，保持了运输生产的快速增长。全集团完成旅客吞吐量293.5万人次，同比增长20.74%；完成货邮吞吐量2.39万吨，同比增长35.44%；保障起降3.32万架次，同比增长18.19%。昌北机场完成旅客吞吐量276万人次，同比增长19.83%；完成货邮吞吐量2.37万吨，同比增长36.98%；保障起降2.9万架次，同比增长16%。赣州、景德镇机场旅客吞吐量分别突破6万和10万人次，达到历史最高水平。

【企业效益得到提升】 江西省机场集团公司突出以财务为中心的经营管理工作，加强成本控制。采取严格预算管理、积极推行ERP上线、变动费用钢性承包等方式严格控制成本费用，尤其是变动费用的支出，形成收入保持两位数增长，成本费用同比下降的良好局面，为提升运营效率打开了空间。全年全集团完成收入2.05亿元，同比增长17.17%；支出2.41亿元，同比减少1.65%，考虑4925万元的年度亏损补贴，实现利润1393.73万元。其中南昌昌北机场完成收入1.45亿元，同比增长43.78%；支出1.39亿元，同比增长4.83%；盈利583.16万元，考虑4925万元的年度亏损补贴，盈利5508.16万元。在企业效益得以提升的同时，员工的收入也有所增长。

【安全形势总体平稳】 机场集团公司从制度建设入手，积极构建安全管理制度体系，规范工作标准和质量，实施安全目标管理；加强安全运行一体化建设，确立现场指挥中心安全运行的龙头地位；认真实施保安审计项目，完善硬件设施，有效补充资源，增强保障能力；强化安全主体责任，层层签订安全责任书，狠抓安全生产责任制的落实；巩固专项整治成果，持续改进安全短边；强化安全教育，进一步增强各级管理者和员工的安全责任感和使命感，构筑了较为牢固的安全思想防线。2006年，安全态势平稳，杜绝了各类安全事故，实现集团公司第三个安全年。

【服务质量持续改进】 机场集团公司以树立"客户导向"服务理念为突破口，以建立良好的服务管理体系为支撑，以为客户创造愉快而难忘的体验为终极目标，大力推进服务改善工作。加强理念引导，持续提升员工服务意识；优化工作流程，建立服务标准、服务评价、服务改进体系，成功发布ISO9000质量体系文件；注重细节成败，推行精细化管理，改进服务短边；狠抓目标落实，促成有效投诉持续减少，全年航班平均放行正常率达到99.32%，旅客整体满意度从3.09跃升至3.23，在成员机场中名次前移，质量建设整体水平得到提升。

【有效实施机场主辅分离和专业化重组】 根据首都机场集团公司《关于深化成员机场主辅分离与专业化重组的指导意见》精神，积极稳妥地实施主辅剥离和专业化重组工作，落实民航总局提出的机场要由直接经营型向管理型转变的战略思想。先后完成地服、设备维修、配餐业务的重组并进行委托管理；整合动力能源、航空安保业务并从机场主业中剥离，成立模拟公司实施运作；对已经完成重组的商贸、餐饮、广告、贵服等4个专业化公司开展后续完善工作，并完成职工股权清退工作；组建信息中心，划分和界定了业务范围及工作职责。通过新一轮的主辅剥离和专业化重组，管理型机场形似阶段工作已基本完成。

【完成组织变革，启动薪酬调整】 为适应未来管理型机场"资源的管理者、运行标准的制定者、实施行为的监督者、违约行为的处罚者"的定位，江西省机场集团公司积极推进组织变革工作。通过素质测试、面试、组织考核，按计划、分步骤完成全部中层管理者、基层主管的评聘、竞聘到位工作和机关助理的选聘工作，组织变革工作于9月底结束。在整个组织变革过程中，参加笔试的人数为259人次，面试人数254人次；公开竞聘的管理岗位为中层20个，基层44个；新竞聘到位46名，占管理人员总数的34.1%。

根据首都机场集团公司战略发展的要求，江西省机场集团公司启动薪酬调整工作。邀请民航机场管理有限责任公司（CAM）进行薪酬体系设计和岗位价值评估，初步确定薪酬调整方案并上报首都机场集团公司，为下步进入实质性操作阶段做好了准备。

【完成省内机场联合重组，探索支线机场发展新思路】 7月24日，景德镇机场移交协议签字仪式举行。此举标志着江西省机场集团公司完成对江西省内所有民用机场的资源整合。根据首都机场集团公司"干支分离，实现干线机场赢利"总体目标，9月11～16日，江西省机场集团公司对赣州、吉安、九江、景德镇4个支线机场的经营状况进行专题调研，提出"管好领导班子、确定经营目标、制定管控规则、搭建服务平台"的思路，就支线机场财务、人力资源、资产、市场的管理提出一系列具体要求，出台关于支线机场管理的整体指导性意见，为谋求支线机场走出困境、自我发展做了有益的尝试和探索。

【基础设施建设进展顺利】 南昌昌北国际机场货运仓库以及安检楼工程顺利竣工；赣州新机场建设进展顺利；昌北机场二期扩建工程前期筹备工作有序推进。完成总体规划修编，项目建议书及可行性研究报告的报批工作；完成T2航站楼建筑方案征集、专家评审并初步确定优选方案；完成跑道延长400米的施工图设计；完成土地的地界测绘，正式启动征地拆迁工作。11月22日，昌北机场扩建工程奠基。

【党的建设工作取得新成果】 机场集团公司按照"维护核心，服务中心，凝聚人心，开拓创新"的工作思路，以"创建学习型组织、打造和谐企业，发展江西机场"为主线积极开展党建工作。加强政治理论学习，全面提高党员领导干部素质，广泛开展党章主题教育活动，增强学习贯彻党章的自觉性和坚定性。增强教育，加强监督，积极开展商业贿赂专项治理，推动党风廉政建设和反腐败工作深入开展。加强宣传思想工作，推进企业文化建设，举办首都机场集团公司企业文化推广培训班24期，培训率达到98%以上；用于企业文化推广的资金近20万元。加强对群众工作的领导，充分发挥群众组织联系广大职工的桥梁纽带作用。

（省机场集团公司）

水 路

【概 况】 2006年，江西省完成全社会水路货物运输量3901.4万吨，货物周转量70.75亿吨千米，同比分别增长15.9%、1.7%；旅客运输量369.6万人，旅额周转量6173万人千米，同比分别减少13.4%和13.6%。内河完成货物运量3624.3万吨，货物周转量46.42亿吨千米。其中进入长江干流的货物运量546.4万吨，货物周转量27.11亿吨千米；沿海完成货物运量277.1万吨，货物周转量24.33亿吨千米，同比分别增长7.9%和减少12.4%。

年末，全省内河拥有各类运输船舶5359艘，同比减少132艘；船舶净载重量111.77万吨位，同比增加13.16万吨位；载客量1.55万客位，同比减少1805客位；船舶总功率43.75万千瓦，同比增加5.41万千瓦。沿海运输船舶45艘，同比减少3艘，净载重量14.24万吨位，同比增加8664吨位；船舶功率5.65万千瓦，同比增加1978千瓦。江西水运经济逐渐升温，石油及制品、天然气、钢铁、水泥、木材等大宗物资的水上运输量不断增长，特别是矿建材料（砂石）一直保持高位增长。2006年完成的运输量比上年增加443.4万吨，沿海运输呈现短途货源不断增加而长途货源减少的特点，周转量有所下降。全省水运经营业户根据市场变化和需求，不断改善航道条件，着力更新改造老旧运输船舶，进行经营结构和船舶运力结构的调整，运输船舶向“大型化、标准化”方向发展。全省货物运输船舶平均吨位由上年的226吨上升至257吨。库区和旅游景点旅客运输量不断上升，长途旅客运输呈萎缩趋势，客运船舶向安全化和标准化方向发展。

2006年，江西省拥有年吞吐量1万吨以上的港口59个，生产性码头泊位1743个，其中千吨级以上泊位106个，泊位总长度5.70万米，最大靠泊能力5000吨级，港口生产性仓库面积17.11万平方米；铁路专用线总长1.58万米。其中装卸线4519米；港口装卸机械2174台（套），其中起卸机械1313台（套）、专用作业机械29台（套）、其他装卸机械74台，最大起重能力60吨。

全年全省完成港口基本建设投资2537万元，新开工项目19个，续建项目23个，建成项目13个，其中客运泊位8个，货运泊位2个，岸线长度210米，工程质量合格率均为100%。新增旅客吞吐能力为45万人资/年，货物通过能力为13万吨/年。

全年全省港口完成货物吞吐量1.42亿吨，同比增长4%。其中，出口1.07亿吨，进口3478.5万吨，同比分别增长4%和5%；旅客吞吐量为495.82万人次，同比减少5%，出港248.23万人次，进港247.59人次，同比分别减少6%和4%；集装箱吞吐量完成10.32万标准箱、104.06万吨，同比分别增长72%、73%。港口生产经营呈现以下几个特点：一是水运砂石量占全省水路货运总量的86%，同比增长4%，达到1.22亿吨。其中，水中转短途运输达9233万吨。南昌、抚州、吉安和上饶市港口砂石吞吐量上升，九江市下降。二是港口石油吞吐量大幅减少。九江炼油厂实现管道运输，水运量锐减，2006年完成140.4万吨，为2005年完成404.8万吨的34.68%。全省港口石油吞吐量完成461.4万吨，同比减少29%。三是大宗货港口吞吐量有所上升。煤炭、水泥、钢材分别完成230.7万吨、260.8万吨、104.7万吨，同比，分别增长9%、19%、55%。四是水路集装箱突破10万标准箱，发展较快。九江港、南昌港成为主要集散地，分别完成7.4万标准箱和2.9万标准箱，全省完成10.32万标准箱，同比，分别增长60%、72%。五是常规水路旅客运输萎缩的趋势下，各地大力发展湖库区水上旅游客运。新余仙女湖、鹰潭龙虎山、九江柘林湖水上旅游客运量，同比分别增长3%和9%、减少7%，吉安市开辟井冈湖水上旅游客运、客运量达6.5万人次，宜春市开辟高安库区旅游客运，客运量1.6万人次。但水上客运仍呈萎缩态势。2006年全省港口旅客吞吐量为495.82万人次，同比减少5%。

【南昌港国际集装箱码头年吞吐量超3万标箱】 根据江西国际集装箱码头有限责任公司生产数据显示，2006年，南昌港国际集装箱码头共实现年吞吐量3.01万标箱，其中进口1.57万标箱，出口1.44万标箱，与上年相比实现大幅增长，进一步显示了新码头的实力和优势。

随着江西省外向型经济的快速发展，进出口业务量也随之迅猛增长。江西国际集装箱码头有限责任公司抓住机遇，对内抓管理，对外抓宣传和服务，管理和服务水平不断提高，中远、APL、CMA、马士基等世界大航运公司纷纷登陆南昌。到年底为止，在南昌开展业务的航运公司已达37家之多，航班数也由年初的周两班增至周4～5班，码头吞吐量节节攀升，12月份吞吐量达3787标箱，创南昌港国际集装箱码头集装箱吞吐量新高。

【省航务局启动应急预案疏通鹿颈滩受堵船舶】 9月6日，7艘大吨位货运船舶不按航道水位情况实施配载，行驶至赣江吴城鹿颈滩水域主航道时搁浅，造成上、下游过往船舶无法航行而滞留。省航务局于上午10时接到情况报告后，迅速启动处置突发堵航事件应急预案，在现场成立以省航务局副局长严春生为指挥的指挥部，组织召开由南昌、九江航务分局负责人参加的紧急现场会议，及时从附近各地方海事处调配7艘海事监督艇和50余名海事执法人员赶赴堵航水域，分为3组全面开展施救应急处置工作。由第一组对搁浅船舶进行救助，确保其安全脱浅，第二、三组分别在鹿颈滩上、下游水域做好通航秩序维护工作，要求过往船舶远离堵航点安全锚泊待命。救助过程中，九江、南昌航务分局与吴城镇政府取得联系，请求当地出面调派吊机对超载船舶进行减载。同时又联合当地水上公安部门对不配合的超载船舶实施强制减载措施。经过省航务局行政执法人员和地方公安部门一昼夜的共同努力，至7日上午7时，搁浅在主航道内的7艘船舶全部脱浅，滞留在上、下游的200余艘船舶陆续安全通过鹿颈滩水域。

【九江市、湖口县地方海事局（处）为万吨油轮精心护航】 10月2日，由九江银星造船有限公司建造的一艘1.65万吨新加坡籍油轮建成出厂，并于星子县码头下水。为确保万吨巨轮能够于低水位期安全通过鄱阳湖公路大桥，九江市地方海事局湖口县地方海事处执法人员于清晨6时20分，开始对鄱阳湖这一航段的上下水船舶采取封航措施。在3艘海事巡艇20余名海事执法人员的精心护航下，10时30分，万吨油轮顺利通过鄱阳湖公路大桥进入长江。

【江西远洋实业公司支线集装箱运量突破创新高】 2006年12月，江西远洋实业公司支线完成集装箱进出口运量为2349标准箱，再创月进出口运量新高。至此，该公司全年总运量达21478标准箱，为1996年南昌—上海集装箱支线开通以来历史最高纪录，较上年同比增长64%。其中，支线集装箱进口运量为10629标准箱，出口运量10849标准箱，分别较上年增长66%、62.5%，各项运输及收入数据均创支线新纪录，标志着江西远洋实业公司船舶科学管理及经营能力得到了大幅提升。

【江西第一艘消防战斗船在江西造船公司下水】 8月26日上午，江西第一艘消防战斗船在江西造船有限责任公司下水。这艘取名为"赣消01"号消防战斗船，改变了江西只有水上消防队而无水上消防船的历史，填补了江西水上灭火救援的专用船舶空白。副省长凌成兴、南昌市副市长周关和省交通厅、省公安厅领导对此船建造十分重视，多次到造船现场指导工作。

"赣消01"号消防战斗船于2005年7月签约，8月开工建造，系新型船舶，其建造工艺、质量要求非常高。该船由重庆东风船舶设计所设计，江西造船有限责任公司建造，总长35.3米，水线长33.2米，型宽6.8米，型深2.4米，吃水1.45米，排水量168吨，使用从日本进口的2台主机及齿轮箱，设计航速为28千米/小时，造价为975万元。船上设有4门消防水炮、1门泡沫消防炮，射程达100米，船底设有自动抽水系统，确保消防用水，可在接近火点时打开水幕喷头，在战头船与起火船之间形成水幕，减轻热辐射对消防船和消防人员的危害，适合在赣江水域水上消防灭火救援。与该船配套的一艘消防趸船，也已在江西造船有限责任公司建造完工。将一同交付给南昌市公安消防支队水上消防执勤中队使用。

【水路春运实现"安全、优质、有序、和谐、平安"工作目标】 2006年，江西水路春运共投入各类客船195艘，8973客位，40天累计完成旅客运输量43.77万人次，同比净增66134人次，增长17.8%。春运期间，全省未接到一起水路旅客投诉，未发生一起水上旅客运输安全事故，实现了"安全、优质、有序、和谐、平安春运"的工作目标。春运全省水路旅客运输主要特点：一是赣州市客运量大幅度增长，各县短途、库区客运量剧增。全市日投入运输客船、客渡船最多达95艘、2876客位，最多的一天安全运送旅客达到5437人次，日均运送旅客3200余人次，春运40天共计运送旅客12.86万余人次。二是春节期间，鹰潭龙虎山、新余仙女湖景区天气晴朗、气温较高，出外旅游旅客大增。春运期间，两景区游客同比分别净增6900余人次、1000余人次，同比分别增长91.9%、34%；春节"黄金周"7天，同比分别增长3倍、1.46倍。三是由于环鄱阳湖高等级公路圈的形成，公路客运的优势明显，南昌、九江市水路春运客运量大幅度减少，同比，分别下降75.5%、22.6%。春运期间，南昌至鄱阳航线乘船旅客极少，南昌港客运站40天春运期有20余天停航。

【水路"五一"旅游黄金周运输顺利】 "五一"旅游黄金周，江西水路客运投入运力360艘、1.25万客位，安全运送旅客14.91万人次，同比减少461人次，下降0.3%。节前各级港航管理部门和水路客运企业提前做好准备工作，精心组织、周密安排，认真落实黄金周水上客运各项措施和责任制；开展了专项检查，全面排查了水运安全隐患。黄金周期间，重点对主要客运航线、客运站(点)派员进行现场值守，加强了安全防范，维护好正常的水运秩序；全省水上客运未接到一起旅客投诉，未发生一起安全责任事故，确保了水路客运安全、优质、有序进行，顺利完成了"五一"旅游黄金周水路旅客运输任务。

"五一"旅游黄金周全省水路旅客运输的主要特点，一是增加了井冈山市井冈湖、南昌港至新建县厚田沙漠两条水上旅游航线，共完成客运量2252人次。二是旅游风景区团体游客、自驾车旅游居多，分别净增客运量1900人次、1051人次，同比分别增长6.9%、7.0%，鹰潭龙虎山由于雨天多，旅客减少，运输量减少6279人次，下降16.7%；全省其他主要水上客运航线的客运量与上年基本持平。

【水路"十一"黄金周旅客运输量下降两成】 "十一"黄金周江西全省共投入各类客船356艘，1.29万客位，累计完成旅客运输量13.24万人，客运收入205.18万元。"十一"黄金周期间，吉安、九江两设区市水路旅客运输量分别增长了23.5%、16.9%，新余、鹰潭、南昌、赣州、上饶等设区市出现了较大幅度的下降。

水路客运量升降的主要原因：一是井冈山加大了红色旅游景区的宣传力度和泰井高速公路的开通，吸引了广东及周边地区不少游客往井冈山井冈湖旅游，与上年同期比猛增了3000余人次，达到4990人次。二是赣江航道水位枯浅，南昌至鄱阳、都昌客运航线停航。三是乡村公路网建设，实现"村村通公路"，不少地方开通了公交客车，旅客弃水走陆。四是"十一"黄金周期间的10月6日为中秋佳节，"团聚"和"结婚"成为节日的两大亮点，使仙女湖、龙虎山等景区的游客相对减少，接待人数同比分别下降了24.8%、11.8%。由于各地港航部门加大了安全管理工作力度，省、设区市两级港航管理部门加大了景区节前、节中的水上客运安全现场监管，各项服务工作落实到位，全省未接到一起旅客投诉，未发生一起水上客运安全事故，实现了"安全、有序、优质、高效"的工作目标。

（省交通厅编辑室）

金　融

本栏编辑　邓玉兰

综　述

2006年,全省金融机构紧紧围绕支持经济发展这条主线,认真贯彻执行国家宏观调控政策,努力调整贷款结构,信贷投放均衡增长,金融运行比较稳健。年末,全省金融业(以中国银行业监督管理委员会江西监管局统计口径,不含人民银行机构数)共有机构(含分支机构)6228个,同比减少3.86%;从业人员69223人,同比增加5.23%。其中,国家政策性银行2家,机构102个,从业人员2197人;国有商业银行4家,机构1787个,从业人员33391人;全国性股份制商业银行4家,机构77个,从业人员1856人;资产管理公司4家,机构4个,从业人员235人;邮政储汇局1家,机构1300个,从业人员5854人;城市商业银行3家,机构126个,从业人员2565人;城市信用社6家,机构38个,从业人员558人;农村信用社省级联社1家,机构2791个,从业人员22380人;信托投资公司1家,机构1个,从业人员92人;财务公司2家,机构2个,从业人员95人。

2006年末,全省金融机构本外币各项存款余额为5275.36亿元,比年初新增774.66亿元,同比多增122.98亿元,比年初增长17.21%。各项存款变化主要特点:一是活期存款增速加快,货币流动性增强。年末,本外币活期存款余额为2262.09亿元,比年初增加383.51亿元,增长20.41%,增量是上年同期的2.33倍,活期存款增量占各项存款增量的比重由上年的25.23%提高到49.51%。二是企业存款增速加快,企业支付能力有所改善。年末企业存款余额为1276.40亿元,比年初增加208.86亿元,增长19.56%,增量是上年同期的3.41倍。企业存款增量占各项存款增量的比重由上年的9.41%提高到26.96%。三是定期存款增速放慢,存款稳定性下降。年末本外币定期存款余额为2202.75亿元,比年初增加222.1亿元,增长11.21%,增速比上年同期下降6.17个百分点,定期存款增量占各项存款增量的比重由上年的45.1%下降到28.67%。四是居民储蓄存款增速放慢,居民投资意愿增强。年末居民储蓄存款余额为3188.44亿元,比年初增加396.74亿元,增长14.21%,增速比上年同期下降2.37个百分点。居民储蓄存款增量占各项存款增量的比重由上年的60.92%下降到51.22%。南昌中支问卷调查结果显示,城镇居民储蓄意向减弱,投资意向增强,股票、基金、房产是居民关注的投资品种。

年末,全省金融机构本外币各项贷款余额为3501.16亿元,比年初新增445.85亿元,同比多增90.75亿元,比年初增长14.59%。各项贷款增长的主要特点:一是中长期贷款比重上升,信贷结构出现长期化特征。年末,全省中长期贷款余额为1655.84亿元,比年初增加269.18亿元,增长19.41%,增量同比多增145.65亿元,新增中长期贷款占各项贷款增量的比重为60.38%,同比上升25.6个百分点,贷款期限长期化特征明显。二是短期贷款和票据融资增速下降,信贷总量得到有效控制。随着国家调控力度的加大,全省各商业银行纷纷采取压缩票据融资和短期贷款规模的方式来控制信贷总量。下半年开始,全省票据融资增速急剧下降,并于10月份出现票据融资大幅萎缩,票据融资余额减少21.92亿元,与此同时短期贷款增长速度也开始减缓,并于12月份出现贷款规模下降,短期贷款余额减少28.11亿元。受票据融资和短期贷款增速下降影响,下半年全省金融机构信贷投放总量增速趋缓,12月份贷款规模出现下降,减少15.15亿元。三是信贷结构呈产业梯次分布,贷款向第三产业集中。全省金融机构坚持"区别对待、有保有压"的方针,在保持贷款总量适度增长的同时,信贷投向结构日趋合理。年末,全省第一、二、三产业贷款余额占各项贷款的比重分别为10.08%、30.21%、46.92%,金融机构的信贷供给有力支持了经济和产业结构调整战略的实施。从贷款增量结构看,第一、二、三产业新增贷款占新增各项贷款比分别为4.84%、23.24%、44.35%。新增贷款进一步向第三产业集中。第三产业中房地产业、交通运输业和批发零售业贷款增加尤为明显。四是资金趋利倾向明显,新增贷款继续向经济较发达的地区集中。由于经济发展快、信用环境好的地区对资金的吸纳能力较强,资金的收益性和安全性也较高,因此金融机构对这些地区信贷资金投放的力度较大。全省金融机构新增贷款中,南昌、赣州、九江、上饶等地占比较高,分别达到45.42%、10.63%、6.62%、6.31%,而经济发展相对缓慢的吉安、抚州、萍乡新增贷款占全省新增贷款的比重仅为3.20%、1.63%、1.42%。从各地区贷款增速看,新余、南昌、赣州排在前三位,贷款余额比年初分别增长23.98%、19.70%和19.23%。五是股份制商业银行和地方金融机构贷款增速快于国有商业银行和政策性银行贷款增速,在支持地方经济发展中的地位不断提高。全省股份制商业银行和地方金融结构贷款增速继续保持快速增长态势,贷款余额分别比年初增长45.57%和21.72%,大大高于同期国有商业银行和政策性银行11.05%和6.87%的增速,股份制商业银行和地方金融结构贷款余额占全省金融机构各项贷款余额的比重分别比上年提高1.69和1.23个百分点,在支持地方经济发展中正发挥越来越重要的作用。

1~12月,全省金融机构累计现金收入13155.68亿元,同比增长14.6%;累计现金支出12821.35亿元,同比增长14.4%,收支轧抵,净回笼现金334.33亿元,同比增长22.1%。江西现金收支的主要特点:一是税款收入现金增长较快。全年收入现金116.31亿元,同比增长29.6%;二是储蓄现金回笼数量大。全年储蓄存款现金收支轧抵后为净回笼现金183.05亿元,同比多回笼121.11亿元;三是有价证券现金收支大幅增长,现金收入同比增长74.5%,现金支出同比增长123%,收支轧抵后回笼现金6.90亿元。

2006年,全省金融机构实现结益43.90亿元,同比多盈利14.97亿元,增长51.77%。其中国有商业银行实现盈利17.82亿元,增长58.00%;股份制商业银行实现盈利6.28亿元,增长76.37%;政策性银行实现盈利9.09亿元,增长41.14%;城市商业银行实现盈利3.76亿元,增长31.93%;农信社实现盈利3.77亿元,增长37.09%。年末,按五级分类口径核算的银行机构不良贷款率比上年末下降1.74个百分点。按四级分类口径核算(城信社、农信社)的不良贷款率比上年末下降3.87个百分点。资产质量的不断改善,一方面有利于金融机构轻装上阵和增强竞争能力,另一方面使银行资产面临的经营风险和财务风险降低,整个金融体系的稳定性进一步增强。

保险业务稳步发展。全年全省累计实现保费收入98.2亿元,同比增长9.4%;累计赔款和给付支出21.1亿元,同比增长31.3%;总资产250.2亿元,同比增长23.4%;保险密度227元/人,比上年增加19元/人;保险深度2.1%。至年底,全省共有14家保险公司省级分公司,其中产险公司7家、寿险公司6家、政策性保险公司1家;共有中心支公司92家、支公司214家、营销服务部1279家;保险中介机构53家,其中代理公司34家、经纪公司1家、公估公司3家;兼业代理机构2790家。全省共有保险营销员4万余人。

保险结构明显改善。一是产险发展迅猛,全年累计实现保费收入22.7亿元,同比增长24.8%,增速为历年最高。从险种上看,机车险仍占主要地位,占比76.6%,但部分非车险业务发展较好,如工程险保费增速达到128.8%,责任险在上年增速全国第一的基础上,仍增长21%。产险公司意外险保费收入首次突破1亿元,同比增长32.3%。市场集中度继续下降,占比居前三位的产险公司市场份额之和为79%,较上年下降7.9个百分点。区域发展协调,各设区市产险保费均保持均衡增长。二是寿险业可持续增长能力进一步提高。全省寿险业务累计实现保费收入67.6亿元,同比增长6.2%。寿险续期保费比例由上年的39.6%上升至44.4%,增长19.1%;新单期缴业务质量明显提高,累计实现标准保费14.6亿元,同比增长6%,其中5年期新单期缴同比增长330%。从市场占比看,前三位寿险公司市场占有率之和为91.2%,集中度同比略有下降。三是中介业务发展较快。中介渠道实现保费收入77.4亿元,占比78.8%,同比增长12.8%。

保险创新取得成效。2006年是"保险创新年",江西保险业深入开展以"寻找一点星光、打造一片辉煌"为主题的"星光行动",积极探索商业保险与政府政策的结合点,大力推进经营理念、体制机制、产品服务、销售管理等创新,涌现出一批成效突出的典型。如中国人寿江西省分公司的农村0~6周岁独生子女健康平安保险在94个县(市、区)推开,已覆盖全省47%的农村独生子女家庭;人保财险鄱阳支公司开办水稻种植保险,为1800余农户的1066.67公顷水稻提供1600万元的保险保障等。

保险功能作用进一步发挥。一是服务经济发展。保险的经济补偿功能凸显,全年赔款14.9亿元,给付6.1亿元,累计上缴各类税金2.21亿元;促进就业,全省保险系统5万从业人员中,有相当一部分属于下岗再就业;支持出口,2006年共提供出口信用风险保障近亿美元,提供短期出口贸易融资近四千万美元;服务新农村建设,全年实现"三农"保费8.1亿元,同比增长16.6%。二是完善社会保障体系。积极发展养老、健康保险,全年共为1.5亿人次提供7911亿元的人身保险保障,提供养老保险给付3.5亿元,同比增长146%;提供医疗保险赔款与给付2.4亿元,同比增长3.1%。三是健全社会管理。积极开拓责任保险,全省客运车辆和危货车辆承运人责任保险承保率达到100%;校园方责任保险保障的学生超过400万人;非煤矿山企业雇主责任保险承保率达60%。全省共计提责任风险保障5059.3亿元,为解决企业后顾之忧、减轻政府压力、保护群众合法权益发挥了积极作用。

贯彻落实"国十条",实施"三个一"工程。全省保险业积极贯彻落实国十条,开展形式多样的学习贯彻活动。一是努力营造业内业外互动的贯彻局面,全领域、多层次开展学习贯彻"国十条"活动,召开多层次会议进行学习传达,举办保险机构高管人员学习"国十条"培训班,在保险信息刊物上开辟学习贯彻"国十条"专栏;组织开展"保险宣传月"活动;深入开展保险知识"进学校、进社区、进农村、进机关、进企业"活动。二是实施"三个一"工程。即省政府听取一次保险工作汇报、召开一次全省保险工作会议、下发一个促进保险业改革发展的文件的建议,得到省委、省政府的高度重视和大力支持。

证券期货市场得到快速发展。按照国务院批转中国证监会《关于提高上市公司质量的意见》精神,根据全国证券期货监管工作会议部署,在打好三场攻坚战的同时,采取一系列措施提高江西上市公司整体质量。重点关注上市公司法人治理的完善和公司独立性问题,规范上市公司与控股股东及实际控制人的关联关系,充分发挥独立董事在上市公司规范运作中的重要作用,进一步强化上市公司募集资金管理。加强上市公司信息披露监管,加强对审计、评估等证券中介机构执业的监管,努力提高上市公司信息披露质量。加强上市公司风险监控,大力推动上市公司重组。2006年,辖区上市公司质量有了进一步提高,经营业绩大幅度提升。进一步推动江西证券公司规范发展。积极推进辖区两家法人证券公司以净资本为核心的风险监控和预警体系建设。推动证券公司保证金第三方存管。按照新《证券法》的要求,对证券公司各项业务加强规范。通过这些工作,江西省证券期货市场得到快速发展,为江西在中部崛起奠定了良好的基础。

(郑彤明 张 离 何中育)

银行业监管

【概 况】 2006年,江西银行业监督管理局认真贯彻落实宏观调控政策,稳步推进银行业改革和创新,切实抓好银行业风险防范和化解,全面加强监管能力建设,为促进江西经济又好又快发展和全省银行业的稳健运行提供有力的监管支持。

【积极贯彻落实国家宏观调控政策】 全年加强窗口指导,研究制订并下发《关于贯彻落实宏观调控政策,进一步加强和改进全省银行业工作的通知》,提出"增强大局意识、强化资本约束、优化信贷结构、积极应对变化、加强分析监测"五项监管要求。加强经济金融监测和分析,建立全辖银行业金融机构运行及风险状况季度分析报告制度,着力防范产能过剩行业结构调整中产生的风险。加强督促检查和风险提示。组织开展对全省钢铁、汽车、电力、房地产、土地储备等行业信贷投放情况的检查,针对辖内土地储备贷款、房地产贷款、打捆贷款、委托贷款、高校及重点高中贷款风险较为突出状况,向监管对象进行风险提示,要求相关银行业机构压缩产能过剩行业贷款、控制房地产信贷过快增长、规范并停止发放各类打捆贷款,切实防范授信集中度风险,较好地把住信贷"闸门"。紧密结合全省实际,引导银行业机构积极围绕当地政府的发展规划,加大信贷有效投入,改善金融服务,努力满足经济发展多层面的资金需求。

【支持地方经济建设】 全年积极响应省委、省政府"全民创业,富民兴赣"发展战略,督促、引导银行业机构按照区别对待、有保有压原则,加大对农业产业化建设、高新技术企业、中小企业及社会经济薄弱领域的信贷支持力度。先后出台《促进银行业支持江西经济崛起的指导意见》、《促进江西银行业支持社会主义新农村建设的指导意见》和《银行业支持成长型企业发展指导意见》。同时,与有关部门共同举办银企融资洽谈会,各有关银行与688个企业和项目达成贷款意向508.16亿元。

【强化中小银行业机构的风险监管】 全年按照"整体规划,具体指导,标本兼治,分类处置"的监管原则,加大对有关高危机构的风险处置力度,并取得重大进展。加强辖内非法集资事件的监测,推动建立省、市两级非法集资处置工作机制。重视信托公司风险,严格审核信托推介计划,防止信托业务的盲目扩张,密切关注、跟踪监管其存续期内信托项目的信托财产管理与运用情况,规范集合资金信托业务。

【银行业改革工作稳步推进】 推进农村信用社产权制度改革。全省有4家农村合作银行获准筹建。其中3家已获批准开业。批复25家县级统一法人开业;6家设区市联社已批复解散,3家省联社办事处获准设立。推进工、中、建、交行辖内分支机构落实股份制改革措施,支持其优化网点结构,整合业务流程,完善内部控制机制,推进扁平化管理。积极引进股份制商业银行落户南昌。兴业银行南昌分行于6月正式开业;中信银行南昌分行筹建申请已上报银监会审批。

【狠抓不良贷款"双降"和银行业案件专项治理】 全年通过采取督促辖内银行业机构落实不良贷款抓降目标责任制,制定不良贷款抓降工作规划和目标并加强考核,加强贷款分类偏离度检查和贷款质量迁徙分析,对不良贷款反弹机构实施监管谈话等措施,全省银行业不良贷款余额和比例继续保持下降态势。继续推进银行案件治理,组织召开三次全省银行业案件专项治理工作会议,认真开展案件专项治理"回头看"活动,督促银行业机构全面落实"十项联动"要求和案件防范责任制度。开展全辖银行业机构信贷管理状况专题调研。辖内银行案件涉案金额、导致风险金额呈下降态势。

【加强银行业监管信息系统建设】 年初,按照银监会要求初步建立科学的指标体系、工作机制和风险评级办法,做好非现场监管信息系统法人机构试运行工作,完成客户风险统计的报数工作,为2007年系统的全面运行奠定基础。加强对辖内银行业机构主要业务、发展趋势、异常变动的及时监控,认真审核、分析、汇总非现场监管数据,做好风险评价工作。对国有商业银行等银行业机构进行风险试评级,根据风险评价结果对不同机构采取分类监管措施,对非现场监管发现的问题及时进行风险提示。全年通过非现场监管发现问题813条,下发监管意见书563份,开展监管谈话239次,对于促进银行业机构审慎经营发挥了重要作用。

(钱 瑛)

金融服务

【概 况】 2006年,南昌中心支行全面落实科学发展观,认真按照年初上级行工作会议精神和工作部署,紧紧围绕全行中心工作,明确思路,突出重点,狠抓落实,争创一流,认真贯彻落实宏观调控政策,积极推动区域金融生态环境建设,切实维护辖内金融安全和稳定,努力提高金融服务效率和水平,不断深化外汇管理改革,为促进江西经济快速健康发展做出了积极的努力,较好地完成了各项工作任务。

【增强货币政策传导的针对性和有效性】 一是促进经济金融的良性互动。研究出台支持全省汽车工业、房地产等行业的指导意见,促进货币政策与产业政策的协调配合。定期召开货币政策窗口指导会,通报全省经济金融形势和宏观调控政策，加强对辖内商业银行贷款投向和进度的引导。积极搭建银企融资平台，会同省经贸委组织召开第二届江西省银企融资洽谈会。二是加大支持经济薄弱环节的力度。向省委、省政府上报《金融支持江西经济薄弱环节的若干意见和建议》，制定《关于支持江西社会主义新农村建设的信贷指导意见》，引导金融机构加大对支农贷款的投放力度，积极参与社会主义新农村建设。继续推动小额担保贷款和信用社区创建联动试点，小额担保贷款继续保持全国领先地位。

【进一步提高监测分析和调研水平】推动建立由南昌中支牵头，各经济主管部门、监管单位和金融机构主要负责人参加的全省金融形势分析会制度，定期召开金融形势分析会，研究解决经济金融运行中的热点、难点问题。创新性地建立全省工业园区信贷、票据利率走势和民间借贷监测体系。制定"一行三局"统计信息和中部六省人民银行经济金融统计信息共享制度。针对经济金融运行中的热点问题和基层央行履职中遇到的难点问题，组织开展一批专题调研，全年南昌中支机关共完成重点课题和信息调研135项，组织全省人民银行系统和金融学会会员单位共完成重点课题60项。

【构建完善的支付清算体系】　推动支付业务创新，全面提升辖内支付清算服务水平。在确保大额支付系统安全运行的基础上，完成小额支付系统上线，会计集中核算系统与小额支付系统实现无缝连接。完成了同城清算系统的升级改造，并实现在全省推广应用。至年底，该系统已有61家清算行，3455家银行业金融机构加入，日处理业务量突破4万笔，金额突破100亿元。组织全省银行业金融机构开办票据速递业务，使全省同城票据交换工作进入社会化、专业化服务新领域。积极推进银行卡产业发展，改善全省银行卡受理环境；开通农民工银行卡特色服务受理业务，在全国第一批推广的7个省份中，全省农民工银行卡成功交易总数和推广机构数名列前茅。

【初步形成优质高效国库服务体系】成功升级国库会计核算系统，正式启用CA电子证书办理国库内部往来业务，全省TBS顺利接入小额支付系统。继续在全省开展创建省级"样板国库"和国库资金"安全区"的活动。大力推进国库集中收付改革和"省管县"、"乡财县管"的改革试点工作，做好政府收支分类改革准备，主动参与税收征缴和财政专项资金管理工作，进一步提高国库资金管理的透明度。积极探索县级国库事中监督，加强了对国库资金安全的监督和资金风险的控制。

【整顿人民币市场秩序】　加强对现金投放、回笼的监测，保障了货币供应。认真完成总行发行基金调拨工作，全年共执行总行发行基金调拨命令389个，与上年相比增长了127.48%。开展反假币宣传"七个一"系列活动，特别是针对南昌假壹元硬币泛滥情况，开展反假硬币专项宣传，配合公安机关打击制假硬币犯罪活动，整顿了人民币市场秩序。社会治安综合治理成绩显著，南昌中支和各市中支分别获得省级和属地社会治安综合治理目标管理先进单位。

【进一步增强科技保障能力】　积极推动"个人征信系统"、"企业征信系统"、"反洗钱监测分析系统"等全国集中应用系统在江西省金融系统的推广使用。完成江西省同城清算系统等系统开发，完成各市中支内联网核心交换机备份项目建设，消除了核心设备单点故障隐患，全面提升内联网的容错性、可靠性和可用性。制定《江西省辖内人民银行计算机房规范工作指引》，全面启动全省计算机房达标改造工作，建立统一的业务系统运行维护体系和监控体系，确保各业务系统安全、稳定运行。

【初步构建应急保障机制】　强化应急管理工作的组织领导，应急管理工作得到踏实起步。组建应急管理机构和队伍，应急组织体系已覆盖全省10个市中支、80个县（区）支行。建立"纵向到底、横向到边"的应急预案体系，应急管理工作有据可依。各单位依据预案，广泛开展应急演练、风险评估和培训工作，提高实战处置能力。南昌中支先后组织开展部分IT系统、人民币银行结算账户管理系统等14次演练，预案演练全年达50%以上。赣州市中支面对五号台风"格美"对龙南、上犹县支行造成的水灾险情，及时启动应急预案并成功处置，确保了人民银行系统员工生命和金融资产的安全，受到总行领导的表扬，经验做法在总行《应急工作动态》上推介。

【切实维护区域金融稳定】　初步建立全省金融稳定监测数据库。探索制定《江西省金融稳定状况评价办法》，系统性金融风险的监测预警工作开始起步。制定《江西省金融突发事件应急预案》《江西省金融机构突发事件应急预案》，密切关注高风险金融机构的风险状况，主动介入抚州市4家城市信用社退市的应对工作，及时制订风险处置预案，较好地防范了辖区支付风险的发生。积极探索建立区域金融稳定工作协调机制，景德镇市中支参与建立了闽浙皖赣四省九地市金融稳定协调机制。

【大力推进征信体系建设】　加大非银行信用信息采集力度，全省已有6个中心城市的近30万户住房公积金缴存信息成功接入个人征信系统。推进农村信用社个人征信系统建设，全省农村信用社近360万农户的个人信贷业务信息，以"一点接入"方式接入个人征信系统。积极推进外部信用评级试点工作，探索开展中小企业信用体系建设试点工作。加强与地方政府、金融监管部门、金融机构的沟通和协调，增进金融生态环境建设工作合力，协调省政府建立地方信用环境建设的规章和制度。组织开展一系列征信知识宣传活动，进一步增强了社会公众的信用意识。

【切实履行反洗钱工作职责】　反洗钱工作"六个一"工程得到全面实施，反洗钱工作呈现出新的局面。以《反洗钱法》出台为契机，组织《反洗钱法》大型宣传路演活动，举办全省《反洗钱法》动员大会暨专题法制讲座，取得良好的宣传效果。做好反洗钱日常可疑交易报告工作，实现本外币反洗钱统一监管，全年向总行报告了

1.98万个可疑交易案例，涉及金额1963亿元；报告外汇大额交易3.14万笔，涉及金额78.48亿美元；报告外汇可疑交易532笔，涉及金额0.39亿美元。组织对金融机构开展反洗钱现场检查，全省共检查40家金融机构，处罚金额共计258万元。

（郑彤明）

外汇管理

【概　况】 2006年，国家外汇管理局江西分局继续落实深化外汇管理改革的各项措施，加强和改进外汇管理，转变管理理念，改进管理手段，大力推进贸易投资便利化，强化服务于开放型经济的发展，做到管理与服务并重，为促进经济又好又快发展作出了积极的贡献。全年全省共办理进出口核销56.69亿美元，其中，出口收汇核销36.98亿美元，同比增长49%，进口付汇核销19.71亿美元，同比增长29.86%，保证了贸易活动与贸易外汇收支的基本匹配。

【满足企业和个人用汇需要】 取消经常项目外汇管理账户开户的事前审批，进一步提高账户限额，允许有进口支付需求的企业提前购汇，经常项目企业账户数较上年同期增长23.2%，账户余额同比增长14%，企业用汇需求得到进一步满足。对境内个人购汇实行2万美元年度总额管理，取消总额内的凭证审核要求，简化个人用汇手续。5～12月，个人购汇5196万美元，较上年同期增加3699万美元，同比增长2.47倍，收到了“藏汇于民”，缓解国家外汇储备压力的政策效应。

【引导跨境资本流动】 一是授权辖内各市中心支局办理部分境外投资外汇管理业务，取消境外投资购汇地区额度限制，允许企业先行汇出相关前期费用，鼓励和推动企业“走出去”，全省已有15家企业到境外投资，累计投资达353万美元。二是修订《外汇指定银行外商投资项下资本金结汇业务操作指南》，规范房地产市场外汇管理，对外资购买境内房地产执行自用和实需原则。通过疏堵并举，在一定程度上减轻了资本项目顺差压力。

【规范贸易收结汇管理】 对贸易收结汇实行分类管理，在全省出口核报系统登记的2335户企业中，95%以上的贸易收支得到更大便利。重点监管被列为“关注企业”的49家企业，通过加大监管后，部分关注企业贸易项下的收汇与同期贸易项下应收汇差额已有较大幅度下降。加强对进出口核销的监督管理，完善催核、强化逾期未核销管理和查处。保证了贸易活动与贸易外汇收支的基本匹配。

【推进贸易便利化】 进一步放宽重点企业出口收汇自动核销审核条件，下放审批权限，全年推出出口收汇自动核销企业40家，较上年增加9家，受到地方政府和企业称赞。主动提出方案，解决江西铜业公司因国际市场价格波动导致难以核销的问题，得到国家外汇管理局批准，为企业年节约费用560万元。

【支持江西省出口加工区建设】 及时修改并印发《九江市出口加工区外汇管理实施细则》，提出多项优惠措施，为区内企业经营提供更大的便利。积极配合有关部门做好九江、南昌出口加工区建设和赣州出口加工区申报工作，主动向总局汇报省内出口加工区申报和建设进程，加强相关调研和工作指导，为领导和有关单位决策提供了参考依据。

【培育和发展全省外汇市场】 为适应汇率弹性增强和市场主体避险需求增加的形势，在严格程序和权限管理的基础上，进一步提高外汇新业务核准效率，支持金融机构化解不良资产，并主动对银行开办结售汇业务进行回访，及时为银行业务应用系统提供技术指导。促进省内金融机构向各类客户提供更多、更好的风险管理工具，满足不同涉外主体外汇业务的需要，外汇市场的交易更加活跃。全省获准办理结售汇网点机构902家，新增办理远期结售汇业务34家，同比增长61.5%，人民币掉期业务18家，同比增长2.5倍，支持了金融机构办理代客外汇买卖、债务保值、资金管理和个人理财等四类外汇理财和避险产品。

【强化非现场监测】 不断丰富监测手段，推行资本项目非现场监管系统；组织开展进出口核销数据专项清理与核对；建立与外经贸的数据核对制度，保障了数据的准确性；推广外汇验资询证管理系统，提高了验资询证效率。进一步规范监测方式，制定《经常项目非现场监测报告操作指引》、《资本项目外汇收支分析与监测制度》，坚持按季召开非现场监测分析例会，形成非现场监测报告，及时为现场检查和改进工作提供了有价值的建议。

【加大外汇检查力度】 密切关注异常资金流入和结汇，圆满完成总局布置的异常资金流入和延期付汇专项检查，主动开展外汇业务合规性、外币代兑业务及资本项下外汇业务3次专项检查。注重发挥打击非法买卖外汇违法犯罪活动联合办公室的作用，及时向公安部门移交了3家涉嫌逃汇犯罪的企业。加大对外汇违法个案的查处力度，查处1起非法买卖外汇案件，妥善处理39家企业的逾期未核销问题。全年共查处案件48起，是上年同期的3倍；查处违法违规金额1.24亿美元，是上年的12.7倍，并对违法违规行为进行了处罚，结案率和罚没款收缴率均达到100%，有效维护了外汇管理法规的严肃性。

【提高科技手段和监管效率】 在全国率先完成新版国际收支统计监测系统的安装联调，摸索和积累了在全国通过远程安装升级数据库的经验，在较短时间内完成个人因私购汇系统和新版外汇账户系统的升级改造，保证各项新政策的顺利实施。推广网上年检系统，提高年检的工作效率，共有539家外商投资企业通过网上年检，网上参检率达85.9%，外商直接投资年检工作受到总局表彰。

【加强对外沟通与协调】 外汇管理工作涉及面广，离不开政府其他部门的支持。为此，江西分局主动加强与海关、税务等部门的沟通与协作，与外经贸部门建立定期交换数据的共享机制，共同提高监测与分析工作效率，与公安部门建立关于查处和打击外汇领域违法犯罪活动工作协作机制。上饶市中心支局探索建立了对外商投资企业的"网式监管"模式,借助有关主管部门的力量,加强对外商投资企业的监管。积极与同级人民银行相关部门合作,共同开展支持"万商西进"工作调查,探索本外币联合监管途径。

【建立有效的内控机制】 为切实保障内控制度执行效果,江西分局增设了内部制度管理科,建立以制度为保障,以检查为手段,按季分析、全面监管的内控监督体系,形成了纵横交叉、内外结合多方位的检查模式。修改和完善多项制度,开展4次专项内控检查和1次交叉检查,并对全辖10个中心支局内控制度的建立和执行情况普遍进行了现场检查和及时通报,督促落实整改,有效加强了全省外汇管理内控建设。

(郑彤明)

保险业监管

【概 况】 2006年,江西保监局认真贯彻落实"国十条"、全国保险工作会议、保险监管工作会议以及保险工作座谈会议精神,结合江西实际,围绕"引领发展,有效监管"目标,积极推动监管理念和监管手段创新,引领全省保险业朝着又好又快的目标迈出了新的步伐,为跨越式发展奠定了坚实的基础。

【推进责任保险取得新成绩】 一方面,江西保监局积极向省政府汇报,争取对发展责任保险的重视和支持。省政府主要领导对江西保监局《关于进一步推动我省责任保险发展的报告》作出重要批示。另一方面,江西保监局、省公安厅、省旅游局、省安监局、省交通厅运管局等部门进一步加强合作,深入推进承运人责任险、非煤矿山企业雇主责任险和校园方责任险发展。江西保监局分别与省公安厅、省旅游局联合下发通知,推动火灾公众责任险和旅行社责任险、旅游意外险的发展。国家安监总局、交通部等部委对江西在公共安全领域引入责任保险机制的做法给予充分肯定。中国保监会主席吴定富对江西保监局报送的《积极探索"结合点",推动责任保险又快又好发展》的报告作出重要批示,中国保监会办公厅及时转发了这一报告。

【探索发展"三农"保险取得新进展】 一是江西保监局制定了《推进"三农"保险工作方案》。以失地农民养老保险、大灾农房保险、"一村一品"保险为切入点,形成了相对成熟的《江西工业园区失地农民养老保险试点方案》《赣南脐橙种植保险试点工作方案》并报省政府审批。二是积极探寻商业保险与新农村建设的结合点,江西保监局与赣州市就开展保险业参与新农村建设试点达成共识。三是加强对公司"三农"保险业务的指导,江西保监局与省农信社联合下发《关于规范农信社系统代理保险业务有关问题的通知》,推进小额农贷意外保险业务规范、健康发展。四是组织担任"江西保险特约咨询顾问"的部分人大代表、政协委员,围绕"'三农'保险与新农村建设"主题,深入南昌、赣州、抚州、吉安等地调研。形成调研报告报送省委、省政府和有关部门,引起高度重视,省委书记孟建柱等省领导对调研报告作出重要批示,省委农工部《三农信息参阅》全文转发调研报告。

【专项检查与治理商业贿赂有机结合】 一是根据中国保监会统一部署,江西保监局分产险、寿险、中介、统计四大块对全省保险市场开展专项现场检查,突出车险、学平险、建意险和银邮代理等重点领域进行检查。并针对车险、学平险、建意险等手续费支付违规问题,江西保监局主动加强与省公安厅、省教育厅、省建设厅等部门协调,联合督促整治。二是加大对治理商业贿赂的督查力度。江西保监局共派出11个督查组对94家保险机构治理商业贿赂工作进行督查,发出14份《督查督办意见函》。年底又进行了评估检查,逐步建立健全防治商业贿赂的长效机制。

【现场监管突出重点取得实效】 一是规范车险经营。江西保监局对南昌地区7家产险机构的车险业务进行两轮集中检查,对违法违规的保险机构及责任人进行严肃处理。指导江西保险行业协会制定《江西省机动车辆保险自律公约》并加大自律检查力度。加强对车险招投标业务的监管。二是重点关注交强险。江西保监局召开交强险新闻发布会。对各产险公司交强险经营情况进行专门检查,确保交强险工作平稳推进。积极推动建立机动车交通事故、违法行为的信息共享机制。三是整治银邮业务。江西保监局对寿险公司和部分兼业代理机构的银邮代理业务进行专项检查。及时下发《关于规范银邮产品销售行为的紧急通知》,江西保监局与江西银监局联合转发中国保监会、中国银监会《关于规范银行代理业务的通知》,对银行代理保险业务提出具体要求。四是江西保监局对中国人寿江西省分公司开展全面的内控专项检查。

【创新非现场监管手段】 江西保监局制定《江西省保险公司贯彻落实科学发展观执行力评价体系》,从经营机制、经营行为、经营结果3个方面,对各保险公司省级分公司贯彻落实科学发展观执行力进行量化考核。研究制定《江西区域性保险监测预警指标体系》,提高了非现场监管水平、风险识别能力和风险预警功能。坚持和完善监管联络员制度。把监管关口前移,变事后的、阶段性监管转变为事前的、动态性监管,进一步提高了监管工作的主动性、针对性和前瞻性。2006年,江西保监局以"有效监管"为核心的监管制度创新工作,获得中国保险学会兴亚创新基金的保险制度创新成果三等奖。

【完善诚信监管体系】 江西保监局完善《江西省保险公司信用体系建设考核办法》《江西省保险专业中介机构信用体系建设考核办法》,量化考核各保险机构诚信行为。同时,引入社会监督机制,委托江西省社情民意调查中心对全省13家商业保险公司诚信度进行社会调查。自主开发从业人员电子化诚信档案系统,对辖内保险机构的正式员工实施动态、分类监管,同时加大失信惩戒力度。认真抓好《保险营销员管理规定》的贯彻落实,制定实施《江西省保险营销员展业证登记注册管理暂行办法》等规章制度。成立南昌市保险中介从业人员电子化考试中心,送电子化考试下乡。建立保险营销员管理信息系统,向社会公布列入“黑名单”的营销员。

【充分发挥行协作用】 一是实施省保险行业协会秘书处职业化改革。二是全面推动在各设区市成立行协工作,全省10个设区市都已成立行协。三是积极指导和支持行协工作,进一步发挥行协作用。省保险行业协会职业化改革后,活力明显增强,辅助监管的作用日益突出,成为规范全省保险行业行为、统一行业行动的重要力量。

(张 离)

财产保险

【概 况】 至2006年底,全省共有7家财产保险公司省级分公司及1家政策性保险公司。累计实现保费收入22.7亿元,同比增长24.8%。在财产保险公司中市场份额最大的是人保财险,市场占有率57.3%;市场份额最小的是安邦产险,市场占比3.5%。市场集中度有所下降,市场占比在前的三家产险公司的市场占有率之和为79%,较上年的86.9%下降7.9个百分点。从险种情况来看,机车险仍在财产保险的各险种中占主要地位,累计实现保费收入17.37亿元,同比增长30.2%,占比达76.6%。健康险、责任险、工程险等较上年同期都保持了快速增长。从区域业务情况看,全省各设区市财产险保费收入同比都保持了正增长,其中新余、赣州、南昌保持较快的增速,分别为30.5%、27.5%、27.3%。

2006年,各产险公司业务保持良好的发展态势,成为市场发展主要动力,实现历史性超越:超过历年来全省产险业发展速度;超过全国产险业整体发展水平;超过同期寿险业务增速。从险种上看,车险业务快速增长,其中交强险实现保费收入4.15亿元。部分非车险业务发展较好,如工程险保费增速达到128.8%。责任险在上年增速全国第一的情况下,2006年增长仍达到21.0%。意外险的增长也较为明显,保费收入首次突破1亿元。大地产险江西分公司获全国金融系统“五一劳动奖状”。

【产险公司重大承保项目】 人保财险江西省分公司承保景鹰高速公路工程险,承保份额60%,保费收入400万元;承保武吉高速公路工程险,承保份额为50%,总保额82亿元。平安产险江西分公司承保江西丰城发电有限责任公司财产一切险、机器损坏险,保额25.1亿元;承保江西公路开发总公司财产保险综合险、公众责任险,保额41.8亿元;承保国投北部湾发电有限公司安装工程一切险,保额35.3亿元;承保江西省武宁至吉安高速公路建筑工程一切险,保额32.7亿元;参与江西省武吉高速公路建筑工程一切险共保,份额为10%,保额8亿元。

【产险公司重大赔付案例】 1月,人保财险安源支公司赔付刘中出境人员意外伤害保险金20万元。平安产险江西分公司赔付南昌市青云谱区东东装饰材料商行火灾案保险金131.7万元。3月,人保财险德兴县支公司赔付德兴铜矿大山选矿厂机器设备意外事故案保险金115万元。4月,平安产险江西分公司赔付江西洪都航空工业股份有限公司案保险金144.9万元。5月,人保财险南昌市分公司营业一部赔付鹰潭供电公司固定资产暴雨损坏案保险金约67万元。6月,人保财险南昌市青云谱支公司赔付江西洪都航空工业集团生产车间火灾案保险金64万元。8月,人保财险景德镇市分公司河西支公司赔付景德镇市电信分公司固定资产雷击案保险金55.9万元。11月,人保财险景德镇广场支公司赔付江西昌河航空工业有限公司飞机仓库转移碰撞致损案保险金196万元。

【产险公司重大公益活动】 8月23日,大地产险赣州中支公司代表总公司并通过赣南慈善会向受灾较重的龙南县和上犹县捐赠10万元赈灾款。10月,平安产险江西分公司向上饶县凤岭头镇平安希望小学捐款3万余元。

(张 离)

人寿保险

【概 况】 至2006年底,全省共有6家人寿保险公司省级分公司,累计实现保费收入75.5亿元,同比增长5.5%。在各家寿险公司中市场份额最大的是中国人寿,市场占比74.9%;市场份额最小的是太平人寿,市场占比2.0%。市场占比在前的三家公司市场占有率之和为91.2%,较上年的下降0.6个百分点。从险种情况看,寿险累计实现保费收入67.6亿元,同比增长6.2%,占比89.6%。意外伤害险发展较快,健康险出现负增长。从业务销售渠道情况看,个人代理累计实现保费收入41.2亿元,同比增长15.7%,占比54.5%;银邮代理累计实现保费收入25.6亿元,同比增长4.7%,占比33.9%。从区域业务情况,在全省各设区市寿险公司中,除鹰潭外均为正增长,宜春、新余、萍乡等地增速较快。

2006年,江西寿险业更加注重业务内涵价值,市场经营逐渐趋向理性和稳健,结构调整取得阶段性成效。一是寿险续期保费比例有所提高。实现续期保费收入30亿元,同比增长19.1%;续期保费占寿险保费收入的比例由上年同期的39.6%上升至44.4%。二是新单期缴业务质量明显提高,特别是5年期的新单期缴业务同比明显上升。全省新单累计实现标准保费14.65亿元,同比增长6.0%;其中5年期新单期缴实现标准保费0.95亿元,同比增长3.3倍。三是个人代理发展迅速。个人代理实现保费收入41.18亿元,同比增长15.7%,占各销售渠道比重的54.5%,较上年提高了4.8个百分点。个人代理业务的迅速发展优化了江西省寿险业务结构,在今后仍将是全省寿险业最重要的销售渠道。在结构优化过程中,寿险业的发展速度有所放缓,但夯实了市场基础,发展潜力与可持续增长能力进一步提高。

【寿险公司重大承保项目】 平安人寿承保某金卡客户万能一智富人生保险,保额168万,年交36万元。中国人寿江西省分公司承保某剧院教练国寿鸿丰两全保险(分红型)318.6万元(基本保额),99鸿福保险基本保额10万元,趸交保费300万元,保额664.8万元;承保到赣演出的两知名演员人身意外伤害保险,保额100万元,保险期限4天;承保某饭店总经理国寿鸿丰两全保险(分红型)172万元(基本保额),趸交保费100万元,经审核同意按标准体承保,疾病、意外保障共计344万元。

【寿险公司重大赔付案例】 9月19日19时40分,江西省地方煤炭工业公司昌丰煤矿发生瓦斯爆炸事故,10人死亡,3人重伤,1人轻伤。中国人寿丰城支公司共赔付团体人身意外伤害保险金54.6万元。

【寿险公司重大公益活动】 2月,中国人寿江西省分公司向出席江西省政协九届四次会议的代表赠送团体人身意外伤害保险和附加意外伤害医疗保险。5月25日,平安人寿启动“中国平安精英大学生励志计划”。

(张 离)

证券期货市场

【概 况】 2006年,在江西省委、省政府的正确领导下,江西证监局认真学习贯彻党的十六届五中、六中全会精神,全面落实科学发展观和全国证券期货监管工作会议精神,围绕“股改、清欠和证券公司综合治理”三个重点,按照年初提出的工作思路,奋发努力,开拓进取,各项监管工作取得突破性进展,辖区证券期货市场健康稳定和谐发展。

截至年底,江西共有25家上市公司,其中A股公司23家(含中小企业板上市公司1家),A+B股公司1家,A+H股公司1家。股本总额108.10亿股,总资产813.89亿元,股东权益355.78亿元,总市值789.65亿元。2006年江西上市公司有1家首发,1家公募增发,1家定向增发,募集货币资金6.35亿元,实物资产8.14亿元。25家共实现主营业务收入726.75亿元,同比增长53.12%;实现主营业务利润152.49亿元,同比增长68.21%;实现净利润67.84亿元,同比增长186.58%;每股收益0.63元,同比增长133%;净资产收益率19.09%,同比增长118.02%。江西上市公司主要指标增长幅度均明显优于全国平均水平,整体盈利能力进一步增强。

江西共有证券公司2家,证券营业部60家,证券服务部62家,期货经纪公司1家,期货营业部7家。全年江西辖区证券营业部A股(含基金)累计交易金额为2416.41亿元,与上年相比,增加1533.03亿元,增幅达173%。江西各证券营业部全年共完成营业收入6.16亿元,实现税前利润3.31亿元。截至年末,江西省各证券经营机构证券投资者开户数达95.9万户,客户资产总值达234.44亿元。江西各期货经纪机构开户数为2751户,客户总权益7641.34万元。全年辖区各期货经纪机构累计成交量150万手,成交金额799.66亿元,实现手续费收入1223.7万元,盈利336.79万元,实现了较好的经济收益。江西各期货经纪机构代理交易量、交易金额分别占全国市场交易量、交易金额的比例为0.33%、0.16%,与上年相比有较大增长。

【全面完成上市公司股权分置改革】 为贯彻落实国务院关于股改分置改革的有关决定和中国证监会的统一部署,江西证监局把推动江西上市公司股权分置改革工作作为一项中心任务,举全局之力,积极推进。一是提出“三步走,三分类”的工作计划,对辖区上市公司股权分置改革的目标、重点和步骤提出明确要求;二是努力发挥监管合力,加强协调配合,及时将股权分置改革工作的情况向省委省政府作专题汇报,会同省国资委、省发改委共同召开上市公司股权分置改革工作会议;三是对股改公司加强监管,防止出现侵害中小股东利益及其他不规范行为;四是建立专报制度,及时向有关部门报送股权分置改革工作动态。经过各方共同努力,至年末,江西上市公司股权分置改革任务圆满完成。

【全面完成清欠任务】 在中国证监会有关部门的指导和大力帮助下,江西证监局积极依靠地方政府,争取各方支持,强化监管和持续督导,指导公司结合股改、重组,实施以资抵债、以股抵债等创新方法,加大清欠力度和进度。一是制定辖区清欠“三步走”的工作计划和具体要求;二是将清欠与股改、重组等工作紧密结合,鼓励创新;三是清欠工作做到“标本兼治、重在治本,内外并重、远近结合”,杜绝“前清后欠”;四是聚集各方面力量,全力推动辖区清欠工作。年初,存在非经营性占用的江西上市公司户数为15家,占用余额合计9.8亿元。经过多方共同努力,至年末,清欠工作全部完成。

【证券公司综合治理取得实效】 按照证监会的要求,以加强防范、完善制度、形成机制为目标,风险处置、日常监管和推进行业发展三管齐下,大力推进江西证券公司综合治理工作。在彻底清理和解决证券公司历史遗留问题、化解可能存在风险的基础上,通过加强外围协调,督促证券公司增资扩股、借入次级债等方式提高了江西证券公司的资产质量和净资本水平。通过综合治理,江西证券公司原有风险基本化解,同时有效地防范了新风险,公司发展进入了新的阶段。

【拟上市公司辅导培育和上市公司再融资取得新进展】 敦促各拟上市公司按照新的发行监管要求,加快工作进度,争取早日进入证券市场,将监管关口前移,力争做到企业不带病上市,把好入口关。股改启动后,证监会明确了“先股改先受益”的地区倾斜政策。得益于股改和清欠工作取得的优异成绩,江西省获得优先安排发行上市待遇。黑猫炭黑得以被优先安排上市,成为江西省首家中小企业板上市的企业。其他拟上市公司也加快了上市步伐。泰豪科技成为中国资本市场新老划断后首批再融资企业之一。长力股份定向增发成功,是江西省首家以非公开发行方式实现整体上市的企业。赣粤高速大股东在公司股改中注入资产超过上市公司总资产的50%。洪都航空大股东注入上市公司资产十几个亿,实现了洪都飞机的整体上市。年内江西省从资本市场募集了大量资金,有力地支持了地方经济的发展。

(何中育)

财政税收

本栏编辑　邓玉兰

财政管理

【概　况】 2006年，全省财政部门深入贯彻中央及省委、省政府的战略部署，高举邓小平理论和“三个代表”重要思想伟大旗帜，以科学发展观为指导，坚持以人为本，着眼加快崛起和富民兴赣，深化改革、创新机制，把理财重点放在生财聚财上，不断优化财政支出结构，高度关注民生，着力解决人民群众最关心、最直接、最现实的利益问题，规范财经秩序，提高资金使用绩效，有力地促进全省经济和社会各项事业持续健康协调发展。

【建立稳定增长机制】 一是着力培植财政增长源。积极发挥财政资金“四两拨千斤”作用，大力培植支柱财源，省级安排工业崛起奖励资金0.3亿元，继续投入1亿元支持县城工业基础设施建设，加上税收返还、贴息、补助、风险补偿等，融合、引导资金有力推进工业园区建设，促进支柱产业和开放型经济发展。全省工业园区实现增加值740亿元，六大支柱产业完成增加值680亿元，由此带动全省增值税、消费税和企业所得税共完成259 .9亿元，增长25.3%，二是大力组织财政收入。支持税务部门深化征管改革，推进征管信息化建设，增强征管效能；进一步加强对契税、耕地占用税的征收管理；清理到期的税费优惠政策，严格按规定将非税收入纳入预算，加大对漏征漏管户的稽查力度。加强与国税、地税、银行等部门的联系和协作，健全财税库联席会议、收入形势分析会等制度，将经济发展的成果充分反映到财税增长上。

【激活县级财政发展】 坚持“谁发展、谁受益，发展快、多受益，有困难、省市帮”的原则，从财政体制上放活县级，从财政机制上激活县级，从财政制度上保障县级。2006年，继续安排4亿元奖励发展快的县市，设立县级工业园区建设奖励资金和县域经济综合奖励资金，安排780万元对财政收入实现三年翻番的县(市、区)进行奖励，对15个未过亿元县实行激励机制，极大地激活了县域经济的发展活力。县级地方财政收入增幅达到23.7%，高出全省平均增幅3个百分点；财政总收入超亿元县在上年84个的基础上增加到94个，超5亿元县10个，增加3个，其中贵溪、青山湖、丰城、南昌等4个县(市、区)财政总收入突破10亿元。

【支持新农村建设】 按照“生产发展、生活宽裕、乡风文明、村容整洁、管理民主”的总体要求，加大“三农”投入，支持新农村建设。年内整合下拨6.21亿元资金用于6210个自然村开展村庄整治，加大投入支持农业基础设施建设，继续安排大中型机电排灌站更新改造资金1亿元，病险水库除险加固资金8000万元，小型农田水利建设资金3000万元；安排1.2亿元资金将农村义务教育公用经费标准提高一倍，及时拨付农资增支综合直补、粮食直补、良种补贴、农机具购置补贴、农村劳动力转移培训补贴资金14.5亿元，并适当提高了粮食直补标准；在上年将36个产粮大县纳入中央财政奖励政策范围的基础上，2006年通过积极争取，又有5个县纳入奖励范围，中央拨付的产粮大县奖励资金增加到4.68亿元；落实稻谷最低收购价政策，除中央下达有关补贴外，主动安排约3600万元资金补贴地方国有粮食企业。

【着力构建和谐社会】 在坚持“五个确保”的基础上，建立统筹城乡困难群众的生活、医疗救助体系，从2006年7月1日起，将农村五保户供养标准提高50%，按月人均70元其中财政补差25元的水平建立农村居民最低生活保障制度，将农村大病医疗救助范围扩大到所有农村特困群众，对所有城市低保对象实行大病医疗救助制度；新增1.65亿元将农村新型合作医疗试点县由11个扩大到40个，1221万农户直接受益。省财政安排3亿元专项用于全省农村中小学购置课桌椅、改水改厕等基础条件改造，在全国率先对所有农村特困群众和城市低保户子女义务教育学生实行“两免一补”，确保所有家庭经济困难学生不因贫困而辍学；增加安排4000万总额达到1亿元农村文化专项资金，开展农村文化活动；及时落实石油价格改革财政补贴资金1.13亿元，补助相关弱势群体和公益性行业，全省没有出现一起因资金分配和拨付引起的群众上访事件，受到财政部的通报表彰；积极稳妥做好24户省属军工企业3.5万职工的安置工作，解除省属军工企业包袱；主动就中国第四冶金建设公司破产问题积极向财政部汇报，经过国务院特批，为“四冶”争取了政策性破产资金5.2亿元，解决了1.17万职工多年想解决而未解决的问题；关注企业军转干部生活困难问题，对2000年12月31日前转业到企业的军转干部每人每月给予50元生活补贴；全面清理出租汽车收费，取消20项收费项目,降低4项收费标准,减轻出租车司机负担1400余万元,清理工作走在全国前列。

【稳步推进财政改革】 实行政府收支分类改革,扩大市县部门预算编制范围,规范基本支出和项目支出管理,完善公用经费定额标准,积极开展财政支出绩效考评试点;国库集中支付改革在省级全面铺开,省直131个部门和780多个基层单位全部纳入改革范围,预算单位覆盖面达到100%,所有设区市完成改革启动工作,县级积极扩点扩面,并积极探索会计集中核算与国库集中支付的有效结合;推进非税收入管理改革,落实县级政法部门收支脱钩;深化财政管理方式改革,稳步推进"省直管县"、"乡财县代管"改革,有些地方开展了"村账乡代理"试点;积极开展政府采购工作,全省全年政府采购规模60亿元,比上年增加7亿元。

【主动献策当好参谋】 把主动服务作为转变职能的切入点,围绕全省改革发展中的重大问题,变"事后出手"为"提前介入",组织精干人员集中开展课题调研,积极为省委、省政府当好参谋。根据省委、省政府的统一部署,从广大人民群众最关心、最直接、最现实的利益问题入手,围绕统筹城乡发展、化解社会矛盾的主题,选择15项年度重点课题,组织专门人员,深入调研。党的十六届六中全会召开后,又会同有关部门抓紧对课题进行了补充完善,形成《关于高度关注民生,提高公共服务水平,促进社会和谐的若干政策》,并先后经省政府常务会议、省委常委会议原则通过。从2007年开始,统筹全省新增财力44亿元,实施40项公共财政政策。这些政策,紧扣民生问题,将解决一批群众反映比较突出的困难和问题,突出"雪中送炭",促进社会和谐,得到省委、省政府的充分肯定。

【深入加强作风建设】 在对内继续推行"五个一工程",即:建设一个好班子、培养一支好队伍、营造一个好氛围、创建一个好机制、树立一个好形象。对外做到"八项服务承诺",即:待人热情、政务公开、办文快捷、责任落实、服务主动、行政依法、答复满意、为政清廉。在连续两年获得省政府"政务环境评议评价先进单位"的基础上,进一步巩固行风评议成果,2006年以"效率·温馨"为主题,重点提高厅机关办公效率,打造温馨机关环境,通过开展全省财政系统"效率·温馨"网络征文比赛、更新财政网站建设等具体措施,强化机关效能建设,打造和谐机关,取得丰硕成果。2006年"七一"前夕,省财政厅被中央表彰为全国先进基层党组织,这是江西省唯一一个受表彰的省直单位,并首次被表彰为全省文明单位,连续两届被评为"金圣杯"十佳文明机关。在人大建议、政协提案办理工作中,连续4年实现办结率和代表、委员满意率都达100%,多次被评为"办理工作先进单位"。

(伍晓峰)

国家税收

【概　况】 2006年,江西省国税系统在省委、省政府和国家税务总局的正确领导下,牢固树立和落实科学发展观,坚持依法治税,全面加强管理,各项国税工作取得了明显成效。省委书记孟建柱视察省国税局工作时指出:"省第十一次党代会以来的五年,是江西经济社会发展最好的时期之一,也是全省国税事业发展最好的时期之一。国税收入增长额最多、增长速度最快、发展形势最好。依法征税、科学管理迈上新台阶。班子建设、队伍建设和精神文明建设取得新进展。省委、省政府对省国税局这几年来取得的成绩是充分肯定的。"

全年全省国税系统共组织入库各项税收收入257.99亿元,比上年增收52.75亿元,增长25.7%。其主要特点:一是"两个比重"提高。全省国税收入占生产总值、财政收入的比重分别为5.6%、46.1%,比上年提高0.54、1.2个百分点。二是位置前移。江西省国税收入规模在全国31个省市区中排序第二十四位,比上年前移2位。江西省国税收入增幅高于全国国税收入增幅3个百分点,增幅在全国省市区中排序第十一位,比上年名次前移7位。增幅在中部6省排序第二名,比上年前移4位。三是税收与经济协调发展。全省国税收入与GDP增长弹性系数为1.86,较上年增加弹性系数0.77。其中全省工业增值税与工业经济增长弹性系数为0.989,全省商业增值税与批发零售业增加值增长弹性系数为1.045。四是各税种收入全面增收。国内增值税、国内消费税、企业所得税、涉外企业所得税、利息个人所得税、车辆购置税和海关代征税收分别比上年增收30.2亿元、5.7亿元、5.2亿元、4.4亿元、2.1亿元、2.8亿元和2.5亿元,分别增长22.1%、20%、36.6%、71.2%、31.9%、34.8%和47.8%。五是各类型企业税收全面增收。股份制企业、涉外企业、国有企业、私营企业、个体经济和集体企业税收分别比上年增收16.39亿元、15.67亿元、8.08亿元、6.51亿元、2.56亿元和0.43亿元,分别增长21.8%、50.1%、13.6%、51%、17.9%和10.2%。六是各设区市税收收入全面增收。鹰潭、上饶、宜春、新余市分别增长64.7%、37.3%、34.5%、31.6%,赣州、抚州、南昌、吉安市增幅均达20%以上;南昌市增收14.42亿元,鹰潭、赣州、宜春市增收额均达5亿元以上。

【促进经济发展】 认真落实各项税收优惠政策,支持企业做大做强,扶持个私经济发展,促进下岗失业人员再就业,依法减免税收44.8亿元,占同口径入库税收总额的18.1%,同比增加18.17亿元,增长68.3%。策应省政府培育重点出口企业的举措,推出10项出口退税政策服务跟进措施,助推"万商西进桥头堡"建设,并开展退税管理权限下放到县(市)局试点工作。2006年全省共办理出口退税22.98亿元,比上年增退2.89亿元,增长14.4%,有力地促进了对外贸易扩大和外向型经济发展。

【加强税源管理】 一是研究部署加强和改进税源管理工作。开展为期1个月的对税源税负调研,重点分析13个税负偏低行业、6个税收比重较大行业,以及210户省国税局重点监控企业的税源税负情况,摸清了全省税源税负情况。召开全省国税系统税源管理工作会议，制定落实《关于进一步加强和改进税源管理工作的意见》。二是开展漏征漏管户清理，组织户籍管理专项检查，结合全面换发税务登记证工作，清理出漏征漏管户25361户，查补税款、罚款和加收滞纳金888万元。三是强化普通发票管理。推行普通发票同城通购通缴，开展普通发票打假专项行动。四是深入开展纳税评估工作。推广运用纳税评估软件。全省查账征收的增值税纳税人全部纳入《纳税评估管理信息系统》评估。省国税局的评估案例被国家税务总局评为二等奖。省国税局组织人员历时2个月对30户重点企业进行纳税评估核查，认定补缴税款9900万元，并总结了工业、商业、废旧物资、房地产等6类企业的纳税评估经验。五是强化涉外税务审计。对50户外商投资企业开展专项税务审计，调增应纳税所得额1827万元，调减亏损额1309万元，查补税款296万元。六是加强税收经济分析。对338户重点税源企业、96个工业园区和规模以上工业企业税源税收按季分析通报，按季发布行业税负预警信息。定期召开季度税收经济形势分析会议，研究加强和改进税收征管工作措施。

【严格税收执法】 一是规范税收执法行为。认真落实国务院《全面推进依法行政实施纲要》，进一步理顺税收征管机构职责，初步实现了税收执法专业化、集约化、信息化。严格税收执法责任和过错责任追究。加强内部考核，强化外部评议，不断完善税收执法责任制度。二是大力整顿和规范税收秩序。组织开展开发区税收政策专项核查，对违规享受税收优惠的问题及时进行整改。依法查处大案要案，共查处“1206”专案、“雷霆一号”、“利剑二号”等大案要案47件，涉案金额8858万元。重点开展了房地产及建筑安装业、废旧物资回收经营企业等九大行业的税收专项检查。2006年全省国税系统查补税款、罚款和滞纳金共计4.79亿元。三是加强税收执法监督。省国税局对3个设区市国税局开展了为期1个月的重点执法检查（效能监察），对6个设区市国税局近2年来重点执法检查的整改落实情况进行了“回头看”。认真落实《重大税务案件审理办法（试行）》，做好重大税务案件审理工作，依法开展行政复议工作。

【推进科学化管理】 一是实现征管数据省级大集中。2006年1月1日，全省国税系统省级集中版综合征管软件同步上线成功，实现了征管数据的省级集中处理，省国税局成为会统一级核算单位。自主开发升级相关配套软件，完成《多元化电子申报纳税系统》、《纳税评估管理信息系统》等五大系统的开发升级工作，基本完成《税收业务综合管理系统》主体部分整合升级工作。二是强化数据分析利用。围绕税收与经济协调发展、加强征管、纳税服务等3个主要层面，突出重点进行数据分析，增强了数据资料的实用性。按月发布《税收综合业务数据质量情况通报》，重点对基础数据质量、征管质量等方面102个指标进行统计分析和通报，促进了基础数据质量和征管质量提高。三是推行税收质量管理工作。根据省级集中版综合征管软件上线和税收执法管理系统有关考核项目与指标的新情况，修订完善了税收质量管理体系文本，并进一步深化试点。省国税局“税收质量管理体系研究与实施”项目成果顺利通过江西省科技厅组织的专家评审，该项目成果处于国内同类研究先进水平，具有重要的推广应用价值。四是做好增值税管理系统运行工作。在全国率先完成增值税防伪税控“一机多票”系统推行工作，增值税“三小票”稽核比对相符率、增值税管理系统三项考核指标均名列全国第一。

【加强精神文明建设】 一是深化党风廉政建设，完善惩防体系，推进政务公开，弘扬廉政文化，强化职业道德教育，加强政风行风建设。二是大力开展精神文明创建活动，制发《“十一五”精神文明建设规划》，明确创建工作目标。全省国税系统有6个单位被评为全国文明单位和全国精神文明建设工作先进单位，有95个单位被评为省第十届文明单位，省国税局机关实现省直十佳文明机关“三连冠”。三是积极开展税收文化建设和学习型组织建设。深入学习党的十六届六中全会精神，组织学习《江泽民文选》，大力开展“科学发展、和谐创业”主题教育和社会主义荣辱观宣教活动，推进和谐国税建设，营造“知荣辱、树新风、促和谐”的良好氛围。

（省国税局编辑室）

全省国税系统政策法规业务会议在昌召开

省国税局供稿

地方税收

【概　况】 2006年，全省地税部门累计组织收入170.5亿元,比上年增加31亿元,增长22.3%。其中组织入库地方税收161.1亿元,净增28.4亿元,增长21.4%,占地方财政收入增量的54.2%,剔除政策性减收因素,同比增长27.3%,高于全国地税收入平均增幅1.3个百分点。地税收入占全省生产总值的比重为3.49%,比上年提高0.22个百分点,占地方财政收入比重为52.9%,比上年提高了0.38个百分点,地税收入过亿元的县(市、区)局达到38个,比上年增加16个。

【地方税收收入实现新突破】 收入总量实现新突破:各项收入突破170亿元,比上年增加31亿元,其中地方税收收入突破160亿元,比上年净增28.4亿元,超年初计划11.1亿元。"两个比重"实现新突破:2006年全省地方税收占GDP的比重达到3.49%,比上年提高0.22个百分点;占全省地方财政收入的比重达到52.85%,比上年提高0.38个百分点。收入持续增长的能力实现新突破:2006年全省地方税收按可比口径增长27.3%,连续4年实现20%以上的高位增长。所得税收入实现突破:全年所得税收入突破50亿元,比上年增加8.1亿元,其中企业所得税突破30亿元,同比增加7.5亿元;个人所得税在政策性减收近7亿元的情况下仍比上年增加0.6亿元。地方小税种收入实现新突破:资源税、城建税等7个小税种收入突破30亿元,比上年增加7.1亿元,增长28.3%,高于全省平均增幅6.9个百分点。股份制和私营企业地方税收实现新突破:股份制和私营企业完成地方税收81.1亿元,比上年增长43.1%,占全省地方税收的比重达到50.3%。县域地方税收实现新突破:全省82个县(含县级市)共征收入库地方税收60.6亿元,同比增长24.8%,快于市(区)地方税收增幅5.3个百分点。地方税收1亿元以上的县(市、区)有41个,比上年增加13个。

【税源分析】 2006年完成营业税75.5亿元,同比增加12.7亿元,占全省地方税收增收额的44.6%,同比增长20.2%,增幅比上年提高了6.6个百分点。受房地产开发投资增长和加强征管的拉动,房地产业营业税同比增长33.7%;金融保险业营业税受贷款扩大、基准利率提高、商业银行应收未收利息扣减当期应纳税额政策到期恢复征税的影响,收入增长27.9%;全省建筑业营业税增长12.1%,交通运输营业税和住宿饮食业营业税分别增长20.8%和27.8%。企业所得税在上年增长33.2%的基础上又实现32.3%的增长,全年完成30.8亿元,比上年增加7.5亿元,占全省地方税收增收额的26.5%,拉动地方税收增长5.7个百分点。建筑业和房地产业企业所得税增收4.8亿元,增长69.5%,占企业所得税增收额的63.2%。钨、铜等有色金属受国际供求关系影响,价格上涨带来相关产业效益提升,直接扩大了税基,采矿业企业所得税增收2亿元,增长1.77倍。交通运输业企业所得税增长71.2%。个人所得税完成22.1亿元,同比增加0.6亿元,增长2.8%,其中工资、薪金个人所得税比上年减少0.9亿元。个体工商户生产经营个人所得税比上年增收0.6亿元,财产转让个人所得税比上年增加0.4亿元,增长3.7倍。城建税、资源税等7个地方小税种完成32.1亿元,同比增长28.3%,增收7.1亿元,占全省地方税收增收额的25%。其中城建税完成13.5亿元,同比增收1.2亿元,增长19.4%,与营业税增长20.2%、国内增值税增长22.1%、国内消费税增长20%基本一致;土地增值税完成4亿元,同比增收1.9亿元,增长93.6%,增幅列各税种之首;资源税完成3.5亿元,同比增收1.2亿元,增长51.1%。烟叶税完成5225万元。经济增长和产品价格上涨带来地方税收增收18.9亿元,增收贡献率为54.6%。

【加强税收法制建设】 编写了《全省地方税务局行政执法依据目录》、《全省地方税务局稽查局行政执法依据目录》、《全省地方税务局直属分局行政执法依据目录》,进一步核实调整全省地税执法依据。对全省地税规范化文本形成后不符合上位文件要求和江西省地税实际的现有税收法制制度进行了清理修订,对全省地税征管业务软件法制模块中行政复议、行政诉讼、行政赔偿、行政听证、条法库、重大税务案件审理六大子模块进行测试,修订和完善软件功能。完成数据仓库业务需求(法制模块)编写的任务,开展条法管理模块数据集中采集和更新工作,录入省级及省级以上现行适用的税收法律法规及规范性文件2033条,涵盖流转税类、所得税类、财产行为税类、税收征管类、财务管理类、基金附加类、涉税行政法律类、涉税处罚法律类、涉税民商法律类9个方面。履行税收政策把关、跟踪问效职责,年内向省政府报送省地税局公布的5份规范性文件,审查8个设区市地税局报送备案的规范性文件27份,书面回复省政府及省直单位、国家税务总局和兄弟省地税局转来的征求意见稿29份,处理涉税信访案件4起,税收政策咨询信访1起。

【进一步规范税收征管】 组织开展税源普查,认真做好税源分析和预测,切实提高了税源控管能力,至年底全系统管理纳税人35.1万户。以换发税务登记证为契机,推行税收管理员制度,加强了纳税人户籍管理;针对管理薄弱环节,大力开展调查研究,总结推广了各地富有成效的征管办法,不断夯实征管基础。分行业出台10多个制度、办法,进一步规范行业税收管理,加强对浙赣复线电气化改造、景鹰高速等重点工程的跟踪管理,确保了重点工程税收的及时入库。积极与财政、烟草等部门协作,做好了烟叶税征管职能的调整和业务衔接,明晰发票管理部门职责,组织编写发票综合管理业务需求,健全发票管理制度,提高发票管理水平。以打造"地税的形象、服务的窗口、业务的标兵"为目标,不断创新服务形式和内容,试行办税服务评价系统,评比产生"星级办税服务厅"71个。2006年加强征管带来的地税收入增量达到15.7亿元,增收贡献率为45.4%。

【开展税收执法检查】 按照国家税务总局《关于开展2006年税收执法检查工作的通知》的要求,部署开展2006年税收执法检查工作,赴九江、景德镇、抚州、吉安市地税局开展日常税收执法检查。对南昌、新余、萍乡市地税局进行税收执法检查和执法监察重点抽查,对赣州、宜春市地税局在省局2005年执法检查和执法监察中查出问题的整改情况进行复查。全省地税依法减免地方税收10.57亿元,其中减免再就业地方税收3.49亿元,惠及全省再就业人员68754名。以整顿和规范税收秩序为主线,开展对餐饮、货运、娱乐等行业的打击假发票专项检查活动,检查纳税户5922户,查处违法发票59132份;对房地产业及建筑安装业、服务业、娱乐业、邮电通信业等行业进行了税收专项检查,检查纳税户3958户,查补税款21058万元。

【加强税务管理信息化建设】 继续深化以信息化为依托的征管体制改革,进一步优化了"江西地税管理信息系统",在完成申报征收、管理服务等八大模块936个子模块开发的基础上,开发完善新、老模块功能点340多个,实现稽查、法制、批量扣税模块上线。试点运行规范化管理软件,推广使用全省统一的批量扣税软件,全省20余万户纳税人通过软件成功实现批扣申报缴税。建立省、市、县、基层分局四级税源数据库,完成数据仓库项目一期工程建设,在省、市、县三级网络节点安装部署了防火墙、入侵检测和漏洞扫描系统,架设全省统一的邮件系统和反垃圾邮件网关,加强管理信息系统的运行维护与安全建设,管理信息系统功能的逐步拓展与优化,提高全系统数据查询、分析、利用水平。

【加强廉政建设】 加强反腐倡廉教育,认真组织学习党章活动,举办廉政文化活动。开展税收执法检查,查处与纠正了执法过错行为,加强税务行政许可管理与涉税审批事项的后续管理。组织开展党风廉政建设制度执行情况的检查,对检查中发现的问题予以通报与纠正。认真开展治理商业贿赂专项工作,加大信访核查和案件查办力度。大力推进行风建设,对部分办税服务厅与基层分局行风情况明查暗访,开展行风调查,发放征求意见函6000余份,对社会各界提出的意见和建议及时进行整改,巩固和扩大了政务环境建设成果。

【加强干部教育培训】 着力实施"三五二"工程即:用3年时间完成对全系统正科级以上干部的轮训,用5年的时间建立"七个一百"专业人才库;用2年的时间,组织全系统干部完成6门课程的"双基"考试,委托清华大学和江西财大举办3期领导干部培训班,组织征管、稽查、会统、法规、外语专业人才的选拔考试,确定158名人员首批入选"七个一百"人才库,组织编写《税收基础理论》《会计基础》《公文写作》《地方税制》等4本"双基"教材,举办全系统视频讲座21次,组织9500余名地税干部参与了"双基"考试。与此同时,面向社会公开招录78名税收、财会、法律等专业人才,全系统取得税收、会计等执业资格人数占干部总人数的35.78%,取得计算机等级证书人数与大专学历以上人数的比重分别比上年提高5.15和7.85个百分点。与高校联合开办2个MPA班,培养管理人才92名。举办稽查、会统、信息化等专业培训65次,对156名新进人员进行初任培训;抓好更新知识培训,邀请专家学者举办新知识专题讲座13场。

【狠抓规范管理,夯实发展基础】 在鹰潭市地税局试点基础上,省地税局机关、各设区市局和29个县(市、区)局先后推广规范化管理,举办规范化管理理念导入和培训20多场,参训人员达6000多人次;进一步完善和优化规范化文本体系,省地税局多次集中人力对A、B类文本进行全面系统的修改,各试点单位编写D、E、F类文本593个,并依据文本建立清晰的岗责体系、完善的规章制度、规范的工作流程;深入开展内部审核和管理评审,督导整改不符合规范化管理要求项目413个;在贵溪市地税局开展绩效管理试点工作,制定出一套覆盖部门绩效和个人绩效,包括绩效目标设定、绩效辅导、绩效考核和绩效反馈等过程的管理方案。

【开展文化建设,建设和谐地税】 制定出台《江西地税文化建设纲要》,确立"和谐聚力、诚信服务、争做第一"的江西地税文化核心理念,按照"人的价值高于物的价值、团队价值高于个体价值、社会价值高于部门价值"的原则,从物质文化、行为文化、制度文化、精神文化4个层面,探索地税文化建设途径;景德镇、鹰潭、赣州市地税局全面开展文化建设,其他各设区市局均选择一个以上的县(市、区)地税局开展试点工作,地税文化建设促进了全系统以文化人、以文塑人管理方式的形成,以人为本的文化管理方式初露端倪,新的管理格局促进了工作创新,开具个人所得税完税证明等10多项工作受到总局通报表彰。

【深入开展"科学发展、和谐创业"主题教育活动】 重点抓好"工作差异比对"活动,全系统从上至下、从部门到个人,比对经济社会发展形势,比对各级党政对地税工作的要求,比对兄弟单位的先进经验,查找问题、分析原因、明确方向、制定措施、缩小差距,增强了机关工作效能。举办了"三个服务"论坛与征文、摄影比赛,凝聚了全系统加快发展的合力。加强制度建设,坚持开展制度执行与工作落实情况督查督办,强化对干部行为的约束力。开展"六好"基层考核达标活动,做好科学设置基层机构的前期准备工作,落实基层经费管理体制,进一步改善基层办公与生活环境。

（李 璘）

经济管理与监督

本栏编辑 邓玉兰

综合管理与宏观调控

【概 况】 2006年是"十一五"规划开局之年。全省上下在省委、省政府领导下,坚持以科学发展观为指导,认真贯彻落实国家宏观调控政策,积极进取,扎实工作,推动经济社会在新的起点上又好又快发展,全年主要经济指标超过年初确定的计划目标,实现"十一五"规划良好开局。全省生产总值4618.8亿元,增长12.3%,人均生产总值突破10000元。财政总收入518.1亿元,增长21.7%,人均财政收入超过1000元。规模以上工业增加值1189.3亿元,增长22.7%。全社会固定资产投资2683.2亿元,增长23.7%。实际使用外商直接投资28.1亿美元,增长15.9%。居民消费价格上涨1.2%,涨幅回落0.5个百分点。

【推动"十一五"规划顺利实施】 根据国家发改委和省政府的部署要求,制定"十一五"规划主要目标和任务分工方案,将责任细化到部门,把约束性指标分解到各设区市和部分重点企业或企业集团。加强规划与年度计划的衔接,按年度分解和落实"纲要"提出目标和任务。围绕完善规划体系,抓好省政府确定的30个重点专项规划、区域规划及单项规划编制和组织协调工作。为抓好规划的宣传工作,编辑出版规划纲要辅导读本,组织撰写"科学发展才是真发展"等5篇述评文章在《江西日报》刊登,在省发改委网站开辟"规划计划"宣传专栏。针对规划提出的重点任务,围绕省委、省政府的重要部署,加强重大问题研究,组织完成重大课题24项,研究成果《发展之策》已编辑出版。认真开展宏观经济运行监测预测,每月每季跟踪分析全省经济运行情况,完善中部地区及全省主要经济指标月度台账制度,及时收集国家重大政策及兄弟省市重要信息编印专报,为省委、省政府决策提供参考。

【争取国家支持取得重大突破】 在国债资金总量减少、难度加大的形势下,全年争取国债和中央预算内资金40.5亿元,连续4年超过40亿元。同时争取武吉高速公路、瑞金至赣州高速公路、昌九城际铁路、向莆铁路、分宜电厂扩建等一批重大项目获得国家核准。率先向国家提出将江西省85个县(市、区)纳入比照西部大开发政策实施范围和将7个城市纳入比照振兴东北等老工业基地政策范围的请求,并对需要国家支持的事项进行全面测算。经过全省上下奋力争取,江西省41个县(市)和南昌、萍乡、景德镇、九江4个城市纳入"两个比照"政策范围,居中部6省第三位。企业债券发行工作也取得新突破,争取国家批准省投资集团8亿元企业债券和赣粤股份9.5亿元短期融资券。争取新增卷烟生产计划再创佳绩,2006年又净增12.1万箱,总量达到87.2万箱。按照南昌卷烟厂1万箱创利税5600万元计算,可为全省新增利税6.8亿元。争取国家批复降低江西省三峡落地电价2.58分,在全国11个受电省市中仅江西享受这一特殊政策。抓好工艺美术大师评审申报争取工作取得好成绩。国家授予江西中国工艺美术大师13名,接近新中国成立以来江西省所评国家级工艺美术大师的总和。

【重大项目建设扎实推进】 牵头抓好重大项目调度会制度,共组织召开6次重大项目调度会,协调解决莹光化工10万吨氟化工产品、泰豪科技中低压发电机等13个重大项目建设中遇到的困难和问题。重大产业基地建设加速推进,编制完成盐化工产业发展规划,启动实施樟树蓝恒达化工10万吨离子膜烧碱及10万吨PVC树脂、新干瑞利碱业20万吨纯碱等一批重大项目建设。切实推进沿长江产业带建设,实施亚东水泥三期扩建、3T光电数字显示光引擎及投影电视、东海船业8万吨位船舶等一批重大项目。推进能源建设,黄金埠电厂、丰城电厂二期各有一台66万千瓦机组、分宜电厂一台20万千瓦循环流化床机组等项目建成投产,全年新增电力装机122万千瓦。天然气入赣工作取得实质性进展,南昌、九江、景德镇市有望在2007年底或2008年初用上管道天然气。鄱湖盆地油气勘探重新启动,中石油正在进行实地踏勘。特别是彭泽核电项目经过各方面的共同努力,前期工作已赶上周边省份,2005年2月顺利通过中国电力规划总院审查。加快交通设施建设,景婺黄(常)、南昌西外环2条高速公路和浙赣铁路电气化改造、井冈山铁路等项目建成通车,全省新增高速公路190千米,通车总里程达1770千米。

【认真贯彻中央宏观调控政策】 按照区别对待、有保有压的原则,认真开展新开工项目自查和清理工作,着力加大符合国家产业政策的项目和重点领域投入。钢铁、铁合金、焦炭、汽车、水泥等热点行业投资分别下降46.6%、79.9%、60.5%、27.7%和28.7%,农林牧渔、科技、文化体育、居民服务、金融等领域投资分别增长27.2%、65.3%、29.6%、190.5%和38%。强化用地审核和调配，在项目审核过程中严格把关，对未取得土地使用证或办理预审手续的，一律不予审批或核准。牵头实施好重大项目用地协商会制度，将土地计划优先安排给带动作用大、产业集聚能力强、竞争优势明显的重大项目，共协调安排弋阳海螺水泥、庐山区循环经济高新技术等49个项目农用地指标1689公顷。积极引导房地产业健康发展，加强对各市基准地价的动态监测，规范土地交易服务收费行为，充分发挥地价的杠杆作用。开展房地产交易市场秩序专项整治，严厉打击捂盘惜售、囤积房源、恶意炒作、哄抬房价等行为，有效抑制住房价格过快上涨。

【加快转变经济增长方式】　坚持把推进产业结构优化升级作为转变经济增长方式的突破口，大力推进产能过剩行业结构调整，一批落后的小煤矿、小水泥、小钢铁等被依法淘汰。加快运用先进技术改造传统产业，推进实施江铜10万吨铜板带、万年青日产4000吨水泥熟料等一批重点项目。大力扶持高技术产业发展，利用高技术引导资金扶持高技术企业创新创业，成功举办第四届江西省科研成果与企业见面推介会，现场对接签约69项，总投资34.73亿元。强化资源节约和环境保护，研究提出《关于落实科学发展观加强资源节约的若干意见》，编制完成铜、钨、稀土、多晶硅、有机硅、盐、陶瓷等资源性产业发展规划，实施好全省资源环保型工业项目联审制度。建立节能减排目标责任制和能耗公报制度，分解下达节能减排计划，启动100个重点耗能企业节能试点。设立发展循环经济专项资金，在六大领域实施100个重点项目省级试点，推进江铜冶炼余热回收利用、分宜电厂循环流化床锅炉等一批重大节能项目建设。

【全面提升对外开放水平】　积极推进区域合作，组织参加泛珠三角区域经贸洽谈会、中部投资贸易博览会等一系列重大招商活动，吸引丹麦A·P·穆勒－马士基有限公司、法国ABB集团、香港新世界集团等世界500强企业入驻江西。推进基础设施、资源开发和科教文卫等领域开放迈出新步伐，在香港成功举办专题招商推介会，现场签约重大项目30个，协议外资26.28亿美元。首次启动金融保险领域对外开放，倾力推进山川水表、鄱湖水产、天海药业、耀升工贸、金莹氟化、赣州高速等6家拟上市公司赴港洽谈上市或寻求境外战略合作者，成功促成中银（香港）投资集团与江西铜业公司组建江铜财务公司。推进企业参与清洁发展机制项目建设取得突破，遂川江水电站和丰城煤矿瓦斯发电项目通过国家清洁发展机制审核理事会审核，为企业引进国外资金和技术开辟新的渠道。切实抓好关键开放平台建设，积极推进九江、南昌出口加工区设立审核和建设，争取94个开发区（工业园区）通过国家发改委审核并公告，数量居全国第四位。

【统筹经济社会协调发展】　争取和安排资金17.6亿元加强农村基础设施建设，重点完成大中型水库除险加固42座，改造大中型机电泵站107座，改造农村公路1万千米，解决80万农村人口饮水安全问题，建设户用沼气池12万座，启动农村电力户户通工程。加大农村教育投入，进一步改善农村办学条件，完成4740所农村中小学现代远程教育工程，建成135所农村寄宿制学校，改造危房80万平方米。实施新一轮广播电视“村村通”和农村电影放映工程，启动农村文化站建设，开工建设省艺术中心。基本完成204个疾病预防控制和医疗救治体系建设项目，继续推进农村卫生服务体系建设，重点建设一批县人民医院、中医院、妇幼保健院和乡镇卫生院。启动农民体育健身试点工程，加快建设省奥林匹克体育中心。实施南昌八一起义纪念馆、安源工人路矿纪念馆等一批红色旅游项目，积极参与组织2006中国（江西）红色旅游博览会，加大项目宣传和推介力度。

【大力促进社会和谐稳定】　加快吉安等地农民工跨地区就业服务体系建设，争取将赣州市纳入全国统筹城乡就业试点，完成全省9600名退役士兵安置计划。及时启动粮食最低收购价执行预案，对化肥等农资实行优惠电价、优惠运价、差率控制和最高限价。开展以食品、药品、医疗、教育为重点的价格和收费专项检查，继续清理对农民工进城务工、子女就读、农村建房等歧视性收费政策。运用价格调节基金平抑猪肉、蔬菜、民用液化气、城市公交等与群众生活密切相关的商品市场价格，对低保群众给予燃气补贴。争取国家补助资金1200万元，重点用于九江地震灾区60所中小学校舍、9个城镇水厂和基层卫生机构的恢复建设。牵头组织1亿块救灾红砖紧急生产调运工作，协调新钢、萍钢以优惠价向灾区供应钢材，促进“奋斗50天，确保灾民回迁落居”目标顺利完成。针对“珍珠”、“碧利斯”、“格美”、“桑美”等台风造成的严重洪涝灾害，积极争取国家资金补助。

（李光东）

重点工程建设

【概　况】　2006年，省重点工程在省委、省政府的正确领导下，坚持以科学发展观为统领，紧紧围绕“十一五”奋斗目标，积极进取，扎实工作，全年建设项目总数、投资总额和项目覆盖面再创历史最高水平。全年安排省重点建设项目87项，实际完成投资302亿元，同比增长22%，实现了“十一五”规划良好开局。

【项目布局科学规范】　坚持“以思路带规划，以规划带项目，以项目带政策，以政策带资金”，加大项目前期工作力度，优化、筛选出一批好项目，建立项目储备库，形成“续建一批、启动一批、储备一批”的滚动发展模式，在项目安排上坚持“五个紧紧围绕”：紧紧围绕进一步提升江西省承东启西、连南接北的区位优势，继续加大以高速公路为主的交通基础设施建设力度，安排高速公路、铁路、港口、机场等交通项目21项，投资146亿元，增长18.6%；紧紧围绕能源建设适度超前原则，加大电厂和超高压骨干电网建设力度，安排电力、电网、输油管道等能源项目15项，投资66.7亿元；紧紧围绕做大总量、优化结构，加大以支柱产业为主的工业项目建设力度，安排工业项目22项，投资46.2亿元；紧紧围绕转变经济增长方式，加大资源节约和环境保护项目建设力度，安排资源节约和环境保护项目7项，投资5.5亿元；紧紧围绕建设和谐平安江西，加大公益性项目建设力度，安排公益性项目22项，投资37.6亿元，增长88%。

【投产项目如期建成】 22个计划建成投产项目全部建成或基本建成，完成投资118.18亿元。景婺黄（常）高速公路、浙赣铁路电气化提速改造工程和配套电网工程、丰城电厂二期扩建工程（1#机组）、分宜电厂20万千瓦硫化床机组、乐平50万伏变电站、赣州50万伏变电站、赣抚大堤加固配套工程、九江出口加工区、永修卡博特二氧化硅、南昌生米大桥、江铜22万吨铜杆线、江西万年青（瑞金）日产4000吨水泥熟料工程、浙江大学科技园（江西创业大厦）、江铜翁福40万吨硫酸项目、德兴金山金矿日产2000吨金矿扩建工程、廖坊水利枢纽工程等22个项目建成或基本建成。

【续建项目进展顺利】 33个续建项目按计划推进，完成投资114.32亿元，占年度计划的98.1%。景鹰高速公路已完成路基土石方和隧道掘进的95%，一条202千米的高速公路雏形已经形成。赣大高速公路，完成路基土石方95%。铜九铁路江西段完成路基土石方80%，控制性工程——鄱阳湖铁路大桥下部构造全部完工。黄金埠电厂第一台65万千瓦机组年内提前并网发电。江铜集团30万吨阴极铜、10万吨铜板带，丰城矿务局石上井，省奥林匹克体育中心，省妇幼保健院住院部综合大楼，省档案馆，省质监检验检测楼等工程按计划抓紧施工。

【新建项目全面启动】 23个新建项目完成投资68.58亿元，占计划的121.5%。武宁至吉安高速公路、分宜电厂33万千瓦循环流化床机组扩建工程、江西电信通信指挥调度中心生产楼、鄱阳湖粮食产业基地、蓝恒达年产10万吨离子膜烧碱和10万吨聚氯乙烯生产线、万年乐安标准件公司年产12万吨紧固件配套设施、萍乡至洪口界高速公路、省森林防火监测总站等项目陆续开工建设。

【做好项目协调工作】 加强协调，热情服务，为项目建设排忧解难。一是做好咨询服务。运用在管理项目过程中积累的经验和熟悉法规政策的优势，帮助促使建设单位自觉地把基建程序和做法纳入法律轨道，提高建设单位运用法律法规及有关政策解决问题的能力。二是加大工程建设协调力度。多次协调解决50万伏超高压“八站十线”工程在昌东、丰城和万年等地的征地拆迁、线路走向等问题；浙赣铁路电气化改造工程征地拆迁、立交桥、通道设置等问题；铜九铁路、景鹰高速公路涉及的电力拆迁问题；昌北机场征地拆迁包干费用的测算；星火有机硅项目压力容器的收费等。全年省重点办主持召开各种现场办公会、协调会100余次，有效地推进了江西省重点工程建设。

【加强项目管理工作】 加强学习，依法管理，努力建设安全、优质、廉洁工程。一是坚持项目法人负责制、招标投标制、工程监理制、合同管理制和竣工验收制，对国家出资、融资的项目实行稽查制度。二是坚持安全、质量第一。通过实行工程质量与安全生产责任制和安全检查监督制，保证施工安全和工程质量。三是认真抓好国家和省有关招投标法律法规的落实，大力推行公开招标，严格控制邀请招标，规范招标程序，实行阳光操作。在招投标的监督实践中，不断总结探索适合省重点工程的招投标规则和监督办法。如对建筑工程资格预审的内容、程序和方法进行规范；对投标候选人和中标人的情况进行网上公示，增加招标投标工作透明度；加大对招标投标过程中举报问题的查处，凡举报属实的进行严肃处理并限期整改。

【注重机制创新】 与时俱进，坚持创新，进一步提升重点工程建设的整体水平。在招投标机制、管理机制、筹资机制和风险机制等方面，取得了新的突破。能源、交通等行业勇于探索，积极引入竞争机制，投资主体呈现多元化局面。国家四大电力投资集团竞相投资江西省电力项目，中国国电集团公司投资48亿元建设黄金埠电厂，中国华能集团公司投资23亿元建设瑞金电厂，国家电网公司投资45亿元建设“八站十线”工程，中国电力投资集团公司投资13亿元扩建分宜电厂，省投资集团公司投资20亿元建设南康至大余高速公路，南昌市政府筹资15亿元建设南昌绕城高速公路西环线，利用世界银行贷款2亿美元投入瑞金至赣州高速公路建设。通过境外招商，香港大益公司投资16亿元建设萍乡至洪口界、投资11亿元建设瑞金至隘岭高速公路，香港诚坤公司投资18亿元建设九江至瑞昌高速公路。

（省重点工程办）

国有资产管理

【概　况】 2006年是继续推进国有资产管理体制改革和深化国有企业改革的重要一年。在省委、省政府的正确领导下，全省国资系统以邓小平理论和“三个代表”重要思想为指导，树立和落实科学发展观，紧紧围绕“两个全面、三个翻番”的战略目标，依法履行出资人职责，深入推进国有资产管理体制改革，夯实国有资产管理基础，加快推进国有企业改革和重组，不断改进和加强企业党建工作，发展壮大国有经济，各项工作取得了积极进展和良好成效。年内省出资监管企业实现销售收入863.2亿元，同比增长32.6%，累计完成增加值207.7亿元，同比增长55.1%，实现利税142亿元，同比增长100%，其中实现利润81.2亿元，同比增长173.6%，资产总额达到1033.6亿元，同比增长18.3%，净资产376.5亿元，同比增长20.3%，平均资本保值增值率达到120.3%。

【国有资产监管基础工作进一步夯实】 一是加强出资监管企业的财务监管工作。积极探索出资监管企业财务预算管理，选择财务管理基础较好的江铜集团等7家企业进行财务预算编制试点。组织做好2005年度财务决算审核工作；组织实施2006年决算审计统一招标工作。建立全省国有资产统计体系，创建全省2248户国有企业数据信息库，较好地完成了全省国有资产统计工作。强化企业财务动态监测工作，完善企业动态信息分析制度，促进财务快报编报质量的提高。二是加强国有资产产权的基础管理工作。完成省属国有企业产权重新登记换证工作，共登记企业1280户，其中出资监管企业及所属企业634户，基本理清省属企业产权关系、资产分布状况及其组织形式。国有资产评估、转让等产权监管工作进一步加强，完善国有产权转让全程动态监管制度，建立重要资产评估项目招标制度，制订下发《江西省省属国有经营性资产重要评估项目招标暂行办法》，组织对南昌有色冶金设计研究院改制的评估招标工作，确保评估质量，节约了委托成本，同时完成95个资产评估项目的审核备案，评估涉及账面资产总额151.11亿元。三是外派监事会工作进展顺利。在总结江西铜业集团公司外派监事会试点工作经验基础之上，第二家外派监事会正式进驻省煤炭集团公司，其余外派监事会也正着手派驻前的各项准备工作。

【省属国有经济布局结构调整工作取得新突破】 制订出台《江西省省属国有企业落实“十一五”规划指导意见》，明确“十一五”时期省属国有企业发展的总体战略，确定未来5年的发展目标和任务，提出贯彻实施的主要思路和措施。同时积极招商引资，引进战略投资者嫁接改制国有企业，以实现裂变扩张。通过参加江西(香港)招商引资洽谈会等方式，出资监管企业共签约投资项目14个，总金额3.3亿美元，外经外贸项目7个，总金额8745万美元。一批洽谈项目取得重要进展。通过推进联合重组、引进战略投资者等措施，江西铜业集团公司、省冶金集团公司、江西钨业集团公司等一批优势企业进一步做大做强。

【企业战略规划管理和投资监管工作进一步加强】 指导江铜集团等19户出资监管企业起草“十一五”规划草案。制订出台《江西省国有资产监督管理委员会出资监管企业投资监督管理暂行办法》及《实施细则》，开展主业申报确认工作，继续完善重大投资项目管理和季报制度，初步掌握出资监管企业投资整体情况。2006年，出资监管企业累计完成投资91.6亿元，已建成投产项目34个。

【开展企业经营业绩考核工作】 完成13家签订了2005年度经营业绩责任书的企业业绩考核，同时完成其余8户未签订责任书企业的年度业绩考评，与江铜集团等20户企业签订2006年度经营业绩责任书；积极开展任期经营业绩考核试点工作，与江铜集团等4家企业签订2005～2007年度任期经营业绩责任书。加强国有企业负责人薪酬管理工作，制订出台《江西省省属企业负责人薪酬管理暂行办法》，将“四好”领导班子考核结果与企业领导人员薪酬相挂钩，对21户企业负责人薪酬方案进行审核，其中13家签订了2005年度经营业绩责任书的企业主要负责人的薪酬方案已经报省政府同意。

【现代企业制度建设迈出新步伐】 积极推动南昌有色冶金设计研究院、江西国际经济技术合作公司的股权多元化试点工作，南昌有色冶金设计研究院改制方案已获省政府审准。督促指导省机械设备成套局做好转制工作，《江西省机械设备成套局转制方案》已经省政府同意，转制工作进入具体实施阶段。指导国盛证券有限责任公司开展增资扩股及规范运行工作，成效显著，公司法人治理结构基本完善，重大事项决策程序基本规范，风险内控机制基本建立，2006年，公司实现利润从2005年末的－1.46亿元增加到1.16亿元，申报规范类证券公司资格获得批准。

【企业兼并破产工作和规范改制有序推进】 精心组织实施政策性破产工作，共有30户企业正式列入2006年破产计划。江西冶金矿建公司依法破产工作基本完成；南方电动工具厂等5户地方军工企业进入破产程序并有2户顺利完结；中国四冶实施“分离式”破产正在积极争取运作。积极推进省医药集团55户商业企业划转属地管理，涉及需要安置人员共计10179人，其中21户已经签订移交协议；积极帮助石化集团、物资集团做好所属关停破产企业的职工安置工作，共为九江化纤、江西轮胎厂和物资集团下属3户企业争取到改革专项补助资金7500万元；继续推进国有大中型企业主辅分离辅业改制工作，省煤炭集团、江钨集团等9户子企业主辅分离“三项”认定工作进展顺利，共分流6443人，安置职工再就业1189人。以大成国资公司为平台，打包回购信达金融资产公司27亿元不良债权，有力地推动了省属企业的债务重组工作。

【股权分置改革工作基本完成】 2006年，全省24家需股改的上市公司中，已有23家完成股改(剩余1家为中央企业控股的三九生化股份)，占需股改家数的95.85%，其中地方国有控股上市公司全部完成股改，股改进度在全国名列前茅，如期实现了省政府提出的年内基本完成江西省上市公司股改的工作目标。同时结合股权分置改革，积极推动困难上市公司重组。按照省政府要求，牵头成立专门工作小组，一企一策，提出方案，加强协调，昌九生化等6家困难上市公司均已成功化解风险。

(徐卫和)

安全生产监督

【概　况】 2006年是全省安全生产工作具有鲜明特点、取得显著成效的一年。在省委、省政府的领导下全省上下贯彻落实科学发展观，用安全发展统领安全生产工作，坚持安全生产方针，突出安全许可、行政执法、专项整治、应急救援四个重点，落实安全生产“五要素”，狠抓工作落实，有力地促进了和谐平安江西建设，为全省经济社会发展营造了良好的安全生产环境。全省安全生产继续保持了总体稳定的良好发展态势。一是杜绝特大事故。全省没有发生一次死亡10人及以上的特大事故，是全国4个没有发生10人以上特大事故的省(市)之一，是1991年以来首次实现杜绝特大事故的目标。全年共发生一次死亡3人～9人的重大事故67起，死亡260人，分别下降5.63%和4.76%。二是事故总量稳定下降。全省共发生各类事故15709起，死亡2902人，与上年相比,起数增加137起,上升0.88%,死亡人数减少422人,下降12.70%。是在“十五”期末死亡人数比“九五”期末减少1222人、年均递减6.72%基础上,连续第六年稳定下降。三是全面实现控制目标。全省各类事故死亡总人数比国务院安委会下达江西省年度控制考核目标减少385人,比省政府下达控制目标减少267人。工矿商贸、道路交通、火灾以及煤矿、非煤矿山、建筑施工、烟花爆竹、危险化学品、水上交通、铁路交通等领域事故死亡人数全部控制在国务院安委会下达江西省年度控制考核目标以内。全年共发生工矿商贸企业事故273起,死亡361人,同比分别上升1.49%和下降1.90%。其中煤矿事故77起,死亡132人,同比分别上升5.48%和下降7.69%;非煤矿山事故80起,死亡85人,同比分别下降2.44%和9.57%;建筑施工事故26起,死亡31人,同比分别下降25.71%和18.42%;危险化学品事故1起,死亡1人,同比分别下降50%和80%。全年共发生道路交通事故8865起,死亡2190人,同比分别上升3.26%和下降9.80%,其中重大事故起数和死亡人数分别下降15.38%和14.95%。水上交通事故13起,死亡10人,同比分别下降38.10%和41.18%;铁路交通事故422起,死亡303人,同比分别下降24.64%和30.82%。全年共发生火灾事故6136起,死亡38人,同比起数持平,少死亡4人,下降9.52%,其中重大事故4起,死亡13人,同比减少2起,少死亡13人。四是重要时段安全平稳。全国、全省“两会”、省第十二次党代会期间和元旦春节、“五一”“十一”黄金周等重要时段,全省安全生产保持平稳态势。

【制订“十一五”安全规划】 省政府批准印发了《江西省“十一五”安全生产规划》,将亿元生产总值安全生产事故死亡率纳入经济社会发展指标体系,并与工矿商贸企业10万从业人员事故死亡率、道路交通万车死亡率、煤矿100万吨死亡率一起,纳入全省统计指标体系。规划确定的“十一五”时期全省安全生产总体目标是:到2010年,健全全省安全生产监管体系,初步形成规范完善的安全生产法治秩序,基本形成完善的安全生产法律法规体系、技术支撑体系、信息体系、培训体系、宣传教育体系和应急救援体系;亿元国内生产总值生产安全事故死亡率比2005年下降35%以上,工矿商贸就业人员10万人生产安全事故死亡率比2005年下降25%以上,一次死亡3~9人重大事故死亡人数比2005年下降20%以上,一次死亡10人以上特大事故得到有效控制,道路交通万车死亡率下降到5.8以下,煤矿百万吨死亡率下降到5.75以下;职业危害严重的局面得到有效控制,安全生产状况进一步好转。

【高危行业全面实行安全生产许可制度】 在省、市、县三级的共同努力下,六大高危行业生产企业安全生产许可制度全面实行。全省共颁发安全生产许可证10149个,其中,煤矿753个、非煤矿山5416个、建筑施工企业1414个、烟花爆竹生产企业2141个、危化品生产企业405个、民爆器材生产企业20个。一批不合格企业被责令关闭。此外,颁发危化品经营许可证11586个,包装物、容器生产企业定点证书16个。高危行业企业安全条件得到改善。

【安全专项整治成果进一步巩固】 煤矿安全整治突出了瓦斯治理和整顿关闭两个攻坚战,已有4个设区市和15个重点产煤县(市、区)基本建成瓦斯远程监控系统。全省煤矿瓦斯抽采量1.57亿立方米,瓦斯利用量2861.16万立方米,比上年分别增长63.41%和55.4%。全省煤矿共提取安全技措费和维简费两项费用5.5亿元,积极争取4批中央预算内专项资金(国债)6683万元,用于30多个煤矿安全改造项目。2006年,全省实际关闭矿井40处,完成全年关井任务的133.33%,其中年内计划关闭的30处矿井已全部实施关闭。煤矿生产坚持不超产、不超标、不超员“三条高压线”;开展了矿容矿貌和顶板管理专项治理工作。非煤矿山领域在严格安全许可的同时,全面推行雇主责任保险,提高准入门槛,推动企业安全水平。烟花爆竹整治结合“禁改限”打击非法生产,调整产业结构,关闭生产企业478家。开展禁止违规使用氯酸钾专项活动。危险化学品领域严格安全许可和建设项目的安全设施“三同时”审查,企业安全生产条件得到改善,启动了安全标准化工作。建筑施工领域开展了预防高处坠落和深基坑、高大模板支撑、超高建筑脚手架等危险性较大工程的专项治理工作。燃气领域以实施燃气行政许可和特许经营为重点,进一步优化燃气行业结构,完善燃气安全设施。道路交通领域强化了责任保险、GPS和清理脱钩三大措施。通过产权界定、清理脱钩、资金收购、股份制改造、公司化经营等方式,清理挂靠客车8771辆,挂靠客车占全省营运客车比例从81%下降到31%;全省1.6万辆营运客车承运人责任险全部投保到位;全省已有2070多辆营运客车安装了GPS。集中开展以整治无牌无证车辆、摩托车、道路交通隐患为重点的专项行动,查处非法经营“黑车”1970辆;加强剧毒化学品运输通行证的审核发放和公路运输的安全监管;落实路面巡逻措施,强化高速公路事故的防范;开展“平安畅通县区”活动。水上交通整治突出“四客一危”和“三无”船舶、危险品运输等重点,着力治理非法运输、非法载客、非法渡运等问题。防火安全重点开展了以商场、市场、学校及周边场所、消防产品、“三合一”、工业园为重点的火灾隐患普查整治,对小网吧、小录像厅、小游戏厅、小旅馆等公众聚集场所消防安全进行了专项治理。特种设备领域重点开展了承压罐车充装单位、大中型煤矿特种设备、“土锅炉”专项整治,检查各类特种设备16124台次,查封停用设备396台,拆除不合格设备271台。民爆器材领域通过专项整治,实现了年生产和销售“双超”15%、安全生产“零死亡率”的目标。

【安全生产应急救援体系建设全面起步】 开发和完善了安全生产监督管理信息系统软件,5200户企业安全生产基础信息纳入系统管理;省安监局与设区市安监局视频会议系统已开始安装;推动了安全监察执法车辆配置到位。在总体应急体系框架内,涉及事故灾难的专项预案、对口承接预案以及部门预案,地方应当制定的应急救援预案,均已编制发布。省安全生产应急救援指挥中心大楼举行了开工奠基仪式，省级矿山、危化品、水上救援基地选址、规划和建设有序展开。

（康 斌）

煤矿安全监察

【概 况】 2006年，江西煤矿安全监察机构严格按照国家安监总局党组提出的"三个强化、三个严格、四个突破"要求，坚持以"两个攻坚战"为工作重心，按照年初制定的监察计划积极开展工作，在全省国民经济持续快速发展、能源原材料和交通运输市场需求旺盛、持续增长的情况下，促进实现了江西煤矿安全生产形势的稳定。

年内，江西煤矿安全监察局共监察矿井787处，监察覆盖率98.50%；监察矿井3712次，人均监察矿井47.59次；制作各类文书5302份；查处事故隐患13214条，整改隐患10519条，隐患整改率94.58%；责令停产整顿矿井94处次，停止作业采掘头面307个次；对煤矿罚款549.9万元。开展了防治水、安全标志等5项专项监察和易地交叉监察活动，向省政府专门报告丰城矿务局、乐平矿务局存在的主要隐患，引起了省政府的高度重视。首次开展洗煤厂、职业危害监察和对未遂事故进行了立案处理。针对薄弱环节，适时强化了针对性措施。如：要求水患矿井由煤矿安全中介机构进行水患论证，制定并督促落实水患治理措施，全省水害事故同比减少4起，少死亡23人；落实7部委《关于加强国有重点煤矿安全基础管理的指导意见》，督促加强煤矿企业安全基础管理，省属国有煤矿同比事故减少4起，少死亡9人；制定并落实81、82号文件，对一些矿井实施停产整顿，及时遏制了某个时间段的事故高发势头；积极推进和指导采煤方法改革，全省105处矿井基本实现正规采煤方法，尤其是崇仁县徐坊煤矿成为全省首家使用单体柱的乡镇煤矿，80%的产量来自单体柱工作面。实施以瓦斯为重点的重大危险源评价工作。严格事故调查，规范事故调查程序，全年共对77起事故立案，结案64起，共查处258名责任人员，其中移送司法机关追究刑事责任20人。按照分级指导原则，江西煤矿安全监察局对9个产煤设区市、分局对43个产煤县（市、区）实施了检查指导；组织进行煤矿安全监管机构调研，提出加强体制建设的指导意见；与煤矿安全监管等相关部门开展21次联合执法，增强了监察效果。

为进一步完善行政执法责任制，组织开展行政执法检查指导和评议考核，对个别分局处罚偏轻问题，召开现场分析会。赣东北分局每个月进行行政执法考核，考核结果与月奖挂钩。赣中分局对丰城矿务局实施两次"拉网式"监察，两次半夜突然下井监察；依据《特别规定》，率先开出了50万元的罚单。赣西南分局实行监察执法零处罚报告制度，行政处罚力度明显加大；率先运用执法软件和档案管理软件，赣州站率先建立电子图纸档案数据库；率先编制出《萍乡市煤矿安全生产调查分析报告》和《赣州市煤矿安全生产调查分析报告》，客观准确反映萍乡市、赣州市有关煤矿安全等工作情况。特别是4月3日，对芦溪县银河镇复胜煤矿进行监察时发现该矿二水平（+18m）受大量老窑水威胁，随时都有可能发生突水事故，当即命令煤矿撤出井下所有作业人员，暂扣了煤矿的安全生产许可证和矿长安全资格证，停产整顿3个月，并指导煤矿制定安全措施安全排放老窑积水1.7万吨，成功地避免了一起重特大事故。2006年，赣东北监察分局和赣西南监察分局王正根获得国家安监总局、人事部表彰，赣西南监察分局赣州站、赣中监察分局监察一室和杜来春、邓舜发、徐剑浪、钱陈保、王小安、兰善敏、肖声志等7人获得国家安监总局表彰，获得"先进集体"和"先进个人"荣誉称号。

【全面落实煤矿安全控制指标和责任体系】 将全省煤矿安全控制指标层层分解，落实到每个产煤县（区）和重点煤矿，做到目标清晰、责任明确，并采取3项措施切实抓好落实。一是继续采取对事故矿井、事故多发地区和省属国有煤矿实行停产整顿制度；二是落实两个责任制，强化煤矿企业的主体责任和地方政府的监管责任，强化各级干部安全生产责任意识，推进煤矿安全生产责任制的落实；三是对煤矿安全监察分局实行奖惩制度。

全年，全省煤矿安全事故77起，死亡132人，实现"一杜绝、两下降"的目标。"一杜绝"：杜绝了一次死亡10人以上的特大事故。"两下降"：一是死亡人数继续下降，比上年少死亡11人，比国家下达的死亡控制目标少死亡18人，比省政府下达的控制目标少死亡6人，为近30多年来死亡人数最少的一年。二是全年百万吨死亡率4.83，比上年下降28.2%，为新中国成立以来最好成绩。

【瓦斯治理攻坚战取得成效】 省政府召开全省"学习晋城经验加强瓦斯治理与利用"工作会议，传达晋城会议精神，出台"2+2"个文件，即：省政府办公厅转发《江西省煤矿瓦斯集中整治工作领导小组会议纪要》、《国务院办公厅关于加快煤层气（煤矿瓦斯）抽采利用的若干意见》；省发改委转发《煤层气（煤矿瓦斯）开发利用"十一五"规划》，省发改委、省财政厅、江西煤矿安全监察局制定的《江西煤层气（煤矿瓦斯）抽采利用考核及奖励暂行办法》。落实"三坚持、两提高、一确保"一系列措施。

2006年，全省煤矿瓦斯集中整治工作取得明显成效，主要体现在3个方面。一是瓦斯事故控制在指标范围内。全省合法煤矿共发生6起瓦斯事故，死亡18人，控制在国家发改委下达的9起、死亡33人的指标范围以内，但全省非法煤矿发生了5起瓦斯事故，死亡了21人。二是瓦斯抽采利用超额完成目标。全省煤矿瓦斯抽采量1.58亿立方米，瓦斯利用量2861万立方米，同比分别增长63.4%和55.4%，实现了抽采量确保1.2亿立方米、力争1.5亿立方米的目标。三是瓦斯治理措施得到国家的充分肯定。"三条高压线"的做法，在晋城会议上进行了经验介绍；瓦斯抽采利用考核和奖励办法，在9月份召开的全国煤矿瓦斯防治工作座谈会上得到充分肯定。

【加强源头治本】 一是强化关口前移，抓源头准入。至年底共有752处矿井、6家煤矿企业持有安全生产许可证，生产矿井持证率99.6%；加强与省发改委的协作，出台煤矿建设项目安全设施“三同时”工作的相关规定，对在建“三同时”项目进行了全面调查；完成丰龙井、沿涌深部技改井等安全专篇的审查工作。二是以培训机构延期认定为契机，推动标准化建设，取消4家培训机构的资质，对35家培训机构作出暂时保留资质、限期整改的决定，全年共培训“三项岗位”人员18496人次。三是构建以江西煤矿矿用产品检验中心为核心的检测检验体系和以各地市技术服务站为依托的技术服务体系，江西煤矿矿用产品检验中心已获得国家乙级检验资质和省计量认证证书。四是组织开展救护资源摸底调查、救援技术比武活动和质量标准化验收；积极开展救护培训，全省716名救护指战员全部持证上岗；严格资质认定工作，完成13支救护队资质申报审查工作，通过资质认定，补充救护人员126名，投入资金878.3万元。五是强化政策治本，落实安全费用提取、安全风险抵押金、工伤责任保险、煤炭专业人才培养等制度。全年共提取安全费用和维简费5.5亿元；提高安全准入门槛，制定并落实小煤矿安全装备要求，强力督促改造完善矿井生产系统和安全设施，全省所有高瓦斯和大部分低瓦斯矿井装备了安全监控系统。

（翁发春）

价格管理

【概　况】 2006年，全省居民消费价格总指数101.2%，比全国平均低0.3个百分点，价格总水平运行总体平衡。全省各级价格主管部门坚持以科学发展观为指导，按照构建社会主义和谐社会的要求，认真履行价格监管、调控、服务职能，为保持价格总水平的基本稳定，促进全省国民经济在新的起点上实现又好又快发展，作出了应有贡献。

【加强市场价格监测】 建立覆盖全省的386个价格监测点，重点加强对粮食、农资、特色农产品及与群众生活密切相关商品和服务价格的定期测报、跟踪调查，形成了对整个宏观经济调控的支持体系；全省价格调节基金征收额与上年相比有一定幅度的增长，价格调节基金使用进一步完善，充分发挥了基金平抑猪肉、蔬菜、民用液化气、城市公交等与群众生活密切相关商品市场价格的作用。

【充分发挥价格职能，促进农民增收减负】 加强对农户种植意向和农业生产的比较效益调查，引导农民发展生产；重点粮食品种继续实行最低收购价格政策，全省早籼稻最低收购价每50千克为70元、中晚籼稻为72元、粳稻为75元，保护了种粮农民利益，稳定了粮食生产；出台化肥生产实行优惠电价和化肥铁路运输实行优惠运价政策，年降低化肥生产成本7918万元，化肥流通成本6130万元，较好地控制化肥等农资价格上涨，与周边省相比，江西省化肥等农资价格一直处于较低水平；全省所有乡村及乡镇所在地的涉农价费单位，均设立涉农价费公示牌、栏，公示面达100%。

【不断整顿教育收费和药品价格】 突出价格热点问题，，认真解决群众“上学贵、看病贵”。全省义务教育阶段学校继续全面实行“一费制”收费办法，农村义务教育阶段家庭贫困生实施“两免一补”政策；全省中小学教材出版发行实行招标，总降价金额达到9000万元，学生减负水平在全国扩大试点省市中位居第二；公布了219种2000个品规药品临时最高零售价格，公布的品种药价平均降幅达到28%，降价金额近3500万元。

【适时疏导价费矛盾】 建立出租汽车油运价格联动机制，出台燃油价格补贴政策，每车年约减免2700元的行政事业性收费，有效化解出租行业因成品油价格上涨而营运困难的矛盾；加强污水处理费开征和污水处理设施建设督查，保证了治污收费工作落到实处；积极实施煤电价格联动，出台部分省级工业园区享受江西电网直供电价政策，继居民生活、农业排灌用电实行全同网同价后，又实现商业、非居照明、农业生产用电全省同网同价；出台土地交易市场服务收费标准，调整了部分设区市的土地基准地价。

【加强价格监督网络建设】 全省共查处价格违法案件3509件，查处价格违法金额8826万元，实施经济制裁6168万元，其中，退还用户2234万元，没收价格违法所得3757万元，罚款177万元。开展价格服务进社区、农户、企业、校园、商店、医院、景区等活动；组织全省首届“价格诚信3A单位”评选活动，有35个单位当选，推动了全省价格诚信建设；全省建立农村价格监督站1086个，聘请农村义务价格监督员8000余人，农村价格监督网络覆盖面达60%以上；建立了以12358价格举报信息平台为核心的，覆盖全省112个市县区的价格监督检查信息网络，提高了办案效率和信息化管理水平。

【严格履行价格工作程序，不断提高依法行政能力】 全省受理刑事、民事、行政和仲裁案件涉案标的价格鉴证11086件，为司法、行政执法机关办案提供重要证据；组织自来水、公共汽车、出租车、管道液化气、天然气、城市生活垃圾、旅游景点等商品服务价格调整听证会，价格决策时充分采纳听证代表的合理建议；利用《江西日报》等主流媒体及时公布涉及群众切身利益的重要价格变化趋势和重大价格政策，正确引导公众价格预期。价格理论研究完成20项调研课题，取得了丰硕成果。

（蔡贵庭）

劳动管理

【概　况】 2006年，全省各级劳动保障部门紧紧围绕中央和省委省政府的工作部署，认真履行法定职责，以维护劳动者的合法权益为核心，加大劳动关系协调力度，强化监察执法，提高劳动争议处理能力，切实维护企业和社会稳定，劳动保障各项工作取得了新的进展。

劳动合同制度和企业工资支付机制进一步完善。强化了劳动合同管理，制定实施劳动合同制度3年行动计划，开展“强化社会责任，完善劳动关系三方协商机制，构建和谐劳动关系企业和工业园区”活动，加大对国有集体企业关闭、破产、改制重组等重大劳动关系调整工作的指导，督促企业建立劳动关系协调机制和集体合同制度。加强企业工资法制建设，完善企业工资收入宏观调控。调整了企业最低工资标准，推进企业工资支付立法工作，完成《江西省工资支付规定（草案）》的修改、报送工作，发布劳动力市场工资指导价位和2006年企业工资指导线，开展企业工资内外收入监督检查。积极推进主辅分离、辅业改制安置富余人员工作，妥善处理国有企业改革中的劳动关系。到年底，全省企业在岗职工签订劳动合同人数达128.8万人，签订率达到88.5%；签订集体合同8809份，涉及职工101.4万人，其中国有企业3808份，涉及职工49.43万人，私营企业2660份，涉及职工26.55万人；签订区域性集体合同1101份，涉及职工11.58万人；签订行业性集体合同277份，涉及职工10.01万人。

劳动保障监察执法力度不断加大。健全了劳动保障监察工作机制，组织开展农民工工资支付专项检查、清理整顿劳动力市场秩序专项行动、劳动用工情况检查、禁止使用童工规定和未成年工特殊保护规定专项执法检查、社会保险费征缴执法检查和对用人单位劳动保障年度审查，认真受理群众投诉举报，依法查处违法行为，全面推行劳动保障诚信等级评价工作。2006年，共检查用人单位16.53万户次，督促用人单位缴纳社会保险费3.94亿元，督促办理社会保险登记1.17万户，补签劳动合同21.75万份，取缔非法职介机构238户，清退童工192人，为7.8万名劳动者追回工资8463.5万元，清退9216人缴纳的风险押金252万元，接受群众举报投诉3.12万件，立案1.49万件，结案1.47件，结案率98%。

劳动争议仲裁工作进一步加强。以建立科学、规范、高效的劳动争议处理体系为目标，进一步健全“立足调解、仲裁为主、诉讼为辅”的劳动争议调处制度，强化各级三方协商机制预防调处劳动争议功能，从解决群众反映的难点、热点问题入手，通过多种手段多层次地解决争议、化解矛盾。制定出台《江西省劳动争议仲裁预收处理费缓减免试行办法》《关于加快劳动争议仲裁案件处理的若干意见》，提出了劳动争议仲裁八项便民措施，对困难群众实施法律援助，开辟劳动争议仲裁“绿色通道”，简化办案手续，使劳动争议仲裁工作逐步走上制度化、规范化、法制化轨道。全年全省共受理劳动争议案件2843件，到期结案率95.6%。

高技能人才培养步伐进一步加快。继续实施工业园区技术岗位对接工程、高技能人才培养样板工程、岗位成才示范工程和小企业孵化工程等培养高技能人才的“四大工程”建设，开展“新技师培训带动计划”、“五年三万新技师培养计划”和百名“名师带徒”活动。全省开展职业技能培训62万人，培养新技师6399名，技校招生4.1万人，在校生达到11.5万人。建立各类技校81所，民办职业培训机构600余家，建成14所高技能人才培养样板基地，其中8个为国家高技能人才培训基地，并着手建设省级公共实训中心。组织134名技师、高级技师实施带徒计划，通过采取政府补贴办法资助了1.1万名农村贫困家庭子女入读技工学校。实施国家技能资格导航计划，在高等职业技术学院、高级技工学校毕（结）业生中开展高级技能职业技能考核鉴定工作，实施下岗失业人员、农村进城就业人员职业技能考核项目。全省完成职业技能鉴定22.5万人，建立职业技能鉴定所（站）223个，考评人员4499人。建立省级高技能人才信息库，有近1000名符合条件的高技能人才入选进库。先后举办美容美发、建筑等27次各类职业技能竞赛，并取得全国数控大赛二、三、四名，全国美容美发大赛二等、三等奖的佳绩。1人荣获“中华技能大奖”、7人被评为“全国技术能手”。

劳动保障立法步伐加快，依法行政工作得到加强。2006年省人大颁布实施《江西省职业技能考核鉴定管理条例》，为职业技能考核鉴定提供了完备的法律依据，成为全国第二个出台鉴定职业技能地方性法规的省份。按照《中华人民共和国行政许可法》的规定和国务院关于行政审批制度改革以及江西省政府关于清理行政审批项目的要求，进一步清理劳动保障行政审批项目，由原来的44项减少到10项；同时，各设区市对本部门的劳动保障行政审批项目认真进行清理。建立政务信息公开制度，对劳动保障网网站重新进行改版，为公众获取、查阅公开的政务信息提供便利条件。完善行政执法监督制度，建立行政审批项目评议考核制度和政务公开制度以及举报制度等，有些地方建立了办事大厅，设置电脑查询系统和电子屏显示系统，制定了工作流程图和办事程序，公布举报电话。全年省劳动保障厅共受理行政复议案件19起。

【开展清理整顿劳动力市场秩序专项行动】 2月7日，省劳动保障厅、省公安厅、省人事厅、省工商行政管理局联合下发《关于开展清理整顿劳动力市场秩序专项行动的通知》，决定从2月13日至3月20日在全省范围内联合开展清理整顿劳动力市场秩序专项行动。重点整顿各级劳动保障部门、人事部门及其他机构批准设立的职业中介机构；各类民办职业介绍服务机构和兼营职业介绍服务的有关单位；自发形成的劳动力交易场所。这次专项行动，全省共派出检查人员1196人次，检查单位2173户次，查处各类违法案件289件，取缔非法职业中介机构91户，下达限期改正指令书155份，行政处罚33件，处罚金额12.6万元，吊销职业介绍许可证6户，责令退赔求职者费用22.6万元。

【九类劳动争议当事人可缓减免仲裁预收处理费】 3月27日，省劳动保障厅制定出台《江西省劳动争议仲裁预收处理费缓减免试行办法》，明确规定，九类劳动争议当事人在申请仲裁交纳仲裁预收处理费确有困难时，可根据具体情况，凭有关证明，在接到立案通知书后3个工作日内向劳动争议仲裁委员会提交缓交、减交或者免交预收处理费的书面申请。申请缓交的包括4类人员：因工伤当事人追索医疗费、残疾补偿等工伤待遇且月工资收入低于500元的；因用人单位提出解除劳动关系且原月工资低于500元的；因企业原因当事人领取待岗生活费且月生活费低于500元的；因企业破产当事人未能按时领取安置费或经济补偿金的；申请减交的包括3类人员：因工伤当事人追索医疗费、残疾补偿等工伤待遇生活确实困难且月工资收入低于400元的；用人单位连续3个月以上未发工资的；家庭人均收入低于城市居民最低生活保障标准150%的。用人单位连续6个月以上未发工资的或家庭人均收入低于当地城镇居民最低生活保障标准的人员可申请免交。

【第一部规范职业技能考核鉴定的地方性法规出台】 3月30日，江西省十届人大常委会第二十次会议审议通过《江西省职业技能考核鉴定管理条例》，并于2006年5月1日起正式施行，这是江西第一部专门规范职业技能考核鉴定活动，完善技能人才评价体系，促进劳动者提高职业技能水平的地方性法规，也是《中华人民共和国行政许可法》实施以来，省一级制定的第一部职业技能鉴定地方性法规。条例共8章52条，对实施职业技能考核鉴定的适用范围、对象、机构、程序和证书管理等方面作了明确规定，为江西开展职业技能考核鉴定提供了完备的法律依据。

【劳动用工专项检查取得明显成效】 4月28日，省劳动保障厅下发《关于开展劳动用工情况检查活动的通知》，决定从5月10日至6月10日在全省范围内开展劳动用工情况检查活动，主要以劳动合同签订、工资支付、工时休假以及女职工和未成年工特殊劳动保护等情况为重点，检查各类用人单位，主要是外商投资企业、私营企业、个体工商户等非公有制用人单位和大量招用农民工的单位。此次检查活动，全省各级劳动保障部门共出动检查人员1942人次，检查单位6061户，涉及劳动者人数56.72万人，查处各类违法案件2270件，其中未依法签订劳动合同案件640件，未依法支付工资案件292件，违反工作时间、休息休假规定案件189件，未依法办理社会保险登记案件850件，未依法缴纳社会保险费案件150件；责令改正用人单位1316户，责令清退童工19人，责令补签劳动合同40385人，责令退还8720名劳动者拖欠工资234.1万元，责令办理社会保险登记788户，补缴社会保险费2312.85万元，行政处罚51起共计17.05万元。

【开展强化企业社会责任构建和谐劳动关系企业和工业园区活动】 6月21日，省劳动保障厅、省总工会、省企业联合会/企业家协会联合下发《关于在全省开展强化企业社会责任构建和谐劳动关系企业和工业园区活动的通知》，决定从2006年起，用3年时间，逐步在全省创建和谐劳动关系的企业和工业园区。2006年全省所有设区市工业园区管委会都应指导园区内企业建立劳动关系双方协调机制，开展劳动关系协调工作；各设区市要指导三分之一的所辖县（市、区）开展创建工作；省协调劳动关系三方会议有关部门，在共同指导好全省工作的同时，协同南昌市协调劳动关系三方会议，重点抓好南昌市高新开发区和南昌市经济技术开发区创建和谐劳动关系工作。

【进一步加强劳动合同管理，依法维护用人单位和职工的合法权益】 6月21日，省劳动保障厅、省国税局、省地税局联合下发《关于加强劳动合同管理有关问题的通知》，明确提出用人单位新招职工应当在开始工作前订立劳动合同；用人单位改制或组织结构调整的，应当在工商行政管理部门注册之日起30日内，与职工协商变更或重新订立劳动合同，变更或者重新签订的劳动合同期限，不得少于原劳动合同未履行的期限。用人单位与职工订立、解除、终止劳动合同，应持《劳动用工登记花名册》和劳动关系双方签订的劳动合同文本，在30天内到工商登记注册的同级劳动保障部门办理劳动用工登记手续（有条件的地方可以实行网上申报），劳动保障部门应及时受理，认真审核，5个工作日内办结。对依法订立劳动合同的职工人数，劳动保障部门应出具劳动用工登记凭证。续订、变更劳动合同的，不必重新登记。用人单位可持有管辖权的劳动保障部门出具的劳动用工登记凭证，向税收征管机关申报本单位职工计税工资总额。

【推行劳动仲裁当事人选择仲裁员制度】 7月14日，省劳动保障厅出台《江西省劳动仲裁当事人选择仲裁员办法》，使仲裁活动置于社会公众的监督之下，全面实施公开透明的阳光仲裁。这也是江西省推动劳动仲裁制度改革的一项重要举措。办法规定，劳动保障争议当事人选择仲裁员，实行公平、自愿原则。实行当事人选择仲裁员的案件，首席仲裁员由仲裁委员会指定。其他两名仲裁员由双方当事人在仲裁员名册中各选一名。双方当事人也可委托仲裁委员会各为其指定一名仲裁员。各级仲裁委员会编印仲裁员名册，通过报纸、广播、电视、网站等方式向社会公开。名册包括仲裁员姓名、资格证编号、所学专业、办案专长等内容。仲裁委员会对符合当事人选择仲裁员条件的，在组织仲裁庭之前告知双方当事人选择仲裁员的权利和有关要求。当事人从接到仲裁委员会选择仲裁员的告知之日起3个工作日内，未选定仲裁员或明确表示放弃选择的，由仲裁委员会指定仲裁员。

【查出非法使用童工129人、未成年工127人】 7月14日，省劳动保障厅下发《关于开展贯彻实施〈禁止使用童工规定〉和未成年工特殊保护规定专项检查活动的通知》，决定从7月20日至8月20日在全省范围内，开展贯彻实施《禁止使用童工规定》和未成年工特殊保护规定专项检查活动，重点检查纺织、服装、制鞋、矿山、制造、餐饮服务业等劳动密集型企业和大量招用农民工的企业，特别是城乡结合部私营企业和个体工商户。全省共检查各类用人单位8647户，涉及劳动者37.7万人，查处违法案件105件，其中非法使用童工案件81件、涉及童工129人，违反未成年工特殊保护案件24件、涉及未成年工127人，对违法使用童工的单位已作出行政处罚21.9万元。从检查情况看，查出的童工人数虽与往年相比有所减少，但各地仍不同程度存在非法使用童工的现象，非法使用童工的行业主要分布在纺织、服装、餐饮服务业等。

【江西籍务工人员因抗暴坠楼，省市县劳动保障部门及时伸出援助之手】 8月12日凌晨，在福州市马尾区福建佳玛鞋材有限公司务工的德安县20岁女孩曾金梅，因反抗凶手强暴从三楼坠下，全身7处骨折，面临着终身残疾。而由于医疗费无着落，曾金梅在福州进行完第一次手术（腰椎部植入钢板)后,于8月22日从福建医科大学第一附属医院转到瑞昌市爱民医院进行救治。省劳动保障厅厅长张勇获悉此事后,高度重视,在第一时间作出批示,要求省就业局了解此事,并提出四点工作要求:一是要求省劳动保障厅驻闽劳务办事处协助当地有关部门调查处理此事;二是以省劳动保障厅名义给福建省公安厅去函,请求严惩凶手;三是请九江市劳动保障局代表省劳动保障厅看望伤者,市、县劳动保障部门、劳动就业部门设法予以援助;四是加强对江西省外出务工人员权益保障问题的研究,采取有效措施切实维护好外出务工人员的合法权益。9月1日,受省劳动保障厅厅长张勇的委托,九江市劳动保障局局长李纪福率相关负责人专程到瑞昌市看望曾金梅,带去劳动保障部门对她的关心和慰问,并捐赠了1.8万元。省劳动保障厅同时要求各级劳动保障部门加强与外出务工人员所在地劳动保障部门的沟通、合作,让务工人员尽量在公共职业介绍机构登记寻找工作,尽量在劳动保障部门的组织下外出务工,督促用人单位与务工人员签订劳动合同,并进一步加大维权工作力度。

【提高煤矿井下艰苦岗位津贴标准】 8月21日,江西省劳动保障厅、省发改委、省财政厅联合下发《关于转发〈关于调整煤矿井下艰苦岗位津贴有关工作的通知〉的通知》,明确提出,煤矿井下艰苦岗位津贴包括井下津贴、班中餐补贴和夜班津贴。具体标准为:(1)井下津贴:井下采掘工15元/工、井下辅助工10元/工。(2)班中餐补贴:井下采掘工8元/工、井下辅助工6元/工。(3)夜班津贴:前夜班6元/工、后夜班8元/工。通知要求,各类煤炭企业要认真执行国家关于井下艰苦岗位津贴的规定,切实落实井下人员的相关待遇,发放的井下艰苦岗位津贴不得低于上述标准。各类煤炭企业要在提高井下艰苦岗位津贴的同时,积极改善劳动条件和劳动环境,切实保证职工的身体健康。

【景德镇市陶瓷壁画厂李贵镇荣获第八届中华技能大奖】 9月13日,劳动和社会保障部下发《关于表彰第八届中华技能大奖获得者全国技术能手和国家技能人才培育突出贡献奖获奖单位的决定》。江西景德镇市陶瓷壁画厂无为斋艺术工作室主任李贵镇荣获第八届中华技能大奖,兰师明、叶健敏、刘辉、李积裕、易军萍、杨建平、孙滨生等7人荣获"全国技术能手"荣誉称号,赣州技师学院荣获"国家技能人才培育突出贡献奖",并在9月26日召开的全国高技能人才工作会议暨第八届中华技能大奖和全国技术能手表彰大会上受到中共中央政治局常委、国务院副总理黄菊和国务委员兼国务院秘书长华建敏等领导的接见和表彰。

【发布2006年企业工资指导线】 9月20日,经省政府同意并授权,省劳动保障厅制定下发《关于发布江西省2006年企业工资指导线的通知》,即年度货币平均工资增长基准线为12%,年度货币平均工资增长上线为17%,年度货币平均工资增长下线为零增长,这是江西省实行工资指导线制度四年来年度货币平均工资增长线最高的一年。要求全省各类企业应按照2006年工资指导线的要求,在生产发展、效益提高的基础上,根据企业自身经济效益情况,依法自主确定运行区间,合理安排工资分配;建立和完善内部工资分配自我约束和激励机制,正确处理按劳分配与按生产要素分配的关系,加强人工成本管理,使本企业工资增长和经济效益增长相适应,使劳动者共享改革发展的成果。

【积极推进主辅分离、辅业改制安置富余人员工作】 至年底,江西对中国石化、煤炭、钨业、江西铜业、冶金等九大行业65户辅业企业进行了改制认定,出具了"经济实体安置富余人员认定证明",共安置职工17363人,其中安置富余人员11883人,并对2006年以前办理了"认定证明"的40家企业的富余人员情况进行了年检,使这些主辅分离、辅业改制企业得到快速发展,享受税收优惠1.72亿元。

【基本建立农民工工资保障金专户】 江西省在2005年开始建立工资保证金制度,要求凡在本省行政区域内的建设单位和建筑企业必须按规定缴纳农民工工资保障金,专项用于保障该用人单位劳动者的工资支付。到2006年底,全省11个设区市基本建立农民工工资保障金专户,收缴农民工工资保障金1.74亿元,涉及工程项目1074个、建设单位770家、施工单位779家。

(刘克琦)

工商行政管理

【概　况】 2006年,江西省工商行政管理部门在省委、省政府和国家工商总局的领导下,坚持以邓小平理论和"三个代表"重要思想为指导,按照落实科学发展观和构建和谐社会的要求,认真贯彻落实省委、省政府、国家工商总局的工作部署,立足本职,深入开展整顿和规范市场经济秩序,专项整治工作成效明显,全年全省工商行政管理部门共查处各类经济违法违章案件40139件,案件总标值52325万元。积极服务社会主义新农村建设,促进经济社会又好又快发展。内强素质,外树形象,大力加强基层队伍建设,确保队伍不出问题,确保市场不出问题,确保"十一五"规划开局之年各项工作取得较好的成绩。

【深入开展食品安全专项整治,食品市场经营秩序进一步好转】 江西省工商行政管理部门从加强日常监管入手,加大执法力度,落实流通领域食品安全监管各项制度,不断健全行政监管、企业自律、社会监督三位一体的监管体系。全年共检查食品经营主体30.67万户次,捣毁制售假窝点117个,查处制售假冒伪劣食品案件1852起。

【开展广告专项整治行动,全力构筑虚假违法广告的防范体系】 制定《江西省大众媒介广告监测实施办法》,省工商管理局共监测各类广告11万条(次)。加大宣传力度,编发并在省工商管理局信息网上公布虚假违法广告案例,与省联席会议成员单位共同公布十大典型案件,社会反映良好。全省共查处各类虚假违法广告案件2256件。

【进一步加大商标权保护】 "江中"、"泰豪"被认定为中国驰名商标。江西省现有中国驰名商标15件、省著名商标422件。已注册地理标志证明商标7件、集体商标1件,有4件证明商标已初审公告。全省查处商标违法案件456件,其中涉外商标案件4件,有效地遏制了各种商标侵权行为。查处反不正当竞争案件682件,案值3151.97万元。

【开展治理商业贿赂专项工作】 全省工商行政管理部门按照省工商管理局的统一安排,在当地党委、政府的统一领导下,与相关部门密切合作,严查大要案,共查处案件890件,涉案金额近9000万元,罚没款约1500万元。同时,标本兼治,积极探索建立打击预防商业贿赂行为的长效机制。

【保持高压态势,坚决遏制传销蔓延势头】 按照国务院《全国打击传销专项行动方案》和国家工商总局的要求,突出重点,深入开展打击传销专项整治行动,查处案件50起,取缔传销窝点554个,清查遣散传销人员1.02万余人次,移送司法机关追究刑事责任14起、共46人,有力地打击了传销分子的嚣张气焰。

【严厉打击制售假冒伪劣违法行为】 全省共查处侵害消费者权益案件2149起,查处制售假冒伪劣商品案件2705起;受理消费者申诉12503件,挽回经济损失1252.24万元;抽检商品3688批次,有效地打击了侵害消费者权益行为,切实保护了消费者合法权益。

【开展查处取缔无照经营专项整治】 全省工商行政管理部门在当地政府的支持和相关部门的配合下,坚持疏导为主、处罚为辅,拓宽监管领域,加大监管力度,查处无照经营案件6428件,并积极引导4.43万户无照经营户补办了营业执照。

【强化流通领域监测监管】 组织开展省级流通领域商品质量监测4次。监管制度改革稳步推进,企业信用分类监管工作取得阶段性成果,商品准入制度进一步完善,个体工商户分层分类登记管理改革稳步推进,12315行政执法体系建设有了新进展,"一会两站"覆盖面进一步扩大。另外,网上经营行为监管取得重大突破,省工商管理局直属分局、南昌市局共同查处了"红花国人"等大要案件,开展了"黑网吧"专项整治;组织实施了打击侵犯公司资本制度的违法行为工作;开展了外商投资企业进资调查,催缴进资5942万美元;加强了对高危行业的动态检查监管。

【大力推进全民创业,促进市场主体健康快速发展和社会和谐发展】 2006年,全省工商行政管理部门认真履行职责,以创一流业绩的精神,把深入贯彻新"公司法"与落实江西省"推动全民创业、加快富民兴赣"的重大战略决策相结合,不断提高办事效率和服务质量,受到省委、省政府领导的高度评价。一是贯彻落实新"公司法"及"公司登记管理条例",调整了公司登记管辖权限,规范登记行为,极大地方便投资者创业。二是紧紧围绕"科学发展、和谐创业"主题,一手抓发展,一手抓监管,坚持发展不动摇,促进了个私经济快速健康发展。三是全面推行企业登记"一审一核制",简化办事程序,缩短办事时间。到年底,全省设区市、县一级企业登记机关已全部入驻当地政府设立的统一审批(办证)中心,并落实各项"一个窗口对外"的行政许可办理制度,继续实行首办负责制及上门年检、咨询服务等制度。四是积极开展全民创业宣讲活动,激发群众创业热情,有力地推动了江西省市场主体数量的不断增长、实力的不断增强。

到年底,全省有企业(内资及私营)16.6万余户,新开业的公司1.43万户;外商投资企业4276户。个体户71.91万户,从业人员181.39万人,注册资金187.33亿元,同比分别增长6.56%、8.14%、23.44%。私营企业8.52万户,从业人员160.62万人,注册资本1295.82亿元,同比分别增长19.8%、19.65%、26.32%。

【实行"十条措施",积极服务社会主义新农村建设】 2006年,全省工商行政管理部门围绕支持"三农"发展、服务社会主义新农村建设工作大局,认真执行省工商管理局出台的"十条措施",通过红盾护农、经纪活农、合同帮农、商标富农、权益帮农和政策惠农等措施,积极推进新农村建设。一方面,全省工商行政管理部门把红盾护农作为树立工商品牌的重要工作来抓,实行目标责任制,形成一级抓一级、上下联动的工作格局。全年共检测农资商品2477批次;检查各类农资经营主体14773个(次),取缔无照经营664户;查处非法经营农资案件958件,总案值1267.6万元,为农民挽回经济损失2357.8万元。评定农资经营户分类信用等级8324户。通过积极探索建立农资市场长效监管机制,全省农资经营主体行为明显规范,经营者自律意识明显增强;农民维权意识、购买农资商品安全感明显提高,消费投诉明显下降,农资商品市场秩序明显好转。另一方面,大力发展培育农业经纪人,全省现有农村经纪人6206户,发证人数17116人。积极推进"订单农业",开展涉农合同帮扶,在全省推广15个涉农合同示范文本。积极指导农产品商标和地理标志注册与保护工作,全省有农产品注册商标2569件,其中驰名商标1件("汪氏"),省著名商标148件(占全省总数的35%),农产品证明商标5件、集体商标1件。加强农村消费维权,建立健全三级维权网络,全省开展了"红盾维权进乡村"活动,12315为农村消费者挽回经济损失364万元。支持和引导农产品加工业、种养业拓展,支持发展农资、消费品连锁经营,全省已登记农产品加工和种养业为主的龙头企业1013户,农村"连锁超市"、"放心店"、"便利店"21133户。为失地农民和农村其他人员自主创业免收费65.98万元。

【信息化建设目标初步完成】 按照国家工商总局和省政府要求,初步完成金信工程框架建设目标任务,实现了四级联网。在信息化建设工作中,各级局领导重视,统一规划,加大投入,全系统共投入约3200万元,为历年之最。加强信息中心机构建设,落实人员。县级以上工商局普遍建立局域网。改造省工商管理局机房,完善金信工程运行环境,建设培训教室。全面建立各设区市局企业经济户口数据库,企业登记数据入库率达98%以上。以信息技术为依托,逐步推进企业信用分类监管工作,更换集成化、网络版综合业务新系统,完成新旧版软件的数据倒库工作,涵盖各级局经济户口数据的省局数据中心已经建立。加强外部网站建设。省局、各设区市局均建立外部网站。加强网站应用和管理,充分利用网站实现政务公开;制定上网信息安全和运行安全管理办法;开通网上年检、表格下载、网站备案、网上查询等,方便了企业办理工商事务,为规范执法行为、提高执法效能,配合全省企业基础数据共享、电子口岸建设等工作的开展,建立江西省企业信用体系打下了良好的基础。

【提高执法效能、规范执法行为】 2006年,全省工商行政管理部门坚持以科学发展观为统领,坚持依法行政,采取有力措施,大力开展提高执法效能、规范执法行为的各项工作,进一步加强了行政执法的规范化、制度化、科学化建设,有力地促进了队伍建设和事业发展。

立法立规工作取得新进展。省工商管理局积极配合省政府法制办做好《江西省著名商标认定和保护办法》的相关立法工作;以24项制度为基础的法制工作制度已基本建立,保证了工作开展有法可依、有章可循。深入贯彻实施《全面推进依法行政实施纲要》,着力推行了行政执法责任制,加强行政执法监督。大力推进政务公开工作,进一步完善行政执法公示制和《政务公开指南》,方便相对人,接受社会监督,得到了省政府法制办的好评和推广宣传。

党风廉政建设取得新成绩。大力推进惩防体系建设,认真落实惩防体系《具体实施意见》和《任务分工方案》;以开展工商廉政文化建设为契机,全面加强勤政廉政教育,筑牢思想道德防线;开展党风廉政建设示范点建设,召开现场经验交流会,取得初步成效,得到中纪委驻总局纪检组及省纪委领导的充分肯定。通过开展机关当表率活动,以抓党章学习和荣辱观教育为重点,进一步提高干部的政治思想素质;以规范各级领导干部和一线执法队伍的权力运行为重点,深入贯彻执行总局"六项禁令",加大明查暗访的力度,对违法违纪行为进行严肃认真地查处,切实纠正侵害群众利益的行业不正之风,进一步规范执法行为;深入开展示范和警示教育,加强政风建设,树立了良好的工商形象。

精神文明建设等工作取得丰硕成果。全省工商行政管理部门积极开展精神文明创建工作,涌现了一大批先进典型。南昌市洪城工商分局被团中央命名为2005年度"全国青年文明号",8个单位获得省级青年文明号;高安市黄沙分局兰社源当选为"江西十大文明执法人物";省局和10个单位被当地文明委申报推荐为省级文明行业,省局首次被评为省直机关文明单位。组织树立社会主义荣辱观演讲赛、美术书法摄影作品展;开展扶贫济困、送温暖等工作。同时,信访稳定工作取得了可喜成效,信访总量与主要个量已明显下降。围绕全局工作中心和重点,宣传报道工作在2005年的基础上,又有了很大进步,在中央电视台、《江西日报》《中国工商报》等重要媒体大量宣传江西工商工作,受到省政府领导的充分肯定。

（唐锋峰）

质量技术监督

【概　况】 2006年,江西省质量技术监督局在省委、省政府和国家质检总局的正确领导下,认真贯彻落实科学发展观,围绕服务江西经济建设这个中心,全面履行各项工作职能,全面提高质量技术监督工作的有效性,实现了质监事业的新发展。全年共承担390批次产品的国家监督抽查,开展省级产品质量监督检查5034批次;共颁发国家工业产品生产许可证1099张,抽查获证企业265家,查处无证企业89家;强制检定计量器具84万台件;制定江西地方标准63项,完成企业标准备案1749项,使用"采标"标志15项;共对特种设备各类作业人员、检验人员18330人考核发证;获证食品企业数达2600家;全系统共组织执法人员培训150期,达6000余人次。江西质监系统有8个单位受到国家部委和省委、省政府的表彰,51个单位受到省直部门和设区市委、市政府的表彰,36个单位受到设区市部门和县委、县政府的表彰。

积极围绕培育六大支柱产业做好名牌产品的培育规划,充分发挥名牌战略对提高经济增长的质量和效益、促进经济结构调整方面的作用。2006年共有11个产品荣获中国名牌产品称号,使全省中国名牌产品总数达到20个,跨入中部地区前三名,全国排名第十五位;有10个产品获国家免检产品称号,全省共有42家企业的45类产品获国家免检产品称号;江西名牌产品达253个,省重点保护产品增加到112个,使全省名优企业和产品的市场竞争力明显增强。

【着力提高质量振兴工作的有效性】 省质监局将质量兴市作为促进区域经济振兴的一项重要工作来抓,认真贯彻落实省政府有关文件精神,实行质量兴市工作绩效考核制度,引导各地进一步完善质量兴市工作规范,拓宽质量兴市工作面,形成质量兴市长效机制。省政府成立了"江西省质量振兴领导小组",南昌、上饶、新余等5个设区市及27个县(区、市)政府也相应成立质量振兴领导机构,省政府及上饶、宜春、九江市政府分别出台名牌奖励政策。省、市、县三级政府基本建立质量工作和打假工作责任制,大部分市、县、区将质量技术监督工作纳入国民经济和社会发展规划。同时,加强对各地质量兴市工作的指导、调研,加强交流、取长补短,积极推动上海市闽行区与江西省瑞金市的对口协作,充分发挥质量兴市工作在加快区域经济发展、提高经济运行质量等方面的示范作用,着力提高质量兴市工作的有效性。全省有31个市、县、区有效开展质量兴市工作,新余市、瑞金市、信州区3个市县的质量兴市工作得到了国家质检总局的表彰。

【开展认证认可工作】 开展以直接关系人身、财产安全,认证有效性较差的5类28种产品为重点的强制性认证产品专项整治工作。提高了全省质监系统3C认证执法水平,清理整顿非法认证行为,到2006年底,全省共有348家企业取得了1696张3C认证证书;全省现行有效的管理体系认证证书有1899张;有28个实验室通过国家实验室认可;89家质检机构通过审查认可,868家质检机构获得计量认证证书。同时,有503个产品通过了绿色食品认证,居全国第六;有242个产品通过了有机食品认证,连续3年居全国第一。

【成立食品安全监管机构】 年初,省质量技术监督局成立食品安全监管处,之后,11个设区市质监局相应成立食品安全监管科,97个县(市、区)成立食品安全监管股(办公室),全省质监系统有三级食品安全监管机构109个,食品安全监管人员365人。

【建立食品安全监管责任制】 全省质监系统建立了食品质量安全区域监管责任制,建成覆盖全省的食品安全监管网络。认真贯彻落实省政府下发的《江西省食品生产加工业整顿工作方案》,积极协助各级政府落实食品安全监管责任,全省1593个乡镇成立食品质量安全小组和食品质量安全办公室,乡镇和村委会设立食品安全协管员、信息员,人数近2万名。全省普查建档食品生产加工企业共21355家,摸清全省食品生产加工业的底数,建立较为完整的食品生产加工业质量安全监管档案。落实企业的第一责任,全省90%的生产企业签订了食品安全承诺书。确定109个区域和行业为小企业小作坊整治的重点,整治食品生产小企业小作坊6000多家,占全省总数的近三分之一,关闭不具备生产条件的"三无"小企业、小作坊1500余家。着力开展食品质量安全专项整治"百千万工程",在全国质监系统执法督查和食品安全监管工作调研会上,江西省质量技术监督局专门作经验介绍。加大食品质量安全监督抽查的力度,全年共组织15次专项抽查,食品生产加工行为进一步规范,食品质量安全水平不断提高。

【加强特种设备安全监察】 确定"抓基层,打基础,规范管理"工作主线,着力建立安全监管长效机制。健全基层局安全监察机构,充实安全监察人员并强化了培训,2006年,全省在岗持证安全监察员有279名,比上年增加57%,安全协管员已达2870名,其作用日益明显;统一安装和使用监察和检验软件,于7月1日开通特种设备网上电子政务。结合服务指南的宣贯,重点落实企业的主体责任,已有9288家使用单位签订安全使用承诺书,帮助指导5338家使用单位开展规范化管理工作。省、市、县三级局均制定和完善了应急救援预案及响应程序,开展典型事故应急救援演练。加大专项整治和安全大检查力度,先后开展多项特种设备专项整治,共普查气瓶300多万只,检验钢瓶70万余只,气瓶充装单位许可达到100%;普查公用压力管道150千米;捣毁"土锅炉"189台。加强节假日和重要时期的安全检查,共出动检查人员18436人次,检查各类设备23653台次,涉及使用单位7271家次,共发出安全监察意见书3724份,查封停用设备799台,拆除不合格设备362台,取缔非法单位14家,杜绝了特种设备重特大事故。

【整合特种设备机构】 按照一个半小时经济圈,将南昌、九江、新余、鹰潭市的检验检测机构分"锅检"、"特检"两条线与省检验机构合并重组,正式成立江西省锅炉压力容器检验检测研究院、江西省特种设备检验检测研究院。"两院"并轨运转情况良好,人力资源、检验资源配置更为合理,检验质量管理体系更趋完善,检验收入大幅增加。江西省锅炉压力容器检验检测研究院已完成换证核准工作,江西省特种设备检验检测研究院正在积极准备换证核准工作。经多次协调,省编办已批复其他7个设区市的"锅检"、"特检"进行实质性合并。

【标准化工作】 开始实行软件管理国家级农业标准化示范区,对全省61个国家级农业标准化示范区全部用电子版重新申报。启动农产品批发市场标准化工作,与省经贸委、省农业厅、省国税局、省地税局建立农产品批发市场标准化工作联席制度,联合下发《关于进一步做好我省农产品批发市场标准化工作的通知》。以保健食品为重点,进一步抓好食品标准化工作,与省药监局联合出台《江西省保健食品企业标准备案管理办法》,保健食品企业标准由省质量技术监督行政主管部门和省药品食品监督行政主管部门统一进行备案,各市、县(区)不再受理保健食品的企业产品标准备案。组织一批与人民生活密切相关的涉及人身健康、安全的重要强制性标准的贯彻实施。2006年由江西省起草的"有机硅"和"地理标志产品广昌白莲"等5项国家标准已由国家标准委批准发布,另有"脐橙"等3项国家标准已研制完成,并通过了专家评审。全省新发展条码系统成员500家,续展系统成员759家,条码系统成员的保有量达到2747家,与上年同期相比增长11.6%。全省办理代码证58436家,与上年同期相比增长9.0%。

【计量工作】 计量技术服务体系建设纳入《江西省国民经济和社会发展第十一个五年规划》和《江西省"十一五"科技专项规划》,有21项新建社会公用计量标准通过考核。推进民生计量,加大对强检计量器具的监管力度,开展全省强制检定计量器具普查登记,清查全省加油机等29种55项强检计量器具68万余台件。开展定量包装商品的监督抽查,共抽查定量包装商品生产、经销企业257家,抽查产品14类,定量包装商品450批次。对全省84家机动车安检机构的104条检测线进行监督检查,检查在用计量器具908台,受检率达到100%。高质量地完成了475台动态汽车衡的检定,确保了全省公路车辆计重收费工作的顺利实施。制定并实施《江西省质量技术监督局关于"十一五"期间开展节能降耗增效服务活动实施方案》,能源计量工作列入《江西省人民政府关于加强节能工作的实施意见》,成立全省节能降耗增效活动服务队和11个设区市的服务分队,有针对性地对江西省19家列入国家千家企业节能行动的重点耗能企业和各设区市的重点耗能企业开展服务。

【开展打假整治活动】 区域整治和专项打假相结合的执法打假不断深入,打假工作列入地方政府综合治理考核的考评项目,使打假工作越来越受到各级政府的高度重视。全年共组织开展元旦春节期间热销食品、农资产品、烟花爆竹产品、"3·15"日用消费品、夏季饮品、白酒、机动车安检机构等20余次打假整治活动,突出查办大案要案,遏制了以食品、农资、建材为主的重点产品制假售假活动猖獗的势头。产品质量监督抽查的权威性进一步增强,针对突发事件组织的专项抽查效果突出,在扶优治劣、引导消费、促进发展、维护稳定等方面作用显著。全年共立案查办违法案件7956起,捣毁制假售假窝点143个,查获假冒伪劣商品标值总额9133.6万元。"12365"举报投诉中心正式批准成立并挂牌运行,全年共接待电话咨询2.1万次,受理举报案件1324起,处理产品质量纠纷765起。

【大力实施科技兴检战略】 召开江西省质监系统首次科学技术大会。加大了对技术机构的投入,技术机构改革不断深化,一批重大科技专项取得突破。全省已建立较完善的、能覆盖全省的检验检测体系,检验范围覆盖全省90%以上的产品和设备。"金质工程"正式获准立项并开始实施,省局新大楼楼宇智能化工程进入施工,建成公文传输、财务管理和特种设备检验检测管理等一批应用系统,建立江西省主要出口产品WTO/TBT预警系统和江西主要农产品技术法规与标准数据库,标准化信息和两码信息库得到不断充实。全面完成"十一五"规划编制工作,颁布实施《江西省质量技术监督事业发展"十一五"(2006年~2010年)规划》、《江西省质量技术监督局"十一五"科技发展规划》。

【加强质监区域合作】 2006年9月22日,泛珠三角区域(9省区)质监局长会议在江西召开。国家质检总局党组书记李传卿、江西省副省长凌成兴出席会议并发表重要讲话,9省区的局长分别介绍在《泛珠三角区域质量技术监督合作框架协议》内取得的成绩,并签署《泛珠三角区域(9省区)质量技术监督合作局长联席会议制度》《泛珠三角区域(9省区)质量技术监督合作局长联席会议秘书处工作章程》和《泛珠三角区域(9省区)标准化工作合作项目备忘录》3个文件。

【七个产品获得地理标志产品保护】 2006年,江西省质监局地理标志产品保护工作取得突破性进展,在以往获得的南丰蜜橘、狗牯脑茶、赣南脐橙、泰和乌鸡、广昌白莲、庐山云雾茶、广丰白耳黄鸡、万年贡米、景德镇瓷器9个国家地理标志产品保护的基础上,又有商洲枳壳、弋阳年糕、寻乌蜜橘、横峰葛、金溪黄栀子、高安腐竹、崇仁麻鸡7个产品获得国家地理标志产品保护。至年底,江西省共有16个产品获得国家地理标志产品保护,该项工作跻身全国领先行列。

【11个产品荣登中国名牌产品榜】 2006年,江西省11家企业的11个产品荣登中国名牌产品榜。泰豪集团有限公司"泰豪"牌中小型电机、江西星火有机硅厂"蓝星"牌有机硅、新余钢铁有限责任公司"袁河"牌船体结构用钢板、江西泓泰企业集团有限公司"雅丽泰"牌铝塑复合板、江西洪达医疗器械集团有限公司"洪达"牌一次性无菌输注医疗器械、江西省安福县火腿(集团)有限责任公司"安福"牌中式火腿、正邦集团有限公司"正邦"牌猪饲料、江西双胞胎集团"双胞胎"牌猪饲料、江西省陶瓷工业公司"景德镇"牌工艺陶瓷、江西三川水表股份有限公司"三川"牌水表、华意电器总公司"华意"牌冰箱压缩机。至年底,全省已拥有有效期内中国名牌产品20个,跨入中部地区前三名,全国排名第十五位。

(省质量技术监督局)

土地管理

【开展土地利用总体规划修编试点工作】 为使土地利用规划不断地完善,不断地适应经济社会发展要求。2006年,全省共调整土地利用总体规划100余次。在新余市、井冈山市、新建县、安义县等市、县开展土地利用总体规划修编试点工作,并已完成规划修编的前期工作。

【全面实行土地利用计划指标执行台账制度】 2006年,国土资源部下达江西省农用地转用计划为6600公顷,其中耕地3500公顷;土地开发整理复垦新增耕地计划8000公顷,其中土地开发新增耕地计划2000公顷,土地整理复垦新增耕地计划6000公顷。12月中旬,国土资源部又追加江西省农用地计划1200公顷,其中耕地计划800公顷。在土地利用计划管理中,全面实行了土地利用计划指标执行台账制度。全省全年实际审查通过并核发计划指标581宗,总面积11894.61公顷,其中涉及农用地转用7794.34公顷(耕地4202.48公顷),未利用土地3147.20公顷。

【严格建设项目用地预审】 2006年,全省共对904宗建设用地报批件进行规划审查工作,受理建设项目用地初审和预审76宗,其中已通过省级建设用地预审和初审的63宗。在用地预审时,优先保证重点建设项目和国家、省鼓励发展的项目用地。坚持能用存量土地的,不新增建设用地;能用劣地的,不用好地,能用非耕地的,不用耕地;能少用土地的,不多给地;一般建设项目不准占用基本农田,重点建设项目尽量避免占用基本农田。对不符合国家产业政策和行业准入标准、不符合土地利用规划、投资强度不达标的一律不通过预审。通过对建设项目用地的初审和预审,促进了用地单位节约用地和保护土地资源措施的落实。

【新增建设用地审查做到"六个不批"】 为贯彻国家土地宏观调控政策,促进节约集约用地,协调各业用地供应,江西省农用地转用和土地征收审查报批管理工作,从严上下工夫,严格控制新增建设用地规模,严格依法、依程序规范农用地转用和土地征收审查报批手续,在组织土地报批过程中,对需要用地的项目要分类排队,区别对待,优先安排省、市重点项目、急需的效益好的项目,尽力解决拆迁安置用地,合理安排必需的公共建设用地,调整停建、缓建项目用地。做到了"六个不批",即不符合土地利用总体规划的不批;没有土地利用年度计划指标的不批;不符合国家产业政策和行业准入标准的不批;不能实现耕地占补平衡的不批;没有缴清土地规费的不批;没有依法对被征地农民进行补偿安置的不批。对不及时上报新增建设用地供应情况的市、县,省国土资源厅暂停受理其农用地转用审批。

2006年,全省共审核审批建设用

地1001宗,总面积25581.69公顷,涉及农用地18479.75公顷,其中耕地10132.62公顷。其中使用国家农转用计划指标21宗,面积4369.55公顷,涉及农用地4068.02公顷,其中耕地2123.37公顷;使用省2005年农用地转用计划指标282宗,总面积5476.54公顷,涉及农用地4047.94公顷,其中耕地2338.90公顷;使用省2006年农转用计划指标578宗,总面积11806.60公顷,涉及农用地7742.80公顷,其中耕地4176.35公顷;审批2003年以前历史遗留用地120宗,面积3929公顷,涉及农用地2621公顷,其中耕地1491公顷。

【加强基本农田保护工作】 江西省始终把保护基本农田放在土地资源利用与管理工作的首位,严格管理,强化监督。全省划定基本农田保护区37802个,面积216.97万公顷,占全省耕地总面积的85.08%,另外还建立了5个国家级基本农田保护示范区。对这些基本农田保护,一是严格执行基本农田保护规划,严禁擅自调整或减少基本农田保护面积,土地利用总体规划修编时,坚持以严格保护耕地特别是基本农田为重点,不得以农业结构调整改变基本农田的数量和布局,不得擅自将基本农田纳入退耕还林范围,确保现有基本农田总量不减少。二是依法建立各级政府主要负责人对耕地保护负总责制度,对没有达到责任目标的,通报批评,责令整改,并严格追究有关人员的责任。三是依法加强对涉及占用基本农田的建设项目用地审查,建立基本农田占用听证、公告以及论证制度。四是设置基本农田保护标志13842个,接受社会监督。五是转变观念,更新思路,变单一防守型保护转为保护与建设并重。

【实现耕地占补平衡】 为缓解经济社会发展与耕地资源保护的矛盾,江西省加大执行"占一补一"制度的力度。一是出台《江西省补充耕地管理暂行规定》《江西省耕地开垦费征收使用管理暂行规定》和《关于规范土地开发整理复垦项目管理的通知》等规范性文件,完善耕地占补平衡项目立项和异地占补平衡两项制度,建立土地开发整理项目评审验收专家库,改革验收制度,建立补充耕地指标储备库和补充耕地工作监督检查制度。二是加强耕地占补平衡项目管理,严格执行建设项目与补充耕地项目挂钩制度,明确补充耕地责任单位,落实补充耕地地块,凡建设占用耕地必须先补充,后占用;认真实施耕地开垦费的统一征收和使用制度,为补充耕地建立了稳定的资金来源渠道。三是开展并完成江西省补充耕地数量质量等级折算系数研究工作,为防止占多补少、占优补劣,确保耕地数量质量的占补平衡提供依据。四是在耕地占补平衡考核过程中,坚持考核工作与土地开发整理项目竣工验收、土地变更调查登记等有关工作相衔接,认真组织,周密部署,确保考核工作顺利开展。2006年度全省应纳入耕地占补平衡考核范围非农业建设项目共483个,建设占用耕地4510.85公顷,全部实现了占补平衡。单独选址建设项目用地86个,建设占用耕地502.69公顷,其中缴纳耕地开垦费项目21个,耕地面积86.39公顷,补充耕地86.39公顷;自行补充耕地项目65个,耕地面积416.31公顷。城市分批次建设项目用地317个,占用耕地3658.26公顷,全部为自行补充。村庄、集镇分批次建设项目用地80个,占用耕地349.90公顷,全部为自行补充。

【土地开发整理工作逐步规范化】 2006年,全省土地开发整理注重制度建设,建立土地开发整理立项、设计、招投标、施工、监理、资金管理和验收等一系列制度,使土地开发整理工作逐步规范化。为做大土地开发整理投资规模,全省共向国土资源部推荐土地开发整理项目78个,45个项目通过审查,建设总规模4.93万公顷,投资总额10.1亿元,可新增有效耕地2865.67公顷。安排灾毁耕地复垦项目8个,复垦耕地786.35公顷,安排项目资金1800万元。

【妥善安置被征地农民】 为解决征地补偿标准偏低,妥善安置失地农民生产生活,省政府在赣府发[2006]32号文件中明确规定,征地补偿要做到同地同价,土地补偿费和安置补助费的总和达到法定上限,尚不足以使被征地农民保持原有生活水平的,所需费用从当地国有土地使用收入中安排。年内开展并完成全省征地统一年产值标准、征地区片综合价测算工作。在征地过程中严格执行征地告知、确认、听证、公告等制度,将被征地农民知情、确认、听证有关材料作为建设用地报批必备材料,切实保障被征地农民知情权、参与权、监督权和申诉权。对失地农民采取货币安置、就业安置、留地安置、技能培训、推荐上岗、最低生活保障等综合措施,较好地保障了被征地农民生活水平不降低、长远生计有保障问题。

【规范土地招标拍卖挂牌出让】 为规范招标拍卖挂牌出让国有土地使用权的管理,加强对房地产市场调控,省国土资源厅制定《关于明确经营性用地的国有土地使用权宗地出让方案审查权限的通知》,规定省会城市招拍、挂出让国有土地使用权25公顷(含25公顷)以内;设区市招拍、挂出让国有土地使用权20公顷(含20公顷)以内;县级招拍挂出让国有土地使用权10公顷(含10公顷)以内,由同级人民政府审批,对超过规定面积的,其国有土地使用权招拍挂出让需经省国土资源厅审批后才能进行。2006年,全省国有土地使用权出让直接收入为157.5亿元,较上年增长39%,相当于全省财政收入的30%。

【加强建设用地监管】 为努力提高资源节约集约利用水平,省国土资源厅加强了建设用地的批后监管,实行建设用地批后公布制度,对经依法批准的每宗土地(有保密规定的除外),都及时在国土资源厅网站上公布,建设用地单位要将批准文件在施工现场公开悬挂,接受社会监督。严格执行建设用地供地备案制度和审批汇报制度,对没有按规定时间和要求备案或在备案中弄虚作假的地方,暂停其建设用地报批。加强对闲置土地的处置力度。全年全省依法收回闲置土地约2000公顷。

【土地登记发证】 到年底,全省国有土地使用权登记发证112.95万本,集体土地使用权登记发证486.49万本,集体土地所有权登记发证在试点基础上继续扩大,有效保护了土地权利人的合法权益。针对全省宗教用地登记发证率低、权属情况复杂、历史遗留问题较多的状况,省国土资源厅会同民族宗教事务管理局在充分调查研究、论证基础上,制定《江西省关于做好宗教用地确权登记工作的若干意见》,推动了全省宗教用地土地登记发证工作的开展。

【调处土地纠纷】 2006年,全省累计受理土地权属争议案件417起,调处结案359起,结案率86.19%,其中省国土资源厅直接受理5起,结案4起,维护了社会的稳定。

【健全土地登记查询制度】 全省各地进一步建立健全了土地登记资料公开查询指南和查询制度,因地制宜,采用人工查询、触摸屏查询和网上查询等各种方式,实现了土地登记资料的依法公开查询。全省累计提供土地登记资料查询服务达69004次。年内全省有44人取得土地登记代理人职业资格。按时完成了中国工商银行江西省分行系统、中国石油化工集团公司江西石油系统改制上市和资产调整涉及的土地资产审查及土地产权登记发证工作。

【查处土地违法违规案件】 经清理,2005年1月至2006年8月底,全省共发生各类土地违法违规案件6696宗,面积492.11公顷。按违法主体分:单位违法608宗,占总宗数的9%,涉及土地面积395.44公顷;个人违法案件6088宗,占案件总数的91%,涉及土地面积96.67公顷。在个人违法案件中,农民违法违规建房5696宗,占个人违法案件总数的93.6%,涉及土地面积76.06公顷。按违法类别分:买卖或非法转让土地214宗(其中单位89宗,个人125宗);破坏耕地60宗(其中单位25宗,个人35宗);未经批准占地6048宗(其中单位389宗,个人5659宗);非法批地7宗(单位);其他367宗(其中单位98宗,个人269宗)。在6696宗违法违规案件中,违法情况轻微并及时得到纠正或制止的1790宗,占总案件的26.73%。在总案件中,有4726宗进行了立案查处,已结案4463宗,其中没收建筑物构筑物面积1.47万平方米,拆除建筑物构筑物面积2.99万平方米,责令退还土地面积151.62公顷,罚款共计2129万元,提出党纪处分建议86人次,其中处级干部4人;提出政纪处分62人,其中处级干部12人。已追究党纪处分到位70人,其中处级干部2人;追究政纪处分到位62人,其中处级干部12人。移送司法机关17人,给予刑事处罚12人。

(曾德恩)

矿产管理

【地质灾害损失】 2006年,全省遭遇多次连续强降雨,部分地区发生了较严重的山体滑坡、崩塌、泥石流等地质灾害。全省共发生山体滑坡、崩塌、泥石流地质灾害449起,造成12人死亡,10人受伤,直接经济损失4461万元,京九铁路和105国道、316国道一度中断。

【明确地质灾害防治责任】 全省11个设区市和92个县(市、区)分别修订发布了本辖区的年度地质灾害防治方案,明确地质灾害重点防护区和防治重点、防治措施、监测预防责任人。全省共派出地质灾害应急调查组371批次,编制应急调查报告73份。

【预防地质灾害成效显著】 全省将汛期和地质灾害易发区的防灾作为工作的重中之重,最大限度地避免和减少了人员伤亡。赣县沙地镇狮形寨5月28日上午发生山体滑坡,体积1625立方米,摧毁房屋8栋35间,由于及时组织人员疏散,避免了39人伤亡。县国土资源局和镇政府在巡查中发现黎川县熊村镇邱源村武林峰村小组、滑坡隐患点有活动迹象,6月4日前将全村17户71人安全撤出,6月6日凌晨发生山体滑坡,5万余立方米的泥沙在暴雨中倾泻而下,掩埋了38间房屋,没有发生人员伤亡。

【开展地质灾害调查】 完成永新、泰和、万年县的地质调查与区划工作,部署乐平等16个县(市)的调查工作,争取到国家地质灾害调查与区划专项经费320万元。

【加强地质灾害评估资质管理】 为加强地质灾害危险性评估单位资质管理,通过委托省地质学会组织专家评审,经国土资源厅厅长办公会审定,授予地质灾害危险性评估和地质灾害治理工程资质共计69个,颁发了相应的资质证书。

【全面开展矿山储量动态监管工作】 2006年5月19~20日,省国土资源厅在南昌召开全省全面开展矿山储量动态监督管理工作座谈会,制定并下发《江西省全面开展矿山储量动态监督管理工作实施方案》,计划用3年时间,在全省全面建立矿产资源储量动态监督管理体制,对矿山企业动用、消耗、损失、生产探矿增减的资源储量进行测量监督,并按消耗储量征收矿产资源补偿费,促使矿山企业合理高效开发利用资源,建设资源节约型社会。全年全省重点完成煤、铁、钨、铜、金等矿产资源储量的地质测量动态监督年报报告410个。省国土资源厅完成江西金林评审公司报送的评审备案矿产地质勘察报告和储量地质报告58个。完成国土资源部委托评审的崇义淘锡坑钨矿等重要矿区资源潜力调查报告6个。完成全省2005年度查明资源储量登记矿区91个、占用资源储量登记31个、建设项目压覆矿产资源储量登记3个、105种矿产1860个矿山的开采、损失和生产探矿增减的资源储量统计汇总工作。

【开展矿产资源储量调查评价】 完成寻乌河岭稀土矿区、樟树清江盐矿区北部块段、丰城徐山钨矿区的资源潜力调查评价和报告送审稿。完成14个铁矿区、13个铜矿区、80个矿山工业指标、采选技术、资源储量和生产经营效益等2001~2005年的调查。

【整顿和规范矿产资源开发秩序】 2006年,全省扎扎实实地开展了整顿和规范矿产资源开发秩序工作,对各种违法开采矿产资源行为进行全面排查,对正在实施的矿产资源勘查项目进行全面检查,对矿产资源开发管理中的各类违法违规行为进行全面清查,对钨、锑、锡、稀土等国家保护性开采特定矿种进行了专项整治,共查处无证勘查4起,取缔非法无证开采

1207起，纠正越权发证27起，查处证照不全勘查1起，查处证照不全开采111起，查处无证开采153起，查处不履行勘查义务3起，查处不按批准方案开采、回采率低、浪费资源33起，查处污染环境66起，关闭、取缔污染环境矿山企业431家，督促190个存在安全隐患的矿山进行整改，查处超层越界开采196起，查处以采代探22起，查处非法转让探矿权12起，查处非法转让采矿权23起，责令停产整顿矿山380个，吊销采矿许可证269个，收缴非法开采的矿产品5.5万吨，罚款122.6万元，查处扰乱勘查、开采秩序的社会治安问题11起，查处国家工作人员参与办矿85人，追究刑事责任19人，查处重大案件7起，查处其他违法行为100余起。

【矿产资源整合取得显著成绩】 针对矿山企业“多、小、散”的状况，江西省积极开展矿产资源整合工作，与钨矿、稀土矿采矿权人签订总量控制合同书，矿产资源整合取得显著成绩。一是矿产资源整合后，全省煤矿由1173个减少到762个，钨矿由143个整合为93个，稀土矿由140个整合为89个，江西铜业集团公司增加铜储量410万吨以上，达产后可增加铜精矿10~20万吨，保有储量占全省铜资源储量的95%以上；江西钨业集团有限公司占有全国黑钨矿保有储量60%以上；赣州稀土集团公司占有全省90%的稀土储量；江西煤炭集团公司所属矿山占有矿产资源储量占全省60%以上，资源保障水平得到提高。二是明确国有矿山周边一千米范围内不设他人探矿权，作为国有矿山企业周边探矿的资源接替区。三是优化矿业布局，提高资源利用水平和保障程度。四是促进和引导一批采选冶加工企业的快速发展，增强了江西省矿业在国际、国内市场的竞争能力。

【矿产资源整合模式独具特色】 在矿产资源整合中，形成独具江西省特色的多个资源整合模式，对既有大矿又有小矿的地区，采取德兴富家坞铜矿区赎买退出模式；对小矿集中区，采取修水香炉山钨矿区大型企业整体收购控股的模式；对既有多个生产规模不一的采矿权，又有多个探矿权混杂其中的矿业权相对密集地区，采取德兴金山金矿区股份制联合改造模式；对优势矿产分布过小过散的地区，采取赣州萤石矿集中统一加工，延长产业链模式；对于优势矿产分布相对集中，而分散经营的矿区，采取赣州稀土矿国有资产整体划转、民营作价入股模式；对于生态环境相对脆弱而布点分散的地区，采取南昌西山建筑材料矿区规划优先，市场配置资源模式。

【矿业经济实现利税超200亿元】 2006年，全省矿山总数6226个，其中大型矿山39个、中型矿山166个、小型矿山2771个、小矿3250个，采选业从业人员25.9万人，年产矿石量1.8亿吨，矿业总产值145.33亿元。2006年，江西省矿业及加工业产值为2338亿元，占全省国民生产总值的50.6%；实现利税超200亿元，比上年增长20%以上。

【采矿权年检做到“六个结合”】 全省采矿权人2006年年检工作，严格审核了采矿人年度报告中涉及内容的真实性，并做到“六个结合”：一是与整顿规范矿产资源开发秩序工作相结合；二是与采矿权市场相结合；三是与矿产资源整合工作、采矿许可证的延续、变更、注销工作建设相结合；四是与监督矿山开采设计方案的执行情况，核实矿山企业的“三率”考核工作相结合；五是与矿山安全生产、地质灾害、纠纷调处相结合；六是与矿产资源补偿费、采矿权使用费的清欠工作相结合。通过年检，发现不合格的矿山274个，追缴矿产资源补偿费245.1万元，注销采矿许可证303个、吊销采矿许可证9个。

【地勘规划通过预审】 2006年1月，《江西省地质勘查规划》顺利通过国土资源部地质勘察司组织的专家预审，为全国第一个通过预审的省份。

【中央地勘项目进展加快】 完成中央历年下达的11个补偿费项目执行情况检查及总结；完成2006年度3个续作勘查项目申报，合计预算经费724.39万元，完成2006年新执行项目的设计审查4个，合计工作经费590万元，并进行了野外施工。

【省地勘项目取得较好成果】 2006年，省级资源补偿费下达执行的勘查项目共10个，合计工作经费493万元，项目正在野外施工。经过几年的工作，省补偿勘查项目取得较好成果；于都县坑尾窝矿区有望找出一个大型钨矿；铅山县陈坊矿区有望找出一个中型铜矿和大型铅锌矿；弋阳县曹溪矿区灰岩矿属特大型矿床，为江西省最大的优质水泥原料基地；弋阳县南家坞矿区，系构造一岩浆作用形成的构造蚀变岩型锌(锡)矿床，普查范围内锌的资源量已达中型规模，此类矿床在江西省所见不多，有研究解剖价值，远景规模可达大型。

【商业性矿产勘查取得突破】 2006年，全省新控制矿产地大型9处，中型11处，小型29处。引导和鼓励社会资金投入商业性矿产勘查取得突破，全年社会资金投入达到1.5亿元。《国务院关于加强地质工作的决定》下发后，省政府作出了《关于加强地质工作促进矿产资源科学发展的若干意见》，明确了加强地质工作，强化集约利用矿产资源，培育壮大特色支柱产业，促进江西省矿业经济科学发展的一系列政策措施。

（曾德恩）

食品药品监管

【概　况】 2006年，在省委、省政府的正确领导下，江西省食品药品监管系统围绕保障公众饮食用药安全、促进经济社会协调发展这个中心任务，各项工作取得新的成效。在省食品安全协调领导小组推动下，强化了地方政府对食品安全的领导责任，省、市相继制定《重大食品安全事故应急预案》，实施食品安全综合评价，首次对外公布全省食品安全状况报告，全年没有发生一、二级重大食品安全事故，食品安全总体形势保持平稳。深入开展药品市场秩序的专项整治，组织对药品和医疗器械的跟踪检查，开展药品批准文号普查工作。各药检所改挂食品药品检验所牌子，新组建药品审评中心、药品认证中心和信息中心。至年底，全省有138家药品生产企业通过了GMP认证，当年获得国家药品注册批件366件，其中新药26件，新保健食品109件。积极开展树立社会主义荣辱观和学习党章的主题教育活动，完善公开选拔、竞争上岗的选人用人机制，认真落实党风廉政建设责任制，不断加强队伍建设。

【首次召开全省食品安全工作会议】 3月10日，江西省政府首次召开全省食品安全工作会议。副省长凌成兴在会上作讲话，并代表省政府向各设区市政府下发《2006年食品安全工作责任书》，将8项食品专项整治工作列为2006年的工作目标。省政府下发了《2006年江西省食品放心工程实施方案》和《2006年江西省食品安全专项整治行动方案》，就全省实施食品放心工程，开展食品安全专项整治行动作出了具体明确的部署。

【开展食品安全专项整治工作】 2006年，全年全省各级监管部门共检查食品生产、加工、经营、餐饮企业33.34万家，查处违法行为1.22万起，立案4930起；移送司法机关处理172起，逮捕3人，吊销、取缔无卫生许可证生产经营企业824家，吊销、取缔无营业执照生产经营企业1838家，取缔无卫生许可证、无营业执照餐饮店(馆)1857家。在食品源头监管方面，开展农资打假专项治理行动，全年通过全国无公害农产品认证的农产品154个，创建了8个全国无公害农产品标准化生产示范县、7个全国农产品标准化生产综合示范区。在食品生产加工环节，开展食品生产企业普查摸底和登记建档，全年关闭不具备生产条件的"三无"小企业、小作坊1500家。在食品流通和餐饮环节，严格食品经营主体的市场准入，清理出有问题的食品经营主体8260户，开展以速测为主的食品安全现场检测。加强对食品卫生许可证发放管理，对6类食品生产经营单位开展专项整治工作，实行食品卫生监督量化分级管理的餐饮单位13044家。做好了重大活动及接待任务食品安全保障工作，保证了各类重大活动的饮食、饮水及活动场所的卫生安全。

【开展生猪屠宰和"瘦肉精"专项整治行动】 针对私屠滥宰活动屡禁不止和"瘦肉精"检出率居高不下的状况，省政府要求在全省开展生猪屠宰行业专项整治。年内，省有关部门捣毁私宰窝点455个，查缴私宰猪肉18万千克、病害肉4.7万千克。经过清理，全省乡镇生猪定点屠宰场296家，县以上城区生猪定点屠宰率达95%以上。南昌市新建了一个牛、羊屠宰加工厂。各地还对屠宰执法人员和屠宰技术人员进行了专业培训和技术轮训，基本上实行执法人员和专业技术人员持证上岗。

【上饶市发生食用有毒咸蛋中毒事件】 2006年6月端午节期间，在上饶市铅山县发生一起食用有毒咸蛋中毒事件。共报告中毒人数10人。经调查，此批有毒咸鸭蛋是铅山县青溪乡一地下工厂购买乐平电化厂下脚料加工而成，其中含有有毒物质氯化钡。上饶市政府立即成立以市政府领导为组长的事故处理领导小组并采取应对措施。工商、盐业、质监、公安、药监等部门对造假窝点进行检查，在现场封存鸭蛋30.80万只。有关部门从流通和消费环节共回收咸蛋11.93万只，当日公安机关将不法业主谢某和他儿子拘留。

【药品质量状况分析】 2006年，江西省各级药监部门和药检机构全年共抽验药品9666批次，其中，评价性抽验药品1522批次，合格率为93.76%，比上年的95.47%下降1.71个百分点；监督性抽验药品8144批次，不合格品检出率22.64%，比上年的20.87%提高1.77个百分点。国家药品抽验计划的抽验结果：按照国家药品抽验计划抽验药品894批次，检出不合格品51批次，不合格率为5.70%，比上年下降2.52%。省药品抽验计划的抽验结果：抽验药品8929批次，检出不合格品1891批次，不合格率为21.18%，比上年上升7.31%。

·资　料·

2006年度全省重大食品安全事故一览

（自2005年第3季度至2006年第3季度）

序号	发生地点	发生时间	事故原因	危害	级别
1	赣州市江西应用技术职业学院黄金校区	2005年11月8日	瘦肉精	75人出现中毒症状	Ⅳ级
2	新余市渝水区	2005年12月18日	有机磷	1人死亡，29人中毒	Ⅲ级
3	吉安市吉水县尚贤乡南生村	2006年2月7日	有机磷	97人住院治疗	Ⅳ级
4	抚州市乐安县龚坊镇	2006年2月11日	甲醇	1人死亡	Ⅲ级
5	上饶市	2006年6月3日	钡	2人死亡，8人住院治疗	Ⅲ级
6	九江市都昌县汪墩乡	2006年8月10日	毒蘑菇	1人死亡，7人住院治疗	Ⅲ级
7	赣州市于都县祁禄山镇马岭村	2006年8月13日	毒蘑菇	1人死亡，7人住院治疗	Ⅲ级
8	景德镇市浮梁县红塔大酒店	2006年8月13日	不明	42人出现中毒症状	Ⅳ级
9	赣州市南康市"东方大酒店"	2006年8月25日	微生物	37人出现中毒症状	Ⅳ级

【开展药品市场专项整治】 2006年，各级食品药品监管部门组织开展了对药品市场的专项整治行动。全年出动监督检查人数10.72万人，共查办药品案件13122起，其中假劣药4412起，无证经营581起，案值金额2499.41万元，移送司法机关处理11人，其中判刑4人。在药品研究环节，开展药品注册专项核查，完成对151家生产企业共5750个药品批准文号的普查工作，撤回107个申报品种。在生产环节，采用GMP飞行检查的方式，收回生产企业药品GMP证书5张，停产整顿8家。在流通环节，对药品经营企业进行了GSP跟踪检查，吊销药品经营许可证零售企业7家；撤销药品GSP认证证书的批发企业5家、零售企业18家，责令停业整顿的批发企业10家、零售企业28家。同时，查办了邓武高制售假药团伙案等一批重大假劣药品案件。

【开展对“齐二药”和“欣弗”品种的清查】 2006年，黑龙江齐齐哈尔第二制药厂“亮菌甲素注射液”假药事件、安徽华源“欣弗”劣药事件相继发生，并在全国产生了不良的社会影响。在省政府和国家食品药品监管局的部署下，江西省组织开展查扣涉案假药的紧急行动，控制“齐二药”药品22种353批次17.08万支，“欣弗”产品2140瓶，减少或避免了假劣药品对江西省群众的危害。

【农村药品“两网”建设工作取得阶段性成果】 2006年，江西省食品药品监管局选择兴国、余江县为国家农村药品“两网”建设示范县。在地方政府支持下，“两网”建设工作取得阶段性成果。农村药品协管队伍发挥了作用，共聘任乡镇协管员1870人，覆盖率100%，村级信息员16592人，覆盖率97.50%。全省实现药品连锁配送进县到乡的乡（镇）达100%，实现药品配送进村的行政村达93.67%。经抽查，2006年江西省农村药品随机抽验合格率为92%，农村药品配送价格平均下降12%。从2004年到2006年，连续3年组织监测评估组，分3批完成了对全省80个县（市）、160个乡（镇）、320个行政村开展“两网”建设的抽样检查评估。根据调查评估结果，农民的满意度平均为87.05%、企业和业主的满意度平均为93.13%、政府的满意度平均为87.08%。

【吉安市出现一起药品群体不良事件】 7月9～14日，吉安市第一人民医院传染科9人20余次出现药品不良反应症状，查实为门冬氨酸钾镁注射液所致。该药生产厂家为上海现代哈森商丘药业有限公司。7月18日吉安市食品药品监督管理局接到吉州区卫生局的报告。7月19日，省食品药品监督管理局接到报告，立即责成吉安市局暂控相关药品，并抽样送江西省药检所检验。7月26日省药品检验所出具了检验报告，检验结果表明门冬氨酸钾镁注射液检验不合格。

【召开泛珠三角九省区食品药品监管合作第三次联席会议】 泛珠三角九省区食品药品监管合作第三次联席会议于2006年10月19～20日在四川省峨眉山市召开。福建、湖南、广东、广西、海南、贵州、云南、四川、江西九省区组团参加会议。重庆市药品监督管理局、澳门卫生局药物事务厅的代表作为嘉宾出席会议。江西省食品药品监管局组团参加会议。这次合作联席会议以“科学监管、和谐发展”为主题，进一步探索建立食品药品综合监管、资源共享、加快发展、目标一致、运转协调、务实高效的区域合作机制。

（吴腮忠）

统计管理

【概　况】 2006年，全省各级统计机构和广大统计工作者在当地党委、政府的正确领导下，以科学发展观为统领，围绕社会经济建设全局，围绕全省统计局长会议确立的目标任务，积极进取，开拓创新，克难奋进，出色地完成了各项工作，较好地发挥了统计信息、咨询、监督的整体职能，统计改革、建设和发展取得了新的成绩。

【统计基础工作得到逐步改善】 2006年，全省各地认真贯彻落实省政府办公厅和省统计局有关加强统计基础工作的文件要求，做了大量富有成效的工作。认真组织实施《全省加强统计基础建设三年发展规划》，建立完善统计基础工作制度和考核评比办法，对统计部门、乡镇和企业统计基础工作提出明确要求，严格按照统计制度、统计标准及统计工作流程组织统计工作。切实加强市、县、乡和企事业单位统计网络建设，督促基层单位设立统计机构、配备统计人员、制定统计工作制度，基层统计网络建设取得新的进展，特别是工业园区统计工作水平有了明显提高。建立与完善重点起报单位和县、乡统计机构历史台账和专业统计台账，规范数据采集、整理、计算、汇总的方法和程序。大力推进统计从业资格认定工作，举办统计上岗培训，加强专业培训，努力提高基层统计人员业务素质。

【统计业务规范化水平逐步提高】 2006年，省统计局以数据质量为中心，结合统计年报和定期报表工作，采取一系列各具特色、行之有效的措施，使统计业务规范化水平逐步提高。全省各地都成立了重大统计数据评估小组，对各专业汇总上报的数据，进行严格审核评估把关；建立统计数据“三审”制和数据质量差错追究制度；对重要经济指标采用相互验证的办法提高数据质量控制的科学性。做好基层数据审核工作，建立基层数据审核流程；采取工作重心下移、质量关口前移，重要数据实行下管一级等办法控制数据质量。加强专业统计规范化建设，有力地促进了统计数据质量的提高。国家统计局对江西省统计数据的认可度明显提高，查询次数不断减少，各专业报表在全国评比中荣获的等次越来越高。

【全力以赴做好重大国情国力调查】 为做好江西省第二次农业普查工作，5月25日，省政府召开全省农业普查工作电视电话会议，对普查工作进行全面动员和具体部署。各级政府及有关部门对这次普查都比较重视和支持，先后建立普查机构，落实普查人员，安排普查经费，准备普查物资。各级普查办公室按照全省统一部署，有条不紊地开展普查业务准备工作，相继进行普查员选调、业务培训、综合试点、清查摸底、普查区划分、地址码库编制等工作。2007年1月1日开始，普查登记工作全面展开。

完成经济普查和1%人口抽样调查大量的后续工作。经济普查初步完成资料编印工作，积极开展资料的开发利用，稳步推进基本单位名录库建设。1%人口抽样调查顺利完成了数据的发布、总结评比表彰、快速汇总资料编印和资料分析研究工作。

【统计服务领域及水平不断扩展与提高】 年内，全省各级统计部门扩大统计服务领域，围绕决策需求、中心工作需求、社会公众需求等方面提供统计优质服务。加强对经济社会发展形势的监测预警和分析研究，不断完善国民经济运行预警系统，及时发现和反映经济社会运行过程中出现的苗头性、倾向性的新情况、新问题，为党委、政府领导决策提供信息咨询和决策依据。围绕全省的中心工作和主要任务跟踪调研，开展一系列专题分析。一大批分析报告受到党委、政府领导的批示和表扬。全方位、多角度地开展统计新闻宣传，进一步完善统计新闻发布程序，逐步健全统计新闻发言人制度，不断完善统计新闻发布和信息公开制度。通过信息网络、新闻媒体等载体，定期、按时公布群众关心、关注的社会经济信息。仅省统计局通过各种方式受理统计信息查询、咨询达1300余人次。

【统计法制工作进一步加强】 5～9月，省统计局会同省人大财经委，在全省开展《统计法》执行情况专项检查。检查的内容主要是统计违法行为和统计基础建设情况。为切实搞好这次联合专项检查活动，省统计局进行了精心准备和周密安排。强化领导，联合成立全省统计执法大检查领导小组及其办公室。制定翔实、缜密的统计执法检查方案。实行自上而下层级检查和交叉检查。省统计执法大检查领导小组组成4个检查组，分赴各设区市进行检查。在此之前，全省各地加强了统计法律法规的宣传，采取行之有效方式，利用广播、电视、报纸等新闻媒体，广泛深入地开展统计法制宣传活动，为联合执法营造良好氛围。加大培训力度，着力提高统计人员的知法、懂法、执法意识和水平，增强各级领导依法治统、依法管统观念。全省各地措施得力，全面开展自查活动，对各自查单位开展有重点、有针对性的抽查，全年全省执法检查单位数3799个，立案案件数522个，结案数439个，警告数77个，罚款39.29万元，通报批评200个。通过检查，社会各阶层加深了对依法统计的认识，扩大了统计法律法规的社会影响，提高了广大公民统计法制观念和统计法律意识，为依法治统创造了良好社会环境。

此外，省统计局还完善了统计法制制度，在深入调查研究的基础上，为《统计法》的修订提出了许多修改意见。积极组织统计执法和普及法律知识培训，认真开展“五五”普法工作，制定全省“五五”普法规划。

【统计信息化建设继续推进】 2006年是江西省统计信息化建设年，全省各地加大统计信息化建设力度，把统计信息化建设作为重点工程来抓。制定统计信息化建设“十一五”规划，明确“十一五”规划期间统计信息化发展的原则、目标和任务。按照全省的统一部署，年内绝大部分设区市都建立了信息内网，并与省统计局统计信息网相连接。县级统计信息网建设步伐明显加快，许多县级统计局的信息网已与省、市相连。部分地方已实现网上数据上报与交换，信息共享、网上办公、信息服务更加快捷和便利。省统计局建立了远程网络视频会议，开展了网上直播。积极组织实施统计信息工程扩建项目，不断拓宽信息高速公路，延长网络节点。

（胡国平）

审计监督

【概　况】 2006年，全省各级审计机关以邓小平理论和“三个代表”重要思想为指导，以科学发展观为统领，解放思想，开拓创新，在促进增收节支、加强宏观调控、推进依法行政、维护群众利益、推动廉政建设等方面发挥了积极作用，取得显著成绩。全省共审计（调查）了5696个单位，共查出违规金额104.42亿元，管理不规范金额178.80亿元，损失浪费金额7.07亿元，同时通过审计发现侵害人民群众利益金额1533万元。审计决定处理处罚应上缴财政6.55亿元，应减少财政拨款或补贴7527万元，应归还原渠道资金38.91亿元，应调账处理金额85.69亿元；已上缴财政6.45亿元，已减少财政拨款或补贴3424万元，已归还原渠道资金10.33亿元，已调账处理金额13.88亿元。移送司法机关案件10件，移送纪检监察部门事项47件，移送其他有关部门事项11件，被批示采用工作报告、信息690篇，向社会公告审计结果23篇。2006年10月，审计长李金华到赣考察对江西省审计工作给予充分肯定和高度评价。他指出，这些年江西的审计工作有很大的变化，很大的提高。一是厅班子更加具有凝聚力，班子的自身建设、队伍建设、作风建设很好，二是工作思路有变化，更多地关注当前审计前沿的问题。

【财政审计进一步促进了依法行政和规范管理】 全年共完成审计及审计调查项目489个，查出违规金额51亿元，管理不规范金额63.51亿元，审计决定处理处罚应上缴财政4.09亿元，已上缴财政3.99亿元。2006年的预算执行审计进一步拓宽了审计的深度和广度并取得良好效果。省政府领导在高度评价预算执行审计工作的同时，要求有关部门：“对存在的问题认真整改，财政部门要认真采纳审计报告中所提的建议，并制定相应措施落实。”省人大常委会要求审计厅“今后要继续加强预算执行审计，依法加强审计监督，从树立和落实科学发展观的高度，按照依法行政、规范管理的要求，把涉及人民群众切身利益的问题放在首要位置，切实纠正和改进存在的问题，认真总结经验教训，从制度上解决屡查屡犯的问题。”此外，省审计厅关于全省财税审计情况报告、国有资产有偿使用收入审计情况等也都得到省政府主要领导的批示。

【行政事业审计在成果利用上更加突出整改】 全年共完成审计及审计调查项目3150个，查出违规金额10.80亿元，管理不规范金额19.01亿元，审计决定处理处罚应上缴财政7937万元，已上缴财政6952万元。2006年行政事业审计突出了效益审计的力度,并取得较好成效。如针对省出版集团对外投资及其效益方面存在的问题,省审计厅在连续多年审计的基础上,加强跟踪审计。在进一步披露其在投资和经营亏损、国有资产流失、国有资产闲置等方面问题的基础上,加强审计分析。通过分析,从投资结构、损益情况和经营业务等方面提出了切实可行的整改建议。省长吴新雄批示:“要进一步健全经营决策机制,落实经营决策责任,防范风险,提高水平,加强监督,规范管理,增加效益。”副省长孙刚要求省出版集团新的投资决策务必科学慎重。此外还精心组织开展全省基础教育审计、省总工会财政财务收支及工会经费收支管理情况的审计等。省属16所高校财务收支审计情况的报告,由于揭示了高校财务风险问题,引起省委、省政府领导重视。省委书记孟建柱要求省高校与有关部门要妥善化解风险,进一步加强内部管理,促进高校健康发展。

【企业审计进一步强调创新】 全年共完成审计及审计调查项目227个,查出违规金额1.90亿元,管理不规范金额41.14亿元,审计决定处理处罚应上缴财政4192万元,已上缴财政5795万元(含上年应缴未缴数)。省审计厅对省烟草公司(专卖局)、南昌市烟草公司(专卖局)2005年度财务收支的审计,严格按照审计署授权项目要求,做到了依照法律,符合程序。同时成功运用了分析性复核、审计软件辅助等审计方法,查出并已收缴入库违规资金1545万元。在对航运系统进行审计时,省审计厅十分强调审计方案的统一性与程序性,并要求各地严格执行。此外2006年的企业审计还在项目实施中,注重发现个人收入分配上存在的问题。省审计厅《关于个别省级企业集团本部经费收支及个人收入分配方面存在问题的专题报告》,引起了省领导的重视,要求相关部门认真整改。

【专项资金审计更加关注民生问题】 全年共完成审计及审计调查项目921个,查出违规金额2.76亿元,管理不规范金额8.51亿元,审计决定处理处罚应上缴财政7357万元,已上缴财政7106万元。2006年的专项资金审计在审计思想和理念上得到进一步的提升,注意把视点放在民生问题上、放在维护群众利益上,放在促进社会公平公正问题上。如省审计厅在对宜丰、浮梁、奉新、永新、靖安、崇仁等6县第三批三峡库区移民外迁安置资金进行审计时,发现三峡库区外迁移民滞留库区、回流原籍的现象非常严重,占全省接受三峡库区外迁移民总数的29%。对省审计厅反映的这一个关系到迁入地农村稳定、关系到三峡库区稳定,也关系到全社会稳定的重大问题,省政府主要领导作了重要批示。对审计厅披露的九江市垃圾处理场严重损失浪费,又造成新的污染问题,省政府领导高度重视,并对审计厅落实科学发展观,高度负责,积极主动的精神予以了表扬。

2006年,全省审计机关组织开展了住房公积金审计,为了纠正因管理体制不顺、资金“体外循环”、挤占挪用基金、违规贷款、住房公积金违规缴存造成职工贫富差距扩大等制度运行、资金运用等方面的问题,省审计厅连续向省政府提交了3篇综合报告,都得到省政府领导批示。省长吴新雄要求:“对违规的地区和部门要立即纠正和整改,必须以认真严肃的态度落实好整改措施,并加强督查。”省、南昌市住房公积金管理中心重新制定并修正了公积金缴存、提取、贷款3个管理办法,降低了公积金缴存畸高的高收入行业的缴存比例。对审计提及的公积金受益面太窄问题,南昌市已将提取范围扩大到严重困难家庭。在审计督促下,南昌大学第一附属医院还作出药品每月排名前三名的自动降价10%的规定,有力地打击了药品回扣问题。

【固定资产投资审计得到进一步加强】 全年共完成审计及审计调查项目788个,查出违规金额1.94亿元,管理不规范金额44.38亿元,审计决定处理处罚应上缴财政5001万元,已上缴财政4736万元。2006年的固定资产投资审计项目安排与布局贴近江西省投资方向与重点,并与省重点工程建设的布局和进展相吻合,发挥了积极作用。年内,省审计厅开展了对景婺黄、景鹰两条高速公路概算执行情况,对赣定、昌金、京福、厦昆4条高速公路竣工决算情况的审计,还组织全省各级审计机关开展对全省193个农村公路建设项目的审计。这些审计对促进江西省基础设施建设都起到积极作用。京福高速公路温沙竣工决算审计情况报告、赣粤高速公路赣州至定南段项目竣工决算审计情况报告,全省193个农村公路项目建设投资审计情况报告、经济适用住房建设项目审计调查情况报告等,省长吴新雄、常务副省长凌成兴都作了重要批示,充分肯定省审计厅所做的工作,并要求有关部门对审计建议予以重视。

【外资和其他项目审计更加注重实效】 全年共完成审计及审计调查项目112个,查出违规金额6466万元,管理不规范金额1.57亿元。省审计厅在对世行贷款泰赣高速公路主线竣工决算审计中,核减工程投资7463万元,核减率为2.53%,上缴财政资金915万元,应归还原资金渠道3539万元,取得了明显成效,得到了省政府主要领导的肯定。省审计厅组织实施的世行贷款改水项目效益审计,查处截留挪用项目资金、虚假配套、低价变卖项目物资以及损失浪费等违规问题,得到了省政府领导和审计署的肯定,省政府领导要求省卫生厅进行整改。这为改善江西省贫困地区农村的健康饮水问题,提高农民生活质量起到了促进作用。此外在中德合作造林项目审计中,审计查出6个项目县存在不同程度的少发、克扣农民劳务费问题,对此省审计厅予以了警告,并督促将克扣农民的劳务费全部补发到位,维护了农民利益。

【经济责任审计得到进一步深化】 全年共完成审计项目1417个,审计经济责任人1573人,查出违规金额7.87亿元,管理不规范金额14.19亿元,损失浪费金额7837万元。经审计,降职、降级处理2人,移送司法机关7人,移送纪检监察机关7人,其他处分3人。2005年的经济责任审计进一步加大了对基层审计机关经济责任审计工作的调研指导力度,初步掌握基层审计机关经济责任审计工作的实际。2006年出台《江西省领导干部任中经济责任审计暂行办法》,以省纪委、省委组织部、省审计厅等6个部门名义向全省联合下发。此办法的出台,对如何开展并深化经济责任审计工作具有很强的指导意义。此外,省审计厅还开展了对一位公推公选正厅级干部的离岗前审计,一位拟提拔干部的任中审计及一位设区市审计局长的离任审计。这些项目审计,得到了组织部门的好评。

【审计法制化和规范化建设得到进一步推进】 2006年,全省各级审计机关把学习宣传和贯彻落实新修订的《中华人民共和国审计法》作为全年一项重要的工作来抓,并与推行行政执法责任制紧密结合起来,编印了《江西省审计机关行政执法依据目录》,在严格履行审计监督职责方面取得较好成效。组织全省审计案件移送知识培训、参加了省电台"政风行风热线"活动,开展对设区市审计局审计项目质量的检查,还在全省范围首次进行优秀审计项目评选活动。省审计厅推荐的赣州市局退耕还林资金审计项目,被审计署评为优秀审计项目。这一系列的工作,使得全省审计工作在法制的轨道上又迈进一步,为此,省审计厅被评为全国审计机关"四五"普法先进单位。

【信息化建设进入新的发展阶段】 2006年,全省审计信息化建设得到总体推进,进入新的发展阶段。一是在金审工程的规划层面上实现了新的跟进。金审工程建设纳入《江西省国民经济和社会信息化"十一五"专项规划》和全省的年度信息化工作要点,真正成为全省电子政务建设的组成部分,组织、项目和资金的保障程度大大提高。按照审计署金审工程二期项目建设规划,金审工程二期项目建设的投资规模已经省发改委承诺并上报审计署,实现了江西省金审工程一、二期建设项目与审计署金审工程的承接。二是立足审计实践,在扩大应用面上,在提升应用成果上,在加强应用交流上,使AO在全省审计机关的推广应用初具规模效应,AO的推广应用取得新的成效。三是培养计算机审计的领头人,奠定审计信息化的全员性基础,使现有审计人员的信息化知识结构从整体上得到很大改善,信息技术的培训跨上新的台阶。四是在条件初步具备的各级审计机关启动了审计专(内)网和上下联网的建设,使全省审计信息化格局发生了根本性转变。

(吴周平)

口岸管理

【概　况】 2006年,江西省口岸各项建设成效显著,通关效率明显提高,电子口岸、开辟国际航线、降低进出口物流成本、区域通关合作等重点工作扎实推进,对外开放平台进一步优化,有力促进了江西开放型经济又好又快发展。全年江西口岸共完成进出口货物运量76.38万吨,国际集装箱5.99万重标箱,分别比上年增长65.17%和60.56%。其中:九江港水运口岸完成进出口货运量42.58万吨,国际集装箱3.62万重标箱,分别比上年增长49.60%和44.96%;南昌货运口岸作业区完成进出口货运量32.13万吨,国际集装箱2.18万重标箱,分别比上年增长96.09%和89.75%;赣州陆运口岸作业区完成进出口货运量1.55万吨,国际集装箱1945重标箱,分别比上年增长76.03%和121.78%。南昌航空口岸安全运送旅客3.72万人次,比上年增长15.06%;通过共享航班号的方式运送国际旅客2208人次;出入境飞机429架次,其中外国籍飞机1架次,港澳籍飞机7架次。

【口岸开放平台建设】 5月,南昌至上海海铁联运班列开通进入试运行;6月,南昌至香港海铁联运班列进入试运行。7月1日,南昌航空口岸正式开通南昌经北京至法兰克福、巴黎、温哥华、洛杉矶4条共享国际航线,使南昌航空口岸的国际航线增加到7条。同时,南昌经广州至悉尼、墨尔本的共享国际航班也获得批准开通。

【江西电子口岸建设推进小组成立】 3月15日,经省政府批准正式成立江西电子口岸建设推进小组,由省政府常务副省长吴新雄担任组长,16个相关单位为成员。9月12日,省委副书记、常务副省长吴新雄与海关总署副署长李克农共同签署了江西省人民政府、海关总署关于建设江西电子口岸的合作备忘录。11月6日,经省编办批准,江西电子口岸服务中心正式成立,为正处级差额拨款事业单位,负责江西电子口岸实体平台的建设、运营和维护。

【加强口岸区域协作】 一是加强与沿海口岸的对接。省口岸办先后与上海市口岸办签订《上海市与中部六省加强口岸大通关合作,促进现代国际物流发展框架协议》;与福建省口岸办签订《关于闽赣两省开展区域通关协作备忘录》,为江西省进出口货物搭建更多的出海口,构建更加便捷、高效、畅通的口岸渠道。二是加快区域通关合作。南昌海关积极主动与上海、广州、厦门等13个海关先后签订联系配合办法,推行"属地申报,口岸验放"。同时加强与深圳等海关联系配合,开通"赣粤港"快速通关系统。江西出入境检验检疫局在推广"三电"工程(电子申报、电子签证、电子转单),与深圳、厦门等重要沿海口岸检验检疫机构建立铁海联运检验检疫合作机制和江西出口柑橘检验检疫协作机制等,实现信息共享,建立口岸"直通模式",进一步疏通江西进出口货物检验检疫快速通道,企业报检通关的效率得到大幅提升。

【推进大通关建设】 南昌海关从服务"中部崛起"和江西经济发展的大局出发,实现由管理型海关向服务型海关的转变,提出了支持服务江西开放型经济发展的12条措施,涉及到加强区域海关合作、提高通关效率、出口加工区建设、加工贸易转型升级、推进电子口岸建设、申报设立海关机构、拓展国际航线、打击走私等多个方面。江西出入境检验检疫局从完善服务手段、转移监管重点、简化办事程序、破解技术壁垒、推进名牌战略等方面制定了支持"万商西进"服务地方经济的10项措施。同时继续深化"1+10+N"检管模式改革,建立迅速有效的口岸突发公共卫生事件应急机制,完善认证认可制度,积极推进电子监管,加大绿色通道和出口免验工作力度等。省边防总队提出了"有困难找边防"、"边防也是投资环境"的口号,借助媒体向全社会推出了22条便民利民服务举措,并开设投资绿色通道和旅游团预检通道。九江海事局牢牢把握住海事管理的生命线、生存线和高压线,不断增进安全敏锐意识,2006年,实现了辖区安全形势的明显改善,事故总件数比上年下降87.5%。

【口岸基础设施建设加强】 出口加工区发展迅速,九江出口加工区经过近一年的建设,于6月20日顺利通过国家9部委组织的验收,并封关运行,12月份,实现了第一笔出口业务,在同批获得批准出口加工区中率先封关并实现出口;5月8日,国务院以国办函[2006]37号同意设立南昌出口加工区;赣州出口加工区的申报工作进展顺利,已完成国家9部委的会签。11月22日,南昌昌北国际机场扩建工程正式开工。

【加强口岸机构建设】 一是省级口岸工作机构得到加强。经省编办批准,省外经贸厅增设了口岸促进处,同时增加编制6人。至年底,省级口岸工作部门共设有2个处(口岸管理处、口岸促进处),人员编制数14人。二是查验机构建设得到加强。2006年,新余海关、龙南检验检疫局办事处相继成立,全省查验机构分布更加合理和健全。三是设区市口岸工作机构得到加强。年内,南昌市、新余市相继成立口岸办,赣州市、吉安市对口岸机构进行调整,推动了地市口岸工作的进展。

(王胤兴)

海　关

【概　况】 2006年是南昌海关取得突出成绩和重要进步的一年。南昌海关认真贯彻落实国务院领导视察海关工作时的重要讲话和全国海关关长会议精神,树立和落实科学治关理念,坚持海关工作16字方针和队伍建设12字要求,紧密结合省情关情,开拓创新,扎实工作,较好地完成了海关总署交给的各项工作任务,有效地支持了地方经济社会发展,关区各项事业保持了全面、协调、可持续发展的良好势头。全年关区征收税款9.5亿元,同比增长48.93%。关区监管业务量继续保持大幅增长,全年监管进出口货物总值20.28亿美元,同比增长74.6%;监管进出口货运量179.36万吨,同比增长1.42倍;报关单数量首次突破2万份。南昌海关被评为"全省文明单位"、"全省服务开放型经济先进单位"等荣誉称号。

【完善综合治税大格局】 深入贯彻落实综合治税思路,不断加强一线监管、后续管理、打击走私等方面的协调配合,管好一般贸易、加工贸易、减免税等重点渠道,税收征管质量进一步提升,超额完成全年税收计划。

【制订出台"12条措施"】 从加强区域海关合作、提高通关效率、出口加工区建设、加工贸易转型升级、推进电子口岸建设、申报设立海关机构、拓展国际航线、打击走私等方面,提出了支持服务江西开放型经济发展的12条措施,并通过新闻媒体向社会公开承诺,接受社会监督。同时,将其细化为67项任务,明确责任部门和责任人,跟踪督办,抓好落实。12条措施推出后,受到了省市领导和广大企业的好评,取得了较好成效。

【积极对接"长珠闽",全面打通进出口通道】 积极学习借鉴周边先进海关的经验做法,加强区域海关合作,主动对接"长珠闽"海关,分别与上海、广州、厦门等13个海关签订联系配合办法,全面搭建了南昌至"长珠闽"地区八大主要口岸的"属地申报,口岸验放"区域通关平台,在江西本地打造"无水港"。企业通关效率进一步提升,通关成本进一步降低。同时加强与深圳等海关联系配合,开通了"赣粤港"快速通关系统。企业一辆直通车的通关费用由过去的300元/车降为2元/车,通关时间从12~24小时缩短为几分钟。仅系统开通2个月就办理了400余票直通车出口通关手续。通过召开新闻发布会向企业广泛宣传"属地申报,口岸验放"政策,使更多企业能够享受这一便捷措施。

【业务整合创新协调推进】 一是整合了部分隶属海关和业务现场的内设机构和职能,将4个隶属海关的内设机构由4个调整为2个,将1个办事处的内设机构由4个调整为3个,合理调配了人力资源,工作机制更为顺畅。二是积极推进风险管理平台建设,将审单中心与风险监控中心的职能进行整合,集中风险分析、审单两支力量,全面试行在审单基础上的风险分析监控。三是推行业务流程"再造"。针对企业感到不方便、需要往返跑路、海关监管又没有实际效果的业务,整合职能,理顺机制。理顺了机场办事处空运货物监管和驻南昌高新区办事处职能,下放了减免税、滞报金减免、报关单删单修改和保金保函审批权限,简化和优化通关作业内部审批程序,方便企业办理业务,通关效率有了较大提高。关区进口通关平均用时从今年一季度的105小时降为四季度的37个小时,通关效率提高了183%;出口通关平均用时从一季度的7小时降为四季度的3小时,通关效率提高了133%。四是积极做好南昌—北京—法兰克福(巴黎、洛杉矶、温哥华)4条新开通国际航线的监管工作。

【促进招商引资】 对江西重点招商引资项目实行提前介入,跟踪服务,提供政策咨询和通关指导。简化减免税审批环节,对符合国家产业政策的项目依法快捷办理免征关税和进口环节税手续,全年共办理减免税9.03亿元。

【积极协助地方政府做好出口加工区工作】 专门成立出口加工区推进工作领导小组,加强对出口加工区的政策咨询、指导和推进及出口加工区的有关审批、调整和验收等工作。当年,九江出口加工区通过国家验收,南昌出口加工区批准设立,赣州出口加工区申报进展顺利。

【对企业实行"个性化"服务】 根据企业诚信程度,量身定做监管模式,把所有便捷通关措施全部"打包"给企业,使企业在政策上做到用足用好;在服务方式上推行"精细服务",实行优先审单、24小时预约、上门验放、信任放行等便捷通关措施。个性化、精细化服务有效地促进了江西省造船、航空、多晶硅、铜加工等一大批高科技、高附加值产业的发展。

【加工贸易联网监管和电子手册试点工作取得突破】 实现关区加工贸易联网监管零的突破,做到关区各分关、办事处至少有一家企业实现了电子手册管理。同时,切实加强出口加工区和保税仓库的管理。2006年,关区共办理加工贸易手册备案1114份,同比增长21.48%,备案金额10.5亿美元,同比增长26.24%。

【查缉走私取得新成果】 始终保持打击走私高压态势,全年走私案件立案3起,案值1020.16万元;行政案件立案12起,案值共计约4844.5万元,同比增长417.1%。积极参加由海关总署部署的4次专项行动和56起协查任务。同时把历年的积案全部清理完毕,并首次破获了一起毒品走私案,缴获毒品近1千克,实现南昌海关缉毒工作零的突破,得到海关总署和江西省禁毒委的充分肯定。

【为地方经济发展积极提供建议】 围绕地方经济发展,分析研究江西外贸发展课题,及时为地方党委政府提供进出口数据和统计分析报告。围绕江西铜产业发展状况和趋势进行调研,提出支持铜冶产业发展的有关建议。南昌海关撰写的"十五"期间景德镇传统陶瓷出口和江西农产品出口的两篇分析文章得到省长吴新雄的批示,并批转到相关部门研究办理。

【开展"抓作风、促效能、争做忠诚国门卫士"主题教育活动】 南昌海关将总署"争做忠诚国门卫士"活动与江西省"抓作风、促效能、创事业"主题实践活动及"小关自强、争创内陆一流海关"要求进行统筹安排,用4个月时间开展"抓作风、促效能、争做忠诚国门卫士"主题教育活动。在关区全面启动准军事化纪律部队建设,制订《全面开展准军事化纪律部队建设实施意见》、《内务规范实施细则》、《内务督察办法》等制度,明确关区准军事化纪律部队建设的内容、标准和方法。强化内务规范管理,开展"内务规范月"活动。组织全体关员认真学习"内务规范示范片",培养和推广内务规范典型,开展全员军训和体能测试,建立内务督察制度,从考勤、着装、内务管理等环节入手,促进关员行为举止和关容风纪更加规范,队伍的作风纪律和精神面貌呈现明显的变化。深入开展党风廉政建设和反腐败工作,强化党风廉政建设责任制的落实,加强对队伍的教育、管理和监督,提高关员拒腐防变、抵御风险的能力,关区党风廉政建设处于较好水平。

(陈　斌)

检验检疫

【概　况】 2006年,江西检验检疫局坚持以"三个代表"重要思想为指导,认真贯彻落实科学发展观,紧紧围绕"服务经济、促进发展"这一中心,依法行政、依法施检,依法监管,各项工作取得新的进步,实现了"十一五"规划良好开局。全年共检验检疫出入境货物10.24万批38.31亿美元,同比分别增长72.2%和52.6%,比上年增加4.3万批13.2亿美元;查验出入境人员43280人次,增长16%;健康体检7684人次,增长25.2%;艾滋病监测7665人次,增长30.3%;交通工具检疫780架次,增长19.6%;集装箱检疫33560标箱,增长7.4%;签发一般原产地证3989份,金额2.06亿美元;签发普惠制证书9791份,金额5.59亿美元,同比分别增长37.4%和14.1%

全年共检出不合格出入境货物664批2268万美元,分别增长33.1%和58.6%;出入境人员体检发现病例683人次,增长19%;截获违规携带物70批,截获有害生物66批;不合格集装箱检出率增长119%。行政执法力度进一步加大。全年共立案查处各类违法案件17起,结案14起。先后查处了九江外轮公司逃避集装箱检疫、赣州某公司以不合格旧机电冒充合格产品进口、出口黑芝麻调包换货骗取证单等案件,为国家避免和挽回经济损失近千万美元。

【加强卫生检疫监管】 认真贯彻落实国家质检总局《国境口岸突发公共卫生事件出入境检验检疫应急处理规定》等相关文件,完善江西口岸各级突发公共卫生事件应急指挥体系,实行统一指挥、统一部署、统一行动。补充完善各级应急预案,落实各项制度和责任人员,确保做到第一时间反应、第一时间到现场、第一时间处置、第一时间报告,真正做到有备、有效、科学、及时应对口岸发生的各种突发公共卫生事件。进一步完善信息化管理系统,建立江西检验检疫局口岸卫生应急管理信息数据库,为实现全省口岸应急资源动态管理、合理布局和统一调配提供了准确、有效、可靠的平台。进一步完善部门合作机制,与江西省卫生厅共同签署《应对江西口岸突发公共卫生事件合作机制》,与南昌市政府联合签署《应对南昌口岸突发公共卫生事件合作机制》,双方强化疫情通报制度,指定疫情信息联络员,明确疫情通报的时间、内容及形式,建立疫情协作处理机制,启用新的《就诊方便卡》。与南昌铁路局签订《关于海铁联运试运行期间出入境货物、集装箱、火车车皮检验检疫工作暂行办法》,规范火车车皮的检验检疫工作。认真落实国务院艾滋病防治工作会议精神,加强对重点人群的筛查检测、宣传教育工作以及实验室建设,2006年10月,江西检验检疫局卫生检疫实验室顺利通过中国合格评定中心考核组的现场评审,正式获得17025的认可,保障了艾滋病监测工作的质量。

【开展疫情疫病监测和残留物质监控】 对全省供港活猪检疫注册饲养场分别开展猪口蹄疫、猪瘟、篮耳病、伪狂犬病等疫情疫病监测,共监测猪血清3次670多头份,获得3600余个检测数据。开展供港活猪"7+37"(7种禁止使用化学物质,37种限制使用化学药物)化学物质残留监测4次,160多头份尿样。对盐渍猪肠衣、蜂蜜、小龙虾、鳗鱼等出口动物源性食品残留物质进行监控,累计抽取、检测60份样品、190余个项目。开展出口植物产品、植物源性食品残留物质监控。共对大米、茶叶、柑橘、芝麻、茶油、米粉、毛豆等11种商品抽取95个官方样品、34个土壤样品和28个灌溉水样品进行检测,检测农药残留、重金属和生物毒素共计3350项(次)。

【加强进出口商品检验监管】 重点理顺并制定全局56种重点商品应检(测)项目,对检验检测形式、周期和频次加以明确,并根据国家质检总局发布的风险预警信息和新的检管要求进行动态调整,以"应检项目+风险预警"构成检验检疫工作质量的"高压线",有效解决了不检验就出证、检验数据与结果不可追溯等工作质量问题,各类商品应检项目检验检测规范执行率提高17个百分点,风险预警监管落实率上升至99%,不合格商品检出率、有毒有害物质检出率、疫情疫病截获率和有害生物截获率都有较为明显的提高。

【积极开展认证认可工作】 2006年,新增卫生注册登记企业28家,注销企业注册登记6家,针对全省120家卫生注册登记企业,开展日常监管520多家次,组织定期监督检查60多家次。加大执法稽查力度,建立定期监督检查的督查机制,对全省987名备案检验员开展年度审核工作,对205名因未履行检验员职责或工作岗位变动的备案检验员注销了资格,有效地降低了认证执法工作的随意性。积极推荐对外注册,对外注册推荐共计24家次,是往年累计数的2倍。积极开展体系认证,江西的汽车企业首家获得TS16949证书,江西的养殖企业首批获得全国农业良好操作规范(GAP)认证。在出口农产品、食品企业中积极推进有机、HACCP、GAP等认证,利用对外注册拓展国际市场的做法,一举改变了江西烤鳗主要出口日本市场单一的现状,江西水果得以顺利出口欧盟,蔬菜直接出口香港,均实现了零的突破,有力促进了江西农副产品扩大出口。

【推行电子监管工作】 全面实现100%电子申报,电子签证率超过54%,电子转单率达到80%以上,全省已有240多家进出口企业实现了远程电子报检和产地证电子签证,积极推行电子监管工作,制定出口电子监管工作实施方案和《出口电子监管系统运行规则管理工作规范》,明确职责,对全省企业及商品进行摸底,按国家质检总局要求上报江西省出口企业名录,组织系统内业务人员和企业技术人员操作培训,江西检验检疫局112人申办了电子密钥。年内有33家企业首批安装了电子监管企业终端软件,通过电子监管验放货物1156批。大力支持出口免验和绿色通道工作,经过初审,推荐了6家企业申请出口免验,10家企业申请进入绿色通道。

【应对日本"肯定列表制度"】 为应对日本"肯定列表制度",牵头成立技术小组积极研究和实施应对措施。组织人员翻译《日本肯定列表》中300多种农药残留量检测方法,共500多页33万字,同时对江西检验检疫局食品实验室检测能力进行全面调查评估,组织确定输日鳗鱼及其制品重点检测项目和监控项目,使之更切合实际。加强残留物质监控和风险评估,年内对全省50多个备案养鳗场分别进行了2次孔雀石绿、硝基呋喃、硫丹等8项高风险项目的普查,抽取样品100余个,获得800多个检测数据,根据检测结果统计分析及时作出情况通报。积极争取地方政府的重视和支持,与外经贸部门联合下发《关于积极应对日本肯定列表制度保证我省食品农产品顺利出口的意见》,同时,深入企业宣讲座谈,引导出口企业积极应对,努力提高管理水平、风险意识和自检自控能力。通过积极应对,全省烤鳗出口从9月份开始大幅增加,全年出口不降反升,突破1亿美元,与上年相比增长47%,基本未出现大的质量卫生问题。

【落实省部合作协议】 认真贯彻省部合作协议,切实抓好各项工作任务的落实。结合地方产业特色和区域特点,针对出口农产品、水产、食品、电瓷等有关专项工作,先后签订厅局级合作协议7个,市局级合作备忘录11个。积极推广出口食品农产品"公司+基地+标准化"的生产经营模式,建设31个柑橘出口基地,65个鳗鱼养殖基地,18个其他水生动物出口养殖基地,7个蔬菜出口种植基地。得益于基地建设,江西省柑橘出口规模一改历年来不足1000余吨的低迷状态,2005年至2006年跃升至2.6万吨,给当地果农带来直接经济效益超过8000万美元。紧密结合江西陶瓷产业优势,积极开展出口陶瓷企业注册登记和输美认证工作,指导帮助企业提高质量管理水平,促进陶瓷出口增长过亿美元,比上年翻了两番。加大扶优扶强力度,与全省100多家重点进出口企业建立工作联系和走访制度,重点扶持江铃、昌河、泰丰、晶湛科技、赛维科技等大型企业的机电产品、高新技术产品、金属制品、轮胎等产品扩大出口,促进汽车出口突破1.2万辆,精炼铜、钢铁、陶瓷等5类商品出口货值增加1亿美元以上,车辆、轮胎、音响设备、节日灯、化纤等12类商品出口货值增加1000万美元以上。

【科研与制标工作取得新成果】 参与研究开发的《出境货物木质包装远程监控系统》2005年获得江西省计算机学会颁发的"江西省信息技术应用优秀成果一等奖",2006年6月份获得江西省经贸委颁发的江西省重点新产品一等奖,10月份又获得南昌市政府颁发的南昌市科技进步二等奖。《烟花爆竹产品检疫风险预警研究》科研项目获质检总局科技兴检二等奖;《休眠松材线虫幼虫快速检疫方法的研究》达国际先进水平,获得国家发明专利和江西省2006年度"科技进步"三等奖;《振动台实验通用夹具》获国家知识产权局颁发的实用新型专利证书,这是江西检验检疫局通过实践总结获得的第5项国家专利;由宜春检验检疫局独立编制的国家标准《烟花爆竹危险等级分类方法》被作为国家烟标委的重要基础标准之一,成功通过了全国烟花爆竹标准化技术委员会的专家审定。

(段利平)

城乡建设

本栏编辑　余日蓉

综　述

2006年，在省委、省政府的正确领导下，全省建设系统广大干部职工全面贯彻落实省委十一届十次全会精神，坚持以科学发展观统领建设工作全局，围绕推进新型工业化、新型城镇化的战略部署，更新发展理念，转变发展模式，落实发展举措，新型城镇化和城乡建设事业取得新的进展，实现“十一五”规划的良好开局。

*城镇化继续保持快速推进的态势。*全省城镇化率达38.68%，较上年度增加1.58个百分点，高于全国平均增幅0.68个百分点，城镇人口增加近70万人。城市在经济社会发展中的主导作用更加突出，中心城市对周边地区的辐射带动作用显著增强，城镇化对工业化和经济社会发展的促进作用进一步显现。

*城市基础设施建设投入继续保持适度增长。*全行业总投资523.44亿元，占全省固定资产投资的19.8%。其中：城市基础设施投资134亿元，房地产开发累计完成投资343.59亿元。行业投资对全省经济增长的贡献率达到11.8%。

*城市人居环境进一步改善。*宜春和景德镇被命名为国家级园林城市，实现省国家级园林城市零的突破。南昌市由建设部授予中国人居环境奖（水环境治理），景德镇市空气污染综合治理、吉安市城市生态综合治理、南昌市象湖水环境综合治理等工程获得中国人居环境范例奖。各地以创建园林城市为载体，进一步完善城市功能，改善人居环境，城市面貌焕然一新。

*新农村规划建设取得突破性进展。*已有1.01万个行政村完成了村庄规划的编制，占全省行政村总数的60.53%，极大地改变了长期以来村庄建设无规划可依的现状。试点村村庄治理全面推进，6210个省级试点村全面完成村庄治理，村容村貌明显改观，农村人居环境显著改善。

*经济适用住房建设和完善廉租住房制度工作全面启动。*调研、论证、出台江西省推进经济适用住房建设和完善廉租住房制度的政策，该工作在全省11个设区市全面启动，省长吴新雄对建设厅的工作给予了高度评价。

*工程质量与安全工作再创佳绩。*建筑安全生产形势持续好转，连续三年杜绝三级以上重大安全事故，在全国处于领先水平。省建设厅被省政府评为“十五”期间全省安全生产工作综合先进单位。

*维护行业和社会稳定工作取得成效。*全面完成国务院和省政府确定的三年清理拖欠工程款和农民工工资目标任务；落实减轻出租车行业和经营者负担的有关政策措施，全省出租车行业保持了稳定态势；规范城镇房屋拆迁行为，组织开展重复访专项整治，全面完成中央和省联席会交办的拆迁信访任务，省建设厅获全省信访突出问题专项整治工作先进单位称号。

（省建设厅编辑室）

城市规划与建设

【概　况】　2006年，全省有91个城市（含市、县），其中设区市11个，设市城市10个，县城70个，城市人口1257.29万人，城市面积3987.23平方千米，其中建成区1299.27平方千米。省建设厅在抚州市、丰城市增设一级规划局，在上饶、玉山、广丰、鄱阳、余干、横峰等6个县增设规划局。宜春市规划局与建设局合并为一级规划建设局。至年底，全省共有14个市设立一级规划局，2个市设立一级规划建设局，3个市设立二级规划局，12个县设立规划局，1个市设立规划管理处，全省规划管理人员达千余人。全省现有南昌、景德镇、赣州3个国家历史文化名城，吉安、井冈山、瑞金、九江4个省级历史文化名城。

全省城市基础设施建设稳步发展，城市生态环境建设取得突破性进展，人居环境进一步改善。全年完成城市基础设施投资134亿元，市政公用设施承载能力稳步提高，服务质量和水平进一步提升，城市道路、园林绿化和污水处理、垃圾处理等基础设施建设成效显著。创建园林城市工作再掀新高潮，9月，宜春市、景德镇市被命名为“国家园林城市”；创建省级园林城市工作成果丰硕，全省有22个市、县向省政府提交申请报告，经省政府常务会议通过，有13个市、县被命名为“省级园林城市”。改善人居环境工作取得新成绩，获得中国人居环境奖10项，中国人居环境范例奖3项。在全省组织开展首届园林小区、文明公园的创建活动，评定出10个文明公园、7个园林小区。城市建设的稳步发展，使全省城市功能进一步完善，城市生态环境进一步优化，城市品位进一步提升。

加强城镇体系规划和中心城市规划的研究和编制。按照国务院部际联席会议要求，《江西省城镇体系规划》完成调整、修改和与江西省土地利用总体规划的衔接工作；研究起草《江西省城镇体系规划实施办法》;开展以南昌为核心的环鄱阳湖城市群规划的前期准备和研究;九江市域城镇体系规划通过评审,赣州、吉安市市域城镇体系规划纲要通过论证,各设区市普遍加强市域城镇体系规划编制工作;南昌市城市总体规划已经省政府审定,上报国务院审批;全省加大市、县城市总体规划及其他各类规划的编制、论证、评审和指导力度。

加快规划管理法规建设和制度建设步伐。2006年,省建设厅重点抓好《江西省控制性详细规划管理条例》的修改、完善,参与立法调研,该"条例"已经省政府常委会审议通过,将提请省人大常委会审定;省政府批转省建设厅《关于加强城市总体规划工作的意见》,为全面加强全省城市总体规划工作创造了有利条件;省建设厅参与编制省"十一五"规划"城镇化发展重点专项规划",提出加快推进江西省城镇化的政策措施;修订完善《江西省城市规划管理技术导则》,出台《江西省建设项目规划审批暂行规程》,进一步规范了规划审批行为。

继续做好城市总体规划编制和审批。按照建设部新颁布的《城市规划编制办法》的要求,对全省各市、县开展城市总体规划修编工作加大指导和督查力度,重点指导和帮助南昌、九江、赣州、景德镇、萍乡、抚州、上饶、吉安等中心城市完成城市总体规划的修编和报批。组织召开抚州、赣州市城市总体规划纲要论证会和高安、瑞昌市城市总体规划评审会,组织专家参加上犹、横峰、南丰、广昌等县城市总体规划纲要论证及九江市近期建设规划评审和技术审查,核定并批复宜丰、宁都、寻乌、于都等县城市规划人口和建设用地规模,核定萍乡、樟树的城市规划人口和建设用地规模并将上报建设部。

【开展城乡规划效能监察工作】 2006年省建设厅制定出城乡规划效能监察的规则、程序和标准,会同省监察厅对南昌和赣州两市进行专项调研;对南昌、萍乡、宜春等设区市及部分县(市)城乡规划效能监察工作进行抽查;深入开展派驻城市规划督察员工作,加大对各地规划管理的监管力度;各设区市普遍完善城乡规划对房地产开发规模、时序和地段的调控功能,对稳定商品房价格、促进江西省房地产市场的健康持续发展发挥了积极作用。

【城市管理工作进一步加强】 各地认真学习借鉴宜春市城市管理的经验,理顺城市管理体制,建立长效管理机制,加大城市环境综合整治力度,城市管理工作服务大局、服务城市、服务群众的质量和水平有了显著的提高。2006年省建设厅继续开展对11个设区城市市容环境明察暗访活动,通报反馈了暗访及各地整改情况。全省城市环境面貌进一步改善,城市功能和城市品位进一步提高,城市管理的长效机制进一步完善。

【维护出租车行业的稳定】 建立健全工作机构,重点抓"减负"、"打黑"、"维护稳定"三项工作,即将国家和江西省有关减轻出租车行业和经营者负担的规定落实到位;配合公安、工商等部门,严格打击非法营运的"黑车";维护出租车行业的稳定。认真落实国家和省制定的有关措施,全省城市公交、出租汽车油价补贴按时发放到位,保持全省出租车行业稳定态势。

【贯彻落实公交优先发展政策】 2006年,国家调整油价后,省建设厅对城市公交行业油价补贴进行认真测算,提出了补贴方案。会同省发改委、省财政厅、省劳动和社会保障厅印发《关于优先发展城市公共交通若干经济政策意见的通知》,对江西省城市公共交通行业发展起到十分重要的作用。另外,还印发了《关于进一步加强全省城市公共交通安全管理的通知》和《关于优先发展城市公共交通若干经济政策意见的通知》。

【吉安大桥获鲁班奖】 吉安市吉安大桥于2002年11月28日开工建设,2005年8月26日建成通车,主桥长536米,全长2627米,宽28米,双向车道,总投资2.9亿元。2006年获全国建筑工程高质量奖——鲁班奖,成为江西首个获该项奖励的市政工程类项目。

(林伟 熊伟 夏萍)

村镇规划与建设

【概　况】 2006年,全省建制镇734个(不含县城关镇)、集镇639个,村庄15.34万个(其中村委会1.64万个)。全省共设立省级村镇建设(规划)管理机构1个,市级村镇建设(规划)管理机构19个,县级村镇建设(规划)管理机构129个,乡镇村镇建设管理机构1190个;全省村镇建设(规划)管理人员5529名。村镇总人口3347.43万人,其中建制镇、集镇居住的人口583.92万人,占村镇总人口的17.44%。全省建设用地面积60.83万公顷,其中建制镇、集镇用地13.76万公顷。全省村镇建设总投资175.89亿元,其中住宅建设投资109.18亿元,占投资总额的62.13%;公共建筑、生产性建筑和公用设施投资66.72亿元,占投资总额的37.93%。全省全省村镇实有住宅建筑面积10.26亿平方米,人均住宅建筑面积29.85平方米。村镇公用设施逐步完善。全省共有600个建制镇、360个集镇、2525个村庄建有集中供水设施。建制镇、集镇自来水厂日供水能力为156.63万吨。全省村镇自来水受益人口380.3万人,占村镇总人口的11.36%,建制镇自来水普及率达63.96%,集镇自来水普及率达49.63%。全省人均村镇道路面积13.91平方米,建制镇人均公共绿地0.99平方米,集镇人均公共绿地1平方米;建制镇、集镇共有公共厕所4399座,配有环卫车辆1087辆。全省已有81.4%的乡、镇完成总体规划的编制或修编任务,累计有1.01万个行政村已编制规划,占61.56%。

【"双千工程"推进村镇规划的开展】 2006年,省建设厅重修订印发《江西省村庄建设规划技术导则》2万多册,发至全省农村。在全省开展新农村规划"双千工程",即组织全省规划设计单位千名工程技术人员支援农村规划编制和农房设计工作,会同省教育厅共同组织千名大专院校相关专业师生支持农村规划编制和地形测量,无偿参与40个市县村庄建设规划的编制工作。全省15所高校师生2000余人次编制村庄规划2600个;甲、乙级规划设计单位无偿编制样板示范村镇规划164个。组织开展新农村农房设计方案竞赛,甲、乙级建筑设计单位共编制农房设计方案385个。省新村办确定的6210个试点村的规划编制任务全部完成。省财政首次拨出专款1000万元,用于全省村镇规划编制费用的专项补助。到年底,全省乡镇规划完成80%以上,村庄规划完成60%以上。

【深入开展村庄整治工作】 2006年,省建设厅在推广赣州市"三清三改"(清垃圾、清淤泥、清路障;改水、改厕、改路)经验的基础上,确定大力改善农村人居环境,实施"六改、四普及"(改房、改栏、改水、改厕、改路、改环境和普及沼气、普及有线电视、普及电话、普及太阳能)的近期村庄整治内容。5月,下发《关于切实加强新农村规划建设管理工作的通知》,制定全省建设系统全力投入新农村建设的10项举措。省建设厅首次鼓励有条件的集镇建设和村庄整治项目参加申报"江西人居环境奖"评选活动。省直19个成员单位和相关部门共同制定出《江西省社会主义新农村建设自然村整治建设2006~2010年规划纲要》的编制方案,并组织专家历时5个月编制完成此"纲要"。

【切实加强示范镇、重点镇建设】 8月,建设部新增进贤县李渡镇、萍乡市安源区安源镇为全国小城镇建设示范镇。10月,省建设厅在萍乡市安源镇召开全省小城镇建设现场会,推广示范镇经验,公布重新调整的全省5个小城镇建设示范镇和7个后备镇,制定《江西省小城镇示范镇规划建设管理考核标准》,部署在全省示范镇重点镇开展镇容镇貌"五整治三建设"达标活动。确定全省小城镇建设的工作目标将按照四个梯次推进:一是12个示范镇和后备示范镇;二是82个全国重点镇;三是200个省重点镇;四是约500个其他建制镇。

【历史文化名镇、名村工作取得进展】

建设部和国家文物局第一、二、三批已命名江西省国家级历史文化名镇(村)8个,省政府已命名的一、二批省级历史文化名镇(村)48个。2006年省建设厅会同文物部门组织专家对已命名的和正在申报的国家、省级历史文化名镇(村)保护规划评审,加强历史文化资源的保护,并根据国家有关部委要求积极组织编制历史文化名镇(村)"十一五"规划。

(王纪洪)

建筑业与房地产业

【概　况】 至2006年底,全省有各类建筑企业1963家,其中总承包企业972家,专业承包企业881家,劳务分包企业110家,其中施工总承包和专业承包序列中一级企业93家,二级企业433家,三级企业1431家,不分等级企业16家。建筑行业组织结构体系进一步完善,企业竞争能力进一步增强,建筑业总产值增长较快,劳动生产率不断提高。全省具有总承包和专业承包建筑业资质等级的建筑业企业完成建筑业总产值669.53亿元,同比增长18.17%;从业人员61.80万人,全员劳动生产率10.80万元,增加1.64万元,增长18.01%。施工规模扩大,施工和竣工面积同步增长。全年建筑业企业签订合同额1123.16亿元,增长29.11%,其中新签合同额699.27亿元,增长19.38%;全省建筑业企业房屋施工面积8201.34万平方米,增长12.64%,新开工面积5089.82万平方米,增长10.16%;竣工面积4358.64万平方米,增长8.14%。至年底,全省共有工程监理企业168家,其中甲级工程监理企业15家,乙级工程监理企业48家,丙级工程监理企业105家,全行业从业人员共9126人;实现营业收入计3.55亿元,完成监理合同额4.19亿元,实现利润2429.4万元;全省取得监理工程师执业资格人数累计达2744人。

全省建筑市场各项监管工作取得新的进展。各级建设行政主管部门把整顿和规范建筑市场同治理商业贿赂相结合,以查办商业贿赂案件作为推进建筑市场专项治理工作的重要环节和手段,促进建筑市场经济秩序进一步好转。全面完成清理建设领域拖欠工程款三年工作目标,2003年以前的旧欠得到较好解决,2004年以后新发生的拖欠工程款和农民工工资现象明显减少,防止新欠长效机制初步建立并开始发挥作用。

2006年,各级建设、房管部门全面领会和坚决贯彻落实中央宏观调控政策,着力完善住房保障体系,切实解决中低和最低收入家庭住房困难问题,全省房地产呈现出持续、健康、快速发展态势。一是投资增速持续回落。全省房地产开发完成投资343.59亿元,增长14.1%,增幅比上年同期回落9.7%。全省房地产开发完成投资占固定资产投资的比重为14.45%,增幅比固定资产投资低9.9%。二是商品房供给和销售增长趋于平缓。全省商品房竣工面积1492.32万平方米,增长2.1%,增幅比上年同期回落15.2%,商品房销售面积1683.15万平方米,增长10.2%,增幅比上年同期回落9.4%。三是住房供应结构基本合理。全省商品住宅新开工面积1970.15万平方米,增长4.0%,其中普通商品住房新开工面积1483.92万平方米,增长10.0%,占全部商品住宅新开工面积的75.3%,比上年同期提高4%。四是商品房平均销售价格基本平稳。全省商品房综合平均销售价格是每平方米1731元,增长11.25%,其中商品住房综合平均销售价格是每平方米1617元,增长17.7%。五是商品房空置面积增速下降。全省商品房空置面积226.93万平方米,下降0.9%,其中商品住宅空置面积127.57万平方米,下降0.5%。六是存量房交易保持活跃。全省存量房交易面积为712.72万平方米,增长11%;交易起数6.53万起,增长5.5%。

【圆满完成三年清欠目标】 2006年,在前两年清欠工作的基础上,标本兼治,全面实现国务院和省政府确定的三年清欠工作目标,初步建立农民工工资保障金制度和防止拖欠的长效机制。截至年底,全省建设领域2003年底以前拖欠的农民工工资已全部清偿。2003年底以前竣工项目拖欠工程款总额26.14亿元,已清偿25.70亿元,清欠率达98.3%。其中,政府投资工程项目拖欠工程款12.46亿元,已清偿12.42亿元,清欠率达

99.65%。省长吴新雄专门批示,充分肯定建设行业在清欠工作中所取得的成绩。

【继续保持建设工程质量安全良好态势】 在全省开展建筑施工安全质量标准化试点工作。中国井冈山干部学院和吉安市阳明大桥获得国家工程质量最高奖鲁班奖,共有29个工程获得省级优质工程杜鹃花奖,全省建设工程质量水平显著提高。各级建设行政主管部门大力抓好建筑施工安全生产专项整治,组织开展安全生产专项大检查,认真开展安全生产月活动。2006年,全省建筑质量和安全形势持续好转,事故起数、死亡人数在前两年大幅下降的基础上,比上年分别下降18.8%和11.8%,连续三年杜绝三级以上安全事故。省建设厅被省政府授予全省"十五"期间安全生产综合先进单位称号。

【稳步推进建筑业改革】 近年来,随着江西省建筑市场秩序持续健康规范,建筑业改革稳步推进,建筑业呈现出前所未有的发展势头,实现了快速成长。一是建筑企业所有制结构发生显著变化。一大批国有、集体建筑业企业,特别是中小型国有、集体建筑业企业已进行股份制改造、民营化。2006年全省新设立股份制企业,非国有、集体建筑业企业占企业总数的比例由2002年的14.9%上升到75.96%。二是建筑行业结构得到调整优化。通过整合、淘汰低资质的施工总承包企业,扶持、发展专业承包企业和劳务分包企业,企业结构明显改善。施工总承包企业占企业总数的比例由2002年的87.3%下降为49.5%,专业承包企业占企业总数的比例由就位前的12.7%上升为44.9%,劳务分包企业也得到一定的发展,全省形成以高等级施工总承包企业为龙头,"专、精、特"专业承包企业为依托,施工总承包、专业承包企业比例合理的建筑企业结构体系。

【进一步规范城镇房屋拆迁行为】 全省城镇房屋拆迁规模控制在2005年的规模之内,总量不得突破260万平方米。凡未列入年度拆迁计划的项目,不得核发拆迁许可证,不得实施拆迁。认真组织重复访专项整治和领导干部"下访月"活动。中央和省联席会议交办的城镇房屋拆迁信访114件案件,做到100%结案和息访。省建设厅被评为全省专项整治工作先进单位。

【积极整顿规范房地产交易秩序】 2006年,推行商品房预销售合同网上即时备案系统建设,防范私下交易行为。南昌市已实现商品房预销售合同网上即时备案,其他有条件的市、县也正在抓紧推进这项工作。进一步整顿和规范房地产中介市场秩序。省建设厅下发《关于进一步规范房地产中介服务行为的通知》,并在江西住宅与房地产信息网上公布已备案的房地产中介机构名单,开设投诉台,接受消费者投诉,严肃查处中介市场中的违法违规行为。会同省发改委、省工商局下发整顿规范房地产交易秩序工作方案,重点整治捂盘惜售、囤积房源、恶意炒作、哄抬房价等违规行为,对违法、违规的典型案例进行查处。

(任红丽　罗宇萍　夏　萍)

勘察设计与建设科技

【概　况】 2006年,全省有工程勘察设计单位380家。据统计,上报统计资料的376家勘察设计单位中有甲级企业58家、乙级企业118家,占46.3%;从业人员2.19万人,其中技术人员1.69万人,占77.4%,全国工程设计大师3人。年末注册执业人员2709人,全省实行建筑、结构工程、工程勘察(岩土工程)执业注册人员施工图签章制度。全省勘察设计单位营业收入25.37亿元,其中境内收入25.15亿元。营业成本16.89亿元,实现营业税金及附加1.08亿元,营业利润总额2.49亿元,应交所得税0.72亿元;人均收入11.59万元。勘察设计企业累计拥有专利61项,累计拥有专有技术49项,编制国家、行业、地方标准设计图集、技术标准16项,其中国家级2项。

全省共有2736人分别参加全国注册建筑师、注册结构工程师、注册岩土工程师、注册土木工程师(港口航道)等七类执业资格考试。通过考试新增七类专业执业资格人员88人。组织考核认定初审的注册环保工程师、注册冶金工程师、注册土木工程师(水利水电工程)、注册采矿/矿物工程师、注册机械工程师等五类专业人员共183名进行执业资格专业知识测试,其中180人成绩合格。加强注册人员继续教育培训,全年举办8期继续教育学习班,1238人参加学习。全年办理各类注册手续821人。2006年,继续开展施工图设计文件审查,启动勘察施工图审查工作。施工图审查机构17家,全年共审查建筑工程项目2820项,总建筑面积2310万平方米,审查出违反工程建设强制性条文数3943条,并责成原勘察设计单位纠正,确保工程结构安全和公众利益。

【大力推进建筑节能工作】 《江西省建筑节能管理条例》已列入省政府2007年立法工作计划中地方性法规确保调研项目。召开全省建设科技暨建筑节能工作会议,对全省建设科技特别是建筑节能工作进行部署。成功举办2006年江西(首届)绿色建筑节能技术产品博览会暨绿色建筑节能论坛。发布江西省第二批建筑节能材料项目19项。初步建立建筑节能监管模式,南昌万达星城三期一区成功申报为建设部建筑节能应用示范项目,组织南昌市紫金城和博苑·象湖茗居申报全国可再生能源在建筑中应用示范项目。大力开展建筑节能工作的宣传,通过各种培训班、报纸、电视等媒体进行宣传,在社会形成一定的影响。

【一批工程建设标准问世】 省建设厅围绕建筑节能工作,不断配套完善相关标准及标准设计。全年颁布的工程建设标准有:《民用建筑外墙外保温工程施工质量验收规程》《桩身自反力平衡静载试验技术规程》《抱压式桩端自引孔静压入岩PHC管桩技术规程》《江西省居住建筑节能设计标准》。颁布实施的标准设计图集有:《ZPS住宅厨房卫生间废气垂直排放系统》《平屋面建筑构造》《轻钢龙骨布面石膏板、布面洁净板隔墙及吊顶》《化粪池》图集(2006年修订版)、《混凝土小型空心砌块砌体结构房屋构造详图》。

(省建设厅编辑室)

水利

本栏编辑　余日蓉

综述

2006年,全省列入中央和省级水利基本建设项目113个,完成投资9.89亿元,其中中央投资4.83亿元,完成土石方量1852万立方米。全省新增有效灌溉面积2.15万公顷,改善灌溉面积4.31万公顷;改造中低产田2.95万公顷;治理水土流失面积18.34万公顷;新增农村水电装机容量29.94万千瓦,年发电量56.2亿千瓦小时;新增饮水安全达标人口67.81万人。

*水利工程建设稳步推进。*2006年,鄱阳湖区二期防洪工程第五个单项9座圩堤全面开工,完成投资1.79亿元。基本完成赣抚大堤加固工程并已竣工初验,累计完成工程投资8.61亿元。至年底,全省病险水库加固工程开工2604座,完工1910座,累计完成投资近21.05亿元。九江等五城市日元贷款防洪工程建设进展顺利,累计到位资金42亿日元。廖坊水利枢纽工程3台发电机组建成发电,整个工程基本完成。"五河"治理中重点堤防建设、设区市城市防洪工程和河湖疏浚建设顺利推进,基本修复九江地震受损水利工程,确保安全度汛。

*农村水利建设取得新成绩。*紧紧围绕新农村建设,及早部署农田水利基本建设任务。南昌县、宁都县、萍乡市湘东区被水利部、财政部授予"全国农田水利建设先进县(区)"。2006年实施64处104座大中型泵站更新改造,锣鼓山总站等3座大型排涝泵站改造被列入国家改造规划项目,中央到位资金7075万元。年内,中央财政下达小型农田水利工程设施补助专项资金2200万元,实施175个小农水项目;省级财政下达小型农田水利补助专项资金3000万元,实施198个小农水项目。

*水土保持工作力度加大。*赣江上游国家水保重点工程、"长治"农发水保项目和鄱阳湖流域水保重点治理一期工程等国家水土保持综合治理工程进展顺利。积极推进城市水土保持工作,井冈山市被命名为"全国水土保持生态建设示范城市"。推进东江源区面源污染防治水土保持试点工程,启动浮梁县、新余市渝水区全国第二批水土保持生态修复试点工作和靖安县、广昌县以及赣州市章贡区全国水土保持生态清洁型小流域试点工程。

以省人大开展《中华人民共和国水土保持法》执法检查为契机,以开发建设项目为重点的水土保持预防监督工作力度加大,全年共审批水土保持方案1548个。开展水土保持执法检查1677次,检查开发建设项目2175个,查处水土保持违法案件290起。

*政策法规工作有了新进展,河道采砂管理得到加强。*省人大审议通过的《江西省水资源条例》、省政府审议通过的《江西省河道采砂管理办法》进一步明确水行政主管部门为全省水资源和河道采砂的统一监督管理主体。全省以《江西省河道采砂管理办法》实施为契机,开展河道采砂专项整治("清江行动")取得明显成效,不少地方非法采砂猖獗的势头得到初步遏制。河道采砂权招标拍卖和审批发证进一步规范,现场监督管理进一步加强。以"世界水日","中国水周"宣传活动为契机,全省水行政执法力度不断加大。据不完全统计,2006年,全省各级水行政主管部门开展执法巡查,现场纠正违法行为1500余起,立案740件,结案739件,调处各类水事纠纷416起。

*水资源管理扎实推进。*2006年,以贯彻国务院《取水许可和水资源费征收管理条例》和《江西省水资源条例》为契机,水资源合理开发、利用、节约、保护和管理得到进一步加强。中央直属电厂水资源费征收取得重大突破。取水许可管理、入河排污口审批和建设项目水资源论证工作力度加大。编制完成2005年《江西省水资源公报》;《江西省水功能区划报告》已报省政府审批。11个设区市开展城市主要供水水源地水质旬报,组织发布《江西省水资源质量公报》。2006年,全省有效取水许可证9822套,批准取水量796亿立方米。抚河流域初始水权分配试点研究进入实质性阶段,水量分配方案已经省政府同意印发实施。东乡县、萍乡市湘东区等全国节水型社会建设试点县(区)进展顺利,萍乡市被列入全国新一批节水型社会建设试点。

*水利管理工作切实加强。*2006年,全省水利工程管理体制改革取得重要成效,省、市及有改革任务的县(市、区)均出台体制改革实施方案。全省已落实国有水利工程管理单位公益性人员编制5576人,公益性人员经费7653万元,维修养护经费7939万元。列入部、省体制改革试点联系单位的省赣抚平原水利工程管理局改革工作完成,并通过省级验收。全省国有水利工程管理单位体制改革进入验收总结阶段。省水利水电建设总公司等企业的改制工作稳步推进。全省已建立农民用水户协会等类似组织近3000个,协会管理灌溉面积44.47万公顷,受益人口856万人。进一步强

化工程质量监督和建设“三制”，整顿和规范水利建筑市场，严把水利工程质量关。全年共稽查水利工程建设项目17个。开展全省水利水电优良单位工程奖评选。进行水库安全管理和达标年度考核评比，切实加强工程管理和涉河建设项目的管理，完成南昌市洪都大桥、南昌至樟树III级航道整治等27项省管河道涉河建设项目审查。

城乡供水和地方水电迈出新步伐。2006年，结合新农村建设改水工作，全省下达120万农村人口饮水安全项目建设计划，基本解决80万农村人口的饮水安全问题。赣抚平原等6座大型灌区续建配套与节水改造项目，国家下达投资计划9000万元，其中中央国债投入4700万元。金临渠灌区农业综合开发配套节水改造项目开工，浮梁县玉田水库灌区和于都县下栏水库节水示范项目建设完成审查批复或验收。玉山县、七一水库、余江县白塔渠等8个水利血防项目建设通过审查并开工，农田末级渠系改造试点工程建设取得可喜成效。列入国家“十一五”水电农村电气化县建设的井冈山、瑞金等24个建设县全面启动，2006年下达资金1700万元；浮梁、婺源等5个国家小水电代燃料试点项目建设县，国家下达资金740万元。进一步加强水能资源管理，开发行为进一步规范，管理体制进一步理顺。利用电监会对水电企业实施电力业务许可制度，加大对“四无”水电站清理整治和管理工作力度。

（刘茂福）

水利工程建设与管理

【概　况】 2006年省水利厅争取中央水利投资8.43亿元，省级安排水利建设资金6.14亿元，主要用于病险水库除险加固、农村饮水安全、大中型泵站更新改造、小型农田水利建设、鄱阳湖二期防洪工程第5个单项、廖坊水利枢纽工程等水利重点工程建设。组织编制完成《江西省水利发展“十一五”规划报告》并经省政府同意后印发；基本完成全省水资源综合规划编制工作；开展全省江河流域规划修编工作，完成《江西省江河流域规划修编前期调研咨询报告》；编制完成《江西省1～5万亩圩堤除险加固规划报告》、《余干县乌泥垸防洪治涝规划报告》，完成对赣江泰和河段等7个河段规划调整报告的审查。推进重点水利项目前期工作。完成鄱阳湖二期防洪工程第五个单项9座圩堤可研报告审查；完成列入全国水利血防近期专项规划中的12个河道水利血防项目可研报告审查；配合长江委完成10个灌区水利血防可研报告的审查；联合省发改委完成列入中部四省大型排涝泵站更新改造规划中14座大型排涝泵站可研报告的审查。

全面推进水土保持预防监督工作。积极参与省人大组织的“2006年环保赣江行”活动和《中华人民共和国水土保持法》执法检查活动。配合省人大举办水土保持法律法规讲座；开展执法检查采访和跟踪回访活动；制作水土流失警示片在省十届人大常委会第24次会议上播放；向省委、省政府领导报送《关于我省当前水土保持生态建设存在的主要问题的汇报》。认真宣传、贯彻和落实省领导对水土保持工作的重要批示和讲话，就新形势下加强开发建设项目水土保持工作，防治人为水土流失提出贯彻意见。下发《关于进一步加强和规范水利水电开发建设项目水土保持工作的通知》。进一步加强开发建设项目水土保持方案审批，结合省人大“环保赣江行”执法检查，重点对城市开发区（工业园区）、公路、铁路、农林开发和矿山开采等开发建设项目落实水土保持“三同时”制度进行检查。全年全省开展水土保持执法检查1677次，检查开发建设项目2175个，查处水土保持违法案件290起；完成460个建设项目的水土保持设施专项验收；审批水土保持方案1548个，方案设计水土流失防治责任范围5.65万公顷，设计投入水土流失防治资金37.98亿元，预计控制新增水土流失量206.3万吨。

（田承伟　胡建民）

【病险水库除险加固工程】 至2006年底，全省病险水库除险加固工程累计开工2604座、完工1910座、验收已完工程1465座；累计到位的病险水库除险加固建设资金21.05亿元。其中：中央补助资金9.72亿元，省级补助资金6.34亿元，设区市级资金1.74亿元，县级资金2.25亿元，乡镇及以下（含群众投工投劳）1亿元。2006年，中央安排给江西省的全国病险水库除险加固二期规划项目建设补助资金1.89亿元，省级安排中型病险水库补助资金3.52亿元。全年新开工病险水库除险加固工程项目732座，完工721座，验收603座。

（刘晓海）

【鄱阳湖区二期防洪工程第五个单项工程】 该工程包括尚未加固的枫富联圩等9座保护耕地5万亩以上或圩内有城区和重要设施的重点圩堤的除险加固，涉及5个设区市和9个县（市、区），堤线总长231.56千米，保护面积577.79平方千米，保护耕地面积3.62万公顷，保护人口66.54万人。第五个单项单堤可研报告已由省发展和改革委员会审批，单堤初设已由省水利厅审批，工程于2005年10月正式开工建设。至2006年下达计划总投资5.6亿元，其中国家投资2.7元亿。2006年下达计划总投资1.6亿元、国家投资0.8亿元。至年底，该工程累计完成投资2.1亿元，其中2006年完成投资1.6亿元。

（黄浩智）

【江西省日元贷款城市防洪工程项目】 2006年，九江、上饶、抚州、景德镇、鹰潭等日元贷款城市防洪项目全面开工，完成总投资约5.78亿元，其中日元贷款到位约42亿日元。该项目总投资约11.54亿元，其中利用日元贷款资金约110亿元，项目计划2008年底完工。

（洪全祥）

【赣抚大堤加固配套工程】 2006年，该工程已全部完工，赣抚大堤分段通过省水利厅组织的竣工初步验收，其中7个堤段分段工程质量优良，1个堤段工程质量合格。累计完成投资约8.61亿元。

（黄浩智）

【农田水利基本建设】 2006年，全省农田水利基本建设投入资金16.16亿元，农民投劳 2663 万个工日，出动机械 153 万个台班，完成土石方 1.27 亿立方米，修复水毁工程 9749 处，新增防渗渠道 2307 千米，加高加固堤防 1259 千米，疏浚河道 500 千米，新建村镇供水工程 6682 处，解决了 139.4 万人的饮水问题。新增蓄水能力 5685 万立方米，新增旱涝保收面积 2.15 万公顷，新增灌溉面积 2.21 万公顷，改善灌溉面积 25.89 万公顷，新增除涝面积 1.27 万公顷，新增节水灌溉面积 6.89 万公顷，改造中低产田 4.11 万公顷，治理水土流失 674.9 平方千米。

（涂　伟）

【大型灌区续建配套与节水改造工程】 2006 年，国家下达赣抚平原等 6 座大型灌区续建配套计划 9400 万元，其中国家投资 4700 万元、省市县及灌区自筹 4700 万元。国家下达节水示范项目 4 个，总投资 1404.03 万元，其中国家补助 400 万元、地方配套 1004.03 万元。国家下达江西省农业综合开发水利骨干工程项目 1 个，总投资 1894.10 万元，其中国家投资 950 万元（分 2 年下达）、地方配套 944.10 万元。国家下达灌区水利结合血防工程项目 7 个，总投资 8767 万元，其中国家投资 2618 万元、省市县及灌区自筹 6149 万元。全年完成投资 6500 万元，其中国家投资 4950 万元、地方各级配套 1550 万元。

（冯知礼）

【农村饮水安全工程】 2006 年各级水利部门把保障农村饮水安全作为农村水利工作的第一任务，加强项目管理和技术指导，严格执行“六制”。全年共完成投资 6.08 亿元，其中，中央投资 2.05 亿元、地方配套资金 4.02 亿元。兴建集中供水工程 4585 处、分散供水工程 4.49 万处，解决了 148.32 万农村人口饮水安全问题。

（刘义明）

【水土保持生态环境建设工程】 2006 年，全省治理竣工小流域 74 条，正在实施治理的小流域 179 条。完成水土流失治理面积 18.34 万公顷。其中，建设基本农田 3260.2 公顷，营造水土保持林 4.99 万公顷，开发经济果木林 1.94 万公顷，种草 4707.7 公顷，封禁 9.98 万公顷，保土耕作等其他措施 6066.9 公顷。修筑小型水利水保工程 4761 座（处），完成土石方 2667.14 万立方米，投工 1336.22 万个工日。完成水土保持投资 2.80 亿元，其中中央投资 4709.4 万元，地方投资 4866.2 万元、群众投资及投劳折款 1.84 亿元。

2006 年实施的国家水土保持重点防治工程有：①赣江上游国家水土保持重点建设工程。该工程继续在兴国等 10 个县市实施。10 个项目区共完成水土流失治理面积 1.51 万公顷。其中，基本农田 21 公顷，经果林 826.9 公顷，水保林 4017.8 公顷，种草 537.8 公顷，封禁治理 9792 公顷，沟渠 794.2 千米，小型水利水保工程 507 座（处），沼气池 339 口，完成土石方量 400.95 万立方米，投工 130.88 万个工日，完成投资 4118.24 万元。

②国家农业综合开发水土保持项目。该项目继续在修水等 9 个县（市、区）实施，完成水土流失治理面积 1.61 万公顷。其中，基本农田 145.7 公顷，经果林 4608.3 公顷，水保林 1866 公顷，种草 328.3 公顷，封禁治理 8801 公顷，保土耕作 395 公顷，沟渠 692 千米，修筑小型水利水保工程 1257 座（处），完成土石方量 36.3 万立方米，投工 70.1 万个工日。

③中央预算内专项资金（国债）水土保持项目。该项目在定南、寻乌、安远三县实施，完成水土流失治理面积 5994 公顷。其中，水土保持林 545 公顷，经果林 264 公顷，种草 105 公顷，封禁治理 5080 公顷，修筑小型水利水保工程 39 座（处），完成土石方量 71.8 万立方米，投工 21.7 万个工日。

【水土保持示范工程】 2006 年，江西积极推进水土保持大示范区、科技示范园区、全国防治面源污染水土保持试点、生态清洁型小流域试点及生态修复试点等示范建设。继续推进水利部批准实施的兴国县岁水源示范区、瑞金市金源示范区和石城县琴江示范区的建设。启动实施江西水土保持生态科技园、南昌、吉安、萍乡、宜春、鹰潭等 6 个水土保持科技示范园，其中江西水土保持生态科技园、吉安市井冈山水土保持科技示范园及位于鹰潭市的中国科学院红壤生态实验站被命名为第一批水利部水土保持科技示范园。同时，赣州市章贡区华林河小流域、广昌县盱源小流域、靖安县渔桥小流域实施的生态清洁型小流域试点工程，浮梁县、新余市渝水区实施的生态修复试点工程及定南县实施的面源污染防治试点工程等都进展顺利。

（胡建民）

防汛抗旱

【全省遭受水旱灾害概况】 2006 年江西省汛情总体平稳，降雨较常年略偏多，主要江河未发生大洪水，但局部地区发生严重的山洪灾害，损失之重、影响之大为 1998 年以来罕见。

汛期（4～9 月）发生 16 次强降雨过程，平均降雨 1154 毫米，比多年均值偏多 7%，降雨呈现突发性强、短历时量大且集中等特点。全年共有 1505 站次发生暴雨，160 站次发生大暴雨，日降雨最大的为 280 毫米。强降雨导致江河库水位急剧上涨。赣江、抚河、信江、饶河四大干流先后出现超警戒洪水。全省 90 个水文（位）报汛站点中有 37 个站点 80 站次水位超警戒线，超警戒河段长达 2500 千米左右，部分河段水位超历史记录。全省 29 座大型和重点中型水库中有 14 座水库库水位超汛限，有 20 座水库开闸泄洪。暴雨洪水致使大批水利、电力、通讯、交通设施严重损毁，大片村庄、农田受淹，山洪灾害频发。据统计，全省 11 个设区市和 99 个县（市、区）、1465 个乡镇受灾，累计受灾人口 1085 万人，倒塌房屋 6.45 万间，农作物累计受灾面积为 712 千公顷。全省因灾死亡 40 人，失踪 12 人（不包括“格美”台风中部队死亡失踪的 48 人），直接经济总损失 65 亿元，其中水利设施 18.8 亿元，农林牧渔业 6.48 亿元，工业交通运输业 1.77 亿元。

从 7 月上旬开始，江西东部、东北部出现持续晴热高温天气，降雨明显偏少，加上长江上游来水少，鄱阳湖、长江九江段水位出现持续异常偏低情况，8～11 月鄱阳湖星子站水位连续 4 个月突破历史同期最低，长江九江站 8 月、11 月水位也分别突破历史同期最低,8月23日水位更是自1885年长江江西段有水文记录以来的同期最低。五河下游水位也明显偏低,赣江、抚河接近历史最低水位。江湖长期低水位导致沿江滨湖地区现有提灌泵站无法取水,部分群众出现临时饮水困难,给工农业生产和群众生活造成重大影响。据统计,全省因旱农作物受灾面积342.9千公顷、成灾面积280.9千公顷、绝收面积38.8千公顷,直接经济损失31.6亿元,有83万人和31.29万头大牲畜出现饮水困难。

【5号台风"格美"重创上犹县】 7月26日10时,5号台风"格美"于进入江西,受其影响,25日14时至26日17时,赣南赣中普降大到暴雨,局部大暴雨。暴雨中心位于上犹县五指峰乡黄沙坑河流域中上游,过程最大降雨量超过400毫米。短历时强降雨造成山洪暴发,上犹县营前镇石溪水水位涨幅达6.5米,五指峰乡黄沙坑河数分钟之内水位涨幅达4米。章水上犹县寺下乡安和水文站26日16时水位超历史记录1.41米,属百年一遇的特大洪水。上犹县出现山洪暴发、山体滑坡等严重灾情,电力、通信、交通中断,房屋冲毁倒塌,部分水库出险,大量群众被围困,人员伤亡严重。据统计,全县14个乡镇,有11个乡镇21.3万人口受灾,死亡16人、失踪11人(不包括部队死亡失踪48人),直接经济损失达3.69亿元。

【山洪灾害预警系统(一期工程)建设启动】 该系统主要包括暴雨山洪监测子系统、山洪灾害应急体系、山洪灾害预警响应体系、省市县三级预警计算机网络及预警信息服务子系统等内容。2006年一期工程选择在山洪灾害较重的赣州市上犹、安远、于都、宁都、南康、赣县、会昌、瑞金、石城、信丰、兴国、寻乌及吉安市遂川等13个县市实施。拟新建自动雨量监测站407个,自动水位监测站10个。

【《江西省防汛抗旱应急预案》发布实施】 1月27日,江西省政府制定发布《江西省防汛抗旱应急预案》等5部自然灾害类突发公共事件专项应急预案。"应急预案"分总则、组织指挥体系及职责、预防和预警机制、应急响应、应急保障、善后工作、附则等7部分。适用于全省范围内突发性水旱灾害的预防和应急处置。

【分蓄洪区建设顺利进行】 江西省编制完成的该"方案"于2006年8月通过长江委的审查,审定投资3013万元。10月,国家发改委在2006年度中央预算内专项资金(国债)投资计划中下达康山蓄滞洪区安全建设2006年应急工程第一批资金2550万元。至年底,安全建设共完成土石方140万立方米,完成投资2351万元。

为确保蓄滞洪区在汛期防洪中正常运用,按照国家防汛抗旱办的要求,2006年江西省编制完成4座国家级鄱阳湖蓄滞洪区运用预案。

(廖金源)

水资源管理

【概　况】 2006年全省平均降水量1684.4毫米,自产地表水资源量1610.40亿立方米,地下水资源量396.23亿立方米,总水资源量1629.97亿立方米。大中型水库253座,年末蓄水总量84.61亿立方米,总供水量与总用水量相等,为205.67亿立方米,总耗水量109.76亿立方米。

全省人均水资源量3756立方米,人均用水量为474立方米,万元GDP用水量440立方米,城镇居民人均生活用水每人每日172升,城镇生活用水(包括城镇公共用水量)每人每日223升,农村居民人均生活用水量每人每日70升,含火电万元工业增加值用水量280立方米,不含火电万元工业增加值用水量144立方米。农田灌溉亩均用水量480立方米,林果灌溉亩均用水量200立方米,鱼塘补水亩均用水量402立方米。地表水控制利用率12.8%,水资源总量利用消耗率6.7%。

全省主要河流评价河长为5596千米,评价河流37条、湖泊2个、水库3个,评价河段或区域161个,其中河段139个、区域(湖泊和水库)22个。全年优于Ⅲ类水占72.3%,Ⅲ类水占17.0%,劣于Ⅲ类水占10.7%,其中,劣Ⅴ类水河长为261千米,占总评价河长4.7%。

全省废污水总排放量为25.83亿吨,其中城镇居民生活污水6.06亿吨,占总排放量的23.5%,第二产业废水18.34亿吨,占总排放量的71.0%,第三产业废水1.43亿吨,占总排放量的5.5%。江西省入河废污水量为20.67亿吨,火电厂直流式冷却水23.03亿吨,矿坑排水量0.53亿吨。

2006年上半年,省水利厅组织相关人员学习《江西省水资源条例》和国务院颁布的《取水许可和水资源费征收管理条例》,并对两个条例的学习进行辅导,为贯彻实施两个条例奠定了基础。从4月15日起,江西全面开征中央直属发电企业的水资源费,通过加强宣传,与省直有关部门沟通和协调,发电企业的水资源费征收进展顺利。

水资源节约和保护工作进一步加强。省水利厅严格按照用水定额标准,在新建建设项目水资源论证审查时,检查其用水合理性,促进建设项目采用先进的节水工艺和设备,提高用水效率。萍乡市湘东区和东乡县节水型社会建设试点取得进展。10月,萍乡市列入全国新一批节水型社会建设试点,该市积极编制《萍乡市节水型社会建设规划》。年内,继续加强水质监测,特别是注重突发性水污染事件的监测,严格执行报告制度。各设区市继续开展主要供水水源地水质旬报的监测和信息发布工作,保障城市供水安全。省水利厅协助省政协接待全国政协"鄱阳湖区水资源开发利用和保护"视察团,视察活动引起了省委、省政府和有关地方领导高度重视,以及社会各界广泛关注,有力地推动全省水资源保护工作的开展。

【抚河流域初始水权分配试点研究取得进展】 4月抚河流域初始水权分配协调工作小组成立。该小组于4月20日和6月16日分别召开协调会议。通过两次协调会议,两大用水区域原则同意《抚河流域水量分配方案研究报告》采用的基础数据、需水预测方法、总量控制方法、分水原则及分水方法。7月15日前,协调工作小组针对两大用水区域函复意见再进行协商、修改和完善,并将最终水量分配方案反馈给两大用水区域,8月18日,两大用水区域均就水量分配方案出具确认函。该方案2006年11月23日报经省政府同意实施。12月18日,省水利厅印发《关于印发抚河流域水量分配方案的通知》。抚河流域水权分配、管理方法和制度的研究工作也已展开。

【《江西省水(环境)功能区划》基本完成】 根据《中华人民共和国水法》规定和水利部的统一部署,省水利厅组织编制的《江西省水功能区划》通过长江委组织的审查。在《江西省水功能区划》和省环保局编制的《江西省水环境功能区划》的基础上,省水利厅与省环保局多次协商,编制完成《江西省水(环境)功能区划》,并于2006年10月8日上报省政府。省政府分别征求有关部门的意见后,要求省水利厅会同省环保局对有关意见协商处理,两部门有了初步意见。

(李泽进)

水政监察

【概　况】 2006年,省水利厅以水资源管理和河道采砂管理为核心,进一步健全完善水法规体系,为水行政执法工作的开展提供法律保障。3月30日,省十届人大常委会第20次会议审议通过《江西省水资源条例》,自2006年5月1日起施行;7月17日,省政府第47次常务会议审议通过《江西省河道采砂管理办法》,于9月1日起正式实施。两个地方性法规和政府规章的出台,明确水行政主管部门为全省水资源和河道采砂的统一监督管理主体。围绕水利改革与发展中的重大问题,省水利厅开展立法和政策调研。经省政府批准,将成熟项目《江西省水利工程管理条例》《江西省实施取水许可制度和水资源费征收管理条例细则》列入2007年度省政府立法计划。以水法规宣传为重要手段,结合执法行动和典型案例,提高全社会的水法制意识。4月,邀请中央电视台、江西电视台以及抚州市电视台,《人民日报》《江西日报》《中国水利报》等媒体,对查处抚州市河滨商城河道违法建筑一案进行跟踪采访报道。同时加强水资源执法,重点是对中央直属电厂开征水资源费。全年全省各级水行政主管部门开展执法巡查5200次,出动执法人员2.25万余人次,现场纠正违法行为1500余起,下达责任停止违法行为通知书900余份,查处非法采砂船只550余条,取缔非法砂场200余个,立案740件,结案739件,罚没收入620余万元,调处水事纠纷416余起,挽回直接经济损失600余万元。

【开展清江行动】 7月17日《江西省河道采砂管理办法》出台后,经省河道采砂管理工作领导小组决定,在全省开展一次大规模的集中整治行动(清江行动)。8月31日,召开全省贯彻实施该"办法"工作会议,确定"清江行动"方案,明确集中整治的重点水域和整体目标,成立由省水利厅厅长孙晓山为组长、省水利厅副厅长张杰、省公安厅副厅长章凯旋为副组长的"清江行动领导小组"。各设区市和部分重点县成立相应的整治工作领导机构。从9月16日开始,赣江丰城同田段、南昌县、新建县段相继实施禁采,所有采砂船只按照当地政府指定的地点集中停靠。鄱阳湖对采砂船只开始进行逐船登记,核定采砂功率。对不符合功率要求的采砂船舶,限期清除出鄱阳湖。根据疏堵结合的原则,在禁采的同时,有关县、市对采砂情况进行调查、协调,制订下一步规范开采的实施方案。10月中旬开始,赣江中下游重点河段逐步采取招标、拍卖、轮采等方式进行开采。

【抚州河滨商城被拆除】 抚州河滨商城是1998年5月擅自建设的高档水景商住楼。2000年建成并陆续投入使用。由于商城侵占大量的河道行洪断面,成为抚河干流防洪的心腹之患。在多次防汛检查被要求限期拆除未果情况下,2005年,省防汛抗旱总指挥部两次下发通知,责成当地人民政府依法对河滨商城限期拆除,以确保抚河行洪畅通。2006年1月26日,商城有关设施先期被拆除。4月28日,经整体爆破河滨商城已被拆除。

(万凤英)

地方电力

【概　况】 江西水能理论蕴藏量684.56万千瓦,100千瓦以上技术可开发量633万千瓦,已开发水电装机325.61万千瓦,占可开发水能资源的51.44%。2006年,江西省地方电力完成投资12.57亿元,新增装机容量29.94万千瓦,年末装机容量达204.74万千瓦,年发电量56.2亿千瓦小时,全省地方电力系统拥有固定资产净值85.81亿元。

【"十一五"规划期间水电农村电气化县建设】 根据水利部编制、经国家发展改革委批准的《"十一五"及2020年全国水电农村电气化规划》,"十一五"规划期间江西将建设井冈山市、瑞金市、崇义县、铅山县、铜鼓县、芦溪县、浮梁县、婺源县、大余县、安福县、安远县、上犹县、遂川县、永丰县、资溪县、武宁县、吉安县、莲花县、黎川县、寻乌县、全南县、万载县、万安县、奉新县等24个水电农村电气化县,新增装机18.47万千瓦。国家发展改革委已下达江西2006年水电农村电气化项目中央预算内投资计划1700万元。

【小水电代燃料生态保护工程建设】 2006年中央1号文件明确提出"扩大小水电代燃料试点规模",为贯彻落实中央1号文件精神,水利部组织编制《2006~2008年小水电代燃料生态保护工程规划》,在全国21个省(市、区)和新疆建设兵团的81个项目区开展小水电代燃料工程建设,工程计划分3年实施,总投资10.3亿元,其中中央投资3亿元,每年1亿元,其余投资由地方负责筹措。国家发展改革委已批复同意该规划。江西省列入该规划的项目5个,涉及浮梁、婺源、奉新、铜鼓、崇义5县,建设规模10720千瓦,总投资6378万元,解决1.05万户、4.02万人代燃料。国家发展改革委、水利部下达江西2006年小水电代燃料工程中央预算内专项资金(国债)投资计划740万元。

(李佐云)

自 然 观 测

本栏编辑　余日蓉

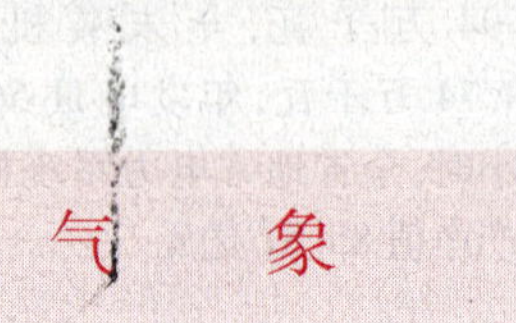

气　象

【概　况】 2006年，全省气象部门融入江西经济社会发展大局，圆满完成国家气象局和省委、省政府部署的各项任务，在中国气象局目标管理考核中取得第3名的好成绩，在中国气象局实施目标管理的9年间，第7次进入全国“特别优秀”达标行列，是全国气象部门31个省(市、区)气象局中唯一获此殊荣的单位，8月11日，省委书记孟建柱第三次视察省气象局，高度称赞省气象局的工作每两年上一个新台阶。

防灾减灾气象服务效益显著，气象综合保障能力进一步提升。2006年江西出现重大灾害性天气过程20次，有5个台风或热带风暴入境，其中“碧利斯”、“格美”、“桑美”造成较严重影响。全省气象部门对重灾天气预报正确18次，基本正确2次；对台风入境时间、移动路径和风雨影响等均作出了准确预报。先后12次参加省防汛抗旱会商会，向省委、省政府领导及有关部门报送各类决策服务材料362期，其中为九江抗震救灾提供预报服务材料101期。省、市、县三级气象局发布各类重灾天气预警信号近1000站次，通过省级媒体向公众发布预警信号73次。全省55个县(市、区)开展人工增雨作业600多次，萍乡等市气象局组织人工增雨有效扑灭森林火灾。气象部门在森林防(灭)火、水库蓄水、城市降温节能、农田抗旱等方面发挥重要作用，直接经济效益达1.26亿元。年内，为国务院总理温家宝、副总理回良玉到赣视察以及为五一黄金周、国庆黄金周等重大社会活动提供了精细的气象预报。

气象为新农村建设服务取得新突破。省气象局与省新农村建设办公室、省委农工部联合主办并承办的江西新农村建设网于9月1日开通运行，这是江西省新农村建设领域唯一的政府网站，也是全国首家由气象部门承办的新农村建设政府网站；与省委农工部联合，在全省组织大规模的“气象为社会主义新农村建设服务”专题调研活动，形成的调研报告被中央农村工作领导小组办公室等部门采用并经省领导批示转发全省各地各部门。省气象局印发了《关于推进全省气象为社会主义新农村建设服务工作的意见》，向各级气象部门提出了具体任务和措施。

编制和落实“十一五”规划开局良好，气象法制环境进一步优化。2006年全省气象部门以贯彻国务院下发的《关于加快气象事业发展的若干意见》为契机，出台了《江西省人民政府关于加快气象事业发展的意见》。省级气象事业发展5项内容写入《江西省“十一五”社会经济发展规划纲要》，有3个气象重大建设项目列入《全省“十一五”发展重点工程》。各设区市气象事业发展均写入当地“十一五”规划，33个市、县局建设项目列入当地“十一五”规划。由省减灾委牵头、会同有关部门编制的《江西省“十一五”防灾减灾规划》经省政府同意印发；年内完成《江西省气象灾害防御规划》编写工作；《江西省突发气象灾害预警信号发布及传播管理办法》于1月1日起施行；《江西省防雷减灾管理办法》列入2007年省政府立法计划；九江市政府颁发《九江市防雷减灾管理办法》。与省安全生产监督管理局联合对全省防雷安全进行了大检查，各地各部门防雷安全措施得到加强，全省85.6%的市、县理顺防雷报建行政审批工作。省人工影响天气领导小组出台《江西省人工影响天气作业专业化分队标准建设规范》，全省配齐人工影响天气作业车辆。

全省以业务技术体制改革为突破口，加快“三站四网”调整和建设步伐。2006年建成全省新一代天气雷达、自动站、雷电探测的在线监控系统；初步建立了常规气象要素的精细化预报业务系统、省级短时临近预报业务系统和逐日10天滚动预报业务系统，开展了省、市、县短时临近预警预报业务，逐日常规要素预报时效从5天延长到7天。开展雷电概率预报业务，制作发布了全省雷电指导预报。

【《江西省人民政府关于加快气象事业发展的意见》出台】 1月4日，国务院下发了《关于加快气象事业发展的若干意见》，这是指导气象事业发展的纲领性文件。11月22日，《江西省人民政府关于加快气象事业发展的意见》印发实施，明确了加快江西省气象事业发展的指导思想和奋斗目标，提出了10项重点工作、5项能力建设任务以及相应的保障措施，成为加快全省气象事业发展的行动指南。

【全省气象部门应急管理体系初步建立】 2006年省气象局和各设区市气象局成立应急管理办公室，全省70个市、县政府批准出台当地气象灾害应急预案。按照《江西省突发公共事件总体应急预案》和《江西省气象灾害应急预案》等12个专项预案的要求，省气象局成立应急响应指挥部，制定

《应对突发事件气象保障服务预案》及《气象应急及突发公共事件应急气象保障工作规程（试行）》，加强省级移动气象应急观测系统建设，组织不同形式的气象应急演练。在应对"桑美"、"格美"台风期间，省气象局启动应急预案准备工作进行实战演练，鹰潭市政府将应急指挥部设在气象局进行应急部署。南昌、抚州等市气象局组织开展应对气象灾害和突发公共事件的应急演练。年内，建立军地气象预警信息互通机制。省气象局与省政协人资环委等4家单位联合举办《气象灾害应急管理与构建和谐社会高端论坛》，两院院士李泽椿，黄荣辉、丑纪范出席并作学术报告。景德镇市局建立全市防灾减灾预警短信服务系统，统一发布所有涉灾部门灾害预警信息。

（邓晓明）

水　文

【概　况】 2006年汛期（4～9月）全省平均降雨1154毫米，比2005年同期多132.0毫米，比多年同期均值偏多8%。由于降雨时空分布不均匀，且出现多次强降雨过程，发生致洪暴雨13次，台风"格美"带来的强降雨，引发严重的山洪灾害。汛期赣、抚、信、饶河均发生超警戒线洪水，全省先后有37个水文（位）站80次发生超警戒线洪水，上犹县寺下水安和水文站、分宜县苑水苑坑水文站发生超历史记录的大洪水。（4～9月）鄱阳湖五河七口来水量947.16亿立方米，比多年同期均值略偏多。鄱阳湖2006年最高水位异常偏低，6月21日实测年最高水位16.73米，是1950年以来的倒数第4位，比多年最高水位平均值（19.14米）低2.41米，比特大干旱的1978年最高水位还低0.31米。由于四川、重庆发生特大干旱，致使长江上游夏、秋来水偏少，江西省8～10月和12月降水明显偏少，鄱阳湖9～12月入湖水量相应减少，加上三峡水库蓄水运行等因素，致使鄱阳湖出现了长时间的枯水位。2006年，省水文局在防汛网上发布全省主要报汛站的水情、降雨量，每天6时和8时发报水情通报，遇特殊水情发报水情快讯。全年共发布水情电报31万份，对外发布短期洪水预报296次，水雨情旱报136期，雨水情快讯5期。2006年编制《江西水文发展"十一五"规划》，经省发改委、省财政厅批准，由江西省水利厅正式发布。《江西省乡镇雨量站建设规划》《江西暴雨山洪防治预警建设规划》《江西省水环境监测能力应急规划》等编制完成。

为提高洪水预测预报水平，重新编制79个断面90多个洪水预报方案。积极开展水资源综合规划、调查评价，对饮用水供需情况进行调查。开展水功能区水质动态监测分析，城市饮用水水源地安全保障规划调查评价，水污染应急监测。加大水文研究，研究水文基本规律、水文计算方法、产汇流理论，提高水文的开发应用水平。引进ADCP、GPS水文测验仪器3套，新增水情报汛站65处，山洪灾害自动监测站407处，辅助配套站243处，全省390个遥测站的水情信息全部实现了雨量、水位自动监测，电子数字存贮、自动发送传输以及自动报警，并与防汛实时信息联网，实现了水文数据遥测共享。水文综合信息服务系统、水情会商系统、洪水预报系统等业务软件的开发应用，为防灾减灾、水资源开发利用、水环境和生态环境保护，为提高水文整体服务能力和水平提供了保障。防汛异地会商和基层测站视频监视系统大大提高了防汛指挥决策的实时效果。

【编发水资源公报与水质旬报】 2006年发布2005年江西省水资源公报，内容包括水资源量、水质、大事记等。应"人大"、"政协"两会要求，编制《江西水文水资源公报》，内容包括2005年江西降水量、地表水资源量、水资源总量、蓄水动态、水资源利用、排污情况、水质状况、水质特点、输沙量、五大河流控制断面变化情况、鄱阳湖冲淤变化、泥沙特征、洪水、旱情、灾情和水文事件等，得到"两会"代表的一致肯定和赞扬。发布水质旬报36期，江西省水资源质量公报12期。南昌、九江、景德镇、上饶、抚州、新余、宜春、萍乡、吉安、赣州等10个城市发布饮用水水源地水质旬报，及时向社会公布水质状况，保障城市供水安全。

【建设项目水资源论证编制完成】 2006年，编制完成赣县居龙滩水电站、赣州瑞金氟化基地工业取水工程、江西省贵溪火力发电厂（2×600MW）级机组扩建工程、江西丰龙矿生活附属生产用水、兴国县均村乡均溪水电站水资源论证、兴国县聚江水电站、兴国县聚江（二级）忠洲水电站工程、兴国县联兴水电站、龙南县山河水电站、龙南县山湖水电站、大余县大合水电站、遂川县戴家埔乡利民一级电站工程、遂川县高坪明珠电站工程、遂川县深水岭电站工程、遂川县龙洞一级电站工程、遂川县龙洞二级电站工程、遂川县飞水岭一级电站工程、江西省诚志生物工程有限公司发酵法生产L—谷氨酰胺、D—核糖项目、浮梁县前程水电站、贵溪市金家山水电站、贵溪市东港水电站、贵溪市风行水电站、贵溪市马迹水电站、贵溪市四平水电站、宜黄车上水电站、宜黄洋凸垅水电站、贵溪市九龙水电站、贵溪市龙石坑水电站、崇仁县江坊水电站、崇仁下弓水电站、资溪县龙井梯级水电站、资溪县昌平梯级水电站、宜黄县大港水电站、贵溪市下鲍铅锌矿、修水三都水电站、修水九龙一级水电站、修水苏区堰水电站、修水北坑水电站、永修龙风湾水电站、永修柘林右岸水电站、江西三和金业有限公司100吨/天生物养化提金厂新建取水项目建设项目水资源论证。

（陈福春）

地震工作

【概　况】 2006年，全省地震工作部门大力推进地震监测预报、震灾预防、紧急救援三大体系建设，防震减灾各项工作取得新进展。

强化震情观念，监测预报能力明显提升。省地震局继续坚持"震情第一"的观念，狠抓地震监测队伍建设。全年全省地震台网运行率达98%；年度地震趋势报告取得同类局评比优秀第一名的好成绩，省遥测台网获全国地方遥测台网观测资料质量评比第一名。

据江西省数字地震台网测定，2006年江西省境内发生可定位1.0

级以上地震141次,其中3.0～3.9级地震4次。2005年11月26日九江—瑞昌5.7级地震后,2006年4、6月出现了两轮明显的起伏活动,最大震级达3.5级,为做好震情监视与跟踪,省地震局在震区架设多套流动监测仪器,24小时进行严密跟踪,截至年底,共记录到九江地震余震2379次。省地震局加强地震趋势会商,及时发布震情信息,迅速平息了4月份九江震区出现的地震谣言。

加快完成重点项目,积极谋划长远发展。江西省"十五"项目实施进展顺利,"十五"重点项目中的分析预报系统、地震应急及法规数据库和赣南重点监视区震害预测3个分项在4月顺利通过验收。地震前兆台网、数字测震台网、数字强震动台网、地震应急指挥技术系统和地震信息服务系统等5个分项进入仪器设备安装调试阶段。同时,省地震局积极谋划"十一五"发展,与省发改委联合印发了《江西省防震减灾"十一五"专项规划》,规划中设置的重点项目——江西省地震安全基础工程,已被纳入"江西省国民经济和社会发展'十一五'规划"专栏23公共安全重点工程。

加强防震减灾宣传,社会防震减灾意识明显增强。2006年,省地震局认真部署唐山大地震30周年和九江地震1周年的纪念活动。年初与省委委宣传部联合下发《关于开展纪念唐山地震30周年纪念活动的通知》;南昌、九江、赣州等地组织中小学生开展地震科普夏令营活动。《江西日报》、省电视台、省广播电台等重要新闻媒体播发防震减灾专题报道。九江市、瑞昌市、九江县开展抗震实物及图片资料展、抗震救灾暨灾后重建工作表彰大会等一系列纪念活动,营造全社会关心、关注、参与防震减灾工作的浓厚氛围。

防震减灾法制建设进一步完善,抗震设防管理得到加强。为服务重点项目建设,省地震局先后完成洪都大桥等16个重点项目的地震安全性评价工作。同时,积极探索农居防震保安村建设经验,主动与省红十字会、省建设厅协作,发挥专业优势做好新址勘选,在信丰县古陂镇下杨坊村建设省农居防震保安示范村。2006年,26户村民已全部搬进新居,该村建设经验将逐步在全省农村推广。

3月,省地震局配合省人大开展《中华人民共和国防震减灾法》、《地震安全性评价管理条例》和《江西省防震减灾条例》执法检查的跟踪问效及"条例"相关问题立法调研,同时加紧《江西省防震减灾条例》修订工作,11月,修订初稿已通过省人大常委会的一审。

提高应急能力,地震应急经验更加丰富。1月《江西省地震应急预案》简版在省政府网站发布。截至年底,全省重点监视防御区各市县都建立地震应急预案。在6月省委、省政府召开的"11·26"九江抗震救灾和灾后重建总结表彰大会上,省地震局地震现场工作队、监测中心、地震应急协调保障组荣获"11·26"九江抗震救灾和灾后重建先进集体,张波、张黎珍、卢福水等3人荣获"11·26"九江抗震救灾和灾后重建先进个人。省地震局地震现场工作队被中国地震局评为地震应急救援工作先进集体。

省地震局分别于9月29日和11月26日,举行两次全局性的应急演练,重点检验地震监测预报、震害评估、物资保障等能力。赣州市、会昌县分别开展多层次、多领域的地震应急演练,演练内容包括医疗救护与卫生防疫、消防灭火与次生灾害防御、应急通信、交通恢复、电力抢修等科目,获得中国地震局领导的肯定。

12月26日20时26分,南海发生7.2级地震,江西省大部分地区有不同程度震感,赣南地区震感尤为明显。地震发生后,省地震局领导及相关部门工作人员紧盯震情发展,及时向省政府汇报;同时,在省电视台播发滚动字幕,发布震情消息,稳定民众情绪。

【2006年江西省地震活动情况】 江西省境内发生可定位1.0级以上地震141次,其中1.0～1.9级地震102次,2.0～2.9级地震35次,3.0～3.9级地震4次。除九江—瑞昌5.7级地震序列发生余震外,全省最大地震为7月7日黎川3.0级地震。

截至年底,九江—瑞昌5.7级地震序列发生余震2379次,其中1.0～1.9级地震659次,2.0～2.9级地震89次,3.0～3.9级地震12次,4.0～4.9级地震2次,5.0～5.9级地震1次,最大余震震级5.4。

地震活动特点如下:赣北地区地震活动主要以2005年11月26日九江—瑞昌5.7级地震的余震活动为主,最大余震为6月16日发生的3.5级。该序列仍在继续,但主体活动基本结束,下半年发生的余震震级均在3级以下。

赣南地区地震活动较2005年有所减弱,仅发生2.0～2.9级地震4次。

(刘圣炳)

测　绘

【概　况】 2006年,省测绘局加快"数字江西"地理空间框架建设,推进测绘成果的应用和服务,推动测绘科技进步,测绘事业发展迈上了新台阶。

测绘工作统一监管得到加强。省测绘局确定2006～2010年立法项目规划,制定了《江西省〈测绘资质监督检查办法〉实施细则(试行)》,《江西省测绘项目备案办法》。新余市、萍乡市政府印发实施了《新余市测绘管理办法》《萍乡市测绘管理办法》。省测绘局和设区市测绘行政主管部门共同完成全省县(市)级测绘行政管理工作调研,形成专题调研报告,为完善县(市)测绘行政管理体制机制,加强县(市)测绘行政管理工作提供重要的参考依据和切实的指导。强化测绘资质管理,测绘市场监管明显加强。全年共完成193个单位换发《测绘资质证书》、44个测绘单位年度注册的工作,新批准21个测绘资质单位,对10余起测绘违法行为进行了严肃查处。会同省委宣传部等八部门开展全省加强国家版图意识宣传教育和地图市场监管工作。加强网上地图的监管,省市测绘行政管理部门对全省市、县政府门户网站、大型企业网站登载的中国地图图形进行专项清理,共查处网上"问题地图"51起。开展"爱我中国－国家版图知识竞赛"的各项组织活动;开展形式多样的测绘法宣传日活动,省测绘局征订300份宣传画配发至市、县测绘行政主管部门及甲级测绘资质单位,在《江西日报》上刊登省测绘局主要领导的署名文章,向省政府和省直有关部门的领导以及社会各界300多万手机用户发送测绘法律法规宣传短信。召开全省测绘宣传工作会议，通过多种形式的测绘法律法规宣传活动，扩大测绘工作的社会影响，营造较好的依法治测氛围。

积极推进"数字江西"地理空间框架建设。2006年江西省地理空间信息框架工程作为省社会事业类重点工程被列入《江西省国民经济和社会发展第十一个五年规划纲要》，省测绘局启动《"数字江西"地理空间框架建设总体设计方案》编写工作，完成《江西省测绘事业发展第十一个五年规划纲要》和《江西省测绘事业发展战略研究报告》纲要研究的编写。进一步丰富基础地理信息数据。积极争取国家基础航空摄影项目（江西部分）的实施工作，新摄面积达5.8万多平方千米，使江西省最新航空摄影资料覆盖面积达14万平方千米。全省新测制1 ：1万基础测绘3D产品1103幅。积极推进重大项目论证和实施。受国家基础地理信息中心委托，组织实施吉安摄区GPS（全球卫星定位系统）辅助空三测量项目。通过该项目应用减少了野外控制测量工作量，降低了山区外业控制难度，扩大了生产能力。与省气象局合作，积极开展江西省连续运行GPS基准站网综合服务系统建设的前期准备工作，建立协调机制，成立联合技术小组。组织完成了庐山、井冈山、三清山、龙虎山江西四大名山主峰高程测量工作。省测绘局参加实施浙闽赣测绘基准现代化及厘米级大地水准面确定项目荣获中国测绘科技进步二等奖及2名个人二等奖。

测绘保障水平进一步提高。召开全省测绘成果保密管理工作会议，总结交流保密管理工作经验。在景德镇市开展了测绘成果目录副本汇交试点工作和全省测绘成果保密管理年度检查和抽查工作。参加全国测绘成果成就展，省测绘局提供了多媒体立体模型地图《革命摇篮井冈山》《红色旅游地图册》和反映江西30年测绘成就的展板，获得测绘成果展览优秀单位奖和1个先进个人奖。与省交通厅签订地理信息数据资源共建共享与合作协议书，为推动江西省信息资源共建共享建设摸索了经验。《江西省地图集》编纂工作正按照"红色摇篮，绿色家园"特色要求，紧张有序地进行。全年共提供地理信息数据9180兆，基本比例尺地形图8271张，大地成果1.70万点，航摄成果1.58万片，基本保障了发展需求。积极为全省国土资源大调查、土地规划修编和新农村建设等提供测绘保障服务，为30余个县（市）3963个村庄测制大比例尺地形图，为省委、省人大、省政府、省政协及有关省直部门提供各类地图共计1355幅，完成了省委办公厅交办的省委常委办公室工作用图设计制作。制作的《江西核电站彭泽厂址地图》受到好评。通过主动服务，基本满足全省经济建设和社会发展对空间地理信息总的需求。

【《关于进一步加强全省测绘工作的意见》出台】 经省政府同意，4月由省政府办公厅将《江西省测绘局〈关于进一步加强全省测绘工作的意见〉》印发各地实施。此"意见"在全国率先出台：它强调进一步加强测绘工作统一监管，测绘从业人员依法从事测绘活动，进一步做好基础测绘工作，加大对基础测绘的投入，发挥基础测绘成果在电子政务、数字城市建设中的作用，切实加强对测绘工作的领导，促进测绘工作更好地为江西经济建设和社会发展服务。

【《江西省基础测绘中长期（2006～2015）规划》批准实施】 2006年，省测绘局、省发展和改革委员会完成《江西省基础测绘中长期（2006～2015）规划》的编制，并经省政府批准实施。该规划的总体目标是：完善全省空间定位基准和测量控制系统；完成1 ：1万基本比例尺数字地形图全省覆盖；建成省级基础地理信息数据库并能进行快速动态更新；建成全省基础地理信息交换和分发网络服务体系；初步建成"数字江西"地理空间框架，基本满足国民经济和社会发展对基础地理信息服务的需要。

该规划的实施按照急用先测的原则，对按照经济发展水平划分的四类地区依次更新，对重点工程项目及时提供测绘保障，推进基础地理信息共建共享等机制。

【全省第二次测量标志普查工作完成】 为了解和掌握全省测量标志的现状和基本情况，加强测量标志保护，为江西经济建设和社会发展提供准确可靠的基础测绘成果，省测绘局于2006年3月起在全省开展第二次测量标志普查工作。省、市测绘行政主管部门制定了详细的普查工作方案，成立了专门的领导机构和工作机构，安排专人和补贴经费。参加普查的工作人员深入实地认真查找每一个测量标志点。4～6月在萍乡市开展普查试点，7～11月全面完成全省野外普查，年底完成普查资料的整理汇总和验收工作，全省测量标志完好可用率为44.3%。

（胡婷然）

地质勘查

【概　况】 全省从事地质勘查的国有单位主要有江西省地质矿产勘查开发局（简称省地矿局）、省核工业地质局、江西有色地质勘查局、省煤田地质局、中国建筑材料地质勘查中心江西总队等5个单位，职工4.34万人，其中在职职工总数为2.48万人。2006年，各级领导的高度重视地质工作。1月12日，省四套班子领导亲临省地矿局地质工作会议指导，省委书记孟建柱发表重要讲话。孟建柱等省领导以及国土资源部、国家商务部等部委领导多次在不同场合高度评价省地矿局工作。为贯彻实施1月20日国务院下发的《关于加强地质工作的决定》，江西省出台《关于加强地质工作发展矿业经济的若干意见》，这对江西加强地质工作，合理利用矿产资源，培育壮大特色支柱产业，将资源优势转化为产业优势和经济优势，对促进江西经济社会又好又快发展具有重要的现实意义。

全省地质勘查取得丰硕成果。2006年，省地矿局开展的上饶县焦塘铅锌矿，初步估算铅锌资源量28.83万吨，伴生银301.97吨；浮梁县芳村金矿估算金资源量13吨；贵溪市银珠山矿区铅锌银（金）矿，估算资源量银537吨、铅15.6万吨、锌21万吨、金1.26吨；于都县坑尾窝矿区，估算资源量三氧化钨3.8万吨;萍乡市万龙山地热,日出水量为730立方米,水温61℃。探明大型铅锌矿床1处,形成重要勘查后备基地5个,新发现矿产地6处,可供进一步工作的矿点20个。省核工业地质局在相山居隆庵铀矿详查项目、黄泥湖地区铀矿、宁都王泥田铀矿普查中取得较好的铀矿找矿成果,特别是桃山地区大府上北部铀矿普查项目在中,发现较高品位的富铀地段,打破以往桃山地区贫矿的认识。省有色地勘局开展的横峰县葛源铌钽矿,新增钽矿石量2.13亿吨,成为亚洲第一大钽铌矿床。崇义县茅坪矿区钨矿勘查,新增三氧化钨资源储量3万吨;在弋阳县铜矿、浮梁县赖家金矿、于都县槽坑金多金属矿等矿区取得较好的找矿效果。省煤田地质局启动丰城洛市北煤矿接替资源勘查等3个危机矿山项目。建材江西总队在广丰县萍塘矿区黑滑石矿、永丰县永丰矿区石膏矿、铅山县篁村萤石矿取得较好的找矿成果。

全年全省完成的主要工作量有钻探16万米,槽探21万立方米,坑探1.2万米,共完成地质勘查项目243项(国家项目48项),同比增长35%,投入资金2亿元(国家资金7000万元),同比增长48%,是完成工作量近年来最多、所取得地质效果最好的一年,为江西经济又好又快地发展提供了有效的资源保障。省地矿局完成地质勘查总量首次突破1亿元大关,达到1.2亿元,同比增长27.3%,创历史新高,安排650万元资金,添置了V8电法工作站等一批高、精、深的先进找矿设备。

【进一步加大科技创新力度】 省地矿局与陈毓川等6位院士密切联系,加强找矿理论研究。组织开展的《江西省白垩纪—新近纪陆相红盆1:50000区域地质填土方法》等2个项目获得国土资源部科技成果二等奖,《暴风雨型地质灾害风险预报研究》获得省科技进步二等奖,《西藏自治区邦多区幅1:25万区域地质调查》等3个项目获得省科技进步三等奖。省核工业地质局开展的《铀矿地质废(矿)石治理评价模式研究》项目荣获国防科工委科技进步三等奖。省有色地勘局"核级海绵锆及锆系列产品高技术产业化示范工程"列入国家发改委"新材料专项"重点扶持项目,为江西省最大的国家新产品扶持项目之一。

2006年,纳米比亚执政党西南非洲人民组织总书记、开国总统努乔马率团到江西访问时,专程到省地矿局进行考察,并与省地矿局等领导合影。

省地矿局供稿

【主动为江西区域经济发展服务】 全省各地勘单位继续坚持把地质工作作为经济发展的先行,坚持将地质工作贯穿于全省经济社会建设的全过程,进一步扩大地质工作的服务领域。省地质调查院实施的鄱阳湖及周边经济区农业地质调查,新发现的富硒土壤总面积达到3389平方千米,发现适宜猕猴桃种植区域面积1333.33公顷;省地质环境总站实施《江西省重点地质灾害易发区地质灾害监测预警示范》项目,完成《永新、泰和、万年县地质灾害调查与区划》项目,为有关地区的地质环境保护和地质灾害预警防治提供重要资料依据。在三清山申报世界文化遗产时,省地矿局临危受命,提供有力的地质技术的支持,得到省政府高度评价。

【出境为江西省寻找接替资源】 省地矿局在西藏、新疆取得一批较好的找矿成果,其中新发现的尼雄超大型铁矿,被列为国家在西部地区重要的铁矿资源后备基地。在纳米比亚、伊朗等10多个国家开展地质找矿或前期调研。取得较好成果的有:在纳米比亚获得矿权7个,面积达到3937平方千米,初步评价大型铅锌银矿床1处,新登记的2处铀矿,经初步勘查有望成为大型铀矿远景产地。纳米比亚前总统努乔马访问江西时专程到省地矿局考察。在伊朗洽谈合作金矿探矿权5个,并已登记了2个采矿权,正在筹备开采。在刚果卡森加铜钴资源基地发现多条含铜矿化带。省核工业地质局分别在广东、湖北、河南、贵州等地开展地质勘查工作。在澳大利亚北部地区申请5个探矿区块;组织15名专家,赴尼日尔阿泽里克地区开展铀矿储量估算工作;在澳大利亚开展矿业勘探和开发业务。省有色地勘局在印度尼西亚开展找金矿、安哥拉卢卡拉地区找铁锰矿、菲律宾找金铜锰矿、印度尼西亚找铅锌金多金属矿及摩洛哥找锆英砂矿等项目。

(舒飞庚)

环境保护

本栏编辑　余日蓉

综　述

2006年全省各级环保、林业等部门大力推进生态环境建设，切实保护生态环境，努力改善环境质量，全省以污染防治、尤其是水污染防治为重点，以饮用水源污染防治为重中之重，开展“环境执法年”活动，大力强化环境监管和社会监督，依靠科技进步推进污染治理和清洁生产。全省环境质量总体良好。全省地表水水质总体为良，Ⅰ～Ⅲ类水质断面达标率为76.8%，长江九江段、修水、信江水质为优，赣江、渌水、袁河、抚河和饶河水质状况为良；全省城市环境空气质量总体状况二级。其中，9个设区市环境空气质量为二级，2个设区市环境空气质量为三级。

实施总量控制，“十一五”主要污染物削减目标细化明确。在省直有关部门的支持配合下，完成《江西省环境保护“十一五”规划》的编制工作，并经省政府批准下达。根据《国务院关于“十一五”期间全国主要污染物排放总量控制计划的批复》和国务院委托国家环保总局与省政府签订的《江西省“十一五”水污染物总量削减目标责任书》及《江西省“十一五”二氧化硫总量削减目标责任书》，由省发改委牵头会同省环保局综合考虑各地环境质量、环境容量、排放基数、经济发展水平和削减能力等，将总量目标和削减任务分解到全省11个设区市，并报经省政府批准下达。1月9日，在全省环境保护资源节约人口计生大会上，副省长孙刚代表省政府与各设区市政府签订了主要污染物削减责任状，省环保局与省八大火力发电企业签订了二氧化硫削减责任状。

“环境执法年”行动和环保专项行动取得成效。全年以“环境执法年”行动为切入点，经过省、市、县三级环保部门的共同努力，建立全省412家重点污染源台账，规范执法行为，纠正有法不依、执法不严、违法不究，以及乱执法、乱作为，执法不规范等行为，初步摸清了污染源状况，制作污染源分布电子地图。以饮用水源、工业园的环境保护和新建项目为重点，各级环保部门与发改委等七部门联合开展环保专项行动。全省共出动环境执法人员1.75万人次，检查企业7401家，其中纠正各类环境问题1100多家次，立案查处突出环境违法行为150起。狠抓突出环境违法行为的挂牌督办工作。省环保局制定《江西省环境违法行为挂牌督办实施办法》。省政府发文对南昌市麦园垃圾填埋场等10家环境问题突出的企业或项目实行挂牌督办，并在新闻媒体公布；各设区市、县（市、区）分别对辖区内突出环境问题进行挂牌督办。2006年，全省共对173家环境问题突出企业实行挂牌督办。其中设区市政府挂牌督办的76个，县（市、区）政府挂牌督办87个。省环保局根据国家环保总局等七部（委）的统一部署，在全省范围内开展“整治违法排污企业保障群众健康环保专项行动”，据统计，在对全省137个饮用水源保护区、94个工业园区和1808个建设项目检查中，发现全省城市生活饮用水源一级保护区内存在工业废水排污口10个，生活污水排污口15个；入园项目4536个，其中已办环评68个，未办环保审批手续，未执行环保“三同时”制度的企业363家。未办环保审批手续违法建设或生产的企业225家，未建污染防治配套设施的企业84家。以上违规违法企业，各级环保部门均依法采取限期整改、停产治理，行政处罚等强制性措施，对不符合国家产业政策、生产工艺设备落后的污染严重的企业一律采取关闭措施。

创新工作机制，环境监管手段不断强化。一是建立环境保护“三监联动”机制。建立由省环保局污染控制处牵头、局法规处、监督处、环监局、监测站等相关部门参与的“三监联动”工作制度，定期召开专题研究会。二是应用电子信息系统，强化监管手段。南昌市、九江市、上饶市、赣州市环保局建立污染源在线监控网络平台，对重点污染企业实行自动视频监控；三是创新环境宣传方式。省环保局、省妇联、南昌市环保局联合开展“人人参与，创建资源节约型、环境友好型绿色生态江西”宣传活动，省人大、省政府、省政协领导出席并作重要讲话。各级环保系统都开展形式多样、丰富多彩的宣传教育活动。四是环境保护一票否决融入综合决策机制。2006年底，省政府主要领导主持会议，研究全省综合先进县、工业先进县和农业先进县评比表彰时，全省有两区一县因为环境质量或饮用水源一级保护区内排污口整治不到位等问题被环境保护一票否决，取消评比资格。

迅速有效地处理环境突发事件。一是认真做好环境信访工作，及时解决影响群众切实利益的环境问题。2006年全省共受理群众信访1.44万件次，来访同比增加236批。其中，省环保局接待群众来访来信390件，增加48%，办复率为99.1%。开展局领导信访集中接待月活动，局领导带案下访和上门回访，及时解决群众反映强烈的典型信访件。二是全省各设区市都开通12369环保投诉热线。三是迅速妥善处理环境突发事件。2006年全省共发生环境突发事件11起,同比增加6起。每起突发环境事件发生后,省、市、县环保部门有关人员均在第一时间赶赴现场,积极应对,及时处理,有效地控制了污染。

*林业生态建设继续推进。*全省完成重点生态工程营造林面积5.82万公顷,其中退耕还林工程造林4.33万公顷,长江防护林体系二期工程营造林1.28万公顷,珠江防护林体系二期工程营造林1332公顷,防沙治沙工程造林666.67公顷。2006年社会造林总面积占全省造林总面积的82.1%,社会造林已经成为全省造林的主体。加快四旁植树造林,美化绿化村庄,提高农村绿化水平,特别是九江、宜春、上饶、南昌等地平原林业发展比较迅速。年内,交通部门投入绿色通道建设资金7240.87万元,完成绿色通道建设里程2655.9千米,其中投入高速公路绿化资金6460万元,完成高速公路绿化里程151千米。

*森林资源管理体系建设进一步加强。*从2006年起,全省实行禁伐天然阔叶林。4月5日,省政府印发施行《江西省森林资源保护激励暂行办法》。加强生态公益林保护管理,建立生态公益林效益补偿机制。列入国家重点公益林面积204.13万公顷,省级生态公益林面积66.67万公顷,50个县(市、区、局)启动地方生态公益林保护工作,并且建立补偿机制。12月1日,新成立省爱鸟协会。森林防火、林业有害生物防治、森林公安、林业工作站、木材检查站等部门做了大量工作,确保林区和森林资源的稳定和安全。在省第11次党代会以来的江西五年"十件有影响的大事"评选活动中,"全省森林覆盖率达到60.05%"被列入,排名第4位。

*自然保护区和森林公园建设力度加大。*2006年,野生动植物及自然保护区工程建设完成投资额903万元。新建11个县级自然保护区、3个国家级森林公园和12个省级森林公园。至此,全省有国家级森林公园36处,跃居全国第一位。鄱阳湖国家级自然保护区和井冈山国家级自然保护区被国家环境保护总局、国家林业局等七部门授予"全国林业示范自然保护区",吴和平、郭英荣2人被授予"全国自然保护区管理先进个人"称号。

*湿地保护管理工作取得新进展。*1月6日,省政府办公厅下发《关于加强湿地保护管理的通知》。2月2日江西围绕世界湿地日。"湿地与减贫"这一主题,通过下发通知、群发短信5万多条、张挂宣传横幅等方式开展湿地保护宣传教育活动。省林业厅制订《江西省湿地保护工程规划》和《江西省湿地保护"十一五"规划》。国家林业局批准在江西湿地保护宣传教育中心加挂"全国湿地保护宣传教育鄱阳湖培训基地"牌子。经省编委批准成立"江西省林业厅湿地保护管理办公室"。11月1～2日,省政府和全球自然基金会共同在南昌召开了第11届世界生命湖泊大会。江西省鄱阳湖国家级自然保护区管理局等3个单位和永修县吴城镇荷溪村村民叶久怡荣获全球自然基金会(GNF)授予2006年"生命湖泊最佳保护实践奖",叶久怡为中国唯一的获此殊荣的个人。

(省环保局　省林业厅编辑室)

生态环境建设

【概　况】　2006年,全省全年完成退耕还林工程造林4.33万公顷,长江防护林体系二期工程营造林1.28万公顷(其中人工造林3392公顷、低产低效林改造1586公顷、新封山育林7901公顷),珠江防护林体系二期工程营造林1332公顷(其中人工造林449公顷、低产低效林改造217公顷、新封山育林666公顷),防沙治沙工程造林666.67公顷。全国绿化委员会、人事部、国家林业局授予杨金标、徐荣华、胡水生、王会平、邱耀君(女)等5人为"全国绿化劳动模范";蔡炳生、罗勤(女)、刘小明等3人为"全国绿化先进工作者";欧小青等13人获"全国绿化奖章";胡岳峰等30人获"全省绿化奖章"。

*全民义务植树运动蓬勃开展。*3月1日,省领导孟建柱、王君、傅克诚、余欣荣、钟家明、胡振鹏等与省市400余名机关干部、驻赣官兵和当地群众一起,到南昌市红谷滩新区卧龙山参加春季义务植树,共栽种木莲等2000余棵。3月10日,省绿化委员会、共青团江西省委和南昌市绿化委员会联合在南昌八一广场开展全民义务植树25周年纪念活动,展出32块介绍全省国土绿化成就的展板,开展现场咨询等活动,省人大常委会副主任彭崑生等领导和省、市机关,部分院校师生及社会各界群众1000余人参加了活动。2006年拓展了义务植树形式,建立义务植树基地,引导与提倡开展认建、认养绿地和古树名木等。宜春市绿化委员会向社会推出17块绿地进行认养,不到半天就被数家单位和市民认养一空。全年全省参加义务植树人数达1576.5万人次,植树8973.5万株,尽责率为86.3%。全省共收缴义务植树绿化费624万元。

*城市、部门绿化和绿色通道建设稳步推进。*省绿化委员会、省林业厅先后两次召开部门绿化工作会议,讨论研究加快绿化进程问题。建设、交通、铁路和水利等部门,认真落实部门绿化责任制,加大资金投入力度,促进了城市、乡村、铁路公路两旁、江河两岸的造林绿化快速发展。2006年,全省城市绿化率由2005年的29.39%增加至30.92%,增加了1.53个百分点,绿化覆盖率由32.62%增加至34.78%,增加了2.16个百分点,城市建成区绿地面积达4.08万公顷,人均公共绿地面积由原来的8.34平方米增长到8.67平方米。宜春市被授予"全国绿化模范城市",奉新、资溪、崇义县被授予"全国绿化模范县",南昌印钞厂等6个单位被授予"全国绿化模范单位",省电力公司等8个单位被授予"全国绿化先进集体"。6月9日,省绿化委员会与省委宣传部、省文明办、省林业厅联合制定并下发"创绿色家园,建富裕新村"实施方案,就创建"绿色生态示范村"提出具体实施意见和标准,明确林业在社会主义新农村建设中要办好10件实事。2006年,全省完成公路绿化里程2655.9千米,其中高速公路151千米,铁路绿化1340千米,江河沿岸绿化335.2千米。全省完成四旁植树9020.59万株。

【全省森林资源连续清查第六次复查工作圆满结束】　2005年9月开始,

在全省范围内开展森林资源连续清查第六次复查工作，至2006年9月底向国家林业局华东森林资源监测中心提交此次复查外业调查卡片。此次复查对全省2608个固定样地进行调查，对8.35万个遥感判读样地进行了判读。检查显示，此次连续清查的固定样地调查合格率达95%以上，质量等级达“优”，遥感判读样地正判率达90%以上。

【全省鸟类总数增长】 据省科学院科技信息中心公布，到2006年底，江西省已知鸟类种数为465种，增长10.71%，占全国鸟类种数上升到34.99%。国际受胁鸟种中，在江西有分布和栖息的有海南开鸟、黄嘴白鹭、黑脸琵鹭、斑头大翠鸟、黄瓜隼、斑胁田鸡、硫磺鹀、短尾鸦雀等8种。

【鄱阳湖区越冬水鸟达70多万羽】 国家林业局全国鸟类环志中心和江西省野生动植物保护管理局联合组织的鄱阳湖区越冬鸟类调查结果显示：2005年底至2006年1月，鄱阳湖区越冬鸟类达105种近73万只，其中全球濒危鸟种9种，总数9万多只，占整个鄱阳湖越冬鸟类调查数量的13%；水鸟74种，总数72万多只。白鹤、黑鹳、小天鹅、鸿雁、鹤鹬等10种水鸟在鄱阳湖越冬数量占全球迁徙路线上的40%以上；28种水鸟在鄱阳湖区的越冬数量达到或超过全球数量的1%，22种水鸟在鄱阳湖单个子湖泊的越冬数量就达到或超过全球数量的1%。这次调查鄱阳湖区子湖泊49个，基本覆盖了整个鄱阳湖区越冬水鸟分布区，其中37个子湖泊越冬水鸟状况达到国际重要意义地点的标准。

【防沙治沙工程建设取得新成绩】 国务院正式将防沙治沙工程列为全国生态建设工程重点项目，并制定《全国防沙治沙规划（2005～2010年）》。2006年，江西根据全国防沙治沙规划的要求，制订出《江西省防沙治沙“十一五”规划》，要求有关市、县分级制定规划，分解落实防沙治沙目标责任。2月20日，彭泽县经国家林业局批准列入防沙治沙县级综合示范区建设项目。该县投资15万元，在治沙核心区林缘建围栏8210米，围护面积133.33公顷。全省全年完成治沙造林666.67公顷，占计划任务150%，成活率达85%以上。6月17日是世界防治荒漠化日，全省有沙化土地的7个设区市30个县（市、区）利用多种形式开展防沙治沙宣传教育活动。同时，省绿化委员会办公室、省林业厅防沙治沙管理办公室组织力量在星子县等地就江西省防沙治沙资金筹措、树种选择和治理模式等方面进行专题调研，借以推进全省防沙治沙工程建设。

（省林业厅编辑室）

生态环境保护

【概　况】 2006年，全省建有各类自然保护区134个。其中国家级5个，省级25个，市级1个，县级103个，总面积92.6万公顷，占全省国土面积5.55%。开展鄱阳湖等6个生态功能保护区的建设工作，总面积414.3万公顷，占全省国土面积24.8%。其中鄱阳湖、江西东江源为国家级生态功能保护区建设试点，赣江（章江）源为省级生态功能保护区，赣江（贡江）源、仙女湖和修河源为省级生态功能保护区建设试点。积极开展东乡野生稻现状调研和对策研究课题和东江源国家级生态功能保护区的申报评审工作。南昌、宜春、吉安3个设区市和共青城等22个县（市、区），被国家环保总局批准为国家级生态示范区建设试点地区，生态示范区面积955.5万公顷，占全省国土面积57.3%。其中共青城、东乡、信丰、宁都、武宁和资溪6个县（区）被国家环保总局命名为国家级生态示范区。12月，南昌市安义县国家级生态示范区通过国家环保总局验收。2006年，全省各地认真贯彻落实省人大《关于加强森林资源保护和林业生态建设的决议》，全面实行禁伐天然阔叶林。4月5日，省政府印发施行《江西省森林资源保护激励暂行办法》，省里拿出2000万元资金奖励10个生态保护好的县（市、区）。

环境优美乡镇建设取得成效。省环保局积极开展土壤现状调查及污染防治专项工作，积极推进全国环境优美乡镇建设，不断加大对自然保护区的建设和管理力度。召开省级自然保护区评审会，对庐山、九岭山省级自然保护区范围调整和羊狮幕自然保护区功能区划调整进行评审，制订《省级环境优美乡镇考核验收规定（试行）》。2006年，婺源县江湾镇通过国家环保总局“全国环境优美乡镇”考核验收，成为全省首个被命名的全国环境优美乡镇。8月，南昌市新建县长陵镇通过国家环保总局“全国环境优美乡镇”考核验收。

森林火灾大幅度下降。全省森林防火部门针对林业产权制度改革后森林防火的新形势，积极探索森林防火新机制、新措施，开展森林防火工作。2006年，全省发生森林火灾130起。其中，火警33起、一般火灾97起；过火面积2053.26公顷，受害森林面积1073.02公顷。与2005年相比，表现为“三个下降、两个没有”：森林火灾次数下降63.38%，过火面积下降77.97%，受害森林面积下降76.8%；没有发生重大、特大森林火灾，没有发生人员伤亡事故。确保井冈山、庐山、南昌西山等重点林区的防火安全。在南方省（区）春季森林防火“三无创优”活动中，江西省被国家林业局授予“三无创优”先进省。广丰县政府等4个单位被授予2004～2006年度全国森林防火先进单位，刘礼祖等9人被授予2004～2006年度全国森林防火先进个人，黄祖常等8人荣获全国森林防火工作纪念奖章。

林业有害生物防治工作取得新进展。4月21日，省政府决定成立“江西省林业有害生物防控工作指挥部”，副省长熊盛文任指挥长，省林业厅厅长刘礼祖、省政府副秘书长赵泽华任副指挥长。全省各级人民政府和森林病虫害防治部门采取有力措施，积极预防和除治森林病虫害。重点加强松材线虫病发生疫点的除治工作，有效地控制疫点的蔓延扩散。全年全省发生林业有害生物面积40.99万公顷，其中成灾面积3.62万公顷，实施种苗产地检疫面积0.61万公顷。

全省林业工作站建设得到加强。2006年，全省基层林业工作站管理体制进一步理顺和完善，初步建立起“职能完备、上下协调、管理顺畅”的省、市、县、乡四级林业站管理体系。通过加强林业行政执法、监管工作，有力地从源头上预防和制止各种破坏森林资源行为的发生。全年林业工作站行政执法8000余起，确保全省范围内未发生大的盗伐、滥伐林木案件。

木材检查站执法质量和执法水平进一步提高。从4月22日至12月底，在全省木材检查部门开展“执法质量年”活动，提高木材检查人员的思想和业务素质，进一步加强木材运输流通环节的监督、检查工作，强化对违章运输木材案件的查处力度。2006年，全省共查处违章运输木材案件2.09万起，处罚违章运输木材7.74万立方米、竹材154万根，为国家挽回直接经济损失2251万元。

（省环保局　省林业厅编辑室）

【征占用林地审核工作得到加强】 2006年，全省林业部门认真贯彻《中华人民共和国森林法》及其实施条例，切实加强林地资源的保护管理工作。全省征占用林地审核的起数、面积和征收森林植被恢复费均创历史最高水平。全省共受理并审核征占用林地1390起，同比增长58.7%；共征收森林植被恢复费3.28亿元，增长57.1%。新余市的力度最大，全年共征收森林植被恢复费3037.53万元。全省基本上无新增非法占用林地项目。

【专业森林消防队标准化建设开全国先河】 2006年，省政府森林防火总指挥部决定在全省开展专业森林消防队标准化建设，计划建设100支高标准的专业森林消防队。9月，省政府森林防火总指挥部、省编办、省财政厅、省林业厅联合下发《全省专业森林消防队建设标准》及其实施方案，明确专业森林消防队建设的5条标准（机构编制、经费保障、基础设施、制度建设、教育训练），并规定：专业森林消防队为全额拨款事业单位，经费纳入当地财政预算。这一举措被国家森林防火指挥部办公室誉为“开全国先河”。截至年底，全省有55支专业森林消防队已经达标。

【林业有害生物防治工作成绩显著】 2006年是森林病虫害发生比较严重的一年。全省各地认真贯彻“预防为主、科学防控、依法治理、促进健康”的方针，采取有力措施，及时进行除治，大大减少灾害损失，实现了“一个突破、两个转变、三个提高、四个达标”。“一个突破”，即松材线虫病疫点除治工作取得阶段性突破，降低了灾害损失。“两个转变”，即防治工作基本实现由重除治向重预防的战略转变，森林病虫害防治由部门办向社会办的转变。“三个提高”，即社会化防治意识普遍提高、防治能力普遍提高、森防队伍的素质和实战能力普遍提高。“四个达标”，即成灾率为3.7‰，比国家下达指标低1.1个千分点；无公害防治率为78.1%，比国家下达指标高18.1个百分点；测报准确率为78.9%，比国家下达指标高2.9个百分点；种苗产地检疫率为94.2%，比国家下达指标高3.2个百分点。

【开展全省“绿剑”“绿盾”行动】 从4月20日至10月，省林业厅、省高级人民法院、省人民检察院、省公安厅、省监察厅联合在全省范围内开展严厉打击破坏森林资源违法犯罪专项整治行动（代号：“绿剑行动”）。11月1日至年底，遵照国家林业局的统一部署，在全省范围内开展以打击破坏林地和野生动物资源违法犯罪活动为主要内容的“绿盾行动”。在行动中，共查处各类森林案件2.53万起，其中森林刑事案件1890起，林业治安案件313起，林业行政案件2.31万起，查处各类违法犯罪人员3.02万人（次），收缴木材8.12万立方米，收缴野生动物2.33万只（头），为国家挽回直接经济损失9062.44万元。

（省林业厅编辑室）

污染防治

【概　况】 2006年，全省环境综合整治工作取得新突破。省环保局开展改善城市水环境和大气环境质量的环境综合整治工作，全省环境质量总体保持稳定。以水污染防治为重点，确保全省饮用水环境安全。查清全省137个城镇集中式地表水饮用水源一级保护区内25个排污口的现状，并督促有关市县于年底之前依法对其中4个工业、3个生活污水排污口进行取缔。组织召开赣江流域水质交接断面设置协调会议，完成赣江干流市界断面监测布点工作，赣州、吉安等水质自动监测站正在建设之中。随着城市化进程的加快，各城市环境基础设施建设投入逐年增加。年内，南昌、上饶、九江等市生活污水处理厂4座建成，南昌市红谷滩污水处理厂和鹰潭市等12个污水处理工程在筹建或动工建设中；南昌、九江、景德镇、赣州、宜春、吉安等市生活垃圾无害化处置场建成，萍乡、抚州、新余等市的生活垃圾无害化处置场正在建设中。为改变不合理的工业布局，分期分批对城区污染严重的企业实施搬迁，大力推进工业企业退城进工业园战略，改善城市环境质量。推动重点污染源的治理，全年完成限期治理项目443个、投资2.06亿元，关停并转企业300家。全省有13家企业完成省环保局下达的强制性清洁生产审核要求，并全部通过专家组的评估。景德镇市对七家排污大户下达强制性清洁生产审核的要求。

省环保局严把环保审批关，污染防治关口前移。起草《江西省建设项目环境影响评价文件分级审批规定》，经省政府批转各地执行。组织编制《江西省环境保护禁止和限制建设项目名录》（第一批）、《加强我省电镀行业环境保护管理的意见》等文件，严格环境保护准入门槛，对产业布局提出环境保护指导意见。严把新、扩、改项目环保审批关。全省共审批建设项目2610个，按照“三个坚决不搞”的要求，对185个污染性项目进行否决。其中，省环保局共审批建设项目178个，拒绝污染严重、不合产业政策的项目25个。从7月1日起，对未依法开展环境影响评价工作的工业园区，省环保局和各级环保部门不受理入园项目的环保审批。根据国家发改委、国家环保总局等五部门的要求，对上半年66个新开工项目的环保审批情况进行清理，对24个违法开工企业依法进行处理。省环保局积极争取专项资金为企业和基层环保服务，2006年向国家环保总局争取到各类项目资金4983万元，同时帮助新钢、江铜、武吉和景鹰高速公路、分宜电厂等10多个项目环评获得国家环保总局审批。

（杜　林）

教　育

本栏编辑　余日蓉

综　述

2006年，省委教育工委、省教育厅坚持“巩固、深化、提高、发展”的方针，继续认真做好“更新观念、创新体制、转换机制、优化环境、聚集人才”五篇文章，全面实施素质教育，巩固和普及义务教育，大力发展职业教育，努力提高高等教育质量，各级各类教育实现了快速协调持续健康发展，教育改革和发展取得显著成绩。

“两基”攻坚目标全面实现。全省所有县(市、区)“两基”工作全部通过省级验收，“两基”人口覆盖率达到100%，青壮年文盲率控制在1%之内。小学适龄儿童入学率达到99.64%，初中阶段适龄人口入学率达到95.5%，分别提高了0.63和1.45个百分点，初中和小学辍学率分别降至2.57%和0.35%。与此同时，基础教育各项事业整体推进。普通高中在校生达到86.93万人，同比增长2.37%；全省幼儿园由4851所增至5848所，幼儿达到80.63万人，增长12.49%；特殊教育学校发展到60所，全省残疾儿童少年入学率达到64%。

职业教育快速发展。2006年，省政府下发《江西省人民政府贯彻国务院关于大力发展职业教育的决定的实施意见》，召开全省职业教育工作会议，对大力发展职业教育特别是中等职业教育作出全面部署。全省中等职业学校招生达到30.4万人，与普通高中的招生比达到49.7∶50.3，超过全国46∶54的比例，提前4年达到“十一五”规划目标。

高等教育呈现良好发展态势。高等教育质量工程建设力度加大，投入1000万元，打造199个重点学科，评选出22个江西高校实验教学示范中心，其中1个成为国家实验教学示范中心。高等教育发展速度得到有效控制。普通高校招生数由20.79万人增至21.96万人，增长5.63%，招生数及本科招生数的增长幅度分别下降了5个和18个百分点，实现了重在内涵建设前提下的适度发展。研究生教育创新计划全面实施，设立研究生科研创新专项资金。投入专项资金培育了一批重点科研项目。全省高校科技经费突破5亿元大关。

教育热点难点问题得到有效解决。加大对贫困家庭学生的资助力度，在义务教育阶段安排专项资金2.09亿元，资助贫困家庭学生242.34万人次。在高等教育阶段安排国家奖助学金2952万元，资助2万余名贫困家庭大学生；发放国家助学贷款资金9167.59万元，发放人数9438人。在职业教育阶段建立贫困家庭学生助学金、奖学金制度，安排中等职业教育助困资金5900万元，5.9万名学生得到资助。治理教育乱收费保持高压态势，加大对教育乱收费的查处力度，治理工作取得阶段性成果。高招和中招工作通过全面实施“阳光工程”、诚信教育和竭诚为考生服务，圆满完成招生任务。

其他各项教育工作取得明显成绩。以促进学生全面发展为目标，素质教育取得丰硕成果；社会主义荣辱观教育全面展开；高校党建和学生思想政治工作得到加强；学校体育卫生艺术教育取得新成绩；信息技术教育稳步发展，计算机装备达到30人/台，信息技术开课率提高到46.24%；中小学校园文化和校外活动场所建设进一步推进；以师德师风建设为主线，教师队伍建设得到加强；教育国际合作与交流的“十百千”工程目标基本实现。

（省教育厅编辑室）

基础教育

【概　况】 2006年，全省以加强农村教育为重点，推进基础教育各项工作开展。全省小学适龄儿童入学率达99.64%，小学辍学率降至0.35%；初中阶段适龄人口入学率达95.5%，初中辍学率降至2.57%；高中阶段教育毛入学率达62.36%，全年全省普通高中招生达30.72万人，在校生达86.93万人，增长2.37%。“以县为主”的义务教育管理体制得到进一步落实。10月，省人大常委会在全省范围内开展《中华人民共和国义务教育法》执法检查，对6个设区市、12个县(市、区)进行重点检查。继续开展“两基”年检复查，全省99个县(市、区)全部通过“两基”验收，“两基”人口覆盖率达100%。对南昌县等20个县(市、区)政府教育工作进行督导评估；为加强德育工作，省教育厅制定下发《江西省加强中小学班主任工作的实施意见》，开展以“纪念红军长征胜利70周年活动”为主题的“中小学弘扬和培育民族精神月”活动；争取到14个青少年学生校外活动场所列入国家扶持建设项目；组织开展北京2008奥林匹克教育示范学校的评选工作，11所学校获得批准为北京2008奥林匹克教育示范学校。省人大常委会开展《预防未成年人犯罪法》的执法检查，进一步加强中小学生思想道德建设与法制教育。为加强普通高中的内涵建设，省教育厅转发《教育部关于进一步规范普通高中建设兴办节约型学校的通知》，制定出台《关于加强普通高中建设与管理工作的意见》。

2006年，全省有特殊教育学校60所，在校三类（听力、视力、智力）残疾儿童（包括随班就读）达1.86万人。1月1日起，全省特殊教育学校（班）教职工特教津贴标准由原15%提高到25%。省教育厅争取到教育部资助江西特教设施设备专项经费60万元。年内，民族教育进一步发展。全省共有4所普通高中接收94名西藏学生，有33名西藏学生已升入大学一本院校学习。2月7日，省委孟建柱书记，省委常委、南昌市委书记余欣荣等领导专程到南昌市十七中西藏班看望西藏学生，送去10万元慰问金，给全校师生特别是藏族学生以巨大的鼓舞。2006年举办的“江西省幼儿教育宣传月活动”，促进全省幼儿教育的发展。省教育厅继续组织省级示范幼儿园评估，全省有省级示范幼儿园106所。进一步规范民办幼儿园管理，全年审批、注册的幼儿园达到5848所，增长20.5%，全省在园幼儿80.63万人，增长12.5%。

【开展八项基础教育工程建设】 ①“江西省农村中小学基础设施改造工程”。省财政一次性投入3亿元，县级财政配套2亿元，为农村学校更新课桌椅，改善饮用水，修建厕所等基础设施。②“江西省2006年度农村中小学现代远程教育工程”。工程总资金1.32亿元，在南昌、赣州、吉安市所辖38个县（市、区）实施项目学校4740所，使全省农村中小学远程教育覆盖面已由上年的33%提高到69%。③大中专院校支援贫困县乡农村中小学第二期“结对帮扶工程”。有101所大中专院校对口401所农村中小学校，据不完全统计，已落实帮扶资金500多万元，有力地推动受援学校办学条件的改善和教学质量的提高。④基础教育课程改革工程。回顾和总结五年来全省基础教育（义务教育阶段）课程改革。2006年实行中考改革的实验区达到6个县（市、区），进一步深化教育教学改革，促进教师的教学方法和学生的学习方式的转变。⑤中小学危房改造工程。着手建立农村中小学校舍维修改选新机制，校舍维修改造所需资金由中央和地方按5：5比例共同承担。全年全省实际下达改造资金2.85亿元，维修、改造中小学危房约70.39万平方米。⑥农村寄宿制学校建设工程。2006年，中央专项资金2亿元全部落实到416所项目学校，已有305个项目竣工交付使用，30.8万名农村中小学生和18.3万农村中小学寄宿学生搬进新校舍。⑦中小学教师继续教育工程。启动“省级农村中小学骨干教师和校长培训计划”和中小学教育讲师团送教下乡等工程，各级教育部门共培训农村教师6.40万人次、组织“送教下乡”480批次，专家下乡授课1438人次，参训教师10万余人。⑧“农科教结合”和“三教统筹”工程。在部分县（市、区）开展“绿色证书”教育试点，举办全省“绿色证书”教师培训班，培训教师130余人。农村基础教育、职业教育、成人教育进一步协调发展。

【学校管理及学校安全工作加强】 2006年，省教育厅制定下发《关于进一步规范基础教育办学行为若干问题的意见》，对学校改制、招生、收费、班级编排、课程课时、学科竞赛活动管理、考试和作业等做出了明确规定。与各设区市教育局签订《江西省2006年中小学幼儿园安全工作责任书》，在全省广泛开展中小学安全教育日活动，及时转发教育部、公安部等10部委联合签署的部长令《中小学幼儿园安全管理办法》，要求各地各学校加强学习与宣传，努力提高安全管理水平。11月20日，省政府召开全省中小学安全管理工作电视电话会议，对进一步加强学校安全管理提出要求。省教育厅针对班额过大、教师缺编等深层次问题提出整改意见。

（省教育厅编辑室）

高等教育

【概　况】 2006年，全省在35.3万高考考生中录取22.78万名，录取率为59.61%，列全国第16位，中部第1位。普通高校招生数由20.79万人增至21.96万人，同比增长5.63%。研究生招生数由4173人增加到4863人，增长16.53%；在校学生数由9860人增加到1.21万人，增长23.22%；专业学位教育招生数同比增长22.3%，在校生数达到4500人。全省大中专院校普通毕业生总人数为18.51万人。其中，博士生60人，硕士生2319人，本科生5.08万人，专科生4.12万人，高职生5.22万人，中专生3.81万人。全年实现就业人数为13.27万人，就业率为71.73%。为促进毕业生就业，积极引导和鼓励高校毕业生面向基层，有220人参加“西部计划”、173人参加江西省各项地方项目就业、736人参加“三支一扶”工作。加强规范有序的毕业生就业市场建设，开发“高校毕业生就业信息监控系统”，建立高校毕业生就业预警制度。开展“首届全省高校本科优秀毕业设计（论文）评选工作”。各本科高校推荐539篇毕业设计（论文）参加评选，经专家评审，共评选出本科优秀毕业设计（论文）300篇。

全省高校专任教师由3.86万人增至4.21万人，增长9.07%，超过学生数的增长幅度。各高校吸纳硕士毕业生1603人、博士毕业生341人。选拔新增江西省高等学校中青年学科带头人143名、骨干教师369名。评选出第三届江西省高等学校教学名师奖57名，江西农业大学杜天真、江西师范大学赖大仁成为第二届全国高等学校教学名师奖获得者。4人成为教育部“2006年度新世纪优秀人才支持计划”，4人2006年度（第10批）江西省主要学科学术和技术带头人培养对象。有4人荣获“江西省突出贡献人才”称号，62人入选“江西省新世纪百千万人才工程”，5人入选2006年国家级“新世纪百千万人才工程”。

高校把工作重点转到提高教学质量上来。2006年，南昌大学接受教育部本科教学工作水平评估，省委书记孟建柱、省长吴新雄看望了教育部评估专家，听取专家对江西省高等教育改革发展的意见和建议。省教育厅对江西渝州科技职业学院、江西城市职业学院和江西服装职业技术学院进行人才培养工作水平预评估。为架构高职高专学生职业岗位关键能力培养新体系，举行“首届全省高职高专学生科技创新职业技能竞赛”，在江西现代职业技术学院、江西旅游商贸职业学院、九江职业技术学院。3个赛区开展13个项目的竞赛。

【高等教育质量工程建设力度加大】 全省高校以“省教改工程”为载体进行十大教学常规制度建设（即省级教改立项，教学成果评选，教师授课质量评价，教授、副教授上基础课，优质课程评选，中青年骨干教师、学科带头人评选、高校教学名师奖评选，省级示范性实验教学中心评选，多媒体教学课件展示评选，专科示范性专业、本科品牌专业评选，大学生课外科技竞赛），确定了1000项省级教改研究项目，评选出104项教学成果和200门省级优质课程，其中4门课程成为国家精品课程。评选22个江西高校实验教学示范中心，其中南昌大学工程力学实验中心顺利入选国家级实验教学示范中心，实现零的突破。

【组织实施“双千工程”】 省教育厅、省建设厅组织1000名规划设计类人才，编制1000个新农村规划。共组织全省17所高校规划、设计、工程类的师生1900多人次，完成2000多个规划编制工作，超额完成工作任务，其中江西建设职业技术学院在安福县协助编制村庄规划，使该县提前完成2007年的村庄规划编制工作任务。

【江西首个国家级大学生文化素质教育基地获批准】 由江西师范大学牵头，联合南昌大学、江西财经大学、江西农业大学、华东交通大学5所高校高校联合申报的“国家级大学生文化素质教育基地”获教育部批准挂牌，填补了这一领域的空白。建设基地的目的是：以马克思列宁主义、毛泽东思想、邓小平理论和"三个代表"重要思想为指导，坚持党的教育方针，继承和弘扬中华民族优秀的历史文化传统，吸收人类文明发展的优秀成果，提高大学生的文化素质，为加强和改进大学生思想政治教育服务。

【研究生教育创新计划全面实施】 2006年，制订《江西省研究生创新计划》，举办研究生学术论坛和暑期学校，设立研究生科研创新专项资金，为全省研究生提供一个高起点、大范围、多领域的学术创新平台。强化对研究生培养质量的监督，组织研究生指导教师遴选工作的专项检查，对省示范性硕士点进行中期检查。

（省教育厅编辑室）

职业技术教育与成人教育

【概　况】 2006年，全省中等职业学校招收新生30.4万人，同比增加2.37万人，增长8.46%；在校学生70.43万人，增加6.27万人，增长9.77%。高中阶段教育中职业教育和普通教育招生比例由47∶53提高到49.7∶50.3，在校学生比例达到45∶55。中央财政和省财政安排5900万元专项经费，扶持江西5.9万名家庭困难学生就读中等职业学校。中等职业学校毕业生就业率达到97.4%。进入各种所有制性质的企事业单位占62.4%，合法从事个体经营占27.6%，升入各类高一级学校占10%；从事第一、第二、第三产业的人数分别占毕业生总数的11.6%、17.6%、70.8%；省内就业33.8%、省外就业66.2%。

全省有技工学校81所，其中技师学院3所，高级技校15所，国家重点技校20所，省重点技校10所，有3所学校的在校生人数已达万人，在全国处于领先水平。2006年全省技工学校招收新生4.1万人，在校生达到11.46万人。高级技工学校招收高级技工班和技师班1.32万人，占全省当年招收总量的32.3%，增长103%，为历史之最。技校用于实习设备投入达到3947万元，增加1340万元，增长51.4%。年内，有5所技工学校列为国家职业教育国债项目，有7所技工学校列入职业教育国债项目支持规划。技校毕业生人数3.16万人，取得职业资格证书人数2.78万人，取证率87.8%，实现就业3.02万人，一次就业率达到95.6%。

为提高职业学校的教学能力，省教育厅组织开展“江西省中等职业学校第二届优秀多媒体教学课件评比”活动，评出一等奖课件10件，二等奖37件，三等奖59件。制定《江西省中等职业学校省级教学成果奖励办法》、《江西省中等职业教育省级教学研究课题立项办法》，到年底，正式启动中等职业教育省级教学研究课题立项申报工作。举办中等职业学校专任教师提高培训班、校长岗位培训班和职业教育师资学历达标自学考试助学班，培训中等职业学校校长100人，培训中等职业学校10余个专业专任教师500余人。2006年，新余市财税金融中等专业学校等10所学校被评为省示范职业学校；江西机电学校等9所学校被评为省级重点中等职业学校；江西省中山电子计算机中等专业学校等10所学校，经省级评估认定后，向教育部推荐为国家级重点中等职业学校。省教育厅对各设区市教育局进行综合考评后，授予新余市等9个教育局“江西省2006年度职业教育与成人教育工作目标考评先进单位”称号。

（省教育厅　省劳动厅编辑室）

【召开全省职业教育工作会议】 该会于4月27～28日在南昌召开。省领导黄智权、吴新雄、孙刚、王君、黄定元和省直有关厅局等350余人参加会议。省政府在会上印发了《江西省人民政府贯彻〈国务院关于大力发展职业教育的决定〉的实施意见》。会议总结了“十五”计划期间江西职业教育取得的成绩，部署了“十一五”规划时期职业教育改革与发展的目标任务，出台了促进江西职业教育更好更快发展的政策，进一步确立职业教育在全省经济社会发展中的重要基础作用和在整个教育工作中的战略地位。

【实施中等职业教育基础能力建设“四个计划”】 2006年，全省正式启动“四个计划”：实施县级中等职业学校建设计划，安排专项资金5680万元，扶持建设25所学校；实施示范性职业院校建设计划，安排专项资金3680万元，扶持建设18所示范性职业院校；实施职业教育实训基地建设计划，安排专项资金及配套资金1.40亿元，扶持建设36个综合性职业教育实训基地；实施职业院校教师素质提高计划，安排资金300万元，加强教育部重点建设职教师资培训基地江西农业大学、江西科技师范学院的建设工作。

【**开展江西省中等职业学校第三届技能竞赛节**】 5月9～10日，分别在江西现代职业技术学院、江西旅游商贸职业学院、江西省电子信息工程学校、南昌市卫生学校4个赛区进行相关专业的技能竞赛，全省有200余所职业院校、522支代表队，共1588名选手参加了16个专业技能项目的角逐。竞赛期间，副省长孙刚观看了技能竞赛现场。5月11日，省教育厅为获得团体和个人一等奖、优秀组织奖的代表颁奖。

（省教育厅编辑室）

【**重申技工学校管理体制**】 针对少数地方对所属技工学校进行整编、将技工学校并入其他学校、改变其管理体制和管理模式的问题，2005年劳动保障部专门下发《关于技工学校管理体制有关问题的通知》。2006年1月12日，江西省劳动保障厅转发劳动保障部的通知重申：国务院《关于大力推进职业教育改革与发展的决定》和《关于大力发展职业教育的决定》均明确规定国家对技工学校管理体制维持不变。各级劳动保障行政部门要在各级党委政府的领导下，认真贯彻国务院文件和全国职业教育工作会议精神，切实履行对技工学校的管理职责，依托职业教育工作部门联席会议制度平台，加强部门协作联动，推进技工学校改革和发展。

（刘克琦）

师范教育

【**概　况**】 2006年，省教育厅加强对教师资格认定工作的领导，成立"江西省教师资格认定指导小组"，组织开展全省认定教师资格工作。全省高校有关处室负责人和专业人员100余人参加"2006年认定高等学校教师资格人员培训班"培训。全年全省认定高等学校教师资格5707名，认定中小学教师资格3.6万人。省教育厅组织开展对全省29所中等职业学校培养幼儿园教师工作专项评估。鼓励在职中小学教师参加学历提高培训，实行学历培训与非学历培训学分融通，出台中小学在职教师参加成人高考可以在考试成绩基础上增加30分投档的优惠政策。全年全省中小学教师参加继续教育远程培训的达20余万人。2006年全省小学、初中、高中教师学历合格率分别达到98.04%、94.53%、76.14%，分别提高了0.44%、1.55%、5.01%；小学教师中具有大专学历的占46.85%，初中教师中具有本科学历的占33.57%，高中教师中具有研究生学历的占1.13%，分别提高了6.33%、5.11%、0.11%。

为解决农村师资补充难、素质不高的问题，赣州、宜春、吉安、九江等地开展定向培养农村师资工作，吉安市对参加定向培养的学生给予每月80元生活补贴。省教育厅继续实施"农村学校教育硕士师资培养计划"，召开"2006年为农村学校培养教育硕士师资签约会"，75名应届大学毕业生与农村学校签订《定向培养协议书》，志愿到农村学校任教。下发《关于做好农村中小学骨干教师省级培训工作的通知》，计划用5年时间培训1万名农村中小学骨干教师，全年培训2000名；与省慈善总会合作，组织实施瑞典"希望之星"项目免费培训农村体育、卫生、艺术教师，计划用3年时间免费培训农村体育、卫生、艺术教师480人，其中2006年培训170人。

【**师德主题教育活动深入人心**】 2006年，省教育厅制定《江西省中小学教师职业道德"八不准"》，设立省、市、县（区）三级师德监督举报电话，对各地落实"八不准"情况开展检查。通过宣传学习和检查，教师职业道德各项要求深入人心。4－8月，全省各地按照省教育厅安排开展"树立社会主义荣辱观，做人民满意的教师"师德主题教育活动，8月24日全省共表彰省级中小学师德先进集体19个，先进个人103人。表彰市级师德先进个人818人，县级师德先进个人4898人。

【**六千多名中学校长受训**】 省教育厅下发《关于开展全省农村初中正职校长省级培训的通知》，计划用3～4年左右的时间完成对全省1379所农村初中正职校长的省级全员培训，2006年已培训农村初中正职校长400人。同时开展高（完）中校长任职资格培训班和提高培训班，2006年共培训高（完）中校长162名。市、县两级培训校长6336人。

（省教育厅编辑室）

民办教育

【**概　况**】 2006年，全省各级各类民办教育机构有5847所，同比增长22.07%；在校生114.18万人，增长8.91%，占全省受教育人口总数978.39万人的11.67%。10所民办普通高校在校本专科生16.33万人，增长71.71%，占全省本、专科在校生78.89万人的20.70%。民办中职招生7.9万人，在校生16.76万人，民办高中203所，在校生14.08万人，民办中职规模超过民办普通高中教育规模。民办小学82所，同比减少13.41%，在校生7.18万人，增长15.8%；民办初中150所，减少2所，在校生13.49万人，增长1.73%。民办幼儿园等学前教育机构共5166所（个），增长25.7%。在学幼儿40.95万人，增长25.96%。年内，省教育厅表彰民办中等职业学校示范性实训基地建设先进单位18个，校企联办订单式教育特色专业78个。全省评定11所示范性中职学校，其中民办中职学校9所，民办中等职业教育成为地方中职教育新的增长点。

【**开展民办教育执法检查**】 9月22日，《江西省民办教育促进条例》由省人大常委会讨论通过，将于2007年1月1日起施行。上半年，省人大教科文卫委、省教育厅会同民政、工商、教育工会、价格监督检查等有关部门，对全省10所民办普通高校依法办学情况进行督导检查，对查出的问题分校下达书面整改意见。

【**民办高校党建工作取得新进展**】 2006年，民办高校党组织制定党员"保先"岗位标准，健全工作制度，开展建立学生社区党团支部和学生分会试点，对发展党员、"三会一课"和党费收缴使用管理情况进行全面自查。全年发展党员1117人，其中学生927人、教工190人。2.63万人递交入党申请书，9563人被确定为入党积极分子，115名优秀共产党员和9名党内先进个人受到表彰。各校完善和落实团建“四带四同步”工作机制，启动学生思想政治教育和心理健康教育平台，开展增强团员意识主题教育，“知荣明耻树立当代大学生新形象”、学习见义勇为学生何蕤英雄事迹等活动，收到较好效果。

【整治民办学校违规招生行为】 2006年是全省高等职业学校招生整治年。为了切实控制民办高校招生规模，制止违规招生行为，维护学校稳定，省教育厅多次召开厅长办公会进行专题研究，出台了计划调控、执法检查、巡回督导、信息公开、监督管理等13条措施，并通过省教育厅有关处室及高招办、自考办、信息中心等单位将措施落实到位。全年民办高校统招生严格控制在国家计划之内，经排查，自主招收的4.39万自考生明确考籍身份，有7228名自考生办理全额退学退费。省教育厅会同公安机关依法查处江西科技外语专修学院抽逃资金违规办学案和江西外国语专修学院使用虚假校名招生案，吊销两校办学许可证。省教育厅还对不具备办学资格的江西海大专修学院、江西豫章专修学院和江西医药卫生专修学院注销了办学许可证。

【规范民办高校办学行为】 11月中旬至12月底，省委书记孟建柱、省长吴新雄分别视察省教育厅，对加强民办高校管理、规范民办高校办学行为作出重要指示。分管副省长孙刚多次视察民办高校，对依法办学、诚信招生提出严格要求。省教育厅组织全省民办高校学习省委、省政府领导讲话，深入反思江西民办高等教育发展历程，总结经验教训，提出加强依法办学、规范办学和依法加强管理的具体措施。

（省教育厅编辑室）

国际交流与合作

【概　况】 2006年，全省有212批、666人次赴美国、德国、加拿大、香港等30多个国家和地区进行教育访问、学术交流以及举办教育展览。其中省教育厅组团有：江西教育代表团赴澳、新考察团，美中教育交流与合作研讨会团，信息管理工作赴德国、法国考察团，基础教育赴俄罗斯、德国考察团，中小学校长赴澳新培训团，英语教师暑期赴英国研修团，赴德国黑森州职业教育代表团，高招工作赴马来西亚、泰国考察团，学位管理工作赴加拿大、巴西考察团，高校人事管理工作赴美国、韩国考察团等10多个团组。中青年骨干教师以各种方式被派到国外培训。2006年省教育厅组派41名大中学英语教师赴英国培训，暑假期间安排37名中学教师赴英国和澳大利亚进行短期修学活动，开展日元贷款项目培训，选派72位高校管理人员赴日本学习。全年全省国家公派留学23人，其中9人申请到国家公费出国留学、14人申请到青年骨干教师资助往返国际旅费项目赴英国短期学习。中外合作办学项目达到38个，其中新增8个；到华留学生在校人数达到1258人；聘请长短期外籍教师412人。基本实现省教育厅2003年提出的教育国际合作与交流“十百千”工程目标。

10月28日，菲律宾阿罗约总统率团访问江西，省教育厅组织南师附小120名小学生在机场迎接，安排阿罗约总统在南昌大学演讲，接待工作受到上级的好评。全年接待40多批英国、新西兰、澳大利亚及中国香港、香港高龄教育界人士代表团和香港青年学生参观团等300多人次。邀请英国格拉摩根大学、东安格利亚大学、中兰开厦大学、澳大利亚塔斯马尼亚大学、新加坡博伟国际教育集团、新加坡科技学院、新西兰坎特伯雷大学等教育机构到赣举办讲座和教育展览。

【汉语国际推广工作加强】 按照国家汉语国际推广领导小组的要求，7月，成立江西省汉语国际推广领导小组，协调江西省汉语国际推广工作。10月，争取国家汉语国际领导小组办公室支持：给予南昌大学普瓦提埃孔子学院300万元经费，确定南昌外国语学校、南大附中、九江外国语学校作为2007年第一批汉语国际推广中学基地试点，初步给每个学校100万元经费，主要用于设备和仪器的建设。

【复核审查中外合作办学项目】 2006年，省教育厅对全省中外合作办学机构（项目）再次进行复核审查，并报教育部备案归档。2006年新增中外合作办学项目8个。新批项目正在总结准备上报教育部编号。截至年底，全省共有中外合作办学机构（项目）38个，其中硕士层8个，本科项目1个，高职教育27个，非学历教育2个。6月12～13日，教育部中外合作办学专家组一行4人对江西中外合作办学情况进行复检查审核，南昌航空工业学院、江西师范大学中外合作办学项目受到专家组的一致好评。

【加强外籍教师管理】 为进一步规范管理，提高聘请外国文教专家（以下简称“聘专”）质量，省教育厅专门下发《进一步加强外籍教师管理聘请工作的紧急通知》，进一步强调外籍教师聘请管理工作规程及相关制度，规定地市中小学及培训机构在申请学校聘专资质和聘请外籍教师到赣任教的审批及经办手续。同时，根据聘专院校的推荐、省教育厅审核，省外办批准胡凯琳等12名外籍教师获江西省庐山奖。2006年，全省109所院校具有外专聘请资格。5～7月，省教育厅会同省外办、省公安厅、省安全厅和省外国专家局5家单位，对江西西山文武学校、江西先锋软件职业技术学院、江西赣江职业技术学院、南昌少春中学、南昌雷式外语专修学校、宁都双语实验学校申请外国文教专家单位资格进行验收，并上报国家外专局。截至年底，全省各学校共聘请外籍教师412人。

【外国留学生到江西学习受奖励】 6月份，省教育厅制定《江西省来华留学奖学金管理规定》，此奖学金用于资助世界各国学生、学者到江西高校学习、进修及从事研究活动。到年底，有63名外国留学生获得“江西省来华留学奖学金”。到2006年底，江西共招收日本、韩国、越南、尼泊尔、印度等国家的留学生1258人。

（省教育厅编辑室）

科学技术

本栏编辑　余日蓉

综　述

2006年，全省科技部门认真贯彻第一次全国科学技术大会精神和党中央、国务院建设创新型国家的重大战略决策，以增强自主创新能力为主线，围绕建设创新型江西的战略目标，推动江西科技工作的全面发展，取得较好成效。

成功地全省科学技术大会召开。6月19日，省委、省政府召开全省科技大会，就加强自主创新、建设创新型江西进行全面动员和部署。省委书记孟建柱、省长黄智权、副省长胡振鹏出席会议并讲话。大会前后，省委、省政府颁布《江西省中长期科学和技术发展规划纲要(2006～2020年)》《关于实施江西省中长期科学和技术发展规划纲要，增强自主创新能力的决定》《关于实施〈江西省中长期科学和技术发展纲要(2006～2020年)〉的若干配套政策》《江西省科技"十一五"专项规划》4个重要文件，明确了建设创新型江西的目标任务、战略重点和主要政策措施。会后，各市县和部门、单位作出本地、本单位的科技规划，细化相关配套政策，在支持企业创新，培养创新人才，建设创新平台，形成创新特色，营造创新环境等方面，尤其是在增加科技投入上，采取了许多行之有效的激励措施。

加强以企业为主体的创新体系建设。2006年，全省科技系统引导高新园区、工业园区的大中型企业建立自己的研发中心或工程技术中心，引进培养和组建研发队伍。充分利用中小企业创新基金，促进企业的技术开发和成果转化。全省有77个项目获得国家科技型中小企业技术创新基金资助，经费达3745万元；有34个项目获得国家重点新产品计划立项。两项工作均创历年之最。省财政安排的科技型中小企业技术创新基金专项也增加到了2000万元，其中安排300万元的重大科技贷款贴息，有效引导了银行1.14亿元的科技贷款投入。大力推进产学研相结合的技术联盟，南昌大学、江西理工大学、江西冶金设计研究院等一批院校和科研单位，通过与企业建立技术、人才合作，提高企业的创新能力、产品竞争力和各自的人才水平及研发能力。年内，江西省制造业信息化工程已顺利通过科技部验收，共取得技术研究成果1466项、专利66项，辐射带动987家企业的新产品增加率达到75%。全省在科技计划项目安排、领军人才培养、成果奖励等方面，加大向企业倾斜的力度。大力发展民营科技企业，使其成为创新体系的重要组成部分。年内，全省新批准民营科技园8个，总数达到21个。据全省参加统计的1338家民营科技企业资料的统计，其资产总额达到753.4亿元，年总收入达到650亿元，上缴国家税金49.53亿元，出口创汇达到9.3亿美元。

加大科技体制和管理体制改革力度。在管理体制方面：一是组织实施重大科技项目。在积极组织好国家级及国家部委重大科技项目申报和认真实施好国家部委重大科技专项的同时，从省科技三项费中安排1000万元经费，启动实施重大科技创新项目。从9月至10月25日，向社会征集到283项重大项目建议书，从中选定若干项目，作为首批重大科技创新项目，予以重点支持。二是开展科技计划改革。将"十五"计划时期的"1＋4"的计划体系调整为"1＋1"计划体系，构建以"科技基本计划"和"科技重大专项(工程)计划"为主要框架的"十一五"时期省级科技计划体系。成立科技项目申报受理中心，统一受理科技项目的申报工作；建立科技计划业务管理信息系统，完成下一年度项目的网上申报。对重大科技项目实行双盲评审制、首席专家制、进展调度制、财务审计制、全程监督制、跟踪问效制。在科研体制改革方面：一是集中优势资源开展科技攻关；二是加速科技成果转化产业发展。省林科院、省科学院、省农科院都迈出了大的步伐。省煤炭所、省机械所、省交通科研所、省农机所等，在转化科研成果、发展科研产业上取得较好的成效。2006年，省煤炭所产业收入2500多万元，利税600多万元；江西农大贺浩华教授选育的新品种R121，以300万元的价格转让成交。

推动高新技术产业的发展。2006年，全省高新技术企业发展到388家，高新技术产业产值达到450亿元，增长幅度达43.02%，居全国第三位。其中，南昌高新技术产业开发区在全国53个国家级高新区中，综合实力明显提升，排位前进5位，进入第二方阵；工业总产值和销售收入均突破300亿元；区内创业服务中心被科技部批准为国家级创业服务中心。全年全省共认定高新技术企业61家，高新技术产品86个。在继续推进电子信息、生物医药、光机电一体化和新材料4个特色产业形成的同时，全省有机硅、半导体照明材料、稀土、铜等有色和非金属材料高新技术产业发展以及太阳能多晶硅、CAD、CIMS等先进技术应用等方面取得一批重大高新技术

成果。年内,全省有6个高新技术项目列入国家“863”计划,17个项目列入国家火炬计划。省科技厅组织实施省级高新技术科技攻关项目146项,其中重大项目6项,重点项目53项,一般项目82项。

强化农业科技攻关和成果推广。开展农业关键技术研究和技术集成示范。全年共安排省级农业科技攻关项目33项,经费435万元;争取科技部重大农业项目3项,经费1800万元。鉴定(验收)项目30多项。新选育出一批优质高产抗性强的农作物畜牧水产新品种,一批新品种通过国家级审定。开展生物技术、分子育种、航天育种、奶牛胚胎移植性别鉴定和利用、生态农业、生物质能源、可持续发展等技术研究。粮食丰产科技工程通过国家组织的验收;在项目实施中,在国内首开水稻防早衰系统研究的先河,通过研究制订8项技术体系或操作规程,获奖和鉴定成果6项,审定新品种(组合)15个,获专利1项,出版专著2部;整个项目累计增产稻谷226万吨,产生经济效益32.76亿元。农业科技成果推广及转化有力地促进农业产业化进程。全年共安排星火计划项目148项,其中国家级68项,通过项目实施,预计新增产值15.6亿元,新增利税3.25亿元,创节汇1050万美元。15个项目获国家农业科技成果转化资金立项支持,争取经费900万元。农业科技园区主动与高等院校和科研院所对接合作,提高创新能力。全年全省各农业园区共争取研发项目25个,争取国家和地方科研及建设资金1700多万元。科技特派员试点取得新进展。据统计,全省各地选派科技特派员1322人,实施科技开发项目529个,推广新技术、新产品1026项,引进新品种851个,创建利益共同体1004家,形成龙头企业92家。农村科技服务体系进一步健全,专业协会不断涌现和壮大,星火培训基地功能逐步完善,农民科研机构开始出现,科技服务平台和服务方式日益多样有效,科技下乡活动更加广泛和深入讲究实效。省科技厅积极配合科技部开展科技扶贫。以项目为载体扶持龙头企业和特色产业,有11个项目获科技部专项支持,连同省科技厅配套资金共安排科技持扶贫经费553万元。继续推动科技小额信贷,帮助农民发展生产。

重视社会事业的科技进步。在医疗卫生、中医药现代化、资源节约、环境保护、公共安全等领域安排社会发展科技项目120项,精心组织一批对社会经济影响大的重点和重大项目。江西省中医药现代化研究和新药开发,在全国具有重要地位,中医药产业发展速度明显加快。干细胞研究及临床应用技术达到国际、国内先进水平。江西灸疗技术在全国有重要影响。耕牛血吸虫病防治技术取得重要成果。“抗艾滋病中药新药研究”项目分别列入国家“863”计划和省重大科技创新项目,研究成果将大大提升艾滋病防治水平。此外,科技强警、质量监督、标准化、药品食品检验、防灾减灾,矿山及交通安全技术研究也受到广泛重视。山江湖工程可持续发展实验区在整体规划的基础上,重点做好10个实验区的示范。

加快科技人才队伍和基础条件建设步伐。2006年,新增学科带头人10名。科技人员待遇有所提高,科技条件平台建设受到重视,工程中心、重点试验室建设和申报工作有所加强。中介服务体系逐步完善。科技情报网络、科技企业孵化器、生产力促进中心、科技成果交易、科普展示、检验检测、技术市场等科技市场服务能力和水平得到普遍提高。

展开一系列科技合作。省政府与科技部、国家知识产权局建立的省部、省局工作会商制度取得较好成效,一批省重大科技项目列入国家科技计划,全年共争取国家科技经费1.3亿多元。招商引科工作取得新进展,在第八届深圳高交会、江西(香港)招商引资暨经贸合作周、第九届北京科博会、第三届“泛珠三角”经贸合作洽谈会、省科研成果与企业见面推介会、景德镇瓷博会等会展中,均有大批技术、成果、人才双向引进和引入,还有90多个科技项目签约,总计投资合同额达52亿多元。省部、省际、省院、省校和省所之间多层次的合作机制继续巩固和加强,国际科技交流与合作交流的重点由人员往来转到注重项目合作。2006年,全省成功申请政府间科技合作项目3项,其他国际合作项目4项,预计金额780万元。并有2个项目进入到科技部中医药国际合作计划。

形成“十一五”科技工作思路。省科技厅提出“十一五”规划期间江西省科技工作的发展思路。这个思路可以概括为:围绕自主创新这条主线,实施“四大战略”(全民科技战略,大成果攻关战略、领军人才培养战略、科技大开放战略),做好四篇文章(科技入园、科技入村、科技支持全民创业和科技支持和谐社会建设),突出五个园区(高新区、工业园区、民营科技园区、大学科技园区和农业特色高新园)的创新载体作用;强化六项措施(政策覆盖、多元投入、体制改革、基础建设、管理创新和作风建设),加快建设创新型江西的步伐。

(章秀峰)

基础研究

【概　况】 2006年,省自然科学基金资助项目123项,经费200万元。获国家有关基础研究经费资助2141万元,其中国家重大基础研究前期研究专项2项,经费135万元;国家自然科学基金项目87项,经费2006万元。省自然科学基金管理受理结题项目63项,其中数学与信息学科13项,物理学67项,化学化工与环境学科9项,农学与生物学科11项,医药卫生学科16项,材料与工程学科8项。经各学科组专家评议,优秀22项,良好37项,合格4项。这些项目中获省级自然科学奖一等奖1项,二等奖、三等奖各1项,省级技术发明奖三等奖1项。获发明专利7项。共发表论文506篇,其中三大索引SCI、EI、ISTP收录的论文共176篇,国外学术刊物发表的论文64篇,国内核心期刊发表的论文293篇,在国际学术会议上发表的论文34篇,在国内学术会议上发表论文54篇,在其他学术刊物发表论文61篇,主编和参编学术专著分别为44册。有27个项目获得各类后续项目的支持,其中13个项目获得国家自然科学基金的后续支持,3个项目获国家科技计划支持,11个项目获省部级科技计划支持。

【石庆华教授开展的基础研究取得重要成果】 由江西农业大学石庆华教授带领的水稻高产理论与技术研究课题组，承担多个国家自然科学基金和省部级科技计划等项目，在水稻根系形态及生理特征与地上部关系的研究方面取得重要成果：(1)首次提出水稻根系育种改良的对象和方法，探明了水稻根数、根粗和根重在不同生育期均与地上部性状关系密切，根数的狭义遗传力为55%左右，根粗和根重的狭义遗传力为40%左右，可作为根系选择指标。(2)较早地开展杂交水稻与大穗型常规稻品种的根系形态、根系活力及其与地上部物质生产及产量性状关系的研究；较系统地研究了杂交水稻的氮素吸收特性、根系生长优势及其与地上部的关系。研究结果对解释和栽培上发挥杂交水稻的优势、改进杂交水稻及大穗型常规稻品种的栽培对策提供了理论依据。(3)首次对水稻根系4种呼吸途径(细胞色素氧化酶呼吸途径、抗氰酸呼吸途径、过氧化物酶呼吸途径及剩余呼吸)的耗氧特征及杂交水稻的离子吸收和维持呼吸的能量消耗进行研究，进一步丰富了水稻根系生理的理论。(4)水稻根系的抗高温机理研究结果，明确了高温胁迫后，耐热型水稻根系热应激特性是提高根系细胞和质膜酶蛋白活性，表现在高温胁迫后，单位重量蛋白的ATPase活性和抗氧化保护酶活性上升，可作为耐热基因型生理育种的选择指标，此研究填补了国内在该领域研究的空白。(5)本研究论文经CNKI引文检索被引253次，被CSCD收录8篇；在CSCD中有12篇文献被引用54次，《化学文摘网络版》(CAPLUS)收录3篇；《科学引文索引》(SCI)引用2篇次。

【蔡明中教授开展的应用基础研究获得重要进展】 由江西师范大学蔡明中教授带领的课题组，在国内率先开展聚合物负载的有机硒试剂和钯催化剂在有机合成中的应用研究。首次报道了聚苯乙烯负载硒基亚烷基三苯膦烷、烯基硒醚、α－硒基羰基化合物、α－硒基乙(丙)酸、N－硒基吗啉、N,N－二乙基苯硒基胺、β－溴乙基硒醚等试剂的制备，并在固相载体上实现了酮、醛、α－卤代醛、α,β－不饱和醛,二取代烯烃、三取代烯烃、α－醛基－α,β－不饱和环酮、芳基烯醚、丙烯酰胺、取代α,β－不饱和丁内酯等化合物的合成。首次制备了气相法二氧化硅负载的单(双)齿膦钯配合物、硫钯配合物、腈钯配合物、单(双)齿硒钯配合物、单(双)齿胂钯配合物，研究了它们在Heck芳基化反应、Heck羰基化反应、Sonogashira反应、Suzuki反应、Stille反应、羰基烯丙基化反应等钯催化重要有机反应中的催化活性和选择性，系统研究了负载钯配合物催化剂活性中心结构和催化活性及选择性之间的关系，开发了几种对上述钯催化重要有机反应具有高活性、优异回收再用性能的新型负载钯催化剂，为钯催化碳－碳键形成反应进入实用阶段奠定了基础。研究成果在国际国内权威学术刊物上共发表学术论文60篇，SCI收录60篇，成果具有很高的学术价值，引起了国际同行专家的广泛关注。成果先后被国际著名学术刊物SCI引用123次。

【获得"国家重大基础研究前期研究专项"资助】 2006年，江西农业大学申报的"利用重组回交家系精细定位猪脂肪沉积性状QTL及功能基因"和东华理工学院申报的"金属矿伴生放射性污染行为及环境修复原理"，分别获得"国家重大基础研究前期研究专项"的资助。

"利用重组回交家系精细定位猪脂肪沉积性状QTL及功能基因"研究，是在白色杜洛克×二花脸资源家系群体中获得大量QTL定位结果的基础上，选择1～2个影响效应极显著且染色体区域独特的脂肪沉积性状QTL，开展精细定位和功能基因分离研究。通过筛选回交家系重组个体，开展后裔测定判定重组个体QTL基因型，达到精细定位目的。进一步根据比较基因组学、生理生化学和转录谱信息，分离3～6个位置候选基因，搜寻多态位点，通过单倍型和基因型在资源家系群体和商业群体中的关联性分析，鉴别主效基因位点，并开展功能验证工作，为种猪脂肪沉积性状的遗传改良及人类肥胖基因的克隆提供科学借鉴。

"金属矿伴生放射性污染行为及环境修复原理"研究，是围绕有色及黑色金属矿产提取过程中出现的辐射环境污染，探索金属矿伴生态放射性元素的理化特性和污染行为，为解决区域性辐射环境污染提供科学依据。通过研究将阐明金属矿伴生态放射性铀钍及其衰变子体镭氡等元素在环境中的积累、分布、变异、富集等规律，探索铀、钍、镭、氡及子体在环境中的溶解特性、运移机理以及时空变化规律；同时，通过研究氡及氡子体在环境中污染特性与运移机理，以及伴生铀钍金属矿辐射污染监控体系与环境修复方法，为解决辐射污染控制和辐射环境修复这一难题提供实验和理论依据。

(省科技厅编辑室)

科技发展计划

【概　况】 2006年，省科技计划的编制工作，全年各类省级科技计划共安排项目(课题)523项，科技三项费8325万元。其中：重大关键技术攻关与产业化示范科技专项计划安排项目(课题)92项，科技三项费1141万元；科技攻关计划安排项目(课题)222项，科技三项费1108.9万元；科技产业化及环境建设计划安排项目(课题)177项，科技三项费2984.2万元；基础研究与人才培养计划安排科技三项费400万元；科研基地与科技条件建设计划安排科技三项费653.9万元；各类科技专项计划安排专项12项，科技三项费1337万元。重大科技创新项目安排项目11项，科技三项费700万元。

【重大关键技术攻关与产业化示范科技专项计划】 共安排项目(课题)92项，科技三项费1141万元。(1)电子、信息技术应用专项。主要围绕制造业信息化应用示范，电子商务关键技术及其在示范试点工程中的集成应用，产品设计系统与生产管理系统的集成，面向区域(行业)ASP服务平台建设以及数字化制造装备技术与产业化等方面开展研究。安排项目29项，科技三项费471万元。(2)新材料专项。主要围绕有色及稀有金属、稀土金属工业领域，重点支持稀土功能性材料、镁合金新材料、铜合金新材料、陶瓷新材料和其他功能性新材料的研究与开发。安排项目21项,科技三项费205万元。(3)半导体照明工程。重点支持半导体外延材料制备工艺与设备、芯片制造及器件生产技术和半导体照明用相关材料与技术的开发和研究。安排项目4项,科技三项费64万元。(4)创新药物与中药现代化专项。重点支持江西特色中药现代化、创新药物等方面的开发和研究。安排项目25项,科技三项费88万元。(5)山江湖生态建设专项。主要体现江西的生态优势,合理利用和保护全省山江湖生态资源,重点支持红壤区域生态农业技术、无公害农业生产相关的食品安全技术、水土流失综合治理与水土保持技术等方面的研究。安排项目9项,科技三项费193万元。(6)主要农产品深加工专项。主要以显著提高农产品附加值、带动农民增收和农业产业结构调整为研究方向,重点在粮食及副产品加工技术、农林副产品资源化综合利用开发和用材林、经济林和竹藤等农林特种资源附加值加工技术等方面给予支持。安排项目7项,科技三项费120万元。

【科技攻关计划】 共安排项目(课题)222项,科技三项费1108.9万元。(1)省工业科技攻关计划主要围绕信息工程、新材料、能源、精细化工、生物技术及新医药工业化、光机电一体化等领域开展科技攻关,大力发展高新技术,鼓励科技项目产业化。安排项目85项,科技三项费386万元。(2)省农业科技攻关计划主要针对农林动植物优良新品种选育、农林动植物优良品种高效种养技术、动植物疫病防控技术、农产品加工技术、农业高新技术、节水和防灾减灾技术、现代农业技术装备等方面,安排项目(课题)32项,科技三项费268万元。(3)省社会发展科技攻关计划着重围绕医疗卫生、人口与计划生育、新药研究与开发、环境保护与生态建设、资源开发与利用、城市化发展、城乡建设与居住环境、防灾减灾、可持续发展实验区建设和公共安全等方面开展研究。安排项目(课题)59项,科技三项费193万元。(4)省地方科技攻关计划主要对市县主导产业和社会可持续发展具有较大带动作用,或能提升市县科技创新能力的重大项目列入攻关计划给予支持。安排项目(课题)46项,科技三项费261.9万元。

【科技产业化及环境建设计划】 共安排项目(课题)177项,科技三项费2984.2万元。(1)省星火计划重点围绕农村科技服务体系、农民科技培训、区域特色优势产业、乡镇企业技术创新、重大农业技术转化、农村信息化、科技扶贫等七大科技行动,以农村产业结构调整,提高综合生产能力,推进农业产业化,促进农民增收致富为目标。安排项目76项,科技三项经费325万元。(2)省火炬计划(高新技术产业化试点示范工程)在电子信息、机电一体化、新材料、新能源及环保等领域,重点支持具有自主知识产权、技术含量高、竞争力强、市场前景好的项目,强化科技成果转化,加快运用高新技术改造传统产业的步伐。安排项目(课题)29项,科技三项费180万元。(3)省科技成果重点推广计划重点支持信息技术在传统产业中的应用,新能源与节能,环境保护和可持续发展,农产品深加工,农作物、畜禽、水产、林业新品种及配套,促进农民增收和农村经济结构调整等先进技术的推广。同时,兼顾安排区域特色明显、市场前景好的重点科技成果转化项目。安排项目(课题)50项,科技三项费130万元。(4)省科技兴贸计划重点支持高新技术产品出口项目和科技兴贸体系服务平台建设。安排科技三项费18万元。(5)省科技型中小企业技术创新基金计划按照《江西省科技型中小企业技术创新基金管理暂行办法》,在电子信息、生物医药、新材料、光机电一体化、新能源与高效节能等领域,安排科技三项费2000万元。(6)省国内(省际、省校、省院)科技合作计划重点加强与国内有关省市,清华大学、北京大学和浙江大学等名校,中国科学院、中国工程院的科技合作与交流,加快人才对接与互动,引进一批高新技术及先进适用技术项目,加速传统产业的改造,促进工业园区的建设。安排科技三项费92万元。(7)省软科学研究计划主要围绕全省经济社会发展战略、"三农"问题、促进企业发展、江西旅游产业发展、区域创新体系建设、环境资源可持续发展、科技发展规划和科技体制改革等方面开展研究。安排项目8项,科技三项费103.2万元。(8)省科技园区及科技中介机构建设计划重点针对全省科技园区及科技中介机构建设,推动科技园区及科技中介机构机制体制创新,加快高新技术产业发展,促进科技与经济的紧密结合。安排科技三项费136万元。

【基础研究与人才培养计划】 包括:(1)自然(青年)科学基金计划按6个学科进行资助,安排科技三项费200万元;(2)省主要学科学术和技术带头人培养计划,安排科技三项费200万元。

【科研基地与科技条件建设计划】 重点实验室建设和工程技术研究中心建设计划,安排科技三项费120万元。科技条件平台建设专项重点支持省实验动物质量检测机构建设,大型科学仪器协作共用网建设和运行。安排科技三项费533.9万元。

(省科技厅编辑室)

国际合作与交流

【概　况】 2006年,国际科技合作与交流专项共安排项目23项,其中交流项目9项,技术合作与基地建设、能力建设项目14项。审批科技考察交流出访团组27个,76人次;审核11个团组,40人次。

加强政府间合作与交流。2006年,国际交流与合作的重点由人员往来转到注重项目合作。省科技厅向科技部成功申请政府间科技合作项目3项,科技部重点或重大国际合作项目4项,预计项目总金额达780万元,均为历年之最。尤其是有2个项目进入到科技部中医药国际科技合作计划。以江中为代表的江西中医药企业也将藉此加快江西省中医药开展国际合作的步伐。省科技厅组团赴江、浙、沪等地学习考察,对有关地市和院校进行实地调研,了解对国际科技合作的需求,逐步建立江西省国际科技合作项目库,指导、培植具有重大创新意义的项目。充分利用国际科技合作网，为全省科技机构和科技型企业提供各类国际科技合作的供求信息。启动省国际科技合作示范基地的建设工作。已经完成第一批基地的申报和评审工作，计划第一批先启动9个基地，其中科研院所类5个，企业类4个。组织召开欧盟第七科技框架计划宣讲会，推动江西参与对欧盟科技合作。积极配合、参与鄱阳湖世界生命湖泊网、景德镇陶瓷科技城科技论坛等工作。继续争取中—日JICA合作渠道项目支持。2006年，江西省有13位研修生通过中—日政府间JICA渠道赴日本培训，这是近年江西省派出研修生最多的一年。江西财经大学邀请到赣执教的JICA协力队员也已到任。

积极引导留学生到赣创业。省科技厅对前来咨询科技政策的留学生人员项目启动、落户等方面的问题给予帮助协调。对留学人员开展国际科技合作项目给予立项支持。江西师范大学留日博士陈祥树教授开展的“面向乙醇生产及天然气高炉气CO_2分离膜材料制备技术研究”项目，已获得国家科技部国际合作重大项目立项支持，并准备申报第12届中日科技合作委员会合作项目，以获取中日双方更多的支持。

2006年，省科技厅审核审批38个团组，116人次。其中，考察访问团组18个，87人次；国际会议3个，6人次；合作研究团组2个，3人次；培训团组14个，16人次；科技展览团组1个，4人次。出访国家包括美国、日本等23个国家或地区。邀请国际人士到赣交流、洽谈合作事宜。安排接待美国、加拿大、德国、英国、日本、新西兰以及欧盟等40余个国家和国际机构的专家、官员共计160余人次。与美国环境与能源机构、英国剑桥大学等机构洽谈具体合作意向。

【第11届世界生命湖泊大会在江西举行】 该大会于10月29日至11月2日举行，大会分为考察和大会主会两部分，其间套开“世界生命湖泊网成员单位年会”。大会由江西省政府与全球自然基金共同主办，美国、英国、德国、加拿大、意大利等28个国家的会议代表、驻华使节和专家学者100多人出席，并围绕湖泊与湿地管理的政策和法规、农业与湖泊可持续管理、湖区可持续农业和其他经济活动的优秀实践、实现千年发展目标的展望等专题展开讨论，交流知识和经验。

【一项国家级重点项目通过验收】 “十五”计划期间，由省科技厅承担的第一个国家级国际科技合作计划重点项目，由江西农业大学承担的“中国及欧洲猪种重要经济性状候选基因分子变异及其种质特性的评估”，经科技部考核，正式通过验收。该项目为我国地方猪种的种质特异性分析、种质资源的科学保护和合理利用提供了理论依据，为家猪的起源、分化以及选育、杂交利用研究提供遗传基础资料。在国际SCI刊物发表论文8篇。通过项目的实施，江西农业大学和外方合作单位专家互访5人次，双方进行遗传资源的交流，中方获得了12个欧洲猪种的41个DNA样品。

（省科技厅编辑室）

高校科研及成果转化

【概　况】 2006年，全省高校从事科技活动人员1.56万人，其中科学家与工程师1.51万人，占96.4%。科技经费继续快速增长，高校通过各种渠道共获得科技经费5.32亿元，比上年实际增加1.02亿元，增长23.97%。共承担各类科技课题4424项，项目数增加696项，增长18.66%。国际交流与合作日益频繁，高校有510人次出席各种国际学术会议，交流学术论文278篇，派遣访问学者439人次，接受访问学者267人次。高校科研成果丰硕，出版科技专著25部，发表学术论文10635篇（其中SCIE收录548篇，EI收录320篇，ISTP收录140篇）；申请专利146项（其中发明专利98项），获专利授权44项；签订技术转让合同59项，合同金额4769万元，实际收入4681.4万元。全年全省高校共获省部级以上科学技术奖励49项，其中省部级一等奖5项，二等奖14项，三等奖30项。

【承担更多的基础研究和高新技术研究任务】 高校作为江西省基础研究的主力军，高新技术研究重要力量的地位日益凸现。2006年省高校获得国家“973”项目（含合作及子项目）8个，获资助经费700万元，江西中医学院主持的“973”项目“中药寒热药性的生物效应研究”，填补了江西省作为“973”主持单位的空白。获国家自然科技基金项目70余项，经费1500万元，为历年之最。另外，获国家“863”项目3项。

【高校科技创新工作布局已基本形成】 到2006年底，全省高校共有国家重点学科2个，部委重点学科3个，省重点学科199个。高校以重点学科为依托，整合资源，积极搭建各级各类科研平台。2006年，依托南昌大学建立的“生物质转化工程研究中心”被批准为教育部工程研究中心，依托南昌大学建设的“食品科学教育部重点实验室”、依托江西中医学院建设的“现代中药制剂教育部重点实验室”通过教育部组织的专家组验收。国家专利局批准在南昌大学国家大学科技园建立首批“国家专利技术展示交易中心”。年内，省教育厅批准组建了20个江西高校重点实验室（工程技术研究中心）。截至年底，全省高校已建成国家级、省部级和江西高校重点实验室（工程技术研究中心）三级科技创新平台，拥有国家大学科技园1个，省级大学科技园2个。

【与企事业单位合作加强】 高校和企事业单位的合作越来越紧密，一批重大科技成果成功转化。2006年，高校承担的项目中企事业单位委托项目为1169项，经费2.42亿元，占全年高校科技经费总数的45.41%，横向经费已成为江西高校科技经费增长的主要来源。全省高校有21个国家级项目通过验收，鉴定成果120项，其中7项达到国际水平。由南昌大学研发的具有国际领先水平和自主知识产权的“硅衬底蓝光二极管材料与器件”取得重大进展，科研成果产业化正在南昌高新区顺利实施，转让经费达3200万元。“江西中药材规范化种植基地—蔓荆子等五种中药材种植研究与开发”是江西中医学院、汇仁集团等6个单位共同承担的国家“十五”计划科技攻关项目，目前已经建立规范化种植示范基地总面积405.33公顷。

【服务江西的能力进一步提高】 全省高校充分发挥学科综合、人才荟萃的优势,围绕江西省六大支柱产业,开展重大项目攻关。2006年全省启动重大科技创新项目、并批准11个项目为江西省首批重大科技创新项目,省高校获得7项,占总数的64%。这7个项目中有产业化前景看好的高新技术项目,也有农业领域的基础研究项目,还有社会发展领域的重大攻关项目,均拥有自主知识产权,代表着江西科技创新的前沿,引领着江西科技创新的方向,这些项目完成后,将对江西自主创新能力起到引领和示范作用。

(省科技厅编辑室)

高新技术产业

【概 况】 2006年,全省高新技术产业总收入以平均28%的增长率增长。全省高新技术企业388家(其中区外176家,区内212家),实现技工贸总收入510.8亿元,利税总额55.48亿元,产品出口创汇10.51亿美元,分别增长42.5%、59.4%、52.5%;产品销售收入逾亿元的高新技术企业达到86家,基本形成电子信息、生物医药、新材料、机电一体化4个特色领域产业群体。全年认定高新技术企业61家,其中区内24家,区外37家;高新技术产品86个,其中区内26个,区外60个。

高新技术产业开发区发展迅猛。2006年南昌高新区实现技工贸总收入387亿元,同比增长36%;据国家科技部统计,按照2005年的数据,南昌高新区技工贸总收入比上年排名前移了8位,利润前移了9位,上缴税金前移了30位,成功跻身国家高新区"第二梯队"。南昌高新区为了加强对企业的服务功能于年内增设科技局。景德镇高新区入园投产企业79家,实现财政总收入5671万元,初步形成以机械加工、电子、医药化工、陶瓷为主的四大支柱产业雏形。赣州高新区实现财政总收入2亿元,同比增长100%,增幅高于全市平均水平78.7%,增收额、增长幅度两项指标名列全市县(市、区)第一。星火高新技术产业开发区于5月被确认为江西省山江湖可持续发展试验区,8月被批准为江西省循环经济试点园区,12月被评为省级有机硅产业基地;

高新技术产业化基地的建设取得重大进展。2006年,6个产业化基地实现年销售收入627.4亿元,工业增加值228.1亿元,利润额57.9亿元,从业人员34.5万人。截至年底,共争取科技部经费600万元,地方部委1100万元,地方政府投入1.04亿元,企业投入13.8亿元。基地的建设呈现出以下特点:(1)凝聚和培养了一批人才。南昌国家半导体照明工程产业化基地,通过承担国家"863"计划、国家攻关计划等项目,通过南昌大学与联创集团开展"校企合作",培养一批LED的企业人才。该基地LED从业人员3000多人,其中技术人员近千人,占从业人员的比例高达32%。(2)促进科技成果在基地内转化及产业化。鹰潭国家新材料基地,与清华大学、复旦大学、农业大学等5所大学签订合作协议,积极推动科技成果在基地内产业化;萍乡国家新材料基地聘请多名外省专家作为技术顾问,联系中国建材院、哈尔滨工业大学、东北大学、天津大学等作为基地的技术支撑单位,建立3家企校(院)联合研发中试基地,重点促使新材料科技成果产业化。(3)利用高新技术改造传统产业。景德镇陶瓷股份有限公司引进国外一流进口设备,采用"釉中彩抗菌陶瓷生产工艺的研究"(省科技进步三等奖),利用景德镇陶瓷新材料基地内科技人员研制的陶瓷纳米粉体材料用于陶瓷生产,提升日用陶瓷产品的档次。(4)结合地方的资源优势,建设高新技术产业化基地。赣州稀土材料产业化基地建设以加强矿产资源综合开发、利用和保护为主;鹰潭新材料基地着重开发铜的下游产品;九江星火有机硅材料基地,着重开发有机硅的下游产品;景德镇陶瓷基地着重开发建筑陶瓷和日用陶瓷;萍乡新材料基地着重开发建材和工业陶瓷。(5)初步建立高新技术产业化基地的政策服务体系。九江市政府下发《关于对九江星火有机硅新材料产业基地实行若干政策的通知》等一系列配套文件及关于加大科技投入、加快有机硅产品研发步伐等政策措施;鹰潭市制定《鹰潭铜产业(产品)重点发展名录》《鹰潭铜产业鼓励发展新技术目录》和《鹰潭铜产业重点人才专业指导目录》,作为引进项目和人才的优惠向导。

加快科技企业孵化器建设。省科技厅对孵化器进行分类指导,在由国家投资办孵化器的基础上,积极鼓励投资主体的多元化,引导创办形式的多样化,大力发展专业孵化器,服务工作指向特定技术领域。

2006年,南昌高新区创业服务中心获科技部批准为国家级创业服务中心。南昌大学国家科技园着手ISO9001国际质量体系认证工作,不断完善各项功能,优化园区发展环境。南昌大学科技园新孵化大楼于5月份竣工投入使用,新增孵化面积1.5万平方米。至年底,园区入驻各类科技型企业118家,其中科技创业型企业90家(商务套餐办公室21家),总注册资金1.8亿元,技工贸总收入5.8亿元,有6家企业孵化毕业出园。以南昌大学科技园作为运作实体,南昌大学科技园发展有限公司被国家知识产权局批准认定为全国首批"国家专利技术展示交易中心"。并于12月通过认证。省科技厅会同省教育厅批准成立省级江西师范大学科技园。江西师大制定出《江西师范大学科技园发展有限公司经营计划书》,起草《江西师范大学关于建设大学科技园,促进科技成果转化的若干意见》《江西师范大学关于鼓励师生入园创业的若干规定》《江西师范大学对科技园入园企业享受优惠的规定》等一系列有利于科技园发展的政策措施,将青山湖校区近万平方米的场地扩大为科技园孵化场所。年底,申报注册的入园企业达到18家。

稳妥地推进制造业信息化工程的实施。2006年,省科技厅通过重点计划,支持建立制造业信息化工程专家资源库和制造业信息化专家咨询支持系统,开展专家网上咨询服务。针对江西特色产业,通过2006年重大项目招标,重点支持"陶瓷行业的ASP应用服务平台建设"。9月,科技部"十一五"规划制造业信息化的总体方案出台后,着手编制《江西省制造业信息化"十一五"规划》和制定《江西省制造业信息化“十一五”规划实施意见》。10月起，组织各相关单位申报国家“十一五”规划制造业信息化科技支撑计划并参加答辩。根据“地方制造业信息化科技示范工程”的申报要求，积极编写课题申报材料并赴科技部参加项目答辩。年底，江西省通过答辩并获经费支持。

【“十五”江西省制造业信息化工程通过国家验收】 自2002年以来，江西省承担并实施“十五”期间国家科技攻关计划课题“江西省制造业信息化关键技术攻关及应用工程”。2006年，省科技厅在面向全省175家示范推广企业进行摸底的基础上，编制、起草、完成江西省制造业信息化工程“十五”期间工作总结、成果论文集、重点示范企业实施案例等材料汇编和江西省制造业信息化专题片制作。5月，该课题顺利通过科技部组织的验收。

【产生一批重大高新技术成果】 2006年，南昌大学发光材料与器件工程研究中心，在发光材料研究方面研制成功具有国际一流水平的“硅衬底蓝光二级管材料及器件”，一举突破国外专利“门槛”的限制，对我国发光材料与器件领域的发展具有重大现实意义和产业价值。南昌大学承担的“弧焊机器人”项目采用空间频域焊缝偏差识别技术的新方法取得重大突破，居世界领先地位。南昌大学第二附属医院彭洪云教授承担的国家火炬计划项目“持握式一次性乙状结肠镜电子综合诊断仪”，采用光机电等高科技的多项技术，将彭洪云教授20多年发明的“持握式一次性乙状结肠镜”集成起来，成果获多项国家发明专利，技术水平处国内领先地位，达到世界先进水平。江西特康科技有限公司承担的“全自动数字化全血细胞”项目，具有自主知识产权，包括仪器和配套试剂。它将完全取代现有五分群血细胞分析仪，提高检测的准确性和实时性，实现医院临床全血细胞分析中采样、涂片染色、摄像与分析等，项目研究水平具国内领先。江西师大承担的“半连续法清洁生产MCPD”的项目，在现有间歇式甲基环戊二烯(MCPD)生产工艺的基础上，重新进行系统研究，并取得重大突破，产品可替代进口的美国产品，具有广阔的市场前景。

【全省大学科技园建设快速发展】 北大科技园、浙大(中凯)科技园、南昌大学科技园新建孵化大楼拔地而起，新增孵化场地面积8,2万平方米。南昌大学、北大(江西)、浙大中凯(江西)、清华(江西)科技园入驻各类科技型企业181家，有6家企业孵化毕业出园。江西浙大中凯科技园于11月25日成功承办2006江西省科技成果与企业见面推介会。各大学科技园积极组织园内企业参加2006江西创业博览会和江西省科研成果与企业见面推介会，共有81项科技成果在两会上参展亮相。

（省科技厅编辑室）

知识产权与专利

【概　况】 为贯彻落实全国科学技术大会精神，共同推进江西省知识产权事业的发展，实现区域经济协调发展的长效互动机制，3月，省政府与国家知识产权局建立合作会商制度，江西省成为全国第二个与国家知识产权局建立会商制度的省份。3月8日在北京举行双方合作会商第一次例会。8月，经省委常委会会议研究，同意省知识产权局升格为副厅级机构。全省各设区市及县级知识产权局的机构体系建设也按全省科技大会要求逐步落实。全省知识产权工作体系初步形成。2006年江西省首次设立“省专利专项资金”500万元，主要用于重点资助专利申请、执法、奖励、产业化、试点示范、人才培养、宣传培训、知识产权战略的政策研究和专利公共信息服务平台以及知识产权预警与应急等方面。省科技厅、省财政厅联合制定《江西省省级专利专项资金管理暂行办法》，江西知识产权局专门依此制定、出台《江西省专利实施资助项目管理暂行办法》《江西省专利费资助暂行办法》。国家知识产权局批准设立南昌专利代办处，相应编制已纳入江西省知识产权局“三定方案”，具体组建工作将在2007年完成。

全省企业知识产权试点示范工作取得新进展。2006年九江学院、江西德宇集团、江西天施康中药股份有限公司被国家知识产权局选为第三批全国企事业知识产权试点单位。省知识产权局首次在全省启动知识产权试点工作，确定昌河飞机工业(集团)有限责任公司等11家为首批试点单位。制定、下发《江西省企事业知识产权试点工作方案》《江西省企事业知识产权试点工作考核评价表》，指导试点单位知识产权工作的开展。2006年省国资委、省科技厅和省知识产权局联合率先在全国针对省属国有企业开展知识产权试点工作，试点单位均为江西省国资委出资监管单位或其重要子企业，是江西纳税重点单位。针对试点，成立由省国资委、省科技厅、省知识产权和试点单位主要领导组成的试点工作领导小组，制定出《江西省国有企业知识产权试点工作方案》，召开“全省国有企业知识产权试点工作会议”。副省长凌成兴出席会议并为试点企业授牌，全省国有企业60余名代表参加会议。

全省专利申请量和授权量取得新增长。截至年底，全省专利年申请量达到3171件，年专利申请量第一次突破3000件大关，增长12.6%；全年专利授权量为1536件，增长12.9%。专利申请和授权数量增长幅度均较为明显。

【景德镇中国陶瓷知识产权信息中心组建完成】 该中心于11月28日建成并举行揭牌仪式。中心占地500平方米，设资源部、研究室、服务部、网络部及检索培训中心等机构，是我国陶瓷行业唯一的国家级陶瓷知识产权信息中心。其任务是为我国陶瓷行业提供陶瓷专利文献信息的收集、整理、加工与传播，以及对国内外陶瓷方面的专利进行调查、分析、研究等公益性服务，不断促进陶瓷行业技术创新与产业升级。根据协议，国家知识产权局为中心免费提供陶瓷领域的全部专利数据库(二类)及必要的专利数据库检索系统和专利信息分析系统，对检索人员进行培训。中心专利信息数据涵盖七国两组织。

**【国家知识产权局井冈山革命传统教

育基地挂牌设立】 国家知识产权局为加大对革命老区的支持，弘扬井冈山精神，在井冈山以现有科苑宾馆为基础，挂牌设立国家知识产权局井冈山革命传统教育基地。6月1日，国家知识产权局机关党委常务副书记张云才为基地揭牌。这是国家知识产权局第一个革命传统教育基地，已有120余名副处级以上干部接受革命传统教育。

（省科技厅编辑室）

科学技术普及

【概　况】 2006年，省科协积极搭建社会化科普服务平台，重大科普活动精彩纷呈。3月下旬，"科普之春"大型活动在九江市修水县举行。9月中旬，开展江西省2006年全国科普日暨"科普之秋"大型活动。11月初，由中国科协主办、省科协承办的"科技致富大王进井冈山"科技下乡活动在吉安市和井冈山周边的9县（市、区）进行。各省级学会举办形式多样的特色科普活动。农村科普工作全面展开。大力推动全国科普示范县创建工作，积极开展中国科协、财政部"科普惠农兴村计划"申报工作，进一步加大对农村专业技术协会的扶持和指导力度，在全省范围内，评选并表彰31个精品农技协，成立江西省农村专业技术协会。城区科普工作稳步推进。举办"公共安全主题宣传活动"、2006年江西省'科普之夏'大型活动，召开省科协科普工作座谈会暨青少年科学工作室项目现场会。大力加强科普创作队伍建设，召开全省科普创作座谈会，组织相关学会编写系列科普丛书。科普阵地建设不断推进。新余科普示范城创建工作进一步深入到社区。青少年科技活动丰富多彩。2006年举办中科院科学家科普报告团"大手拉小手"希望行活动、第21届全省青少年科技创新大赛、第12届全国青少年信息学（计算机）奥林匹克联赛（江西赛区）、"节能在我身边"夏令营，江西省农村青少年科技夏令营，蜜橘之乡"大手拉小手青少年科技传播行动"等一系列青少年科教活动。

【"全国科普日"活动在赣州启动】 9月16日，江西省2006年全国科普日暨"科普之秋"启动仪式在赣州举行，该活动由省科协和赣州市政府主办、赣州市科协承办。在此后两个月内，全省围绕"预防疾病、科学生活"及"节约能源"的主题，针对社区居民举办互动式科普活动，传播贴近居民生活的身边科学。省科协组织40余位专家队伍在赣州市中心进行科普咨询，开展送科学知识和保健医疗服务，举办大型科普图片展览，还组织"社区节能科普知识"、"中老年营养保健知识"等系列专家讲座，农业专家下到章贡区及赣县农村进行现场指导。同时，全省各市、县（区）科协会同有关单位（部门）在各地分别举办各种咨询服务和展教宣传等系列科普活动。

【开展"科普四季"活动】 3月20日，"江西省'科普之春'活动启动仪式"在南昌八一广场举行。20～28日，在全省范围举办中科院科学家科普报告团"大手拉小手"希望行活动；组织中央有关新闻媒体到"全国科普示范县（市）"高安、乐平、婺源的"科普示范村"进行采访，并在《人民日报》《农民日报》《科技日报》《大众科技报》等报刊登载反映农民科学素质提高、"科普示范村"生产发展、农民收入翻番等方面文章若干篇；组织30余位省农业科学家服务团、"科普大使"到修水县三都镇开展科普惠农服务活动。采取科普讲座、实用技术培训、种植养殖咨询等方式为修水县的蚕桑、生猪等支柱产业进行服务，帮助农民解决实际问题；组织省科普展教队到各地开展"崇尚科学、反对迷信"、"防治艾滋病"、"家庭安全"、"疾病防治与健康"等内容的科普巡展活动。

8月12日，"2006年江西省'科普之夏'启动仪式在宜春举行。省科协组织30余名省级科普大使、科普志愿者及省科普展教队，在宜春市开展以"节约能源"为主题的科普活动，省市医学、节能、食品、农业专家围绕主题开展科普咨询、科普讲座、科普展览以及提供免费医疗保健服务等活动，共展出200余块科普展板。其间，邀请省人民医院主任医师胡小江在袁州区凤凰街道为社区居民讲课，主题是"中医养生保健"；邀请省能源研究会研究员范敏在市华侨理工学校为学生讲课，主题是"节约能源"。在此时前后，全省各级科协围绕"节约能源"主题，组织科普专家开展大量形式多样、内容丰富、参与性强的科普活动。

围绕"节约能源、预防疾病"主题，12月23日，省科协联合萍乡市科协、安源区科协在安源举行2006"科普之冬"启动仪式。省科协邀请农学、园艺、畜牧、水产、医学、中西医结合等15个省级学会的专家，萍乡市、安源区科协组织的科普专家、志愿者100余人，在安源区广场及安源镇的相关行政村、社区开展科普咨询、科普报告、科普讲座、保健医疗服务活动，同时举办科普展览等"送科技下乡"和"科教进社区"活动，为当地群众发放健康生活科普挂图、科普书籍、科普知识VCD光盘等科普宣传资料及农资物品；结合社区内青少年的特点，组织社区青少年开展各项科技活动，帮助和指导社区内科普设施建设和科普教育基地的建设。安源区上万群众到现场参加活动，接受科普专家面对面的指导。与此同时，全省各市、县（市、区）的"科普之冬"活动同步展开。

【组织争创全国科普示范县（市）】 2006年，南昌县、德兴市、修水县、都昌县、南康市、余江县、崇仁县被中国科协确定为第三批全国科普示范县（市）创建单位。省科协认真做好对创建单位的指导和服务工作，组织七县（市）的分管领导和科协主席参加中国科协举办的培训班，形成了由县（市）党政抓总、科协牵头、各部门与全社会广泛参与科普工作的格局，推动农村科普工作跃上一个新的台阶。

【承办"'科技致富大王'进井冈山"科技下乡活动】 该活动于11月1日，由中国科协主办，中国农村专业技术服务中心、省科协、南昌市政府、吉安市政府承办。在江西省南昌市八一广场举行启动仪式后，来自全国各地的"科技致富大王"分赴吉安市和井冈山周边的9县（市、区），进行开展科技报告会、创业致富讲座、实用技术培训、技术交流和合作洽谈、科普咨询服务及捐赠等活动。为了多途径、全方位地为老区人民服务，中国科协还组织近20位农业、医疗、教育界的科普专家志愿者，分赴乡村、医院、学校，开展农业报告和咨询，对当地医务人员进行培训，开展义诊和巡诊、示范教学等活动。同时，与当地医院和中小学校进行帮扶结对，建立长期合作。

（杜春发）

科技成果奖励

【概　况】 2006年，省政府科技奖励经费由原来的200万元增加到600万元，奖金由原来一等奖5万元，二等奖3万元，三等奖1万元，改为现在的一等奖10万元，二等奖6万元，三等奖2万元。奖项从原来的60项左右提高到100项左右。在保证质量的前提下，适当增加高等级奖的比例。3～12月，依据新修订的《江西省科学技术奖励办法》的规定，省科技厅组织实施科学技术奖评审工作，从申报的309项中共评出111项。其中自然科学奖15项，技术发明奖4项，科学技术进步奖92项，获奖单位173个，获奖者658人。授奖项目业经省科学技术奖励委员会审定，并报省政府批准。

【"全自动血细胞成套分析技术及其设备的研发"项目被评为省科学技术进步奖一等奖】 项目由江西特康科技有限公司完成，共申请专利4项。该项技术研发具有自主知识产权的基于ARM的血细胞分析仪专用嵌入式软件和独特的血小板计数数学模型，使得仪器实时性和精确性大大增强，提高了系统的稳定性和抗干扰性；对血细胞分析仪水路、电路系统进行优化设计，电磁阀用量少，管路简洁，有效降低生产成本，为血细胞分析仪小型化开辟新的途径；开发形成年产2000台血细胞分析仪、400万升配套试剂生产线和专用质控物的生产工艺，改变了这一领域的试剂和仪器被进口产品垄断的局面，已实现批量出口。

【"高纯超细脉石英粉研究"项目被评为省科学技术进步奖二等奖】 项目由江西省荣盛矿产开发有限公司完成，其研究重点在开发出利用自然界储量丰富的优质脉石英替代水晶原料来制备高纯石英砂、石英粉及超细粉的新技术。产品经有关检验中心检验，产品质量达到美国Unimin尤尼明公司IOTA产品质量标准。已建成年产1500吨的高纯石英产品生产线，以满足年增长幅度达15%的市场需求。

【"无石灰铜硫分离工艺"项目被评为省技术发明二等奖】 项目由江西理工大学、江西铜业集团公司、武钢矿业公司大冶铁矿联合研究完成，已获发明专利。该项目发明一种无石灰铜硫分离技术，其特征是在铜硫分离作业中，采用一种组合抑制剂，用来完全取代现有矿山铜硫分离过程中添加的全部石灰，提高铜精矿品位和铜的回收率，大幅度地提高与铜硫伴生的金、银、钼、钴等的回收率。工艺先进，成熟、有创新性。从2001年起，一直在江西铜业集团公司德兴铜矿和武钢矿业公司大冶铁矿生产应用，为德兴铜矿和大冶铁矿创造较大的社会效益、经济效益。

（曹银芬）

·资　料·

2006年度江西省自然科学奖获奖项目

序号	奖励等级	项目名称	获奖者
1	二等	聚合物负载的有机硒试剂和钯催化剂在有机合成中的应用研究	蔡明中 盛寿日 黄宪 刘晓玲
2	二等	离子液体在药物和药物中间体合成中的应用研究	乐长高 陈振初
3	二等	水稻根系形态及生理特征与地上部关系的研究	石庆华 潘晓华 李木英 黄英金
4	二等	南昌链霉菌新种产生的南昌霉素和梅岭霉素及其生物合成基因簇	欧阳谅 涂国全 高勇生 孙宇辉
5	二等	量子引力、黑洞物理与基本粒子物理的研究	凌意 李翔 胡波
6	三等	序、拓扑与非经典数理逻辑若干问题研究	徐晓泉 王三民 覃锋
7	三等	随机拓扑度理论和随机非线性算子方程的研究	李国祯 段华贵 郑雄军
8	三等	实现宽带1nm光纤传输100km的ChirpedBragg光纤光栅的研制	邹道文 邹柳娟 叶志清 刘国栋
9	三等	甘薯叶柄藤活性多糖、黄酮类化合物构成与生理活性及特种纤维制备研究	高荫榆 罗丽萍 陈钢 洪雪娥
10	三等	免疫联合中药根除幽门螺杆菌感染的实验研究	朱萱 李弼民 谢勇 陈江
11	三等	水稻短光敏雄性不育性发现、稳定及育性转换规律研究	黎世龄 高一枝 李会如 卢其能
12	三等	鸡法氏囊及其三肽囊素（Bursin）免疫生物学的研究	谌南辉 郭松林 吴石金 赵明军
13	三等	具备自适应能力的实时事务处理策略研究	夏家莉 张志兵 勒中坚 刘细发
14	三等	铝型材挤压的成形理论、数值模拟和优化方法研究	闫洪 包忠诩 陈泽中 周天瑞
15	三等	基于关系的XML数据库系统的查询与优化研究	万常选 徐升华 刘喜平 方勤

·资　料·

2006 年度技术发明奖获奖项目

序号	奖励等级	项目名称	获奖者
1	二等	无石灰铜硫分离工艺	周源 刘建国 胡承凡 洪建华 詹信顺
2	二等	“瘦肉精”胶体金免疫层析快速检测技术的研究	许杨 赖卫华 熊勇华 魏华 陈实平
3	三等	汽油机动车尾气净化催化剂研制	李凤仪 罗来涛 陈昭平 石秋杰 王建中
4	三等	多极复合式交流励磁机研制	林政安 梅昆 毛勇 袁学兰 徐建萍

·资　料·

2006 年度江西省科技进步奖获奖项目

序号	奖励等级	项目名称	获奖者	获奖单位
1	一等	球形、单晶、超细仲钨酸铵粉体的制取技术	万林生 杨幼明 聂华平 陈帮明 陈树茂 郭守忠 尹家军 石忠宁 廖春发 徐志峰	江西理工大学、崇义章源钨制品有限公司、赣州华兴钨制品有限公司
2	一等	全自动血细胞成套分析技术及其设备的研发	戴洪 周洪华 颜箫 杨佳 郑丽华 袁熙林 彭炳先 刘向松 万枝铭 欧阳敏勇 虞礼贞	江西特康科技有限公司
3	一等	直升机结构快速设计/制造技术及其应用	黄传跃 周金虎 张景新 杨国平 胡茂和 王珙珙 荚淑萍 林东 晏峰 陈水林 吕春雷	昌河飞机工业(集团)有限责任公司、中国航空工业第六〇二研究所
4	二等	水稻恢复系 R120 及其系列超级杂交稻组合的选育与应用	贺浩华 朱昌兰 彭小松 傅军如 贺晓鹏 陈小荣 罗小金 邹小云	江西农业大学
5	二等	东南丘陵区优质高效种植业结构模式与技术研究	罗奇祥 彭春瑞 陶建敏 张斌 陈先茂 卞新民 王明珠 李辉信	江西省农业科学院、南京农业大学、中国科学院南京土壤研究所
6	二等	含维生素 A 香糯型水稻紫宝香糯 1 号的选育	杨玉梁 封荷枝 杨屏华 杨海燕 刘克琦 徐金仁	玉山县特种水稻研究开发中心
7	二等	南方红壤地区种草养牛研究	谢国强 何余湧 文石林 吴志勇 张冋坚 徐明岗 娄佑武 刘经荣	江西农业大学、中国农科院衡阳红壤试验站、江西省畜牧技术推广站
8	二等	暴雨型地质灾害风险预报研究	陈双溪 詹丰兴 魏丽 单九生 巢志众 章毅之 刘献耀 刘修奋	江西省气象科学研究所、江西省环境预报中心、江西省勘察设计研究院、江西省地质环境监测总站
9	二等	杉木大径材培育技术研究	曾志光 黄小春 罗坤水 陈友根 聂煜 王城辉 余翔华 雷昌菊	江西省林业科学院、国营永丰县官山林场、江西省林业科技推广总站
10	二等	万安水库实时调度方案研究	许新发 梅亚东 陈垣熙 李荣昉 高仕春 陈启平 余雷 游文荪	江西省水利科学研究院、武汉大学、国电万安水力发电厂
11	二等	杜鹃属植物的引种驯化研究及专类园建设	张乐华 刘向平 赵喜华 王兆红 李晓花 杜有新 刘永书 张青松	江西省·中国科学院庐山植物园、江西省亚热带植物资源保护与利用重点实验室

序号	奖励等级	项目名称	获奖者	获奖单位
12	二等	JN43－80型顶装焦炉改为捣固焦炉新技术开发	郝来春 黎景平 吴小平 汪卫华 吴克建 刘松清 陈文星 朱健崖	景德镇市开门子陶瓷化工集团有限公司
13	二等	D－异抗环血酸钠三效连续低温结晶技术	周强 余泗莲 孙统芝 钱亚 余彬 程德富	江西省德兴市百勤异VC钠有限公司
14	二等	低荧光防塌沥青LF－TEX－1及低荧光特效封堵防塌降滤失剂FSL－1的开发	李和良 何远信 汤松然 李明 刘敬招 陈艳霞 王文明	萍乡市汇鑫化工科技有限公司
15	二等	高纯超细脉石英粉制取研究	刘少云 苗春园 姜庆文 陈兰英 陈爱英 苏少礼	江西省荣盛矿产开发有限公司
16	二等	05款陆风X6车开发研究	王勇 姜筱华 施明顺 李长银 曾应龙 黄斌 周陆清 魏平	江西江铃控股有限公司、江铃汽车股份车架厂、江铃底盘厂、绍兴索密克汽配厂、德尔福汽车系统(中国)投资有限公司
17	二等	新型高压混合式有源滤波器及无功负序综合补偿的研究	谭永香 李新中 陈柏超 万卫 田翠花 袁佳歆 唐其练 蔡恒	江西省电力设计院、武汉大学电气学院
18	二等	CCD双轴自准直仪的研制	季国定 邹九贵 甘俊红 李星 邹秀斌 吴刚 廖钢宁 倪彬	中国船舶工业集团公司第6354研究所
19	二等	铜冶炼烟气制酸全流程网络控制与管理	顾毅 冯旭山 黄武 刘强 陈同尧 潘强 曹龙文 朱平	南昌耐林自动化有限公司、大冶有色金属有限公司
20	二等	RS－1000嵌入式通信网络线路资源检测分析系统	胡勇 李清 许小青 周忠 张华峰 卢晓勇 夏光 金欣	江西新和技术有限公司、南昌大学
21	二等	江西电信集中客户服务支持及计费账务系统	柯瑞文 詹建明 吴小柏 陈文俊 涂志云 徐建军 李玉龙 徐优工	江西省电信有限公司、北京朗新信息系统有限公司、南京中兴软创责任有限公司
22	二等	思创信息发布平台研制	武友新 李向军 姜晓东 张烨 吴和建 涂旭青 杜振龙 李跃林	江西思创数码科技股份有限公司、南昌大学
23	二等	片式发光二极管研制	熊新华 陈玉敏 刘芳娇 罗初生 马丽华 蒋国忠 彭晓洁 易克	江西联创光电科技股份有限公司
24	二等	桩身自反力平衡静载试验技术研究与应用	钱勇 周庆荣 桂国庆 赵抚民 徐玉崑 易刚 刘峰 詹龙和	江西省建设工程质量监督管理总站、江西昌大建设工程质量检测咨询中心、井冈山学院、南昌市联合建设工程质量检测中心、江西省通建检测技术公司
25	二等	胆胰疾病的内镜诊疗研究	吕农华 陈幼祥 徐萍 彭春燕 李国华 何怀纯 王崇文 周小江	南昌大学第一附属医院
26	二等	不灭钉螺控制大湖洲滩血吸虫病的研究	王小红 吴国昌 周静仪 喻华 刘玮 杨琳芬 方金华 张孔德	江西省科学院微生物研究所、江西省家畜血吸虫病防治站、都昌县家畜血吸虫病防治站

序号	奖励等级	项目名称	获奖者	获奖单位
27	二等	酶法制备浓厚味肉类提取物的研究	刘成梅 涂宗财 刘伟 严意贵 梁瑞红 曾庆跃 付桂明 陈钢	南昌大学、江西可生生化有限公司
28	三等	鄱阳湖黄颡鱼种质资源及繁养殖技术研究	欧阳敏 魏宏民 陶其辉 张明 肖秀兰 胡火庚	江西生物科技职业学院、九江海福水产有限公司、江西省水产技术推广站
29	三等	粉防己野生变家种规范化种植研究	项曙红 刘隆洪 罗光明 魏惠珍 曹慧琼 张亚平	江西翔云药业有限公司、中药固体制剂制造技术国家工程研究中心、江西中医学院
30	三等	江西稻瘿蚊灾变原因及防治技术研究	汪笃栋 郑大宽 潘华 秦厚国 李小美 黄瑞荣	江西省农业科学院植物保护研究所、江西省农业厅植保植检站
31	三等	菌核侧耳东华虎奶—1 号人工驯化及栽培技术研究	李荣同 包水明 金卫根 余志坚 陈传红 李永忠	东华理工学院
32	三等	江西省南方优质早熟梨良种良法配套技术应用与推广	肖鸿勇 邱志庚 胡德文 付学琴 易杰	江西省经济作物技术服务站、江西省种子公司、金溪县果业办
33	三等	毛竹林养分管理及平衡施肥技术效应研究	郭晓敏 陈防 朱德奎 杜天真 严伍明 熊国辉	江西农业大学、中国科学院武汉植物园、奉新县林业技术推广中心、湖北省林业科学研究院
34	三等	排水管网地理信息系统及其在城市积涝气象预报中的应用研究	黎健 殷剑敏 辜晓青 李益飞 肖安 章毅之	江西省气象科学研究所、江西省气象台、南昌市城市规划设计研究院、天津大学建工学院
35	三等	圆齿野鸦椿等 26 种乡土树种苗木生长规律及育苗技术的系统研究	欧斌 王波 卢清华 赖福胜 李远章	赣州市林木种苗站
36	三等	江西省雷电监测预警系统及应用研究	罗树如 支树林 俞炳 毛连海 林铍德 段和平	江西省气象局重点工程办公室
37	三等	休眠松材线虫幼虫快速检疫方法的研究	廖月华 温志海 祝建新 王爱群 廖燕燕 易明	江西出入境检验检疫局检验检疫综合技术中心
38	三等	红叶石楠(红罗宾)的组培快繁及规模化育苗配套技术研究	邓小梅 林小凡 符树根 黄宝祥 奚如春 詹有生	江西省林业科学院
39	三等	水工压力隧洞结构应力计算	蔡晓鸿 蔡勇平	吉安市水务局、吉安市水利水电规划设计院、吉安吉荣实业工程有限责任公司
40	三等	高锑锡、铋、锑渣料连续真空蒸馏分离技术	张小波 汪原成 洪新忠 卢小萍 陈东新	贵溪千盛化工有限责任公司
41	三等	无填料喷雾冷却塔研制与开发	苗学舜 胡书伦 章美珍 吴晓 李世其 苗健	江西省雾冷科技有限公司
42	三等	压力容器优质钢板开发研究	赖朝彬 张均生 何超法 胡贵清 刘小林 李春华	江西省钢铁研究所、新余钢铁有限责任公司
43	三等	球团竖炉新型汽化冷却装置的研究与应用	易任生 刘德明 王敏霞 肖炸和 严奕波 章庆	南昌钢铁有限责任公司

序号	奖励等级	项目名称	获奖者	获奖单位
44	三等	YFB重稀土铬系抗磨合金铸铁变质剂的研制与应用	杨清 许瑞高 朱福生 月山峰 蔡志斌 刘昊东	龙南县龙钇重稀土材料有限责任公司
45	三等	连续挤压无氧银铜异型排制造技术	黄四龙 程美才 张横亚 李永平 林宽	鹰潭市旺龙铜业有限公司
46	三等	环保型三防洁净装饰板的开发	朱春生 陈友龙 张良 朱华琴 唐衍煌 占平兴	江西华春环保装饰材料有限公司
47	三等	CH7140乘用车开发	旷光华 汪伟 游先红 苏志新 陈志明 方晖	江西昌河汽车股份有限公司
48	三等	大型高温台车式电阻炉的研制	龙伟 许荣龙 王敢贤 蔡永陵 陈磊 祝琴	南昌大学、江西欣荣电炉有限公司
49	三等	全自动连续推舟粉末冶金还原炉的研制	谢昌发 曾宪秀 钟荣 张民强 吴毅 张人	赣州有色金属冶炼有限公司
50	三等	桥梁支座计算机PLC全监控更换系统及成套技术开发	陈京钰 谭生光 陈京广 刘辉明 饶幸福 李健	江西嘉特信工程技术有限公司、江西赣粤高速公路股份有限公司
51	三等	燃油净化装置的研制	喻峰 蒋灿 杨春木 黄惠文 高院安 蔡金明	中国船舶重工集团公司第七〇七研究所九江分部
52	三等	2×500KW试验电源开发研究	陈永清 熊卫华 刘少明 邓燕萍 张明	泰豪科技股份有限公司
53	三等	中协先锋政务通机关办公软件的开发	胡剑平 庄力可 勒中坚 朱军 李敏 殷爱菡	江西中协先锋信息技术有限责任公司
54	三等	通信网集中监控与维护管理系统	石永革 王启春 刘思康 夏兰 陈晓璠 石峰	江西清大科技有限公司、南昌大学
55	三等	用电现场服务与管理系统终端的检测系统	李东江 张春强 陈秋新 刘水 赖明华 赵子毅	江西省电力科学研究院
56	三等	江西电力综合信息平台研制	王国欢 孟令发 金高峰 何珺珺 孙慧勤 谌颖辉	江西省电力信息通讯公司、泰豪软件股份有限公司
57	三等	收费站综合信息联网查询系统	熊钧 姚海 康忠东 樊建平 王清平 王亮	江西省交通稽查征费局
58	三等	8+2高清晰度数字电视移动转播系统	李广成 董艳 高勇 刘洋 罗会勇 陈吉夫	江西电视台
59	三等	江西地税视频及办税服务厅监控系统	李红忠 詹晓军 倪波 张玉峰 涂向阳 余君亮	江西省地方税务信息中心
60	三等	语音客户行为分析系统	许洪 谢焕亮 陶俊 戴声 何健 程晖	江西省电信有限公司南昌市分公司
61	三等	江西电信智能固定电话网络系统	黄晓庆 刘坚 吴贞 熊蔚 杨辉 朱圣林	江西电信有限公司网络管理中心

序号	奖励等级	项目名称	获奖者	获奖单位
62	三等	JSZ－2型城市综合应急指挥系统	胡长华 钱红 周剑平 肖亮 熊晨辉 蒋钊平	江西联创通信有限公司
63	三等	一体化电力调度管理系统	吴素农 叶敏华 顾才荣 饶鹏飞 郭玉金 谢忠华	江西省电力调度中心、泰豪软件股份有限公司
64	三等	纳税评估管理信息系统	肖光远 游润珍 卢耀辉 张霖 丁少珍 陈伟奇	江西省国家税务局信息中心
65	三等	钢筋混凝土烟囱外立柱式液压爬升倒模施工技术	徐其新 李富荣 胡章福 夏有保 徐恰皮 李向阳	江西省第二建筑工程公司
66	三等	温州世贸中心大厦钻孔灌注桩施工技术	杨建林 江政炎 周伏萍 张赛喜 金克柏 鄢泰宁	江西省地质工程总公司、江西省昌水建设工程有限公司、中国地质大学建设工程学院
67	三等	江西省高速公路边坡综合防护技术研究	许润龙 江玉林 吴克海 陈学平 曹耐尔 张伯根	江西省高等级公路管理局、交通部科学研究院
68	三等	射频热疗联合腹腔内化疗治疗癌性腹水临床研究与应用	肖晓洪 袁华墅 郭青华 吴艳青 喻晓萍 郭世铁	泰和县人民医院
69	三等	早期后路半椎体切除的临床研究	任德胜 熊斌 王保利 谢维炎 吴欣乐 易申德	江西省儿童医院
70	三等	体外循环围术期外源性甲状腺激素的作用研究	徐建军 喻东亮 雷伟程 习卫民 吴永兵 江涵	南昌大学第二附属医院
71	三等	持续低剂量吉西他滨治疗晚期肺癌的临床研究	熊建萍 张凌 邱峰 汪小浪 李勇 陈文艳	南昌大学第一附属医院
72	三等	咽旁间隙巨大肿瘤手术切除入路的改进研究	邱嘉旋 张剑 刘季春 邵益森 曹钟义 黄辉	南昌大学第一附属医院
73	三等	江西省钩端螺旋体病流行病学与防治对策研究	梅家模 李志宏 章承锋 徐建民 胡强 梅琴	江西省疾病预防控制中心
74	三等	双色FISH检测未培养羊水及培养的外周血细胞方法与应用研究	余世容 刘艳秋 李宇中 罗坚真 王长华 马水清	江西省妇幼保健院
75	三等	新生儿先天性甲低筛查中促甲状腺素切值及召回参考值的研究	黄欧平 王枫 罗坚真 刘淮 徐小兰 杨蓉	江西省妇幼保健院
76	三等	羟基磷灰石义眼座眼眶植入的实验和临床研究	廖洪斐 陈蔷娟 易敬林 张向荣 梅峰 冯珍	南昌大学第一附属医院
77	三等	Wistar大鼠自发性脑积水动物模型综合技术研究	刘志勇 杨新跃 肖远东 李守明 刘昌英 陈顺乐	江西省劳动卫生职业病防治研究所、江西省儿童医院
78	三等	肝段及半肝切除治疗肝内胆管结石的临床研究	胡自苗 胡友勉 黄文峰 文新元 易勤根 肖本萍	萍乡市人民医院
79	三等	超选择血管栓塞联合高能聚集超声刀治疗子宫肌瘤临床研究	蔡丽萍 王共先 易为民 刘丝荪 汪芳 辜斌	南昌大学第一附属医院

序号	奖励等级	项目名称	获奖者	获奖单位
80	三等	抗PR3、MPO抗体的检测与临床应用的研究	谭立明 彭卫华 郭梅清 章白苓 李华 徐承云	南昌大学第二附属医院
81	三等	共轭亚油酸、强化营养红花油的开发	凌利 徐焱 潘少鹏 万小保 周远 章达礼	江西省粮油科学技术研究所
82	三等	江香薷种质与相关标准研究	范崔生 罗光明 胡珊梅 张寿文 刘贤旺 张京生	江西中医学院
83	三等	低度养生酒配方及抗浊超滤技术的研究	朱江 舒吉科 赵丽霞 舒雪平 章美珍 陈巧云	江西鑫辰吉液食品有限公司、江西省食品工业研究所
84	三等	注射用氨曲南冻干粉针剂的研制	张威 刘智 陈惠群 黄武军 张晓丽 单人杰	江西制药有限责任公司
85	三等	虫草川贝膏的开发研制	干德康 余华 方铝 葛晓莉 李继武 朱建文	江西万基药物研究院药业有限责任公司
86	三等	坪湖矿巨厚岩溶水体和建筑群下压煤优化开采试验研究	张慎勇 胡炳南 张赣萍 文学宽 谭泽平 吴银富	江西省丰城矿务局、煤炭科学研究总院北京开采研究所
87	三等	西藏自治区邦多区幅1：25万区域地质调查	邹爱建 谢国刚 袁健芽 肖业斌 吴旭铃 罗小川	江西省地质调查研究院
88	三等	江西省室内环境质量调查研究	张丽 杨辛 万志勇 李莹 万翔 刘国平	江西省环境监测中心站、南昌市环境监测站、上饶市环境监测站、宜春市环境监测站
89	三等	铅锌硫化矿高效选矿新技术研究与应用	邱廷省 罗仙平 陈卫华 陈华强 赵洪文 刘韬	江西理工大学、四川省会东铅锌矿、四川会理锌矿有限责任公司
90	三等	中华人民共和国国家标准——原产地域产品南丰蜜橘	涂建 王泽义 李跃进 王建平 郭楚文 朱晓云	江西省标准化协会、抚州市南丰柑橘研究所、南丰县柑橘技术推广中心
91	三等	BL-2型防雹增雨火箭弹的研制	姚金华 刘文生 金卫平 胡红生 周建中 高拥军	江西钢丝厂
92	三等	照相机综合标准	邬子刚 李勇 俞儒庆 许庆林 黄家岑 陆铭	凤凰光学集团有限公司、上海海鸥数码影像股份有限公司、国家照相机质量监督检验中心、重庆华光仪器厂

社会科学

本栏编辑　余日蓉

综　述

2006年，省社科院、省社联坚持以邓小平理论和“三个代表”重要思想为指导，以科学发展观为统领，认真贯彻落实省十二次党代会精神，不断深化体制机制改革，努力发挥“思想库”、“智囊团”重要作用。

科研工作继续取得丰硕成果。全年完成科研成果总量752.5万字，发表学术论文246篇共计207.9万字，发表或被相关部门采纳的研究报告31篇共计70.1万字，出版著作26部共计413.4万字，《专报》刊发文章151篇共计28万字，其他各类成果共计33万字。质量较高、反响较好的著作有《中国农业通史》《中国茶文化学》《中国国民党江西地方组织志》《江西社会发展五十年》《东方哲学经典命题》《文学阐释录》《刑事程序的精神与诉讼文明》等。在国家级学术报刊上发表论文4篇，被转载和摘编的论文12篇次，获得国家社科基金项目立项5项。全年获得24项科研成果奖，其中国家部委奖1项、国家级学会奖1项，省级一等奖4项、二等奖4项。

对策研究能力有了明显提升。在为省委、省政府中心工作服务方面，在经济领域、社会发展和文化建设等诸多层面，呈现出研究视野较宽、研究层次较高、社会影响较大的特点。承办省政府召开的“全面落实科学发展观、切实增强江西发展后劲”专家座谈会，省长吴新雄主持会议并发表重要讲话。举办“现代化与江西的跨越式发展——2006夏季江西学者论坛”、全省理论界“建言献策、建功立业”座谈会、全省社科界学习省十二次党代会精神座谈会。首次与省科学院、省农科院、省林科院联合举办“科学·创新·创业”论坛，为全省科学技术大会的召开营造良好的舆论氛围。专家发言都及时汇编成册报送省领导和有关部门供参考。积极参与中部省市社科院合作研究课题《中部地区的定位及中部崛起的政策建议》，以《中部发展蓝皮书》的形式正式出版。与上海社科院合作，就城乡医疗保障和城乡协调发展问题在赣调研，省委书记孟建柱对课题的开展作出批示，并亲切接见课题组成员听取汇报。响应省委发出全民创业的号召，适时推出“浙赣文化互动论坛”，从文化的层面探讨江西创业问题，得到省委主要领导的重视，省委书记孟建柱接见出席本次论坛的两省学者，《江南都市报》用了近20个版面进行专题报道，在全省引起强烈反响。2006年有10项对策研究类成果得到省委、省政府领导肯定批示或被有关部门采纳。通过《江西经济蓝皮书》、全省经济社会发展重大招标课题，以及以《江西社会科学》《企业经济》《老区建设》《农业考古》《内部论坛》《专报》《科普动态》为主的刊物平台，及时向省委、省政府和社会各界全面反映全省社科界服务经济社会发展的最新研究成果。省委主要领导多次对《专报》给予肯定。

体制机制创新取得新的进展。2006年，省社科院在原有研究所的基础上，整合成立5个研究部及其新的研究所和社会服务性研究机构。文化研究部下设景德镇陶瓷文化研究所、赣商文化研究所、客家文化研究所，社会学法学研究部下设社会调查事务所。省社科院与江西师范大学建立全面合作关系，共同成立马克思主义研究院。

“联”的优势进一步体现。省社科院、省社联密切与全省社科界、设区市社联和省属学会的联系，主动切入重大理论和现实问题，开展一系列重要活动。在与省委宣传部、省文明办联合举办的社科界“树立社会主义荣辱观座谈会”上，省委常委、省委宣传部部长刘上洋向全省传达省委书记孟建柱关于树立和践行社会主义荣辱观的重要指示。先后与省科协等单位共同举办“科学发展观与江西科技创新‘1+1’科学沙龙”、“客运与城市发展高峰论坛”。围绕各类主题，在全省社联系统和省属学会广泛开展“树立和践行社会主义荣辱观”、“学习贯彻落实科学发展观”、“建言献策、建功立业”、“自主创新与江西崛起”等征文活动，推动全省社科界为“十一五”规划期间发展出谋划策的积极性。春节前夕，省社联举办迎春联欢会，92个学会代表参加，省委常委、副省长赵智勇亲临大会并发表新年祝辞。1月16日，副省长孙刚到院出席社科院研究员陈文华创立农业考古学科30年座谈会，社会各界对陈文华的科研精神给予高度评价。

社会科学普及工作取得新成绩。省社联、省属学会和各设区市社联克服科普经费紧缺的困难，积极探索理论联系实际的科普工作新路子。首次召开全省社联工作会暨社科普及工作会。努力打造社科普及品牌，在抚州、宜春两地试办社会科学普及基地；与省图书馆共同设立“社科大讲堂”，定期举办社会科学普及讲座。

全省社科规划工作成绩显著。2006年，全省国家社科基金课题获立项数27项，获资助经费220万元，居全国各省区市第15位；热情接待全国社科规划办主任张国祚一行到赣调研，顺利承办华东地区社科规划协作会；全省社科规划工作获得全国社科规划办表彰。圆满完成省社科研究"十一五"（2006～2007）规划项目申报评审工作，共批准455个项目立项，对全省社科规划组织管理先进单位进行表彰；组织13项国家项目鉴定、250项省级项目结项，对在研国家和省级项目开展全面检查和督促；推动和改进全省经济社会发展重大课题招标工作，4个中标课题按期结项，研究成果报送省委、省政府领导供决策参考，并送省两会代表和委员参阅；《江西诗词》改版后质量提高、影响扩大，受到诗界好评。此外，接待俄罗斯、美国、英国、瑞士、韩国等国学者到赣访问交流，与韩国东亚人文学会在南昌共同举办以"和平与东亚文化"为主题的第7次国际学术会议，承办中国社科院在庐山举行的两岸学术交流论坛，参与中部六省二市社科院合作论坛、华东六省一市社科联及绍兴市政府联合举办的"区域文化与中国现代化"理论研讨会；举办纪念白鹿洞书院建院1030年暨全国"书院与理学传播"学术研讨会。

（省社科院　省社联编辑室）

学术活动

【参与主办"浙赣文化互动论坛"】 2月28日，江西省社科院与浙江省社科院共同主办本次论坛，两省60余位专家学者、领导干部以及民营企业家参加论坛。27日下午，省委书记孟建柱会见论坛代表。论坛从地域文化对经济社会发展的深层影响的角度，以浙赣两地文化比较与互动为切入点，围绕学习浙江精神，弘扬优秀地域文化、加强浙赣经济合作等议题进行学术演讲和现场互动研讨，具有较强的现实性和针对性，为江西经济社会发展，推进"五化"、"建设三个江西"提供思想支持和舆论支持。《江西日报》大江网对论坛进行了同期网上直播，专家们现场回答了网友的提问。

【树立社会主义荣辱观座谈会召开】 3月24日，省委宣传部、省文明办、省社科院、省社联主办该座谈会。会议传达学习省委书记孟建柱对树立和践行社会主义荣辱观提出的要求，省委常委、省委宣传部部长刘上洋出席座谈会并讲话。会上10多位专家学者和有关部门的代表作了发言。大家表示，胡锦涛总书记关于"八荣八耻"的重要论述，言简意赅、高屋建瓴、立意深远，是新形势下社会主义思想道德建设的重要指导方针。树立社会主义荣辱观，是全面落实科学发展观的重要组成部分，是构建社会主义和谐社会的客观要求，是社会主义思想道德建设的基础性工程和长期任务，要认真学习，深刻领会，充分认识树立社会主义荣辱观的重大意义。

【举办"科学·创新·创业"论坛】 6月16日，为配合全省"科学发展，和谐创业"主题教育活动，推进"五化"建设"三个江西"，营造科学发展、和谐创业氛围，在全省科学技术大会召开之际，由省社科院、省科学院、省农科院、省林科院联合举办该论坛。省委常委、省委宣传部长刘上洋出席并讲话。专家学者们就科学发展、自主创新、和谐创业等问题进行讨论和交流。"四院"领导及专家学者近200人参加论坛。《江西日报》、江西电视台等媒体进行了报道，中国江西网作了现场直播。

【主办"加快发展步伐，实现跨越式发展"论坛】 8月4日，由省社科院、省社联主办的"2006夏季江西学者论坛"举行。论坛的主题是"现代化与江西的跨越式发展"。省委常委、省委宣传部部长刘上洋出席论坛并讲话。全省社科界的专家、学者约200人通过主题发言、互动研讨、现场提问和主持人点评等方式，围绕江西加速推进现代化的成就和经验、机遇和挑战、思路和对策，以及欠发达地区推进现代化的规律等问题进行深入探讨。

【"纪念中国工农红军长征胜利70周年"学术研讨会召开】 10月17日，省社科院、省社联举行本次研讨会，50余位专家学者出席会议。专家们对中国工农红军长征的历史意义、长征精神、长征胜利的原因、弘扬长征精神与促进江西在中部崛起等议题进行了热烈地讨论。

【全省理论界"建言献策、建功立业"座谈会召开】 11月1日，省社科院、省社联召开该座谈会。省委常委、省委宣传部部长刘上洋到会讲话。全省社科理论界的专家学者100余人参加会议。专家学者和政府有关部门的负责人围绕"构建和谐社会，实现新的跨越"主题，分别就"和谐社会与中国特色社会主义'、"扎实推进新农村、促进我省城乡协调发展"、"扩大对外开放、推动经济发展"、"当前我省发展文化产业的着力点"等作了专题发言，提出了积极的、富有建设性的意见和建议。《江西日报》、江西电视台、大江网等媒体进行了报道。

【东亚人文学会第七次国际学术研讨会在南昌召开】 该会于10月21～23日由省社科院、省社联与韩国东亚人文学会共同举办。研讨会以"和平与东亚文化"为主题。中国内地、韩国、日本和中国台湾省、香港特别行政区学术机构的70余位学者出席会议。大会旨在通过对东亚文化的深入研讨，促使人们更好地认识自身，认识过去，从而也更加清醒地认识今天和未来，认识到和平主题的巨大意义。

【"全面落实科学发展观，切实增强江西发展后劲"专家座谈会召开】 11月21日的座谈会是省社科院、省社联根据代省长吴新雄的指示，与省政府办公厅共同承办的。听取了专家学者对江西经济社会发展的意见和建议。省委副书记、代省长吴新雄出席座谈会并讲话，他强调，要全面落实科学发展观，切实增强江西发展后劲。省直10多个厅局的领导参加座谈会。

【文化传承与文学研究研讨会在江西召开】 11月16～18日，中国社会科学院两岸学术交流论坛——文化传承与文学研究研讨会在庐山召开。此次会议由中国社会科学院主办，中国社会科学院学术交流委员会和江西省社科院共同承办，65位专家学者参加会议，其中到会的台湾学者有30位。

【全省社科界学习省第十二次党代会精神座谈会召开】 12月22日，省社科院、省社联召开以“新起点，新跨越”为主题的全省社科界学习省第十二次党代会精神座谈会，省内社科界的专家学者近100人参加。8位专家学者分别以“发展理念的升华：又好又快、优中求进”、“紧要关口的科学判断与宏伟目标”、“全面开放与全民创业”、“提高‘三个基地、一个后花园’的建设水平”、“从中外历史看中心城市的脊梁作用”、“大力倡导‘与人为善、见贤思齐、包容宽容、尚荣知耻’的和谐精神”、“加强高素质干部队伍建设、夯实江西崛起的组织基础”、“让发展成果更多地变成人民群众的财富”为题作了中心发言。

【2006泰豪论坛第四期在南昌举行】 7月26日，由江西日报社、泰豪科技股份有限公司主办的2006泰豪论坛第4期在省社科院举行，本期主题为“财政收入与GDP增长”。学术界、企业界和财税管理部门的专家学者就在江西崛起的进程中，如何进一步以科学发展为指导，转变经济增长方式，优化经济结构，提高财政收入在GDP中所占的比重等问题展开深入探讨。专家学者们认为，全省财政收入与GDP的比重2005年达到10.5%，充分证明坚持以工业化为核心、以大开放为主战略的发展思路是正确的，“十一五”规划时期继续坚持这一发展思路，随着一、二、三产业结构的变化，随着支柱产业的做大做强，全省财政收入占GDP的比重必将有更大幅度的提高。

（省社科院　省社联编辑室）

高校社科研究

【概　况】 2006年江西高校投入人文社会科学研究与发展经费6416.90万元；承担人文社会科学研究课题数4195项，出版人文社会科学著作370部，发表论文7407篇，其中在国际学术刊物上发表19篇，提交有关部门1148篇；获省部级奖成果15项；举办国际学术会议12次，参加会议573人次，提交论文498篇；举办国内学术会议277次，参加会议3102人次，提交论文2284篇；派人出国讲学66人次、国内讲学528人次（含赴港澳台地区讲学人员）；受聘到校讲学人员国外70人次、国内675人次（含港澳台地区人员）；派人出国考察148人次、国内考察22人次（含赴港澳台地区），接受到校考察的国外人员175人次、国内人员421人次（含港澳台地区人员）；派人出国进修学习43人次、国内进修学习997人次；接受到校进修学习的国外人员69人次、国内的413人次；研究课题与国际合作3项、国内合作137项。

江西省高校2006年度承担国家社科基金项目18项，项目数与上年持平；获资助金额143万元，同比增长16.7%。其中：江西财经大学8项，获资助金额64万元；江西师范大学3项，获资助金额24万元；南昌大学2项，获资助金额16万元；江西农业大学1项，获资助金额8万元；东华理工学院2项，获资助金额16万元；赣南师范学院1项，获资助金额7万元；华东交通大学1项，获资助金额8万元。获教育部2006年人文社会科学一般项目立项15项、资助金额64万元。南昌大学傅春负责的课题《中部地区资源性城市资源开发补偿机制及衰退产业援助机制研究》获教育部人文社会科学重点研究基地招标项目，获资助金额3万元；江西师范大学李康平、张吉雄的《邓小平德育思想研究》（著作），江西财经大学吕江林的《我国通货紧缩的政策成因》（论文）获教育部“第四届中国高校人文社会科学研究优秀成果奖”三等奖。

2006年，江西省高校人文社会科学研究项目资助经费增加到100万元。年内，省教育厅开展2006年第二批省高校人文社会科学研究项目的评审立项和2007年省高校人文社会科学研究项目的评审立项工作。2006年第二批省高校人文社会科学研究项目立项137项，资助经费50万元；2007年省高校人文社会科学研究项目立项327项，资助经费100万元。委托研究课题12项，资助经费15.9万元。省高校人文社会科学重点研究基地通过课题招标，下达了41个研究课题，资助经费51.2万元。6月12日，印发《江西省高校人文社会科学研究项目管理办法》，同时废止《江西省教育厅人文社会科学研究项目管理办法（试行）》。

省教育厅于年内对第一批11个省高校人文社科重点研究基地进行评估；对申报第二批重点研究基地的机构进行评审，有10个机构成为省第二批重点研究基地。东华理工学院江西戏剧资源研究中心、江西理工大学环境资源法研究中心、华东交通大学母亲教育研究所、赣南师范学院中央苏区史研究中心等4个研究机构学科发展前景较好，但对照重点研究基地的标准，尚有一定的差距，需要进一步采取整改措施。省教育厅决定一年后组织专家组进行复查，复查评审合格后，列入江西省普通高等学校人文社会科学重点研究基地计划。

为加强省高校哲学社会科学队伍建设，省教育厅印发《关于组织2006年江西省高校哲学社会科学教学科研骨干研修的实施方案》；4月，举办了一期高校哲学社会科学教学科研骨干研修班。12月20日，下发《关于实施全省高校哲学社会科学领军人才和科研学术骨干培养计划工作的通知》，部署全省高校哲学社会科学领军人才和科研学术骨干培养工作。

【江西首个教育部人文社科重点研究基地正式被批准】 6月9日，南昌大学中国中部经济发展研究中心被正式批准为教育部人文社会科学重点研究基地，实现江西省教育部高校人文社会科学重点研究基地“零”的突破。南昌大学中国中部经济发展研究中心组建于2000年，2003年被列为江西省高校人文社会科学重点研究基地，是一个以旨在加快中国中部地区经济与社会发展和江西在中部地区崛起为研究对象的大型综合性研究与咨询机构。该中心将中部区域经济协调发展、中部自然资源开发与生态经济、中部人力资源开发与科技创新作为主要研究方向，以区域经济学研究为主体，依托管理科学与工程1个博士点和区域经济学等12个硕士点，把区域经济学、产业经济学、管理科学与工程学、资源与环境经济学等学科融合在一起，搭建了文理交叉、多学科渗透的研究平台，形成了多平台支撑、多学科交叉的学科发展模式。基地实行机构开放、人员流动、内外联合、竞争创新的运行机制,以重大课为纽带,整合国内相关学科的优势研究力量,走以学科交叉带动学术创新之路。

【首批高校人文社科重点研究基地通过评估】 省教育厅对2003年批准的第一批11个省高校人文社会科学重点研究基地进行评估。南昌大学中国中部经济发展研究中心、南昌大学江右哲学研究中心、赣南师范学院客家研究中心、江西财经大学规制与竞争研究中心(原产业组织与政府规制研究中心)、江西师范大学当代形态文艺学研究中心被评估为优秀;南昌大学客赣方言与语言应用研究中心、江西财经大学产业集群与企业发展研究中心(原民营企业发展研究中心)、江西师范大学教师教育研究中心被评估为良好。华东交通大学交通运输与经济研究所;上饶师范学院朱子学研究所;江西科技师范学院职业教育研究所被评估为合格。

【第二批高校人文社科重点研究基地已确立】 2006年,省教育厅对第二批申报的高校人文社科重点研究基地进行评审,批准江西财经大学金融发展与风险防范研究中心、江西财经大学会计发展研究中心、南昌大学立法研究中心、南昌大学旅游规划与研究中心、江西师范大学传统社会与江西现代化研究中心、江西农业大学"三农"问题研究中心、江西师范大学区域创新与创业研究中心、景德镇陶瓷学院中国陶瓷文化研究所、东华理工学院地质资源经济与管理研究中心、井冈山学院井冈山精神研究所等10个科研机构为第二批省高校人文社会科学重点研究基地。至此,全省共设立了21个省高校人文社会科学重点研究基地。

(省教育厅编辑室)

社科成果与奖励

【江西省获27项国家社科基金项目】 经评审,全国社科规划办公室下达江西省国家社科基金立项项目27项,比2005年增长17%,立项数列各省区市第15位;获项目经费220万元,增长40%;入选学科13个,增加18%。申报数、立项数、资助经费和入选学科均创历史新高。具体立项是:江西财大8项,省社科院5项,省委党校4项(含1项重点项目),江西师大3项,南昌大学2项,东华理工学院2项,江西农业大学1项,华东交通大学1项,赣南师范学院1项。

【2006年全省经济社会发展重大招标课题按期结项】 为充分发挥哲学社会科学在推动经济社会又快又好地发展中的重要作用,加强全局性、前瞻性、战略性的重大问题研究。省委宣传部、省社联共同设立2006年全省经济社会发展重大招标课题。省委宣传部从省宣传文化资金中拨出20万元用于资助招标课题。4个中标课题组是:(1)《江西社会主义新农村建设的目标、模式和措施研究》,江西省社会科学院 郭杰忠;(2)《全民创业研究》,江西经济管理干部学院 秦夏明;(3)《树立社会主义荣辱观与培植和谐文化研究》,南昌大学 程样国;(4)《江西经济增长潜力研究(含城市群研究)》,江西财经大学 卢福财。12月31日,经过专家认真评审,成果全部通过鉴定。研究成果报送省委、省政府领导和有关部门供决策参考,并提交省人大、省政协两会代表和委员参阅。

【省社会科学研究"十一五"(2006~2007年)规划项目立项】 这是江西省"十一五"规划期间的首次社科规划项目的申报立项,共受理75个单位申报项目1140项,创历史新高。其中申报重点项目257项、一般项目883项。申报的学科分布:马列·科社43项,党史·党建47项,哲学53项,经济理论73项,应用经济285项,法学93项,历史41项,语言文学·艺术173项,教育学·心理学178项,政治学·社会学103项,新闻传播学·图书情报学51项。申报量超过三位数的单位是:江西师大152项、江西财大152项、南昌大学105项。另有18个单位申报达两位数。申报的系统和地区分布:高校(含党校、经管学院、社会主义学院、民办高校等)1020项,占申报总数89.4%;省直科研机构、省直部委厅局办、省属学会78项,占6.8%;各设区市社科规划办42项,占3.7%。经学科组评审,省社会科学规划办公室共下达455个项目立项,其中重点项目31项,一般项目(含自筹经费项目、奖励项目)424项。

【《江西社会发展五十年》出版】 该书是由省社科院社会学研究所集体完成的一部学术著作,江西人民出版社出版。主编王明美,副主编陈水根、宋智勇。全书从经济、人口、教育、科学技术、医疗卫生、文化和体育、劳动和社会保障、人民生活、生态和环境等9个方面,描述新中国成立50年江西社会的发展、变化和进步,同时与全国平均水平以及江西的邻省(湖南、湖北、安徽、浙江、福建和广东)的社会发展情况进行比较,较清晰地反映出江西在全国的位次,书中配以大量的数据和图表说明江西社会发展情况。

【《东方哲学经典命题》出版】 该书由赖功欧任主编,杨雪骋、黎康任副主编,江西人民出版社出版。全书筛选出90多个具有代表性的经典命题加以介绍和阐释,这些命题涉及中国、印度、日本、韩国和阿拉伯等国家和地区。透过这些经典命题的诠释与评述可以理解和把握哲学家及其哲学流派的核心思想,使人们对东方哲学有个更全面的认识与了解。

【《中国国民党江西省地方组织志》出版】 由省政府委托省社科院承担编纂的《中国国民党江西省地方组织志》,由团结出版社出版。傅伯言任主编,尹世洪、陈荣华、何友良任副主编。该志是记述中华民国时期江西省国民党组织及其党务活动情况的一部专志,属于《江西省志》丛书中的一部。编纂国民党地方组织志,国内尚无成例可循。全书70余万字,主要介绍中国国民党江西省党部及其所属范围内的组织机构、党员征管、干部训练、宣传、监察、民运指导、国共关系、人物,以及重要会议和国民党中央在赣活动,前有概述,后附重要文献,是一部体例完备、思想性、资料性和科学性相统一的专志。

(省社科院 省社联编辑室)

文化艺术

本栏编辑　余日蓉

综　述

2006年，全省文化部门围绕中心，服务大局，精心组织艺术创作演出，扎实推进基层文化建设，持续规范文化市场秩序，努力搭建文化产业发展平台，认真开展文物保护工作，积极稳妥推进文化体制改革，切实加强文化队伍建设，实现了“十一五”时期江西文化发展的良好开局。

*艺术创作再创佳绩，品牌优势更加突显。*2006年，全省各级文化部门创作出一批具有时代特征和江西特色的艺术精品，《等你一百年》《井冈山》《岳家小将》《南瓜娃——抖杠》《燃烧的玫瑰》《彩练牵，繁荣连》等剧目在全国重大艺术赛事、调演中连连获奖。江西有3件作品入选国家重大历史题材美术创作工程，在50多家参赛单位中名列前6名。各级文化部门主动参与全省“科学发展，和谐创业”主题教育活动，4月份开始，省文化厅与省委宣传部共同组织相关专题文艺调演和全省主题晚会汇演活动，共创作各类新节目200余个。全省文化部门用喜闻乐见的文艺形式，深入开展“名剧名人下基层”、“四进社区”和“文化下乡”等活动。全省各级艺术院团下基层演出1万多场，观众2300万人次。2006年省市春节文艺晚会《春光无限好》、全省政法系统《平安颂》晚会、省第十二次党代会《放歌新江西》等大型主题晚会以昂扬的基调、丰富的内容和多样的艺术表现手段，赢得领导和观众的一致好评。

*社会文化再掀高潮，公共服务逐步完善。*全省文化部门充分发挥地方文化的特色，以丰富多彩的文艺样式，广泛开展各类文化活动，大力宣传党的各项方针政策，在全社会形成了知荣明辱的社会风尚，形成了“和谐创业”的文化氛围。基层文化活动常办常新，广大人民群众的文化生活进一步丰富。以标志性文化设施建设为龙头，全省文化设施建设项目都创历史新高。总投资4.1亿元的江西艺术中心于1月8日举行开工仪式，各设区市一批文化建设项目先后实施。2006年九江市文化设施建设项目数量和投资总额，是该市新中国成立以来的总和；井冈山革命博物馆、瑞金中华苏维埃共和国历史纪念馆、南昌八一起义纪念馆、上饶市婺源博物馆、鄱阳湖博物馆，九江市博物馆即将竣工，或已开工建设。全省以三项活动为抓手，农村文化建设取得新成就。到年底，全省专业剧团已到乡镇演出6717场次，观众人数1107.6万人；电影公司到行政村放映电影9.1万场，观众人数2209.3万人；乡镇组织各类文体活动4469次，参与人数461.3万人；农村文化三项活动受益群众达3360万人次。江西农村文化三项活动经验得到各媒体宣传，中央和省领导要求很好地总结并推广江西农村文化活动的经验。

*市场管理规范有序，市场发展日趋活跃。*江西文化市场通过大力实施诚信工程建设，广泛开展“全省文化市场集中执法季行动”和“全省反盗版百日行动”，有效地促进网吧市场、音像市场、歌舞娱乐场所的健康有序发展，文化市场已逐步成为江西新的经济增长点。2006年底，全省文化经营单位总营业额22.4亿元，增长11%。城市电影放映票房收入连年攀升，万达国际影城落户南昌，结束江西没有大型电影城的历史，创造江西城市影院月票房180万元的放映记录。农村数字电影放映试点工作正在有序推进，国家首批资助的278套数字电影放映设备已发放到县。市、县演出市场日趋活跃，全省84个民营文艺表演团体走村串乡，共演出7326场（次）。

*文化产业加快推进，发展前景更加广阔。*全省文化部门大力推进文化招商，省文化厅受省政府委托，牵头举办首届中国中部文化产业博览会，江西红之魂、绿之美、古之特的三色文化发展成就，成为展会上的热门展区。在博览会上，江西共推介文化产业项目128个，成功签约35个项目，投资总额达27.37亿元，其中文化系统项目签约额突破5亿元。积极推动“江西文化产业园”建设，初步确定在南昌红谷滩规划建设占地173.33公顷的江西文化大市场、南昌文化博览园、江西印刷产业园、南昌动漫游戏产业基地和南昌文化创意产业园等五大文化产业项目。

*文化交流再传佳音，对外影响日愈扩大。*2006年，江西文化部门完成交流项目55项，其中派出32项，引进和接待项目23项，增长10%，承接省政府与德国黑森州、与澳门特别行政区政府图片展览各1次。邀请英国苏格兰皇家风笛鼓乐队、俄罗斯国家边防中央军乐队在南昌市举办“2006南昌军乐节”活动。全年江西共有涉外、涉港澳台演出16场，分别增长45%和10%。组织武术表演团赴英国演出、客家高跷队赴毛里求斯参加唐人街美食文化节，在哈萨克斯坦举办《奇瓷神韵——中国景德镇瓷器文化展》，向文化部驻海外文化中心赠送一批外宣品，精心制作画册《赣鄱

华彩——繁荣发展的江西文化》，生动地宣传江西丰富多彩的文化艺术。

遗产保护再推新举，文物保护意识不断增强。2006年，江西文化部门加大非物质文化遗产和历史文物的发掘、保护、宣传和利用工作。江西有19个项目入选首批国家级非物质文化遗产名录，新增全国重点文物保护单位27处，新增合并项目26处。江西全国重点文物保护单位数量增至51处，占全国总数的比例升至2.17%。2006年江西省文物保护单位达336处，增加约32%。年内，重点组织高速公路沿线的抢救性考古发掘工作，景德镇市珠山明清御窑遗址考古发掘项目获得国家文物局"2003～2004年度田野考古奖二等奖"。召开全省新农村建设中文物保护工作现场会，江西新农村建设中的文化遗产保护工作经验在全国引起反响。文物法制建设迈出重大步伐，《江西省文物保护条例》通过并公布。举办首个"中国文化遗产日"庆祝活动影响大、效果好。在国内有关博物馆举办的《江西省非物质文化遗产成果展》等各类成果展，收到很好的宣传效果。

宏观管理再出新招，和谐创业气氛浓厚。在充分调研、论证的基础上，做好《江西省文化建设"十一五"规划》的编制工作，明确了"十一五"规划时期江西文化工作的基本发展战略，提出工作目标和具体举措。深入开展"抓作风，促效能，创事业"活动，鼓励文化工作者增强服务意识，推进电子政务建设，加大文化政务信息公开力度，加强江西省文化厅门户网站、江西文化市场网、江西文化市场稽查网、江西非物质文化遗产保护网等文化网站建设。加强依法行政，严格执行行政许可制度，先后举办全省文物保护、文化市场、娱乐市场行政执法培训班，江西省文化厅还被文化部授予"2001～2005年全国文化系统法制宣传教育先进集体"。正式启动"5511"江西文化人才培养工程，第一批优秀人才的资格正在审核过程中。在文化系统全面建立和推行聘用制，省直文化系统事业单位聘用率达100%，全省文化系统事业单位聘用率达90%。

（邓泽洲　柯中华）

文　学

【概　况】 2006年，江西文学创作活跃。(1)小说创作。陈世旭发表多部中短篇小说。熊正良、宋清海保持良好的创作状态。李伯勇的长篇小说《恍惚远行》和陈然短篇小说的《有罪》分别入选中国小说学会2005年度中国小说排行榜长篇小说和小小说排行榜。温燕霞的《斜阳外》在《十月·长篇小说》发表；郑允钦的童话作品集《怪孩子树米》《两个怪纳米》《怪屋》在少年儿童出版社出版；万斌生的长篇历史小说《王安石》(三卷本)出版；丁伯刚、陈蔚文、杨剑敏、刘伟林、樊建军等青年作家发表质量较好的中短篇小说，不少作品被转载。陈永林、刘国芳等小小说创作保持持久活力。(2)散文创作。刘上洋访问南美的系列散文在《江西日报》连载。刘华的散文集《灵魂的居所》由百花文艺出版社出版。安然的散文《你的老去如此寂然》获得老舍文学奖散文奖。王晓莉、李晓君、江子和范晓波的散文集《双鱼》《时光镜像》《在谶语中练习击球》《向上生长的糖》由百花文艺出版社出版。夏磊、张慧敏等在《散文》等期刊发表一批散文新作。(3)诗歌创作。三子、程维、邓诗鸿、林莉、汪峰、木朵、牧斯、渭波、阳阳等人在各种期刊有新的作品发表。不少诗人除在纸质刊物发表作品外，还在各种网络诗歌论坛发表大量作品，一些新人更是从网络起步，步入诗坛。(4)报告文学创作。肖麦青和卜谷的长篇传记《晚清悲风·文廷式传》《良心树：戴煌其人其事》等分别出版。(5)文学评论。赖大仁、颜敏、褚兢等在《文艺报》等报刊发表不少文学理论和创作评论文章，对文学流变及江西文学创作进行了梳理。

文学相关活动丰富多彩。省文联组织举办江西第四届谷雨诗歌节。8月26日，与省社科院文化研究部文学研究所、江西师大文学院联合举办"江西师大作家班作品研讨会"。9月，吉安市文联召开安然作品研讨会。年初，组织省内部分诗人到道教名山龙虎山进行文学采风。4月20～24日，组织部分诗人和《文艺报》《诗刊》《诗选刊》《散文》等报刊编辑一起，到南昌、丰城、景德镇、婺源、九江等地采风，江西良好的自然和文化景观，给诗人们留下深刻印象。10月20～25日，组织滕王阁文学院第三届特聘作家到玉山进行采风，作家们在方志敏战斗过的怀玉山接受革命传统教育，还到三清山、三清湖等景点参观。省内省外文学交流氛围浓厚。3月，台湾文协交流团一行21人到赣参观访问，省作协组织作家与台湾文协交流团举行座谈会。10月，广西壮族自治区作家代表团一行6人到庐山、景德镇、婺源、三清山、龙虎山等地进行参观访问，两地作家开展了文学交流。11月，吉安举行文天祥诞生770周年系列活动，中国作协副主席、天津作协主席蒋子龙，著名作家邓刚到九江、吉安等地进行考察讲学。

省作协协会工作进展顺利。2006年，发展二批省作协会员，大力推荐江西省作家加入中国作协。组织撰写出反映江西省5年来作协工作的专稿《执著坚韧的江西文学》，并于10月12日在《文艺报》第7版整版刊出。积极推荐优秀文学作品参加各种评奖活动，在"21世纪文学之星丛书"2006年卷评选中，青年作家范晓波的散文集《正版的春天》和傅菲的散文集《屋顶上的河流》入选。范晓波的散文《木村的月光》荣获中国散文学会主办的第二届冰心散文奖；省作协协会加强与市、县会员的联络，积极为他们提供出版信息、推荐作品等服务工作，注意将文学新人吸收到省作协开展的活动中来。

【第四届谷雨诗歌节召开】 2006年省文联组织举办江西第四届谷雨诗歌节。诗歌节期间，在龙虎山召开全省朗诵诗座谈会，全省各地的诗人、电视台编导和歌舞剧团导演等20余人，结合近年举办谷雨诗歌节的经验，对朗诵诗的创作进行交流。在南昌举办"五一"诗歌文艺晚会，省领导孟建柱、黄智权、王君、傅克诚、吴新雄、钟起煌、董君舒、陈达恒、刘上洋、余欣荣及干部职工1.60万余人观看演出。丰城、九江等地召开诗歌讲座等活动。4月23日下午，省作家协会在南昌举行"江西第四届谷雨诗歌节创作研讨会”，全省有近40余名诗人参加，《文艺报》《诗刊》《诗选刊》等报刊也应邀参加。会者对近年来江西省诗歌的发展变化，及全国诗坛的现状和江西省诗歌在全国格局中的参与与对话展开热烈的讨论。

【江西省作家协会铜钹山创作基地建立】 该基地是省作协创办的第二个文学创作基地。6月24日，基地揭牌仪式在广丰县铜钹山举行，省文联主席、省作协主席陈世旭，省文联副主席、省作协副主席刘华，省文联原领导舒信波、郭蔚球及省作协、上饶市委宣传部、市文联、广丰县委和县政府等有关领导参加。当晚，省作协领导陈世旭、刘华、李晓君等还为广丰县的文学作者50余人上了一堂生动的文学课。

【安然作品研讨会在吉安市召开】 8月，北京老舍文艺基金会和《北京文学》杂志社举办的“第三届老舍散文大奖赛”在北京举行颁奖典礼，江西青年女作家安然作品《你的老去如此寂然》以最高得票数获得老舍散文奖一等奖。安然，吉安人，《井冈山报》文艺副刊编辑。她的文学创作始于2000年，至今已在《北京文学》《青年文学》《小说家》等大型文学刊物发表小说、散文70多万字。2003年曾荣获“江西省第五届谷雨文学奖”，2005年她成为江西滕王阁文学院第三届签约作家，并跻身《创作评谭》“2005江西青年散文大展”行列。9月20日，由吉安市委宣传部、市文联、市作家协会联合召开安然作品研讨会，吉安市委副书记胡龙生出席会议并讲话。省文联主席、省作协主席陈世旭，省文联副主席、省作协副主席刘华，以及省作协、《创作评谭》杂志等代表参加研讨会，与会者对安然近年的创作进行了肯定，并对其不足进行了分析。

（石兰芳）

艺　术

【概　况】 全省艺术创作与生产工作，围绕迎接省第十二次党代会召开，服务全省经济社会工作大局，精心组织、周密部署，创作出《放歌江西》《等你一百年》等一批重点剧节目。

举办重要文艺演出。1月16日晚，省歌舞剧院为澳门特别行政区代表团专场演出《瓷魂》；为纪念中国共产党成立85周年和中国工农红军长征胜利70周年，6月26日晚演出大型情景歌舞《井冈山》；7月5日，上海文化广播影视管理局、上海文化广播影视集团和省文化厅联合在红军长征集结地和出发地于都，举行上海木偶剧团《小红军》剧组“走红军路、演红军戏”的首次爱心义演及沿长征路巡演的出发仪式。组织优秀剧节目参加第三届全国少数民族文艺会演和全国现代戏剧评比展演（南方片）演出，获得优异成绩。

举办重要文化会议。6月20日，举办国家著名戏剧家石凌鹤先生诞生100周年座谈会，省委常委、宣传部部长刘上洋讲话，省人大常委会副主任万学文、省直及有关方面的专家、石凌鹤先生的亲属等100余人参加座谈会。承办全国艺术创作座谈会，与文化部和全国艺术家进行广泛交流，扩大江西艺术创作和艺术产品的影响，有力地推动江西艺术创作工作。会议期间，江西省艺术创作会议同时召开。

【《燃烧的玫瑰》参加全国艺术展演】 萍乡采茶剧院创作演出的采茶戏《燃烧的玫瑰》参加由中宣部文艺局、文化部艺术司、北京市委宣传部在京联合举办的“庆祝中国共产党成立八十五周年现代戏展演”。国家广电总局局长王太华及中宣部、文化部等部门有关领导出席观看。省文化厅厅长李玉英及萍乡市领导陪同观看。该剧故事独特、唱腔优美、舞美别致新颖，使现实主义表现形式与“意识流”场面有机结合。12月，该剧参加文化部举办的全国地方戏优秀剧目评比展演（南方片·武汉）演出，获得剧目三等奖。

【全国艺术创作座谈会在南昌召开】 该会由国家文化部主办、省文化厅承办，文化部副部长陈晓光讲话、副省长孙刚致欢迎辞，全国各省、市、自治区、中央直属文艺院团、解放军和武警部队的艺术家就全国艺术创作进行广泛交流。其间，多位著名艺术家开办了艺术讲座。4月20日晚，与会领导、专家、代表观看了赣剧现代戏《等你一百年》。代表们还参观考察了景德镇、鹰潭和井冈山等市。

【《彩练牵，繁荣连》参加第三届全国少数民族文艺会演】 9月，由省文化厅、省民族宗教事务局组织、赣南采茶剧院创作演出的《彩练牵，繁荣连》，参加由国家民族事务委员会、文化部、北京市政府在北京主办的第三届少数民族文艺会演，并在北京政协礼堂进行两场演出。国家民族事务委员会副主任杨传堂、吴仕民，副省长熊盛文以及省文化厅、省民族宗教事务局的领导和首都2000多名观众观看了演出。经过专家的认真评选，《彩练牵，繁荣连》荣获表演金奖1个、优秀演员奖5个、优秀新人奖2个；江西省代表团荣获组织奖。

【《放歌江西》文艺晚会演出成功】 12月12日晚，由省委宣传部、省文化厅联合主办的省第十二次党代会大型文艺晚会《放歌江西》在江西艺术剧院演出。孟建柱、吴新雄、傅克诚、彭宏松、王宪魁等省领导与出席党代会的代表和部队、武警官兵等1600多人观看了演出。晚会通过歌舞、情景剧、诗朗诵等多种艺术形式，讴歌了省第十一次党代会以来江西大地上发生的深刻变化，表现江西人民在坚持科学发展观、建设社会主义和谐社会、实现江西在中部地区崛起过程中的新形象，展现江西经济、社会、文化的新发展和新跨越。

（冯莉莉）

社会文化

【概　况】 2006年，全省社会文化工作以构建公共文化服务体系为重点，以开展和谐文化活动为内容，以繁荣城乡文化生活为目标，积极组织开展丰富多彩的群众文化活动，努力为人民群众提供优质的文化产品和优良的文化服务。一年来，全省文化系统开展文化活动6560场（次），参与群众达21万余人次，观众达780万人次；共举办展览1096次，观众达156万人次；开展辅导培训1130期，培训人数

5.1万人,培训农村文化骨干力1.6万人。

【继续组织开展全省农村文化三项活动】 2006年,省委、省政府将农村文化建设专项资金增加到1亿元。为管好用好活动经费,省文化厅与省财政厅修订并印发《江西省农村文化建设专项资金管理办法》。农村三项文化活动已在全省各地铺开,据统计,全年为农民送戏6771场、电影9.10万场,开展文化活动4469次,受益群众达3360万人次。在此活动中,全省创作各类文艺节目780余个,复排传统剧目210余个,先进文化正逐渐引领农村公益性文化健康发展。江西农村文化三项活动形成各地特色,打造"快乐乡村"等活动品牌,新华社、中央电视台、江西电视台、《江西日报》等媒体对该活动进行了宣传报道。中共中央政治局委员、书记处书记、中宣部部长刘云山,省委书记孟建柱等领导分别在新华社内参作出专门批示,要求很好地总结推广江西农村文化活动的经验。

【组织开展全省农村文化调查】 3月9~17日,为贯彻落实中共中央办公厅、国务院办公厅《关于进一步加强农村文化建设的意见》精神,进一步掌握全省农村文化建设情况,根据省委办公厅、省政府办公厅关于开展全省农村文化建设调查的通知要求,由省委宣传部、省文化厅牵头,省直23个相关厅局抽调人员组成3个农村文化建设调研组,分赴全省11个设区市进行调研。调研组听取各设区市介绍农村文化建设情况,考察基层文化单位和农村文化设施,查阅有关资料,实地走访27个县的44个乡镇47个村,在市、县(区)、乡镇召开座谈会38个,走访农户70余户。通过调研,向省委、省政府提交调研报告,为制定农村文化事业发展提供实践依据。

【全省"农村文化培训工程"启动】 5月22~26日,省文化厅在南昌举办首期全省基层文化站长培训班,邀请文艺表演、市场管理、文物保护、艺术创作等专家讲课,内容涉及乡镇文化站的功能、职责及各项业务工作的组织管理等方面,培训课时40小时,培训基层文化站长50余人。由全省100多个文化(群艺)馆,每馆派出10位专业艺术人员,对农民文艺骨干进行各艺术门类的培训。

【参加全国"四进社区"文艺展演评选活动】 该活动于10月在北京举行。江西选送的节目《社区是美好的家》荣获银奖,《邻里之间》《鄱湖美社区乐》分获铜奖。南昌市东湖区上营坊社区、西湖区象山社区、九江市浔阳区南司社区、新余市渝水区仙来湖社区等4个社区荣获第三批全国文化先进社区。赣州市群众艺术馆李媛媛、上饶市群众艺术馆姜丽君等2人荣获全国社区文化优秀辅导员。

【参加第八届华东地区小品比赛】 10月17~20日,华东地区六省一市的32个小品,参加在安徽省铜陵市举办的第八届华东地区小品比赛。经过3天角逐,共评出特等奖3个,金奖8个,银奖21个。江西丰城市文化馆选送的小品《憨宝的WC》荣获金奖,新建县文化馆选送的小品《家教》、省直代表队小品《为了谁》、新余市文化局选送的小品《寻找》荣获银奖。

(徐　卫)

非物质文化遗产

【概　况】 2006年,江西积极组织力量实施非物质文化遗产保护工作,健全组织机构、制定相应政策、开展保护试点、申报国家级名录、确定省级名录、参与国家保护成果展、组织人员培训、举办庆祝第一个中国文化遗产日活动、开展立法调研、大力宣传非物质文化遗产保护。全省有19个项目入选国家级非物质文化遗产名录,62个项目入选省级非物质文化遗产名录。国家和省财政共下达220万元非物质文化遗产保护专项资金,其中国家级名录保护专项资金120万元,省级名录保护专项资金100万元。省文化厅和省财政厅制定并下发《江西省非物质文化遗产保护专项资金管理暂行办法》。

【江西省第一批国家级非物质文化遗产名录产生】 6月,国务院批准文化部确定的第一批国家级非物质文化遗产名录518项,江西有19个项目入选,分别是:民间音乐1项(兴国山歌);民间舞蹈4项(南丰跳傩、婺源傩舞、乐安傩舞、永新盾牌舞);传统戏剧6项(湖口青阳腔、广昌孟戏、婺源徽剧、赣南采茶戏、宜黄戏、弋阳腔);民间美术2项(婺源三雕、萍乡湘东傩面具);传统手工技艺5项(景德镇传统瓷窑作坊营造技艺、铅山连史纸制作技艺、金星砚制作技艺、歙砚制作技艺、景德镇手工制瓷技艺);民俗1项(修水全丰花灯)。

【公布第一批省级非物质文化遗产名录】 6月,省政府公布第一批省级非物质文化遗产名录62项,其中有:民间文学2项,民间音乐3项,民间舞蹈8项,传统戏剧7项,曲艺6项,杂技与竞技1项,民间美术4项,传统手工技艺19项,民俗12项。

【参加全国非物质文化遗产成果展览】 该展览是由文化部、国家发展改革委等九部委联合主办,于2月12日至3月16日在北京国家博物馆展出。省文化厅精心组织,周密安排,采用动静结合、展览与展示结合的方法,圆满地完成江西板块的展览工作。江西的展览特色鲜明,设计得体,布置紧凑,内容丰富,得到中央领导和广大观众的一致好评。

【组织首个"文化遗产日"庆祝活动】 6月10日我国第一个"文化遗产日"的活动主题是"保护文化遗产,守护精神家园"。省文化厅在省博物馆举行隆重的庆祝大会,举办了一台荟萃非物质文化遗产精华的民族民间文化展演及《江西省非物质文化遗产成果展》《江西古代文明展》《江西名窑名瓷特展》等展览,印发了精美的宣传画册。副省长孙刚、省政协副主席刘运来和省发改委等相关部门领导参加庆祝活动。全省各地市也同时举办了文化展演、展览等丰富多彩的庆祝和宣传活动,有开放条件的博物馆、纪念馆、图书馆、文物保护单位等公共文化单位实行免费开放。

【组织开展全省非物质文化遗产普查

工作】 从2006年4月起至2008年底，该普查工作按照分级负责的原则，因地制宜地在全省范围内开展。江西采取多种方式、多种渠道宣传非物质文化遗产知识，并开展非物质文化遗产普查技能培训。省、市、部分县分别举办非物质文化遗产普查工作培训班，聘请专家讲课，学习普查手册。通过个别辅导与全面培训相结合，上级对下级培训与同级培训相结合，为全面普查提供技术、技能、知识和人员准备。

【江西省非物质文化遗产研究保护中心成立】 9月30日，经省编委下文批准，在省群艺馆增挂“江西省非物质文化遗产研究保护中心”的牌子，江西成为全国6个率先成立正式机构的省份之一，及时争取到文化部的50万元工作资金。

（徐　卫）

地方志

【概　况】 2006年，全省各级方志办和广大方志工作者认真贯彻落实国务院《地方志工作条例》规定和省政府《关于进一步加强市县两级续志工作的通知》精神，进一步加大工作力度，完善工作措施，地方志各项工作取得新成绩。

大力营造依法修志的良好氛围。5月18日，国务院颁布实施《地方志工作条例》，中国地方志指导小组下发《关于学习、宣传、贯彻〈条例〉的通知》。省方志办在开展《江西省实施〈地方志工作条例〉办法》立法工作的同时，要求各地方志办开展学习、宣传、贯彻《地方志工作条例》活动，深刻领会“条例”精神实质及规范性要求。赣州市通过举办学习班、座谈会等方式，学习讨论“条例”，进一步认识其重大意义，提高对地方志工作的认识，开展大规模的调研活动；南昌市、赣州市对照“条例”找差距、订措施，积极争取政府领导的重视和支持，以解决机构不到位、经费不落实、志书质量不高等问题。景德镇市组织座谈学习会，将“条例”送到各级领导手中，并张挂条幅进行宣传，在该市掀起学习、宣传、贯彻“条例”的热潮。抚州、景德镇、上饶、鹰潭等市方志办向所属县（市、区）方志办发出关于学习、宣传和贯彻“条例”的通知。抚州将“条例”放在“抚州史志网”上发布，还把“条例”的学习宣传贯彻列入对县级方志办的考核内容。7月，省方志办召开全省学习宣传贯彻“条例”研讨会；11月，召开全省设区市志办主任会议，交流经验，部署下一步工作。

志书和年鉴编纂工作顺利进行。2006年，《江西省青少年组织志》《江西省苏区志》《江西省人口志》和《中国国民党江西省地方组织志》出版；至此，91部《江西省志》专志已出版发行85部，余下的6部志书，《江西省武警志》（上、下册）、《江西省新闻志》《江西省人物志》已完成编纂，正在做出版前的准备工作；《江西省劳动志》和《江西省风俗志》《江西省艺文志》正在编纂中。第二轮市县志编修工作取得新进展。2006年，南昌、进贤、万安、余干、遂川、南康5部县（市）续志出版。截至年底，全省有25部县（市、区）级续修志书已经出版，在全国名列前茅。金溪、南丰、瑞金、上饶县4部县市志也已进入出版程序，其他市县区续志均在编纂中，有的已完成初稿、有的已经评审，正在修改。年内，全省共编纂出版年鉴20余部，编纂出版一批乡镇志、专业志和地情资料。

【《江西省实施〈地方志工作条例〉办法》报省政府审议】 5月18日，国务院颁布《地方志工作条例》后，省方志办组织力量完成《江西省实施〈地方志工作条例〉办法》初稿，并广泛征求意见。8月，省方志办向省政府法制办申请将“办法”列入省政府2007年立法工作计划。9月，该办法列入2007年省政府立法项目计划，并按照省法制办要求再作修改、征求各设区市方志办意见。10月31日至11月1日，省方志办召开全省设区市方志办主任会议，对“办法”（初稿）进行研究修改，最后形成“办法（送审稿）”，12月中旬报送省政府审议。该“办法”共32条，对地方志的种类、地方志工作机构的规范、地方志的备案与审查验收、省方志馆的职能、承编单位的责任、公民法人的义务与权利、表彰和奖励等作了规定。

【全国省级地方志机构主任会议在江西召开】 4月下旬，受中国地方志指导小组委托，江西省首次承办省级地方志机构主任会议，60多人参加该会。与会领导介绍各省市区地方志机构的工作情况，彼此交流开展地方志工作的好经验、好做法，并参观江西秀丽山川，感受江西悠久历史文化和改革开放后江西发生的巨大变化。

（张棉标）

档案事业

【概　况】 2006年，全省有各级各类档案馆141个（其中国家综合档案馆112个，专门档案馆9个，部门档案馆6个，企业档案馆8个，文化事业单位档案馆3个，科技事业单位档案馆3个）；馆藏档案资料644.49万卷（册），其中档案498.62万卷，资料145.86万册；档案馆总建筑面积12.52万平方米（其中库房面积7.58万平方米）。全省国家综合档案馆全年接收档案17.47万多卷，馆藏档案累计已达399.10万卷，同比增长14.83万卷。馆藏资料也已达131.43万册。6月5～17日，江西省档案事业发展综合评估委员会分成4个评估组，分别对全省11个设区市“十五”计划期间档案事业发展情况进行综合评估。实地检查18个县级档案局、馆和11个市直机关档案室的工作。8月，制发《江西省档案工作规范化管理办法》，对全省机关团体、企业、科技事业单位和综合档案馆全面实施档案工作规范化管理。同时制定并下发了《关于对省直单位进行文件材料整理归档工作实行年度检查制度的通知》。10月，抽查40个省直单位。2006年，全省各级档案馆接待利用档案资料者12.27万人次，利用档案资料36.76万卷（件）次，其中各级国家综合档案馆接待利用档案资料者9.04万人次，利用档案资料28.89万卷（件）次。

档案部门服务功能继续强化。到2006年底，全省国家综合档案馆建立公开现行文件服务中心99个。建立现行文件报送、接收、审核、保管、利用和文字数字化等管理制度，方便群众查阅"红头"文件。省档案馆开展民国档案和现行档案的开放鉴定工作，鉴定民国档案4.38万卷、现行档案3.56万卷，确定可开放民国档案4.22万卷、现行档案2.20万卷。各级档案部门开展整理、编研档案工作，萍乡市档案局编撰《萍乡市大事记(1986~2002)》《萍乡市各类应急方案汇编》等参考资料，约56.8万字。档案部门指导和帮助重点建设项目规范档案管理，加强对新型经济领域如开发区、民营企业等领域档案工作的指导和建档试点工作。省档案局对赣粤高速公路、江铜贵冶三期、南昌卷烟总厂易地技改等重点建设项目进行项目竣工档案验收；新余、鹰潭等市档案局开展企业产权变动档案处置工作；认真贯彻落实《城市社区档案管理办法》，南昌市286个城市社区全部建立档案室，九江市社区建档率达85%；余干等县建立外出务工人员档案；安远县建立乡镇人才工作站和乡土人才档案数据库；全省乡（镇）建档率达到100%，村级建档率达到75%，各级档案部门开拓新的建档领域，探索建立计生、土地、林权和谱牒等特色档案，为促进农业增效、农民增收服务取得显著成效。

档案法制建设进一步加强。省档案局制定下发《江西省档案系统"五五"法制宣传教育规划》，全省各级档案部门结合《中华人民共和国档案法》《江西省档案管理条例》学习宣传该"规划"，并积极开展档案法制培训。为贯彻落实国务院《关于全面推进依法行政实施纲要》和国家档案局《关于全国档案系统全面推进行政执法责任制的意见》，制定下发了《江西省档案行政执法过错责任追究制》和《江西省档案局规范性文件制定规定》。

档案信息化建设稳步推进。2006年，省档案馆录入目录数据20.84万条，其中档案数据20.19万条，图书、资料数据6462条，占总目录数据18.7%，同比增长23%。到年底，省、市两级国家综合档案馆档案目录数据累计241.73万条，新增72.42万条，占总目录数据30%，建成并开通网站18家，省档案局网站累计点击65.35万人次。省直机关事业单位计算机管理档案普及率达95%，设区市直机关事业单位档案室计算机管理普及率达85%，国有企业文档一体化普及率达35%，规模以上国有企业文档一体化普及率达80%。2006年上半年，省政府将省档案馆"网上在线接收同级机关电子文件系统"建设列入《江西省国民经济和社会发展"十一五"规划》和《江西省信息化建设"十一五"专项规划》。6月，省档案局完善《江西省档案馆档案信息化(数字档案馆)项目方案》《江西省电子文件归档与管理规范》等5项档案信息化基础标准列入2006年度江西省地方标准制定项目计划。宜春市档案局开通现行文件服务中心触摸查询系统。新余市档案局申报的"在线电子文档网络管理系统"建设项目，被列入国家档案局2006年度科技项目计划。

【迁馆准备工作井然有序地开展】 在江西省新档案馆建设的同时，省档案馆制订工作方案，做好迁馆准备工作。一是建立馆藏各种载体的档案、资料的统计；二是加强档案信息化工作，抓紧制订各项档案数字化标准；三是加强征集接收档案力度，主动上门接收重大活动档案，开展征集名人档案工作，接收省重点工程档案；四是抢救本省民国档案；五是依据《中华人民共和国档案法》和《江西省档案管理条例》做好档案的鉴定、开放工作；六是筹备馆藏珍品档案等展览；七是制订新馆运行管理制度和出版《江西省档案馆指南》。

【开展全省重点工程项目档案工作执法检查】 9月15~25日，省人大教科文卫委和省档案局组成联合执法检查组，在自查基础上，侧重抽查省科技馆等27个重点建设项目单位。省人大常委会向省政府办公厅转送执法检查报告，代省长吴新雄，副省长凌成兴、孙刚，省政府秘书长魏小琴都作了批示，强调该项检查效果很好，要求发现问题的单位认真整改，档案部门抓好落实。南昌、新余、九江、萍乡等设区市档案部门也会同当地人大教科文卫委开展执法检查，有的设区市档案局主动开展检查活动。

【档案工作规范化管理在全省实施】 8月7日，《江西省档案工作规范化管理办法》出台。它要求各级档案局应按照"统一领导、分级管理"的原则，加强本地区实施档案工作规范化管理的总体规划，分类指导和依法监督，并分级组织好档案工作规范化管理评估工作。各级同家综合档案馆在自查的基础上纠正了一些不规范的行为，使案卷质量达标率普遍在90%以上。该"办法"还规定，对首次获得档案工作规范化管理省特级和省一级的国家综合档案馆，当地人民政府应给予奖励；对首次获得档案工作规范化管理省特级和省一级的机关、企事业单位档案部门，本单位应给予奖励。

（杨　杰）

图书馆

【概　况】 全省公共图书馆事业以继续组织实施文化信息资源共享工程为契机，不断推进公共图书馆的现代化建设，努力拓展服务领域，强化提高服务功能和水平，积极开展读书宣传教育活动，深入持久地坚持送书下乡工作，为在全省营造学习型社会创造良好的读书环境。5月28日到6月4日，江西各级公共图书馆以2006年度图书馆服务宣传周活动为契机，围绕"倡导全民阅读，构建学习型社会"活动主题，在当地闹市区开展图书馆服务现场宣传咨询活动。到年底，全省公共图书馆总藏量达1309万册(次)，总流通量达460万人次，新购藏书量达26万册(次)，举办读书活动1576次，参加人数达51万人次，全年共送书下乡达30余万册。

【继续组织实施全省文化信息资源共享工程】 2006年，全省文化共享工程以农村为重点，以县级图书馆、文化馆等公共文化设施为依托，增强了县级分中心接收、整理和向乡村配送资源的能力。至2006年底，全省2/3的市、县分中心和部分村级基层站点正式与江西省分中心签约，并全部完成设备调试、资源安装。各级分中心及基层点共为当地群众提供信息服务7万余人次。省级中心在设备配置、数字资源建设、人员培训、信息服务、宣传报道等方面做了大量工作，带动全省文化信息资源共享工程的实施。同时，省文化厅为了推动全省文化共享工程进程，采取多种方式，探索开展基层点建设与服务的新方法，在文化部争取到5个试点县的名额和205万元国家扶持资金。

【举办"科学发展和谐创业"江西省第五届读书演讲大赛】 该比赛由省文化厅主办，省图书馆承办，于12月20～21日在玉山县举行决赛阶段的比赛。全省各设区市和省直的12个代表队共24名选手参加比赛。南昌代表队袁晓斌等4名选手荣获一等奖，8名选手荣获二等奖，12名选手获三等奖，12个图书馆等单位荣获组织奖。读书演讲大赛是一项全省性大型品牌读者活动，该活动从9月份开始启动，历时3个多月结束。

【省图书馆连续四年服务江西省"两会"】 在2006年省十届人大四次会议和省九届政协四次会议期间，省图书馆利用自身资源优势，采取文献信息的查询、打印、复印、光盘刻录等多种手段，为省人大代表和政协委员与会代表提供及时、快捷的信息咨询服务。这是省图书馆连续第四年为省"两会"服务。省委书记孟建柱对省图书馆的咨询服务活动表示满意，并强调说：图书馆是一个城市文明的标志，图书馆工作很重要，希望你们把图书馆工作做得更好。

（徐　卫）

博物馆

【概　况】 2006年，全省博物馆设施建设掀起新高潮。井冈山革命博物馆、瑞金中华苏维埃共和国历史纪念馆、南昌八一起义纪念馆等建设工程项目投资规模大、规划设计起点高、陈列展示手段先进，备受社会瞩目。一批中小型博物馆陆续开工建设，婺源博物馆总投资3980万元，已进入布展阶段；萍乡市、赣州市、九江市博物馆新馆建设设计方案、贺子珍纪念馆陈列展览形式设计方案已经省专家评审会通过。各地还在筹划建设独具特色的专题博物馆，如鹰潭市筹建江西畲族博物馆、鄱阳县拟建鄱阳湖纪念馆。

各级博物馆、纪念馆落实"三贴近"要求，努力改善服务条件，提高服务质量，向未成年人等特殊群体实施减、免费开放政策。按照"联强做强，联大做大"的办展思路，分系列、按特色整合资源，采取联合与分散相结合的方式，突出优势和特色，进一步提高陈列展览质量和水平，打造能够出省、出国的精品陈列。《商代江南——江西新干大洋洲出土文物精品展》在国家博物馆展出，《朱元璋皇子皇妃奇珍异宝展》在南京博物院展出，《景德镇出土明代御窑瓷器珍品展》在北京大学展出，《高安元青花精品展》在青岛市博物馆展出，《奇瓷神韵——中国景德镇瓷器文化展》在哈萨克斯坦展出，社会反响强烈。据统计，2006年全省共推出展览展示项目300余个，接待观众600余万人次，其中免费接待未成年观众约240万人次。

【全省博物馆工作座谈会召开】 6月底，该会在上饶市召开。省文物局指导全省各级文物单位认真贯彻落实文化部《博物馆管理办法》和国家文物局《关于加强和改进博物馆工作的意见》，下发了《关于加强和改进博物（纪念）馆管理工作的通知》，要求国有博物（纪念）馆的建设工程设计方案和基本陈列方案，必须经省文物行政部门组织有关专家论证，做到博物（纪念）馆功能优先、陈列大纲设计与博物（纪念）馆建筑设计同步进行；严格实行博物（纪念）馆设立、年检与终止制度，推进全省博物（纪念）馆管理工作的法制化与规范化。

【开展"5·18国际博物馆日"宣传活动】 省文化厅首次主动联合省委宣传部、省文明办、团省委等相关部门进行部署，组织全省围绕"博物馆与青少年"主题开展"5·18国际博物馆日"宣传活动。5月18日，省直和南昌市直文博单位举行大规模宣传活动，主会场设在南昌市博物馆灌婴广场。江西师大、江西商贸学院等几所高等院校也在江西省博物馆设立了教学基地。

（王琴红）

文物保护与考古发掘

【概　况】 2006年，《江西省文物保护条例》颁布实施，文物法制建设有新突破；江西省文物保护执法队正式成立，文物行政执法工作全面启动；国务院公布第六批全国重点文物保护单位，省政府公布第五批江西省文物保护单位，江西省文化遗产保护级别迅速提升；召开全省新农村建设文物保护工作现场会，乡村文物保护工作得到加强。加强考古发掘项目管理，重点配合景德镇至鹰潭、武宁至吉水等高速公路沿线组织考古发掘工作，对南昌火车站东晋墓葬与德安宋代彩绘壁画墓进行抢救性考古发掘清理；启动新干牛城遗址、吉州窑遗址的调查和试掘工作；考古发掘资料整理进程进一步加快，基层文博考古队伍的培训工作得到重视。

【《江西省文物保护条例》颁布】 经过4年多修订，该条例于9月22日在省人大常委会第23次会议上通过，并于2007年1月1日起施行。该条例曾被省政府列入2003年、2004年、2005年的立法调研计划和2006年的立法计划，历经座谈、调研、论证、协调等诸多过程。"条例"共分7章55条，比原《江西省文物保护管理办法》有大幅度的增加和补充，成为全省文物工作持续、健康发展的重要法律保障。

【三处古迹列入《中国世界文化遗产预备名单》】 12月15日，国家文物局向社会公布重新设置的《中国世界文化遗产预备名单》（共35个项目），江西省3处文物古迹榜上有名。其中，瑞昌市铜岭铜矿遗址为古铜矿遗址类别，进贤县李渡烧酒作坊遗址为"中国白酒酿造古遗址"捆绑项目之一，婺源县理坑、汪口则作为"皖南古村落"扩展项目内容被选入。

【新增一批全国重点文物保护单位】 5月25日，国务院公布第六批全国重点文物保护单位，江西省新增27处和26个合并单位，多于前5批的总和。至此，各设区市均有全国重点文物保护单位，全省总数达到51处，占全国总数的2.17%。其中古遗址12处，古墓葬2处，古建筑18处，石窟寺及石刻4处，近现代重要史迹及代表性建筑15处。分布在赣州10处，宜春8处，九江7处，上饶7处，吉安7处，南昌5处，景德镇3处，萍乡1处，鹰潭1处，抚州1处，新余1处。

【新增一批省级文物保护单位】 12月16日，省政府正式公布121处第五批江西省文物保护单位和3处合并项目。此次共有6处古遗址、6处古墓葬、66处古建筑、5处石窟寺及石刻、35处近现代重要史迹及代表性建筑以及3处其他类不可移动文物，被列入新一批省级文物保护单位名录。另外还有3处文物点归并到与之相邻、性质同一的原有省级文物保护单位。至此，全省省级文物保护单位达336处。

【全省新农村建设中的文物保护得到加强】 2月，副省长孙刚在全省文物工作会议上对新农村建设中的文物保护工作提出明确要求；6月，省文物局在赣州召开全省新农村建设中文物保护工作现场会，总结、交流和借鉴新农村建设中文物保护的成功经验，对新农村建设中的文物保护工作作出进一步部署。9月15～27日，全国政协副主席张思卿率领全国政协教科文卫体委员会、文化部、农业部、建设部联合专题调研组一行30余人到江西考察“新农村建设中的文化遗产保护工作”。调研组考察了赣州市赣县白鹭乡白鹭村、吉安市青原区富田镇陂下村等村镇和赣州古城墙、吉州窑遗址等文物保护单位，就当地新农村建设中文化遗产保护的政策依据、土地产权、资金筹措及宣传教育等问题进行实地调研，对江西省的工作给予高度评价，认为“江西应先行一步，为全国提供经验”。

【“世界遗产地旅游可持续发展与管理国际研讨会”在庐山召开】 该会于5月15～19日召开，是由联合国教科文组织世界遗产中心、中国联合国教科文组织全国委员会、建设部和国家文物局主办，省建设厅、省文化厅和庐山风景名胜区管理局承办的。副省长孙刚、联合国教科文组织世界遗产中心官员出席开幕式。全国31个世界遗产产地的负责人、140多名国内外专家、学者参加会议。

【樟树市入选“全国文物工作先进县”】 樟树市境内有全国重点文物保护单位4处，省级文物保护单位8处，馆藏文物1.4万多件，是江西文物大市。多年来，该市高度重视文物保护工作，依托丰富的文物资源，全面推动全市文物保护、研究、展示和利用等各项工作的开展，走出一条管理有序、保护有方、展示利用有据的良性发展轨道，成为江西省受文化部、国家文物局联合表彰的第四个“全国文物工作先进县”。之前，有吉水县、婺源县、兴国县获此殊荣。

【首次应用航空遥感技术勘测文物遗址】 省文物考古研究所在新干大洋洲商代大墓，牛头城址，泰和白口城址，吉安吉州窑遗址进行航空摄影测量，这是江西首次将现代遥感技术引入文物考古工作，拓宽了江西文物考古勘查和研究的领域。

【景鹰高速公路抢救性考古发掘有新发现】 4～6月，省文物考古研究所配合景德镇至鹰潭高速公路建设，重点对余江县董家山新石器时代晚期—商代遗址、城墙圈商代遗址、宁家商代遗址和余干县刘家山唐代窑址进行考古发掘。其中刘家山唐代窑址的发掘，揭露出窑炉保存较为完好的斜坡阶梯状龙窑一座，在江西属首次发现；出土大量的器物和各类支烧具标本，为研究唐代的制瓷工艺提供了宝贵的实物资料。釉下褐彩瓷和“贞元”纪年款瓷器的发现，为研究唐代青花及同类器物的断代、编年、分期提供了可靠的标尺。

【南昌火车站晋墓得到抢救性发掘】 3月，南昌火车站站前广场施工时发现墓葬，省文物考古研究所对该墓葬进行了抢救性发掘。该墓是一座长方形带耳室的券顶砖室墓，保存基本完好，年代略早于1997年发掘的南昌火车站东晋墓葬群。随葬器物有漆器、木器、青瓷器、铜器、滑石器、墨块等共计50余件。这些随葬器物的出土，为研究南昌两晋时期的社会风貌、手工艺水平、家族墓地的埋葬习俗提供了珍贵的实物资料。

【德安县发现宋代彩绘壁画墓】 5月，德安县聂桥镇望夫山凤凰嘴发掘出土宋代彩绘壁画墓。该墓保存面积约13平方米的彩绘壁画，其中尤以西壁的彩绘壁画保存最好。壁画内容有导卫、武官、文侍、侍女和星象等，全画布局规整，形神具备，展示了宋代风俗画的概貌。宋代壁画墓在江西乃至南方地区都是罕见的，为研究同时期的彩绘壁画提供了宝贵的实物资料。

（王琴红）

对外文化交流

【概　况】 2006年，全省对外文化交流工作坚持“走出去”与“引进来”相结合，发挥品牌优势，突出地方特色，全省对外文化交流数量大幅增加，交流规格不断提高，交流形式进一步丰富，交流渠道和合作领域不断扩大。全省对外文化交流项目55项，同比增长8%。其中派出32项、223人次；引进和接待项目23项、282人次。

【江西武术表演团赴英国参加国际艺术节】 7月24日至8月29日，由省文化厅组织实施的中国江西武术表演团一行60人，赴英国参加为期一个月的爱丁堡国际艺术节。共演出25场，临场观众达21.7万人次，英国BBC电视台录制专题节目在世界各地热播，收视人数超过1亿人次。英国王室爱德华王子、安妮公主先后接见团长和演员代表；中国驻英使馆还专门致电祝贺；新华社、《人民日报》、中央电视台、中国国际广播电台作了采访报道；省领导对这次访问演出也给予高度评价。

【景德镇瓷器在哈萨克斯坦展出】 9月11～25日，“奇瓷神韵——中国景德镇瓷器文化展”在哈萨克斯坦展出。该展览是文化部在哈萨克斯坦共和国举办的“中国文化节”上的一个重要展览项目，是受哈萨克斯坦共和国文化和信息部邀请，由省文化厅组织，省博物馆及景德镇市文化局承办，共展出现代陶瓷艺术品 70 件（组），展出展板 40 块。哈萨克斯坦文化信息部部长顾问萨利姆让诺夫在开幕式上说："中国文化历史悠久，瓷器文化更是久负盛名，伟大的丝绸之路上的瑰宝今天再现哈萨克斯坦的艺术殿堂，是哈国的文化盛事。"国家文化部副部长孟晓驷参观展览并给予高度评价。

【萍乡客家高跷队赴毛里求斯演出】 4 月 27 日至 5 月 5 日，萍乡客家高跷队一行 8 人应毛里求斯华商总会邀请，参加该国举办的唐人街美食文化节，这是江西传统高跷民间艺术第一次走出国门。在文化节上，这支高跷队配上传统音乐，扮演傩舞中的关公、雷公、太子、财神、土地神、钟馗等形象。该国总统和首都路易港市长、文化部长、商业部长以及中国驻毛大使高玉琛等观看了表演。

【德国"莱茵河中上游河谷世界文化遗产图片展"在赣展出】 5 月 26 日至 6 月 9 日在省博物馆举办的这次展览，是由省政府与德国黑森州联合举办的。莱茵河中上游河谷地区被联合国教科文组织评为"世界文化遗产"，51 幅大型展板展示了这个地区的历史、人文和自然遗产。这是江西与德国黑森州自建立友好省州关系以来的首次文化交流活动，副省长孙刚会见并宴请了德国客人。

【澳门特别行政区政府在南昌举办图片展】 10 月 12 日至 11 月 11 日，由文化部推荐，澳门特别行政区政府在省博物馆举办"历史的跨越——纪念《澳门特别行政区基本法》颁布十三周年暨澳门回归六周年图片展览"。该展览以拍摄时间为序，展出了近 400 张珍贵照片，真实地反映了澳门 160 多年来的社会变迁和历程，尤其是澳门回归祖国以来的新景象，充分展示了一国两制的成功实践成果。副省长孙刚参加了展览开幕式。

（彭劲松）

文化市场

【概　况】 2006 年，江西文化市场通过实施诚信工程建设，建立长效管理机制方面迈出实质性步伐。文化市场政策法规、行政审批事项及其公示、经营单位诚信档案、行政执法数据、管理信息已经全部上网，建立健全文化市场"行政执法检查日志制度"、"12318 举报电话受理制度"、"明察暗访制度"、"信用档案分级管理制度"。

4 月 20～26 日，省文化厅与省保知办、省扫黄打非办等部门在南昌隆重举办江西省保护知识产权成果展，得到全国保知办领导的充分肯定。年内，广泛开展"全省文化市场集中执法季行动"和"全省反盗版百日行动"，出动执法人员检查文化市场 33.45 万人次，检查文化经营单位 24.40 万家次。1 月 12 日和 12 月 8 日，省文化厅在全省开展违法音像制品统一销毁活动，南昌主会场共销毁盗版音像制品 170 万张（盘），10 个分会场销毁违法音像制品 102 万张（盘），有效地促进网吧市场、音像市场、歌舞娱乐场所等各门类市场的健康有序发展。

一批歌舞娱乐场所和演艺场所蓬勃发展，进入特色竞争、质量竞争、品牌竞争的良性发展期。江西文化市场已逐步成为江西新的经济增长点。全年全省各类文艺团体组台演出 106 场，涉外及涉港澳台地区演出 16 场，分别增长 45% 和 10%。市、县演出市场日趋活跃，全省 84 个民营文艺表演团体走村串乡，演出 7326 场（次），观众达 363 万人次，成为繁荣农村演出市场的一支重要力量。

2006 年，全省文化经营单位 1.2 万家，从业人员 16 万余人，总营业额达 22.4 亿元，同比增长 11%。2006 年，全省文化市场管理部门有 16 个单位和 9 人分别被评为省、部级先进集体和先进个人。

【网吧市场做大做强】 2006 年，根据文化部"开展集中执法季行动"的统一部署，省文化厅先后三次派出检查组下到各市、县明察暗访网吧市场。全省各级文化市场管理部门加大网吧市场的整顿力度，有效地遏制网吧市场违法违规经营行为。网吧市场结构调整取得质的变化，出现一批幽雅环境、优良设备、优质服务的连锁网吧、规模网吧、品牌网吧。全省网吧经营单位已从 2003 年的近 1 万家压缩到 4446 家，网吧平均终端数由原来的每户 13 台上升至 40.5 台，南昌市网吧平均终端数达到 100 台，全省最大规模的网吧终端数达到 1200 台。网吧业已成为江西文化市场新的经济增长点。

【农村电影改革启动】 江西是全国 4 个农村电影改革发展试点省之一。由省市、县 34 家电影公司合股组建江西欣荣农村数字电影院线责任公司。农村数字电影放映试点工作正在有序推进，国家首批资助的 278 套数字电影放映设备已发放到县。2006 年，在省政府开展"三项文化活动"中，全省 1219 支农村电影放映队的 2203 名放映员，全年放映电影 9.04 万场，观众 3080 万人次。

【重点查处盗版音像制品大案要案】 4 月 20 日，在打击侵权盗版音像制品的"阳光 1 号"行动中，全省检查音像制品经营场所 1000 多家次，收缴非法音像制品近 20 万张（盘）。9 月 13～14 日，省文化市场稽查总队联合南昌市文化市场稽查支队、南昌市西湖公安分局治安大队，一举捣毁南昌一非法音像制品经营窝点，收缴非法音像制品 45 万张（盘）。9 月 20 日，中央电视台"新闻 30 分"对此事进行了报道，此案被文化部列为 2006 年打击盗版音像制品十大案件之一，省文化厅党组给省文化市场稽查总队颁布嘉奖令。10 月 14 日，南丰县文化局破获一起盗版音像制品运输案，查获盗版音像制品 10 万张。12 月 4 日，省文化市场稽查总队查处南昌市一非法音像制品窝点，收缴 10 万张非法音像制品。12 月 9 日，玉山县文化局与县公安交警部门在高速公路上堵截、查处载有非法音像制品车辆，收缴非法音像制品 50 万张。

（南　辉）

·资 料·

新增第六批全国文物保护单位(江西省)(共计27处)

一、古遗址(共计5处)

1. 樊城堆遗址　新石器时代　樟树市
2. 牛头城址　商至周　新干县
3. 白口城址　汉至南北朝　泰和县
4. 李渡烧酒作坊遗址　元至清　进贤县
5. 御窑厂窑址　明至清　景德镇市

二、古墓葬(共1处)

6. 朱轼墓(清　高安市)

三、古建筑(共计12处)

7. 真如寺塔林(唐至元　永修县)
8. 大宝光塔(唐　赣县)
9. 赣州佛塔(宋　赣州市．大余县．信丰县．安远县．石城县)
10. 鸣水桥(宋　樟树市)
11. 清华彩虹桥(宋至清　婺源县)
12. 袁州谯楼(宋至清　宜春市)
13. 鹅湖书院(明至清　铅山县)
14. 婺源宗祠(明至清　婺源县)
15. 理坑村民居(明至清　婺源县)
16. 梅关和古驿道(明　大余县)
17. 陈氏牌坊(明　进贤县)
18. 青云谱(清　南昌市)

四、石窟寺及石刻(共计3处)

19. 秀峰摩崖(唐至民国　星子县)
20. 泷冈阡表碑(宋　永丰县)
21. 大智彭氏家族石刻(明　安福县)

五、近现代重要史迹及代表性建筑(共计6处)

22. 美孚洋行旧址(清　九江市)
23. 兴国革命旧址(1929~1933年　兴国县)
24. 罗坊会议和兴国调查会旧址(1930年　新余市)
25. 湘鄂赣革命根据地旧址(1932~1934年　万载县)
26. 中央红军长征出发地旧址(1934年　于都县)
27. 南昌新四军军部旧址(1938年　南昌市)

合并的全国重点文物保护单位(共计26处)

1. 行洲红军标语遗址(1928~1929年　井冈山市)归入第一批全国重点文物保护单位井冈山革命遗址
2. 小井红四军医院旧址(1928~1929年　井冈山市)归入第一批全国重点文物保护单位井冈山革命遗址
3. 大井朱德和陈毅同志旧居(1928年　井冈山市)归入第一批全国重点文物保护单位井冈山革命遗址
4. 遂川县工农兵政府旧址(1928年　遂川县)归入第一批全国重点文物保护单位井冈山革命遗址
5. 七溪岭战斗指挥所和龙源口桥(1928年　永新县)归入第一批全国重点文物保护单位井冈山革命遗址
6. 中华苏维埃共和国粮食人民委员部旧址(1934年　瑞金市)归入第一批全国重点文物保护单位瑞金革命遗址
7. 中华苏维埃共和国邮政局旧址(1931~1932年　瑞金市)归入第一批全国重点文物保护单位瑞金革命遗址
8. 中国工农红军总政治部旧址(1933~1934年　瑞金市)归入第一批全国重点文物保护单位瑞金革命遗址
9. 中华苏维埃共和国财政人民委员部旧址　(1933~1934年　江西省瑞金市)归入第一批全国重点文物保护单位瑞金革命遗址
10. 中华苏维埃共和国审计人民委员会旧址　(1933~1934年　江西省瑞金市)归入第一批全国重点文物保护单位瑞金革命遗址
11. 中华苏维埃共和国土地人民委员部旧址　(1933~1934年　江西省瑞金市)归入第一批全国重点文物保护单位瑞金革命遗址
12. 中华苏维埃共和国临时中央政府警卫营旧址　(1931~1933年　江西省瑞金市)归入第一批全国重点文物保护单位瑞金革命遗址
13. 中华苏维埃共和国国民经济人民委员部旧址　(1933年　江西省瑞金市)归入第一批全国重点文物保护单位瑞金革命遗址
14. 中华苏维埃共和国总金库旧址　(1933年　江西省瑞金市)归入第一批全国重点文物保护单位瑞金革命遗址
15. 中华苏维埃共和国国家银行旧址　(1932~1933年　江西省瑞金市)归入第一批全国重点文物保护单位瑞金革命遗址
16. 中央革命博物馆旧址　(1933~1934年　江西省瑞金市)归入第一批全国重点文物保护单位瑞金革命遗址
17. 中华苏维埃共和国中央出版局旧址　(1931~1933年　江西省瑞金市)归入第一批全国重点文物保护单位瑞金革命遗址
18. 红色中华通讯社旧址　(1931~1933年　江西省瑞金市)归入第一批全国重点文物保护单位瑞金革命遗址
19. 中华苏维埃共和国临时中央政府电话传令排旧址(1931~1934年　江西省瑞金市)归入第一批全国重点文物保护单位瑞金革命遗址
20. 红军无线电总队旧址　(1931~1933年　江西省瑞金市)归入第一批全国重点文物保护单位瑞金革命遗址
21. 中华苏维埃共和国临时中央政府电话总机室旧址(1931~1933年　江西省瑞金市)归入第一批全国重点文物保护单位瑞金革命遗址
22. 云石山中华苏维埃共和国中央政府旧址　(1934年江西省瑞金市)归入第一批全国重点文物保护单位瑞金革命遗址

23. 红四军大柏地战斗旧址 (1929年 江西省瑞金市)归入第一批全国重点文物保护单位瑞金革命遗址
24. 秋收起义安源军事会议旧址 (1927年 江西省萍乡市)归入第三批全国重点文物保护单位安源路矿工人俱乐部旧址
25. 安源路矿工人大罢工谈判处旧址 (1922年 江西省萍乡市)归入第三批全国重点文物保护单位安源路矿工人俱乐部旧址
26. 工农红军革命军第一军第一师师部旧址 (1927年 江西省修水县)归入第一批全国重点文物保护单位秋收起义文家市会师旧址

江西省第五批省级文物保护单位(共计121处)

一、古遗址(共计6处)

1. 社山头遗址(新石器时代 广丰县五都镇)
2. 棋盘山遗址(新石器时代至商周 渝水区罗坊镇)
3. 斋山遗址(商 万年县湖云乡)
4. 武功山祭祀遗址(三国至民国 安福县钱山乡、泰山乡)
5. 白浒窑遗址(隋至唐 临川区温泉镇)
6. 凤凰山铁矿遗址(唐至明 分宜县湖泽镇)

二、古墓葬(共计6处)

7. 七星堆古墓群(春秋至汉 高安市城区东北处)
8. 朱瓌墓(南唐 婺源县紫阳镇)
9. 周敦颐墓(宋 庐山区莲花镇)
10. 费宏墓(明 铅山县河口镇)
11. 潘任墓(清 寻乌县吉潭镇)
12. 高善继墓(清 彭泽县黄花乡)

三、古建筑(共计66处)

13. 槎滩陂(南唐 泰和县禾市镇．螺溪镇含:周矩墓)
14. 天龙山墓塔(宋 万安县五丰镇)
15. 惠政桥(宋 新干县城南门街口)
16. 罗汉桥(宋 德安县东风路)
17. 湾里桥(宋 修水县黄巷镇)
18. 万安东林寺墓塔(宋 万安县弹前乡)
19. 香火桥(宋 修水县渣津镇)
20. 相公桥(南宋 青原区富滩镇)
21. 黄岭大圣塔(明 彭泽县黄岭乡)
22. 城头文昌塔(明 新干县金川镇)
23. 凤山龙天塔(明 婺源县浙源乡)
24. 高云塔(明 资溪县高阜镇)
25. 坑头村民居(明 婺源县龙山乡,含:太宰读书处．潘锦苏宅．潘保春宅．潘大华宅)
26. 千眼桥(明 都昌县多宝乡)
27. 万魁塔(明 临川区展坪乡)
28. 五里谌村水口塔(明 高安市灰埠镇,又称:回澜塔)
29. 雩溪宝塔(明 遂川县雩田镇)
30. 通真桥(明 高安市城西郊外)
31. 蓉泉桥(明 新余市渝水区水北镇)
32. 寿元桥(明 德兴市张村乡)
33. 仰山文塔(明 莲花县路口镇)
34. 永清岩观音楼(明 安远县龙布镇)
35. 贾家村民居(明至清 高安市新街镇,含:贾氏宗祠．泰盛堂．赐福堂．怡爱堂)
36. 石洞口傩庙(明至清 萍乡市赤山乡)
37. 富田村诚敬堂(明至清 青原区富田镇)
38. 羊角水堡(明至清 会昌县筠门岭镇)
39. 豫章世家坊(明至清 进贤县文港镇)
40. 艾溪陈家古建筑群(明至清 进贤县架桥镇)
41. 江湾村民居(明至清 婺源县江湾镇,含:由礼堂．敦伦堂．善馀堂)
42. 龙溪村古建筑群(明至清 广丰县管村乡,含:祝氏宗祠．文昌阁．江浙社．观音阁)
43. 玉山城墙(明至清 玉山县冰溪镇)
44. 万安城墙(明至清 万安县城)
45. 会昌城墙(明至清 会昌县文武坝镇)
46. 白鹭村古建筑群(明至民国 赣县白鹭乡,含:恢烈公祠．王太夫人祠．兴复堂．佩玉堂)
47. 难禅阁(清 宜春市重桂路与鼓楼路交会口)
48. 清都观(清 吉安县永和镇)
49. 渼陂永慕堂祠(清 青原区文陂乡)
50. 护吉大庙(清 吉水县盘谷镇)
51. 抚州玉隆万寿宫(清 临川区大公东路)
52. 太平桥(清 南城县城东盱江上)
53. 驿前"奎壁联辉"."清吸盱源"."石屋里"民宅(清 广昌县驿前镇)
54. 杏花楼(清 南昌市南湖路29号)
55. 京台"曦庐"民宅．刘氏宗祠(清 安义县石鼻镇)
56. 罗田世大夫第(清 安义县长埠镇)
57. 水南余庆堂民宅(清 安义县长埠镇)
58. 万家焦氏节孝坊(清 进贤县三里乡)
59. 汪山土库(清 新建县大塘坪乡)
60. 三里雷家民居(清 进贤县三里乡,含:"翠萼鸿章"宅．"高挹余晖"宅)
61. 吴城吉安会馆(清 永修县吴城镇)
62. 鄱阳大成殿(清 鄱阳县鄱阳镇)
63. 玉山鸿园(清 玉山县冰溪镇,又称:玉山张家花园)
64. 豸峰村民居(清 婺源县龙山乡,含:成义堂．潘永泰宅．潘先熊宅．潘松印宅)
65. 洲湖大夫第(清 黎川县华山垦殖场)
66. 增文堂围屋(清 万安县涧田乡)
67. 玉带桥(清 信丰县虎山乡)
68. 洛阳村客家彭宅(清 遂川县大汾镇)
69. 井下村"正亮堂"宅(清 遂川县堆子前镇)
70. 卢家洲卢氏宗祠(清 吉州区曲濑乡)
71. 贺录姑贞孝坊(清 莲花县荷塘乡)
72. 尚睦邓家围垅屋(清 分宜县湖泽镇)

73. 临江大观楼(清　樟树市临江镇)
74. 雅溪围屋(清　全南县龙源坝)
75. 水南"继序其皇"坊式门楼(清　乐安县牛田镇)
76. 乐平古戏台(清　乐平市镇桥镇．鸬鹚镇含:坑口万年台．韩家万年台)
77. 夏府村宗祠群(清至民国　赣县湖江乡,含:戚氏总祠追远堂．戚氏分祠聚顺堂．谢氏宗祠敦五堂)
78. 慈化寺(清至民国　袁州区慈化镇)

四、石窟寺及石刻(共计5处)

79. 海会寺摩崖石刻(唐至清　庐山区莲花镇)
80. 灵岩洞遗墨题刻(唐至清　婺源县古坦乡)
81.《金溪场银坑记》摩崖石刻(五代　金溪县城东羊石山)
82. 寮山摩崖石刻岩画(南宋　高安市灰埠镇)
83. 庐山三叠泉摩崖石刻(宋至清　庐山区海会镇)

五、近现代重要史迹及代表性建筑(共计35处)

84. 陈宝箴．陈三立故居(清　修水县义宁镇)
85. 波黎公寓(民国　庐山区莲花镇,又称:波黎公馆)
86. 信州相府路17号民宅(民国　信州区相府路17号)
87. 九江日本台湾银行旧址(1911年　九江市滨江路85号)
88. 安源毛泽东旧居(1921年　萍乡市安源镇八方井)
89. 松柏巷天主堂(1922年　南昌市罗家塘82号)
90. 东固革命旧址群(1927～1934年　青原区东固畲族乡)
91. 秋收起义二团出发地旧址——张公祠(1927年　萍乡市安源镇)
92. 工农革命军第一军第一师第三团回师铜鼓旧址(1927年　铜鼓县排埠镇)
93. 毛泽东宣布"三项纪律"地点——雷打石(1927年　井冈山市荆竹山)
94. 生命活水医院住院部旧址(1928年　九江市塔岭南路48号)
95. 红四军二十八团团部旧址(1928年　井冈山市茅坪乡)
96. 湘赣边界第二次党代会旧址(1928年　井冈山市茅坪乡)
97. 桐木岭红军哨口遗址(1928年　井冈山市桐木岭)
98. 新遂边陲特别区工农兵政府旧址(1928年　井冈山市茨坪)
99. 黄坳毛泽东旧居(1928年　井冈山市黄坳乡)
100. 湘赣边界防务委员会旧址(1928年　井冈山市茨坪)
101. 步云山中共湘赣边界临时特委旧址(1929年　永新县三湾乡)
102. 江西省立图书馆旧址(1930年　南昌市百花洲)
103. 西刘家巷8号毛泽东旧居．西肖家巷7号朱德旧居(1930年　吉州区)
104. 竹篙寨中央后方保管处旧址(1930年　于都县银坑镇)
105. 上衫中共湘鄂赣省委．省苏维埃政府旧址(1931～1932年　修水县上衫)
106. 凤岗江西省苏维埃政府旧址(1931～1933年　兴国县五里亭乡)
107. 宁都起义部队秋溪整编旧址(1931年　石城县横江镇)
108. 瑞金中国工农红军学校旧址(1932～1933年　瑞金市向阳南路)
109. 中共湘鄂赣省委红旗报社旧址(1932～1934年　万载县仙源乡)
110. 中共苏区中央局坝南军事会议旧址(1932年　兴国县五里亭乡)
111. 红一方面军大湖坪整编旧址(1933年　乐安县大湖坪乡)
112. 文武坝粤赣省军区总指挥部旧址(1933年　会昌县文武坝镇)
113. 中华苏维埃共和国临时中央政府春耕生产运动赠旗大会旧址(1933年　瑞金市武阳镇)
114. 宁都江西省苏维埃政府旧址(1933～1934年　宁都县梅江镇)
115. 中央革命军事委员会总参谋部(总司令部)旧址(1933～1934年　瑞金市沙洲坝镇)
116. 罗塘谈判旧址(1934年　寻乌县罗珊乡)
117. 绛园张学良旧居(1937年　安源区凤凰街)
118. 毛泽东思想胜利万岁馆旧址(1968年　南昌市八一广场西侧)

六、其他(共计3处)

119. 道教第十五洞天遗址(东周　贵溪市冷水镇)
120. 圣水塘(清　安义县新民乡)
121. 茅湾碾米作坊(清　彭泽县马挡镇)

合并的江西省文物保护单位(共计3处)

1. 乐安王墓(明　新建县望城镇)归入第一批江西省文物保护单位朱权墓
2. 儒励女中教课楼旧址(1907年　九江市庾亮南路47号)归入第四批江西省文物保护单位同文书院．儒励女中办公楼旧址
3. 遂川毛泽东旧居(1928年　遂川县泉江镇)归入第三批江西省文物保护单位遂川县工农兵政府旧址

新闻出版 广播电视 互联网

本栏编辑 余日蓉

报纸期刊

【概 况】 2006年,全省有国内统一刊号的报纸64种,其中面向社会公开发行的报纸41种,高校校报23种。报纸平均期印数为283.7万份,总印数为6.65亿份,总印张为187.80万千印张,定价总金额为3.62亿元,广告总收入为3.8亿元。41种面向社会公开发行的报纸中,按刊期分,日报25种,其他刊期报纸16种;按类别分,机关类报纸15种,晚报及生活服务类报纸20种,行业专业类报纸6种。年内,《宜春晚报》更名为《赣西晚报》,《数字世界报》更名为《课程导报》,《英语辅导》更名为《疯狂英语》。全省期刊种数为162种,其中社科类期刊91种,科技类期刊71种。期刊平均期印数为246万册,期刊年总印数约5600万册,总印张为17.85万千印张,定价总额为1.83亿元。

省新闻出版局加大对全省报刊广告及其发行的监管力度,依法对4家报社5起报刊发行违规行为予以警告、罚款等行政处罚,对有关报社的违纪行为在全省进行通报批评,并建议主办、主管部门对有关责任人进行严肃处理。把报刊广告,尤其是把《关于禁止报刊刊载部分类型广告的通知》中明确暂停发布及禁止发布的广告内容列入审读的重点,及时把握报刊广告刊登的情况。向9家违规报刊社下发警示通知书,责令其限期纠正,并作出深刻检查;对存在的问题,及时移交江西省工商局等有关职能部门处理,形成监管合力局面。完成报刊、报社记者站和连续性内部资料年度核验。对2家期刊、2家报社记者站予以缓验,对10家连续性内部资料予以撤销登记。11~12月,省期刊协会组织开展江西省优秀期刊工作者的评选活动,省新闻出版局和省期刊协会对评出的优秀期刊工作者和十佳期刊工作者进行表彰。

【加强报刊队伍建设】 2006年,省新闻出版局先后举办2期期刊社长主编岗位培训班、3期连续性内部资料负责人及编辑岗位培训班、1期新闻采编人员资格培训班,近600人参加了培训。培训班组织学员认真学习马克思主义新闻观、党的新闻宣传纪律、新闻出版工作有关法规、新闻工作者职业道德等内容,为新上岗的采编人员安排了有关采编、校对及出版物封面版式设计等课程。年内,积极组织全省期刊参加北京图书订货会、新疆书市等展会,加强期刊与读者的沟通,促进与同行业的交流,展示江西省期刊业良好形象。9月,组织省内20余家期刊社分别赴四川和吉林省进行学习考察,促进各期刊社之间的相互学习、交流与合作。

【创新报刊审读机制】 2006年,省新闻出版局创新审读机制,调整审读手段和方式,在提高审读工作成效上狠下工夫。一是抓审读工作的反馈。对审读报告中指出的问题,要求相关报刊社在规定的时间内以书面形式向省新闻出版局反馈意见,做到件件有落实,件件有反馈。二是抓主办、主管单位履行职责。省新闻出版局在向有关报刊社送达审读报告的同时,还向其主办、主管单位通报情况,并要求其督促抓好整改。三是抓整改的落实。审读报告指出问题后,要求报刊社拿出切实可行的整改措施,纠正存在的问题。省新闻出版局还采取跟踪审读的办法,对整改效果予以检查,审读工作的成效显著增强。新闻出版总署副署长石峰对江西省报刊审读和管理工作作出批示:"江西的报刊管理工作这几年不断加强,审读工作也抓得扎扎实实,管理权威逐步树立起来。"

(严全胜 梁 杰 黄 春)

图 书

【概 况】 2006年,江西省出版图书3099种,其中新书1390种,重印图书1709种,重印率达55.1%,同比增长了14%。图书品种首次超过3000种,图书的结构得到进一步的优化,质量有了新的提高。各图书出版社运用多种形式向海外出版商推介赣版图书,在输出图书的数量、品种、质量方面又有新的进展。在第12届北京国际图书博览会上,全省各图书出版社共有861种、1225册图书参展,共输出赣版图书13种、56册,引进外版图书13种、8册,输出和引进的比例为7:1。其中江西美术出版社《陶瓷鉴赏》20种图书版权输出到日本,江西人民出版社《史记笺证》电子版权输出到台湾地区,《西方名著提要》丛书7种输出到香港特别行政区,江西科技出版社《常见慢性病自然疗法系列》《常见病症针灸选穴处方图解》《风水与建筑》的版权被台湾地区的出版公司一次性购买。江西图书贸易连续第3年实现贸易顺差。

积极参加全国性的图书评奖活动,在首届中华优秀出版物(图书)奖的评选中,江西省获得3个奖项,江西美术出版社《珠山八友》获“首届中华优秀出版物(图书)奖”,江西高校出版社《载人航天新知识丛书》和21世纪出版社《今夜出门昨夜归》分别获“首届中华优秀出版物(图书)奖”提名奖,获奖数量位居全国前列。

【认真实施“十一五”时期国家级和省级重点图书出版规划】 各图书出版社在全面回顾和认真总结“十五”时期全省重点图书出版规划实施经验的基础上,进一步明确出书方向,找准市场定位,强化出书特色,创新选题思路,优化选题结构,集中时间,集中精力,以国家级和省级重点图书出版规划的实施,带动赣版图书整体质量和效益的提高。经过市场调研、科学论证和广泛征求意见,有15种图书选题被列入国家“十一五”时期重点图书出版规划,有83种选题被列入“十一五”时期江西省重点图书出版规划。

【实施精品战略取得成效】 各图书出版社积极做好国家新闻出版总署组织的纪念建党85周年和红军长征胜利70周年等重点图书选题的申报工作,以重点选题申报工作促进选题策划思路的创新和选题质量的提高。江西人民出版社《江西苏区党的建设与政权》《红色书简系列》和21世纪出版社《少年红色经典》被新闻出版总署列为纪念中国共产党建党85周年重点图书;21世纪出版社《七个人的军团》被新闻出版总署列为纪念中国工农红军长征胜利70周年重点图书;江西高校出版社《载人航天新知识丛书》和21世纪出版社《叮当的魔法》等2种图书被列入新闻出版总署向全国青少年推荐的百种优秀图书。江西科学技术出版社《农村百事通丛书》、江西高校出版社《对虾淡化养殖技术》入选中宣部和新闻出版总署“向全国推荐的服务‘三农’优秀图书书目”;有6种图书入选新闻出版总署“三个一百”出版原创工程。

【图书编辑工作思路实现四个转变】 2006年,全省各图书出版社坚持图书编辑工作的中心地位,实现工作思路的四个转变,(1)实现由选题的阶段性策划向选题的全程策划的转变。不少图书出版社把选题策划、书稿的修改加工、图书宣传评价与市场推广结合起来,特别是在重点选题的运作中,把选题当做一个项目来实施,在坚持选题三级论证的同时,加强选题的宣传推广和市场营销,提高选题的策划含量。(2)实现从开发作者向经营作者的转变。21世纪出版社努力加强与作者的联系和沟通,采取与作者签约、买断作者的作品、组织作者演讲等法,把有创造潜力的作者当做品牌来经营,努力挖掘作者潜力,提升作者的创作水平,在提高作者知名度的同时,扩大了图书的市场占有率。根据北京开卷公司市场调查显示,2006年,21世纪出版社青春文学图书市场销量全国第一位,出版社打造的品牌图书《皮皮鲁总动员》年销售200万册,成为我国儿童图书畅销排行榜第一名。(3)实现由专业分工向优势定位转变。各图书出版社本着有所为有所不为的原则,将自身策划优势与市场需求结合起来,在坚持专业分工的基础上进一步明确主攻方向,确定主打品种,以此打造自己的优势版块,形成竞争强势。(4)实现由单一的图书经营向多媒体经营的转变。出版社加大资源整合力度,充分发挥图书的内容产品优势,延伸产业链,在出版图书的同时,利用出版社的网站,为读者提供在线服务,同时出版与图书配套的电子出版物和音像制品等。

(朱胜龙 黄 春)

2006年,省新闻出版局、出版集团和新华书店向九江地震灾区的学校捐献10万元现金和一批图书。

省新闻出版局供稿

音像电子网络

【概 况】 2006年,全省音像电子网络和出版单位以发展为主题、以改革为动力,优化结构、开拓创新,坚定不移地朝着多出精品、壮大主业的方向努力,全省音像电子网络出版保持了健康发展的势头。全省有音像电子出版单位5家、网络出版单位3家,有3家正在申请批复中。全省全年出版音像电子出版物822种(新版473种,再版349种),其中音像出版物735种、电子出版物87种。红星电子音像出版社出版的《客家摇篮赣州》获首届中华优秀出版物(音像)奖,红星电子音像出版社出版、浙江德康电子科技有限公司制作的《军旗从这里升起》获首届中华优秀出版物(电子)奖。

【多种音像电子出版选题被列入国家重点】 2006年,全省各出版单位在做好制定规划的基础调查、信息搜集、课题研究、项目论证等工作的基础上,结合本单位的特点和实际出版能力,围绕“一个主线四条主干”的出版物结构,共策划出“十一五”时期重点音像出版物出版规划选题、重大选题及2006年出版计划选题近800余种。江西省为纪念中国共产党建党85周年和中国工农红军长征胜利70周年策划申报的14种选题，全部列入国家“纪念中国共产党建党85周年和中国工农红军长征胜利70周年”百种重点音像电子选题目录；策划申报的《美德花园》《红色丰碑——未成年人爱国主义教育系列》等9种音像电子出版物选题列入“十一五”时期国家重点音像电子出版物出版规划。列入“十一五”时期国家重点音像电子出版物选题《美德花园》已经出版发行，获得市场广泛好评，该套VCD首次复制1万套，已经销售3000余套；列入“十一五”时期国家重点音像电子出版物选题《戏苑奇葩——江西采茶戏系列》正在陆续出版发行。列入“纪念中国工农红军长征胜利70周年”重点音像电子选题中的音像电子出版物被新闻出版总署选送到北京参加中宣部和新闻出版总署举办的“纪念中国工农红军长征胜利70周年”活动。

【参加“2006中国国际音像电子博览会”等展览】 组织全省音像电子网络出版单位参加“2006中国国际音像电子博览会暨国际音像电子产业高峰论坛”、全国第16届书市音像电子网络产品展、第2届中国(深圳)国际文化产业博览会、首届中国中部(武汉)文化产业博览交易会等活动。江西省的展位主题突出，统一设计，统一布置，展示了江西音像电子网络出版业的整体形象和全貌。新闻出版总署音像司领导亲临展台指导，对江西音像电子网络的联合参展模式、展位设计及布展水平给予了充分的肯定。

【网络出版发展势头良好】 江西省互联网出版机构为适应市场的变化，探索图书、音像、电子出版与网络出版结合的出版思路。全省出版网络图书1556部，网络音像20种2000分钟。全省互联网出版机构的影响不断扩大。2006年，互联网出版机构的网站注册用户1.27万人，日平均访问量5200人次，最高同时在线人数300人，他们还积极探索和策划较为可行的营销模式，扩大网站的影响，扩大出版物的信息渠道和电子书的销售，通过互联网推进出版物的宣传，在销售电子书时宣传带动纸质图书的销售，实现互联网出版与传统纸质出版的互动。全省申请互联网出版权的单位在为互联网出版创造条件，据不完全统计，这类网站的注册用户达14.89万人，日平均访问量298.60万人次，最高同时在线人数131.19万人，制作网络音像动漫作品近600种。网络出版的发展正在呈现良好的势头。

(胡涛 黄春)

版权

【概况】 2006年，省版权局在全省范围内先后组织开展打击盗版教材教辅专项整治、打击非法预装计算机软件专项行动和打击网络侵权盗版专项行动。据统计，全省出动执法人员1.24万人(次)，检查经营单位5982家(次)，取缔非法经营摊点647家，收缴盗版音像制品97.52万张，盗版计算机软件15.56万张，查办案件221起，依法移送司法机关案件9起。新闻媒体对专项整治工作成果及查处的重大案件，进行及时报道，达到以案示法，打击与教育并举的警示作用。2006年，召开江西省首次全省版权工作会议，省政府各部门、各设区市政府有关领导、各设区市版权局、各有关社会团体负责人、版权相关产业代表共计200余人参加会议。这次会议全面总结了近年来全省版权工作情况，以科学发展观为指导，研究部署了今后一个时期的版权工作任务。

【设区市政府软件正版化工作圆满完成】 根据省政府使用软件工作领导小组的部署，省版权局组织开展对全省设区市政府部门软件正版化工作的专项督查和检查验收。全省11个设区市采取了切实措施推进软件正版化工作。经督查验收，各设区市共投入采购正版软件经费735.75万元，购买正版软件、更换盗版软件1.42万套。其中，操作系统软件4435套，办公软件6093套，杀毒软件3725套。

【参加全省首次知识产权保护成果展】 2006年，在《中华人民共和国著作权法》实施15周年之际，全省首次知识产权保护成果展在南昌举行。省版权局长达27米的展板，是各参展单位展出面积最大的一个部分，它以丰富的资料、准确的数据、生动的图片、直观的实物充分展示了近年江西省版权保护工作的成果，普及宣传了版权保护知识。

【开展打击非法预装计算机软件专项行动】 6月，国家版权局印发《关于打击非法预装计算机软件专项行动的通知》下达后，省版权局在全省范围内开展打击非法预装计算机专项行动，目的是整顿计算机市场存在的预装未经授权使用的计算机软件侵权问题，规范软件市场秩序。全省各地版权部门共检查计算机软件预装市场23个，检查计算机预装批发、零售企业、经营户122家，检查正在销售的电脑1450台，查缴非法预装软件1320套。

【参加第13届北京国际图书博览会】 8月30日至9月2日，由国务院新闻办公室、新闻出版总署主办的第13届北京国际图书博览会在北京国际展览中心隆重举行。在本届博览会期间，江西省代表团共签订版权贸易合同16种、64册，其中输出版权合同13种、56册，引进版权合同3种、8册，输出与引进比为7:1，达成版权贸易合作意向性合同155项。

(张宏涛 黄春)

印刷复制

【概况】 省新闻出版局坚持专项治理与日常监管相结合，确保印刷复制产业健康有序发展。制订下发《关于认真贯彻执行图书、期刊印刷前备案制度的通知》和《关于印发〈验证录音录像制品复制委托书等制度〉的通知》，规范印刷复制行为，向只读类光盘复制企业派驻驻厂监督员，实行全方位动态监管；为提高经营者守法经营的意识，编印《印刷复制法规培训教程》，制订并开展印刷复制企业法人代表和经营、管理者培训计划。全面开展对出版物印刷企业履行书刊印刷前备案情况的专项检查和对违规印刷复制企业的查处工作。截至2006年底，全省有各类印刷企业(不含复印、打印企业)1661家,其中出版物印刷企业159家(含从事专项排版、制版、装订的专项印刷企业24家),包装装潢印刷品印刷企业390家,其他印刷品印刷企业1112家,从业人员4万人左右。复制企业3家,10条只读类光盘生产线,11条可录类光盘生产线。实现工业总产值近36亿元,销售产值近30亿元。

【大力促进全省印刷复制产业快速发展】 (1)制定和实施《江西省印刷复制产业十一五发展规划》,确定"十一五"期间规划全省印刷复制产业发展的指导思想、目标任务、发展措施等一系列战略。2006年,南昌市大力发展出版物、包装装潢印刷企业。江西新华印刷厂、江西省新华书店与香港学华投资公司合资成立江西华奥印务有限公司,注册资金1.5亿元,投资总额3.8亿元,首期投资1.5亿元,打造全省印刷业的龙头;上饶充分利用毗邻上海、浙江等区位优势,主动承接长三角印刷产业的转移,创办全省第一家印刷工业园——赣东北印刷工业园;赣州市组织本地印刷企业到广东寻找合作伙伴。(2)积极向省政府及有关部门提出建议,寻求政府政策支持。11月2日,省政府下发的《江西省产业结构调整及工业园区产业发展导向目录》采纳省新闻出版局的建议,将"数字化、网络化、多色化、联动化、管理信息化的出版物印刷和高档、环保包装装潢印刷"列为鼓励类第398项,下发全省执行。(3)下发《关于进一步规范印刷企业设立、变更行政许可工作的通知》《关于〈办理印刷企业设立、变更手续办法〉的通知》《关于办理出版物印刷企业设立的有关通知》《关于建立我省印刷复制企业招商引资项目库的通知》等有利于投资印刷复制领域的文件政策,为创业者创造良好的创业环境。(4)在行政许可事项、日常监督管理等工作都做到文明服务、优质服务、效率服务、廉洁服务,对进入江西省印刷复制领域的外资企业设置"绿色通道",实行全过程跟踪服务。(5)为江西省印刷企业牵线搭桥。邀请江苏省有关新闻出版行政部门和印刷企业负责人到江西考察;组织江西省部分印刷企业和新闻出版行政部门负责人出席第2届泛珠三角地区印刷业发展论坛;建立江西省印刷复制产业招商引资项目库。1~11月份,全省新设立印刷企业(含调整经营范围)126家,新增注册资本6.1亿元,增长30.5%,其中包装装潢印刷企业新增注册资本2.4亿元;外资独资包装装潢印刷企业3家,注册资本715万美元;中外合资企业1家,注册资本1.5亿元。

【中小学教材定价工作全面落实】 2006年,国家发展改革委、新闻出版总署联合下发《关于进一步加强中小学教材价格管理等有关事项的通知》等文件,省新闻出版局会同有关部门做好中小学教材定价管理工作。2006年秋季,在江西省发行使用的中小学教材总册数为5099万册,总码洋为3.27亿元,总印张约4亿多印张,同比降价金额为5300万元,降幅13.9%,让利给学生人均约7.6元。

【出版物印制质量检测获佳绩】 省新闻出版局制定下发《江西省图书、报纸、期刊印制质量管理暂行办法》等一系列文件,在全省聘任出版物印制质量义务监督员,实行教材"入库前抽检"制度。对春季、秋季教材印制周期和质量进行大检查,开展教材售后服务质量跟踪、教材和赣版图书印制质量检测认定。

8月初,根据统一部署,省新闻出版局对《江泽民文选》的印制工作进行全程监督,严把质量关,确保该书的如期印制完成。江西省出版物在2006年新闻出版总署"署优产品"检测认定中获得好成绩。江西省出版总社荣获出版物印制"署优产品"租型单位铜奖荣誉称号。在全国送检地区署优一等品统计排名中,江西省列17位,品种数为980种,总印张为8719.5印张。21世纪出版社出版、南昌市红星印刷有限公司承印的《蔷薇雨——道德与情感探索小说》,江西科技出版社出版、江西科佳图书印装有限责任公司承印的《中国古代农业文明史》和《1352种彩色电视机集成电路检测数据大全》,江西人民出版社出版、南昌市红星印刷有限公司承印的《众妙之门:中华传世作品300篇》被认定为国家新闻出版总署出版物"署优产品"优等品。

(张红霞　黄　春)

发　行

【概　况】 2006年,全省书报刊、音像电子出版物发行网点4819个,发行从业人员1.35万人。其中图书发行网点1796个,报刊发行网点1221个,音像电子制品发行网点1832个。全省有书刊批发(二级)市场1个,经营户87家,从业人员696人;出版物批发单位218家;国有新华书店94家,网点201个,从业人员4547人。全省国有新华书店全年实现销售码洋28.32亿元。为适应激烈的市场竞争,提高从业人员素质,省出版局组织开展职业技能鉴定培训工作,在省新闻出版学校举办全省各设区市、县新华书店图书发行部主任、业务科长职业技能鉴定培训班,参加培训的人数34人,通过率100%。举办30余人参加从业人员培训班,促进民营书业从业人员经营管理等相关知识的提高。

2006年,省新闻出版局对全省出版物批发单位、省内连锁经营总部、网上书店和读者俱乐部共计218家出版物批发单位、1578家出版物零售单位进行年检工作。经审核,通过年检的有1593家单位,缓期登记年检的有106家单位,警告的有31家,注销登记资格有66家。全省有203家发行企业受到不同程度的处罚。

【组团参加2006年新疆全国书市】 省新闻出版局组团参加6月16~22日在新疆举办的第16届全国书市展销活动。参展的单位有7家图书出版社、8家电子音像出版社、16家期刊社和96家出版物发行单位。代表团共有订货展台11个,其中图书展位7个、期刊展位2个、电子音像展位1个、精品展示柜1个。参加书市活动的正式代表120余人、部分编辑人员到书市观摩学习,了解新的出版动态。本届书市江西省代表团参展出版物品种有2638种。其中新出版的优秀图书841种,电子音像出版物60种,期刊9种,精品出版物228种。总订货码洋为1082万元。其中图书1072万元,音像电子10万元,新华书店采购图书1500万元。

【组织参加2007年北京图书订货会】 江西参加订货会的有7家图书出版社、1家电子音像出版社和6家期刊社，有订货展台16个。其中参加省组团综合馆的展台7个，电子音像展台1个，期刊展台1个，参加专业联合体的展台共有7个。参加本次订货会专业出版社的代表近百人，有专业出版的编辑人员到订货会现场观摩学习、了解和掌握出版的最新动态。省新华书店联合有限公司、民营发行单位也派出营销人员参加了订货会。江西省共推出本版新书392种，其中图书332种、电子音像出版物60余种，总订货码洋3422.5万元。

【组织参加第二届中国国际(深圳)文化博览会】 5月，省新闻出版局组织参加第二届中国国际(深圳)文化博览会，本着加强与国内外文化产业领域交流、合作与学习，促进江西省文化产业的繁荣和发展的目的，江西省代表团由新闻出版、广播电视、文化部门、南昌大学60余人共同组成。江西省出版集团所属7个出版社及相关单位参加了展示。江西省结合"文化中国，创意未来"的主题，着力突出江西省红色、绿色、古色的文化特点以及深厚、绚烂的陶瓷文化，突出重点展示具有地方特色的各类产品。

【全省中小学教材发行招投标改革试点工作完成】 按照国家的统一部署，江西省被纳入全国中小学教材出版发行招标投标扩大试点范围，对2006年秋季至2008年春季义务教育阶段的中小学全部品种的总发行权实行公开招标。江西省新闻出版局参与了文件的起草、资质的认定及评估专家库的设立等重要工作。根据中标报价计算，纳入出版和发行招标的教材，平均降价幅度达到15.2%；纳入发行招标但未纳入出版招标的教材，平均降价幅度达到7.51%；九年制义务教育阶段(初中和小学)全部教材平均降价幅度达到8.2%。全省中小学2006年秋季至2008年春季义务教育阶段教材出版和发行招标总降价达到9000万元，平均每位学生减负达到15.2元，人均年减负列试点省市第2位。发行折扣率下降7.51%，居全国第1位。全国中小学教材出版发行招投标试点工作协调小组认为"江西省中小学教材招投标试点工作，充分引入竞争机制，充分体现了公平、公正、公开的原则，达到了改革的目的，并为全国中小学教材出版发行体制改革贡献了力量"。

【开展送书下乡活动】 2006年，省新闻出版局组织全省各出版物发行单位继续深入开展"三下乡"活动。省新华书店批销中心拓展"三农"读物发行渠道，及时组织全省90多个市、县新华书店，切实抓好"三农"优秀图书的宣传、备货和发行工作，1～8月份实现销售品种8746种，码洋达145万元，同比增长23.56%。支持和鼓励民营发行企业在全省范围内送书下乡，开展捐赠和流动售书活动。4月始，先后到丰城、樟树、吉安、泰和、新干等市县，累计销售额达70.84万元，捐赠图书共9300册，价值7.8万元。

(贲　波　黄　春)

出版物市场监管

【概　况】 2006年1月17日，召开全省第19次"扫黄打非"工作电视电话会议，部署全年"扫黄打非"工作任务。会后省委办公厅、省政府办公厅下发《江西省2006年"扫黄""打非"行动方案》。根据部署，省新闻出版局切实加强出版物市场日常监管，深入开展"扫黄打非"集中行动和专项治理，全年全省共出动执法人员6.04万人次，检查出版物经营单位6.27万家次，查缴各类非法出版物209.25万册(份)。其中政治性非法出版物6311册，淫秽色情出版物3.05万册，盗版音像制品和电子出版物127.52万盘；行政处罚违法违规出版物经营点及印刷单位769家，取缔无证照游动摊点941个，吊销许可证的经营单位17家，破获一个非法生产光盘团伙，成功地查获地下光盘生产线2条(4头)及相关设备，查办案件235起，其中移送司法机关案件9起、刑事处罚29人。

【开展严厉打击政治性非法出版物、侵权盗版行为的专项行动】 3月29日，召开全省"扫黄打非"工作领导小组(扩大)会议，传达贯彻2006年全国第2次"扫黄打非"工作视讯会议精神，部署落实《关于严防境外政治性出版物在我国境内传播的紧急通知》的各项工作。省委副书记、省"扫黄打非"工作领导小组组长彭宏松亲自主持会议并作重要讲话。该专项行动期间，全省出动行政执法人员1.22万人次，车辆1781车次，检查出版物经营单位2631家、印刷企业1642家，查缴非法出版物6万余册，其中政治性非法出版物1241册，非法音像制品、电子出版物5.39万张(盘)。4月17～23日，省"扫黄打非"工作领导小组办公室组织省新闻出版局、省公安厅等有关部门人员，分成3个督查组，对全省11个设区市和部分县(市、区)开展封堵和查缴政治性非法出版物专项行动进行督查。

【开展"反盗版百日行动"】 7月19日，根据中央有关部委的安排部署，由省"扫黄打非"办牵头、省委宣传部等十部门联合召开江西省开展集中打击盗版音像和计算机软件制品行动专题会议，全面动员、部署全省开展"反盗版百日行动"。7月20日"省、市2006年'反盗版百日行动'启动仪式"在南昌举行。全省各地先后举办法律法规培训班和版权知识培训班150期，共有6953人参加学习；组织开展对音像和计算机软件制品集中经营场所及批发、零售、出租、放映单位的全面检查和集中整治，全省共出动执法人员2.47万人次，检查音像计算机软件制品经营店档1.59万家(次)，取缔非法经营摊点647家，关闭经营店41家，吊销许可证的经营单位17家，收缴盗版音像制品97.52万张，盗版计算机软件15.56万张，查办案件221起，其中移送司法机关案件9起、刑事处罚6人。各地、各有关部门通过报刊、电视、广播等主要媒体对"反盗版百日行动"进行专题报道、跟踪报道和典型宣传。江西省开展"反盗版百日行动"典型报道在中央电视台新闻联播中播出4条。中央电视台一套"新闻30分"栏目对江西省查获45万张(盘)非法音像制品的大案进行新闻报道。12月7日上午，在南昌召开江西省"反盗版百日行动"总结表彰大会，对南昌市委宣传部等24个先进集体和南昌市新闻出版局王建华等38名先进个人予以表彰。

【查办的重大案件】 （1）非法书商曹霁非法经营案。3月，省新闻出版局接到举报，反映市场上出现的《武侠小说》是假冒江西《星火》杂志社名义出版的非法出版物。经查，2006年1期、2期《武侠小说》共9.40万本是由江西某印刷厂擅自接受非法书商曹某委托印刷的，非法经营数额达47万余元。由于涉案金额较大，移交省公安厅治安总队查处。4月，犯罪嫌疑人曹某在武汉被抓获。2005年以来，曹某在武汉擅自成立《武侠小说》杂志社及其编辑部，雇佣曹某、周某等员工，盗用南昌《文学与人生》杂志社和江西《星火》杂志社的刊名、刊号出版发行期刊《新武侠》和《武侠小说》。各印两期，每期约5万余册，非法经营数额达90余万元。犯罪嫌疑人曹某涉嫌非法经营罪，已被批准逮捕。此案在进一步审理之中。

（2）江西赣州"3·13侵权盗版案"。根据全国"扫黄打非"办交办的"3·13邵阳、赣州侵权盗版案"提供的线索，经过5个多月的缜密侦查，9月20日，在省"扫黄打非"办的直接组织下，赣州市公安局治安支队组织12名民警，对"3·13"赣州侵权盗版案的"南方书店"案进行查处，查封该书店及其仓库，并对涉嫌销售侵权复制品的店主王泽连采取刑事强制措施。犯罪嫌疑人王泽连于2004年上半年以来，以3.5折的低价从湖南书商刘某处购进计算机等职业学校所需的教材，又以4.5或5折左右的价格将书销往安远职业中学、赣州南方科技学校、赣州伟业电脑学校、赣州电子计算机学校等10多所职业学校。王泽连付给湖南邵阳王开云等人的购书款达40余万元。此案公安机关在进一步调查之中。

（3）南昌销售淫秽、盗版光盘案。3月14日，南昌市公安局治安支队出动20余名民警，在西湖公安分局筷子巷派出所配合下摧毁藏匿在南昌市腿瓜池的两处贩黄窝点，抓获犯罪嫌疑人李某、汤某，缴获赃款3万余元。10月20日，南昌市西湖区人民法院以贩卖淫秽物品牟利罪，判处李某有期徒刑3年，并处罚金5万元。

（4）江西南昌"11.11非法光盘生产线案"。民航江西机场公安局经过5个月的缜密侦察和布控，于11月11日晚出动警力40余人在南昌县境内端掉一个地下生产、销售非法光盘团伙，查获非法光盘生产线2条（4头）及相关设备，在南昌、九江、广州等地抓获涉案人员18人，刑事拘留17人，收缴成品非法光盘20余万张。民航江西机场公安局对此案的设备来源和非法制品销售渠道正在进一步追查。

（杨旭　黄春）

广播电视

【概　况】 2006年，全省有省、市两级广播电台12座，电视台12座，县级广播电视台80座。共办公共广播节目97套，全年公共广播播出时间32.68万小时，全年制作广播节目时间15.85万小时；共办公共电视节目111套，全年公共电视播出时间56.85万小时，全年制作电视节目时间7.34万小时。广播综合覆盖率为94.49%，电视综合覆盖率96.17%。全省有电视发射台和转播台350座，发射功率360.92千瓦。有线广播电视传输网络干线总长5.93万千米，有线广播电视用户352.7万户。全省广播电视从业人员1.67万人。全省广播电视总收入16.59亿元，其中事业收入7.74亿元，主营业务收入5.97亿元。全省广播电视实际创收收入14.36亿元，其中广告收入6.95亿元、收视费收入5亿元、其他网络收入0.63亿元。

围绕全国、全省工作大局和重要部署营造良好的舆论氛围，提升宣传质量。全省各级广播电视部门精心组织学习邓小平理论，"三个代表"重要思想，贯彻落实科学发展观，构建社会主义和谐社会，学习和践行社会主义荣辱观，以及"科学发展、和谐创业"主题教育活动，社会主义新农村建设和纪念建党85周年、长征胜利70周年的宣传，及时推出配合重大主题宣传和阶段性重点工作的新闻专栏和一批有影响的系列报道、典型报道。党的十六届六中全会精神的宣传和省第十二次党代会的宣传，全国、全省"两会"的报道，密集厚重，气氛热烈；红博会、瓷博会、省运会、经贸洽谈会等重要活动的报道及时充分，亮点频出。特别是对省第十二次党代会的宣传，会前、会中、会后的报道环环相扣，高潮迭起。12月9日，省委宣传部、省广电局、江西电视台联合录制大型电视论坛"问计于民，共商发展"。省委书记孟建柱出席论坛，就科学发展、和谐创业、民生民情等问题，与来自社会各界的150名观众代表交流、互动，在省内外引起了强烈反响。整个党代会的宣传报道，系统上下形成合力，有声势，有看点，受到广大干部群众的称赞，得到省委主要领导的充分肯定。

2006年，全省广播新闻上中央台"新闻与报纸摘要"节目播出182条，其中头条10条、上提要31条；电视新闻上中央台"新闻联播"327条，其中头条17条、上提要88条、单条133条，创下历史最好成绩。各设区市在中央台和省台的上稿数量和质量都有新的提高。12月，江西卫视成为继安徽、湖南、浙江之后又一个在全国所有省会城市实现落地的省级卫视，已覆盖全国31个省会城市、1200多个县级以上城市。省电台与中国国际广播电台签订了对台新闻供稿协议。南昌电台与中央台联合推出大型直播节目"直播中国——走进南昌"，大力宣传江西改革开放和现代化建设的新成就、新面貌。

实施精品战略取得新成果，广播影视艺术创作生产取得新进展。全省各级广电媒体创优创品牌，推出了一批受到群众欢迎的优秀节目、栏目。在第16届中国新闻奖评选中，江西广电有4件作品获奖，其中一等奖1个、二等奖2个、全国十大"新闻名专栏"1个。省电视台举办首届"中国红歌会"。省电台和南昌、吉安、鹰潭、抚州、上饶、九江、新余、萍乡等市电台推出"政风行风热线"节目。今视网新闻综合排名跻身全省网站第一和全国同类广播电视网站第一。2006年，电视剧《红领章》和《沙场点兵》在央视1套播出后受到欢迎；2月底至3月初，由中央电视台、江西省委宣传部、省广电局、江西电视台联合摄制的我国第一部宣传科学发展观的电视专题片《沧桑正道——科学发展观纵横谈》，在中央电视台10套黄金时间播出，并在央视1套重播，引起社会各界强烈反响。2006年，全省各影视制作机构制作出《清官能断家务事》《水火探戈》《大明奇才解缙》等电视剧，《东京审判》等电影，《笑傲云天》《三个人的学校》等广播剧。

广播电视公共服务体系不断完善。无线覆盖试点工程取得明显效果。农村中央广播电视节目无线覆盖试点工程为全省17座高山骨干转播台更新改造设备，使中央一套广播、电视节目的无线覆盖率从过去的不到20%提高到70%以上，中央七套电视节目的无线覆盖率从零提高到70%以上。“村村通”工程再创佳绩。江西完成2664个50户以上自然村的“村村通”建设，修复“返盲”行政村366个，超额完成国家下达的任务，被评为全国先进，在全国新时期“村村通”工作会上江西省领导介绍了经验。全省各地结合各自实际，完成20户以上自然村“村村通”的核报工作，并编制了总体规划和技术方案，抚州、鹰潭、新余、景德镇等市已经开始这项工作。有线电视网络建设继续推进。进一步在全省城区推进有线电视网络双向升级改造，在农村推进光缆联网。吉安市政府将有线电视支线网建设纳入了市建筑设计总体规划，乡镇联网率达到90.14%；上饶市全市12个县(市、区)全面完成城网改造，全市乡镇光缆联网率达到90%以上。全省有线电视用户总数达到352万户，其中数字电视用户达到6万户，分别比上年增长7%和17.12%。数字化改造步伐进一步加快。省电台对现有数字音频工作站进行全面改造更新。省电视台利用西班牙政府贷款添置的8讯道高清数字转播车引进到位已投入使用。各设区市广播电视采编播数字设备改造更新步伐加快。南昌市广电局高智能化办公大楼投入使用。抚州市电视台完成硬盘播出和非线性制作网络系统建设，赣州市实现了市、县广电节目数字化回传。截至2006年底，全省广播人口综合覆盖率达到94.49%，增长1.27个百分点；电视人口综合覆盖率达到96.17%，增长0.73个百分点。

安全播出工作进一步加强，安全防范能力不断增强。赣州市广电局在全省率先成立安全播出调度指挥中心，并落实人员和经费。吉安市以市政府办的名义下发《吉安市广播电视安全播出应急协调预案》，明确相关部门的职责。省卫星上行站完成上行站配电系统的改造，建立安防监控系统，成功挫败了3次“非法”信号对江西卫星转发器的攻击；省广电干线网与联通、铁通等单位进行光纤置换工作，保证了省干线的安全播出；省网络公司进一步对防范非法卫星信号攻击系统进行升级，确保卫视信号的安全。2006年，全省共收缴非法使用的卫星地面设施3688套，拆除非法安装的卫星设施6734套；同时把卫星地面接收设施的管理纳入了各级综治委的工作目标考核内容，加强与工商、公安、国安、信息产业、610办等部门的联络与合作，全年各级联合执法1482起，进入全国专项整治工作先进行列；对新媒体的管理也做出了新的探索，主动与有关部门合作，查处违规案件18起。

【国内第三辆8讯道以上高清数字电视转播车落户江西】 2月23日，“西班牙政府贷款项目：中国江西电视台高清数字电视转播车交接仪式”在北京隆重举行。这是国内第一例成功利用国外政府贷款引进高清数字电视转播车范例，也是目前国内第三辆8讯道以上的高清数字电视转播车。

【江西交通广播爱心车队获“中国百个优秀青年志愿服务集体”称号】 2月，“江西交通广播爱心车队”在第6届中国青年志愿者行动评选表彰活动中，荣获“中国百个优秀青年志愿服务集体”称号。“江西交通广播爱心车队”成立于2002年，共计服务5万多人次，成为江西省规模最大的“高考爱心车队”。

【“江西电视台红色经典频道”获准开办】 3月22日，国家广电总局批复江西省广电局，同意江西电视台利用有线传输方式开办第七套节目，播出时称“江西电视台红色经典频道”。

【四件作品获中国新闻大奖】 7月中旬，由中华全国新闻工作者协会主办的第16届中国新闻奖评选结果揭晓。江西省广电局选送的作品有4件获奖，其中，电视消息《地震灾区第一夜》获一等奖，广播消息《九江发生5.7级地震，震区主干道交通安全畅通》、电视专题《非歧视农民工第一案》获二等奖，电视专栏“传奇故事”获新闻名专栏。

【郑忠杰获长江韬奋奖】 8月15日，由中华全国新闻工作者协会主办的第7届长江韬奋奖评选结果揭晓，江西电视台记者郑忠杰荣获长江奖。郑忠杰，1955年生，江西电视台资深记者，现任江西都市频道副总监。1998年，他随中国科考队登上了南极大陆，在极其恶劣的环境下坚持发回新闻报道。2003年，他参加了中国第二次北极科考活动，成为迄今为止最近距离给北极熊摄像的中国人。2005年，他驾车跨越地球第三极——青藏高原。

【举办首届“中国红歌会”】 8月底，为纪念中国工农红军长征胜利70周年，歌颂红色文化、红色历史，江西电视台开始推出首届“中国红歌会”，动员广大群众一起唱革命歌曲，并在国庆长假期间，将海选红歌歌手的红歌坊设在革命圣地井冈山，吸引了来自全国各地的选手放歌井冈，引起社会各界的强烈反响。

【全国农村中央广播电视节目无线覆盖工作现场会在江西召开】 2006年，江西通过实施“农村中央广播电视节目无线覆盖试点工程”，中央一套广播、电视节目的无线覆盖率从不足20%提高到70%以上，中央七套电视节目的无线覆盖率从零提高到70%以上，较好地满足了人民群众的精神文化需求，为社会主义新农村建设发挥了重要作用。9月8日，国家广电总局在江西召开“全国农村中央广播电视节目无线覆盖工作现场会”，充分肯定江西做出的成绩。国家广电总局副局长张海涛出席会议并讲话。省委常委、宣传部部长刘上洋，副省长孙刚出席会议，省广电局局长黄晔明等介绍江西省加强无线覆盖工作的经验做法。

【今视网获全国优秀“青少年维权岗”命名表彰】 9月8日，第5届全国优秀“青少年维权岗”命名表彰大会在北京隆重举行，江西广电今视网是这次受到表彰的568个单位中唯一的网络媒体。

【江西电视台在澳门举办第一届江西电视节】 9月底至10月中旬，江西电视台与澳门广播电视股份有限公司在澳门联合举办了第一届江西电视节。在此期间，澳广视的有关频道中播出了几十部反映江西改革开放、经济建设、文化艺术、风情民俗、旅游风光等方面的专题片、纪录片，历时半个月，取得较好反响。

【中华苏维埃共和国红色中华新闻台旧址揭幕】 10月16日，中华苏维埃共和国红色中华新闻台旧址揭幕仪式在瑞金市沙洲坝举行。国家广电总局党组成员、中央人民广播电台台长杨波，江西省委常委、省委宣传部部长刘上洋为红色中华新闻台旧址揭幕。

【江西广电动漫专业委员会成立】 10月29日，江西省广电协会动漫专业委员会成立大会在泰豪集团军工大厦隆重召开。江西省广电局、泰豪集团、江西省大学生动漫联盟等方面的代表260多人出席大会。会上，还为动漫专业委员会培训基地授牌。

（省广电局总编室）

互联网

【概　况】 2006年，全省互联网用户总数达到424万户，新增108.4万户。其中宽带用户增加28.9万户，达到98.3万户（XDSL用户新增20.4万户，达到63.5万户。LAN用户新增8.4万户，达到34.8万户）。互联网拨号用户（含移动拨号用户）增加79.5万户，达到325.6万户。经营性ICP新增36家，达到204家。全网跨地区经营性ICP新增备案344家，达到668家。全年完成网站备案4.86万家，其中本省网站数量1.75万家，异地接入网站数量3.11万家，新增备案网站2.13万家。

江西省通信管理局围绕“阳光绿色网络”工程，开展了一系列活动，进一步净化互联网环境。建立与内容主管部门协同查处违法违规网站的工作机制，强化信息安全的舆论宣传和引导。配合有关部门加大对利用网络传播淫秽色情、反动言论、欺诈宣传等违法行为的查处力度，遏制不法分子利用互联网发送违法短信息从事诈骗、传播违法信息。进一步健全网络安全应急预案，确保了群体事件处置，以及重要和敏感时期的网络信息安全。

【“文明办网、文明上网”座谈会召开】 8月2日，省政府新闻办公室与省通信管理局联合召开“文明办网、文明上网”工作座谈会，就在全省如何扎实推进“文明办网、文明上网”活动，打造阳光绿色网络进行座谈。各通信运营企业、省内主要新闻网站和经营性互联网站负责人，以及社会人士代表参加了座谈会。大家一致认为，互联网的迅速发展使得网络文明建设的重要性日益显现，互联网管理是一项复杂的系统工程，需要政府、企业和社会的共同努力。通信行业要按照“谁主管谁负责、谁接入谁负责、谁经营谁负责”的原则加强互联网网络和信息安全管理。社会各界也要共同承担网络文明建设的社会责任，促进全省互联网和谐发展。

【开展互联网接入服务市场专项整治】 6月至11月，江西省通信管理局在全省开展以虚拟主机、主机托管经营行为为重点的互联网接入服务市场专项治理工作，目的是调查摸清虚拟主机、主机托管等互联网接入服务市场的经营主体；规范虚拟主机、主机托管等互联网接人服务提供者经营行为，严格要求互联网接入服务提供者切实遵守有关规定，不得为未取得经营许可、或者未履行备案手续的网站提供接入服务。利用已有的网站备案管理系统，实现互联网接入服务市场管理平台功能，建立虚拟主机、主机托管等互联网接入服务提供者管理信息库，强化网站及互联网接入服务提供者的属地化管理。经过分析和筛查、整理，进一步完善了虚拟主机、主机托管等互联网接入服务提供者信息库，对虚拟主机、主机托管的用户资料进行全面整理，重点对主机托管、虚拟空间出租和未备案网站的接入等方面违规行为进行治理，共清理主机托管用户3个，为300多家未备案网站进行了备案。

【查处网络电话“话吧”】 一段时期以来，部分地区少数话吧业主为高额利润所驱使，在未取得电信业务经营许可证的情况下，擅自经营网络电话，扰乱了电信市场经营秩序，对电信业务价格体系造成较大冲击。为维护消费者的合法权益，促进电信市场健康有序发展，从10月初开始，江西省通信管理局组织省内各通信运营企业对全省互联网宽带用户非法经营网络电话业务进行全面普查清理，严厉打击非法经营网络电话的行为，关闭了南昌、赣州、萍乡、景德镇、新余等地共231家网络电话违法经营点、3个网络电话服务器IP地址、1个非法经营电信充值卡业务网站。

【启动阳光绿色网络工程】 按照国务院新闻办、信息产业部关于“阳光绿色网络工程”活动的重要部署和要求，为有效规范互联网和移动信息服务的经营行为，形成社会各界共同治理有害信息的良好氛围，使广大网民养成健康上网的文明习惯，共同构建清新、和谐、有序的网络环境。4月起，江西省通信管理局结合实际，精心策划、组织和开展一系列重点活动。一是强化行业自律，签订互联网自律公约，提高文明办网意识，强化文明办网措施，成立互联网违法和不良信息举报中心；二是加强行业监管，深入开展移动信息服务治理、互联网新闻信息服务市场专项清理整治等工作；三是倡导绿色上网，推荐优秀绿色上网软件，开展家庭绿色上网活动；四是丰富网上信息，创建和谐空间。

【培训电邮服务管理员】 为保障《互联网电子邮件服务管理办法》的有效贯彻和执行，提高我国互联网从业单位应对垃圾邮件发展变化的整体水平，9月12～16日，中国互联网协会反垃圾邮件委员会首站电子邮件服务管理员培训在南昌举行，江苏、浙江、安徽、福建和江西等地的40多名互联网从业单位电子邮件管理员参加培训。中国互联网协会邀请信息产业部、高等院校、科研院所和企业的多名专家，讲解我国电子邮件管理的法律和法规、反垃圾邮件的总体情况、国际反垃圾邮件的技术标准和邮件服务安全技术知识。

（谢劲良）

医疗卫生

本栏编辑　余日蓉

综　述

2006年，全省有各类卫生机构1.02万个，其中县级以上医院489个，乡镇卫生院1543个，妇幼保健机构112个，疾病预防控制中心108个；病床总数8.83万张，卫生人员14.27万人，其中卫生技术人员11.98万人；平均每千人口床位2.03张，医院床位1.41张、卫生技术人员2.76人，其中执业医师1.19人，注册护士0.87人。

*公共卫生体系建设进一步加强。*全省204个疾病预防控制和医疗救治体系建设项目基本完成，共投资6.70亿元，建设规模49.74万平方米。县医院医疗救治能力建设项目投资2773万元，配置救护车等设备2331台件。全省11个设区市、99个县(市、区)批准成立卫生监督所，其中有10个市级、93个县级机构已独立运行。2006年，南昌市被全国爱卫会命名为"国家卫生城市"，广丰县、武宁县通过"国家卫生县城"复核，婺源县江湾镇获得"国家卫生镇"称号。江西省获"2006年国家戒烟竞赛中国区组织奖"。全年全省新建和改建农村无害化卫生户厕42.5万座，新增农村自来水受益人口121.4万人。

*农村卫生事业得到进一步发展。*全省40个县(市、区)开展新型农村合作医疗工作，参合农民1221万人，参合率84.95%。2006年共补助参合农民283.10万人次，补助资金3.99亿元，获万元以上补助979人。完成300个乡镇卫生院新建和改扩建任务，总投资1.23亿元，建设面积18.2万平方米。组织实施"万名医师支援农村卫生工程"，全年共推广适宜技术1252项，受援单位手术数增长13.99%，转院人数下降13.34%。选拔第三批105名大学毕业生到乡镇卫生院工作，开展第二批卫生人才服务团选拔派遣工作，帮助提高基层医疗技术水平。

*社区卫生服务得到较快发展。*全省建立社区卫生服务机构479个，社区卫生服务中心覆盖市辖区81%的城市街道和城市居民；创建三星级社区卫生服务机构42个，省级社区卫生服务示范机构31个，省级社区卫生服务示范区1个。培训社区卫生业务骨干1750人次。开展政府购买社区公共卫生服务、社区药品零利润销售、社区卫生服务中心与站一体化管理、社区慢性病综合防治管理等7项试点，试点范围涉及11个设区市的12个市辖区，覆盖150万名城市居民。

*重大疾病防控工作取得新成绩。*全省艾滋病自愿咨询检测点增至262个，提供艾滋病自愿咨询检测服务12.5万人次。美沙酮门诊增至11个，为369人提供美沙酮维持治疗。建立固定清洁针具交换点12个，提供针具交换服务6.79万人次。艾滋病病毒感染者和病人管理率上升53%。2006年全省发现肺结核病人2.16万人，完成国家下达任务数的131.2%，结核病人发现率达92.3%，病人治愈率达91%。在进贤县开展以控制传染源为主的血吸虫病综合防治试点工作，试点区域血吸虫人群感染率从9.33%下降到1.64%，感染螺密度下降幅度达75.84%。5月，国务院在江西省召开全国血防工作会议，副总理吴仪对进贤试点的成功经验给予了充分肯定。加强规划免疫工作，全年全省儿童五苗报告接种率达94%，麻疹发病率3.68/10万，百日咳发病率0.13/10万，分别下降48.46%和56.61%，白喉发病率为零。

*卫生监督执法得到进一步强化。*加强食品卫生监督执法，全省共检查食品生产经营单位5.72万户次，收缴假冒伪劣食品标值547万元。查处无证行医案件1913起，取缔黑诊所和无证游医2229户次，对违法违规医疗机构和其他机构发出整改通知4572份，罚款797.66万元，吊销医疗机构执业许可证53户、执业证书21人。

*中医事业得到继续发展。*13所中医医院通过"省级示范中医医院"评审验收，5个中医专科(专病)建设项目通过国家中医药管理局的评审验收。省中医院新灸法临床研究等8项中医药科研成果通过鉴定，其中新灸法临床研究科技成果被专家评价为原始创新和达到国内国际领先水平。建立由48所县级以上中医院针灸科组成的江西省针灸临床网络，万安县、于都县被授予"全国农村中医工作先进县"。

*卫生行风建设得到进一步加强。*在全省卫生系统开展以"维护群众利益，建设江西卫生新行风"为主题的活动，开展向省胸科医院张玉兰等先进模范人物学习活动，举办"卫生工作者之歌"征文评选活动和演唱会。开展"卫生行风大家评"活动，向社会公示评议结果。开展治理医药购销领域商业贿赂专项工作。

(黄绍文)

医政管理

【概　况】 2006年，全省医政工作以开展医院管理年活动、加强对医疗市场的监管、全力推进“万名医师支援农村卫生工程”、强化血液质量与安全管理为重点，统筹做好各项工作。加强医疗机构的设置审批和监督管理，清理审核全省医疗机构登记注册信息；首次召开全省民营医疗机构管理座谈会，有70家民营医疗机构参加；举办全省医政管理干部培训班，有110人参加。开展新《医疗广告管理办法》的宣传、培训及医疗广告清理整顿，审查出证医疗广告25条，向工商行政管理部门移送非法医疗广告201条。强化护理工作的管理。4月26日召开全省护理工作会议，下发《江西省实施〈中国护理事业发展规划纲要(2005~2010年)办法〉》，重点加强对各医院执行《江西省聘用合同制护士管理暂行规定(试行)》的督查，缓解护理人员不足、同工不同酬的矛盾。开展护士分层次培训及主题为“假如我的家人来就诊”首届护理沙龙活动，举办全省护理管理培训班，306位护理管理人员参加培训。加强医院感染管理。认真贯彻落实《医院感染管理办法》，对省直医院一次性血透器的使用、手术室植入器械的管理、医院一次性器具的使用管理情况进行检查，并对违规重复使用一次性血透器的个别医疗机构进行通报。举办全省医院感染管理培训班2期，有450余人参加。临床药事管理得到加强。举办全省第二期麻醉药品使用及规范化管理师资培训班，培训528人，授予师资资格人员412人；建立药品不良反应零报告制度；下发《江西省整顿和规范药品市场秩序加强药品使用环节管理专项工作方案》。切实做好康复工作。制定《江西省“十一五”防盲工作规划》；开展第二次全国(江西)残疾人抽样调查工作，完成全省8.30万人的健康筛查、残疾鉴定、数据审核、复查等工作；继续实施与澳大利亚霍洛基金会签订的《中－澳白内障复明手术培训项目实施协议》，援建乐平市、贵溪市、永丰县、吉水县、新干县医院眼科建设；实施“视觉第一中国行动”二期项目，援助建设九江县、南昌县、上栗县医院眼科建设。

认真做好2005年中央财政转移支付项目工作，为县综合医院急救科、检验科配置设备建设资金1440万元，已采购设备1070.56万元；下达儿童先天性残疾救治项目105万元、艾滋病防治项目145.43万元。

【“医院管理年”活动取得新进展】 2006年，卫生行政部门在全省范围内开展“医院管理年”督查行动14次，并将民营医院纳入督查范围。新授予17所医院为“省级群众满意医院”，继续授予35所医院为“省级群众满意医院”荣誉称号，要求2004年获得“省级群众满意医院”荣誉称号的2所医院限期整改。省卫生厅印发《关于进一步提高医疗质量的若干意见》，围绕“质量、服务、安全、费用”等医院管理的核心，制定出30条具体措施。成立普通外科、眼科、检验医学、病理、医学影像等5个省级医疗质量专业控制中心。4月，在全省县以上医疗机构开展“我为病人节省医药费用了吗”大讨论活动，征集节省医药费用建议4559条，采纳建议1691条，形成具体措施1393条，总结经验587条。全省所有三级综合性医院实行医疗服务信息公示制，内容涉及医疗服务、医疗质量、医疗效率、部分单病种质控指标。年内，制定出《关于医疗机构强化落实解决群众看病难、看病贵问题若干措施的十三条要求》《江西省医疗机构临床实验室管理办法实施细则》《江西省医疗机构名称核准意见》《江西省互联网医疗卫生信息服务管理办法(暂行)》等。

【“万名医师支援农村卫生工程”进展顺利】 2006年，完成2005~2006年度“万名医师支援农村卫生工程”。全省派驻的医疗队共推广医疗技术272项，受援医院病房手术例数增长13.99%，转院人数下降13.34%；选定重点建设学科39个；举办学术讲座次数、学时总数、参加人次分别比2004年增加了34.78%、31.38%、50.44%，教学查房、手术示教分别增长了373%、259%；帮助受援医院建立各项规章制度和技术规范268项。启动2006~2007年度“万名医师支援农村卫生工程”。从全省29所城市医院选调106名医疗业务骨干，对口支援21个国家扶贫开发工作县的21所县医院、5所中医院。2006年，从全省80个县的县医院、中医院、疾病控制机构和妇幼保健机构选派960名卫生技术人员，组成320支医疗队，对口支援320所乡(镇)卫生院。

【全面推进无偿献血工作】 全省无偿献血占临床用血的比例达95.44%，其中新余、萍乡、鹰潭、南昌4个设区市达100%。省卫生厅下发《关于试行农村居民无偿献血者免交新型农村合作医疗自缴费的通知》《关于规范临床用血管理大力推行成分输血的通知》，实行输血审批制度，全省成分用血比例达93.72%。年内，全省9个需改制的单采血浆站，有6个完成改制工作。

(龚小敏)

农村与妇幼卫生

【概　况】 2006年，省卫生厅制发《江西省产前诊断技术管理实施办法》《江西省孕产妇急救转诊管理规范》等规范性文件，组织开展《中华人民共和国母婴保健法》执法检查和《出生医学证明》使用与管理的监督检查，完成“两纲”卫生目标中期评估。2006年全省孕产妇死亡率为34.3/10万，婴儿死亡率和5岁以下儿童死亡率分别为16.8‰和21.4‰，住院分娩率为91.6%，国家级评估组给予了较高评价。加强基层产科建设，开展“母婴安全乡卫生院”、县级“产科急救中心”规范建设；举办新生儿窒息复苏、县级产科急救、孕产妇死亡示范评审等培训班。加强妇幼卫生信息工作，扩大监测范围，开展人群出生缺陷监测，提高信息时效。全省县级以上医院新生儿疾病筛查数量不断增加。在全省55个县开展“降低孕产妇死亡率和消除新生儿破伤风”项目，救助贫困孕产妇4.02万人，发放救助资金1190余万元；开展“关爱儿童”、“儿童早期综合发展”等项目，对2个全国艾滋病综合防治示范区预防艾滋病母婴传播工作进行指导和督查。

全省全年完成300个乡镇卫生院新建和改扩建任务，总投资1.23亿元，建设面积18.2万平方米。省财政安排3666万元专项资金，按照“填平补齐”的原则，用于乡镇卫生院基本设备装备。到年底，全省100%的乡镇卫生院分别配齐心电图机、半自动生化分析仪、洗胃机、三大常规检验和产科基本设备;100%的中心卫生院配齐300毫安以上的X光机;全省有134所乡镇卫生院被评为"农民满意乡镇卫生院",基本达到了"一无五配套"的要求,即无危房,房屋、设备、人员、技术及管理相配套。朱凤华等100人被评为全省优秀乡镇卫生院院长,其中5名被评为全国优秀。根据省政府《关于加强村卫生室建设的意见》,开展"农民满意村卫生室"创建活动,评出"农民满意村卫生室"1379所,评出王石来等100名优秀乡村医生,其中7人被评为全国优秀。11月27日省卫生厅组织全省乡村医生执业考试工作,考试对象是2003年以来省内中等卫生学校卫生保健专业、县卫生职业技术学校乡村医生专业的毕业生,有2726人报名考试,580人合格,通过率21.3%。

【新型农村合作医疗稳步推进】 2006年,全省新农合县(市、区)有40个,占全省县(市、区)总数40.40%,参合农民1221.00万人,参合率84.95%。共筹集新农合基金5.75亿元,补助参合农民283.10万人次,补助资金3.99亿元,实际补偿比为29.63%,基金使用率为72.94%,获万元以上补偿的人数979人、5000元以上的5351人、3000元以上的1.33万人。南昌大学医学院连续3年在婺源县的跟踪调查表明,因病致贫的比例由47.62%下降到27.78%,因经济困难未就诊的比例由47.90%下降到35.20%,两周门诊未就诊率由31.20%下降到16.93%,年住院率由36.62%提高到43.02%。

【社区卫生发展较快】 2006年,全省社区卫生服务网络建设实现"两个80%目标":社区卫生服务中心覆盖全省81%的城市街道,社区卫生服务网络覆盖全省81%的城市居民。全省共有社区卫生服务机构479个,其中社区卫生服务中心79个、社区卫生服务站400个。九江市浔阳区被命名为省级社区卫生服务示范区,31个社区卫生服务机构被命名为省级示范机构,42个机构被授予三星级称号。全年培训社区全科医师953人、护士310人、卫生服务管理人员1416人次,社区卫生人员素质有所提高。推广高血压、糖尿病社区防控等社区卫生适宜技术,为社区卫生服务机构培训医务人员1750人次。年内,开展政府购买社区公共卫生服务、社区药品零利润销售、社区卫生服务中心与站一体化管理、社区慢性病综合防治管理、社区医疗贫困救助、社区双向转诊等7项试点工作,试点范围涉及全省11个设区市的12个市辖区,共覆盖150万城市居民。

(周秋生　刘晓辉　奚　忠)

疾病预防控制

【概　况】 2006年,全省报告甲乙丙类传染病26种,发病总数为12.93万例,共死亡352例,发病率300.01/10万,死亡率达0.82/10万,病死率达0.27%,发病率、死亡率、病死率分别下降11.93%、23.24%、12.81%。甲乙类传染病发病数前5位的病种依次为肺结核、肝炎、痢疾、淋病和梅毒,占甲乙类传染病发病总数的96.78%;丙类传染病发病数前3位的病种,依次为其他感染性腹泻、流行性腮腺炎、流行性感冒,占丙类传染病发病总数的95.72%。经过三年努力,全省疾病预防控制体系建设基本完成。全省102个疾控中心的新建、改建和扩建项目陆续投入使用,各级疾病预防控制机构的实验和办公条件得到改善。

全年全省加强对霍乱、流感、流脑、甲肝、狂犬病、出血热等重点传染病的防治,建立疾病监测点200个,初步形成全省重点传染病监测网络,传染病的监测工作由过去的被动监测向主动监测转变。通过监测数据的分析利用,为疫情预测预警提供准确信息。加强卫生、教育、农业和省军区等相关部门的沟通与协作,建立传染病联防联控机制。年内,组织省级疾控专家处理甲乙类传染病疫情14起,其中霍乱疫情8起,发病27例;甲肝4起,麻疹和痢疾各1起,共发病163例,主要分布在大、中、小学校。由于处理及时、得当,未出现疫情扩散情况。

2006年,开展慢病调查,省卫生厅印发《江西省子宫颈癌早诊早治工作方案》,开展子宫颈癌筛查和全国第三次死因回顾性抽样调查。完成了高安市等3个省级丝虫病监测点数据的统计分析,并对10个疾病监测点人口出生、死亡资料进行建档工作。

江西省贯彻实施《疫苗流通和预防接种管理条例》,免疫规划工作进一步加强。从2006年开始,省政府每年新增600万元用于第一类疫苗运输、冷链设备更新运转和21个国家贫困县的疫苗购置等。对90个县(市、区)4421所学校的66.4万名入托入学儿童检验预防接种证。全省认证预防接种门诊1685个、预防接种点6996个,对所有参与预防接种工作的医生进行岗前培训和业务技术考核。有39个县(市、区)通过以乡镇为单位儿童计划免疫接种率90%达标考核验收,儿童五苗报告接种率达94%。对30.76万名15岁以下儿童进行肝疫苗查漏补种工作。在60个县(市、区)开展4次脊髓灰质炎疫苗强化免疫活动,为136.83万名儿童进行强化免疫接种。2006年全省继续保持无脊灰状态。

【艾滋病防治工作成效显著】 加大艾滋病自愿咨询检测力度,设立自愿咨询检测点262个,批准设立艾滋病抗体筛查实验室89个,为14.7万人次提供咨询检测服务。为艾滋病病毒感染者和艾滋病病人抗病毒治疗115人,治疗率82.73%。各项综合干预措施进一步落实,全省92个县(市、区)成立艾滋病高危人群干预工作队,免费发放宣传材料20.79万份、安全套66.81万只,发展同伴教育7633人,新建美沙酮维持治疗门诊11个,为492名海洛因成瘾者提供维持治疗服务,治疗率达95.3%。建立固定针具交换点12个,为4340名静脉吸毒者提供针具交换服务,累计发放清洁针具67.08万支。

【结核病控制工作不断加强】 通过定期召开行政会议,建立结防机构与医疗机构的合作机制,不断提高结核病的发现率。2006年发现新涂阳肺结核病人2.16万例,新涂阳肺结核病人治愈率达91%,均超额完成卫生部下达的任务。加大对基层人员的业务培训力度,培训市、县级结防专业人员

400余人次。4次组织省级相关专业人员对50个县(市、区)、40个乡镇结防工作进行督导,访视结核病人90余例,并对11个设区市结防机构和综合性医疗机构的痰检质控工作进行检查指导。组织举办"3·24"世界防治结核病日大型宣传咨询活动。认真实施全球基金第四轮结核病项目。省卫生厅等12个单位被评为全国结核病防治工作先进集体,49人被评为全国结核病防治工作先进个人。

(李公民)

中医工作

【概　况】 8月31日,省委书记孟建柱、副省长胡振鹏到江西省中医院调研,在中医工作座谈会上认真听取与会代表发言,共商推进中医事业发展大计。据统计,全省97所县及县以上中医院门诊量为732万人次,住院病人25万人次,病床使用率达66%,业务收入达12亿元,人均业务收入达8.3万元。药品收入占业务收入比例的47%左右,其中中药收入占36%。

加强中医医院内涵建设。省卫生厅召开2006年江西省中医工作会议,总结2005年中医工作,部署2006年全省中医工作。组织开展省级示范中医医院的评审验收,南昌市中西医结合医院等13所中医医院通过评审验收。九江市中医院肾病科等5个全国重点中医专科(专病)建设项目以较高分通过国家中医药管理局专家组的评审验收。建立以江西省中医院针灸康复部为中心、赣州市中医院等48所全省县级以上中医医院针灸科为基点的江西省针灸临床网络,卫生部、国家中医药管理局领导对此进行了高度评价,希望在全国形成"北看天津针,南看江西灸"的格局。年内,举办新灸法全国学习班,30多个省市100多名针灸工作者参加学习。

大力加强中医药人才培养。为全省330个乡镇卫生院培训了337名中医临床技术骨干。实施乡村医生中医专业中专学历教育项目,全省有850名乡村医生参加培训。对第三批全国老中医药专家学术经验继承人进行结业考核,对省级第二批师承工作进行验收,对6名全国优秀中医临床研修人员进行年度考核,对江西省中医院针灸科、肛肠科及省中医药研究院中药研究室等3个医学领先专业进行评审验收。

中医药科教工作取得新成绩。2006年,江西有省中医药研究院等3个单位被授予全国中医药科技和继续教育先进集体,省中医院刁军成等4人被授予全国中医药科技和继续教育工作优秀个人。组织申报国家中医药管理局中医药科学技术研究专项2006~2007年度课题14项、"十一五"国家科技支撑计划重大项目30余项,获得国家科技部等资助科研经费1500余万元。下达2006年厅级中医药科研计划111项。陈日新教授新灸法等8项中医药科研成果通过省科技厅鉴定,被全国专家评价为原始创新和达到国内国际领先水平,反映该成果的《腧穴热敏化艾灸新疗法》一书,于2006年10月由人民卫生出版社出版发行。

【继续实施中医药服务能力建设项目】 省卫生厅会同财政厅制订《2006年江西省农村中医药服务能力建设项目实施方案》,确定进贤县中医院等23个项目建设单位,培训了相关人员,为项目建设单位招标采购601万元诊疗设备。2006年,中医药治疗艾滋病试点项目进展顺利。截至年底,有162例艾滋病人和感染者在南昌市中西医结合医院、萍乡市中医院接受中医药治疗,115例持续接受治疗。国家中医药管理局通过检查后给予较高评价。

【农村和社区中医工作稳步推进】 2006年,评选出100名"江西省优秀中医乡村医生"。万安县、于都县通过国家中医药管理局专家组的验收,被批准为"全国农村中医工作先进县"。截至年底,江西中医工作先进县达到18个。修水县中医药参与新型农村合作医疗的做法得到国家中医药管理局的高度评价,并被多家媒体报道。抚州市认真开展全国农村中医药适宜技术推广示范地区(试点)建设,共举办培训班16期,培训2000余人次。省卫生厅制订《关于在城市社区卫生服务中充分发挥中医药作用的实施意见》,将中医药服务列入社区卫生基本服务的范畴,并明确规定社区卫生服务中心均须开设中医科(室),设置中药房。景德镇市珠山区被确定为省级中医药特色社区卫生服务示范区建设单位。

(张欣霞)

爱国卫生运动

【概　况】 2006年,江西爱国卫生工作城乡环境卫生综合整治为重点,大力开展春秋季公共卫生周、创建卫生城镇、农村改水改厕、除害防病、健康教育等各项爱国卫生工作。全国爱卫会命名南昌市为国家卫生城市,命名婺源县江湾镇为"国家卫生镇";省爱卫会命名上饶市、鹰潭市为江西省卫生城市,命名于都县、奉新县为江西省卫生县城。截至年底,全省共有2个国家卫生城市,2个国家卫生县城,1个国家卫生镇;9个江西省卫生城市、22个江西省卫生县城,26个江西省卫生镇,2000余个江西省卫生庭院。全省累计卫生厕所总数达到516.85万户,卫生厕所普及率达到61.44%,其中无害化卫生厕所达33.34%。改水受益人口达3132.84万人,占全省农村总人口的92.6%,自来水累计受益1578.97万人,自来水普及率46.67%。

【完成2005年中央血防改厕任务】 2005年中央财政下达给江西省农村改水改厕(血防)项目经费950万元,省财政按照1:1配套的原则,落实省级项目配套经费950万元,在血防疫区农村建设无害化卫生户厕3.80万座。为加强项目的资金使用和管理,省爱卫会、省财政厅、省卫生厅修订《江西省农村改厕(血防)项目三格户厕建设管理办法》,省爱卫办印制各种宣传画册下发到项目村。各项目县爱卫办主任和省爱卫办签订项目工作责任状,对项目的时间、进度和质量要求作了详细的规定。省爱卫办规定项目进展实行旬报制,制定项目竞争性谈判采购文件,完成3.80万套相关物品的采购,总金额627万元。截至年底,全省已完成项目改厕3.28万座,占任务总数的86.31%,在建5200座。

(李崇葵)

体　　育

本栏编辑　李荣根

综　　述

2006年是江西体育事业发展“十一五”规划的开局之年，在宏观管理方面，制定全省体育事业未来五年的发展规划，明确了全省体育为之奋斗的十大工作目标。群众体育“以新农村建设”和“迎奥运”为主题，开展了系列群众体育活动；青少年俱乐部、城市社区体育工作得以加强。竞技体育以备战2008年奥运会为最高目标，多哈亚运会取得骄人战绩；后备人才培养工程顺利实施，并成功举办全省第十二届运动会；申办城市运动会工作取得突破性进展。体育产业加大宣传力度，拓宽体育彩票销售渠道，本级体育产业收入跃上新台阶。体育设施加快建设步伐，各设区市均建成或在建体育中心。体育宣传加大力度，“第二十八届雅典奥运会江西体育健儿取得两枚金牌和宜春举办的第五届全国农民运动会”入选江西“十五”计划期间“具有影响的十件大事”之一。体育科技教育、综合治理等项工作全面推进。

制定全省体育事业发展长远规划。2006年，根据《江西省国民经济和社会发展第十一个五年规划纲要》和国家体育总局制定的《体育事业“十一五”规划》要求，结合新时期全省体育事业发展的形式和任务，制定了《江西省体育事业发展十一五规划》，在“十一五”规划中明确提出今后五年全省体育工作的十大目标：(1)2008年奥运再夺金牌；(2)2009年第十一届全运会再创辉煌；(3)群众体育创全国先进；(4)体育彩票销售10个亿；(5)建成奥林匹克体育中心；(6)全省各市、县(区)体育设施满堂红；(7)筹建江西体育学院；(8)成功申(承)办第七届城市运动会；(9)综治工作实现10年综治安全；(10)创建全省文明单位和创建花园式福州路28号。各设区市也相应地制定了本地区的体育事业“十一五”规划。

体育工作入选江西“十件有影响的大事”评选活动。在省第十二次党代会即将召开之际，由省委宣传部、江西日报社、省广电局具体承办，省直和各设区市新闻媒体共同协办的江西“十五”计划期间“十件有影响的大事”评选活动圆满结束。按得票率高低，评出了省第十一次党代会以来江西五年“十件有影响的大事”，“省体育局十名运动健儿征战雅典奥运会取得两枚奥运金牌和宜春举办第五届农民运动会”被评为“十件有影响的大事”之一。

“以社会主义新农村建设”和“迎奥运”为主题，开展系列群众体育工作和群众体育活动。为配合社会主义新农村建设，农村体育工作启动“农民体育健身工程”这一工作。江西被选为全国8个“农民体育健身工程”试点省份之一，承担了国家、省两级行政村的试点工作，共投入体育彩票公益金1150万元，为220个新农村建设试点自然村配置健身器材；在系列群众体育活动中，有21个单位获“全国全民健身周活动优秀组织奖和先进单位”称号；在第三届全国体育大会上，江西体育代表团取得6金、12银、5铜的好成绩。在全民健身服务体系建设中，有6个单位获全国城市体育先进社区；全省新增社会体育指导员1900人；吉安市吉州区全民健身活动中心成为国家体育总局命名、资助的全民健身活动中心；国民体质监测工作获国家体育总局授予贡献奖；两个单位获全国社区俱乐部；另外，根据2008年奥运会火炬传递的要求，制定了2008年北京奥运火炬接力(江西省)传递方案。

以2008年奥运会为最高目标，全面部署本周期的竞技体育工作。2006年是竞技体育新周期的开局之年，为加强2008年奥运会和2009年全运会的备战工作，在管理方面，制定《奥运会全运会金牌主教练发放年薪训练补贴方法(试行)》和《江西省全运会项目公用成绩奖励办法》；下发《关于加强反兴奋剂工作的通知》等文件。在第十五届多哈亚运中，江西省体育体育代表团共获得4枚金牌、5枚银牌、1枚铜牌，获国家体育总局授予的第十五届亚运会贡献奖。在后备人才培养工作中，全省17个少儿训练项目，每年参赛率达85%，向优秀运动队、二线输送率为27%，三线布局完成率154%，完成了“0809”工程的目标任务。在体传校的建设中，与省教育厅共同主办了5项赛事；组织骨干体育教师参加全国体育传统学校教师培训班；完成了2006年体传校的评估工作。成功举办了省第十二届运动会。在2005年作出申办第七届城市运动会之后，2006年，迎来国家体育总局考察团来南昌实地考察。

立足管理，拓宽领域，做大做强体育产业。为完成年初制定的体育产业工作目标，从观念、技术、思路、宣传等方面入手，扩大体育产业的社会影响力，2006年省本级体育产业收入首次突破亿元大关；体育彩票销售6.6亿元，占江西彩票市场份额59.5%；筹集公益金2.3亿元。同时，拓宽体育产业的开发领域，加强体育资产、体育市场的开发力度，进一步注重体育产业管理、体育经营人才培养。本年度，获国家体育总局授予的2006年全国体育彩票工作贡献奖。

体育设施建设、体育科技教育、体育宣传、综合治理等项工作全面推进。省奥体中心建设项目全面动工，现累计完成投资1.46亿元。同时，加快全省体育设施建设步伐，摘掉2个“四无县”帽子。体育科技教育、宣传、围绕体育中心工作，开展了科技服务、文化教育调研和教练员岗位培训工作。在综合治理工作中，首次加入省直综治责任单位，实现“安全生产”3000天的目标任务，并被省绿委办评为“省园林化单位”。

（陈　萍）

竞技体育

【做好2008年奥运会备战工作】 2006年，江西省体育局围绕奥运会参赛目标和队伍现状，突出重点，着力于细，全力备战2008年奥运会和2009年全运会。为实现“北京奥运会再夺金、济南全运会再创辉煌”的目标，2006年3月省体育局成立江西省奥运会备战领导小组，全面加强备战工作。领导小组下设备战办公室，负责备战工作的督促、协调、服务。进一步统一思想，明确目标，强化职责，加强政策研究，建立定期下队制度，出台多项激励政策。制定《奥运会全运会金牌主教练发放年薪训练补贴办法（试行）》和《江西省全运会项目公用成绩奖励办法》，调整全运会项目教练员运动员津贴标准，极大地调动了教练员运动员和各运动项目管理中心的积极性。各训练中心贯彻“三从一大”训练原则和“二严”方针，从运动队训练和管理入手。首先，抓训练计划的规范化；其次，强调训练计划的科学性、严肃性；第三，加强训练的监控和管理；第四，在充分论证的基础上，确定备战2008年奥运会重点运动员。

【举办江西省第十二届运动会】 江西省第十二届运动会于10月28日至11月6日在新余市举行。运动会共设置青少部、高校部、社会部三个部别，21个项目29项次的比赛。共有103个代表团和单位的6966名运动员、1142名裁判员参赛。有23人次在田径、游泳、射击等项目中打破省纪录和省青年纪录，有43人达健将和一级。

第十二届省运会得到了省委、省政府的高度重视，在2006年的《政府工作报告》中明确提出了举办好江西省第十二届运动会，省委、省人大、省政府、省政协主要领导都亲自到新余视察省运会工作，并出席了省运会的开幕式。新余市为办好本届运动会，一是强化领导，完善制度，确保了省运会筹备工作有序推进，落到实处；二是投资3.4亿新建高标准的体育中心，为完成省运会的各项比赛提供良好的比赛场地；三是整合资源，市场运作，确保省运会筹资工作全面丰收，成效显著。成功筹集到各类资金总计4610万元；四是严密部署，优质服务，确保省运会后勤接待和安全保卫工作热情细致，周到周全；五是精心筹划，科学排演，确保省运会开（闭）幕式圆满、高效、隆重、热烈；六是周密组织，科学安排，各项竞赛组织有序。

第十二届省运会竞赛工作实行改革措施。一是确定“严管青少部，规范高校部，放开社会部”的竞赛原则。对青少部，采取积极措施，充分发挥省运奖牌榜的杠杆作用，进一步加大了奥运、全运及世界大赛奖牌记入各代表团奖牌总数的力度，并首次实施各地输送运动员和省优秀运动员参加大赛成绩记入各代表团奖牌总数的办法，引导基层体育部门自觉地把省运战略与奥运、全运战略紧密结合起来。二是对高校部增加了比赛项目和组别，对社会部的比赛实行灵活多样的赛制和办法，调动高校和各行业的积极性。三是实行“管办分离”，建立高效有序的竞赛组织机制，调动了各项目运动管理中心和办赛单位的积极性。四是首次使用运动会综合信息处理系统和运动员注册系统，首次设立了省运会网页。提高了运动会竞赛组织的管理水平和效率，做到了公开、及时、准确。

【加强反兴奋剂和赛风赛纪工作】 2006年，江西将反兴奋剂工作和加强赛风赛纪建设列入省体育局反腐败工作的重要内容。为确保《反兴奋剂条例》落到实处，配合国家体育总局安排的“飞行检查”，保证办一届干干净净的省运会，加大了对江西反兴奋剂工作的领导和管理力度，狠抓赛风赛纪问题。一是加强领导，高度重视。根据国家体育总局对反兴奋剂工作的部署和要求，成立省体育局反兴奋剂工作领导小组，转发国家体育总局关于加强反兴奋剂工作的一系列文件，下发《关于加强反兴奋剂工作的通知》等文件，制定多项管理措施，并要求各设区市、各直属训练单位成立本单位的反兴奋剂工作领导小组，责令各运动项目管理中心要有专人负责运动员行踪信息和运动员退役报告工作，加强督促检查落实。在2006年国家体育总局对江西部分运动员进行的“飞行检查”中，没出现违规事件。在省运会举办前，成立省运会纪律检查委员会和反兴奋剂工作委员会，召开历届省运会从未召开的纪检工作会议，与各运动管理中心主任签订《竞赛工作责任状》，与各设区市体育局局长签订《赛风赛纪责任状》，在省运会各单项竞委会中选派纪检监察人员，监督检查违规违纪情况。二是采取切实有力措施，杜绝违纪违规现象。为保证省运会公平、公正、公开，制订了周密的反兴奋剂检测工作方案，严格执行反兴奋剂工作纪律和检测程序，对省运会各项比赛前三名均进行抽样检查，未发现违纪情况。建立了运动员注册档案，运用中国竞技体育运动员注册系统，对运动员进行照片、指纹和基本数据的收集，制成IC卡，运动员凭注册IC卡参赛。对报名参赛的运动员进行多次审查，面对面地核查，连续四次在网上公布，最终确认具有省运会参赛资格的运动员。对竞赛中发生的举报，坚决查处，证据确凿的坚决取消，毫不手软，确保竞赛工作顺利进行。三是加强了裁判员队伍管理。从选派裁判员到裁判员的培训和管理等环节中，都严格按照《裁判员管理办法》执行，比赛中裁判执法没有发现大的问题。省体育局在本届省运会狠抓赛风赛纪的决心和措施，受到各代表团和基层体育工作者的一致好评。

【抓好后备人才培养工程】 2006年

是全省青少年体育训练2003～2006周期的结束之年。为瞄准2008年奥运会、2009年全运会,从2003年起,省体育局对全省少儿训练项目设置和布局进行调整,要求各设区市在2003～2006年省运会周期内落实相应的布局任务,在训练日、输送率等方面达到一定的标准。为使"0809工程"取得实效,采取了多种措施办法,加强督促落实,实行风险与奖励挂钩的办法,每年组织对全省少儿训练及训练管理工作开展检查评估,规范少儿训练管理,提高训练质量和人才培养效益。经统计:全省布局的17个少儿训练项目,平均每年注册3293人,参加少儿比赛2824人,参赛率达85%;向省优秀运动队输送305人,其中二线布局200人,输送54人,输送率为27%,超额完成任务数;三线布局1883人,完成2905人,完成率154%,圆满完成了"0809工程"的目标任务。

【开展体教结合工作】 2006年,省体育局与省教育厅共同主办全省体育传统项目学校田径、乒乓球、举重、篮球、棋类等5项赛事;对2006年度省级体育传统项目学校进行了学年评估;组织了骨干体育教师参加全国体育传统项目学校体育教师培训班。在省运会高校部的比赛中,运用政策调控,增加了高校部的比赛项目和组别,极大地推动了体教结合。

【参加重大比赛取得优异成绩】 2006年,江西运动员邱红梅参加世界举重锦标赛获得金牌;吴静钰参加世界杯跆拳道比赛获得银牌;杨文军、何静参加世界杯皮划艇比赛获得银牌。杨文军、金紫薇、吴静钰、张冬莲、欧阳鲲鹏、周鹏等6名运动员入选中国体育代表团,参加第十五届多哈亚运会,共获得4枚金牌、5枚银牌、1枚铜牌,被国家体育总局授予第十五届亚运会贡献奖。

【体育总局考察团到南昌实地考察】 8月16～17日,国家体育总局考察团一行,就南昌申办第七届全国城市运动会进行实地考察,考察体育设施情况并对城市综合能力进行测评。先后考察了南昌红谷大厦城市规范馆、南昌市体育中心选址、江西省体育馆、南昌市八一体育场、青山湖、江西省奥林匹克体育中心工地、滕王阁等地以及南昌大学等高校的运动场馆。经测评后,南昌市得到国家体育总局的肯定,申办工作取得决定性的胜利。承办城运会,不仅可以检验和提升举办地的体育运动水平和城市综合能力,而且能够极大地促进和加快城市的经济发展、市政建设和社会进步。

(伍小玲)

群众体育

【全力推动全省农民体育健身工程建设】 农民体育健身工程是社会主义新农村建设中投资少、见效快,农民直接受益的一项惠民工程,是政府为广大农民办的一件实事。2006年是"农民体育健身工程"的启动年。为做好启动工作、积累实施经验,国家决定在全国8个省进行农民体育健身工程试点,江西是其中之一,有300个行政村全国试点单位的任务。

成立领导机构,加强领导。11月14日,经省政府批准,建立由省体育局、省法改委、省委农工部、省财政厅、省建设厅、省农业厅和省文化厅组成的江西省农民体育健身工程联席会议制度,省体育局局长刘鹰任召集人。各有试点任务的设区市、县(市)也均成立以政府分管领导为组长、有关职能部门为成员单位的领导小组,镇(乡)、村也均安排领导专门负责农民体育健身工程各项事务。各级农民体育健身工程领导机构的成立,确保了政府的主导地位,保证了全省农民体育健身工程的顺利实施。

找准切入点,与新农村建设统筹兼顾,最大限度地发挥农民体育健身工程试点工作的示范效应。江西是一个农业大省,农村的行政村有1.5万多个,乡村人口有2700万,占全省的64%。为了使试点工作既达到摸索出经验,又起到示范作用,省发改委社会处、省体育局群体处在深入基层调查研究的基础上,结合本省实际,制定《2006年全省农民体育健身工程试点项目实施方案》,并提出集中连片,沿京九线和赣粤高速公路布点的思路。经过省、市、县、乡各级政府严格挑选,最后确定赣州、吉安、宜春、南昌、九江5个设区市的12个县300个行政村为全国试点单位。同时选定100个行政村为全省试点单位。工程建设经费主要由各级体育彩票公益金共同投入,其中国家体育彩票公益金投入390万,省级体育彩票公益金投入约490万,市、县配套投入约270万。

广泛宣传,充分调动群众的积极性,畅通工作渠道。农民体育健身工程试点工作,与广大农民的利益密切相关,涉及到土地、劳力和资金的问题。为此,在实施过程中召开有关会议,统一思想、认识,明确职责、任务。同时,全省各级体育部门不定期出版农民体育健身工程工作简报,利用广播、电视、黑板报、悬挂宣传标语,印制宣传册宣传试点工作的意义、作用等。通过宣传,各试点县(市)的农民群众对体育健身工程表现出了极大的热情,出现了争当试点单位的现象。

全省农民体育健身工程建设从2006年5月开始启动,截至年底,圆满完成300个行政村全国试点单位的任务和本省100个试点行政村的建设任务。省发改委、省体育局对承担国家试点任务的12个县中各评选出一处质量上乘、布局合理、整体效果突出的优秀示范工程,并予以奖励一套健身路径,总计60多万元。同时,为220个新农村建设试点自然村配置健身器材,还为农民体育健身工程配制统一标识牌,让农民看得见、摸得着、感受得到党和政府的关怀。

【江西代表团在第三届全国体育大会名列前茅】 全国体育大会是继全国运动会、城市运动会之后,又一大型综合性体育赛事。其宗旨是为推动全国非奥运会项目的发展,满足人民群众对体育运动项目多样化的需求,推动群众体育与竞技体育协调发展。第三届全国体育大会于5月18～30日在江苏省苏州市举行。来自全国各地的50个代表团的4078名运动员参加比赛。江西代表团由150人组成,参加赛会总共28个大项268个小项中的13个大项79个小项的角逐,取得6枚金牌、12枚银牌、5枚铜牌,团体总分150分。金牌数和奖牌数均名列全国第十名,团体总分名列全国第十二名。

【加大社会体育指导员培训力度】 各级社会体育指导员是《全民健身计划纲要》全面实施的中坚力量。为更好地发挥社会指导员在全民健身中的带动、指导、组织参与科学健身的作用，每年从体育彩票公益金中拿出专项资金用于社会体育指导员培训。2006年派出6名符合条件的人员参加在武汉举办的国家级社会体育指导员培训，并积极做好国家级社会体育指导员申报工作；11月20～26日在江西师范大学举办全省一级社会体育指导员培训班，来自全省各地的64名学员参加一周的培训，有63名学员考核合格（合格的学员方可正式申报为一级社会体育指导员）。各设区市按照《社会体育指导员技术等级培训大纲》加大了二、三级社会体育指导员培训力度，并用体育行政部门的正式文件予以公布新审批的社会体育指导员名单，加强文件归档管理。另外，在农民健身工程建设验收时，把一定数量的社会体育指导员作为验收达标的一项硬指标，达到建一片场地，带一方人群积极健身的目的。经过培训、报批，全年有54人获得一级社会体育指导员技术等级称号。

【做好全省四种健身气功推广活动站推广普及工作】 2006年，为贯彻落实国家体育总局下发的《关于进一步加快健身气功发展的若干意见》和国家体育总局健身气功管理中心文件精神，同时，为配合社会主义新农村建设和扶持农村的站点建设，省体育局健身气功管理中心加大四种健身气功推广普及工作。一年来，省内30个健身气功“和谐站点”全部都放在农村。在全年三期辅导员培训班中，首次专门面向农村地区举办一期全省健身气功“和谐站点”辅导员培训班，为农村地区培训一批推广普及的骨干。在骨干力量的带领下，全省习练健身气功活动站点数量大幅增长。截至2006年底，全省共有健身气功活动站点802个，数量比2005年增长近一倍，站点覆盖面达全省各县、区、市。

【江西省少儿培训中心率先在省内实施全国业余游泳锻炼达标活动】 7月，国家体育总局游泳运动管理中心决定在全国推行《全民健身游泳锻炼标准》。为积极响应，省少儿体育培训中心大力加强硬件建设，精心打造软件环境，经国家体育总局游泳管理中心考查批准，成为江西省唯一一个全国业余游泳锻炼标准达标活动分赛点，在全省率先开展业余游泳达标活动。《全民健身游泳锻炼标准》，分为两大类，一类是业余游泳锻炼段位标准。内设达时项目、达距项目。一类是业余游泳技术等级标准。内分业余健将、业余一级、业余二级、业余三级。省少儿游泳培训中心于当年8月，率先在全省开展了达时项目少年儿童段的达标活动。

（何 媛）

体育产业

【江西省第十二届运动会资源开发取得好成效】 省十二届运动会是恰逢江西省每四年一次全面检阅体育事业发展成果的体育盛会。为办好这届运动会，充分挖掘省十二届运动会的产业资源，省政府明确了“政策扶助、政府搭台、资源整合、市场运作”的筹资指导思想。省十二届运动会组委会和承办城市新余市，积极借鉴省内外举办重大体育赛事的成功经验，对省十二届运动会的招商、广告、专利以及电视转播、门票、指定产品等资源进行整体开发、深度挖掘和全方位拓展。通过多方争取，获得兄弟市捐助资金、省直各有关厅局和新余市市直各单位部门的捐资，以及开、闭幕式门票销售收入、户外广告收入、企业捐赠赞助等，总计资金4610万元，比省运会期间的各项支出多953万元。尤其是开、闭幕式的门票销售运作非常成功，实现门票收入1358万元，创历届省运会新高。广大销售人员24小时坚守岗位，新余市政府在闭幕式前半小时内组织工作人员上街突击销售门票，收入10.2万元。由于各项资金按时足额到位，为省十二届运动会成功举办奠定了坚实的基础。

【三项举措促省体育彩票销量市场份额达59%】 2006年，省体育彩票管理中心依据“平稳、有序、健康”发展的原则，通过三项举措提升省体育彩票的市场竞争力。全年共计销售6.6亿元，市场份额达到59.5%；新增投注站395个，增加就业机会近800个；筹集公益金2.3亿元，有力地支持了本省体育事业和社会公益事业的发展。一是狠抓营销和培训，双管齐下促销量增长。2006年，省体育彩票管理中心一手抓营销、一手抓培训，以“专家培训，业主交流，管理人员学习”为主，辅以业务竞赛、规范工作流程、编印《简报》派送等手段，全方位的实施市场营销。全年省体育彩票管理中心邀请全国知名的“排列3”专家“博彩老头”以及北京正好彩票公司的老师宋立到全省各分中心，面向业主和彩民进行巡回培训讲课。同时积极采用了销售网点业主相互交流学习的新方法。全年组织集中了一些能力较强、业绩较好的销售网点业主，以现身说法的方式，到全省各分中心作经验介绍，并与同行业主进行学习交流，充分发挥先进典型的示范效应，激发各位业主自我营销的主动性。二是宣传工作突出媒体资源的组合，并发挥自有网站和报纸的优势营造良好的体彩氛围。全年省体育彩票管理中心坚持宣传工作面向社会，面向网点，着重于“组好一支通讯员队伍，建好一个网站，办好两张报纸”，并鼓励分中心因地制宜创新宣传，指导网点照章循理规范宣传。以分中心员工为基础的通讯员队伍，全年供稿80余篇，占全部稿件的近1/3。改版后的江西体彩网体彩新闻更新频率加快，开奖信息公布及时，并开通了开奖信息历史查询系统，方便了彩民对历史数据的查询。《江西体彩报》的网络电子版，方便了彩民的查阅，也扩大了《江西体彩报》的受众覆盖率。与省级媒体《经济晚报》合作出版的体彩专版，每周2期，进一步扩大了体育彩票的社会影响力，树立了体育彩票良好的品牌形象。三是充分运用技术手段从硬件上保障体育彩票的顺利销售。全年顺利完成了全热线建设的技术工作和彩银联网建设工作。实现了销售数据的实时传递，延长了各玩法的销售截止时间，保证了体育彩票销售资金的及时回笼，从而增强了体育彩票玩法在市场上的竞争力。

（王 伟）

居民生活

本栏编辑　李荣根

居民收入与消费

【农民收入大幅增长】 2006年，江西省农民人均纯收入达到3585元，比上年增加319.19元，增长9.77%。扣除物价后实际增长8.6%。农民增收的主要特点：(1)工资性收入继续较快增长。农民的工资性收入人均1488.8元，比上年增加170.2元，增长12.9%，工资性收入增加额占全年农民纯收入增加额的53.3%。其中，农民在本乡区域内包括在乡镇企业中务工和在当地各种工程建设中务工的收入人均383.3元，增加80元，增长26.4%；在本乡区域以外务工(即外出务工)收入人均976.2元，增加81.9元，增长9.2%。(2)家庭经营第一产业收入增长平稳。农民从第一产业经营中获得的纯收入人均1572.6元，增加58.1元，增长3.8%，保持了平稳增长。其中农业纯收入人均1288.2元，增加93.3元，增长7.8%；林业纯收入人均74.9元，增长15.3%；牧业纯收入人均165.9元，减少48.5元，下降22.6%；渔业纯收入人均43.7元，增长8.5%。全省农民纯收入中有43.9%来自第一产业，比上年下降了2.5个百分点，农民收入非农化进一步加快。(3)家庭经营二、三产业收入加速增长。农民家庭二、三产业生产经营纯收入人均349.6元，增加42.5元，增长13.8%。其中，工业纯收入人均61.9元，增长30.2%；建筑业纯收入人均74.1元，增长11.2%；交通运输业和邮电业纯收入人均46.4元，增长7.2%；批发和零售贸易业、餐饮业纯收入人均90元，增长15.6%。(4)财产性和转移性收入增加。农民的财产性纯收入人均43.6元，增加7.1元，增长19.6%，主要是土地征用补偿金、利息和集体分配股息、红利的收入增加；转移性现金收入人均130元，增长46.5%。其中，粮食直补、购置和更新农机具补贴、良种补贴收入人均增加14.8元。(5)税费支出继续下降。农民的税费支出人均7.86元，减少8.15元，下降51%。农民税费负担主要来源于从事工业、建筑业缴纳的各种税费和“一事一议”筹资。

农民收入增长的主要原因：(1)惠农政策力度加大为农民带来了更多实惠。全省各地紧紧围绕稳定粮食生产和大力促进农民增收两大主题，切实加强农业综合生产能力建设，在推进农村综合改革中，进一步加大了对“三农”的投入力度，如增加了对种粮农民补贴标准，弥补因柴油、化肥等农业生产资料价格上涨给种粮农民带来的损失；加大对农民购置农机具的补贴数量。此外，全省有120万个贫困农户家庭享受了“两免一补”、“一费制”政策，新型农村合作医疗覆盖范围由2005年的11个县扩大40个县。这些政策的全面落实，不仅进一步调动了农民生产积极性，而且直接增加了农民收入，减轻了农民负担，使农民享受到了实实在在的好处，使困难农户的基本生活和生产得到较好保障。(2)本地就业机会增多形成了农民增收新亮点。2006，年中国经济继续保持快速发展势头，促进了农村劳动力外出就业和本地务工。国务院出台《关于解决农民工问题的若干意见》后，各地加大工作力度，有效地改善了农民外出务工环境，农民工工资提高，外出务工规模扩大。特别是江西省新型工业化和城市化的加快推进，外资、民间资本注入，工业园区经济发展强劲，农村各类企业蓬勃发展，本地就业吸纳能力增强。江西省农民本地务工形势发生了新的变化，省内一些工业园区不同程度存在“招工难”，农民在本地务工的工资价格上涨，人员增加，收入增长。全省农民在本乡企业劳动获得的收入比上年增长26.4%，在乡外县内从业收入增长49.2%，在省外国内收入增长8%。(2)农业结构继续调优稳固了农民增收的基础。当前农业仍然是江西省农民增收的重要基础。从生产看，2006年全省农业气象条件较好，没有发生大的自然灾害，有利于农业生产。各地积极推广农业增产实用技术。全省主要农产品产量除生猪外，粮食、棉花、蔬菜、茶叶、林果、水产均为增产。从市场价格看，农产品价格总指数保持稳中有升的运行态势，尤其是三季度后，农产品价格全面上涨，有利于农业纯收入的增加。粮食及主要经济作物的增产及市场价格明显上涨，给农民增加了不少的收入。下半年牧产品市场价格大幅上涨，在一定程度上减少了全年生猪出栏数量下降带来的损失。各地特色农业发挥了增收作用。如南丰县2006年蜜橘增产5000多万千克，价格比上年上涨，橘农收入大幅增加。丰城市特色养殖户达12万户，带动农民30余万人增收。新建县现有3000余户苗木花卉专业户在当地带动农户种植苗木花卉，使近万名农户年收益翻番。(4)新农村建设给农民增收注入了新的动力。各地坚持以科学发展观为指导，从实际情况出发，从农民群众最迫切需要解决的问题入手，增加了农村道路、饮水、电网、通信等基础设施建设投入，既增加了农民的投工投劳和收入,又改善农村生产生活的环境,特别是随着新农村建设的深入推进,促进了各地农业综合开发,全省以各种形式参与农业产业化组织的农户占农户总数的一半,提高了农民进入市场的组织程度。新农村建设,进一步改进农村基层组织的作风和工作水平,优化了农村发展环境,推动了农民创业,有力地促进农民增收。

【农村居民消费水平进一步提高】 2006年,全省农村居民消费水平继续提高,消费结构加快提升,生活质量进一步改善。据对全省2450户农村住户抽样调查,全年农村居民人均生活消费支出为2688.84元,比上年增长8.26%。主要物质消费全面增长,精神文化和健康安全消费明显增加,交通通信、文教娱乐、休闲旅游、保健等消费快速增长。

物质消费全面增长。(1)食品消费支出继续提高。2006年,全省农村居民人均食品消费为1324.41元,比上年增加103.88元,增长8.51%。在食品消费中,用于主食消费支出人均332.21元,增长10.4%;蔬菜消费支出人均158.3元,增长10.7%;肉、禽、蛋、奶和水产品及烟酒等支出人均555.5元,增长2.8%。从具体消费数量来看,粮食、奶、水产品消费量有所增长。全省农村居民人均消费粮食254.6千克,比上年增长4.02%;豆制品人均消费3.17千克,增长24%;奶和奶制品人均消费1.38千克,比上年增长31.1%;水产品人均消费5.6千克,比上年增长3.2%。(2)衣着消费支出稳步增长。2006年,全省农村居民用于衣着消费支出人均131.09元,比上年增加6.57元,增长5.3%。其中人均用于购买服装的消费支出129.4元,增长4.7%,占整个衣着消费支出的98.7%;人均年购买服装2.1件,购买鞋1.3双。(3)居住环境持续改善。新农村建设加快了农村卫生、用水、用电等居住环境的改善。2006年,全省农民住房面积人均达35.91平方米,比上年增加1.81平方米,增长5.3%,其中钢筋混凝土结构面积人均为22.33平方米,占62.2%;当年新建住房价值达267.2元/平方米,比上年增长18%;无卫生厕所的农户比重比上年下降4.1个百分点,使用清洁能源的农户和饮用安全饮用水农户比重均比上年提高1.2个百分点,用电农户比重比上年提高0.8个百分点,住宅外拥有硬化道路的农户比重比上年提高5.5个百分点。在以上因素的作用下,2006年全省农民人均居住消费支出373.5元,比上年增加47.3元,增长14.5%。(4)家庭拥有高档耐用消费品增加。随着收入的持续增长,农户家庭拥有耐用消费品数量不断增加,生活变得更加殷实。2006年,全省农村平均每个家庭用于购买文化、生活、娱乐、交通和通信等方面的大件商品支出1165.9元,比上年增长3.3%。年末平均每百户家庭拥有洗衣机、电冰箱、彩色电视机分别为7.4台、12.3台、90台,分别比上年增长5.2%、17.1%、9.4%。平均每百户家庭拥有固定电话64.7部,移动电话78部,分别增长4.4%、20.4%,吸尘器、抽油烟机、微波炉、影碟机等家电的拥有量稳步上升,近一半的农户家庭里拥有摩托车,小汽车也已经出现在一些先富起来的农民家中。农民家庭现代化生活气息日益浓厚。

消费观念、方式进一步更新。随着农村交通、通信、广播、电视等条件的改善,现代服务业不断向农村延伸,农村商品流通市场发生了新的变化,以信息化管理和物流配送为特征的现代流通网络开始进入,连锁超市、配送店等新型业态正逐渐代替原来的"夫妻店"、便利店等传统业态,带给了农民更多的购物服务,也正在改变农村消费观念和方式。在城市消费的示范作用下,农民生活方式日渐城镇化,把更多的钱用于文化教育、娱乐、休闲、旅游、保健安全等消费。(1)服务性消费有新的增加。"花钱买方便、图享受"的农民越来越多。2006年,全省农村居民服务性支出人均863.42元,比上年增加119.37元,增长16.04%,高于生活消费支出7.78个百分点。服务性消费支出增加额占生活消费支出总增加额的58.2%,农民在增加物质消费的同时,已对服务性消费更加注重,表现出越来越多的兴趣。(2)信息化消费快速增长。电话已成为农村居民家庭的基本配置,手机也从稀罕物成了平常物,越来越多的农民使用上手机。农村电话甚至网络通信方式获得了迅速发展。2006年,全省农村居民人均通信费支出为83.98元,比上年增长21.01%,计算机接入互联网的农户比上年增长75%。(3)娱乐保健消费逐渐增多。一些较富裕的农民,在旅游、休闲娱乐方面的消费也逐渐增多。2006年,全省农村居民旅游、体育、休闲娱乐消费支出人均12.21元,增长30.4%,农民外出旅游人数比上年增长19.4%,旅游者年花费支出人均582.3元,增加27元,增长4.9%。农民在精神文化生活逐渐丰富、充实的同时,也越来越注重对自身的保健。调查资料显示,2006年,全省农村居民保健服务费支出人均91.8元,比上年增长7.6%。(4)现金消费支出比重提高。2006年,全省农村居民生活消费中,现金消费支出额为2111.73元,比上年增加165.54元,增长8.51%,现金消费支出占生活消费支出的比重为78.5%,比上年提高0.1个百分点。在外用餐增多,全年人均在外饮食219.9元,占整个食品消费支出的16.6%,比上年提高2.5个百分点。

(刘顺伯)

【城镇居民人均可支配收入增长10.8%】 据对全省1280户城镇居民家庭收支状况的抽样调查,2006年江西城镇居民人均可支配收入为9551元,比上年同期增加931元,增长10.8%。扣除同期城市居民消费价格上涨因素影响,实际比上年同期增加846元,增长9.81%。城镇居民收入变化呈现以下特点:

(1)开局好、起点高、走势稳。2006年,得益于宏观经济的良好走势,江西省城镇居民人均可支配收入在上年大幅增长的基础上,继续呈现出快速、稳健增长的良好态势,从2006年时间序列看,各时期人均可支配收入均呈稳步增长之势,具体是:1月比上年同期增长15.45%;1~2月同比增长11.03%;1~3月同比增长11.78%;1~4月同比增长11.64%;1~5月同比增长11.91%;1~6月同比增长11.7%;1~7月同比增长11.79%;1~8月同比增长11.2%;1~9月同比增长9.98%;1~10月同比增长10.54%;1~11月同比增长10.67%。

(2)各项收入全面增长,多轮驱

动带动总收入快速增长。2006年,从构成总收入的四大项看,工薪收入、转移性收入、经营净收入和财产性收入均呈增长之势。城镇居民人均来自工薪收入为6897.94元,比上年同期增长10.85%;人均来自转移性收入为2356.34元,比上年同期增长6.81%;人均来自经营净收入为653.39元,比上年同期增长22.69%;人均来自财产性收入为106.95元,比上年同期增长31.73%。2006年,工薪收入增长、转移性收入和经营净收入增长成为拉动总收入增长的主要动力。从收入增长对总收入增长的贡献率看,工薪收入的贡献率为69.5%,转移性收入的贡献率为15.44%,经营净收入的贡献率为12.4%。

(3)最高与最低收入阶层收入差距缩小。随着江西省财力的增强、特别是各级党和政府认真地贯彻执行了中央提出的全面落实科学发展观,努力构建和谐社会的指导思想,在财政支出上加大了结构调整力度,把更多的财力用来改善民生,完善社会保障;在收入分配政策取向上把握了"调高、扩中、保低"的方针,使广大中、低收入阶层得到了更多的实惠。2006年,按人均可支配收入由低到高排序,占总数10%的最低收入户人均可支配收入为3814.34元,比上年同期增长15.74%;10%的最高收入户人均可支配收入为22368.39元,比上年同期增长13.06%。以最低收入户人均可支配收入为1,最高、最低收入户人均可支配收入比为5.86:1,较上年同期的6:1略有缩小。最高与最低收入阶层收入差距缩小,是多项政策效应的综合体现,是江西省城镇居民生活领域的一大亮点。

城镇居民收入增长的支撑点主要表现在:(1)宏观经济的持续、快速、健康发展为城镇居民收入增长提供了前提性和基础性的有利条件。2006年,江西城镇居民人均来自工薪收入比上年同期增长10.85%。(2)各级党和政府大力实施积极的扩大就业和再就业政策对城镇居民收入的增长起到了一定的推动作用。就业是民生之本,2006年,根据党中央和国务院的统一部署,江西省各级党和政府大力实施了积极的扩大就业和再就业政策,大量待分配者和失业人员走上或重新走上了工作岗位,随着新增就业人数的不断增加,江西城镇居民家庭平均每一就业者负担系数有所下降,家庭负担减轻,对城镇居民人均收入的增长起到了一定的推动作用。据对全省1280户城镇居民家庭生活状况抽样调查,2006年,城镇居民家庭平均每一就业者负担系数(含就业者本人)为1.87人,比上年同期的1.91人减少0.04人,下降2.09%。调查资料表明,城镇居民家庭平均每一就业者负担系数下降,已渐显出江西省实施积极的扩大就业和再就业的政策效应。(3)政府着力增强社会保障能力,进一步提高低收入群体收入水平的政策效应。社会保障是和谐之基,2006年,各级政府继续强化了对收入分配的调节功能,在收入分配上采取"调高、扩中、保低"的政策,提高了最低生活保障和最低工资标准,对低收入群体起到了托底效应。(4)各地提高了离退休职工离退休金或养老金标准,并基本实现了足额发放。2006年,江西城镇居民人均来自离退休金或养老金的收入比上年同期增长5.64%。(5)部分行政机关和事业单位职工正常晋升工资。(6)个人所得税起征点的提高,提高了城镇居民人均可支配收入水平。中国个人所得税起征点提高,由800元提高到1600元,减税即增收。调查统计资料显示,2006年,在城镇居民收入水平不断提高的同时,居民人均交纳的个人所得税比上年减少了18.97元,同比下降47.62%。(7)全民创业,富民兴赣效应渐显。随着江西省推动全民创业,加快富民兴赣战略的进一步实施,全省上下逐步形成了以创业推动发展,以创业带动就业,以创业加快致富,以创业促进和谐的新局面。2006年,仅从反映城镇居民创业致富的主要指标之一——居民人均经营净收入的走势看,已渐显全民创业,富民兴赣效应。2006年,江西省城镇居民人均来自经营净收入为653.39元,比上年同期增加120.83元,增长22.69%,比人均可支配收入增幅高11.89个百分点。

【城镇居民消费质量提高】 2006年,全省城镇居民人均消费支出为6646元,比上年增加537元,增长8.79%。城镇居民消费行为更加理性,消费内容不断丰富,消费层次稳步升级,消费结构趋向合理,服务性消费意识增强,居住和住房条件不断改善,居民生活质量提高。(1)各类消费支出全面增长。从构成消费支出的八大类看,呈现全面增长态势。具体来看:与上年比,食品支出增长5.68%;衣着支出增长12.03%;家庭设备用品及服务支出增长5.70%;医疗保健支出增长9.36%;交通与通信支出增长5.75%;教育文化娱乐服务支出增长11.07%;居住支出增长14.98%;杂项商品和服务支出增长22.12%。(2)恩格尔系数持续下降,居民生活质量提高。2006年,江西省城镇居民人均食品消费支出为2636.93元,比上年增加141.84元,增长5.68%。恩格尔系数(即食品支出占消费支出的比例)为39.68%,比上年的40.8%下降1.1个百分点。根据联合国粮农组织提出的恩格尔系数标准,在这一指标上江西省城镇居民生活已成功迈入了富裕水平行列。(3)现代家电消费热点增加,层次升级。至年底,城镇居民家庭平均每百户彩色电视机拥有量为143.96台,比上年增长3%;冰柜3.51台,增长20%;消毒碗柜10.67台,增长8%;吸尘器4.91台,增长9%;洗碗机0.54台,增长13%;摄像机3.02台,增长29%;照相机37.93台,增长2%;影碟机62.66台,增长3%;组合音响25.52台,增长4%;家用汽车1.16辆,比上年增长59%;健身器材拥有量2.45台,增长38%。(4)信息化产品消费不断升温。2006年全省城镇居民家庭平均每百户拥有移动电话147.22台,比上年增长8%,远远超过固定电话84.97台的拥有量;家用电脑37.33台,增长17%;传真机0.27台,增长69%;接入有线电视电视机125.31台,与上年基本持平;接入互联网计算机26.78台,增长5%;接入互联网移动电话7.66台,增长325%;人均通过互联网购买商品或服务的花费为12.11元,比上年增加8.61元,增长146%。(5)服务性消费大幅增长。服务性消费水平的高低是反映居民生活质量的一个重要标志。2006年江西省城镇居民人均服务性消费支出为1695.44元,比上年增加158.90元,增长10.34%,增幅高于消费支出1.56个百分点,服务性消费支出占消费性支出的比例为25.51%,比上年提高0.36个百分点。具体表现在四个方面:一是教育消费继续增加;二是健身和旅游不断升温;三是交通通信费用支出增幅较快;四是饮食消费日趋社会化。(6)住房面积扩大,居住质量提高。2006年,城镇居民家庭住人均住房使用面积为29.1平方米,比上年增长4%。在住房面积扩大的同时,居民家庭的居住质量进一步提高。到2006年底,江西省城镇居民住房成套率为94.16%,其中5.79%的家庭拥有单栋住宅,比上年提高0.26个百分点;6.49%的家庭拥有四居室,比上年提高1.46个百分点。用水方面,住房中独用自来水率为97.71%。取暖方面,35.23%的家庭拥有空调设备,较上年有所提高;燃料使用方面,28.88%的家庭使用管道煤气,比上年提高1.24百分点。

(陈志诚)

住　宅

【概　况】 城市居民住房保障问题是城市构建和谐社会的重要支撑点,是城市社会保障体系的重要组成部分,是关系群众切身利益的重大民生问题。省委、省政府将推进经济适用住房建设和完善廉租住房制度,解决中低收入和最低收入家庭的住房问题,作为贯彻十六届六中全会精神,落实科学发展观,构建和谐社会的一项重要举措,作为实施"民生工程",办好52件实事的重要内容,摆在了突出位置。省委书记孟建柱亲自提议、亲自部署,省长吴新雄亲力亲为,大力推动,省建设厅精心组织,省直有关部门积极配合,各设区市迅速行动,精心操作。全省推进经济适用住房建设和完善廉租住房制度的政策取得重要突破。

至2006年底,全省有住房公积金管理中心11个,为直属各设区市人民政府的副县级事业单位;直属于各设区市住房公积金管理中心的办事处(营业部)共87个,省直、铁路分中心2个,从业人员近700人。全省有11个住房公积金管理委员会,履行当地住房公积金的决策职能,管委会成员252名,来自于建设、财政、人民银行、有关专家、工会、缴存单位及部分职工代表,管委会主任均由分管的市领导担任。

【全力以赴推进经济适用住房建设和完善廉租住房制度】 11月7日,省长吴新雄专程到省建设厅调研、部署推进经济适用住房和完善廉租住房制度工作。省政府出台《关于积极推进经济适用住房建设和完善廉租住房制度的若干意见》,并与各设区市政府签订了责任制状;省政府连续举办两期培训班,省长吴新雄亲自讲课,确保省政府相关政策的全面准确落实;各设区市开展广泛深入细致的调查摸底和测算,制定了实施意见,科学确定了2007年经济适用住房建设和廉租住房建设的各项指标。11个设区市推进经济适用住房建设和完善廉租住房制度工作已经全面铺开。江西省推进经济适用住房和完善廉租住房制度工作得到了国务院领导和建设部的高度评价,得到了人民群众、社会各界和省内外媒体的一致好评。

【切实贯彻国家宏观调控的有关政策】 为迅速贯彻落实国办发[2006]37号文件,省建设厅及时对全省11个设区市、45个县房地产市场运行情况进行了调查。结合江西省实际,代省政府起草《转发关于调整住房供应结构稳定住房价格意见的通知》,制定《江西省城市住房建设规划编制暂行办法》,及时部署开展城市住房状况调查、住房建设规划编制、制止违规集资合作建房、进一步整顿规范房地产交易秩序等工作。11个设区市全面完成了住房建设规划编制工作,80个县(市)全部启动住房建设规划,其中44个县(市)已完成规划编制工作。在宏观调控政策的持续作用下,江西省房地产市场运行平稳,全省房地产开发完成投资增幅持续回落,增幅比上年同期回落9.7个百分点。商品房施工面积、竣工面积和销售面积增幅均呈回落态势。

【进一步加强住房公积金的监督管理】 省建设厅组织专家对各地住房公积金管理情况进行现场督查,各地公积金管理部门协助审计机构进行了专项审计,从审计情况看,全省住房公积金管理比较规范,没有出现重大问题,资产质量优于全国平均水平。截至2006年年底,归集公积金同比增长32.66%;住房消费等提取公积金同比增长57.24%;发放个人住房贷款和放贷户数,分别同比增长39.69%和10.39%;贷款回收14.77亿,同比增长34.61%,贷款逾期率仅为0.51‰。全省累计归集住房公积金140.25亿,归集余额112.53亿,为解决群众住房问题提供了有力的资金保障。

【南昌地区调整住房公积金缴存比例】 10月,省政府对南昌市政府要求调整住房公积金缴存比例作出批复,同意南昌地区住房公积金的月缴存基数在不超过当地上一年度职工月平均工资3倍的前提下,有条件的单位可将住房公积金缴存比例提高到12%,暂不具备条件的,仍维持现在8%的水平或根据条件在8%~12%之间确定缴存比例。

(任红丽　李　锋)

消费者权益保护

【概　况】 2006年,全省工商行政管理系统共查处侵害消费者权益案件2149起,案值1801.13万元;查处制售假冒伪劣商品案件2705起,案值1657.64万元;受理申诉12503件,已处理申诉12306件,调解成功11092件,挽回经济损失1252.24万元;抽检商品3688组,合格商品2679组(其中烟酒饮料食品粮食类1748组),不合格商品1009组。有效地打击了侵害消费者权益的行为,净化了市场,保障了食品消费的安全,维护了消费者的合法权益。

2006年,全省县级以上消协共受理消费者投诉9630件,解决9359件,解决率97.2%。消费者免受经济损失1207.73万元。消费者投诉总量比2005年减少了9.4%,消费者免受经济损失比2005年增加了22%。从投诉的性质上看,2006年广告问题、计量问题、假冒问题所占总量的比重有一定程度的下降,分别为0.6%、3.6%、1.4%,比2005年下降25%、

21.7%、12.5%；人格尊严问题、营销合同问题、虚假品质表示问题、安全问题所占总量的比重比2005年有明显的上升，分别上升了150%、62.1%、37.5%、30.4%。2006年投诉的主要问题为质量、价格、营销合同问题，占总量的比重分别为72%、6%、4.7%。质量问题的投诉主要集中在百货类和家用电子电器类。百货类质量问题的投诉2846件，占质量问题投诉总量的41.1%，家用电子电器类2415件，占34.8%。具体表现为通信类产品、服装鞋帽、食品等方面。价格问题的投诉主要集中在服务类。服务类价格问题的投诉329件，占价格问题投诉总量的57.3%，具体表现为电信、公用事业、食宿、文化娱乐等方面。营销合同问题的投诉主要集中在商品房、通信类产品、电信、咨询中介等方面。

【举办“3·15”国际消费者权益日纪念活动】 3月15日上午9时，由省委宣传部、省工商行政管理局、省消费者协会、南昌市委宣传部、南昌市工商行政管理局、南昌市消费者协会共同主办的“消费与环境”——2006年“3·15”国际消费者权益日宣传咨询服务活动，在南昌市八一广场隆重举行，吸引了近万名市民参与。副省长孙刚到会并讲话。

活动现场，工商、消协、质监、物价、出入境检验检疫、卫生、旅游、药监、新闻出版、房管、环保、烟草专卖、司法、仲裁、商贸、供销、公用事业管理、电力、绿色食品办、广播电视网络中心、装饰协会、餐饮（烹饪）协会等二十多个部门和单位都搭起了咨询台，开展法律法规宣传，为消费者解惑答疑，并提供咨询服务和受理消费者投诉。活动现场共发放宣传资料17500余份，接待咨询2250余人次，共受理投诉297起。其中工商行政管理部门和消协受理投诉97起。开幕仪式上还对江西省电信有限公司等15家获得中国消费者协会“诚信维权单位”荣誉称号的单位颁发了荣誉证书。

全省各地在“3·15”期间，都因地制宜，开展了形式多样、内容丰富、社会各界广泛参与的宣传咨询服务活动，向广大消费者宣传《中华人民共和国消费者权益保护法》和有关法律法规，宣传“消费与环境”年主题。举办《中华人民共和国消费者权益保护法》知识竞赛和文艺演出；开办科普展板宣传《中华人民共和国消费者权益保护法》年主题、消费者权益保护工作成果；组织宣传车下乡，开展送法律法规、放心农资、种子下乡进村活动。全省市、县党政领导参加活动的达451人次，宣传咨询服务设点685个，其中城市212个，农村473个，专家、学者提供咨询服务979人次，志愿者参加3974人次，参与市场监督检查活动206次，发放宣传材料75万份，召开消费者座谈会115次，举办新闻发布会20次，举办文艺演出，专题晚会31场次，开办“消费与环境”讲座34次，举办电视专题节目155期，举办广播专题节目62期，报刊开办专栏123个。

【开展“红盾维权进乡村”活动】 5月底至6月初，省工商行政管理局在全省组织开展以“实践先进性，维权进乡村”为主题的“红盾维权进乡村”工作。5月29日，省工商局在余干县瑞洪镇开展全省“红盾维权进乡村宣传周”活动的启动仪式，并邀请了省农机局、化肥站、省消协等有关部门共同参与。此次启动仪式现场接受咨询1750人次，发放宣传材料50000余份，受理消费者投诉261件，农机局的专家和家电维修的技术人员还现场维修了部分农机具和家电，受到农民消费者的好评。全省各市、县（区）局消保机构结合当地实际，采取了多种形式，通过广泛宣传2005年以来工商部门打假护农和消协维权成果，展示部分查获的假冒伪劣商品，发放有关宣传资料，现场受理投诉举报；运用食品安全快速检测设备在现场对部分商品进行质量检测；组织知名企业布置展台，摆放真假商品进行对比，发放商品鉴别资料，现场讲解辨别方法；请农资公司派员讲解如何从感观上辨别化肥、种子和其他农资的质量优劣；请行业协会、企业维修站派员在现场免费维修电器（冰箱、电视机）、农机具（手扶拖拉机、柴油机）等形式，提高了广大消费者特别是农村消费者的维权意识，营造农村“千家万户拒假劣”的良好氛围，维护农村消费市场秩序，收到了良好的社会效果。

【主办“玫琳凯杯——消费与环境年主题公益漫画宣传活动”】 “消费与环境”是2006中国消费者协会年主题，为深入宣传贯彻年主题，使广大消费者以及社会各界全面理解“消费与环境”年主题的含义和内容，中国消费者协会与讽刺与漫画杂志社及玫琳凯公司合作，共同举办“消费与环境”公益漫画大赛。为更好的利用漫画形式宣传“消费与环境”年主题，9月27日，中消协与江西省消协在南昌太平洋购物广场举办“玫琳凯杯——消费与环境年主题公益漫画宣传活动”。中国消费者协会新闻与事务部主任杨克、副主任尚黎、玫琳凯（中国）化妆品有限公司对外事务活动主管陆超先生，亲临南昌参加活动。宣传活动受了广大消费者的热烈欢迎，现场摆放的数千册获奖作品漫画集、有关宣传手册和环保布袋被消费者争抢一空。

【消费者投诉热点突出】 通信类产品投诉居高不下，移动电话机质量问题突出。2006年通信类产品投诉1415件，其中质量问题投诉1208件，占85.4%。在通信类产品投诉中主要是对移动电话机质量及售后服务的投诉居多。质量问题主要表现为通话质量差、自动关机、黑屏、死机、按键不灵、乱码、主板故障等等，有些过时机型的移动电话机，厂家已不生产，出现质量问题无配件不修理，以及部分低价移动电话机更是无质量及售后服务的保障。

食品类投诉质量问题突出。2006年食品类投诉1125件，比2005年下降约10个百分点，但质量问题投诉所占食品类投诉总量的比重为66.9%，比2005年上升了2.1%，比2004年上升了20.1%。食品质量问题投诉有逐年递增的趋势，农村食品市场的投诉较为突出。2006年食品类投诉的主要集中表现在质量、计量、安全问题上，食品质量问题的投诉占质量类投诉总量的10.9%，食品安全问题的投诉占安全类投诉总量的25.3%，食品计量问题投诉占计量问题投诉总量的59.4%。而质量问题中以疑质量不合格、过期失效、变质居多。

服装鞋帽类投诉不容忽视。2006年服装鞋帽类投诉1277件，占百货类投诉量的35.9%，比2005年减少了

5.1%，其中质量问题占服装鞋帽类投诉量的40.9%。2006年服装鞋帽类的问题主要表现为质量方面的问题：(1)衣服缩水、褪色、起球。(2)鞋子鞋面、鞋跟、鞋底断裂，开胶，鞋内面破损。在鞋类商品出现质量问题时，有的经销商往往不履行义务，在涉及更换、退货时，百般刁难消费者，拖延处理。(3)服装鞋帽类商品出现质量问题时，在责任及退货、换货问题上难以确定，经销商多以厂家自己的"三包"来处理问题，而消费者往往不能接受，这也是造成消费者投诉的主要原因之一。

商品房投诉持续上升，营销合同问题投诉上升趋势明显。2006年商品房投诉364件，比2005年增加12%，比2004年增加了52.9%。其中质量问题所占商品房投诉总量的比重为51.9%，比2005年下降了15.2%。营销合同问题所占商品房投诉总量的比重为25.8%，比2005年上升了58.3%。投诉集中在商品房质量和营销合同等方面。质量问题主要表现在墙面漏水，墙体开裂，管道渗漏等方面问题。合同方面问题表现为：(1)因种种原因延期交房而拒不承担违约责任。(2)不按规定办理房产证和土地证。(3)开发商不按合同约定乱收费用或重复收费。(4)购房定金问题。因消费者在所购标物信息上掌握不全以及对于格式化的认购书的条款在增加或者修改内容上处于劣势，在合同、法律知识上专业性不强，往往会冲动地签订购房定金的协议。但之后在购房合同或其他方面无法和开发商达成一致的情况下，定金无法退回，因此造成了不必要的损失。

汽车类投诉逐年递增，质量问题严重。2006年汽车类投诉107件，比2005年增加42.7%，比2004年增加78.3%。其中质量问题79件，占汽车类投诉总量的73.8%。随着人们物质水平提高，汽车消费已成为人们日常生活中的重要环节，而汽车类的投诉主要表现为质量问题，如：发动机漏油、行驶中熄火、发动机漏水打不着火、变速箱少配件、发动机电脑故障、变速箱异响、车内空调制冷差、其他部件异响等等。售后服务中主要存在以下一些问题：(1)有些消费者在购车后的一年内，在使用过程中汽车故障频发，同一种问题或是存在的安全隐患，修理多次无法解决，消费者要求换货、退货难度很大，厂家多以该厂三包没有退货、换货的规定为由，拒绝消费者的要求。(2)消费者买了车却无法上牌照。(3)部分经营者售后服务态度较差。

农用生产资料类投诉是造成重大投诉、群体上访的主要原因之一。2006年农用生产资料投诉476件，比2005年减少了19.3%，其中农机类的投诉141件，比2005年减少了24.2%，占农用生产资料投诉总量的29.6%，种子、苗木、化肥的投诉266件，比2005年减少了9.5%，所占农用生产资料投诉总量的比重为55.9%，比2005年增长了12.2%。2006年农用生产资料类投诉中存在主要问题是种子、苗木、化肥的质量问题及虚假品质表示问题，而种子、苗木、化肥的质量问题占农用生产资料投诉总量的51.5%。(1)假种、假化肥层出不穷，坑害农民。(2)种子名称及实际生长特性与说明书、包装袋及宣传广告不符、品种审定的种性介绍与实际种植性状表现存在差异，误导农民。(3)种子、苗木成活率低、结实率低或不结实。如一些新品种种子适应气候能力较差、栽种时间与当地气候环境不符，播种后农民颗粒无收。(4)大型农机质量问题突出，农民受损金额较大。

（唐锋峰）

婚 姻

【概 况】 2006年江西省婚姻登记管理工作，严格依照《中华人民共和国婚姻法》等有关法律、法规，运用法律和行政手段对婚姻行为进行指导、认定、监督和规范。认真履行职责，按照法律程序把好结婚年龄关、审核材料关、取证关、审查关、登记关，1～12月份全省共办理国内结婚登记336499对，离婚登记30395对；办理涉外、涉港澳台和华侨、出国人员的结婚登记1368对，离婚登记70对，登记合格率分别为98%和99%。全年完成婚姻证件发行371500对。

【提高婚姻登记规范化管理水平】 根据民政部2005年下发的《关于开展婚姻登记工作规范化建设活动的通知》，省民政厅及时发出《关于开展示范婚姻登记机关创建活动的通知》。全省各地以新《婚姻登记条例》出台为契机，认真领会改革的目的和要求，主动向当地党委、政府汇报，争取支持，大力推进婚姻登记管理制度的改革，婚姻登记机关的规范化建设取得了明显成效，婚姻登记工作的管理和服务水平有了显著提高。经检查验收，全省99个县(市、区)民政局婚姻登记处有17个达到全省规范化建设婚姻登记机关标准，被省民政厅授牌表彰。

【开展示范婚姻登记机关创建活动】 在全国婚姻登记规范化建设窗口单位交流互查活动中，江西省接受了民政部考核组的检查，反映良好。民政部于7月份组织了全国省际间的交流互查，江西省参与了黑龙江省、吉林省、辽宁省的检查工作，通过检查既学习了兄弟省市的先进经验和好的做法，也大力推动了江西省婚姻登记机关的规范化建设。在全国婚姻登记规范化建设活动总结暨命名表彰会议上，南昌市青云谱区，九江市浔阳区、湖口县，上饶市信州区、婺源县，赣州市于都县，吉安市泰和县，宜春市上高县等8个单位被民政部命名为"全国婚姻登记规范化建设窗口单位"，南昌市青云谱区"以人为本、规范管理、打造婚姻登记服务和谐环境"的书面经验材料在大会上进行了书面交流。

【加大涉外婚姻登记管理力度】 涉外婚姻登记关系到中国的对外形象，根据《婚姻登记条例》和全国会议的要求，江西省结合自身实际，进一步建立健全了证件管理、印鉴管理、财务管理和档案管理制度，规范登记程序，实行各负其责，挂牌上岗。为了使江西省的涉外婚姻登记工作更加规范，婚姻登记与婚姻服务分开，办理了民办非企业单位，成立了省婚姻登记服务中心。

【婚姻登记信息化管理系统已初见成效】 婚姻登记管理信息化建设，是婚姻登记管理规范化、科学化和现代化的重要内容，是打造“信息民政”的必然要求。省民政厅与软件公司共同研发了集登记、查询、统计等一套功能较齐全、便于操作的内地居民婚姻登记信息软件系统，结束了婚姻登记几十年来手工操作的历史，提高了办公效率、工作质量和婚姻登记合格率，为婚姻登记工作规范化建设奠定了基础。

（何　锋）

家　庭

【概　况】　五好文明家庭创建工作成绩显著。2006年，全省五好文明家庭创建工作按照全国妇联和省文明委的有关部署，结合江西省“科学发展、和谐创业”主题教育活动，以社会主义荣辱观教育为重点，以建设和谐家庭、促进社会和谐为目标，以面向群众、服务家庭为宗旨，开展了丰富多彩、形式多样的创建活动，取得了新的成效，先后获“全国家庭助廉教育工作先进妇联组织”、“第二届中国十大杰出母亲、首届全国优秀母亲评选活动组织奖”等全国级荣誉27个。

以社会主义荣辱观教育为重点，丰富文明家庭创建工作内涵。与家庭道德实践活动相结合，通过组织“践行荣辱观，做好妈妈、好媳妇”评选、“夸夸我的好邻居”故事会、“争做五好新女性，建设和谐新家庭”以及推动妇女自愿签订“家庭道德自律承诺状”等活动，引导广大家庭树立社会主义荣辱观，营造团结和睦的家庭氛围。与学习宣传先进典型相结合，通过组织“中国十大杰出母亲”、“首届全国优秀母亲”、“感动江西优秀母亲”等评选表彰，宣传“三八”红旗手、红旗集体等先进典型，教育引导妇女群众践行“八荣”、摒弃“八耻”。刘焕荣、钟文花、何月香、辛冬梅4位女性当选“全国优秀母亲”。与加强未成年人思想道德建设工作相结合，通过组织“知荣辱、树新风、争合格、促和谐”家庭教育宣传月、“立社会主义荣辱观，做文明守纪好学生”等活动，陶冶未成年人道德情操；通过开展“家教快乐行，亲子同成长”，组织巡回报告、家庭教育知识讲座等活动，引导广大家长“为国教子、以德育人”，促进了未成年人健康成长。与群众性精神文明活动相结合，通过组织文艺演出，编唱“荣辱山歌”，举办知识竞赛、歌咏比赛，以及开展以“亿万妇女迎奥运”为主题的群众性体育活动，丰富了群众文化生活，倡导了健康生活方式。

以建设和谐家庭为主题，打造文明家庭创建工作品牌。“学习型家庭”创建活动不断深化。各地以建设学习型社会、学习型城市为契机，开展富有时代特点、符合家庭需求的创建活动，着力增强家庭学习能力，提升家庭成员素质。全省各设区市共有11个社区被全国妇联、民政部、文化部、国家环保总局、国家广电总局联合命名为“全国学习型家庭创建示范社区”。“美德在农家”活动推陈出新。各地以服务新农村建设为主题，通过发放倡议书、宣传单，印发宣传年画，编写新农村建设“三字经”和歌曲，成立妈妈山歌宣传队、文艺宣传队等措施，动员农村妇女参与“三清三改”，改变生活方式，美化村居环境，推动乡村文明。“绿色家庭”创建活动彰显特色。各地以推进建设资源节约型、环境友好型社会为目标，开展各具特色的创建活动。省妇联与省环保局联合开展全省“绿色家庭”资源节约行动，与省环保局、江西电视台联合主办“节约进家庭·环保手拉手”活动，组织“做节约型社会的公民，你和你的家庭合格吗”问卷调查，开展“家庭生活资源节约妙招”评选等活动，取得了良好效果。各设区市通过举办生态农业开发技术培训班，设立垃圾分类投放点，开展“建设绿色环保家园我先行”、绿色家庭征文比赛和知识竞赛、环保知识展和绿色生活社区演示等措施，带动更多家庭节约资源、保护环境。“家庭助廉”活动稳步推进。各地以家庭廉政文化建设为重要内容，通过评选表彰“廉内助”、“廉洁家庭”，举办家庭助廉培训班、知识竞赛和事迹报告会，开展“做文明女性，创廉洁家庭”、“争创助廉小卫士”以及家庭助廉读书征文评选等活动，引导家庭成员廉洁奉公、反腐倡廉。省妇联、鹰潭市妇联、安远县妇联分别荣获全国家庭助廉教育工作省级、市级、县级先进集体称号，新余、南昌等市妇联荣获全国家庭助廉教育知识竞赛优秀组织奖，吉安市妇联推荐的《挂在墙上的美丽龟壳》获全国家庭助廉教育读书征文活动一等奖。“平安家庭”活动初见成效。各地以做好“四防”（防拐卖、防盗窃、防抢劫、防隐患），实现“四无”（无毒品、无赌博、无暴力、无犯罪）为重点，通过建立群众性自治组织，开展“不让毒品进我家”、“预防艾滋病、健康全家人”以及“平安家庭”、“无毒家庭”创建等活动，促进家庭平安，维护社会稳定。

以面向群众、服务家庭为宗旨，提升文明家庭创建工作水平。加强家庭问题理论研究，面对构建社会主义和谐社会对文明家庭建设提出的新要求，省妇联组织和谐家庭建设论文评选、在南昌5县（市）10个行政村开展千名妇女问卷调查等活动，提出意见建议，同时选送3篇论文参加全国“建和谐家庭，促和谐社会”论坛。拓展文明家庭创建领域，开展“巾帼文明岗”与“文明社区”结对互助活动，开展五好文明小区、五好文明村落创建活动，使创建活动由家庭扩展到城乡社区，服务社区和谐。创新文明家庭建设思路，针对流动家庭、留守家庭、空巢家庭、两地分居家庭中出现的新问题，把文明家庭创建工作与帮助困难家庭解决实际问题结合起来，省妇联通过开展“我为零就业家庭办年货、送培训、送岗位”、优秀贫困母亲救助等活动，帮助贫困家庭走出困境。

（何　颖）

【“平安家庭”创建活动取得成效】　9月1日，在山东济南召开的全国“平安家庭”创建活动现场推进会上，全国妇联、中央综治办、共青团中央、公安部、司法部、国家广电总局联合下发决定，表彰“平安家庭”创建活动先进典型。江西省9个单位获得表彰，其中九江市综治办、宜春市妇联、上饶市“平安家庭”创建活动领导小组获全国“平安家庭”创建活动先进集体称号，新余市、上犹县、南昌市东湖区获全国“平安家庭”创建活动先进市县区称号，萍乡市安源区安源镇十里村、吉安市吉州区文山街道西苑社区、宜黄县凤冈镇新斜村获全国“平安家庭”创建活动优秀示范区称号。10月8日，省“平安家庭”创建活动领导小组召开第一次全体会议，传达全国“平安家庭”创建活动现场推进会精神，总结江西省一年来“平安家庭”创建活动所取得的成绩，对下一步工作进行部署。省妇联主席、省“平安家庭”创建活动领导小组组长李亚平到会讲话，要求在今后的工作中进一步创新活动思路、创实活动基础、创造活动品牌、创优活动服务，不断增强创建活动的针对性和实效性，构筑社会稳定的家庭防线，形成“人人讲平安、家家创平安”的良好局面，为建设和谐平安江西作出新的贡献。省综治办副主任、省“平安家庭”创建活动领导小组副组长张传发主持了会议。省妇联副主席、省“平安家庭”创建活动领导小组副组长潘玉兰代表省“平安家庭”创建活动领导小组作了工作报告，对全省“平安家庭”创建活动情况进行了总结，并提出了下一步工作打算。省“平安家庭”创建活动领导小组成员单位分管领导和有关业务处室负责人参加了会议。

（熊晓斌）

计划生育

【概　况】 2006年，江西省人口总量持续低速增长，净增数量相对稳定。根据2006年人口变动情况抽样调查推算，截至2006年底，江西人口总量达到4339.13万人，其中男性人口为2219.46万人，女性人口为2119.67万人，全年净增27.89万人。从人口发展总体情况来看，2006年全省人口总量比2000年增加了190.59万人，平均每年以30万左右的人口数量增长。比20世纪90年代年均40万增量减少了近10万人口，降低了25%。说明江西自2000年育龄妇女总和生育率低于更替水平后，一直稳定在低生育水平状态，因而保持了人口总量持续低速增长的态势。但由于人口年龄结构和妇女生育周期变化，人口出生率逐步回升，人口低速增长的最低极限已经到了拐点，2006年全省人口净增量基本保持了上一年近28万人的水平，增长规模相对稳定。

人口自然增长率下降幅度减缓，稳定控制在政府计划目标以内。江西在计划生育政策逐步深入人心和人们少生快富、优生优育观念的推动下，尽管受年龄结构和育龄妇女生育周期的影响，出生水平从2005年开始有所回升，但回升幅度较小，因而全省人口自然增长水平总体上保持了下降但幅度减缓的趋势。2006年全省人口出生率为13.80‰，死亡率为6.01‰，人口自然增长率为7.79‰，与20世纪80年代14‰和20世纪90年代12‰的平均水平相比，人口自然增长率下降幅度分别为6.21和4.21个千分点，与2000年相比，下降幅度减少为1.69个千分点，与2005年相比，人口自然增长率下降幅度仅有0.04个千分点。从政府计划目标执行情况来看，2006年全省人口出生率与计划目标值13.80‰持平，人口自然增长率比计划目标值7.80‰低0.01个千分点，人口总量比计划目标值4345万少5.87万人。数据显示，江西已圆满完成了2006年国家下达的人口计划目标。

人口密度不断增加，地域分布格局依旧。江西自20世纪70年代末实行计划生育政策以来，始终坚持因地制宜、合理控制原则，使得人口总量快速增长势头得到有效的控制。但由于人口基数较大，江西在低生育水平的情况下平均每年还以30万左右的总量水平增加，因而保持了人口密度逐年上升的格局。1990年全省人口密度为每平方千米222人，2000年增加到249人，到2006年，人口密度又增加到每平方米260人，16年间每平方米共增加了38人。同时，由于各地的增长速度不同，因而人口在自然地理分布上，一直存在以中部地区人口稠密，东南部地区人口相对稀少的格局。2006年，江西人口密度最高的设区市是南昌市，达到每平方米613人，人口密度最低的是吉安市，为每平方米187人。11个设区市中人口密度高于全省平均水平的有南昌市、景德镇市、萍乡市、新余市、鹰潭市、宜春市、上饶市，其他各设区市人口密度均低于全省平均水平。

家庭户规模向小型化发展，婚姻关系基本稳定。家庭户规模呈逐步缩小趋势，以两代户为主要特征的小型化、核心家庭占主体。20世纪80年代初全省家庭户规模为4.94人，到20世纪90年代初减少到4.40人，2000年又减少为3.76人。到2006年，全省家庭户规模只有3.37人。其中两代户的比例占59.86%；单身户比例占6.32%，一代和三代及以上户的比例之和只占33.51%，这就是说，相当于一半以上的家庭为两代户的小型家庭，代际减少、结构简化的三口之家核心家庭成为家庭户主体。2006年全省15岁及以上人口中，有配偶比例占75.65%，达到最高水平；未婚者占17.45%；丧偶者占5.62%；离婚者占0.82%。城镇离婚比例高于乡村，城镇丧偶比例低于乡村。总体上说，江西已婚人口婚姻关系还比较稳定。

人口城镇化进程继续加快，城镇化水平再创新高。2006年底，全省城镇人口达到1678.38万人，占总人口的38.68%，与上一年相比，城镇人口增加了78.91万人，比重提高了1.58个百分点。与2000年相比，城镇人口增加了529.65万人，比重提高了10.99个百分点。江西城镇化水平自2000年以来，平均以每年近2个百分点的速度增长，是新时期人口城镇化发展较快的时期，在中部六省中也处于领先位置。

教育事业全面发展，人口文化素质明显提高。江西随着“科教兴赣”战略实施，政府对教育的投入逐年增加，基础教育和成人教育在大力发展，学龄儿童和初中适龄人口入学率和升学率大幅度上升，高等教育普及程度不断提高。特别是2006年，全省以农村义务教育为重点，全面推进了基础教育事业。2006年江西学龄儿童入学率已达99.05%，小学升学率达到百分之百，初中升学率达到71.36%，分别比上一年提高了0.04、0.54和0.42个百分点；在全省6岁及6岁以上各种文化教育程度人口中，每10万人口中具有大专以上文化程度的有5050人，高中文化程度的有1476人，初中文化程度的有36830人，小学文化程度的有35742人。与2000年相比，每10万人口中拥有小学文化程度的人数减少了6556人；拥有初中、高中和大专以上文化程度的人数分别增加了490、400和2226人。其中男性人口明显高于女性，城镇人口高于农村。

劳动年龄人口不断增加，“人口红利”赢得经济快速发展。2006年，江西15～64岁劳动年龄人口达到

2987.49万人，占全省总人口的68.85%，总抚养比为45.02%。与2000年相比，劳动年龄人口增加了247.36万人，比重上升了1.02个百分点，与上年相比，增加了31.7万人，上升了0.29个百分点。总抚养比大大低于1964年的77.83%，也低于2000年的47.43%。也就是说，全省劳动力年龄段的人口继续维持在70%左右，相当于每10个劳动年龄人口负担的非劳动年龄人口由40年前的7个减少到目前的5个，抚养负担明显减轻。江西仍处于劳动年龄人口的“黄金”时期，即“人口红利”期。这个时期，对江西“十一五”规划期间的经济发展将会带来丰富的收益。

65岁以上老年人口比重不断提高，养老保障压力加大。按照国际人口年龄类型标准，65岁以上老年人口比重7%以上、老少比(65岁以上人口与0～14岁人口比例)30%以上、0～14岁少年儿童人口比重30%以下、年龄中位数30岁以上属于老年人口类型。根据2005年1%人口抽样调查资料，江西在“十五”计划期末已进入了人口老年型社会，跨入了老龄化时代。2006年，江西65岁以上老年人口达342.36万人，占总人口的7.89%，与上一年相比，老年人口增加了25.48万人，比重上升了0.54个百分点，意味着老年人口比重在提高，人口老龄化程度在加快。江西在“未富先老”的情况下，加速老龄化进程，进一步加重了家庭赡养和社会经济负担，加大了社会就业压力，对养老保障问题提出了新的挑战。

从2006年人口增长的总体趋势来看，江西人口发展虽然趋于平稳有序的态势，但也不得不清醒地认识到，在今后一段时间内，人口与经济社会发展的矛盾依然尖锐，面临的问题依然存在。特别是第四次人口生育高峰期到来，稳定低生育水平的任务仍然十分艰巨。这对一个经济基础比较薄弱、人口整体素质不算太高、出生人口性别比持续偏高、人口老龄化加剧、劳动就业压力较大的省份来说，无疑带来了巨大挑战。2006年，江西省计划生育各部门做了大量工作。

低生育水平继续保持稳定。江西计划生育部门坚持把人口和计划生育工作重点放在农村，将农村人口和计划生育工作积极融入新农村建设之中。一是不断深入计划生育宣传教育，加大政策宣传力度，社会上一度出现的对生育政策的误解逐步得到澄清，社会舆论越来越有利于人口和计划生育工作。同时“婚育新风进万家活动”常抓常新。二是进一步规范生育秩序和生育行为。认真开展社会抚养费征收、违法生育处罚、避孕节育措施落实“三兑现”活动，清理城镇居民、党员干部、流动人口违反政策生育行为。2006年，全省处理党员干部超生1759人。三是不断加强流动人口计划生育管理。江西省与上海市建立区域协作制度，部分市、县在流出人口集中地建立流动人口计划生育协会，或派出人员协助流入地做好流动人口管理服务工作，同时充分发挥流动人口计划生育信息交换平台作用，提升信息质量。据调查统计，2006年，江西省人口出生率和自然增长率分别为13.8‰和7.79‰，完成了人口控制目标，保持了低生育水平的稳定，提高了生育政策到位率。

治理出生人口性别比偏高问题取得明显成效。“关爱女孩行动”不断深化，其内容、形式、载体得到丰富，连续第三年组织开展了出生人口性别比专项整治活动，进一步规范B超检查、引产、销售终止妊娠药品等行为，通过分解任务、目标管理、专项督查、重点指导等举措，始终将打击“两非”行动保持高压态势和浓厚氛围。对溺婴和残害女婴行为进行严厉打击，严肃查处一批违法犯罪人员。2006年，全省查处“两非”案件372件，受到党纪政纪处分人员167人，被追究刑事责任的人员12人，被吊销执业证照的医务人员122名，罚款508万元。全省出生人口性别比由2005年的100:127下降到2006年的100:122。

计划生育工作思路和方法发生实质性转变。江西省不断推进人口和计划生育工作新机制建设，全面贯彻依法行政，稳步实施计划生育村民自治，不断加强综合治理，广泛开展计划生育优质服务，启动了婚育新风入脑、优质服务入户“双入工程”，大规模开展了“关爱妇女生殖健康”活动。2006年，全省有60多万育龄妇女接受了免费生殖健康检查。同时，全面实施信息化带动工程，全省普遍推行网络版育龄妇女个案信息管理软件，进一步提高了计划生育管理服务水平。特别是计划生育利益导向机制建设有较大突破，原来法律法规规定的计划生育家庭奖励政策，包括独生子女父母奖励费、为纯二女夫妇办理养老保险等，在越来越多的地方得到较好落实。近年来出台的奖励优惠政策，比如农村部分计划生育家庭奖励扶助政策、农村0～6周岁独生子女健康平安保险、农村独生子女和纯二女中考加分等，逐步走上制度化、规范化轨道，使越来越多的计划生育家庭得到实实在在的好处，群众对计划生育工作满意度明显提升。

人口和计划生育工作环境进一步优化。2006年初，省委、省政府召开了全省人口和计划生育工作座谈会。江西省还就人口和计划生育工作限期整改和重点管理、省直有关单位职责分工、人口和计划生育工作新机制建设等出台了多个文件，先后组织了关爱女孩行动、综合治理出生人口性别比偏高问题专题督查和对设区市党政领导2006年落实人口和计划生育责任制情况的考核检查，进一步完善了有关政策措施。各级党委政府把人口和计划生育工作摆到了更加重要的位置。综合治理格局初步形成，相关部门的职责进一步明确，在政策支持、信息沟通、工作配合、责任落实等方面更加积极主动，工作合力有所增强。各级政府对人口和计划生育事业的财政投入有较大幅度增长，省本级投入接近人均1元，多数市、县财政投入都达到甚至超过省里年初提出的要求。

计划生育基层基础工作得到新的加强。一是进一步发展计划生育村(居)民自治工作成果，在拓展计划生育村(居)民自治工作推广面的基础上，重点抓自治水平的巩固提高，以落实群众计划生育主人翁的地位为核心，进一步规范了计划生育村(居)民自治办法(村规民约)，积极推行村(居)务公开，实行计生专干竞聘上岗制度。二是按照“以县站为龙头、乡(镇)中心所为骨干、乡镇服务所为依托、村服务室为基础、流动服务车为纽带”的总体发展格局和经济、实用、效益优先的基本要求，不断加强计划生育技术服务网络，规范服务程序和质量标准。2006年，全省集中力量抓了乡中心所建设，充分发挥乡所作用。三是注重加大后进转化工作力度。省计划生育领导小组对基础较薄弱以及工作出现明显滑坡的5个县实行了限期整改管理并进行重点督导，促进了后进地区工作上水平和全省整体工作均衡发展。

2006年，全省人口和计划生育工作虽然取得新进步，但是面临的形势仍很严峻。当前江西省人口和计划生育工作存在的突出问题：政策内生育率偏低，全省计划生育率只有85%，离政策要求相差15个百分点；人口出生率偏高，全省人口出生率为13.8‰，明显高于全国平均水平；出生人口性别比偏高，全省出生人口性别比仍然高达100∶122，高出正常范围15%以上。

【全省人口和计划生育工作座谈会召开】 2月12日，省委、省政府在南昌召开全省人口和计划生育工作座谈会。参加会议的有各设区市委书记、市长和县（市、区）委书记或县（市、区）长，省计划生育领导小组成员，各设区市人口计生委主任。省委书记孟建柱在会上强调：做好新时期的人口和计划生育工作，必须牢牢把握四个关键：(1)人口和计划生育领导责任只能进一步加强，不能削弱。(2)人口和计划生育事业经费财政投入只能增加，不能减少。(3)人口和计划生育综合治理只能进一步强化，不能弱化。(4)人口和计划生育队伍建设只能进一步加强，不能削弱。

【省人口计生委出台《关于切实把农村人口和计划生育工作融入社会主义新农村建设的意见》】 文件于5月16日发出。规定的发展目标是：(1)统筹解决好农村人口问题，农村低生育水平继续保持稳定，人口素质进一步提高，人口结构得到优化；(2)逐步建立和完善农村计划生育利益导向和社会保障机制，计划生育困难家庭的生活得到明显改善；(3)农村人口和计划生育宣传、服务阵地建设纳入村镇规划，设施更加完善，环境更加优美；(4)以婚育新风进万家为载体的新型生育文化进入农村千家万户，按照“五新一好”（新观念、新行为、新农民、新风貌、新家庭，生育政策落实好）的要求，建设一批生育文明村，广大农民群众自觉用科学文明进步的婚育观念指导婚育行为；(5)农村计划生育家庭生活宽裕、幸福美满，自身得到全面发展；(6)农村计划生育管理民主、规范，计划生育村民自治得到全面推行，以村为主开展人口计划生育工作的格局基本形成。

【《建立完善人口计划生育工作新机制意见》出台】 6月13日，省委办公厅、省政府办公厅出台《建立完善人口和计划生育工新机制意见》，要求全省在2010年基本建立起人口和计划生育工作新机制；2006～2010年，生育政策进一步得到落实，低生育水平继续得到稳定，育龄妇女综合生育率稳定在1.8左右；出生人口性别比明显下降；出生人口素质有所提高，出生缺陷发生率有所降低。

【开展关爱女孩行动和综合治理出生人口性别比偏高问题督查】 10月16～29日，省计划生育领导小组组织11个督查组，分别由省卫生、药监、民政、农业、科技、广电、公安、监察、财政和人口计生委等10个部门的厅级领导带队，对全省11个设区市及19个县（市、区）开展关爱女孩行动和专项治理出生人口性别比偏高问题的情况进行了督查。省政府对督查情况进行了通报，指出了整治工作发展不平衡、有些地方查处“两非”力度不大、综合治理合力不强和奖励政策兑现不及时等问题，针对存在的问题，提出了进一步做好工作要求。

【建立省人口统计信息分析联席会议制度】 联席会议成员单位有省计委、省计生委、省统计局、省公安厅、省卫生厅、省民政厅、省教育厅、省劳动保障厅等8个部门，制定了人口信息互通共享框架协议，按照“合作、交流、共享、互赢”的原则，以需求服务为先导，以信息互通平台为载体，以联席会议为主要形式，通过部门信息资源的互通，开阔视野，充分发挥各单位的优势和特色，积极拓宽合作领域，提高合作水平，形成合作互动、优势互补、互利共赢的格局。原则上于每年召开一次联席会议，其任务是在互通共享人口有关数据信息资源的基础上，对年度人口形势、有关人口统计数据，特别是对人口出生、死亡、自然变动、户籍登记和迁移变动、婚姻登记、人口劳动就业和流动、受教育情况等有关统计数据信息进行分析。

【南昌市青云谱区关爱女孩行动成效明显】 (1)把“关爱女孩行动”纳入政府行为，摆上党委政府的议事日程区，年初作下达工作任务，年底进行检查考核，检查结果与干部奖惩挂钩。(2)利用简报、专栏、画廊、规范的标语口号、宣传栏、大型宣传牌等形式，宣传“女孩也是传后人”、“生男生女一样好”等新型婚育观念，同时把“关爱女孩行动”融入“5·29”计生协会日、“7·11世界人口日”、“三下乡”、“防艾滋病宣传日”等各种系列宣传活动。(3)各相关部门配合，从不同层面、用不同形式开展丰富多彩的“关注女孩，关爱女孩”的宣传活动。区妇联联合开展“女子成才、巾帼建功”等女性成功典型演讲活动，激发广大女性建立起自强、自立、自信的观念；区文化广播部门联合开展送戏下乡活动，开展多种形式的“关爱女孩行动”为主题的文艺活动；区团委开展青少年“婚育新风好”征文比赛活动。(4)完善“关爱女孩行动”的利益导向机制，为女孩户制定了一系列奖励扶助政策。纯女结扎户办理养老保险，独女户家庭，每月享受8元的保健费，并为农村二女户不再生育和独生子女家庭的子女在中考时，享受加10分的优惠政策。

【景德镇昌江区从源头上解决出生人口性别比升高问题】 (1)建立教育体系，增强干部群众法制观念。宣传保持出生人口性别结构平衡的重要性和出生人口性别结构失调的危害性，营造有利于女婴出生、女孩成长的社会环境。(2)完善和落实孕妇B超检查使用登记制度、孕妇16周以上终止妊娠批准制度、责任追究制度、孕妇监测和随访制度、终止妊娠药品监管制度、婴儿出生死亡报告制度、胎儿性别鉴定制度、协调会议制度、举报奖励制度等九项管理制度。同时严把《医疗执业卫生许可证》发放关，严格妇科、产科、计划生育四项手术的发证标准，对B超和染色体检查、引产、接生实行“三定点”服务。(3)建立多方位、多层次的监督体系。人口计生部门重点监管符合政策怀孕的育龄妇女,对每名符合政策怀孕的妇女签订一份合同,实行名单化管理,定期进行随访;卫生部门重点监管B超室、病理室和妇产科及其人员;药品监管部门对新生儿接生、16周以上孕妇终止妊娠、育龄妇女摘取节育环和经营使用终止妊娠药品实行定点。医院与B超室、妇产科主任,科室主任与B超操作员、化验员和妇产科医生层层签订禁止“两非”协议书。医生给孕妇做B超检查时,要求两名医生必须同时到场同时签字,查验相关证明并做好详细记录。同时各地张贴打击“两非”有奖举报通告,设立举报箱,依靠群众实行监督。

【新余市推行“六项关爱工程”】 (1)推行关爱女孩及其家庭健康工程。在市、县、乡三级计生服务机构建立了优生咨询室,在人口计生网开设了优生优育专栏。(2)推行关爱女孩成长工程。在义务教育期间,对农村一女户、二女户减免50%的学杂费对农村一女户、二女户实行中考优惠加20分、独生子女中考优惠加15分。(3)推行关爱女孩家庭少生快富工程。实施“20万农民工就业技能培训”计划,为1.2万余名农村纯女户家庭剩余劳力进行了就业技能培训。(4)推行关爱女孩及其家庭温暖工程。对农村独生子女家庭和二女户家庭的父母及其未成年子女,实行“三免四减半”(即:门诊患者免交普通门诊挂号费、肌肉注射费、小换药费,住院病人的“三大常规”检查费、胸片检查费、普通床位费、三级护理费各减50%)。(5)推行关爱女孩及其家庭保障工程。为11193.5户农村独女户、二女户夫妇办理计生养老保险,为1.5万名0~6周岁的农村独生子女办理爱心保险。(6)推行关爱女孩及其家庭维权工程。成立了维护妇女儿童合法权益联席会,设立了妇女维权合议庭、妇女维权投诉站和妇女维权岗,开通妇女维权“12338”服务热线。

【分宜县构建计生药具使用不良反应工作新机制】 (1)建立使用药具反馈制度,设立计生药具咨询专栏,开通计生药具不良反应咨询热线,每年组织对使用避孕药和计生药具育龄群众进行问卷调查,及时收集对使用不同计生药具的育龄群众的意见。(2)建立生殖健康检查制度,每年对使用计生药具的育龄群众进行生殖健康普查,完善使用计生药具育龄群众生殖健康档案,对患有阴道炎、宫颈炎等不同妇科病的育龄妇女,实行一人一卡制。(3)建立不良反应跟踪服务制度,各地根据使用计生药具育龄妇女的年龄、使用时间、结婚时间等情况进行分类归档,每年对不同类别的对象进行抽查,对使用药具出现的阴道炎、宫颈炎等情况的育龄妇女,及时组织培训,耐心细致地宣传讲解,讲清原因,提出改进办法。对口服避孕药,使用皮埋剂的对象定期进行血糖、血脂、血压、肝功能等多项指标检查。

【鹰潭市在外出流动人口集居地建立流动人口计生协会】 (1)分别到上海、北京、福建、温州等地与当地政府、人口计生部门联系,就流出地与流入地如何共同管理、服务辖区内流动人口进行商讨,并取得相互支持,达成共识。(2)各县(市、区)及其乡镇对外出务工人员进行全面摸底、登记,将基本摸底情况告知驻外办事处进行复核,并与流入地联系,采取发一封信、印制宣传单等形式,将有关计划生育政策、生殖健康和优生优育知识、防艾滋病知识以及设立流动人口管理协会的目的意义宣传到每个外出务工人员,积极动员他们参与流动人口管理协会。(3)通过各种渠道,找到一些有影响和名望的鹰潭籍商人,通过他们与外出务工经商的名流联络,形成鹰潭籍外出人员网络的中坚力量,这部分人既有一定的经济实力,又热心社会事业,并经常帮助外出务工经商的同乡解决资金、经营、维权等方面的实际问题,在这些人的影响和带动下,周边的群众踊跃参加计生协会组织。11月12日,鹰潭市计划生育协会上海分会正式成立,实现了外出流动人口自我管理、自我教育、自我服务。

【大余县重视调动村组计生人员工作积极性】 (1)落实工资、福利待遇。村专干享受村副主任工资待遇,不占村职数,工资收入每月平均达300元以上,由县财政每月按时拨入村专干个人账户,同时每人每年享受县财政补助120元,列入县财政预算;组服务员、中心户长每人每月的工资补贴由原来的10元提高到每人每月20元,按月兑现,由县财政每月划拨到县人口计生委专户,再由人口计生委统一划拨到每个组服务员、中心户长个人账户。(2)落实政治、权益待遇。村专干都参加村两委决策工作;在发展新党员、培养后备干部、评先评优时,优先考虑村专干和组服务员、中心户长。群众申请办理各种计划生育证件、办理户口迁移手续、申请宅基地等,先由组服务员和村专干审定,才能逐级办理,树立她们工作威信,激发她们的工作热情和积极性。2006年,全县有6名村专干当选为村副主任以上职务,8名组服务员当选为村干部,10名村专干和组服务员加入共产党组织;获县以上表彰的乡计生工作人员有60人次,村专干有42人次,组服务员有86人次。

【高安市推行“五项服务”】 (1)开展生产帮扶服务。针对当前农事,对贫困计生户、缺劳户、缺资户开展帮资金、帮劳力,帮技术,帮助他们搞好春耕生产。(2)开展生育技术服务。广泛宣传计划生育奖扶政策,传送优生、优育、优教知识,转变群众的生育观念,同时还对广大育龄群众积极开展了查病、治病、防病等咨询和服务。(3)开展便民技术服务。聘请了市农机局、市农业局的技术人员和专家深入到一线开展修理、咨询等便民服务。(4)开展亲情结对服务。要求下乡计生干部每人至少要与一户计生贫困户结成帮扶对子,从生产、生活、生育上实行整体帮扶,跟踪服务,并把服务业绩列入个人年终考核内容。(5)开展民心工程服务。深入农户家中调查核实奖励扶助对象,确保新增对象一个不漏地享受国家奖扶政策,同时继续加大推行绿色养老工程及中考加分政策,让计生家庭真正得到实惠。

【安福县举办“知荣辱、树新风、小手牵大手”演讲比赛】 该县计生委、县教体局、县妇联联合举办“知荣辱、树新风、小手牵大手”演讲比赛。选手们由全县各中小学推荐,以自身的切身实际为题材，以“男女比贡献、女儿也是传后人、男孩女孩一样好、谁说女儿不如男”为演讲主题，宣传现代女学生要自强、自立、自尊、自爱、巾帼不让须眉，号召并激发大家摒弃“重男轻女”的旧思想。通过生动的演讲活动，激发女孩奋发向上，提高自身素质，体现自身价值。

【抚州市关爱女孩行动特色鲜明】(1)政策推动。市委、市政府出台《关于在农村推行计划生育二女户保险的实施意见》《关于在全市农村推行计划生育0~6周岁独生子女健康平安保险的通知》和《关于对农村部分计划生育家庭实行奖励扶助的意见》等多个文件，对各相关部门的职责作了详细划分，通过政策的“含金量”和吸引力，真正使生育女孩的家庭在社会上有地位、经济上有实惠、生活上有保障，切实改善女孩的生存和发展环境。(2)部门带动。发挥职能部门的作用，鼓励社会共同参与，为农村独生子女户、二女户等计划生育的家庭提供系列政策优惠。农村一女户、二女户家庭的父母及其未成年的女孩，在县乡两级医院就诊时，凭奖励扶助优惠卡免交挂号费，检查费、治疗费、手术费及住院床位费按国家规定的收费标准减免15%。(3)全面互动。市委、市政府明确提出采用“三个一点”的办法解决资金问题，即财政拨付一点、社会集体赞助一点、个人捐一点。2006年，抚州市扶贫办拿出10万元资金帮扶贫困的农村二女户家庭，用于临川区“关爱女孩行动”。企业老板、党政机关干部、群众也纷纷慷慨解囊，捐资助学。

【金溪县用“六个一”管理流动人口】该县在对流动人口进行清理的基础上，注重完善以合同为纽带的流动人口管理办法，建立了流动人口查验证制度、合同制度、流动人口生育审批制度和查孕制度，明确了育龄妇女外出前必须落实“六个一”，即办理一份《流动人口婚育证明》、签订一份外出计划生育合同书、进行一次健康检查、约定一个联系方法、落实一项节育措施、外出三个月以上寄回一份环孕检证明。（李先春）

妇女儿童

【妇女儿童发展纲要实施情况良好】全省各级政府及有关部门认真贯彻男女平等基本国策和儿童优先原则，实施《江西省妇女发展纲要(2001~2010年)》和《江西省儿童发展纲要(2001~2010年)》(简称“两纲”)，抓住两纲中期评估的契机，通过宣传培训、协调推动、调研督导、监测评价、示范帮扶和开展项目等，推进妇女儿童事业取得新发展，使妇女儿童较好地享受到经济社会发展的成果，尊重妇女、关爱儿童的社会风气日益浓厚。

全省两纲中期评估结果显示，妇女纲要17项可量化主要目标涉及的37项支持性指标中，有10项指标已达标，20项指标可望达标；16项非量化评估目标全部可望达标。儿童纲要12项主要目标涉及的70项支持性指标中，22项已达标，29项可望达标；无支持性指标的6项主要目标均可望达标。特别是降低孕产妇死亡率、孕产妇住院分娩率、婴儿及5岁以下儿童死亡率、初中阶段女童毛入学率、中小学三类残疾儿童入学率、高中阶段女性入学率等重点指标取得了突破性进展。

妇女就业机会增加，享有平等的社会保障权利。2006年全社会女性就业人员812.52万人，比2000年增加68.77万人，增长8.5%。城镇登记失业人员女性比重下降，社会保障工作进一步加强。查处违反女职工特殊劳动保护案件的力度加大，维护了女职工合法权益。

妇女参与决策和管理的人数增加，水平提高。妇女干部占干部总数比例逐步提高，2006年全省女干部为33.35万人，占干部总数的33.07%。各级党政领导干部中女性比例略有提高，设区市党委和政府领导班子中女干部配备率均达100%，县级党委和政府领导班子中女干部配备率分别达到93.94%、86.87%。省、市、县政府部门领导班子中女干部配备率明显提高。2006年全省城镇居委会成员中女性占70%。

妇幼保健得到加强，孕产妇与儿童的死亡率下降。2006年全省孕产妇死亡率为34.33/10万，比2000年的50.01/10万下降了15.68个十万分点；婴儿和5岁以下儿童死亡率分别从2000年的34.80‰和43.40‰下降到2006年的16.80‰和21.40‰，下降了一半。全省孕产妇住院分娩率为91.57%，农村孕产妇住院分娩率达91.52%，农村高危孕产妇住院分娩率达99.52%，非住院分娩中新法接生率达97.31%。全省99个县(市、区)的新生儿破伤风发生率均控制在1‰以内。儿童计划免疫“五苗”(卡介苗、脊灰疫苗、白百破三联制剂、麻苗、乙肝疫苗)接种率均在99%以上。

妇女儿童受教育面扩大，受教育水平提高。2006年全省小学学龄儿童净入学率为99.64%(其中女童为99.70%)，比上年提高0.63个百分点(其中女童提高0.65个百分点)，小学五年巩固率为88.61%，初中阶段毛入学率为118.33%。高中阶段教育和高等教育发展迅速，高中阶段毛入学率达61.34%，其中女性毛入学率为57.45%。青壮年女性文盲得到有效控制。

妇女儿童权益得到较好保护，社会地位得到提高。省、市和部分县(区)建立了维护妇女儿童合法权益联席会议制度，相关法律法规宣传教育力度加大，各类侵害妇女儿童权益的违法犯罪活动受到严厉打击，社会化维权网络进一步形成，为妇女儿童提供法律服务和法律援助，维护妇女的人身和财产权利，控制未成年人犯罪，减少重新犯罪。

妇女儿童生存环境进一步优化，生活质量明显提高。2006年全省农村卫生厕所人口覆盖率达61.44%，农村改水受益率达到92.60%，农村自来水普及率达46.67%，农村粪便无害化处理率达33.34%，城市污水处理率达34.93%，城市生活垃圾无害化处理率为50.69%。社会福利设施不断完善，妇女儿童享有社会福利的水平提高，妇女儿童参与环境保护的意识增强，困境中的儿童得到保护。

与此同时，妇女儿童事业投入仍然不足，城乡发展、妇女儿童发展与经济社会发展存在不平衡，部分指标与两纲终期目标相比有一定差距。

【举办两纲中期评估业务培训班】 3月31日至4月3日,省妇儿工委办公室在新余市举办全省两纲中期评估工作骨干培训班,就两纲各领域的评估督导工作进行业务培训。省妇儿工委副主任、省妇联主席李亚平出席并讲话,新余市副市长毛木根致词。宜春市、分宜县分别介绍了开展两纲监测评估的经验。来自全省11个设区市卫生、教育、劳动保障、统计等部门以及14个示范县妇儿工委办的人员100余人参加了培训。

【开展两纲中期评估督导工作】 6月21日,省妇儿工委在南昌召开全省两纲中期评估督导工作会议,研究部署省级赴设区市中期评估督导工作。副省长、省妇儿工委主任胡振鹏出席并讲话。省妇儿工委副主任、省妇联主席李亚平代表省妇儿工委作了具体布置。会议通报了全省中期评估工作流程和各地各部门开展中期自评的情况,确定省级评估督导组名单和督导时间、线路及要求。省妇儿工委副主任、省发改委副主任王平主持会议。教育、卫生、统计、妇联等部门的负责人,省妇儿工委有关成员单位的专家,各设区市妇儿工委办公室主任40余人参加会议。会后,省妇儿工委抽调卫生、教育、公安、民政、人事、劳动保障、建设、文化、统计等部门的专家和专业工作者30余人,组成4个省级评估组,由省教育厅、卫生厅、统计局、妇联的负责人带队,于6月26日至7月11日分赴11个设区市和分宜县、信州区、贵溪县等地评估督导。通过听取汇报、座谈交流、查阅资料、现场考察、入户访谈,综合分析评价了各设区市和抽查县的妇女儿童发展情况。

【国家两纲中期评估督导组对江西省进行评估督导】 10月9~16日,由中纪委委员、全国政协委员、原全国妇联副主席沈淑济和全国政协委员、原中直机关工委副书记王景茂任组长的国家两纲中期评估督导组一行10人,对江西省实施两纲进行了评估督导。国家督导组听取了副省长、省妇儿工委主任胡振鹏关于江西省实施两纲情况的专题汇报以及省卫生厅、省教育厅、省劳动保障厅、省委组织部的重点发言;分领域和专题进行了座谈交流;查阅了相关文件资料;在省妇儿工委、省政府办公厅、省发改委等部门负责人陪同下,先后考察了省妇幼保健院、省女子监狱和南昌市职业介绍服务中心;抽查了分宜县,听取了县委、县政府实施两纲情况汇报,考察了县医疗保健机构、中小学、幼儿园、社会福利院、妇儿活动中心,以及乡村学校、卫生院(室)、敬老院、村委会、企业等,走访了8户农户。国家督导组在赣期间共组织召开汇报会、座谈会、反馈会8次,检查督导了省、县、乡、村的24个单位。在反馈会上,国家级督导组对"十五"计划期间江西省实施两纲取得的成绩给予了高度评价。

【儿童意外伤害宣传干预、留守儿童社会支持等项目实施】 在国务院妇儿工委办和联合国儿童基金会支持下,省妇儿工委办围绕两纲重点难点指标,积极争取并认真实施有关项目。先后执行了儿童意外伤害宣传干预、人大代表政协委员关注儿童问题项目和儿童纲要监测(修水县)、留守儿童社会支持(渝水区)、预防人感染高致病性禽流感的社区宣传(东乡县、遂川县、永修县、宁都县、贵溪市、青云谱区)等试点项目,争取项目经费16万元,组织开展了一系列项目活动。

(谢小云)

【《江西省实施〈中华人民共和国妇女权益保障法〉办法(修订稿)》施行】 11月23日,江西省十届人大常委会第二十五次会议通过了《江西省实施〈中华人民共和国妇女权益保障法〉办法(修订稿)》。新办法增加了保障妇女工作必要经费、夫妻共有财产可实行联名制、保护女童受教育权、女职工因工导致妊娠中止享受工伤保险待遇、婚姻登记机构告之义务、侵害妇女合法权益行为曝光及处理等方面的新规定,于2006年12月1日起施行。新办法的通过使江西省维护妇女合法权益的法规体系得到进一步完善,体现了省人大对维护妇女合法权益工作的高度重视,也标志着省妇联积极推动源头维权工作取得重大进展。

(熊晓斌)

【城乡少年儿童手拉手互助活动举行】 5月27日,由省妇联主办,省儿童少年活动中心承办的"爱心手拉手,共建美好江西"为主题的城乡少年儿童手拉手互助活动在南昌五星清华希望学校隆重举行。省妇联主席李亚平出席并讲话。省妇联向该校资助了一批教学设备。省儿少活动中心与该校签订了"爱心手拉手合约",并向40名特困学生资助了本年度书杂费和文化生活用品。资助方"爱心使者"代表宣读了"爱心倡议书",向全省少年儿童发出倡议。城乡少年儿童手拉手开展结对交友、共跳集体舞、共绘"友谊树"、走访慰问特困学生家庭等活动。省儿少活动中心、南昌五星清华希望学校师生以及新闻单位记者等800余人参加了活动仪式。

(石爱忠)

【"春蕾妈妈"与贫困女童结对认亲活动开展】 为赋予"春蕾计划"新的内涵,从2月28日开始,省妇联、江西日报社联合在全省开展为贫困女童寻找"春蕾妈妈"的活动,让爱心人士与贫困女童结对认亲,在学习、生活和精神上给予全面关爱。5月30日,"春蕾妈妈结对认亲仪式"在南昌举行。副省长、省妇儿工委主任胡振鹏,省关工委主任周埶平,省妇联主席李亚平,江西日报社总编彭春兰,省文明办主任杨六华等出席并为"春蕾妈妈"颁发荣誉证书,李亚平作了讲话,12对"春蕾妈妈"和"春蕾女童"代表参加了仪式。截至12月底,全省共有1000多对"春蕾妈妈"与春蕾女童成功结对认亲。

【江西省小公民道德建设暨"双合格"家庭教育宣传实践活动领导小组成立】 5月18日,由省妇联牵头,省文明办、省教育厅、团省委等13个部门联合成立了江西省小公民道德建设暨"双合格"家庭教育宣传实践活动领导小组。副省长、省妇儿工委主任胡振鹏任组长,有关部门领导任副组长和成员。

(黄陶青)

【第三届江西省十大女杰评选活动揭晓】 2月开始,省妇联举行"仁爱女子杯"第三届江西省十大女杰评选活动。经过宣传发动、申报评议、审核考察、确定候选人、媒体公示、群众投票和评委投票等6个阶段,11月15日最终产生第三届江西省十大女杰人选。解放军第94医院干部病房护士长谭洁、江西五丰食品有限公司总经理郭永红、宏磊集团董事长戚建萍、南昌市洁佳物业实业公司董事长史小琴、弋阳县社会福利院会计刘焕荣、景德镇陶瓷研究院副院长俞海青、江西省人民医院副院长李赟、余干县瑞洪镇镇郊村农民谢木兰、江西省农业厅植保植检站农业技术推广研究员钟玲、吉安市甘雨亭商贸有限责任公司总经理罗静婷等10人获第三届江西省十大女杰荣誉称号。王燕玲、卢元珍、乐细娇、刘燕德、陈如华、张婉玲、邱耀君、周小琴、金紫薇、钟文凤等10人获第三届江西省十大女杰提名奖。

【江西省少女救助中心成立】 8月30日,省妇联、省文明办、省教育厅联合举行新闻发布会,宣布江西省少女救助中心正式成立,南昌仁爱女子医院为该中心唯一指定医院。省妇联主席李亚平和全国妇联宣传部部长王卫国共同为少女救助中心成立揭牌。省委教育工委副书记、省教育厅副厅长郑守华,团省委副书记梅亦,省文明办、省妇联机关各部室主要负责人,中央驻赣及省、市30余家媒体记者出席了新闻发布会。少女救助中心的成立,是省妇联继与香港慈济医疗(国际)投资集团有限公司共同成立"仁爱女子慈善医疗基金"、在全省实施"仁爱女子慈善医疗安康工程"救助弱势妇女之后,又一项旨在救助弱势少女的重要举措。救助中心通过对青少年进行宣传教育,特别是加强对少女进行自我保护和安全性行为的教育,适时适度地为她们提供生殖健康的相关知识及服务;在充分尊重、保护个人隐私的前提下,对意外怀孕少女实行保护性救助,适当减免手术费,减免之部分由"仁爱女子慈善医疗基金"承担。截至11月底,共接受3156人次咨询,对326名少女实施了救助手术,援助金额达7万余元。救助中心还面向社会公开招募了首批"爱心志愿者",进一步在心理健康及法律咨询方面为少女们提供帮助和指导。

(何　颖)

【"感动江西优秀母亲"受到表彰】 6月30日,全省妇联系统宣传工作会议暨"感动江西优秀母亲"表彰大会在南昌召开。由省妇联主办、妇女之声报社承办的"感动江西优秀母亲"评选活动于2005年"母亲节"期间启动。经过近一年的精心运作,遴选出了48位优秀母亲候选人。通过中国江西网网上评议,评委会公开、公平、公正的评审,最后评选出湖口县双钟镇王丹芳、湾里区梅岭镇刘华英、弋阳县刘焕荣、东乡县孝岗镇何月香、西湖区罗淑兰、月湖区周爱东、遂川县五斗江乡骆金莲、安源区八一街道施爱珍、玉山县南山乡钟文花、新建县流湖乡唐小林、安源区城郊管委会谭维珍、大余县南安镇蔡良英等12位"感动江西优秀母亲"。此次活动是省妇联开展社会主义荣辱观教育的一次成功尝试。

(凌　云)

青　年

【概　况】 2006年,江西14~35周岁青年为1936.89万人,其中14~28周岁为1125.27万人,29~35周岁为811.62万人。从事农、林、渔、牧业人数为1173.88万人,其中国营农林牧渔124.08万人,乡镇424.65万人,行政村625.14万人;采掘业29.1万人;制造业44.80万人;电力、煤气及水的生产和供应业26.87万人;建筑业20.64万人;地质勘探业、水利管理业4.54万人;交通运输、仓储及邮电通信业17.29万人;批发和零售贸易、餐饮业31.08万人;金融、保险业10.82万人;房地产业15.59万人;社会服务业15.73万人;教育文化艺术和广播影视业417.14万人,其中,大专院校学生61.88万人,中专学生66.01万人,职业高中学生36.64万人,普通高中学生56.96万人,初中学生195.65万人;卫生、体育和社会福利事业38.78万人;科学研究和综合技术服务业3.26万人;国家机关、政党机关和社会团体65.32万人;其他19.98万人。

从事经济行业14~35周岁青年为471.73万人。国有经济中305.49万人,其中国有企业142.17万人,国有事业单位145.03万人,国家机关、政党机关和社会团体18.29万人;集体经济中80.82万人,其中集体企业64.97万人,集体所有制事业单位15.85万人;私营经济中80.81万人,其中私营独资企业13.56万人,私营合资企业53.30万人,私营有限责任公司13.93万人;外商经济3.47万人,其中中外合资、合作经营企业0.59万人,外资企业2.87万人;港澳台经济1.12万人,其中与祖国大陆合资、合作企业0.59万人,港、澳、台独资企业0.53万人;个体经济25.36万人;乡镇企业127.03万人。

乡镇街道14~35周岁在辖区内从业的青年为314.49万人,就业人员161.45万人,其中机关、国有、集体企事业单位正式职工125.34万人,外来务工人员36.11万人;下岗人员35.14万人;待业人员26.84万人;流动人员中,流入数为20.12万人,流出数32.11万人。

(黄　煜)

老年人

【概　况】 2006年,全省99个县(市、区)已全部成立和调整了老龄委,80%乡镇、街道设立了老龄工作机构,村(居)委会多数成立了老年人协会,基本形成了上下贯通的老龄工作体制和覆盖全社会的老龄工作网络。2006年,全省养老保险实现扩面21.39万人,基金增长26.2%,净增15.32亿元,企业退休人员社会化管理服务率达到99%。全年各法律援助机构及工作站点共接待老年法律咨询8171人次,向老年人提供法律援助1046人次。全省老龄系统共处理老年人来信1006件、接待来访98人次。

【省政府召开第二次全省老龄工作会议】 为贯彻落实第二次全国老龄工作会议精神,省政府于4月10日在南昌召开第二次全省老龄工作会议。会议认真学习国务院副总理回良玉在第二次全国老龄工作会议上的重要讲话,总结省老龄委成立五年以来的老龄工作和基本经验,部署了今后一个时期老龄工作任务。会议表彰了12个全省老龄工作先进县(市、区)、50名老龄先进工作者、50名敬老先进个人。九江市老龄委、高安市委市政府、景德镇市民政局、安远县孔田镇政府作大会典型发言。省委副书记、省老龄委主任彭宏松参加会议并作重要讲话。

【《关于加快发展我省养老服务业实施意见》出台】 8月10日,省政府批转省老龄委办、省发改委、省教育厅、省民政厅、省劳动保障厅、省财政厅、省建设厅、省卫生厅、省人口计生委、省地税局10部门《关于加快发展我省养老服务业的实施意见》。该文件要求各地、各部门认真落实各项优惠政策,大力发展社会养老服务机构,积极拓展为老服务业务,努力提高养老服务人员综合素质。

【《中华人民共和国老年法》颁布十周年暨"江西老年节"庆祝大会召开】 10月30日,为纪念《中华人民共和国老年法》颁布10周年,庆祝"江西老年节",省老龄委和市老龄委在八一广场召开了庆祝大会。省委副书记、省老龄委主任彭宏松出席会议,副省长、省老龄委常务副主任熊盛文出席会议并作了重要讲话。会上,省市领导为10对老红军、老工人、老农民、老知识分子、老劳模"金婚"夫妇代表颁发了纪念品。省市老龄委办在现场精心布置《江西省老龄事业发展十周年成就展》,组织50名法律、卫生专家为老年人进行咨询服务,散发《老年法》小册子2000份。老年人还自编自演了文艺节目。

【省政府领导看望百岁老人】 10月30日"江西老年节",省委副书记、省老龄委主任彭宏松,副省长、省老龄委常务副主任熊盛文在省民政厅长、省老龄委办主任罗筱玉和省老龄委办副主任刘煌榜的陪同下,走访慰问了南昌市丁公路106岁的贺二秀老人。

【开展农村老年人协会规范化建设试点】 为加强基层老龄工作,充分发挥农村老年人协会在建设新农村中的作用,省老龄委决定从2006年下半年开始,计划用5年时间,在全省建立起500个农村老年人协会规范化建设示范点,并经过省政府批准,由省财政每年安排200万元专项资金用于重点扶助。2006年,首批100个村老年人协会规范化建设试点工作正式启动,200万元扶助资金也落实到位。

(曾广水　李唐晟)

殡　葬

【概　况】 2006年,江西省民政部门以毛泽东等老一辈无产阶级革命家倡导火葬50周年为契机,广泛开展殡葬改革的宣传工作。在较好地完成了《江西省2001~2005年殡葬发展规划》任务后,各地重新调整火化区和土葬改革区,规划全省农村公益性墓地建设,积极稳妥地推进殡葬改革,全省火化率得到巩固,火化率达到85%的县(市、区)有34个,省共建立农村公益性墓地2933处。积极倡导殡葬新风,集体追思会、家庭追思会、骨灰撒散、树葬、草皮葬、网上祭祀等新的文明祭祀方式逐步得到推广。

【宣传殡葬政策法规倡导殡葬新风】 4月14日,省民政厅组织省直有关部门的领导、省内部分专家学者、新闻界举行纪念毛泽东等老一辈无产阶级革命家倡导火葬50周年座谈会。南昌、吉安、抚州等市在广场、繁华街道举办大型纪念活动,宣传殡葬法规政策,发放殡葬法规政策宣传单。清明节期间,南昌市联合《信息日报》举办"赣江撒花祭故人"活动,中央电视台和南昌电视台对此进行了专题报道。同时,还组织市民参加"网上祭扫"、集体追思会及社区论坛等形式来祭祀故人。

【大力治理乱埋乱葬】 各地采取坚决措施,继续对"三沿六区"内乱埋乱葬的坟墓进行整治。南昌市青云谱区将铁路两旁乱埋乱葬的坟墓进行了彻底的清理。九江市向市政府争取山地7.33公顷,清迁乱埋乱葬专项资金50万元,治理城区周边旧坟3116个。吉安市加强了殡葬执法巡查,杜绝"三沿六区"内新建坟墓的现象,清理高速公路沿线坟墓2000多个。围绕农村公益性墓地建设,着力抓丰城市和婺源县的农村公益性墓地建设试点,并统筹规划全省农村公益性墓地建设。宜春市启动7个农村公益性墓地试点工作,九江市制定《农村公益性墓地管理暂行规定》,瑞昌市、永修县、星子县实施乡(镇)财政补助公益性墓地建设,调动乡村和群众建设公益性墓地的积极性。赣州市和泰和县将殡葬改革内容纳入社会主义新农村建设规划。

【进一步规范殡葬管理】 各设区市结合当地实际,调整划分了火化区和土葬改革区,萍乡、赣州、吉安、抚州、南昌等市火化率得以巩固,火化率在85%以上的县(市、区)达到34个,仍然在稳步提高。为规范公墓、塔陵经营行为,省民政厅在调查研究的基础上,在南昌召开了规范经营行为专项会议,严禁预售和炒买炒卖墓地、塔位。要求在全省统一使用火化证、骨灰安葬证,加强了遗体管理和制止骨灰乱埋乱葬。在巩固火化率的基础上,大力整治城市丧葬陋俗,在民政、纪检、城管、公安、财政、卫生等部门密切配合下,继九江、萍乡、南昌之后,宜春、抚州、新余市又分别下发了关于严禁在城区游丧的通告,强化了对丧葬秩序的管理,加大了对销售棺木的查处力度。

【江西殡葬网开通】 11月,江西省殡葬行业的门户网站——江西殡葬网(赣水天堂)开通。网站积极宣传殡葬法律法规、政策文件,倡导殡葬改革。在线受理群众来信来访和投诉建议,交流业内信息,实现行政主管部门对殡葬行业的监管。建设网上虚拟公墓,为市民提供网上祭扫,体现人文思亲。

【发挥殡葬协会行业管理作用】 2006年,省殡葬协会积极配合政府主管部门引导和规范殡葬服务市场,并做了大量工作。省殡葬协会组织近96人参加在北京举办的国际殡葬设备用品博览会,并组团赴台参观考察殡葬事业,派员参加中国殡葬协会的赴美国、加拿大考察国际殡葬业务。协会进一步加强自身建设,设立了"江西省天圆殡葬咨询服务中心"。

(赵大伟)

民　　政

本栏编辑　李荣根

综　述

2006年，是"十一五"规划的开局之年。全省各级民政部门以"三个代表"重要思想为指导，按照科学发展观的要求，统筹城乡民政工作协调发展，在保障困难群众基本生活、落实人民群众的民主权利、提高社会管理和服务水平等方面取得了新的进展，实现了开好局、起好步的目标，为构建和谐平安江西作出了积极贡献。

城乡社会救助体系全面建立，为民解困工作成效显著。基本覆盖全省城乡困难群众的社会救助体系全面建立，实现了由临时性救济向制度化救助的根本转变。城市低保提高保障水平，全年发放低保金9亿多元，人均月补差达75.6元，确保了100多万低保对象及时领到低保金；全面建立农村最低生活保障制度，保障对象近100万人，规定全省低保标准年人均不低于840元，人均月补助达到了26元，有的地方还超过了这个补助水平；认真贯彻新的《农村五保供养工作条例》，全面提高供养标准，集中供养由年人均1200元提高到1800元，分散供养由800元提高到1200元；加强农村敬老院的内部管理，对敬老院院长进行了岗位培训，服务质量有所提高；有效做好灾民救助工作，2006年江西省自然灾害频繁发生，全省受灾人口3361万人次，紧急转移安置群众98.5万人，倒塌房屋16.4万间，民政部先后启动了一次救灾应急三级响应，三次四级响应，各级民政部门全力做好救灾工作，下拨春荒和救灾资金2.02亿元；因灾倒房恢复重建工作进展顺利，确保2007年春节前所有倒房户均能搬入新居；全面实施城乡大病医疗救助，筹集救助资金2.95亿元，将200多万城乡低保对象和23万农村五保对象纳入了救助范围；认真做好流浪乞讨人员的救助管理，共救助1.8万多人，其中少年儿童2000多人；着力推进救助管理站的基础设施建设；广泛开展"慈善一日捐"和"送温暖、献爱心"活动，全年募集慈善款物及争取项目资金共计1200多万元，资助贫困群众近万名。认真贯彻全国水库移民工作会议精神和《国务院关于完善大中型水库移民后期扶持政策的意见》，制定江西省的实施方案，在8个县（市）开展试点工作，进行了政策宣传和培训，核定江西省移民人数为160.38万人，每年扶持资金总额为9.6亿元，为水库移民脱贫致富奠定了坚实的物质基础。

城乡社区建设协调发展，村民自治机制日益完善。城市和谐社区创建全面展开。制定下发《江西省城乡社区建设"十一五"规划（2006～2010年）》，各地积极创建省级和谐社区建设示范区。社区服务工作取得突破，省政府出台《关于加强和改进城乡社区服务工作的意见》。广泛开展"第四期万家图书室援建和万家读书活动"，受援社区图书室近千个，援建图书价值近400万元；与省卫生厅做好创建社区卫生服务示范区活动。农村村落社区是江西省在全国首创。各地以建设新农村示范点为契机，围绕构建农村和谐社区这个主题，积极探索村落社区建设与新农村建设有机结合的方式，不断丰富村落社区建设的内容，创新村落社区建设的工作机制，推动村落社区建设持续发展。全省第六届村（居）委会选举工作基本完成。村务公开和民主管理工作全面推进，普遍健全新一届村委会民主管理的制度，探索流动村务公开栏、"明白纸"等行之有效的公开形式，推广"五步决策法"和农村财务委托代理服务制度等好的做法。全省共创建村务公开民主管理工作示范村300个，民主法制示范村100个，人民群众的民主参与意识不断强化，基层民主进一步扩大。

社会福利事业加快推进，发展基础逐步增强。资助建设项目115个。认真组织实施了"明天计划"，387名孤残儿童得到康复，使用手术经费264.4万元；及时启动2006～2007年度计划，已实施康复手术269例。积极推进社会福利社会化，指导各地健康有序地开展社会福利院进行"三项"制度改革，总结和推广上高、万载两县福利院管理改革的经验。积极开展养老示范工作，着力抓好14个省级示范单位。实施职业资格认证制度，培训养老护理员和儿童保育员180名，社会福利机构工作人员持证上岗率达到50%以上。全年新审批福利企业17家，安置残疾人就业近300人。

双拥工作水平不断提高，优抚安置政策认真落实。召开全省双拥模范城（县）命名表彰大会，命名56个双拥模范城（县）和5名爱国拥军模范，表彰129个双拥先进单位和93名先进个人。广泛开展"援建军营图书室，共建学习型军营"活动，江西省援建驻赣部队图书价值达80多万元。实施抚恤补助工作规范化管理，江西省的经验在全国进行推广。认真开展退役军人和原8023部队人员的评残工作。做好军队退役人员的来信来访工作，接待上访人员3000多人次。努力创造条件做好退役士兵职业技能培训工作,已培训退役士兵近4000人,城镇退役士兵自谋职业率达到了60%。认真完成军休干部安置任务,确保军休干部生活待遇调整政策落实到位。开展军休干部医疗队"老区行"义诊活动,为1336名困难群众义诊,免费发送各种药品3万多元。投入资金1160万元,对全省154处革命烈士纪念建筑物进行修缮。认真完成了军供保障任务。

专项社会事务管理有序进行,服务质量有所提高。认真抓好省属民间组织登记管理和年度检查工作,发现和纠正省属78个社团和32个民办非企业单位在财务收支和内部管理中存在的问题,依法撤销35个社会团体和19个民办非企业单位。民办非企业单位自律与诚信建设活动成果显著,全省95%以上的民办非企业单位规范了章程,87%以上的建立健全财务制度,75%以上的实行了服务承诺制,55%以上的初步推行了信息披露制度。农村专业经济协会发展稳步推进,结合新农村建设建立了100个示范点。

依法严格审批行政区划调整,巩固撤并乡镇的成果。扎实推进地名公共服务工程,完成了县级地名数据库建设,200个重点镇地名设标工作进展顺利,编辑出版《行政区划与地名工作手册》,对全省区划、地名、勘界资料进行了整理归档。完成了年度省界、县界联检工作,围绕"建立平安边界",开展了边界乡镇界线管理联席会议制度试点,切实做好了边界资源纠纷调处工作。

积极探索农村养老保险的新路子,加强基金管理,确保安全增值,及时足额兑付养老金。进一步规范收养工作,办理国内公民收养登记503件,涉外收养登记2236件。

民政干部队伍建设大力加强,基层组织得到夯实。省民政厅于3月出台《基层民政组织建设先进县(市、区)评选办法》和《基层民政组织建设先进设区市评选办法》,对乡镇(街道)、县(市)、设区市三个层面在领导重视、人员编制、办公场所、办公经费和规范管理等方面提出了具体要求。年终通过考评,43个县(市、区)达到了基层民政组织建设先进县(市、区)的要求,基层民政组织得到进一步的夯实,取得了明显的成效:(1)办公条件明显改善。达标的民政所都购置了新的办公桌椅、档案柜、电脑等,县局统一制作各项规章制度并上墙,条件好的地方还添置了打印机、复印机、数码相机、摩托车,有些乡镇民政所已实现县乡联网,建立了信息化平台,各种低保数据、民政对象表格资料在电脑中存储完备有序。办公用房达到50平方米。(2)人员配备显著增强。民政所工作人员基本实现专职化。年轻的大多数具有中专以上学历,文化素质较高;年龄大的,是那些工作了多年的老民政工作者,业务十分熟练,通过以老传新,起到传、帮、带的作用。同时,按照"竞争上岗,择优录用"的原则,从应届毕业大学生、退伍军人和机关干部中选拔合格人才充实到基层民政队伍。(3)编制达标率较高。达标的民政所基本上配备有行政编制,较好地解决了民政所行政执法主体的资格问题;专职人数达到了规定的标准。(4)办公经费得到保障。大多数乡镇将民政所办公经费列入了县(乡)财政预算,解决了以前民政所无钱办事的问题。(5)民政所工作人员生活、政治待遇提高。由于落实了行政或全额拨款事业编制,工资能足额按时发放,解除了后顾之忧,甚至有的民政所干部还能获得一些下乡、交通、通信等各种津贴补贴。(6)村级民政队伍建设初露端倪。有的县设立了村(居)民生活服务组,有的县设有村(居)民政理事会,有的县选任了村级民政协理员(或称民政监督员)。

召开第二十二次全省民政会议。会议于12月28日在南昌召开。会议强调,各地、各部门要从落实科学发展观的高度,充分认识民政工作在构建社会主义和谐社会中的重要基础作用,进一步增强做好新形势下民政工作的责任感、紧迫感和使命感,着力研究解决制约民政事业发展的突出问题,努力实现有效的社会救助、广泛的基层民主、优质的福利服务、牢固的军民团结和规范的社会管理,在新的起点上推动民政工作实现新跨越,为构建社会主义和谐社会作出积极贡献。

(肖 宇 何永发)

社会福利和慈善事业

【概 况】 截至2006年年底,全省共有各类社会福利机构1764家,其中,公办社会福利机构1678家,民办社会福利机构86家,占地总面积2737.42公顷,建设总面积达3415849平方米,工作人员9548人,在院服务对象122104人,可设床位数155163张。

2006年,在全省开展涉外送养工作自查自纠活动,省民政厅组成3个检查组抽查19家涉外定点福利院,重点检查儿童档案、儿童部的管理和涉外收养捐赠款的使用情况。6月正式启动外国收养家庭来赣寻根回访接待工作,国家民政部派员全程跟踪调研。全年共收集审报涉外送养材料2455份,办理涉外收养登记2285件,登记合格率达到100%。4月,省民政厅下发《关于对全省城镇"三无"对象和农村孤残儿童进行调查摸底的通知》。上半年省民政厅社会福利处再次与省财政厅社保处联合对全省"三无"对象和孤残儿童的供养情况进行调研,为下一步贯彻落实民政部等15部委《关于加强孤儿救助的意见》做好了充分准备。5月,省民政厅制定《江西省养老服务社会示范社区标准》,并对14个确定为省级养老示范单位(其中民政部养老示范单位2个)进行指导和调研。11月份,省民政厅下发《关于进一步加强民办福利机构管理工作的通知》。

2006年,江西省社会福利工作协会国家职业技能鉴定所举办养老护理和儿童保育员培训班各一期,有150名社会福利机构工作人员通过考核,取得国家职业资格证书。全省社会福利机构工作人员80%达到执证上岗要求,服务队伍专业化水平得到明显提高。

2006年,全年新批福利企业58家,其中新批民办福利机构13家,集中安置残疾人就业872人。截至年底,全省共有社会福利企业414家,安置残疾人就业8930人。全年实现销售额238.3亿元,减免税金96474万元,税后利润1171.8万元。在福利企业安置就业的残疾人年平均工资收入人均达到8200元。

2006年，江西省慈善总会全年募集到的款物及争取到的项目资金共计1731.03万元，发放款物2578.35万元，资助贫困群众近万名。

2006年，全省共销福利彩票5.28亿元。（其中电脑福利彩票4.48亿元，即开型福利彩票0.8亿元），共募集福利彩票公益金0.92亿元。

【“三院”建设成效显著】 为切实提高资助项目的质量，2月21日，省民政厅下发《关于做好2006年度“三院”建设项目申报和验收工作的通知》，并先后两次完成572个“三院”申报资助项目材料的收集、审核、汇总和检查验收，下达省本级福利彩票公益金资助金1.14亿元，有效地调动了各地“三院”建设的积极性。三年来，全省共投入“三院”建设资金16亿多元，（其中省本级投入福利彩票公益金2.4亿元），新建和改（扩）建项目1184个，建筑总面积达200万元平方米，新增床位60000余张。全省公办“三院”硬件建设整体水平上了一个新的台阶。大部分“三院”都做到了“鸡、鸭、鱼、肉、蔬菜”等基本自给自足，有的还向规模化经营方向发展。同时，通过开展福利机构年度检查，进行等级福利院评定和开展内部管理制度改革等措施，加强了福利机构的规范化管理，提高了服务质量。

【“明天计划”造福孤残儿童】 省民政厅成立由社会福利处、省慈善总会、收养中心等单位组成的“明天计划”领导小组，副厅长杨运勇任组长。确定南昌大学第一附属医院等14个具有三级医疗卫生资质的医院作为“明天计划”体检、手术定点医院，与医院都签订了合作协议和成立专家评审组，开设“明天计划绿色通道”，减免了相关费用。2006年是实施“残疾孤儿手术康复明天计划”工作的最后一年，为全面完成全省的“明天计划”的工作任务，2月20日，省民政厅下发《关于做好2006年度“明天计划”工作的通知》，确保手术康复全面有序地开展，全省申报“明天计划”手术184例，实际完成手术253例，超额37%完成年度任务。至2006年年底，“明天计划”工作基本结束，全省完成手术968例，支付“明天计划”手术经费1500万元，其中争取民政部拨付江西省手术经费750万元。所有残疾孤儿接受手术治疗后都得到了较好的治疗，未发生一起医疗事故。

【稳步推进“蓝天计划”】 为加强儿童福利设施建设和孤残儿童的救助工作，民政部决定在“十一五”规划期间实施“儿童福利机构建设蓝天计划”，并从2006年起，用五年的时间，在全国大中城市建设和完善集养护、救治、教育、康复、特教于一体的儿童福利机构。根据民政部的要求，2006年，申报抚州市、景德镇市、鹰潭市等三家市级福利院为江西省第一批“儿童福利机构建设蓝天计划”建设单位。

现代化的丰城市儿童院

省民政厅供稿

【开展多种形式的慈善活动】 “生命的礼物”是江西省慈善总会开展的免费救治先天性心脏病贫困患儿的慈善项目。2006年，共为30名先天性心脏病患儿免费实施了手术，救助资金30万元。“慈心助学、爱心接力”是江西省慈善总会开展的助学活动。2006年资助300名考取国家正规统招大学本科、生活贫困或家庭享受低保、特困救助的贫困大学生入学，每人资助2000元，救助资金共60万元。“爱心洒满红土地”——慈善情暖万家走访慰问活动，在九江、赣州、宜春、景德镇、萍乡等市2000余户困难家庭中开展春节走访慰问活动，救助资金60万元；瑞典“希望之星”农村教师培训计划用三年时间对全省贫困地区的中小教师开展培训工作，培训的成绩与学分可以计入继续教育成绩，作为年终考核、职务评聘、教师资格认定的依据。2006年投入培训支出50万元。

1月16日，江西省慈善总会举办了“爱心洒满红土地”——新年慈善晚会，400多名社会各界代表参加了此次晚会。受省慈善总会慈善项目资助的受助儿童和特困家庭向大家汇报了现在的学习生活情况，并感谢社会对他们的关爱。在晚会现场，共募集44万元的现金和物资用于扶贫助困事业。

2006年，江西省慈善总会争取境内外慈善组织，在九江地震灾区建设希望小学，向安远、信丰、奉新等受灾地区发放大米45.57万千克，棉被3603床，援助551户全倒户建设灾民新村，共计资金342.34万元。广东金葵子公司还向灾区捐赠价值30万元的化肥，用于灾后农作物的恢复生长。

2006年，江西省慈善总会开展黄丝带慈善功德爱心行动，在瑞金市叶坪乡立新中学、石城县大由乡中学建设两所电脑教室，价值金额80万元。8月31日，中央统战部副部长胡德平作为“黄丝带”的一名普通志愿者在瑞金出席了启动仪式。

"微笑列车"活动:免费为751名贫困唇腭裂患儿实施手术,争取项目资金150.2万元;微笑列车在赣州市新增一所定点医院,并在省人民医院开通了手术难度较大的二期修复手术;格列卫医疗救助为2名白血病患者和2名肿瘤患者争取药物资助,价值金额约60万元。

江西阿颖金山药食品有限公司捐资100万元在江西省慈善总会设立"阿颖健康好宝宝慈善基金",资助全省孤残婴幼儿。

(柳永健　罗铁军　熊志亮)

优抚安置

【概　况】 2006年是中国工农红军长征胜利70周年,各地以纪念红军长征胜利70周年为主线开展双拥工作,进一步密切了军政军民关系。省领导走访慰问驻赣部队,营造浓厚的双拥氛围;省双拥办组织省级双拥模范城(县)的考评,开展"援建军营图书室,共建学习型军营"活动,全省援建驻赣部队图书价值达80多万元;召开江西省双拥模范城(县)命名表彰大会,命名56个双拥模范城(县)和5名爱国拥军模范,表彰129个双拥先进单位和93名双拥先进个人。

2006年,全省共接收安置军队离退休干部140人,完成2006年度85名军队离退休干部、退休士官和第四批263名军队无军籍退休退职职工安置去向的审定,并先期接收安置73名军队无军籍退休退职职工。积极参与民政部组织的"全国军休干部纪念建党85周年和红军长征胜利70周年知识竞赛和有奖征文活动",江西省有1个一等奖、2个二等奖、2个三等奖和知识竞赛优秀组织奖;举办江西省第六届军队离退休人员门球赛;第三年(次)组织军休干部医疗队赴九江乡村进行"老区灾区行"活动,取得了较高的社会效益,江西省被全国老龄办评为2006年度"银龄行动先进单位"。

2006年,全省共接收退役军人21549人,其中:转业士官723人,退伍义务兵20826人,按政策需由政府安置的8347人,回农村安置的12479人。4月,省政府、省军区下发《关于做好2006年度退役士兵安置工作的通知》。4月19日,省政府专门召开全省退役士兵安置工作电视电话会议,就继续贯彻落实《国务院关于进一步做好城镇退役士兵安置工作的通知》文件精神提出了要求;全省各地认真贯彻会议和文件的精神,积极推进安置改革,采取安排就业和自谋职业相结合的办法,确保当年退役士兵得到妥善安置,遗留问题得到解决。截至12月底,全省已安置城镇退役士兵8254人,其中由政府安置就业3699人,自谋职业4555人,自谋职业率为61%,实现了省政府下达的退役士兵自谋职业率的目标。同时,全省历年遗留未安置的城镇退役士兵6442人中,有5551名城镇退役士兵重新得到安置。根据"经济补助、扶持就业、重点安置"的改革思路,经过一年的努力,全省推行自谋职业改革的县(市、区)已达到100%,其中南昌、上饶、赣州、抚州、吉安市等设区市自谋职业率达到了65%。全省共筹集自谋职业补助金9000多万元,有效地缓解了"安置难"的问题。为提高退役士兵适应市场就业竞争能力,各级民政部门举办各类专业技能培训班,参加培训的退役士兵达8100多人次,为退役士兵自主择业创造条件,并推荐农村退役士兵3400多人到经济发达地区务工,深受全省广大退役士兵的欢迎。

【开展对重点优抚对象数据库的更新和换证工作】 通过对16万多重点优抚对象数据的更新和审核,档案资料得到进一步完善,各类人员的抚恤证书得到全面更换,抚恤金的发放更加规范。优抚对象优待水平得到进一步提高。江西省先后两次大幅度提高由地方财政负担的带病回乡退伍军人补助标准。1月1日将补助标准由每人每年360元提高至600元。7月,再一次将他们的抚恤补助标准提高至每人每年960元。对在乡高龄烈士子女,由各级财政出资给予了每人每年300～800元的补助。省财政专门安排130多万元用于制作慰问年画,在春节前发至广大优抚对象手中。完成了100名1～4级残疾军人修建房补助工作。资助了50名重点优抚对象贫困家庭子女到省民政学校学习,拓宽了他们脱贫的门路。下发《关于印发江西省一至六级残疾军人医疗保障办法》的通知,重点对1～6级残疾军人的医疗保障作了规定。开展对原在部队患有精神病的退役士兵的评残工作,由省荣军医院派专家到各地去,现场进行体检工作,完成1186人的体检工作。开展对原8023部队人员的评残工作,与省卫生厅一起共同成立评残专家小组,分期分批对692人进行了体检,完成了残情评定的前期工作。光荣院及革命烈士纪念建筑物管理得到明显加强。全省新建和扩建光荣院项目188个,新建和改造面积38万多平方米,院办经济总收入达500多万元,基本实现孤老优抚对象老有所养的目标。省财政下达1160万元,对全省154处重点革命烈士纪念建筑物进行了修缮。

【召开江西省双拥模范城(县)命名表彰大会】 7月31日,在纪念中国人民解放军建军79周年之际,省委、省政府、省军区在南昌隆重召开全省双拥模范城(县)命名表彰大会。省委书记孟建柱,省委副书记傅克诚,省委副书记、常务副省长吴新雄,省政协主席钟起煌出席会议。省长黄智权、南京军区政治部副主任张玉玺、省军区政委王清葆分别讲话。省委副书记彭宏松主持会议。会上,解放军总政治部副秘书长张贡献、全国双拥办副主任董华中分别宣读贺信,省政府秘书长魏小琴宣读省委、省政府、省军区的命名表彰决定。大会授予一批"双拥模范城"、"双拥模范区"、"双拥模范县"、"双拥模范风景名胜区"、"爱国拥军模范"等先进单位和个人。出席会议的党政军领导向受到表彰的双拥模范城(县)和爱国拥军模范颁奖。

【大幅提高抚恤补助标准】 7月,全省调整了部分优抚对象的抚恤和生活补助标准,残疾军人、三属、带病回乡退伍人员均有较大幅度提高,平均提高幅度达30%,最高的为每人每年14560元。

【就业就学和援建军营图书室活动受表彰】 4月,南京军区在杭州市召开南京战区"部队干部家属子女就业就学"工作座谈会上,省双拥办、华东交大、九江军分区受到表彰。9月,民政部在北京召开"全国援建军营图书室活动总结表彰大会",九江市民政局、鹰潭市民政局获优秀组织奖,东湖区民政局裴爱英、遂川县民政局李继杰被评为先进个人。

【江西军休干部医疗队为老区群众义诊】 6月9~18日,省军休办组织军休干部中从事过医务工作的9名人员及省荣军医院4名医务工作者组成医疗队,历时10天,深入到九江市的武宁、修水、九江、瑞昌等县(市)的6个村(院)进行义诊活动,免费送医送药,受到群众普遍欢迎。医疗队共为老区灾区群众义诊1336人次(其中:就诊治疗959人次;健康咨询30人次;做B超、心电图、血尿常规等各种检查347人次),免费为群众就诊检查和发送各种药品价值3.6万元。

(吴金勇 王 健 马林印)

救灾救济

【概 况】 2006年,江西省自然灾害发生频繁,全年先后有5个台风入侵或从外围影响江西,带来强降雨。全省受灾人口2902万人次,因灾死亡100余人,紧急转移安置受灾群众98.5万人;农作物受灾面积1478千公顷,绝收面积305千公顷;倒塌房屋16.4万间,其中倒塌居民住房3.4万户11.6万间,损坏房屋68万间。全省因灾直接经济损失103亿元,其中农业经济损失67亿元。

面对频繁发生的自然灾害,省委、省政府和灾区各级党委、政府高度重视,带领广大干部群众奋力抗灾救灾,帮助灾区恢复生产,努力把灾害造成的损失降到最低限度。全省各级民政部门及时收集、汇总、上报灾情,及时派员查灾核灾,及时下拨救灾应急资金和物资,全力以赴做好各项救灾工作。民政部对江西省的灾情极为重视,6月11日,民政部针对江西省的暴雨灾害启动了救灾应急三级响应,12日,常务副部长李立国率国家9个有关部委组成的抗灾救灾工作组来江西省灾区慰问灾民,指导救灾工作。此外,民政部还针对江西省的风雹、强降雨、台风灾害,先后启动了3次救灾应急四级响应。2006年,共下拨中央和省级救灾资金2.673亿元。其中,中央救灾资金2.6亿元,省级救灾资金730万元。

【积极帮助灾民倒房恢复重建】 2006年,全省因灾倒塌民房11.6万间,损坏房屋68万间。全省各级党委、政府,民政等有关部门高度重视灾区民房恢复重建工作,将其作为一项民心工程来抓,采取积极措施努力帮助灾民倒房恢复重建。7月,省民政厅下发《关于切实做好灾区民房恢复重建工作的通知》,要求各地认真搞好核查,合理制定方案;规范审批程序,严格资金管理;加强组织领导,落实建房责任。并对灾区民房恢复重建工作实行项目管理,定时间、定任务、定资金、定责任,一级抓一级,层层抓落实。全年共完成灾区民房恢复重建13.1万间。

【认真实施春荒、冬令灾民生活救助】 8月2日,省民政厅下发《江西省春荒、冬令灾民生活救助工作实施规程》。各地在春荒、冬令灾民生活救助工作中,严格按照该规程的要求,坚持调查建档,制定救助计划、救助方案,准确确定救助对象、救助金额,规范救助资金的拨付、救助物资的采购与发放,加大救助资金的投入力度,确保了灾民和困难群众生活安排救助政策落实到位,救助款物发放到位。全年共下拨春荒、冬令救济资金1.25亿元,下拨冬令救济棉被近3万床。

【积极做好备灾工作】 为加强全省救灾物资储备建设,省民政厅制订江西省救灾物资储备库值班保卫制度、安全防火制度、物资管理发放制度、管理人员责任制度等制度。开展省级救灾物资储备仓库规模扩建工作,筹资400万元,实施救灾物资储备仓库4200平方米第二期工程。同时,圆满完成九江地震灾区15000多顶救灾专用帐篷的回收和储备任务。开展防灾减灾知识宣传活动。省民政厅积极组织全省民政系统人员参加由国家减灾委员会举办的"社区减灾平安行"应急减灾知识竞赛,购买发放有关宣传画册、书籍,并组队参加在北京举行的全国知识竞赛,较好地提高了民政干部和群众防灾减灾的意识和能力。

【开展社会捐赠工作】 针对灾情,全省广泛开展社会捐赠活动,北京、上海、福建等兄弟省(市),南京军区、南京军区空军等部队,中石油等中央企业,中国红十字会,世界宣明会等慈善组织和社会各界群众,纷纷伸出援助之手,向江西省灾区捐款捐物。11月,省民政厅联合省委宣传部、省交通厅、南昌铁路局、省军区政治部、武警江西总队政治部、省慈善总会下发《关于认真做好2006年全省"送温暖、献爱心"社会捐助活动的通知》,在全省广泛开展"送温暖、献爱心"社会捐助活动。党中央、国务院、中央军委对江西灾区高度重视、极为关怀。中央部门单位和军委领导机关分别向赣州、吉安两市灾区捐款500万元和300万元,并派出以总政治部副主任刘振起中将为组长的爱心捐赠款转赠工作组到江西省慰问灾民,检查指导工作。2006年,全省共接收省内外捐款5500多万元,棉衣被180万余件(床),为解决好灾区群众的生活困难发挥了重要作用。2006年元旦、春节期间组织了43个由省领导带队的走访慰问组,走访慰问了灾区和城乡困难群众,共下拨慰问资金800万元,加工慰问棉被4万余床。

(张晓明 欧阳晃许)

城乡社会救助

【概 况】 2006年,城乡社会救助工作以提高低保对象生活水平为目标,社会救助体系、城市低保、农村低保、城市医疗救助、农村医疗救助等工作都取得了明显成效,较好地保障了城乡困难群众的基本生活,为构建和谐平安江西作出了积极的贡献。全年保障城市低保对象100.22万人,发放城市低保金9.03亿元,月人均补助75.13元;保障农村低保对象102.36万人,半年发放农村低保金1.61亿元,月人均补助26.20元。全年全省共有701170人次城乡困难群众得到医疗救助,发放救助资金26567万元。其中,城市医疗救助对象118583人次,发放救助资金10560万元,农村医疗救助对象582587人次,发放救助资金16007万元,(其中资助参加农村合作医疗509300人次,资助681万元)。

2006年度全省共救助了21104名流浪乞讨人员。其中:本省籍救助对象3702名;外省籍救助对象17402名;特殊困难救助对象共5168名,占救助总数的24%,其中少年儿童2043名、老年人1260名、危重病人181名、精神病人381名、痴呆傻者146名、残疾人1157名。

2006年,农村社会养老保险工作本着"积极探索、稳步推进"的原则,以基金安全运营和养老金兑付为工作重点,严格各项管理。至年底,农保业务覆盖了全省94个拥有农业人口的县(市、区),1508个乡、镇的18413个行政村,221.8万人参加保险,积累保险基金5.36亿元,全省领取养老金人数达10.16万人,年支付养老金590多万元。农保工作做到了队伍不散,业务不断,基金不乱。

【全面建立城乡社会救助体系】 6月8日,省政府下发《关于完善城乡社会救助体系的意见》,决定自2006年7月1日起,建立农村居民最低生活保障制度,进一步提高农村五保供养标准,扩大农村困难群众大病医疗救助范围,建立城市困难群众大病医疗救助制度。江西省城乡社会救助体系全面建立,包括城乡低保,农村五保供养,城乡医疗救助,以及教育救助、住房救助、法律援助、再就业救助和水、电、气减免政策等单项救助制度,解决了困难群众基本生活问题,缓解了困难群众医疗、教育、法律、住房、再就业等各方面的困难。江西省的社会救助体系建设跨入了全国的先进行列。在国务院召开的第十二次全国民政会议上,副省长孙刚介绍了江西省城乡社会救助工作经验,受到广泛的好评。

【提高城市低保补助水平】 8月19日,省民政厅、省财政厅联合下发《关于切实做好适当提高城市居民最低生活保障补助水平的实施意见》,全省城市低保月人均补助水平由60.2元提高75元,人均增长25%。全省保障人数100.22万,变更对象8.6万人次,变更补助水平89万人次。在全国提高城市低保对象补助水平工作紧急会议上,江西省介绍了提高城市低保补助水平的经验。

【全面建立农村低保制度】 6月20日,省民政厅、省财政厅联合下发《关于建立农村居民最低生活保障制度的实施意见》,统一全省农村低保的政策和实施办法。全省从2006年7月1日起全面建立农村低保制度,全省各级政府积极调整财政支出结构,半年投入农村低保资金1.6亿多元,全省102万农村低保对象都领到农村低保证和低保金。同时建立健全了农村低保分类施保制度,完善了三级调查、三榜公布、三级集体评议审批的制度,统一了档案管理的内容和形式,完善了一户一档制度。在全国农村五保排查定标暨农村低保工作会议上,江西省介绍了农村低保工作经验。江西省率先在中部地区建立农村低保制度被评为五年来全省最具影响的十件大事之一。

【实现城乡医疗救助全覆盖】 6月22日,省民政厅、省卫生厅、省财政厅联合下发《关于建立和完善城乡医疗救助制度的实施意见》,统一了全省城乡医疗救助的政策和实施办法。争取省财政增加医疗救助资金1.7亿元;中央补助城市医疗救助资金2910万元,农村医疗救助资金6090万元,为城乡医疗救助工作的开展取得了资金保障。对医疗救助对象进行了拉网式的大排查,建立了家庭备案制度。积极探索事前、事中、事后救助相结合以及与农村新型合作医疗制度相衔接,与保险机构相配合的办法,精心组织,狠抓落实,大力推进城乡医疗救助工作开展,全省共救助城乡困难群众701170人次,发放医疗救助资金26567万元。

【积极开展争先创优活动】 连续四年在全省开展城市低保工作争先创优活动。南昌市西湖区等7个县(市、区)被评为城市低保工作红旗县,南昌市青山湖区等28个县(市、区)被评为城市低保工作先进县(市、区),获资金奖励840万元。城市低保先进县(市、区)评比表彰活动的开展,极大地调动了社会救助工作的积极性,促进了城市低保等社会救助工作的健康、规范开展。

【全面建立社会救助网】 在全国率先全面建成社会救助信息网络。开发了城乡低保、城乡医疗救助和五保供养管理软件,建立省、市、县(市、区)社会救助网站,完成省、市、县、街道(乡、镇)和社区的五级联网,所有街道(乡镇)和社区都配备电脑,社会救助工作基本实现网络化管理。

【认真做好春节期间救助管理工作】 春节期间,各地救助管理站积极配合有关部门,整顿市容市貌,派出人员在城市街头巡视,引导流浪乞讨人员接受救助,确保一方平安、和谐,也使受助人员度过一个祥和的春节。各地救助管理站会同公安局、城市管理局、卫生局及区相关部门工作人员,集中对中心城区主要街道、广场、步行街、汽车站、火车站等人口稠密的公共场所(地段)进行了巡查,向市民和流浪人员发放救助指引卡,将在街头流浪的乞讨人员集中引导或护送到市救助管理站;对于春节期间因交通紧张而无法及时返乡过年的救助人员,统一留在救助站过年。站里为这些人员准备了猪肉、鸡蛋、新鲜蔬菜等丰富的节日食品,并准备了电视与他们共同收看春节联欢晚会,让在站的救助人员感受到了在"家"过年的温暖。

【努力做好春运期间流动人口管理工作】 2006年,各救助站严格按照民政部的《关于加强春节期间救助管理工作的通知》以及当地政府关于加强和维护春运期间社会治安和交通秩序的通知要求,切实采取有效措施,认真做好救助管理工作。一是加强春运期间的救助管理工作宣传。通过地方报纸等新闻媒体和上街向群众散发《宣传提纲》及"救助服务指引卡"等形式,来发动全民参与,形成社会参与和社会联动的救助管理网络。二是主动上街救助慰问。春运期间,每天派出"救助管理流动服务车";带着棉衣、棉被、药品和食品巡回在城市的大街小巷进行流动救助,劝导救助对象到救助站求助,对不愿到救助站的发放棉衣、棉被及食品,共计10000余人次,杜绝了流浪乞讨人员冻、饿致死现象的发生。三是坚持领导带班和24小值班制度。在春运期间,各救助管理站严格按岗位责任制,安排专人昼夜值班,及时受理求助并妥善安排救助。

【加大流浪未成年人救助保护工作力度】 2006年,省民政厅草拟《关于进一步加强流浪未成年人工作的通知》和《关于切实做好城市流浪乞讨人员中危重病人、精神病人救治工作的通知》两个文件,与省综治委、公安厅、财政厅等19个部门联合下达到全省各市县。这两个文件的出台,为指导全省各地进一步做好救助管理工作发挥了更大的作用。此外,部分设区市也加快了救助管理站的基础设施建设。九江、赣州市救助管理站已迁新址兴建,主体工程已竣工。南昌市救助管理站新建的儿童救助保护中心已竣工。

【建成救助管理系统】 2005年8月,全国流浪乞讨人员救助管理信息系统正式开通,江西省业务监管子系统及救助管理站子系统已顺利并网,并正式投入使用。标志着江西省流浪乞讨人员救助管理工作进入信息化管理的新阶段。信息系统的建立,一是各救助管理站可以在网上直接查询求助人员的基本情况,及时甄别求助人员;二是省、部两级可以随时监管各救助管理站的工作,也可以直接传递信息,方便、快捷;三是加强了救助管理站间的协作,各救助管理站通过信息系统发送信息至全国各救助管理站,以求协查各类事件。

【规划全省流浪儿童救助保护中心】 2006年初,经过调查研究,省民政厅将省级和11个设区市流浪儿童救助保护中心的基础设施编制成"十一五"发展规划,一方面报省政府,同时上报国家民政部,争取建设资金,并要求各设区市民政部门积极向当地政府争取配套资金,分期分批逐步建立全省的流浪儿童救助保护中心。

【再次提高五保对象供养标准】 按照新《农村五保供养工作条例》规定,省民政厅在对五保对象的摸底排查工作的同时,开展五保供养标准的调研确定工作。2006年,省财政增资1.38亿元,再次提高五保对象供养标准。集中供养五保对象年人均保障标准由1200元提高到1800元;分散供养五保对象年人均保障标准由800元提高到1200元(含分散供养五保户每人每年200元的住房维修基金),增幅达50%,新标准从7月1日起执行。

【加强敬老院建设和规范管理】 2006年是全省实施"敬老工程"集中资助"三院"建设项目的第三年,各地结合新农村建设,加大了"三院"建设项目的步伐,2006年全省列入重点兴建的"三院"建设项目有105个(其中敬老院项目93个),新建、改(扩)建面积166151平方米,新增床位6429个,投资总额达到8700万元。对这些项目,省民政厅按照新建的每平方米补助120元,改造的每平方米补助60元的标准予以扶持。经验收合格项目,补助资金均已全部下拨到位。通过实施"敬老工程",全省集中供养率已由2005年的62%,提高到72%。另外,为了加大敬老院建设管理力度,在全省范围内组织开展敬老院院长的培训工作,为指导各地做好这项工作,省民政厅制定下发《农村敬老院院长培训工作实施方案》,各地采取普遍轮训与重点培训相结合、集中授课与到培训基地跟班学习相结合、领导讲课与优秀敬老院院长现身说法相结合的方法,组织开展了培训工作。培训结束后,对合格者颁发由省民政厅统一印制的《农村敬老院院长培训结业证书》。各地按照省民政厅下发的《江西省农村敬老院建设管理规范》要求,狠抓了敬老院的各项规章制度和岗位责任制建设,整治敬老院的内部环境,克服了"脏、乱、差"现象和"重建设、轻管理"倾向,全省农村敬老院规范化管理水平有了显著提高。

【各地对重点人群的养老保险探索取得成效】 2006年,计划生育的纯女户的养老保险问题、农民工的养老保险问题、失地农民的养老保险问题等都为农村社会养老保险提出了新的机遇和挑战。铜鼓、德安等县不断探索,以村干部养老保险为突破口,全面推进农保工作,《铜鼓县农村社会养老保险暂行办法》规定,将农民参保率引入了新农村建设和自治模范村的考评条件,鼓励普通农民积极参保。到年底已有近50%的农民参保,村干部100%参保,收缴保费400多万元。铜鼓县《启动农保促和谐健全机制求发展》的经验材料在第二十二次全省民政会议上作了交流。德安县年内也新增参保村干部70多人,新增到账保费7万多元。信丰县、安远县也都出台了农村已扎二女户社会养老保险实施方案,已扎二女户(包括纯女户)的社会养老保险工作出现良好的发展势头。

【确保农村社会养老保险基金的安全增值】 2006年,全省各级管理的农保基金没有发生一例新的违规运营,没有发生一例新的拆借、抵押、挪用现象。省农保办管理的8000万元农保基金,除2000万元购买"三峡债券"外,其余全部按规定存入国有商业银行,"以丰补歉"利息完全达到了个人账户的计息标准,实现了安全增值。截至年底,全省农保基金运营收益达1200万元。

【及时足额兑付农民养老金】 到2006年底,全省农村社会养老保险金领取人数增至10万人。无论人数多少,无论金额多少,各地都做到了严肃认真地做好精算、发放工作,做到及时准确、服务周到。不少地方还推广兴国、全南等地的做法,实行养老金银行发放,为每个领取对象在银行开设个人账户,办理银行卡,让农保领取对象也能像城镇退休职工一样按月在银行领取养老金。

【不断完善和加强全省农保机构和队伍】 到2006年底,全省已有11个设区市、77个县(市、区)的农保机构编制经费得到落实。铜鼓县农保办的编制由3名增加到了5名,并将机构升格为副科级。由于各地农保机构编制得到了较好落实,保持了农保工作队伍的稳定,维护了日常的工作秩序,保证了养老金的及时足额兑付,保证了近500万份农保档案的完整与安全,保证了统计报表的及时准确上报。针对近几年基层农保工作人员变动较大、政策多有调整的实际情况,为加强对农保人员的业务水平,省民政厅还专门收集整理编辑了一本政策性较强、实用性较好的《农村社会养老保险文件选编》,发至乡镇以上的农保工作人员,方便了第一线的实际工作,受到基层工作人员的欢迎。

(罗永青　王继锋　喻尊平　崔立群)

行政区划与地名边界管理

【概　况】 2006年,全省共办理了行政区划调整事项14件,涉及南昌市、九江市、上饶市3个设区市,14个县(市、区)。其中,九江市设立街道办事处1件,恢复设置建制镇1件;上饶市撤并乡镇12件,撤乡设镇1件。上饶市撤并乡镇33个,增设街道办事处7个,撤乡建镇1个;九江市设立街道办事处1个,恢复建制镇1个。2006年,全省共有设区市11个,县(市、区)99个,其中市辖区19个、县70个、县级市10个;乡级行政建制单位1526个,其中街道办事处131个、建制镇767个、乡628个(含民族乡7个)。与2005年相比,全省减少乡26个,减少镇6个,增加街道办事处8个。

2006年,全省地名工作坚持服务与管理并重的理念,在规范地名管理的同时,大力实施地名公共服务工程。2005年,全省地名公共服务工程启动后,地名规范、地名规划、地名设标、数字地名等专项事务有条不紊地推进。2006年,按照全省地名公共服务工程的总体规划,主要以建立县级地名数据库和开展重点镇地名设标为核心,启动城市地名规划,规范地名命名更名工作,为社会提供更加规范的地名,为全省经济社会发展提供更好的地名服务。截至2006年底,全省共有86个县(市、区)初步建立本级地名数据库,为实现地名信息化、标准化服务奠定了良好的基础。乡镇地名标志设置工作进展良好,全省共有261个镇设置了标准、美观的地名标志,其中包括200个重点镇和61个一般镇,为城乡群众的生产生活和交流交往提供了方便。

【全省行政区划变更情况】 南昌市的南昌市人民政府驻地由东湖区滕王阁街道办事处的民德路401号迁至东湖区沙井街道办事处的新府路118号。

九江市德安县设立茶山街道办事处,辖东湖、南湖、西湖、北峰、富华5个居委会,办事处驻共青大道。永修县撤销柘林镇,恢复设立三溪桥镇和原柘林镇,恢复的三溪桥镇行政区域范围为原三溪桥镇的行政区域范围,辖三溪桥、横山、黄岭、河桥、旭光、杨垄6个村委会和三溪桥居委会,镇政府驻三溪桥街。恢复的柘林镇行政区域范围为原柘林镇的行政区域范围,辖易家河、司马2个村委会和联丰、莲花2个居委会,镇政府驻柘林街。

上饶市上饶县撤销旭日镇,与董团乡的苏家、板桥村委会和清水乡的横山村委会以及枫岭头镇的樟村村委会,组建设立旭日街道办事处和罗桥街道办事处;撤销大地乡,成建制划归董团乡管辖,调整后董团乡辖10个村委会,乡政府驻董团;撤销黄市乡,成建制划归田墩镇管辖,调整后田墩镇辖1个居委会和8个村委会,镇政府驻田墩。广丰县撤销永丰镇、塘墀乡,与洋口镇的五里居委会和霞峰镇的三官殿居委会,组建设立永丰、丰溪、芦林3个街道办事处;管村乡与社后乡合并,更名为东阳乡,合并后的东阳乡辖9个村委会,乡政府驻后阳;撤销岭底乡,改设铜钹山镇,辖岭底、家潭、军潭、石溪、高阳、小丰、七星、石人、铁山、叶家10个村委会,镇政府驻岭底。玉山县撤销华村乡,成建制划归六都乡管辖,调整后六都乡辖1个居委会和18个村委会,乡政府驻六都;撤销白云镇,成建制划归岩瑞镇管辖,调整后岩瑞镇辖3个居委会和24个村委会,镇政府驻古城。横峰县撤销新篁乡,成建制划归葛源镇管辖,调整后葛源镇辖1个居委会和15个村委会,镇政府驻葛源。铅山县撤销清溪镇,成建制划归鹅湖镇管辖,调整后鹅湖镇辖1个居委会和22个村委会,镇政府驻江村;撤销黄岗山镇,成建制划归武夷山镇管辖,调整后武夷山镇辖8个村委会,镇政府驻车盘;港东乡与杨林乡合并,更名为葛仙山乡,合并后葛仙山乡辖1个居委会和18个村委会,乡政府驻杨林。弋阳县撤销箭竹乡,成建制划归圭峰镇管辖,调整后圭峰镇辖12个村委会,镇政府驻圭峰;撤销三县岭乡,成建制划归曹溪镇管辖,调整后曹溪镇辖23个村委会,镇政府驻曹溪;撤销烈桥乡,成建制划归漆工镇管辖,调整后漆工镇辖15个村委会,镇政府驻漆工。余干县撤销新生乡、东源乡,成建制划归瑞洪镇管辖,调整后瑞洪镇辖5个居委会和26个村委会,镇政府驻瑞洪;撤销古竹乡,成建制划归石口镇管辖,调整后石口镇辖1个居委会和14个村委会,镇政府驻石口;撤销禾山乡,成建制划归枫港乡管辖,调整后枫港乡辖23个村委会,乡政府驻枫港;撤销金山嘴乡,成建制划归三塘乡管辖,调整后三塘乡辖27个村委会。鄱阳县撤销古南乡,成建制划归古县渡镇管辖,调整后古县渡镇辖2个居委会和31个村委会,镇政府驻古北街;撤销桐山乡,成建制划归乐丰镇管辖,调整后乐丰镇辖2个居委会和12个村委会,镇政府驻包家山;撤销莲山乡、桥头街乡,成建制划归油墩街镇管辖,调整后油墩街镇辖1个居委会和28个村委会,镇政府驻油墩街;撤销肖家岭,成建制划归响水滩管辖,调整后响水滩辖1个居委会和17个村委会,乡政府驻响水滩。万年县撤销珠山乡,与上坊乡黄营村委会一并划归陈营镇管辖,调整后陈营镇辖9个居委会和13个村委会,镇政府驻珠山桥;撤销大黄乡,成建制划归石镇镇管辖,调整后石镇镇辖1个居委会和15个村委会,镇政府驻石镇;撤销南溪乡,成建制划归苏桥乡管辖,调整后苏桥乡辖15个村委会,乡政府驻柴源垱。婺源县撤销甲路乡,成建制划归赋春镇管辖,调整后赋春镇辖17个村委会,镇政府驻赋春;撤销古坦乡,成建制划归大鄣山乡管辖,调整后大鄣山乡辖14个村委会,乡政府驻车田。德兴市撤销银城镇,设立银城街道办事处,办事处范围为银城镇的行政区域范围,辖14个居委会和4个村委会,办事处驻银城中路;撤销香屯镇,成建制划归泗洲镇管辖,调整后泗洲镇辖6个居委会和10个村委会,镇政府驻金家。信州区将灵溪镇所辖的邵新、灵湖、龙泉3个村委会划归朝阳乡管辖,日升村委会划归秦峰乡管辖;撤销灵溪镇,改设灵溪街道办事处。

【全面完成200个重点镇地名标志设置工作】 2006年,全省共有261个建制镇完成地名标志设置任务，其中包括200个重点镇和61个一般镇，共设置街路标牌3826块，各级财政共投入200余万元。为解决地名标志设置所需经费，各地在加大财政投入的同时，还积极尝试引入市场运作机制，实现政府主导、社会参与与市场支持相结合，全省200个重点镇的地名标志设置工作完成，为构建城乡一体化地名标志服务体系奠定了良好开局。

【初步完成县级地名数据库建设工作】 实施全省地名公共服务工程，包括地名规范、地名规划、地名设标、数字地名等四项专项工作，其中，建立比较完善的省、市、县三级地名数据库，通过电信、网络等平台提供地名信息化服务是整个工程的重中之重。地名数据库建设工作任务重，技术含量高，数据量大，是一项庞大的系统工程。为确保此项工作的顺利完成，2006年，省、市、县三级分别组织专题培训，培养了一大批专业骨干。在此基础上，各地利用统一表格分别收集了行政区、群众自治组织、居民点、单位、建筑物、河流、道路、湖泊、山峰、山脉、旅游景点等11类地名信息。截至2006年底，全省共有86个县(市、区)初步完成了11类地名信息的录入工作，收集和录入的数据量达30万条，县级地名数据库建设工作初步完成。

【规范地名工作】 为使地名规范标本兼治，一方面，各地按照省民政厅、省建设厅2005年8月2日制定的《全省城市地名规划工作实施意见》精神，结合本地城市规划，积极做好前期准备工作，出台城市地名规划方案，力争从源头上治理地名混乱现象；另一方面，进一步落实省民政厅、省建设厅、省公安厅、省工商局、省质监局2005年8月22日下发的《关于规范城镇地名命名工作的通知》文件精神，建立地名命名更名登记制度，规范地名通名命名标准，加强宣传使用标准地名的重要性。通过大力宣传，加强监督，全省地名命名更名混乱现象得到有效的清理，有力地推进了地名规范化和标准化。2006年，全省乡镇和村居委会名称用字得到进一步清理和规范，建筑物和道路名称盲目夸大、求洋媚外、名不副实等现象得到了一定的遏制，地名规范工作取得较好地成效。

【全面完成省县两级行政区域界线联合检查工作】 2006年，由江西省牵头，对赣湘两省行政区域界线进行联合检查。赣湘边界线全长846千米，包括赣鄂湘、赣湘粤两个三省交会点在内，共设有23个界桩。6月14日，两省及沿线毗邻9个设区市、20个县(市、区)的民政部门在井冈山召开联检工作联席会议，具体部署、落实了赣湘线联检工作。通过3个多月外业实地检查表明，界线两侧地形、地貌无明显变化，界线走向清晰可辨，与协议书及其附图核对未发现异常情况。界线两侧的资源开发利用及插花山(地)、飞地(山)的经营情况其本正常，群众生产、生活稳定。全线23个界桩，其中有4个被损坏。如位于萍乡市湘东区至攸县的10号界桩因两省修公路，界桩被移动损坏；位于莲花至攸县段上的11号界桩因采矿被损；位于崇义至汝城段上的19号界桩和赣湘粤三省交会点的界桩都分别遭到人为的损坏。对此都在界桩原位址进行了重新修复或重新制作予以埋设。另外所有的方位物均完好无损，也同界桩一样把周围的杂草和遮挡物清除干净，并对桩面上的文字用红漆重新描绘。收到了查清界线现状，维护界桩，处理问题，消除隐患的效果。

根据江西省制定的全省县级行政区域界线联检规划，省民政厅2006年下达县界联检任务58条，界线总长3207千米，检查界桩154个(其中三县交会点界桩51个)。经过界线的实地检查看来，绝大部分界桩保持完好，未遭严重损坏，但字迹已经模糊，周围杂草丛生，难以辨认。为保持界桩的清晰，都清除了所有界桩周围的杂草，并对桩面进行了清洗和字迹的描红。对3个受损和偏离的界桩进行了重新修复，奉新至靖安线上的01号桩移位偏离界线500米并严重损坏，03号桩因公路拓宽被丢弃，井冈山至泰和线上的01号桩也是因公路拓宽断裂损坏，对此，经有关双方协商后均在原地重新测量、重新设置界桩。另外，南昌市还对行政区划调整而变更的青山湖区与南昌、新建两县三交点界桩进行了重新测量和设置。

【完成边界乡(镇)界线管理联席会议制度的试点工作】 2006年，在萍乡湘东区试点边界乡(镇)界线建立管理联席会议制度。6月，萍乡湘东区在赣湘线联检工作第一次联席会议上作了“边民联手构建平安边界”的经验介绍，受到了民政部全国勘界办领导的好评。民政部全国勘界办领导指示要加以总结、完善，形成制度，多为全国创建平安边界活动提供经验。8月省民政厅再次组织“建立平安赣湘边界”的专题调研，形成了《发挥边界村民的主动性，维护边界稳定，促进经济发展》调研报告，上报民政部全国勘界工作办公室。12月5日，民政部全国勘界工作办公室领导在武汉市开办的全国行政区域界线管理工作培训会上，对江西的做法给予了充分的肯定。

【完成编纂江西省地图集与民政相关资料收集任务】 配合省测绘局做好图集的编纂工作，派专人负责收集资料和有关工作的协调。并对省民政厅出版的江西省政区图上的行政区划的名称、各类地名及省、县级行政区域界线走向进行了校对、修改，保证提供的资料正确。

(吴新传　汪茂兴)

基层政权和社区建设

【概　况】 2006年，全省村民自治、城乡社区建设工作均取得了新的进展，和谐社区示范单位创建活动全面启动，“八进社区”活动广泛开展，社区信息化得到进一步推进，农村村落社区建设工作不断巩固和提高基本完成全省第六届村(居)委会选举工作，社区服务工作政策取得突破，村民自治示范单位创建活动成效明显。

【全面启动和谐社区示范单位创建活动】 1月，省社区建设工作领导小组制定下发《江西省城乡社区建设“十一五”规划(2006~2010年)》；8月，省民政厅下发《关于转发〈民政部关于开展“建设和谐社区示范单位”创建活动的通知〉的通知》，决定从下半年开始，在全省范围内开展建设和谐社区示范单位创建活动。至11月底，11个设区市制定了创建活动方案和年度(2006、2007)实施计划，全省和谐社区建设示范单位创建活动正有条不紊的开展。同时，全省城乡社区组织开展了社会主义荣辱观宣传教育活动，取得了较好成效。

【开展“八进社区”活动】 省民政厅与省委宣传部、省委政法委、省文明委、省广电局、省文明委等部门密切配合，共同推进“八进社区”活动的广泛开展。2006年，全省有10个社区被评为全省“十大文明社区”；有11个社区被评为“全国学习型家庭创建示范社区”；在“第四期万家图书室援建和万家读书活动”中，受援社区图书室近千个，援建图书价值近400万元。9月26日，配合中央文明办、民政部、新闻出版总署和国家广电总局，在于都县长征广场举办“红军长征路图书援建长廊”首发式，为赣州、吉安、抚州3市的752个村(居)委会争取到受援图书室752个，援建图书价值376万元；九江市浔阳区被评为全省社区卫生服务示范区。

【开展社区信息化建设试点工作】 省民政厅与省电信公司合作，共同筹建“江西社区网”。8月，省民政厅与省电信公司签订合作协议。9月，省民政厅下发《关于确定南昌市青云谱区为省级社区信息化建设试点单位的通知》，在南昌市青云谱区开展社区信息化试点工作。

【全面推进村务公开民主管理工作】 4月10日，省村务公开民主管理工作领导小组在南昌召开全省深化村务公开民主管理工作会议，副省长、省村务公开民主管理工作领导小组常务副组长熊盛文出席并作重要讲话，省民政厅厅长罗筱玉在会上传达了全国深化村务公开民主管理工作座谈会暨全国村务公开民主管理示范单位命名表彰大会精神。各地认真贯彻落实会议精神，以完善工作制度为重点，普遍健全了新一届村委会民主决策、民主管理和民主监督等制度，村民自治制度建设进一步加强。所有县(市、区)均对新当选的村委会成员进行了为期3天左右的业务培训，较大程度地提高了村委会干部的思想政治素质和业务工作能力。5月，江西省配合中欧村务管理项目办公室，圆满完成了自2002年10月开始实施的中欧村务管理培训项目，共组织举办村委会换届选举、村务公开培训班共24期，培训学员3000余人次，师资近170人次，取得了良好的社会效益。

【推动农村村落社区建设】 各地以建设新农村示范点为契机，以构建农村和谐社区为主题，不断丰富村落社区建设的内容，创新了村落社区建设的工作机制，推动了村落社区建设持续发展。2006年，《中国社会报》《中国民政》、民政部办公厅主办的《民政信息参考》和省政府办公厅主办的《调研参阅》等报刊多次刊登了江西省开展村落社区建设的情况，民政部办公厅还以《民政工作专报》的形式向中共中央办公厅、国务院办公厅报送江西省开展村落社区建设的做法和经验。10月，民政部部长李学举专门视察了永丰县村落社区建设的情况，并给予了充分肯定。

【基本完成全省第六届村(居)委会选举工作】 按照省委、省政府的统一部署，2005年8月开始，全省各地陆续组织开展了第六届村(居)委会换届选举工作，截至2006年3月底，全省2150个居委会，16939个村委会，基本完成选举工作。城市居委会换届选举圆满完成，共有2150个居委会，19574个居民小组，选举产生居委会主任2150人，居委会成员9572人，其中党员人数5077人，占居委会成员总数的53.04%，女性成员6142人，占居委会成员总数的64.17%，居委会主任兼书记数1253人。农村村委会有16858个圆满完成选举任务，共登记选民22551111人，其中参加投票的选民21108333人，参选率为93.61%。共选出村委会成员60538人，较换届前的70577人精简了10039人，减幅为14.23%。其中主任16529人(329个村暂未选出主任)，副主任5377人，委员38632人。在当选的村委会成员中有39947人连任，占换届前村委会干部总数的56.6%；村党支部书记被选为村主任的为5735人，占村主任数的34.7%；中共党员45045人，占74.41%；女性成员11306人，占18.68%。在选举产生新一届村委会班子的同时，推选产生了新一届村民代表629106人，平均每村37人左右；全省201962个村民小组，有201252个进行了村民小组长换届选举，占99.65%。一大批思想好、作风正、有文化、懂经营、善管理、办事公道、热心为村民服务的人选进了村(居)委会班子，优化了村(居)委会干部队伍。

【社区服务工作政策在全国率先出台】 按照《国务院关于加强和改进社区服务工作的意见》要求，经多方征求相关部门意见，报省政府同意后，省民政厅于8月22日在全国率先出台了《江西省人民政府关于加强和改进城乡社区服务工作的意见》。这是首次以省政府名义下发的关于社区服务工作的文件，对进一步推动江西省社区服务业的发展具有里程碑的意义。江西省的意见得到了民政部的充分肯定，以民政部参阅文件(民阅〔2006〕21号)的形式予以全文转发。

【村民自治示范单位创建活动成效明显】 各地以示范单位创建为中心，巩固、推广、探索了省内外村务公开的新经验，创造了流动村务公开栏、“明白纸”等行之有效的公开形式，推广“五步决策法”和农村财务委托代理服务制度等做法。全省共创建省级村务公开民主管理示范村200个，市级示范村1522个，县级示范村774个。余江县锦江镇九亭村、南昌市青山湖区塘山镇罗万村、萍乡市芦溪县上埠镇坪里村、新余市渝水区姚圩镇姚圩村、上饶市余干县乌泥镇乌泥村、吉安市吉安县永和镇小湖村、赣州市章贡区沙河镇五龙村、宜春市上高县泗溪镇安塘村、景德镇市浮梁县洪源镇鸣山村、九江市庐山区莲花镇东城村、抚州市东乡县圩上桥镇魏家村等11个村被司法部、民政部命名表彰为“全国民主法治示范村”。

(唐咸富 刘 刃)

民间组织管理

【概 况】 截至2006年底，全省登记注册的民间组织9181个,包括社会团体5296个,民办非企业单位3873个,基金会12个。其中:省属社会团体592个,设区市属社团1618个,县(市区)属社团3086个;省属民办非企业单位170个,设区市属民办非企业单位614个,县(市区)属民办非企业单位3089个。

【组织部分省属民间组织捐助瑞昌地震灾区】 年初,以省民间组织发展促进会的名义向促进会的部分会员单位发出"为了让灾区孤寡老人有一个温暖的家,请伸出你的双手,奉献你的爱心,善举不分先后,数额不限多少,踊跃为灾区敬老院建设捐款"的倡议。得到了江西服装职业技术学院、江西省光彩事业促进会等18个单位积极响应。省民政厅救灾捐赠的专用账户共获捐助款人民币30多万元,全部用于灾区灾后重建。钱虽然不多,但体现了民间团体的一份爱意。

【推荐江西省NGO组织参与中国扶贫基金会的扶贫项目】 2006年,推荐江西省青少年发展金会和江西山江湖发展促进会两家社会公益性的民间组织,到北京参加中国扶贫基金会扶贫项目的竞标活动。这也是中国首次NGO组织与政府合作实施村级扶贫项目,全国有六家NGO组织在竞标中胜出,江西省推荐的两家均双双中标。为江西省争取到首批村级扶贫项目资金110多万,其中工作经费10多万元。

【开展民办非企业单位自律与诚信建设活动】 3月28日,省属民办非企业单位的负责人会议在南昌召开。会议总结了2005年民办非企业单位开展自律与诚信建设活动的情况,对受到民政部表彰的9个民非单位进行了授牌;同时,就2006年开展自律与诚信建设活动进行了再次动员,重点强调各民办非企业单位要在建立健全内部制度,完善信息披露制度,开展优质服务,完善服务承诺制度上下工夫。在整个活动中,主要做了四方面的工作,一是指导规范民办非企业单位按时完成章程的修改工作。二是帮助民办非企单位建立和完善了各项内部规章制度,提升了自我约束,自我教育,自我管理的能力。三是鼓励和引导民办非企业单位积极开展优质服务,真情回报社会等各种形式的社会公益活动。四是对开展自律与诚信建设活动的先进单位进行了总结表彰。

【首次举办民办非企业单位法定代表人培训班】 3月,结合民办非企业单位的年度检查,首次举办了省属民办非企业单位法定代表人培训班,参训人员100多人。培训的主要内容包括:加强民非单位的自身建设,完善民非单位的法人治理机制,建立健全董事会等。对进一步强化民非单位的法人意识,章程意识和服务意识提出了要求。就民办学校民事主体资格变更等有关问题进行了部署。同时,组织大家学习了民政部新颁布的民非单位年检办法以及如何填报年度检查报告书和财务报表。

武宁县新宁镇民政所详尽周到的政务公开栏

省民政厅供稿

【抓好农村专业经济协会示范点建设】 按照打造100个农村专业经济协会示范点要求,将协会示范点建设的标准和要求分解下达到各市、县,并就办好协会示范点建设的经验总结,以及经验材料汇编工作提出了明确的要求。同时深入基层、农户,就如何提升协会的运作能力和服务水平,规范协会的内部制度等进行帮助和指导。经过对110多个示范协会的经验材料的修改、整理、汇总,编印《红土地上的农村专业经济协会》一书。省民政厅厅长罗筱玉为这本书作序,副厅长钟起茂为这本书写了前言。此书得到国家民管局的充分肯定,认为这是继山东省之后,全国第二个农村专业经济示范协会的材料汇编。

【加强民间组织的年检和管理】 2006年省属民间组织的年度检查工作做到了早部署、早安排、早检查。2月下发年检通知,充实修改了年检报告书。同时,还召开省科协、社联、文联、经贸委、省体总等11个业务主管单位分管社团处室的负责人会议,就年检内容、方法、程序、时间要求等进行了布置。针对部分存在问题较多的省属民间组织,依照社团和民非条例以及行政许可法的有关规定和程序,撤销了35个社团的社团法人资格、19个民办非企业单位的法人资格。这一举措得到江西省各家媒体的关注和支持,《江西日报》《信息日报》《南昌晚报》都进行了报道。同时,对101个未参加年度检查的民间组织以及法定代表人、业务主管单位均在江西民政网上进行通报。

【突出民间组织的宣传报道与调研】 在继续办好《江西民间组织》专刊的同时,积极宣传民间组织的发展成果、诚信自律建设、培育监管等方面的情况,一年来,在省级以上报刊上报道江西省民间组织的稿件就有50多篇。加强了民间组织的调研工作,组织力量完成了《关于我省民间组织基本情况》和《机遇与挑战并存——江西民间组织的发展前景分析》两份调查报告。

(樊 胜)

水库移民

【概 况】 2006年,是新的水库移民后期扶持政策实施的开局之年。省政府先后3次召开会议研究部署移民工作,并下发《江西省大中型水库移民后期扶持政策实施方案》(以下简称《实施方案》)。省政府在原中央直属水库移民工作领导小组的基础上成立了省水库移民工作领导小组,增加了省编办、财政部驻赣专员办、省合作办、省移民办等单位为领导小组成员单位。领导小组先后6次专题召开会议,周密部署,积极推进政策实施工作。为加强水库移民管理机构建设,省委常委会研究决定,将省移民办升格为副厅级行政机构。

在省委、省政府的正确领导下,全省水库移民后期扶持政策实施工作进展顺利,稳步推进,得到了国务院领导和全国水库移民后期扶持政策部际联席会议的充分肯定。国务委员周永康在新华社编发的《国内动态清样》第4099期上刊登的《江西探索水库移民就业培训有效途径》上批示:"这是好办法。"全国水库移民后期扶持政策部际联系会议第9期和第11期简报,专题介绍江西的工作经验。12月在福州召开的全国大中型水库移民后期扶持政策试点工作座谈会,全国部际联席会议召集人、国家发改委副主任杜鹰在会上专门对江西省试点工作"回头看"的做法和开展移民科技培训的经验提出表扬。

【认真制定《实施方案》及相关配套文件】 为科学编制江西省的《实施方案》,从2006年5月开始,省发改委、省民政厅、省水利厅等部门先后组成考察组到湖南、四川、湖北、浙江、福建、贵州等6个省份学习考察,并派出6个调研组,深入移民安置区开展调查研究。《实施方案》于6月16日经省政府常务会议研究通过,并得到全国部际联席会议的充分肯定,是国务院批复的第一批《实施方案》。此外,江西省还制定《江西省大中型水库移民后期扶持政策宣传提纲和政策解答》《江西省大中型水库移民后期扶持政策试点工作方案》《江西省大中型水库移民后期扶持人口核定登记办法》《江西省大中型水库移民后期扶持资金使用管理暂行办法》《江西省大中型水库移民后期扶持政策实施责任追究办法》《江西省大中型水库移民后期扶持方式确定办法》《江西省大中型水库移民后期扶持规划编制办法》《江西省大中型水库移民后期扶持规划编制大纲》等配套文件,为落实水库移民后扶持政策提供了有力的制度保障。

【移民后期扶持政策实施试点工作取得成功】 从7月开始,江西省选择赣县接收安置的上犹江水库移民、乐安县接收安置的湖南韶山灌区移民、乐平市接收安置的浙江新安江富春江水库移民、靖安县罗湾水库移民、德兴市双溪水库移民、修水县东津水库移民、芦溪区坪村水库移民、分宜县水库西坑水库移民等的8个不同类型的水库移民开展政策实施试点工作。在试点工作基本完成后,及时组织工作组对试点阶段工作进行"回头看",巩固了试点工作成果。为使矛盾更充分地暴露出来,从10月开始,试点范围扩大到8个县的所有水库,整个试点工作于年底全面结束。在试点过程中,各试点县(市)培训工作人员1500多人,共抽调了812人组成了175个人口登记工作小组。召开座谈会308次,发放扶持方式征求意见表7947份,广泛听取移民群众对扶持方式的意见。8个试点县核定登记的实际移民人数为163885人,没有超出国家核定的移民人数。在充分尊重移民意愿的基础上,各试点县均确定实行现金直补扶持方式,受到移民群众的广泛欢迎,也没有出现群体上访事件,圆满完成了试点工作任务。

【全面完成水库移民扶持人口的核定登记工作】 国家核定江西省列入后期扶持范围的大中型水库移民为161.28万人。省里统一口径和标准,将扶持人数分解核定到各设区市包干使用,并要求移民人数能核定到人的必须核定登记到人,不能核定到人的则必须核定到村组。在扶持范围上严格把关,列为扶持对象的移民为2006年6月30日以前因大中型水库建设淹没家园并搬迁了的、仍为农村户口的移民现状人口,其他相关影响人口均不纳入扶持范围。各地坚持实事求是,以原始资料为依据,以对国家、对移民高度负责的态度,认真做好扶持人口的核定登记工作,坚持做到一个不错、一个不漏。经移民申请、各级审核、逐户逐人登记、三次以上公示等程序,全省核定到人的移民为100.08万人,其余61.2万移民扶持人数核定登记到村组。

【确定水库移民后期扶持方式】 在移民后期扶持方式,坚持"一个尽量,两个可以",把重心放在"一个尽量"上,即凡是能将扶持人口核定到人的,都尽量将资金直接发给移民个人。各地在充分尊重移民意愿和听取当地群众意见的基础上,确定移民人数核定到人的100.08万人全部实行现金直补扶持方式,其余无法核定到人的实行项目扶持方式。

【做好政策宣传和信访工作】 2006年,全省先后接待移民群众上访57033人次,移民信件2958件,来电17260次。在做好信访接待工作的同时,各地还注意协调好移民与原住农民的关系,在耐心细致地做好原住农民以及相关影响人口的思想解释和政策宣传工作,争取他们理解和支持的基础上,采取有效措施,通过统筹交通、水利、农业开发和新农村建设等方面的资金和项目,优先安排移民安置区的基础设施建设,解决好他们的困难和问题,化解矛盾,平衡关系。全省没有出现大规模上访和群体事件,也没有发生集体到北京上访的事件。全省政策实施工作总体平稳,移民安置区社会稳定。

(曾庆连)

市　县　区

本栏编辑　李目宏

南昌市

【概　况】 位于江西省偏北，总面积7402.36平方千米。其中，耕地面积21.28万公顷、森林面积13.2万公顷。2006年实现生产总值1184.57亿元，按可比价格计算，同比增长15.2%。其中，第一产业增加值76.45亿元，增长4.9%；第二产业增加值644.46亿元，增长18.7%；第三产业增加值463.66亿元，增长12.6%。三次产业构成比例为6.5∶54.4∶39.1，对经济增长的贡献率分别为2.3%、64.7%和33%。人均生产总值2.61万元，同比增长14.5%。全年全市财政总收入150.56亿元，同比（同口径）增长20.8%，其中地方财政一般预算收入68.11亿元，增长25.1%。全年全市城镇新增就业人员7.59万人，安置下岗职工失业人员再就业3.36万人，其中"4050"等困难群体0.91万人；各类职业技能培训人数达9.51万人；办理登记失业人数3.74万人，登记失业率为3%。城市居民年人均可支配收入突破1.12万元，比上年增长9.1%；年人均消费性支出7548元，增长6.8%。农村居民年人均纯收入4392元，比上年增长13.2%；农村居民年人均生活消费支出2702元，增长13.2%。城市居民家庭恩格尔系数44%，农村居民家庭恩格尔系数48.9%。全市年末户籍总人口为483.96万人，比上年末净增8.79万人，其中非农业人口277.71万人。

【先进制造业重要基地建设成效显著】 全年工业工作贯彻落实南昌市委、市政府《关于大力实施建设现代制造业重要基地核心战略，加快工业发展的若干政策措施》精神，坚持发展加工制造业和发展装备制造业并重，"南昌制造"和"南昌创造"并举，围绕汽车、电子信息、生物医药、新材料、纺织服装五大支柱产业，精心策划组织生产和运行，尽快形成具有竞争优势的汽车及其零部件、微电子、空调、飞机、食品、造纸、纺织服装、医药及医疗器械、机电产品、冶金及新材料十大类产品制造基地，发挥工业化在南昌崛起中的主导性作用和核心增长极作用，实现工业总量跃进式扩张，重点企业做强做大，企业核心竞争力提升，工业整体经济效益显著。至年底，全市工业增加值445.64亿元，同比增长17%，占全市生产总值的37.6%。其中，规模以上工业增加值304.65亿元，增长23.8%；实现产品销售收入953.82亿元，增长31.8%；利润38.91亿元，增长9.5%；经济效益综合指数达191.87%，比上年提高20.5%，实现"十一五"规划的良好开局。

【农业基础进一步巩固】 全年南昌市农业工作主要落实增加农民收入、提高粮食综合生产能力、巩固和加强农业基础地位的各项政策，粮食生产注重稳定面积，推广良种，努力提高粮食产量；畜牧养殖转变生产方式，建设各类生态养殖小区，增强养殖综合生产能力；水产养殖调整养殖结构，突出特色品种，提高经济效益。同时，培育农业主导产业，做强做大优质农产品种植、养殖基地。至年底，粮食总产量205.74万吨，再创历史新高，畜禽、鱼、肉、蛋、奶稳中有升，并形成优质大米、瘦肉型猪等八大优质农产品基地和特种水产、花卉苗木、无公害蔬菜等十大特色种养示范基地，市级以上农业产业化龙头企业达95家。

【开放型经济有新突破】 全年南昌市开放型经济工作以突出以承接国内外产业梯度转移为目标，继续实施"百千万"（即百场招商活动、千批次招商小分队、接待万人次客商）招商计划，先后在新加坡、韩国、法国、瑞士约20个国家及港澳台地区和国内长珠闽、环渤海湾经济圈、中西部城市举办系列招商引资活动129场。其中，参加国家、省、区域主办的招商活动34场，以市委、市政府名义举办大型招商活动10场，市与县（区）、部门联办的招商活动14场，县（区）、部门自行开展的专题招商活动71场。年底，实际利用外资10.51亿美元，比上年增长15.65%；实际引进内资310.06亿元，增长19.02%；新批外商投资企业174家，内资达成合同项目596个。同时，对外贸易较快增长。至年底，南昌地区内企业完成进出口总额24.9亿美元，比上年增长42.6%。其中海关出口总值17.24亿美元，增长39.0%。

【个私民营经济势头强劲】 全年南昌市通过推进"百姓创家业、能人创企业、干部创事业"，营造全民创业的浓厚氛围，推动个私民营经济发展。至年底，全市个私民营经济实现增加值468.7亿元，比上年增长35%，占全市生产总值的比重为39.6%，比上年底提高5.1%；全市个私民营企业达13.2万户，比上年增加3999户；个私民营企业上交税金42.9亿元，增长41.1%，占全市财政总收入的比重为28.5%，比上年提高4.4%。

【"万村千乡市场工程"顺利推进】全年南昌市采取先试点，后推广办法，用足用好国家商务部、省政府给予的优惠政策，做到"三发挥三带动"：即充分发挥供销社系统网络优势，实行网络性带动；充分发挥城区商贸委统筹优势，实行区域性成片性带动；充分发挥城市大型商贸企业的实力优势，实行货源垫底性带动。至年底，"万村千乡市场工程"在县、乡村开花结果，500余家乡级、村级"农家店"成为支农、惠农"民心工程"。

【荣获"国家卫生城市"殊荣】12月30日，南昌市委、市政府在省体育馆召开创建"国家卫生城市"总结表彰暨再动员大会。国家卫生部疾控局（全国爱卫办）副巡视员徐惠民宣读命名南昌市为"国家卫生城市"的决定。卫生部疾控局（全国爱卫办）副局长白呼群向南昌市授"国家卫生城市"牌匾。1990年南昌市启动创建"国家卫生城市"，在16年的创建"国家卫生城市"历程中，1995年荣获"全省创建卫生城市进步奖"，1999年荣获"全国卫生工作先进城市"称号。

【实施第四轮百路大会战】　2～10月，全市实施第四轮百路大会战，改造道路总数117条，投资1.2亿余元。其中，东湖区改造道路总数38条，面积8.2万平方米，投资1800万元；西湖区改造道路总数25条，面积15.3万平方米，投资2972万元；青云谱区改造道路总数21条，面积9.72万平方米，投资2260万元；青山湖区改造道路总数21条，面积8.6万平方米，投资1978万元；湾里区改造道路总数11条，面积10.7万平方米，投资1817万元；红谷滩新区改造道路总数1条，面积2.73万平方米，投资3.17万元。改造的重点在"前三轮"综合改造的基础上，按照到边到角到旮旯的要求，将改造的触角延伸到老百姓的房前屋后，使小街巷改造达到整体完美的效果。

【廉租住房制度受到好评】南昌市实施廉租住房制度以来，深受广大群众的欢迎和赞扬，也得到中央及省、市有关部门领导、国家有关部门及新闻媒体的关注。5月，新华社内参《国内动态》报道《南昌市创新城市廉租住房制度》；国务院副总理曾培炎、建设部部长汪光焘先后对南昌市推行廉租住房制度的情况作批示，认为南昌市实施廉租住房制度的做法对国家制定和完善廉租住房政策具有重要的参考价值；6月，新华社《半月谈》宣传推广南昌市廉租住房工作情况；7月，中共江西省委书记孟建柱就南昌市实施廉租住房的工作情况作批示；8月3日，《人民日报》头版报道《南昌特困群众廉租住房应保尽保》；8月5日，中央电视台在《新闻联播》中报道南昌市廉租住房工作。

【荣获"中国人居环境奖——水环境治理优秀范例城市"称号】　9月12日，国家建设部举行颁奖仪式，授予南昌市为"中国人居环境奖（水环境治理优秀范例城市）"荣誉称号，市长李豆罗代表南昌市接受建设部的颁奖。2001年以来，全市围绕"一江、两河、八湖"，大力实施水环境综合整治。其间，先后完成青山湖清淤工程、抚河清淤整治换水工程，并将城中素有"龙须沟"之称的城南排渍道改造成玉带河，实现"玉带飘豫章，活水绕南昌"的目标。同时，改造排水总干渠，包括玉带河总渠、西支、北玉带河（原城北排渍道）、青山湖东暗渠、西渠、青山湖污水收集系统总干渠、东西桃花河连通渠及延伸段等，解决市区积水问题；投资12亿元，先后实施12个项目30个子项目，提高城市排水、污水处理能力，实现城市功能区水质达标率为100%、城市饮用水水质达标率为99.9%、城市污水处理率达85%、工业废水排放达标率达95%的国家有关目标。

【南昌市被评为"中国十大节庆城市"】　6月，在杭州召开的第二届中国节庆年会暨2006中国节庆产业年度评选颁奖盛典上，南昌市继2005年荣获2005年度中国会展业会展城市最具潜质奖等四项大奖之后，又一次站在2006中国节庆产业年度评选颁奖盛典的领奖台上并荣膺五项大奖。本次盛会由亚洲会展节事财富论坛和新华网联合主办，吸引CCTV2、《中国旅游报》《国际商报》、人民网等10家媒体的关注。大会赢得全国各大城市的大力支持，全国60个城市的200余位代表出席。通过网上投票和专家评选等方式，南昌市在本届大会上共获得多项殊荣，包括：2006年度中国十大节庆城市奖；2006年中国南昌第五届金秋经贸活动月荣获2006年度中国十大经贸类节庆奖；南昌绳金塔庙会文化经贸节荣获2006年度中国十大经贸类节庆奖；中国·南昌傩文化艺术旅游节荣获2006年度中国十大民俗类节庆奖。

【成功举办中国南昌首届军乐节】10月26日～11月1日，由南昌市政府、解放军军乐团、中国管乐学会主办的首届中国南昌军乐节在南昌市举行。中国人民解放军军乐团，中国海军军乐团、中国武警军乐团、第二炮兵战士军乐队、苏格兰皇家龙卫队风笛鼓乐队、俄罗斯边防中央军乐团军乐队、江西师范大学女子军乐队、江西西山国际学校武术团、南昌青云谱学校小百灵管弦乐队参加演出。解放军军乐团团长于海担当艺术总导演，窦剑波担任演出导演，陈黔担任音乐总监。解放军军乐团和中国管乐学会专门为本届军乐节创作、改编部分管乐曲。军乐节以"响亮南昌、动感都会"为主题，先后举办开幕式、巡游表演、"军乐晚会"等活动。现场观看军乐节的观众有30万余人，通过新华社、中央电视台、新浪网、凤凰卫视等媒体转播，收听收看演出的观者观众则达数亿人。本届军乐节前后历时近2年的策划筹备，是全国举办的第一个军乐节。

（南昌市史志办年鉴处）

主要领导人　市委书记：余欣荣。市人大常委会主任：李豆罗（12月任）。市长：胡宪（12月任）。市政协主席：王样生（12月任）。

·东湖区·

【简　况】　东湖区位于南昌市区北部，面积18.35平方千米，辖区9个街道办事处和1个管理处、106个社区居委会（纯居民社区79个、单位社区27个）、6个行政村。总人口45.02万人，人口自然增长率4.8‰。全年区属国内生产总值实现169.56亿元，增长14.7%,其中第三产业增加值145.5亿元,增长17.9%;财政总收入8.75亿元,增长14.9%;地方财政投入2.59亿元,增长16%。主要工业产品有汽油发电机、柴油发电机、高低压电力开关柜、玻璃钢制品、服装、印刷等。

2006年,全区经济工作紧紧围绕构建"现代服务业核心区、科教文卫中心区、和谐诚信文明区"的三大目标,大力推进"三产富区、开放强区"战略,按照"核心城内求质量,核心城外求增量"的发展思路,通过"项目拉动、开放带动",积极拓展城区发展的集聚功能、创新功能、辐射功能和引领功能。全区工业经济以"推进改革、调整结构、转变方式、全面发展"为主题,完成工业总产值8.21亿元,工业主营收入8.21亿元,销售收入7.8亿元,利税0.66亿元,增加值2.06万元。全区三产经济结构优化提升,按照"重点打造两条路,完善提升五条街"的思路,强化商业载体建设,阳明东路商务景观休闲街、青山路商务休闲综合性功能街规划粗具雏形;积极调整象山北路、叠山路、民德路等3条商业街区业态,已有100余家机电、五金店退出象山北路、叠山路,进一步提升商业街区的集聚效应和品位;胜利路步行街被评为全国"百城万店无假货"活动示范街,商贸企业诚信建设和消费服务环境不断完善;福州路旅游休闲餐饮街特色更加鲜明,一批新的大型餐饮休闲项目争相入驻。个私民营经济快速发展,全年全区新增个私企业和个体工商户4926家,新增注册资金6.9亿元,实现利润4.2亿元、税金4.23亿元,同比增长38.2%和30.9%;个私民营经济总产值128.7亿元,增加值34.2亿元,同比增长47.6%和42.2%。

全年全区新增从业人员7515人,占全年任务的127%,安置国有企业下岗职工4141人、困难群体1720人;积极鼓励全民创业,在全省率先免费对应届大学生、退伍军人进行创业培训。发放小额贷款550万元,直接帮助232人创业,带动653人就业。全年共为3354户、7745人发放低保金807.49万元。

【创建优美和谐舒适的城区环境】 2006年,东湖区按照"改造一条道路、展示一带风景、繁荣一片商贸、富裕一方百姓"的要求,坚持不懈地推进创建"五城"活动,开展万店整治、小街巷整治、"六小"整治、集贸市场整治等专整治行动,"城中村"改造进展顺利。精心建设"12343"社区管理和社区服务信息平台,全区人均公共绿地面积9.64平方米,绿化覆盖率达48.6%,位居全省前列。全区综合改造各类道路190余条,总面积达470.02万平方米,完成城内东、南、北"三湖"的整治和美化亮化工程。兴建11个市民休闲绿地广场,新增绿地面积5.6万平方米。

东湖区着力构建形成"四圈四带"的现代服务产业功能空间布局结构,即以八一广场——八一大道为轴心的中央商务圈、以滕王阁为轴心的环阁文化旅游观光圈、以百花洲——东南北三湖为轴心的环湖娱乐休闲圈、以阳明路——青山路为轴心的现代服务休闲娱乐圈和胜利路——中山路时尚购物带、中山路——八一大道——叠山路金融服务带、滨江路——青山湖西岸商务休闲风光带、洪都大道景观商业带。随着江中置业"紫金城"首期38万平方米商业建设项目的开盘,极大地提高了南昌市的商业档次,也为该区"四圈四带"的全面构建奠定坚实的基础。

【财政收入实现三年翻番】 东湖区全区已有来自10多个国家和地区的230家外商投资企业正式落户,累计总投资达2.9亿美元。全年各项主要经济指标均保持两位数增长。其中地方财政收入年均增长25.03%,为此,东湖区进入全省26个财政收入三年翻番县(区)行列,受到省政府表彰和奖励。

【打造平安城区】 东湖区把法治环境的打造作为推动社会经济快速持续健康发展的"助推器"和"强引擎",从"宽松、公平、公正、高效"四方面入手,通过自查自纠、查办案件和长效机制建设,严厉打击商业欺诈、不正当竞争等违规行为。全区以治安监控为先导,以群防群控为抓手,以"严打"整治为手段,以社区警务为平台,切实推动平安东湖建设工作。该区范围内的主要道路口和重点部位的视频监控率达到100%,可防性案件同比下降11%。该区以96.5%的群众安全感满意率在全市城区安全感测评中名列前茅,为投资者奉上一颗"定心丸"。

【打造零障碍投资环境】 2006年,东湖区出台《东湖区行政审批事项管理暂行办法》等一系列优化经济发展环境的优惠措施,成立"东湖区行政服务中心",实行"一站式"办公、"一条龙"服务,无偿为投资者提供各类审批办证或代办服务,开通"优化经济环境110"专线电话,及时有效地帮助投资者解决各类实际问题。随着"建设高效责任政府、塑造诚信创业东湖"活动的持续深入开展,诚信服务"零距零",公正执法"零障碍",严格管理"零差错"的"三零"诚信服务已成为机关干部的行为准则。

【强化国防教育,整体提高全民国防意识】 2006年,东湖区主要领导亲自挂帅组成国防教育委员会,并在全区9个街道、贤士湖管理处和各企事业单位都成立由宣传、民政、教育、军事部门和驻军单位参加的"七位一体"的教育领导机制。区委、区人大、区政府和区政协四套班子领导每年都到部队开展"军营一日"活动。始终坚持区里每半年召开一次,各街道、驻区大中型企业和高等院校每季度召开一次议军会议,研究民兵预备役工作。将每年的9月份作为全区全民国防教育宣传活动月,组织对驻军、烈军属进行专访慰问以及各种寓教于乐的国防文化艺术活动。在全国全民国防教育先进表彰会议上,东湖区被中宣部、教育部和国家国防教育办公室授予全国"全民国防教育先进单位"荣誉称号,成为全省唯一获此殊荣的县(区)。

【社区卫生服务落到实处】 东湖区在全省率先启动"政府购买社区公共卫生服务"试点,由省、市、区三级财政共安排126万元,为百花洲街道、滕王阁街道、董家窑街道的15万居民购买12种社区公共卫生服务项目,分别是:预防接种、健康咨询、健康知识宣教、传染病访视、常规体格检查、重点人群入户访视、慢性病防治、儿童保健服务、产后访视、计划生育技术指导、健康档案和康复。为65岁以上老人、0至3岁儿童、低保户、残疾人进行健康体检、建立健康档案等；印制36万张健教处方、2万本健康知识读本，10万个健康限量小盐勺免费向社区居民发放，以增强社区居民的健康意识，让社区居民真正享受到社区卫生服务给他们带来的各种方便。

（徐家铭）

主要领导人 区委书记：高鹰群。区人大常委会主任：陈伍都。区长：邹传坚。区政协主席：赵波。

·西湖区·

【简　况】 位于南昌市区中心。具有深厚的文化底蕴，素有“千年南昌看西湖”的美誉。区内有为纪念东汉高士徐孺子而建的孺子亭，有见证千年文明的绳金古塔等一批人文景点；有南昌八一起义纪念馆、新四军军部旧址、周恩来旧居等一批革命旧址。区内有良好的生态资源，西湖镶嵌城中，抚河穿区而过，象湖飘荡城南，赣江流淌城西，构成带有显著水域特色的人居环境。历来是商贾云集之地，拥有各类市场28处，各具特色的商业街数十条（其中4条市级商业街），各类商业网点6000余个，占全市商业网点总数的50%。辖1个镇（桃花镇）、10个街办、13个村委会、132个居委会。全区总人口44.3万人，其中农业人口1.8万人。

【跨入全省经济发展综合先进县（区）十强】 2006年，全区国内生产总值、社会消费品零售总额、财政总收入（全口径）、农民人均纯收入位居全省各县（区）第一，跨入全省经济发展综合先进县（区）十强行列。现代服务业按照“点、线、圈、面”相结合的思路，狠抓“城郊大市场、城中特色街、城内大商场”三个重点，着力打造“三个中心区”（即全省金融业中心区、创意和文化产业中心区、商贸业中心区）。城郊以洪城大市场为龙头的13大市场群，年交易额突破200亿元。年底全区年成交额逾1亿元的市场由上年9个增加到11个。城中特色街加快建设。年底，十字街北街豫章驿道项目完成立项报批，丁公路恒茂星时尚生活中心项目进入全面招商，中山路恒隆广场项目进入实质性谈判阶段。出台支持打造全省“三个中心区”的意见和奖励办法，全省第一家创意产业中心——铂仕创意产业中心正式挂牌。

全年共组织130余人次20余批次招商小分队赴外招商，成功举办西湖区（香港）投资项目对接会等一系列卓有成效的招商活动，招商引资呈现出“总量攀升、项目增多、影响更广、贡献加大”的良好态势。年底，实际利用内资突破10亿元，实际利用外资逾5000万美元，实际利用内外资完成比例数列全市县（区）第一；接待客商100余批次300余人，洽谈项目170个，签约或注册项目42个，开工开业或正在开工开业的项目25个。开放型经济占全区地方财政收入的比重提高到18%。

财税建设力度持续加强，年底经济项目中有6个取得实质性进展，城建项目中有66个正在全面推进，楼宇项目中有3家世界500强企业入驻；新增楼宇企业223家，西湖（安义）工业园首个投资1.2亿元项目正式落户。强化税收征管，努力做到应收尽收。全年财政总收入首次突破10亿元，地方财政收入首次突破3亿元大关，再创历史新高。

个私民营经按照“六放”（即思想上放心、放胆，工作上放手、放开，政策上放宽、放活的要求）方针，通过加大培训力度、规范执法行为、拓宽融资渠道、落实帮扶措施、兑现奖励政策，至年底，全区个私民营企业总计2.63万户，从业人员达17.29万人；年纳税200万元以上的个私民营企业达30户；实现个私经济总产值210.06亿元，比上年增长53.6%；实现个私经济增加值61.48亿元，占全区GDP比重约1/3。

【全面推进社会发展】 2006年，西湖区先后投入630万元，推进珠市小学等改扩建工程，珠市小学“国文博学馆”全面竣工；增加48万元，确保全区聘用教师的工资发放。完成绳金塔《七门风俗图》大型雕刻，绳金塔庙会入选“2005年中国节庆50强”并荣获“2006年度中国十大经济类节庆奖”。组建区疾控中心和卫监所，启动桃花医院和村卫生所改造，全区卫生防控网络更加健全。顺利通过全省双拥考评组的检查。“四五”普法圆满完成，被评为全省“四五”法制宣传教育工作先进县（区）。

大力实施“艾滋病综合干预项目”，开展对娱乐场所从业女性生殖健康检查工作。启动“信息化带动工程”，开展全区已婚育龄妇女基本信息的输入工作。在洪城大市场设立流动人口计划生育管理服务站，着力构建流动人口“现居地为主、属地化管理、市民化服务、依法维护权益”的管理体制。

在全省率先探索实施医疗、教育、住房、就业、生活救助、社会互助、法律援助和残疾人帮扶“八位一体”的社会救助模式。全年安置下岗、失业人员7000余人；确保对低保户等困难群体的各类补助及时发放到位；落实教育“两免一补”政策，确保全区无一名学生因家庭困难而辍学；降低补助门槛，率先在全市实行“医前”医疗救助，为近百名患大病的困难群众雪中送炭；筹建区慈善会，建立健全区、街、社区三级社会救助网络。

积极争取推动抚生路、安石路南段等道路建设，加快对抚河以西小街巷的改造，年底基本实现老城区道路硬化率达100%；水网配合改造桃花1号电排站，推动朝阳地区水系规划建设；管网继续实施“百路疏浚”工程，对管网进行清淤疏通。

加大社会治安防控体系建设力度，建立和完善维稳链式管理机制，健全基层维稳综治网络，全区刑事案件发案率得到有效控制。深入开展安全生产和消防安全大检查，持续加大居民区老化外线整治力度，累计改造线路2.33万米。加强社区消防自救点建设，全区板壁房集中区消防自救点覆盖率达到100%。落实领导信访包案制，尽力解决群众反映的困难和问题，信访总量稳中有降，重访、集访现象明显减少。全区实现“无重特大刑事案件、无重特大越级上访、无重特大安全生产事故、无重特大群体性事件、无重特大火灾事故”“五个无”的目标。

从强化机关效能入手，深入开展机关作风年、效能年和“投资环境、作风行风”，并在112个基层站所广泛开展民主评议基层站所活动,机关作风有明显改变。从提高行政效率入手,加强电子政务建设,在全省率先实现区、街(镇)、社区三级联网,实现政务网络的全面覆盖,工作效率明显提高。从树立政府诚信入手,狠抓11件为民办实事的全面落实,兑现楼宇经济的奖励政策,不断提高政府公信度。从接受各界监督入手,开通区长信箱、办好"12345"市长热线。

(西湖区史志办)

主要领导人 区委书记:姜玉林。区人大常委会主任:张平。区长:周智安。区政协主席:徐冬莲。

·青云谱区·

【简　况】 地处南昌市区南部,因境内"青云谱道院"而得名,有"英雄城南大门"之称。区境内有八大山人纪念馆、徐孺子故里、朱桥梅村明清古建筑群(审判日本战犯大法官梅汝璈故里)、铁柱万寿宫、万寿塔、灌婴广场(南昌博物馆)等一批历史文化底蕴深厚的人文景观;"三湖三河"(象湖、梅湖、高潮湖、玉带河西南支、护城河、抚河南段)纵横交错;是新中国第一架飞机、第一辆轮式拖拉机、第一辆海防导弹的诞生地;辖区内有洪都、江铃、南昌亚啤、阳光乳业等规模以上工业企业64家,猎鹰L15教练机、江铃汽车、南昌啤酒、阳光酸奶、梅氏禽蛋等一大批名优品牌产品畅销海内外;沃尔玛、麦德龙、好又多等大型商场和富豪、国贸、明珠海港等高档住宿餐饮企业相继落户青云谱。全区辖5个街办、1个镇、1个农场、1个工业园,共有45个社区、12个行政村,区域面积43.17平方千米,人口约30万,其中农业人口约2万人。人口自然增长率4‰。

【青云谱区扎实推进"工业强区、三产兴区和大开放主战略"】 大力实施"北引、东拓、南接、西优、中突"发展策略,全区经济和社会各项事业保持良好的发展态势。全年先后参加"中国广交会"、江西(香港)经贸合作活动周、"中国(厦门)投资贸易洽谈会"、"南昌(大连、威海)投资环境说明会"等一系列招商引资活动。先后有国内外200余家企业来考察,成功签约昌南深国投商务中心、恒华国际商务大厦等12个项目,签约资金内资约13亿元人民币、外资约3000万美元。实际利用内资8.05亿元,比上年增长41.2%;实际利用外资3785万美元,比上年增长20.5%;出口创汇1.02亿美元,比上年增长329%。荣获全省"外贸出口先进县区"和"利用外资先进县区"称号,两项工作首次进入全省"十强",并初步入选"全省'十佳'投资环境县(市、区)",综合实力跻身全市大区(县)行列。占地6.5万平方米的高潮湖小型生态公园建设进展顺利,深圳农产品昌南物流中心项目已正式开工建设,占地1万平方米的江西新地冷冻大世界冷冻仓库基建工程接近封顶,宏迪实业、三店工业园、江西压力锅厂、昌南贸易主体工程基本完成,华东装潢建材博览城项目一期工程已全面完工、二期工程正在紧张施工,江铃车桥齿轮有限公司、昌南建筑机械厂已正式投产。重点扶持协中汽配、东劲实业等企业做优做强。年底,入园企业有73家,其中投产62家。

大力推进"三产兴区"战略,出台《关于加快现代服务业发展的实施意见》,富豪大酒店、国贸大酒店、华宇商务大酒店、柴米油盐等一批住宿餐饮企业经营状况良好;沃尔玛、麦德龙等大商场、大超市方兴未艾,成为三产发展的领头羊,全区社会消费品零售总额增长速度首次名列全市榜首。全区重点项目六大综合开发片区实行分片负责,整体推进,呈现出大拆迁、大开发、大建设、大发展的生动局面。华东国际工业博览城(一、二期)、青云谱镇行政中心、区疾控中心、景泰花园、京西南路延伸段等10个重点项目已竣工。区综合服务中心、水榭花都、上林春天、蓝天郡、梅湖景区、广州路二期等42个项目正在加紧建设。锦城商贸城、丰源利物白马大厦、祥瑞蓝堡公寓(一汽服务站和轻工机械厂整体开发)等11个项目即将开工建设。

【实施第四轮百路大会战工程】 投入资金600万元对22条道路进行全面综合改造,已完工17条;配合铁路部门实施3个铁道口立交工程;配合南昌市实施昌南大道、南高公路拓宽改造和京九铁路高架桥等重点工程;投资100余万元对旱厕和公厕进行改造,以创建国家"五城"尤其是创建国家卫生城市为抓手,对辖区内"城中村"和"城乡结合部"、集贸市场、"六小"行业、铁路沿线、单位居民区等进行全面整治。大力实施"绿化工程",全面完成八大山人广场建设,新建5个休闲绿地广场。对主要干道、重要地段的临街建筑进行"穿衣戴帽",景点亮化。对梅湖水系进行治理,城中村、城乡结合部、铁路沿线违章搭建得到有效控制,对铁路沿线的"坟包"进行整体迁移,加大象湖景区的开发力度,国际垂钓中心已建成投入使用。制定《青云谱区城市长效管理工作实施意见》和《青云谱区城市长效管理工作考核奖励办法》。坚持城市建设与城市管理并重、集中整治与日常管理并重、保洁专业化与全民化并重的"三并重"原则,"门前三包"责任制得到落实,做到"三扫三保",责任包干。"城中村"管理逐步规范,在全市率先对青云谱镇5个行政村共20个自然村的清扫保洁工作推行城区环境卫生管理模式。

【商贸服务业进入发展快车道】 按照城内大商场、城中特色街、城郊大市场、城外大物流的发展要求,2006年青云谱区有大型商场4个,有农产品、装潢建材、肉食品、家具等专业批发市场11个,高档住宿餐饮企业14家,在城南片区形成20余家企业组成的市场物流集群。全区社会消费品零售总额16.85亿元,比上年增长24.2%,增速首次列全市榜首。

【"五项机制"强化城市长效管理】 2006年,青云谱区建立"五项机制"强化城市管理的长效机制。一是建立巡督查机制,聘用市容信息采集公司,专门收集反映环境卫生、市政设施、园林绿化等方面暴露出的问题,实行全天候巡查。二是完善责任机制,将辖区内的清扫保洁任务全部落实到街道、镇。每项城市管理工作只明确一个单位牵头负责,下派执法人员到街办、镇,加强基层城市管理执法力度。三是健全考评机制,成立区城市管理工作考核领导小组,坚持每月一考评,每半年一评比,年终考核评定,定性考核与定量考核相结合,平时检查与年度考评相结合,日常考核与集中考核相结合,市查和区查相结合。四是建立目标奖惩机制,对城市管理责任单位和个人依考核评定结果严格进行奖惩。五是建立社会监督机制,开设城市管理投诉热线,出台《青云谱区城市长效管理工作实施意见》和《青云谱区城市长效管理工作考核奖惩办法》,在全市率先对青云谱镇5个行政村共20个自然村的清扫保洁工作推行城区环境卫生管理模式。创卫及城市长效管理工作受到省、市领导的高度评价。

【优先发展教育事业】 青云谱区大力实施"三名工程"(名学校、名学科、名教师),着力推进135计划(1所重点高中、3所品牌初中、5所品牌小学),成立全区校园建设领导小组,抓好教育网点布局调整,对南通学校、建设路学校、构件学校进行资源整合,推进象湖实验学校新教学楼、广州路学校异地建设等工程。建立"名师"队伍,设立名师津贴,评选区级"名师"10人,选拔任用一批组织管理水平高、教育理论知识丰富、办学理念先进的校长,努力培育一批在全市叫得响的"名学校、名学科、名教师"。

【区慈善会成立】 11月,青云谱区慈善会成立,第一届会员代表大会审议通过《青云谱区慈善会章程》,选举曾建华为区慈善会会长。当天,江西博爱实业发展有限公司、洪都航空集团、江西华东国际建材博览城、南昌东劲实业有限公司、江西赣达集团当场共捐赠90万元善款,区直机关工委将"慈善一日捐"活动募集的10万元款项捐给区慈善会。几年来,青云谱区慈善事业先后筹集100多万元善款,帮助200多名特困群众解决就学、就医的难题,开展"微笑工程"、"光明行"等活动,在社区居委会开办"慈善超市"对困难群众进行实物救助。

【选聘优秀社区工作专职人员转事业编】 2006年,青云谱区在全省率先出台《关于从优秀社区干部中选聘街道服务中心事业编制干部的实施方案》,采取公开考试、严格考察等方式,从优秀社区干部中选聘街道社区服务中心事业编制人员。《江西日报》《大江网》《南昌日报》《南昌晚报》《江南都市报》《信息日报》对此先后进行报道。

【夯实社区基层工作】 青云谱区积极组织创建示范社区活动,大力实施"星级社区"创建活动,社区"一房三机五配套"得到完善。全年投入100多万元,重点打造象湖园、广州路等精品社区,投资近800万元加强黄溪、热心村基础设施建设,力争将其打造成新农村建设的亮点。在全区每个村设立村级图书阅览室、老年人活动健身场所等便民设施。

【承办江西省首届制造业采购节】 11月,华东国际工业城试业庆典暨江西省首届制造业采购节在青云谱区开幕。亮相制造业采购节制造企业包括南昌国家高新技术开发区、南昌经济技术开发区、南昌市民营科技园等南昌市七大园区入园企业,以及SKF轴承、德国西门子、长城电器等400多家国内外制造业知名企业,共有1万余种拳头产品展示展销,为省内外用户提供了一次难得的采购大餐。

(青云谱区史志办)

主要领导人 区委书记:朱志群。区人大常委会主任:万桂英。区长:罗蜀强。区政协主席:曾建华。

·湾里区·

【简　况】 地处南昌市西北部西山山脉中段,东南邻新建县,西毗安义县,北邻永修县。距南昌市区10千米,距昌北国际机场25千米。土地面积238平方千米。其中耕地面积2473公顷,森林面积13137公顷,森林覆盖率73.15%。全区总人口8.4万人,其中非农业人口3.7万人,人口自然增长率为9.6‰;辖3镇、1乡、2个街道办事处、4个国营林场。

2006年,全区实现地区生产总值15.07亿元,同比增长15.2%,其中,第一产业值1.86亿元,增长5.7%;第二产业值6.35亿元,增长16.9%;第三产业值6.87亿元,增长16.5%。全区共有个体批发零售、住宿餐饮业网点1478户,全年新增个体工商户374户、私营企业50户,非公有制经济实现增加值9.44亿元,增长15.8%。接待游客43.9万人次,实现旅游综合收入3511.2万元,分别增长10%、27%。财政总收入2.015亿元,同比增长28.5%,其中地方财政一般预算收入1亿元,同比增长25.3%。全社会固定资产投资完成7.68亿元,同比增长3.4%,其中城镇以上固定资产投资完成3.62亿元,同比增长20.5%。社会消费品零售总额2.15亿元,同比增长11.2%。在岗职工平均工资1.41万元,同比增长22.2%;农民人均纯收入3791元,同比增长8.6%。城乡居民年末储蓄余额3.24亿元,增长32.0%。

全区25家规模以上工业企业完成增加值1.69亿元,增长15%;完成销售收入5.26亿元,增长39.6%;完成利税1882万元,增长38.3%。工业产销率96.8%,经济效益综合指数133.93%。实现农业总产值2.94亿元,同比增长6.7%。落实支农资金230万元,建成无公害产品养殖基地4个,新增省级产业化龙头企业1家、市级产业化龙头企业3家、农家乐经营户40多户,实现劳务输出5800人次。全年实际利用外资1604万美元,同比增长22.8%。

安置1627名城镇新增人员就业,发放小额贷款156万元,扶持创业64人,带动就业273人,免费培训下岗失业人员410人,培训各类工人215人,培训农村劳动力1140人,举办招聘洽谈会4场,免费职业介绍1800多人。救助农村特困户699户、1415人,发放救助金25万多元。救助城市困难居民980户、2120人,发放低保金253万多元。救助城乡困难居民92人,发放医疗救助金15万多元。

【《南昌市梅岭风景名胜区条例》正式实施】 《条例》于8月30日南昌市第十二届人民代表大会常务委员会第四十四次会议通过,7月28日江西省第十届人民代表大会常务委员会第二十二次会议批准。《条例》对梅岭风景区范围进行明确,决定对梅岭风景区进行分级管理,分为一级、二级、三级保护区,级别保护区的管理要求也有所不同。一级、二级保护区内,禁止建设宾馆、招待所、培训中心、疗养院等建筑物。整个风景区内都将禁止成片采伐林木、烧荒垦殖、狩捕野生动物及在非指定地点野炊或其他违规用火等行为。该条例对风景区资源的使用也作了相关规定。10月1日,《条例》正式实施。

【举办中国南昌首届梅岭旅游登山节暨企业家登山活动】 9月28日登山节开幕式在梅岭长春湖景区隆重举行。在昌知名企业家共500余人参加开幕式。前羽毛球世界冠军熊国宝领队启动登山节活动。登山节活动自9月28日开始,10月7日结束,为期10天。活动期间,累计接待游客6.42万人次,实现门票收入154.08万元、旅游综合收入513.6万元,同比分别增长22.9%、25%、22.2%。

【全面落实十项措施加强梅岭风景名胜区管理】 2006年,湾里区落实10项措施即始终坚持"一个务必、两项退出、三条原则、四管齐下",严格保护梅岭景区生态环境。"一个务必"即景区内所有建设项目务必编制、执行水土保持方案,并符合水土保持要求。"两项退出",一是所有采石场必须退出景区,二是生猪养殖业3年内必须从农业主导产业中退出。"三条原则",一是打造精品原则,景区内的每一处建设必须是精品;二是项目准入原则,景区内的每一个新建项目必须与休闲旅游密切关联;三是财政转移原则,景区内乡镇财政增长立足转移到引进项目进入罗亭产业园区发展。"四管齐下",即严抓森林防火,规划项目开发,严管农房建设,延伸行政执法。同时,进一步加强林政管理,依法坚决打击破坏森林资源行为。

【全市第一所农村寄宿制学校太平乡狮峰学校启用】 9月6日,太平乡狮峰学校正式启用。该校由原太平中学、太平中心小学、红岭小学3校合并而成,占地面积2.33公顷,建筑面积近7000平方米,总投资600多万元,可同时容纳1300多名学生就读,提供250个寄宿床位,提供从幼儿园到小学到中学的"一条龙"教育服务,为南昌市第一所由乡镇自筹资金的农村公办九年一贯制寄宿性综合学校。

【罗亭镇岭口自然村成为中央电视台全国家居设计电视大赛—"农村住宅建筑设计"金奖作品示范点】 罗亭镇义坪岭口自然村被中央电视台经济频道确定为南方片唯一的"新农村建设农村住宅建筑设计大赛"建设点。9月8日,中央电视台经济频道的陈金石编导进行实地指导。9月10日到11月15日,中央电视台进行实地拍摄。

【湾里区建设工程交易中心首批通过省建设厅资格认定】 湾里区建设工程交易中心首批通过省建设厅县级交易中心执业资格认定后,全年完成建设工程招投标交易项目28项,中标价4.6亿元,实现建设工程招投标项目进场交易率100%,其中建筑工程26项、道路建设工程2项。

(王华武 李世涌)

主要领导人 区委书记:莫继明。区人大常委会主任:万晓云。区长:勒世标(任至5月),梅茂发(5月任)。区政协主席:喻玫。

·青山湖区·

【简 况】 位于南昌东部,地处赣江下游、青山湖畔。总面积160平方千米,辖4镇、1乡、1场、2街办、75个行政村、78个社区居委会(含34个家委会),居住人口57.4万,其中,常住人口41.8万、农业人口14.2万,是南昌市面积最大、人口最多的城区。2006年,实现地区生产总值165.34亿元,增长15.9%;财政总收入11.35亿元,增长34.4%;地方财政一般预算收入完成2.87亿元,增长26.6%;城镇以上固定资产投资完成70.93亿元,增长39.5%;实际利用外资完成1.67亿美元,增长10.6%;实际利用内资完成39亿元,增长9.6%;出口创汇完成2.43亿美元,增长80.6%;农民人均纯收入达5282元,增长10.5%。

2006年,青山湖区新增从业人员4196人,非农转移4300人,免费职业技能培训3426人,为下岗失业人员发放小额担保贷款428万元,减免工商税费316万元。乡镇、街道劳动保障平台全面建成。企业养老保险参保人数6708人,征缴养老保险费1512万元,支付率均达100%。

【财政收入首超十亿元】 青山湖区狠抓财税征管和协税护税工作,加强与五大税务部门的联系,加大为重点税源大户的服务,加紧做好在建工程的监控和零星税源的监管。到11月底,财政总收入已超过10亿元,最终完成11.35亿元,在全省排名第二,荣获"全省财政收入超10亿元先进县区"光荣称号。

【非公有制经济安监工作创全国经验】 3月21日,在全国非公有制经济安全生产监管经验交流会上,青山湖区作为全国两个县区级代表之一,在会上作《打开园区抓安全,创新思路出实招,实现安全与发展的良性互动》的经验介绍。3月27日,该区的主要做法由国务院安全生产委员会办公室以《全国安全生产简报》(总第114期)形式进行专门刊发。4月21~22日,全国重大危险信息监管系统建设暨非公有制企业监管经验推广现场会在深圳召开,青山湖区特邀参加,并作为7个发言单位之一,在大会上作经验介绍。

【完成全国第二次残疾人抽样调查工作】 青山湖区作为第二次全国残疾人抽样调查单位之一。在4月1日的全省启动仪式上,副省长孙刚来到青山湖区湖坊镇湖坊村第一调查小区看望入户抽样调查人员,走访残疾人家庭,现场观摩指导调查工作。该区120余人严格按照《工作手册》的要求,历时两个多月,圆满完成对8个小区1008户3476人的抽样调查任务,获得第二次全国残疾人抽样调查先进办公室称号。

【天香园荣获国家4A级旅游景区称号】 4月,青山湖区天香园景区被国家旅游局评为国家4A级景区,这是南昌市继滕王阁之后又一处旅游景区获此殊荣。

【拥军优属"七优先"】 青山湖区深化拥军优属拥政爱民工作,树立拥军典型徐永莲,积极培育双拥进新型经济组织,深化"爱心献功臣行动",双拥优抚工作再上新台阶。8月,连续第五次被评为"全省双拥模范区",特别是新华社《国内动态清样》对青山湖区拥军优属"七优先"的做法进行报道。"七优先"是指通过对重点优抚对象实行子女入学优先、医疗就诊优先、就业优先、划分建房用地优先、扶贫资金、社会救济物资发放优先、各种贷款的借贷优先、申办各种手续和承建工程优先,其中有的措施具有原创性,较好地解决了"三老"对象的实际困难。

【与青原区结为友好城区】 青山湖区与吉安市青原区同处赣江之滨,同位城市之东,同是城市扩张的重要区域和新城区,在资源、产业结构等方面有许多相似之处。10月,两区正式缔结为友好城区。为支持青原区东固教育事业的发展,青山湖区湖坊镇、塘山镇、京东镇以及湖坊镇进顺村、湖坊村、顺外村等镇村捐赠30万元用于东固畲族乡青山湖希望小学建设,同时捐赠12台电脑,用于改善学校的办学条件。

【荣获"国家级纺织服装产业基地"】 11月,全国工商联纺织服装行业商会正式授予青山湖区"国家级纺织服装产业基地",此为全省唯一获此称号的县区。青山湖区共有纺织服装企业518家,年产值20多亿元,提供就业岗位5万多个。

【七大举措推进全民创业】 2006年,青山湖区采取七大举措推进全民创业。一是以典型引路推动全民创业。开展评选和表彰"创业之星"等活动,宣传创业典型的成功事例和先进事迹。二是以产业集聚吸引全民创业。围绕针织服装、食品饮料、医药化工三大特色和支柱产业,宣传推介、做大做强一批领军企业,吸引创业者投资创业。三是以发展服务业推进全民创业。完善城东地区城市功能,优先发展市场物流业、餐饮娱乐房地产业、会展旅游业、教育文化卫生事业、信息咨询金融证券及中介服务业。四是以工业园区承载全民创业。以优惠优质的服务欢迎创业者来工业园区创业。五是以群众自身的物业资源引导全民创业。激发有物业的群众自主创业的热情,使能利用的不闲置,能做老板的不做伙计,能当股东的不当房东。六是以短平快致富项目拉动全民创业。筛选出一批投入少、见效快、风险小、影响面大的短平快致富项目,推荐给群众。七是以新方法新途径服务于全民创业。着力建立健全长效服务机制、提高服务效能,真正把服务全民创业转化为自觉行动。

(万 青)

主要领导人 区委书记:吴志明(任至5月),熊桂金(5月任)。区人大常委会主任:黄茶花。区长:熊桂金(任至5月),胡小洪(5月任)。区政协主席:虞信远。

·南昌县·

【简 况】 位于江西省中部偏北,赣江、抚河下游。下辖16个乡镇,总面积16.28万公顷,耕地面积6.90万公顷。全县总人口91.04万人,非农业人口16.28万人,人口自然增长率为10.2‰,人口密度为每平方千米541人。县城城区面积18平方千米,人口12.05万。2006年,实现国内生产总值153.1亿元,比上年增长15.9%。其中,第一产业增加值26.2亿元,增长4.1%;第二产业增加值90.6亿元,增长22.6%;第三产业增加值36.3亿元,增长9.8%。工业总产值188.46亿元,增长32%。主要工业产品有服装、医药、饲料、机械产品等。农林牧渔业总产值为42.8亿元,增长6.8%。主要农产品有粮食78万吨、蔬菜44.06万吨、生猪(出栏量)94.2万头、家禽(饲养量)3200万羽,水产品(起水量)9.43万吨。地方财政收入6.24亿元,增长39.8%。农民人均纯收入4555元,比上年增长13.6%。城乡居民年末储蓄余额59.44亿元,增长14.3%。

【搞好畜牧水产品市场流通,促进养殖业发展】 为发展壮大养殖业,全县有关部门重视畜牧水产品的流通搞活,做到以销促产、以销兴养。一是依托县内已建成的小蓝禽蛋、塘南鄱阳湖水禽水产品、冈上鹅鸭等专业批发市场,积极培育水禽产品经纪人,畅通产、销、加衔接。全县经纪人销售水禽产品占总销量的60%多;二是通过加强养猪、养鸡等行业协会建设,带动更多有文化、懂技术、会经营的新型农民投入到养殖产品销售工作中来,增加养殖产品销售渠道。至年底,养猪行业协会人员人数达80多人,家禽行业协会会员人数超过100人;三是以行业龙头企业为标榜,鼓励乡镇推行"一村一品"工程,发展特色养殖专业村,增强市场竞争力,带动养殖产品对外输出。全县涌现大量养殖专业村,如八一乡涂埠村和蒋巷镇三洞村年饲养生猪各达4万余头。此外,全县有饲养蛋鸭达20万羽的养殖专业村15个及其他专业村若干个。

【小额贷款助推百姓创业】 为全面落实全民创业精神,帮助自谋职业和自主创业人员提供资金扶助,全县积极开展小额贷款发放工作。一是扩大小额贷款发放对象,即扩大到持《再就业优惠证》以外人员,包括城镇复员转业退伍军人、大中专毕业生、进城创业的农村劳动者以及其他城镇登记失业人员;二是将小额贷款发放和回收任务分解到全县各乡镇劳保所,充分调动各乡镇劳保所的工作积极性;三是加大对小额贷款宣传工作力度,利用会议、电视、印发宣传资料等多种手段,加大对小额贷款发放政策宣传力度。截至12月5日,为198名下岗失业人员自主创业提供小额贷款514万元,并带动685名下岗失业人员实现再就业,为14名进城创业农村劳动者提供小额贷款46万元。全县共发放小额贷款560万元,回收小额贷款341万元,回收率100%。

【实施有线广播电视"村村通"工程】 为了推进社会主义新农村建设,全县大力推进有线广播电视"村村通"建设。为加快建设进程,县文广部门与江西依伦公司和南昌雷华公司共同合作,投资4000多万元把光缆架设到全县每个行政村。4月26日,在富山乡清湖村召开全县广播电视"村村通"建设大推进现场会。经过各方努力,全县架设农村有线电视光缆1800多千米,新增光节点1600多个,80%的自然村已经开通光缆传输的有线电视,基本实现有线广播电视"村村通"。全县农村入网用户达2.1万户,广大农民能够看上40多套清晰的有线电视节目。

【冈上镇成为南昌县“乡村游”首批乡镇】 为响应国家旅游局“2006年中国乡村游”号召,根据省、市有关精神,全县积极推出乡村旅游线路。县旅游部门经调查研究,并广泛征求意见,4月确定把富含文化底蕴,有“才子之乡”美誉的冈上镇作为发展南昌县“乡村游”的首批乡镇。推出月池“教授村”——道士洲明崇祯四年建造的普陀佛塔——吴氏家庙、红色电影拍摄基地吴家村(《闪闪的红星》、《惊涛骇浪》拍摄点)——清乾隆皇帝亲笔题写“兴隆庵”的兴隆寺——兴农生态公园——“桃花源”农家乐生态农庄等旅游线路,并作为南昌县“乡村一日游”首批旅游线路。

(喻德琪)

主要领导人 县委书记:杨伟东。县人大常委会主任:罗炳贵。县长:肖玉文。县政协主席:王火生。

·新建县·

【简 况】位于南昌市西北部。境内有西山万寿宫(省级文物保护单位)、罕王峰(省级文物保护单位)、朱权墓(省级文物保护单位),小平小道(省级文物保护单位)和汪山土库(中国府第文化博物馆)等人文景点和自然景观160余处。全县土地面积2337.84平方千米,辖10镇、9乡和1省级开发区、286个村委会、28个居委会。全县总人口为66.9万人,其中非农业人口14.22万人。

2006年,实现财政总收入5亿元,增长38.9%,主要经济指标实现两位数增长,全年完成农业总产值30.79亿元,比上年增长13.6%;发放粮食直补、生产资料和良种补助资金3795万元,粮食总产达到59.02万吨,增长7.9%。农民人均纯收入达到4164元,增长13.6%。全年实现工业总产值111.6亿元,同比增长26.4%;实现销售产值57.26亿元,增长44.5%,利税总额2.73亿元,增长48.4%。个私经济完成增加值22.84亿元,增长24.3%。全县供电量2.48亿千瓦时,比上年增长24%。全县社会消费品零售总额19.68亿元,同比增长14.4%。

全年实际利用外资8300万美元,同比增长24.6%。

【作风和党风廉政建设扎实推进】 2006年是新建县开展“建设高效责任政府,塑造诚信创业新建”活动的第一年,通过加强组织领导、注重宣传发动等营造良好的工作环境和社会氛围。对违反机关效能建设的“一个规定”、“八项制度”、和“五条禁令”的8名机关工作人员进行批评教育。全年共开展各种督查12次,提出建议30余条。通过开展每季度一次的县域经济投资环境季度测评工作,进一步优化全民创业环境。通过完善投诉举报工作制度,同城一次性检查制度和行政执法检查报批制,进一步规范执法检查行为。开通并抓好“文明行风热线”和民主评议“百个基层站所”活动,对3个位列末位的不满意基层站所负责人作免职处理,并责成其进行认真整改。规范领导干部廉政档案管理,规范领导干部驾驶公车行为,并建立领导干部党风廉政诫勉谈话制度,狠抓计划生育专项清理清查、商业贿赂专项治理、党员干部参与违法建房清查,清理“吃空饷”问题,继续抓好“红包”专项治理,加强节日期间廉政建设,认真执行领导干部任前谈话制度,认真执行党员民主生活会制度,认真开展第一责任人向纪委常委会述廉,并建立一支廉政义务监督员队伍,建立向各民主党派通报党风廉政建设和反腐败工作制度。

【新农村建设成效明显】 全年根据县情实际,采取抓点、布线、促面的工作方法,开展新农村建设。年底,县财政投入1460万元,乡(镇)及社会投入1288万元,重点打造194个试点村,占全县村庄总数的11.3%。其中,省级试点村68个、市级试点村44个、县级试点村45个、乡级试点村37个,涉及到农户数10172户。全县试点村拆除猪牛栏4500间,拆除破乱建筑物2400处,硬化村组道路276千米,入户便道140千米,改水4400户,改厕3317户,新挖改造山门塘237座,修建下水道6.8万米,村庄绿化17万平方米,农民生活条件得到改善。

【交通运输条件不断优化】 一是农村公路建设进程加快。投资8000余万元,完成乡村公路硬化257.4千米,全县基本实现村村通公路目标;二是桥梁建设稳步推进。渡改桥项目松湖大桥建设正在施工,联圩东岸大桥也正在紧张的筹备之中,同时争取上级对南矶向阳大桥、大塘红旗大桥、联圩丰乐大桥3座大桥的立项;三是农村客运改革成效显著。按照“成熟一条、改造一条”的原则,对流湖、昌邑、大塘等6条农村客运班线实行公司化经营,统一昌邑、大塘、流湖3条班线客运车辆车型,有效地解决个体营运户之间无序竞争的局面;四是公路客运非法营运整治取得阶段性成果。组织交通、交警等部门联合执法,重点打击县、乡客运班线中存在的非法营运行为,突出查处群众反映强烈的“黑车”、“地霸车”等非法营运车辆500余辆次,全县运输市场秩序明显好转。

【成功举办2006年中国南昌新建(第三届)旅游文化节】 9月20日~10月20日,由南昌市委、市政府主办,县委、县政府承办的2006年中国南昌新建(第三届)旅游文化节在新建县隆重举行。市长李豆罗出席开幕仪式并宣布旅游文化节开幕。此次旅游文化节以招商引资为主线,以旅游文化节为载体,策应南昌市第五届金秋经贸活动月,宣传、推介新建县。其间举办招商引资项目推介会、文艺活动、礼步湖纳凉晚会、名人名家写新建、新建风光摄影、新建古今名人展、旅游高峰论坛、厚田沙漠之旅及航空航模大赛等系列活动。共接待各方游客40万人次,旅游综合收入4000万元,并签订合同15个,合同金额10亿元。

【松湖宋家大桥正式开工建设】 3月26日,松湖宋家大桥正式开工建设。该桥位于松湖镇宋家村,松湖水位站下游约1千米处,是横跨锦江,连接新建县和丰城市的“渡改桥”项目。桥梁全长482.36米,桥面净宽9米,大桥两端引道长288.71米,采用三级公路标准建设,设计速度30千米/小时,工程总投资1367.84万元。大桥建成后,可撤销南湾、宋家、章家、仙亭4个渡口。

【全国绿色食品原料标准化生产基地项目顺利通过验收】 11月15～16日，农业部组织的绿色食品原料标准化生产基地项目验收专家组对新建县创建全国绿色食品原料（藠头）标准化生产基地进行验收和评估。经听取汇报、查看资料、走访农户和实地考察后，专家组认为创建工作达到项目要求，同意通过验收。项目通过验收后，农业部将在今后5年内每年给予一定的资金扶助，改善藠头生产条件，提高产业竞争力，促进县域经济的发展。

【打造“零距离”精品社区】 新建县长堎镇为做好社区工作，采取三个“零距离”措施。一是服务“零距离”，实行定期走访制，开展党员与困难户、单亲户、残疾户结对帮扶活动；实行双休日值班制和弹性工作制，方便上班族居民群众办事。二是组织“零距离”，以党员干部、低保户、青年志愿者为主体组建义务巡逻队，并同维稳信息员、义务消防员、看楼护院队、楼栋单元长、治保委员会、法律宣传队等19支队伍联合起来，形成上下联动、群防群治的综治网络。三是监督“零距离”，推行工作效能“零投诉”服务，对低保对象三榜公布；实行社区居民监督考核制，社区居委会每半年接受社区居民和社区议事会的监督考核，对满意率低于50%的社区居委会干部予以罢免或撤换。

【稳妥推进新农村合作医疗】 全县在开展农村合作医疗工作中，狠抓“早、实、严”三个关键环节，力求工作扎实稳妥。“早”即早重视、早部署、早行动。从2003年就启动合作医疗试点前的各项准备工作，利用2年时间完成乡（镇）卫生院业务用房建设、设备添置和人才培养、引进工作。2006年合作医疗试点确定后，及时组建完善县、乡两级管理机构，下拨经费，提供组织保障。“实”即便民亲民，扎实运行，为参加合作医疗的农民简化看病转院手续，实行家庭账户、住院分娩直补，增补100个基本用药品种目录，并在县级医疗机构设立直接报销窗口，一出院即可直接得到补偿。安装信息管理系统，实现新型农村合作医疗微机化管理。对全县23个管理机构的工作人员进行培训和指导，举办培训班33期，参训人员1760人次。“严”即严格按规定审核，设计合作医疗专用票据，采取村、乡、县逐级负责的方法，实行三级审核制度，逐级把关，并实现基金收支分离，管用分开，封闭运行。

【“万村千乡”市场工程深入推进】 商务部批准新建县为2005年实施“万村千乡”市场工程试点县后，以商务部核准的承办企业——江西省创建发商贸有限公司为龙头，高起点、高标准开办昌邑和联圩直营店，总经营面积700余平方米，总投资100余万元，且各种硬件设施和经营商品一应齐全，在乡（镇）引起一场商业变革。

【深入推进全民创业】 2006年，新建县成立全民创业指导中心，组建新建县中心企业信息网，启动农民创业培训工程，举办“普及科技知识、促进全民创业”活动，开展“巾帼创业工程”主题活动，举办“质量与品牌”培训班，通过开展全民创业活动，全县上下涌现出一批诸如松湖厨具、西山厨师、石岗金银加工、厚田物流、生米藠头、望城的花木、溪霞竹木市场、象山旅游等一批创业板块经济，有力地促进了全县个私企业的快速发展。

【积极搭建银企对接平台】 新建县积极促进银企、政企、政银企合作，按照双赢原则，筛选一批市场前景好、效益明显、技术含量高、管理制度完善的企业向银行进行推荐，进一步改善中小企业融资环境。2006年先后组织两次银企对接洽谈会，共推荐100余家信誉好、有发展前景的企业与金融部门对接，全年驻县金融部门为企业新增融资1.76亿元人民币，占全县贷款总额的10.6%。象山森林公园旅游有限公司，五江保温瓶厂、耀群制衣、华瑞塑业、新荣纺织等一批中小企业资金问题得到缓解。

（周茂林 徐玉龙 谭云平 程小伟）

主要领导人 县委：曾文明。县人大常委会主任：张云晃。县长：姜玉林（任至6月），胡敏（6月任）。县政协主席：胡邦金。

·安义县·

【简 况】 位于江西北部，辖7镇3乡和1个垦殖场。总面积665.49平方千米，耕地面积1.63万公顷，林地2.43万公顷，森林覆盖率45%。年末总人口26.07万人，其中非农业人口6.72万人，人口自然增长率7.92‰。2006年实现国内生产总值28.44亿元，增长15%；其中第一产业增加值5.46亿元，增长6.8%；第二产业增加值10.32亿元，增长24.9%；第三产业增加值12.66亿元，增长11.4%；财政总收入1.57亿元，增长41.16%；社会消费品零售总额5.53亿元，增长9.2%；全社会固定资产总投资10.3亿元，增长55.6%；农民人均年纯收入3838元，增长13.6%；城乡居民年末储蓄余额22亿元，增长18.6%。

【科技事业取得重大突破】 晶安高科新型正极材料项目、一泵多管式地下水采集技术分别被列为国家科技攻关引导项目和科技部重点推广项目。

【新城区建设粗具规模】 至2006年底，新城区城市中轴线（市政广场）、四星级安义大酒店、丰和都会、800米景观大道、凤凰花园、恒茂阳光加州、博泰滨江、慧龙地产等工程相继开工建设，并已初具规模。新城区城市花园构架凸现，城区美化亮化工程已基本完成，与800米景观大道融为一体，成为安义县又一经济快速增长的中心。新城区把安义县城与凤凰山工业开发区连成一片，使县城面积增加了一倍。2004年安义县人大常委会审议并通过县政府提请的《安义县城市总体规划》预案。规划总计投入900万元，超过新中国成立以来的总和，该规划通过国际招标形式，高起点、高标准地完成新城区概念性规划和城市整体形象设计。经过二年初期建设，新城区水系路网建设已基本完成。

【开车回家过年成为一道新风景】 安义县个体私营经济逐步发展壮大，尤其在塑钢产业带动下，众多打工者都逐步完成资本积累，穿鞋上岸，当起了老板。买车买房形成风气，往往一个村一年就开回二十多辆不同品牌型号的车辆。每逢春节,大批在外务工人员回家。县城人口较往常急增1倍以上,各类车辆增加近3倍,挂着全国各地牌照的车辆停满了一条条街道,其中奔驰、本田、三菱、丰田等名车不在少数。车辆、人员的急增,给交通、加油、餐饮等公共服务行业带来较大的压力,也为他们带来巨大的商机与丰厚的利润,加油要排队,就餐要订座。这一现象,从年前一周起一直持续到元宵节。节后打工者请车送工或合作请车现象非常普遍。

【县乡交通大发展】 2006年县委、县政府加快农村公路建设步伐,投入6900万元用于乡村公路建设。先后打通安义至湾里红星、靖安宝峰、新建西山、高安大城等4条出境公路。硬化乡村公路700多千米。全县100%的行政村、75%的自然村实现公路硬化,全县公路硬化密度达115.722千米/万平方千米,农村公路建设走在全省前列。2月,县交通局荣获省政府授予的"全省'十五'农村公路建设先进单位"。8月,省政府在安义县召开全省农村公路建设现场会,对安义县乡村公路建设的做法与成效给予肯定。

【顺来城市出租车公司落户安义】 7月21日,顺来城市出租车公司汽车开通仪式在县城郭家沙举行。这标志安义交通事业进入又一个新的层面,对于进一步完善城市功能,提升城市形象,方便城乡居民,统筹城乡发展具有重要意义。按合同规定,公司总的运营规模为80辆,前期投入50辆开始运营,为期8年。出租车投入运营后,将逐步取代人力三轮车,成为市民新的代步工具。

【安义被评为全国残疾人工作先进县】 安义县有残疾人11576人,占总人口的4.45%。安义县委、县政府历来重视残疾人工作,"九五"、"十五"计划期间就先后获得"全国助残扶贫先进单位"、"全国残疾人康复训练与服务典型县"、"全省扶残助残先进单位"等多次奖励。县财政局沈冬英和东阳镇分别被评为"全国助残先进个人"、"全国基层残联先进乡镇"。

县委、县政府始终坚持"以人为本",围绕"和谐发展观"做文章,多方筹措经费,投入残疾人救助事业。加强组织领导,安排1名县委副书记和常务副县长分管残疾人工作。成立县残疾人就业服务所和康复指导站。先后投入750万元,建成功能齐全的综合服务大楼。各乡镇同时筹备50平方米以上的办公场所,县、乡、村三级康复机构健全,设施完善。全县119个村(居)委会都成立残协志愿者联络站,全县共有残疾人工作人员208人、志愿者502人。五年间认真落实残疾人"优惠政策"。先后为残疾人减免农业税600余万元,为残疾人子女减免学费、就业税费总计252万元,先后为90名肢体残疾患者实施矫治手术,免费安装假肢63条,发放拐杖300副、助视器60副、助听器50副、轮椅200辆,为1775名白内障患者实施复明手术。5年共安排残疾人就业2604人,2105人享受了低保和长期救助。

争取中央扶贫贷款270万元,发放小额信贷92.91万元,投入100余万专项基金为127户残疾人危房进行改造。建立县乡维权站、信访室,开展法律援助服务。2006年安义县被评为"全国残疾人工作先进县"。

(陈伯乔)

主要领导人 县委书记:邱向军。县人大常委会主任:邱向军。县长:周亮。县政协主席:张芸。

·进贤县·

【简　况】 位于江西省中部,在省城南昌之东南60千米,是千年古县。辖9镇12乡,总面积1955平方千米,其中县城面积26平方千米。耕地面积55072公顷,有林面积3.99万公顷,森林覆盖率20.4%。总人口76.95万人,其中城区16.25万人,人口自然增长率6.81‰。2006年实现国内生产总值93.96亿元,同比增长14.5%。其中,第一产业增加值18.38亿元,增长6.0%;第二产业增加值48.62亿元,增长18.8%;第三产业增加值26.95亿元,增长13.4%。工业总产值119亿元,增长13.3%。主要工业产品有:医疗器械产值10.12亿元、烟花产值2.69亿元、白酒7312吨、自来水笔3803万枝、水泥37.83万吨。农业总产值28.70亿元,增长6.0%。主要农产品有:稻谷38.91万吨、芝麻3515吨、花生2.06万吨、水产品总产量9.63万吨、河蟹产量1470吨。地方财政收入3.2亿元,同比增长25.4.7;支出6.56亿元,增长34.29%。农民人均纯收入4217元,同比增长13.6%。城乡居民年末储蓄余额45.57亿元,增长16.8%。

【成立全省首个种粮协会】 进贤是产粮大县,为了向广大种粮专业户提供服务,提高全县的粮食生产综合能力,做大做强全县的粮食产业,6月由农业部门牵头,在全省率先成立种粮协会。协会成员以直接从事种粮专业大户为主,同时吸收一批粮食加工企业、农机、农资服务单位等市场主体和农机、农技推广人员。协会以提供信息、技术服务等为主,及时提供国家政策、加工市场、科技、供求信息等。先后组织种粮大户观摩水稻早、晚二季新品种的展示,举办测土施肥技术、水稻病虫害防治培训班,发放农技宣传资料5000余份。

【李渡镇列为全国示范镇】 8月,国家建设部公布增补58个镇为全国小城镇建设示范镇,李渡镇名列其中。李渡镇从2000年以来,以城镇规划为龙头,按照"建设一盘棋的总体要求,以酿酒、烟花、医疗器械三大特色产业为切入点,高标准建设好"工业经济"、"人民生活"、"人文景观"等三大块,经过高效能经营和高水平管理,城镇基础设施日臻完善,投资环境日趋完美,城镇品位日益提高,先后荣获全国重点镇、全国发展改革试点小城镇、江西省示范镇和省卫生镇称号。

【开展新型农村合作医疗】 2006年,全县启动新型农村合作医疗点工作。通过政策宣传,落实到户,全县农民90%参加合作医疗。在组织实施中,各级机构制定一整套规章制度,要求各乡镇合作医疗工作经费以本乡镇农业人口计算,按照人均不少于1元的标准,由同级财政列入年度预算安排,并给予一定的启动资金;合作医疗基金专户储存,专款专用,以收定支,收支平衡;做到公开、公平、公正的原则进行管理;对定点医疗机构要求增强服务功能,完善医疗设备和设施,选派医务人员进修,提高医疗技术水平,严格执行因病施治,合理用药的原则;并且实行县乡(镇)农医经办机构工作全日制度,保证农民随到随办随时领到补助金。据7月份的统计,全县参加合作医疗农民医药报销金额达201万余元。

(武中立 王 方)

主要领导人 县委书记:陶和平(任至5月),曹吉清(5月任)。县人大常委会主任:傅木和。县长:曹吉清(任至5月),勒世标(5月任)。县政协主席:张茂华。

景德镇市

【概 况】 位于江西东北部,西北与安徽东至县交界,全市土地面积5256平方千米,人口153.62万,其中非农业人口60.67万,下辖乐平市、浮梁县、珠山区和昌江区。2006年,全市实现生产总值224.78亿元,同比增长14.6%;三次产业结构调整为9.3:54.1:36.6,二产比重提高1.4个百分点;完成财政总收入16.3亿元,增长10.9%,其中一般预算收入9.7亿元,增长15%;城镇固定资产投资89亿元,增长0.6%;社会消费品零售总额68.1亿元,增长16.7%;城镇居民人均可支配收入9962元,同比增长13.5%;农民人均纯收入3954元,增长10.16%;城镇新增就业人员2.27万人,人口自然增长率控制在7.76‰以内。全市实际利用外资5938万美元,增长16.4%;外贸出口总值1.2亿美元,增长36.9%。工业化进程继续加快。完成工业增加值95.7亿元,增长20%,其中规模以上工业增加值65.3亿元,增长25.79%。完成规模以上地方工业总产值126.23亿元,增长26.7%,占全市工业比重62.2%,同比提高2个百分点。完成陶瓷工业总产值32亿元,增长25.6%;陶瓷出口创汇3793万美元,增长57%。农村经济稳步发展。全市粮食总产达到49.8万吨。完成春季人工造林2806.67公顷,发放退耕还林粮款补助1600万元。新建改造农村公路456.5千米,行政村道路硬化率达82%。外出务工人员同比增加2万人,务工总收入突破10亿元。全年,接待国内外游客667.24万人次,增长13.9%;实现旅游总收入25.1亿元,增长19.3%,旅游总收入占生产总值的比重达11%;实现旅游外汇收入1903万美元,增长20.73%。旅游业带动直接就业人数7000余人,间接就业人数达3.5万余人。就业和再就业工作深入推进,新老政策实现平稳过渡。下岗失业人员再就业1.17万人,困难群体再就业1073人。城市低保实现动态管理,享受城市低保人数达5.68万人,发放低保金4364万元。农村低保全面启动,享受低保人数3.25万人,发放低保金319万元。农村"五保户"供养标准提高,集中供养率上升到75%。城乡医疗救助制度进一步健全,救助对象达2.14万人(其中农村1.98万人),发放医疗救助款355万元(其中农村152万元)。新型农村合作医疗试点进展顺利,参合率88.24%,超出全省平均数。群众居住条件明显改善,城镇居民人均房屋使用面积达20.37平方米,农村居民人均住房面积达37.75平方米。建设100套廉租住房,经济适用住房面积达到10万平方米,占总竣工房屋面积比重的16.7%。

【手工制瓷技艺在京展演】 2月,景德镇市手工制瓷技艺代表江西省参加在北京举办的"中国非物质文化遗产保护成果展",展览历时33天,参观者超过35万人次。展演人员现场表演手工拉坯、绘瓷等绝技,吸引了前来参观的中央领导、"两会"代表和首都群众。这是新中国成立以来首次全面反映中国非物质文化遗产保护工作的大型展览。

【元代龙窑遗址入围全国十大考古新发现项目名单】 2006年3月,由国家文物局指导、中国文物报社和中国考古学会主办的"2005年全国十大考古新发现"评选活动揭晓,景德镇市昌江区丽阳乡瓷器山元代龙窑遗址入围项目名单。

【御窑厂窑炉遗址首次对外开放】 景德镇市陶瓷考古研究所、北京大学考古文博学院、江西省文物考古研究所联合组成景德镇御窑厂遗址考古队,于2005年在御窑厂遗址内(原政府食堂下)进行考古发掘,获得明宣德至万历时期馒头形窑炉14座。该窑通长3.80~4.10米,窑室宽2.00~2.30米,形制基本一致,窑门呈八字形,弧线外撇,火膛呈半圆形低于窑床。这14座馒头窑迹是一个整体,相互间有明显打破的关系,其中3座窑炉遗址有互相叠压打破的现象。考古资料显示:馒头形窑炉在明代以前,北方地区民窑普遍采用,这批窑炉作改造缩小窑体体积,结构上作了改革。同时,该窑炉遗迹印证了明万历二十五年王宗沐撰《江西省大志》卷七《陶书·窑制(节録)》中"陶窑官五十八座……"的记载。为保护好该窑炉遗址文化(文物),在该遗址上新建一幢网架保护房,房宽26米,进深18米,房顶为双层压胶玻璃。2006年1月中旬,窑炉遗址保护房落成。5月1日,窑炉遗址首次公开向公众开放。通过展示,告诉人们景德镇明代御窑厂在不同时期使用不同的窑炉,这对于研究御窑厂窑炉烧造技术渊源和窑炉结构改进,提供了重要依据。

【珠山出土明代御窑瓷器在北大展出】 5月4日至8月30日,"景德镇出土明代御窑瓷器珍品展"在北京大学赛克勒考古与艺术博物馆举行。该展览展品120件,是2002~2004年景德镇明清御窑遗址考古发掘成果,中国考古界专家对考古发掘成果给予高度评价和赞扬。此次展览是江西省首次走进中国最高学府的一次文物展。

【景德镇近现代陶瓷艺术精品在珠海开展】 5月31日至6月8日,由珠海市委宣传部、珠海市文联、景德镇市委宣传部、景德镇市文化局共同主办的"民族瑰宝、馆藏珍品"——景德镇近现代陶瓷艺术精品展,在珠海博物馆举行。该展览会共展出60件陶瓷精品,包括洪宪瓷、珠山八友瓷、文革瓷、名人名作瓷等,其中有些作品是孤品。珠海当地媒体以及澳门媒体对展览开幕式作了详细报道。

【两项非物质文化项目被收入首批国

家非物质文化遗产名录】 6月2日，在国务院公布的《第一批国家级非物质文化遗产名录》中，“景德镇手工制瓷技艺”和“景德镇传统瓷业营造技艺”两项非物质文化项目被收入首批国家非物质文化遗产名录。

【“景德镇”牌工艺陶瓷获中国名牌产品】 2006年，江西省陶瓷工业公司申报的中国名牌“景德镇”牌工艺陶瓷，通过国家评价和评审，获得中国名牌产品殊荣。9月6日，北京人民大会堂举行2006年中国名牌产品表彰大会，江西省陶瓷工业公司总经理邵景苏出席大会。

【黑猫股份在深圳上市】 9月15日，景德镇焦化煤气总厂黑猫炭黑股份有限公司在深圳证券交易所正式挂牌上市。此次上市，是近两年来国家再启动IPO首发后江西省第一家上市公司，对带动促进江西省企业上市工作有很好的示范作用。

【景德镇市被命名为“国家园林城市”】 9月26日，建设部正式下文《关于命名国家园林城市的通报》（建城[2006]234号）中通过并命名景德镇为“国家园林城市”。11月9日，举行授牌仪式，景德镇市副市长李放接牌。

【中央电视台来景德镇拍摄《瓷都迷情》】 2006年，中央电视台科教频道集中力量推出“文明中国”宣传季大型电视行动，景德镇市作为全国创建文明城市工作先进城市被选中。9月，中央电视台《文明中国》栏目组记者采访并拍摄了体现景德镇市市民文明风貌的感人故事——《瓷都迷情》。《瓷都迷情》讲述的是景德镇社会各界自发救助生命危急的花季少女徐珍的故事。该故事于12月5日晚21点在中央电视台十套《讲述》栏目播出，中央电视台四套和七套分别重播。

【举行2006年景德镇国际陶瓷博览会】 10月18日，2006年中国景德镇国际陶瓷博览会在景德镇开幕。瓷博会设有3个馆1200个展位，12个国家和地区、国内十大产区618家知名品牌企业前来参展；3万多平方米的展厅共展出日用、艺术、建筑、卫生洁具、工业、高科技陶瓷和陶瓷辅助材料等方面的品种。据统计，2006瓷博会采购商达3200人，其中：境外1200人，国内2000人；武汉、黄山、南昌、九江等旅行社组织的国内外旅游人员和乐平世界马氏宗亲恳谈会客人1万余人参加瓷博会观光购物。招商引资签约项目43个，其中：外资15个，内资28个；引进外资1.34亿美元，引进内资28.35亿元。瓷博会期间，3个展馆内贸交易5.21亿元，其中购物交易609.83万元，外贸订单交易额达8179.52万美元。

【举行景德镇元青花国际学术研讨会】 10月20～23日，景德镇元青花国际学术研讨会在景德镇市高新区举行。来自英国、法国、德国、韩国、土耳其、荷兰、埃及等国家和中国故宫博物院、国家博物馆、首都博物馆、上海博物馆、南京博物馆、台北故宫博物院等27个省、市、自治区和港澳台地区的400多名中外嘉宾参加了研讨会开幕式，研讨会共征集论文近百篇。举行的专家报告会，60余名国内外资深专家到会，38位代表作学术报告，中央电视台《新闻联播》《中国文物报》等多种新闻媒体给予了报道。此次研讨会是历史上规模最大、档次最高的一次陶瓷历史文化学术研讨会。

【明正统青花大龙缸修复成功】 10月下旬开始，景德镇市陶瓷考古研究所花了2个月的时间，修复了一件青花大龙缸。龙缸高为75.5cm，侈口，深腹，平砂底，缸内壁施白釉，无款；口沿饰卷草，肩与底部绘上下相对的变形莲瓣一圈，腹部绘双角五爪赶珠龙两条，隙地饰流云，有“龙腾云飞”之势。此瓷器为明代官窑最大瓷器，是1988年11月，在明御窑厂故址（原政府食堂地段）考古发掘出的一批青花龙缸残片中经整理、拼合而成的。它的年代是根据上下两层的纪年遗物，印证《明实录》等权威文献，考证确定中层龙缸残片是明正统官窑所烧造的“青龙白瓷缸”。明代正统、景泰、天顺三朝瓷器不写年款，被学术界称为中国陶瓷史研究的“空白期”或“黑暗期”。通过明正统青花大龙缸的展示，它为器型特征、纹饰特点瓷器提供了可靠标尺。

【瓷都选手连夺三枚亚运会金牌】 12月上旬，第十五届亚运会在卡塔尔首都多哈拉开帷幕。有6位江西籍运动员代表中国参赛，其中有3名景德镇市运动员。景德镇市选手张冬莲与队友合作获得射击女子双向飞碟比赛团体冠军；金紫薇获得赛艇女子单人浆比赛冠军；吴静钰获得跆拳道女子47千克级比赛金牌，这也是中国在亚运会跆拳道项目上的首块金牌。

【陶瓷文化博览区被列入国家文化产业示范基地】 2006年，景德镇陶瓷文化博览区被文化部命名为第二批国家文化产业示范基地。这是继2004年命名第一批42家国家文化产业示范基地以来，文化部再次授予的示范基地，也是江西省唯一的一家。

（陈金春）

主要领导人 市委书记：许爱民。市人大常委会主任：周庭祥。市长：李放。市政协主席：龚农民。

·昌江区·

【简　况】 位于江西东北部，地处浙、赣、皖三省交界处，辖1个街道办事处、2个镇、2个乡、1个垦殖场。总面积425平方千米，耕地面积6467公顷。总人口16.6万人，人口自然增长率为5.11‰；2006年完成社会总产值24.4亿元，增长23.8%；三大产业比重为12∶56∶32。陶瓷、电子、机械建材、化工是该区工业主导产业，特色种养业是该区农业主导产业。主要农产品有蔬菜、茶叶、生猪、獭兔、王鸽、麻鸭、花卉、草莓等。财政总收入1.07亿元，增长22.5%；农民人均纯收入4355万元，同比增长12%。

【财政总量迈上新台阶】 2006年，全区完成财政总收入1.07亿元，跨入全省财政收入的亿元县区之列；地方财政收入7333万元，与2003年相比增长110%，实现了三年翻番，获全省财政收入三年翻番奖。

【三农工作成效显著】 2006年，通过发放粮种补贴，有效提高农民种粮积极性,粮食产量再创历史新高。农业产业结构优化。经济作物占种植业比重和养殖业占农业产值比重进一步提高。农民收入实现了由务农收入为主向全面经营性、务工性收入为主的转变。打工经济占农村经济的2~3成。农村政策得到落实,农村投入进一步加大,实现了村村通电、通有线、通水泥(油)路目标。农村人居环境逐步改善,村容村貌发生新变化。

【全区社会更加和谐】 2006年,昌江区安置下岗失业人员再就业3600人,完成低保调标和规范管理工作,在实施了农村特困群众社会救助制度基础上,全面推进农村低保制度,享受农村低保582户、2323人,五保供养对象补助标准提高30%,集中供养率达60%。有条件的乡村还对年满60岁以上的失地农民实行发放养老金制度。城乡医疗救助制度形成,低保、五保对象凭低保证享受的各项就医优惠政策到位。2006年,荣获全省低保先进单位和"双拥模范县"称号。

【安全生产再创佳绩】 近几年,昌江区加强了安全重点行业,重点地段监管,几年来,未发生一起重特大安全责任事故。在荣获全省"十五"计划期间安全生产综合先进单位的基础上,2006年被评为全国安全生产监管先进单位。

【社会事业呈现新面貌】 2006年,昌江区涌现了市级以上文明单位50个,其中省级17个,国家级3个,计划生育在连续创建全省人口和优质服务县、全国人口和计划生育优质服务县的基础上,2006年再次获全省计生优质服务县称号。教育结构更趋完善,职业教育有了良好起步。教育教学质量稳步提升,全区中考总评分连续6年获全市第一,高考本上线率连年攀升。健全完善了疾病防控体系建设,全民健身活动取得新成效。

【开展社会主义新农村建设试点工作】 3月28日,昌江区召开新农村建设试点工作动员大会。确定小源坞等10个自然村为2006年新农村建设试点村。按照从实际出发、分类指导、抓好试点、典型引路的方式,加强村镇规划管理和环境整治,加快实施农村"六改四普及"(改房、改水、改栏、改路、改厕、改环境和普及沼气池、有线电视、电话、太阳能)工程建设。一年来,取得良好成效。

(龙积林)

主要领导人 区委书记:汪立耕。区人大常委会主任:陈秋明。区长:曹雄泰。区政协主席:李冬季。

·珠山区·

【简 况】 位于江西东北部,是景德镇市唯一的城市区,下辖9个街道办事处。全区总面积39.9平方千米,总人口28万人,人口自然增长率6‰。2006年实现社会生产总值23.69亿元,同比增长22%。其中:工业产值6.5亿元、第三产业产值14.16亿元、建筑业产值3.03亿元,同比增长分别为21.13%、22.97%、19.67%;规模以上工业产值1.41亿元,增长67.86%,提前一年实现规模工业"三年翻一番"的目标。财政总收入1.12亿元,增长26%,首次突破亿元大关;其中地方财政收入6936万元,增长24%。城镇居民人均可支配收入9962元,增长13.5%。主要工业产品有陶瓷、邮电设备、汽车配件、陶瓷原料、陶瓷包装等。

【三产优势日益凸显】 2006年,珠山区加强政策引导,明确发展思路和目标,确立"三产立区、三产兴区"的发展理念,提出三产为第一位的发展战略。着眼于建设现代区域商贸中心,充分发挥中心城区人流、物流、信息流的特色和优势,繁荣大商贸,促进大流通,大力繁荣现代商业。通过实行县级领导挂点帮扶、民营企业挂牌服务和大力推进全民创业等举措,推动了第三产业发展。华达百货、皇冠购物广场等相继开业,中山北路仿古一条街经营档次明显提升,浙江路餐饮休闲一条街特色品牌更加彰显,社区经济日益活跃。开门子购物中心,恒业五金一条街、群英步行街等一批商业街的开发建设,逐步成为珠山商贸经济的新亮点,全区呈现出大市场、大流通、大贸易的良好格局。截至2006年底,全区个体工商户、民营企业总数已发展到1.18万余户,各类专业市场40余个;贡献税收9200万元,占财政总收入的88%以上。

【城区环境卫生明显改观】 2006年,珠山区坚持把市容环卫工作作为全区工作的切入点,狠抓市容环境卫生工作,建立健全了权责分明的市容环卫管理机制,夯实了环卫基础力量,实现了管理重心下移。积极投入全市系列创建活动,不断创新环卫保洁体制,深入推进道路保洁市场经营制、全员聘用制、垃圾袋装化工程,全区道路清扫保洁权市场经营面积突破80%,达到160万平方米,全面提高了道路清扫保洁质量。加强"门前三包"管理,重点整治了城乡结合部小区、里弄的环境卫生,城区卫生环境得到明显改善,为景德镇市顺利获得国家园林城市及瓷博会的顺利举办提供了基础保障。

【举办首届群众文化艺术节】 6~11月,珠山区举办了全区首届群众文化艺术节。活动期间举办了"珠山风采"美术、书法、摄影展,"珠山机电杯"卡拉OK大奖赛,"科学发展、和谐创业"为主题的文艺会演和读书演讲比赛,首届非物质文化遗产展示周(6月10~16日)及组团参加全市第27届群众歌咏月活动。艺术节的举办丰富了群众文化生活,提升了城区文化品位,展现了珠山干部群众健康和谐的精神风貌。

【开展社区千户图书阅览室创建活动】 2006年,珠山区把创建"千户图书阅览室"活动作为区政府为民办实事的亮点工作来抓,全区66个社区通过自建、共建等多种方式都建成了图书阅览室。每个阅览室藏书量达800~1000册,阅览室设有书柜、坐椅等基本设施,建立健全了借阅登记等管理制度。阅览室的创建丰富了社区群众的业余文化生活,受到社区居民的好评。

【首批通过全省国家二类城市语言文字工作达标评估】 12月25日,省语言文字工作达标评估组一行到珠山区检查指导语言文字工作。区政府高度重视迎评工作,成立了区语委和区语委办,召开了迎评动员大会,制订了实施方案，将城市语言文字工作评估任务分解到相关责任部门，并签订了迎评责任书。同时加大宣传力度，设立了大型户外永久性宣传广告牌，开展了文字纠错“金鹰行动”。通过强化组织领导、人员配置、经费保障、组织协调等举措，全区语言文字规范化水平得到全面提升，顺利通过首批全省国家二类城市语言文字工作达标评估。

（程启勇）

主要领导人 区委书记：朱民安（任至11月）。区人大常委会主任：黄宝珍。区长：饶利萍（3月任）。区政协主席：余玉龙。

·浮梁县·

【简　况】 位于景德镇市北部山区，全县总面积2851平方千米，总人口28.10万人。2006年，浮梁县全县生产总值22.3亿元，增长12.0%；人均生产总值首次突破1000美元，达1005美元。财政总收入1.48亿元，增长36.1%，其中地方财政收入首次突破亿元大关，达1.03亿元，增长46.81%。民营经济发展迅猛，2006年末民营企业达432户、个体工商户达2502户。“三农”工作进一步加强，全县农业总产值完成8.4亿元，增长6.8%。粮食综合生产能力稳步提升，粮食播种面积2.50万公顷，总产量13.5万吨；早稻单产再创历史新高，亩产达360千克；种粮大户继续增加，种植2公顷以上的农户达到177户。农业结构不断优化，茶叶、林业、优质稻、森林蔬菜、果业等产业初具规模，荣获“全国无公害茶生产示范基地县”称号，茶业产量1977吨，实现产值7186万元，其中名优茶产量620吨，实现产值5750万元；优质稻已全部实行“订单”种植，面积达1.81万公顷；森林蔬菜采收量（鲜品）4500吨。林业产权制度改革全面完成。农业产业化经营步伐进一步加快，5个农产品品牌成为省著名商标。2006年，接待游客98.2万人次，增长30.76%；旅游收入8056万元，增长65.76%。2006年对外开放取得新的进展，实际利用外资803万美元，社会消费品零售总额4.7亿元，增长13.8%。城镇居民人均可支配收入7836元，增加734元。农民人均纯收入3492元，增加274元。城乡居民年末存款余额13.75亿元，增长19.2%。

【进一步加快城乡交通基础设施建设】 2006年，浮梁县实现了所有乡镇通油（水泥）路，所有行政村通公路，其中行政村油（水泥）路硬化达90%。杭瑞高速（景婺黄段）建成通车，济广高速（景鹰段）、南环高速正在加快建设，“十”字形高速公路骨架初步形成。县城至市区等3条营运班线实行了城市公交化改造。

【中央巡回检查组到浮梁检查指导先进性教育活动】 2月15日，以全国政协委员、水利部原党组副书记、副部长敬正书为组长的中央第三巡回检查组来浮梁检查指导第三批先进性教育活动。检查组一行先后深入洪源镇鸣山村、王港乡高沙村、黄坛乡徐家村视察浮梁县新农村建设试点工作并就先进性教育活动进行了指导。通过走访老干部、老党员，深入实地了解党员先进性教育活动的实效和新农村建设试点工作的成果。中央检查组充分肯定了浮梁县第三批先进性教育活动所取得的成绩，认为浮梁县领导重视、措施得力、成效明显。

【浮梁县旅游形象徽标正式启用】 为纪念2005年浮梁旅游业获得7块国家级品牌，弘扬创建国家级旅游品牌精神，3月28日，浮梁县正式启用浮梁旅游形象徽标。该徽标以“2005”、“七星”、“马踏飞燕”、“中国景德镇”、“浮梁旅游”为内容，组成圆形图案，具有构图简洁、寓意丰富，给人印象深刻的特点。该徽标将作为浮梁旅游对外推介和宣传活动统一使用的标识，统一在各旅游景区使用。

【总参总后联合检查组到浮梁检查】 5月17日，以中国人民解放军总参谋部综合局副局长董武为组长的总参谋部、总后勤部联合检查组深入浮梁县检查预备役道桥二营组建工作，南京军区、江西省军区、景德镇市委等有关领导陪同检查。通过对道桥二营营部的实地检查后，检查组认为浮梁县预备役建设标准高、起步快、开局好，同时对下一步工作提出了明确的目标和要求。

【第三届景德镇浮梁茶文化旅游节隆重开幕】 4月29日，第三届景德镇浮梁茶文化旅游节开幕式在浮梁古城门楼前举行。浮梁是中国历史名县，以瓷茶闻名于世，浮梁茶始产于晋盛于唐，有“浮梁歙州、万国来求”、“浮梁之茗、闻于天下”之美誉。从1915年的浮梁功夫红茶荣获“美国巴拿马万国博览会金奖”，1997年被国家农业部命名为“中国红茶之乡”，到2003年“浮瑶仙芝”茶荣获上海国际茶文化节中国精品博览会金奖；从1950年周恩来把浮梁茶作为国礼赠送外宾，到2003年被国务院新闻办选定为礼品茶，浮梁茶承载着厚重的历史和辉煌的荣誉。围绕建设“特色旅游名县”的目标，浮梁旅游业也取得重大突破，2005年取得包括两个4A级旅游景区在内的7块国家级旅游品牌，2006年旅游收入达到8056万元，增长65.76%。

开幕式上还举行了《浮梁茶叶宝鉴》首发式、“浮梁茶”地方证明商标启用仪式、浮梁旅游徽标启用仪式、县旅游局授牌仪式等。

【浮梁县实施“八大工程”促旅游】 浮梁县旅游业起步较晚，但发展较快，2005年一举获得7块国家级旅游品牌，跻身江西省38个重点旅游县（市、区）行列。2006年8月，又启动了创全省旅游县工作，组织实施“八大工程”，提升旅游产业整体水平。一是旅游型乡镇工程——加快瑶里、鹅湖两地旅游配套功能建设；二是乡村旅游示范点工程——打造30个省级乡村旅游示范点；三是旅游功能配套工程——完善旅游购物、食宿场所建设；四是综合环境整治工程——实施景区景点垃圾无害化处理，建立卫生长效管理机制等；五是市场营销工程——完善旅游项目招商库，加大旅游项目招商力度，创新营销模式，健全营销系统；六是人才培育工程——加强旅游行政管理部门建设，加快旅游干部的选拔和培育，提高涉旅从业人员素质；七是政策保障工程——建立组织协调机制和投入保障机制；八是交通通达工程——加快景瑶公路和旅游公路建设,开通每天直达景区、景点的公交班线。

【东璟公司援建湘湖中心小学】 10月6日,台资景德镇东璟实业有限公司董事长林秀娥女士与浮梁县委书记伍枝勤签订捐资协议:捐资50万元,为湘湖镇中心小学建设一幢综合楼。

【大力开展文化下乡活动】 2006年,浮梁县文化广播电视局积极履行职责,以政府买单,请农民看戏、看电影和举办文体活动的形式,大力开展文化下乡活动。一年来,在全县17个乡镇演戏69场,其中:市级专业剧团演出25场,县区专业剧团演出44场,观众达4.48万人次;在150个行政村中,放映电影849场,观众18.6万人次;组织指导各乡镇开展文艺活动,有歌舞、戏剧演出,有乒乓球、篮球、拔河等体育比赛,有要龙灯、扭秧歌及科普知识讲座等,共计42场,参与人数4.1万人次。

【高岭陶瓷研究所全国巡展北京站开幕】 11月1日,国内首个民间陶瓷研究所——景德镇高岭陶瓷研究所陶瓷精品展在北京工艺美术大厦博物馆开幕。当日,北京市社会名流、艺术爱好者及市民6000余人观展,许多艺术品被爱好者收藏。当晚,中非论坛非洲联盟主席夫人一行20余人参观展览,对美轮美奂的陶瓷精品赞叹不已。中央电视台、《北京日报》和《人民日报》下属《京华时报》等13家媒体作了采访报道。在北京首展结束后,将前往深圳、香港及全国各省会城市巡展。

【景婺黄(常)高速公路建成通车】 11月19日,经过两年建设,由浮梁(鲤鱼洲)至婺源(塔岭)和婺源至白沙关组成的高速公路建成试通车。该路具有一次性投资多、生态环保要求高、工程施工难度大等特点,在浮梁境内长38.1千米,投资13.2亿元。该路沿线风景优美,旅游资源丰富,建成后极大改善沪、杭、黄、婺、景、九之间旅游大通道的"瓶颈"状况,将促进浮梁旅游业的开发和经济的发展。

【浮梁县实施新型农村合作医疗使农民得到实惠】 2006年,浮梁县21.79万名农业人口中有18.57万人参加了新型农村合作医疗,参合率85.25%,全年筹集合作医疗资金总量928.7万元。其中:农民自缴资金185.7万元,中央、省、市、县财政补助835.9万元。全年共有7523人获新型农村合作医疗住院补偿(含门诊大病),受益面为4.05%,实际住院补偿金为562万元;资金使用率为75.63%,次均补偿747.04元;获3000元~5000元补偿的有91人,获5000元~1万元补偿的有72人,获1万元以上的有24人;门诊补偿1.89万人,补偿金额29.8万元,总受益面为14.2%。

【浮梁县史志档案工作硕果累累】 2006年,浮梁县史志档案工作硕果累累。一是完成了20万字的《中共浮梁地方史》的编纂工作,并已送交有关部门审阅;二是完成了《浮梁年鉴(2006)》卷的编辑总纂工作;三是开展了重印清代道光版《浮梁县志》工作,并已付印;四是编纂出版了《瓷源茶乡·浮梁旅游》一书。档案接收工作有了较大的进展,新接收了县委、政府、法院等20多个单位的文书、业务档案,共计200余卷;创建了名人档案库,收集浮梁历史及现代名人简历、照片600份。

(冯云龙)

主要领导人 县委书记:伍枝勤。县人大常委会主任:冯干勤。县长:吴光辉。县政协主席:张承龙。

·乐平市·

【简 况】 位于赣东北腹地,辖14镇2乡和2个街道办事处,为江西省计划单列市(县级)。总面积1973平方千米,其中市区面积15平方千米。耕地面积3.34万公顷,有林面积5.27万公顷,森林覆盖率为41.6%(城市绿化率30.8%)。总人口81.56万人,其中非农业人口18.34万人,人口自然增长率稳定在7.5‰以内。2006年实现生产总值73.41亿元,按可比价计算,同比增长13.3%,其中,第一产业增加值11.61亿元,增长7.46%;第二产业增加值36.71亿元,增长17%;第三产业增加值25.09亿元,增长11.06%。规模以上工业总产值50.48亿元,增长27.22%。主要工业产品有原煤159.88万吨,水泥193.7万吨,棉纱517.8吨,饮料酒2241千升,烧碱87000吨。农业总产值20.66亿元,增长7.94%。主要农产品有粮食33.08万吨,蔬菜61.77万吨,油料1.47万吨,水果4005吨,肉类2.7万吨,水产品1.5万吨。财政总收入4.83亿元,增长20.1%。城镇居民人均可支配收入达到7011元,增长12.41%。农村居民人均纯收入4114元,同比增长10.06%。城乡居民年末储蓄余额43.32亿元,增长11.42%。社会消费品零售总额达18.05亿元,同比增长13.27%。

【农业工作全面推进】 2006年,乐平市粮食作物播种面积达5.86万公顷,粮食总产量33.08万吨,其中水稻总产3.18亿千克,较上年稳中有增。畜牧、水产业快速发展,新增年出栏生猪5000头以上的养猪场2个、年出笼家禽1000羽以上的规模养殖场20个,全年出栏生猪30.19万头,出笼家禽180.74万羽,肉类总产量2.7万吨,水产品1.5万吨。农业科技广泛运用,良种良法普及达80%以上,机械化作业水平大幅提高,农机总动力达到51.27万千瓦,增幅达20%。劳务经济有了新的增长,外出务工人员16.5万人,创收7.5亿元。林业产权制度改革稳步推进,确权发证达80%。乐平荣获2006年度全省农业发展先进县(市)称号。

【蔬菜产业继续做大】 2006年,乐平市蔬菜种植面积达1.70万公顷,总产量61.71万吨,总产值6.77亿元。蔬菜种植高收入农户和高产值菜地比例分别比上年增长10.2%、16.5%。蔬菜生产标准化体系建设加快,蔬菜品质大幅提高,无公害率达90%以上。乐平积极发挥蔬菜集团公司龙头作用,大力培育蔬菜流通组织,蔬菜加工、储藏和运销实现了新的突破,产业链条正在有效延伸。

【新农村建设成效显著】 2006年,乐平市围绕新农村建设"生产发展、生活宽裕、乡风文明、村容整洁、管理民主"的总体要求,因地制宜,突出重点,着力抓好67个新农村试点村建设,在资金、技术、信息、服务等方面给予倾斜。全年共投入新农村建设资金1608万元,新建、改建农村道路161千米,70%的试点村已修通油路或水泥路,兴建了一批农村公厕,建成了1000多口沼气池。同时,积极帮助试点村发展致富产业,基本形成了产业特色鲜明、村庄规划合理、生产生活良好的新农村格局。

【工业经济效益凸显】 2006年,乐平市围绕化工、医药、建材、能源、食品及蔬菜加工五大支柱产业,培育和引进了一批关联度高、科技含量高、发展前景好的相关企业,实现了由量的扩张到质的提升的转变。沿涌90万吨机井建成并投产,锦溪水泥通过技改扩产,生产能力成倍增长;天新医药、晨航灯头、联合化工实现达产达标。全市完成规模以上工业总产值48.82亿元,同比增长26.32%;五大支柱产业实现销售收入40.43亿元,占全市工业销售收入总量的85.07%,其中化工行业实现销售收入19.50亿元,占全市规模以上工业销售收入的41.03%,居五大产业榜首;水泥产量达193.7万吨,同比增长20.42%;轻钙产品已形成年产20万吨的规模。

【园区经济高速增长】 2006年,乐平市投入园区基础建设资金5400万元,水、电、气、通信、排污等管网设施进一步完善,园区承载能力大大增强。通过招商引资,园区新增规模以上企业12家,先后成功引进香港新世界、宏柏化工、嘉柏化工等一批重点企业落户;进园企业达86家,其中:投产企业71家、在建企业15家,全年实现工业产值31.33亿元,占全市规模以上工业总产值的64.17%,实现利润1.81亿元,同比增长93.34%;完成税金1.2亿元,同比增长57.86%;完成出口交货值1.65亿元,同比增长56.46%。乐平市被评为2006年度全省先进工业园。

【对外开放取得新突破】 2006年,乐平市引进扩建项目44个,实际进资19.52亿元,同比增长5.51%,其中2000万元以上工业项目25个,实际进资14.04亿元;引进外资项目5个,实际利用外资1013万美元,同比增长633%;完成外贸出口2.29亿元,同比增长20%。荣获2006年度全省引进省外资金先进单位称号。同时,积极发展旅游事业,全年共接待国内外游客122万人次,同比增长18.45%;旅游收入达2.32亿元,同比增长18.45%,创汇3.1万美元。

【精神文明建设不断推进】 2006年,乐平市以先进性教育为核心,农村基层组织建设得到进一步加强,村(居)民自治水平不断提高。启动了"五五"普法教育,干部群众法制观念进一步增强。广泛开展社会主义荣辱观教育,大力弘扬社会主义新风尚。加强和改进未成年人思想道德建设,关心下一代工作成效显著。全力支持国防建设和民兵预备役建设,连续五次荣获全省"双拥"模范城称号,并荣获全省人民防空先进单位。继续狠抓环境保护工作,在全省县市区城市环境综合整治定量考核中实现"三连冠",被评为2006年度全省环保工作先进单位。大力加强精神文明创建,赣东北供电公司、国税局、地税局、众埠镇等14家单位荣获2006年全省文明单位称号。

【乐平站前广场暨新火车站竣工】 1月22日上午,乐平站前广场暨新火车站竣工剪彩仪式在站前广场隆重举行。乐平市领导梁高潮、吴龙强、王国华、金宜民、史建华、熊华、徐有根、占冬生、滕晓华、罗建国、汪志明、邹寿清等出席剪彩仪式。市长吴龙强致辞,副书记史建华主持剪彩仪式。新火车站于2004年8月1日在原址往南280米处改造新建,投入资金1950万元。站前广场工程主要有广场和道路两个项目。站前路全长560米,宽30米,双向四车道;站前广场总面积1.8万平方米,其中绿化面积占30%,其余全部铺设花岗岩地面。广场装有背景音乐,灯光千变万化,各种管线全部地埋,整个布局合理。乐平新火车站及站前广场的建成,改变了乐平的对外形象,为乐平增添了一道亮丽的风景线。

【荣获"全国科普示范县(市)"称号】 3月14日下午,乐平市荣获"全国科普示范县(市)"称号授牌仪式在市委礼堂隆重举行。省科协副主席邹凌云代表中科协向乐平市授牌。乐平市委书记梁高潮出席授牌仪式并讲话。乐平自2002年积极开展创建"全国科普示范县(市)"活动,2004年通过了国家验收和评审。全市建立市级专业科普协55个、科普示范乡镇10个、科普示范村200个。2005年科技对经济的贡献达到44.2%,较2000年提高了10.2%,科技已经成为促进农民增收和自主创新的强化动力。

【第四届世界马氏恳亲大会在乐平隆重开幕】 10月23日上午,第四届世界马氏恳亲大会在新建成的乐平中学体艺馆隆重举行。全国侨联副主席李祖沛宣布大会开幕,省政协副主席、省委统战部部长王林森作了讲话。景德镇市委书记许爱民等出席大会。会上宣读了全国政协副主席、澳门中华总商会会长、第四届"世马会"组委会名誉主任马万祺先生的贺信,并展示了其题词。来自马来西亚、泰国、美国、加拿大、新加坡等国家和中国港、澳、台地区及12个省(市)的41个代表团近千名海内外马氏宗亲代表参加了会议。23日下午,举行了乐平首届马氏经贸洽谈会,签约项目19个,签约金额4.39亿元。10月24日上午,在众埠镇楼前村举行第四届马氏恳亲大会祭祀拜祖仪式。10月24日下午,召开极峰会议。10月24日晚,第四届世界马氏恳亲大会闭幕式在乐平中学体艺馆举行,演出了一场别开生面的"乐平之夜"文艺晚会。

(余盛仁)

主要领导人 市委书记:梁高潮。市人大常委会主任:徐有根。市长:吴龙强。市政协主席:占冬生。

萍乡市

【概　况】 位于江西西部,辖安源区、湘东区和芦溪县、上栗县、莲花县,总面积3827平方千米,其中建成区面积54.3平方千米,耕地面积4.6万公顷,林地面积25.39万公顷,市建成区园林绿地面积1158公顷,总人口182.92万人,其中非农业人口55.03

万人，人口自然增长率为7.18‰。2006年实现生产总值为265.49亿元，同比增长13.1%，其中，第一产业增加值26.24亿元，增长5.0%；第二产业增加值158.35亿元，增长15.10%；第三产业增加值80.90亿元，增长12.30%。工业增加值145.05亿，增长14.9%。主要工业产品有原煤924.24万吨，成品钢材390.46万吨，水泥511.65万吨，电风扇24.48亿台。农业总产值41.26亿元，增长5.1%。主要农产品有粮食50.38万吨，水产品总产量2.76万吨。地方财政收入14.05亿元，同比增长18%。城镇居民人均可支配收入10095元，同比增长12.5%；农村居民人均纯收入4397元，同比增长12.1%。城乡居民年末储蓄余额120.47亿元，增长13.5%。社会消费品零售总额76.76亿元，增长16.1%。

【工业经济增长势头稳健】 2006年，全市规模以上工业企业完成工业增加值80亿元，同比增长24.1%；实现利税总额28.47亿元，同比增长31.9%。园区经济完成工业增加值28.61亿元，同比增长18%。全市工业增长质量提升，工业经济综合效益指数达到180.47%，同比提高15.35%；规模以上工业产销率98.92%。工业投入不断增加，全市完成工业投资58.43亿元，同比增长15.5%，其中，完成技改项目115项，技改投入22亿元，同比增长22.2%。

【农业结构优化和新农村建设扎实推进】 农业结构进一步调优，种植业和养殖业占农业总产值的比重分别为41.7%、49.6%，经济作物产值占种植业的比重达50%。农业产业化经营领域进一步拓宽，全市农业产业化组织实现销售收入18亿元，同比增长20%，从事农业产业化经营的组织268个，比上年末增加47个，大富乳业、杜仲生猪基地等省级产业化龙头企业规模扩大。以改善农村生活生产条件为重点，整合支农资金2.28亿元，支持338个试点村新农村建设，惠及农户2.1万户，人口10.5万人。

【加强基础设施建设和改善城镇环境】 启动萍乡至洪口界高速和武功山旅游公路建设，山口岩水利枢纽工程引水导航隧洞建成，总投资3亿元的文化路步行街正式开街营业，建成秋收起义广场休闲园和康庄桥，较短时间内完成城区十字路口道路拓宽、部分主干道的人行道改造等市政工程，大大缓解重点路段交通拥堵状况，改善人车出行条件，市容环境明显改观。萍水河环境治理、安源新区、凤凰山庄三个项目获得首批江西人居环境范例奖，涌现安源区安源镇、湘东区麻山镇幸福村等一批全国文明村镇。

【社会保障和再就业工作跃上新台阶】 2006年，全市城镇新增就业人员30576人，同比增长9.7%，下岗失业人员再就业14350人，同比增长9.1%；困难群体再就业人员3155人，完成年度目标任务137%；养老保险当期征缴总额24983万元，同比增长22.9%。市属国有困难企业职工和退休人员医疗保险人员试点方案正式出台，以解决零就业家庭为重点，启动“再就业援助月”活动。认真解决拖欠农民工工资问题，1265名农民工拿回属于自己的工资。建立社会保险基金征缴部门联动机制，确保全市4万余名企业离退休人员养老金按时足额发放和近万名失业人员的基本生活。

【经济发展环境进一步优化】 狠抓纠风治乱，开通“政风行风热线”，解决群众各类实际问题487起，对57家规模以上企业进行挂牌服务，对数起影响经济发展的典型案例进行通报。发展环境的优化，推动非公有制经济迅速发展。到年底，全市个体私营企业4.41万户，从业人员24.10万人，同比分别增长13.58%、15.54%，私营企业5108户，从业人员13.67万人，同比分别增长20.84%、23.65%。非公有制经济对全市GDP的贡献率达到75%以上，对国税地税的贡献率达70%以上。

【社会治安综合治理明显好转】 妥善处理各种矛盾，理顺群众情绪，成立矛盾纠纷调处中心，一站式调处解决矛盾纠纷，矛盾纠纷调处率达97.2%；受理人民来信来访7110件人次，同比下降14.1%；坚持宽严相济的司法政策，建立健全严打工作长效机制，以打黑除恶专项斗争为契机，加大对严重刑事犯罪的打击力度，全市共立刑事案件4909起；开展对地下“六合彩”赌博犯罪和涉毒犯罪的打击和整治，全市毒品犯罪同比下降69.8%，社会治安秩序明显好转，保持了社会和谐稳定。

【萍矿集团实施跨国经营、实现海外发展】 萍矿集团面对煤炭资源日渐枯竭的局面，紧紧抓住省委、省政府“发展开放型经济，实施‘走出去’战略”的重大历史机遇，不断发展海外产业，实施跨国经营。一是在阿尔及利亚大力发展水利灌溉、城市排污、建筑工程承包市场，在泰国承建5000多套仁爱屋安居工程，在尼泊尔参与4号水电站项目建设；二是大力拓展东南亚煤电项目，与国外合作开发马来西亚的阿勃克煤矿、印度尼西亚的煤矿和发电厂等等。2006年签订工程合同1.09亿美元，实现工程量6300多万美元，连续4年被省政府授予“省外经企业先进单位”。萍矿海外创业已形成以点成线、以线成面的多行业项目框架，逐渐成为具有较强国际竞争实力的大型跨国企业集团。

【双拥工作不断实现新跨越】 萍乡市不断丰富双拥内涵，全市双拥工作不断实现新跨越。一是双拥创建工作再上新水平。全市建立健全500多个地方和部队基层群众性“双拥”组织，完善政策法规体系，出台企业伤残军人下岗后医疗、住房和重点优抚对象医疗补助、医疗费减负等政策性文件，市县落实抚恤补助自然增长机制。二是优抚安置再上新台阶。提高农村义务兵家庭优待金标准，转业干部、军队离退休干部、退伍军人、转业干部家属和随军家属的安置率达到100%，设立拥军优属保障基金260万元，解决老烈属、老复员军人的生活和生产困难问题。三是军民共建形成新局面。全市共组织近200个单位与驻军挂钩结对，市财政每年预算拨专款补助萍乡军分区和武警、消防、人武部。2006年，萍乡市再次被省委、省政府、省军区授予“全省双拥模范城”光荣称号，实现“全省双拥模范城”五连冠。

【2006年度世界旅游小组大赛中国赛

区总决赛在萍乡举行】 8月11～12日,2006年度世界旅游小组大赛中国赛区总决赛在萍乡举行,来自全国各省市的40名选手参与角逐总决赛冠军。大赛选出最佳体态美奖、最佳气质奖、最佳上镜奖、最具才智奖、最具活力奖、最具亲和力奖、最具潜质奖等7个单项奖,评出十佳旅游小组,来自四川的选手海哈金喜获得总决赛冠军。世界旅游小组大赛是一项国际性旅游文化使者活动,此次大赛吸引中央电视台、《中国旅游报》、中国江西新闻网等30多家媒体进行全程跟踪报道,对传播萍乡旅游文化,提高萍乡和武功山(此次大赛冠名者)的知名度和美誉度有着重大而深远的意义。

【萍乡中学迎来百年华诞】 11月10日,萍乡中学喜迎百年华诞。萍乡中学是全省创办最早的现代公立学校之一,1906年创立"萍乡中学堂"。从创立到2006年,学校共培养出3万名大学生,造就了著名物理化学家吴学周院士,自然地理学、地图学、遥感应用和地理信息系统专家陈述彭院士,光纤通信专家简水生院士等一大批科技教育党政精英。学校1963年被列为首批省重点中学,1991年录入《中国中学名校》,1995年被授予"省优秀重点中学"称号,2003年列入江西省第一批高中建设工程项目学校。

(罗晓安)

主要领导人 市委书记:陈安众(任至11月),谢亦森(11月任)。市人大常委会主任:尹兆书(任至12月),黎德廉(12月任)。市长:邝小平(任至12月),曾庆红(12月任)。市政协主席:贺维林。

·安源区·

【简　况】 位于萍乡市中部,总面积199平方千米。辖4镇6个街道办事处,1个管理委员会(乡级)。全区设52个行政村级单位,其中村民委员会32个,管理处17个,垦殖分场3个。各街道及镇设有58个社区居民委员会。全区总人口38.10万人,其中,非农业人口28.70万人,人口自然增长率为6.50‰。全区有耕地面积1749公顷,其中水田1581公顷,旱地168公顷。全区林地面积为1.21万公顷,森林覆盖率为53%。

【综合区力跃上新台阶】 2006年,全区完成地方生产总值76.94亿元,比上年增长16.4%,完成社会固定资产投资55.1亿元,比上年增长28.9%;实现工业总产值67亿元,比上年增长26.2%;实现财政总收入5.33亿元,比上年增长23%;一般预算收入3.07亿元,比上年增长30.7%;完成工商税收4.38亿元,占财政总收入的比重达82.4%。城镇居民人均可支配性收入10095元,同比增加1122元,增长12.5%。镇街经济实力迅速壮大,全区11个镇街管委会平均财政收入为4059万元。白源街、安源镇、青山镇、城郊管委会、五陂镇、高坑镇被评为"全省农村经济发展百强乡镇",在市政府对县区年度目标管理考核中,安源区连续4年蝉联综合一等奖,先后被省委、省政府评为"全省经济发展综合先进县区"和"全省工业发展先进县区",经济综合实力跃居全省县区十强行列。

【工业强区取得新突破】 安源区坚持工业强区发展方略不动摇,按照走新型工业化道路的要求,以产业调整为主线,以项目建设为抓手,加快工业崛起步伐。从产业结构来看,打破过去以煤炭、水泥为主的较单一的经济结构,实现了"地下经济"向"地面经济"的成功转型,初步形成以冶金、建材、机械、陶瓷、化工、煤炭、汽车(汽配)等为主的支柱产业。从工业发展平台来看,至2006年底累计投入1.5亿元与市里合办建成面积达3.5平方千米的高新工业园东区,建成了全省首家民营工业园——武冠工业园。投资2000万元建设总规划面积200公顷的建筑环保陶瓷、农民创业基地,一期建设面积66.67公顷,已入园企业6家。一期规划33.33公顷的高坑鸿远煤化工产业基地,已引进5家企业。做好了安源红色旅游公路征地拆迁准备工作,以此为依托的新型工业片区将有序启动。

全区属地规模以上工业企业达84家,其中销售收入1000万元以上的64家;实现规模工业增加值11.9亿元,比上年增长44.35%;销售收入29.9亿元,比上年增长48.9%;利税总额3.87亿元,比上年增长73.1%。实施了企业纳税大户奖励办法,促进企业做大做强,全区纳税100万元以上的企业达50家,其中纳税500万元以上的企业15家。

【城乡面貌发生新变化】 2006年,新区内以10条主次干道、3个广场为主体的基础设施全面建成,水、电、气等配套设施全面到位,象形湾、陈家湾、木杉塘、鱼口、燎原5个安置小区建设全面完成,学校、市场、公交、通信、消防、环卫、金融等城市综合服务功能日趋完善,安源林业分局、土地分局、财政局、计生服务中心、税务局、检察院、法院、安源交警支队、市规划勘察设计中心等办公楼相继竣工。雅典世纪花园、东方巴黎、香溪美林、罗马风情、锦绣嘉园、锦江华庭、绿海星城、萍安汽车城、天利园大酒店等项目建设全面实施,其中部分项目已竣工。城西新区开发建设全面展开,建成总投资1.2亿元的长兴立交桥,引进了塞纳名城、加州阳光、八达花苑、紫金名门、鼎华房产、龙门世家等项目。两个新区完成基础设施建设投入5亿余元,引进社会事业和三产项目19个,建设总投资近20亿元。安源国家森林公园已完成基础设施建设投资3400万元,平安广场、中国红色之旅纪念碑、三侯寺民俗文化广场、梅花园、师范北路等项目建设已全面实施。

全区新农村发展规划和村镇规划已全面完成,全年区镇村三级共投入2900余万元,建设32个新农村示范点。农村交通设施不断完善,累计投入1330万元,建设农村公路190千米,在全市率先实现水泥公路"村村通",部分镇、街实现了各村民小组通水泥路。农业产业化水平明显提升,农业产业化龙头企业达29家,其中省级重点龙头企业4家。2006年全区完成农业总产值2.98亿元,比上年增长7.1%,农民人均纯收入达4943元,比上年增加569元,同比增长13%,统筹城乡发展成效明显。

安源景区被列为全国百个红色旅游经典景区之一,安源新区获得首批江西省人居环境范例奖;安源镇和长兴馆管理处被评为全国文明镇村,安源镇入选全国小城镇建设示范镇;凤凰街花园社区被评为"全国文明社区创建示范点"和"全省十佳文明社区",八一街老站社区荣获"全国青年文明社区"称号。

【社会事业实现新发展】 2006年,全区向3300余名农村低保对象发放补助金116.5万元,累计向城镇居民发放低保金7876万元;累计安排下岗再就业18212人,帮扶困难群体就业5858人,发放再就业小额贷款1975万元;至年底,全区养老保险参保人数达11550人,医疗保险参保人数达7907人,失业保险参保人数达17877人。累计向特困群体发放补助金360余万元。设立扶贫助学基金,共资助贫困大学生175人。累计申请获批专利75项、农业成果转化基金1项、火炬计划2项、"863"计划1项,连续5年保持"全国科技工作先进县区"称号。

全区教育工作取得新成绩,顺利完成萍矿学校的接收工作,确保教师队伍的稳定和教学工作的正常开展。累计投入3886万元改造中小学危房5万余平方米。农村中小学远程教育工程,覆盖率达100%。投入2100余万元实施安源中学二期工程、高标准建设安源学校工程。体育工作取得新突破,在萍乡市第十次运动会上,安源区金牌总数、团体总分均列全市第一。群众文化生活丰富多彩,"新安源·新形象"等系列广场文艺活动深受群众欢迎。水利建设成效突出,累计投入资金1226万元,完成9座病险水库除险加固,实施5期农村人饮工程,解决1.2万人的安全饮水问题。推进农村电网改造二期工程,完成投资1021万元,新建和改造10千伏线路83.3千米。

2006年,安源区先后荣获"全国科技进步先进县区"、"全国科技工作先进县区"、"全国人口和计划生育优质服务先进县区"、"全国婚育新风进万家活动先进县区"、"全国法制宣传教育先进县区"、"全国封山育林先进县区"、"全国幼儿教育先进县区"、"全国团建先进县区"、"全国青年中心建设先进县区"、"全国残疾人康复示范区"、"全国信访系统先进集体"和"全省经济发展综合先进县区"、"全省财政收入三年翻番县区奖"等称号。

(邹 浩)

主要领导人 区委书记:李智富。区人大常委会主任:易水生。区长:曹光亮。区政协主席:曾书康。

·湘东区·

【简 况】 位于湘赣门户,是江西的西大门。全区辖8镇2乡1个街道办事处,总面积853.4平方千米,其中城区面积19.2平方千米,耕地面积0.91万公顷,林地面积5.88万公顷,森林覆盖率为60.8%。2006年,全区总人口39.50万人,其中非农业人口10.37万人。完成国内生产总值39.78亿元,同比增长16.2%。其中,第一产业增加值7.26亿元,增长5.0%;第二产业增加值23.39亿元,增长18.6%;第三产业增加值9.13亿元,增长19.2%。主要工业产品有水泥112.4万吨、原煤93.2万吨、工业陶瓷72万吨。主要农产品有稻谷9.19万吨、肉类总产2.35万吨、出栏生猪28.34万头。财政总收入2.89亿元(不含省、市属驻区企业),增长16.1%;城镇居民人均可支配收入9422元,增长12.5%;农民人均纯收入4430元,增长9.2%;城乡居民年末储蓄存款余额15.33亿元,增长15.9%。

【工业经济持续快速增长】 2006年,全区工业总产值完成93.44亿元,增长28%;规模以上工业企业达到77家,增加26家;规模工业企业销售收入完成25.76亿元,增长39.6%。举全区之力启动了"萍乡陶瓷产业聚集区"建设,完成投资4200余万元,有19家企业签约入园,其中9家企业已开工建设,达成投资意向企业15家。

【农业产业化进程加快】 全力推进"双五双十加一千"工程,着力优化农业和农村经济结构,促进农民增收。在抓好粮食生产的同时,大力调整农业产业结构,全区已建设优势农业产品生产基地22个,发展省级农业产业化龙头企业4个,市级龙头企业7个,老关明鑫农场、江西天涯种业公司、萍涛生态有限公司、老关生猪合作社、排上养猪协会、宏晟食品等,已发展成为全区乃至全市农业产业化的亮点。全区农业总产值完成10.97亿元,同比增长5.0%,其中农业产业化产值完成3.9亿元,增长26%,带动农民人均增收260元。

【第三产业日益繁荣活跃】 九洲大市场、赣西大市场已有200余户个体工商户进驻市场;惠联超市、心连心超市等三产项目生意红火,家兴房地产已具规模。2006年全区第三产业增加值完成9.13亿元,同比增长19.2%。城乡市场进一步繁荣活跃,全社会消费品零售总额达到12.26亿元,同比增长14.0%。

【招商引资成效明显】 2006年全区引进各类项目140个,其中工业项目89个,农业项目9个。投资1000~3000万元的项目有45个,投资3000~5000万元的项目有17个,投资5000万元以上的项目有11个,为全区经济社会发展注入了强大的活力,同时,也为今后更快更好发展奠定了坚实的基础。

【城镇建设品位提升】 2006年全社会固定资产投资完成21.0亿元,同比增长25.9%。全区城区建设累计完成投资6687万元。平板步行桥竣工交付使用;河洲110千伏变电站、铝厂铁路高架桥及其与320国道连接线、昌盛大桥和昌盛大道等一批城区建设重点工程正在加紧建设,城西新区初具规模。进一步抓好城区美化、亮化、绿化工程(城区绿化面积达36.6万平方米),加大城区卫生环境整治力度,城区面貌有了较大改观,有效地提升了城区的品位。

【加快推进新农村建设】 在全面抓好全区所有乡镇规划的基础上,完成新农村示范村和自然村示范点规划,1个新农村建设示范镇、20个新农村建设示范村和52个自然村示范点成为全区新农村建设的样板,正引领着全区农村迈入崭新的发展阶段。全区农村交通条件、生产生活基础设施、卫生环境状况正在加快改善。乡镇卫生院、敬老院、中小学校、村卫生所改造建设投入资金6695万元,改造新建敬老院10所、学校28所、卫生院7所，完善村卫生所80所。此外，农田水利基本建设完成投资877.6万元，完成水利工程1577处，建设标准化渠道77千米，建成标准化水塘195口，完成病险水库除险加固10座，农业防汛抗旱能力得到极大改善，荣获"全国水利建设先进县(区)"称号。

【人民生活水平有较大提高】 就业和再就业优惠政策得到全面落实，2006年城镇新增就业人员2462人，下岗职工实现再就业人员482人，困难群体就业242人。"一个低保"、"两个确保"得到巩固，全年发放低保金1048万元、救灾救济93万余元。农村特困群众社会救助制度初步建立，1.3万人被确定为救助对象。扎实推进了医疗保险制度改革和社会保险制度改革，参保人员分别达到6653人和6946人。

主要领导人 区委书记：袁川。区人大常委会主任：温学贤。区长：饶本春。区政协主席：彭长九。

·莲花县·

【简 况】 莲花县位于江西省西部，总面积1062.06平方千米，辖5镇8乡1个垦殖场。耕地面积1.3万公顷，森林覆盖率为66.7%。总人口24.98万人，其中非农人口3.52万人，人口自然增长率为6.47‰。2006年，全县实现国内生产总值15.46亿元，同比增长10.5%；工业总产值完成18.76亿元，同比增长18.9%，农业总产值7.14亿元；同比增长1%；三大产业比重调整为24.2∶44.3∶31.5；全社会固定资产投资完成14.02亿元，同比增长26.4%；社会消费品零售总额完成3.77亿元，同比增长12.7%；财政总收入完成1.19亿元，同比增长19.1%；城乡居民年末储蓄余额13.6亿元，同比增长14.6%；农民纯收入1774元，同比增长15.01%。

【工业经济提速增效】 全县工业经济综合实力不断增强。全年完成工业总产值18.76亿元，同比增长18.9%；工业增加值完成5.92亿元，同比增长18.2%；规划以上工业企业完成增加值2.74亿元，增长31%；实现利税总额5983万元，增长37.4%；工业经济综合效益指数141.5%。支柱产业进一步巩固壮大。特种材料、生物制药、电子元件、机械制造、建筑材料五大支柱产业完成总产值4.4亿元，同比增长38%。园区经济快速发展。全面启动县工业园二期开发建设，投入资金1800万元，新增园区面积133.33公顷，"七通一平"总面积扩大到3.65平方千米；入园企业发展到56家，其中投产30家，在建26家；园区完成工业总产值6.74亿元，实现利税3267万元，安置就业3658人，并被省政府批准为省级开发区、省循环经济示范园区和省中小企业创业示范基地。

【"三农"工作稳步发展】 紧紧围绕建设富裕、生态、活力、民主、和谐新农村的总体目标，全年累计投入资金2200多万元，改造旧房900多户，改水2960多户，改厕2600多户，新修村组主干道77千米，完成了84个新农村建设试点村，农村基础设施得到大改善，涌现出一批和谐村落型、林业生态型、特色产业型、田园农业型、新村建设型等各具特色的新农村建设示范点，农业产业化经营步伐加快，全县新增产业化项目17个，新增省级龙头企业1个，市级龙头企业5个。农业产业化基地建设成效明显，全县已形成优质稻、中药材、花卉苗木、莲子四大特色产业基地。全县农业产业化经营实现总产值3.3亿元，同比增长27%，占全县农业总产值的41%。农业基础设施不断完善。农田水利基本建设不断加大，农业综合开发项目全面实施。移民工作力度大、效果好，御景湾移民小区实施高起点规划，高标准建设，得到省市各级的一致好评。连续两年获得省政府表彰的全省"鄱湖杯"水利建设先进县称号。林业产权制度改革稳步推进并顺利通过验收，获得全省林改工作先进县称号。

【城乡基础设施日益完善】 以创建省级文明县城为契机，大力推进城乡基础设施建设。全面启动319国道绕城公路、广兴路和永安北路等城建重点工程，县城框架进一步拉大。投入500万元进一步完善县城供水、绿化、亮化及交通标志设施工程。萍乡至莲花第二回110千伏输变电工程全面竣工。完成乡村水泥路建设200千米，村村通达到92%。城市管理日益加强。创建文明县城活动持久深入，连续四届获得省创建文明城市先进单位殊荣。

【社会事业和谐发展】 社会保障体系进一步完善，全面实施新型农村合作医疗、农村低保、城乡困难群众大病救助，设立城乡困难群众大病医疗救助基金。就业工作力度加大，新增城镇就业人员3658人，下岗职工再就业1717人。教育教学质量逐年提高，莲花中学荣获全市高考综合第一名和市政府表彰的高中办学质量优胜奖。城乡医疗卫生条件得到改善，已完成9座乡镇卫生院改造，县人民医院外科大楼竣工投入使用，内科大楼正加紧建设。计划生育成绩显著，荣获全省计划生育优质服务先进县称号。开展创建"平安莲花"活动扎实有效，彻底关闭非法开采小煤窑。社会治安综合治理持续深入，社会安全稳定。开放的莲花正朝着有实力、有活力、有魅力的和谐新莲花奋力迈进。

（贺添华　刘灿林　周　波）

主要领导人 县委书记：孙家群(任至7月)，刘家富(7月任)。县人大常委会主任：李丁生。县长：肖放萍(任至2月)，聂晓葵(2月任)。县政协主席：陈丙娇。

·上栗县·

【简 况】 地处赣西，辖6镇、3乡、1场，155个行政村，8个居委会。总面积724.67平方千米，其中城区面积8平方千米，耕地面积1.2万公顷，有林面积4.3万公顷，森林覆盖率为53.6%。总人口45.89万人，其中非农业人口4.49万人，人口自然增长率7.39‰。2006年实现地区生产总值48.2亿元，同比增长15.7%，其中，第一产业增加值6.5亿元，增长4.5%；第二产业增加值29.23亿元，增长20.9%；第三产业增加值12.45亿元，增长11.5%。工业总产值70.8亿元，增长16.4%。主要工业产品原煤年产230万吨，烟花爆竹总产值28.6亿元。农业总产值10.95亿元，增长

4.5%。主要农产品水稻年总产14.86万吨,蔬菜播面4000公顷。地方财政收入3.24亿元,比上年增长21.5%,其中一般预算收入1.94亿元,比上年增长25.1%。社会零售品总额15.9亿元,增长15.5%。城镇居民人均可支配收入10480元,增长9.4%,农民人均纯收入4010元,增长11.6%。全社会固定资产投资25.8亿元,增长25.9%。城乡居民年末储蓄余额11.8亿元,增长22%。

【工业经济快速增长】 2006年,实现工业增加值26.2亿元,同比增长20.3%。全县规模企业由上年的49家增长到59家,总产值33.9亿元,增长64.6%;产品产销率达100.2%。传统花炮产业实现大飞跃,由粗放型向集约型转变,花炮企业总数达到1051家,全县花炮总产值达28.6亿元,同比增长33.3%。食品、陶瓷、水泥、机械制造等产值比上年增长15%以上。私营企业达到1033户,同比增长57%,民营经济已占全县经济总量的95%以上。工业园区经济不断发展,与市合办工业园区入园企业数达12家,上栗新型工业聚集区规划正在实施,工业经济荣获全省先进县区。

【招商引资成效显著】 全年共引进县外投资项目118个,签约总投资31.18亿元,其中工业项目97个,签约总投资26.57亿元,实际进资和续进资14亿元。其中引进5000万元以上工业项目17个,签约总投资16亿元,实际进资8.43亿元。引进外资1422万美元,完成出口创汇722万美元。招商项目建设进展顺利,投资5000万元的赣西变压器厂,投资5000万元的鑫通机械厂已建成投产,投资3亿元年产10万吨的萍青啤酒厂项目正在选址建设,投资7.8亿元的印山台水泥厂项目已达成初步的投资协议。

【基础设施不断完善】 全县完成固定资产投资25.8亿元,同比增长25.9%,基础设施投资完成22.1亿元,同比增长20.1%。投资16.9亿元的萍栗高速公路征地拆迁全面完成,已全线开工建设。采煤沉陷安置小区已完成投资1200万元。城乡供水管网改造完成投资2600万元,农村和城市电网改造完成投资900万元。新修乡村水泥公路170.84千米,新增通水泥公路行政村14个。

【社会和谐稳定发展】 教育工作有较大的发展,年内投入资金1280万元新建校舍2.57万平方米。设立东风界动物防疫检查站,建立突发疫病防控预案。新型农村合作医疗试点顺利开展。劳动社会保障体系进一步完善,全年全县新增城镇就业3274人,完成下岗失业人员再就业361人。社会保持和谐稳定,全县共排查出各类矛盾纠纷和不稳定因素336起,调处成功324起,调处成功率96.4%。治安形势进一步好转,全县侦破刑事案件318起,破案率62.1%,查处行政案件766件,查处率96.5%,地下六合彩活动得到有效遏制,社会治安形势进一步好转。

(易 平 洪小伟)

主要领导人 县委书记:潘先贤。县人大常委会主任:杨光明。县长:李智富(任至6月)、刘建萍(7月任)。县政协主席:柳晓元。

·芦溪县·

【简 况】 位于江西省西部,萍乡市东部,辖5镇5乡,托管萍乡武功山风景名胜区管理委员会。面积968平方千米,耕地面积1.12万公顷,林地面积6.5万公顷,森林覆盖率为67.2%。总人口27.9万,其中非农业人口4.2万人,人口自然增长率为6.4‰。2006年实现国内生产总值35.09亿元,同比增长17%。其中,第一产业增加值5.44亿元,增长3.3%;第二产业增加值20.56亿元,增长23.1%;第三产业增加值9.09亿元,增长13.2%。工业总产值67.86亿元,增长13%。主要工业产品有原煤175万吨,电瓷14.66万吨,发电量2.13亿度,矿泉水21.82万吨,水泥49.72万吨。农业总产值8.43亿元,增长3.3%。主要农产品有粮食11.33万吨,蔬菜7.14万吨,瓜果0.99万吨,肉类2.02万吨。地方财政收入2.32亿元,同比增长15.6%,支出3.22亿元,同比增长21%。城镇居民人均可支配收入7106元,同比增加850元。农民人均纯收入3684元,同比增加509元。城乡居民年末储蓄余额11.45亿元,增长12.03%。

【兴工强县步伐明显加快】 工业主导地位进一步增强,规模以上企业增加到53家,完成销售收入20.8亿元,比上年增长46%。电瓷产业全面回升,完成产值6亿元,工业瓷城全面开工建设,投资上亿元的强联、华为等电瓷项目先后落户。煤炭、水泥行业稳步发展,投资1.92亿元的日江水泥旋窑技改项目建成投产,原煤产量较上年增长12.2%。此外,纺织、化工、电子等新兴产业健康发展,逐渐形成了传统产业、新兴产业"双轮驱动"的良好格局。

【农业产业化进程稳步推进】 围绕花卉苗木、无公害蔬菜、中药材、良种畜禽、优质稻五大产业,大力推进农业产业化经营。花卉苗木、无公害蔬菜、中药材、优质稻分别达到2244公顷、1073公顷、1733公顷、1.07万公顷,山羊饲养量达6.65万头。已发展各类集中连片15公顷以上经济作物基地207个,总面积达3.2万公顷。农业产业化龙头企业不断发展壮大,培育发展各类龙头企业41家,其中省、市龙头企业10家,全年实现产值4.76亿元。大富乳业日产3万吨果汁饮品生产线、源华食品2万吨酱菜生产线、杜仲公司绿色杜仲生猪养殖基地顺利建成,以福义实业为龙头的花卉苗木种植面积达2300公顷。

【武功山旅游开发增势强劲】 进一步完善公路、宾招、游步道等基础设施。武功山成功申报为国家重点风景名胜区、国家地质公园、国家自然遗产,启动国家4A级旅游区的申报工作。成功举办武功山登山全国邀请赛、中国萍乡·武功山2006世界旅游小姐大赛中国赛区总决赛等活动。配合中央电视台《走遍中国》剧组拍摄武功山专辑节目《寻找巨型灵芝》。武功山荣获"2006江西十大最佳景区"和"江西新赣鄱十景"称号。年内接待游客16.2万人次,实现旅游收入5000万元。

【基础设施建设成效显著】 新修乡村公路126千米,水泥(油)路里程达到1005千米。大力开发小水电,小水电装机容量新增1.8万千瓦。水利设施建设取得实效,新增有效灌溉面积1000公顷。县城功能日臻完善,投资1350万元的县文化艺术中心正式投入使用,投资2000万元的袁河西大道已基本完成主干道建设,投资5428万元的古城公园建设顺利启动。

【社会各项事业全面发展】 组织申报实施科技项目24项。"两基"成果得到巩固和提高,素质教育扎实推进。卫生事业稳步前进,新型农村合作医疗参合率为86.25%,累计补偿金额841.71万元,受益面为27.95%。社会保障和社会福利事业健康发展,建立农村居民最低生活保障制度,荣获"全国民政工作先进县"称号。扎实抓好安全生产工作,完善县、乡(镇)、村、企业四级监管网络,全年没有发生重大安全生产事故。

(欧阳永生 易 波)

主要领导人 县委书记:宋迪维。县人大常委会主任:曾爱莲。县长:刘家富(任至6月),吴运波(7月任)。县政协主席:张绵远。

九江市

【概 况】 位于江西省北部,是江西唯一的沿江对外开放和外贸港口城市,重要的工业、商贸城市,著名的旅游城市。总面积1.88万平方千米,占全省总面积的11.3%。其中耕地面积21.15万公顷,水资源面积33.01万公顷,森林面积78.01万公顷。2006年年末全市总人口为472.67万人。全年全市生产总值(GDP)506.22亿元,按可比价格测算,同比增长13.7%。其中,第一产业增加值78.18亿元,增长6.9%;第二产业增加值262.86亿元,增长15.8%;第三产业增加值165.18亿元,增长14.1%。人均地区生产总值为1.08万元,增加1594元。全年实现规模以上工业增加值134.7亿元,增长28.7%。主要工业产品有原煤60.62万吨,纱12.30万吨,啤酒11.05万千升,原油加工量415万吨,民用钢质船舶11.78万吨。农业总产值105.10亿元,增长5.7%。主要农产品有粮食作物134.72万吨,油料11.15万吨,棉花6.69万吨,肉类13.13万吨,水产品29.78万吨。财政总收入45.85亿元,增长15.2%。全年城镇居民人均可支配收入9593元,增长10.1%;农村居民人均纯收入3551元,增长8.6%;社会消费品零售总额139.56亿元,增长15.3%。年末全市金融机构各项存款余额437.57亿元,比年初增长68.10%。

【经济增长速度加快】 2006年,全市规模以上工业企业达到500户,产值过亿元企业60户,利税超亿元企业新增5户。县县都有工业园,入园企业达1207个,园区工业占全市工业增加值的28%。农业产业规模不断壮大,产业特色更加明显,建立无公害农产品生产基地80个,培育国家和省级龙头企业21家,农产品优质品率达90%以上。累计完成城镇固定资产投资561.22亿元,年均增长24%。全社会货运总量3200万吨,增长26%;集装箱吞吐量达8万标箱,增长43%;十大商场销售额和十大市场成交额分别增长30%和28%。

【改革开放深入推进】 市属国有、集体企业改制完成26户。部门预算、国库集中支付、乡财县管等财政综合改革全面推行。农村税费改革实现农民合同内零负担。林权制度改革稳步推进。机构改革和45家企业、学校剥离工作全面完成。出口加工区申报成功,通过验收。共青开发区被评为中国羽绒服装城。连续3年成功承办赣台经贸合作研讨会。累计引进外资项目422个,引进内资项目3914个,新上亿元以上项目83个。外贸出口年均增长44.4%。民营经济发展加快,上缴税收占全市财政总收入的38.04%。庐山管理体制进一步理顺,云居山—柘林湖被批准为国家重点风景名胜区并实现统一管理,旅游经济出现转折性变化,国内游客突破1000万人次,入境游客突破10万人次。

【城乡面貌明显改观】 完成城市总体规划、市域城镇体系规划以及20多个专项规划,中心城区控制性规划覆盖率达95%。加强国有资产监管,城市公共资本市场化运作取得良好效益。市区基础设施建设累计投资达25亿元,建成区面积扩大到70平方千米。新增城市道路40千米、管网200千米、绿地200万平方米,建成应急救援指挥中心、老年和少儿活动中心、三水厂二期扩建、白水明珠、滨江生态园等一批功能公益性设施。城市管理有效机制基本形成,市容市貌焕然一新。大气污染治理富有成效,环境质量明显改善。环庐山、修武南线等公路和九武铁路复线建成通车,铜九铁路、武吉高速公路建设进展顺利。50万伏输变电工程开工建设。原油输油管线九江段已投入使用。新农村建设开局良好,农民生产生活基础设施建设投入累计达2亿元。乡村公路建设完成3951千米,农村电网改造基本完成。县域经济快速发展,财政收入实现县县过亿元,其中5个县逾2亿元,4个县突破3亿元。

【社会事业全面进步】 公共事业投入不断加大,经济社会发展更加协调。科技兴市稳步推进,全年全市获得国家科技进步奖42项,申请专利313件。"两基"教育覆盖率达100%,完成校舍危房改造33.27万平方米,高校在校生达9.56万人,民办学校在校生达9.91万人。市图书馆建成开放,农村科技、卫生、文化三项活动全面铺开。

【人民生活进一步改善】 "十大民心工程"、"百件惠民实事"解决了一些关系群众切身利益的问题。养老、失业、医疗保险覆盖面不断扩大,累计新增就业17.75万人,6.66万人实现再就业。残疾人康复中心、福利院、敬老院等社会救助体系建设基本满足特殊群体的需要,农村"五保"集中供养率达71%。市区居民人均住房建筑面积达26.31平方米,首期廉租房交付使用。农村学生自带课桌椅问题基本解决。

【精神文明建设成绩斐然】 "文明九江"大讨论活动影响深远,促进了公民思想道德建设;"感动九江十大人物”评选得到全市人民的热情参与；“感动在九江”报告团巡回演讲达30多场，受到群众普遍欢迎，省委书记孟建柱评价“报告会非常成功、事迹非常感人、演讲非常生动、效果非常好”。群众性精神文明创建活动蓬勃开展，提升了公民文明素质和全社会文明程度。系统开展“干干净净”、“漂漂亮亮”、“彬彬有礼”三个层次的文明城市创建活动；不断扩大“四进社区”活动覆盖面，打造“邻里情”、“社区论坛”新亮点。结合社会主义新农村建设，开展乡风文明建设，推动文明村镇创建工作深入开展，全市创评信用农户达4.52万户。未成年人思想道德建设成效明显。年内，召开全市未成年人“五小”活动现场经验交流会，编印《共同撑起一片蓝天——九江市未成年人思想道德建设工作探索和思考》一书；进一步健全学校、家庭、社会三位一体的教育网络，“师德师风建设月”活动成效明显，浔阳区作为江西省唯一典型在全国社区未成年人思想道德建设工作经验交流会上作发言，该区“三心工程”和瑞昌市免疫工程获全国第二届创新案例二等奖。2006年开工建设一批群众文化基础设施，成功举办中国（九江）首届国际龙狮精英赛，组织开展“名剧名人下基层”、“欢乐下基层”活动，“三下乡”活动卓有成效。

【依法行政步伐进一步加快】 进一步贯彻落实“行政许可法”和“公务员法”。累计办理行政复议187件，取消审批事项87项。政务公开和行政部门公开承诺制全面推行，建立政府信息公开制度，执法监察和行风评议深入开展。严肃查处影响投资环境和损害群众利益的案件。“四五”普法完成。始终保持严打高压态势，社会治安综合治理得到加强。依法接受人大监督和政协民主监督，累计办理人大代表建议和政协委员提案1650件。

（郭国胜）

主要领导人 市委书记：陈安众。市人大常委会主任：张远秀。市长：王萍。市政协主席：程来安。

·庐山区·

【简　况】 辖7镇1乡2个街道办事处，总面积527.7平方千米，总人口24.7万人。人口自然增长率为5.26‰。2006年实现地区生产总值67.68亿元，增长15.3%。完成固定资产投资25.8亿元，增长66.5%。规模以上工业企业达到35户，产值过亿元企业4户，利税超千万元企业3户，实现规模以上工业增加值5.29亿元，增长83.9%。社会消费品零售总额5.03亿元，增长15.9%。财政总收入2.00亿元，增长22.6%。地方财政收入1.34亿元，增长22%。个体工商户及私营企业发展到6359户，对财政贡献率达到65%。农民人均年纯收入4729元，增长9.85%。

【改革开放深入推进】 顺利实施国库集中支付和乡财县代管改革，行政事业单位人事制度改革、财政清理吃“空饷”工作破题推进，教育体制改革进展顺利，城乡卫生医疗体制改革稳步实施，林权制度改革通过国家验收，对外开放不断扩大。东海造船、武藏野生物化工、改性沥青、大唐化学等重大项目纷纷落户，华东物流广场等商贸项目顺利开业，旅游开发和对外推介力度加大。2006年，全区共接待国内外游客127.3万人次，旅游综合收入8.63亿元，旅游创汇108.1万美元。对外贸易稳步发展，出口创汇2549万美元，连续4年在全市排位第一。

【推介招商工作成绩斐然】 4月22日，庐山区在温州市召开'2006中国庐山·温州招商推介会，共签约项目17个，签约资金10.2亿元。此次招商推介会带动全区全年引进市外资金项目84个，合同引资40.42亿元，实际进资43.68亿元，完成年计划任务数的312%，增长21.3%。其中，新引进省际5000万元以上工业项目20个，合同引资13.95亿元，实际进资11.27亿元，完成年计划任务数的161.0%；新上亿元以上项目7个，实际进资15.25亿元；新引进国内500强企业或国内民营百强企业4个。外资利用方面共引进项目10个，合同资金4510万美元，实际到位资金2510万美元，完成年计划任务数的104.58%。当年实际进资500万美元以上大项目3个；引进合同外资1000万美元以上项目1个。

【园区建设如火如荼】 庐山区重点推进生态工业城和东城玻纤工业基地、石化工业基地、姑塘化纤工业基地（简称“一城三基地”）建设。截至2006年底，共投入资金近亿元，实现签约项目78个，签约资金64亿元。开工建设项目26个，其中建成投产项目14个，即将开工项目52个。实现产值12亿元，销售收入11亿元，创税3000万元，成为区级经济发展和财政增收的重要增长点。

【新农村建设推出新举措】 年初，庐山区邹家山等14个自然村被确定为新农村建设整治试点村。区政府以“六改四普及”为整治工作的重点，提出“六个一”建设目标，要求各试点村做到“一灯、一场、一室、一站、一店、一队”，即有路灯、有文体活动场、有卫生室、有志愿者服务站、有标准农家店、有清洁服务队。经过一年建设，全区3个试点村安装路灯82盏；14个试点村全部建有文化活动室，收集各类书刊6500册，新建健身场地8处，设置健身器材53台（架）；同时积极实施“万村千乡”市场工程，建标准农家店9家，成立清洁服务队5支，卫生室3家，召集志愿者27人。随着新农村建设的推进，莲花镇步入全省百强乡镇行列，海会镇被评为“江西省小城镇建设示范镇”。

【承办首届“全国农村党建暨社会主义新农村建设论坛”】 7月14～16日，该论坛在庐山区翠竹山庄举行。中央政策研究室党建局副局长唐方裕，市委副书记林兴富，全国党建研究会、国家农业部、民政部、中央党校、中国社科院等部门负责人及专家学者，以及全国17个省区市的组织部门分管农村党建工作负责人和有关研究机构的专家学者以及中央、省、市多家新闻单位记者共150余人出席论坛。论坛由《农村党建》杂志社主编陶植主持。论坛期间，与会代表先后到庐山区赛阳镇金桥村朱家垅、威家镇九星村殷家湾、海会镇海会社区等地，实地考察庐山区农村党建工作和新农村建设情况。

【全省第一家乡镇级社会保障事务所揭牌】 2月8日,庐山区新港镇劳动保障事务所举行揭牌仪式。该所是全省第一家乡镇级社会保障事务所,至年底,通过采取各种方式,已对48人进行失业登记,推荐零就业家庭上岗50人次,政府援助岗位安置7个,免费职业介绍600人次,职业培训159人次,推荐上岗106人,累计发放优惠证34份,发放小额贷款5万元。

【庐山区云雾茶再获金奖】 9月26～29日,区茶叶协会与区农业局组织区益君有机茶公司、大寺脑茶场、海会茶场、山北茶场、山南茶场等参加北京第三届中国国际茶业博览会。庐山云雾茶在这次博览会上再获国际金奖,这是继2004年获国家茶博会金奖、2005年获国际茶博会金奖以来第三次获此殊荣。

【赛阳镇花卉苗木为农民人均增收千余元】 截至2006年底,全镇花卉苗木种植面积已达575公顷,花木种植品种180余种,尤其是香桂、茶梅、日本红枫、红花檵木、深山含笑等珍贵高档花木发展迅速,种植面积占50%以上。庐林绿化、金桥园林苗圃、庐山园林工程公司、高生园林绿化等一批龙头企业向农户提供种子、幼苗和技术,按市场价收购花卉苗木,"公司+农户"的经营模式基本形成。全镇逐渐形成一支以花木种植大户为主的100多人的流通队伍,专门从事花卉营销,为客户提供园林设计、绿化和盆景制作等各种服务。赛阳镇的花卉苗木成为九江城市绿化的主要供应基地,并远销河南、江苏、上海等地。全年全镇花卉苗木销售收入达2890万元,全镇农民仅花卉苗木一项人均增收1000余元。

（王　涛　杨小岛）

主要领导人 区委书记:陈和民。区人大常委会主任:王振兴。区长:黄斌(11月任)。区政协主席:廖济奎。

·浔阳区·

【简　况】 浔阳区现辖甘棠、湓浦、人民路、白水湖、金鸡坡5个街道办事处,面积约27平方千米,辖有66个社区,8个村委会,总人口26.9万人。2006年地区生产总值152.2亿元,增长15.3%;实现财政总收入3.87亿元,增长16.94%;实际引进内资15.42亿元,增长15.5%,实际利用外资1296万美元。

【区域经济实现新突破】 2006年,浔阳区克服城区发展空间减少、政府行政职能受限、多项大宗税源税率调减等不利因素的影响,不断强化招商选资,做大民营经济,区域经济在攻坚克难中实现新突破。全社会固定资产投资23.4亿元,增长59.8%,全区25个重大经济社会项目进展顺利,国美电器、太平洋购物广场等商贸项目正式运营,新加坡喜敦啤酒、恒天糖业等工业项目正式投产,少儿活动中心、幼教中心等社会项目全面建成并成功运行。全民创业氛围浓厚,个体工商户累计达到9200户,民营企业331家,民营经济税收2.42亿元,占财政收入63%,连续5年被评为"全省服务个体私营经济发展先进县区"。京九农副产品中心批发市场体制改革稳步推进,成为商务部"双百市场工程"项目建设单位。工业园建设强力启动,基础建设全面铺开。

【城区面貌焕然一新】 文明创建主题,全面推行以素质提升为突破口的城市管理"4+1"新机制。"彬彬有礼、干干净净、漂漂亮亮"活动成效显著,围绕"净、美、序",全力攻坚"卷闸门改造、平改坡、统色调、统店招、美化亮化"五项工作;宣传教育、专项整治和综合执法全面推进,城区环境进一步优化。加大城管工作投入,环卫基础设施得到改善,一线环卫工人福利待遇得到提高。加强社会主义新农村建设,村民复建址建设进展顺利,基本实现农村道路"组组通"。

【建立安全稳定的社会格局】 强化区、街、居三级信访网络建设,创新社会矛盾纠纷排查调处"三四五"模式,城区信访矛盾得到有效控制,中央联席办督查组、省综治信访领导对模式给予了充分肯定,并在全省基层信访工作现场会上作了经验交流。加大严打整治力度,深化流动人口管理"四式"模式,深入开展"出租屋整治"、"城区交通安全整治"、"安全生产整治"、"娱乐场所整治"、"长江水域整治"等"五大战役",城区社会形势总体平稳,区公安消防大队被评为"全国遏制重特大火灾事故"先进基层单位。安全生产加大专项整治力度,安全生产形势总体平稳,荣获"全省社区安全文化建设先进单位"。区法院、检察院基层科室建设取得显著成效。

【社会事业亮点频出】 深入实施"科教兴区"战略,认真开展科技宣传普及,积极创建科普示范点。"社区文化小超市"工作稳步推进,南司社区被授予"全国文化先进社区",区创作的《社区是我美好的家》作为全省唯一被邀请节目参加全国第五届"四进社区"文艺展演。进一步加强公共卫生设施建设,全区着力完善区、街、居三级卫生服务网络,2006年被评为"全省社区卫生服务示范区";大力营造生育文化氛围,再次荣获"全国婚育新风进万家先进县区"和"全省计划生育优质服务先进县区"称号;实施积极的就业政策,发放小额贷款760万元,实现新增就业人员2979人,下岗失业人员再就业1231人。进一步完善社会保障体系,提高城市最低生活保障标准,建立健全农村最低生活保障制度,全年发放最低生活保障金790万元。

【区政府自身建设取得新成效】 区政府自觉接受人大及其常委会的法律监督和工作监督,充分发挥政协民主监督和参政议政作用,定期向人大报告和向政协通报政府工作,2006年全面推行依法治区,推进政务公开,增加政府公信力和透明度;强化对国有资产的监管,全面开展国有资产清理登记工作,遏制国有资产低价出租、出售等违规行为,使国有资产不致流失;治理商业贿赂工作全面推进,全区自开展工作以来共查处商业贿赂案件21起,涉案金额达118万余元。

（程焕新）

主要领导人 区委书记:傅云生。区人大常委会主任:刘爱琴。区长:李广欣。区政协主席:张燕萍(4月任)。

·九江县·

【简　况】 位于江西省北部，辖7镇5乡，总面积873平方千米。其中耕地面积1.63万公顷。总人口34.18万人，其中非农业人口7.32万人。2006年实现国内生产总值20.13亿元，同比增长17.88%。其中，第一产业增加值5.70亿元，增长7.89%；第二产业增加值9.68亿元，增长27.48%；第三产业增加值4.75亿元，增长10.32%。三产比由上年的32:42:26调整为28:48:24。全年实现财政收入2.00亿元，同比增长22.29%。提前一年实现本届政府提出的年财政收入过两亿元的目标。其中地方财政收入完成1.3亿元，同比增长23.9%。农民年人均纯收入3748元，同比增长11.61%。城镇居民年人均可支配收入6200元，同比增长11.61%。城乡居民年末储蓄存款余额14.46亿元，同比增长11.46%；各项贷款8.81亿元。全社会消费品零售总额6.06亿元，同比增长13.04%。实现农业总产值8.33亿元，增长7.32%。主要农产品有粮食6.02万吨，油料1.29万吨，棉花1.1万吨，水产品2.61万吨，生猪出栏8.08万头，肉类6786吨。新型农村合作医疗参合率达80.2%，建立健全城乡低保和困难群众医疗救助制度，提高“五保”户供养水平。新增城镇就业人口2253人，实现下岗再就业881人。完成46个灾民集中安置点的规划建设，对受损民房和131所学校、3所乡镇卫生院进行维修加固，重建1.19万户民房、82所学校、7所乡镇卫生院和12所乡镇敬老院。

【开放型经济加快发展】 2006年，全县共引进内资项目65个，实际进资15.2亿元，同比增长20.6%；引资外资项目7个，实际进资2418万美元，同比增长34%。九江县经济城引进入城企业33家，全年完成税收576万元。全年有外贸出口实绩企业7家，出口创汇217万美元，同比增长234%。全年民营经济上缴税收达1.08亿元，占年财政收入的53.8%。

【加大工业园建设步伐】 2006年，沙城工业园区累计投入基础设施建设资金3200万元。工业园东区水泥路面硬化工程全部结束，绿化、亮化、美化等配套设施日趋完善；西区实现南环路、纵一路、纵三路砂石路通车，新扩征的20公顷土地正在平整之中。电话、宽带、有线电视已覆盖全园。全年工业园共签约内资项目26个，协议资金17.2亿元，签约外资项目3个，签约外资3425万美元。其中签约亿元以上项目6个，协议资金10.6亿元；完成到位资金8.4亿元，其中固定资产投资近8.1亿元。新增投产企业12个，在建项目12个。至年底，实际入园项目80个，其中投产企业54家，在建项目26个；全年实现工业总产值11.2亿元，销售收入10.3亿元，实现上缴税收4300万元，分别增长23%、23%和53%，安置就业6200人。

【举办全省“博莱怀”首届龙狮锦标赛】 10月4～6日，来自全省23支龙狮队参加在九江县体育馆举行的比赛。经过3天激烈竞争，江西师大科技学院、庐山区龙狮协会分获男、女舞龙规定项目第一名；昌河汽车股份有限责任公司、江西师大科技学院分获男、女舞龙全能项目第一名；另设有北狮规定项目、自选项目、全能项目和南狮传统项目、自选项目和全能项目第一名奖项。江西师大科技学院获团体总分第一名；有4支代表队获体育道德风尚运动队，16名运动员获体育道德风尚奖运动员，20名运动员获优秀运动员，28名教练获优秀教练员称号。

【全省残奥会相关项目训练基地在九江挂牌】 为残疾人提供体育运动场地，省残联体育协会将九江县东方红特殊学校列为省残疾人特殊奥林匹克运动会自行车、羽毛球训练基地。3月7日，该基地正式挂牌成立。8月，特殊学校李启正、梅干露、甘凤琴3位同学代表江西省参加全国第四届特奥运动会羽毛球比赛，分别获12～15周岁女单冠军、12～15周岁男双冠军和12～15周岁男单亚军。李启正被评为优秀运动员，特殊教育学校代表江西队获体育道德风尚奖。

【获省运会历史最好成绩】 11月29日至12月6日，在新余市举行的江西省第12届体育运动会上，九江县选派的10名选手取得了7金(含全运会带入1枚)、4银、1铜的好成绩。其中，夏寻龙获青少组57公斤级拳击赛冠军，为九江市在本次省运会上获得唯一一块拳击金牌。金牌数列九江地区各县之首，创造九江县在省运会上历史最好成绩。

（徐常彬　张树华　周际平）

主要领导人 县委书记：温浙兴。县人大常委会主任：喻方安。县长：吕斌。县政协主席：徐隆凤。

·武宁县·

【简　况】 位于江西省西北部，是国家卫生县城、全国生态示范县、全国社会文化先进县、全国市容环境综合整治优秀县、全国文明小城镇建设示范县、省级园林城市。下辖8镇、11乡，面积3507平方千米，其中县城建城区面积7.2平方千米，耕地面积1.7万公顷，林地面积24.3万公顷，森林覆盖率为64.1%。总人口36.58万人，其中非农业人口7.77万人，人口密度104人/平方千米，人口自然增长率为11.9‰。2006年，实现国内生产总值26.8亿元，同比增长16.6%，一、二、三产比值为31.32:42.2:26.48。主要工业产品有原煤57.7万吨、胶囊100.2亿粒、钨制品2820吨、水泥8.19万吨、卫生纸品1052吨、纱2980吨，服装553.6万件、大理石板材357.7万平方米。主要农产品有粮食13.3万吨、水产品总量2.58万吨、“三竹”总面积2.14万公顷、油茶林6667公顷、蚕桑476公顷、棉花1605吨、油料6964吨、肉类2.36万吨、蔬菜12.2万吨。财政总收入2.2亿元，增长10.0%；地方一般预算收入1.4亿元，增长8.2%；完成固定资产投入18.4亿元，增长1.7%；社会消费品零售总额8.9亿元，增长14.8%；农民人均纯收入3723元，增长243元；城乡居民储蓄存款17.6亿元，人均储蓄达4787元。

【工业快速推进县域经济发展】 工业成为推动县域经济快速增长的主导力量，规模以上工业企业达58家，完成工业增加值10.2亿元，增长34.5%；利税总额达2.4亿元，增长24.7%；实现利润1.3亿元，同比增长30.8%。万福经济技术开发区基础设施总投入6600万元，入园企业88家，2006年实现税收2488万元，增长31.7%。全县引进利用内资15.8亿元，增长75.6%；引进利用外资2657万美元，增长44.6%；实现外贸出口1100万美元。民营企业达538户，纳税百万元以上民营企业达24户，民营经济上交税金1.53亿元，增长12.7%。

【城乡建设呈现新亮点】 组织编制县城总体规划，城区面积扩大到7.2平方千米，城区人口增加到6.4万人，城镇化率达36%。大力实施城市净化、亮化、绿化、美化"四化"工程，顺利通过国家卫生县城复检。以47个试点村为重点，全县投资1410万元，投劳17.9万个，大力开展"六改四普及"的社会主义新农村建设。实现了全县乡乡通油路、村村通电话、户户通电和城乡居民生活用电同网同价，城乡电网改造基本完成，84%的行政村通移动电话。

【旅游开发方兴未艾】 制定《武宁县旅游业"十一五"发展规划意见》，成功申报九岭山国家级森林公园。鲁溪洞二期工程建设全面铺开，观音岛项目对外试营业。全年签约旅游开发项目7个，签约资金1.1亿元。全县接待游客41.5万人次，增长66%，实现旅游收入2.4亿元，增长61.3%。

【八件惠民实事全面完成】 紧扣发展主题，抓住群众关心的热点难点问题，着力为群众办好8件实事：建设县老年人休养服务中心；新建新宁四小；完成樟岭路改造一期工程；新建环保型公厕和垃圾中转站；建设鲁溪和船滩两个中心卫生院；全面解决农村中小学生自带课桌凳问题；建设县、乡、村油(水泥)路100千米；完成25个行政村广播电视村村通光缆联网工程，解决3000农户看好电视问题。通过一年的努力，8件实事顺利实施并全面完成，其中县、乡、村油(水泥)路铺设，计划100千米，实际完成178千米，以民为本的责任型政府得到了充分体现。

【社会事业全面繁荣】 2006年，武宁县农村税费及其配套改革工作荣获全省一等奖，实现农民合同内零负担。林业产权制度改革顺利完成，荣获全省林改先进县称号。申请国家专利8项，争取国家级成果转化资金项目1项，通过省级高新技术企业、高新技术产品认证企业1家，取得市级以上科技成果4项，实施12个科技计划项目。投入384万元在全县293所农村中小学校中实施现代远程教育工程，获全市高中教育、初中教育两个质量优胜奖。发放再就业小额贷款521万元，落实社会保障补贴70万元，安排下岗人员1125人就业，发放养老保险金2470万元，全面启动农村最低生活保障工作。社会治安卓有成效，荣获省、市平安县称号，公众安全感测评排位全市第一、全省第七，是全省唯一连续两年进入前十名的县。

（施月清）

主要领导人 县委书记：董金寿。县人大常委会主任：余锦桂。县长：欧阳礼彬(任至1月)，杨健(3月任)。县政协主席：刘品一。

·修水县·

【简　况】 位于江西省西北部，地处湘鄂赣三省交界处。总面积4504平方千米，居全省之首，属国家扶贫开发工作重点县。辖18乡、18镇，耕地面积4.34万公顷，山林面积33.9万公顷，森林覆盖率为73.5%。总人口82万人，为九江市之最，人口自然增长率8.7‰。2006年实现国内生产总值35.02亿元，同比增长9.4%，完成固定资产投资22亿元，同比增长12.8%。其中，第一产业增加值9.88亿元、第二产业增加值12.12亿元、第三产业增加值13.02亿元。工业总产值22.69亿元，增长9.9%，主要工业产品有钨精矿制品8570吨，水电2.08亿千瓦时，丝绸制品265吨，水泥10.05万吨。农业总产值13.15亿元，增长5.3%，主要农产品有粮食20.29万吨，油料7744吨，茶叶1304吨，中药材3501吨。农民人均纯收入为1612元，增长8%，净增120元。城乡居民年末储蓄余额21.59亿元，增长19.4%。银行存贷款余额达到30.86亿元和15.75亿元，分别比年初增加6.53亿元和2.29亿元。

【工业经济全面提速】 2006年全县规模以上企业实现增加值10.15亿元，增长54.5%；实现总产值19.34亿元，增长56%；实现产品销售收入17.53亿元，增长37.2%；完成利税总额6.15亿元，增长17.2%。矿产、能源等工业支柱产业继续壮大，矿业实现产值12亿元，税收超2亿元，初步形成了以矿业为主导的县域经济增长格局。工业园区开发面积达236公顷，共有入园企业53家，投资企业43家，安置就业9811人。2006年引进赣北石英、湘赣有色等12个工业项目，投资总规模达4.73亿元。全县民营企业582户，民营经济实现销售收入27.63亿元，同比增长31.3%；实现增加值11.30亿元，增长43.3%；全县销售收入过1000万元民营企业达10户，上交税收100万元以上企业户数达7户。民营经济实现税收2.28亿元，其中民营企业实现税收2.07亿元，占财政收入的65.2%。

【农村经济稳步发展】 全县大力实施"1116"工程，不断壮大蚕桑、林业、茶叶、畜牧业等特色产业。2006年全县粮食种植面积4.39万公顷，产粮20.29万吨；蚕农养种10万张，产茧8万担，茧收入过亿元；全年造林2067公顷，全县森林面积达到29.97万公顷，实现林业产值1.53亿元；畜牧业得到大力发展，畜出栏48.6万头、禽出笼122万羽。茶叶产品知名度不断扩大，"宁红金毫"、"双井山谷茶"等名优产品在第13届上海国际茶文化节上喜获两金三银，在全省十大名茶评比中，修水又荣获两金两银，被《农民日报》称为"修水效应"。

【城乡面貌日新月异】 2006年修水县共完成城市建设投资4亿元，新增城区道路面积2万平方米，房屋建筑面积30万平方米，城市绿地面积12万平方米，给排水管道15千米，新建公交站台36个，垃圾中转站1个。市民健身广场、茶叶生态科技园、移民扶贫中心敬老院等重点工程相继启动和完工。修水县先后荣获省级卫生城市、省级文明城市、省级园林城市称号。全县新农村建设共投入资金近5350万元,完善农村基础建设,农村环境得到整治。

【社会事业全面进步】 2006年,修水县大力实施"科教兴县"战略,顺利通过全国科技进步考核,累计实施市以上科技计划项目462项,被评为全国星火技术密集区和全国科技进步先进县;教育事业不断进步,适龄儿童入学率达100%,在校高中生数达1.72万人,招聘118名大中专毕业生充实农村教师队伍,招聘本科毕业生82人到高中和民办学校任教。教育财政拨款达到1.2亿元,占地方一般预算收入的68.19%。投入专项资金670万元,彻底解决了农村中小学生自带课桌凳问题;新型农村合作医疗试点工作稳步推进,参合农民达到61万人,参合率达89%,农民因病致贫、因病返贫的问题得以缓解。

【社会发展日趋和谐】 继续扎实推进移民扶贫工作,在前两年移民搬迁2.15万人的基础上,2006年全县又建成24个集中安置点,有7443名移民搬到新的安置小区。免费介绍5.3万人就业,帮助1480人实现再就业。通过"阳光工程"转移培训农村劳动力2900人,劳务输出19万人。全年共收缴养老保险金2300万元,发放养老金3580万元,发放五保金533.7万元,乡镇五保户集中供养率达61%,发放农村低保金488万元,发放城镇低保金758万元,优抚金675万元。为全县90周岁以上的老人发放每月100元的长寿补贴,将100周岁以上老人的长寿补贴提高到每月120元,全年共为803名90周岁以上老人发放长寿补贴91万元。

(戴祥武)

主要领导人 县委书记:魏宏彬(任至6月),程利民(6月任)。县人大常委会主任:郑阶富。县长:李晨峰。县政协主席:杨健(任至1月)。

·永修县·

【简 况】 位于江西北部,辖11个镇、4个乡,总面积2035平方千米,耕地面积2.25万公顷,森林覆盖率33.6%。总人口36.94万人,其中非农业人口10.89万人。人口自然增长率7.24‰。2006年实现国内生产总值30.6亿元,同比增长20%。其中,第一产业增加值7.16亿元,第二产业增加值13.74亿元,第三产业增加值9.7亿元,分别增长4.5%、45.1%、5.7%。农业总产值11.12亿元,增长6.8%。主要农产品有稻谷16.82万吨,棉花9400吨,油菜籽、花生、芝麻0.95万吨,水产品3.6万吨。工业总产值36.47亿元,同比增长55%。主要工业产品有有机硅粗单体7.8万吨、规模以上企业机制纸2.15万吨。全年全县完成固定资产投入23亿元,同比增长31%;财政总收入3.29亿元,同比增长25.6%,净增6709万元。其中,地方财政收入1.86亿元,同比增长25.9%,同比净增3812万元;财政支出4.71亿元,同比增长37.7%。农民人均纯收入3818元,同比增收310元,同比增长8.8%。城镇职工年平均工资1.01万元。城乡居民年末存款余额18.73亿元,比年初增长14.6%。2006年永修县获得全省经济综合先进县、全省工业园先进县、省政府财政收入三年翻番奖的成绩,"十一五"规划开局良好。

【五大基地带动全县农业产业化经营】 2006年全县共有绿色有机食品6个、无公害农产品基地5个;省级龙头企业3家、市级龙头企业4家,形成了"五大龙头、五大基地"的农业产业化格局:以七娃食品为龙头的水果基地,面积达到6666.67公顷;以荣祺食品为龙头的生姜、藠头基地,面积达到333.33公顷;以宏康为龙头的蔬菜基地,面积达到133.33公顷;以柘林湖水养殖开发有限公司为龙头的鳜鱼网箱养殖基地,面积达到173.33公顷;以粮食庄稼人为龙头的粮食基地,带动生产面积2万公顷。

【45个新农村建设试点工作初显成效】
2006年,全县45个新农村建设试点村呈现出三个可喜变化:一是主导产业得到进一步发展。涌现出一批"柑橘村"、"早熟梨村"、"鳜鱼村"、"蔬菜村"等特色试点村;二是农民生活质量得到进一步提高。45个试点村通过"六改四普及",共修通村组道路68.8千米,改水2208户,改厕1843户,改房1083栋,"走平坦路、喝干净水、用卫生厕、住整洁房"的目标正逐步变成现实;三是农民思想观念得到进一步转变。试点村里娱乐健身、读书看报、勤劳致富的人多了。

【国有企业改制取得良好效果】 按照一厂一策、有利稳定、有利做大做强、成熟一个改制一个的原则,全县对具备条件的企业加快改制步伐。完成矽砂矿、精细化工厂、有机化工厂等企业的改制,盘活资金1.20亿元,妥善安置职工800余名。全面完成珠岭轧花厂、涂埠轧花厂、永茂油脂厂改制,盘活流动资金3100余万元,安置职工1000余人。2006年全县规模以上工业增加值达到33亿元,同比增长67%,规模以上工业增加值达到11.19亿元,同比增长71.7%;工业企业达到44户,产值过千万元企业达34户,利税逾百万元企业9家,规模以上工业总产值、销售收入、利税三项指标比2002年均翻一番。

【招商引资创新举措】 一是创新了招商方式,实施小分队招商、组团招商、载体招商,组建8支招商小分队常年驻外招商,成立34个组团对接招商,积极承接沿海、浙江等发达地区产业梯度转移。二是创新对外推介活动。积极参加赣台(九江)经贸洽谈等大型活动4次,成功举办香港项目推介洽谈会、东莞招商项目推介会等大型招商活动共20余次,邀请了20余批500余名客商到永修县参观考察,做到了有项目、有客商、有成效。三是创新了招商机制,在各招商团中定期开展"三比三看"活动,实行二月一调度、引资电子屏公示等制度,由于措施得力、活动有效、督查到位,2006年全县引进内资、外资额进入九江市先进行列,共引进内资项目98个,到位资金14.8亿元,同比增长5.8%;外资项目20个,其中亿元项目4个,实际到位资金2837万美元,同比增长46%。

(郝 卿 陈汉铭)

主要领导人 县委书记:史文斌。县人大常委会主任:彭伦棠。县长:徐耀纯。县政协主席:戴会阶。

·德安县·

【简 况】 位于江西北部,辖4镇、9乡,总面积863平方千米。耕地面积7721公顷。总人口15.82万人,人口自然增长率控制在7.8‰。2006年完成国内生产总值17亿元,同比增长16.7%;财政总收入1.67亿元,增长16.2%;地方财政收入1.17亿元,增长26.8%;全社会固定资产投资12.9亿元,增长15.9%;社会消费品零售总额4.4亿元,增长15.9%。城镇居民可支配收入8400元,增加800元;农民人均纯收入3546元,增加201元。城乡居民存款余额11.6亿元。

【综合实力稳步增强】 工业经济快速发展。规模以上工业增加值完成9.3亿元,同比增长36.4%。民营经济规模壮大。实现税收7900万元,占财政总收入的47.3%。农业结构进一步调优。经济作物占种植业的比重达到57.6%,畜牧业占农业总产值的比重达到32.7%。第三产业日益繁荣。商贸、物流、餐饮、宾馆、家政、中介等行业活力增强,投资、消费、金融保险保持高位运行态势,金融保险业实现税收同比增长42%。

【发展环境不断优化】 园区功能逐步完善。2006年,基础设施累计投资1330万元,新修道路2.3万平方米,新建厂房3.5万平方米,新增绿化面积2.2万平方米。园区工业总产值、销售收入、利税总额分别同比增长18.6%、20.7%、20%。重点工程顺利实施。附城圩一期、老城区改造、高速公路涵洞扩建等重点工程相继竣工;丰林大桥全面通车;实验小学、雁家湖综合治理、义峰山公园、青山陵园等项目建设积极推进。双创工作成效初显。城区卫生环境、交通秩序、市民素质等都有明显改观。投资环境不断优化。深入开展机关效能建设和民主评议行风活动,坚决整顿行政乱作为、行政不作为、行政慢作为,严厉查处损害经济发展环境的行为,共受理投诉145件,办结率100%。

【改革开放向纵深推进】 对外开放进一步扩大。2006年共引进项目125个,其中亿元以上项目2个,实际引进县外资金3.95亿元,利用外资1357万美元,出口创汇493万美元。天宝矿业、立峰纺织、方圆集团等一批大项目先后落户县境。开放型经济实现税收近6500万元,占财政总收入的38.8%。各项改革进一步深化。部门预算、集中支付、乡财县管、村财乡代理等财政体制改革取得初步成效。建筑企业、林业公司、房地产开发公司等部门企业改制稳妥推进。湖塘、林泉两座中型水库管理体制改革全面完成。率先在全省实行农村低保,受益群众达3510人。人事制度改革不断深入,面向社会公开招录教育、医疗等专业人才54名。

【农村面貌焕然一新】 新农村建设成效明显。岳山垅村、袁家山村、曾家垅村、咀上袁村等20个试点自然村建设富有成效,改路、改水、改厕、改房、改环境等工作基本完成。农业基础设施得到改善。实施农村公路硬化项目11个,建设里程107千米,总投资2500多万元;完成18座小二型水库除险加固,新修小山塘45座;改造中低产田920公顷;高标准园田化200公顷;农村沼气和测土配方施肥两个国债项目顺利实施。特色农业初具规模。在稳定粮棉的基础上,特色农业规模不断壮大,蛋鸡养殖180万羽,小山竹5200公顷,早熟梨2333.33公顷,花卉苗木1800公顷,水产养殖面积866.67公顷,生猪出栏6万头。

【人民生活明显改善】 大力实施积极的就业政策,新增城镇就业2300人,下岗职工再就业886人,城镇登记失业率3.64%,发放小额担保贷款820万元,转移农村剩余劳动力2500余人次。医疗、养老、失业三大保险发放率达100%;城镇居民最低生活保障实现应保尽保;大病救助成效明显,发放救助资金28.9万元。实行长寿补贴制度。城乡电话普及率74.5%,互联网用户1980户。人均住宅面积达到31平方米。

【社会事业不断进步】 农村中小学债务进一步化解,优质高中一期工程全面竣工,实施危房改造项目10个。新型农村合作医疗试点全面铺开,参合率达87%。文化市场健康有序,群众文化生活更加丰富。扎实开展“两抢一盗”等专项整治斗争,严厉打击各类刑事犯罪。着力推进矿山、食品、药品、交通等领域的安全生产整顿,有效预防重特大安全事故发生。以保护博阳河为重点,不断加大违法排污打击力度。依法接待群众来信来访,及时协调解决群众关注的热点难点问题。

(骆明坤)

主要领导人 县委书记:赵伟。县人大常委会主任:王金华。县长:叶心林。县政协主席:张学英。

·星子县·

【简 况】 位于赣北,辖7镇、3乡,总面积894平方千米,县城建成区面积达到5.12平方千米。耕地面积8867公顷,森林覆盖率为30.7%。总人口24万人,县城常住人口发展到5万人,人口自然增长率控制在7.4‰。2006年实现生产总值12.66亿元,同比增长16.5%。其中,第一产业增加值3.24亿元,增长9.3%;第二产业增加值5.13亿元,增长19.59%;第三产业增加值4.29亿元,增长18.64%。工业总产值16亿元,增长22.4%。主要工业产品有万吨船舶、花岗石制品、青石制品等。农业总产值5.66亿元,增长8.43%。主要农产品有优质大米、棉花、生猪、水产品等。财政总收入1.36亿元,增长19.8%。其中地方财政收入9905万元,增长18.7%,财政支出2.51亿元,增长28.34%。完成固定资产投入14.2亿元,增长59%。农民人均纯收入3263元,同比净增278元。城乡居民储蓄存款余额8.65亿元。

【“亿元项目年”建设活动成效显著】 星子县借力珠三角招商推介会、江西香港活动周、赣台经贸研讨会等活动,进行广泛招商联谊。全年签约项目118个,其中亿元项目18个,实际引进外资1927万美元。“亿元项目年”建设活动,推动全县各乡镇争上项目、广植财源,温泉、白鹿、横塘三镇财政收入跃过千万大关。2006年全县新开工工业项目23个,思麦博运动器材厂房建设全面启动,优力维特电梯、王牌电梯和世纪长龙OB制氧等项目正式落户。银星公司第一艘1.65万吨油轮正式交货,毓恬饮品公司主厂房和办公楼完成建设。一批旅游重点项目如期开工、建成运营,阳光温泉正式对外营业,天地温泉即将竣工。

【旅游发展水平全面提升】 开通庐山山南旅游网站,成功承办世界生命湖泊大会、赣台经贸研讨会、时装模特表演赛等高规格会议和赛事。景区档次不断提升,天沐、龙湾温泉获四星授牌和国家4A景区称号。宾馆酒店发展到60家,床位6100张。全县接待旅游人次达128.6万,其中境外游客1.43万人次,分别增长47.2%、52.1%;旅游直接收入8377万元,增长63.6%;实现税收1286万元,增长35.7%。

【工业经济实现快速增长】 主攻工业园发展,出台《加快工业园发展的意见》,完善温泉高新项目区规划,投入3000多万元用于园区基础设施建设。规模以上工业总产值、增加值、主营业务收入、利税分别为8.6亿元、2.4亿元、3.7亿元、3020万元,均实现一年翻一番。

【县城建设步伐加快】 星子县成立城市建设投资有限公司,全年投入城建资金1.7亿元,全面启动新城区建设和老城改造。2006年,新增城区道路面积7万平方米、绿地5000平方米、排水管道5.3千米、自来水主管铺设3.9千米。房地产开发竣工面积近8万平方米。进一步规范土地市场,全年公开出让土地15宗,实现土地收益3868万元。小城镇建设扎实推进,五里牌、温泉度假区、隘口集镇等小城镇面貌一新。

【新农村建设开局良好】 完成33个新农村建设试点村庄规划,硬化通村公路和村中道路132千米,新增村落绿地8960平方米,试点村"七改四普及"基本完成。蓼花镇三角垅村崔家作为全省新农村建设代表,列为第11届世界生命湖泊大会参观考察点。加大惠农支农力度,落实各项补贴资金1308万元,发放各项支农贷款1.9亿元。通过土壤配方施肥,为农民增收768万元。农村基础设施进一步改善,投入资金4000多万元,完成病险水库除险加固14座,新建乡村公路83千米。横跨博阳河、投资1000多万元的共青—苏家当连接大桥建成。

【社会事业协调发展】 改造农村中小学危房1.2万平方米,更新课桌椅3.3万多套,远程教育工程全面完成。白鹿、蓼花等4所乡镇卫生院改建完成,疾控中心和传染病区投入使用。新型农村合作医疗农民参合率达85%以上。新架设有线电视光缆16.5千米,新增有线电视用户1300余户。启动粮食丰产科技工程。养老保险扩面取得突破,养老金发放率连续四年达到100%。城镇失业率控制在3.4%以内。农村低保基本实现应保尽保。计划生育率同比提高14个百分点,出生人口性别比超常值同比降低7个百分点。安全生产事故同比下降27%,死亡人数下降73%,实现"两杜绝一减少"目标。第二次农业普查全面启动,续志工作荣获全省先进。

(钱星明 殷小依)

主要领导人 县委书记:潘熙宁。县人大常委会主任:陶勇清。县长:刘超。县政协主席:欧阳勤喜。

·都昌县·

【简 况】 位于江西省北部,面积2669.53平方千米,全县辖24个乡镇,总人口75.13万人,其中农业人口65.6万人,耕地面积4.1万公顷,森林覆盖率22.6%,水域面积13.53万公顷,水产资源丰富,仅鱼类达12目25科118个品种,特产有银鱼、青虾、珍珠、河蟹,是"中国淡水珍珠之乡",珠核产量占据全国60%以上的市场份额,境内有被誉为"东方百慕大"的老爷庙,"江南塞北"的沙山。2006年,全县生产总值达到23.9亿元,同比增长19.5%;财政总收入完成2.01亿元,同比增长15.2%;完成城镇固定资产投资8.48亿元,同比增长26.2%;农民人均纯收入2836元,同比增长8.1%;完成林改面积4.75万公顷,率先在全省平原县成立了林权交易中心,获全省营造林先进县称号;粮食产量达3.6亿千克,继2004年之后再次获得全国粮食生产先进县称号;计划生育利益导向机制逐步完美,获全国人口文化先进单位称号。

【珍珠产业强势发展】 2006年,全县珍珠养殖面积达2333.33公顷,面积占全省1/6,其中有核珠面积占全省1/2,养殖户1000余户,产品加工户3000余户,从业人员达1.50万余人,珍珠及珠核、贝类工艺品加工量常年稳定在1500~2000吨,珠核在全国市场的占有率达50%,淡水有核珍珠在全国市场占有率达60%以上,产品远销日本等国家和台湾、香港地区。实现产值1.8亿元,占全县农业总产值的27.9%,全县人均仅此一项增收217元。

【社会主义新农村建设开局良好】 2006年,累计投入扶助资金1501万元,实施124个自然村新农村建设试点工作,涉及24个乡镇,120个村委会,180个村小组,6880户、3.02万人。全年拆除空心房534幢、3.28万平方米,改造199幢、2.50万平方米;拆除猪牛栏931个、1.53万平方米,新建807个、1.59万平方米。14个村庄建成集中塔式供水设施,20个村庄接通现有集镇集中供水网络,90个村庄完成单户供水改造,铺设自来水管道99.49万米,6672户农民用上了洁净的自来水,改厕6258户。通村公路硬化134.26千米,建设垃圾收集池331个,清理淤泥13.92万立方米、路障869个,绿化面积7.69万平方米,安装路灯655盏。发展龙虾人工养殖200余公顷,新扩果园200余公顷,新增规模化蔬菜种植基地80余公顷、露天西瓜种植133.33余公顷。

【返乡创业势头强劲】 2006年,全县返乡投资创业占引进项目的六成以上,从业人员达到2万余人,纳税超千万元。全年累计为200多名返乡创业人员申报评定了技术职称,35位返乡创业民营企业家参加了全国电视企业管理专业远程培训,吸纳120多位返乡创业人员加入县民营企业家协会,筹集300余万元成立信用担保资金，24家由返乡创业人员创办的企业被评为全市诚信企业。景程实业、科华照明、芙蓉山矿泉水等一批由返乡人员创办的环保型、科技型、成长型、外向型重大工业项目发展前景好，返乡创业民营企业已成为全县经济快速发展的"引擎"。

【阳储山钨钼矿产开采权成功出让】 都昌县阳储山钨钼矿位于土塘镇和阳峰乡阳储山山脉交界处，矿区范围3.37平方千米，已查明钨金属量10.3万吨、钼金属量2.7万吨。2006年，都昌县成功出让该矿开采权。北京科瑞金鼎矿业有限公司通过竞标获得开采权，并投资4亿元对该矿进行整体开发，项目建成投产后，开采规模可达到日处理矿石3000吨，年纳税逾1000万元，至年底，正在申报省重点建设项目和矿山开发设计等前期工作。

【率先在全省实施放心粮油进社区进农村工程】 为充分发挥粮油资源大县优势，做大做强粮油产业，2006年，都昌县率先在全省实施放心粮油进社区进农村工程，组建江西省鄱湖惠民粮油有限公司，在县境内设了28家分店，生产销售获国家商标注册局认证、中国绿色食品发展中心颁发的绿色食品证书的"鄱阳牌"大米。该公司为都昌县粮食购销公司控股、社会参股，集"产、购、加、销、调、存"为一体的股份制国有粮食企业，通过打造和延伸"公司＋采购＋配送＋连锁经济组织"的物流链，为广大居民提供安全、营养、健康的放心粮油。2006年，该公司分别被江西省粮食行业协会授予"放心粮店"和中国粮食行业协会授予"全国放心粮油进农村进社区先进单位"。

（谭四明　谭玉平　朱恩清）

主要领导人 县委书记：朱汉浩。县人大常委会主任：江民忠。县长：周毛春。县政协主席：冯绍武。

·湖口县·

【简　况】 位于江西省北部，总面积669.33平方千米，县内水域宽广，占总面积的28.2%。总人口27.67万人，同比增加1.5%。下辖5镇、7乡。2006年实现国内生产总值17.55亿元，增长21.2%。其中第一产业增加值4.99亿元，增长4.4%，第二产业增加值8.34亿元，增长42.9%；第三产业增加值4.22亿元，增长9.6%。工业增加值7.13亿元，增长47.4%。主要农产品有：粮食9.06万吨、棉花8085吨、油料1.33万吨、水果3156吨、茶叶29吨、肉类8280吨、水产品2.86万吨。全年完成固定资产投资13.98亿元，增长91.1%。其中，道路运输业完成投资5805万元，水利、环境和公共设施管理完成投资8684万元，教育完成4993万元。社会消费品零售总额5.03亿元，旅客周转量1.24亿人千米，减少54.0%。全年邮电业务收入6475万元，增长11.9%；电信业务收入5670万元，增长12.5%；邮政业务收入805万元，增长6.2%。城乡居民年末储蓄存款余额17.68亿元，增加3.34亿元；各项贷款余额8.06亿元，与上年基本持平。保险公司保费收入3338万元，理赔支出519万元。全年房地产开发投资7145万元，增长44.1%。全年接待游客10.6万人次，旅游总收入556万元。全县中、小学在校学生4.33万人，初中和小学入学率达100%。全年财政总收入1.62亿元，增长20.5%。财政支出2.90亿元，增长23.2%。在岗职工平均工资1.19万元，增长6.1%。农村居民人均纯收入3752元，增长8.5%。

【江新造船厂成功改制】 创建于1966年的江西江新造船厂，隶属于第六机械工业部。2006年1月企业成功改制，加盟同方股份有限公司，划归地方管理。该厂早在1996年便取得了新时代质量认证中心颁发的"ISO9001"质量体系认证及军工产品质量体系认证书，其所建造的船舶产品曾获得国家和省、部级多项奖励。现企业拥有两条生产线，第一条线建造3000吨以下的军辅船、拖轮及各种工程船舶；第二条线主要建造1万至2万吨的多用途船。公司拥有工程技术人员和技师190余人，拥有精良的机械设备。2006年完成工业总产值2.99亿元，完成税收327万元。

【铁腕整治网吧见成效】 针对未成年人泡网吧严重现象，县委、县政府决定突击检查县城所有网吧。12月29日，副县长孙志强带领文化、工商、公安等部门组成的联合检查组，分两队突击检查县城12家网吧，对9家仍收留未成年人上网的网吧执行"一次性死亡"制度：关闭网吧、吊销其营业执照。各大城市晚报对这次铁腕整治行动先后予以报道，县城居民和学生家长们拍手称快。

【发展早熟梨种植】 2006年湖口为策应省委、省政府"南橘北梨"的发展战略，发展早熟梨种植，建成早熟梨标准化果园192.53公顷。其中100亩以上的基地5个，50～100亩的基地12个；50亩以下的梨园65个。为扶持早熟梨发展，县政府拿出20万元专项资金用于早熟梨苗补贴，共购进优质梨苗15.2万株。举办专业技术培训班2期，培训人员200人。每个乡镇都配备了一名技术指导员。将早熟梨高产栽培模式图1000多份、早熟梨生产技术光盘20多张分发各乡镇，指导种植户搞好春季管理和高产培植。县委书记汪泽宇对该产业的发展非常重视，经常深入基地亲自指导早熟梨的栽种和管理。全县计划用3～5年时间，发展早熟梨1333.33公顷。

【南北港水产场获超历史大丰收】 该场为湖口县水产大户，以养殖四大家鱼为主，兼营特种养殖。2006年水产量首次突破150万千克大关，总产值达到656万元。水产品主要销往福建、江苏、浙江、山东等地，鱼类品种有花白鲢、鲤鱼、青鱼、鳙鱼等；特种养殖有鲫鱼、鳊鱼、鲑鱼、黄颡鱼、螃蟹等，全年生产螃蟹2.5万千克；生产茶叶6000千克，价值48万元，上缴财政30万元。

【农村低保工作扎实推进】 湖口县农业人口21.7万人，共有贫困户4117户，贫穷人口达7960人，占全县农业人口的3.6%。湖口县政府加大财政投入，全年发放低保资金120万元，并尽力做到公平、公正、公开。审查、评审的每个程序均予以张榜公布，同时公布举报电话，设立举报箱，以确保群众的意见反映畅通，真正实行阳光操作。将低保对象分为“常补”和“非常补”两类，重点突出，分类施保，由主管部门直接将低保金按时打入个人账户。实行动态管理，低保户的保障标准有升有降、低保对象有进有出，严把入口关，畅通出口关，把这项惠及困难群众的“民心工程”，办成保民心、顺民意、解民困的德政工程。

【抢救史料工作获得丰硕成果】 根据省委主要领导批示，在省社联和社科院组织领导下，2006年抢救日本侵略军祸赣史料湖口课题组用半年时间寻访到80岁以上的证人48人，有不少重大发现。湖口课组将所搜集的史料整理成册，制成光盘，其中文字资料9万字，图片资料100幅，录音资料26段，摄像资料30分钟，制作图表5件，获得专家学者的高度评价。

（王显道）

主要领导人 县委书记：廖凯波（任至6月）、汪泽宇（6月任）。县人大常委会主任：陈金初。县长：史文斌（任至6月）、韩胜球（6月任）。县政协主席：方志明。

·彭泽县·

【简　况】 位于江西省最北端，下辖10镇、3乡、1区，总面积1544.35平方千米，耕地面积2.02万公顷，森林覆盖率45.5%。总人口35.33万人，非农业人口5.66万人，人口自然增长率7.4‰。2006年实现国内生产总值19.54亿元，同比增长16.4%，经济结构进一步优化，三产比例由2005年的34.8:33.0:32.2调整为31.7:37.2:31.1，其中二产占GDP的比重首次超过一产，实现了历史性的突破，工业经济主导地位开始显现。规模以上工业增加值3.79亿元，同比增长31.5%；固定资产投资14.4亿元，同比增长55.4%；社会消费品零售总额6.42亿元，同比增长13.5%。主要工业产品有彩纱、水泥熟料、型砂、食用植物油、非金属矿和化工产品等。主要农产品有棉花2.25万吨、粮食8.4万吨、油菜籽1.8万吨、水产品3.3万吨和竹木制品。特色食品有彭泽鲫、东升豚、中华绒毛蟹、彭泽银鱼等。财政收入1.56亿元，同比增长23.8%；地方工商税收入库8841万元，同比增长19.8%。财政支出3.54亿元，增长32.0%。城镇居民人均可支配收入6850元，增长7.0%。农村居民人均纯收入3522元，增长9.8%。城乡居民年末储蓄存款余额15.3亿元，增长15.2%。

【安全生产工作进一步加强】 彭泽县坚持“安全第一、预防为主”的方针，正确处理安全生产和经济效益的关系，积极探索安全生产管理有效办法。规范公共交通车管理程序，进一步完善主要交通路口红绿灯交通管理配套设施；依法关停县城规划区内所有采石塘口，消除安全隐患；拆除妨碍交通的违章建筑；连续3年未发生一起安全生产死亡事故，城区道路交通无重大死亡事故，一般死亡事故逐年减少，未发生过一起校园内责任死亡事故。2006年彭泽县荣获“江西省‘十五’期间安全生产工作先进县”称号，彭泽县安全监督局被评为全国“安全生产监督管理先进单位”。

【禁止摩托车在城区载客营运】 彭泽城区人口大量增加、交通需求量扩大的同时，非法载客营运的“两轮、三轮”摩托车成为县城交通的巨大隐患，全县重大交通事故中摩托车占总起数的50%，一般事故中摩托车占总起数的82.36%。为维护城区道路正常交通秩序，2006年10月，彭泽县委、县政府决定全面取缔“两轮、三轮”摩托车非法载客营运。截至11月1日，共扣押非法载客和无牌无证的“两轮、三轮”摩托车253辆。为解决摩托车司机的生活来源，政府给200多个特困原摩的司机介绍工作岗位、43人办理下岗优惠证、26人纳入城市最低生活保障。年内，还成立彭泽县城市客运汽车出租运输公司，在原公交一路、二路的基础上，加开三路公交车，缓解县城交通不便的状况。

【全县完成林改面积八万公顷】 彭泽县是江西省重点林业县之一，有林业用地面积达8.05万公顷，占县土地总面积的52.2%，其中森林面积6.85万公顷，活立木蓄积量277.7万立方米，林木绿化率45.5%。

彭泽林改工作涉及19个乡（镇、场、区），178个行政村，1415个村民小组，6万余农户．全县通过深入细致的宣传发动、扎实开展调查摸底和一榜公示、规范票决林改形式、制定村组林改方案、认真仔细搞好勘界勾图和内业整理等步骤。先后制定了《林改工作外业勘界勾图规范》等一系列规章制度，经过艰苦、细致、深入的工作，至2006年底，全县完成林改面积8万公顷，已颁发林权证4.7万份，发证率达96.4%。彭泽县被评为全省、全市林改工作先进县。

【农村生产生活条件大为改观】 2006年彭泽县农业综合开发完成中低产田改造任务800公顷，水利冬修完成土石方300万立方米，病险水库加固工程16座，农业生产条件不断改善。农业产业化龙头企业不断发展壮大，规模以上农业企业达43家。全县45个新农村建设试点村累计投入资金1300多万元，基本完成沼气池、改栏、改水、改厕等建设任务，村容村貌大为改观。2006年被评为江西省农业发展先进县。

【公路建设突飞猛进】 2006年彭泽县公路建设累计总投资399.5万元修建通村水泥路175.5千米，通村砂石路67千米，完成渡改桥项目2个，提前一年完成了省市下达的农村公路建设任务，实现了县到乡公路及县内主要循环路全部通水泥路，全县行政村通公路率达82.3%，通水泥路（硬化率）达到64.5%，被评为全市“农村公路建设先进县”。

（彭泽县编辑部）

主要领导人 县委书记：朱忠玲。县人大常委会主任：朱梦年。县长：王利。县政协主席：陈世超。

·瑞昌市·

【简　况】 位于江西省北部偏西，辖2街道、8镇、9乡，总面积1423平方千米，其中城区面积14平方千米。耕地面积1.66万公顷，林地面积7.43万公顷，森林覆盖率54%。全市总人口43.07万人，其中农业人口31.9万人，人口自然增长率8.02‰。2006年实现国内生产总值30.7亿元，同比增长20.4%，其中第一产业5.9亿元、第二产业17.6亿元、第三产业7.2万元，分别增长4.0%、31.5%、11.0%。工农业总产值56.1亿元，增长40.70%。其中农业总产值8.7亿元，增长7.0%。主要农产品有稻谷6.1万吨、蔬菜7.5万吨、苎麻0.34万吨、肉类1.9万吨、水产品2.56万吨。工业总产值47.4亿元，增长49.4%。主要工业产品有水泥353万吨、纱2.39吨、服装1064万件、生铁4.07万吨、机制纸6272吨。全市固定资产投资总额29.03亿元，增长48.5%。财政总收入3.4亿元，增长18.2%，其中地方收入1.9亿元，增长21%，财政支出4.40亿元。城镇居民人均可支配收入8142元，增长6.2%，农民人均纯收入3719元，增长9.6%。年末各项存款余额为30.1亿元，增长17.0%。荣获全省引进省外资金先进(县)市等称号。

【地震灾后重建工作顺利完成】 认真落实党政一把手负责制、干部结对帮扶制、部门蹲点包干制，通过“三爱”教育、“千人下乡抓重建”、“决战50天建好一层房”、“灾后重建回头看”等活动，顺利完成灾后重建各项任务。共争取国家投资和社会捐赠3.6亿元，建成了66个农村灾民集中安置点、2个城区灾民安置小区，全市1.44万户一类危房灾民建了新居，2.06万户二类房屋全部维修加固，灾区群众生产生活条件全面改善；完成143个学校项目、19所农村卫生院、17所“民政三院”的灾后重建，全市学校、医院和“民政三院”的条件彻底改善，面貌焕然一新；407处受损水利工程的修复加固全面完成，赛湖大堤及排涝设施在春汛来临前全面重建，确保了安全度汛。

【工业园区经济发展加快】 紧紧围绕“决战大工业，三年过百亿”的奋斗目标，全市掀起主攻大工业的新高潮。全年全市规模以上工业实现总产值38.3亿元，销售收入34.4亿元，分别增长68.5%和48%。工业资本保值增值率、全员劳动生产率分别提高46和55个百分点，资产负债率下降11个百分点。建筑材料、采矿冶炼、机械船舶、纺织服装等四大产业集群中规模以上企业完成销售收入28.2亿元，增长47.6%，占全市规模以上工业销售收入的82.2%。重大项目建设快速推进，亚东水泥厂三期完成投资4.98亿元，凤竹一期完成投资1.4亿元，武山铜矿扩改工程完成投资9800万元，华瑞化纤、龙昌电子等一批重大项目建设顺利推进。工业园区完成增加值10.9亿元，增长63%，2006年瑞昌市荣获全省工业发展先进县(市)称号，该工业园区被评为全省先进工业园区并跻身县区工业园十强行列。

【新农村建设开局良好】 瑞昌市强化“政府主导、群众主体、干部服务、社会参与”工作机制，扎实推进以“六改四普及”为重点的新农村示范村庄建设。全市51个省定示范村庄硬化进村公路42.1千米，村内道路59千米，其中50个试点村通水泥路。试点村基本实现户户通水泥路，96%的农户用上自来水，63%的农户用上卫生厕，电话、有线电视普及率分别达95%和94%，全市各示范点村容村貌明显改观。特色农业有新发展，南义生猪、洪一獭兔、横立山翠冠梨、瑞昌山药、沿湖特种水产等知名度不断扩大，效益不断提高，“独一支”山药被评为江西省著名商标。

【文化遗产保护成果显著】 2006年文化遗产保护被列入瑞昌市政府重要议事日程，相应的文化遗产保护协调机构的建立，切实改善和加强文化遗产的保护与传承工作。全社会文化遗产保护意识加强，建立并完善国家保护为主、全社会共同参与的新机制，文化遗产保护成果显著，铜岭古铜矿冶遗址被列入国家申报世界文化遗产预备名录，瑞昌剪纸和南义竹编工艺被列入省级非物质文化遗产名录。

【开展秋季万人灭螺大会战】 10月16～25日，全市组织动员市直机关干部职工和广大群众深入农村、深入一线，在76个有螺行政村开展灭螺大会战，掀起全党动员、全民动手的灭螺新高潮。大会战制订了《实施方案》，成立大会战指挥部，下设6个工作组，有1.14万名劳动力参与，除草面积达90万平方米；大会战结合农田基本建设，开新填旧改造沟渠，实施水利设施综合治理，为实现血吸虫病传播控制目标奠定坚实基础。

（瑞昌市编辑部）

主要领导人 市委书记：刘韵和。市人大常委会主任：陈世翔。市长：熊起栋。市政协主席：万文松。

新余市

【概　况】 位于江西省中部偏西，辖3区1县，总面积3178平方千米，其中市区面积1786平方千米。年末实有耕地面积5.53万公顷，森林覆盖率53.8%。总人口111.91万人，其中城镇人口53.56万人，人口自然增长率6.97‰。2006年实现国内生产总值214.27亿元，比上年增长15.3%。其中，第一产业增加值23.17亿元，增长4.1%；第二产业增加值126.14亿元，增长20.4%；第三产业增加值64.96亿元，增长11.1%。全部工业增加值106.31亿元，增长23.8%。主要工业产品有钢518.87万吨、成品钢材484.57万吨、纱3.11万吨、水泥185.16万吨、发电量33.93亿千瓦小时。农业总产值36.93亿元，增长4.6%。主要农产品有稻谷50.61万吨、瓜果4万吨、油菜籽8625吨、棉花6836吨、苎麻2724吨。全市财政总收入30.04亿元，其中地方财政收入13.95亿元、支出22.09亿元。城市居民人均可支配收入10151元，比上年增加1092元。农村居民人均纯收入4320元，比上年增加480元。年末城乡居民储蓄存款余额124.57亿元，增长13.8%。

【社会主义新农村建设卓有成效】 2006年，全市安排新农村建设试点村232个，其中省级95个，市级64个，县(区)级25个，中央省属企事业单位和民营企业单位帮扶点48个。按照“政府主导、农民主体、社会参与”的原则，在发挥政府主导、农民主体作用的基础上，动员鼓励各部门、各单位、部队、企事业单位(含民营企业)广泛参与新农村建设工作。建立领导帮扶制度。市、县区四套班子领导都选择帮扶村，定点帮扶新农村建设工作。

建立部门帮扶制度。市、县区各部门共派出1000多名干部到各试点村担任新农村建设指导员,进行蹲点帮扶。动员企业、驻市部队对新农村建设进行帮扶。组织新余钢铁公司、赣西供电公司、市农业合作银行等40个驻市中央、省属企事业单位和民营企业帮扶48个自然村的新农村建设。仅新钢公司一家投入资金120多万元帮扶3个新农村试点村。驻市部队在省、市、县(区)级试点村中选择5个自然村进行集中帮扶。市、县(区)机关事业单位和驻市部队、有关企业按照市委、市政府的要求,立足自身实际,倾力支持帮扶新农村建设,做到有钱出钱,有力出力,有物出物,有智出智,积极主动为帮扶村出主意、想办法、跑项目、筹资金,做了大量卓有成效的工作。在各方面的努力下,全市新农村建设快速推进,村容村貌明显改观。全市新农村建设试点村共投入资金25804.78万元,其中财政补助资金1579.5万元,农民自筹资金19926.78万元,农民投工投劳3096.8万元,其他投入1202.2万元。完成省、市级试点村硬化村组道路308.7千米;141个自然村改自来水,涉及农户6725户;149个自然村改厕,涉及农户6283户;62个自然村普及沼气池,涉及农户1156户。

【打造优势产业链】 一是新余蜜橘产业链。加快新余蜜橘科研攻关,“新余蜜橘新品种选育及配套栽培技术研究项目”获“江西省政府科学进步三等奖”。引进推广新品种新技术,抓好新余蜜橘苗木繁育体系建设,从农发行争取到1亿信贷资金以突破新余蜜橘发展资金瓶颈。以珊娜、力上等果业公司和一批贩运大户为依托,统一生产和销售,打造新余蜜橘知名品牌。二是优质稻产业链。加强市种子公司优质稻种繁育和调剂能力,保证923、外七等一批优质稻种的供应。以百乐工贸有限公司、金土地粮油公司等粮油加工企业为龙头,加快订单生产,带动良山、南安、新溪、铃山等优质稻基地发展壮大。三是苎麻夏布产业链。建立苎麻高产栽培示范基地,开展苎麻技术科研,引进优良苎麻品种,做强苎麻产业。积极为恩达夏布公司争取贷款贴息项目,扶持企业发展壮大。四是生猪产业链。下拨30万元财政专款补贴生猪良种,协助规模养殖户申请银行贷款,并通过示范引路,鼓励生猪养殖户发展规模养殖及“猪—沼—果”等生态农业,采用生态模式的养殖户占养殖专业户的65%以上。五是仙女湖渔业链。扶持壮大仙女湖联营开发公司,完善利益联结机制,带动渔户增收。加快休闲渔业的发展步伐,培育新的经济增长点。

【民营科技园区被评为“全国先进科技产业园”】 新余省级民营科技园孵化培育一批民营科技企业,使民营科技企业不断涌现和发展。园区内高新技术产业相对集中,规模效益明显。2006年,新余市民营科技园拥有工业企业238家,其中投产企业155家,民营科技企业26家,省级高新技术企业7家。园区内企业实现销售收入25.4亿元,实现利税总额近8亿元,其中高新技术企业实现销售收入占全区工业企业销售收入的31%。园区已形成新华牌铝包丝、新华牌预应力钢绞线、宝旭牌带钢、春龙牌反光材料、华源牌满铺地毯、华源牌方块地毯、华电牌管制检测仪、百乐牌大米、马洪牌食品等一系列国优、部优、省优产品和品牌。园区内企业拥有专利技术项目27个,其中拥有发明专利的项目8个。2006年6月,园区被中国科学技术促进会评为“全国先进科技产业园”。

【实施职业技能培训四大工程】 围绕提升劳动者的就业、创业能力,针对不同类型劳动者的培训需求,实施四大培训工程。一是再就业培训工程。主要是以下岗失业人员为对象,以提高就业能力和职业转换能力为目标,充分利用各培训基地和社会培训资源,广泛开展再就业培训和创业培训,同时加强就业服务,落实再就业政策,大力促进下岗失业人员实现再就业。2006年,全市共开展再就业培训13995人,实现再就业8607人,再就业率61.5%;开展创业培训1220人,实现创业1098人,创业率90%。二是技能人才培养工程。主要是以在岗职工、技工学校和职业院校在校学生和社会各类从业人员为对象,以提高职业技能水平和创造能力为目标,以企业、技工学校、职业培训机构为载体,通过政府培训、社会培训、岗位成才、以师带徒、技能竞赛和选拔推荐培训等形式,积极培养一批能够熟练掌握先进技术、工艺、技能的人才。2006年全市实现职业技能培训18276人,技能鉴定8845人,取得职业资格证书人数7038人。三是工业园区技术岗位对接工程。主要是以失地农民和新增劳动力为对象,以提高劳动技能和岗位适应能力为目标,把职业培训与工业园区对技术工人的需求结合起来,采取政企合作、校企合作、政校合作等形式,为园区企业开展“订单式”培训,培训合格后颁发相应的职业资格证书,并直接安排上岗,使培训就业紧密结合。2006年,新余市通过技术岗位对接工程共为工业园区培训技能人才2500余人,有效解决园区企业招工难和技能人才匮乏问题,实现政府、企业、培训机构和劳动者的“四赢”。四是农村劳动力技能培训工程。在积极协助农工部门实施十万农民培训工程的基础上,劳动保障部门针对农村转移劳动力实施农村劳动力技能就业计划,主要是以农村初、高中毕业后未就业人员为对象开展劳动预备制培训,以打算外出务工人员为对象开展劳务输出培训,以进城务工人员为对象开展技能提升培训,促进农村劳动力转移。2006年,全市实现农村劳动力转移培训2.4万人,转移就业1.7万人,其中经济开发区转移就业率达到96%。

【赛维LDK太阳能多晶硅片项目正式投产】 5月2日,赛维LDK太阳能高科技有限公司正式投产,顺利生产出两块重达275公斤的多晶硅铸锭。一期项目总投资7250万美元,全套引进国际领先的光伏技术、生产和检测设备。全年销售收入达到1亿美元,二期建成年产200兆瓦的多晶硅片生产线,至2007年将实现销售收入4亿美元以上。

【财政收入快速增长】 2006年全市财政总收入完成30亿元,为年初预算26.95亿元的111.5%,比上年增加7亿元,增长30.4%;全市地方财政一般预算收入完成14亿元,为年初预算12.42亿元的112.3%,比上年增加

3.42亿元，增长32.5%。在2005年突破20亿元后，2006年又突破30亿元，增长幅度在全省设区市居于前列，收入规模由设区市第八位进位为第七位。财政收入步入快速增长轨道。

【孔目江国家湿地公园初具规模】孔目江国家湿地公园自2006年6月13日动工，经过4个月的建设，一处"水与人的零距离、文化氛围浓厚、园林景观优美"的生态型沿江休闲绿地初步呈现在人们的眼前。该公园位于城区西北角的孔目江中下游，由孔目江、东江湿地景观带和湖陂村、港背村、孝头村的部分土地构成，规划总面积1563.9公顷，属低山丘陵区，最高处海拔近400米，最低处海拔仅40米，高差较大。公园内整体地形为西高东低，南北高、中间低的格局，呈现谷岭相间、溪流交错的景观。该公园湿地资源丰富，类型多样，按1971年国际《湿地公约》分类系统，可分为河流湿地、湖泊湿地、沼泽湿地、灌溉地和库塘湿地，湿地总面积728.8公顷，占土地总面积的46.6%。公园的旅游风景资源主要表现为：以孔目江和白云水库多姿多彩的水文景观为主体，以绿荫盈野、阡陌纵横的田园风光和大气磅礴、独具特色的地文景观为辅，以丰富的生物景观和人文景观镶嵌互补的风景资源体系，充分展示出水灵秀、林郁野、天碧蓝、境清幽的显著特点。此外，湿地公园物种丰富，现有湿地植物171种，公园及周边山林发现脊椎动物188种；人文景观源远流长，中国古代科学巨著《天工开物》就在此编撰而成，现公园内还保存着当时留下的水坝遗址，记录着中华民族劳动人民的智慧；环境质量优良，没有大的污染源，空气中的含尘量、含菌量极少，水质状况良好，土壤基本没有污染，其各项主要指标均可达到国家Ⅰ级标准。孔目江湿地公园水网密集，各种动植物资源丰富。以优越的湿地生态环境为依托，以保护为前提，以改造为重点，以湿地风光、水库风光和田园风光为特色，通过发展水库观光、休闲娱乐、湿地游憩和农耕体验等旅游项目，把公园建设成一处既美化城市又净化水源的城郊生态型湿地公园，成为新余的"绿色之肾"。

（李立峰）

主要领导人　市委书记：钟利贵（任至3月），汪德和（4月任）。市人大常委会主任：马博维（任至12月）、汪德和（12月任）。市长：汪德和（任至11月），王平（11月任）。市政协主席：熊巍。

·渝水区·

【简　况】位于江西省中部偏西，全区面积1351平方千米，其中耕地面积3.06万公顷，山地面积5.53万公顷，森林覆盖率47.2%；辖8镇、5乡、4个办事处。总人口68.45万人，其中乡镇人口38.03万人，人口自然增长率7.07‰。全区生产总值41.2亿元，增长14.9%。其中，第一产业11.9亿元、第二产业17.70亿元、第三产业11.60亿元，比上年分别增长4.2%、24.2%、12.5%。三次产业比为28.9∶43∶28.1。全年完成工业总产值67.4亿元，增长33.9%；集体工业产值348295万元，增长31倍；个体私有工业产值111700万元，下降64.2%；有限责任公司产值505万元，下降97.7%。2006年全区农林牧渔产业总产值18.7亿元，比上年增长5.1%；主要粮食作物31.2万吨，增长4%；棉花总产值7975吨，增长48%；油料总产8478吨，增长8.4%。年内规模工业产值36.3亿元，增长81.4%。全年财政总收入4.7亿元，增长42.3%。其中地方财政收入2.82亿元，增长50.1%；城镇居民人均可支配收入9880元，增长12.35%；农民人均纯收入4389元，增长12.5%。

【推进农业产业化进程】2006年，渝水区始终把发展生产增加农民收入放到更加突出的位置，采取各种有力措施，稳步发展四大传统产业，超常规发展四大特色产业，取得了明显成效。农民人均纯收入由2005年的3902元上升到2006年和4389.45元，增长12.5%，2005年、2006年连续评为农民增收先进县。

四大传统产业稳步发展。2006年全区粮食播种面积达5.4万公顷，总产31.2万吨，获全国粮食先进区殊荣，2006年内肉牛出栏4.133万头，家禽出笼218.5万羽，肉类总产达2.5万吨。蔬菜基地开发得到进一步的扩大，棉花种植面积达4893.33公顷，总产7975吨，比上年增长48%。

四大特色产业超常规发展。（1）新余蜜橘产业规模化。新余蜜橘产业化进程新增面积933.33公顷，增长77.8%，总面积达2133.33公顷，总产500万千克，增长100%。（2）优质油茶面积进一步扩大。2006年新开发无性系高产油茶400公顷，油料总产8478吨，增产8.4%。（3）特色果业得到空前发展。2006年全区新引进光皮木瓜66.67公顷，水果总产达1.31万吨。（4）倾力打造中国第二铁观音茶乡。新余福建商会副会长，江西欣怡实业有限公司董事长翁和有从2003年开始，在水北引种安溪铁观音，并引进了一批茶艺师、制茶师，茶园从最初的3.33公顷扩大到的101.33公顷。随着茶叶的生产加工、包装用品、茶具、运输、销售以及相关配套产业的发展，新余将成为全省茶叶生产大区，为安溪之后的全国第二大铁观音茶叶之乡。

【渝水区良山镇2006年工业销售额突破14亿元】渝水区良山镇只有1.7万人口却坐拥138家与钢铁相关联的民营工业企业，其中规模以上企业21家，产值超千万元的企业11家，超亿元的企业1家。新余市良山镇正在成为一个"钢铁"强镇。至2006年底，良山镇已形成以"管带、丝、耐材、铁精粉"为主的钢铁和五金加工新格局，2005年全镇工业销售额7亿元，2006年超过14亿元，达到14.5亿元，规模工业企业销售收入年递增60%以上，2006年财政收入达5348万元。

【乡镇建立环卫所】7月6日，欧里镇环境卫生管理所成立。这是新余市成立的首个农村乡镇环境卫生管理所。至2006年底，全区17个乡镇都成立了环境卫生管理机构。

（张小仁）

主要领导人　区委书记：杨文英（任至3月），胡高平（3月任）。区人大常委会主任：朱晚雅。区长：胡高平（任至3月）邹永清（3月任）。区政协主席：刘海清。

·分宜县·

【简 况】 位于江西中部偏西，辖5镇5乡。总面积为1391.76平方千米，森林覆盖率60.2%。总人口31.30万人，人口自然增长率7.43‰。2006年实现国内生产总值33.19亿元，增长14.8%。第一产业增加值7.30亿元，增长5.8%；第二产业增加值18.18亿元；增长21.2%；第三产业增加值7.71亿元，增长8.9%。工业总产值42亿元，增长34.3%。主要工业产品有原煤169.88万吨、水泥146.95万吨、驱动桥6368台/套。农业总产值11.42亿元，增长4.7%。主要农产品有粮食12.8万吨、苎麻2718吨、水果1778吨。财政总收入4.70亿元，增长46.8%。地方财政一般预算收入完成3.1686亿元，增长44.5%。城镇居民人均可支配收入9376元，增长18.8%。农民人均收入4180元，增长12.6%。年末金融机构各项存款余额27.28亿元，增加4.79亿元。

【夏布出口连续三年获全国第一名】 分宜县充分发挥“中国夏布之乡”的优势，大力发展夏布产业，成效显著。恩达家纺有限公司生产印染夏布26万匹，生产以夏布为主要原料的床上用品26万件（套），实现销售收入过1.3亿元，出口创汇800万美元，连续3年获夏布产品出口全国第一名。恩达家纺与韩国客商在资金、技术、设备、人才等多方面进行了全方位合作，在国内外建立了20多个产品销售基地。恩达家纺以年产100万套夏布床上用品的“中国夏布城”项目建设为契机，向国家级农业产业龙头企业和国内外家纺名牌产品迈进，争当新农村建设排头兵。全县从事苎麻种植、绩纱、夏布生产人员达10万人，常年从事夏布织造的农民年人均增收3800元。

【国家“油茶优良无性系早实丰产研究课题”在分宜获得成功】 由中国林科院亚林中心实施的中国21世纪先导工程“油茶优良无性系早实丰产研究课题”在分宜获得成功，这种油茶在全国首创容器育苗，具有早实、丰产、稳产、出籽率高、含油量高、抗病能力强的特点，亩产油量为原生油茶产量的近10倍，其油品堪称“东方橄榄油”。已累计向南方大部分省市提供油茶苗木2000万株，总种植面积近3万多公顷。

【对城东四座烟囱成功实施定向爆破】 为加快县城东新区的建设步伐，整治周边环境，拓展城市发展空间，5月，分宜县对搬迁后置留在县城东新区的原江西冶金矿山建设公司白水泥厂的4座高度为60～80米的烟囱成功实施了定向爆破拆除，执行这一爆破任务的是南京工程兵学院的专业爆破队伍。

【首台国产21万千瓦循环流化床机组并网成功】 6月7日16时28分，首台国产21万千瓦循环流化床机组在分宜发电公司一次并网发电成功。这台拥有全部自主知识产权的循环流化床锅炉机组由中国电力投资集团公司、新余市国有资产经营有限责任公司和江西电力设计院共同出资建造，工程总投资9.617亿元。循环流化床锅炉作为一种新型、成熟的高效低污染清洁技术，具有其他燃烧方式不具备的许多优点，分宜发电公司近年来以国产循环流化床锅炉发电机组为依托，致力于自主知识产权技术的研发，全力创建国产大型循环流化床锅炉示范基地。

【构筑农村救助保障网】 一是实施农村低保制度。按照公开、公平、公正和动态管理的原则，确定农村低保对象3444户7031人；低保户人均补差23元；实行专户管理、专款专用、社会化发放。1～6月，共发放农村低保金97.8万元。二是完善农村医疗救助制度。进一步降低医疗救助门槛，扩大救助范围，调整救助标准，大病救助最高可达3000元，同时县财政出资为农村五保户和低保对象参加新型农村合作医疗，确保了救助对象得到及时有效救助。1～6月，共救助大病医疗对象54人，发放救助金9.8万元，贫困农民参合率达100%。三是抓好农村五保工作。全面落实农村五保供养政策和资金，确保集中供养和分散供养五保户人均生活费每年分别达到2000元和1200元以上；以新建和改建敬老院为重点，到年底完成全县乡镇敬老院改造，确保五保户集中供养率达80%。四是开展自然灾害和临时救助。建立灾情信息工作制度和数据库，对困难户进行拉网式排查，健全灾民救助工作台账，做到救助对象准确、资金发放及时，全年为春荒灾民发放救灾款37.7万元，物资折款9.7万元。同时，认真实施“两免一补”政策，为农村贫困学生免杂费、免书本费、补助寄宿生生活费，在很大程度上缓解了农村贫困家庭学生上学难的问题。

【双林镇大力扶持苎麻种植】 一是明晰种植思路。“十一五”规划期间千亩连片基地1个，200亩连片基地4个，100亩连片基地7个，50亩连片基地10个。二是加大财力扶持。对50亩以上连片的种植户由镇财政按每亩60元补助给种麻户用于购买化肥、农药。三是建立奖惩机制。对新栽苎麻连片200亩以上的村奖励村委会5000元，对集中连片新栽苎麻20亩以上的农户每户奖励300元。对全面完成任务的挂点村领导和干部每人奖500元，对未完成50亩连片基地的村挂点领导、干部、全体村干部每人罚300元，对未全面完成任务的挂点领导、干部、村干部每人罚100元，对苎麻生产进行综合考评，前三名分别奖3000元、2000元、1000元，对倒数三名进行通报批评。

【国产首台最大循环流化床发电机组工程奠基】 国产首台最大、总投资约为14.5亿元的330MW循环流化床发电机组工程在分宜发电厂开工奠基。副省长凌成兴下达开工令；中国电力投资集团公司、省、市里有关领导及国家、省直、市直有关部门领导参加了奠基仪式。循环流化床锅炉是20世纪80年代发展起来的高效率、低污染和有良好综合利用率的洁净煤发电技术，具有负荷调节性能强，脱硫效率高，灰、渣综合利用效果好等优点。分宜发电公司通过燃用萍乡、宜春、新余等周边地区生产的低值烟煤和无烟煤等劣质煤，在100MW、200MW循环流化床锅炉机组建设、运营和管理中积累经验，为周边地区无烟煤、劣质烟煤资源找到了一条可供开发利用的有效途径。

（林禾耿）

主要领导人 县委书记：陈九根（任至5月），郭瑞祥（5月任）。县人大常委会主任：贺理武。县长：郭瑞祥（任至5月），黄辉（6月任）。县政协主席：易荣秀。

鹰潭市

【概 况】 位于江西省东北部，辖月湖区、贵溪市、余江县，辖20镇、13乡、9个街道办事处，总面积3556平方千米，其中市区建成区面积23平方千米。全市耕地面积5.85万公顷，有林面积19.17万公顷，森林覆盖率为55.1%，城区公共绿化面积8.27平方千米。总人口108.5万人，其中市区19.63万人，人口自然增长率7.74‰，城市化率42.8%。2006年生产总值142.03亿元，同比增长13.1%；人均生产总值1.31万元；其中第一产业增长4.6%，第二产业增长18.9%，第三产业增长8.9%。财政总收入19.64亿元，增长36.0%，人均财政收入达到1318元，财政收入占生产总值的比重为13.8%，同比提高2.1个百分点；其中地方财政收入8.54亿元，增长27.4%；全市城镇新增就业人员1.99万人，年末城镇登记失业率3.9%。全社会固定资产投资73.1亿元，增长21.6%。城镇居民人均可支配收入9648元，增长9.1%；农民人均纯收入3968元，增长9.0%。城乡居民年末储蓄存款余额94.57亿元，增长14.7%。社会消费品零售总额42.18亿元，增长15.8%。

【工业发展进程加速】 2006年，全市工业园区建成面积达13.24平方千米，投入基础设施建设资金11.7亿元，入园企业261家，其中已投产企业147家，提供就业岗位2.3万个，实现销售收入85亿元，利税总额6.5亿元。江铜集团贵冶四期30万吨铜冶炼技改项目和年产10万吨阳极铜项目正在紧张建设。贵电二期2台30万千瓦机组成功投产，年新增税收约8000万元。通过招商引资，引进投资规模超亿元的骨干企业18家，其中世纪阳光、中旺食品、梦娜袜业都是全国同行业的龙头企业。全市规模以上工业增加值由27.5亿元增加到82亿元，增长198%。产品销售收入由135.4亿元增加到400亿元，增长190%。实现利税总额由8.7亿元增加到82亿元，增长870%。

【新农村建设全面启动】 按照“生产发展、生活宽裕、乡风文明、村容整洁、管理民主”总体要求，围绕“五新一好”目标，以“六改四普及”为切入点，该市推行“政府主导、农民主体、干部服务、社会参与”的工作机制。2006年，市、县、乡各级成立新农村建设领导小组，由党委、政府一把手任组长，各有关部门主要负责人为成员。全市有16名市级领导干部建立了新农村建设联系点，有93个市直机关、驻鹰企事业单位与试点村结对，有120多名副县级以上党政领导和322个县直机关企事业单位建立联系点。

2006年，鹰潭市、县（市、区）两级安排新农村建设专项资金近1000万元，整合农村能源、人饮安全、老建扶贫、公路建设、改水改厕等项目资金2620万元，全市农民投工投劳折合资金627.1万元，自筹资金1294.5万元。全市117个试点村完成规划村组道路119.6千米，规划组内便道146.7千米。规划改水户7774户，改厕户7598户，3000多农户进行了人畜分离改造。新建沼气池2108座，95%以上的试点村开通了有线电视，100%的试点村通了电话，有800多户农户安装了太阳能。2006年，该市被评为“全省社会主义新农村建设试点工作先进单位”。

【对外开放成效显著】 坚持把优化投资环境作为实施大开放主战略的关键环节，把招商引资作为大开放的主战略目标，突出专业招商、强化全民安商、注重招大引强，引进一批上规模、有影响的优质企业。认真开展“安商亲商服务年”和园区“十大重点项目建设年”活动，实施领导和部门联系客商、涉企检查告知等6项制度，推动市口岸平台建设和外经劳务发展，营造良好的政务环境。2006年，全市引进内资32.2亿元，增长23.3%，其中投资规模5000万元以上省外工业项目进资28亿元，增长44.7%；实际利用外资8064万美元，增长44%，外贸出口4250万美元，增长30.9%。

【旅游发展势头良好】 全面启动创建国家5A级旅游区活动，组织实施第二届泛珠三角汽车集结赛发车仪式，举办首届龙虎山国际溪钓赛、首届旅游帐篷节暨户外游侠大会、电视连续剧《金陵女神》开拍等一系列宣传促销活动。2006年，全市接待国内旅游者580万人次，境外旅游者4.3万人次，同比分别增长14.4%和22.9%；实现旅游总收入15.5亿元，创汇720万美元，同比分别增长31.4%和24.1%；旅游总收入占全市生产总值的比重为11%。年内，该市荣获“浙江人最喜爱的十大旅游城市”称号，龙虎山景区入选全国首批国家自然与文化双遗产预备名录，当选“中国最值得外国人去的50个地方”、“江西十大最佳景区”、“鄂东南周边十大魅力景点”称号。

【城市建设亮点纷呈】 按照“高起点规划、高标准设计、高质量建设、高水平管理、高效益经营”的要求，着力打造初具现代气息的新型城市。2006年，全市投资3.2亿元，统筹安排43项重点工程项目，完成市急救中心、梨温高速公路鹰东连接线绿化工程等一批基础设施，推进市体育中心、市人民医院医技大楼、胜利文化休闲广场、沿江景观、江南水厂扩建等一批重点工程。加强和改善了城市管理，进一步深化“告别陋习、树立新风”再行动活动，理顺了城市管理体制，市民素质明显提高。集中开展城市规划区违法建筑和市容环境卫生整治行动，取得阶段性成效，城市环境卫生、交通秩序明显好转，物业管理进一步规范有序，城市品位明显提升，创建省级园林城市工作已通过省考核验收。

【夯实社会和谐稳定基础】 坚持放手、放宽、放活，大力发展非公有制经济，激活民间资本投资创业，激发了全民和谐创业热情。组织开展“千名干部下农村，件件实事暖人心”活动，帮助解决一批农民关心的热点难点问题。积极“关爱下岗职工,推进就业援助”活动,组织三季大型就业招聘洽谈会,开展向农民发放小额贷款及改善进城务工环境的“春风行动”、“再就业援助月”等活动。2006 年全市城镇新增从业人员 1.99 万人,下岗失业再就业 6875 人,劳务输出 19.3 万人次。全力抓好矛盾纠纷排查调处工作,组织开展矛盾纠纷排查调处“百日会战”和综治宣传月等活动,扎实开展以“扬帆启航——驶向和谐平安的明天”为主题的系列法制、综治宣传教育活动,在全市乡镇(街道)建立和谐平安联动服务中心。以“命案必破”为龙头,以群防群治力量为基础,加大严打整治力度,加快构建城区“管、巡、堵、监”防控体系,形成多警联动、点线面结合、“人、物、技、防”配套,覆盖全市城区的社会治安防控网络,实现对社会治安的综合控制。全市命案侦破工作居全省第一,刑事发案、治安案件、群体性苗头事件、交通事故和火灾事故指数同比大幅下降。2006 年,本市公民安全感测评位居全省第一。

【各项社会事业协调发展】 大力提升科技自主创新能力,国家新材料产业化示范基地建设、科技服务体系建设及农村科技工作均取得较大进展,成为全国知识产权试点城市。坚持优化发展教育,全面部署农村幼儿教育、基础教育、职业技术教育与成人教育、远程教育的改革,启动投资上千万的农村中小学基础设施改造工程。深化文化体制改革,推进文化单位内部人事和分配制度改革,强化市场管理和打造艺术精品并举,促进文艺和文化市场繁荣,文化工作呈现稳步上升的发展势头。完善公共卫生服务体系,深入推进“医院管理年”活动和重大疾病防治工作,推动社区卫生服务和新型农村合作医疗试点工作,缓解群众看病难看病贵问题。落实“环境执法年”行动,加强环境卫生治理和自然生态保护,改善城乡生活环境质量,鹰潭空气质量和信江水质分别达到国家二级和二类标准。严格执行国家土地政策,土地保护和利用更加规范。促进体育事业发展,积极组团参加省第 12 届运动会,取得金牌翻番、位次前移的好成绩,申办 2010 年省第 13 届运动会取得成功,市体育中心建设进展顺利。加快信息化进程,推进了广播电视制作播出设施数字化和“村村通”进程。

(陈志敏)

主要领导人 市委书记:黄建盛(任至 11 月),杨宪萍(11 月任)。市人大常委会主任:邵奇生。市长:胡宪(任至 11 月),董合生(12 月任)。市政协主席:李东堂。

·月湖区·

【简 况】 月湖区为鹰潭市中心城区,辖 1 乡 1 镇 5 个街道,总面积 107.4 平方千米,耕地面积 1789 公顷,有林面积 2247 公顷,森林覆盖率 21%;总人口 17.91 万人,其中非农业人口 13.62 万人;2006 年实现地区生产总值 25.95 亿元,同比增长 15.1%;第一产业增加值 0.76 亿元,同比增长 4.5%;第二产业增加值 6.81 亿元,同比增长 14.5%;第三产业增加值 18.38 亿元,同比增长 15.8%;工业增加值 4.06 亿元,同比增长 11.5%;农业总产值 1.2 亿元,同比增长 3.9%;地方财政收入 8991.8 万元,支出 1.44 亿元;城市居民人均可支配收入 9648 元,同比增加 805 元,农村居民人均收入 4343 元,同比增加 327 元,城乡居民年末储蓄存款余额 41.75 亿元,同比增长 14.5%。

【财政收入首次突破亿元大关】 2006 年,月湖区财政收入首次突破亿元大关,达到 1.17 亿元,同比增长 105.7%,地方财政收入完成 8991.8 万元,同比增长 131.9%,月湖区一举甩掉财政总收入、地方财政收入在全省 99 个县(市、区)中排名双双倒数第一的穷帽子,在全省的排名分别上升至第 85 位和第 77 位,荣获省政府颁发的财政收入过亿元和三年翻番 2 个奖项。

区委、区政府围绕“工业强区、三产兴区”战略目标,不断改进招商方式,优化投资环境,有力增加纳税团队,至年底,共引进 1000 万元以上工业项目 13 个,500～1000 万元项目 9 个;出台一系列优惠措施,支持民营经济发展,清理不利于民营经济发展的财税政策,个私企业的纳税占总税收的 70%;通过部门预算,把区直各单位罚没收入、行政收入、预算外资金等非税收入 1000 多万元及时足额纳入财政预算,夯实公共财政基础。

【新农村建设试点工作进展顺利】 2006 年,区委、区政府成立新农村建设领导小组,主要领导任正、副组长,安排 110 万元预算为新农村建设资金;制定了月湖区新农村建设的“实施意见”“村总体规划”、“考核验收标准”、“补助奖励办法”、“资金管理办法”等相关规定;通过自愿申报原则确定 6 个试点村,每个试点村做到有 1 名副县级领导挂点负责,有 1 个包村工作组指导建设,每个工作组由乡镇(街道)主要领导和副科级干部各 1 名以及 3 个包村单位的副科级干部组成。根据各试点村的实际,制定试点村建设规划,主要推行两种规划模式:对于拆迁重建的城中村,按照“四统一”(统一规划、统一图纸、统一设计、统一管理)和“四化”(硬化、绿化、美化、亮化)的要求高起点、高标准建设;对于旧村改造型,因地制宜,突出特色,只对新房及基础设施实行统一规划、统一设计,做到基础设施配套、方便农民生产生活,并针对各村情况实行分类指导。村庄规划、产业规划、整治方案等有关建设事项均征求村民意见或由村民大会民主讨论决定。工作组还帮助各试点村制订《理事会章程》《村规民约》《卫生管理办法》等。

2006 年,全区实施新农村建设试点村 6 个(即:童家镇的嘴上村、陈家山村、夏埠乡的渡头村、江上姜家村,东湖街道的碑东新村、四青街道的任家新村),惠及农户 699 户。全年修建村级公路 2.65 千米,硬化村内道路 9.1 千米;修砌排水沟 7500 米,粉刷房屋外墙约 7.5 万平方米,安装路灯 61 盏;平整场地约 3.2 万平方米,绿化面积 9500 平方米;完成改水 620 户,改厕 560 平方米,改水、改厕率达 90% 以上。

【“双拥”工作落到实处】 2006 年,月湖区被省委、省政府评为全省“双拥模范城”,这是该区第五次获此殊荣。

2003 年以来,区委、区政府主要

领导分别担任区双拥模范城创建工作领导小组的正、副组长,把双拥工作列入年度工作计划。落实各类优待抚恤政策,实行优待金全区统筹,城镇义务兵家属优待标准由每年300元提高到1225元,农村义务兵由每年2128元提高至2500元,且按时足额发放。做好征兵、退伍军人安置工作。落实重点优抚对象医疗政策,对残疾军人实行公费医疗;对老志愿军、烈属等重点优抚对象每年给予450元或250元医疗补助,并在中医院实行医疗减免,除可享受"三免二减"外,对螺旋CT、彩超等大型体检项目给予10%的减免优惠。开展"我为功臣献真情"活动,采取走访慰问,区直有关单位、个人与优抚对象结成一帮一对子等形式帮助他们解决各种困难,2006年安排4万元资金为8户重点优抚对象解决住房困难。区委、区政府与19支驻区部队开展军民共建活动,每年元旦、"八一"建军节,区党政领导都要为驻区各部队送去图书、被子、文体娱乐用品等;东湖街道三角线社区居委会与94723部队结成军民共建单位,连续12年组织居民为部队战士做鞋垫800余双。

(李晓明　饶晓霞)

主要领导人　区委书记:刘国富。区人大常委会主任:艾森然。区长:戴春英(任至6月),廖奇志(6月任)。区政协主席:张周庭。

·余江县·

【简　况】　位于江西省东北部,信江中下游,辖11个乡镇,总面积936.93平方千米。耕地面积2.25万公顷,山林面积4.07万公顷,森林覆盖率为41.9%。总人口35.53万人,非农业人口7.38万人,人口自然增长率7.34‰。2006年实现国内生产总值16.8亿元,同比增长13.5%。其中,第一产业增加值6.5亿元,增长4.5%;第二产业增加值6.2亿元,增长24%;第三产业增加值4.1亿元,增长13.9%。三次产业比为38.7:36.9:24.4。全年规模以上工业实现工业产值20.3亿元,增长59.8%;产品销售收入19.7亿元,增长53.9%。世纪阳光一期工程、耐乐铜业内螺纹铜管技改、兴发公司再生铝及铜加工技改、超华转向器等一批重大项目相继建成投产。园区工业增加值3.39亿元,增长21.1%,占全县工业总额的60.5%;上交税收3924万元,增长44.6%。县工业园区升格为省级经济开发区,被授予江西省眼镜产业基地。全县主要工业产品有中成药、医疗器械、眼镜、微型元件、铜材、雕刻、轻工五金等。农村经济稳步发展,粮食总产达20.9万吨,增长3.57%;水产品1.15万吨,增长7.5%;生猪出栏50.8万头,增长12%。地方财政收入7993万元,同比增长22%。城镇居民人均可支配收入5400元,增长14.9%,农民人均纯收入3527元,增长8%。城乡居民年末储蓄存款余额21.27亿元,增长14.4%。

【全国血防工作会议在余江县召开】　该会于5月23日召开,中共中央政治局委员、国务院副总理、国务院血防工作领导小组组长吴仪出席会议,会议期间,吴仪等领导参观了余江县"送瘟神"纪念馆,详细听取了余江血防工作的介绍,当得知余江县自1958年在全国率先消灭血吸虫病后,历任县领导都把巩固血防成果作为工作的重要内容,狠抓血防工作的落实,连续48年疫情没有反弹,不停地点头,予以肯定。

【被确定为全国农村药品"两网"建设示范县】　2006年2月余江县获此殊荣。余江现有涉药单位334家,"两网"(农村药品监督网络、供应网络)建设前,全县农村药品监管工作人员少、任务重、成本高、效率低,农民用药安全存在隐患。从2003年10月起,县政府把"两网"建设作为民心工程来抓,印发了《农村药品"两网"建设实施方案》,在全县范围内开展了农村药品"两网"建设,逐步建立起了体系较为完善、高效快捷的农村药品监督网络和诚实守信、保障有力的药品供应网络。农村药品监督覆盖率达100%,药品配送覆盖率达100%,乡镇卫生院、村卫生所100%通过"规范药房"验收,药品经营企业100%通过GSP论证,农村药品价格平均下降了30%,农民群众购药难、买药贵的问题明显缓解,药品质量明显提高,得到了省、市领导的肯定和广大群众及涉药单位的普遍欢迎。2005年11月,余江县通过了省"两网"建设评估,被授予全省农村药品"两网"建设工作先进单位。

【新农村建设展新姿】　2006年,县委、县政府紧抓中央提出的新农村建设"二十字"方针不放松,按照"政府主导,农民主体,干部服务,部门帮扶"的工作思路,大力实施"三通四建五清"(通水泥路、有线电视、固定电话和网络;建沼气池、"三格式无害化"厕所,排污水管网,自来水设施;清垃圾、污泥、路障、空心房、乱搭乱建和乱堆乱放)为重点的新农村建设,从农民最关心、最热盼、最易直接受益的项目入手,解决农村最急迫的问题。全县38个试点村共投入资金1450万元,硬化村内道路112千米,实施"人饮安全"的用水户2835户,改厕2777户,与沼气相结合1984户,95%的试点村农村建成水泥路、85%的试点村农民喝上了干净水、84%的试点村家庭用上了卫生厕所、60%的农户使用了洁净能源。全县建有文化活动中心26个,面积达1万多平方米,村村通有线电视,极大地丰富了农民文化娱乐生活。

(宁海生　陈逊新)

主要领导人　县委书记、县人大常委会主任:林军(任至6月),周瑛(6月任)。县长:周瑛(任至6月),程芦山(6月任)。县政协主席:宋平先。

·贵溪市·

【简　况】　位于江西省东北部,信江中游,辖18个乡镇、3个街道办事处,总面积2480平方千米,其中市区面积17平方千米。耕地面积2.93万公顷,有林面积14万公顷,森林覆盖率为62.6%。总人口56.36万人,其中市区10.18万人,人口自然增长率7.49‰。2006年实现国内生产总值110.36亿元,同比增长24.5%。其中,第一产业增加值9.94亿元,增长3.4%;第二产业增加值77.96亿元,增长35.7%;第三产业增加值22.46亿元,增长7.2%。规模以上工业增加值66.99亿元,增长55.3%。主要工业产品有电解铜4434万吨、农药5356.5吨，化肥15.05万吨、水泥96.8万吨。主要农产品有稻谷30.9万吨、水果2.3万吨、蔬菜10.74万吨。2006年财政收入14.56亿元，增长45.2%；地方财政收入5.11亿元，同比增长36%；农民人均纯收入4069元，同比增长9.1%；城乡居民年末储蓄余额35.92亿元，增长15.5%。

【贵溪工业园对地方财政贡献率达三成】 经过3年的努力，2006年贵溪工业园成为全省6个民营科技园、30个样板工业园之一。园区对贵溪市地方财政收入的贡献率已达到30%，为贵溪市经济迅速崛起、连续3年保持全省县(市)财政收入第一起着重要支撑作用。

【贵溪市成为浙商投资的热土】 贵溪市广泛开展以"亲商、安商、富商"为主题的宣传教育活动，组成宣讲团深入社区、街道、机关和学校进行宣讲，严肃查处了几起损害外商利益的违规事件，在全市形成了"人人是环境，事事关形象"的浓厚氛围。与浙商的合作项目达110多个，占到全市招商引资总额的七成。

【隆重庆祝撤县设市10周年】 10月26日，贵溪市隆重举行撤县设市10周年茶话会。鹰潭市四套班子领导，鹰潭军分区领导、贵溪籍在外工作的领导，撤县设市以来原四套班子领导，驻市企业领导以及全市创业先锋和先进模范代表近200人出席茶话会。贵溪市委书记黄建平代表市委、市政府全面回顾了贵溪市建市10年来取得的辉煌成就，并展望未来更加美好的发展前景，号召全市人民为实现市四次党代会提出的"当好江西排头兵，争创全国百强县"的宏伟目标努力奋斗。

【新型合作医疗惠及农民】 贵溪市不断完善新型农村合作医疗管理制度，提高农民医疗费用的报销额度，缓解农民群众"看病难、看病贵"的难题，全市实施新型农村合作医疗3年来，共为农民报销医疗费2260.46万元，受益农民达2.18万人次。

【农业项目促进农民增收】 贵溪市积极实施农业项目带动工程，通过实施农业项目普及科学种田技术，促进农民整体素质提升，以点带面，以点带片帮助农民学科技、用科技，依靠科技增收致富，农业项目成为农民增收的"引擎"。全市实施科技入户示范工程，实施农业项目11个，总面积20多万公顷。

（徐年财　饶英富）

主要领导人 市委书记、市人大常委会主任：黄建平。市长：艾农。市政协主席：吴金荣。

赣州市

【概　况】 位于江西省南部，赣江上游，辖1区、2市、15县，总面积3.94万平方千米，其中市区建成区面积(章贡区和赣州经济技术开发区)43平方千米，耕地面积29.44万公顷，有林面积271.31万公顷，森林覆盖率为74.2%。总人口861.15万人，其中非农业人口36.96万人，人口自然增长率8.11‰。2006年实现生产总值(GDP)582.34亿元，同比增长12.8%。其中，第一产业增加值134.84亿元，增长3.3%；第二产业增加值226.83亿元，增长17.7%；第三产业增加值220.67亿元，增长14.7%。第一、第二和第三产业增加值占生产总值的比重分别为23.2%、38.9%和37.9%。规模以上工业增加值116.26亿元，增长19.97%。其中有色冶金及新材料业、非金属矿及新材料业、机械制造业、食品工业、轻纺工业、电子电器工业等六大主导产业完成增加值97.86亿元，增长22.89%。主要工业产品有原煤67.38万吨，减少5.78%；原盐9.17万吨，增长102.55%；发电量12.19亿千瓦时，增长43.16%；水泥516.85万吨，增长12.52%；10种有色金属6873.78吨，增加48.76%。农林牧渔总产值212.83亿元，增长3.97%。主要农产品有粮食260.53万吨，增长0.46%；油料8.33万吨，减少2.91%；水果78.93万吨，增长26.92%；肉类总产量59.29万吨，减少5.19%；水产品21.59万吨，增长7.78%。财政总收入56.65亿元，同比增长21.3%；地方财政收入30.46亿元，同比增长17.6%；全市财政一般预算支出86.64亿元，同比增长27%。农村居民人均纯收入3000元，同比增长9%。城市(章贡区)居民人均可支配收入9147元，增长11.56%。城镇单位在岗职工平均工资13122元，增长10.95%。居民家庭恩格尔系数，城镇为37.56%，农村为46.74%。城乡居民年末储蓄余额448.56亿元，比年初增长70.56%。

【赣州市国民经济和社会发展第十一个五年规划开始实施】 1月14日赣州市第二届人民代表大会第三次会议通过的《赣州市国民经济和社会发展第十一个五年规划纲要》年内开始实施，并实现了"十一五"规划的良好开局。(1)经济总量进一步扩张，产业结构不断优化。全市实现生产总值582.34亿元，比上年增长12.8%。三次产业结构比由上年的25.8:36.4:37.8调整为23.2:38.9:37.9。(2)工业生产持续增长，重点产业发展迅速。实现全口径工业增加值175.76亿元，比上年增长18.5%。重点产业增势强劲，六大主导产业完成工业增加值97.86亿元。(3)农业生产呈现稳定发展态势。实现农业总产值212.83亿元，增长3.97%。(4)固定资产投资适度增长，完成全社会固定资产投资223亿元，比上年增长19.9%。(5)外向型经济加速发展，对外贸易高进高出。全年引进外资项目249个，实际利用外资6.76亿美元，增长9.8%；完成外贸进出口总额6.92亿美元，增长36.3%。(6)财政收入增幅提高，金融形势基本稳定。全年实现财政总收入56.65亿元，增长21.3%，其中，地方财政收入30.46亿元，增长17.6%。金融机构各项存、贷款持续增长。至年底，全市金融机构各项存款余额643.04亿元，各项贷款余额293.49亿元。(7)居民收入继续增加，消费市场更加活跃。全年城镇(中心城区)居民人均可支配收入9147元，增长11.56%；农民人均纯收入3000元，增长9%。实现社会消费品零售总额184.60亿元，增长14.9%。物价涨幅趋稳，居民消费价格总水平比上年提高0.7个百分点。(8)就业和社会保障工作有力，各项社会事业协调发展。全年新增城镇就业人员8.46万人，城镇登记失业率为3.3%。全年城市居民最低生活保障人数10.2万人，比上年增加0.3万人，城镇职工参加基本养老、基本医疗、失业保险的人数分别达到28.58万人、39.05万人和30.23万人。

【新农村建设向纵深推进】 赣州市按照中央提出的社会主义新农村建设“二十字”总要求的精神，坚持和完善新农村建设的基本思路、经验和做法，将新农村建设向纵深推进。至年底，全市新增新农村建设村庄整治点3687个，其中省扶持新农村建设点1627个、市直(驻市)单位挂点抓的新农村建设点117个、各县(市、区)自主安排资金建设的新农村建设点1943个，全市新农村建设村庄整治点总数达到7354个。年内完成了14877个20户以上的村庄规划的编制，拆除“空心房”12.3万间，“空心房”改造面积达321.4万平方米，拆除废弃牛栏、猪圈、茅厕10.1万间，面积144.97万平方米；完成12.6万户的改水，改厕9.4万座，硬化通村组公路2345.3千米。

【以体制机制创新为核心的“十大体系”建设进一步推进】 赣州市十大体系建设历经3年的实践，至2006年，体制机制创新初见成效，各领域改革协调推进，经济增长的内生机制初步形成，经济发展逐步摆脱了长期以来依靠政府投资拉动的局面；与长珠闽特别是珠三角地区的政策落差、时空距离进一步缩小，对接功能和承载能力加速提升，发展环境日趋优化，一个有利于追赶和跨越的条件基本形成。市、县两级共实施十大体系物质载体建设项目134个。12月28日，全市十大体系进工业园活动启动仪式在赣县工业园举行，这是市委、市政府纵深推进十大体系建设，使十大体系走进工业园区，服务企业，促进经济发展的一大创举。

【关注民生工作取得七大成效】 2006年，赣州市各级党委和政府心系百姓，创新作为，让人民共享改革发展成果，关注民生工作在公共财政投入、教育、医疗、就业、社会保障、社会救助、住房、城市公交等方面取得了七大成效。

公共财政投入明显增多。全市社会保障支出4.89亿元，同比增加1.17亿元、增长31.6%，是财政支出中增长较快的项目之一；新增农村中小学改水、改厕、购置课桌椅资金1.09亿元，农村现代远程教育工程资金7383万元，农村中小学校舍维修专项资金6081万元，累计发放义务教育“两免一补”补助5578万元，惠及5.48万人次；投入农村文化专项建设资金1204万元，送戏、送电影下乡20756场次，观众达557万人次；全市财政支农支出达8.16亿元，同比增加1.8亿元，增长28%。

义务教育蓬勃发展。全市财政预算内教育拨款16.96亿元，较上年增长26.79%，高于财政经常性收入增长16.59个百分点；全年共争取市以上资金2.85亿元，新建、维修校舍43.59万平方米；全市首期城乡教育结对帮扶工程共帮扶农村薄弱学校259所；发放“两免一补”资金5578万元。

公共卫生事业发展喜人。有70%的乡镇卫生院和30%的村卫生所达到了规范化建设要求，新增了6个新型农村合作医疗试点县，参合农民增至210万，参合率为81.85%；19个疾病控制国债项目全部完工并交付使用，18个传染病区已全部建成。群众看病难看病贵问题得到缓解，全市患者平均费用较上年降低了2.4%，为群众“三免四减半”减免费用228万元。

劳动就业和社会保障工作成果丰硕。全年新增城镇就业人员84595人，下岗失业人员再就业37730人，安置困难群体再就业6707人，职业介绍补贴13.18万人，职业培训补贴4.68万人，劳务输出146万人，城镇登记失业率3.3%；全市五项社会保险(基本养老保险、医疗保险、失业保险、工伤保险、生育保险)覆盖总数达到126.63万人次，新增参保职工20.43万人次。五项社会保险基金合计征缴7.63亿元，同比增加1.18亿元；养老金的足额发放率和社会化发放率达到两个100%。

社会救助体系进一步完善。完善了生活、医疗、教育、生产、住房、就业、司法、舆论、慈善和结对帮扶“十大救助制度”，初步实现了由单一的政府救助向社会救助的转变，由单一的生活救助向综合救助的转变，全市社会救助水平在政府投入的基础上翻了一番，118.5万困难群众从中受益。

经济适用住房和廉租房建设进展迅速。全市经济适用住房(含拆迁安置房和集资房)建设规模达49万平方米，总投资约3.8亿元；全市18个县(市、区)中已有17个启动了廉租住房建设工作。2006年全市廉租住房的建设规模达36.33万平方米，总投资达2.2亿元；已开工面积6.2万平方米，其中中心城区施工面积为3.03万平方米，已于2007年1月竣工交付使用，共有435户家庭1345人受益。

城市公交事业加快发展。全市公交行业年营运收入4500万元，同比增长13%，实现税利200万元；行车完成2990万千米，同比增长6.8%；客运量达4789万人次，同比增长13.7%；新增车辆45辆，赣州城区公交车总数达367辆；新增公交线路2条，公交线路网长度达638千米；新建了一批港湾式候车亭，更新了公交候车站牌。

【林业产权制度改革基本完成】 2006年，赣州市继续在全市范围内推进以“明晰产权、减轻税费、放活经营、规范流转”为主要内容的林业产权制度改革。截至12月底，已对全市300万公顷山林进行了实地确权划界，林业产权在“三定”的基础上进一步明晰，占80%的集体林以自留山、责任山的形式被分到140多万户林农经营，其余20%的山林通过村民会议重新明确了经营权和收益权；大量山林权属纠纷得到调处，全市发生山林纠纷起数7112起，纠纷面积8.66万公顷，经过各级调解和处理，调处纠纷起数6609起，调处面积近7.6万公顷；林改的各项配套措施得到落实，全市15个县(市、区)建立了森林资源流转交易中心，引导林农组建了1197个民间林业协会，参加农户16万多户。通过林改，山林权属进一步明晰，减轻税费政策得到落实，山区林农增收幅度明显，社会造林育林护林的积极性空前高涨。

【新型农村合作医疗试点工作成效显著】 至2006年底,崇义、兴国、会昌、石城、宁都、瑞金、大余等7个县(市)新型农村合作医疗(以下简称新农合)试点工作运行平稳,参加农村合作医疗的农民充分享受到党和政府的关心和爱护,农民群众抵御大病风险能力得到增强,新农合试点工作效果明显。参加新农合人数为211.35万人,参合率为81.85%。全市共筹集新农合基金9693.51万元,已使用新农合资金5591.31万元。全市共补偿参合农民35.65万人次,其中门诊补偿26.96万人次,住院补偿8.69万人次;住院补偿中获得1万元以上的有132人,5000元以上的888人,3000元以上的2439人。

【市财政总收入突破50亿元大关】 2006年,赣州市按照"一条主线、六个重点"的工作部署,抢抓发展机遇,大力培植财源,强化收入征管,挖掘增收潜力,全市财政收入呈现出进度快、增幅高的良好态势。截至年末,全市财政总收入突破50亿元,达到56.65亿元。人均财政收入比上年增加117元,达到690元。全市地方财政收入突破30亿元,达到30.46亿元,同比增长17.6%,增幅比上年提高4.2个百分点,在全省排位由上年的第十位前移至第六位。逾亿元的县(市、区)达到18个,逾3亿元的县(市、区)达到6个,其中章贡区在全市率先突破了4亿元大关。

【纪念红军长征胜利70周年系列活动精彩纷呈】 5月10日,由中华文化发展促进会、中央人民广播电台、海峡之声广播电台共同主办的纪念红军长征胜利会师70周年大型联合采访报道活动在赣州启动。5月16日,由文化部全国文化信息资源建设管理中心、中国图书馆学会、省文化厅主办的全国"文化共享长征行"启动仪式在于都县中央红军长征第一渡纪念碑前举行。7月5日,"走红军路、演红军戏"上海木偶剧团《小红军》剧组重走长征路爱心义演首演、启动仪式在于都举行。7月6日,中央电视台30集大型少儿电视专题片《长征少年》摄制组一行到于都县,对当地"长征少年"体验红军长征艰辛活动进行拍摄。7月16日,"长征心愿之旅"深圳人助学支教万里行出征、捐赠仪式在兴国举行。7月23日,20余位开国元勋子女在瑞金叶坪红军广场烈士纪念塔下举行了"情系长征路——开国元勋子女重走长征路"活动的授旗启程仪式。7月30日,《长征组歌》大型公益演出剧组抵达赣州,8月1日起在瑞金、于都、兴国三地演出,以此开始踏上巡演长征路的万里征程。9月20日至10月1日,赣南日报报业集团重走长征路采访组从瑞金云石山出发,沿着当年中央红军的长征路线,跋山涉水,依次穿越了瑞金、于都、赣县、信丰、大余、崇义6个县(市),走完了赣南境内的数百千米长征路。10月16日,南昌铁路局"长征号"红色旅游专列在红都瑞金举行始发仪式,600多名江西游客踏上了瑞金至延安的红色之旅。10月18日,于都县"长征之歌合唱艺术节"在该县长征广场拉开帷幕,千余演员激情献艺,共同纪念中央红军长征胜利70周年。10月19日,赣州市"电视进万家"活动在于都县长征广场举行启动仪式,向长征出发地于都、瑞金、兴国、石城和长征沿线的15个县(市、区)578个村无彩电的老红军、老苏区干部、老党员、老模范、贫困家庭和"文明信用农户"赠送了5200台彩电。10月16~18日,2006'中国(江西)红色旅游博览会在赣州隆重举行。本届红色旅游博览会由江西省人民政府、国家广电总局、国家旅游局共同举办,主题是"红色摇篮,绿色家园",把红色之魂、绿色之韵、古色之特有机融合,充分展示出赣州地域文化的独特魅力,提升赣州红色旅游形象,增进区域间红色旅游发展合作,打造国际红色旅游品牌。11月,团中央、全国青联志愿者艺术团"老区行"赴于都、瑞金等地慰问演出。同时,由中国人民解放军电视宣传中心、赣州市委宣传部等单位联合拍摄的电视专题片《红土地的记忆》,由中央电视台中国国际电视总公司、赣州市委宣传部等单位合作拍摄的电视连续剧《那时花开》也陆续在赣南开机拍摄。

【《赣南脐橙》国家标准获国家标准化管理委员会批准】 8月,在确认无争议的情况下,国家标准化管理委员会正式批准了《赣南脐橙》国家标准,其标准号为GB/T200355~2006,成为中国首个脐橙国家标准,标志着"赣南脐橙"这一品牌已具有国际知识产权。按国家质检总局地理标志产品专用标志图案的要求,由赣州市质量技术监督局、赣州市果业局、赣州市果业协会、赣州市专家联谊会共同设计印制的赣南脐橙地理标志保护产品专用标志图案于10月18日起正式启用。这是赣南脐橙产品唯一的、标准的、合法的标志。

【赣州市遭受特大洪涝灾害】 5月26日以来,赣州市出现多次致灾性强降雨,导致全市18个县(市、区)普遍遭灾,尤其是"6.8"、"7.26"洪灾,上犹、龙南、信丰等县受灾更为严重。全市倒房之多,损失之大为近十年来之最。全市受灾人口达714万人(次),因灾死亡30人,失踪12人;农作物受灾面积13万公顷,农作物绝收2.5万公顷,毁坏耕地4600多公顷;因灾倒塌房屋6.6万间,损坏房屋20万间;大量交通、水利、电力、通信等基础设施被毁,经济损失达23亿元。灾情发生后,国家民政部先后启动了两次四级响应和一次三级响应,省委书记孟建柱等领导专赴灾区,慰问灾民,指导救灾。全市各级党委、政府以对人民群众生命财产高度负责的精神,迅速组织大批干部群众赶赴受灾现场,妥善安置灾区群众的生活。社会各界踊跃为灾区群众捐款捐物,帮助灾区人民战胜灾害、重建家园。灾后恢复重建顺利开展。因灾全倒重建户1.39万户,7.54万间,安置灾民6.3万人;新建灾民新村112个,安置灾民3324户、1.52万人;分散建房10576户,安置灾民4.78万人。每户建房户享受到的优惠政策和补助折款达6000元至8000元。

(赣州市编辑室)

主要领导人 市委书记:潘逸阳。市人大常委会主任:周英棠(任至12月),王昭悠(12月任)。市长:王昭悠(任至11月),蔡晓明(11月代、12月任)。市政协主席:罗春涛(任至12月),赖联明(12月任)。

·章贡区·

【简　况】 位于江西省南部,辖4个街道办事处,66个行政村,43个街道社区居民委员会和10个镇辖居民委员会。总面积425.5平方千米。总人口48.25万人,人口自然增长率6.32‰。2006年,实现区属生产总值34.1亿元,增长12.5%;其中第一产业实现增加值2.76亿元,增长1.4%,第二产业实现增加值17.65亿元,增长12.8%,第三产业实现增加值13.69亿元,增长14.6%。区属规模以上工业企业完成总产值41.53亿元,增长23%,完成工业增加值11.6亿元,增长3.7%。农业总产值4.91亿元,增长2.3%。粮食作物总产4.07万吨,减少2.5%;蔬菜总产9.40万吨,与上年持平;生猪出栏14.4万头,减少5.0%;家禽出笼831万羽,减少10%;水产品产量达0.51万吨,增长4.1%。全社会固定资产投资37.48亿元,增长21.2%。社会消费品零售总额44.08亿元,增长15.7%。实现财政总收入4.76亿元,增长21.9%;地方财政收入2.36亿元,增长26.0%。城镇居民人均可支配收入9147元,增长11.6%;农民人均纯收入3750元,增长9.1%。

【新型农村合作医疗运行良好】 2006年,全区继续加大新型农村合作医疗宣传力度,扩大参合面,全区参合率由2005年的72.97%上升为83.07%。不断完善农村合作医疗相关政策,4月制订《章贡区新型农村合作医疗基本用药目录》和《章贡区新型农村合作医疗统筹基金不予支付和支付部分费用的诊疗项目与医疗服务设施范围》,解决新生儿参合的问题,提高住院分娩、精神病参合患者在规定医院住院的补助标准。强化落实村级公示工作,全区统一制作66个行政村公示栏,每月各镇、村定期公示参合农民医疗费用补偿信息,保证农村合作医疗的阳光操作。将赣州市东河医院骨伤科纳入农村合作医疗的定点医疗专科,为参合农民提供质优价廉的医疗技术服务。新型农村合作医疗的全面实施运行受到广大农民的普遍欢迎。在人均筹资低于各试点县20元的情况下,因病住院的参合农民平均补助达921.5元,大大高于全省40个试点县617.34元的平均水平。

【"赣州·章贡区"政府门户网站建成开通】 章贡区以"政务公开,政民互动,网上办事"为目标,开发建成区政府门户网站。9月22日,"赣州·章贡区"政府门户网站正式开通。23个政府组成部门、6个镇、4个街道办事处均开通网站(网页)。至12月底,政府门户网站(页)提供125家部门(单位)入口,成为全区所有政府网站的总入口和网上办公的业务窗口。门户网站及网站群的开通运行,大大提升全区政务信息化水平。12月,"赣州·章贡区"政府门户网站获江西省政府网站专家评比和公众评议县级组二等奖(列江西省99个县〈市、区〉第7名),赣州市政府网站专家和公众评议县(市、区)组一等奖。

【中心城区征地拆迁属地化管理】 章贡区政府认真贯彻落实赣州市委、市政府中心城区实施征地拆迁属地化管理的要求,服从服务于城市化建设大局,举全区之力推进中心城区征地拆迁工作。成立区征地拆迁工作指挥部,组建中心城区土地执法监察大队,制发《章贡区章江新区征地拆迁安置工作方案(试行)》等配套文件,全面落实飞龙岛大桥及引道、兴国中路、中环东路、杉木树下道路、文清实验小学、区政中心等市政重点项目的征地拆迁工作。全年共完成章江新区和南外街道区域征地94.1公顷,拆迁168户,面积4万平方米,配合赣州市政府有关部门完成东郊路693户、6万多平方米的拆迁任务,较好地保证城市化进程和市政基础设施建设的用地需要。

【水西有色冶金基地开发建设】 全区大力推进水西有色冶金基地开发建设。该基地规划面积10.8平方千米,主要承载环保处理后能达标排放的有色金属冶炼加工、配套化工等工业产业。年内,共筹集资金9800万元,申报项目用地110公顷,以及开展主干道建设和征地拆迁工作;与赣州安华钴业有限公司、赣州天和永磁材料公司等9户企业签订《项目投资合同》,项目总投资8.6亿元。

(黄秋明)

主要领导人 区委书记:肖文群(任至12月),林泽发(12月任)。区人大常委会主任:卓民生。区长:李光春(任至1月),马玉福(1月任)。区政协主席:刘健。

·赣　县·

【简　况】 位于江西南部,赣江上游,素有"千里赣江第一县"之称。全县土地面积2993.09平方千米,耕地2.5万公顷,辖9镇、10乡,含276个行政村、3237个村民小组、14个居民委员会。总人口58.16万人,其中农业人口49.57万人。少数民族人口主要有畲族、蒙古族、回族、苗族、壮族、满族、布依族、侗族、白族、纳西族等,约占全县总人口的0.5%,其余均为汉族客家人。2006年,全县生产总值实现34.54亿元,同比增长13.5%,创近10年来最高增幅;财政总收入3.35亿元,增长32%,总量跃居全市第三位,创历史最高水平;地方财政收入8506万元,增长27.4%,增幅列全市第一;规模以上工业总产值增长42%,上交税收增长49%;社会固定资产投资增长20%,是历年来开工重点项目最多、投资规模最大的一年;社会消费品零售总额增长14.2%;城镇居民人均可支配收入增长13%;农民人均纯收入增长15%。三产比为26.4:45.7:27.9,二产比重提高了24.6个百分点,经济结构实现了由以农业为主向工业主导型转变。

【兴工强县成效明显】 2006年全县出口总额3553万美元,是4年前的4倍。全县规模以上工业增加值10.7亿元,比2002年增长950%,年均递增80%;工业税收由1677万元增加到2.08亿元,增长1140%,年均递增88%。园区经济快速扩张,入园企业达65家,累计实现工业税收3.23亿元,一亩地年创税达5.4万元,安置就业9641人,进入了省级工业园区先进行列。以稀土和钨钴为主的矿产品加工、轻纺化工、食品加工等三大支柱产业集群粗具规模,培育了远驰牌钨粉、菊隆牌甜菊甙等省级名牌产品,涌现了一批竞争力较强的骨干企业，其中年纳税1000万元以上的企业达5家。工业对财政的贡献率由2002年的35%上升到85%，工业占GDP比重由2002年的12.2%提高到36.5%。连续3年获得“全省工业崛起贡献奖”，2006年被授予“全省工业崛起10强县”称号。

【新农村建设成就斐然】 以村镇规划、“三清三改”和村庄整治为突破口，以发展新产业为着力点，扎实推进社会主义新农村建设。2006年完成2378个村庄规划编制，改造村组公路1015千米，完成改水17917户、改厕11379户，直接受益人口12.1万人。建成各类示范点324.个，其中吉埠枧田村企石示范点、南塘石院村示范点被国家建设部列为全国村庄整治培训班现场教学点。新农村建设做法被中国井冈山干部学院制作成教学案例。2006年被评为全市新农村建设综合先进县。粮食直补、农机补贴等支农惠农政策全面落实，累计补贴1873万元。粮食生产保持稳定，全县粮食总产量19万吨，比2002年增长5.7%。高效农业加快发展，脐橙、烟叶、无公害蔬菜、甜叶菊等优势产业基地进一步扩大。脐橙面积达到3333.34公顷，烟叶面积933.34公顷、无公害蔬菜6466.67公顷。畜牧水产业良种化、规模化建设取得新进展。农业产业化进程加快。全县农业龙头企业达14家、农村合作经济组织82家，带动农户3.54万户。

【第三产业日趋繁荣】 2006年第三产业上交税收4199万元，比2002年增长100%。旅游业快速发展，有效开发客家文化城、白鹭古民居等旅游点，累计接待游客66.9万人次，旅游总收入1.2亿元。货运物流等新兴产业蓬勃兴起。房地产业发展迅速，建设了一批花园式住宅小区。商贸服务业日趋活跃，连锁、超市等新型商业业态迅速发展，各类精品街、专业街逐步繁荣。金融业稳健发展，累计新增贷款54亿元，有力支持了地方经济发展。邮电通信业蓬勃发展。个私经济发展迅猛，全县个私经营户发展到10440户。市场消费持续升温，2006年全县社会消费品零售总额8.5亿元，增长14.5%。

【各项改革全面推进】 十大体系建设取得阶段性成果，人力资源、物流服务、社会保障等体系建设在全市率先突破，连续两年被评为全市十大体系建设先进县。国有集体企业改制力度加大，4年完成企业改制60家，消化不良债务4.5亿元，盘活资产1.2亿元，妥善安置企业职工8813人。建立国有资产监管新体制，确保了国有资产保值增值。农村税费改革稳步实施，实现了农民合同内“零”负担。农村信用社改革、林业产权制度改革、粮食流通体制改革顺利推进。县乡机构改革扎实推进，乡镇撤并工作顺利完成。县乡财政体制改革、部门预算和会计集中核算改革取得实效，公共财政体系框架初步建立。城镇职工医疗保险改革、新型农村合作医疗改革试点工作扎实开展。土地使用、教育、文化、行政审批、干部人事制度改革稳妥推进。

【人民生活水平明显提高】 坚持把改善民生摆在突出位置，大力实施民心工程，让广大群众得到了更多实惠。2006年，城镇居民人均可支配收入7405元、农民人均纯收入1859元，年均递增12.2%和7.4%。城市居民人均居住面积由2002年的14.2平方米增加到2006年的26平方米。年均新增城镇从业人员2768人，帮助1498名城镇失业人员和209名“4050”人员再就业，累计输出劳务29.7万人。社会保险覆盖面扩大到71609人，比2002年新增参保人员19903人，社会养老金按时足额发放。启动了廉租房建设，建立了城乡低保制度和社会救助体系，4060人享受城市低保，11963人享受农村低保，有效保障了受灾群众、困难群众、残疾人和社会弱势群体的基本生活。开展城乡困难群众医疗救助工作，累计支付医疗救助金41.8万元。扶贫攻坚力度加大，新建了23个移民安置点，完成深山区、库区移民搬迁6367人，农村6995名贫困人口实现脱贫。

【和谐社会建设扎实推进】 科技创新能力增强，共实施各类科技项目28个。进一步完善义务教育投入保障机制，新建、改建校舍6.5万平方米，启动了城关第三小学建设，“两基”目标全面实现，小学适龄儿童入学率稳定在100%，初升高比例从40%提高到56%，高考录取率达65%，职业教育走在全市前列。卫生事业加快发展，建成了县人民医院门诊大楼和县疾控中心，改扩建了一批乡镇卫生院和村卫生室，初步建立起了疾病预防控制体系、卫生监督体系和医疗救治体系。文化事业繁荣活跃，成功举办第十九届世客会祭祖游园活动暨中国（赣州）客家文化节和第三届中客会暨中国客家旅游文化节，在海内外产生广泛影响，赣县的知名度大大提升。体育健身活动蓬勃开展。完成了14个乡镇广电网联网，广播电视人口综合覆盖率达100%。计划生育工作再上新台阶，人口自然增长率比2002年下降了1.46个千分点。完成植树造林4600公顷，环境保护得到重视，土地市场有效规范，矿产资源有序利用。实施食品药品放心工程，保障了人民群众饮食、用药安全。突发公共事件应急体系初步建立。安全生产、道路交通安全、消防安全、防汛、森林防火、动植物防疫检疫等工作得到加强。社会治安防控和信访工作机制进一步健全，社会保持稳定。

（朱祥福）

主要领导人 县委书记：廖明耕。县人大常委会主任：兰应贵。县长：黄志标。县政协主席：曹良海。

·信丰县·

【简　况】 位于江西南部，辖13镇、3乡和信丰工业园管理委员会，总面积2878平方千米，其中县城面积18平方千米，耕地面积2.54万公顷，森林覆盖率66.5%。总人口69.17万人，其中非农业人口10.26万人，人口自然增长率8.45‰。2006年实现国内生产总值43.65亿元，同比增长12.8%。三大产业结构比由28:37:35优化为27:37:36。全县规模以上工业完成工业增加值5.78亿元，同比增长24.93%。主要工业产品有原煤22.29万吨，水泥143.9万吨，发电量3527万度，中成药282.7吨，人造板12.14万立方米，饮料酒11589吨。

农业总产值17.21亿元,同比增长4.8%,主要农副产品有粮食23.18万吨,烟叶3.2万担,以脐橙为主的水果8.63万吨,生猪出栏35.13万头,水产品产量1.94万吨。地方财政收入1.94亿元,同比增长10.2%;城镇居民人均可支配收入8332元,同比增加732元;农村居民人均纯收入3361元,同比增加212元;城乡居民年末储蓄余额31.19亿元,同比增长16.2%。

【工业发展明显提速】 一是工业发展水平快速提升。加大主攻工业力度,在铁石口、大桥、大塘埠3镇设立工业小区,引进一批企业。全年全县新增规模以上企业4家,总数达44家,其中销售收入逾1亿元的4家。完成工业增加值5.78亿元,增长24.93%,占GDP的比重提高2个百分点,实现销售收入17.18亿元,利税总额2.07亿元。2006年,被省委、省政府表彰为"全省工业经济发展先进县"。二是对外开放步伐加快。出台《信丰县鼓励外商投资的若干规定》等新政策,不断创新招商方式,实行一月一调度,一月一通报,半年一考核和组织处理制度,参加香港、东莞等一系列招商活动。2006年,全县新批外资项目34个,实际利用外资5322万美元,同比增长7%。引进内资项目102个,实际进资19.38亿元,同比增长15%,至年底,已竣工投资项目3个,开工建设项目59个。实现出口创汇2033万美元,增长868.1%,创历史新高。三是园区建设快速推进。全年县财政累计投入2000多万元,狠抓绿源大道东扩及园区二期开发建设,新征审批工业用地千余亩,平整土地53.33公顷。目前,园区开发面积达2.7平方千米。加强园区水、电、路等设施建设,增设金融、通讯及商业网点。工业园区实现产值10.93亿元,税收3514万元。2006年县工业园区被列为省级重点工业园和省级循环经济试点园区。

【农村面貌明显变化】 一是壮大农业产业。全县粮食产量23.18万吨,同比增长7.2%;新增果园面积1200公顷,同比新增666.67公顷,在中国(赣州)第五届脐橙节上喜获2个"金奖";烟叶866.67公顷,收购烟叶3.2万担,同比净增1万担;生猪出栏35.13万头,同比增长9.6%;水产品产量1.94万吨,同比增长2.5%。西瓜1480公顷,蔬菜1.048万公顷,均在上年略有增长,大力发展脐橙协会等各类新经济组织,全县经济组织达300多家。打造一批专业镇、专业村,如安西镇的脐橙,实现产值1.1亿元,达到村村有果园目标,其中安芫村人均脐橙达到0.13公顷,人均收入达6000多元。2006年,该县荣获"全市新农村建设先进单位,新经济组织先进县,新产业发展县"和"全省林业发展先进县"。二是开展村庄整治。全面开展三清,村庄卫生面貌有明显好转。狠抓360个新农村建设点建设,全县改水6603户,改厕6236户,硬化3米以上通村公路122.85千米。其中,嘉定马家、铁石口上高和新屋仔、西牛牛颈、大阿中观和竹子园,工业园白石、大塘埠沛东、古陂细山仔、安西莲丰下屋等村组成为全县高品位的靓丽新村。新农村建设成果已惠及农民4500户2万人。三是培育新农民。开展"文明信用户"评选,文明村镇创建活动,推进农村精神文明建设,培养一批有文化、讲道德、懂技术、会经营的新型农民。据统计,全县转移农村劳动力14万人,农村劳动力技能就业培训8000人。四是夯实农业基础。完成第二轮农村土地承包经营权证换发工作。重点抓6.8洪灾水毁工程的维修和8座小(二)型水库的除险加固工作,在全市率先完成消灭无电村工作,县供电公司被国家电网公司授予"户户通电"工程建设先进集体。严格耕地保护制度,实施古陂、万隆等乡镇的土地整理项目。启动龙舌至韩坊公路等46条203千米的县乡公路建设,共完成110千米水泥路面改造,是历史上开工里程最长,工程量最多,规模最大的一年。

【关注民生确保和谐平安】 全年城镇新增就业人员1347人,下岗失业再就业人员7200人,劳务输出10万人。全县社会保障补助支出2328万元,同比增长29%;全县抚恤和社会福利救济支出4103万元,同比增支2557万元,增长165.4%。失地农民和水库移民生产生活得到有效保障;离退休职工基本养老金、城镇低保对象最低生活保障费、失业人员保险金等都按时足额发放。被评为"全省城市低保工作先进县"。扎实开展"6.8"洪灾灾后重建工作,向上争取资金近2000万元。确保受灾人口有衣穿、有饭吃、有房住、有书读、有医就。年底已有1648户受灾倒房户搬进新居。狠抓煤矿、非煤矿山等重点行业的安全生产工作,没有发生特大安全生产事故,继续保持对违法犯罪行为的高压打击态势,破获各类刑事案件411起,破案率67.6%。摧毁犯罪团伙30个,成员118人。全年没有发生重、特大刑事案件,群众的安全感、幸福感增强。

(罗才胜　赖辽政)

主要领导人 县委书记:陈晓春(任至5月),郑世飘(5月任)。县人大常委会主任:王运朝。县长:廖云东。县政协主席:刘和秀。

·大余县·

【简　况】 位于江西省西南部,总面积1367平方千米。辖8镇、3乡,含105个行政村、8个居民委员会、1037个村民小组。全县总人口29.29万人,其中非农业人口8.74万人,人口自然增长率6.13‰。有畲族等17个少数民族6279人。2006年地区生产总值30.18亿元,同比增长16.2%,其中第一产业5.78亿元,增长3.1%;第二产业13.81亿元,增长25.4%;第三产业10.57亿元,增长13.5%,三大产业结构比由上年的26:37.7:36.3调整为19.4:45.5:35.1。主要工业产品有:钨精矿11976吨、发电量4785万千瓦小时、啤酒4511吨、服装50.14万件、水泥50400吨、多味花生1047吨。主要农产品有稻谷85069吨、红薯2945吨、豆类941吨、花生3301吨、油菜籽36吨、甘蔗1390吨、茶叶20吨、水果19886吨、出栏肉猪20.1万头、出笼家禽77120百羽、肉类总产2.8万吨、水产总产7927吨、商品蔬菜14.61万吨、花卉150万盆等。全年实现财政总收入3.18亿元,同比增长32.4%,其中地方财政收入1.5亿元,同比增长25.5%。城乡居民储蓄存款余额19.5亿元,同比增长18.7%。年末在岗职工平均工资13650元,农民人均纯收入3429元,比上年增长10.1%。

【成为全市首个人均财政收入超千元县】 2006年,大余县通过引进外资、激活民资和实施"工业强县"战略,全县形成以钨为主的有色金属精深加工业,以铜材为主的铜产品生产:加工业,以啤酒、板鸭为主的食品药品业,以电子、服装针织、日用化工为主的轻化工业四大优势产业集群。钨、铜产业得到超常规发展,重点企业和纳税大户全面增长。至9月12日,全县完成财政总收入2.79亿元,占年计划的100.7%,成为全市第一个提前110天完成全年财政收入任务县。至10月31日,实现财政总收入3.12亿元,人均财政收入达1076元,成为全市首个人均财政收入超千元县。至年底,完成财政总收入3.18亿元,比上年增长32.4%,是赣州市财政收入逾3亿元的6个县(市、区)之一。

【积极推进政府管理创新】 2006年,县政府制定、修订并出台了《大余县人民政府工作规则》《大余县行政审批部门责任制度》《大余县行政许可项目联合办理工作暂行办法》《大余县人民政府决策咨询委员会工作规则》《关于全面推行乡镇政务(村务)公开质询制度的实施意见》等16个文件,全面推行县长工作例会制、领导业务与法律知识讲座制、决策咨询制、岗位责任制、服务承诺制、首问责任制、一次性告知制、督查销号制等制度规定。

政府工作坚持决策公开,成立决策咨询委员会,凡重大问题与决策,在广泛征求意见的基础上,提交政府常务会研究决定,凡涉及全县经济社会发展大局议案,提交人大常委会讨论决定,凡与人民群众利益密切相关重大事项,采取听证会、座谈会、协调会形式,均实行社会公示。坚持审批公开,将22个具有审批权限的收费职能的部门集中在县行政服务中心统一办公,一个窗口对外、一条龙服务,以市委、市政府下放的99项市级审批权限试点县为契机,对全县的行政审批项目进行全面清理,取消行政审批事项17项,取消和降低行政事业性收费项目108个,对在中心规范运行的197个审批项目,全部在《办事指南》和电子触摸屏上公示。坚持财务公开,实行会计集中核算、政府集中采购,推行"乡财县管乡用"、县直单位部门预算编制改革试点,成立招投标中心,规范建设工程、政府采购、土地出让、产权交易、工程招投标等国有资产交易行为,实行"阳光操作",对公开重大专项资金使用情况,实行联审制,强化财政资金的监管力度。积极推行"面对面"公开对话,不定期由政府组织职能部门在县街心广场举行公开对话会22场,接受群众咨询10220余人次,现场解答疑难问题9430个,听取群众建议意见1358条。加大电了政务公开力度,先后建立了大余县政府网、钨都网、花卉网、农经网、教育网、人民医疗网、大余工会网、轻化工业网、大余论坛等对外宣传网站,县政府办公室、县人民医院、各商业银行、县林业局、县供电公司等12家窗口单位设立了大型电子显示屏或电子触摸屏,使政务公开的质量和水平得到较大程度提高。

2006年,县政府通过在新城、吉村、黄龙、青龙等乡镇的试点,在全省率先建立政务公开质询制度。政务公开质询采取即问即答的形式,由职能部门、乡镇政府或村"两委"组成受询小组,接受人大代表、政协委员、村(居)民代表、"五老"代表及热心公益事业群众的提问,对政务中不清楚、不明确的内容、数据,干部工作中不到位、不作为、违纪违规等行为进行当面质询,受询小组对质询会提出的问题,能即时解决的即时解决,不能即时解决的作出合理解释。同时,建立健全政务公开星级达标制度、政务公开"销号督查"制度、行风评议达标制度、投诉处理制度等,推进政府管理创新,促进了干部依法行政,转变了干部作风,提高了办事效率遏制了行政腐败,加快了经济社会发展,推进了社会和谐。

【城市化进程继续加快】 成立以县委书记为组长的推进城市化工作领导小组和日常工作机构推进城市化建设。在完成县城总体规划编制的基础上,出台推进城市化工作方案及相关配套的政策文件,建立推进城市化工作目标责任制,中心城区市政公共基础建设投资7986.6万元,基本建成县文化中心、体育中心、公务写字楼、时代花园、中山南路、中山北路、汽车南站、金莲山大道延伸段等重点工程,完成旧城改造面积0.23平方千米,新增城市道路面积6.68万平方米,新增排水管道12.6千米,新建水冲式公厕2座,新建垃圾中转站4座,兴建垃圾无害化处理场1个(完成一期工程),城市垃圾袋装率达90%以上,环卫设施普及率达90%经上,新增安康休闲广场1个,面积7621平方米,新建供水管网5千米,新增园林绿地面积6.5公顷,新增公共绿地面积3.34公顷,人均拥有公共绿地面积8.92平方米,兴建廉租房、安置房、经济适用性住房3幢建筑面积7662平方米,城市建成区面积扩大至9.8平方千米,比上年增加1.2平方千米,城市化率为37.36%,比上年提高3.5%。从群众最关心的热点、难点入手,加大对城市的管理力度,全年查处违章摊点占道行为800余起,收缴各类违章物品10车次,拆除破旧户外广告40余块,督促新置广告牌经营户补办手续90块,铲除公共场所余土、垃圾100余方,清除假坟墓2座,查处损坏、破坏园林设施、树木案件15起,对城区"一河两岸"的夜宵、冷饮摊点实行竞标,向城区建筑施工单位发放违章整改通知书300余份,向城区工程车司机发放整改通知书100余份,对南安大道、伯坚大道等路段绿化带进行了维护,县城面貌更加美化、亮化,管理机制更加完善。

【城乡低保让百姓共享发展成果】 2006年底,经对全县所有的"常补对象"和"非常补对象"的重新划分和年度审核,全县纳入城市低保范围有2631户7966人,占全县非农业人口的8.5%,全年共发放城市居民最低生活保障金721.52万元,月发放资金60.13万元,月人均补差75.12元。其中"常补对象"有591户803人,月人均补差120元;"非常补对象"有2040户7163人,月人均补差70.56元。实现了低保对象划分准确,有进有出,能升能降的动态管理下的应保尽保。2006年,大余县按照保障基本生活,属地管理,动态管理和公开、公平、公正的原则,以规范管理、完善措施、建章立制为重点,制定并颁发《大余县农村居民最低生活保障办法》《大余县农村居民最低生活保障家庭收入核定办法》等文件，在全市、全省率先建立农村最低生活保障机制。同时，县政府出台《关于在全县建立农村居民最低生活保障监督员、评议代表制度》政策措施，在人大代表、政协委员、离退休党员干部、热心低保工作居民中选聘103名低保工作监督员，负责对村委会、乡镇及县低保工作的监督。全县农村低保工作遵循个人申请、村委会审查、乡镇审核、县民政局审批的救助程序，以户为单位，分"常补对象"和"非常补对象"进行分档救助。经调查，全县确定1892户6000名家庭月人均收入低于70元的农村居民为农村低保对象。全年发放农村低保金182.80万元，月人均补差25.4元。为贯彻落实省、市《关于切实加强社会弱势群体生活保，工作的实施方案》精神，以建立健全城市居民最低生活保障机制为基础，县成立城乡社会救助工作领导小组，县民政局成立社会救助中心，各乡镇成立社会救助所，村(居)委会设立社会救助站，全县形成城乡三级救助工作网络。县委、县政府颁发《大余县城乡医疗救助实施方案》《大余县城乡困难家庭教育救助实施办法》《大余县城乡困难家庭医疗费用减免实施办法》《关于完善城乡困难群众法律援助制度的实施意见》《关于建立与完善城乡困难群众慈善救助的实施意见》等10项社会救助体系配套文件，从医疗、教育、就业、慈善、结对、法律援助、生产等方面给予专项救助，打造一个城市困难群众多层次多方位的社会救助平台。县民政部门投资68万元建成县级社会救助站，制订相关措施对患有急性心肌梗死等111种大病的低保对象实施3000～6000元的一次性医药费补助，对150户城市低保对象家庭实施了慈善救助，救助物资折金4.5万元。教育部门对贫困学生实施了"两免一补"的就学救助。司法部门为24户城乡低保家庭提供了法律援助。县慈善会设立慈善超市，对低保困难家庭提供了生活方面的慈善救助。县劳动就业部门安排了城乡低保对象300余人到外资企业就业。

【农民标准化培训扎实推进】 在新农村建设工作中，围绕"五新一好"总体目标，按照"政府引导、市场运作、部门监管、农民受益"的思路，以农业主导产业和特色产业为依托，以劳动力需求为导向，建立健全了一套从培训教材、培训基地、培训模式到培训考核的标准化操作规程，强势推进农民标准化培训工作。县委、县政府成立农民标准化培训领导小组，对全县的农民培训工作进行统规划和领导，同时，县财政连续5年每年安排100万元专项基金，用于农民标准化培训。巩固和充实了县职教中心、县就业培训中心、赣州大余联通职业学校、县委党校、县进修学校5个县级职业技能培训基地和县农业局新技术培训学校1个与主导产业相结合的县级农业实用技术培训基地，乡镇建立职业技能培训基地11个、农业实用技术培训基地15个，认定40个县内工业园区企业及珠三角地区企业为县职业技能培训地，认定20家农业加工企业为农业实用技术示范推广户。县标准化培训办公室按照"实用、实际、实效"和"一头联产业，一头联企业"的要求，组织制定了公共知识、专业知识和就业指导三类标准化教材。建立县级农民知识化工程师资库，有各类教师107名，农口各单位也建立相应的师资库，聘请生产一线技术能人36人为兼职教员，聘请中国农科院花卉研究所等科研院所专家15名为顾问。对受训农民实施标准化考核，考试考核合格后，颁发国家统一的技术等级证书或职业资格证书，由劳动就业部门组织推荐就业。2006年，全县共举办培训班346期，培训农民15248人，其中农业实用技术培训班248期10208人，职业技能培训班98期5040人，转移非农就业10328人，使2619名务工农民实现了由体能型向技能型的转变。

【"文明信用农户"评选成功实践"大余模式"】 在全市统一开展的创评"文明信用农户"活动中，县委宣传部、文明办、农信社等部门组织专门人员深入农村基层第一线，开展细致的调查研究，在对创评活动进行监督的同时，努力探寻更贴近基层、更贴近群众、操作更严谨的创评流程。为使农户从"旁观者"变成真正的"当局者"，大余县在实施过程中，确定了以村为单位，以农户为道德评定对象，由县委、县政府有关部门和农信社共同参与，将创评活动的"三评两榜一确定"细化为"十二步流程"，即宣传发动——海选公评公议会——家庭档次自评——家庭道德档次互评——家庭道德档次总评——张榜公布各家庭档次——推选"文明信用农户"——初定"文明信用农户"名单——审"文明信用农户"名单——确定"文明信用农户"名单——为"文明信用农户"命名、授牌、发证——兑现优惠政策等程序和环节，使创评工作形成流程。同时，建立工作责任制、县乡(镇)两级督查制、票决制、公示制等6项制度，出台《大余县十佳"文明信用农户"评定办法》等办法，加强对创评工作的有效管理。

全县对"文明信用农户"家庭道德的档次实施动态系统化管理，将原评定的"文明信用农户"列为"一星级"，再次被评定的则提升为"二星级"，以此类推，使"文明信用农户"评选活动成为一项有价亦无价的道德价值体现。至2006年，全县农村家庭共评出"文明信用户"3450户，其中有2039户被评为"一星级文明信用农户"。2006年末，在全市"文明信用农户"和"塑造新风貌"工作会议上，大余县独创的"十二步流程"被确定为开展"文明信用农户"创评活动的"标准"，并在全市推广执行。

【科技创新为企业发展提供"原动力"】 2006年，以科技创新为核心，为工农业发展提供"原动力"。全县共申报实施了14项科技计划项目，其中省级计划项目4项，市级计划项目2项，县级计划项目8项，项目总投资5000余万元，其中科技三项费投入14万元。在全县实施农业良种工程，引进推广了甜玉米金威201号、黄金1号、黄金3号，"巴地拉"优质果蔗，台湾茄子等优新品种，均获较好推广价值。金牌帆船食品(大余)有限公司实施甜玉米深加工项目，新建800平方米冷冻库一座，每年可向市场供应甜玉米罐头15000吨。兴邦科技开发有限公司实施米邦塔食用仙人掌高产技术研究推广项目，在青龙镇推广种植仙人掌40公顷，亩产值2.4万元。县经济作物技术站实施蔬菜制种与栽培配套技术体系的研究与应用项目，以青龙、池江镇为核心区，辐射至新城、南安、浮江等乡镇，发展蔬菜制种面积 66.67 公顷，蔬菜种植面积 2666.67 公顷，蔬菜产品总产值 9600 万元。县润盛园艺公司实施花卉产业可持续发展模式示范基地建设项目，通过采用脱毒(克隆)组培技术和推广金边瑞香无土栽培技术，带动全县金边瑞香种植。11 月，在中国星火计划 20 周年成果展上，县金边瑞香花卉研究所推荐的《虎舌红人工驯化繁育和无土栽培技术研究》项目获优秀参展项目奖。

县设立工业园发展专项资金，鼓励民营企业实施科技创新，增强民营企业的科技创新能力。县科技局与赣州邦达高科制药有限公司及省中医药研究院经数年潜心研究金边瑞香的药用价值，研制成功第一代瑞香药用产品——“金瑞爽洁洗液”，4 月通过江西省卫生厅组织的专家认证，并获生产批文，产品经江西省疾病预防控制中心检测，符合国家标准，6 月正式投入生产。7 月，协助大余超弦光电科技有限公司通过由省信息产业厅、省科技厅、省经贸委组织的 2006 年新产品鉴定会的鉴定，经鉴定，产品已达到国内先进水平，其中部分技术和工艺已达到国内同行领先水平，企业获“江西省高新技术企业”称号，其生产的红、黄、蓝、绿、白“超高亮光二极管”5 种产品均获“江两省高新技术产品”称号。协助江西悦安有限公司申报“高压循环羰基铁粉生产技术”，并通过省级成果鉴定，申报 2006 年国家级科技型中小企业创新基金通过省创新基金管理中心专家的初审。9 月，江西理工大学科研专家组成服务团到大余县东宏锡制品有限公司考察后，根据专家服务团的建议，企业迅速与中山大学建立技术合作关系，引进先进的生产工艺，企业生产由粗加工走向深加工，锡制半成品的附加值增加了两倍以上，为企业创造了巨大的经济效益。大余县伟良钨业有限公司投资 58 万元从中南工业大学购进热杆球模生产技术专利，有效解决了仲钨酸铵生产中用白钨及混合矿作为原料的难题，生产 1 吨 APT 所需要的精钨矿由原来的 1.65 吨下降至 1.43 吨，使企业生产成本下降，经济效益明显提高。科技创新，正成为大余工业企业发展强大的“原动力”。

(邓思喜)

主要领导人 县委书记：刘建平(任至 1 月)，张裕生(1 月任)。县人大常委会主任：刘树明(任至 6 月)，曹丽英(11 月任)。县长：严家春(任至 6 月)，邱英祥(6 月任)。县政协主席：许燕谏。

·上犹县·

【简　况】 位于江西省西南、赣州市西部，辖 5 镇、9 乡、131 个行政村，总面积 1543.87 平方千米。2006 年全县实现生产总值 15.7 亿元，同比增长 13.3%；实现财政总收入 1.25 亿元，增长 20.3%，其中县级收入 0.78 亿元，增长 13.9%，财政支出 3.02 亿元，增长 30.1%；实现社会消费品零售总额 4.57 亿元，增长 14.3%；完成固定资产投资总额 5.15 亿元，增长 19.2%；全县各项存款余额 16.9 亿元，增长 22.7%，各项贷款余额 5.2 亿元，增 5.1%。被评为全市“十大体系”建设综合先进县，全市人口和计划生育工作先进县和全省计划生育优质服务县，省市“村村通”广播电视先进单位；被全国妇联、中央综治办等六部委评为全国“平安家庭”创建活动先进县。

【招商兴工成效明显】 全年引进外资企业 14 家，实际利用外资 2687.4 万美元；引进内资企业 55 家，实际进资 4.87 亿元，同比增长 19.4%；实现外贸出口 2021.1 万美元，同比增长 129.7%；成功引进了中和机械、行田电产、容恺斯电子等一批投资规模超千万元的企业。积极引导扶持有色冶金及金属加工、玻纤及新型材料等主导产业发展壮大。晨光稀土公司与中国五矿集团签订了合作协议，实现了增资扩产；投资 5000 万元的海盛钨钼完成厂房建设，正在安装调试设备；社溪铜冶炼厂建成投产；华强电池、营前矿业、沿湖玻纤、滨江机械等企业发展为规模以上企业。引进了社溪萤石精选厂，已完成机械设备安装调试。园区建设步伐加快，主园区一期工程路网、水电等基础设施建设基本完成，有 6 家企业新入园区。全年规模以上企业实现工业增加值 3.71 亿元，实现销售收入 11.42 万元，实现利税 5770 万元，比上年分别增长 26.0%、53.9%、229.6%，工业对国民经济的贡献率达 58.0%，比上年提高 6.2 个百分点。

【农业发展后劲增强】 全年发放种粮补贴、良种补贴以及新增化肥、燃油补贴 677.84 万元。成功争取灵潭水库除险加固项目；开展了国家“十一五”农村小康电气化县项目申报工作；实施了蛇头印、龙船陂、横岗等灌区工程建设，恢复和改善灌溉面积 233.33 公顷，完成水土流失综合治理面积 0.3 万公顷。农业产业化建设有新进展。完成粮食播种面积 1.65 万公顷，实现粮食总产 8.86 万吨。新开发茶叶种植面积 40 公顷、脐橙种植面积 53.33 公顷，新增网箱养鱼 600 箱，建设初具规模的产业基地 36 个，初步形成了茶叶、畜牧业两个主导产业和油茶、特种水产、果蔗、无公害蔬菜等区域特色产业。“梅岭”牌茶叶被评为省著名品牌，实现本县产品省著名品牌零的突破。仙湖绿月大米通过国家绿色食品发展中心 A 级认证，绿月牌香芋通过农业部农产品质量安全中心无公害农产品认证。对东魁杨梅和白茶种植、油茶深加工、脐橙分级包装项目进行了考察论证和引进。

【新农村建设步伐加快】 完成村庄规划 1022 个，村庄规划编制完成率 85%；全县有 3.42 万农户投工投劳参与新农村建设，筹集各类资金 1500 万元，新建新农村建设示范点 112 个，修建通组公路 99.3 千米，拆除空心房 9.4 万平方米，整修民房 2995 栋。通过“三清三改”，完善基础设施建，乡容村貌明显改善。

【城市建设升温加热】 完成县城第三轮总体规划修编、园林绿地详规编制以及文峰小区延伸等区域详规。全年投入 5310 万元用于城市建设。新区建设步伐加快，林业、工商等新区办公大楼竣工使用、行政中心大楼主体工程完成；文兴路至三中路段硬化工程，犹江大道人行道的硬化和绿化；完成了和平路、沿江南路等路段绿化工程及犹江大道、文峰路、稍口沿江南路等路段亮化工程；完成了新区供水加压站建设和部分自来水管网建设；12条主次干道的整修翻新全面完成，在城区主要地段设置了道路标识、标线和红绿灯。被评为“全省文明城市创建工作先进县”。

【旅游产业初具规模】 希桥酒店竣工开业，陡水湖京明度假村完成了主体工程。启动了梅水至陡水旅游公路、南河生态农庄等旅游重点工程建设。陡水湖风景名胜区被评为江西省“百佳景点”。成功承办第三届中国生态旅游发展论坛，进一步扩大了本县生态旅游知名度。加强区域合作，签订了赣、湘、粤三省六县（市）区域旅游合作框架协定，拓宽了客源市场，全年接待游客16.5万人（次），增长12.2%，实现旅游综合收入1.05亿元，增长13.6%。

【抗洪救灾重建家园】 7月26日凌晨，受第五号台风“格美”的影响，上犹遭受了一场突如其来、百年未遇的特大洪涝灾害，五指峰、营前、双溪、水岩、紫阳等11个乡镇受灾严重，21.3万人受灾，死亡19人，失踪8人，损坏公路面494千米，冲毁大小桥梁127座，农作物受淹面积2800公顷，倒塌房屋4168户、22347间，造成直接受经济损失3.69亿元。县委、县政府领导和其他县级领导在灾情发生后第一时间内亲临灾区组织抗洪抢险，省、市领导孟建柱、舒晓琴、潘逸阳、郝敬民、熊盛文、王昭悠等深入上犹灾区指导救灾，全县人民全力以赴投入抗洪抢险工作。开展了为灾区献爱心捐赠活动，共接收社会各界赠捐资金255万元。为使灾区群众渡过难关，累计发放救灾救济资金963万元、大米115万斤、衣被12万件，确保了灾区群众有饭吃、有衣穿、有房住、有病能得到及时救治；灾后重建有序推进，以最短的时间全面恢复了灾区交通、通讯；全县安排灾民安置点的基础设施以及交通、农田水利等第一批灾后重建项目247个，总投资1514.19万元；按每户重建户最低补助4000元标准，全县共安排全倒户重建补助资金506万元，使90%以上的全倒户年内搬进新房。

（谢东才）

主要领导人 县委书记：何福洲。县人大常委会主任：肖承源。县长：何舜平。县政协主席：刘烈德。

·崇义县·

【简　况】 位于江西省西南部，总面积2206.27平方千米，县城面积5.6平方千米。辖6镇、10乡，人口20万，现有耕地面积10042.353公顷，有林地面积16.04万公顷，森林覆盖率为85.6%。2006年，全县国民生产总值实现18.12亿元，按可比价计算增长10.5%。财政总收入2.23亿元，同比增长39%，地方财政收入9861万元，同比增长12.7%，被省政府授予2006年县级财政收入三年翻番奖。2006年，第三产业实现增加值5451万元，比上年增长7.2%。全县金融机构存款余额17.1亿元，同比增长35.5%。

【工业生产增势强劲】 全县规模以上工业累计完成工业总产值25.48亿元，同比增长56.22%；工业增加值7.97亿元，同比增长23.82%。经济效益稳步提升。全县规模以上工业累计实现销售收入25.80亿元，同比增长68.52%；实现利润2亿元，同比增长77.54%；实现税金1.48亿元，同比增长49.21%。主导产业快速成长。在规模以上工业中，四大主导产业实现工业增加值7.88亿万元，同比增长25.62%；销售收入25.58亿元，同比增长72.75%；其中矿业23.17亿万元，林业1.11亿万元，食品3172.70万元，水电9784万元。实现税金及附加1.81亿元，同比增长87.28%。

【新农村建设稳步推进】 新农村建设力度加大，农民收入稳步提高。全县实现农业总产值5.94亿元，同比增长4.06%，脐橙总产9862吨，粮食总产5.08万吨。羊出栏4.9万头，水产品总量1.04万吨，生猪出栏7.47万头。全年农民人均纯收入达到2934元，比上年增加190元，增长6.9%。全县投入新农村建设资金增加，发动社会各界捐资捐物，累计捐助资金和实物149.2万元，改造通村、通组路50.5千米，通户便道53.275千米，铺设饮用水管道15万多米，新改建“三格式”厕所1019间，双瓮式厕所148间，新建沼气池2039座。房屋亮化12余万平方米，拆除或改造“空心房”面积达到5.816万平方米。

【城镇建设步伐加快】 全年共完成城乡建设总投资4600多万元，进一步加快了县城和小城镇建设步伐，为实现经济追赶型、跨越式发展和社会事业的全面进步奠定了基础。县城累计投资900万元用于市政基础设施建设，完成新建、扩建、改建街道总面积6700平方米。

【党风廉政建设有新突破】 2006年，全县共受理群众来信来访129件次，初查核实违纪线索93件，立案查处17件，其中大案要案4件，给予党纪政纪处分19人，其中开除党籍8人，通过查办案件挽回直接经济损失174万元。2006年，县纪委采取有力措施，突破了一批有重大影响的大案要案。涉案金额31.1万元。这些大要案的查处，有力地惩治了腐败，纯洁了党员干部队伍，增强了人民群众反腐败的信心。

【社会事业蓬勃发展】 2006年，认真贯彻实施公务员法，稳步开展机关事业单位工资制度改革，加快事业单位人事制度改革，全年共引进各类人才100余名。及时为专业技术人员申报中、高级职称86人；截至11月底征缴养老金1344万元，拨付养老金1517万元，社会化发放率达100%。实现城镇新增就业人数2264人（占任务151%），下岗失业人员再就业1043人（占任务数149%），困难群体（4050人员）再就业107人（占任务119%），免费职业介绍5568人次（占任务139%），省外劳务输出36741万人，公民职业化培训人数2684人，失业保险征缴95.6万元，城镇登记失业率控制在2.7%。基本医疗参保7472人，征收医保基金380万元，当期征缴率99.5%，较上年增加75万元，增长19%；裁决调解劳动争议案件12起，涉案金额48.3万元，结案率100%；受理拖欠农民工工资案件4起，涉案金额5.1万元，结案率100%。

（郭文良）

主要领导人 县委书记:彭业明。县人大常委会主任:彭业明。县长:曾凡(任至5月),廖长荣(5月代)。县政协主席:刘大新(任至9月)。

·安远县·

【简 况】 位于江西南部,辖8镇、10乡,159个村委会、11个居委会。总面积2374.59平方千米,其中市区面积7.65平方千米。耕地面积1.34万公顷,有林面积19.94万公顷,森林覆盖率83.4%。总人口35.15万人,其中非农业人口5.85万人,人口自然增长率7.39‰。2006年实现国内生产总值16.45亿元,同比增长12.4%。其中,第一产业增加值6.58亿元,增长4.1%;第二产业增加值3.40亿元,增长26%;第三产业增加值6.47亿元,增长15.5%。工业总产值4.23亿元,增长78.9%。主要工业产品有稀土氧化物6005.04吨、齿轮234吨、中成药240.78吨、软饮料1.49万吨、服装20万件。农业总产值10.37亿元,增长5.5%。主要农产品有脐橙14.8万吨、食用菌410吨、西(甜)瓜4.9万吨、生猪出栏15.62万头、存栏10.22万头。地方财政收入0.65亿元,同比增长5.6%。本级及专项追加支出2.84亿元,同比增长30.1%。城镇居民人均可支配收入5877元。农村居民人均纯收入2513元,同比增加46元。城乡居民年末储蓄金额13.23亿元,增长28.04%。

【中国—东盟柑橘质量标准与国际贸易论坛在安远举办】 12月20日至22日,由国家农业部主办,江西省农业厅、赣州市人民政府承办,安远县人民政府协办的中国—东盟柑橘质量标准与国际贸易论坛在安远县举办。来自东盟各国以及韩国的政府官员、专家和果品经销商,国家农业部有关领导、全国8个柑橘主产省的有关领导、全国柑橘骨干龙头企业的代表、赣州市领导及各县相关领导、果业局长等中外来宾近200人参加此次论坛;论坛分为现场参观、专题报告和企业交流三大部分。这次会议是一次推动中国与东盟及周边国家在水果技术、农产品贸易等方面的交流与合作的重要会议,也是本县有史以来第一次承办的国际性会议,对提升安远乃至赣南脐橙品质,促进赣南脐橙销售有着重要意义,也为赣南走向世界提供一个重要机遇。

【工业经济实现突破性发展】 2006年完成规模以上工业总产值4.23亿元、增加值1.36亿元,分别是2002年的560%、620%,被省政府授予"工业经济考评年度贡献奖",初步形成了以矿产品深加工、脐橙深加工及配套产业、电子类加工为主的工业支柱产业。培育了产值、销售收入均超亿元的龙头工业企业,标志着县工业经济进入了龙头带动型发展的新阶段。工业园从无到有、从小到大,2006年安远工业园升级为省级开发区,规划333.333公顷的工业经济区建设进度不断加快。2006年全县工业用电达2746万度,是2002年的1520%。主攻工业取得明显成效,从工业发展对税收的贡献来看,全县纳税百万元以上的骨干税源企业由2002年的零变为2006年的7家;2002年国税收入仅有1381万元,而2006年达4069.49万元,同比2002年增长194.7%。

【优势产业做强做优】 脐橙产业平均每年以2000公顷的速度发展,惠及80%以上的农户。2006年脐橙总产量14.8万吨。连续4年在全市脐橙产业考核中获得第一名。有6个脐橙基地通过出口基地考核认证,占全市出口基地总数的27.3%。在历届脐橙节评比中,两次获得赣南脐橙王称号。产业链条进一步延伸,引进了26户以脐橙产业为依托的脐橙加工和产业配套企业,提高了产业抗风险能力。食用菌工厂化生产3000万袋,产鲜菇1.2万吨,产值达9600万元。引进了全省首条工厂化食用菌生产线。

(李 林)

主要领导人 县委书记:王扬金,县人大常委会主任:彭志超。县长:陈亮。县政协主席:杜开荣。

·龙南县·

【简 况】 位于江西省最南端,总面积1640.55平方千米,辖15乡(镇、场)2个管委会。2006年,全县实现国内生产总值30.02亿元,同比增长23.8%;其中第一产业增加值6.21亿元,增长5.9%,第二产业增加值13.67亿元,增长20.2%,第三产业增加值10.14亿元,增长17.9%;三次产业比重调整为20.7:45.5:33.8;完成财政总收入3.22亿元,同比增长27%;地方财政收入2.03亿元,增长15.08%;实现社会消费品零售总额8.46亿元,增长19.29%;完成固定资产投资18亿元,增长17.29%。

【主攻工业成效明显】 全县规模以上工业企业达到41家,实现工业总产值25亿元,增长74%;完成销售收入25亿元,增长85%;实现利税2.6亿元,增长168%。其中工业四大主导产业实现工业总产值18亿元,同比增长86%;实现销售收入18亿元,同比增长72%;实现利税19亿元,同比增长140%,四大工业主导产业的引擎作用进一步凸显。

【招商引资硕果累累】 深入开展专业招商、产业招商、节会招商活动,先后组织开展或组团参加了深圳、香港招商引资洽谈会和赣台经贸合作洽谈会等招商引资活动,接待了香港玩具厂商会、香港铸造协会、深圳市浙江企业协会、深圳市家具协会等一批行业协会或厂商会。全县共引进内联项目75个,实际进资11.81亿元;引进外资项目15个,签约资金6200万美元,实际进资5168万美元;出口创汇5691万美元,增长74.6%。

【十大体系建设纵深推进】 加强了海关、检验检疫、外汇管理等口岸服务功能的配套完善,启动了通关监管新模式,使龙南海关办事处成为继南昌海关之后,省内第二家启动泛珠三角"多点报关、口岸验放"的海关机构,辖区内进出口企业实现了就地报关,货物可在广东出口海关直接进行验放通关。2006年,龙南口岸作业区加工贸易进出口额实现超亿美元大关,其中我县进出口总值达到7689.55万美元,增长52%,占辖区外贸总值的45%。被市委、市政府评为2006年度十大体系建设综合先进县。

【新农村建设扎实有效】 按照中央

"二十字"方针和市委"五新一好"要求,因地制宜、彰显特色、抓点扩面、整体推进,新增155个新农村建设点和50个综合示范村。全县全年共投入新农村建设资金6300多万元,高标准完成986个村庄规划编制,占全县村庄总数的85.07%;完成改水工程6360户,改厕4222户;"村村通"工程稳步推进,硬化村通组道路77.9公里,乡村道路硬化率达到94.7%,户户通电全面完成。农业效益提升、产业壮大,脐橙、苗木花卉和无公害蔬菜高产示范田园加快建设,全县脐橙面积达到4333.33公顷、无公害蔬菜1533.33公顷、花卉苗木300公顷、工业原料林5733.33公顷、生猪饲养量38.74万头。被市委、市政府评为新农村建设塑造新风貌、创建好班子先进单位。

【城市化进程加速推进】 渥江橡胶坝建设竣工投入使用,渥江两岸亮化的实施,使县城形成了一道亮丽的江南水乡景观。启动了九连山自然保护区植物园和城市生态公园建设,财政培训中心、人防、林业、交通、公安等单位大楼建设抓紧实施,城市化率达到34.8%。

【社会和谐稳定发展】 综治工作进一步加强,被省综治委评为2006年度平安县。文化、广电、体育等社会各项事业协调发展。人口与计划生育工作列入全市"综合改革县"行列并被市委、市政府评为全市人口和计划生育工作先进县。大力发展群众性文化体育事业,广泛开展全民健身运动。全面实施"留守孩关爱工程",全县7283名"留守孩"全部实现结对帮扶。2006年,全县农民人均纯收入3390元,增长13.11%;职工平均工资达12623元,同比增长12.06%;城乡居民储蓄存款余额18.10亿元,同比增长21.97%;新增就业再就业12347人;城镇养老保险达到13300人、医疗保险达到16504人、失业保险达到17515人;全县已有1985户、5166人纳入了农村低保。

(龙南县编辑室)

主要领导人 县委书记:曹爱群(任至6月),曾凡(6月任)。县人大常委会主任:谢芝芳。县长:郭素芳。县政协主席:钟朋荣。

·定南县·

【简　况】 位于江西南部,辖7镇,含119个行政村、10个居委会。总面积1318.54平方千米,其中县城建区面积5.61平方千米,比上年增加0.41平方千米,耕地面积0.686万公顷,林地面积10.85万公顷,森林覆盖率为80.9%。总人口19.78万人,其中非农业人口3.71万人,人口自然增长率8.96‰。2006年实现国内生产总值14.5亿元,同比增长13.5%,其中,第一产业3.64亿元,增长1.1%;第二产业5.43亿元,增长27%;第三产业5.43亿元,增长11.3%,三次产业结构比重为25.1∶37.5∶37.4。工业总产值13.8亿元,增长30.1%。主要工业产品有混合氧化稀土2469.75吨、钨精矿747.7吨、钨酸铵(APT)2631吨、松香改性树脂1924.65吨、胜仙牌米面7000吨。农业总产值6.13亿元,增长3.7%。主要农业产品有粮食产量5.55万吨、生猪出栏数35万头、家禽出笼25万羽、水产品产量5677吨、水果产量8846吨。财政总收入1.62亿元,同比增长34.8%,财政总支出2.72亿元,同比增长20.2%。在岗职工年平均工资11979元,增加1131元;城镇居民年人均可支配收入5796元,增加585元;农民年人均收入2756元,增加222元;城乡居民年末储蓄余额10.39亿元,增长37.34%。

【城市化进程强势推进】 2006年县城建成城区面积5.61平方千米,城市化率为34.04%,完成市政道路建设5.8万平方米,其中新建城市道路2.3万平方米,新增社区道路1.1万平方米,改造道路2.4万平方米。完成滨河路、西环北路、东环东路、富田和太湖工业小区、城北新区、龙神湖小区的详规设计。开工建设公园华庭、紫云山庄、湖滨花园、利丰山庄、龙亭花园等多个大型住宅小区。全面完成西环南路、三经路建设工程,启动源江路、胜利路改造工程,完成良富大转盘道路改造工程、大世界购物广场二期改造工程,建材大市场、国际饭店、金桥文化广场全面启用。

【"民政519"求助热线电话开通】 5月19日上午8时30分,定南县开通民政求助热线电话:8200519,简称"民政519"求助热线。"民政519"求助热线主要任务是受理民政工作对象,重点是城乡特困群众(如城市低保对象、农村特困户、城市"三无"人员、五保对象、重灾贫困灾民、特困重点优抚对象、特困老年人、城市流浪乞讨人员)有关生活方面的求助、政策咨询,为求助对象提供必要的服务。"民政519"求助热线的开通,解决了城乡特困群众快捷、便利地反映其生活中存在的特殊困难和问题,减轻了困难群众诉求精力、时间、经费开支等方面的负担,有效促进了民政各项政策的落实,有利于把矛盾解决在基层,解决在萌芽状态。

【首家市级"百强民营企业"】 4月,定南县胜仙米面食品有限责任公司被赣州市发展民营经济领导小组评为全市"百强民营企业"。这是定南唯一一家、也是首家入选全市"百强民营企业"的企业。胜仙米面食品有限责任公司是一家以生产"胜仙牌"面条为主的民营企业,近年来,该企业坚持科学发展观,科学定位,创新品牌,企业不断发展壮大,销售量蒸蒸日上,品牌效应也越来越明显。2004年,胜仙品牌获得"江西省著名商标"称号;2005年,企业被评为"赣州市质量信得过单位";2006年,该企业进一步扩大生产规模,新上了一条面条生产线,使面条生产能力在原有的基础上提高到日产30吨。同时,该企业不断拓展新市场、开发新产品,投资150万元引进一条高科技酸菜微波生产线,成功开发出胜仙牌"酸菜王"。

【矿产品精深加工不断发展】 2006年,定南县依托资源优势和着力培育一批竞争优势较强的特色行业集群、一批核心竞争力较强的龙头企业、一批成长性较好的技术创新企业,大力发展矿产品精深加工产业。现有南方稀土、鑫盛钨业、加华新材料公司、赣州龙园钨钢公司等矿产加工企业。特别是南方稀土有限责任公司,目前生产能力为年处理3000吨混合稀土氧化物,生产各种单一高纯稀土氧化物、氟化物及共沉物,产品品种多、规格齐全。该公司已通过ISO9001:2000质量管理体系认证,拥有一支训练有素的专业化检测队伍和完善的产品试验、检测技术和设施,已成为江西省科技厅认定的区外高新技术和高新技术产品“双高”企业,是赣州市重点企业,2006年上缴税收627.63万元。江西省鑫盛钨业有限公司,主要从事仲钨酸铵(APT)钨砂精深加工,并取得较好的经济效益,2006年上缴税收2168.45万元。定南县加华新材料资源有限公司,主要从事稀土金属、稀土发光材料、稀土永磁材料,兼营稀土分离、氯碱生产。该公司已建成高纯单一稀土金属生产车间、三基色荧光粉生产车间等,全面投产后年深加工稀土约5000吨,预计年产值2.3亿元。年创利税4300万元,是定南县目前生产规模较大的稀土深加工企业之一。

（李月香）

主要领导人　县委书记:李桂生。县人大常委会主任:李桂生。县长:李明生。县政协主席:利胜才。

·全南县·

【简　况】　位于江西最南端,辖6镇3乡,总面积1521平方千米,其中市区面积5.74平方千米。耕地面积0.75万公顷,有林地面积12.67万公顷,森林覆盖率为82.4%。总人口18.38万人,其中非农业人口5.43万人,人口自然增长率7.8‰。2006年实现国内生产总值14.62亿元,同比增长12.6%。其中,第一产业增加值4.13亿元,增长4.3%;第二产业增加值5.75亿元,增长17.1%;第三产业增加值4.74亿元,增长18.2%。工业总产值12.33亿元,增长34.47%。主要工业产品有钨精矿折合量2600吨、氢氟酸7622吨、打火机5.5亿只、稀土金属氧化物1507吨、服装1982万件、鞋120万双。农业总产值(现价)6.76亿元,增长4.0%。主要农产品有稻谷5.88万吨、蔬菜19.55万吨、水果3.58万吨、肉类8418吨、花生3073吨。地方财政收入0.75亿元,同比增长24.75%;支出2.35亿元,同比增长37.59%。城镇在岗职工年均工资9797元,同比增长7.7%,农村居民人均纯收入2710元,同比增长0.9%。城乡居民年末储蓄余额10.06亿元,同比增长21.14%。

【工业园区产出效率喜人】　3月,全南工业园区被省政府批准确定为省级工业园区。合隆制衣、百得火机、华星氟化学、晶环科技等26家规模以上企业,已在园区形成制衣制鞋、矿产品加工、机械电子、新型建材等五大主导产业集群。合隆制衣(全南)有限公司创办4年来,凭着先进的技术装备、优良的工艺水平和科学规范的管理,已成为省内同行中的佼佼者,被省政府列为全省重点出口企业之一。2006年出口创汇2000万美元,实现利税1234万元。晶环科技有限公司3年前产值只有几百万元,通过帮扶不断提高科技水平,相继开发出陶瓷棒等填补国内空白的高科技产品,成为全南首家省级高科技企业,该企业的铸造废渣资源化利用项目被国家发改委列为资源节约和环境保护项目。县工业园区2006年占地面积仅比上年增加12.5%,但实现的产值、利润和税收却分别比上年增长69.5%、73.5%和12.5%。这种效果受到省领导高度赞赏。

【扎实推进新农村建设】　全南县通过实施“自主申报、动态管理”等行之有效、操作性强的工作机制,扎实推进“五新一好”新农村建设的健康深入开展。2006年,全县共筹集新农村建设资金2460多万元,其中县乡(镇)投入860多万元,社会捐助100多万元,农民自筹1500多万元,投劳11000多人次,新建新农村建设示范点121个。截至年末,全县共建设新村389个,涉及18166户、70889人,分别占全县村庄、农户和人口的43.4%、54.1%和54.2%,所有行政村至少完成了一个以上新农村建设点,全面消灭了“空白村”。在新农村建设中,注重从数量向数量与质量并重转变,使新农村示范点从“千村一面”变得各具特色,建成“符合生态、保留文脉、体现特色、适度超前、综合配套”的精品村20多个。县、乡、村各级围绕县域主导产业和特色产业,相应制订了《五年产业发展总体规划》,采取政府牵头、能人领办、农民参股等方式,新组建农村合作经济组织13个,新建龙头企业4家,示范基地53个,科技示范户316户,新发展会员2215人。通过“公司+基地+农户”形式,大力发展蔬菜、蚕桑、果业、林业等主导产业及烟叶、石蒜等特色产业,促进农民增收。全年举办各类培训班142期、培训农民12409人,使他们当中大多数人找到一条适合自身的致富门路。各乡(镇)村成立了环境卫生管理站,聘请了263名村卫生保洁员,每人还配备了一辆垃圾清运专用板车,定期打扫各示范点的公共卫生,保持村庄的环境整洁。此外,通过开展“文明村镇”的评选,建立“文化中心户”、创评“文明信用户”、开展“婚育新风进家”和“八荣八耻”社会主义荣辱观教育等活动,使健康、文明、科学的生活方式在农村逐步形成。

【做大蔬菜产业促进农民增收】　为创响全南高山蔬菜品牌,保证产品质量安全,2006年该县共引进和推广蔬菜种植新技术16项、新品种31个,如今已拥有蔬菜种类70个,300多个品种。当年又投资200多万元,建起了农产品检验检测中心,可为蔬菜等提供产前、产中、产后质量安全服务,确保产品无公害化。继前些年国家工商总局批准注册全南“高山”牌蔬菜商标之后,高山鹤斗白菜、高山上海青白菜近期又获国家无公害蔬菜标准认证。全南高山蔬菜开发公司基地已被省农业厅认定为省级无公害农产品基地。县农业管理部门专门设立了蔬菜办公室,县、乡、村通过自愿原则,由蔬菜专业技术人员、种植大户、销售人员、农资经营户组成各级蔬菜协会30多个。县财政还对连片建十亩以上大棚蔬菜的农户每亩补助1000元。广大农户从种植商品蔬菜中得到实惠,增加了收入,积极性空前高涨。2006年,全县蔬菜复种面积6682.6公顷,产值1.69亿元。

【瑶山旧貌换新颜】　全南县陂头镇瑶族村是江西省唯一仍保留本民族语言、服饰及生活习俗的瑶族行政村。长期以来,由于这里交通不便、山多地少、林木资源逐年减少,生产一直发展缓慢,生活水平仍较低。为解决瑶山村与外界交通不畅的难题,2006年,在当地党委、政府的积极努力和上级有关部门的大力扶持下，多方筹资203万元，将该村通往竹山县道的12千米坑哇不平的土石路改造成平坦的水泥路。为发展瑶山独特的旅游资源、发展经济、促进瑶民增收创造有利条件。同时，县乡还把该村确定为新农村建设重点村，先后筹措20多万元对该村的166.67公顷残次毛竹林进行改造；投资15万元购买和租赁长城企业集团2.67公顷耕地，分配给瑶民耕种，解决了他们的基本口粮问题。此外，镇里又投资5万元修筑河堤500余米，确保耕地旱涝保收。同时，通过加大对瑶民的实用技术培训，积极引导他们种植烟叶、脐橙、杨梅，种桑养蚕，发展袋装香菇、木耳、明笋片等特色产品。目前，该族村瑶民户平年饲养生猪2～3头，70%的瑶家学会了种桑养蚕，85%的家庭种植了柑橘，90%的瑶家建有竹林、杨梅、杉木等绿色经济基地。由于家庭收入逐年增加，他们当中的多数家庭已拥有摩托车、彩电、VCD、冰箱、电话等现代家用电器。为改善瑶家子弟就学条件，有关部门安排专款修缮瑶山小学校舍，选送了一名瑶族青年到师范定向培养后回村任教，较好地解决了民族教育问题，多年来该村适龄儿童就学率均保持100%。在新农村建设中，村里还组建了青年文艺队、文化室，大大丰富了瑶民的业余生活，他们演出的独具特色的瑶族“花棍舞”，还多次在各级汇演中获奖。在新农村建设中，县乡十分注重保护瑶家村落的民族文化特色，按照“新、亮、净、绿”的要求对村容村貌进行整体规划，进行改厕、改水、改路，治理脏乱差，绿化美化环境。先后筹集资金10万多元对原有“瑶寨瓦房”进行了全面粉刷装修，为56户瑶家安装了“山泉自来水”。投资13.8万元对通村到户的小道进行全面硬化，并对出入瑶山村的3座桥梁加固设栏。如今瑶山村面貌已焕然一新，展现在人们面前的是一幅青山绿水、和谐秀美的山寨风光。

（王立之）

·宁都县·

【简　况】 位于江西南部，赣州市北部，辖12乡、12镇，总面积4053.16平方千米，其中县城面积13平方千米。耕地面积3.90万公顷。总人口74.11万人，其中非农业人口13.14万人，人口自然增长率控制在8‰以内。2006年实现国内生产总值41.95亿元，同比增长13%，其中，第一产业增加值12.89亿元，增长10%；第二产业增加值15.05亿元，增长13%；第三产业增加值14.01亿元，增长15.8%。规模以上工业增加值2.00亿元，增长26%。主要工业产品有配合混合饲料、罐头、蚕丝、服装、室内皮鞋、人造板、塑料编织袋、水泥等。农业总产值19.90亿元，主要农产品有稻谷、白莲、茶叶、红薯、大豆、花生、烤烟、席草、蔬菜、脐橙、柑橘、蚕桑、生猪、黄鸡、鱼类等。地方财政收入1.35亿元，同比增长16.6%，支出5.97亿元，同比增长33.81%。城镇居民人均可支配收入7161元，增长8%；农村居民人均纯收入2352元，增长7.6%；城乡居民年末储蓄余额37.1亿元，增长17%。

主要领导人 县委书记：廖晓凌（任至3月），李恭进（3月任）。县人大常委会主任：邱石贵。县长：黄志明。县政协主席：邓诗海。

【农业工作获多项殊荣】 2006年，宁都县先后获得“全省农业发展先进县”、“全国粮食生产先进县”、“全省农机推广工作先进县”、“全国农田水利建设先进县”等多项殊荣。优势产业迅速发展，全年新开发脐橙面积233.33公顷，蘑菇种植面积150万平方米，黄鸡、白莲、加工型专用红薯、席草、蚕桑、茶叶、烟叶等传统优势产业稳步发展，新上农业龙头企业10个，农村合作经济组织联结农户5.2万余户，建立200余个农业主导产业和区域特色产业规模生产基地；全县粮食种植面积达6.16万公顷，比去年增加466.67公顷，其中优质稻面积3.33万公顷，粮食总产量3.34亿公斤；发放粮食直补、良种补贴和农机具购置补贴资金2889万元，农业机械总动力达24.9万千瓦；16座病险水库得到除险加固，建设18个移民集中安置点，2300名移民搬入新居，农业的基础地位进一步得到巩固。

【一批重点工程使城乡面貌大为改善】 年初确定的30个重点工程已有19个开工建设，完成投资额2.37亿元。其中县行政中心大楼、土地复垦工程、县城南北端进出口道路改造工程以及招江至湛田、梅江至安福、田头至黄石、田埠圩镇至马头等国债公路已全面完工；石上海螺陂渠道修复工程，市政广场、县影剧院、青少年活动中心、三环北路、城南停车场，东门、博生西路农贸市场改扩建等工程建设进展顺利；中央苏区反“围剿”纪念馆建设已完成选址征地工作；3个小区房地产项目相继开工；理顺了城市亮化工程管理体制，启动了县城出租车客运市场，配套实施了主要交通路口红绿灯建设，增设了3个城区居委会，城区环境和社区管理服务水平明显提高，城市功能有显著的改善和增强。

【工业发展迈开新步伐】 大力改进招商引资方式，招商引资工作更加务实、理性。全年实际引进外资同比增长27.3%；外贸出口120万美元，同比增加36倍；实际引进内资同比增长3.45%；引进5000万元以上工业项目6个，全部落户工业园。加大主攻工业力度，初步建立工业发展激励机制，规模以上工业总产值和增加值分别达到6.4亿元、2亿元，同比分别增长36.8%、26%；工业用电量7027万千瓦时，同比增长29.2%；矿产加工、食品加工、轻纺工业、机械和电子加工等工业支柱产业配套能力不断增强。工业园区功能不断拓展完善，集聚了一批资源深加工型企业、农业龙头企业以及服装、电子、工艺品等沿海发达地区产业转移型企业，入园企业41家，全年实现工业总产值5.6亿元，实现销售收入5.26亿元，上缴税收510万元，同比分别增长34.7%、29.1%、15%，安置用工4000人。

【体制改革进一步推进】 全年县财政安排资金1000多万元用于企业改制，共完成23个企业改制，置换职工身份2600余人，同时较好地解决了县罐头厂、水泥厂、印刷厂、羽绒厂等一批企业的历史遗留问题。事业单位的改革实施了林业工作站和木材检查站人员的竞聘上岗和分流。“省直管县”及“乡财县代管”财政体制顺利接轨,农村税费配套改革进一步深化。林业产权制度改革接近尾声,全面达到省市要求。技术标准体系和产权交易体系示范县建设工作成效显著,一批物质载体相继完工并投入运行,行政服务、外商服务、土地交易、房产交易、招投标、中小企业信用担保、农产品质量检测等七大中心建设得到加强,管理更加规范;“万村千乡市场工程”深入推进,农产品经纪人成为宁都贸易服务体系的品牌。工作进一步创新,组建了城市发展投资公司,规范了政府投资项目经营运作,强化了财政和审计对政府投资项目工程建设监管;改进了征地拆迁工作方法,规范了各类资金的使用和拨付。全面推行行政执法责任制,强化了行政复议工作,组织清理行政许可审批事项,扩大了政务公开,规范了行政行为。

【社会事业协调发展】 加大教育的改革和投入力度,强化乡镇办教育的职责。推行了中小学校长和管理人员竞争上岗以及宁都中学教师末位分流试点,完成了宁都二小校园扩建工程,全县新建、改建校舍1.5万平方米,职业教育和民办教育进一步发展,县职业技校被评为省示范性职业技校。科技项目的引进和科技成果的推广应用得到加强,2006年宁都被列为国家粮食丰产科技工程示范辐射县。新型农村合作医疗试点工作进展顺利,全县农民参合率达到82.3%。农村广电无线覆盖工程建设全面竣工,第二期村村通广播电视工作被评为全国先进,加强了社会保障工作,建立了农村最低生活保障制度,退休人员养老金、失业保险金、失业救济金、低保金、五保户供养补助等保障资金按照足额发放,实施了8个中心乡镇敬老院扩建工程,总建筑面积达3.6万平方米,总投资达2000万元。

(宁都县编辑室)

主要领导人 县委书记:杨文光。县人大常委会主任:杨文光。县长:杨晓春。县政协主席:邓宏志。

·于都县·

【简 况】 位于江西省南部,总面积2893平方千米,辖9镇14乡,有357个行政村和24个居委会。总人口95.83万人,非农业人口17.33万人,有畲、蒙古、回、藏、维吾尔、苗、彝、壮、布依、满、侗、瑶、白、土家、佤、土、仡佬17个少数民族。2006年,全县实现国内生产总值43.3亿元,同比增长12%,一、二、三次产业比为24.4:40.7:34.9;经济结构实现了由“一二三”向“三二一”的转变,确立了工业主导型经济格局;财政总收入完成2.8亿元,增长17%;地方财政收入完成1.7亿元,增长10.4%;社会消费品零售总额13.5亿元,增长12.5%;固定资产投资13.4亿元,增长14.8%;城乡居民储蓄存款35.5亿元,增长18.8%;农民人均纯收入2610元,增长7.3%。名优特新产品有高山青草奶、梓山酱油、岭背大盒柿、峡山道菜、客家烧卷子、小溪土纸、小溪酒曲、仙下生姜、宽田株木树油、盘古龙珠茶、盘古毛尖、盘古银毫、云龙银针、祁山毛峰、高龙茶叶、禾丰珍珠粉、脐血橙、贡江牌水泥、旺牌齿轮、港嘉兴饼干、威世针织品、黑钨精矿、铅锌矿、龙泉酒、靖石杨梅、高龙西瓜等。

【工业发展突飞猛进】 全县规模以上工业企业实现工业增加值6.5亿元、销售收入17.9亿元、利税总额3.4亿元,实现工业增加值、销售收入、利税占全县规模以上工业的比重分别为94%、93%、98%。产值逾1亿元的工业企业有7户,销售收入逾1亿元的工业企业达到7户,实现税收超千万元的工业企业有4户。贡江牌水泥和港嘉兴饼干分别被评为国家免检产品和江西省名牌产品;以工业招商为重点,招商引资成效显著,累计实际利用境外资金1.8亿美元,实际利用境内县外资金54.2亿元,是全县利用县外资金最多的时期,多次被评为省、市利用外资、内资先进县。于都工业园区累计完成基础设施投入8.6亿元,入园规模以上企业23家,安排就业1.3万人,被列为30户“省重点工业园区”之一。

【农村面貌焕然一新】 以新农村建设为抓手,发展农业,建设农村,富裕农民,新农村建设走在全市前列,被评为全市新农村建设先进县。农业主导产业不断发展壮大,全年脐橙种植面积达4866.67公顷,奶牛、生猪、商品蔬菜、特种水产、竹业、有机茶等区域特色产业发展较快。坚定不移地加快基础设施建设,累计新增县、乡、村水泥路830千米,新增188个行政村通水泥路,完成了319国道于都段和省道于银线二级公路改造,完成了瑞赣高速于都段前期工作,形成了“铁路—高速公路—国省道—县乡村公路”交通网络雏形。累计完成39座病险水库除险加固工作;累计投入农村电网改造资金达1.1亿元,实现了全部的行政村通电。

【城镇建设日新月异】 2006年,城区面积达12.5平方千米,城镇化率达27.4%;加强了城市管理,开展了省级文明城市、省级园林城市等创建活动,市容市貌明显改观,对外影响力不断提升,被评为省级卫生城市、省级文明城市工作先进县、全市推进城市化工作先进县。按照中等城市、卫星城市、山水园林城市和工贸旅游城市的定位谋划县城发展,提升县城的产业集聚能力、人口吸纳能力和辐射带动能力。打造了工业新城,塑造了十里沿江景区,培育了六大专业市场。建设了一批住宅小区,完善了老城区的基础设施,拉开了“三纵三横”的城市路网框架,初步形成了“一江两岸”的城市发展格局。

【社会事业蓬勃发展】 加快教育事业发展,巩固和提高九年义务教育水平,大力发展高中阶段教育,积极发展职业教育、成人教育、学前教育和特殊教育,累计发放“两免一补”资金2010万元,解决就学困难学生10.5万人次,累计投入校建资金1.7亿元,新建了实验中学、实验二中、五中、三小、六小、八小、天润实验学校等一批中小学校;继续实施“留守孩关爱工程”,“留守孩关爱工程”被中宣部、中央文明委评为未成年人思想道德建设创新案例一等奖,近5万名农村“留守孩”得到社会的关爱。大力发展卫生事业,健全疾病防控体系,加大重大传染病的防治力度,加强城镇社区医疗卫生建设,逐步推进了医疗体制改革,在祁禄山镇成功开展了新型农村合作医疗试点,顺利通过了“全国农村中医工作先进县”评估验收;民政事业实现新跨越，累计投入“三院”建设资金3756万元，在全省率先完成“三院”新（改、扩）建任务，争创了全省“双拥模范县”五连冠，被评为“全国民政工作先进县”。弱势群体得到关爱，坚持开展了“千名万户”走访慰问活动；全县参加养老保险2.4万人，参加失业保险2.1万人，纳入医疗保险2.6万人，纳入城镇最低生活保障6942人，救助农村社会特困群众3.1万人；坚持人口与计划生育管理，建立并完善人口与计划生育利益导向机制，引导群众树立生育新观念；加强人才的培养、引进和合理使用，大力发展广播电视、文化、体育等工作，各项事业都取得了较大的发展。

【社会稳定和谐平安】 加强了社会治安防控体系和群防群治队伍规范化建设，深入持久地开展“严打整治”、“打黑除恶”等专项行动；组建了维稳信息员队伍和县城社会治安巡防队伍，完善了社会治安综合治理网络，社会治安形势进一步好转，人口大县保持了社会稳定，和谐平安建设连续两年被评为全市先进，实现了“全市综治工作先进县”七连冠；高度重视安全生产工作，加强了对煤矿、建筑工地、危险物品、病险水库、渡口等重点区域、重点行业的安全监督，依法关闭了不符合安全生产条件的制砖厂、采矿场和非煤矿山企业，顺利实现了烟花爆竹生产行业的全面退出，杜绝了重特大安全事故；认真做好群众来信来访工作，创新了信访维稳机制，妥善处理了人民内部矛盾。

（高子华　林永勇　钟荣涵　丁良跃）

主要领导人　县委书记：刘金接。县人大常委会主任：管永东。县长：胡加龙。县政协主席：张武兴。

·兴国县·

【简　况】 位于江西省中南部，赣州市东北部。总面积3214.46平方千米，其中林地面积21.48万公顷，耕地面积2.79万公顷。辖25个乡镇，304个村、民委员会，总人口73万余人。2006年，全县实现国内生产总值36.91亿元，比上年增长13%，三产结构由年初的39.3∶31.3∶29.4调整为37.1∶33.1∶29.8，实现财政总收入3.14亿元，比上年增长8.2%，其中地方财政收入1.36亿元，同比增长13.4%。新发展个体工商户2134户，新增从业人员5338人，新增注册资金7575万元，同比分别增长8.6%、5.7%、22.5%；新发展私营企业18户，新增注册资金1.9亿元。

【新农村建设特色明显】 全县继续把新农村建设作为破解三农难题的突破口来抓，新农村建设有序推进。全年共整合资金3006万元，大力推行普惠制，完成了83.5%共2873个自然村庄的规划编制，新增建设点489个，覆盖农户1.35万户，惠及农民6.2万人。兴国县的做法和成效不仅继续得到中央电视台等主流媒体的关注，吸引了全国25个省（市、自治区）302批1.3万余人次的参观考察，还在中央党校及各大干部学院全国县（市）委书记、县（市）长新农村建设专题培训班上作典型经验介绍。随着新农村建设的深入推进，人居环境极大改善，农村经济得到发展。启动实施七小水利工程66个，投资1200多万元实施长冈水库渠道维修工程和烟水配套工程，新增有效灌溉面积270公顷、旱涝保收面积304公顷，恢复改善灌溉面积698.67公顷，改造低产田754.67公顷；发放农机购置补贴15.5万元，新增购各类农机510台，农机总动力新增4.2万千瓦，达到23.49万千瓦；完成农发长防林造林600公顷，封山育林333.33公顷；完成水土流失治理面积1700公顷。脐橙产业在全市率先引进两个万吨气调保鲜库项目，在全国率先获得有机品牌认证，初步形成了生产、加工、保鲜、销售一条龙的产业链，全县5200公顷脐橙产量同比翻番；烟叶产业种植面积达1186.67公顷，收购烟叶3.8万担，同比分别增长47.2%和72%；全县制种面积达1133.33公顷，同比增加260多公顷；花卉产业从无到有，成为江西最火的比利时杜鹃花基地，成功拿到了2008年北京奥运会订单；粮食、蔬菜等其他产业产量和效益同比增长达20%以上。

【“十大体系”建设纵深推进】 通过量化并实施63项具体工作、21项特色亮点工程和48项硬件设施项目，十大体系建设取得明显成效。全市十大体系建设现场会在兴国县召开，并在全市推广兴国县的经验和做法。启动“十大体系”建设进工业园区工作，潋江明德小学、乡镇劳动保障事务所、“三院”建设、瑞兴脐橙保鲜库等物质载体成为推动社会经济发展的潜在动力；93个配套政策文件全部贯彻执行到位，政策成果转化工作走在全市前列；行政服务中心、中小企业信用担保中心、会计核算中心、招投标中心等新组建机构运行良好，行政服务中心服务网络延伸到乡镇一级，新设永丰乡办事大厅，共受理申请24201件，办结23784件，群众满意率达100%；中小企业信用担保中心已发展6家会员，开展担保贷款近400万元；公共财政管理体制进一步规范，建立了部门预算制度、会计集中核算制度，“乡财县代管”工作全面铺开；人事制度改革顺利推进，全县301个事业单位中，已有277个单位开展了事业单位人事制度改革，教育、卫生、广电系统全员聘用制改革基本完成；乡镇机构改革和公务员登记工作稳步推进；国有林场改制工作有序推进，相关方案已经出台，债权债务审计工作全面结束。

【工业产业集群逐步壮大】 策应市委、市政府培植4个百亿元产业集群的战略部署，加快发展以氟化工和新型建材为重点的优势和特色产业集群以及现代轻纺、食品等工业支柱产业。工业经济总量稳步增长，县属规模以上工业企业累计完成工业增加值3.4亿元，销售收入10.5亿元，实现利税1.3亿元，同比分别增长30%、30%和54%。工业支柱基本成型，新型建材、氟化工两大产业完成销售收入5.2亿元，实现利税8063万元，分别占县属规模以上工业企业的49.5%和63.8%；10家重点企业实现工业总产值7.4亿元，实现利税9757万元，分别占县属规模以上总量的70.5%和77%工业园区洼地效应逐渐形成，实施“腾笼换鸟”，清理闲置土地20公顷，进一步挖掘了园区发展潜力；启动180公顷的新区建设，园区发展空间进一步拓展，工业园区实现销售收入12.6亿元，增加值3.6亿元，上交税金6696万元，安排就业8500人，同比分别增长 25.5%、27.6%、32.8% 和 20%。

【城市化进程进一步加快】 投入城市建设资金 2.8 亿元,城市形象和品位有了较大改观,顺利通过了省级园林城市验收。城乡建设规划进一步完善,完成了县城规划区 40 平方千米 1:1000 电子地形图测绘工作和平川大道向西延伸、迎宾大道建设、凤凰大道改造控制性详规编制,着手开展县城总体规划修编及旧城区、工业园区 12 平方千米的控制性详规、近期建设规划、城市重点地段规划设计,启动了绿地体系、垃圾填埋、污水处理等配套基础设施建设规划;完成了古龙岗、江背、方太等 3 个乡镇的总规修编和 224 个行政村的规划编制,完成新农村规划点地形测绘 1006 个、"三图一书"规划成果 860 个。市政配套设施建设进一步加快,旧城改造稳步推进,府江小区主体工程全面完工,西街修复改造初步显现客家古屋新姿;实施滨江东大道、平川北大道亮化、绿化工程,启动凤凰大道改造和滨江大道建设,县城新增绿化面积 3.9 万平方米,硬化道路面积 2.5 万平方米,铺设城区自来水主管道 3 千米,新建公交候车亭 14 个、城市公厕 2 座、专业市场 2 个,兴建住宅小区 8 个,新增房屋面积 24.3 万平方米。县城新增建成区面积 1.2 平方千米,新增城镇人口 1.36 万人,城镇化率提高到 28.9%。

【交通基础设施进一步完善】 雄岗至蕉坑出县公路、良村至城岗油路面铺设、黄大线延伸工程及古高线(贺堂)修复工程均顺利建成通车。鼎龙高井码头二期工程、丰溪大桥渡改桥项目、兴均线二江口危桥改造等工程如期竣工并投入使用。完成 176.8 千米的通村公路建设,实现 85% 的行政村通水泥路;农村客运网络建设顺利实施,兴建了 26 个农村客运招呼站,龙口、社富两个乡镇汽车站建成投入使用,完成了兴莲、永丰等 5 个乡镇的农村客运班线招投标工作。泉南高速公路兴国段完成初步设计;319 国道兴国段灾害防治工程修复等后期工作进一步完善。

【关注民生工作扎实有效】 城市居民人均可支配收入达到 6298 元,农民人均纯收入达到 2602 元,城乡居民储蓄存款达到 25.1 亿元,同比分别增长 8.2%、9.5% 和 17.7%。新增城镇从业人员 3662 人,城镇登记失业率控制在 4% 以内,发放《下岗失业人员再就业优惠证》1494 份,减免各种税费 60.7 万元,发放小额贷款 1113 万元,扶持和带动就业 923 人。新增低保对象 210 户 638 人,农村低保享受人数 20900 人,发放保障金 825 万元,发放农村困难群众医疗救助金 241.3 万元。投资 635.6 万元,扩建、新建 11 个乡镇敬老院,五保对象集中供养率达到 80%。新型农村合作医疗参合率达 84.14%,近 50 万农民从中受益。城镇职工养老、失业、医疗、工伤、生育保险制度不断完善,社会保险覆盖面扩大到 7.14 万人。廉租房建设开始启动;完成深山区、库区移民搬迁 2800 人。

(钟剑峰)

主要领导人 县委书记:苏青生。县人大常委会主任:谢鹏燕。县长:胡健勇。县政协主席:刘开连。

·会昌县·

【简 况】 位于江西东南部,辖 6 镇、13 乡。总面积 2722.18 平方千米,其中市区面积 6.49 平方千米,耕地面积 1.6 万公顷,有林地面积 20.21 万公顷,森林覆盖率 77.8%。总人口 45.86 万人,其中非农业人口 6.84 万人,人口自然增长率 9‰。2006 年实现国内生产总值 20.9 亿元,同比增长 12.7%。其中,第一产业增加值 7.6 亿元,增长 4%;第二产业增加值 5.8 亿元,增长 25.7%;第三产业增加值 7.5 亿元,增长 13.9%。工业总产值 8.87 亿元,增长 37.14%。主要工业产品有锡精矿 1977 吨,原盐 9.17 万吨,水泥 46.70 万吨,萤石精粉 26.78 万吨,米粉 2.39 万吨。农林牧渔业总产值 12.14 亿元,同比增长 6.6%。主要农产品有稻谷 15.16 万吨,豆类 1561 吨,烤烟 2419 吨,果用瓜 3723 吨,蔬菜 6.92 万吨。财政总收入 1.36 亿元,同比增长 17.6%,其中地方财政收入 8661 万元,同比增长 17.5%。支出 4.1 亿元,同比增长 36.8%。城镇居民人均可支配收入 7105 元,同比增加 561 元。农民人均纯收入 1798 元,同比增加 202 元。城乡居民年末储蓄存款余额 13.55 亿元,同比增长 25.60%。

【招商引资开创新局面】 以招商引资为核心,实施大开放主战略,开创了新局面。全年实际利用外资 2416 万美元,增长 43%;现汇进资 170 万美元,外贸出口 840 万美元,增长 5%;实际引进内资 8 亿元,增长 16.5%。(1)围绕资源招商。重点围绕盐、锡、萤石粉、石灰石等矿产资源,推动招商。全年县投入技改资金 1.1 亿元,增长 27.2%,完成技改项目 12 个,新上技改项目 19 个。全县新增规模以上工业企业 6 个,全县五大工业实现的产值、增加值、利税分别占全县规模以上工业的 66.9%、71.2%、78.5%。(2)围绕平台招商。投入 1300 万元,加强工业招商平台建设。新增工业园项目用地 15.33 公顷,新增入园企业 6 家。规划九二工业基地 200 公顷。九二盐业投资 2.2 亿元的 60 万吨真空制盐项目抓紧实施。(3)围绕产业招商。引进 1 万吨脐橙气调库项目。新增脐橙加工销售公司 4 家。

【城乡基础建设力度加大】 (1)按照"规划先行、政策引导"的要求,落实城乡规划。年内,聘请上海同济大学城市规划研究设计院等 6 个规划设计单位编制九州大道、大禾田区域控制性详规。同时编制江西省会昌中学、岚山色园、三江六岸修建性详规及城市绿地系统规划,且完成了专家评审。此外,严格规划管理。初步形成依法按规划推进的城市规划建设格局。年内依法办理建设用地规划许可证 678 份,面积 24.04 万平方米,建设工程规划许可证 493 份,面积 44.22 万平方米。与此同时,完成了全县 18 个乡镇 2784 个自然村的规划编制工作,做好 20 户以上自然村 1856 个点的现状测量工作及 12 个乡镇的圩镇总体规划编制。(2)实施城市功能配套。全年多渠道筹措资金 3500 万元,投入城市基础设施建设。同步实施了江西省会昌中学、城区供水管网改造、湘青桥两岸配套工程、黄坊出口路改造及破损的水东大道、南外街等街道全面修复。

完成混凝土路面1.5万平方米,完善排水沟设施1540米。完成"三桥一岸"亮化、整修18条小街小巷路面、路灯,安装投光灯860盏、景观照射灯100盏,桥墩景观灯50盏、变光彩虹灯管4000多米,铺设电缆3500米。在2.2万平方米公共绿地中,修复城区绿化设施210余处,补植街道树1.2万棵。在沿江路、上渡街、红旗大道、水东大道等路段,新建了景观花坛。公园大门、凉亭全面刷新,并在公园增设果壳箱50个,新建水冲式公厕1座,铺设鹅卵石游步道100多米,种植竹林1000多平方米,安装景观灯、照明灯100多盏,投射灯30盏。(3)进行城乡交通改造。会杉线公路改造基本竣工。周版线改造完成路基工程,站永线、中洞线等45千米县乡公路改造竣工。麻右线、珠晓线动工,4个渡改桥项目进入施工。完成通村混凝土路面102千米。

【财政工作上新台阶】 2006年被国家财政部、人事部评为全国财政系统先进集体。强化财源培植意识,优化收入结构。以科学发展观和为民理财的宗旨,落实优惠政策。采用市场化运作方法,整合资金5000万元,用于招商引资、两个工业园区建设,扶持烟叶、脐橙等农业支柱产业及基础设施建设。通过财政的投入,经济总量逐渐做大,增强了财政发展的后劲。收入结构进一步优化。税收等稳定性收入的比重达80.2%,比上年提高3.2个百分点。2006年全县财政总收入1.36亿元,同比增长17.6%。强化公共财政意识,支持统筹发展,提高公共保障能力。公共财政框架基本建立,财政调控作用进一步增强。财政支出4.1亿元,增长36.8%。2006年起,县财政建立还债准备金150万元,资金由乡镇分季缴入县财政专户,专项用于归还乡镇旧欠债务。全县消化各类债务3000多万元。

【江西省会昌中学建设工程顺利开工】 会昌县委、县政府确定的2006年十大建设项目之首——江西省会昌中学建设工程,于12月7日在文武坝镇大禾田举行动工仪式。该工程位于县城东北角的大禾田,总占地面积27.7公顷,总建筑面积12.3万平方米,按照"生态与环境、交流与沟通、生长与发展、自豪与骄傲"的设计理念规划设计,共有6栋教学大楼,容纳学生6000余名,可充分满足学校教育教学工作的需要。此外,还有图书馆、教工宿舍区、学生宿舍楼和食堂,以及篮球场、排球场、游泳池、400米标准运动场,室内体育馆等体育设施。首期投资8000万元,预计2008年8月竣工。

【和谐社会建设有新进步】 (1)社会就业渠道更加畅通。开展劳动技能培训4000人次,新增就业再就业1991人。落实就业和再就业优惠政策,发放再就业小额贷款839万元,减免下岗职工再就业税费64万元。财政拨付再就业岗位补贴、社保补贴55万元。择优聘用了大学本科毕业生充实到县属事业单位。(2)社会保障水平不断提高。社会养老保险征缴、扩面分别增长16.1%、17.1%。认真实施新型农村合作医疗试点工作,参合率达76%。全年有5100名城市面上居民、12760名农民享受了最低生活保障。筹资430多万元补助"6.8"洪灾297户房屋全倒户、1325户受损户灾后重建。投资800多万元新建、改建敬老院1.7万平方米。按新标准足额发放"五保"供养对象的生活费。通过扶贫开发,新增脱贫人口4700人,迁移深山区、库区移民1900人。落实水库移民扶持政策,按规定确立扶持对象。(3)教育科技卫生等资源配置更加合理。江西省会昌中学建设工程动工。投资1000多万元,新、改建校舍2万多平方米,中小学危房比重下降15个百分点,中小学教师学历达标率提高19个百分点。教学条件得到改善,教育教学质量稳步提升。医疗卫生事业健康发展,新、改建基层卫生院3100平方米,投资3800万元添置医疗设备。人口计生工作整体水平明显提高。广播电视覆盖率上升到98%。科学技术普及不断加快,全民科技意识明显增强,科技成果转化有新提高。(4)市场经济秩序更加规范。开展土地市场专项整治,使土地市场步入规范化、制度化、程序化管理。全年清理各类用地765宗,为234户合法取得土地的居民补办了有关证件。全面推进矿产资源开发秩序的整顿和规范,加强房地产市场的监管。对群众反映较强烈的木材、生猪、客运、砂石、液化气等行业的垄断现象,依法采取措施进行规范。(5)社会更加安全稳定。生产、交通、防火和食品药品等安全工作稳定。加强社会治安综合治理,社会治安形势明显好转。高度重视群众来信来访,规范信访秩序,引导群众通过合法渠道反映诉求,落实信访工作责任制,进一步从源头上减少影响社会稳定的突出因素。

(谢传镇 刘 洲)

主要领导人 县委书记:廖成铭。县人大常委会主任:潘贻明(任至1月),廖成铭(2月任)。县长:谢赣健(任至1月),邝光华(1月代、2月任)。县政协主席:刘庆生。

·寻乌县·

【简 况】 位于江西省南部,辖7镇、8乡,总面积2311.38平方千米,其中城区面积4.8平方千米。耕地面积1.09万公顷,有林地面积19.2万公顷,森林覆盖率为78‰。总人口29.84万人,其中非农业人口4.70万人,全县人口自然增长率16.64‰。2006年,全县实现生产总值17.73亿元,同比增长13.8%。其中第一产业增加值7.01亿元,增长5.7%;第二产业增加值3.98亿元,增长32.5%;第三产业增加值6.74亿元,增长13.8%。工业总产值10.54亿元,增长52.16%。主要工业产品有发电量29880万度、服装137万件、齿轮278吨、稀土氧化物118.08万吨、混合稀土799吨;农业总产值12.03亿元,增长11.20%。主要产品有柑橘24.02万吨、粮食9.61万吨、蔬菜5.09万吨、西瓜1.5万吨、肉类2.74万吨。全县财政总收入1.10亿元,其中地方财政收入7833万元,同比增长10.70%。财政总支出3.22亿元,同比增长23.2%。在岗职工人均工资12402元,同比增加2005元,增长19.28%。农民人均纯收入1754元,同比增长14.8%。城乡居民年末储蓄余额7.12亿元,增长31.24%。

【寻乌蜜橘被列为国家地理标志保护产品】 11月30日,国家质检总局批准，对寻乌蜜橘实施地理标志产品保护措施。寻乌蜜橘地理标志产品保护范围为寻乌县长宁镇、文峰乡、三标乡、桂竹帽镇、吉潭镇、澄江镇、罗珊乡、水源乡、南桥镇、留车镇、晨光镇、菖蒲乡、龙廷乡、项山乡、丹溪乡现辖行政区域。保护品种有特早熟（石子头1号、宫本、市文，谢花后120天即8月中旬采摘）、早熟（宫川、兴津，谢花后140天即9月上旬采摘）、中熟（寻乌1-1-9、大叶尾张，谢花后170天即10月中旬采摘）。同时对寻乌蜜橘的种苗培育、建园、定植、整形修剪、肥水管理、采收、质量特色、标示使用等都有标准。

【"10·25"人质绑架案成功告破】 10月25日，发生在县城的人质绑架案，由赣粤警方经过4昼夜奋战，于10月28日晚成功告破，人质安全解救，5名犯罪嫌疑人全部落网。

10月25日，县城1个体业主潘某被人绑架，随后狡诈的绑匪分别从福建武平、广东蕉岭、大埔、平远等地给人质家属打来电话，索要赎金30万元。县公安局刑警大队接到报警后，立即抽调精兵强将并成立专案组，县委常委、公安局长谢建林亲自带队出征。专案组兵分三路，一路赴福建龙岩、一路赴广东梅州、一路在县城开展侦查。经过赣粤闽3地警方的共同协作，确定犯罪嫌疑人所在地为广东省平远县。专案组随即以广东平远县城为中心展开侦查，28日傍晚，刑侦人员以迅雷不及掩耳之势将藏在平远县城一出租屋内正在做"发财梦"的5名绑匪抓获，人质潘某安全获救。

（钟玉华）

主要领导人 县委书记：吴建春。县人大常委会主任：吴建春。县长：傅春荣（1月代、2月任）。县政协主席：古西华。

·石城县·

【简　况】 位于江西省东南部，是江西的母亲河——赣江源头之一贡江的发源地。辖5乡、5镇，130个行政村，国土面积1581平方千米，人口31万人。全县实现生产总值12.76亿元，增长10.5%，全社会固定资产投资额3.76亿元，增长12.4%，完成财政总收入8456万元，增长11.3%，其中地方性财政收入5833万元，增长6.4%，全县一、二、三产业比例为42.6∶26.6∶30.8。产业规模不断壮大，2006年全县种植烟叶收购9.45万担，继续保持全省"排头兵"地位。

【新农村建设力度加大】 全年启动101个新村点的整治建设，整合政府投入近500多万元，带动全社会投入1.73亿元新建农村公路213.5千米，工程总投资3362万元，实现82个行政村通水泥路，全年完成改水工程36个，改厕3469座，农业产业化经营步伐加快，全面完成了征鹏坑水库、大昌坝病险水库的除险加固工作，完成了全县小（二）型以上水库的增容增整治工作，新坪电站也已经顺利开工。屏山镇大坝新村的规划设计选入了全国村庄整治工作推介规划设计方案，并排在第一位。

【体制改革机制建设向纵深推进】 加快了机构改革的职能转变步伐，撤销了物资协会、二轻协会等一些专门的行业管理机构，新成立了金融办、招投标中心、矿山局等一批与市场经济体制相适应的机构，在技术标准、信息网络等5个新增示范体系建设上创新创特，打造了一些全市性的特色亮点。继续开展了党员先进性教育活动，探索和建立了党员教育工作的长效机制，其中，对党员实行了落实整改"三全责任制"等做法在省、市予以推介。

【城市建设步伐加快】 顺利完成了县"四套班子"及部分单位的整体"向东"搬迁任务；完成了东城新区、市政中心、宝福公园的建设规划，赣江源大桥、防洪坝B标段，206国道东城段，迎宾大道、赣江源宾馆等一批重点工程拟建开工，完成了防洪坝标段和琴江东路的拓宽改造，完成了B标段一期的拆迁和市政中心、迎宾大道的征地。对县城部分主干道进行了绿化亮化；开展了市容环境综合整治活动，规范了房地产市场。

【招商引资效益明显】 2006年，全县实际引进内资7.6亿元，实际利用外资1315万美元，其中现汇进资355.2万美元，首次完成市下达利用外资任务并突破千万美元大关，完成外贸进口80万美元，工业小区实现的产值和税收分别比上年增长20.8%和17.6%，机械制造产业发展空间有所拓宽，制定了生产标准体系，组建了行业协会。引进了6家外商进行风险探矿；协调解决莹石矿精选加工厂和采矿点涉及的相关问题，其中吉源莹石精选厂已正式投产；全县累计向上争取资金2.14亿元。

【旅游基础设施不断完善】 完成了全县旅游业发展和旅游资源开发的总体规划和具体策划。启动了九寨温泉的开发，挂花屋和南庐屋的整修，客福文化公园的建设，对通天寨、九寨温泉、赣江源等项目进行了包装，并引进了多家客商洽谈开发事宜，积极申请国家开发银行旅游开发贷款，目前已有110万元贷款到账。

【社会事业全面进步】 全县安全稳定形势良好，连续4年被市委、市政府评为社会治安综合治理目标管理先进县，2006年还被评为和谐平安县和基层创建优秀县。教育投入不断加大，全县投入学校危房资金192万元，改造面积达4290平方米，引进外商准备建设石城五中实验小学；合作兴办职校，学校网点布局整合工作也取得较好成效。新型农村合作医疗的群众受益面积不断扩大，参合率达85‰。

（谢永春）

主要领导人 县委书记：黄建平。县人大常委会主任：段标荣。县长李成生（任至1月），钟炳明（1月代、2月任）。县政协主席：黄光庆。

·瑞金市·

【简　况】 位于江西省东南部，赣州市东部，辖10乡、7镇。总面积2448平方千米，其中市面积16.5平方千米，耕地面积2.17万公顷，有林面积17.2万公顷，森林覆盖率为73.1%。总人口62.11万人，其中非农业人口11.13万人，人口自然增长10.4‰。2006年实现生产总值36.08亿元，同比增长12%。其中，第一产业增加值8.22亿元，增长0.2%；第二产业增加值10.82亿元,增长15.8%;第三产业增加值16.96亿元,增长16.3%。工业总产值18.98亿元,增长9.56%。主要工业产品有水泥16.76万吨,萤石精粉8.21万吨,九华痔疮栓1600万粒,发制品176.59万条。农业总产值13.70亿元,增长3.7%。主要农产品有粮食作物17.88万吨,烤烟1789吨,柑橘3.4万吨,烤鳗3161吨,生猪出栏30.12万头,肉牛出栏14.87万头。地方财政收入1.43亿元,同比增长8.28%,支出5.17亿元,同比增加816元。农村居民人均纯收入2853元,同比增加84元,城乡居民年末储蓄余额27.44亿元,增长17.6%

【红色旅游谱写新篇】 2006年,中共瑞金市委、瑞金市人民政府围绕打造国内外著名的红色旅游名城,举全市之力,扎实有效地开展各项工作。投入80万元聘请北京绿维创景规划设计院编制叶坪、沙洲坝和云石山红色旅游区修建性规划。成立旅游投资开发有限公司,承担旅游景区开发建设经营管理和项目融资。大力推进旅游景区景点和基础设施建设,投资3800万元,对红都大道、革命烈士纪念馆入口处进行彻底改造,对景区、城区、国道交叉口旅游标识标牌系统和旅游广告牌、旅游公厕、停车场、排水设施、排水系统进行完善,实施沙洲坝旅游功能一条街全面改造。策应"2006·中国乡村旅游年"主题活动,大力引导旅行社推介"访共和国摇篮,寻共和国之根,喝红井水、吃红米饭南瓜汤、看红色故都新农村新变化"为主题的红都瑞金新农村之旅活动,推出"苏区纸币兑换"、"红色电波传输"、"放土炮升国旗仪式"、"第一次全国苏维埃代表大会经典情景再现"、场景表演等项目,丰富红色旅游内涵。承办2006·中国(江西)红色旅游博览会开幕式、红色旅游专列发车仪式、第四次红都瑞金爱国主义教育基地联席会议,期间,邀请国内80余家新闻媒体、数百个旅行社、旅行商参加活动,全方位、多角度、大力度宣传瑞金红色旅游。承接国内多起大型旅游团队组织的重走长征路、红色之旅等旅游活动。参加宁波国际旅游投资洽谈会和温州、广州旅游交易会,大力推介旅游招商项目,提升接待服务水平,促进旅游产业发展。年内,瑞金市被省政府、赣州市政府表彰为旅游工作先进县(市),红色旅游列入全国50个红色旅游经典景区信息直报点之一,红色故都景区先后评为百姓喜爱的"新赣鄱十景"和全省最佳十大景区之一。全年接待旅游80.8万人次,实现旅游收入2.45亿元。其中,接待海外游客6010人次,实现外汇收入100.7万美元。

【特色农业发展强劲】 特色水产养殖加工形成规模。年内,鲜鳗产量2020吨,比上年增长12%,烤鳗产量4500吨,比上年增长33%,出口创汇6800万美元,比上年增长51%;螺旋藻养殖66.67公顷,产量800吨,产值2400万元,养殖基地规模进入全国前列。特色作物种植迅速扩张。投资3000余万元,实行无公害标准化商品蔬菜生产,种植蔬菜200公顷,产值1.08亿元,产品全部销往香港。种植大棚西甜瓜67.67公顷,产值2000万元;种植西瓜334公顷,产值4000万元,产品远销广东、浙江。投资1000万元,开发生态茶园127公顷,生产"瑞龙"、"瑞香"、"瑞雪"系列产品,在2006年全省茶叶评比中获"银质奖",荣获"第三届中国国际茶业博览会金奖",产品远销海内外。花卉苗木种植初见成效,已建成666.67公顷红豆杉基地,20公顷铁树基地,66.67公顷花卉苗木基地。全市烟叶种植面积1000公顷,收购烟叶3.1万担,分别比上年增长300%、200%。

(杨 滋 朱庆亮)

主要领导人 市委书记:肖毅(任至5月),陈晓春(6月任)。市人大常委会主任:曾国林(11月任)。市长:杨中茂。市政协主席:张茂棉。

·南康市·

【简 况】 位于江西南部,是中国甜柚之乡。辖7镇11乡、1个民族乡和2个街道办事处,共25个居委会、293个行政村。总面积1796平方千米,其中市区面积16.5平方千米。耕地面积2.55万公顷,有林面积9.92万公顷,森林覆盖率为60.9%(市区绿化覆盖率34.98%)。总人口81.09万人,其中非农业人口12.88万人。人口自然增长率控制在7.8‰以内。2006年,实现生产总值45.4亿元,同比增长13.5%,其中,第一产业增加值10.6亿元,同比增长3.6%;第二产业增加值17.7亿元,增长22%;第三产业增加值17.1亿元,增长12.4%。工业总产值(现价)45.55亿元,增长26.9%。主要工业产品有食品、家具、服装、矿产品、化工涂料、电子产品等。农业总产值(现价)16.7亿元,比上年增长5.4%。主要农产品有粮食23.4万吨、油料1.01万吨、蔬菜17.18万吨、水果1.35万吨、肉类总产5.3万吨。实现财政总收入3.9亿元,增长25.5%,其中地方财政收入2.28亿元,增长13.9%。城镇居民人均可支配收入7735元,增长9.2%;农民人均纯收入3136元,增长9.6%。城乡居民年末储蓄存款余额39.8亿元,增加6.5亿元。实现下岗失业人员再就业2888人,城镇登记失业率控制在3.5%以内。城镇公民职业化工程培训1.45万人。

【优势产业集群培植取得新进展】 一是主导产业培育取得新成效。矿产品、家具、服装、食品、精细化工、电子信息六大产业实现产值32.5亿元,增长32.7%;实现工业增加值10.6亿元,增长28.6%;实现税收1.6亿元,占财政总收入的41%,增收6411万元,增长67%。六大产业税收增收额占财政收入增收总额的80.7%。二是骨干企业的扶持实效得到实现。通过"三个一"帮扶服务,骨干企业的数量、规模、纳税均有明显增加。64户重点工业企业实现税收1.36亿元,增长93.9%,占全市工业税收的70.3%,其中纳税1000万元以上的7户(众鑫矿业3704万元,汇丰矿业2237万元),500万元以上的10户。三是园区集聚效应进一步显现。2006年是历年来财政直接投资工业园建设力度最大的一年,市财政投入近6000万元资金全面启动了龙岭工业西区建设。实行社会化投资,启动了7个家具生产基地建设、有色金属加工区等特色园区的规划建设。入园工业企业累计达到130家,园区实现税收1.22亿元,增长35.3%。对工业园区用地进行了清理整顿,收回企业闲置土地

20多公顷。四是招商引资和民营经济发展取得了新突破。实际利用外资5649万美元,增长4.1%;实际引进内资14.7亿元,增长21.1%;外贸出口443万美元,增长15.1%。引进项目60个,其中投资5000万元以上的工业项目8个、亿元项目2个。新增民营企业66户,新增个体工商户1153户;民营经济纳税2.46亿元,增长52.7%,占财政总收入的63.1%,其中纳税100万元以上的民营企业26户。第三产业发展加快,消费需求稳中见旺。第三产业实现生产总值17.1亿元,增长12.4%。

【新农村建设开创新局面】 高标准完成了所有圩镇总体规划和行政村规划的编制,以及2538个20户以上自然村的规划编制。新修通村通组水泥路280千米,改水8850户、改厕6982户,改造空心房8.31万平方米,新增有线电视用户4907户,新增农村电话用户2.16万户,新建沼气池2062个。解决了浮石梅源、隆木邹家地、横市岽脑和大富4个村通电问题,实现了村村通电目标。实施了农村安全饮水工程,解决了2.5万人的饮用水安全问题;市财政投资220万元对13座小(二)型以上水库进行了除险加固。狠抓了生猪、果业、商品蔬菜、花卉苗木等农业主导产业和区域特色产业的发展。生猪饲头养量73.3万头,生猪出栏51.8万头,分别增长9.3%、10.4%。果业开发面积328公顷,蔬菜种植面积1.23万公顷,花卉种植面积110公顷。扶持建立农村新经济组织356个,联结农户2.2万户。新增省级农业产业化龙头企业1家(金鸡邱家粮油加工厂),赣州市级4家(赤土花果园新华农庄、凯大脐橙场、九鼎农业开发公司、龙丰农牧综合开发公司),现有28家年产值100万元以上的农业龙头企业。举办农业实用技术和职业技能培训班1235期,培训农民4.23万人。被批准为全国农业综合开发县(市)和全国绿色食品示范基地。

【城市面貌发生新变化】 市财政投入城市基础设施建设资金1.3亿元,重点推进了24个城市建设项目。投入3200多万元对长6.3千米的泰康路实施了全面改造。群众普遍关注的教育路、挹翠路改造工程如期实施,解决了二中、五中学生通行难的问题。总投资2200万元的第一小学和教师进修学校建设工程进展顺利。投资2200万元的章江水利综合开发工程竣工并投入运行,为市区增添了一座美丽的人工湖。总投资3800万元的国债项目龙回陈坑垃圾填埋场第一期工程开工建设。旭山公园改造、鲤山塔重建已经启动。文化公园建设进入扫尾阶段。引进香港新仕高燃气有限公司投资8000万元建设城市管道燃气。城市框架拓展,集聚力和辐射力进一步增强。新增建成区面积1.54平方千米、新增城市人口1万人,新增城市道路面积9.6万平方米,新增公共绿地面积10.86万平方米。

【"和谐平安南康"建设取得新成果】 着力抓好就业、再就业和社会保障工作。实现下岗失业人员再就业2888人,公民职业化培训1.45万人;为1056名国有企业下岗职工发放失业救济金351万元,为6241人发放基本养老保险金4176万元,为6892人发放城市低保资金587.72万元,为1.89万人发放农村低保金405.61万元。对2.38万名困难学生实行"两免一补",发放资金169.96万元。重视抓好信访工作,进一步完善了信访工作机制,一批重点难点信访案件得到较好解决。大力发展科技、教育、卫生、体育等各项事业。高考连续7年、中考连续11年获赣州市第一名。利用南康中学老校资源新办了第三中学。职业教育呈现良好的发展势头。扎实开展了"农村卫生年"活动,农村医疗水平得到提高。

(黎庆愉)

主要领导人 市委书记:魏运亭(任至1月),刘建平(1月任)。市人大常委会主任:陈冬生。市长:张裕生(任至1月),苏传辉(1月任)。市政协主席:谢福明。

吉安市

【概　况】 位于江西中西部,辖2区、10县、1市,总面积2.53万平方千米,其中市区面积0.13万平方千米。耕地面积32.97万公顷,有林面积141.30万公顷,森林覆盖率为64.5%。总人口471.01万人,其中非农业人口104.28万人,人口自然增长率10.50‰。2006年实现国内生产总值351.78亿元,增长13.3%。其中,第一产业86.90亿元,增长3.2%;第二产业138.47亿元,增长20.1%;第三产业126.41亿元,增长14.1%。规模工业总产值207.24亿元,增长43.06%。主要工业产品有:机制纸21.49万吨、水泥302.37万吨、原煤113.42万吨、卷烟44.23亿支、发电量54.25千瓦小时。农业总产值144.45亿元,增长3.38%,主要农产品有:粮食314.75万吨、油料11.34万吨、肉类28.11万吨、水产品14.79万吨、水果产量9.79万吨。地方财政收入20.51亿元,同比增长15%,支出58.61亿元,同比增长24.5%. 城镇居民人均可支配收入9500元,增长10.4%. 农村居民人均纯收入3572元,增长9.4%。年末城乡居民人均储蓄存款6360元,比年初增加769元。

【"十一五"规划开局良好】 2006年,吉安市"十一五"规划开局良好,主要有以下几个特点:一是综合实力稳步提升。全市生产总值可比增长13.3%,其中,一产增长3.2%,二产增长20.1%,三产增长14.1%,三次产业结构调整为24.7:39.4:35.9。财政收入"双上台阶",总收入和地方收入分别增长16.8%和15%;全市城镇以上固定资产投资增长12.5%。社会消费品零售总额增长15.3%。

二是产业经济快速发展。农业产业化进程加快,全市粮食总产增长4.5%,蔬菜产量、肉用牛出栏、水产品产量分别增长1.5%、26.3%、6.2%;新增省级龙头企业8家、市级龙头企业29家。工业经济加速发展,规模工业实现增加值增长29%,工业经济效益综合指数达176%,创历史新高;工业主营业务收入和上缴税金分别增长47.8%和44.4%;园区工业实现总产值、利税分别增长46.4%和36.6%。三产持续稳定增长,接待国内游客和实现旅游收入分别增长15.5%、

17.6%；接待海外游客和创汇收入分别增长32%、42%；全年县以下消费品零售额增长13.6%；全市商品房竣工面积、销售面积分别增长15.6%和26.4%；通信服务业主营业务收入同比增长21.5%。

三是改革开放深入推进。体制机制进一步完善，在市本级试点基础上，部门预算改革向县级延伸，国库集中收付制度改革全面铺开，“乡财县代管”试点覆盖面达到90%以上，国有资产监管体制进一步完善。农村税费配套改革、林业产权制度改革、粮食流通体制改革、水利工程管理体制改革稳步推进，荣获“全省林改工作先进市”称号。对外开放成效显著，全市引进内资5000万元以上工业项目78个，实际进资增长36.1%；引进外资项目104个，实际利用外资增长16%；外贸出口总额增长15%；新增民营企业1255户，新增注册资金24.2亿元。

四是城乡建设明显加快。“项目建设年”活动成效明显，吉井铁路全线贯通，武吉高速、新余至吉安500千伏输变电线路及变电站建设达到计划进度，井冈山仙口水电站并网发电，农村电网改造工程完成年度任务，建设农村公路2179千米，完成34座水库和5条堤防的除险加固工程。城镇功能普遍增强，中心城区滨江花园一期工程、后河改造一期工程基本竣工，新体育馆主体工程封顶，河东堤建设、螺子山污水处理主体工程、城北高速连接线有序进行；一批县城道路、公园及供水项目全面启动，中心城区和新干、永丰、峡江进入省级园林城行列，全市城镇化率达到33.3%，提高1.4个百分点。大力实施“三清三改”和“五通一气”工程，1500个市级整治试点和921个省级整治试点自然村基本完成年度任务。

五是社会事业日趋繁荣。全市获国家级科技项目19个、省级项目41个，新建省级工程技术中心1个、市级工程技术中心2个，申请专利121件，授权专利75件；落实“两免一补”2342万元，投入1.2亿元改善农村中小学教学设施，全市小学入学率达到100%，初中入学率达到95.6%，井冈山学院在校生达1.7万人；农村文化“三项活动”深入开展，公共卫生体系逐步健全，新型农村合作医疗试点扩大到5县市区，农业人口覆盖面达39%；持续稳定低生育水平，人口自然增长率控制在7.71‰，人口与计生综合考评连续五年列全省第一名；环境保护和治理力度继续加大，中心城区空气质量达到二级标准，赣江吉安段水质保持在Ⅲ类以上。

六是人民生活继续改善。全市城镇居民人均可支配收入9500元，增长10.4%；农民人均纯收入3572元，增长9.4%；年末城乡居民人均储蓄存款6360元，比年初增加769元。就业社保继续加强，全市新增城镇就业4.8万人，增长7%，城镇登记失业率控制在4%以内；养老、失业和医疗保险参保人数分别达到24.7万人、19.6万人和27.4万人。救助优抚工作深入推进，城市和农村低保对象分别扩大到9.6万人、11.7万人，全年累计发放低保金1.2亿元、救灾救济款2399万元、医疗救助金500万元；新建农村“三院”项目100个，新增收养对象4668人；中心城区建设经济适用房6.1万平方米，安置困难户810户；完成移民扶贫搬迁2220户10100人。认真落实安全生产责任制，全面开展以打击商业贿赂和损害群众利益为重点的专项活动，强化社会治安综合治理，“公众安全感”满意率达到94.3%。

【井冈山铁路全线铺通】 2006年8月31日，随着最后一组轨排在井冈山车站平稳就位，至此，全国重点工程——井冈山铁路全线铺轨成功，正线铺轨80.617千米、架设25座桥198孔梁的任务全部按期完成。井冈山铁路东自京九线吉安南站，往西途经吉安县、泰和县、永新县至井冈山，是规划中的湖南衡阳至江西吉安铁路的东段，也是沟通京广、京九两大干线的一条联络线，线路正线长80.617千米。工程自2005年3月31日开工，工程初期开通石坑站、井冈山站，预留永阳街站、江边站，并对吉安站、吉安南站作相应改造。井冈山铁路设计时速120千米，预留时速140千米，将于下一年正式投入运营。

【武警江西总队吉安市支队井冈山市中队被授予“井冈山爱民模范中队”荣誉称号】 7月10日，国务院、中央军委授予武警江西总队吉安市支队井冈山市中队“井冈山爱民模范中队”荣誉称号命名大会在南昌举行。会上宣读了国务院、中央军委的命令，向井冈山市中队颁发了奖旗。国务院、中央军委的命令指出，井冈山市中队主要担负看守执勤和临时警卫任务。长期以来，这个中队牢记人民军队根本职能和宗旨，忠实履行职责，大力弘扬“井冈山精神”，始终与人民群众同呼吸、共命运、心连心，树立了文明之师的良好形象，被誉为“井冈山精神的传播者、井冈山建设的生力军、井冈山平安的守护神”，为促进井冈山地区经济发展和社会稳定做出了突出贡献。这个中队多次圆满完成重大警卫任务，在维护驻地社会稳定和处置突发事件中发挥了重要作用。近10年来，中队官兵共看押犯人1.2万多人次，围捕抓获罪犯210多人，抢救遇险群众190多人；他们把驻地当故乡，视群众为亲人，积极为当地群众办实事、解难事、做好事，累计植树3万余株，清理河渠淤泥2000多立方米，帮助军训学生和地方员工2.5万人次，义务为旅游参观团上传统教育课300多场，长年照顾14名孤寡老人和残疾人的生活起居，赢得了当地人民群众的广泛赞誉。他们坚持把思想政治建设摆在首位，认真实践“三个代表”重要思想，自觉树立社会主义荣辱观，经受住了特殊环境和急难险重任务的考验，连续15年被上级评为“先进中队”，中队党支部先后被评为“全国先进基层党组织”和“全军先进基层党组织”，2次荣立集体二等功，10次荣立集体三等功。

【重大革命历史题材电视连续剧《井冈山》隆重开机】 10月28日，被中宣部列为近两年电视剧创作重中之重的经典作品——重大革命历史题材连续剧《井冈山》的开机仪式，在井冈山革命烈士陵园隆重举行。2007年是中国人民解放军建军80周年，也是井冈山革命根据地创建80周年，为了纪念这一特别的日子而拍摄的大型电视连续剧《井冈山》，是中央纪委、中央电视台、解放军总政宣传部、江西省委宣传部和南京军区政治部等五家单位共同出品的，投资达3000万元。它是一部反映毛泽东、朱德等老一辈无产阶级革命家在井冈山创建革命根据地，再现井冈山斗争、弘扬井冈山精神的电视剧力作，也是首部全景式反映井冈山斗争和井冈山道路形成的全过程的电视剧，人物形象丰满，故事跌宕起伏，传奇而厚重。

【中共吉安市第二次代表大会闭幕】 中国共产党吉安市第二次代表大会在完成预定的各项任务后，于11月30日上午在吉安市采茶剧院胜利闭幕。大会举手表决通过《中国共产党吉安市第二次代表大会关于中共吉安市第一届委员会报告的决议》及《中国共产党吉安市第二次代表大会关于中共吉安市纪律检查委员会工作报告的决议》。在下午举行的中共吉安市第二届委员会第一次全体会议上，选举产生了第二届市委常务委员会委员、市委书记、市委副书记，黄建盛当选为书记，周萌、蒋斌当选为副书记。

（罗　皓）

主要领导人　市委书记：弘强（任至10月），黄建盛（11月任）。市人大常委会主任：孙世群（任至12月）。市长：胡长林（任至10月），周萌（11月任）。市政协主席：刘育椿。

·吉州区·

【简　况】 位于吉安市中心城区，辖6个街办、5个乡镇。总面积424.90平方千米，其中建城区面积29.9平方千米，耕地面积1.07万公顷，有林面积1.24万公顷，城区绿化率33.2%。总人口32.32万人，其中非农业人口19.98万人，人口自然增长率8.7‰。2006年实现国内生产总值34.07亿元，增长15.1%。其中，第一产业3.97亿元，增长3.7%；第二产业增加值11.53亿元，增长24.2%；第三产业增加值18.57亿元，增长12.7%。工业总产值22.61亿元，增长25.5%。主要工业产品有电力电缆2250千米、水轮发电机7.88万千瓦、白酒8458吨、水泥34.59万吨。农业总产值6.10亿元，增长5.6%。主要农产品有粮食8.64万吨、油料2803吨、蔬菜5.38万吨、肉类9743吨、水产品9376吨。财政总收入2.01亿元，增长17.2%；地方财政收入1.28亿元，增长8.6%；财政支出3.27亿元，增长16.7%。城镇居民人均可支配收入9500元，增长10.4%。农村居民人均纯收入4095元，增长11.3%。城乡居民年末储蓄余额48.93亿元，增长13%。

（雷家庆）

【民生工程惠万家】 吉州区是一个老工业区，有大量下岗失业人员和“4050”人员，加上原有的离退休人员，社会“包袱”沉重，而撤市建区财力匮乏，给政府实施民生工程带来极大困难。吉州区迎难而上，通过多方努力，社会就业和保障能力明显增强。全年新增就业人员5713人，增长109.9%；下岗失业人员实现再就业3156人，增长119.4%；“4050”人员实现再就业452人，增长141.3%。新增养老保险参保人员1895人，征缴养老保险金803万元，全年共发放养老金8767万元，确保了离退休人员基本养老金按时足额发放。全年发放城市低保金1494万元，发放城乡医疗救助金105.3万元，农村五保户集中供养标准由每人每年1200元提高到1800元。

（王立伟）

【新农村建设开局良好】 按照中央提出的“生产发展、生活富裕、乡风文明、村容整洁、民主管理”的新农村建设总体要求，吉州区科学选点，以“五通一气”和“三清三改”为切入点，高位推动，广泛动员，集中帮扶，新农村建设开局良好。在建设过程中，吉州区整合工程项目，多筹措资金，全面推进农村基础设施建设。全区23个示范村庄规划全部完成，并实现“改路、改水、改厕”三个“百分之百”。基础设施条件的改善，促进了农民持续增收和农村经济健康发展，2006年全区农业总产值6.1亿元，农民人均收入达到4095元，较上年增长11.3%。农村文化生活丰富多彩，各类文化、科技、卫生“三下乡”活动扎实开展，举办了首届农民运动会、农民文化艺术节和“魅力乡镇·白塘篇·禾埠篇”大型文艺演出活动，农民精神面貌焕然一新。

（刘春生）

【再造一个新城区——城北区】 为加快城市化进程，吉州区策应做大做强中新城区战略，围绕实现“三个吉州”的目标，将发展重心转移到城北区的开发建设。城北区位于吉安市中心城区的北面，被确定为全市城建“三大组团”之一，它东临赣江，西至赣粤高速公路，北靠城市外环线，南到北门路，由中心区、工业园、商贸物流区、庐陵文化园、长塘镇区五部分组成，总规划用地面积22.58平方千米。荣获全省首家省级试点生态工业园的吉州工业园位于城北区的东北部，作为城市主干道标准建设的赣粤高速公路吉安北连接线从其西南方向穿过。高起点规划、高标准建设的城北区，作为吉州区的行政、经济、文化中心逐渐展现在人们面前。

（王立伟）

【企业科技创新增效益】 吉州区实施“科教兴区”和“主攻工业”战略，引导企业成为科技创新主体。一是制定政策，着力营造科技创新的量好环境；二是创造条件，为科技人员搭建平台；三是拓宽渠道，建立多元化的创新投入机制；四是注重“引智”，夯实工业提速增效基础。通过政策引导和推动，涌现一大批科技创新成果，为吉州区工业经济发展增添了活力和后劲。2006年，江西电缆公司被省科技厅认定为“区外高新技术企业”；杰克机床公司的“JKM101型数控曲轴磨床研发与中试”列入江西省中小企业创新基金项目；联创光电线缆分公司的“移动通讯用射频电缆”项目列入国家科技兴贸计划。吉州区被省科技厅确定为“江西省2005～2006年科技工作试点县”。通过科技创新，吉州区工业经济取得长足发展，实现了量的扩张和质的提升。2006年，辖区内规模以上工业业务收入19.02亿元，增长53%，提前一年实现新一轮翻番；实现工业增加值5.78亿元，增长38.7%；上缴税金4237万元，增长40%。

（万淑慧）

主要领导人　区委书记处书记：李健。区人大常委会主任：宋毅。区长：李建国。区政协主席：陈文惠。

·青原区·

【简　况】 地处江西中部，辖5镇、2乡、1街道办事处。总面积914.62平方千米，其中中心城区建成区面积达8平方千米，耕地面积1.21万公顷，林地面积5.60万公顷，森林覆盖率60.8%。总人口21.3万人，其中市镇人口5万人，人口自然增长率为8.27‰。2006年，实现国内生产总值23.68亿元(含华能电厂、铁路系统)，同比增长14.8%。其中，第一产业增加值3.68亿元，增长4.2%；第二产业增加值12.94亿元，增长19.8%；第三产业增加值7.06亿元，增长12.2%。工业总产值30.8亿元，增长17.2%。农业总产值5.78亿元，增长5.9%。财政总收入0.85亿元，地方财政收入0.56亿元，同比增长28.1%，支出2.08元，同比增长28.7%。城镇居民人均可支配收入9500元，同比增加896元。农村居民人均纯收入3353元，同比增加318元。城乡居民年末储蓄余额4.75亿元，同比下降51.5%。

【工业经济提速增效】 全年引进5000万元以上项目资金3.5亿元；利用外资0.13亿美元，增长19.2%；外贸出口总额630万美元，比上年增长38.8%。新增个体商户1067户，新增私营企业118家，新增规模以上企业12户，规模以上工业完成增加值8.25亿元，增长32.8%，占全部工业增加值的81.7%。园区建设和发展步伐加快，累计完成基础设施投资1.30亿元，园区规模以上企业达到20家，园区工业完成产值9.99亿元，增长41.7%。全区规模以上企业实现产品销售收入、利税总额分别增长38%和59.7%。重大工业项目顺利推进，沪赣医药、盛泰电缆、白云山工业硅、杭天金属、吉瑞玻璃等项目相继建成投产。富源锌业、齐峰水泥、金苹果实业、丰泰实业、红耐铜梓等项目相继动工建设。

【农业增产增效，新农村建设稳步推进】 2006年，全区农业增加值3.68亿元，增长4.2%。粮食生产喜获丰收，粮食总产量11.86万吨，同比增长7.2%。养殖业加快发展，肉类总产0.6万吨，增长3.7%，家禽出笼9.5万羽，增长4.6%。天玉景天花卉、文陂食用菌茹生产等农业产业化经营水平进一步提高。新农村建设稳步推进，34个新农村建设试点工作取得明显成效。57个自然村完成村庄建设规划批复，130个村庄完成规划编制工作，硬化通乡通村公路135千米，新增沼气池820个，完成人饮安全工程14个，惠及饮水困难农民9680人，农村电网改造，村级组织活动场所、乡镇卫生院、农村寄宿制学校等项目顺利实施。

【新型农村合作医疗试点工作】 自2006年被省政府列为新型农村合作医疗试点区以来，青原区采取区领导包片、区直机关单位包乡镇、乡镇干部包村、村干部包组、组干部与党员包户的“五包”制度，层层落实责任，动员全区农民自愿“参合”，参合率达83.3%。建立健全新型农村合作医疗长效监督机制，成立专门的监督委员会，并加大宣传力度，让群众清楚筹资标准、补偿范围、补偿程序。对合作医疗资金实行收支两条线“双印鉴”管理，区财政局和区卫生局联合设立基金专户，切实管好农村的“保命钱”，同时降低补偿门槛，简化补偿程序，为农民群众补偿提供快捷、方便的服务，最大限度地扩大群众受益面，做到门诊随诊随补，住院随到随核，实行一次性告知、两次内领到补偿金等服务承诺，将住院补偿信息及时在乡、村公示，接受群众监督，住院医药费用2000元以上的在15天内办结。2006年已办理住院医疗费补偿6700余人次，补偿总金额330多万元，有效缓解了青原区农民因病致贫，因病返贫等问题，密切了党和政府同农民的关系，真正实现了政府得民心、农民得实惠、卫生得发展，受到社会各界的广泛赞誉。

【“万村千乡市场工程”试点工作】 2006年，青原区被商务部列为“万村千乡市场工程”试点区，并把江西易初东方有限公司列为试点龙头企业，全年完成标准农家店建设27家，重点培育吉安农产品批发市场，已完成“双百市场工程”和“国家级标准化农产品批发市场”的申报，积极组织市场进行技改，向江西省经贸委争取技改资金40万元。完成两个商贸流通招商项目，做好市场监测，青原区江西易初东方有限公司、吉安农产品批发市场开发有限公司2户企业已作为2006年吉安市商贸流通样本监测企业。

【开展环境污染专项整治】 青原区水污染治理紧紧围绕“一控双达标”(指对排放污染物实行总量控制，所有工业企业的污染物必须达标排放，所有环境功能区必须达标)的管理目标进行。2006年，区环境监测站对42家排污单位进行了现场监理检查，对污染物的末端治理采取有效措施，完成两家金属企业旋转窑尾气治理改造工程，两家化工企业的废水限期治理项目、三家企业的谷壳灰治理设施、污水处理设施的整改等，累计投入资金400万元，削减S02排放量125吨/年，工业粉尘排放量270吨/年，危险废物排放量185吨/年，COD排放量15吨/年，有效地防止了环境污染。

【开展纪念文天祥诞生770周年系列活动】 文天祥陵园景区位于吉安市青原区富田镇东南二十里的鹜湖大坑之原，景区规划总面积约39公顷。2006年，青原区委区政府投资50万元完成了正气广场地面铺建工程、功德碑建设和正气广场的绿化，由深圳宝利来集团捐建的文天祥陵园浩然正气坊、义坊与忠烈坊，由白石厦捐建的文天祥汉白玉雕塑均已落成，按规划新建的文天祥陵园已具雏形。11月18～21日，举办纪念民族英雄文天祥诞生770周年系列活动，内容有专家访谈、文天祥陵园开园典礼、文山论坛、文天祥文化研究与青原发展恳谈会、招商项目推介及签约仪式和“文山杯”《正气歌》歌咏赛。活动邀请了中国作协副主席蒋子龙，旅居新加坡的华文传播学者郝知本，《文天祥》小说的作者杨友今，江西省社联主席尹世洪，江西省文联主席陈世旭，辽宁省文联副主席邓刚等专家、学者和作家26人；江西省委宣传部副部长陈东有等各界领导；《中国旅游报》、香港《文汇报》、香港《商报》《江西日报》等16家新闻媒体记者；吉安县、友好城区、单位;文沛荣先生及文氏宗亲的代表近千人。

（卢琳娜）

主要领导人 区委书记:梅黎明。区人大常委会主任:周华忠。区长:徐明。区政协主席:李炳华。

·吉安县·

【简 况】 地处江西中部,位于吉泰盆地中心,辖11镇、8乡。总面积2117平方千米,耕地面积3.65万公顷,有林面积12.04万公顷,森林覆盖率58.9%。总人口44.30万人,其中非农人口8.94万人,有畲族、满族、回族、壮族、蒙古族、苗族、瑶族、土家族等少数民族人口512人,人口自然增长率7.74‰。2006年国内生产总值32.06亿元,增长15.1%。其中,第一产业增加值8.88亿元,增长2.2%;第二产业增加值13.88亿元,增长24.5%;第三产业增加值9.30亿元,增长15.7%。工业总产值现价38.8亿元,增长24.0%。主要工业产品:铝箔纸274吨、松香6377吨、水泥39万吨、啤酒65564千升、卷烟387000箱、配混合饲料1.8万吨,煤51万吨,发电量8129万千瓦小时。农业总产值14.02亿元,增长2.82%。主要农产品:粮食37.57万吨、花生0.54万吨、黄红麻40吨,中药材109吨、甘蔗1.1万吨。地方财政收入2.0583亿元,增长20.43%,支出5.21亿元,增长16.38%。农民人均纯收入1959元,比上年增加262元。城镇居民年末存款余额26.9亿元,增长17.8%。

【工业经济实现高增长】 2006年,全县规模以上工业总产值完成17.56亿元,增加值7.12亿元,销售收入17.31亿元,实现利税2.48亿元,工业用电量1.86亿千瓦小时,分别增长53%、39%、43%、48%、21.6%。油盘铁矿、江燕公司、庐陵水泥、吉安娃哈哈、金安林产5户列入市政府重点调控企业,吉能煤电、功阁水电公司等10户成长型企业加快发展,食品、电子、林化医药、冶金建材四大支柱产业实力增强。全年规模工业完成新扩投入1.51亿元。吉安娃哈哈新增投资5000万元兴建吉安娃哈哈乳品有限公司、油盘铁矿追加投资5000万元新上球团厂、金安林产新上改性树脂生产线等使工业迅速扩量提质。县工业园区新增基础设施投入3100万元,水、电、路、通信、有线电视等设施和亮化、绿化、美化等工程配套跟进。总投资超亿元的全国生产车载电子产品龙头企业——深圳航盛电子成功落户,投资亿元以上的华忆电子开工建设,协讯电子、浩汉电子正式投产,园区初步形成电子产业集群。全年共新增入园项目34个,其中固定资产投资千万元以上项目31个,投资5000万元以上项目17个,投资亿元以上项目4个,园区实现工业增加值3.7亿元,增长35.2%,销售收入12.2亿元,增长34.5%,税收5171万元,增长27.3%。

【新农村建设迈上新台阶】 吉安县以发展经济为基础、村庄整治为切入点,新农村建设实现高起步,迈上新台阶,荣获全省农业发展先进县。2006年水稻总播种面积68933.33公顷,总产量36.92万吨,分别增长1.57%和3.92%。特色农业逐步走上规模化、产业化道路,肉鸡、肉牛和横江葡萄等已成为农民增收的重要源头。依托温氏集团新增养鸡2000羽以上大户700余户,全年出笼肉鸡720余万羽,新增产值8120万元。依托固江肉牛市场,建立牛改良冷冻精液配种点30个,养牛示范村10个,全县肉牛存栏14.1万头,出栏6.5万头,分别增长29%和38%,新增产值12750余万元。成功举办第三届"中国·吉安横江葡萄节",新增葡萄种植面积72公顷,带动农户2100余户,户均收入达3万余元。村庄整治得到全面推进。在面上,以村庄规划为基础,以"五通一气"为重点,以"三清三改"为配套,全县1482个自然村已全部完成村庄测绘,1402个20户以上自然村已全部完成村庄规划,3.4万户13万余人用上了自来水,有线电视村联网率达48%,沼气池达到1.6万座。在点上,按照"六改四普及"标准,128个省定新农村试点村效果显著,累计发放水泥10115吨,拆除残垣断壁废旧土砖建筑9.8万平方米;新修进村公路132.8千米,村内巷道硬化28万平方米;修建排水沟56千米,新增自来水用户5345户;新建公厕225座,三格式水冲厕3872座,沼气厕2406座;新建猪牛栏282处5750间;建垃圾池392座,栽种绿化树10万余棵;新建沼气池2406座,普及率达67%;新增有线电视用户4200户,普及率达73%;全部接通了电话光缆,户均拥有1部固定电话或手机。吉安县新农村建设被国务院扶贫办和国家农业部领导誉为新农村建设吉安模式,永和锦源村、凤凰龙陂村成为省、市生态家园富民行动示范样板点。

【招商引资和项目建设成果丰硕】 2006年新批外资项目11个,增资扩股项目3个,合同利用外资3312万美元,增长43%,实际利用外资2350万美元,增长48%,其中现汇进资901万美元,增长517%;上报新增内资5000万元以上省外工业项目11个,续建项目2个,合同资金8.83亿元,增长10.4%,实际引进资金6.54亿元,增长21.1%,上报内资5000万元以下省外工业项目83个,合同资金16.8亿元,增长138.3%,实际引进资金11.2亿元,增长93.1%。航盛电子、忆声电子、协昌电子、凯隆电子、鸿兴实业、仁源实业、科茂树脂、香港华记蔬菜公司等一批规模企业成功落户;协讯电子、浩汉电子、麦凯婚纱等一批投产企业增资扩股。首届浙商大会上入选"浙商投资(省外)最佳潜力城市"。

全社会固定资产投资完成15.5亿元,增长21.5%。20项重点工程完成投资4亿多元,占总投资的90%。农村公路建设再掀新高潮,完成水泥路面铺筑202.5千米,全县农村水泥(油)路里程达到1046.4千米,有234个行政村通水泥(油)路,敦锦二级水泥公路和梅塘大桥实现通车。县城基础设施建设投入3100万元,完成环湖西路、赣江大道西段等道路硬化,新增道路面积5.53万平方米,新增园林绿化面积5万余平方米,安装景观灯155组;城区供水管网改造一期工程完成5.8千米,投资301.2万元。在巩固省级文明城市和园林城市创建成果的基础上,吉安县全民争创省级卫生城市,积极申报国家级园林城市和江西省人居环境奖。

【各项社会事业蓬勃发展】 吉安县

2006年被列为全国科技富民强县专项行动计划试点县,建立100座农民科技书屋;国家粮食丰产工程"五双一水"项目被评为全省二等奖。列为全国7个农村义务教育经费保障机制改革试点县之一,每学期为学生家长减负638万元,争取校建资金1940万元,在建项目39个,改造危房5157平方米;高考二本以上上线557人,荣获全市教育综合考评先进县。新型农村合作医疗试点工作获全国先进,全县参合农民达30.89万人,占农业人口的88.82%,年内门诊报销120.31万元,住院报销1178.24万元。在省第十二届运动会上夺金牌8.5枚、银牌6枚、铜牌9枚,获全国农民健身周优秀组织奖、全市体育工作综合考核第一名。国土资源管理被列为全国116个基本农田保护示范区之一,全县划定基本农田保护区面积44312.9公顷,保护率达85.4%。环保工作被列为全国千乡万村环保科普示范试点县。对违反环评和"三同时"制度、危害禾河饮用水安全的重点污染源和22家违法排污单位建立监督管理台账,对3家污染企业实行挂牌督办,达标排放。荣获全省环境保护资源节约先进集体称号。连续三届荣获"省级双拥模范县"称号。

(旷喜保)

主要领导人 县委书记:张和平。县人大常委会主任:王尤斋。县长:邓近有。县政协主席:罗福祥。

·吉水县·

【简　况】 位于江西省中部,辖3乡15镇,总面积2509.73平方千米,其中县城建成区面积达8.5平方千米。耕地面积3.91万公顷,有林面积14.52万公顷,森林覆盖率61.3%。总人口48.68万人,其中非农人口12.16万人,人口自然增长率7.23‰。2006年实现国内生产总值27.54亿元,增长14.6%,其中,第一产业增加值0.54亿元,增长6.8%;第二产业增加值1.87亿元,增长21.0%;第三产业增加值1.1亿元,增长15.3%。工业总产值29.33亿元,增长20.4%。主要工业产品有原煤21.4万吨、水泥24.9万吨、香料油5584吨、松节油3780吨。农业总产值14.84亿元,增长3.7%。主要农产品有稻谷41.63万吨、水产品1.73万吨、肉类总产量2.93万吨、柑橘7199吨、豆类2579吨。地方财政收入1.41亿元,增长10.5%,财政支出4.36亿元,同比增长25.3%。城镇居民人均可支配收入7841元,同比增长800元。农村居民人均纯收入3672元,同比增加313元。城乡居民年末储蓄余额25.28亿元,增长12.3%。

【返乡创业园被国家发改委列入全省第一批全国中小企业创业基地】 为鼓励在外经商务工人员和吉水籍成功人士返乡创业,吉水县于2006年出台《关于建设吉水县返乡创业园的实施意见》,在城西工业园规划33.33公顷土地设立吉水工业园区返乡创业园,同时制定相关的优惠和扶持政策。到2006年底,创业园已有江安包装、汇通药业、亚立器材和富通电缆等18家企业进驻,创业园的工业总产值占全县工业总产值的8%。

【农业生产形势喜人】 通过理思路、调结构、顺关系,致力于"数量面积型"向"质量效益型"转变,吉水县"三农"工作形势看好。粮食播面达到7.27万公顷,粮食总产达到4.09亿千克,连续三年创历史新高。此外,该县在鸭鹅、蔬菜、大米及其他农产品加工上取得了长足进步,其中"赣欧贡米"在第五届中国优质稻米博览交易会上荣获"金奖大米"。继2004、2005年连续两年获全省农业发展先进县,2006年又喜获全国粮食生产先进县、全省农业发展先进县、全省粮食生产先进县称号。

【新农村建设成效显著】 县财政投入资金330万元,带动各界筹资和涉农资金捆绑4200多万元用于新农村建设,全县68个试点村有43个基本成形,共覆盖农户4200户、人口1.9万人。拆迁空心村、破旧房屋及栏舍面积达到10.2万平方米,新修通村水泥路210千米,硬化巷道38万平方米,新增自来水用户3600余户,完成家庭水冲式厕所3500余座,试点村"四旁"绿化植树60万株,68个试点村有线电视、电话和电网覆盖率均达到100%。已形成了文峰炉下、水南上车、乌江果树园、冠山坛头、八都茫湖、丁江沙下等20多个样板示范村,在全市新农村建设考评中,该县荣获第二名,被评为全市新农村建设先进县。

【新型农村合作医疗全面启动】 2006年,全县参合农民30.5万人,参合率达到84.66%,共补偿参合农民近9万人次,补偿资金总额支出826.57万元,总受益面达29%;其中住院补偿1.62万人次,农民住院平均每例获得补偿近500元。新型农村合作医疗工作的开展让农民因病致贫,因病返贫的情况得到缓解。

【城市建设成效显著】 进一步加快了县城"北拓西进"步伐,城北新区各项基础设施稳步推进,城市花园、时代商贸城和生物预警中心等重点工程基本完工,"两江三岸四区"的新型滨江城市框架已现雏形。强化了城市管理,县财政投入资金300万元,完善了县城基础设施,实施了城区亮化、硬化、美化、绿化工程,逐步解决了"脏、乱、差"等事关群众切身利益的问题。2006年,县城建成区面积达8.5平方公里,县城人口增加到12万人,城镇化率提高到33.8%。

(朱颖琳)

主要领导人 县委书记:刘恒志(任至6月)、肖玉兰(6月任)。县人大常委会主任:易教顺。县长:黄少峰。县政协主席:唐富水。

·峡江县·

【简　况】 位于江西中部,辖6镇、4乡。总面积1287.43平方千米,耕地面积1.91万公顷,林地面积8.70万公顷,森林覆盖率为60.5%。全县总人口17.01万人,其中非农业人口4.31万人,有苗、白、蒙古族等少数民族,人口自然增长率8.4‰。2006年,实现国内生产总值13.45亿元,比上年增长14.8%。其中,第一产业增加值4.76亿元,增长12.2%;第二产业增加值4.48亿元,增长14.2%;第三产业增加值4.21亿元,增长16.6%。规模工业总产值7.48亿元,增长

47.3%。主要工业产品有水泥、胶合板、机制纸、米粉等。农业总产值7.01亿元,增长7.0%,主要农产品有稻谷、烤烟、水果、肉类、水产品等。全县财政总收入12615万元,增长18.8%;地方财政收入8710万元,增长13.8%。农民人均纯收入3885元,增加300元。城乡居民年末储蓄余额11.26亿元,增长9.0%。

【工业经济提速增效】 通过大力推进工业集约化发展,全县工业综合实力不断增强,工业经济效益快速提升。全年规模以上工业增加值增长34.6%,主营业务收入增长54.9%,工业用电量增长28%。工业上交税收3516.2万元,增长58%,工业对财政的贡献率比上年提高4.8个百分点,全县纳税100万元以上企业14家。工业园区累计完成基础设施投入3100万元,千万元以上新进区项目达22个,被评为省级工业园和省级民营科技园。全县引进5000万元以上内资项目资金5.1亿元,实际利用外资1326万美元,出口创汇1150万美元,位居全市第二。

【特色农业不断壮大】 2006年,烟叶、鱼、獭兔、蒿菜、杨梅五大特色农业产业得到进一步巩固和发展。烟叶种植面积增长近1倍,商品烟突破5万担,上等烟比例、收购均价、亩产值创历史新高。新增鱼网箱养殖面积近2万平方米,鱼产品成功进入美国、加拿大市场。以培植骨干专业户为突破口,壮大獭兔产业,出栏商品兔较上年翻一番。收获蒿菜466.66公顷,青池蒿菜获江西省著名商标和江西省名牌农产品称号。开发杨梅面积4286.66公顷,被列为全国经济林产业示范县,玉笥山杨梅荣获绿色产品标志。县农业产业化公司、青池蔬菜公司升格为省级龙头企业。农民人均纯收入3885元,比上年增加300元。

【货运板块初步形成】 围绕树立货运品牌、打造赣中物流中心目标,继续实行稳定的扶持政策,采取应变举措支持货运业做大做强。顺利组建昌荣物流(货运)集团,机动车检测中心全面竣工投入营运,两个大型停车场建成使用,春云驾校如期招生,现代物流园区完成可行性研究报告和规划编制。2006年,全县有货运企业23家、信息配载部16家,货车总数达2102辆,总载重量达1.92万吨。

【新农村建设稳步推进】 筹措资金1558.9万元开展新农村建设,完成21个示范村规划,修筑通村公路21.87千米,铺修村内主干道及巷道硬化4.68万平方米,建沼气池155座,712户用上干净自来水,1158户安装有线电视,沼气、液化气等清洁能源综合普及率39.5%,通电率、通讯综合普及率达100%,"三清三改"有序推进。

【创建省级园林城市】 加大了县城基础设施及绿化、美化、亮化工程建设力度,新铺装城区道路及人行道1.4万平方米,新增绿化面积1.2万平方米,县城绿化覆盖率达37.4%,人均公共绿地和拥有道路面积分别达15平方米、21平方米。百花公园、玉笥山景区等绿化工程及景观得到完善,单位庭院绿化成效显著。经过努力,县城顺利通过检查验收,跨入省级园林城市行列。

(孔文峰　涂清河)

主要领导人 县委书记:林翘银。县人大常委会主任:曾建(任至6月),戈保根(6月任)。县长:陈军民(任至6月),王大胜(6月任)。县政协主席:罗晓军。

·新干县·

【简　况】 位于江西省中部,辖5镇、8乡。总面积1248平方米,其中县城建成区面积10平方千米;耕地面积27871公顷,有林面积10.2万公顷,森林覆盖率56.5%。总人口30.82万人,其中农业人口24.02万人,人口自然增长率7.62‰。2006年实现国内生产总值24.16亿元,增长16.7%。其中,第一产业增加值7.56亿元,增长4.0%;第二产业增加值9.16亿元,增长33.9%;第三产业增加值7.44亿元,增长13.0%。工业总产值28.50亿元,增长35.7%。主要工业产品有烧碱、赤霉素、玻璃灯饰、精制盐等。农业总产值12.23亿元,增长3.7%。主要农产品有生猪54.6万头、水产品1.22万吨、中药材1.0万吨、红橘1.77万吨。财政总收入2亿元,财政支出3.96亿元。城镇职工人均年工资11059元,增加842元。农民人均年纯收入3989元,增加309元。城乡居民年末储蓄余额24.1亿元,增加2.48亿元。

【新干工业园成为全省30个特色工业园区之一】 新投入园区基础设施建设资金4306万元,征用土地488.27公顷,开发利用328.4公顷,硬化道路11.93千米,水、路、电、通信、有线电视全面接通。新落户投资千万元以上项目49个,其中5000万元以上的项目45个,亿元以上的项目4个,初步形成了盐化、粮油食品、箱包皮具、塑编包装、玻璃灯饰、机械机电六大产业板块,其中新干盐化工业城被列为江西省盐产业特色基地。园区全年实现工业增加值6.4亿元,销售收入21亿元,税收6768万元,分别增长70.5%、71.1%、34.55%;新增就业人员3337人,是2005年的1.2倍。2006年被列为全省30个特色工业园区之一。

【项目建设实现较大突破】 2006年,开发储备超千万元项目37个,社会固定资产完成13.6亿元,增长20.2%;全年获得国家批复立项200万元以上的项目10个,其中中盐新干盐化公司余热利用项目被列为全省循环经济和平共处建设节约性社会项目;特别是在争取国家重大政策待遇方面取得新突破,新干县被列入西部政策延伸县,成为全省41个享受该政策的县之一。

【推广科技新项目】 全年推广科技新项目27个,2个项目获省科技进步奖,3个项目获市科技进步奖;瑞丰生物药业有限公司科技攻关的"赤霉素GA3提纯"和"赤霉素生产促进剂"两项技术居世界领先水平,GA3活性成分含量达到99.8%,超过美国和德国的最高含量标准.

【社会和谐程度日益提高】 新型农村合作医疗全面启动,参合人为209000人,参合率为87.8%。社会保障能力日渐提升,城市低保对象6712人,月发放低保金49.4万元,人均月补差为73.6元,低保标准由2005年的104元提高到120元,基本实现“应保尽保”;农村低保对象7697人,月发放低保金192400元;参加社会保险职工16090人,2881名离退休职工按时足额领取养老金,社会发放率达100%。有线电视行政村覆盖率79.2%。社会治安稳定,省综治委开展的社会公众安全感调查中,新干县名列全省第二,吉安市第一,被评为2006年度“全省安全感调查公众满意县”。中考、高考成绩综合排位在吉安市名列第一。

【机关效能建设成绩显著】 以开展“效率提升年”活动为主题,通过建立重点产业发展督查平台和乡镇便民服务中心平台,坚持推进政务公开、效能投诉办理、单位与干部民主评议评价和效能督查等工作,在治理政令不畅、效率低下、“事难办”等机关通病和解决服务承诺不兑现、制度落实不到位,服务网络断层等问题上实现了新的突破。产业项目督查活动,实行“一个产业、一支队伍、一个方案、一抓到底”的工作机制,促进了县域经济的发展,得到省、市领导的高度评价和宣传推广。13个乡镇建立便民服务中心,48个重点行政村设立村级代办点,受理各类事项3.93万件,受到群众好评;强化投诉件办理和违反效能单位与人员的处理,改变了机关工作作风。新干县机关效能建设工作得到中纪委、监察部的肯定和表彰,2006年,新干县代表江西省参加中纪委、监察部召开的全国行政效能监察工作座谈会。

【新农村建设点面开花】 社会主义新农村建设以经济发展和农民增收为首要任务,以“五通四化一气”、“四清四改四建”为突破口,以33个省级试点村建设为重点,开展新农村建设“百村大会战”。2006年累计投入资金3874万元,硬化进村道路130千米,硬化水泥巷道200千米,完成改水5635户,改厕3150户,新建沼气池3180座,新建公共活动场所75个;试点村基础设施完备,环境卫生合格,产业发展后劲足。沂江东湖村被评为“全国文明村镇创建工作先进单位”,桃溪江头村、神政桥头新村、潭丘中洲村被评为“全省文明村镇创建工作先进单位”。

【牛头城址、大洋洲商墓列为全国文物保护单位】 2006年,经国务院批准,第六批全国重点文物保护单位名录通过,新干县牛头城址、大洋洲商墓遗址名列其中。牛头城址位于大洋洲镇刘凌行政村,1976年,当地群众加固中凌水库坝基时,在坝南山坡挖出9件青铜器,引起考古专家注意,确认牛头城是商周时期人类居住的城址。城址面积38万平方米,遗存有土墙3500余米,分为内城和外城,城外有护城河,还有建筑、祭祀广场等遗迹,经发掘,出土陶器等文物200多件。大洋洲商墓遗址位于大洋洲镇程家村委会,1989年出土青铜器486件、玉器754件、陶器356件,其纹饰之美、铸工之精、器型之大、数量之多,全国罕见,被评为中国“七五”计划期间十大考古发现和20世纪全国百年百项考古发现之一。

(李晓剑 肖圣辉)

主要领导人 县委书记:刘贤清。县人大常委会主任:肖祖荣。县长:刘毓名。县政协主席:苏仕彼。

·永丰县·

【简 况】 位于江西省中部,辖13乡、8镇。总面积2695平方千米。耕地面积3.08万公顷,有林地面积15万公顷,森林覆盖率70.6%。总人口42.02万人,其中非农业人口7.12万人,人口自然增长率7.23‰。2006年实现国内生产总值30.26亿元,增长15.4%。其中第一产业增加值8.40亿元,增长4.8%;第二产业增加值13.21亿元,增长22.6%;第三产业增加值8.63亿元,增长16.7%。工业总产值32.83亿元,增长26.5%。主要工业产品有中成药1778.60吨、服装36.67万件、机制及板纸39716吨、水泥7.81万吨。农业总产值13.52亿元,增长4.9%。主要农产品有蔬菜24.86万吨、粮食26.19万吨、肉类1.60万吨。财政总收入2.21亿元,增长19.2%;地方财政收入1.45亿元,增长12.6%;财政支出4.27亿元,增加15.3%。城镇在岗职工人均工资收入10969元,增加1064元。农村居民人均纯收入3711元,增加308元。城乡居民年末储蓄余额19.67亿元,增长15.3%。

【综合实力再上台阶】 人均GDP首次迈上800美元台阶,达927美元;财政总收入首次突破2亿元,GDP总量和财政收入均比2002年翻了一番以上。

【工业经济提速增效】 全县工业增加值完成11.2亿元,增长23.6%,对经济增长的贡献率达55.6%,比上年提高5.6个百分点。规模以上工业企业由上年的39家增加到42家,实现销售收入16.7亿元,上交税收7500.5万元,同比分别增长49.5%和68.2%。新增年纳税1000万元以上工业企业2家,其中龙天勇公司全年纳税2255.1万元,广恩和公司全年纳税1332.5万元,分别增长204.9%和92.4%。

【“一村一品”蓬勃发展】 以蔬菜和油茶为主导的特色农业迅速发展,全县共建成“一村一品”示范基地130多个,具有产业特色的专业乡镇16个,占乡镇总数的73%以上;“一村一品”专业自然村800多个。全县蔬菜面积1.58万公顷,产量47.4万吨,总产值5.2亿元;油茶林面积3.23万公顷,总产值1.3亿元;蘑菇栽培面积65万平方米。

【城乡建设亮点纷呈】 县城建成区面积8.6平方千米,常住人口近9万人。城市建设全年投入达1.6亿元,精心打造了佐龙大道、市政大厅、文化艺术中心等一批市政公共设施,开发商品房面积43.06万平方米;新增园林绿化面积3.6万平方米,荣获“省级园林城市”称号。点面结合,大力推进新农村建设。67个省级试点村累计完成“五通一气”(通路、通电、通电话、通自来水、通有线电视和沼气)建设投入2675万元,全县完成通村水泥路改造195千米,行政村通水泥(油)路率达71.9%;瑶岭隧道全线贯通。

【社会事业和谐共进】 建立贫困家庭子女就学保障机制,对13177名学生减免书费;教育质量稳步上升,高考上本科线719人，上线率22.3%，高考二本上线率列全市第三。对10所乡镇卫生院业务用房进行了改造或新建；投入近60万元完善各乡镇卫生院医疗设备。新增城镇从业人员3320人，下岗失业人员再就业930人，农村劳务输出和劳动力转移就业6.3万人。安全生产形势平稳，社会治安继续好转，刑事案件发案率同比下降10个百分点。

（永丰县编辑室）

主要领导人 县委书记：肖达来（任至6月），陈军民（6月任）。县人大常委会主任：刘晓聪（任至12月），聂建国（12月任）。县长：戴龙华。县政协主席：毛国强。

·泰和县·

【简　况】 位于江西中南部，辖16镇、6乡、2个垦殖场。总面积2667平方千米。耕地面积5万公顷，林地面积1.67万公顷，森林覆盖率51.6%。总人口51.7万，其中非农业人口9.1万，人口自然增长率7.69‰。2006年全县生产总值41.5亿元，增长10.2%。其中，第一产业增加值12.66亿元，增长3.1%；第二产业增加值16.71亿元，增长17.1%；第三产业增加值12.19亿元，增长9.2%。财政总收入2.66亿元，增长15.3%，其中地方财政收入1.92亿元，增长11.8%。城镇居民人均可支配收入7862元，比上年增加591元，增长8.1%。农民人均纯收入4052元，比上年增加304元，增长8.1%。年末城乡居民存款余额31.47亿元，增长12.6%。被评为全省工业发展先进县、全省粮食生产先进县和全省发展非公有制经济先进县。

【开放型经济成绩斐然】 主动承接沿海产业梯度转移，突出现代工业、加工业和高新技术产业项目，大力开展以商招商、专职招商、产业招商、会展招商等招商活动，招商引资成效明显。全年签约内外资项目163个，新增进园项目29个，实际利用外资2633万美元，实际利用内资15.2亿元，分别增长13.5%和20.6%。完善工业园区管理体制，做好安商、富商服务，促进园区企业发展。园区企业全年实现工业总产值21亿元、工业增加值6.2亿元、税收7516万元，均比上年有较大幅度增长。特别是建材、医药化工、机电、食品、针织服装和金属加工等六大支柱产业，其产值占全县工业总产值的比重达65%以上。

【"三农"工作形势喜人】 基础农业稳步发展，全年水稻种植面积77046.67公顷，粮食总产量3.96亿千克，均创历史最高水平。积极推进农业结构调整，加大农业产业化经营力度，着力做强乌鸡、肉牛、甘蔗、竹木、粮果蔬等产业，全县乌鸡饲养量1639万羽，肉牛饲养量27万头，水产总量1.87万吨，均比上年有较大幅度增长。坚持以"三清三改"、"五通一气"为抓手，稳步推进社会主义新农村建设，全年新农村建设资金2000多万元，全县77个新农村建设示范村建设得到进一步完善，农村设施条件持续改善，农民整体生活水平明显提高。

【经济结构明显优化】 工业经济提速增效，全县地方规模工业企业实现增加值5.3亿元、主营业务收入14.53亿元、利税总额9030万元，同比分别增长28.8%、44.8%、55.3%，工业经济对县财政增长的贡献率37.7%；激活创业主体，激发创业潜能，拓宽创业领域，非公有制经济进一步发展。全县个体工商户7638户，私营企业471家，注册资金达12.9亿元。全年非公有制经济实现税收10972万元，增长11.2%，占全县财政总收入的41%。常规农业和特色农业稳步发展。三次产业调整为30.5∶40.2∶29.3，其中二产比重提高2个百分点，产业结构明显优化。

【城镇化水平继续提高】 突出抓好县城规划编制工作，进一步完善城镇功能，城区市政项目快速推进。澄江休闲广场顺利动工，县行政中心搬迁前期工作全面启动，泰和商贸城、国光购物大厦相继建成，县农贸市场改造全面完工，新财富花园、友谊广场等现代化商住小区正在加紧施工。县城新增铺装道路面积4.4万平方米，新增公共绿地面积2万平方米，绿化覆盖率达30.86%，人均公共绿地面积6.5平方米，载体功能明显增强。县城建成区面积达13平方千米，城市化率33%。

【各项改革深入推进】 落实农村税费配套改革政策，进一步规范各项涉农收费，确保农民负担不反弹；国有企业产权制度改革取得重大突破，乌鸡酒厂、收割机厂等国有资产得到有效盘活，南车水库电站成功实现股改；林业产权制度改革全面展开，荣获全省先进；粮食流通体制改革、水管体制改革继续深化；县乡机构改革和行政审批制度改革有序推进，"乡财县代管"试点工作取得明显成效。招投标管理工作进一步规范，全年累计交易额达3.09亿元，节约资金526.6万元，为财政增收4217.5万元。

【基础设施日臻完善】 "公路三年决战"成效显著，全年建成油（水泥）路268.1千米，全县公路总里程达2124千米，100%乡镇通油（水泥）路，62.5%的行政村通油（水泥）。新农村试点建设积极推进，新修和硬化通村主干道110多千米，巷道70多千米，新建沼气池2200多座。农田水利设施建设扎实开展，老营盘水库大坝除险加固等一批工程全面完工，农业综合生产能力明显提高。

【社会事业和谐发展】 教育质量进一步提高，全县适龄儿童入学率、初中入学率分别达100%和98.5%。社会保障体系全面实施，建立农村居民最低生活保障制度，保障标准每人每月增至130元。城乡困难群众大病医疗救助进一步完善，发放抚恤、社保金5092万元，增长25.8%；新型农村医疗合作全面开展，参合率80.92%；社保扩面扎实推进，新增参保人员2261人，达到22549人，受到市政府通报表彰。就业再就业工作成效突出，全年发放再就业小额贷款810多万元，新增就业人员4269人，下岗失业人员实现再就业1385人，城镇登记失业率控制在4%以内。计划生育服务水平进一步提高，全县计划生育率85.48%。

（谢启龙）

主要领导人 县委书记：邓近有。县人大主任：姚赣英。县长：廖晓军。县政协主席：刘飞跃。

·遂川县·

【简　况】 位于江西省西南部，辖11镇、12乡。总面积3144.17平方千米，耕地面积2.55万公顷，有林面积24.56万公顷，森林覆盖率77.4%。总人口53.58万人，其中非农业人口5.96万人，人口自然增长率8.42‰。2006年实现国内生产总值26.17亿元，同比增长14.1%。其中，第一产业增加值6.01亿元，增长3.1%；第二产业增加值9.81亿元，增长21.3%；第三产业增加值10.35亿元，增长15%。工业总产值22.88亿元，增长33.5%。主要工业产品有啤酒0.99万吨、发电量2.94亿千瓦小时、机制纸39.96吨、人造板6.51万立方米、中成药37.91吨。农业总产值10.6亿元，增长3.1%。主要农产品有粮食(含大豆)20.41万吨、油料产量4228吨、茶叶产量679吨、水果产量1.19万吨(其中柑橘1.06万吨)；生猪出栏21.02万头。财政总收入1.88亿元，同比增长18.5%，其中地方财政总收入1.35亿元，同比增长17.6%，财政支出4.76亿元，同比增长18.1%。农民人均年纯收入3294.5元，同比增加309元。城乡居民年末储蓄存款余额19.29亿元，增长18.9%。

【集体林权制度改革工作享誉全国】 遂川县林改工作不仅得到林农的拥护，而且得到了国家林业局领导和专家的认可，其成功经验得以广泛借鉴推广。5月19日，在南昌召开的全省林业产权制度改革总结表彰暨改革动员大会上，遂川县获全省林业产权制度改革工作先进集体称号，其林改工作经验材料《明确流程，严把八关，有序推进林改内业工作》入选大会《典型交流材料汇编》。8月1日，《人民日报》、新华社、《经济日报》、中央人民广播电台、《科技日报》《中国青年报》《农民日报》《法制日报》等8家中央新闻媒体采访组到达遂川县，就集体林权制度改革进行采访活动。8月24日，出席全国集体林权制度改革现场会议的国家林业局副局长李育材、祝列克、张建龙等领导，中央有关部委，中直单位，各省市区林业厅(局)主要负责人和全国各大主流媒体记者等200余人到县林业要素市场、衙前镇上芜村参观考察林业产权制度改革工作。至年底，共有湖北、重庆、湖南、甘肃、宁夏、广西、安徽、云南、海南、福建、内蒙古自治区等15个省、自治区、直辖市的领导相继到遂川考察林改工作。

【新型农村合作医疗工作稳步运行】 2006年，遂川县被省政府列为全省新型农村合作医疗试点县之一。1月，正式成立遂川县新型农村合作医疗管理局，积极稳妥地开展新型农村合作医疗工作。县乡两级成立了新型农村合作医疗管委会和经办机构。县委、县政府还将新型农村合作医疗工作列入对乡镇年度目标考核的重要内容。至2月28日，全县新型农村合作医疗个人缴费工作全面完成，参合人数395588人，参合率84.25%。截至12月31日，全县新型农村合作医疗费用补偿共计640.69万元，其中家庭门诊补偿5.50万人次，计116.97万元；住院补偿1.01万人次，计523.72万元。新型农村合作医疗工作，给农民带来了实实在在的实惠。

【新农村建设工作扎实推进】 2006年，遂川县按照“生产发展、生活宽裕、乡风文明、村容整洁、管理民主”的二十字目标要求，以“五通一气”和“三清三改”为突破口，全面启动了150个试点示范村的社会主义新农村建设工作，取得了明显成效，探索和积累了一些有益做法：立足县情，总结了因地制宜的五种模式，即移民新建型、产业依托型、旧村改造型、自然生态型、村庄整治型；点面结合，建立了全民参与的四个机制，即农民主体机制、干部服务机制、多元投入机制、扶持激励机制；创新思路，探索了梯次推进的三条路子，一是对西部山区“待哺型”示范村，把重点放在完善通村组公路，改善饮水条件，培育富民产业上；二是对“成长型”示范村，把重点放在改善农民住房条件和村庄环境，挖掘发展潜力上；三是对“实力型”示范村，把重点放在提高群众素质和生活质量，美化村庄环境，壮大产业规模上。全年150个新农村建设示范村完成主干道硬化205.88千米，巷道或入户路硬化78.1千米；新增通自来水用户9076户，有线电视用户6284户，通电1.2万户；建沼气池1817座；建垃圾池303个；拆除“空心房”10.2万平方米；新建房屋面积14万平方米，粉刷旧房外墙15.6万平方米；新建三格式、三瓮式等水冲厕1874个，美化优化了农村人居环境，村容村貌得到极大改善。

【开放型经济再创新高】 遂川县坚持以工业化为核心，以招商引资为总抓手，依托支柱产业和工业园区，强化技术进步和招大引强，做强做优骨干产业，推动了经济社会又好又快发展。全年引进5000万元以上工业项目7个，实际引进资金8.3亿元，实际利用外资2366万美元，增长43%，进入全省利用外资第一梯队；外贸出口1300万美元，增长50%，跨入全省出口创汇千万美元县(市、区)行列，获全市开放型经济工作先进县奖。规模以上工业增加值3.17亿元，增长65.6%；主营业务收入9.35亿元，增长93.9%。工业税收8323.9万元，增长14%，获全市工业年度贡献奖。工业园区实现进区项目33个，完成基础设施投入3371万元，完成工业总产值11.4亿元，上缴税金3452万元，增长28.4%，安置就业人数1.55万人，获全市工业园区先进县奖。

（张春艳）

主要领导人 县委书记：罗文季(任至6月)，贺祥麟(6月任)。县人大常委会主任：肖恒清。县长：贺祥麟(任至6月)，肖志华(6月任)。县政协主席：黄明祈。

·万安县·

【简　况】 位于江西省中南部，总面积2051平方千米。耕地面积2.01万公顷，有林面积14.38万公顷，森林覆盖率66.4%。总人口30.27万人，人口自然增长率7.98‰。2006年实现国内生产总值14.68亿元，增长14.8%。其中，第一产业增加值5.01亿元，增长4.7%；第二产业增加值4.6亿元，增长26%；第三产业增加值5.06亿元，增长16.5%。工业总产值

12.74亿元,增长23%。主要工业产品有水力发电量13.58亿千瓦小时、水泥5.5万吨、水晶毛棒40吨、水晶方片4.04亿片、频率条片8亿片、氯酸盐14万吨。农业总产值8.56亿元,增长5.8%。主要农产品有粮食20.89万吨、油料0.6万吨、水产品1.64万吨、生猪27.54万头。财政总收入1.74亿元,增长24.2%;其中地方财政收入0.94亿元,增长11.8%。财政支出3.68亿元,增长23.4%。农民人均纯收入2757.95元,增加303.50元。城乡居民年末储蓄余额15.94亿元,增长17.2%。

【《鹿鼎记》在万安旅游城拍摄】 万安旅游城座落在县城凤凰路北侧,总面积270公顷,由浙江省客商投资2亿元开发建设。该城以北京圆明园为蓝本,重现“坐石临流”、“正大光明”、“雷峰夕照”、“接秀山房”、“夹镜鸣琴”、“平湖秋月”、“武陵春色”、“上下天光”、“蓬岛瑶台”等10余个景点,同时兴建了由“庄家鬼屋”、“雅克萨城堡”和“神龙教大会堂”3个景点组成的俄罗斯风情园。该城为江南连片开发面积最大的影视拍摄基地和旅游胜地。12月29日,著名导演、《鹿鼎记》总制片人张纪中携该剧导演于敏、韦小宝扮演者黄晓明等100余名演职人员和吉安市、万安县领导及当地群众2万余人在刚落成的万安影视旅游城举行开拍仪式。之后,历时7天,拍摄韦小宝带兵攻打雅克萨城堡的传奇经历。

【万安县荣获“全国民政工作先进县”称号】 11月,万安县获此殊荣。万安县一是加强“敬老工程”建设,采取“三定”(定人数、定时间、定试点单位)办法,提高集中供养率,由2004年初的35%提高到86%;采取向上争、财政挤、干部捐、对外引、社会筹的办法,多渠道筹资1280万元,新建改建“三院”(县福利院、县光荣敬老院、县社会养老院)住房42栋1316间,总面积2.3万平方米。二是千方百计关爱重点优扶对象。出台《万安县重点优扶对象医疗保障实施办法》和《拥军优属实施办法》,采取国家补、财政补、村组帮等办法筹资372万元,解决重点优扶对象三难问题;开展“爱心献功臣”活动,发放优待金162万元。三是着力完善社会救助体系。“十五”计划期间,投入救助资金900万元,建灾民新村3个,帮助灾民建房3366间;城乡低全员覆盖,实施“应保尽保,应退尽退”的动态管理,年均发放城乡低保救济金600余万元。四是全力突破殡葬改革难关。引资210万元,征地13.33公顷兴建县殡仪馆及配套设施,成立县殡葬馆管理所和殡葬执法大队,实施城乡一体化“零点行动”,火化率达96%。

【“双增双结双建”活动成果丰硕】 2006年,万安县在全县党员干部中广泛开展“双增双结双建”活动。一是整合各类资源,组织大规模干部培训,帮助党员干部增长新知识,增长新本领。创新培训方式,组织宣讲报告团巡回到各乡镇作宣讲报告10余场;依托各级党校、农民科技夜校等阵地。举办各类培训班、专题讲座100多期,培训党员干部1.2万人。二是发动全县党政机关和事业单位党组织与农村、社区、企业党组织结队帮建,1000多名党员干部与贫困户“1+1”结对帮扶,为帮建单位、帮扶贫困户解决问题1000多个,提供致富信息2000余条,提供帮扶资金20多万元。三是组织党员干部深入农村,指导协助建设新农村,与广大农民建立新感情。积极开展“四送”(送科技、送服务、送法律、送“温暖”)活动,组织专家送科技下乡20余次,发放技术资料6万余份,培训农民6000余人,捐款捐物50余万元;选择99个新农村示范点完成村庄建设规划,多方筹集资金2800余万元,支持新农村建设。至年底,全县4000余户农户用上自来水,4000余户农户用上冲水厕所,2130余户家庭通了有线电视。

【《万安县志》(1991~2000)出版发行】 根据国务院和省、市关于续修地方志的精神,万安县于2001年6月启动续志编修工作,历时6年完成,于2006年2月由江西人民出版社正式出版,是吉安市最早完成的县志续志之一。全志共31篇、147章、545节、70万字,全面系统地反映了20世纪90年代万安县政治、经济、文化、社会各方面的发展进程,体现了强烈的时代特征和浓郁的地方特色。

(王荣盛　梁亮评)

主要领导人　县委书记:王俊雄。县人大常委会主任:曾传美。县长:杨丹。县政协主席:谢水香。

·安福县·

【简　况】 位于江西省中部偏西,辖7镇、12乡。总面积2795.81平方千米,耕地面积29366公顷,有林面积167738公顷,森林覆盖率67.1%。总人口37.99万人,其中,非农业人口8.21万人,城镇人口9.01万人,有蒙古、回等21个少数民族共638人,人口自然增长率7.42‰。2006年,实现国内生产总值29.95亿元,增长13.4%。其中,第一产业增加值8.83亿元,增长8.34%;第二产业增加值12.50亿元,增长23.64%;第三产业增加值8.66亿元,增长6.52%。工业总产值29.98亿元,增长26.93%。规模以上工业企业主要产品有原煤48.73万吨、水泥57万吨、人造板6.03万立方米、铁矿石77.8万吨、供电量2.21亿千瓦小时。农业总产值13.46亿元,增长9.73%。主要农产品有粮食27.40万吨、油料作物1.79万吨、生猪34.83万头、水产品1.09万吨。城乡居民年末储蓄余额23.60亿元,增长15.6%。

【新农村建设促进农村经济繁荣】 全县推进新农村建设,中央、省各项惠农政策得到全面落实,农民种粮积极性高涨,全年粮食播种面积5.33公顷,粮食总产量27.4万吨,均创历史新高。经济作物效益进一步提高,春收油菜种植面积1.54公顷,蔬菜种植面积9333.33公顷,瓜类作物面积266公顷,大豆1.63万公顷,烤烟388公顷。养殖业加快发展,全县生猪存栏11.82万头,出栏26万头;牛存栏12.2头,出栏5.6万头;羊存栏1.81万头,出栏1.15万头;家禽存笼103.5万羽,出笼176.47万羽;开发利用水面3333.33公顷,水产品1.1万吨。农业基础设施进一步加强,完成小型水库除险加固5座,建成标准化粮田133.33公顷。130个新农村建设试点进展顺利,硬化农村公路159.02千米,新增52个行政村通水泥路,新增沼气池558座,解决2万农村人口饮水安全问题。

【固定资产投资稳步增长】 全社会固定资产投资7.06亿元,增长9.9%,其中规模以上工业投资1.85亿元,占26.2%,交通基础设施投资8507万元,占12%,房地产投资1.05亿元,占14.9%。重点项目建设进展顺利,金田至彭坊公路改造、金岸广场、城东农贸市场改造、泸水河大道建设等项目已全部完成;安福至章庄公路改造、安茅公路改造、文家至三天门公路等重点项目已完成年度计划。东谷水利枢纽工程、观山电站建设、岩头陂水库和柘田水库除险加固工程已获省发改委核准或批准,谷口水库除险加固已进入实施阶段。向上争取项目资金共3782万元,比上年增加982万元。

【招商引资取得新突破】 全年引进外资项目14个,实际利用外资1160万美元,增长22%;引进内资项目98个,引进内资20.34亿元;实现出口创汇267万美元。工业园区入园企业共96家,比上年增加25家;实现工业总产值7.5亿元,增长44%;实现工业增加值2.28亿元,增长44%;完成税收2700万元,增长31.7%。

【社会事业全面进步】 基础教育、素质教育得到巩固和发展,中小入学率100%;完成中小学危房改造1600平方米,有87所中小学实现现代远程教育。职业教育、技术培训规模持续扩大,全年培训下岗失业人员、农民工9630人,公共卫生事业得到加强,县人民医院传染病房改造完成,县妇幼保健大楼主体工程竣工,农村“三清三改”扎实有效,公共卫生防疫条件明显改善。加大科技投入,促进科技成果向现实生产转化,实施国家粮食丰产科技工程——吉泰盆地中低产田“五双一水”平衡增产集成技术模式示范推广辐射子项目,推广双季稻2.87万公顷,示范区、辐射区每亩产量增长15%以上。就业和社会保障工作进一步加强,全年新增就业岗位4718个,指导和帮助下岗失业人员再就业1161人,城镇登记失业率控制在4%以内。有22606人参加城镇养老保险、13584人参加基本医疗保险、16000人参加失业保险,分别增长10%、12%、10%。发放城镇居民低保费668.4万元、生活困难居民受惠达8.8万人次。

【人民生活明显改善】 2006年,城镇居民人均可支配收入达6970元,比2002年增加2323元;农民人均纯收入3697元,比2002年增加1373元。“三条保障线”日趋完善,社会保障功能全面提升。确保全县离退休人员养老金按时足额发放,累计发放养老保险金1.41亿元;大力推进下岗职工基本生活保障和失业保险并轨;全面推行城镇和农村低保制保制度,实施农村特困群众救助制度,累计发放低保金2101万元、特困群众救助金426万元、救灾救济款358万元。加大扶贫力度,累计投入扶贫资金1228万元,实施扶贫项目324个,全县贫困人口减少8600人。

【武功山晋级国家重点名胜区】 武功山国家重点风景名胜区由省政府2005年申报,国务院于2006年正式批准。这是武功山获得国家森林公园、国家地质公园之后,获得的又一顶“金冠”。

【林权改革成效显著】 全县制定和通过林权改革实施方案的行政村254个,村民小组1949个,完成二榜公示的村民小组1949个,均占100%。完成外业勾图面积20.03万公顷,占任务的98.8%。已调处山林纠纷2584起,面积2826.67公顷,占任务的97%。取消乱收费项目5项,清理违规资金31.5万元,林农负担进一步减轻。全面开展森林资源流转清利、整顿和政策性让利清收工作,林农收入明显提高,林业行政事业人员工资全面纳入财政预算。林权改革后,农民负担减轻,木竹市场行情看涨,林农收入增长,林木资源升值,激发了林农和社会各界投资林业的积极性推动了林业和农村经济的发展。

(安福县编辑室)

主要领导人 县委书记:肖一华。县人大常委会主任:王继初。县长:刘永杰。县政协主席:郑莲华。

·永新县·

【简　况】 位于江西省西部,辖10镇、13乡。总面积2194.57平方千米,其中市区面积20平方千米。耕地面积2.45万公顷,有林面积15.73万公顷,绿化率66.6%。总人口47.46万人,其中非农业人口8.47万人,人口自然增长率7.51‰。2006年实现国内生产总值24.17亿元,增长15%。其中,第一产业增加值7.43亿元,增长5.6%;第二产业增加值8.85亿元,增长23%;第三产业增加值7.90亿元,增长16.4%。工业总产值19.91亿元,增长24.2%。主要工业产品有发电量9908万千瓦小时、水泥6.91万吨、白厂丝253.2吨、洛克沙砷1117吨。农业总产值5.75亿元,增长3.2%。主要农产品有稻谷、红薯、大豆、花生等。财政总收入1.44亿元,增长19.6%。城乡居民储蓄余额25.29亿元,增长14.7%。

【三湾公园开园】 6月2日,三湾公园开园。招商项目、旅游推介大会同时举行。省政协副主席金异、省军区副政委周日扬、吉安市领导、永新县领导及干部群众数千人参加会议。三湾公园2005年7月6日开工,占地面积89000平方千米,投资1200万元,公园设有将军事迹展和贺子珍纪念馆,是永新县红色旅游的新景点。在大会上,21家客商与永新县有关乡镇和部门签订投资意向书,签约资金5.7亿元,项目涉及化工、食品、塑胶等。

【纪录片《贺子珍》在永新县开机】 10月31日,由中央电视台、中央文献研究室、北京东方昆仑文化传播公司联合拍摄的文献纪录片《贺子珍》在永新县开机,拍摄活动为期3天。摄制组在贺子珍故乡——烟阁乡黄竹岭村、湘赣革命纪念馆、沙市镇塘边村进行实地拍摄,并采访了湘赣革命纪念馆工作人员、永新县党史专家、曾与贺子珍接触过的乡亲和亲属,拍摄了贺子珍生前使用过的收音机、轮椅、衣服等物品。

【为《井冈山》剧组送斗笠】 11月7

日,在井冈山举行的电视连续剧《井冈山》开拍仪式上,永新县代县长刘洪将精心编制、寓意为“顶天立地”的300顶斗笠和300双红军鞋垫献给剧组。

【部分地区遭受特大雷雨和冰雹袭击】 4月10日凌晨2时左右,部分乡镇遭灾。受灾最严重的是白堡村委会凹背湾自然村,较严重的有高桥楼镇、禾川镇等。全县受灾面积286.67公顷,受灾农户2600余户。灾情发生后,县有关部门开展灾情调查,指导群众开展生产自救。

(彭龙太)

主要领导人 县委书记:刘玉东(任至9月)。县人大常委会主任:左焕青。县长:刘洪(7月任,代县长)。县政协主席:甘立平。

·井冈山市·

【简　况】 位于江西省西南部,国土面积1308.5平方千米,耕地面积8176公顷,有林面积8.9万公顷,森林覆盖率75%。总人口15.28万人,其中非农业口4.04万人,人口自然增长率10.4‰。2006年实现国内生产总值14.99亿元,增长18.1%。其中,第一产业增加值2.45亿元,增长6.2%;第二产业增加值5.03亿元,增长31.4%;第三产业增加值7.5亿元,同比增长14.5%。工业总产值12.5亿元,增长18%。主要工业产品有日用陶瓷145700万件,发电12837万千瓦小时,机制纸7300吨。主要农业产品产量有粮食7万吨,油料2013吨、蔬菜3.7万吨、肉类5685吨、茶叶81吨。财政总收入1.47亿元,增长19.4%,支出3.55亿元,增长13.0%。城镇居民人均可支配收入9229元,增加1194元。农村居民人均纯收入3288元,增加176元。城乡居民年末储蓄存款13.1亿元,增加7343万元。

【井冈山市第二次党代会胜利召开】 7月5~7日,井冈山市第二次党代会在井冈山宾馆胜利召开。会议审议并通过了中共井冈山第一届委员会工作报告和市纪律检查委员会的工作报告,并作出了相应的决定。会议回顾了过去五年的工作,总结了改革和发展的经验,指出了存在的一些问题。提出了今后五年工作的战略构想和奋斗目标,是要以全面建设小康井冈山为目标,着力打造“秀美、红色、实力、活力、诚信、和谐六个井冈山”,并且正式提出了“工业强市”发展战略。大会还按党章和有关规定,经过全体代表充分酝酿和民主选举,产生了以王晓峰为书记的新一届市委委员会和李全胜为书记的市纪律检查委员会。

【社会主义新农村建设开局良好】 结合井冈山市实际,提出了“集中目标、集中资金、集中力量”和“急办、能办的先办,基础好、可做示范点的先办,处于旅游区和旅游通道的先办”,即“三个集中,三个先办”原则,投入资金上千万元,在试点村开展以“三清六改四普及”为主要内容的规划整治建设工作,取得了明显效果,村容村貌和生产生活条件得到了较大改善,农民参与新农村建设的热情高涨,初步形成了“政府主导、农民主体、干部服务、社会参与”的新农村建设工作机制,为今后的新农村建设奠定了良好的基础。

【旅游宣传营销精彩纷呈】 举办“2006江西吉安·井冈山(澳门)旅游经贸说明会暨井冈山风光摄影展”、“永远的激情—2006中国井冈山红色旅游高峰论坛”、“万人自驾井冈山爱心助学”、“2006中国(江西)红色旅游博览会吉安(井冈山)分会场”、“中国红歌会放歌井冈山”等系列活动,取得了良好效果,旅游影响力进一步扩大、客源市场得到了进一步拓展。全年接待来山游客249.8万人次,实现旅游收入13.4亿元,同比分别增长14.36%、18.8%,其中接待入境游客4.16万人次,创汇906万美元,同比分别增长29.94%、39.38%。

【社会事业和谐发展】 各项社会事业和经济同步发展。科教等事业蓬勃发展,宁冈中学在2006年的高考中取得了历史最好成绩;大力发展“科教兴企”和“科教兴农”活动,科教兴市有了新进展,荣获“国家可持续发展实验区先进集体”和“国家科技扶贫工作先进单位”称号。社会保障体系不断完善,城镇登记失业率控制在1.8%以内。坚持“既要金山银山,更要绿水青山”的理论,强化了生态环境保护工作,绿色生态井冈建设扎实推进。

【与韩国南海郡结为国际友好城市】 自2004年井冈山市与韩国庆尚南道南海郡交往以来,通过派遣代表团互访、签署合作协议、互派公务员等形式,不断加强双方的交流和合作。2006年8月30日,在哈尔滨举办的第八届中、日、韩友好城市大会上,井冈山市与韩国南海郡签订了《建立友好城市关系协议书》,正式缔结为国际友好城市。

(王　笛)

主要领导人 市委书记:吴敏(任至6月),王晓峰(6月任)。市人大常委会主任:彭朝球。市长:王晓峰。市政协主席:贺福荣。

宜春市

【概　况】 宜春市位于江西省西北部,下辖3市、6县、1区。总面积1.87万平方千米,其中建成区面积32平方千米。年末耕地面积33.47万公顷,有林面积104.1万公顷,全市森林覆盖率53.4%。年末人口537.42万人,其中建成区人口26.02万人,人口自然增长率7.84‰。

2006年,全市实现生产总值439.72亿元,同比增长13.2%,其中第一产业增加值101.56亿元,增长2.1%;第二产业增加值204.81亿元,增长22%;第三产业增加值133.35亿元,增长10.8%,全市人均生产总值达1042美元。全年完成规模以上工业产值323.77亿元,增长56.1%,规模以上工业增加值109.49亿元,增长34.9%。主要工业产品产量中,原煤563.75万吨、水泥625.1万吨、中成药9850.2吨、饮料酒4.96万千升、瓷制砖3465.9万平方米、发电量75.31亿千瓦时。完成农业总产值174.13亿元,增长0.9%,粮食总产、水稻总产和单产均历史新高。粮食产量336.48万吨,增长3.2%,农作物种植面积达83.96万公顷。生猪出栏377.13万头、水产品产量25.62万吨、油料产量12.96万吨、水果产量10.15万吨。全市财政总收入在上年跨越30亿元历史新高的基础上再创佳绩,完成38.68亿元,增长25.1%,增幅为10年来的最高。其中地方财政收入突破20亿元,完成21.83亿元,增长20.2%。财政收入占GDP的比重由上年的8.31%提高到8.8%。实现县财政收入过亿元的历史性突破,丰城、樟树两市财政总收入分别跃过10亿元和6亿元大关。城镇居民人均可支配收入达9153.44元,增长11.2%;农村居民人均纯收入3652.88元,增长6.5%。在岗职工年平均工资13982元,增长9.7%,城乡居民储蓄存款余额达328.92亿元,增长13.5%。

【成功举办2006中国光彩事业宜春行暨明月山森林温泉旅游节】 11月7~13日,由中国光彩事业促进会主办,江西省光彩事业促进会、江西省旅游局、宜春市委、市政府承办的2006中国光彩事业宜春行暨明月山森林温泉旅游节在宜春成功举办。7日上午,旅游节旅游商品及地方特色产品展示展销会在宜春中心城区鼓楼步行街和温汤镇同时举行。共有参展企业315家,参展产品9大类、200多个系列、500多个品种,共设立展位315个。历时7天的展示展销会累计成交2669.5万元。下午旅游节新闻发布会在宜春海通大酒店召开,中央驻赣新闻单位,香港驻赣记者和省、市新闻媒体记者100多人参加发布会。8日上午,旅游节开幕式在宜春体育中心体育场举行,江西省政府副省长孙刚宣布开幕并致词,全国工商联副主席、中国光彩事业促进会副会长辜胜阻,江西省政协副主席、省委统战部部长、省光彩事业促进会会长王林森致词,中国光彩事业促进会和江西省有关部门领导出席开幕式。宜春市委书记宋晨光致欢迎词,市长杨宪萍主持开幕式。在开幕式上,由各县市区及部分市直单位以及社会群体精心组织的19辆彩车、19个表演方阵陆续进场表演,随后沿中心城区主要街道进行大型踩街游行活动。下午,旅游节项目签约经贸洽谈会在温汤天沐温泉会议中心举行,会上共签订合同项目28项,签约资金25.8亿元人民币。晚上,"天沐之夜"文艺晚会在温汤天沐温泉度假村举办。"三龙之夜"焰火晚会在体育中心举行。9日,"宜春金融杯"明月山原生态风光人体摄影赛在明月山冷水塘举办。晚上,宜春市冬泳协会、宜春学院联合主办的"冬泳之夜"文艺晚会在中心城区鼓楼广场举行。11日,"宜春邮政杯"明月山全国登山越野挑战赛在明月山温泉风景名胜区潭下景区进行,来自全国各地15支代表队,60名运动员参加比赛。12日,华夏第一富硒温泉休闲旅游发展高峰论坛在温汤天沐温泉度假村举办。

【荣获"全国绿化模范城市"】 3月31日,宜春市委书记宋晨光在人民大会堂参加全国造林绿化表彰动员大会,并接过"全国绿化模范城市"的牌匾。宜春经过多年的努力,市区建成绿地面积达1100公顷,绿化覆盖面积达1185公顷,绿地率37.3%,绿地覆盖率40.1%,人均公共绿地面积9.27平方米;乡镇集镇绿地覆盖率达32.5%;村庄绿化覆盖率达25.64%。经过全国绿委会专家组实地检查和国家卫星遥感核定,各项指标均达到或超过全国绿化模范城考核要求,成为江西唯一获此殊荣的城市。

【全市开展"科学发展、和谐创业"活动】 自4月18日宜春市召开"科学发展、和谐创业"主题教育活动电视电话动员大会后,全市广泛开展系列实践活动,共收到对策建议6300多条,各新闻媒体共刊播对策建议314条,进一步凝聚了力量,鼓舞了干劲,形成加速崛起,富民兴市的强大合力。

【新加坡(宜春)工业园落户宜春】 5月12日,新加坡(宜春)工业园落户宜春经济开发区签约仪式在宜春举行。工业园由亿里马电子有限公司投资,占地13.33公顷,固定资产投资达2亿美元,主要进行电子、服装、食品、工艺品等项目投资建设。7月18日,新加坡(宜春)工业园在宜春经济开发区举行奠基典礼。

【明月山机场场址选定】 6月15日,宜春机场场址审查会议在宜春召开,经国家民航总局组织专家审查,宜春机场场址首选袁州区湖田乡。9月3日,市委、市政府就宜春兴建机场项目与南京军区空军司令部开展协议协商,确定湖田场址为机场建设场址。机场名称确定为"江西宜春明月山机场"。

【宜春中心城区降水强度破历史纪录】 7月8日凌晨5时开始,宜春普降大雨,局部出现大暴雨,特别是宜春中心城区从5时开始至13时,8小时内降雨达215毫米,为有气象资料记载以来最大降水,其强度突破历史最高纪录。

【荣获"全国畅通工程一等管理水平城市"】 8月1日,公安部、建设部公布全国交通管理畅通工程等级评定结果,宜春市被评为全国畅通工程一等管理水平城市,进入全国23个一等管理水平城市之列,创造了"三个一"纪录:全国第一个C类一等畅通工程城市、全省第一个一等畅通工程管理水平城市、一次申报成功城市。这一成果,标志着宜春城市交通基础设施建设、管理理念和管理水平跨上一个新台阶,将有力推动城市可持续发展。

【开展"百企联百村"活动】 2006年初,由宜春市委统战部、市委农工部、农组办、经贸委、民营企业局、工商联等单位组织,动员引导全市民营企业以村组结对帮扶的方式参与新农村建设。至年底,已有231家民营企业与185个村结成帮扶对子,企业投入资金上千万元,帮助建立"一村一品"生产基地109个,面积共达1772公顷。帮助结对村完成编制规划,并逐步开展村庄整治工作。在帮扶结对活动中解决近4000名农村劳动力就地转移。宜春"百企联百村"活动受到省委的重视和肯定。下半年,在全省范围内开展"千企带千村"活动。

【乡镇党委抓党建工作责任制试点】 为深入贯彻中央四个长效机制文件,探索建立乡镇党委抓党建工作责任制。9月,宜春市在宜丰县进行试点,试点工作围绕"组织坚强有力、党员作用突出、工作得到促进、人民群众满意"的目标,通过加强乡镇(场)党委自身建设、党的组织建设、党风廉政建设、村级班子建设、党员和干部队伍建设、民主政治建设、工作制度建设等,对乡镇(场)党委书记实行"双述双评"(乡镇党代表会年会和县市全委会上述职,接受全体党代表和县委会的测评),使乡镇(场)党委切实担负起抓党建工作的职责。这一做法得到省委组织部的高度评价,并将在全省推广。

【荣获"国家园林城市"】 根据宜春市政府申请,经过严格的考核、验收、公示和审查,9月份,国家建设部正式命名宜春为"国家园林城市"。这是江西省第一个获得此殊荣的城市。在2006年中国光彩事业宜春行暨明月山森林温泉旅游节开幕式上,国家建设部城建司副司长曹南燕为获得"国家园林城市"称号的宜春市授牌。

【承办2006年世界杯藤球赛】 11月5~13日,2006年世界杯藤球赛在宜春体育中心举办。本次比赛由国际藤球联合会、国家体育总局小球管理中心、江西省体育局、宜春市政府主办,中国藤球协会、宜春市体育局承办,来自巴西、韩国、日本、越南、泰国、马来西亚、中国等7个国家的7支男女代表队参加比赛。泰国队获得男子单组和双人项目两枚金牌。中国女子A队获女子单组和双人项目两枚金牌。这是江西省首次承办世界杯赛事。

(宜春市编辑室)

主要领导人 市委书记:宋晨光。市人大常委会主任:杨晓宁。市长:杨宪萍(任至11月),龚建华(12月任)。代市长:龚建华(11月至12月)。市政协主席:周亚夫。

·袁州区·

【简 况】 袁州区位于宜春市西南部,是宜春市委、市政府驻地。辖8镇、14乡、9个街道办事处。总面积2532.36平方千米,其中市区面积31.85平方千米,耕地面积35811公顷,比上年增加2公顷。市区绿化覆盖率40.66%。总人口100.96万人,其中市区人26.94万人,全区非农业人26.02万人,人口自然增长率9.54‰。2006年实现国内生产总值66.86亿元,增长14.8%,其中第一产业增加值12.77亿元,增长4.6%;第二产业增加值27.61亿元,增长20.1%;第三产业增加值26.48亿元,增长14.4%。工业总产值(规模以上)32.19亿元,增长72.7%。主要工业产品有:化学农药2127吨、中成药5662吨、硝酸钾4999吨、饮料酒10579千升、凿岩机7225台、电动机100万千瓦。农业农产品产量:粮食总产34.98万吨、蔬菜13.42万吨、水果0.24万吨、水产品3.30万吨、肉类产品4.22万吨。财政收入3.12亿元,增长36%;全社会固定资产投资29.98亿元,增长20.6%;城镇居民人均可支配收入9153元,比上年增加923元;农民人均年收入3489元,增加208元。城乡居民年末储蓄存款64.07亿元,增长9.5%。

【社会保障工作取得突出成绩】 2006年,在社保政策性调整导致资金缺口巨大的情况下,积极运用行政和市场手段,出台《袁州区社会保险扩面征缴实行部门联动的实施方案》和《袁州区协理员管理暂行办法》,从社会上招聘100多名"4050"人员、军队退役人员及未就业的大中毕业生,成立社保扩面协理员队伍。全区养老保险参保人数达33881人,收缴养老保险金6756万元,收缴率达110.68%。省促进就业和劳动保障领导小组对袁州区的做法给予高度评价,并将此做法全文转发,在全省推广。全年区劳动保障部门被省劳动保障厅评为全省先进集体;区政府被市就业和社会保障工作领导小组评为全市扩大就业和社会保险工作先进县市区。

【参与宜春市创建国家卫生城市活动】 2006年,按照宜春市委、市政府的统一部署,袁州区实施一系列措施,积极开展创建国家卫生城活动。9月14日,袁州区"创卫"指挥部正式揭牌成立,随即组织工作人员深入中心城区8个街道、22个社区开展工作。制订《关于在中心城区中小学开展"小手牵大手,创卫路上一起走"创卫主题教育活动的实施方案》《社会创卫巡查工作考核实施细则》等各项工作制度。稍后召开中心城区中小学生"小手牵大手,创卫路上一起走"创卫主题教育活动动员大会,20所城区学校共4000余名师生参加创卫主题教育启动仪式。9月28日,组织召开中心城区集贸市场整治攻坚动员大会。区创卫办每周组织人员对城区各个集贸市场整治改造工作进行督查。至年末,市区4个国有集贸市场环境卫生面貌有了较大的改观,东门市场、箭道市场改造工程竣工投入运营,珠泉农贸市场、贸易广场农贸市场的整治工作也基本到位。同时,加强对市区单位楼院、示范楼院及小街小巷环境卫生整治工作,落实"门前三包"工作责任状。并会同有关单位开展中心城区小餐饮及"五小"行业三条示范街的整治,对第一批40小餐饮及"五小"行业整治工作达标单位进行授牌。积极对行政许可的单位进行现场指导,对被监督单位进行现场监测,协调处理"流金岁月"咖啡厅噪音扰民、油烟污染等问题。组织举办袁州区病媒生物防治工作培训班,有关区属单位、街道社区100余人参加培训,并对阳光大酒店、满福楼等餐馆店的"除四害"工作进行了监督指导。为加大开展创卫工作的宣传、监督力度,还在电视台《袁州新闻》节目中开设创卫曝光台,对市区8个街道及22个相关社区的市容环境卫生方面存在的问题进行跟踪报道及技术指导,并针对市创卫指挥部暗访拍摄到的市容环境卫生问题进行重点整改。

年末,区创卫办组织对纳入中心城区创卫工作范围的53个社区居委会的创卫工作进行考核。通过对各街道市民自治工作队伍的组建及工作开展情况的调研,制订《宜春市中心城区市民自治实施方案》。经过广大市民的不懈努力,开创袁州区创建国家卫生城的良好开局。

【人口和计划生育整治工作初见成效】 2006年6月,对计划生育工作存在的一些问题,袁州区党政领导对此高度重视,召开区四套班子领导联席会议,研究部署全面整治工作,出台《关于进一步加强人口和计划生育工作的决定》及《关于进一步加强计划生育基层基础建设、完善利益导向机制的意见》两个硬性文件,迅速有效地落实各部门、单位"一把手"计划生育工作负责制，召开中心城区计划生育清理清查整治暨农村“双月”服务活动动员大会，广泛发动全社会的力量积极参与计划生育整治工作，全面铺开中心城区计划生育清理清查整治、农村“双月”服务活动和打击“两非”案件活动。8～10月间，全区城乡采取统一行动，由四套班子领导挂点乡镇、街道指导工作，组织工作组1000余人逐户上门进行计划生育工作情况摸底，对所有计划生育对象，严格依照法律程序进行调查笔录、事先告知、送达社抚费征收通知书、征收社抚费等工作，解决了计生工作中的一些问题，取得良好的工作成效。

至年末，全区共进行计划生育四项手术11445例，下半年完成5319例，其中结扎1404例（纯女户213例）、上环2796例、人流引产1119例，环孕检率达95.5%，计划生育率为89.1%。全区出生人口性别比由上半年的139.8:100，下降至122:100。年内，区财政安排人口和计划生育奖励经费100万元，落实农村历年来二女户结扎养老保险及一次性奖励432户，兑现农村独生子女父母和城区享受低保人群独生子女户668户、二女结扎户奖励150户、农村0～6岁独生子女平安保险820人。2006年，区计生服务站获“全国计划生育流动服务车项目先进集体”，袁州区被宜春市委、市政府评为“城镇和流动人口计划生育清理整顿工作先进县市（区）”。

【袁州医药工业园特色凸显】 袁州医药工业园坚持“以特色为依托，以效益为目标，以精品为取向”的建园思路，坚持走集约开发的路子，着力打造特色精品园区。在园区规划上严格标准，确保“开发一片、投产一片、见效一片”。在项目准入上严格把关，对高耗能，不符合环保要求和产业布局的坚决不要。在土地使用上严格控制，杜绝盲目圈地、少资多占，提高园区土利用率、投入产出率。在产业定位上，突出特色，实行专业招商，大力引进医药类项目，逐步形成以医药为主导、相关产业相配套、经济效益较高的特色园区。在企业服务上提高质量，实行“零收费”政府、领导挂点联系企业服务制度、检查许可准入制和维护环境领导责任制，维护园区良好环境。2006年已入园企业47家，其中医药类企业22家。园区实现工业总产值27.2亿元，上交税收1.19亿元，安置就业19650人。园区先后被批准为省级医药工业园、省级民营科技园、省级特色工业园区，并于2005年、2006年连续两年被确定为江西省30家重点工业园区之一。袁州医药工业园已成为全区招商引资、产业承载的有效平台，全区经济发展的重要增长极。

【新农村建设成效显著】 2006年，袁州区按照“生产发展、生活宽裕、乡风文明、村容整洁、管理民主”的总体要求，坚持“党委引导、政府主导、农民主体、干部服务、社会参与”的原则，全区采取宣传发动、重点带动、规划促动、部门联动、群众主动等措施，通过开展“三清”、创建“环境优美乡镇”、建设“和谐小康家园”及启动“百企联百村”等系列活动，全区社会主义新农村建设进展顺利并取得良好成效。全区新农村建设示范点拆除旧房1208栋、面积13万平方米，新建房屋926栋，节约土地24.25公顷，清理垃圾8500吨，刷白房屋17.2万平方米，完成改水的示范点59个涉及农户3079户，完成改厕示范点57个、涉及农户1865户，完成改造通村组道路148.9千米、组内便道64.9千米，涌现彬江船坊村梁家组、南庙梅花村院下组等一批建设机制灵活、有产业支撑的各具特色的新农村建设示范点。

【油茶产业化建设发展势头良好】 2006年，袁州区按照“山上办绿色银行”的战略部署，围绕“希望在山”的发展思路，充分发挥油茶资源优势，通过全面抓垦复、重点抓低改、突出抓良种、认真抓科技、注重抓示范、探索新机制，建立和完善“龙头企业＋基地＋农户”的产业化经营模式，在推进油茶产业化建设。一是抓低产改造，全区全年共完成油茶低改2501.4公顷，其中常规技术改造完成2000公顷，油茶全面更新483.4公顷；二是抓良种培育。全区新增油茶芽苗砧嫁接育苗16.47公顷，共嫁接苗木1500万株；三是抓科技培训。在金瑞镇小江西村全面开展油茶高接换冠、测土配方施肥、截干萌发、环割、整形剪等五项低产技术改造试验课题，并取得初步成效；四是抓示范带动。每个乡镇抓好一个连片6.67公顷的高产油茶示范林基地；每个村抓好2公顷以上的高产油茶示范林基地。通过高产示范，以点带面、典型引路，调动农户栽种高产油茶的积极性；五是抓机制创新。鼓励有实力、懂技术、善经营的社会能人或企业参与油茶林承包、经营，及油茶的加工、销售，成立民间油茶种植协会；六是抓深化加工。油茶综合利用龙头企业青龙高科全年生产“润心牌”山茶油1415吨，共完成产值4545万元。是年袁州区获得全国“经济林产业示范县”和全市“高产油茶林速生丰产林建设先进县市区”称号。

【加大农村公路建设】 2006年，袁州区抓住加大农村公路建设投入的契机，继续贯彻执行《关于加快农村公路建设的决定》，建立“统筹规划、统一标准、定额补助、缺口自筹、乡镇为主、严格奖惩”的科学机制，充分调动乡镇及群众的积极性。在建设过程中，引导群众成立农村公路建设理事会、监事会等民间组织，实行一事一议、村民自治、民主决策、民主管理、民主监督。民间组织负责向受益群众筹集资金，阳光操作管理好资金使用，对公路建设质量进行全程监督，较好地解决资金“瓶颈”和质量监督难的问题，农村公路建设取得新突破。三水线三期工程、金珠线完成路面硬化，从而全面实现乡乡通油（水泥）路。投入近亿元，硬化通村公路196千米，新增45个行政村通水泥路，使全区村村通水泥路率达63.1%。

（李晨义）

主要领导人 区委书记：陈秋保（任至6月），张鉴武（6月任）。区人大常委会主任：陈秋保（任至6月），温玉铭（6月任）。区长：张鉴武（任至6月），江胜文（6月任）。区政协主席：黄亦祥。

·奉新县·

【简 况】 位于宜春市东北部，辖10镇、3乡、3场、1个办事处、1个管委会。面积1642.81平方千米,其中城区面积10.45平方千米,耕地面积2.51万公顷,有林面积10.71万公顷,森林覆盖率60.9%。总人口30.50万人,其中城区6.59万人,人口自然增长率6.1‰。2006年国内生产总值32.24亿元,同比增长16.1%(可比价,下同)。其中:第一产业增加值为7.35亿元,增长1.67%;第二产业增加值18.73亿元,增长26.83%;第三产业增加值6.17亿元,增长7.79%。完成工业总产值42.53亿元,增长18.1%;完成工业增加值15.22亿元,增长32.39%。主要工业产品有:规模以上发电量3.43亿度、纺织品(布)4626万米、竹地板8.19万平方米、大米加工8444吨。农业总产值为6.63亿元,增长12.14%;主要农产品有粮食25.52万吨、油料8271吨、猕猴桃5545吨。财政收入2.37亿元,同比增长25.8%;支出3.93亿元,同比增长20.2%。城镇居民人均可支配收入6844元,增加408元;农民人平纯收入4038元,增加201元。城乡居民年末储蓄余额22.41亿元,社会消费品零售总额8.86亿元,增长14.8%。奉新特产有:"碧云牌"AA级优质大米、中华猕猴桃、古迹茶、浮云百丈系列酒等。

【工业经济发展势头强劲】 2006年,奉新县以大开放促大发展,全新招商、全程服务、全民创业,使全县工业经济呈现出强劲的发展势头。全年共引进资金11.84亿元,金源纺织、三邦线业等14家投资逾1亿元的项目先后落户奉新,促成了纺织服装、有色金属材料加工、新型建材、绿色食品加工和医药化工五大支柱产业的形成。全县实现工业生产总产值42.5亿元,同比增长18.1%;利用外资4125万美元,外贸出口938.5万美元;奉新工业园区税收首次超亿元,园区内5家企业纳税超千万元。新增私营企业60家、个体户800户、注册资金1亿元。年度奉新荣获全省经济发展综合先进县(市、区)前三名。

【建成全省纺织产业基地】 2006年,奉新工业园区纺织企业发展到10家,其中年销售收入逾1亿元的有6家。固定资产达到10.8亿元,有从业人员8000余人、织机2000余台、纱绽36万绽。园区纺织产业实现产值、利润、税收分别占园区工业的38%、41%、40%。该园区被省经贸委授予"江西省纺织产业基地"称号。

奉新县在纺织产业基地建设中,十分注重企业的科技含量,积极鼓励纺织企业投入大量的资金进口生产机械设备,其设备和生产技术在国内处于领先水平。同时,着力培植龙头企业,引进天顺、恒昌、金源、三邦等一批规模大的纺织企业,并成立重大项目协调办公室,帮助这些企业做大做强。2006年。园区帮助纺织企业与省内外11家金融机构取得密切联系,企业获得贷款2.65亿元,为企业融资发展提供平台。这些企业形成规模后,又主动投入更多资金厂大生产,为建成全省纺织产业基地提供了坚实的基础。

【新农村建设成绩斐然】 奉新立足县情乡情,找准自身优势和突破口,制定新农村建设"1+8"模式,即围绕"创建绿色小康家园"这一目标,大力实施产业富民、以城带乡、村庄整治、公益事业、社会保障、农民培育、乡风文明和基层建设八大工程,取得阶段性成果。按照抓好试点,以点带面,逐步推出的工作思路,确定在新农村建设中抓好31个县级点,全面推进"三清三改三配套";19个乡级点,着力抓好"三清三改";146个村级点,主要搞好"三清"。2006年,全县投入新农村建设资金501.4万元,改水790户,改厕331户,修建村庄道路13.14千米,修建排水沟8.1千米,拆除无人居住的房屋1.36万平方米,平整土地1.45万平方米,新建房屋76幢,绿化植树2.1万棵,种植草皮640平方米,安装沼气池130个,安装太阳能热水器62台,新建公厕46个,维修水塘4个,11个村庄完成外墙粉刷,创建了新农村"一元钱保洁"的长效管理机制,形成"一乡一业"、"一村一品"的富民产业,绿色小康家园的目标正在实现。

【"一河两岸"工程荣获江西人居环境范例奖】 为加速推进城市化进程,提高城市建设质量,奉新县近年来高起点、高标准规划建设"一河两岸",全面启动城市净化、美化、绿化、亮化工程,在通过省园林城、卫生城达标验收后,2006年9月,又参加全省首届人居环境范例奖申报和评比活动,省内各设区市及国家、省级风景区100多个单位参加评比,其中18个单位获此殊荣。奉新县"一河两岸"改造工程荣登光荣榜。

【被授予"全国绿化模范县"】 3月31日,全国造林绿化表彰动员大会在北京人民大会堂召开。奉新被授予"全国绿化模范县",全国仅有54个县获此殊荣。该县作为全国应邀参加表彰的10个县之一,出席表彰大会。

奉新作为全国9个丰产毛竹林培育示范基地县,曾先后被全国绿化委员会和原国家林业部授予"造林绿化百佳县"、"全国绿化先进单位"、"全国林政资源管理先进单位"等称号。近年来,该县围绕省委"既要金山银山,更要绿水青山"的发展目标,统筹人与自然和谐发展,把造林绿化作为经济社会协调发展的重头戏来抓,大力实施"蓝天、绿园、碧水、宁静"四大工程,积极开展全民义务植树活动,平均每年义务植树的尽责率、成活率和保存率分别为85%、86%、85%,退耕还林面积达到4000公顷,全县森林覆盖率达到60.8%,城市绿化覆盖率达38.1%,绿地率达36.1%,人均公共绿地面积为16.7平方米。

【举办首届华林文化旅游节】 4月2日,来自湖南、湖北、安徽、河南、浙江、江苏、福建、广东、贵州、江西等10省50县(市)的华林胡氏后裔及社会各界人士代表共3万余人在奉新耿氏林园参加首届华林文化旅游节。

活动分三个阶段进行:第一阶段由九江华林胡氏龙狮队和腰鼓队沿奉新大道表演。第二阶段由县领导主持,在耿氏林园举行首届华林文化旅游节开幕式、耿氏林园牌坊揭幕、祭祖殿开殿、华林胡氏一世祖胡章成及夫人耿氏塑像开光剪彩仪式、部分特邀代表发言等。第三阶段由九江和湖南浏阳龙狮、腰鼓队和奉新县文艺队进行表演,华林胡氏后裔自由祭祖、捐资并进行文化交流。胡耀邦夫人李昭专门发来贺电并委派其堂侄孙胡厚坤代表她揭幕剪彩,江西省建设厅厅长胡柏龄、宜春市政府副市长胡琳等也应邀参加整个活动。

【全国摩托艇精英赛暨艺术滑水表演赛举行】 10月20～21日，'2006"中绿杯"全国摩托艇精英赛暨艺术滑水表演赛在奉新县城九天阁举行，这项集观赏、竞争和刺激性于一体，富有现代文明的高速水上表演，吸引全省1.2万群众前来观赏。

此次赛事分成5个摩托艇比赛项目、2个摩托艇表演项目和13个艺术滑水表演项目，有来自北京、上海、安徽、福建等10个省市以及中国青年艺术滑水队近百名运动员和教练参加。本次全国摩托艇精英赛暨艺术滑水表演赛是江西2006年承办的国家级赛事之一，由国家体育总局水上运动管理中心和江西省体育局主办，奉新县人民政府和江西省水上运动管理中心承办。

（熊正秋　徐祖鉴）

主要领导人 县委书记：黄百文。县人大常委会主任：黄百文（至3月兼任），李维国（3月任）。县长：胡国瑞。县政协主席：邹仕樘。

·万载县·

【简　况】 位于宜春市西部，辖7镇、9乡、1街办。国土面积1719.63平方千米，其中城区面积8平方千米，2006年底有耕地面积2.40亿公顷，有林面积11万公顷，全年共完成人工造林面积300公顷，年末实有封山育林面积2515公顷。万载县国土面积森林覆盖率达63.1%。全县13.88万户，总人口48.19万人，非农业人口12.61万人，人口自然增长率7.69‰。2006年全县实现国内生产总值29.68亿元，同比增长14.6%，其中第一产业增加值为7.59亿元，增长3.1%；第二产业增加值为13.72亿元，增长20.4%；第三产业增加值为8.38亿元，增长17.7%。工业总产值20.87亿元，三大产业比由上年的29.3∶43.2∶27.5调整为25.6∶46.2∶28.2。主要工业产品有：饮料酒3014吨、罐头5498吨、三角带1150万米、服装47.6万件、水泥4.54万吨、泵7951台、烟花鞭炮165.7万箱。

全年农业总产值12.32亿元，粮食产量23.31万吨，比上年增长0.43%，其中：早稻9.17万吨，比上年增产0.08万吨，增长0.88%；晚稻12.98万吨，比上年减产0.09万吨；油料产量3461吨，比上年减产216吨；蔬菜产量8.63万吨，比上年减少4.75%。畜牧业生产正在由传统养殖向规模养殖转变，全年共出栏生猪32.32万头，比上年减少3.67%；羊出栏8.03万头，减少9.67%；兔出笼70.4万只，减少7.93%。全年肉类总产量2.79万吨，比上年减产1570吨，减少5.32%；年末生猪存栏16.40万头、羊存栏5.69万头、兔存笼40.04万只、家禽年末实有76.17万羽，其中：鸡45.11万羽、鸭29.11万羽。渔业生产稳定发展，全年水产品总产量1.3万吨，比上年增长4.00%；养殖产量1.04万吨，增长5.05%；养殖面积133.33公顷，增长3.23%。特种水产品养殖产量6000吨，特种水产品主要有：黄鳝、鲶鱼、黄颡鱼、鳜鱼、乌鳢、鲈鱼、克氏原螯虾、鳖、蛙等。

财政总收入2.3亿元，增加20.3%，地方财政收入1.45亿元，增长21.25%。农民居民人均收入3246元，同比增加887元。城乡居民年末储蓄余额为19.99亿元，增长11.73%。

【仙源湘鄂赣革命根据地旧址晋级全国重点文物保护单位】 5月25日，根据国务院国发［2006］19号文件批复，仙源湘鄂赣革命根据地旧址晋升为全国第六批重点文物保护单位。1932年4月至1934年1月，万载的仙源（当时称小源）为中共湘鄂赣省委、省苏维埃政府及其省级机关所在地，黄公略、傅秋涛、江渭清等老一辈无产阶级革命家都曾在此留下了光辉的足迹。仙源也曾一度成为湘鄂赣革命根据地政治、经济、军事、文化的中心，素有"小莫斯科"之称。时至今日，仙源保存的湘鄂赣革命根据地旧址仍有近30处。

【非物质文化遗产名扬省内外】 根据省市下发的《关于加强非物质文化遗产保护工作的通知》精神，万载县认真开展全县非物质文化遗产的普查工作。普查到的非物质文化遗产项目已达到11类50多个项目。这些项目涉及到人民生产、生活、消费、人生礼俗、信仰、民间故事、文化娱乐等各个方面。其中"万载得胜鼓"、"万载开口傩"、"万载花炮制作技艺"、"万载夏布制作技艺"2006年8月被列入江西省第一批省级非物质文化遗产名录（赣府字［2006］53号文《关于公布江西省第一省级非物质文化遗产名录的通知》批复），占宜春市全市项目（8项）的50%。其中，"万载花炮"、"万载夏布"、"万载得胜鼓"、"万载开口傩"4个省级非物质文化遗产项目及万载的人文景观、旅游资源等通过中国教育电视台《中华文明行》栏目组在实地拍摄制作成《万载家珍》专题片，于10月15日14点45分播出。

【竹山洞喜获"江西十大特色美景"称号】 9月16日，由中共江西省委宣传部、省建设厅、省旅游局、江西日报社联合主办的"百姓喜爱的江西百景暨新赣鄱十景"评选活动，历时5个多月，在公众投票的基础上，经征求专家委员会意见，评选出"新赣鄱十景"、"江西十大特色美景"和"江西百景"。万载竹山洞作为溶洞奇观的代表，与南昌滕王阁等其他九大著名景点一齐被评为"江西十大特色美景"，标志着万载竹山洞的档次和品位的进一步提升。

竹山洞系天然喀斯特溶洞，距县城10千米，有南北两个洞口。洞外竹木掩映，怪石嶙峋；洞内流水潺潺，钟乳晶莹，水随洞而转，洞因水而活，洞水相依，灵气四溢。洞中恒温18摄氏度，冬暖夏凉无寒暑，全长3985米，素有"华东第一地下长河"之美誉。洞中有大小天然景观200多处，经过声、光、电等现代化包装手段，愈发惟妙惟肖，活灵活现，让人深深折服于大自然的鬼斧神工。

【有机农业取得新发展】 2006年万载有机农业基地规模不断扩大，建立了江南最大、全国有影响的有机生态农业基地。基地涉及茭湖、高村、仙源、赤兴、岭东、罗城、三兴、白水、白良、双桥等10个乡镇，转换有机耕地面积0.31万公顷，有机野生采集面积达1.14万公顷。绿色原料（水稻）标准化生产基地和有机姜国家标准化示范区项目7月通过国家验收，通过国际有机农业运动联盟认证的品种共30个。有机农业为项目区农民带来了亩平增收300元的收益。

（汪志斌 陈水根）

主要领导人 县委书记：郭安（任至3月），陈晓平（3月任）。县人大常委会主任：彭炽萍。县长：李维国（任至3月），孙国琴（3月任）。政协主席：王金根。

·上高县·

【简　况】 上高县位于宜春市中部，辖1街办、6镇、6乡、3场。总面积1350.25平方千米，其中城区面积13.4平方千米，耕地面积2.47万公顷，有林面积6.096万公顷，森林覆盖率为42.3%。全县有回、苗、壮、满、彝、蒙古、布依、侗、瑶、土家、傣、畲、京等少数民族，加上汉族，总人口34.63万人，其中非农产业人口13.8万人，城镇化率达41.2%，城市绿化率达23%。

2006年，全县实现国生产总值36.7亿元，同比上年增长15.2%；其中第一产业增加值9.1亿元，增长24%；第二产业增加值16.8亿元，增长24.6%；第三产业增加值10.8亿元，增长16%；三次产业结构比为24.8:45.8:29.4。主要工业产品有鞋革、食品、纺织服装、医药化工、机电、建材等。主要农产品有粮食、生猪、水产品、蔬菜等。实现财政总收入2.92亿元，同比上年增长20%，其中地方收入1.76亿元，增长17.6%。有3个乡镇（街办）财政收入超过1000万元，12个乡镇场财政收入上500万元；敖阳街办财政收入突破2500万元。全社会固定资产投入20.56亿元，同比上年增长30.5%。城镇居民人均可支配收入8438元，同比上年增长9.5%；农村居民人均纯收入4106元，同比上年增长7.2%。经济社会发展综合实力进入全省十强，再次被评为"全省经济发展综合先进县"。

【改革工作扎实稳步推进】 到2006年底，全县229户国有、集体企业改革基本到位，民营经济实现税收占全县财政总收入的61.6%，被省政府授予"全省非公有制经济发展先进县"称号。农村综合改革进一步深化，实现农民农业税零负担。扎实推进财政管理体制改革，全面实现"乡财县代管"和会计集中核算管理。努力精简超编村干部，全县精简超编村干部342人，积极推进林业产权制度改革，全县分山到户率达60.8%。

【开放型经济取得重大突破】 一是融资渠道进一步拓宽，已成功引进浦发银行、招商银行到上高投放贷款。二是对外招商向重大项目突破，上高裕盛工业有限公司、匹克（江西）实业有限公司等一批投资超亿元的知名大企业已相继落户上高，其中上高裕盛工业有限公司已经投产创汇。上高已连续8年被评为全省招商引资先进县，并被评为全省利用外资十强县和全省开放型经济综合实力四强县。开放型经济对财政的贡献率达58.5%。

【工业园区建设速度不断加快】 2006年，全县用于工业园区基础设施建设资金达4.3亿元，完成"七通一平"面积310公顷，兴建标准厂房53万平方米，建成110千伏输变电站2个、1.5万吨自来水厂1个，累计引进入园企业105家。工业园还被评为全省十佳工业园区、省级民营科技工业园。由于工业园区的建设速度加快，大大促进全县规模以上工业的快速发展，已连续4年荣获省政府"工业崛起"贡献奖。

【养殖业获得大发展】 2006年，全县生猪出栏达到期72.3万头，创历史新高，并连续多年被评为"全省畜牧业十强县"。由于推行规模化养殖、立体化养殖，养猪业的大发展同时又促进养鱼业和养禽业的大发展，养殖业产值占到农业总产值的56.9%。

【群众文化工作硕果累累】 上高县农民摄影、版画、藏书票等特色文化品牌进一步做响，广场群众文化、社区群众文化活动丰富多彩，已顺利通过全国、全省文化先进县复评。其中镜山广场荣获"全国特色文化广场"称号。以游泳为代表的农民摄影家在人民大会堂《百花迎春》录制现场亮相，并受到著名节目主持人杨澜、周涛的采访；其摄影作品《如今种粮不交税》，受到外交部部长李肇星题词"人民至上"。

【教育、科技、计生、社保等工作得到全面发展】 上高县教育工作督导评估列全省第一，被省政府授予"全省教育工作先进县"称号；"两基"复查年检在全省排名第一，荣获"全省'两基'巩固提高工作先进县"称号。科技特派员制度试点得到国家科技部和省政府的充分肯定，已连续两年获国家粮食丰产科技工程项目先进县，被评为"全国星火科技先进集体"；人口自然增长率控制在6‰以内，连续多年荣获全国计划生育先进县和全省计划生育红旗县称号；社会保障工作快速发展，连续四年被评为全省低保工作先进县，还荣获"全国民政工作先进县"称号；全民健身活动蓬勃开展，被评为"全省群众体育先进单位"。

【城乡面貌有了大的变化】 上高全面启动县城新城区路网等基础设施建设，县城荣获"省级园林城"称号，并被授予"江西省第三届创建文明城市工作先进县城"。农村基础设施进一步完善，已经改造旧村116个，完成村规划编制785个。已改造农村公路396.4千米，农村水泥（油）路通村率达71%，农村道路网架已基本形成县内半小时经济圈，被省政府授予"十五"期间农村公路建设先进县。基本完成34个省定试点村的村庄整治工作，全县1/3的自然村实施"三清"，村庄环境得到进一步美化

（上高县史志办）

主要领导人 县委书记：余阳春（任至11月）。县人大常委会主任：黄任生。县长：黄德刚（11月主持县委工作），刘平。县政协主席：喻九根。

·宜丰县·

【简　况】 位于宜春市中部，辖7镇、5乡、2林场、2垦殖场。总面积1935平方千米，耕地面积2.05万公顷，有林地面积11.8万公顷，森林覆盖率为64.6%。2006年末，总人口27.6万，其中乡村人口18.24万，人口自然增长率6.79‰。全年实现生产总值24.5亿元，同比增长10.0%。其中，第一产业增加值7.3亿元，增长

3.0%;第二产业增加值10.53亿元,增长12.7%;第三产业增加值6.67亿元,增长14.1%。工业总产值30.3亿元,增长28.14%。规模以上工业企业主要产品产量:煤24.36万吨、人造板7.87万立方米、水泥10万吨、机制纸6252吨、农用车2697辆。农业总产值12.8亿元,增长3.1%。主要农产品产量:粮食22.56万吨、生猪出栏26.47万头、禽蛋8467吨。财政总收入1.74亿元,其中地方财政收入1.07亿元,同比增长2.8%;总支出4.11亿元,同比增长31.3%。在岗职工人均工资11658元,同比增长12.03%;农村居民人均纯收入3746元,同比增加238元。城乡居民年末储蓄余额19.84亿元,同比增长16.73%。

【工业园建设再上新台阶】 宜春工业园平整企业用地33.33公顷,启动新征33.33公顷场地的平整工作,铺设下水管道600米,启动三期工业大道1.8千米下水道铺设工程,清理溢洪道、下水道2.5千米,改造三期供电线路1.2千米,安装供水管道1千米。完成三期工业大道延伸至白马桥水库旁1.15千米路基土方及砂砾路基工程,延伸路面硬化670米。完成二期工业大道白马桥水库至宜杨公路3.9千米路基土方工程,完成路基土方80万立方米。硬化园区支路4条计6000平方米,新修进企业便道2条计1.5千米,维修进企业、村庄支路3.5千米。绿化场地4000平方米,补栽50米工业大道英田段人行道树50株,栽种杨树6万株。平整三期工业大道1.5千米绿化带土方工程,安装路沿石2.5千米,铺设彩地砖1000平方米,安装路灯32基。全年共引进入园项目28个,新增投产项目11个,至年底累计入园项目135个,其中投产项目75个,在建项目31个,全园全年实现工业总产值11.63亿元、销售收入10.69亿元,同比增长46.43%;税金6360万元,同比增长41.33%。园内从业人员达9040人,同比增加2340人。

【被列为国家首批绿色农业示范区】 3月,宜丰启动创建全国绿色食品原料标准化生产基地,落实绿色大米标准化生产基地总面积6873.33公顷,每个乡镇(场)都建立了1至2个绿色食品原料核心示范村,全县有1.52万户农户参与其中,农户总数的27%以上。重点抓好绿色农业科技宣传、推广和服务,严厉查处使用违规剧毒农药,坚持统一供应种子等。7月出台创建绿色食品原料标准化生产基地考核办法,县政府还与各乡镇(场)签订生产责任状。被中国绿色食品协会列为国家首批绿色农业示范区。

【发现商周文化遗址】 遗址位于天宝乡辛会村秋形墒武吉高速公路工地。已发掘出从新石器时代晚期至春秋时期属吴越文化类型的石刀、石锛、石斧等石器100余件及60多件陶鼎、陶罐、陶豆等陶器。遗存散布面积约1.1万平方米,文物堆积多属商代。在该遗址周围于1985年、1987年曾分别发现一级文物青铜铙、二级文物钮钟。省文物考古所联合全省文物考古力量对该遗址进行抢救性发掘,是赣西北地区首次大规模科学发掘,出土文物和遗迹对研究赣西北地区早期文化面貌具有重要价值。

【"高纯超高纯钽铌五氧化物生产新工艺"填补国内空白】 该项目由武汉大学与省级民营科技型企业宜丰县桂族钽铌有限公司合作研发,通过省科技厅组织的科技成果鉴定,并荣获2005年度宜春市科技进步二等奖。

【全面保护天然阔叶林】 2006年,全县所有天然阔叶林均列入保护范围,并逐步调整列入国家生态公益林范围,适时给予国家、省级或县级生态公益林补偿;水电、矿山、水利等生态受益单位按规定从其经营收入中提取一定比例资金用于天然阔叶林的公益生态保护;天然阔叶林占70%以上的林地,经林改或其他方式取得其林权的村民及其他经营组织或个人,由财政部门适当给予管护补偿费;鼓励人工营造杨树等速生阔叶林,成材后实行自主砍伐,不受限额砍伐限制并免缴林业规费;不再审批以天然阔叶林木为原材料的加工企业项目,现有的此类企业不得在境内收购天然阔叶林木原料,其中效益低下的予以关闭。

【计划生育和中医药工作跨入全国先进行列】 近年来,全县符合政策生育率达95%以上,人口出生率11.53‰,自然增长率6.79‰,出生婴儿性别比控制在110:100以内,已婚育龄夫妇计划生育技术免费服务项目达100%,优生监测率达到90%以上,婴儿缺陷发生率由1997年的2.6‰下降到2006年的0.2‰。2006年,宜丰县荣获"全国计划生育优质服务先进县"称号。宜丰中医院近几年发展迅速,管理规范,中医优势突出,医疗安全,医德医风良好,被列为江西省示范性中医院(评估总分列全省第二位),荣获"全国中医药继续教育先进集体"称号。

【处理无编制大中专毕业生历史遗留问题】 从90年代初开始,全县经组织统一分配到乡镇场工作的大中专毕业生中有一批无编制人员,至2006年底,全县共有无编制大中专毕业生243人,其中在岗的有119人。为深化事业单位改革,促进和谐社会建设,年底对符合条件的实行公开竞争选聘,录用者可获事业编资格,实行聘用制,按规定办理企业社会养老保险。这次共有172名无编制大中专毕业生参加竞聘,共选聘人员104名,按综合成绩排名,前39名的为财政全额拨款编制人员,其余为财政差额拨款编制人员。落聘人员和自动放弃公开选聘人员,其人事关系转入县人才交流中心,保留干部身份,也可根据其意愿一次性置换身份和办理企业社会养老保险。选聘及落聘人员社保费补缴由财政、乡镇(场)、个人按30%、20%、50%比例负担。

(李　忠)

主要领导人 县委书记:龚细水(任至6月),赖国根(6月任)。县人大常委会主任:罗清龙。县长:赖国根(任至6月),邓伟(9月任)。县政协主席:程远明

·靖安县·

【简　况】 位于江西省西北部,辖5镇、6乡。总面积1377.49平方千米,其中城区面积4.6平方千米;耕地面积0.9万公顷,有林面积11.71万公顷,森林覆盖率为82.8%。总人口

14.03万人,其中城区4.6万人(非农业人口3.44万人),人口自然增长率为10.92‰。2006年实现国内生产总值12.77亿元,同比增长27.1%。其中,第一产业增加值2.82亿元,增长6.0%;第二产业增加值5.89亿元,增长57.1%;第三产业增加值4.06亿元,增长11.5%。工业总产值13.57亿元,增长71.5%。主要工业产品有园林系列产品、竹(木)胶合板、节能灯、方便米粉、铜材等。靖安县水资源丰富,全年发电量1.13亿度,供电量1.18亿度。农业总产值5.28亿元,增长18.0%。主要农产品有茶叶、绿色大米、椪柑等,2006年生猪出栏6.33万头、椪柑6.05万吨、水产品产量5506吨。地方财政收入0.6亿元,同比增长43.9%;支出2.23亿元,同比增长25.4%。城镇居民人均可支配收入7189元,比上年增加539元;农村居民人均纯收入3582元,同比增加309元。城乡居民年末储蓄余额10.53亿元,增长18.5%。

【被批准为全国首批创建绿色食品原料标准化生产基地县】 2月,经中国绿色食品发展中心评审,靖安椪柑和水稻符合全国绿色食品标准化生产基地创建条件,被批准为全国首批创建绿色食品原料标准化生产基地县。

【三爪仑风景区入选江西乡村游十大美景】 4月26日,靖安三爪仑风景区以最高得票数获得2006年江西乡村游十大美景和2006年江西乡村游十大美景最佳社会影响奖。

【被列为省山江湖可持续发展实验区】 5月,经专家评审推荐和江西省山江湖可持续发展实验区领导小组研究,靖安县被批准为江西省山江湖可持续发展实验区。

【国内最大的钨业集团落户】 5月29日,靖安县与江西稀有稀土金属钨业集团公司、浙江天石粉末冶金有限公司签订经济技术合作协议,用于开发钨等有色金属矿,并组建硬质合金制品生产公司,公司年生产3000吨硬质合金。江西稀有稀土金属钨业集团公司是国内唯一一家集稀有稀土金属采选、冶炼、加工、科研及国内外贸易为一体的专业化生产经营企业,浙江天石粉末冶金有限公司是一家专业生产硬质合金制品和硬质合金精加工的股份制企业,是国内硬质合金行业最大的民营企业。整个项目预计总投资5亿元,其中,固定资产投资超过3.5亿元,年销售收入20亿元以上。

【靖安中学喜迁新校园】 8月6日,靖安中学喜迁新校园。新校园坐落在环境幽静的城北郊区雷公尖寺坪洲,占地26.67公顷,总投资3500多万元,按功能分为教学区、生活区、运动区,规划有序。校园三面环山,山涧溪流穿越,楼群、喷泉与绿树鲜花交相辉映,是第二批省优质高中建设项目。

【举办首届中国三爪仑生态漂流文化节】 8月6~13日,由省旅游局、新华社江西分社、省广播电视局、省体育局、共青团江西省委、宜春市政府共同主办的首届中国三爪仑生态漂流文化节在靖安举办。主要进行"回归大自然、相约三爪仑"文艺演出、三爪仑生态漂流大奖赛、三爪仑特色农副产品以及靖安诗词书画工艺品展览、生态旅游高峰论坛和山地自行车环游三爪仑大赛等系列活动。

【九云牌白茶获第三届中国国际茶业博览会金奖】 9月29日,在北京举办的第三届中国国际茶业博览会及同期举办的北京·世界茶业论坛暨中国茶乡发展论坛上,靖安九云牌白茶获第三届中国国际茶业博览会金奖。这次博览会共评出金奖27个,其中江西3个。获得奖项的品牌茶叶将推荐给2008年奥运会组委会以及国家外事部门作为"国礼茶"。

【举办中国靖安椪柑节】 11月11日,中国靖安椪柑节开幕。省、市、县有关领导和周边县市的有关领导参加开幕式,参加开幕式的还有:来自北京、湖南、南昌、宜春等全国各地的50多名椪柑经销商及30多名旅行社负责人。应邀参加的新闻媒体有中央、省、市、香港的电视、电台、报纸、网络等。椪柑节为期3天,举办"浓情椪柑,魅力靖安"大型开幕式、椪柑评比擂台赛和商贸洽谈会、特色商品交易会、农民运动会及椪柑相关系列赛事、乡村体验游、诗画靖安艺术作品展、椪柑拍卖会、获奖果农沿街庆游等活动。

【清华大桥开工】 12月26日,靖安县清华大桥工程建设举行隆重的开工典礼。清华大桥建设工程是县委、县政府年初确定的"十件为民实事"之一,该工程南起清华大道与针织厂接口处,北至工业园与靖罗公路交接口。横跨南潦河,全长3.577千米,其中大桥长291.6米,为9孔30米预应力砼箱梁式,桥面宽15米(其中行车道12米、人行道1.5米),两端引道长3.29千米,路面宽12米,设计行车时速为80千米/小时,工程总投资1400万元,其中大桥投资800万元,建设工期为18个月。

(舒小云　黄烈花)

主要领导人 县委书记:冷光辉。县人大常委会主任:章后贵。县长:张龙飞。县政协主席:邓琤琥。

·铜鼓县·

【简　况】 位于赣西北,辖6镇、3乡、4个国有林场。总面积1548平方千米,城区面积8.75平方千米,全县耕地面积5620公顷,森林面积13.1万公顷,森林覆盖率86.4%。年末全县总人口13.2万人,其中非农业人口3.57万人,人口自然增长率15.7‰。2006年,全社会固定资产完成投资3.53亿元,比上年增长10.3%;全县完成国内生产总值11.2亿元,增长7.6%,其中第一产业增加值2.8亿元,第二产业增加值4.9亿元,第三产业增加值3.5亿元。人均国民生产总值8415元,主要工业产品有水电、医药化工、木竹建材。全年财政收入首次突破亿元大关,达到1.004亿元,增长50.9%。社会销售品零售总额2.5亿元。农村人均纯收入达到2904元,增长2.03%;城镇在岗职工平均工资水平为1.23万元,增长0.59%。粮食总产量首次突破1亿斤,增长13.9%。招商引资共引进内资1.6亿元,引进外资700万美元,完成出口创汇330万美元,是上年的15倍。铜鼓县先后被省委、省政府授予林改先进县、森林资源保护先进县;被评为全国结核病防治工作先进县和中国初级卫生保健工作先进县。

【财政收入首次突破亿元】 2006年，全县财政总收入首次突破亿元大关，为1.004亿元，增长50.9%，增幅列宜春市第一、全省第三。增幅比全省平均水平高出29个百分点，净增值和增幅均达历史新高，其中税收收入7575.7万元，增长59.9%，占财政总收入的75.5%；工商税收入6449.7万元，增长65.6%，占财政总收入的64.2%。三次产业的比例为25.4∶42.8∶31.8，一产比重下降，二产比重大幅度上升，工业主导型经济格局进一步显现

【拍摄高清版电影《红旗飘飘》】《红旗飘飘》是一部以秋收起义为体裁、以铜鼓暴动为主线、塑造铜鼓革命先辈和革命烈士群体形象的高清晰版电影。2006年，由铜鼓县委、县政府与八一电影制片厂、省委外宣办、宜春市委宣传部、江西金阳影视制作中心联合制作。

【成功举办湘鄂赣三省九县(市)老年人运动会】 10月17～18日，湘鄂赣边区第五届"绿海杯"老年人运动会在铜鼓举行，来自湖南省平江、浏阳、临湘，江西省修水、武宁、铜鼓，湖北省崇阳、通城、通山9个县市253名运动员参加比赛，共进行乒乓球、门球、中国象棋、射击等运动量小、趣味性强的比赛项目。运动会始终体现着"健康、长寿、幸福"的主题。运动会取得圆满成功，9个县(市)都获得名次。

【新农村建设开局良好】 社会主义新农村建设坚持"政府主导，群众主体，干部服务，社会参与"的原则，按照"突出山区特色，发展庭院经济，建设和谐小康家园"的目标定位，全面推进新农村建设。县财政安排20多万元资助支持试点村建设，同时发动群众投资投劳开展村庄整治建设。2006年，全县20个新村示范点清垃圾1475吨，清污沟1.9万米，清路障119处，硬化主干道和进户道60.9千米，建水塔6座，改水773户，改厕335个，粉刷房屋544栋，公共绿化1万平方米，庭院植树1.36万株，建沼气池147个，建新房48栋，建文化活动室8个，12个村建立文化宣传长廊，4个村有体育活动场所。试点村举办种养业、电脑、缝纫、驾驶等培训班63期，参训人数2300人次。科技入户工程和"阳光工程"培训农民4300余人次。全县举办各类培训班220多期，培训农民6000多人次。按照"家有主业、村有基地、乡有规模、县有产业和特色"的思路，大力发展农村经济，促进农民增收。2006年，全县有260户"五小园"庭院经济示范户，庭院经济收入占家庭收入的46%。"五小园"即指小茶园、小药园、小果园、小竹园、小养殖园。新建茶园121.53公顷，改造茶园163.8公顷，新增药材202.67公顷，百亩以上连片基地3个。养蜂3万箱，养蜂50箱以上的32户；山羊8万头，养山羊50头以上的60户；养猪100头以上的22户，养牛10头以上的12户。土鸡土鸭98万羽，养鸡2000羽以上的15户。毛竹林改造501.57公顷，果木林201.33公顷。"铜鼓春韵"品牌荣获江西省名优银奖。

【结核病防治工作获全国"先进单位"称号】 2006年，铜鼓县被国家卫生部授予"全国结核病防治工作先进单位"称号。全年安排5万元资金建设结核病专门诊室、查痰室、X光室，为结核防治配备专用电脑。全年共发现结核病145人，全部实行规范的免费治疗。完成新发涂阳结核病人81例的查、治、管任务。肺结核病人转诊、追踪到位率达100%，病人治疗观范率达100%，初治涂阳病人治愈率达95.6%。

【公路建设创历史新高】 2006年公路建设是铜鼓历史上战线最长、投入最大、完工里程最多的一年，共完成公路建设总里程217千米，68个行政村通水泥(油)路，通村率达66.7%。各乡、镇(场)的道路全部实行硬化。完成铜棋、石上线路基工程改造和密西、棋港公路路面硬化。按照省项目办的要求认真抓好武吉高速公路铜鼓段征地拆迁工作。启动武吉高速公路连接线建设。

(刘书琴)

主要领导人 县委书记：蔡炳生。县人大常委会主任：蔡炳生。县长：杨玉平。县政协主席：陈添菊。

·丰城市·

【简　况】 丰城市位于江西省中部，宜春市东部，距省会南昌60千米，距宜春市区160千米。辖7个乡、20个镇(含上塘镇)、5个街道办事处。总面积2845平方千米，其中市区面积178平方千米(建成区面积22.5平方千米)，耕地面积8.13万公顷，有林面积9.15万公顷，森林覆盖率为30.9%。全市总人口132.32万人、少数民族人口305人、人口自然增长率7.89‰。2006年实现国内生产总值110亿元，比上年增长18.5%，其中第一产业23.80亿元、第二产业47.50亿元、第三产业38.70亿元。三次产业的比例分别为21.6∶43.2∶35.2，工业化比例明显加大，实现了由传统农业大市逐步向工业强市迈进的历史跨越。财政收入达到10.27亿元，增长28.5%。农民人均年纯收入3901元，比上年增长10.1%，党的惠农政策得到实实在在的体现。城乡居民年末储蓄余额67.97亿元，增长14.1%。工业主要产品有发电量70.69亿度、煤炭526万吨、水泥218.43万吨、焦炭22.01万吨、钨精矿930吨。主要农产品有粮食82.26万吨、油料2.81万吨、蔬菜33.26万吨、禽蛋2.18万吨、生猪出栏51.38万头。主要自然景观和人文景观有杨柳湖景区、沙湖公园、大桥公园、玉华山、罗山、槠山、含秀湖、洪洲窑、孔庙、白马寨明清古建筑群和筱塘古村群。重要矿产资源有煤、石灰石、耐火泥、陶瓷土、钨、萤石等。地方特产有冻米糖、西瓜、甘蔗、荠、豆、板鸭、田螺辣酱、豆腐乳、萝卜干等。

【财政收入突破十亿元大关】 2006年，全市财政收入达10.27亿元，荣获全省财政收入上10亿元县(市、区)特别奖。在中部地区县市中的排名由2005年的第49位上升到第28位，前进21位；在全省县市中的排名由2005年的第3位上升到第2位，位居全省一流县市前列。乡镇经济实力明显增强，2006年财政收入超过千万元的乡镇(街道)有14个，其中上5000

万元台阶的2个,4000万元台阶的2个,2000万元台阶的2个,1000万元台阶的8个,经济总量实现了历史性跨越。

【剑邑大桥开工建设】 9月30日,丰城市举行隆重的剑邑大桥建设工程开工奠基仪式,省长黄智权出席奠基仪式并下达开工令,副省长凌成兴、宜春市委书记宋晨光等分别讲话。剑邑大桥起于赣江西岸龙津洲山岗,跨江后经剑匣湖,跨剑邑大道、浙赣铁路,终点与新105国道相接,总长约5.91千米,总投资为4.11亿元。跨江主桥为独塔双索面斜拉桥,主桥由中铁一局集团公司承建。大桥将于2008年丰城撤县设市20周年的时候竣工。剑邑大桥的建设对于进一步加强河东、河西地区经济、文化的交往和提高人民群众生活往来便利,为丰城未来的发展拓展空间、积蓄后进,为拉开城市建设总体框架、建设现代化中等城市,都将奠定坚实的基础,产生积极的影响。

【循环经济,变废为宝】 2006年,全市以循环经济的大力发展推动工业经济,坚持以工业化为核心,走循环经济为主导的新型工业化道路作为全市加快工业发展的主途径。转变增长方式,大力发展"煤—电—建"、"煤—气—电"、"煤—焦—化"、"废品收购—精选—加工"等模式。6月底,引进客商投资8800万元建设的煤层气输配项目顺利投产,城区1.3万户居民把瓦斯当做生活燃气使用。以粉煤灰、煤矸石等废弃物为原料的同济丰宇公司、丰矿环保砖厂、兰丰水泥、宏丰建材等企业纷纷建成投产。丰城素有"江南废旧物资集散地"之称,如今从一堆堆垃圾破烂中捡出羽绒、塑料制造、再生金属三大产业。高起点启动丰矿循环经济示范区、拖船羽绒加工区、河洲废旧物资回收加工区、孙渡废旧金属加工区的规划建设,新上马和引进了一大批循环经济项目,工业园被列为全省循环经济示范园区。通过大力发展循环经济,调整产业结构,转变经济增长方式,全面建设好"科技丰城""生态丰城""和谐丰城",实现又好又快发展。全市迈上以循环经济为亮点的新型工业化道路。

【园区经济成为工业发展的增长极】 丰城是饱受工业短腿之痛的农业大市,为发展工业,狠抓住新型工业化这个"牛鼻子",使工业园成为丰城工业的增长极。工业园规划建设面积9平方千米,2006年建成区面积已达4平方千米,入园企业达到108家,已投产企业70家,全年完成工业增加值17亿元,实现销售收入60.85亿元,缴纳税收4.2亿元,被评为省、宜春市先进工业园区。园区经济逐渐成为工业主导型经济,实现了由传统农业大市向工业强市转变的历史性跨越。三次产业的比例由2002年的33.7:27.4:38.9调整为2006年的21.6:43.2:35.2,二产提高15.8个百分点。

【民营经济持续发展】 深入开展"全民创业"和"质量兴市",民营经济发展全面提速。2006年,民营企业达到1151家,个体工商户达1.76万户,民营经济实现增加值63亿元,占GDP的比重达57.2%,实现净利润9亿元,实缴税金4.6亿元,占财政收入的比重达44.8%。同时,一大批品牌产品脱颖而出,其中省著名商标6个、省名牌产品2个、省免检产品1个、国家免检产品1个;国家级无公害农产品3个、绿色食品A级产品5个。

【新农村建设步伐加快】 2006年,丰城依靠1600万财政资金撬动,整合各类资金近亿元投入新农村建设,首批121个省支持的试点村面貌焕然一新,培植年销售收入超500万元以上的农业产业化龙头企业30家,带动近万户农民增收。在实施以家园工程为主要内容的新农村建设中,还着力实施富民工程、通达工程、命脉工程、阳光工程、固本工程。通过发放粮食直补等四项补贴资金,投入农业综合开发资金,投入农村公路建设资金,投入水利建设资金等多项农业投入形式,初步形成粮食、畜禽水产、油茶苗木三大主导产业,开拓"三农"工作的新局面。

【大力实施敬老院工程】 丰城市把敬老院建设作为一项"阳光工程"、"民心工程"、"德政工程"来实施,2006年,全市在上年完成市福利中心一期工程建设和16所敬老院新建的基础上,又启动13个乡镇敬老院建设,总建筑面积4.4万平方米,总投资4400万元,新增床位2103个。全市基本形成"一乡一院"格局,五保集中供养率由新建前的17%提高到80.2%。

【教育实施"三集中"】 为进一步整合优化教育资源,促进全市教育和谐发展。丰城市开展"农村小学向中心区集中,农村初中向城镇集中,高中向城区集中"的教育"三集中"。2006年,全市新增教育投入6250万元,新建教学用房9.7万平方米,有42所学校得到改建、扩建,一批办学条件差的中小学给以关停。全市教育教学条件得到较好的改善,教育资源配置得到整合和优化。

【社会保障体系日趋完善】 2006年,全市投资1200万元,新建、扩建18个乡镇卫生院的住院楼、门诊楼,总建筑面积2.35万平方米。市财政安排资金600万元,全面启动新型农村合作医疗,农民参合率达88.3%,3万余农村低保户、五保户免费参加新农合。建立城乡困难群众大病救助制度,较好地解决了长期困扰广大人民群众、尤其是农民群众的看病难、看病贵、看病不方便的问题。同时养老保险、失业保险、医疗保险参保率分别达到55.78%、90%、96%,养老金社会化发放率,企业离退休人员社会化管理率分别达到95%和100%,城镇登记失业率控制在36%以内。提高城市最低生活保障标准,常保对象月供养金达到170元,非常保对象达到130元,人均补差达到75元;启动农村低保,全市享受农村低保的有9186户、27710人。社会救助体系的完善为和谐社会建设打下了扎实的基础。

(丰城市史志办)

主要领导人 市委书记:冷新生。市人大常委会主任:胡金贵。市长:辛小敏。市政协主席:熊生根。

·樟树市·

【简 况】 樟树市位于江西省中部、宜春市东部,辖4乡、10镇、5街办。

总面积1290.99平方千米，耕地面积3.9万公顷。总人口53.71万人，人口自然增长率6.85‰。2006年实现国内生产总值（GDP）63.96亿元，同比增长19.8%。其中，第一产业增加值12.68亿元，增长3.9%；第二产业增加值33.6亿元，增长33.4%；第三产业增加值17.68亿元，增长10.5%。工业总产值72.68亿元，增长49.2%。主要工业产品有四特酒及饮料酒3.12万吨、精制盐100.6万吨、中成药2860吨。农业总产值25.71亿元，增长4.1%。主要农业产品有粮食47.68万吨、油料2.78万吨、中药材1241吨、肉类7.10万吨。财政收入6.21亿元，比上年增长34.6%；支出6.6亿元，增长42.1%。城镇在岗职工年平均工资15156元，增长18.1%；农民年均纯收入3939元，同比增加360元，增长10.1%。年末金融机构各项存款金额67.97亿元，增长18.5%。樟树市区位、交通、产业、文化、岩盐与旅游资源优势突显，境内有浙赣、京九两条铁路干线，沪昆、赣粤两条高速公路及105国道、樟宜、樟高、樟抚3条省道和千里黄金水道赣江航道通过。工业支柱产业有医药生产与物流、酿造酒、盐化工、起重机械与保险设备制造。樟树为江西四大古镇之一，千年古文化（药文化、道教文化）积淀雄厚。境内有全国第四、占江西90%以上、储量达100多亿吨的岩盐矿床。主要旅游资源有国家级森林公园、道教圣地阁、皂山森林公园、国家重点文物保护单位4处。2006年综合经济实力名列江西省前列。

【药都广场竣工】 为了迎接樟树第三十七届全国药交会和中央电视台《同一首歌》走进药都樟树，经过3个多月的建设，位于樟树城区赣江之滨、占地3万平方米的樟树药都广场10月10日顺利竣工并投入使用。整个广场包括3000平方米的大型舞台、停车场、凉亭、喷泉、亮化设施等，地面全部铺的是大理石，可容纳3万余人，总投资1700万元。药都广场的竣工，解决了樟树每年一届药交会及大型活动没有固定场所的难题。

【“同一首歌·走进药都樟树”演出成功】 10月18日，中央电视台“同一首歌·走进药都樟树”在药都广场演出。作为中央电视台的品牌栏目“同一首歌·走进药都樟树”演出成功，既是樟树历史新的一页、同时又展示樟树的经济实力和人文素质。近年来，樟树市大力推进经济强市和文化大市建设，取得了巨大成就。此次乘举办第三十七届全国药交会之机，邀请中央电视台“同一首歌·走进药都樟树”演出成功，对于提升樟树经济强市、文化大市内涵具有十分重要的意义和作用。

【樟树市与韩国堤川市缔结友好城市】 10月19日，樟树市与韩国堤川市签订《友好城市协议书》，双方正式缔结为友好城市关系，樟树市委书记喻晓社，市委副书记、市长黄玉剑，市人大主任谭鑫泉等领导与韩国堤川市市长严泰永、议会议长崔锺燮出席签字仪式，黄玉剑、严泰永分别在缔结友好城市协议书上签字并互换文本。堤川市是韩国的“药都”，这次韩国客人是应樟树第三十七届全国药交会组委会之邀来樟树参加药交会，并就双方加强合作交流、促进共同发展进行了友好协商，最后达成共识，两市缔结为友好城市关系。副省长孙刚、宜春市委书记宋晨光、副书记任桃英在樟树药交会开幕期间会见韩国客人。

【中药材种植业实现跨跃式发展】 樟树素有“中国药都”之美誉，近年来大力实施“以药富民”战略，加快中药材种植业的产业化、标准化步伐，以调整农业产业结构为契机，出台优惠政策鼓励和吸引市内外资金、技术投向中药材种植业，采取大户承包经营、药企自办基地等方式，实行连片规模种植，并严格按照GAP标准和SOP流程建立示范基地。市乡两级累计投入扶助资金2000多万元用于基地配套设施建设、良种选育、新品种引进、无公害种植技术推广等，使中药材产量及质量大幅提高。全市现有经国家科技部认定的道地中药材主要品种黄栀子、吴茱子、车前子、枳壳（三子一壳）百亩以上连片基地81个、千亩连片基地18个，全市中药材种植面积1.04万公顷。2006年全市0.31万公顷黄栀子喜获丰收，总产量达1840万公斤。

【民营企业自主创新能力增强】 2006年，樟树市民营企业自主创新能力明显增强，仁和集团的“江西省现代中药制剂及质量控制实验室仁和集团联合实验室”、天齐堂药业饮片公司的“国家工程研究中心中药固体制剂制造研究室”正式挂牌成立，这是樟树民营企业与国家重点科研院所和大型企业强强合作的又一重大举措，对增强民营企业自主创新能力，提升产品科技含量和市场竞争优势具有重要意义和作用。仁和集团、天齐堂药业饮片公司是樟树两大民营现代制药企业。

【新农村建设成绩显著】 为了贯彻《中共中央关于构建社会主义和谐社若干重大问题的决定》，全面推进社会主义新农村建设，樟树市委、市政府制订《关于开展和谐小康家园行动推进社会主义新农村建设的指导意见》，动员100家民营企业、安排100个行政事业单位、1000名党员干部参与“百企百单位千名党员干部支持新农村建设活动”，并将社会主义新农村建设与工业化、城镇化同步推进。市委市政府按照“生产发展、生活宽裕、乡风文明、村容整洁、管理民主”的总体要求，坚持“立足当前、着眼长远、统筹规划、逐步推进、因地制宜、量力而行、依靠群众、惠及农民、讲究科学、突出特色”的基本原则，大力实施富民工程。在发展主导产业的同时，进一步巩固壮大“三子一壳”为主的道地药材基地，推行“一村一品”工程，突出特色产业发展，倡导培植绿色无公害种、养基地，按照“六改四普及”和“三清、三改、三配套”的要求，57个省级新农村建设试点自然村共投入建设资金6020.19万元，共硬化村庄道路80余千米，新建房屋365幢共6.24万平方米，拆除危旧房672幢，新安装自来水集中供水户1031户，拆除旧茅厕691座，新建公厕78座、水冲厕1400座，修建沼气池216只、垃圾池2个，新装电话1007门，新装有线电视550户，新建文化活动中心7个，新植环村绿化带4000米。全市新农村建设成效显著。

【获“全国文物工作先进县市”称号】 樟树市有古文化遗址120多处、全国重点文物保护单位4处、省级文物保护单位7处、宜春市级文物保护单位2处、樟树市级文物保护单位28处,馆藏文物14000多件。近年来,樟树市将文物保护工作纳入经济和社会发展计划、列入重要日常工作,投资100多万元编制文物保护和展示计划,在以保护为主的同时,坚持抢救第一的原则,先后开展3次文物普查工作,并按级别分别建档注册,全面维修保护一大批文物,并打造吴城遗址、筑卫城遗址等"国保"品牌。2006年,樟树樊城堆遗址、鸣水桥被定为第六批全国重点文物保护单位,12月国家文化部、国家文物局授予樟树市"全国文物工作先进县市"称号。

【杨文龙捐建全国首家"希望医院"】 2006年全国劳模、樟树仁和集团董事长杨文龙在河南省新县出席由中国青少年发展基金会、河南省青少年发展基金会、新县人民政府共同主办的"仁和希望医院"捐赠签字仪式上捐资100万元,在原鄂、豫、皖革命根据地首府,河南省新县红四方面军后方总医院所在原址,创建全国第一家"希望医院",这也是全国首家由民营企业捐资建设的希望医院。

【成立企业发展委员会】 为了加快工业强市发展步伐、强化优势发展战略,充分发挥樟树四大支柱产业特色和优势,樟树市本着更好为企业经济"指导、督查、综合、协调"的原则,整合经贸委、民营企业局、药业局、盐化工业办、二轻局等部门人力资源和服务职能,组建成立"樟树市企业发展委员会",委员会下设综合协调办公室、医药产业发展办公室、食品产业发展办公室、盐化产业发展办公室、机械制造产业发展办公室,分别对口指导服务,协调药、酒、盐、机械制造四大支柱产业。樟树市四大支柱产业发展迅猛,现有规模以上企业76家,总产值达54亿元。企业发展委员会的成立,为提升樟树工业强市实力,增强四大支柱产业发展后劲,培育新的经济增长点,增加就业岗位,形成大工业格局,提供了有力的支撑。

【实施品牌战略成效显著】 樟树市在强攻工业的同时,大力实施品牌战略。为支持鼓励企业争创品牌,市政府出台品牌战略实施意见并设立专项奖励资金,对获国家驰名商标、省、宜春市著名商标和国家、省部级名牌产品的企业,给予1~30万元的奖励。2006年全市新增江西省名牌产品8个(其中复评4个),占宜春市的一半,新增江西省著名商标14个(其中续认7个),占宜春市的40%。全市现有中国驰名商标1个、中国名牌产品2个、江西省名牌产品15个,品牌总数达42个,被评为宜春市唯一的实施品牌战略先进市(县、区)称号,品牌数量居全省县、市、区之首。

(梅建国　柳文红)

主要领导人 市委书记:喻晓社。市人大常委会主任:谭鑫泉。市长:黄玉剑。市政协主席:傅顺秀。

·高安市·

【简　况】 高安市位于宜春市东部,辖18镇、2乡、2街办、1风景名胜区、1垦殖场。总面积2439.33平方千米,其中市区面积17.8平方千米。全市耕地面积6.53万公顷,有林面积8.47万公顷,森林覆盖率为33.9%,城区绿化率33.8%。总人口79.44万人,其中非农业人口18.85万人,人口自然增长率15.86‰。2006年全市实现国内生产总值57.44亿元,同比增长14.5%,其中第一产业增加值14.22亿元,增长8.1%;第二产业增加值24.18亿元,增长19.6%;第三产业增加值19.04亿元,增长13.5%。规模以上工业总产值28.93亿元,增长39.4%。主要工业产品有原煤94.1万吨、粉末油脂1.14万吨、水泥42.1万吨、瓷质砖3466万平方米。农业总产值(现价)24.44亿元,增长8.1%,主要农业产品有:粮食总产62.75万吨、棉花0.58万吨、油料4.10万吨、生猪出栏67.34万头,增长9.2%;出栏肉用牛9.3万头,增长21.9%。地方财政收入2.443亿元,增长0.2%;财政支出6.55亿元,增长19.5%。农村居民年人均纯收入3827元,增长8.8%;城乡居民年末储蓄余额45.94亿元,增长15%。

【新农村建设成绩斐然】 2006年,为扎实有效推进新农村建设,高安市抽调250多名机关干部到各试点村开展为期3个月的新农村建设帮扶工作,两次组织卫生、科技、文化、司法等部门开展"三下乡"活动,召开乡、村、组各级会议862次,印发宣传手册上万册、《争做新型农民,创建美好家园》公开信3万多份,使广大干群思想进一步解放,观念进一步更新,认识得到提高。措施上通过"向上争一点,市乡(镇)财政拿一点,市直部门出一点,村庄自己筹一点,社会各界捐一点"的办法,共筹资金3036万余元。同时创新机制,成立村民理事会,制订村规民约,完善村务公开和民主议事制度,使群众实现民主选举、民主决策、民主管理、民主监督,有效激发群众的参与热情。至年底,全市80个试点村中78个完成建设任务,其中旧村改造56个,整体拆建14个,旧村改造与新村建设相结合10个,共拆除危旧房32.5万平方米,村内道路硬化274千米,清排水沟6.32万米,建垃圾池135个,通自来水3650户,建沼气池604只,推广太阳能74户,建三格式水冲厕所1986只、公厕2153平方米,推广双瓮式厕所514只,建猪牛栏舍2.89万平方米,有线电视入户1787户,电话手机入户3021户,建文化活动场所6574平方米,绿化面积7.8万平方米。基本达到道路平坦畅通、饮水安全卫生、厕所卫生干净、村容村貌整洁要求。大城镇古楼、高溪、邓垅3个村委会23个自然村被国家农业综合开发办列为全国新农村建设示范区,通过同步规划、统一实施、集中力量、整合项目,对"山、水、田、林、路、村"进行综合治理,示范区建设取得阶段性成效,共建路渠配套的高标准农田333.33公顷,修通村道路11千米,接自来水入户160余户,改厕85只,建沼气池132只,栽绿化树2万余株。2006年,国家农业部、农业开发办主要领导及全国人大代表考察团、重庆市党政代表团等先后到高安参观视察新农村建设现场,并给予充分肯定。石脑镇赤岸村被中央文明委评为全国创建文明村镇工作先进村。独城镇被省委、省政府评为创建文明村镇工作先进镇。

【建筑陶瓷业重振雄风】 20世纪90

年代初，高安为全省重要建筑陶瓷产业基地。1993年，全市建筑陶瓷企业19家，年产值2.7亿元，占全市工业总产值14.6%；年产釉面砖1205万平方米，占全省同类产品产量的1/2，占全国的1/8。被誉为新兴"建筑陶瓷城"和"釉面砖王国"。由于经营体制及市场原因，全市建陶企业逐渐陷入困境。2000年，全市建陶企业4家，年产值1.59亿元（现价），占全市工业总产值6.2%，年产釉面砖313万平方米、墙地砖786.6万平方米。

近年来，为在激烈竞争中求生存、求发展，高安市抢抓机遇，通过改革转制、资产重组和招商引资等办法，优胜劣汰，重构企业新格局，重视产品开发和质量。全市有多品种、多规格的彩釉、抛光、渗光、水晶、仿古、微粉等内外墙、地砖三大系列100多个品种。新瑞景、太阳陶瓷等5家企业产品为省级免检产品，"瑞景牌"、"太阳牌"商标为省"著名商标"，吉尼斯生产的内墙砖在全国评比中名列前茅。完善产品销售网络，在大中城市共建立300多个销售网点，产品销往全国及东南亚8个国家和香港等地区。培育优秀人才队伍，通过多年实践，造就一支懂经营、善管理、具开拓精神的企业家队伍，通过走出去请进来等办法培训专业技术人才，全市有陶瓷、建筑、机电、财会等专业技术人才1000多人。引进和更新技术装备，大部分企业主要技术装备已达到或接近国内同行业先进水平。

2006年，高安启动新的陶瓷项目区建设，先后两次承办全国性陶瓷产业论坛，成立市陶瓷协会，促使建陶业朝规模化、基地化、品牌化方向发展。全市有建陶企业22家，自动化生产线33条，年产各类建筑陶瓷近亿平方米，完成总产值近10亿元，实现利税1864万元，相关从业人员达3万余人。高安建筑陶瓷业实现新的崛起。

【刘晓金获全国十大杰出法官称号】 刘晓金，1988年7月毕业于江西省警察学校，1990年被选调到县法院部门工作。1994年取得全国自学考试法律专业大专文凭。1998年取得南昌大学法律专业本科文凭。1993年刘晓金升任基层法庭庭长。在1990～2005年的基层工作中，他走遍3个法庭辖区的8个乡镇、109个村委会、近千个村民小组，被群众誉为"群众贴心的好法官"。在执法中，刘晓金重办案质量，注意保护群众的切身利益，面对亲情友情，不心软，不徇私，任谁说情也不给面子。16年来，经他主审和参审的案件达1700余件，经调解结案和当事人主动撤诉的占87%，所有案件无一发回重审，无一超过审理期限，无一当事人上访，无一申诉。在执行生效法律文书时，刘晓金多次遭遇威胁和恐吓，甚至被执行人及一些不明真相的群众围攻，他大义凛然，临危不惧，坚持执法，凭着多年的农村工作经验，巧妙化解危机，既维护法律的尊严和权威，使生效法律文书得到良好执行，又保护好法警及群众的安全。

1992年，刘晓金被省高院授予"全省法院系统先进工作者"，2000年被省高院通令嘉奖，并记一等功一次。他所在单位多次被高安市委、市人大、宜春中院授予先进单位。2006年3月，身为高安市新街法庭庭长的刘晓金被最高人民法院、人民日报社、中央电视台和法制日报社联合评选为"2005年全国十大杰出法官"。

【高安腐竹成功申报"国家地理标志产品"】 高安腐竹起源于唐代，因高安盛产黄豆，民间加工黄豆作坊遍及乡村，品种繁多，是一种独特的群众喜爱食用的地方特产。1995年前，仅市腐竹厂1家腐竹生产企业，注册商标为"大观楼"牌（高安大观楼始建于唐初）至2006年底，增至18家，注册商标18个，年生产能力超过1万吨，旺季日处理大豆60吨以上，淡季在30吨左右。年销售收入超过1亿元，完成税收609万元，实现利润806万元。

高安"大观楼"牌腐竹是腐竹中的珍品。其外观油亮光泽，淡黄色，支条均匀，条内空心，品味纯正，甘淡而清香，无异味，韧性好，耐咀嚼，久煮不糊，有较丰富的营养。内含蛋白质达50%，脂肪低于30%，有"素中之荤"之美誉，是家宴及馈赠亲友之佳品。党和国家领导人胡耀邦、温家宝视察高安时，品尝过高安腐竹，均给予高度评价。1983年，"大观楼"牌腐竹获省优产品奖。1985年，被评为商业部部优产品和国家优质产品银奖。1988年，获首届中国食品博览会金奖。1994年，获第五届亚太国际贸易博览会金奖。1995年，获"第二届江西省著名商标"。2001年，获国际博览会金奖。2002和2003年，"大观楼"牌和"高安桥"牌腐竹先后被评为"江西省著名商标"。2006年12月，经国家质量监督检验检疫总局批准，"高安腐竹"被确定为"国家地理标志产品"。高安腐竹除销往全国20余个省（市）自治区外，还打入美国、科威特等国市场。

【贾家古村落保护开发初见成效】 高安市新街镇贾家古村系明初开基，迄今有630多年的历史。该村占地面积20.28公顷，共有民居550幢，其中122幢为明、清及民国建筑。其古村落规划布局独特，设计理念科学，保留了深巷高墙、青石板、青瓦房的传统形式，排水系统合理，祠堂、书院、铺面、祭祀场所等保存完好，木、石、砖等材料雕刻技法多样，题材丰富，是研究民间艺术的宝贵实物资料。

为做好古村落保护和开发两篇文章，高安市成立以市长为组长的贾家古村保护规划领导小组，并向省建设厅、文化厅申报贾家古村为第三批中国历史文化名村。印发《贾家古村保护管理办法》，委托上海同济城市设计有限公司绘制保护规划图。按照"不改变文物原状"的原则，通过多种途径，筹措资金200多万元对濒危古街、古巷进行维修，对重要文物单位建档挂牌，设置具警醒意义的保护标志，落实专人防护管理，加大文物保护力度。2006年，贾家古村成功入围"全国历史文化名村"，其中4幢古民居被列入"江西省重点文物保护单位"。

【娃娃理事会促文明新风尚】 高安市上湖乡在社会主义新农村建设中，充分发挥少年儿童的积极性，让"小鬼"当家，监督管理、示范带动大人们的日常行为，倡新风，破陋习，提高村民素质，巩固新农村建设成果，取得较好效果。全乡先后成立126个娃娃理事会，制订《娃娃理事会章程》《娃娃理事会职责》。娃娃们义务担任村容村貌监督管理员，检查和管理农村环境卫生。通过实地察看、现场打分、综合评比办法，对每家每户环境卫生进行量化评比，分出最清洁、清洁、不清洁三档，定期张榜公布并发放张贴标牌。对卫生特别差的，限期整改。娃娃们不仅自己在校、在家主动搞好环境卫生，还提醒家长不说粗话，不迷信，不赌博，不乱堆物品，家庭讲和睦，邻里讲友爱。农闲时节，理事会成员以社会主义荣辱观为主题，编排小歌舞、小相声、小快板为村民演出；农忙时节，帮助缺劳户做些力所能及的农活，帮孤寡老人洗衣扫地、整理房间，陪老人聊天。娃娃理事会的成立有力地促进了村容村貌的建设和村风民风的根本好转。上湖乡这一作法，受到团中央《全团要讯》《光明日报》《中国青年报》《江西日报》、“今视网”、“宜春新闻网”等多家媒体的广泛关注和充分肯定。

【粮食企业改革进一步深化】 2006年，高安市借鉴外地经验，结合本地实际，进一步深化粮食企业改革。认真把握粮食购销市场化方向，推行从租赁经营到以股份制为主的产权制度改革和企业资产重组，以建立符合高安实际的现代粮食企业制度。方法上实行企业租赁经营，员工竞聘上岗，收入按效益分配。至年底，全市共撤并粮食企业22个，占企业总数的47%；减少中层领导职数100多人，减幅达70%；分流员工700余人，超过总数的50%。全年收购粮食15.9万吨，其中托市粮10.3万吨，销售粮食14.3万吨，实现利润268万元，各项经济指标均居全省前列。高安粮食企业深化改革的成功经验和做法，受到省及国家粮食局的充分肯定，被推荐为全省唯一的全国粮食企业改革联系点，并出席全国粮食企业改革经验交流会。

（高安市史志办公室）

主要领导人 市委书记：刘承芳（任至3月），郭安（3月任）。市人大常委会主任：黄禾秀。市长：陈晓平（任至3月），皮德艳（3月任）。市政协主席：闵秀英。

抚州市

【概　况】 位于江西东部，辖1区、10县。总面积1.88万平方千米，其中市区面积33.8平方千米。耕地面积22.64万公顷，有林面积103.26万公顷，森林覆盖率为62%。总人口383.78万人，其中市区约40万人，人口自然增长率为7.85‰。2006年实现国内生产总值313.56亿元，同比增长13.3%，增幅连续4年超过全省平均水平。其中，第一产业增加值74.69亿元，增长4.8%；第二产业增加值138.89亿元，增长21.8%；第三产业增加值99.98亿元，增长9.8%。人均生产总值8197元，比2005年增加1303元。工业增加值98.12亿元，增长23.5%。其中，规模以上工业增加值53.6元，比2005年增长32.5%，增幅居全省第3位。主要工业产品有啤酒161731千升、纱3.80万吨、机制纸板13.27万吨、水泥76.20万吨、发电量9876万千瓦小时。年内主要农产品有粮食244.53万吨、棉花3951吨、烟叶10568吨、油料6.15万吨、甘蔗24.90万吨、肉类23.51万吨。全年财政总收入20.54亿元，同比增长33.8%，增幅居全省第二。其中，地方财政收入13.93亿元，同比增长36.6%，增幅居全省第一；支出42.90亿元，同比增长30.04%。城镇居民人均可支配收入9432元，同比增加1030元。农村居民人均纯收入3567元，同比增加334元。城乡居民年末储蓄余额244.35亿元，增长9.7%。

【工业经济提速发展】 抚州市坚持把主攻工业、决战园区作为经济工作的重中之重来抓。为完善金巢经济开发区的管理体制，明确开发区的工作职责，进一步加快开发区建设和发展，充分发挥其示范、带动和辐射作用，促进全市经济持续快速健康发展，2006年4月，市委、市政府下发《关于进一步加快金巢经济开发区发展的决定》（以下简称《决定》）。根据《决定》，在金巢经济开发区设立“中国共产党抚州金巢经济开发区工作委员会”、“中国共产党抚州金巢经济开发区纪律检查工作委员会”和“抚州金巢经济开发区管理委员会”。抚州金巢经济开发区工作委员会、抚州金巢经济开发区管理委员会为市委、市政府派出机构（正县级），并明确了其功能定位、发展目标、管辖范围、工作职责、内设机构和人员编制、派驻机构和分支机构，理顺了管理体制。各县区工业园区管理体制也进一步调整理顺。因此，工业园区发展加快，全市10个园区投产企业达到464户，比2005年增加56户，尤其是临川、东乡、南丰、黎川、崇仁、宜黄等园区新上项目较多，项目规模较大，科技含量较高。特别是抚北工业园的铜加工项目形成规模，势头很好，仅自立铜业一家企业2006年主营业务收入就达10个亿。全市园区实现税收3.3亿元，纳税100万元以上的企业共88户，其中：300万元～500万元的企业22户，500万元～1000万元的6户，1000万元以上的6户，分别比2005年增加9户、4户、3户。金巢经济开发区主营业务收入和税收分别达到20.2亿元、1.2亿元，东乡开发区分别为18.7亿元、4071万元，崇仁工业园分别为18.5亿元、4231万元，抚北工业园分别为17.8亿元、3448万元。

2006年，全市规模以上工业增加值完成53.56亿元，增长32.5%，增幅居全省第3位。规模以上工业完成主营业务收入157.97亿元，同比增长65.3%；实现利税12.97亿元，同比增长49.9%；综合经济指数达176.2，同比提高32个百分点。工业占GDP的比重提高2.6个百分点。机械制造、医药、纺织服装、食品、化工等五大支柱产业完成主营业务收入89.4亿元，增长49.9%；实现利税7.3亿元，增长30.3%。招商引资实际到位资金28.6亿元，同比增长140.1%。全市工业经济呈现提速发展的局面。

【新农村建设全面推进】 2006年，抚州市537个新农村建设点按照“三清三改”标准，全部完成整治任务。惠及农户2.56万户10.62万人，总投入2.11亿元，其中：省扶资金4690万元，市、县（区）财政资金1342.1万元，市、县直单位帮扶资金1280万元，群众自筹资金1.34亿元，社会捐助资金1443.4万元；群众共投工投劳68.7万个工日，通过拆除空心房、破旧房、闲置猪牛栏等盘活近30万平方米宅基地；兴建无塔供水408座，引山泉水255座，一户一泵供水6878座；兴建三格式户厕4785个、双瓮式户厕7538个、沼气式厕所1103个；硬化村内主干道31.9万米,硬化支路和入户路22.95万米,建下水道22.1万米;新建垃圾窖923个,清垃圾、污泥2.59万吨,清路障3519处;建沼气池2269个,安装有线电视1.3万户,安装电话1.26万部,安装太阳能热水器2145台。围绕"一县一业",在建设点积极推进"一村一品",重点发展南丰蜜橘、白莲、生猪、麻鸡、食用菌、烟叶、黄栀子、金银花等优良品种。2006年,全市新农村建设已形成主导产业的点达349个,与各县(区)优势产业的吻合度达65%。

【中心城区建设加快发展】 2006年,为了完善城市功能、改变城市面貌、提升人气指数、带动经济增长,抚州市在充分论证的基础上,规划确定了市中心城区46个重点城市建设项目。围绕项目建设,建立了"一个项目、一个领导、一个责任人、一套工作班子、一个实施方案、一支好的施工队伍"的"六个一"工作机制,加快项目推进;通过清理整顿市城区经营性土地,依法收回闲置土地254.27公顷,收储土地229.93公顷,市本级挂牌、拍卖经营性土地17.27公顷,成交额超过2亿元;通过规范建设规费,清理旧欠,市本级建设规费收入达到6147.5万元,同比增长2.26倍。土地经营、建设规费成为"两区"建设、项目推进筹资的主渠道。市行政中心、中小企业创业园等一批项目基本竣工,抚州职业技术学院、临川文化园、凤岗河治理和人工湖滞洪工程等一批重点项目相继开工,城市框架进一步拉大,市中心城区建成区面积已扩大到33.8平方千米。城市功能进一步完善,城市品位逐步提高,中心城区绿地率达到29.4%,创建省级园林城市顺利通过了专家组验收。此外,通过在市城区推行相对集中行使行政处罚权,加大城市管理力度,对23条背街小巷进行提质改造,改善了居民的生活环境,受到了市民好评。与此同时,各县(区)城镇面貌变化较大,尤其是金溪、黎川、南丰、崇仁、乐安县城亮点较多。全市城市经营、城市建设、城市管理初步走上良性循环的发展轨道。

【保持对犯罪活动的高压态势稳定社会治安形势】 2006年,抚州市坚持"严打"方针不动摇,把握一个时期的犯罪特点,开展了一系列的专项斗争,严厉打击爆炸、杀人等严重刑事犯罪,重点打击危害社会治安的黑恶势力和犯罪团伙,切实维护人民群众的生命财产安全。坚持"打防结合,预防为主"的方针,在全市开展县区、乡镇和工业园区等和谐平安系列创建活动,群众安全感明显增强。据省委政法委抽样调查,抚州群众安全感由上年的第10位前移至第4位。坚持教育转化与打击相结合,狠抓天主教地下势力和"法轮功"等邪教处理工作,确保政治稳定。全面加强安全生产工作,实现了各类安全事故的起数、死亡人数、受伤人数和财产损失等4项指标下降。

【素质教育成绩斐然】 2006年,抚州市素质教育取得显著成绩,德育工作得到加强。为进一步深化中小学德育工作,增强中小学学生社会主义荣辱观念和法制意识,提高中小学生思想道德水平,全市中小学实施了中小学德育工作"校家同创"工程。"校家同创"工程以增强学校德育功能、增强家庭德育功能和提高学生思想道德素质为目标,开展了德育工作创新实践,开展了对家长的教育活动,开展了校家互动活动,提高了学校和家长道德教育水平,增强了思想道德教育工作实效。各学校进一步加强了音体美教育工作,临川二中、崇仁二中、黎川二小、广昌实验小学被省教育厅命名为全省中小学艺术教育示范学校。举办了中学生运动会,实施了《学生体质健康标准》,组织了初中毕业生升学体育考试,积极推广了青少年棋牌类活动,学生健康水平有了新的提高。积极开展了"艾滋病"、"结核病"、"流脑"预防和控制工作,有效地防止了病情的发生和蔓延。加强了学生军训和国防教育工作,高中新生普遍进行了军训。教育评价制度改革有了新的尝试,开展了初中学生综合素质评估,黎川县开展了中招改革试点。完善了义务教育阶段小学升初中就近免试入学制度,初中毕业生升学考试增加了实验操作能力考试。开展了高中建设、管理与教学质量评估。全市中小学教师围绕素质教育,广泛开展了教育教学研究活动,全市立项教学研究课题达1000多项,参与研究的教师达7000余人。全市共有2.1万多人被录取到普通高校,二本上线率继续保持全省领先水平,有48人被录取到清华、北大,约占全省的三分之一。学生参加全国数、理、化、生、英语、信息技术等学科竞赛,荣获江西赛区一、二、三等奖的分别为17人、60人、111人。抚州学生参加全国青少年科技创新大赛,继续保持全省领先水平。南城县上唐镇中心小学学生吴犇寅获全国技术发明江西省范围内唯一的一等奖;资溪县鹤城镇第三小学科技小组获全国科技实践活动江西省范围内无一等奖情况下唯一的二等奖;抚州市青少年科技教育协会和资溪县青少年科技教育协会双双荣获全国优秀组织奖。农村初中普遍开展"绿色证书"教育,培养了一批农村实用技术人才。

【《王安石》一书出版发行】 由抚州市资深作家万斌生耗时10年之久完成的长篇历史小说《王安石》于2006年9月底由江西人民出版社正式出版发行。全书共113万字,分为《功名》《苦辛》《乱真》三部。作品将历史的真实与艺术的真实有机融合起来,是一部反映北宋中叶社会历史状况的百科全书式历史小说。该书目前占居抚州市"三个第一",即第一部由多部组成,第一部字数过百万,第一部被推荐为"五个一工程一本好书"候选书。这是抚州文艺界的一次突破。新浪网、中国图书网、中国新书发布网、卓越网等国家级重点网站,《江西日报》、江西电视台、《信息日报》《南昌晚报》等省内主要新闻媒体对该书进行了宣传介绍。第13届北京国际图书博览会上在较显著的位置展出该书。

【竞技体育创佳绩】 2006年10月,在江西省第十二届运动会上,由135名运动员组成的抚州市体育代表团参加了田径、举重、羽毛球、乒乓球、网球、射击、皮划艇、摔跤、跆拳道、柔道、武术、跳水等12个项目的比赛,共夺得金牌48.5枚、银牌26枚、铜牌23枚。奖牌总数97.5枚,团体总分1670分,金牌奖牌总数和团体总分均超过上届,圆满实现了"保38、争39、创40"枚金牌的目标。抚州运动员在省运会上已连续7年夺得举重团体冠军。该市代表团还被省第十二届运动会组委会授予“体育道德风尚奖”,取得了运动成绩和精神文明双丰收。同年,抚州运动员在全国和国际赛场取得好成绩:肖翠娟获得世界残疾人举重锦标赛44千克级金牌、远南运动会举重比赛44千克级金牌,在全国残疾人举重锦标赛上获得44千克级金牌,并打破该项目女子青年组世界纪录,提前获得了2008年北京残奥会参赛资格;张志武在2006年世界杯皮划艇广州站4人划艇1000米、200米比赛中分别夺得1枚金牌和1枚银牌,还获得全国皮划艇冠军赛男子划艇500米和全能2枚金牌;张勉在全国赛艇锦标赛中取得男子双人划艇第一名。

(抚州市编辑室)

主要领导人 市委书记、市人大常委会主任:钟健华(任至1月),钟利贵(2月任)。市长:谢亦森(任至11月),甘良森(12月任)。市政协主席:李品行。

·临川区·

【简 况】 位于抚州市中北部,是抚州市委、市政府所在地。辖9个乡、17个镇、2个垦殖场、5个街道办事处。总面积2121平方千米,其中城区面积50平方千米,耕地面积4.8万公顷,有林面积9.8万公顷,城区绿化率19.3%。总人口105万人,其中非农业人口30.93万人,人口自然增长率7.86‰。2006年实现国民生产总值98.1亿元,同比增长14.1%。其中:第一产业增加值15.7亿元,增长4.2%;第二产业增加值45.9亿元,增长22.8%;第三产业增加值36.5亿元,增长8.8%。第一、二、三产比分别为16:47:37。规模以上工业企业总产值59.5亿元,增长30.2%。主要工业品有临川贡酒2590吨、啤酒6.43万升,农药1345吨、饲料36.6万吨、水泥51.3万吨,铜2.5万吨。完成固定资产投资58.6亿元,增长31.4%。农业总产值36.2亿元,增长9.4%。主要农产品有西瓜24.96万吨、黄栀子1066.67公顷、金银花200公顷、花卉333.33公顷、商品蔬菜播种面积1.03万公顷。地方财政收入2.59亿元,同比增长28.3%;支出6.3亿元,同比增长30.3%。城镇居民可支配收入9432元,同比增长12.3%;农民人均纯收入4171元,增长10.2%。城乡居民年末储蓄余额93.5亿元,增长6.6%。

【区域经济实力跃进全省前十位】 近几年来,临川区以工业园区建设为载体,着力构建区域特色经济。培育出食品加工、建材工业、轻工纺织、医药化工、机电制造、铜制品加工六大支柱产业和一批骨干企业。2006年,该区规模以上工业完成工业增加值11.4亿元,增长45.1%;实现销售收入31.5亿元,增长49%;实现利税2.81亿元,增长43.2%;区域经济实力跃入江西省县域经济前10位。

发挥比较优势,推进产业集群。临川区坚持用产业集群的思路指导工业发展,重点扶持壮大食品加工、建材工业、轻工纺织、医药化工、机电制造、铜制品加工六大支柱产业,并围绕六大支柱产业,积极开展产业招商。先后引进了投资6.8亿元的自立铜业、投资1.5亿元的金弘实业、投资6000万元的维达斯洁具等一批铜加工企业,初步形成铜加工产业集群。同时,该区突出抓好六大产业的延伸和为龙头企业的配套,形成体现集群效应、布局合理的工业产业格局,特色工业经济板块初步形成。罗湖镇、湖南乡果蔬加工,孝桥镇、上顿渡镇建材生产,桐源乡、温泉镇油脂加工,河埠乡、嵩湖乡药材加工等均已粗具规模。嵩湖金银花、腾桥西瓜、青泥蜜橘、河埠优质米等地方特色产业获农业部、国家质检总局无公害农产品称号。该区以基地建设为依托,积极组织农产品加工企业与农户建立密切合作关系,打造品牌,增强农产品市场竞争力。目前,该区拥有省级以上龙头企业4家,市级以上龙头企业26家,2006年该区农产品实现销售收入2.72亿元,直接受益农户6.9万户。

培植骨干企业,做强工业主体。该区按照规模化经营、品牌化拓展的思路,选择具有一定规格和实力、带动力强的企业,由区党政班子成员挂点帮扶,对临川酒业、恒力电池、兰丰水泥、银涛药业、抚州减震器公司等重点骨干企业采取“一厂一策”的办法,从政策、资金、技术、人才等方面给予重点扶持,积极引导骨干企业通过技术改造、结构调整、扩大投资和市场开拓,不断提高生产能力和市场竞争力,发挥其规模效应、集成效应和拉动效应。2006年,该区着力抓好正大钢构、金圣纸业、星抚有机硅、恒富威门业、湖南电力器材厂等10个项目的盘活;主攻恒力电池有极板生产线、天成电源新上变压器生产线、华贵泵业新上60万套液泵生产线等10大技改项目的建设;重点开发出当归南枣片、DPF变频电源、生物柴油、复方蒲苓胶囊、20%多西环素注射液等10个新产品。2006年,临川酒业、惠泉酒业、天顺有限公司、维达斯洁具、兰丰水泥等12家企业年产值过亿元。2006年全区生产总值达到98亿元,同比增长14%。

【农民外出务工领域呈现板块特色】 随着农业和农村经济结构的调整,大批农村富余劳力脱离土地,涌向城市。临川区采取政府引导、能人帮带等多种形式,使全区外出务工农民大幅增加,务工领域也呈现出板块特色。2006年,该区外出务工人员达16万多人,占全区劳动力的48%,其中:境外务工就业900余人,省外就业约10万人,省内就业约6万人。务工人员年人均收入在9000元左右,总收入达12亿~14亿元。

近几年,该区劳务输出基本上形成了以工程建筑、陶瓷推销、输液器推销、麻绳经营、窗帘经营等为主的板块务工行业。以罗针、唱凯、云山等乡镇农民为主,在上海、南昌、北京等城市从事建筑工程务工的人数约5万;以云山、罗针、唱凯、湖南等乡镇农民为主,在全国各大城市甚至国外从事陶瓷推销的人员约2200人,经营形式从肩挑手提发展为坐店经营和会展经营;以大岗、云山等乡镇农民为主,在广州、深圳等城市从事一次性输液器推销的人员约2600人;以孝桥、湖南等乡镇农民为主,在全国各地从事麻绳经营的人员约1000人;以高坪、温泉等乡镇农民为主,在上海、江苏一带从事窗帘经营的人员约500人;以青泥、腾桥、鹏田等乡镇农民为主,在上海、天津一带从事水果贩运的人员达1万多人;以东馆、青泥等乡镇农民为主,在江苏、浙江等地从事货物运输的人员约1600人;以高坪等乡镇农民为主,在广州、深圳一带从事废品收购的人员近1000人。

进城务工呈规模化。首先是表现在人员数量规模化。如罗针从事建筑业的达1.2万人,占全镇劳动力总数的60%;青泥从事水果贩运人数达1万多人,占全镇劳动力的65%;东馆从事货运行业人数达1000多人,占全镇劳动力总数的25%;云山从事陶瓷推销人数达2000多人,占全镇劳力的13%以上,该镇石洋村几乎全村劳力从事瓷器贩运。其次是表现在经营规模化。如建筑行业,罗针、唱凯拥有资产在500万元以上的老板就有200多个;如青泥人在上海做水果生意,所租水果店有100多家,水果摊位1600多个,在上海初步形成哪里有水果店,哪里就有青泥人的局面。

进城务工人员经营合作化。该区外出务工渠道主要有劳动部门组织输出、培训基地劳务输出、能人带动和自发外出四大类型,其中能人带动占总输出的75%。能人带动和自发外出都是由亲带亲、邻带邻、村带村这种连带关系形成的,因此在从事某种产业过程中,相互合作,协作经营,主要表面在建筑行业上。随着市场经济的不断发展,他们采取了联合经营、股份合作等经营形式,这主要表现在陶瓷经销和外出行医。这种合作化经营方式为他们带来了丰厚回报,少则年人均纯收入4至5万元,多则年人均纯收入15至20万元。

【抚北工业园打造最强极】 2006年底,临川抚北工业园区有50家企业落户,合同引进资金21亿元,到位资金10.6亿元,其中投产企业45家。2006年,园区共完成工业产值10.167亿元,同比增长53%;实现销售收入9.86亿元,同比增长56%;上交税金4952万元,同比增长143.7%。到"十一五"规划期末,园区要确保工业销售收入超过60亿元,力争达到100亿元,实现利税6亿元以上。

抚北工业园区结合实际,确立了"决战园区六十亿,打造工业最强极"的目标,坚持大投入,加快园区基础设施建设,为客商提供投资的良好创业平台。2006年,临川区先后投入近2000万元启动园区三期工程,首批76.07公顷土地已平整完成,供水、供电等设施也在紧张的建设之中,"两纵一横"3条道路正在铺设或招投标。除了全面完成以上工程建设外,园区将进一步加快绿化、美化、亮化及主排污水管等工程,进一步提升园区的生态和人居环境。

引进大项目,提高投资强度,为园区创造较高的投入产出率。抚北工业园区重点引进带动能力强、发展前景好的成长型、税源型工业项目,尤其注重引进大企业、大项目。2006年,该园区新引进投资1000万元以上项目8个,其中5000万元以上大项目4个。浙江客商投资兴建的自立资源再生有限公司,一期投资3.8亿元,年生产电解铜6万吨,项目于2006年6月开工建设,投产后当年可实现销售收入3亿元;投资6000万元兴建的维达斯洁具有限公司,已经形成年产卫浴洁具125万套的生产能力,可实现产值1亿元。园区还计划2007年引进投资亿元以上的工业项目2个、5000万元以上的8个,实现工业招商进资8亿元。

同时,园区对一、二期土地进行了整顿,对停而不建、建而不快、长期停产的企业,清理出园。利用原有厂房,重新招商,引进了瑞华铜业有限公司、银圣王洁具有限公司等一批见效快的项目。1~11月,瑞华铜业有限公司实现销售收入8902万元,并正进行第二条生产线建设;银圣王洁具有限公司自投产以来,已实现产值6000多万元,上交税金200多万元。

集聚大产业,培育企业集群,提升园区竞争力。园区立足自身实际,积极承接铜加工、化工等产业转移,着力构建具有临川特色的铜加工产业群、化工产业群,打造具有浓郁地方特色的块状经济。2006年,园区拥有铜加工企业8家、化工企业7家,还有3家铜加工企业正在洽谈中,铜加工产业园、化工产业园雏形已形成。对铜加工等产业临川区专门成立了产业推进领导小组,重点企业还设立专门领导挂点。

【城区建设彰显鲜明个性】 2006年,临川区以《抚州市城市发展规划修编》出台为契机,加快上顿渡城区建设步伐,彰显了"优质教育区、城市后花园"的鲜明个性,逐步实现与市中心城区"1+1"的对接,城区建设亮点频现。

上顿渡城区现有人口12万,其中中小学师生近3万人,教育及相关产业收入每年约10亿元,省优秀重点中学临川一中、临川二中吸引了来自北京、上海等20余个省市的学生就读,教育优势十分突出。该区在城市建设规划中专门划出133.33余公顷土地打造功能齐全的教育区,优质高中建设工程已启动。温泉疗养院曾经在全国小有名气,周边又有几平方千米的生态园林,该区将温泉风景名胜区列入上顿渡城区整体规划,为市中心城区打造一个休闲娱乐的城市后花园。目前,总规划面积10平方千米、核心区3.5平方千米的温泉风景名胜区规划设计已完成,正申报入选省级风景名胜区。

该区在极力彰显城市个性的同时,坚持高标准建设。临川文塔、河滨广场、文化广场等基本上做到了一街一景观,不仅增加了城市亮点,也增添了城市的文化底蕴。该区还在市民公园专门设置了文化腾飞区、才子林、聚才区。2006年,该区投资100多万元对临川大道绿化带进行了改造,增加绿化面积1.2万平方米,种植红花檵木、杜鹃、金叶女贞等灌木60余万株;投资1700多万元的供水项目竣工,可供20万居民日常生活用水。

为缓解城建资金不足问题,该区通过招商引资吸引客商和民间资金的注入,先后启动了行政中心及市民公园建设工程等重点工程,拉近了与市城区的距离。目前,由浙江客商投资1亿元的建材家居市场一期工程已成型,城东开发区住宅小区也已开工。

城市建设的加快增强了城市的吸纳力和承载力。该区每年新增住宅面积10万多平方米,每年新增在校学生2000人以上。由于靠近京福高速公路又与抚北工业园对接,临川大道两侧逐步成为众多客商投资的首选,一条科技含量高、污染少的工业长廊正在形成。

【铜制品加工业异军突起】 铜制品加工业已成为临川六大工业支柱产业之一。临川两年前仅有1家铜制品加工企业,2006年底已有8家。

临川具备良好的投资环境和优质的服务。客商企业只要签约入园,临川就实行"帮建厂房、帮招工、帮办证"三帮服务。2004年9月,温州客商程银华筹资1500万元整体收购原抚北工业园一停产企业入园,兴建银圣王洁具有限公司。他刚来临川人生地不熟,园区管委会和跟踪服务单位帮他找吊车、雇人,搞好服务。2006年上半年,铜价上涨,公司资金一度短缺,园区管委会帮其贷款500多万元,工作人员还凑齐多年的积蓄10万元借给他渡过难关。优质的服务,促进了银圣王洁具的快速发展。

为唱好承接戏,临川利用铜金属储量地缘优势,先后引进了江龙铜业、瑞华铜业、富临有色金属、银圣王洁具、维达斯洁具、高乐洁具等多家铜材加工企业,特别是2006年3月份引进浙江客商投资6.8亿元兴建自立铜业有限公司,一期投产后就可实现销售收入30亿元,创税1.6亿元,目前,项目已开工建设,2007年上半年部分生产线可建成投产。自立铜业的引进,标志着临川铜制品加工企业逐步形成了一个产业链。

【立足实际发展乡镇工业】 2006年,临川区积极引导各乡镇把发展工业的重点放在做大做强传统产业上,引导一家一户的小规模经营上档次、上水平,进一步扩大产业规模、延长产业链。与此同时,该区还坚持把发展乡镇工业和小城镇建设结合起来,加强规划引导,实现以城带业、以企兴城。

目前固定资产投资500万元以上的企业有33家,且已经形成了机械制造、食品加工、建筑建材、轻工印染四大产业群。该区食品、香料、蜂蜜和机械制造等工业经济板块正走着一条由一个产品向一个系列、一个系列向一个产业、一个产业带动一个区域经济的发展之路。2006年,该区新增固定资产投资500万元以上的乡镇工业企业18家,其中固定资产投资1000万元以上的有6家;各乡镇共完成工业产值87.81亿元,同比增长了28%。

【临川文化研究出现新突破】 研究临川地方戏曲的专著《临川地方戏曲丛书》于2006年底由中国戏剧出版社出版。这标志临川文化研究与开发登上了新台阶,取得了新成果。

近年来,由东华理工文法与艺术学院、临川文化研究所所长黄振华教授牵头,多名专家共同参与的临川地方戏曲研究出现了突破性发展。其中,黄振林专著《宜黄声腔流变史》、黄建荣专著《抚州采茶戏发展史》、章军华专著《孟戏》、徐国华专著《汤显祖戏曲评点》、于少海专著《抚州古戏台与戏曲文物》,深入、系统地研究了临川戏剧戏曲在全国最具特色的5个方面,赢得了国内该领域专家的高度评价。厦门大学博士生导师郑尚宪教授、华东师大博士生导师谭帆教授、中国戏剧家协会秘书长季国平等专家一致认为,通过抚州专家学者的研究开发,临川戏曲文化的丰富资源已经凸显出特色;凭借这些资源及抚州学者的研究成果,抚州的地方戏剧戏曲学研究已居江西领先地位,临川已成为江西戏剧研究中心。

【临川惊现"水中国宝"桃花水母】 6月8日,在抚州人民公园西湖水域发现大量濒临绝迹被誉为"水中国宝"、"水中大熊猫"的珍稀腔肠动物——桃花水母。

6月8日上午,东华理工大学生物化学与材料学院副教授包水明途经西湖边时,偶然发现水中有大量一角钱硬币大小、外围为环形、内为桃花状体形结构的白色生物。他敏锐地感觉到这可能就是"水中国宝"桃花水母。他取部分样品到实验室观察研究,并查找了大量关于桃花水母的资料,最后确认了自己的判断。

桃花水母为地球上最原始最低等的无脊椎动物之一,诞生于5.5亿年至15亿年前,比恐龙还要古老,极富科学研究价值和观赏价值。目前,全世界有桃花水母11个种类,除日本伊氏、英国索川外,其余9种都在中国。桃花水母已作为"极危动物"被收入《中国红色名录》,堪比大熊猫和中华鲟。

据介绍,在抚州人民公园西侧7000米平方米的西湖水面都发现有桃花水母,密度最高的水域每平方米有600只左右。如此大面积发现桃花水母实属罕见。目前,东华理工学院正组织有关专家学者成立专门的研究小组,以破解西湖桃花水母之谜。

(方 天)

主要领导人 区委书记:黄牡香(任至5月),叶建青(5月任)。区人大常委会主任:周冬祥。区长:徐云发(任至6月),习东森(6月代,12月任)。区政协主席:罗火生。

·南城县·

【简 况】 位于江西省东部,抚州市中部,辖9镇、3乡。总面积1697.97平方千米,耕地面积1.7万公顷,有林面积9.34万公顷,森林覆盖率为59.7%。总人口31.53万人,其中非农业人口8.7万人,人口自然增长率为6.58‰,有蒙、壮、回、苗、满等5个少数民族207人。2006年实现国内生产总值24.9亿元,同比增长13.5%。其中,第一产业增加值5.8亿元,增长5.0%;第二产业增加值9.4亿元,增长20.7%;第三产业增加值9.7亿元,增长12.8%;第一、二、三产业比例为27:38:35。规模以上工业企业实现产值6.96亿元,增长26.6%。主要工业产品有水泥27.4万吨、饮料酒3.5万吨、服装54万件(套)。农业总产值11.6亿元,增长4.4%。主要农产品有家禽417万羽、肉类2.1万吨、水果1.96万吨、柑橘1.81万吨。财政收入1.76亿元,增长38.8%,支出2.99亿元。农民人均纯收入3844元,同比增加359元。城乡居民年末储蓄余额17.65亿元,增长63%。

【南城构建特色块状经济】 2006年,南城县规模以上工业完成增加值2.73亿元,同比增长49.3%;上缴税金4000余万元,同比增长51%,全县工业未出现一家亏损企业。该县积极承接沿海发达地区产业梯度转移,大力构建工业块状经济。先后制定了六大支柱产业发展规划,确定了昌诺药业、隆诚制衣等32家重点企业,实行县级领导挂点帮扶制度,明确了建材、食品、医药、服装、机械、木竹加工六大重点支柱产业。在政策、资金等方面对重点企业予以倾斜,推进产业升级,形成产业核心群体和有区域特色的块状经济。在工业园区,制药产业形成了以昌诺药业为龙头,玲珑胶囊、宏达医用塑料等相配套的发展格局;农副产品加工方面,阿颖金山食品有限公司、麻姑精制米粉有限公司已成为省级农业产业化龙头企业,并均获得省著名商标,通过了ISO国际质量体系认证;服装行业里,11家服装企业已形成一定的集群优势,产生了良好的集聚效益,并在出口创汇方面跻身全省服装纺织产业出口十强,为全省县(区)级外贸出口之首。

该县的工业品牌优势吸引了外资的投入。至2006年底,该县共引进项目120个,其中工业、加工业项目100个。在引进的工业、加工业项目中,有50%以上是与六大支柱产业相关联的配套企业,大力推进了产业链的延伸和资源的循环利用。

【南城25个农产品贴上商标】 南城县选择优势特色产业,大力支持乡土人才创办龙头企业、示范基地,并投资300万元建立网络宣传机构,为品牌农业的发展架桥铺路。至2006年底,该县农民自发注册农产品商标25个,不仅提高了农产品的信誉度,而且促使农民改变了传统的耕作习惯,让品牌农业成为增收新亮点。

【民营企业首次冠名设立慈善基金】 2006年3月28日,江西阿颖金山药食品有限公司向省慈善总会捐资100万元,设立"阿颖健康好宝宝慈善基金",这是江西省首个以民营企业冠名设立的慈善基金。

此次设立的基金采取留本付息的形式由企业内部划账设立,基金本金留在企业支持共生产运营,本金产生的效益捐赠给省慈善总会,用于救助江西省内的孤儿和特困家庭的残疾婴幼儿童。这次捐资行动为全省的民营经济参与社会慈善活动提供了一个很好的借鉴模式,也为江西省缩短与沿海地区慈善事业发展水平差距迈出了可喜的一步。

(吴云华)

主要领导人 县委书记:黄耀波。县人大常委会主任:李永智。县长:周付德。县政协主席:邓水保。

·黎川县·

【简　况】 位于抚州市东南部,辖1个企业集团、6镇、8乡、1个垦殖场、1个工业园区。总面积1728.56平方千米,其中城区面积8平方千米,耕地面积1.54万公顷,有林地面积12.69万公顷,森林覆盖率64.8%,城区绿化率32.28%。2006年总人口23.61万人,其中非农人口52587人,少数民族有蒙古族、回族、苗族、藏族、畲族、朝鲜族,人口自然增长率7.63‰。2006年国民生产总值13.50亿元,按可比价格计算,同比增长14.20%。第一产业增加值4.05亿元,增长9.32%;第二产业增加值5.23亿元,增长18.16%;第三产业增加值4.23亿元,增长14.51%。三次产业比为30.0∶38.7∶31.3。规模以上工业新增9家,实现规模以上工业总产值10.33亿元,同比增长79.77%;工业增加值3.49亿元,同比增长86.9%。主要工业产品:人造板2.26万立方米,化学农药1674吨,日用陶瓷1.60亿件,机制纸及纸板400吨,白酒1300千升,发电量5200万千瓦小时,林牧渔业总产值9亿元,同比增长4.45%。其中:农业5.3亿元,增长10.25%;林业6074万元,下降32.98%;畜牧业1.21亿元,增长1.32%;渔业1.65亿元,增长9.85%;农畜牧渔服务业产值2300万元,增长14.17%。全县粮食播种面积2.46万公顷,同比下降2.3个百分点;总产量14.91万吨,同比增长4.5个百分点;其中稻谷播种面积2207.13公顷,同比下降0.8%,产量14万吨,同比增长5.7%;油料播种面积1978.67公顷,同比下降6.0%;产量为4000吨,同比增长2.7%;特色农业种植规模不断扩大,食用菌发展规模达1.8亿袋,实现产值2.3亿元;财政总收入1.10亿元,支出2.81亿元。农民纯收入3708.78元,同比增长10.04%;城镇居民年末储蓄余额12.05亿元,同比增加1.75亿元。

【个体私营经济突飞猛进】 2006年,黎川县个体私营经济有了突飞猛进的发展。到2006年底,黎川县个体工商户达4595户,注册资金6824.5万元,户均注册1.5万元,从业人员6210人;个体私营经济的发展突出表现为:一是企业规模不断扩大。到2006年底,个体户的注册资金总额及户均注册资金额比2004年底分别增长20%和50%;私营企业注册资金总额3.8亿元,比2004年增长了40%,其中:100万至500万元的有89户,500万元至1000万元的有19户,1000万元以上有4户。出现了一批投资规模大、市场竞争能力较强的私营企业。二是结构层次不断优化。以前,全县90%以上个体工商户和私营企业集中在传统的商业服务领域。近几年,个体私营经济发展的领域不断拓宽,除了传统的领域之外,发展较快的行业有服装鞋业、彩色印刷、工业用气、小水电、房地产开发,陶瓷、服装鞋业、化工建材、出口型农村产品加工、小水电等五大产业初具规模,产业逐步实现了多元化,带动了县域经济发展。三是人员素质不断提高。从企业的组织形式看。目前全县私营企业有298户,企业的组织形式比较规范(私营企业类型:独资企业85户,合伙企业26户,公司183户)。从人员和素质看,20世纪90年代初期,从事个体私营的经营者40%是待业青年、社会闲散人员和退休职工。近几年,许多来自大专院校、国有企业、科研院所等在内的具有较高文化素质、善经营、会管理的经营者加入个体私营企业队伍中,提高了队伍的文化素质和科技水平。

【黎川工业园区2006年被列为省级工业园区和省循环经济试点园区】 黎川工业园区于2002年9月经抚州市政府批准设立。近年来,黎川紧紧围绕"主攻工业,决战园区,赶超发展"的战略思路,主动承接闽台经济,着力打造特色工业园区,2006年被列为省级工业园区和省循环经济试点园区。主要做法:一是完善管理体制。2006年5月将园区改为准政府建制,设立了工业园区党工委、管委、经工委,内设党政办公室,经济发展局、社会事业和农村工作局、建设环保分局、财政所等机构以及国土、公安、工商、国税、地税等派出机构,在全县范围内公推公选了11名科级领导干部,公开选调(招)了园区工作人员,充实和加强了园区干部队伍。原日峰镇新荣村移交工业园区管理。工业园区的服务功能更加健全,形成了"小政府、大服务"的管理模式。理顺了工业园区财政管理体制,充分调动了工业园区聚财理财的主动性和积极性。建立健全了工业园区管理细则,规范了管理。

二是打造发展平台。科学编制工业园区总体规划,总规划用地面积9平方千米,采用组团式布局,形成"一轴、二心、六片区"的空间结构。"一轴",即丰杉线轴;"二心",即休闲娱乐中心和综合服服中心;"六片区",即一、二期工业区块、闽台综合工业区块、高新技术电子工业区块。在园区建设上,按照园林式、生态型和可持续发展的要求,力求使工业园区建设、景观与自然环境融为一体,构建一个既以发挥最大的生产效能,又适宜人居的环境优美、经济繁荣的现代化新城区。

三是精心经营建设。根据园区总规和产业布局,在各工业区块中培训一至两个主导产业,着力打造陶瓷、鞋业、电子、机械制造、医药、食品等专业园,在建设发展中,树立循环经济发展理念,着力打造循环经济特色工业园区。按照各专业园产业特点,采取"分步实施、封闭运行、市场经营、滚动开发"的方式,多方筹措建设资金,精心搞好基础设施建设,做到企业发展到哪里,基础设施建设到哪里。积极开展占地企业清退工作,对一期部分圈占土地未投产企业进行了清退,按一、二期产业定位,将收回土地及时安排企业入驻,大力开展以商招商、产业招商、企业招商,突出"引大、引优、引强"。入园企业固定资产投资必须达600万元以上,投资强度必须达到50万元/亩以上,年创税必须达到3万元/亩以上。同时,树立"项目至上、客商至上"的服务理念,实行项目挂点跟踪服务制,不断提高引进重大项目的成功率。此外,注重加强企业招商力度,利用企业内富余土地和园区零星用地,引进新项目,开发新产品,不断增强企业投资强度,环球、康舒、九州陶瓷等企业都分别引进了新的生产线,促进了企业做强做大和土地利用效益的提高。目前,园区已建成面积177.33公顷,入园企业60家,其中投资5000万元以上的企业9家,形成了陶瓷、服装鞋业、食品、农林产品加工和化工建材等五大支柱产业。2006年,园区实现主营业务收入9.1亿元,税收2800万元,安排就业5772人,基本形成了陶瓷、鞋业等专业园。

【国家林业局批准设立岩泉国家森林公园】 2006年12月23日,国家林业局批准设立岩泉国家森林公园。该公园位于黎川县东南部的岩泉、樟溪、宏村境内,总经营面积4885.39公顷,境内拥有丰富的动植物资源和自然景观,现有兽类8目18科40种,爬行类动物2目9科21属28种,鸟类11目30科95种;有木本植物107科265属661种。岩泉境内动植物景观有古香榧林、猕猴采果、谷雨观蛙、仙峰山茶、岩泉赏竹、麦溪伯乐、长坑雨林、沟谷木兰;地貌景观有会仙峰、洋岫峰、油米洞、仙人足印、僧尼迎客、松石揽月、仙峰石佛;天象景观有会仙峰观日;水体景观有层坪飞瀑、龙头寨水上乐园、漂流探奇、三叠瀑;人文景观有会仙寺、洋岫寺、层坪古亭、古桥、洋岫石亭;可借景观资源有日峰山、风月亭、福山寺、洲湖温泉、革命烈士公园、纪念塔。优美的自然风光为广大游客提供了一个理想的休闲场所。

【黎川县创建省园林城市】 2006年10月30日,省建设厅组织有关专家对黎川县创建园林城市工作进行考核验收。考核组察看了黎川县城市建设重点工程和市容市貌,从组织管理、园林绿化建设、规划设计、景观保护、生态建设和市政设计等方面进行专项考核,查阅了相关文件资料106份,随机抽查了城市主次干道、小街小巷8条次,单位庭院5个,公园、广场3处,并对汽车站、农贸市场等进行了实地检查。考核组肯定了黎川县创省园林城市工作取得的成果,认为黎川县城达到省级园林城市标准。

【2006年黎川县第四次被省委、省政府、省军区命名为全省双拥模范县】 黎川县是著名的革命老区,第二次国内革命战争时期,闽赣省党政军领导机关曾驻黎川。到2006年,全县各类优抚对象7000多人,其中重点优抚对象487人,驻军(警)单位3个。黎川县在推进改革开放和现代化建设中,致力两手抓,大力推进精神文明建设,促进军政军民团结,全面落实各项优抚政策法规,维护和保障优抚对象的合法权益,努力提高优抚对象的生活水平,取得了可喜的成绩。在1992年、1999年、2003年、2006年4次被省委、省政府、省军区命名为全省双拥模范县。

【发展循环经济,打造生态工业园区】 江西黎川工业园区从建设初始,就本着环保和节约的理念,着力培育陶瓷、出口型木竹加工等主导产业,发展循环经济,以低消耗、低排放、高效益为宗旨来建设工业园区。

节能降耗,打造陶瓷产业发展新模式。江西环球陶瓷有限公司为了节能降耗,采取4条有力措施:一是在生产车间。出炉冷却后的瓷器进入抛光流水线,污浊发黄的抛光废液经化学处理沉淀变得清澈见人,池底则出现"淤泥"。池中的水泵将池底的"淤泥"抽到压滤机中,经过过滤压干,即可得到现成的陶瓷坯料或釉料。在这个密闭的生产终端,自始至终不见废料废液排出厂外。二是改机碓粉碎水波淘洗坯料加工工艺为球磨加工工艺,降低了吨坯炒加工水耗、电耗;三是改节能式明焰裸烧隧道窑,降低了能耗,加快了进车进度;四是采用余热作湿坯干燥源,实现了热能循环利用。

资源互补,打造木林产业循环链。一是在企业内部循环。实行清洁生产,生态管理,让生产过程中一个环节产生的废物变成另一个环节的原料。投资5000多万元的江西华裕竹制品有限公司实行清洁生产,毛竹表面青皮生产竹拉丝,竹黄生产竹胶片,竹头、竹节、竹尾作锅炉燃料,每年节省煤炭能源100余吨,资源利用率达到99%。二是在企业之间循环。上游企业的废料成为下游企业的原料。江西华裕竹制品有限公司、睦原实业、兴隆竹业、黎华竹业等企业生产生的竹屑、木屑被其他企业用来生产活性炭和茶树菇、竹荪菇。通过产业延伸,资源互补,大大提高了木竹资源的利用率和木竹产品层次,进一步促进了木竹产业的大发展。目前,工业园区已走上了快速、良性发展的轨道,促进了黎川县经济社会的可持续发展。2006年被评为省级循环经济试点区园。

【黎川陶瓷行业技术进步成绩斐然】 2006年,黎川陶瓷工业取得前所未有的系列成果:一、荣获江西名牌产品2个:江西省名牌战略推进委员会分别授予康舒陶瓷公司生产的"康舒牌"耐热瓷煲、九州陶瓷公司生产的"比格牌"卫生洁具为江西名牌产品称号。二、荣获国家专利3项:国家知识产权局对两家企业产品的有关方面授予专利,即永华瓷业公司获耐热陶瓷锅中煲外观设计专利和堇青石、莫来石质耐热材料发明专利,嘉顺瓷业公司获可利用电磁炉加热的陶瓷烹调器实用新型专利。三、通过国家质量管理体系认证企业5家:2006年,黎川县九州陶瓷公司、永华瓷业公司、嘉顺瓷业公司、美佳陶瓷公司、嘉舒瓷业公司等5家陶瓷生产企业通过ISO9001:2000质量管理体系认证。四、新产品研发成果显著。2006年全行业推出新产品、新品种270多个。特别是环球陶瓷公司开发的镁质强化瓷在中试阶段已开发出新产品60多个,填补了江西省高档镁质强化瓷的空白;永华瓷业公司堇青石——莫来石质耐热瓷煲由江西省科学技术厅列为重点新产品。

【黎川陶瓷工业产值、税收创历史新高】 2006年,县委、县政府为做大做强陶瓷产业和建设陶瓷产品出口基地,在认真调研、论证基础上,制订了《黎川县陶瓷工业十年(2006~2015)发展规划》,出台鼓励陶瓷企业发展20条措施。在成立陶瓷研究所和加大招商引资力度的基础上,督促和引导本地企业扩建和加大技改力度,充分发挥龙头企业带头作用,陶瓷工业得到平稳快速发展。统计表明:2006年全行业13家陶瓷生产企业与配套企业实现工业产值1.8亿元,同比增长33%;上交国家税收758万元,同比增长26.33%,占黎川县纯工业税收的47%,创6年来历史新高。

【食用菌已形成产业链】 2006年,黎川县生产食用菌1.8亿袋,创产值2亿元,参与生产的农户达2万多户,户均创收4000余元。黎川食用菌以茶树菇为主导产品,年产鲜茶树菇3.5万吨。江西利康绿色农业有限公司是黎川县食用菌产业化重点龙头企业,积极推广非木屑生产技术和食用菌生产标准,实现了发展食用菌产业不消耗木材资源的目标。随着产业发展壮大,产业内部社会分工越来越细,形成一批产业工人、专业生产菌种的单位和个人、原材料专业经营部、大批的流动商贩、企业深加工等,产业比较优势越来越强,产业聚集效应越来越明显。

【荣获"江西省特色渔业先进县"称号】 2006年2月,江西省农业厅授予黎川县"江西省特色渔业先进县"称号。近几年来,黎川县农业部门大力发展特种水产品养殖,先后引进、移植了中华鳖、乌龟、日本鳗、欧洲鳗、兴国红鲤、美蛙、荷包鲤、武昌鱼、加州鲈、银鱼等,尤其是中华鳖、鳗鱼养殖发展迅速,已形成规模化、产业化,取得了令人瞩目的成绩。据统计,2006年黎川县特种水产品产量6006吨,特种水产品产值1.25亿元,其中中华鳖养殖面积达401.2公顷,年产量1830吨,年产鳖蛋苗5228万只,创产值1.02亿元;鳗鱼养殖面积达35公顷,年产量386吨,产值达2200万元。特种水产品养殖已成为黎川县农村经济新的增长点,黎川县水产正朝"高产、高效、优质"的目标迈进。

【日峰镇跨入全省"农村经济发展百强乡镇"】 日峰镇地处黎川县城,为黎川县政治、经济、文化中心。近年来,日峰镇加速经济发展,工业、加工业和三产发展上实行三措并举:通过设立三库三员、致力招商引资。镇政府先后建立完善了招商引资人才库、信息库、项目库,并在沿海经济发达地区设立招商引资信息员、联络员、特派员,加大招商引资力度,同时注重对本土民营企业的扶持。2006年,先后引进"黎川木草生态猪开发公司"、"十里围库珍珠养殖"等4家外商投资加工业、农业开发招商项目,本土企业康舒陶瓷有限公司也发展成为年产值逾亿元,创税320万元的国内同行业排名第二的镇支柱企业。

通过借助地处县城区位优势,致力做大总部经济。全镇创办和引进陆顺、嘉顺等9家物流公司,全年实现产值3847.4万元,创税255.85万元;通过优化创业环境,拉动第三产业发展。2006年,全镇从事第三产业的个体私营业主和民营企业达3629家,同比增幅14.95%;三产产值达4.47亿元,同比增长26.7%。

在推进农业产业化和社会主义新农村建设工作上,根据区域位置和产业特色,因地制宜将全镇划分为6个各具特色又相互融通的食用菌、蔬菜、烤烟、林果、生猪、水产等不同的农业种养开发区,发挥示范基地和龙头企业的引导、辐射作用,加速农业产业结构调整,促进农业增效、农民增收。同时,日峰镇首批6个新农村建设示范点全面启动,"六改四普及"工程顺利通过省、市、县检查验收。

在致力于经济赶超发展的同时,日峰镇十分注重抓好党政领导班子建设、党员干部队伍建设、和谐平安社会建设三大建设工程,促进了经济、社会等各个方面的协调、可持续发展。2006年,全镇生产总值达8.59亿元,同比增长22.74%;完成财政收入1640万元,同比增长29.1%;农民人均纯收入4906元,同比增长22.13%;人口自然增长率控制在8‰以内,计划生育率达92%以上。2006年,日峰镇跨入全省"农村经济发展百强乡镇"和全市"十强经济发展乡镇"行列,被省委、省政府表彰为"江西省文明村镇"。

（朱建民）

主要领导人　县委书记:周小平(任至5月),林彬杨(5月任)。县人大常委会主任:王水谟。县长:林彬杨(任至5月),祝宏根(5月代,11月任)。县政协主席:张仕龙。

·南丰县·

【简　况】 位于抚州市南部,辖7镇、5乡、1场。总面积1920平方千米,其中城区建成面积9.9平方千米,耕地面积1.75万公顷,有林面积11.47万公顷,森林覆盖率为69.3%。总人口27.94万人,其中非农业人口5.61万人,人口自然增长率7.88‰。2006年实现国内生产总值25.90亿元,同比增长14%。其中,第一产业增加值7.65亿元,增长10.1%;第二产业增加值8.27亿元,增长20.5%;第三产业增加值9.98亿元,增长12.3%。工业总产值16.9亿元,增长

27.3%。主要工业产品有中成药600吨、啤酒765千升、水泥2.33万吨、有机肥2320吨、炸药2000吨。农业总产值13.05亿元,增长11.5%。主要农产品有南丰蜜橘31.05万吨,稻谷16.01万吨,蔬菜15.98万吨,西瓜4.95万吨,生猪(出栏)15.7万头。全县财政收入1.41亿元,同比增长39.65%;支出2.93亿元,同比增长34.2%。农民人均纯收入5028元,同比增加682元。城乡居民年末储蓄余额13.66亿元,增长7.5%。

【"三路并进"推进农业产业化进程】

2006年,南丰县"三路并进"推进农业产业化进程。一是调优结构。形成以南丰蜜橘为主,粮食、木竹、甲鱼、烟叶、蔬菜及家禽为辅的农业产业化发展格局;通过土壤改良、推行"猪—沼—果"生产模式,抓好南丰蜜橘产业标准化生产,促进农业生产集约化转型。二是科技服务。以农业科技特派员工作为平台,狠抓科技示范基地建设,实施测土配方施肥、生物防治和农残降低等工程。三是政策扶持。帮助规模农业产业化企业申报市级以上农业产业化龙头企业,与招商引资企业同等待遇,并每年争取上级项目资金3000万元以上支持发展。到2006年,该县有农业产业化经营组织200余家,其中:国家级龙头企业1家,省级龙头企业1家,发展订单农业1.6万公顷,带动本县及周边农户12万户,全县农业综合生产能力得到切实加强。2004~2006年,南丰县连续3年获全省农业发展先进县殊荣。

【"三管齐下"促工业赶超发展】

2006年,南丰县围绕"主攻工业、决战园区、赶超发展、提速进位"战略目标,以"延伸食品工业链,提升培育新兴产业"为工业经济工作思路,把招商引资作为"生命线"、工业园区作为"火车头"来抓,搭建政银企合作平台,加大对工业资金帮扶力度,优化工业发展环境,全县工业经济总量和质量进一步提高。一是建立政银企融资机制,每季定期组织一批重点企业召开政银企融资洽谈会,帮助兰鑫生物有机肥业公司等7家企业落实贷款3000万元。二是加大工业资金扶助力度,县财政安排发展基金100万元,贴息鼓励和扶持现有企业技改升级,奖励十大纳税企业、十大成长型企业,全年工业技改投资完成任务1.57亿元,比上年增长30.93%。三是营造客商满意的投资环境,不折不扣地兑现对投资者的承诺和招商引资优惠措施,健全客商投诉机制,严查严惩破坏环境的人和事,进一步完善行政服务中心"一站式"服务。2006年全县共引进工业企业44家,实际进资6.4亿元,实际利用外资892万美元,其中5000万元以上大项目5个,实际进资2.72亿元。全县规模以上工业增加值、销售收入分别达3.21亿元、7.78亿元,分别同比增长40.24%、41.73%;工业创税达3041万元,增长66.9%,其中创税100万元以上的企业达5户,同比新增4户。

【南丰蜜橘质量安全水平大幅提升】

2006年9月20日,在广东省东莞市举行的全国农产品大流通食品安全双十佳评选表彰会上,南丰县被授予食品安全地方政府特殊贡献奖,为全国两个获此殊荣的县之一。近年来,该县围绕把南丰蜜橘打造成为世界名牌水果的目标,按照现代农业的发展要求,大力实施蜜橘品牌战略,从品种选育、苗木繁育、建园方式、栽培技术、施肥用药、采摘包装等各个环节按国家强制标准制定了一整套标准和规程,积极引导全县橘农实行标准化生产。同时,大力推广生物有机肥和生物源、矿物源农药等先进实用的生产管理技术;组织实施"南丰蜜橘提纯复壮"、"农药残留微生物降解技术"等100个科研攻关项目,加速了南丰蜜橘质量安全水平的大幅提升。2006年,南丰蜜橘走红欧盟特别是英国的圣诞礼品市场。英国《每日电讯报》以《小橘子,甜又甜》和《产自中国的礼物》为题进行了报道,新华通讯社《参考消息》随后以《中国橘子走进圣诞节》为题予以转载。在国家农业部召开的2006年中国名牌农产品发布会上,南丰县琴城贡橘牌南丰蜜橘被评为"中国名牌农产品",成为全省果业类唯一被评为全国名牌农产品的水果产品,也是全国唯一获此殊荣的宽皮柑橘产品。

【加大城建力度,增强集聚功能】

2006年,南丰县围绕流通型区域中心城市定位,完成了县城建设总体规划初步评审,争取了向莆铁路、济广高速公路规划(以较优方案)过境。全县先后启动44个城建重点工程建设,城区在建面积净增1.5平方千米(总面积达11.7平方千米),全县城市化率提高1.5个百分点,达32.6%。全年累计投入620万元用于市政设施建设:新增绿地1.2万平方米,改造道路3000多平方米;进一步完善市政功能,提高城市品位。此外,组建了城市管理局,实行高效能管理;积极开展创建全省文明、卫生城市,县城的集聚功能日益增强,城市经济蓬勃发展。

【包坊村荣获省花博会新农村建设单项金奖】 南丰县市山镇包坊村位于县城正北3千米处,因盛产优质南丰蜜橘而远近闻名。全村蜜橘种植面积100余公顷,近年来,仅蜜橘收益年均在700万元以上,村民人均纯收入达6600元(2005年)。富裕后的村民依托当地自然条件积极建设生态型新农村:一幢幢设计新颖、造型独特的小洋楼在橘树环抱中拔地而起、有序排列;宽阔的进村水泥公路上各种机动车辆穿梭来往;300平方米的休闲娱乐广场和丰富多彩的文化长廊在村部旁格外醒目;自然村整洁美观、焕然一新。2006年10月,包坊村将村里的优美环境和发生的巨大变化制作成光碟,由南丰县选送到省政府主办的江西省第二届花卉园艺博览交易会专业展区(专门设立的新农村建设景区)参展,备受与会人士称赞,被组委会授予花博会新农村建设展区单项奖金奖。

【加强信息化新农村建设成效显著】

2006年,南丰县被列为江西省4个"新农村信息化建设"试点县之一,投资1亿元启动新农村信息化建设"村村通"工程,确定5个信息化示范乡镇,50个信息化示范村及107个信息化新农村示范点,建设110个通信信号接收基站和40个直放站。整个工程于11月底全面完工,实现全县自然村通电话,行政村通宽带;所有自然村实现移动信息网络无缝隙覆盖,使信息进入千家万户。

为加快信息化新农村建设步伐,该县抓住试点有利时机,迅速建立起覆盖全县的"电子农务"网,利用移动互联网网络资源和无线广播承接系统,整合气象、农业等部门的技术信息资源,结合农情实际,及时准确地为农民提供生产环节中的技术信息服务;定期把全国各地主要农产品价格信息和水果市场行情公布在网站上,为农民销售农产品提供咨询和参考。及时为农民解答疑难问题。据统计,全县新建108个信息服务村级网站,共接收农民发送的各类信息1326条,为农民解答疑难536条,梳理回复建议789条。同时,该县还及时开办了"科技网校",在"科技网校"硬件设施建设上,依托"中国蜜橘网"、"农经网"、"人口与计生网"、"政务网"等网络资源,通过制作网页、搭建短信互动平台,为农户收集和发布各类相关信息,提供科技服务,帮助农民建立市场行情表。截至年底,全县已在12个乡镇建立了"科技网校",拥有各类网络信息服务平台10个,帮助8000余户农户建立了市场信息行情表,80%的农民享受到方便、快捷、丰富的信息服务。

【国内首条改性硝铵炸药连续生产线在南丰投产】 南丰县江西力能化工有限公司2006年7月建设投产的改性硝铵炸药连续生产线于同年11月通过了江西省国防科工办评定验收,填补了国内改性硝铵炸药连续生产线的空白。该生产线由江西力能化工有限公司与湖南长沙矿冶研究院联合攻关研发而成,设计年生产能力为1.2万吨。它采用连续化、自动化生产工艺,引进集散控制和视频、音频监视系统,做到多个环节后料自动计量和连续加入,实现了混制工序现场无人化,提高了生产过程安全程度,生产效率比原来间断式轮碾机提高5倍,劳动强度只有原来的六分之一;产品具有性能稳定、安全性好的特点。2006年公司完成销售收入1733万元,同比增长34.63%;工业增加值588万元,同比增长51.36%;上交税金182.78万元,同比增长63.39%。

【南丰县财政局获"全国财政系统先进集体"称号】 南丰县财政局是多年的省、市、县先进工作集体。近年来,该局狠抓收入增实力,强化管理添效益,深化改革促发展,统筹城乡求和谐,各项工作取得可喜成绩。作为农业大县、工业小县的南丰,财源结构历来以农业特别是驰名中外的南丰蜜橘为主。自免征农业税和除烟叶外的农业特产税后,该县财政收入年政策性减收近3000万元;针对这种情势,南丰县财政局及时提出"挖掘老支柱,培育新亮点,开源促增收"的育财新思路,会同国、地税部门创新征管举措,积极投身"强化招商、主攻工业、决战园区、赶超发展"的战役中,促进全县财政收入迅速步入持续、快速、稳定增长的轨道。在自身组织收入的工作中更是成绩斐然,年年大幅超额完成任务。特别是契税,通过明确建设、房管等单位协税责任,健全细化税源台账和已税台账,落实"凭税发证、以税卡证、先税后费、以税控费"措施,实行内审查税制度。同时局领导以身作则,坚决顶住一切减免说情风,在实践中探索出一整套"环环相扣、操作规范、无隙可乘、应收尽收"的契税征管机制。年契税收入一举由1998年的不足20万元增至2005年的1026元,8年增长50余倍,占全县财政收入的十分之一。该局组织契税收入的成功做法,多次在全省会议上作典型经验介绍并加以推广,为全省近几年契税收入始终以高于财政总收入增幅的较快速度增长作出了突出贡献。

该局致力于建设和谐财政,努力让更多的群众直接享受到公共财政福利:认真落实国家各项惠农政策;加大农村公共社会事业的投入;大力推进新型农村合作医疗试点;及时拔付农村义务教育"两免一补"资金。与此同时,积极支持农村基层组织建设,安排专项资金为农村"三老"(老党员、老干部、老劳模)人员统一办理养老保险。得到省委主要领导充分肯定,并在全省推广。

由于多年来南丰财政部门坚持科学育财、聚财、管财、用财,为江西财政加快崛起和当地经济赶超发展作出了积极贡献,南丰县财政局2006年12月被国家财政部授予"全国财政系统先进集体"荣誉称号,该局局长吴伟民12月20日受到国务院总理温家宝的接见。

【四措并举扎实推进新型农村合作医疗试点工作】 2006年,南丰县扎实推进新型农村合作医疗试点工作。一是加强宣传攻势。通过发放《致农民朋友一封公开信》,广大农民对新型农村合作医疗政策更加深入了解,参加合作医疗积极性有较大提高。2006年,全县参合率较上年提高了15个百分点,达90.7%。二是完善报销方案。正式实行住院费用直报制度,通过降低住院费用起付钱,提高住院费用补偿比例。2006年参合农民住院受益面达6.03%,比全省平均水平3.4%高2.61个百分点。三是完善服务机构和设施。县里成立合作医疗局,乡镇成立合作医疗所,县乡经办机构全部配齐电脑并实现全县联网,建立起全县参合农民的信息数据库。四是规范管理。严格按照"基金收支分离,管用分离,封闭运行"的要求,落实合作医疗基金财务管理,资金跟踪管理及年度审计制度,规范基金拨付程序,确保基金运行安全。

【全省人口和计划生育工作信息化建设暨人口形势分析会议在南丰召开】

为推广南丰县实施计划生育信息化带动工程的做法,加快全省计划生育信息化建设步伐,2006年5月27~29日,省人口和计生委在南丰举行"全省人口和计划生育工作信息化建设暨人口形势分析会议"(及全省人口计生系统"新时期最可爱的人"先进事迹报告会)。省人口计生委副处级以上领导、全省各设区市人口计生委主要负责人及县(区)人口计生委主任共100多人参加了会议。抚州市委副书记、市长谢亦森到会致辞,市委副书记陈小青出席会议。会议先后听取了抚州市、南丰县、吉安市、永修县人口计生委关于计划生育信息化建设工作的经验介绍,并实地参观了白舍镇、洽湾镇信息化带动工程。会议要求全省人口计生系统学习借鉴南丰县计划生育信息化建设的成功经验,做到思想上对计划生育信息化建设有新的认识,方法上有新的举措,实施带动上有新的进展,在重点环节上有新的突破,切实加快工作制度化、法制化、规范化建设进程,不断推进全省计划生育信息化建设,促进全省人口计划生育管理服务水平进一步提升。

【江西泰纳(集团)公司在美国成功上市】 江西泰纳(集团)公司位于南丰工业园区,1999年3月成立,总资产1.05亿元,固定资产原值3800万元、净值1503万元,资产负债率32%,现有员工308人。该公司引进意大利先进的干型酿酒生产线,技术装备达国内一流水平,具有1000吨原酒发酵能力,3000吨厂房取汁处理能力,6000吨灌装生产线及蜜橘饮料生产线。主要从事葡萄酒、果酒的研发、生产和销售,其中橘酒生产居国内领先地位,产品远销全国各地。南丰蜜橘干黄酒荣获国家级新产品、绿色食品、质量信得过产品以及"世界银奖产品"等称号。公司被命名为"农业产业化国家重点龙头企业"。2006年9月8日,公司完成了对"煌佳南丰蜜橘科技股份有限公司(原飞环酒业股份有限公司)"的资产重组和反向收购,通过借壳形式成功在美国纳斯达克OTCBB板上市,开创了江西企业赴美上市的先河,填补了抚州市上市企业的空白。

【做大南丰傩文化产业】 南丰是"中国民间艺术(傩舞)之乡",现有130多个傩班、2300多位民间艺人。南丰傩舞被誉为"中国古代舞蹈活化石",该县不仅遗存着古老的傩祭仪式和江西现存最早的傩神庙,而且保留了100多个具有原生形态特征的傩舞节目和100多种、2000多枚傩面具,加上不同风格流派的傩舞伴奏音乐、服饰道具等,构成独具特色的傩文化。2006年5月,南丰傩舞被国务院收入了"首批国家级非物质文化遗产名录"。

近年来,南丰县把挖掘、抢救、保护、发展南丰傩舞艺术作为促进文化事业繁荣发展的"龙头工程"来抓。一是深入调研,加大对傩文化的挖掘研究力度。成立傩文化研究所,设立傩文化展览馆,组织傩舞专家学者观傩,调查傩舞活动,收集整理了大批傩舞资料。二是增强后劲,为南丰傩舞的发展培养后备人才。大力抓好石邮傩舞民俗村、下坊村傩舞艺术团、南丰少儿傩舞艺术班和傩舞艺术培训中心的各项建设,注重选拔和培养傩舞艺术新人,不断推出新作品。2006年一批傩舞节目以及以傩文化为题材的戏剧、摄影、美术、雕塑作品在全国或省、市获奖。三是扩大交流,提高南丰傩舞的知名度。5月,南丰县文联前主席曾志巩赴韩国江陵参加"韩中日世界无形文化遗产讨论会暨江陵端午祭开幕式活动",并作了《中国南丰傩文化的传承和保护》的发言。6月,组织傩舞表演队参加江西省2006年首届"中国文化遗产日"展演活动,获特别纪念奖。10月,应日本国日中友好会馆的邀请,水北村和合神傩班参加了在东京举行的第十六届中国文化日活动,交流期间作了4场专场演出,表演了7个精彩的傩舞节目,展出了60余个富有地方特色的傩面具,并与日本文化界开展了傩文化探讨交流,获得了众多中外专家学者的好评。四是做大产业,努力实现经济与社会效益"双盈"。通过招商引资兴办南丰傩艺工艺品厂、正通傩艺礼品有限公司等多家傩文化企业,开发了傩面具、傩面文化衫、傩面折扇等系列工艺品;通过举办"文化搭台、经济唱戏"的傩舞艺术活动以及在济南、泉州等城市驻点销售,加大傩文化产品销售力度,并注意拓展国外市场,不断提高傩文化产业的经济效益。2006年,仅南丰正通傩艺礼品有限公司出口创汇就达360万美元。

【南丰——建宁联合举办大型活动纪念红军长征胜利70周年】 7月30日,旨在纪念中国工农红军长征胜利70周年、继承和弘扬伟大的红军长征精神,闽赣两省两县(福建建宁县、江西南丰县)共同举办的大型电视文艺节目"苏区魂"在福建建宁县电视台演出大厅现场录制。南丰派出了50余名演职人员参加演出。节目共分"反围剿"、"长征"、"苏区如母"、"苏区·家园"4个篇章,包括独唱、舞蹈、歌伴舞等16个节目。分别从不同侧面、不同角度再现了苏区红军及老一辈革命家的长征精神和丰功伟绩,表达了"军爱民、民拥军"的军民鱼水情和苏区人民建设新家园的美好愿望。8月17日,由上述两县共同编排的大型文艺表演活动《红色康都》在南丰康都举行,共有3000多人观看了表演。

(李燕青)

主要领导人 县委书记:熊世平。县人大常委会主任:刘绍宽。县长:谢昌贵(3月任)。县政协主席:黄应根。

·崇仁县·

【简　况】 位于江西省中部偏东,抚州市西部,辖8乡、7镇。总面积1520.1平方千米,其中城区面积10.3平方千米,耕地面积2.20万公顷,有林面积7.52万公顷,森林覆盖率为54.9%,城区绿化率为28%。2006年总人口32.83万人,其中非农业人口6.45万人,有蒙古族、回族、苗族、彝族、壮族、布依族、朝鲜族、满族、土家族、黎族、仡佬族、畲族等少数民族323人,人口自然增长率7.9‰。2006年国内生产总值26.01亿元,同比增长14.5%。其中第一产业增加值6.93亿元,增长5.7%;第二产业增加值11.06亿元,增长21.2%;第三产业增加值8.01亿元,增长14.5%。第一、二、三产业比例26.6:42.5:30.9。规模以上工业总产值22.58亿元,增长55.0%。主要工业产品有原煤3.98万吨,纱7073吨,变压器231.82万千伏安,机制纸板8.62万吨,电动工具10.03万台。农业总产值63355万元,增长0.57%。主要农业产品有麻鸡出笼4314万羽,粮食23.92万吨,棉花2133吨,油料1.78万吨,果蔗9.50万吨。全县财政收入1.47亿元,支出3.36亿元。农民人均年纯收入4126元,增加382元。城乡居民年末储蓄余额17.87亿元,增长12.7%。

【崇仁县被评为全省工业发展先进县】 2006年,崇仁县继2005年又被评为全省工业发展先进县。崇仁县紧紧围绕机电、纺织服装、轻化、食品药品四大主导产业做足做大文章,工业主导地位更加突出,工业领跑全县经济的作用更加凸显。全年规模以上企业共完成工业增加值7.6亿元,同比增长72.1%;销售收入23.3亿元,同比增长93.8%;利税1.75亿元,同比增长81.8%。

总体发展速度加快,工业总量不断扩张。2006年,全县很大一部分企业都呈现快速增长的势头,各主要经济指标增幅均在30%以上,完成工业增加值比上年净增3.2亿元。重点企业支撑作用明显,经济运行质量不断提高。全县30户重点企业完成销售收入21.8亿元,利税完成1.6亿元,分别占全县工业企业的93.6%、91.4%;经济效益综合指数达130%,资本保值增长率、资产负债率、总资产贡献率、流动资产率、成本费利润率、全员劳动生产率、产品销售率都有不同程度提高。

四大旗舰板块彰显优势,机电服装产业崭露头角。机电产业做强做大,全年完成销售收入5.99亿元,同比增长107.2%;纺织服装产业发展壮大,全年完成销售收入9.09亿元,同比增长61.5%;轻化工业得到优化提升,全年完成销售收入5.63亿元;食品药品工业稳步拓展,全年完成销售收入1.11亿元。四大板块共完成销售收入21.82亿元,占全县规模以上企业93.6%,而机电、纺织服装板块占四大板块的69.1%。

工业园区建设全面提速,形成产业集聚平台。2006年,工业园区完成"三通一平"面积133.33公顷,完成基础设施投资3755万元,引进项目17个,实际使用县外资金2.82亿元,共入住企业59户,实现工业总产值17.41亿元,较上年增长108%。

技改投入不断加大,创品牌意识不断提高。全年投改投入6.1亿元,开发研制出地埋式油浸变压器等数10个新产品,进行了设备技术改造和生产线扩建。加大技改同时,非常重视产品品牌建设。到2006年底,人民电器的"PEOPLE"干式变压器荣获"中国名牌产品"称号;"华赣牌"商标、"亚珀牌"商标被评为"江西省著名注册商标";赣东苎麻纺织有限公司的"宝棠牌"麻纱荣获"全国用户满意产品"、"江西省名牌产品"称号;TENCEL变性苎麻混纺系列产品被认定为"国家重点新产品",并获国家中小型科技创新基金扶持及列入国家级火炬计划。

【崇仁麻鸡获"中国名牌农产品"殊荣】 2006年,在首届中国名牌农产品评选中,崇仁"山凤"牌麻鸡被评为"中国名牌农产品"。全省有4个农产品获此殊荣,崇仁"山凤"麻鸡是江西省唯一获此殊荣的肉类农产品。崇仁麻鸡是全国十大名鸡之一,具有1000余年饲养历史。1997年崇仁县被命名为"中国麻鸡之乡",1998年崇仁麻鸡注册了"山凤"商标,并申请地理产品标志。

近年来,崇仁县把麻鸡作为一项富民产业来抓,大力推进产业化进程。加大良种繁殖培育力度,通过提纯复壮,崇仁麻鸡具有"三高一低"特点,即"可食部分高、人体必需的八种氨基酸含量高、维生素含量高、胆固醇含量低"。制定无公害麻鸡生产操作规程,按照国际标准生产无残留、无污染绿色麻鸡。建立麻鸡质量检测体系,加强对饲料、添加剂、药品的监控。建立禽流感等疫病信息收集发布平台,成立"麻鸡医院",配置各种化检设备,开通畜牧"110"咨询服务电话。加强麻鸡销售网络建设,现已在上海、广东等20多个省市建立180多个外销网点。与此同时,崇仁县扶持麻鸡加工龙头企业发展,引进煌上煌、跃鸣食品等5家大型麻鸡加工企业,开发出煌上煌崇仁麻鸡、贵仁五香麻鸡、麻鸡酒、麻鸡酱油、麻鸡块等系列麻鸡产品。目前,全县已发展麻鸡养殖专业户1300余户,年饲养规模在5000万羽以上,出笼4200万羽。

【五年打造出江西第一县、国内二十强的变电设备产业板块】 崇仁县仅用5年时间,由一家变电设备生产企业繁衍发展出12家主机生产企业,30多家配套企业,崛起了一个年产值4亿多元,号称江西第一县,跻身国内二十强的变电设备产业集群。

本世纪初,崇仁县把主攻工业的突破口选择在变电设备制造上。一是加大产业引导力度,鼓励和扶持变电能人领头创办企业,启动"回引工程",向所有外出人员发出《致崇仁籍外出能人的一封信》,召凤还巢,县主要领导亲自到闽、浙、粤等省先后请回了30多位飞走的"孔雀";二是给予本地投资者与外来客商同等优惠政策,同样"保姆式"服务;三是采取"一厂一策",主动为企业排忧解难,政府每一季度召开一次现场调度会,先后解决了亚珀、赣电等企业的厂房扩建用地问题,为江变等3家企业解决了2300万元资金贷款难题,政府还出面建立起变电设备行业协会,指导合理分工,实行产品错位生产,避免了相互间的恶性竞争。在政府大力扶持下,先行一步的亚珀、赣电两家企业迅速做大做强。亚珀2002年销售不到千万元,2005年则达到6000万元,增长了6倍;赣电2002年销售不到500万元,2005年跃升为2000多万元,增长了4倍。亚珀、赣电的成功吸引了更多外来投资者和自主创业者。2006年,投资8000万元的明正变电设备有限公司和投资5000万元的广仁绿能科技有限公司同时破土动工。

崇仁变电设备板块的出现产生强劲的集群效应。一是形成了一个品种多样、配套齐全的变电设备市场,为外来采购提供了货比三家的选择空间;二是降低了生产经营成本,围绕变电设备骨干企业,周边迅速形成了配件、材料、镀锌、喷塑、纸包铜线、包装运输等配套产业,主机厂不需外出采购,就可在本地解决零配件供应;三是崇仁变电设备板块的品牌能量开始凸现,在行业内已跻身国内变电设备产业20强县行列,成为江西乃至粤、浙、闽、湘邻赣地区的变电设备采购中心,形成区域影响力。

【安装"远程煤矿产量监控系统"】 2006年,崇仁县国税局利用现代化信息技术研制并推广"远程煤矿产量监控系统",系统由称重传感器、税控黑匣子(信息处理系统)、公网IP服务器接收端三部分组成。通过该系统成功实现了对煤矿企业煤炭产量的远程适时监控,有效加强了对煤炭生产企业的税收源头管理,达到了以产控销、以销控税的目的。全年煤炭行业入库税款211.03万元,同比增长77.49%,增收92.14万元。安装"远程煤矿产量监控系统"在全省属首次,荣获全市国税系统征管创新一等奖。

(杨文才)

主要领导人 县委书记:饶剑明。县人大常委会主任:胡春高(任至3月),杨月兰(3月任)。县长:江晓斌。县政协主席:张国英。

·乐安县·

【简　况】 位于抚州市西南部,辖9镇、6乡、1个农林垦殖场。总面积2412.59平方千米。耕地面积2.23万公顷,有林面积18.48万公顷,林木绿化率为69.7%。总人口35.71万人，其中非农业人口7.33万人，人口自然增长率为7.79‰；有畲、回、蒙、苗等10多个少数民族，其中畲族人口最多，有3000多人。2006年实现生产总值14.8亿元，同比增长8.2%。其中，第一产业增加值4.7亿元，增长5.2%；第二产业增加值4.63亿元，增长8.7%；第三产业增加值5.47亿元，增长10.51%。第一、二、三产业比例为31.7:31.3:37.0。规模以上工业企业实现产值3.87亿元。主要工业产品有蚕丝86.1吨，水泥8.62万吨，刀片2.97亿片。农业总产值9.02亿元。主要农产品有粮食21.85万吨、油料1332吨、家禽出笼139万只、肉类总产量8316吨、水产品6100吨。财政收入8988万元，支出3.74亿元。农民人均纯收入1736元，同比增加70元。城乡居民年末储蓄余额20.27亿元，增长13.62%。

【乐安县率先进行城镇居民参加医疗保险工作试点】 2006年6月，按照省劳动和社会保障厅和抚州市政府、市劳动和社会保障局的统一部署，乐安县率先进行城镇居民参加医疗保险工作试点。为搞好试点，该县迅速组织精干力量，投入试点工作。一是深入摸底调查，掌握翔实资料。从人劳（含医保中心）、财政、民政等有关部门抽调人员，分成三个小组，开展调查摸底工作。对全县12个企业主管系统的78家企业单位进行详细的人员调查和资产调查，以及城镇居民以户为单位的调查摸底，基本摸清了企业的人员结构情况和资产情况以及城镇居民的有关资料，为下一步工作的开展奠定了坚实的基础。二是集思广益，精心测算。经过详细的摸底调查后，县医保管理中心全体人员将采集的数据进行整理，按照《抚州市城镇居民参加医疗保险试点工作方案》（抚府办发〔2006〕24号）文件精神，对各类人员纳入医保管理范围所需资金，进行了精心测算；多次召集企业主管部门领导和有关单位领导进行座谈，就各类人员纳入医保管理的问题，广泛征求意见，整理汇合，为拟定《乐安县城镇居民医疗保险暂行规定》作参考。三是开拓创新、形成试点方案。经过广泛征求意见和精心测算，参照外省试点经验，《乐安县城镇居民医疗保险暂行规定》经过县政府第43次常务会议研究同意，于2006年9月19日正式出台。该暂行规定，对各类人员参保模式、缴费标准和资金筹集方式等问题作了全面的阐述。10月19日，市劳动和社会保障局在乐安召开了医保工作试点现场会，省、市新闻媒体作了详尽报道，其经验迅速推广。截至12月底，全县新增城镇居民参保人数5.6万余人，其中：学生3.8万余人，城镇低保人员8500余人，原国有困难企业职工7500余人，城镇居民和进城务工的农民工以及劳模等1500余人；收缴医保基金1600万元，使医保扩面、基金征缴和医保管理等方面跃上了一个新的台阶，促进了县域经济的健康发展和社会事业的全面进步。得到了省、市劳动保障部门领导的好评和社会各界的称赞。

【安全生产工作成效显著】 近年来，乐安县切实落实安全生产有关法律、法规、政策，夯实安全生产基础，取得较好成效。2006年被省政府授予"十五"计划期间全省安全生产工作先进单位。其主要经验是：一是抓宣传，促安全意识提高。大力开展以《安全生产法》《国务院关于进一步加强安全生产工作的决定》《安全生产许可证条例》为重要内容的宣传教育活动。组织县安委会成员单位和各乡（镇）政府，广泛进行安全生产宣传，让民众更多地了解身边不安全因素，强化安全意识，掌握防范事故技术。主动曝光安全生产责任事故。促使全县干部群众始终绷紧安全生产这根弦，并通过剖析案情，查处相关责任人，警示广大干部群众。协调安委会成员单位认真抓好各领域、各行业安全生产知识的宣传普及工作，突出道路交通、矿山、危化品等行业的安全知识，尤其是重视加强对学生自我保护意识的提高工作。确保直接从事涉及安全生产工作的人员安全意识提高，安全技能提高，确保青少年提前接受安全知识培训。

二是抓主体，促安全措施落实。为加强安全生产工作，始终把好"三关"：首先把牢生产经营准入关。近几年来，对矿山企业、建筑施工单位、危险化学品生产、储存、经营、使用及运输企业等各生产经营单位，在企业筹建前就通过法律、行政、经济等手段约束生产经营单位及其业主接受安全教育和管理，确保安全生产责任主体单位在进入前落实各项安全管理措施。其次把牢安全技术培训关。切实抓好生产经营单位责任人、安全管理人员、特种作业人员及各生产经营单位从业人员的安全培训工作。再次把牢措施落实关。突出抓好企业主体责任的落实，从安全生产管理机构的设置、安全投入、到质量标准化活动、安全费用提取、参加工伤保险等等，全方位全过程落实生产经营单位安全措施。

三是抓监管，保安全管理到位。加大机构建设力度。始终从编制、人员、经费、设施等各个方面予以倾斜，确保县安委会办公室有人办事、有钱办事，确保"牵头、协调"部门行使职权。同时，抓好县安委会成员单位的安全生产领导机构建设，确保监管人员到位，监管责任到位。加大专项整治力度。"十五"计划期间，协调安委会成员单位，大力加强整顿和规范市场经营秩序工作力度，抓好重点行业的安全整顿，加强对事故隐患及危险源的治理，对不符合基本安全生产条件和整改无效的生产经营单位，坚决予以关闭。关闭小煤窑16处，地条钢生产企业8家，烟花爆竹生产企业6家。加大行政执法力度。为解决安全生产"严不起来、落实不下去"的问题，从严要求加强执法队伍建设，着力解决执法工作中存在的"理不直、气不壮、腰不硬、刀不快"的问题，加强对监管人员的监督，确保安全生产行政执法工作做到坚持原则不走样，严格程序不变通，一把尺子量到底，依法监管不动摇，切实做到"有法必依、执法必严、违法必究"。查处了一批违法行为，促进了安全生产管理工作。

四是抓责任制层层落实，促安全态势平稳。将安全生产控制目标分解落实到各乡（镇）和行业部门，同时要求将责任目标层层落实。实行乡（镇）班子成员挂生产经营单位制度，增设2名安监员常年开展监管工作，村委会配备1名安全生产督查员，确保安全生产工作层层有人抓。年终实行目标管理单独考核，严格实行目标责任制度和"一票否决"制度。严格执行安全生产责任追究制度。按照国务院、省政府关于安全生产重大事故责任追究制的规定,从严要求监管人员履行职责,有失职行为决不姑息迁就,从严处理,有2名工作人员因监管失职而被处分。

(王国庆 詹树伟)

主要领导人 县委书记:黄赛荣。县人大常委会主任:赖大益。县长:李来木。县政协主席:杨水生。

·宜黄县·

【简 况】 位于江西东部,辖6镇、6乡、2个垦殖场。总面积1944.2平方千米,其中耕地面积1.75万公顷,有林面积15.4万公顷,森林覆盖率为73.4%。总人口22.3万人,其中非农业人口3.82万人,人口自然增长率为7.87‰。2006年实现国内生产总值11.92亿元,同比增长13.7%。其中,第一产业增加值3.43亿元,增长6.6%;第二产业增加值5.02亿元,增长24.1%;第三产业增加值3.47亿元,增长8.2%。第一、二、三产业比例为28.8:42.1:29.1。全县工业增加值4.02亿元,增长25.4%;全县规模以上工业企业完成工业增加值2.05亿元,同比增长62.2%. 主要工业产品有水泥4.26万吨,规模以上企业发电量239万千瓦时、塑料制品1.87万吨、人造板1.28万立方米。农业总产值6.18亿元,增长5.12%。主要农产品有稻谷12.69万吨,油料1967吨,白莲1946吨,蔬菜9.54万吨,水果1956吨。地方财政收入0.59亿元,增长46.44%;支出2.23亿元。农民人均纯收入3599.05元,同比增长10.3%。城乡居民年末储蓄余额10.74亿元,增长10.53%。

【宜黄戏被列为首批国家非物质文化遗产】 2006年1月3日,宜黄戏经文化部审议被列入首批300个国家非物质文化遗产推荐项目。又经国家相关部门的审核,2006年5月,宜黄戏被正式列为首批国家非物质文化遗产。

【宜黄县被评为全省林改工作先进单位】 按照省委〔2004〕19号文件和市委、市政府的统一部署,宜黄县于2005年元月份开始在全县范围内开展了以"明晰产权、减轻税费、放活经营、规范流转"为主要内容的林业产权制度改革工作。县委、县政府对林改工作高度重视、周密部署、精心组织、认真实施。经过一年多的努力,于2006年3月全面完成了林改外业勘界勾图、内业输机等各项工作任务。经省林改办检查验收评比,宜黄县被评为全省林业产权制度改革工作先进集体,在2006年5月19日召开的全省林改工作总结表彰会上,受到了省委、省政府的表彰奖励。

【《宜黄人物》成书发行】 为充分反映宜黄深厚的人文底蕴,展现宜黄古今人物的风采,增进各界人士对宜黄的了解,更好地为宜黄扩大开放和招商引资服务。宜黄县党史办经过数年努力,在广泛搜集和认真考证资料的基础上编纂了《宜黄人物》一书,于2006年12月成书发行。该书分古代人物、近现代人物、当代人物、人物表、英烈名册等5部分,共30万字,收录了各历史时期在政治、经济、文化、科技、军事等各方面有重要建树或有较大影响的宜黄籍人士生平事迹,较全面地展现了宜黄儿女的辉煌业绩。这是宜黄有史以来第一部内容最多、收集范围最广、最具权威性的人物传记专著。

【新斜村被评为全国"平安家庭"优秀示范区】 在全国100个受表彰的"平安家庭"优秀示范区中,宜黄县凤冈镇新斜村榜上有名。"平安家庭"创建活动是由全国妇联、中央综治办、共青团中央、公安部、司法部、国家广电总局于2005年联合开展的。近年来,凤冈镇新斜村把老百姓"人人都爱家,户户盼平安"的相互愿望与"新斜是我家,和谐靠大家"的工作理念融入到"平安家庭"创建工作中,人人争当致富明星,户户争做"文明信用农户",村风民风明显好转。该村连续4年获得全市"先进党支部"、市"文明村镇"称号,2005年度被确定为全省"美在农村"示范点,2006年被评为全国"平安家庭"优秀示范区。

【倾力打造"绿色生态工程"】 近年来,宜黄县通过实施"消灭荒山"、"山上再造"、"跨世纪绿色工程"、"退耕还林"等生态建设工程,生态环境得到改善和优化。2006年全县林业用地面积增加到15.4万公顷,占国土总面积的79.2%,森林覆盖率由前些年的62.5%提高到目前的73.4%,全县生态公益林面积达2.8万公顷。形成以省级华南虎保护区鱼牙嶂为核心区,总面积1.53万公顷的自然保护区;以曹山寺、石巩寺、观音山水库等旅游景点为中心,总面积1.13万公顷的生态旅游小区和以宜黄河流域阔叶林、水土保持林、农田、村庄为重点的面积达0.53万公顷的生态防护区,为新农村建设建立了生态屏障。

为了倾力打造"绿色生态工程",宜黄县推广新能源,保"绿色"家园,把农村水电开发与水土流失治理,生态环境保护有机结合起来。形成"以水发电、以电护林、以林涵水、山水结合"的发展格局,加快农网建设和改造工程,大力推广"猪—沼—果"的生态循环模式,采取政府项目资金补贴的方式。大力推广农村沼气使用范围,利用廉价的小水电能和清洁环保新能源,以电代柴、以汽代柴,有效地遏制了乱砍滥伐,对保护森林资源,改善生态环境,治理水土流失起到了实效。

同时,着力建设"绿色生态工程"。严格按照有关法规,落实项目建设"三同时"的要求,严把项目审批手续关,做到水土保持措施与主体工程同设计、同施工、同时发挥作用。并且,坚决取缔污染严重的企业,对排放不达标的企业坚决停产整顿,有效地保持了生态环境,使经济发展与环境保护实现了双赢。通过实施"绿色生态工程",宜黄县走出了一条以山养水、以水养山、山水结合、永续利用的发展之路,为宜黄县新农村建设打下了坚实的生态基础和经济基础。近年来全县农民人均纯收入年均递增12.36%,2006年农民纯收入达3599元,比2005年净增335元,增长10.26%。

(邹国荣 罗来福)

主要领导人 县委书记:黄晓波(任至6月),谢祖鹏(6月任)。县人大常委会主任:黄华强。县长:谢祖鹏(任至6月),邱建国(11月任)。县政协主席:曾建军。

·金溪县·

【简 况】 位于江西东部,辖7镇、6乡。总面积1358平方千米,耕地面积2.35万公顷,有林面积7.20万公顷,森林覆盖率为55.2%。总人口28.47万人,其中非农业人口5.96万人,人口自然增长率6.82‰。全年实现国内生产总值16.95亿元,同比增长14.9%。其中:第一产业实现增加值为4.43亿元,增长4.0%;第二产业实现增加值为6.8亿元,增长27.9%;第三产业完成增加值5.75亿元,增长11.4%。全县规模以上工业企业实现产值9.4亿元,增长38%;主要工业产品有:加工大米4.76万吨,配混合饲料2257吨,棉布308万米;农业总产值8.83亿元,增长1.6%。主要农产品有:稻谷25.34万吨,梨1.54万吨,茶叶695吨,水产品总产1.09万吨,肉类总产1.25万吨。地方财政收入0.7亿元,同比增长48.5%;财政总收入1.06亿元,同比增38.9%;支出2.89亿元,同比增长41.9%。农民人均年纯收入3720元,同比增加345元。城乡居民年末储蓄余额13.47亿元,增长11.2%。

【黄栀子获国家地理保护标志】 9月27日,经国家质检总局专家组评审,金溪县黄栀子地理标志产品保护正式获得通过。金溪县栽种黄栀子已有30多年历史。20世纪70年代,当地就有一些农民开始收购贩运野生栀子果。1999年,该县提出大力推进黄栀子产业化建设的实施意见,制定了每年发展2000公顷、10年发展2万公顷的目标。2006年,全县种植的1万公顷黄栀子已逐步进入盛产期,预计可产鲜果2500万千克。

【启动"育英治庸"工程】 为在全县形成广纳贤才、人尽其才、能上能下、活力迸发的用人机制,2006年金溪县正式启动"育英治庸"工程,为全县跨越发展提供坚强有力的组织保障。"育英"就是培育英才,以超常手段培养使用干部,使那些德才兼备的优秀干部及时得到重用;"治庸"就是惩治庸官,以过硬措施增强各级干部的紧迫感、危机感和责任感,使那些不能胜任现岗位的干部得以调整。该县出台了不称职、不胜任现职领导干部的认定标准,对这类领导干部将根据存在问题的轻重,采取诫勉、交流、改任、降职等措施进行调整。5月份,公推公选了环保局长和行政服务中心主任两个正科级职位;7月份公开选拔了工业园区7个副科级职位;11月份,20个招商引资工作不得力的单位主要领导被要求离岗招商。同时,该县出台了在全县开展机关干部作风"双评双促"活动的实施方案。"双评双促"活动就是"官评民、民评官",促跨越、促和谐的活动,其核心内容是建设一支政治素质高、工作能力强、创新意识浓、勤政廉政好的干部队伍。县纪委还会同有关部门不定期对评议活动对象进行明察暗访,检查结果作为干部考核的重要依据。

【财政收入首次突破亿元大关】 2006年,金溪县已完成财政总收入1.056亿元,同比增长38.9%。至是年12月15日,县国税部门完成税收3384万元,同比增长11.6%,净增352万元;县地税部门完成税收3933万元,同比增长59.1%,净增1461万元;县财政部门完成2947万元,同比增长40.6%,净增851万元。该县财政收入的主要增长点在工业、物流运输业和房地产业。截至11月底,全县实现工业税收2075.75万元,这是因为一方面部分新增企业创税较多,另一方面部分老企业通过技术革新、扩大规模等手段促进税收增长。汽车运输业建设成为该县特色经济、开放型经济、规模经济的窗口和平台,实现税收10万元以上的运输企业有5家,其中平心运输公司和一帆货运公司分别实现136.5万元和118.6万元。同时,该县2006年加大了对房地产业历年税款的清理清收力度,促使房地产等相关税收也有较大增长。

【韩光海被评为首届江西省突出贡献人才】 2006年6月19日上午,在全省科技大会上,金溪县光海农业开发有限公司董事长、黄栀子大王韩光海荣获首届江西省突出贡献人才荣誉称号。韩光海从1981年开始研究移植栽培野生黄栀子技术,并创办了金溪县光海农业开发有限公司,承包荒山400余公顷种植黄栀子,为本村及周边乡镇群众起了示范带动作用。黄栀子产业也逐渐成为金溪县特色农业四大支柱产业之一,并逐渐辐射至周边县区,对绿化荒山、改造红壤、防止水土流失、维护生态平衡发挥了作用。2006年,光海农业开发有限公司年产值780万元,纯收入达130万元。

【四大工业支柱产业初步形成,产业集聚加快】 金溪县通过采取"四分四定"措施,香料化工、食品加工、轻工纺织、机电冶金四大工业支柱产业实现了强势发展。四大产业企业总数量由53个增加到105个,增幅达98%。2006年,四大产业总税收达1733万元,增幅为52.7%。另外,烟花鞭炮产业也成为该县经济发展的强劲增长点。

【工业园区升格为省级工业园区】 4月17日,金溪县工业园区升格为省级工业园区,园区新体制开始运行。6月,县委、县政府对园区用人、决策、投入、管理和运行机制进行改革,配齐配强园区的领导,园区内设机构工作人员全部实行公开选聘,运行新管理体制,增强园区的活力。按照"繁荣A区、丰满B区、建设C区、规划D区"的发展战略,高起点建设工业园区,被升格为省级工业园区。

【积极创建省级文明城市,顺利通过省级园林城市验收】 2006年是金溪县城市管理取得重要成绩的一年。该县以积极创建省级文明城市为契机,通过声势浩大的省级文明城市创建活动,城市"脏、乱、差"的现象得到有效治理,街容巷貌得到明显改观,城市文明之风盛行。目前,县城绿化覆盖率达31.38%,绿地率达25.79%,人均公共绿地面积7.04平方米,人居生活环境越来越和谐。2006年,顺利通过省级园林城市验收。

【大力推进全民创业,强力推广"何源模式"】 金溪县何源镇孔坊村引进磨珠技术后,让农民实现了在家门口就业,并在全县广大农村中迅速掀起全民创业热潮。2006年,何源镇已有水晶玻璃加工企业21家，从事水晶加工的劳力2000多人，并吸纳云南、贵州等外省务工人员100多人。全镇水晶玻璃珠产量达1.5亿粒，实现产值2500万元，全镇人均增收400余元。5月11日，召开了全县推广何源模式、促进全民创业经验交流会；7月份，何源镇领导代表该镇在全省各地巡回宣讲。何源水晶玻璃加工业带动了金溪县全民创业热潮，绣珠、串珠、家庭纺织等家庭作坊式加工模式应运而生。

【农村新型合作医疗惠及金溪近20万农民】 2006年1月1日，农村新型合作医疗在金溪县全面实施。一年来，该县把这项惠及广大农民切身利益的民心工程落到实处，全县共有4.50万户18.96万人参加了合作医疗，参合率达90.09%，共向参合农户发放了638万元医疗补偿，总受益面达53.36%。农民从中得到实实在在的实惠，部分农民因病致贫、因病返贫的情况得到有效改善，社会和谐因素得到增强。

【新农村建设给金溪农村带来新景象】 2006年，社会主义新农村建设给金溪县农村工作注入新的活力，全县紧紧围绕群众最关心、最直接、最迫切的问题，投入1027万元、5.76万余个劳力，对39个新农村建设试点村积极进行"六改四普及"工作。拆除空心房和破旧房408间，新建1837间房屋，硬化60千米村级公路，安装有线电视1395户，安装电话2098部，村容村貌发生显著的变化。

【开展"八荣八耻"为主题的"梦亦香"杯迎新春歌咏比赛】 2006年12月底，金溪县宣传、文体部门组织开展了以"八荣八耻"为主题的"梦亦香"杯迎新春歌咏比赛，各乡镇（场）和县直单位踊跃参与，共组织了37支代表队参加比赛，参加人员达1500余人。歌咏比赛的盛况充分反映出全县人民团结奋进、积极向上的精神风貌，丰富了人们的节日文化生活。

【教育"两基"通过省复查年检】 2006年11月20～23日，省"基本普及九年制义务教育和基本扫除青壮年文盲"复查年检组对金溪县"两基"巩固提高工作进行检查。复查验收主要包括政府监督、普及程度、教师队伍、办学条件、教育投入、扫盲、学校安全等7个方面内容。检查组对该县"两基"巩固提高工作取得的成绩给予了高度的评价，并顺利通过复查。

【"唐香"爱和牌大米被指定为人民大会堂专用米】 12月底，金溪县江西和氏米业有限公司生产的"唐香"爱和牌大米被指定为人民大会堂专用米。江西和氏米业有限公司成立于1998年12月，发展至2006年已拥有3个分厂、1个销售公司，该公司全年产品生产总量2.65万吨，工业总产值10005万元，工业销售额1.03亿元，上交税金48.9万元。

【手机成为金溪农民沟通信息的主要工具】 至2006年底，金溪县农民已拥有手机2.5万余台，手机成为该县农民沟通信息的主要工具。实施农村信息化工程后，移动公司为广大群众提供通信便利，降低通信费用，为农民及时发布病虫害、农产品销售等支农信息，实现农村信息化带动产业化、工业化发展。10月份，抚州市政府与抚州移动公司在该县琅琚镇成功创建抚州市首个信息化手机镇。

（陈笑涛、童盛和）

主要领导人 县委书记：邱火明（任至5月），吴信根（5月任）。县人大常委会主任：朱祖楫。县长：吴信根（任至6月），谭小平（6月任代县长）。县政协主席：喻怀祥。

·资溪县·

【简　况】 位于江西省东部赣闽边界，辖2乡、5镇和5个国有采育林场。总面积1251平方千米，耕地面积0.633万公顷，有林面积10.19万公顷，森林覆盖率87.2%，为全省之冠。总人口10.77万人，其中非农业人口2.69万人，有畲、蒙、朝鲜、布衣、苗、壮等少数民族683人，人口自然增长率7.65‰。2006年实现国内生产总值8.16亿元，同比增长17%。其中，第一产业增加值1.82亿元，同比增长3.2%；第二产业增加值3.54亿元，同比增长19.5%；第三产业增加值2.80亿元，同比增长12.5%。第一、二、三产业比例为22.3:43.4:34.3。工业总产值7.25亿元，增长26.2%。主要产品有：青云"百嘉"竹地板年产100万平方米，木胶合板年产3000立方米，竹胶合板年产4000立方米，花岗石板材年产10.25万平方米，茴香硫醚175.36吨。农业总产值3.28亿元，增长3.8%。主要产品有粮食年总产3.81万吨（稻谷3.65万吨），生猪年出栏3.68万头，家禽14.5万只，水果366吨，毛竹年产620万根。地方财政收入0.78亿元，县乡财政总支出1.71亿元。农民人均纯收入3731元，同比增加335元。城乡居民年末储蓄余额10.24亿元，同比增长10.41%。

【名列国家级生态示范区】 2002年以来，该县确立并大力实施"生态立县"发展战略，坚决清理、压缩、关闭高消耗、重污损环境的花岗石、农药、耗木食用菌、造纸、水泥、木竹等行业；充分发挥生态资源丰富的优势，共投资10多亿元，用于以生态旅游为龙头的生态工业、生态农业、生态城镇等生态体系建设；在全省率先实行领导干部的生态环境保护责任审计制度；与中科院合作负氧离子监测科研，定期对全县空气质量进行"体检"；2004年凭借优良的生态环境和丰富的物种，在全国4省7市9个候选点中脱颖而出，成为首批中国虎野化先锋保留地。2006年11月，经国家环保总局组成的专家考核组考核，资溪县26项指标均达到并部分超过国家规定的生态示范区验收标准，被命名为第四批国家级生态示范区，这是江西省第六批环境建设试点唯一通过验收的县。

【被冠以"中国面包之乡"美称】 经过20年尤其是近5年的发展，面包产业已成为资溪县从业人员最多、产值最高、效益最好，引领广大农民创业致富及下岗职工再就业的特色产业，"资溪面包军团"已享誉全国。12月28日，中华全国工商联烘焙业公司授予该县"中国资溪——面包之乡"匾牌。

【跻身全省"平安县"】 2006年，资溪县紧扣“生态、和谐、平安、稳定”这个主题，在全社会深入开展“和谐平安建设推进年”活动，在打黑除恶专项斗争中，坚持“打早、打小，露头就打”的原则，侦破、摧毁各种刑事犯罪团伙8个。在打击破坏森林资源犯罪专项活动中及时查处相关案件306起，收缴木材981立方米，为国家挽回经济损失40余万元。同时正确处理人民内部矛盾，以乡镇群众纠纷调处为中心，“365”为民服务中心和村级（社区）调解中心（室）、民情恳谈点为载体，充分发挥基层治安信息员、维稳信息督察员和村级信息联络员的作用，妥善处理矛盾纠纷，及时消除不稳定因素，化解各类矛盾纠纷298起，调处293起。在年终公众安全感测评中，资溪名列全省99个县（区）第三位，全市第一位。资溪被评为全省“平安县”和2006年度全省安全感调查公众满意县。

【清凉山获批国家森林公园】 12月26日，国家林业局批准江西省资溪县清凉山为国家级森林公园。清凉山地处武夷山余脉，森林覆盖率高达97%，野生动物植物资源十分丰富：拥有种子植物163科767属1666种（含国家一级保护植物4种），野生脊椎动物27目91科387种（含国家一级保护动物7种）；呈天然峡谷地形地貌，自然和人文景观独具特色。台商斥资3000万元在此建造具有客家围屋风格，典雅、别致的尚莲旅游休闲山庄，招徕四方旅客观光下榻。

【大觉山、马头山等3景分别入选“新赣鄱十景”和“江西百景”】 由省委宣传部、省建设厅、省旅游局、《江西日报》联合主办的“百姓喜爱的江西百景暨新赣鄱十景”评选，9月15日揭晓：资溪大觉山风景区入选“新赣鄱十景”，大觉山峡谷漂流、马头山原始森林联袂入选“江西百景”。大觉山风景区以“开心智、促和谐、撒欢乐”为理念，集宗教朝圣、峡谷漂流、原始山林观光为一体。大觉山峡谷漂流，长3.6千米、落差188米，动静结合，有惊无险，妙趣横生。马头山原始林区为全省最大的省级自然保护区，总面积1.97公顷，核心区2463公顷，境内层峦叠嶂，海拔千米以上高峰有7座，全省首次发现的美毛含笑及中国特有的残遗濒危树种——鹅掌楸及南方红豆杉在此较为集中、自然分布，且有7层原始石塔、穿房石、龙井、鹰嘴崖等绝美的自然景观，为国家级风景区龙虎山畔泸溪河的发源地。

【资溪白茶参加省评夺冠】 2003年，资溪马头山镇永胜村从浙江省安吉县引种10公顷白茶获得成功。在县农、林部门扶持下，相邻村也扩大规模，聘请技术顾问，着力提高白茶栽培技术、采摘和制作质量。2006年7月，资溪白茶参加全省名茶评比大会，以外观色泽呈绿，冲泡即如凤羽，汤色鹅黄，清澈晶亮，进口鲜爽，饮后回味甘甜，馨香留唇等优势，在参赛的73家茶叶生产单位角逐中质冠群雄而得金奖，为江西佳茗又添新秀。

【县面包协会党委荣膺“全国先进基层党组织”称号】 6月30日，中共中央组织部发布纪念“七一”表彰光荣榜，授予资溪县面包协会党委“全国先进基层党组织”荣誉称号。2003年3月，为加强对散布在全国各地从事面包经营的近300名流动党员的集中管理，该县成立全国面包行业第一家党组织——面包协会党委。协会党委成立3年来，着力抓好“一培二帮三服务”（一培，即创新培训载体，以县城两家面包培训中心为依托，提升面包从业人员的致富能力；二帮，即建立就业排忧解难帮扶体系；三服务，即把党委建成服务中心，为基层服务、为党员服务）。仅2006年上半年统计，协会党委就帮助流动党员落实店铺62家，帮助解决周转资金175万元，提供法律援助260余人次，帮助处理权益纠纷135起。广大流动党员赞誉协会党委是可以信赖的“娘家”。

（帅建忠　李明华）

主要领导人 县委书记：熊云鹏（任至5月），傅清（5月任）。县人大常委会主任：陈菊顺。县长：傅清（任至5月），徐国义（6月代，11月任）。县政协主席：余启明。

·东乡县·

【简　况】 位于抚州北部，辖9镇、4乡、1个企业集团、2个垦殖场、1个林场。总面积1270平方千米，耕地面积2.53万公顷，有森林面积6.29万公顷，森林覆盖率为34.51%。总人口43.12万人，其中非农业人口10.4万人，人口自然增长率为14.1‰。有畲族、回族、土家族、瑶族、白族等10个少数民族428人。2006年实现国内生产总值33.86亿元，同比增长13.6%。其中，第一产业增加值6.9亿元，同比增长5.0%；第二产业增加值15.4亿元，增长21.5%；第三产业增加值11.5亿元，增长9.5%。规模以上工业企业实现产值25亿元。主要工业产品有：大米、饮料、酒、化学肥料、水泥、黄金、乳制品、原煤、蓄电池、配混合饲料、焦炭。农业总产值13.46亿元，增长0.5%。主要农产品有：粮食、油料、甘蔗、生猪、水果等。财政收入为2.23亿元，支出4.45亿元。城镇居民人均可配收入9607元，同比增加813元。农民人均纯收入4127元，同比增加403元。城乡居民年末储蓄余额22.36亿元，增长10.2%。

【东乡制药蜕变成强劲增长点】 近年来，东乡县狠抓制药工业的国企改制，扩大生产规模，提升产品科技含量和市场竞争力，全县制药行业得到了大发展，成为国内最大的人体输液和氨基酸输液生产基地。

2006年，困境中的原泰丰制药有限公司，在自身的努力下，2月份成功实现引资嫁接，由四川科伦集团投资1.1亿元收购，重新组建江西科伦药业有限公司。一期投入3500万元资金对原输液生产线进行GMP全面改造，日产输液20万瓶，实现月产值600万元。二期、三期将再投入7000万元，新上塑瓶和软袋输液生产线，达产达标后，可实现年销售收入3亿元。东乡制药的龙头老大江西东亚药业有限公司，于8月份被杭州回音必集团投资1.2亿元，以“承债”方式整体收购，组建成立了回音必（集团）江西东亚制药有限公司，成功进行了企业改制，并投入2000万元用于GMP改造。“科达动物”原是东乡县效益较好的制药企业，5年前企业转为民营后继续保持旺盛的发展势头，成为全省兽药生产经营骨干企业。为做大做强，

“科达”正着手投资100万元进行二期扩建开发。完成扩建后,企业年产值将达到500万元。同时,该企业还投资2600万元进行自我裂变和扩张,兴建集产、销、研为一体的另一家制药企业——“和光药业”。

经过短暂的蜕变阵痛,东乡制药业迅速壮大。全县制药业以“龙泉”、“红芍”、“昭雅”、“雄岚”等品牌为突破口,先后与国内20多家科研院校联姻,每年推出新产品30多种。“东亚”瞄准国内国际两个市场,与日本、美国相关科研单位建立联系,不断开发高档输液产品,已有十多种产品荣获全国和江西省科技进步奖,成为全国医药行业优秀企业。“科伦”依靠“走出去,请进来”的科技兴企战略,每年投入科研经费200多万元。

目前,该县形成了回音必(东亚)制药、科伦(泰丰)药业为两翼,集人、兽、农药为一体的制药体系,制药工业正成为东乡工业经济最具活力的增长点。

【政府采购工作规范有序】 东乡县通过逐步健全政府采购制度,规范操作行为,有序拓展范围,加大监督力度,使政府采购工作呈现良好的发展态势。三年来,该县政府累计节约资金270万。该县政府采购工作开展3年来,相继出台加强政府采购管理、采购工作流程、定点打印管理办法及公车加油、定点保险等系列制度,并本着“公开招标为主,其他采购方式为辅”的宗旨,对采购目录逐步进行调查充实,从起初为物质类增加到2006年的三大类40多个项目,仅2005年就支付政府集中采购资金642万元,比刚开始运作的2003年增长3倍,年均节约率过18.7%。

该县政府采购严格遵循公开、公平、公正的原则,组织公开招标,灵活采用竞争性谈判和询价采购等方式,对技术复杂、性质特殊,不能确定详细规格或事先计算出价格总额的采用竞争性谈判;对采购量少、金额少、技术规格和配置相对统一或供应商较少,市场上货源充足的项目,采用询价方式采购,真正把每项采购工作置于阳光下操作。为进一步加强采购监管,该县建立供应商、评标专家等基础信息库,由30多位专家组成,涉及计算机网络、空调、电子、医疗器械等诸多方面。同时建立了数据信息传输网络,及时发布各类采购信息,增加政府采购的透明度。

【种植木薯已成为农民发家致富的新兴产业】 2006年,东乡县积极引导农民利用荒山、荒地、荒坡发展木薯产业,不仅以优惠政策扶助木薯产业,还实施发送种苗售后付款,种植技术服务到田等举措,使木薯生产得到迅速发展。全县木薯种植户达1万余户,种植面积达2666.67公顷,仅此一项当地农民人均增收达700元。

【做大做强特色产业,拓宽农民致富领域】 东乡县农村建设促进农增收作为新农村建设的主要问题来解决,不断加大农业结构调整力度,以培育龙头企业为突破口,做大做强特色产业,进一步拓宽农民致富领域。目前,该县建立了蚕桑、瘦肉型猪、木薯、华绿神蛋、无公害蔬菜等十六大产业基地,并且相继建成蚕宝丝绸,雨帆农业、金泰米业等一批辐射面广,带动力强的农业产业化龙头企业。2006年东乡县杨桥殿镇上城、上街、下街3个新农村建设试点村的32户农户,先后与长丰菌业公司签订食用菌产销合同,公司主要为农民提供菌种、种植技术和部分启动资金,农户所生产的食用菌由公司收购。

2006年,在生猪产业滑坡的情况下,大力发展蚕桑、木薯、蔬菜、花卉等产业。依托东乡县缫丝总厂这一省级农业产业化龙头企业,该县桑园种植面积迅速增加到2666.67公顷;木薯是东乡新兴的主导产业,雨帆农业发展有限公司与2560农户签订0.1万公顷木薯收购合同,并且投资1800万元新建年产2万吨木薯淀粉生产线。据不完全统计,2006年以来,该县订单农业总额达到1.6亿元,4万多农户从中受益。

【农村公路建设跨大步】 2006年,东乡县通车公路里程达到1215.19千米,县城各乡(镇)公路100%实现公路硬质化,48%的行政村通水泥公路。东乡县委、县政府对农村公路建设高度重视,先后出台《加强农村公路建设实施意见》《农村公路改造工程管理办法》等文件,为加快农村公路建设提供政策支持。县里与各乡(镇、场)签订责任状,把农村公路建设列入乡(镇、场)经济社会发展年度综合考评范围。该县通过典型引路的办法,宣传修好公路能给群众带来实惠,取得广大群众的拥护和支持。充分发挥农民自治机制的作用。在实践中摸索和创造“群众自治,民主理财,质量监督”的新型管理模式,较好地解决农村公路建设过程中征地难、近迁难、筹资难、管理难等问题。同时,通过向上争取一点,县财政配套一点,市场动作一点,群众筹资一点,社会捐赠一点的多种形式拓宽集资渠道。2006年,该县社会各界为农村公路建设捐款达100余万元。

(王国旗)

主要领导人 县委书记:胡新生。县人大常委会主任:陈金法。县长:魏建新。县政协主席:辛象其。

·广昌县·

【简　况】 位于抚州南端,辖5镇、6乡、1场。总面积1612平方千米,耕地面积1.26万公顷,有林面积9.46万公顷,森林覆盖率为62.9%。总人口23.5万人,其中非农业人口6.58万人,人口自然增长率为8.2‰,有畲、蒙、满、瑶、苗、回、藏、维吾尔、彝、壮、布依、朝鲜、侗、白族等14个少数民族241人。2006年实现国内生产总值8.65亿元,同比增长14.2%。其中,第一产业增加值2.49亿元,增长4.9%;第二产业增加值2.84亿元,增长26.9%;第三产业增加值3.32亿元,增长12.4%。第一、二、三产业比例为29:33:38。规模以上工业企业实现产值3.29亿元,增长45.21%。主要工业产品有啤酒17694千升,胶合板7358立方米,莲子汁275吨,发电量4353万千瓦时。农业总产值5亿元,增长7.83%。主要农产品有粮食9万吨、白莲2525吨、烟叶3997.9吨、生猪出栏5.62万头、家禽出笼112万羽、水产品4922吨。全县财政总收入1.07亿元,首次突破亿元关,其中地方财政收入0.80亿元。社会消费品零售总额3.02亿元,增长15%。农民人均纯收入1669元,同比增长

15%；城乡居民年末储蓄余额12.55亿元，同比增加1.9亿元。

【荣获“中国物流第一县”称号】 7月21～22日在北京召开的首届中国物流诚信大会上，中国物流行业协会和中国物流诚信联盟授予广昌县“中国物流第一县”荣誉称号。20世纪80年代中期，广昌县一批农村贩运能人、下岗工人和货车司机，率先下海闯入物流市场。在他们的带动下，一批又一批广昌人投身物流市场。2006年，人口只有23万人的广昌县，有近5万人从事物流，在全国各大中城市创办了近5000家物流公司，服务范围扩大至全国28个省、市、自治区的100多个城市，一些物流公司已发展成集货物运输、仓储、配送、加工、包装、信息处理等为一体的现代物流企业。是年，物流产业直接为广昌县创税2112万元，为国家创税4亿多元。

【举行2006年中国广昌首届国际莲花节】 2006年6月18日至8月18日，中国广昌首届国际莲花节在广昌举行。该莲花节围绕发展经贸和促进旅游两个核心，成功举办“莲之风”莲乡民俗展示、“莲之娱”群众文艺活动、“莲之魅”莲文化系列展览、“莲之美”旅游形象大使评选等17项主要节庆活动。6月28日由抚州市委、市政府主办，解放军总政歌舞团、中华慈善总会协办、广昌县委、县政府承办的“红色故土·绿色莲乡”——中国广昌首届国际莲花节慰问演出，将莲花节推向了高潮。节庆期间，莅临莲乡的各级领导，日本、津巴布韦、乌克兰等国家的外宾，国内外有关专家学者、嘉宾、客商、广昌籍在外创业成功人士、演职人员等达数万人次。新华社、香港《文汇报》等20余家新闻媒体先后报道了莲花节盛况。莲花节期间，共引进外资项目25个，合同进资近8亿元，4个项目举行了开工仪式。争取上级项目资金390万元。同时科学整合旅游资源，邀请国内知名专家对境内红色古色文化进行整理研究和论证，将莲乡旅游特色定位为“中国最美的田园风光，中国莲文化的千年见证，中华恐龙的南方故乡，中央苏区的红色门户”，并结合“乡村旅游年”活动，精心设计“红色、古色、绿色”旅游线路，为进一步发展旅游业奠定了基础。实现了展现莲乡形象，加强经贸合作，扩大对外开放，推动经济发展的目标。

【纪念红军长征胜利70周年暨第五次反“围剿”学术研讨会在广昌县召开】 7月28日，纪念红军长征胜利70周年暨第五次反“围剿”学术研讨会在广昌县召开。此次会议由中国中共党史学会毛泽东思想邓小平理论研究会、江西省党史学会、中共抚州市委党史办主办，广昌县委、县政府承办。中国中共党史学会副会长、中央党史研究室原副主任石仲泉，南京海军指挥学院博士生导师袁振威将军，中国人类生态学会秘书长张小艾，国防大学研究员刘裕清，中国军事科学院大校丁家琪、金立昕，江西省委党史研究室主任苏多寿，《求是》杂志社办公厅副主任蒋建农等党史专家、军事专家、革命家后代代表及中央苏区范围内的市、县代表共百余人参加了会议。

【财政总收入突破亿元大关】 2006年，广昌县依托“中国白莲之乡”的优势，做大白莲产业；依托“中国物流第一县”的品牌优势，着力整合物流资源；进一步提升农业，强攻工业，做大第三产业，努力构建具有县域特色的科技创新体系，不断提升发展的质量和层次。2006年，该县财政收入达1.07亿元，首次突破亿元大关，同比增长43.76%。其中地方一般预算收入达到7976万元，增长54.16%。财政收入占GDP比重达到12.5%，税收占财政收入的比重达到78.5%。是年，该县被省委、省政府评为“2006年财政总收入迈入亿元行列县”、“2006年财政总收入或地方财政收入三年翻番县”。

【现代农业服务体系保障农民增收】 2006年，广昌县在新农村建设中，着力培植壮大农业现代服务业，解决农业生产过程中服务体系缺失的问题，促进农民增收致富。该县的主要做法：一是构筑连锁营销网络，确保“放心农资”进村入户。精心打造“放心农资进农家”工程，整合农业、供销、邮政等部门的经营网点。在农村设立200多家农资连锁店，与全国10多家名优农资生产厂家签订合同，实行统一进货、统一价格、统一检测、统一防伪标识、统一配送，并组织技术人员向农民提供测土配方施肥、农资科学使用等服务，初步形成了上联工厂、下系农户，方便快捷的农资营销网。既减少了农资流通环节、保证了质量，又让农民得到了实惠。二是按照“民办、民管、民受益”的原则，出台了一系列扶持特色农业相关经济合作组织的优惠政策，对相关经济合作组织的组建和规范运行予以大力支持，努力形成“信息共享、技能共学、市场共闯”的良好态势，把千家万户的小生产和千变万化的大市场对接起来，促进新技术的应用、新品种的推广和新项目的实施。2006年，该县有白莲、烤烟、泽泻、大棚蔬菜、生姜等特色农业经济合作组织28个，会员达500余人，带动了一大批农民共同致富。三是搭建现代物流平台，促进农副产品销售。改造升级白莲、香菇、茶树菇等8个专业批发市场，并在800余家物流公司聘任懂农副产品行情的信息员，及时传递信息。带动了广昌地方名优特产白莲、泽泻、茶树菇等向外地销售，外销率提高至80%。

（郭伟儒 钟立新 周彬和 邱志强）

主要领导人 县委书记：李晓浩。县人大常委会主任：吴佺孙。县长：曾龙昌。县政协主席：蓝忠民。

上饶市

【概 况】 位于江西东北部，辖1区、10县、1市（代管）。总面积2.28万平方千米，耕地面积28.70万公顷，有林地面积110.7千公顷，森林覆盖率为57.7%。2006年末，全市人口690.52万，同比增加14.52万人；城镇化率29.5%，同比提高2.5个百分点。2006，全市生产总值（GDP）451.38亿元，按可比价格计算，同比增长13.6%。其中第一产业增加值87.65亿元，增长6.0%；第二产业增加值200.69亿元，增长16.8%，第三产业增加值163.04亿元，增长14.3%。按常住人口计算，人均生产总值7082元,同比增加952元。全年财政总收入41.04亿元,同比增长22.2%。财政支出68.5亿元,增长23.6%。完成全部工业增加值150.1亿元,同比增长18.5%。主要工业产品有:机制纸及纸板产量8.66万吨,精制茶产量1.06万吨,原煤产量107.58万吨,铜加工材产量3.20万吨,服装1912万件,中成药产量329吨,白酒产量5493吨,水泥产量641万吨,改装汽车387辆。农业总产值143.94亿元,同比增长6.1%,主要农产品有:粮食产量266.33万吨,棉花产量0.68万吨,甘蔗产量10.97万吨,茶叶产量0.61万吨,油料产量10.2万吨,肉类总产量23.28万吨,水产品总产量34.81万吨。全年金融机构各项存款余额453.8亿元,同比增长19.2%。城乡居民储蓄存款335.7亿元,增长16.1%。

【港商投资1.5亿元建设奥林匹克中心】 1月19日,上饶市"十一五"规划的重大招商引资项目——上饶市奥林匹克中心建设项目签约仪式在上饶宾馆举行。根据协议,香港自立集团将投资1.5亿元人民币建设上饶市奥林匹克中心。

【欧洲华侨赴赣经济考察团抵饶考察】 4月9日,以西班牙巴塞罗那华人华侨社团联合总会副主席、巴塞罗那中国学校董事会董事长、博通电子有限公司总经理周文岳为团长的欧洲华侨赴赣经济考察团一行抵饶考察。

【博能集团铜包铝线材成功投产】 5月4日,上饶博能集团博锐双金属材料有限公司的工人和技术人员,通过攻关研制的新产品"铜包铝"线材试拉成功,填补了江西省的一项空白。

【《焦点访谈》聚焦"代理妈妈"】 6月8日,中央电视台《焦点访谈》专栏记者来到玉山县南山乡枫林村,对倾情关爱农村"留守孩子"的退休女教师钟文花进行了专题采访。市委书记姚亚平专程到玉山县南山乡看望了"代理妈妈"钟文花。

【上饶经济开发区代管1乡4村】 8月22日,上饶经济开发区代管乡村移交接签字仪式举行。上饶县董团乡,枫岭头镇黄源村,旭日街道搬前山村、苏家村、板桥村成建制划归开发区代管,这标志着代管乡村工作顺利交接。

【上饶入选最具投资潜力中国城市20强】 8月31日,由中国社会科学院工业经济研究所与国内主流财经媒体《中国经营报》联合主办的"中国城市竞争力论坛"暨2006跨国公司眼中最具投资潜力的中国城市发布会上,全国共有286个城市参选,上饶市入选"2006跨国公司眼中最具投资潜力的中国城市"20强,名列第15位,是全省入选的3座城市之一。

【2006赣台经贸研讨会上饶取得丰硕成果】 9月23日至24日,2006赣台经贸研讨会在风景秀美的庐山举行。以市委副书记、市长刘和平为团长的上饶代表团,借助这一平台与台商进行了交流联系,推介展示上饶,取得了丰硕成果。共有6个项目在会上签约,合同投资总额达1.71亿美元。

【特色产品精彩亮相中博会】 9月,为期4天的第三届中国国际中小企业博览会暨中(国)意(大利)中小企业博览会在广州举行,上饶市共有60余家企业参加了12个展位的角逐,14家企业与中外客商签订意向合同30余项,金额达2000余万元。

【熊文清荣膺"中国骄傲"、"全国十大见义勇为好司机"称号】 11月5日,由公安部消防局和中央电视台《生活》栏目联合举办的2006"中国骄傲"评选结果揭晓。江西公路开发总公司梨温高速公路玉山管理处职工熊文清与8位在危急关头挺身而出的平民英雄一起获得"中国骄傲"称号。熊文清还于11月2日获得由中华见义勇为基金会和中国石油公司联合举办的"全国十大见义勇为好司机"称号。

【上饶获评"中国优秀旅游城市"】 11月11日,上饶市顺利通过国家"中国优秀旅游城市"验收组的现场检查验收,被授予"中国优秀旅游城市"称号。"创优"以来,全市共投入资金8亿元,建成和在建一批旅游文化场馆;投入44亿元建成旅游公路;投入92亿元用于景区景点建设;投入300多万元新建、改建23座高星级旅游公厕。

【国税4项指标均创历史新高】 11月15日,全市国税系统累计入库税收收入16.83亿元,完成年计划的113.26%,同比增收5亿元,增幅42.24%,提前两个月完成全年税收任务。其中增值税、消费税两项税收入库达13.81亿元,增长46.65%;所得税入库2.19亿元,增长23%。全市国税系统税收收入总量、增收额、增长率,完成进度比率4项指标均创上饶国税历史新高。

【实现自然村全部通电话】 12月,全市实现了15354个自然村全部通上电话,率先在中西部地区实现自然村村村通电话。这标志本市农村信息化工作实现了重大跨越。

【全市财政收入突破40亿元】 2006年,全市财政总收入在2005年33.6亿元的基础上,再上新台阶,突破40亿元大关,达到41.06亿元,同比增长22.2%。财政收入占GDP比重达到9.1%,同比提高0.5个百分点,全市工商税收占财政总收入比重达到了74.5%,同比提高3个百分点;来自工业的财政收入完成23.27亿元,占财政总收入的比重56.7%,同比提高5个百分点。

【绿色食品有机食品数列全省第一】 全市共建立无公害农产品基地91个,有效使用绿色食品标志206个,有效使用有机食品标志150个,绿色食品和有机食品数位列全省第一。今年2月,中国绿色食品发展中心批准创建德兴全国绿色食品原料(水稻)标准化生产基地、鄱阳县全国绿色食品原料(黑芝麻)标准化生产基地、鄱阳县全国绿色食品原料(水稻)标准化生产基地、铅山县全国绿色食品原料(红芽芋)标准化生产基地、上饶县全国绿色食品原料(水稻)标准化生产基地、玉山县全国绿色食品原料(油菜)标准化生产基地、婺源县全国绿色食品原料(茶叶)标准化生产基地7个全国绿色食品标准化生产基地,基地总数占全省24个的29%,居全省第一。

【规模以上工业收入首超200亿】 2006年,全市规模以上工业累计主营业务收入205.21亿元,同比增长42.47%。六大支柱工业实现主营业务收入160.61亿元,同比增长48.71%,占全市规模以上工业总量的比重达78.27%,比上年提高3.67个百分点。

【凤凰光学镜片生产跻身世界前五强】 2006年,凤凰光学集团以光学制造为核心开展技术创新,光学球面镜片科技含量达到世界先进水平,光学球面镜片生产量达到1.5亿片,销售收入超过6亿元,跻身世界同行业前五强。

【造林整地进度全省第一】 2006年,全市掀起了冬季造林整地热潮,积极投工投劳,完成造林整地3.18万公顷。占省计划113.6%,进度居全省第一,完成植苗造林4633.33公顷。

【金融业发展质量提升】 2006年,全市金融机构本外币各项存款达453.8亿元,同比增加73.1亿元,增幅为19.2%;实际增贷为33.7亿元,同比增加了3.6亿元,增幅为11.38%;不良贷款按银监统计口径下降了1.02个百分点;全市银行金融机构实现账面盈利5.39亿元,同比多盈利3.8亿元。

(韩慧玲)

主要领导人 市委书记:姚亚平。市人大常委会主任:黄木华。市长:刘和平。市政协主席:王际贤。

·信州区·

【简　况】 位于江西东北部,为上饶市委、市政府所在地,辖5街办、2镇、2乡。总面积338.6平方千米,其中建成区面积24.10平方千米,耕地面积5341公顷;绿地面积1075公顷,其中建成区绿地面积796公顷,建成区绿地覆盖率37.34%。总人口37.72万人,其中非农业人口20.41万人,人口自然增长率8.7‰。2006年实现地区生产总值63.68亿元,同比增长16.37%。其中,第一产业生产总值3.78亿元,同比增长3.66%;第二产业生产总值27.49亿元,同比增长20.46%;第三产业生产总值32.41亿元,同比增长14.71%。工业增加值9.36亿元,同比增长59.7%。主要工业产品有:发电5275万千瓦时,光学仪器118581台,照相机43825台,改装汽车387辆,纺纱4671吨,纺织服装758万件,电工仪器仪表1560台。农业总产值2.73亿元,同比增长17.43%,其中养殖业产值1.27亿元,占农业总产值比重达到46%,高效经济作物产值1.08亿元,占种植业产值比重达到74%。主要农产品有粮食4.78万吨,蔬菜9.74万吨,当年出栏肉猪63809头。地方财政收入3亿元,同比增长23.08%,其中一般预算收入2.12亿元,同比增长22.59%,一般预算支出3.47亿元。城镇居民人均可支配收入9832元,同比增加1203元,农村居民人均纯收入4628元,同比增加541元。城乡居民年末储蓄余额62.96亿元,同比增长14.91%。

【中国共产党上饶市信州区第二次代表大会召开】 7月21日~23日,中国共产党上饶市信州区第二次代表大会在信州区会议中心召开。会议期间,378名会议代表听取、审议、通过了中共上饶市信州区第一届委员会工作报告和中共上饶市信州区纪律检查委员会工作报告,选举出中共上饶市信州区第二届委员会常委、书记、副书记。夏有民当选为区委书记,张鸿星、徐中平当选为副书记,邱岩当选为信州区纪律检查委员会书记。

【宝泽楼市场消防隐患整改工程竣工】 6月6日上午,宝泽楼市场消防隐患整改工程竣工,曾经贴在宝泽楼前的重大火灾隐患单位的黑牌被拆除。建于20世纪90年代初的宝泽楼市场位于上饶市老火车站附近,是集各类服装、小百货批零为一体的大型市场。市场占地面积约8036平方米,共有800多家商铺,上千经营户,其中批发经营户占90%以上,市场辐射周边7个县(区)。年营业额过亿元。由于年代较久,早已存在消防设施老化失修、电线杂乱等消防隐患,出现过数次火灾,消防部门先后多次对该市场进行专项整治。信州区委、区政府高度重视宝泽楼市场消防隐患整改工作,多次邀请了省、市、区有关消防专家现场勘察,寻求解决消防隐患的有效措施。2005年10月16日开始,市、区两级财政拨出1700余万元专项改造资金,对宝泽楼市场予以暂时关停,进行全封闭式整改。经过半年多的紧张施工,该市场已焕然一新。商铺内,配上了先进的感烟、感温探测器及自动喷淋头;过道装上了手动火灾报警按钮、消防栓、应急照明灯、警铃、防火卷帘等设备。市场还配有独立的消防控制大楼,300吨大型消防蓄水池及停电5秒自动发电消防的控制系统;610米的南北巷消防通道可让大型消防车自由出入。整个工程已通过了省消防检测中心的检测验收,通过市区两级消防及监理、质检、设计、地勘等部门的联合验收。

【两千信州农民义乌创业开办"信州超市"】 截至2006年,信州区秦峰乡2000余农民在有"国际大超市"之称的浙江义乌的市区和各乡镇,开办超市1200余家,抢占了当地农村商品零售90%的市场,铸就了名扬义乌的"信州超市"品牌。

勇闯义乌开超市的第一人是信州区秦峰乡农民祝发显。1996年,他借款5000元在义乌开办了一家"8元店",短短半年就赚到5万余元。当"8元店"遍地开花时,祝发显发现义乌各乡镇新建工业园由于配套设施少,群众购物非常不便。他大胆尝试,在义乌市柳青工业园区开办了首家超市,很快吸引了众多消费者。开张那天,他的货还没有完全上架,就被抢购一空。跟随市场的波动,或扩大规模、或缩小战线,头脑灵活的祝发显最多时开有5家超市,每年收入上百万元。祝发显成功后,带动了一批信州区老乡前往义乌开超市。他们一般开在新开发的工业园和发展中的农村,多为中小型超市,小则二三十平方米,大则上百平方米,出售的商品大多达上千种,为偏远地区的打工人员、农村常住人口提供了购物的便利。因此,"信州超市"迅速取代了义乌农村传统的小卖店。每年为家乡带回近亿元的收入,还安排了4000余人就业。

为更好地学习这批在义乌开超市

的信州农民的创业精神，中共上饶市信州区委办、区政府办专门发文，要求在全区广泛开展学习“信州超市”创业精神的活动。7月6日，该区又派出职能部门远赴义乌帮助建立信州商会义乌分会和“信州超市”党支部，依靠商会，以合作、联合、整合当先，共同开发市场，同时加强流动党员的党建工作，使信州的农民党员在义乌过上组织生活。还在义乌现场办公，收集整理了在义乌创业人员的家庭信息和目前所遇到的困难，着力为其解决小额贷款、子女入学、农忙收割、留守老人照顾等问题，解除其后顾之忧。信州农民在义乌开办超市群体致富的消息，引起了江西省委领导的重视，派出8家新闻单位记者赶赴义乌采访报道，将其作为江西人学习的创业典型，以此带动江西农民思想观念的转变，加快江西新农村建设。

（信州区编辑室）

主要领导人 区委书记：蒋英明（任至1月），夏有民（1月任）。区人大常委会主任：罗来舜。区长：张鸿星。区政协主席：曾祥水。

·上饶县·

【简　况】 位于江西省东北部，辖10乡、11镇、2街办。总面积2240平方千米，其中城区面积10.9平方千米，耕地面积2.13万公顷，有林面积9.83万公顷，森林覆盖率67.4%。总人口73.89万人，其中非农业人口7.74万人，人口自然增长率8.07‰。2006年实现国内生产总值36.99亿元，同比增长1.5%。其中，第一产业增加值6.27亿元，增长5.2%；第二产业增加值18.77亿元，增长18.2%；第三产业增加值11.95亿元，增长17.9%。工业总产值48.12亿元，增长28%。主要工业产品有原煤3.33万吨、铜1.86万吨、水泥54.37万吨、发电量1.99亿千瓦时、饮料酒1926吨、白银242.62吨。农业总产值9.21亿元，增长8.1%。主要农产品有稻谷15.67万吨、油茶籽1.47万吨、水产品1.38万吨、茶叶161吨、水果2681吨、生猪12.82万头。地方财政收入3.27亿元，同比增长24.6%；支出5.83亿元，同比增长30.9%。全社会固定资产投资总额25.46亿元，同比增长18.1%。社会消费零售总额10.91亿元，同比增长16.1%。农村居民人均纯收入3108元，同比增加209元。城乡居民年末储蓄余额26.11亿元，同比增长18%。

【工业经济成效斐然】 2006年，上饶县委、县政府实施“大开放”战略，全年新签约合同项目80个，其中5000万元以上项目21个，实际引进省外资金31.8亿元，实际利用外资2600万美元，完成外贸出口572万美元，新增就业人数3.83万人，招商引资企业实现税收1.78亿元，获“全省利用外资先进县”荣誉。大量外资的注入，工业经济跃上新台阶。形成有色金属、医药化工、机械制造三大支柱产业，规模以上企业53家。其中华丰铜业、中都贵金属、霞光集团、永泰实业、锦源实业、天峰建材、锦裕集团、供电公司成为销售收入过亿元的龙头企业。新引进3200万美元的英腾化工为世界500强企业投资的项目，总投资1080万美元的捷众药业是全市首家在美国股市上市的企业。2006年，工业增加值15.3亿元，销售收入56.2亿元，连续3年被评为“全省工业发展先进县”。

【城乡面貌日新月异】 县城建设累计投入32.37亿元，滨江西路、旭罗大道基本完工，初步形成“六纵六横”的交通框架，相继建成商贸餐饮、行政市政、教育医疗、电信、文化娱乐、人居安置、公交环卫等一大批城市功能项目，绿地面积65.5万平方米，9月通过“省级园林城市”验收。县城房地产拉动效应彰显，对财政贡献率达24%；汽车、家居销售收入2.4亿元，成为四省交界区域最大的专业市场。新农村建设投入资金6053万元，158个试点村整治稳步推进，“六改四普及”深入实施，涌现了石狮丁家仓、煌固樟宅桥、皂头付家等先进典型。中国油茶之乡，农业企业84家，绿标农产品88个，总数位居全省第一。社会事业全面进步，2006年荣获“全省双拥模范县”称号。

【灵山被列为省级风景名胜区】 灵山，位于上饶县北，唐代道教书中被列为天下第三十三福地。山有七十二峰，东西向延绵50余千米，主峰海拔1496米，山体面积160平方千米。属花岗岩峰林地貌，是西太平洋边缘极为罕见的地质天龙，宋代辛弃疾赞其“雄深雅健，如对文章太史公”。10月，灵山被列为省级风景名胜区。11月，投资3000万元的县城至灵山南坡水晶山的旭望公路（一期）建成通车，车程30分钟。有《灵山志》。

【华丰铜业纳税2900万元】 华丰铜业有限公司以废杂铜为主要原料，通过湿法、火法两种冶炼方法生产粗铜、镍、金、银等有色金属和贵金属。2006年产粗铜1万吨，销售额5.4亿元，上交税金2900万元，总资产1.4亿元，被评为上饶市工业“十强”企业，进入江西企业100强排行榜（第78位）。

【上饶市首家四星级京都国际酒店】 酒店坐落于上饶县旭日广场，主楼17层，总建筑面积2.28万平方米，总投资9800万元。集餐饮、住宿、会议、娱乐、购物为一体；功能齐全，设施完善。12月31日通过星级评定，是上饶市区域内首家四星级旅游饭店。经营收入1680万元，上交税收89万元。

【上饶县城西迁30周年庆典活动】 10月，县委、县政府成功举办“上饶县城西迁30周年庆典活动”。活动内容有召开县城西迁30周年庆祝大会，举办中央电视台“激情广场·魅力上饶”大型互动歌会，摄制“而立旭日、活力城西”电视宣传片和宣传画册。通过活动，弘扬了“愚公移山、自强不息、开明开放、勇立潮头”的上饶县精神，收到了良好的社会效果。上饶县建于东汉建安初（196～204年），迄今1800余年。上饶县治长驻上饶古城（今上饶市）1700多年始终未变，至新中国成立初析治立市时迁至城东崭岭头。1976年选择城西大片荒山建设新县城，1979年10月迁入新县城。新县城经30年建设，建成区面积达10.9平方千米，人口8.8万，成为“上海的浦东，上饶的城西”。

【行政区划变动】 1月20日，撤销黄市乡，划归田墩镇；撤销大地乡，划归董团乡；撤销旭日镇，设立旭日、罗桥街道办事处。8月8日饶发[2006]17号文件,将董团乡及枫岭头镇的黄源村和旭日街办的前山村、苏家村、板桥村成建制划归上饶经济开发区代管。代管“一乡一办”辖区面积约168平方千米,辖区人口约7万人。

(张益民)

主要领导人 县委书记:王家林。县人大常委会主任:程继盛。县长:张祯祥。县政协主席:祝家炎。

·广丰县·

【简 况】 位于江西省东北部、赣浙闽三省交界处,辖3街办、16镇、4乡,218个村(居委会)。总面积1377.79平方千米,其中城区面积17.2平方千米,耕地17733公顷,城区绿化率38%,城镇化率达到40.86%。总人口82.95万人,其中非农人口12.77万人,人口自然增长率为5.8‰。2006年实现国内生产总值88.99亿元,增长22.04%。其中实现工业总产值111亿元,同比增长34.49%,工业增加值34亿元,增长33.6%,工业对财政贡献率82.4%,较上年提高了2个百分点。规模以上工业企业97家,年销售收入过亿元的工业企业13家。实现农业总产值16.2亿元,同比增长5.8%,粮食总产量21.2万吨,同比增长5.2%。农业产业化龙头企业57家,其中省级3家、市级9家,47项农产品获得绿标。完成财政收入8.52亿元,同比增长21.54%。三次产业结构比例由上年的13.61:50.29:36.10调整为11.9:52.0:36.1,产业和产品结构进一步得到优化,国有企业月兔集团对财政的贡献率由上年的44.4%下降为38.7%。城镇在岗职工平均工资由上年的14353元增加到16734元,农民人均纯收入由上年的4034元增加到4457元。全年4951名城镇失业人员实现了就业,1446名下岗工人实现了再就业。

【饶丰大型灌区续建项目通过国家水利部审查】 3月,广丰县饶丰大型灌区续建配套及节水改造工程被列入国家“十一五”时期重点工程投资计划,项目总投资约为3亿元,计划对饶丰灌区内的输水干渠、水坝等工程进行后续建设,对病险水库和渗漏渠道进行除险加固及防渗堵漏处理。项目建成后,该县的农田水利基本建设将跨上一个新台阶,对全县农业生产发展和农民的增收具有十分重要的意义。

【广丰县花骨鱼良种繁殖场被列为国家级原种场】 2006年,花骨鱼良种繁殖场被国家农业部列为国家级原种场建设项目,项目总投资456万元,其中农业部投资120万元,建设规模23.33公顷。项目建成后,年可向社会提供8000万尾鱼苗,推广养殖面积2666.67公顷。花骨鱼是该县天然水域一种稀少的名贵性鱼类,其生长速度快,抗病力强,肉质鲜美,营养丰富,是目前水产品中的高档产品,深受消费者喜爱,具有开发利用价值。1999年,广丰县科研人员对花骨鱼进行驯化繁育,试验示范,并获得成功,项目于2004年获得省农业厅农牧渔业改进一等奖;2005年获上饶市科技进步二等奖。

【为农村五保户特困户实施医疗救助】 2006年,广丰县为切实帮助弱势群体解决“看病难”问题,先后出台了新型农村合作医疗试点、实施农村医疗救助等相关政策,及时下拨资金12.24万元,为2360名农村五保户和5796名重点特困户缴纳了每人每年15元参加农村合作医疗救助资金7286元,为410名农村特困户减免大病住院治疗费46.87万元。

【对园区企业实行“无费区”管理和“一站式”服务】 从4月11日起,广丰县对入园企业除正常收取工本费外,凡县级规费一律免除。服务内容包括:县国土资源局免征宗地测绘费、地籍费;县建设局免收规划设计费、测绘费;工商、质监部门贯彻优惠办法,能免则免,能减则减;县经济发展服务中心推行“一门受理、抄告相关、同步审批、限时办结”的“一站式”服务。

【广丰县跻身全国中小城市双百强】

在2006年度中国中小城市科学发展评价体系研究成果发布暨第三届中国中小城市可持续发展高峰论坛上,广丰县以较强的综合实力和发展后劲,从全国2800多个中小城市中脱颖而出,跻身2006年度全国最具投资潜力中小城市百强市,列第25位;同时入选2006年度全国中小城市综合实力百强市,列第63位。

(广丰县编辑室)

主要领导人 县委书记:陈平。县人大常委会主任:戴水春。县长:周遐光(1月代,2月任)。县政协主席:周重明。

·玉山县·

【简 况】 位于江西东北部。辖11镇、5乡、2个水库管理局。总面积1728平方千米,耕地1.89万公顷,林地11.46万公顷,森林覆盖率64.8%。总人口56.32万人,其中非农业人口8.46万人,有畲、苗、蒙、回等19个少数民族1500余人,人口自然增长率8.15‰。2006年实现国内生产总值28.57亿元,同比增长15.2%,其中,第一产业增加值5.56亿元,增长6.5%;第二产业增加值14.19亿元,增长21.9%;第三产业增加值8.83亿元,增长11%。全县工业总产值33.34亿元,增长38.42%,主要工业产品有水泥425万吨,轴承5500万套,膨润土3.38万吨,活性炭9230吨,油墨220吨。农业总产值8.36亿元,增长6%,主要农产品有粮食20.44万吨,蔬菜4.81万吨,水产品2.3万吨,油料7203吨,茶叶322吨,水果4256吨。财政总收入2.65亿元,比上年增长20%;地方财政收入1.69亿元,增长16.56%。全年财政支出4.77亿元,增长29.65%。全县在职职工年均工资13172元,同比增长1717元;城镇居民人均可支配收入8356元,净增860元;农民人均纯收入3649元,净增341元。城乡居民年末储蓄余额24.51亿元,同比增长12.3%。全社会消费品零售总额13.2亿元,同比增长17%。

【工业核心地位显现】 进一步提升园区、产业、企业的发展水平。新型建材、机械电子、绿色食品、服装鞋帽、医药化工等产玉山县业集聚功能增强,已成为全省最大的干法旋窑水泥、轴承和碳酸钙生产基地,拥有全国技术最为先进的活性白土和钾钠长石加工企业,涌现了天长轴承、岩鹰水泥等一大批江西省名牌产品和江西省著名商标。工业园区被授予“江西省新型建材产业基地”和“江西省中小企业创业基地”。形成了金山核心区块、岩瑞新型建材基地和城西工业基地“一线三点”的工业走廊。2006年,全县工业完成增加值10.57亿元,增长32.3%;实现销售收入32亿元,增长32.6%;工业纳税1.56亿元,增长33.2%,占财政收入的58.9%。

【伟晶花岗岩废石提取长石精矿】 2月15日,江西华玉矿业有限公司建成第一条从废弃伟晶花岗岩中提取长石精矿的生产线,投入生产。产品达到国际优等品标准。经上海科学技术情报研究所查明,利用伟晶花岗岩废石,采用多种选矿工艺并用,选用钢球作球磨机球磨介质,经多道除铁设备生产高品质长石精矿在国内外尚属首创,改写了我国仅靠天然优质长石矿生产陶瓷的历史。实现了废弃伟晶花岗岩资源的循环可持续环保综合利用,该项目已成功申报国家科技型中小企业技术创新基金项目。

【笔走江西·走进玉山】 10月20日至23日,江西省文联、省作协组织“笔走江西·走进玉山”作家采风团一行20人到玉山采风,以散文的创作,反映玉山发挥区位优势、资源优势和人文优势,依托三清山,发展大旅游,促进县域经济社会快速发展的情况;采撷、提炼文化精髓,挖掘“红、绿、古”色文化,宣传玉山的旅游资源和投资环境,提高玉山的知名度。

【扶贫开发工作成效显著】 玉山县扶贫开发工作坚持“政府主导、农民主体、干部服务、群众参与”的原则,充分发挥扶贫资金的使用效益,成效显著。全年整合涉农资金3110万元,在59个自然村开展了试点工作。全县已建成优质梨柚、无公害瓜菜、畜禽水产和花木油茶等产业基地45个,拥有规模以上农业龙头企业24家,其中省级4家、市级7家,带动农户5.6万户。至2006年底,已有27个农产品通过“绿标”认证,其中AA级12个,玉山获得全国唯一的“绿色食品油茶标准化生产基地县”称号。

【扮靓玉山县城】 县城基础设施建设日臻完善。完成了柳洲南路和黄家驷路改造、冰溪公园续建、三清西路续建工程;总投资1.5亿元的新火车站区域建设工程进展顺利,站前广场竣工启用,金山大桥、农民安置小区已动工兴建;实施了武安山森林公园绿化、古建筑修缮工程;对县城10条里弄小巷进行了硬化和亮化。开展县城规划区非法占地、违法建筑的清理整顿工作,共查出各类非法占地、违法建设对象1060户,非法占地19.9万平方米,非法建筑36.6万平方米。兴建了宏达国际花园、豪盛四季花城、日景现代城等高品位的住宅小区;皇朝、玉台等星级宾馆正在建设中。开展了县城非法营造人力(电动)三轮车专项整治活动,依法销毁非法营造的人力(电动)三轮车411辆。推出城市出租车服务质量招标,组建了出租车公司并投入运营。全面落实市创建全国优秀旅游城市的迎检工作,开展了创评满意宾馆(酒店)、旅行社活动,全年共接待游客92万人(次),旅游综合收入1.66亿元。2月,玉山县被中共江西省委、江西省人民政府评为“江西省文明县城”。7月19日,省委、省政府、省军区授予玉山县“双拥模范县”称号,12月获上饶市首届“文明城市”称号。

【“红博会”千人签名仪式在怀玉山清贫园举行】 按照中国(江西)红色旅游博览会的统一部署,把红色旅游作为重大的政治工程、文化工程、经济工程来建设,全面展示玉山“红、绿、古”旅游特色,弘扬方志敏的清贫、创造、爱国、奉献精神,于10月1日在怀玉山清贫园方志敏烈士雕像前举行签名活动启动仪式,1000余名游客参加了启动仪式。

【首次开展“创业先锋”评选活动】 10月1日至12月31日,玉山县首次开展以“科学发展·和谐创业”为主题的“创业先锋”评选活动,整个活动分推荐、初选、公示、审定、表彰、公益活动、后续宣传等9个阶段,采用现场投票的方式,吸引广大市民积极参与,营造人人思创业,人人谋创业,人人干创业的氛围,42名“创业先锋”初选人提供了1000余人的就业岗位,专门对口帮助玉山县人力(电动)三轮车主实现转岗就业。该次评选活动中,共评选出“创业先锋”10名。

【开通“中国博士县·玉山”网站】 “中国博士县·玉山”网站于12月1日开通,该网站是玉山县政务公开的一个主要平台,是宣传玉山、服务群众的重要窗口。网站内容共有6大区块:走进玉山、四套班子、政务信息、为您服务、政民互动和玉山论坛等。在网站上,可以全面了解玉山县的社会经济情况,了解玉山县的政务信息,了解群众生产、生活的各种信息。

(玉山县编辑室)

主要领导人 县委书记:程爱平(任至1月),于秀明(1月任、任至11月),姜松阳(11月任)。县人大常委会主任:杨武连。县长:夏有民(任至1月),万冬梅(1月任)。县政协主席:倪贤才。

·铅山县·

【简　况】 位于江西东北部,辖7镇、10乡。总面积2177.66平方千米,其中县城规划区面积8.3平方千米,耕地面积2.27万公顷,有林面积13.73万公顷,森林覆盖率为71.4%。总人口42.31万人,非农业人口8.01万人,有畲、蒙古等少数民族近4000人,人口自然增长率6.18‰。2006年,实现国内生产总值28.70亿元,同比增长14%。其中,第一产业增加值6.90亿元,增长5.7%;第二产业增加值11.38亿元,增长22.3%;第三产业增加值10.42亿元,增长12.1%。工业总产值9.43亿元,增长22.5%。主要工业产品有原煤103.57万吨,水泥42.48万吨,发电量7205万千瓦时等。农业总产值10.91亿元,增长4.2%。主要农产品有粮食17.44万吨,蔬菜21.16万吨,油料0.20万吨,烤鳗1659吨,生猪11.67万头等。地方财政收入1.58亿元,同比增长25.3%,支出3.52亿元,同比增长22.41%。城镇居民人均可支配收入8278元,同比增加617元。农村居民人均纯收入3713元,同比增加118元。城乡居民年末储蓄余额29.38亿元,增长23%。

【社会主义新农村建设如火如荼】 2006年，社会主义新农村建设在54个试点自然村得到扎实推进。创新了新农村建设机制，建立"县委政府决策、领导小组统筹、新村办指导协调、乡镇为主、部门联动"的工作机制，开展了"百名股级干部下基层"活动，下派了两批共300名干部帮扶54个试点村，立足实际，因村制宜，村庄整治取得显著成效，实现了"三清"、"六改"、"四普及"和"二绿化"工作目标。全年在试点村共清理垃圾8123吨、淤泥7230立方米、路障1198处，拆除空心房26178平方米，改路66.33千米、改水2240户、改厕2490户，完成绿化28500平方米，新建沼气地2840个，新装太阳能热水器1071户，有线电视和电话普及率均达100%。

【农村公路建设取得历史性突破】 为了打破农村公路建设滞后的"瓶颈"制约，2006年，举全区县之力强力推进农村公路建设，创新了责任机制、督查机制、养护机制、激励机制，采取"市场化融资、个人捐资、招商引资"等实招破解资金难题，农村公路建设打了一个大翻身仗，全年完成路基改造308.5千米，路面硬化148.8千米，超过了全县"十五"计划时期的总和。

【工业园区建设强力推进】 全面加大了县工业园区建设力度。6月，理顺了管理体制，由县委常委、副县长兼任园区管理委员会主任。修编了园区总体规划，规划面积调整为8.66平方千米，其中马鞍山项目集聚区4.03平方千米，精细化工区1.33平方千米。园区通过了上饶市环保局的环境评估。集中力量实施了6条道路建设工程，完成路基工程3000米、管网铺埋工程5300米，铺浇水稳层600米。入园企业质量明显提升，引进了投资4亿元的金帆达公司和投资1.5亿元的新绿化学公司。到2006年底，工业园区实际开发面积2平方千米，入园企业32家。全年实现工业总产值75446万元，主营业务收入72266万元，实现税金2529万元，安置就业3600人。

【依法彻底取缔非法塑料粒子加工厂】 3月10日起，在全县范围内全面开展取缔非法塑料粒子加工厂的雷霆行动，整个活动持续3个月，声势浩大，县委心铁手硬，县人民代表大会作出决议，县政府依法行政，县政协积极参与，共取缔了126家非法塑料粒子厂，有效地保护了群众饮水安全和生态环境。

【河口大道建设工程开工】 7月18日，沪瑞高速公路铅山出口至县城的快速通道河口大道改造工程正式开工，该工程从县城城西清湖桥起至沪瑞高速公路杨梅岭出口止，全长6.5千米，宽24米，工程包括双向四车道路面沥青硬化，人行道绿化、亮化、美化及管网建设，建设工期6个月。河口大道建成后，县城与沪瑞高速公路实现零距离对接，进一步提升铅山"北大门"形象。

【鹅湖书院风景名胜区管理委员会成立】 5月20日，上饶市委批准成立上饶市鹅湖书院风景名胜区管理委员会（鹅湖山国家森林公园管理委员会，为县政府管理的副县级事业单位），由县政府授权对景区范围内（包括代管乡、村）行使统一管理职权和经济社会管理服务职能。9月15日，上年批准成立的葛仙山景区入选"2006年度百姓喜爱的江西百景"。

（铅山县编辑室）

主要领导人 县委书记：李友鸿（任至1月），汪友良（1月任）。县人大常委会主任：熊火根。县长：王建平（任至2月），陈荣高（2月代，3月任，任至12月），汪世谷（12月代）。县政协主席：游天林。

·横峰县·

【简　况】 位于江西省东北部，辖2镇、6乡。总面积655.24平方千米，其中耕地面积0.81万公顷，林地面积4.1万公顷，森林覆盖率为57%。总人口21.24万人，其中非农业人口4.03万人，人口自然增长率8.23‰。2006年实现国内生产总值11.63亿元，同比增长15.1%，其中一产增加值2.46亿元，增长2.6%；二产增加值5.59亿元，增长38.3%；三产增加值3.59亿元，增长6.2%。，工业总产值15.78亿元，增长152.7%。主要工业产业有矿产采选、有色金属加工、建材、纺具、服装等。农业总产值5.65亿元，增长4.8%。主要农业产业有葛根、生猪、蔬菜、油茶、水果等。已探明的矿种有煤、钽、铌、钨、锡、铅、锌等20多种。全社会固定资产投资7.84亿元，同比增长70.4%，其中城镇固定资产投资完成7.43亿元，同比增长80.5%；房地产开发投资1.28亿元，同比增长81.6%。财政总收入1.225亿元，增长22.1%。在岗职工平均工资12315元，增长33.8%。农民人均纯收入2598元，增长10.05%。城乡居民年末储蓄余额11.90亿元，增长15.2%。

【工业经济快速增长】 2006年，全县实现工业增加值4.89亿元，同比增长53.8%，占GDP的比重达42.1%，较2005年上升了10.3个百分点。规模以上工业企业完成工业增加值3.32亿元，同比增长52.37%，占全部工业增加值的比重为67.9%，产品销售收入为10.84亿元，同比增长110.2%；实现利税5380元，同比增长79.6%，安置就业人数达到3726人，同比增长60.4%。

【城市化进程加速推进】 大力开展"城市建设年"活动，实施重点项目29个，总投资3.2亿元。全面完成了老城区主街道，解放中、西路"五位一体"，新安街东段改造；改建了"新都汇"商业广场和老农贸市场；启动了320国道城区段一期改造工程；完成农村公路建设78千米，乡乡通油路率达100%，行政村通油路率达78%；县城3万吨自来水厂改扩建工程正在抓紧实施；110千伏辅变电工程正式启动；城区交通设施得到完善，结束了县城内无红绿灯交通指挥系统的历史；城市绿化面积不断扩大，新增城市绿化面积8000平方米，绿化率达35%；新城区广电中心、新汽运中心、土地交易中心等相继建成，文化艺术活动中心、粮食大楼、观景阁以及世纪城小区等一批重点项目正在紧张施工。

【社会保障体系逐步完善】 建立并完善了以城乡最低生活保障、灾民救助、五保供养为基础，以医疗、教育、法律援助等专项救助为辅助,以慈善捐助和社会互助为补充的社会救助体系。2006年,共有2309户4893人享受城市低保,发放低保金498万元;有2267人享受农村低保,发放低保金74.4万元;下拨救灾救济款74万元,1.2万人次的灾民得到救助,发放救济粮74万斤,棉被400床,走访慰问困难群众1260人,发放慰问金15万元;农村1081名五保对象的五保供养金实现了财政转移支付,落实五保金117.9万元;开展了城乡医疗救助,有737人得到救助,发放医疗救助资金48万元;有12048人次享受教育两免一补,减免资金137.8万元。

【应急管理机制得到健全】 制定并出台了《横峰县社会公共事件总体应急预案》和防汛抗旱、安全生产等19个单项应急预案,成立了突发公共事件应急委员会和18个专项应急指挥部,使政府及政府工作部门处理社会性公共事件的应急能力从根本上得到提升。

【横峰工业园区晋升为省级开发园区】 园区累计完成基础设施投入超2亿元,建成区面积2.5平方千米,入园企业总数90家,正式投产企业40家,实现销售收入11.4亿元,税金3780万元,安置就业6012人。3月16日,经国家发展和改革委员会审核认定,基本符合国务院批准的《清理整顿开发区的审核原则和标准》,升格为省级开发区。11月10日,横峰工业园区被确定为全省工业经济流动现场会主要参观点之一,接受了全省各县市区领导和工业战线的300余名嘉宾的参观指导。

【"横峰葛"成功申报国家地理标志产品】 把葛根种植作为农业主导产业来抓,全县葛根种植3000公顷,拥有以横峰葛业公司为龙头的加工企业26家,开发四大系列近20个葛产品,年产值超5000万元。11月,"横峰葛"通过了国家质检总局专家评审,新获国家地理标志产品。

【万亩岑山景区被批准设立省级森林公园】 11月17日,经省林业厅审查批复,岑山景区被批准设立为省级森林公园。岑山森林公园拟实施面积605公顷,分岑山洞和天台山两个片区,将建成集生态、旅游、休闲、科普、宗教为一体的理想活动场所。该公园建成后,对横峰旅游、园林城市建设、优化生态环境等都具有积极作用。

【葛源镇荣获全国亿万农民健身活动先进乡镇称号】 横峰县葛源镇积极参与"亿万农民健身活动",广泛开展群众性体育活动,镇里每三年举办一次综合性运动会,经常开展篮球、乒乓球、象棋、门球等单项比赛,在2006年全国亿万农民健身活动评比中,荣获农业部、国家体育总局、中国农民体育协会颁发的"全国亿万农民健身活动先进乡镇"称号。

【"横峰之窗"网站开通】 12月31日,"横峰之窗"网站正式开通。网站共设有县情、县长信箱、招商、乡镇等14个栏目,该网站的开通,为展现横峰新形象、帮助全县人民及海内外朋友了解横峰提供了又一新的平台。

(横峰县编辑室)

主要领导人 县委书记:张之良。县人大常委会主任:陈德军。县长:何金铭。县政协主席:姜寿福。

·弋阳县·

【简　况】 位于江西省东北部,辖9镇、5乡、2个垦殖场。总面积1592.5平方千米,其中耕地面积2.55万公顷,有林面积8.26万公顷,森林覆盖率56.5%。总人口37.14万人,其中非农业人口8.37万人,人口自然增长率9.76‰。2006年实现国内生产总值22.6亿元,同比增长15.0%。其中第一产业增加值5.8亿元,增长6.2%;第二产业增加值10.12亿元,增长31%;第三产业增加值6.7亿元,增长12.9%。工业总产值31.5亿元,增长50.81%。主要工业产品有铜金属、罐头、机制纸、铜材、铅等。农业总产值9.3亿元,增长7.4%。主要农产品有稻谷、花生、棉花、中药材、甘蔗。地方财政收入1.25亿元,同比增长13.5%,支出3.8亿元,同比增长23.9%。城镇居民人均可支配收入8121元,同比增长6%;农民人均纯收入3569元,同比增加345元。城乡居民年末储蓄余额19.84亿元,增长13.74%。

【工业园区发展势头良好】 2006年对志敏工业小区进行绿化、亮化、美化及排污设施的改造和完善。道口工业小区基础设施建设工程完成了90%。投资1.5亿元的巍华化工、1.5亿元的冠军服饰、1.2亿元的阳华金属制品、1.2亿元的永固金属等一批投资规模大、带动力强的项目相继落户工业园区。德诚实业、和合家具、新绿纸模、凯翔玩具等企业已投产。8家铜加工企业,年加工能力4万吨;11家碳酸钙企业,年生产能力45万吨。全县规模以上企业达50家,较上年增加6家,其中,纳税过千万元的企业有2家,税收过百万元的企业达14家。

【招商引资成效凸显】 突出资源和产业特点,加强项目包装编制工作,全县共包装编制项目28个,其中,5000万元以上的项目6个,亿元以上项目3个,涉及矿产、制造、化工、基础设施、食品加工、旅游等行业。完善了《弋阳县投资创业优惠政策》,让投资客商享受更优更好的服务。建立了"弋阳门户网和弋阳招商网"等信息推介平台。组织参加省、市"第二届中国上饶国际投资洽谈会"、"第四届赣台经贸合作研讨会"等招商引资推介会。精心组织了"2006年江西上饶弋阳(诸暨)招商引资暨旅游推介会",签约项目20多个,合同引资4亿多元。

【新农村建设成效初显】 2006年完成了47个试点村的规划编制工作,共投入1539.1万元,实施改水2039户,解决了农村近万人的饮水困难,新建沼气池147户,1164户农民用上了"三格式"或水冲厕所。新增硬化道路41.5千米,12个村完成主次干道硬化,村庄绿化5700平方米;有线电视、电话普及率达50%以上。

【农业产业稳步发展】 2006年完成了水碓李水库除险加固工程国家项目。全县粮食种植面积3.44万公顷,粮食总产19.12万吨,良种覆盖率达95%,优质率达98%以上;水产养殖面积2533.33公顷,水产品总量达1.47万吨,其中特种水产产量达0.45万吨,中华草龟繁养120万只。弋阳年糕获国家地理标志产品保护。

【城区建设不断推进】 2006年城南新区的叠山路、志敏西路等"一纵四横十一标段"的道路建设已经完成。行政中心和公安、人事、国税等单位办公大楼,以及文化休闲广场建成并投入使用。启动了叠山小区、竹山小区等房地产开发建设项目,康伯花园二、三期及康逸花园等商住小区建设竣工。信江大桥路面改造工程和新建铁路隧道桥已经完成。进行了环城路、一中至加油站等路面破损严重路段的改造,实施了解放路和环城路的亮化工程。按照经营城市的理念,完成土地储备28.8公顷,为城市建设和工业园区建设储备了空间。同时,出让土地30.73公顷,实现收益16500万元,有力地保证了城市建设资金需求,中心城区面积达12.4平方千米。

【城区管理得到加强】 4月,组建了城市管理局,实现了建管分离,明确了管理主体、职能,规范了城市管理行为。全年共查处和纠正"店外经营、占道经营"等各类违章行为2000多起,城区市容市貌得到较大改观。配合"五城同创"工作,指派专人对城区内园林景观进行了全方位养护,基本完成了行政中心文化休闲公园建设和南迁单位的庭院绿化,城市绿化面积313.96公顷,城市绿化率达32.24%。深入进行违法用地、违法建设清理。成立了"两违"专项整治办公室,制定了《关于清理整顿违法用地、违法建设的若干规定》,对全县范围内的违法用地、违法建设行力进行了清理,共,查出违章用地3554户56.52万平方米的,其中,已处理1767起,面积22.87万平方米。

【旅游营销进一步加大】 2006年邀请宁波40多家旅行社、主流媒体记者及摄影家到龟峰考察、采风,组织杭州《今日早报》"秋日奇幻"自驾车游等活动,积极参加华东、武汉、成都等旅游推介会,组团参加宁波国际旅游洽谈会、上海国际旅游洽谈会。邀请中央电视台"请您欣赏"栏目拍摄龟峰风光专题片,并在东方卫视、浙江卫视等省级媒体上广泛宣传龟峰。聘请策划公司对龟峰品牌进行了策划,成功开设了龟峰旅游政府网,积极推介旅游资源,开展对外合作,与世界华商金玺集团公司就合作开发经营佛陀山(南岩卧佛)景区达成了协议。

【社会事业协调发展】 全面开展了计划生育"三入户"服务和性别比专项整治工作,全年完成"四项手术"4862例,征收社会抚养费400余万元,到位率达60%。从7月1日起,启动了农村居民最低生活保障制度,全县已有4000余户农户、9600名农民进入了农村居民最低生活保障体系。同时,完善了城乡社会救助体系,加大对城乡特困居民的救助力度。新型农村合作医疗试点工作全面开展,全县参合农民住院补偿6300人次,门诊核减2.3万人次,住院报销费用720万元,门诊核减费用80万元。全县养老保险已扩面22630人,收缴养老金2800万元,同比增长分别为9.4%、47%,工伤保险扩面15657人,收缴工伤保险费100万元,同比增长分别为34%、20%,医疗保险扩面19500人,收缴医疗保险费1000万元,同比增长分别为12.2%、13%。如期完成了城乡教育网点和资源整合任务,成立了新的"弋阳二中",初步实现了城南城北教育资源的合理配置,新建和改建教学楼和学生宿舍2100平方米,危房比例下降到2.21%,下降幅度35%。

【世界水泥十强企业落户弋阳】 12月10日,由世界水泥十强企业——中国安徽海螺集团弋阳海螺水泥生产项目在南昌赣江宾馆成功签约,市委书记姚亚平,市长刘和平,中国安徽海螺集团副总裁余彪、发展部长杨培林,江西分宜海螺水泥有限公司董事长、总经理刘宏春,中国安徽海螺集团发展部吴自龙及弋阳党政领导参加了签约仪式。该集团属国务院批准的120家试点企业集团之一,在弋阳投资12亿元建设2个日产4500吨水泥熟料生产项目和年发电能力达到1.6亿千瓦小时的余热发电生产线。该项目已通过环境影响专家评审,列入全省重点调度项目。

【网络妈妈获评全国三八红旗手】 6月,弋阳福利院会计刘焕荣被授予"全国三八红旗手",全国妇联号召广大妇女在"巾帼建功"活动中向她学习,学习她利用网络播撒真爱,主动承担对未成年人进行思想道德教育的情怀和自强不息、与时俱进、关爱他人、无私奉献的优秀品德。

【中国·弋阳年糕文化艺术节开幕】 11月23日至25日,由弋阳县委、县政府主办,县委宣传部承办的中国弋阳首届大禾米果(年糕)文化艺术节在行政中心文化广场隆重举行,来自全国年糕厂家的代表、销售代表、文化名人聚集弋阳。市领导和数千名群众参加了开幕式,江西省质量技术监督局为"弋阳年糕"成功申报地理标志保护产品授牌。主办方为嘉宾表演了传统的打年糕。南京军区前线歌舞团作了表演。艺术节期间还举办了打年糕擂台赛、食品展销会、旅游推介会等活动。

【"关爱妇女生殖健康合作项目"启动】 1月12日,由江西省人口和计划生育委员会、上饶市人口和计划生育委员会、中国修正药业集团主办,县政府承办的江西省计划生育三下乡"关爱妇女生殖健康合作项目"现场启动仪式在县城北中心广场举行。省计生委、中国修正药业集团以及兄弟市县有关领导出席项目启动仪式,中国修正药业集团赠送价值1万余元的医疗设备1台。156个村的育龄妇女可得到免费健康普查等服务,纯女户患者可以得到免费治疗。

【赖传太被判刑】 赖传太是弋阳县农村信用合作联社圭峰信用社代办员,后又担任上张分社负责人。因家住弋阳县圭峰镇上张村委会祝塘村的便利条件,本村及附近村民为图方便,经常到其家中存款。法院审理查明,1993年开始,赖传太因个人做生意缺少资金,利用村民贪图高额利息的心理,采取向个人出具借条的方式,按12%的月利率向到其家中存款的村民借款,用于个人做生意。至2006年4月8日案发时止,手上持有借条的村民有323户,共计金额846.9万元。

此外，2001年至2006年期间，赖传太带着定期存单和活期存折上门服务，以每1000元存款两个月付150元的手续费等方式为诱饵，采取不入账、挂失支取等手段，侵吞储户存款1947万元。利用侵吞来的钱，赖传太办起了养猪场，并投资购买了4个店面、1套商品房和装载机、汽车各1辆。据此，法院一审以非法吸收公众存款罪判处赖传太有期徒刑9年，并处罚金人民币40万元；以职务侵占罪，判处其有期徒刑14年，并处没收财产人民币60万元；决定执行有期徒刑20年，并处罚金人民币40万元，没收财产人民币60万元。

（弋阳县编辑室）

主要领导人 县委书记：江枝英。县人大常委会主任：谢耀桢。县政府县长：程观焰（1月代，4月任）。县政协主席：周金才。

·余干县·

【简 况】 位于江西省东北部，信江下游，鄱阳湖东南岸。辖6镇、14乡、7场。总面积2331平方千米，其中市区面积为10平方千米，耕地面积4.62万公顷，有林面积3.71万公顷，森林覆盖率为34.7%。总人口91.86万人，其中非农业人口11.36万人，人口自然增长率8.9‰。2006年实现国内生产总值35.27亿元，同比增长15.4%。其中，第一产业增加值14.75亿元，增长5.5%；第二产业增加值11.78亿元，增长30%；第三产业增加值9.35亿元，增长17.5%。工业总产值29.23亿元，增长37.6%。主要工业产品有药品30.94吨、蚕丝136吨、水泥5.92万吨、食用植物油4470吨、玻纤纱1421吨。农业总产值20.7亿元，增长5.77%。主要农产品有粮食58.6万吨、油料1.74万吨、蔬菜9.92万吨、家禽960万羽、水产品10.5万吨。地方财政收入2.53亿元，同比增长20.7%。城镇居民人均可支配收入5100元，同比增加600元。农村居民人均纯收入2884.29元，同比增加273.79元。城乡居民年末储蓄余额38亿元，增长21.8%。

【农业产业化进程加快】 全县粮食播种面积10.18万公顷，总产达58.6万吨，继续被评为全国粮食生产先进县。昌万基地走廊初步建成，农业产业化基地发展到67家，枫树辣椒、洪家嘴无公害蔬菜、瑞洪乌鱼黄鳝、白马肉鸽、康山朗德鹅等基地已形成规模；农业企业发展到500家，其中省级龙头企业2家、市级龙头企业14家，县级龙头企业34家。绿色食品产业快速发展，落脚湖水稻、富湾特种水产、古埠上湾食用菌等8个基地获无公害生产基地，祥和牌汤圆、益人牌河蟹、含笑牌食用油等7种产品获得绿标认证，卫彩牌（鄱湖香）大米、枫树牌辣椒获得国家注册商标。

【招商引资有新特色】 实行招商引资高位推动工作机制，推行"领导挂钩分片、任务捆绑下达、责任层层落实"的运作模式，强化领导的工作责任；加强了同浙江、山东、广东、福建等重点区域的联系，成功运作了余干—浙江省宁波市鄞州创业园模式，即由余干县在黄金埠电力特色基地出让70.1公顷土地给浙江省宁波市鄞州区政府，由鄞州区按照电力特色基地总体规划要求，自行投资规划建设，以铸造、加工、食品等产业为主导，组织10～20家鄞州企业入园，开创了通过招商跨省合作办园区的先河。江西布利杰服饰制造有限公司、江西九洲食品有限公司、江西浦发金属制造有限公司、江西圣龙汽车配件制造有限公司、江西雄腾钢构有限公司等企业已入园。2006年，实际引进县外资金23.79亿元，较上年增长66%。

【民营经济快速发展】 认真落实推动全民创业的各项政策，进一步放宽市场准入，积极开展创业培训，强化创业服务，以全民创业推动民营经济快速发展，2006年，民营企业发展到560户，注册资金6.15亿元，销售收入千万元以上的21户。民营经济占全县生产总值的比重达到35.61%，比2002年提高了9个百分点，民营工业增加值达6.3亿元，是2002年的8.9倍。

【城乡建设不断推进】 2006年，全县控规编制面积达到16平方千米，控规覆盖率达到66.67%。加速了重点工程建设，全年县城有12个重点工程建设项目，其中续建工程8个（群众文化活动中心、巴黎春天开发小区、新世纪购物公园、广大花园、广宇大酒店、祥富广场、祥富花园、蓝天实验学校），新建工程4个（锦绣江南、东晨花园、垃圾处理场、供水管网改造）。加快了基础设施配套建设，全年共投入5200万元对环城路、城西路、干越大道进行全面改造，硬化道路4000多米，铺设人行道板6000余米，改造下水道2000余米，新装路灯400余盏。加快了小城镇建设步伐，启动了黄金埠镇新城区建设，实施了瑞洪镇大片区规划建设，推进了乌泥镇基础设施建设。加速推进了新农村建设，全县在全力推进以"三清六改四普及"（清垃圾、清路障、清污泥，改水、改厕、改路、改栏、改房、改环境，普及沼气、普及电话、普及有线电视、普及太阳能热水器）为主要内容的村庄整治中，新建房屋1.16万平方米，完成改水9412户，改厕1.08万户，路面硬化299.1千米，普及沼气1700余户，安装太阳能热水器885户、有线电视9000余户。

【社会保障覆盖面不断扩大】 2006年，全县城镇职工参加基本养老保险人数达1.85万人，增长12.7%；城镇干部职工参加基本医疗保险人数达2.48万人，增长23.8%；参加工伤保险人数达1.18万人，增长30%；参加生育保险人数达8905人，增长12%；城镇职工参加失业保险人数达2.23万人，增长1.01%；1.56万人享受城市居民最低生活保障，1.02万户农村困难户享受农村低保，4.12万名贫困学生享受"两免一补"资助，1.52万名职工参加了住房公积金储蓄，371户职工享受了住房公积金贷款购房政策，3279名库区、深山区群众实现了移民扶贫搬迁。高水平、广覆盖、多层次的社会保障体系初步建立。

【新型农村合作医疗试点工作展开】 12月18日，余干召开新型农村合作医疗试点工作动员大会，参加会议的为县、乡、村三级领导。新型农村合作医疗是由政府组织、引导、支持，农民自愿参加，个人、集体和政府多方筹资，以大病统筹为主的农民医疗互助共济制度。余干县农业人口均以户为单位参加合作医疗，筹资标准为：(1)农民自筹。按参加对象每人每年缴新型合作医疗费12元，其中：8元用于门诊，4元进入大病统筹基金。(2)政府补助。中央财政每人每年补助20元，省财政每人每年补助17元，县财政配套3元，全部列入大病统筹基金。

【黄金埠古窑址被评为中国重大考古发现】 2006年，江西省文物考古研究所与余干县博物馆共同对黄金埠近郊刘家山一带古瓷窑址进行了抢救性发掘，发掘出龙窑一座，清理灰坑一个，出土各类窑具和青瓷器达3000余件。在发掘的诸多青瓷器中，褐色梅花纹碗、圆形瓷砚等器具都是江西省青瓷窑址首次考古发现。其中，刻有"贞元"纪年款的青瓷罐残片，专家推断是中晚唐代时期文物，证明了江西也是中国青瓷发源地之一，填补了江西陶瓷发展史上的一个空白。另外，在黄金埠窑还发现罕见的青釉瓷腰鼓，是中国与中亚、西亚各民族进行经济与文化频繁交流的实物见证。黄金埠青瓷窑址的发现，为国内罕见，余干县正在加紧进行申报国家级文物保护单位工作。

【小辣椒闯出大市场】 枫树辣椒是余干特有的优质辣椒品种，产地位于昌万基地走廊，种植面积为133.33公顷，2006年底，枫树牌辣椒获国家注册商标。余干枫树辣椒初步形成以公司种植基地为主、农民分散种植为辅，收购合同化、包装集团化的生产经营模式，产能和品质不断提高，产品成批量远销京城、省城及周边县市，小辣椒闯出了一个大市场。

【世纪公园文化墙建成】 余干县世纪公园文化墙位于城北世纪大道与迎宾大道交汇处，县委、县政府办公大楼正前方，2006年底基本建成。该墙全长78米，高3.5米，总投资136万元，由周王设"应"古余干、秦初置县辖千里、吴芮率百越反秦、陆逊重兵平山越、林士弘筑白云城、刘长卿题诗余干、陆羽冠山著《茶经》、黄巢三过余干县、苏轼题干越八景、赵汝愚功拜右丞相、辛弃疾作词余干、朱熹东山注《离骚》、谢枋得血战团湖坪、朱元璋大战鄱阳湖、胡居仁讲学白鹿洞、王浩八起义姚源洞、钟令嘉断竹教子、石达开转战余干、五雷建立革命苏区、余干解放庆新生共20幅图构成，较好地反映了余干历史文化，是迄今为止江西省最长的文化墙。

（齐国鸿）

主要领导人 县委书记：陈建辉。县人大常委会主任：艾正协。县长：李晋明。县政协主席：张自生。

·鄱阳县·

【简　况】 位于江西省东北部，鄱阳湖东岸。辖29个乡镇。总面积4214.68平方千米，其中耕地面积8.06万公顷，山林面积15.6万公顷。总人口143.9万人，其中非农业人20万人，人口自然增长率8.6‰。2006年地区生产总值44.8亿元，同比增长14.2%。三次产业结构由2005年的40:27:33调整到2006年的37:29:34.。财政收入2.5亿元，增长25%，一般预算收入1.9亿元，增长25%；实现全社会固定资产投资25.3亿元，增长58.1%；社会消费品零售总额14.08亿元，增长15.5%；农民人均纯收入2217元，增长12.2%；城乡居民年末储蓄存款余额39.4亿元，增长16.2%。

【工业经济发展实现新突破】 3月8日鄱阳工业园区被省政府批准设立为省级开发区。工业园突出"一园三基地"的建设，坚持了高起点规划产业布局、功能平台同步搭建、产业招商高位推赴基础设施快速推进相统一的原则，共完成6平方千米的"四通一平"基础设施建设。同时，系统搭建了劳动用工服务平台、物流信息服务平台、企业促进服务平台、政策环境服务平台、环境保护服务平台等五大平台，提升园区产业聚集能力。到2006年底完成全部工业增加值为6.5亿元，增长22.1%，规模以上工业企业完成增加值3.01亿元，增长52.8%；实现销售收入9.9亿元，增长54.8%。

【招商引资呈现良性循环】 2006年进一步更新招商理念，创新招商举措，实行产业招商与环境招商齐发力。"走出去"与"请进来"同实施，成立产业招商组，在宁波、温州、泉州、东莞设立4个代表处，进行产业招商与环境说明、推介；县内相关部门创优各项服务。年底前共引进了县外工业项目245个，其中投资过亿的项目6个；实际引进县外资金约15亿元，同比增长19.1%；引进境外资金1134万美元，是上年的160%。

【民营经济活力增强】 出台了《关于进一步加快民营经济发展的意见》，以政策培育企业做大做强，激发全民创业活力。从2006年起，中小企业信用担保基金扩大为300万元，安排企业贡献奖励资金1620万元。全年个体工商户新增1702户；民营企业新增201家；完成工业产值17.9亿元，同比增长29.3%，利润总额1.3亿元，同比增长16%。上交税金1.09亿元。

【城镇建设水平实现新提升】 2006年，稳步推进城镇化建设，城镇化率达到27.5%，提高1.4个百分点。重新编制了鄱阳城总体规划和30平方千米，控制性详细规划，水系、绿化、亮化和排污4个专项规划即将启动。同时，有27个乡镇完成了总体规划，重点工程建设稳步实施。至年底，共完成城建总投资约8亿元，其中房地产项目完成投资4.16亿元。城市管理水平逐步提升，针对县城规划区内非法占地违法建私房的现象，依法开展集中"拆违"工作，城市项目建设多元融资有效开展。充分发挥城市建设投资公司的融资平台作用，首次与江西国际信托投资有限公司成功合作，发行信托计划3000万元；向国家开发银行申请鄱阳城市建设贷款1.19个亿。进一步做好了土地开发盘活变现工作。并积极尝试采用资产运营、资源市场运作等多种方式，实现入多元化融资。

【农业板块经济实现新成效】 优先发展粮食、水产、山地、畜禽四大农业板块经济。全县粮食种植面积3.70万公顷，全年粮食产量70.4万吨，成为全省粮食生产先进县。完善了中国鄱阳湖粮食产业加工基地，一批粮食精深加工企业相继落户。水产养殖面积2.24万公顷,网箱养殖8000箱,水产品总产量达到11.2万吨,增长12%;水产品实现出口创汇1200万美元,增长20%。生猪肉、牛等饲养业稳步发展,肉类总产量2.83万吨。进一步扩大了鱼、龙虾、牛蛙等特色养殖业规模,推广了"公司+基地+农户"发展模式,农业产业化水平进一步得到提升。全县现有3家省级龙头企业,19家市级龙头企业,有27个农产品生产基地通过江西省无公害农产品基地认证,5个农产品通过国家无公害农产品认证,48个农产品获得了国家绿色食品的称号,49个农产品获得国家有机食品称号。

【基础设施建设实现新提高】 2006年共完成通行政村公路270千米,较上年翻了一番。洪玉线已顺利通车,江莲线、景鹰高速公路(鄱阳段)建设正按施工计划紧张施工。莲湖大桥、古县渡大桥建设也顺利进行。沿河圩堤城市防洪工程一期应急项目完成投资1600万元,第二期已完成招标工程量的40%,完成投资560万;列入国家和省级重点大、中、小(一)型水库除险加固工程,前期安全鉴定、勘测设计工作已全面结束,其中军民、滨田两座大型水库完成投资5379万元;泵站改造继续实施,共完成261个建设项目,完成投资2756.1万元。

【社会保障等工作进一步完善】2006年,出台失地农民"六保六优"机制,对失地农民在养老、医疗、低保、就业、子女上学等方面采取一系列保障和优惠措施,有效保障失地农民利益,已发放失地农民证书1152份。社会保障制度不断完善,社保覆盖范围不断扩大,社会救助标准逐步提高,共发放各种救助资金近3000万元。

(鄱阳县编辑室)

主要领导人 县委书记:刘锋。县人大常委会主任:陈子峰。县长:邵小亭。县政协主席:张信行。

·万年县·

【简　况】 位于江西省东北部,乐安河下游,辖6镇6乡,面积1140.76平方千米,其中耕地面积2.16万公顷,有林面积7万公顷,森林覆盖率59%。总人口37万,人口自然增长率11.73‰。万年是世界稻作文化起源地。"万年贡米"、"万年珍珠"、"万年生猪"享誉国内外。2006年实现国内生产总值23.3亿元,同比增长9.2%;其中,一产5.89亿元,增长4.8%;二产9.01亿元,增长11.1%;三产8.4亿元,增长10.4%;三次产业结构比例为25.3:38.7:36。财政总收入完成1.902亿元,一般预算收入1.288亿元,全社会固定资产投资达到12亿元,同比增长25%。全社会消费品零售总额达9.02亿元,同比增长15.7%。城乡居民年末储蓄存款余额达19.63亿元。

【工业主导地位日益突出】 2006年全县工业经济总量快速扩张,完成工业增加值6.68亿元,增长12.4%,占生产总值的比重达到28.6%,同比提高1.77个百分点,地方规模以上工业完成增加值3.92亿元,实现税金4280万元,分别增长35%、31%;全县规模以上工业累计完成销售收入16.4亿元,实现利润1.21亿元,实现税金7580万元,增长29.2%。支柱产业支撑作用突出,建材、化工,有色金属、服装、食品以及机械制造六大支柱产业完成增加值5.5亿元,增长36%,占全县工业增加值比重的82.2%,同比提高1.3个百分点。

【城市面貌焕然一新】 2006年,按照"北扩西进"的建设思路,投入2.944亿元用于城市建设,县城建成区面积7.6平方千米,人口7.2万人,亮化率为98%,城区绿地面积188万平方米,绿化覆盖率33.1%。已形成"六纵五横"崭新的城市格局,以珠溪河为轴,东为老城区,西为新城区,新城区规划面积2平方千米,是城市将来的行政、商贸中心;以正大街为界,南为商贸教育等的中心,有火车站、中学以及大商场,北为行政、休闲中心,县委、人大、政府、政协四套班子等行政机构集中于此,步行街、锦湖公园点缀其间。

【园区规模效应日益显现】 2006年,园区完成基础设施投入1.32亿元,新增"七通一平"面积73.33公顷、园区建成面积已达300公顷。招商引资到位资金13.5亿元,其中境外资金370万美元;新增入园企业28家,入园企业总数达170家,并初步形成了服装、食品、有色金属、机械制造、建材、化工等六大主导产业。园区企业用电量达5235万千瓦时,完成销售收入14.3亿元,实现工业增加值4.38亿元,上交税金5100万元,安排就业7800余人。

【招商引资工作取得突破】 2006年取得了招商引资工作大突破,荣获了"全省利用外资先进县"的称号。全年实际利用境外资金1655万美元,同比增长48.03%,引进内资23亿元,同比增长34.9%。大项目引进也明显增多,合同引进超亿元项目3个,合同引进5000万元~1亿元的项目8个。

【新农村建设扎实推进】 2006年全县共有39个自然村被确定为社会主义新农村建设试点村,完成了村庄规划编制,改房9600平方米、改栏458个、改水1590户、改厕897户、改路49.52千米,新建垃圾池43个,建下水道4050米,沼气池普及率9%,电话普及率78%,有线电视普及率25%。

【农业农村工作成绩斐然】 在新农村建设的有力推动下,农业和农村工作取得巨大进展。农民全年人均纯收入达3450元,同比增长10.35%;生猪出栏40万头,总产值达3.25亿元,吉星、山庄两家养殖场被国家商务部定为活猪肉储备基地;水产养殖总产值1.65亿元;各类农产品加工企业73家,有中省级农业龙头企业6家,市级农业龙头企业7家。已获7个绿标、5个A级绿色食品基地、11个无公害农产品生产基地。

【成功举办2006年"振龙杯"全国女子篮球俱乐部联赛】 2006年"振龙杯"全国女子篮球俱乐部联赛于8月18~22日在万年县举行,此次大赛由国家体育总局主办,江西省体育局篮球协会、中共万年县委、万年县人民政府承办,振龙集团江西万年振龙电源有限公司等4家企业协办,冠名"振龙杯”。有来自来自湖北、四川、福建、重庆4支代表队参赛。《江西日报》《江南都市报》、江西电视台、大江网以及上饶市10多家媒体单位对比赛进行了报道。

【社会保障体系逐步健全】 2006年，全县有2万多人参加养老保险，2万多人参加医疗保险，1.1万人参加工伤保险，7000人参加生育保险，1.91万人参加失业保险，9460人享受城市居民最低生活保障，7453名农村低保户得到救助，2.36万名贫困学生享受“两免一补助”资助。

（万年县编辑室）

主要领导人 县委书记：姜松阳（任至11月），陈荣高（11月任）。县人大常委会主任：谭龙旺。县长：何国群（任至4月），程文（4月任）。县政协主席：尤红根。

·婺源县·

【简　况】 位于江西省东北部，辖10镇、6乡。总面积2947.51平方千米，其中县城规划区面积48.43平方千米，建成区面积7.8平方千米，全县耕地面积1.76万公顷，林地面积25.17万公顷，森林覆盖率82%。年末总人口34.18万人，其中非农业人口5.38万人，人口自然增长率8.12‰。2006年实现国内生产总值26.81亿元，同比增长16.0%。其中第一产业增加值4.56亿元，增长5.4%；第二产业增加值11.08亿元，增长17.7%；第三产业增加值11.17亿元，增长19.0%。工业总产值26.91亿元，增长17%。主要工业产品有水泥8.59万吨、精制茶1.06万吨、人造板4.95万立方米、中成药295吨、白酒1078吨。农业总产值6.891亿元，增长6.2%。主要农产品有粮食11.86万吨、油料4319吨、茶叶4536吨、水果1025吨、生猪存栏7.93万头、生猪出栏10.06万头、肉类总产量6966吨、水产品6235吨。财政总收入1.86亿元，同比增长16.00%，其中地方财政收入1.42亿元，增长23.00%；财政总支出4.16亿元，同比增长38.50%。全县单位从业人员人均劳动报酬16110元，同比增长2.59%。农民人均年纯收入3661元，同比增长8.89%。城乡居民年末储蓄余额19.78亿元，增长18.97%。

【旅游发展势头良好】 编制完善了李坑、晓起、文公山、五龙湾等景区（点）旅游发展规划；进一步完善了大鄣山卧龙谷、灵岩洞、文公山、汪口等景区的基础设施建设；加快了旅游配套服务设施建设，旅游住宿设施规模和档次不断提高，全县宾馆达147家，床位8500余张，农家乐旅馆232家，床位2000余张，其中严田古樟民俗园鱼塘人家被评为特色三星级农家旅馆，成为全省首批7家最高星级和农家旅馆之一；新增旅行社5家，并成立了婺源首家国际旅行社。全年共接待游客283万人次，门票收入4836万元，实现旅游综合收入4.7亿元，同比分别增长16.27%、28.86%、38.85%。

【招商引资成效显著】 大力实施“五条线”（工业线、农业线、基础设施线、科教文卫线、旅游线）招商和小分队招商，组建了以引进工业项目和外资项目为目标，以浙江、上海等地为重点区域的专职招商小分队，保持了开放型经济快速、健康发展。2006年，全县签订并实施合同项目98个，其中1亿元以上项目4个，5000万至1亿元项目7个，1000万至5000万元项目41个；引进县外资金14亿元，同比增长11.55%；利用境外资金835万美元，完成外贸自营出口805万美元。

【工业园区建设步伐加快】 累计投入基础设施建设资金2亿元，完成园区水电、通信、亮化绿化、排水排污和四条主干道化等设施建设，园区建成面积1.7平方千米。国家高新技术“专用新型电子芯片及控制系统”产业化项目、洁华环保等一批企业在园区落户开工，园区新型工业呈现良好发展势头。2006年园区企业达52家，其中投产31家，在建21家；全年园区工业总产值达4.2亿元，工业增加值1.15亿元，实现销售收入4亿元，创税3210万元。

【城市建设日益完善】 加大了规划制订与执行力度，完成了《城区控制性详规》和《城市总体规划》修编，以及《城市景观特色规划》《自然资源综合评价与生态功能区划》《县城住房建设规划》的编制工作。全年投入市政基础设施建设资金1.789亿元，新增城市道路面积11.5万平方米，新增城市绿化面积9万平方米，新增房建面积17万平方米；基本完成高速公路连接线、文公北路延伸、大鄣山路等县城三个出入口改造工程的硬化、绿化、亮化任务；总投资1800万元的景观桥竣工，总投资1.5亿元的老城区一期改造建成使用，景观渠改造、二环路（景观桥至汽运北站段）建设已基本成形。

【成功举办乡村文化旅游节】 11月11～16日，由上饶市人民政府、江西省旅游局主办，婺源县人民政府、上饶市旅游局承办的2006婺源·中国乡村文化旅游节在县城举行，主要活动有开幕式、第三届中国古村落保护与发展国际研讨会、古村落保护与新农村建设论坛、招商项目推介暨经贸恳谈会、百家旅行社最美乡村行、“美在婺源”摄影作品展、全国群众登山健身大会总决赛及闭幕式等7项。节会邀请了中国东方歌舞团代表队到县演出，吸引了中央、省、市60余家媒体100多位记者参加采访，节会期间签约项目11个，签约总金额逾4亿元。

【景婺黄（常）高速公路通车典礼在婺源举行】 11月19日，景婺黄（常）高速公路通车典礼在婺源隆重举行。景婺黄（常）高速公路项目由景德镇至婺源（塔岭）高速公路和德兴至婺源高速公路两个项目组成，为全封闭、全立交、双向四车道高速公路，是全国首批部省联合组织实施的公路勘察设计典型示范工程之一，也是江西“十一五”规划期间竣工的首条高速公路。景婺黄（常）高速公路婺源段于2004年11月1日开工，工程总投资66.94亿元，总长151.29千米，共有17座隧道，153座桥梁，10处互通立交，桥隧长度占总里程的22.5%，全线设有安全、监控、通信、供电等配套设施。

（婺源县编辑室）

主要领导人 县委书记：陈德寿（任至11月），林显君（11月任）。县人大常委会主任：胡周顺。县长：杨峰。县政协主席:戴月英。

·德兴市·

【简　况】 位于江西省东北部,总面积2082平方千米,其中市区面积10平方千米。辖6乡、6镇和大茅山省级经济开发区。总人口31.83万人,其中非农业人口12.08万人,城市化率48.1%,人口自然增长率6.36‰。2006年实现生产总值45.98亿元,同比增长15%;人均生产总值14492元,同比增长16.35%。其中,第一产业生产总值4.84亿元,增长5.3%;第二产业生产总值28.48亿元,增长16%;第三产业生产总值12.66亿元,增长17.1%。三次产业结构为10.53:61.94:27.53。全市全部规模以上工业实现增加值15.26亿元;实现产品销售收入48.15亿元,同比增长30.07%。主要工业产品有铜精矿12.49万吨,黄金7398.69千克,水泥10.40万吨,异VC钠1.31万吨,胶合板1.71万立方米,硫酸9.59万吨,精制食用油400吨。农业总产值8.98亿元,同比增长6.02%。主要农产品有粮食10.24万吨,油料2841吨,油茶籽1890吨,茶叶165吨,水果3471吨,肉类9085吨,水产品7150吨。财政总收入6.0018亿元,同比增长48.02%,其中一般预算收入2.45亿元,同比增长25.41%。全年来自工业的税收达4.81亿元,同比增加1.80亿元,工业对财政的贡献率达到80.1%。在岗职工年平均工资19765元,同比增长15.20%;农民人均纯收入4155元,同比增长10.21%。城乡居民年末储蓄存款余额28.26亿元,增长12.97%。

【工业主导地位凸显】 骨干企业快速发展,规模企业达52家,矿山新技术公司、百勤异VC钠公司、金山金矿等7家企业销售收入超亿元。大茅山经济开发区入园企业达到85家,完成工业增加值5.64亿元。实施了百勤异VC钠公司年产2.4万吨、金山金矿日采选2000吨、花桥金矿日采选1000吨、天海药业GMP改造等技改项目,企业自主创新能力和内生动力不不断增强。绿野木业公司利用木屑生产活性炭、江铜化工公司利用硫铁矿选铁和生产硫酸等,使资源得到充分利用,产生了良好的经济和社会效益,推进了循环经济的发展。工业招商成效明显,启动了308厂环境治理技改项目,引进了绿野木业活性炭、大发纺织、德发纺织、锦丰铜业等一批投资过亿元的企业。

【城市面貌焕然一新】 完成了《凤凰湖景区控制性详细规划分》《南门新区控制性详细规划》《德兴市"一河两岸"景观亮化规划设计》和《德兴市绿地系统规划》等规划的编制工作。银城南大道、滨河大道沿河景观工程、铜都北大道、康复路、滨河大道延伸段等工程相继竣工,开工建设了河西沿河路;建设大厦、国土大厦、劳动力大市场、林业要素市场、干部教育培训中心、文化艺术中心等"南迁"工程进展顺利;实施了老城区里弄小巷改造工作,完成了小吴园和汤家岭两个安置小区的道路,银城南大道和二处6栋安置房等民心工程建设;实施了德兴广场、滨河大道中间绿化带、张潜路行道树绿化改造等工作;完成了"一河两岸"亮化工程,对城区所有里弄小巷进行了亮化;加强了道路养护和城区环卫保洁工作。全年收储土地15.27公顷,交易土地26.67公顷,土地收益近1.2亿元;成功发售了3000万元城建信托资金,向国家开发银行融资1.96亿元,有力支持了城市基础设施建设。

【新农村建设扎实推进】 积极推动全市28个新农村示范点建设工作,共完成改路62.3千米,改水20733户,改厕1322户,改栏986户,拆除空心房52795平方米,外墙粉刷20.4平方米,新建房屋82608平方米,清理垃圾1506吨,淤泥1306吨,路障162个。

【生态环境得到改善】 实施了退耕还林、长防林和日元贷款造林等项目,植树造林3551.4公顷,其中城区绿化大苗补植56.67公顷,毛竹速生丰产林2000公顷,油茶低改1000公顷,全市森林覆盖率达到75.1%;出台了《德兴市双溪水库饮用水水源保护办法》,保障了城市居民饮用水安全;强化矿产资源管理,查处非法采矿16起,关闭小型矿山7个;新建沼气池1200个,生态建设得到长足发展。连续3年被评为"江西省造林工作先进县市"。

【江南名楼——聚远楼竣工】 10月27日,江南名楼——聚远楼重建竣工。该楼始建于北宋熙宁年间(公元1069年),历尽千年沧桑,数毁数建。2004年德兴市决定重建聚远楼。工程由湖北大冶市景苑园林仿古建筑工程公司承建,于2004年11月22日破土动工,工程总造价约1500万元。聚远楼为三重檐楼阁式仿古建筑,外观三层,内设六层,占地面积637.87平方米,楼高39米,建筑面积1893.32平方米,楼内悬挂了"盛世建楼"、"群豪聚远"、"高皇御匾"、"古楼新韵"等四幅壁画。附属工程设有:三苏堂、商铺、茶楼、游廊、曲廊、聚远亭及德兴十大历史名人铜像等。其中,十大历史名人铜像由浙江神雕集团设计铸造,铜像高2.2米,采用青铜材质,精密铸造而成。

(德兴市编辑室)

主要领导人 市委书记:徐跃进。市人大常委会主任:夏勤银(任至12月),吴放帮(12月任)。市长:吴步高(任至1月),郑高清(1月任)。市政协主席:姜炳火。

人　　物

本栏编辑　李荣根

中共江西省第十二届委员会常委

孟建柱　男，1947年7月出生，1971年6月入党，1968年8月参加工作，硕士研究生，高级经济师，江苏吴县人。历任上海市前卫农场党委副书记、政治处主任、场长；上海市川沙、嘉定县委书记；上海市农村工作党委书记、市政府副秘书长，1993年2月起任上海市政府副市长、市委常委、市委副书记，2001年3月起任江西省委书记、省人大常委会主任。十五届中央候补委员、十六届中央委员。

吴新雄　男，1949年10月出生，1979年7月入党，1967年3月参加工作，大学，高级经济师，江苏江阴人。历任江苏省江阴县副县长，副书记，江阴县（市）委常委、常务副县（市）长，江阴市委副书记、市长，无锡市副市长，市委常委，市委副书记、市长，江西省南昌市委书记，2001年12月起任江西省委常委、南昌市委书记，省委副书记、常务副省长、代省长。十六届中央候补委员。

王宪魁　男，1952年7月出生，1974年5月入党，1971年3月参加工作，研究生，河北沧县人。历任铁道部哈尔滨铁路局牡丹江机务段车间副主任，牡丹江铁路分局团委书记，车站党委书记；1985年任牡丹江铁路分局党委书记，呼和浩特铁路局党委书记；1999年1月任铁道部党组成员、政治部主任；2003年任甘肃省委副书记、组织部部长，2004年任甘肃省委副书记；2006年10月任江西省委副书记。

董君舒　男，1949年1月出生，1981年1月入党，1969年2月参加工作，大学毕业，经济学学士，浙江奉化人。历任浙江省计经委计划综合办公室副主任、主任；计经委委员、副主任；绍兴市委常委、副市长，市委副书记、市长，市委书记，2001年10月起任江西省委常委、组织部部长。

陈达恒　男，1951年6月出生，1969年9月入党，1968年8月参加工作，研究生，江西万载人。历任共青团宜春地委副书记、书记，铜鼓县委书记，宜春地委副书记，上饶地委副书记、行署专员，地委书记，市委书记、市人大常委会主任，2001年12月任江西省委常委、秘书长、省直属机关工作委员会书记。

刘上洋　男，1951年8月出生，1972年1月入党，1976年8月参加工作，研究生，江西安义人。历任江西省纪委研究室副主任，省纪委常委，省委宣传部副部长，赣州地委副书记、赣州市（县）委书记，省委副秘书长、政策研究室主任，九江市委书记、市人大常委会主任，2001年12月任江西省委常委、宣传部部长。

舒晓琴　女，1956年9月出生，1977年4月入党，1977年7月参加工作，研究生，法学学士，江西靖安人。历任共青团江西省宜春地委副书记，万载县委常委、常务副县长，高安县委副书记、县长，宜春地委委员、宜春市（县）委书记，景德镇市委副书记、市长，市委书记，2001年12月任江西省委常委、政法委书记。十六届中央候补委员。

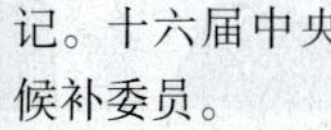

潘逸阳　男，1961年8月出生，1984年8月入党，1982年1

月参加工作，研究生学历，哲学博士，广东惠阳人。历任共青团广东省佛山市委副书记、书记，共青团广东省委副书记、书记，广州市委常委、从化市委书记，江西省新余市委书记，2001年12月任江西省委常委、农工部部长，2003年9月任省委常委、赣州市委书记。

凌成兴 男，1957年10月出生，1977年2月入党，1980年12月参加工作，研究生，江西上高人。历任上高县委常委、副县长，丰城市委副书记、市长，省经委副主任，省烟草专卖局（公司）局长（经理），省政府省长助理，省经贸委主任，2001年12月任江西省副省长，省国有资产监督管理委员会主任。

赵智勇 男，1955年4月出生，1973年10月入党，1970年2月参加工作，博士研究生，博士生导师，高级经济师，河北易县人。历任中国工商银行副处长、处长，资金计划部副主任，发展规划部、管理信息部副总经理、总经理，中国工商银行江西省分行行长，省政府省长助理，2002年3月起任江西省政府副省长、九江市委书记。

余欣荣 男，1959年6月出生，1982年12月入党，1983年8月参加工作，博士研究生，江西樟树人。历任江西省委农工部副处级干部，省农办经济开发处处长，省农业开发办、省农办副主任，省政府副秘书长，省农业厅厅长，上饶市委书记、市人大常委会主任，2002年12月起任省委常委、南昌市委书记。

弘强 女，1953年11月出生，1975年12月入党，1972年3月参加工作，大学，河北行唐人。历任吉安地区广播局副局长，吉安地委组织部副部长，安福县委书记，吉安地委委员，吉安市（县）委书记，吉安、南昌市委常委、组织部部长，南昌市委副书记，省委组织部副部长，省人大常委会选举任免联络工作委员会主任，吉安市委书记，省委组织部部长。

王清葆 男，1950年10月出生，1970年2月入党，1969年2月参加工作，大专，安徽太和人。历任南京军区政治部宣传部理论研究室副团职干事、政治教育处处长，理论研究室主任，军区党委副师职秘书，政治部组织部副部长、部长，福建省军区政治部主任，江西省军区政治委员。

全国"五一"劳动奖章获得者

邓武明 男，50岁，本科学历，中共党员，南昌卷烟厂维修班班长。他一直从事电器维修工作，排除了许多设备故障，为车间的优质高产作出了巨大贡献。带领维修班设计了一套电路，用于缺包信号的放大、移位及与GDX_2计算机系统的对接，成功解决了条盒缺包现象。他曾获全国烟草技术能手称号，是江西省五一劳动奖章获得者。

涂仁辉 男，45岁，大专学历，中共党员，南昌钢铁有限责任公司高级工程师。他在科技创新和管理方面为公司创造效益1850余万元；他负责的二变接地选线攻关成果获公司科技成果二等奖。曾被评为南昌市劳动模范。

李书学 男，40岁，本科学历，中共党员，中铁大桥局集团第七工程有限公司调度长，高级工程师。他业务技术精湛，完成深圳"世界之窗"信艾菲铁塔制造安装工艺设计、缅甸卑廖桥钢梁工艺设计等，主持完成沪蓉高速公路安徽长河桥OT/30M架桥机设计师等。曾被评为优秀共产党员和市劳动模范。

刘玲玲 女，48岁，大专学历，中共党员，赣南卷烟厂科长、工程师。自任职以来，在企业装备水平较落后情况下，通过驾驶设备管理，使设备有效作业率上升了20%；通过节能降耗，为企业节约资金630万元。在技术改造中，共主持完成15项重大技术改造项目，解决了多年制约企业发展的"瓶颈"。曾被评为厂优秀党员、优秀干部和先进工作者和赣州市劳动模范。

肖建军 男，36岁，初中学历，中共党员，江西省天河煤矿班长。他吃苦在前，危险工作干在前，老黄牛一样工作，一年干了三年活，带领全班安全采煤10年无事故。曾被评为市劳动模范、知识型职工、十佳标兵，荣获江西省自学成才奖。

曹启敏 男，53岁，大专学历，中共党员，江西电化精细化工有限责任公司总经济师。在他的带领下，两年来共进行技术改造试验25项，其中已成功生产出成品的项目有11项，产生了巨大的经济效益，使企业渡过了难关。曾被评为公司劳动模范、省局优秀共产党员、省科技先进工作者。

徐绪林 男，49岁，研究生学历，中共党员，玉山县食品公司业务经理、助理经济师。自任职以来，带领广大干部职工不畏艰难，团结拼搏，在市场竞争激烈的情况下，年年完成或超额完成上级下达的各项任务指标，企业稳定，职工队伍稳定。曾被评为江西省劳动模范、省食品公司先进个人。

朱德强 男，33岁，本科学历，中共党员，萍乡钢铁有限责任公司二炼钢厂厂长、工程师。他运用现代管理知识，坚持从严治厂，亲自为员工辅导业务，坚持在生产一线工作，带领员工安全生产，年年超额完成生产任务，连续三年在公司排前三名。他曾评为厂劳动模范、萍乡市劳动模范。

卜巨民　男,35岁,中专学历,江铃底盘有限责任公司机械修理高级工。他自担任维修工以来,爱岗敬业,苦练维修技术,公司的进口设备全靠他的维修,每年为公司节约维修费近60万元。他曾被评为公司杰出贡献人才。

蔡尔萍　男,49岁,高中学历,江西老蔡糖果有限公司经理。他曾是一名下岗职工,创办公司以后,心系下岗工人,安置了大量下岗职工就业,他公司的员工中有30%是下岗工人,他的江西老蔡糖果有限公司成为江西下岗工人再就业基地。他苦心研制开发的“蔡记·大红包”果仁酥荣获2004年江西优秀产品奖,打破了江西省没有糖果知名品牌的尴尬局面,备受消费者青睐。他被南昌市政府誉为“下岗职工的先进榜样”。曾被评为江西省劳动模范。

罗道生　男,51岁,本科学历,中共党员,上高县供电有限责任公司经理、工程师。他事业心强,刻苦钻研技术,坚持在生产一线工作,维护线路,排除故障,及时率、完好率排系统前列,为公司改革开放作出了贡献。他曾被评为市、县优秀共产党员、全省电力系统优秀人才。

姜桂平　男,37岁,中共党员,江西铜业股份有限公司贵溪冶炼厂熔炼车间车间主任、高级工程师。他是公司闪速炼铜技术的带头人,使闪速炼铜技术一直保持优化升级状态,为江铜集团跻身世界铜行业前五强作出了重要贡献。他有数篇科技论文在省部级刊物上发表。他代表中国参加2005年日本第十一届世界闪速技术交流会,论文受到一致好评,引起国际铜行业的广泛关注。他曾被评为江铜十佳科技标兵、江铜模范共产党员。

丁孝松　男,59岁,本科学历,南昌铁路第一中学教研组组长、高级教师。他从事教育工作30余年,任教高中语文,在国家级、省部级刊物上发表论文19篇,主编教学辅导书籍1部,参与编写教学辅导书籍10余部,多次在省、市电视台高考复习讲座上讲课,多次在省、市举办的教研活动中上示范课。他曾被评为南昌市首届名教师、南昌市劳动模范。

曾吾德　男,39岁,本科学历,吉安市中心人民医院副主任医师。他处处以白求恩精神要求自己,视患者如亲人,坚持心理治疗、病理治疗同步进行,疗效显著,从不收受患者的钱财,是医院德技双全的好医生。他曾被评为吉安市先进工作者、吉安市优秀共产党员、吉安市卫生局优秀共产党员。

何晓辉　男,58岁,本科学历,中共党员,江西中草医药高等专科学校校长、主任医生。他长期在科研条件较差的基层单位工作,承担了繁重的中医教学和科研任务,先后主持国家、省厅、市科研课题多项,已完成7项,获奖的有6项,主编著作多部,参加学术会议多次。他曾被评为江西省卫生科技先进工作者、江西省中医先进个人、抚州市拔尖人才,享受政府特殊津贴。

熊才卫　男,45岁,本科学历,中共党员,丰城市第二中学校长。他坚持以德育人,以知识育人,学校教学质量连年大幅上升,名牌大学入学率在全市中学中名列前茅。他经常资助贫困学生,深受师生称赞。他曾被评为丰城市优秀教师、优秀共产党员。

易美华　女,42岁,大专学历,中共党员,分宜县第二小学校长、高级教师。近五年来,她主持完成了1个国家“十五”规划科研课题和3个省级科研课题的研究,研究成果在全省推广。她撰写的教研论文有4篇获国家级一等奖,有6篇获国家级三等奖。《素质教育与考试的关系》在香港举办的世界华人国际文化交流会上宣读并获金奖。她曾被评为全国模范教师、全国优秀辅导员、江西省“三八”红旗手、江西省优秀教师。

邱小林　男,本科学历,中共党员,南昌理工学院校务委员会主任。他在6年内建了5个校区,学院2000年3月被省政府批准为国家学历文凭考试试点院校,2001年4月经省政府、教育部批准为全国计划内统招高职大专普通高等院校。他曾被评为江西省十大杰出青年、全国职业教育先进工作者,是江西省“五一”劳动奖章获奖者。

蔡耀辉　男,43岁,中共党员,江西农业科学院水稻研究所研究员。20年来,他在杂交水稻科研领域硕果累累,获江西省科技进步二等奖、三等奖各一项,主持选育的“中优752”、“金优752”、“金优458”、“金优968”、“T优968”等组合分别通过省级审定,推广面积130多万公顷。他曾被评为江西省省直机关工委优秀共产党员。

艾　波　男,48岁,博士学位,中国联通江西公司总经理、教授。他在计算机科学技术、通信系统软件、电信业务运营支撑等领域有较深的研究,取得了较好的效果。已指导博士研究生、硕士研究生近40名,独立完成或指导学生完成论文近100篇,负责获参加完成国家重点、国际合作及企业合作等各类项目近30项。他曾被评为邮电部青年学科带头人、江西省优秀厂长〔经理〕,享受国务院政府特殊津贴。

赖启华　男,51岁,大专学历,中共党员,赣州市总工会主席。他任职以来,确立了“围绕一个中心,突出两个重点,夯实三级基础,健全四项机制,创新五项工作”,突出抓好“组建、维权、竞赛、经费”四项重点工作。在组织建设、帮扶维权、服务中心、经费收缴、队伍建设等方面取得了显著成绩。他曾被评为全国水土保持工作先进个人、国家级生态示范区建设优秀领导干部、江西省十佳知识型职工标兵。

吴谋勇　男,45岁,本科学历,中共党员,九江市浔阳区人民检察院反贪局副局长。他从事检察工作以来,一直在反贪部门工作,任劳任怨,不怕苦,不怕累,敢于碰硬,从不计较个人得失。经他主办的几个大案,都收到了良好的社会效果、政治效果和法律效果。他是九江市劳动模范。

程盛旺　男,48岁,本科学历,中共党员,婺源县房地产管理局局长,估价师。他在婺源县城市规划、市政建设、房地产开发等工作中勇于创业,乐于奉献。他率先组织编制了婺源县城市建设总体规划,使婺源县城市建设向有序发展。他是上饶市劳动模范、2005年江西省劳动模范。

魏　丽　女,43岁,博士学位,中共党员,江西省气象台台长、高级工程师。她长期从事农业气象、遥感技术运用、天气预报服务、气象地质灾害预报、大气成分与生态等多专业、多领域的研究和业务服务工作,取得了出色的工作业绩,作出了突出的贡献,是江西省上述领域的开创者之一,是江西省气象局大气成分与生态系统建设首席专家,具有较高的造诣和技术水平。她曾被评为江西省"三八"红旗手、全国先进女职工、江西省中青年人才。

(省总工会经济部)

全国"三八"红旗手

王玉萍　1956年2月出生,中共党员,景德镇市妇联主席。1992年被评为全省监察系统先进工作者。她担任市妇联主席以来,牢记服务宗旨,把促进城乡妇女发展作为妇联参与构建和谐社会的立足点,在"双学双比"、"巾帼建功"、"五好文明家庭"创建、维护妇女儿童合法权益等方面做了大量工作,为景德镇市妇女事业的发展作出了积极贡献。她带领妇联干部创建"妈妈帮教团",建立"春蕾小学"、"春蕾高中班",筹集资金资助女童复学,接待来信来访,受到妇女群众的好评。在她带领下,景德镇市妇联荣获省级"三八"红旗集体、男女平等基本国策宣传奖、实施"春蕾计划"先进集体、维护妇女儿童合法权益先进单位等多项荣誉。

王建中　1953年6月出生,中共党员,赣州市人民医院副院长、主任医师。1999年被评为国务院特殊津贴专家,2000年获江西省劳动模范称号,2005年被评为江西省卫生科技先

进个人。20多年来,她在妇产科领域辛勤耕耘,成长为赣南妇产科专业的学科带头人。她以科研强科、科研强院的发展思路,大胆创新,积极引进、研究新技术项目,使医院妇产科专业保持先进水平。在她的主持下,"中国围产儿出生缺陷监测及高危高发出生病因学探讨",1994年获卫生部科技进步二等奖,1995年获得国家科技进步三等奖;"封闭式置管行卵巢癌腹腔化疗"1999年获赣州市科技进步一等奖。她参与编写了3本专业性著作,发表了30多篇学术论文。

左丽华　1964年9月出生,中国直升机设计研究所五室主任、直升机型号副总设计师,政协江西省第九届委员会常委。从事直升机设计研究工作20年来,她克服重重困难,一直坚定从事直升机事业的信念。她专业技术水平高,组织协调能力强,为直升机型号设计作出突出贡献,取得多项技术成果。她潜心研究法国系列直升机液压系统的设计原理和方法,成功解决流量参数计算的方法问题,被编入《直升机设计手册》。她开创直升机液压系统频域响应计算,率先在基层单位实施情报档案数字化管理,荣获2000年度国防科工委优秀情报工作者、2003年航空工业全国优秀档案工作者称号。

左梅香　1954年1月出生,中共党员,宜春市妇联主席。1991年1月被江西省政府授予先进工作者称号,1995年7月被中共江西省委授予优秀党务工作者称号。她担任市妇联主席期间,工作不断有所创新。在农村实施"三带"致富小额信贷工程,在城镇与劳动就业局共同推出"三创"致富工程,帮助城乡妇女实现就业、创业,产生了良好的经济效益和社会效益。在她的带领下,宜春市妇联荣获3个全国奖项、8个全省奖项、10个市委市政府奖项,其中"家教格言进万家"获中央文明委创新奖。

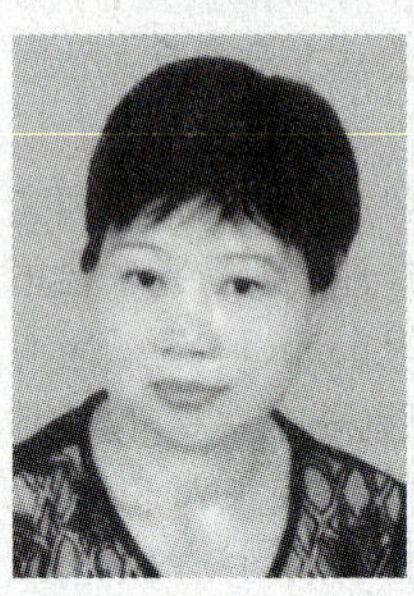

刘依湘　1968年6月出生,中共党员,彭泽县芙蓉墩镇妇联主席、民政所长。2003年被评为全省科技致富带头人。她从计划生育岗位转到民政岗位,为准确掌握全镇13个村32000多人口的生活情况,她进村入户,半个月时间就完成了工作量。为改善敬老院老人们的生活,她请医生给老人们检查身体,和敬老院工作人员一起护理卧床不起的老人,并建起了一个养鸡场。同时,她紧抓妇女工作不放松,利用五联村李莲香养猪场被评为省"双学双比"基地的有利时机,大力宣传先进典型,鼓励妇女创业,并帮助妇女争取小额信贷。在她引导下,芙蓉墩镇涌现了一批巾帼创业典型。在"春蕾计划"活动中,她向全镇各单位发出倡议书,开展关爱女孩、关爱孤儿的爱心捐助活动,使8名女童、5名孤儿获得捐助。

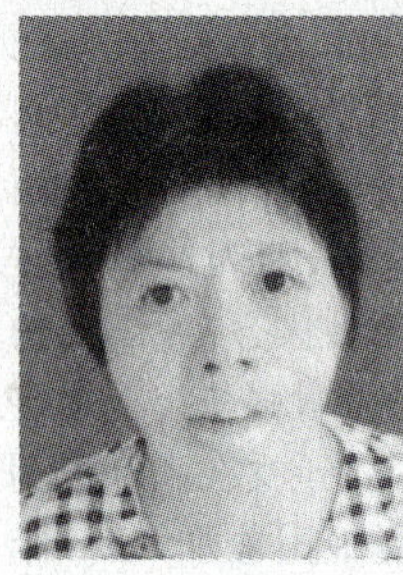

刘焕荣　1957年9月出生,中共党员,弋阳县社会福利院会计。2004年3月被授予江西省三八红旗手荣誉称号;2004年12月被评为中国互联网十大新闻人物;2005年1月被评为江西十大年度人物;2005年3月被评为全国"巾帼建功"标兵;2005年9月获中国青少年社会教育银杏奖特别荣誉奖;2005年11月被评为全国预防青少年违法犯罪工作先进个人;2005年11月获江西省劳动模范称号。14岁时,她在参加学校组织的植树造林炼山劳动中不幸被大火烧伤致残,烧伤面积91%,Ⅲ度81%。虽然身体重度烧伤,她却有着

执著追求、勤奋向上的精神。在做好本职工作的同时，她于2003年7月开始学习利用互联网这种特殊的宣传教育载体，用她那残损的双手夹笔代指敲击键盘，在虚拟的世界里用真实的身份、平常的心态、平等的语气与孩子们聊天，用母亲般博大而温暖的胸怀，抚慰一颗颗迷失方向的心灵，被网友们亲切地称为“网络妈妈”。

李小青 1957年12月出生，中共党员，萍乡二中书记、萍乡市侨联副主席。2004年被评为江西省行业百佳、江西省三八红旗手，2005年被评为江西省劳动模范。她热爱教育事业，秉承“敬业、务实、创新”的信条，认真贯彻党的教育方针，积极推进素质教育，取得突出成绩。近年来，她有近20篇论文在国家级、省级发表或获奖，其中《面向21世纪——丰富中学德育内容的思考》获《中国教育报》素质教育论文一等奖；《在FirstAid课文讲授中坚持一个中心两个着眼点》获国家级二等奖；设计的教学软件《中学英语语法教学大全》在全省推广；担任了《中国·萍乡傩》大型画册英语翻译；主编的《永远的绿洲》在中国作家出版社出版。

余 蔚 1951年10月出生，中共党员，江西省国家安全厅机关党委专职副书记。她参加工作30多年来，辛勤耕耘，无私奉献。身为党务干部，她以自己的实际行动践行“三个代表”重要思想，协助厅党委落实各项党建方针政策，认真抓好党建工作，积极做好思想政治工作，积极开展各项争创活动，领导工、青、妇群团组织按照各自章程创造性地开展工作。她不顾自己患有心脏早搏的疾病，忘我工作，几次病倒在工作岗位上。她勤奋学习，不断提升素质，注重在工作实践中锤炼自己，并以良好的工作作风影响带动周围的同志。

张 芸 1956年7月出生，中共党员，安义县政协主席、党组书记。1998年被评为江西省三八红旗手。她恪尽职守，在1998年安义县峤岭乡连续三次暴发特大山洪时，顶着病痛，冒着生命危险，在第一线奋战十几天，取得了没溃一座坝、没倒一座库、没死一个人的胜利。她善谋实干，坚持把促进发展作为履行职能的第一要务，紧紧围绕工作中心和热点、难点问题，深入调查研究，先后主持撰写调研报告10多篇，提出合理化建议100多条，多数被市县部门采纳。她勤于笔耕，先后在省、市及全国性刊物上发表论文30余篇、诗词歌曲100余首、电视剧本3部。其中，歌曲《栀子花》获全国辉煌五十年征歌比赛优秀作品奖，《红茶花》《耕春》获省歌曲“金钟奖”二等奖；电视剧《小溪弯弯流》，获全国优秀短篇电视剧展播奖、江西电视台优秀电视剧奖；电视剧《西行》被推荐参加全国“五个一”工程奖评选，2002年获得江西省“五个一”工程奖。

邵丽娟 1966年8月出生，九江市永修县艾城镇农村养殖大户。她从1996年开始养猪，经过多年实践，逐步摸索出一套科学、合理、行之有效的生猪喂养、防疫、饲料配制等技术。如今，她以养殖繁育优良品种猪为主，同时养鸡、兔、鱼，种植果树，年纯收入达30多万元，成为远近闻名的创业带头人。2003年，她的综合立体养殖基地被县妇联命名为农村妇女“双学双比”示范基地。她本人先后被评为市、县“双学双比”女能手，当选为县、市妇代会代表，其家庭被评为市“五好文明家庭”。

陈 强 1961年1月出生，中共党员，江西省儿童医院副院长，主任医师、教授、硕士研究生导师，中组部“西部之光”访问学者，享受省卫生厅中青年技术骨干特殊津贴。她热爱儿科事业，从事儿科临床工作25年，在诊治小儿呼吸道疾病方面经验丰富、诊疗水平高，救治了大量危急重症及疑难症患儿，完成上千次的会诊及危急重症的抢救任务。她带领的科室成为省医学领先建设科室，被中华医学会儿科学分会授牌为“健康呼吸中心”，并获得全国“巾帼文明示范科室”光荣称号。在抗击“非典”时期，她作为省卫生厅及省儿童医院的专家组成员，随叫随到，为发热病人和疑似病人诊疗，参加院内外会诊十余次。她于2001年组建省内第一家儿科呼吸内科病房，率先在省内按全球哮喘防治规范，治疗哮喘病患儿数千例，完成儿童肺功能测定数千例。她积极投身科研，在省级以上杂志发表论文20余篇，主持课题研究6项，其中省级重大课题2项，一项研究成果获省科学技术进步三等奖，参编《儿科学》教材一部。

范惠珍 1965年12月出生，中共党员，宜春市人民医院消化内科主任兼科教科科长，宜春学院附属医院临床教学管理办公室主任，主任医师、教授。2003年被评为江西省新世纪“百千万人才”第一、二层次人选。她从医20年，对消化内科知识和技术不断学习、积累，直到全面掌握，从初出茅庐的住院医师成长为临床经验丰富、医疗技术精湛的消化内科专家。她攻克许多医学难题，为众多患者解除痛苦，完成数十项科研项目，撰写20余篇科研论文，多次出席国际国内学术大会，获得医疗界同仁肯定。她以高尚的医德、端正的品行处处为患者着想，给予患者无微不至的关怀，做到清正廉洁、不贪不占、克己奉公、以身作则，得到患者及其家属好评。

罗淑兰 1957年6月出生，南昌淑兰

窗帘厂厂长。省七届、八届、九届政协委员。她1988年从单位下岗,凭着自己勤劳的双手,于1992年创办江西淑兰窗帘装潢厂。富裕后,她首先想到的是帮助贫困孩子上学。多年以来,她资助城乡贫困儿童1000多名,资助金额达300多万元。对那些失足的孩子,她也给予极大关心,经常看望、慰问他们,和他们促膝交谈,鼓励他们重新做人。而她自己一家三代至今还挤在只有50平方米的小房子里。她的善举得到社会广泛肯定,她先后获得省、市"优秀春蕾使者"、"十大爱心人士"、"爱心妈妈"等荣誉称号;2003年获得中华慈善总会、中国女企业家协会、全国妇联授予的"华夏巾帼爱心使者"称号和民政部授予的"爱心捐赠奖"。

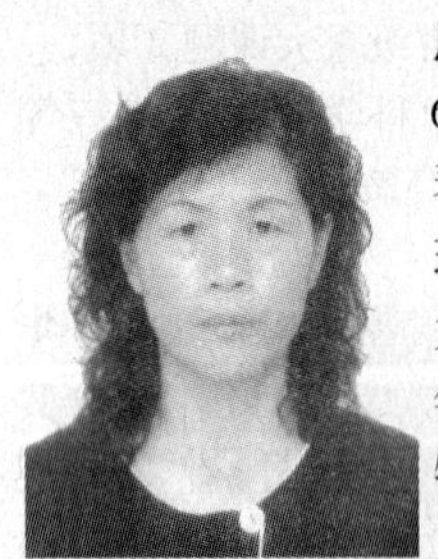

周小琴 1961年6月出生,修水县琴海学校总经理。2005年被评为中国经济女性年度突出成就人物,2006年获第三届江西省十大女杰提名奖。她曾当过播音员,开过商店,1996年投资开办钨矿,几经艰难曲折,甚至破产。但她坚定信心,顽强拼搏,终于成为拥有几千万元资产的企业家。她热心回报社会,2003年与香港段海鹏先生共同投资8000多万元,创建了一所民办公助学校,2004年秋季开始招生,两个学期就为27名优秀学生、贫困学生提供奖学金和助学金达47万余元。几年来,她的企业向国家缴纳1450多万元税费,安排200多名下岗工人就业,投资8万余元修建乡村公路、桥梁,投资5万余元帮助山区小学改造危房,并且每年拿出1万余元资助失学儿童重返校园,为全县公益事业共计捐资达80多万元。

钟文花 1943年12月出生,中共党员,玉山县南山乡中心小学退休教师。2005年8月被评为江西省三八红旗

手,2006年11月被评为中国优秀母亲。她长期在山区小学任教,在繁重的教学任务之余,15年来倾情关爱农村留守儿童,35名农村留守儿童在她的关爱下健康成长,其中7名考上了大学,人们称她为农村留守儿童的"代理妈妈"。她对自己总是那么"小气",家里的房子依然是20世纪70年代建的老宅,没有几件像样的家具。可她作为"代理妈妈",对待孩子们又总是那么热情大方,遇到村里哪家孩子上大学缺钱,总是几百、几千地送到学生家里。多年来,她几乎把自己的工资收入连同儿女们给她的零花钱全都贴补给了留守儿童们。

钟　玲 1966年出生,中共党员,江西省农业厅植保植检站农业技术推广研究员、农作物病虫害测报防治科科长,中国昆虫学会理事、江西省昆虫学会副理事长。2001年被评为江西省优秀中青年昆虫工作者,2004年被评为江西省青年科学家,2005年被评为全国农业植物有害生物疫情普查先进工作者、全国农业技术推广先进工作者。从事植保植检工作18年来,她心系"三农",以"研究推广植保技术,帮助农民治虫防病,保障农业丰产丰收"为己任,成为深受农民欢迎的植保研究员。她多次主持编制江西省植物保护发展规划,江西省植保工程规划和江西省农业生物灾害应急预案;先后主持10余项省级以上科研推广项目,完成农作物病虫害测报防治技术试验示范50多项,获全国农牧渔业丰收奖二等奖2次。她编著或参编论著6部,编写培训教材3本,在学术刊物发表、在国际国内学术会议上交流论文40余篇,为广播节目和报刊撰写科普文章50余篇。

俞　艳 1969年6月出生,中共党员,江西移动通信有限责任公司贵溪

市分公司经理。2002年以来先后获得江西省三八红旗手、行业百佳和移动系统创新女标兵等荣誉称号。她带领全体员工团结奋进,使公司业绩实现连年跨越式增长,用户数比1999年分开经营时增长近2000%,市场占有率一直保持在80%以上,运营收入年均增长20%。公司先后被评为全国"巾帼文明岗"、江西省"青年文明号"、江西省"诚信维权"先进单位,荣获江西移动公司"新业务发展"奖。

晏金华 1962年4月出生,中共党员,信丰县妇联主席。她担任县妇联主席以来,为当好妇女的"娘家人"做了大量工作。她带领干部加强理论和业务学习,做"学习型干部",并创办乡村二级妇女学校156所,积极组织农村妇女进工业园务工学习,加强城乡妇女的职业技术和实用技术培训,提高城乡妇女的科技文化素质和就业能力。她围绕党政中心工作,开展"双学双比"、"巾帼建功"、"五好文明家庭"创建活动,积极带领妇女群众建功立业。她为妇女儿童办好事、办实事,大力实施"救助贫困母亲行动"、"春蕾计划",募集资金帮助贫困母亲和失学女童,使200余名失学女童重返校园。

谈琼华 1977年7月出生,中共党员,江西省交通厅温厚高速公路"全国巾帼文明示范班"班长。2004年被江西省交通厅和江西公路开发总公司授予劳动模范荣誉称号,2006年被评为江西省三八红旗手。自2001年被安排到温厚高速公路分公司温圳收费站担任收费员,她用真诚的服务、甜美的微笑换来无数

人发自内心的理解与尊敬,以强烈的工作责任心、踏实的工作作风、娴熟的业务技能赢得了领导、同事和广大司乘人员的赞誉。担任班长后,她加强班组管理,采用重点坐道和轮流坐道相结合的方式,将月绩效考核与奖励竞争机制挂钩,提高了收费员的工作积极性和工作效率。她还不断丰富文明创建内涵,每年带领"巾帼班"的姐妹们到驻地附近的敬老院慰问孤寡老人。

黄晓岚 1963年10月出生,中共党员,南昌市西湖区工商局绳金塔分局局长。2003年被评为江西省三八红旗手,2005年被评为中国经济女性年度突出成就人物。她从事工商行政管理工作20多年,以对事业永无止境的追求,踏踏实实的工作作风,大义凛然的正气,在平凡的工作岗位上辛勤耕耘、真情奉献,取得了突出成绩,以实际行动树立了一位优秀共产党员、基层工商干部的良好形象。她坚决与违法违规行为作斗争,做勇于监管的标兵;细微处见真情,处处关心他人,做服务于民的表率;坚持廉洁自律,两袖清风,做勤政廉政的模范。

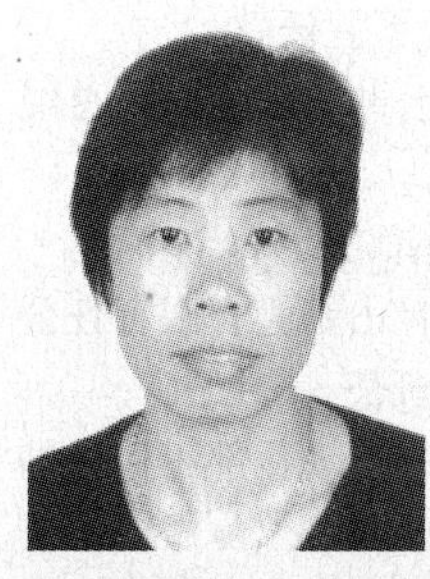

程冬琴 1968年11月出生,中共党员,上饶县皂头镇皂头村农民。2006年被授予江西省三八红旗手荣誉称号。她从事来料加工,凭着敢闯敢干的精神、精益求精的技术、科学有效的管理,从赣东北地区众多来料加工经纪人中脱颖而出,年加工产值达500多万元。她组织的加工点现已遍布上饶县南部各乡镇,并延伸到广丰县、信州区等地,加工群体规模大时达3000多户,成为农村妇女和谐创业、脱贫致富的带头人。她致富不忘乡亲,扶持了30多名经纪人。这些经纪人既为自己家庭找到了一条发家致富的道路,又帮助当地80%以上的农家妇女在家里实现就业,给当地农村带来了家庭增收入、邻里增和睦、社会增和谐的新气象。

蓝　琳 1958年11月出生,畲族,中共党员,南康市建设局副局长。2003年被评为江西省三八红旗手。她在妇女工作中发挥妇联组织的作用,建立并实施妇联"议政、建言"制度,开展"先进文化进家庭"等活动,带头资助贫困儿童和妇女,为夯实党的群众基础和社会基础作贡献。她认真学习党的基本理论和路线方针政策,在《中国建设报》《江西建设》等报刊发表论文10余篇,带动干部职工提高思想觉悟,推动局机关党支部发挥战斗堡垒作用,多次被市直工委评为"先进党支部"。她分管小城镇建设取得突出成绩,2000年潭口镇被评为"全国小城镇建设先进单位"、唐江镇评为"小城镇建设先进示范镇",2004年潭口镇和唐江镇被列入全省八大重点建设示范镇。

廖淑芳 1965年出生,江西珊娜果业有限公司总经理。2003年被评为江西省第二届十大杰出青年农民,2006年获全国三八绿色奖状。自1997年租赁荒山创建江西珊娜果业有限公司以来,她投资1000余万元,以农业部门为技术依托,引进新品种、新技术,重点开发新余蜜橘266.67公顷、翠冠梨66.67公顷、油茶6.67公顷等,建立母本园和科研基地,形成以本地特色品种新余蜜橘为主,其他水果为辅的优质水果基地。公司资产达2100万元,产品出口到美国、东南亚市场。她致富不忘帮扶群众,每年普及实用技术20项以上,免费为全市果农提供技术和营销培训1000人次,带领周边4000多农户共同致富,解决300余人就业问题。近年来,她的公司先后被评为中国绿色食品生产基地、江西十大水果生产基地、江西省农业产业化龙头企业。

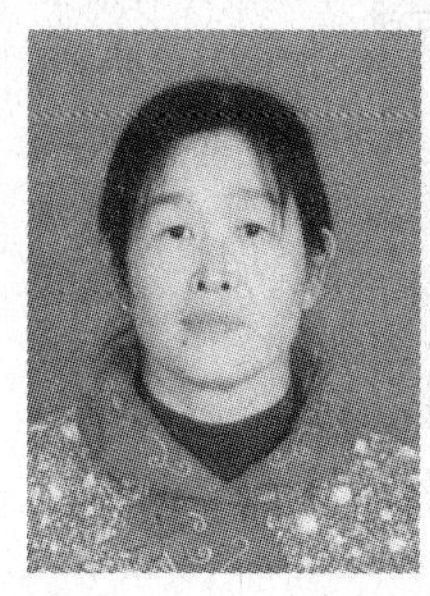

廖慧香 1965年4月出生,吉安市青原区东固畲族乡江口村妇代会主任。2003年当选为江西省十届人大代表,2005年被评为江西省"双合格"家长,2006年被评为江西省劳动模范。她是致富女能手、创业带头人,2002年创办宏伟竹木制品厂,帮助当地36名劳动力就业;2005年又与人合作成立青原区农村客运服务有限公司。她积极带领群众共同富裕,组织养殖培训、购买科技书籍,采取自己出资、困难农户出劳力的方式发展养殖业。她是优秀的村妇代会主任兼计生专干,勤勤恳恳工作,热心公益事业,深受群众好评。

谭玉英 1966年6月出生,中共党员,南丰县三溪乡党委书记。2004年被评为江西省三八红旗手,2005年被评为江西省人民满意公务员。三溪乡是南丰县唯一的省定贫困乡。她担任三溪乡党委书记期间,面对贫困落后面貌不退缩,狠抓管理聚合力量,以一系列制度和活动为载体,培养干部、锻炼干部、凝聚干部,激发大家改变三溪面貌的决心。她潜心谋划发展经济,立足山林资源和傩文化资源发展生产、引进项目、开发旅游,实现财政收入年年提前完成,农民人均纯收入翻番的目标。她为民办事温暖民心,修公路、通电线、建学校,实现村村通高压电、组组通公路,彻底扭转财政任务完不成、工资发不出、干部群众对发展普遍缺乏信心的不利局面。在她的带领下,三溪乡领导班子赢得干部群众好评,先后被市委、县委评为"三民"乡镇好班子。

谭　洁 1971年2月出生,中共党员,解放军第94医院干部病房护士长、主管护师,江西医学院护理系兼职讲师。2005年被评为江西省三八红

旗手。2005年1月，她因政治坚定、思想可靠、表现优秀、业务技术过硬、军事素质良好、身体健康，经层层选拔、考核，成为南京军区第二批赴利比里亚维和医疗分队的正式队员。在利比里亚，她克服武装分子活动频繁、缺水少粮、服务对象中50%以上患有艾滋病等各种传染病的恶劣环境，尽职尽责、努力工作，出色完成各项工作任务。其间，她还被抽调担任联合国官员在医院参观的英语引导员，用英文为当地居民宣传艾滋病预防与治疗知识，翻译文件资料4篇，补充和完善医院"门诊接诊室护理工作常规"，协助医疗分队撰写《维和医疗分队中国二级医院工作程序指南》，撰写5篇反映维和队员工作、生活、学习的故事，被联合国授予"和平勋章"，荣立个人三等功。

熊　乔　1969年12月出生，中共党员，新余市渝水区法院副科级审判员、民一庭副庭长。2002年被评为全国法院系统指导人民调解工作先进个人，2004年被评为全省政法系统人民满意五星干警，2006年被评为全省优秀法官、江西省三八红旗手。她长期从事民事审判工作，注重发挥调解功能，把人民调解的优良传统与现行的审判方式改革有机结合起来。在办理婚姻家庭类纠纷案件中，她以情感人，注重做好双方当事人的思想教育工作，化解家庭矛盾。她充分利用多年来从事民事审判工作的经验，在社区积极开展民事纠纷调解工作，将大量纠纷化解在初始阶段，被居民称为"社区的贴心人"。近三年来，她审结民事案件800余件，优良率达100%，受到当事人的一致好评。

燕荷花　1956年10月出生，中共党员，南昌青岚食品有限公司董事长。2004年被评为全国"双学双比"女能手，2006年被评为江西省三八红旗手，

当选为南昌市第十二届政协委员。她创办的南昌青岚食品有限公司是集种植、生产、加工、销售为一体的农产品加工企业。经过近10年的发展，企业由原来只有10名员工、8万元注册资金的作坊式小加工厂，发展到拥有员工124名、注册资金200万元、固定资产510多万元、流动资金160多万元的公司。截至2004年，公司创产值2080多万元，销售收入1989万元，实现利税280多万元，先后获市、县两级巾帼科技致富工程示范基地，市、县级龙头企业和江西省诚信企业等荣誉称号。她还投入20多万元购进缝纫设备，对家庭生活较困难的100余名农村妇女进行服装缝制技术培训，使她们掌握一定的服装生产技术，为她们再就业和创业奠定基础。

（何　颖）

江西省"五一"劳动奖章获得者

雷秋模　南昌市第三医院乳腺疾病防治中心首席医师
喻春梅（女）　南昌市公共交通总公司电车公司一车队驾驶员
张仁忠　江铃汽车集团公司江铃车厢内饰件厂厂长
程　钢　江西国药有限责任公司车间主任
杨秋贵　南昌市市政工程管理处道路维修公司班长
邹献仁　南昌鲜徕客食品有限公司总经理
万　辉　南昌市公安局南站派出所所长
胡伟平（女）　南昌市人口与计划生育委员会主任
杨晓琴（女）　新建县城乡规划建设局工会主席
梁齐家　进贤县供电有限责任公司经理
熊水斌　南昌高新区管委会社会发展局副局长
滕富连　江西省南昌供电公司总经理
刘东庚　南昌市工商行政管理局局长
夏柳青　进贤县国家税务局局长
杨守明　都昌县造船厂第一车间主任
李贵斌　中石化九江石化总厂成品车间主任
胡济贫　九江共青供电有限责任公司供电所所长
程春如　九江港口集团公司龙开河港务公司设备组长
谭志成　江西星火有机硅厂一分厂合成车间主任
吴雄辉　江西新华九江印刷总厂副厂长
骆　霞（女）　九江市妇幼保健院院长
高　华　彭泽县人民医院内科主任
曹晓勤　九江市国家税务局信息中心副主任
朱又新　中国兵器装备集团公司第五七二七厂厂长
黄水泉　景德镇市陶瓷研究所高级工艺美术师
朱建华　景德镇市珠山环卫局珠山环卫所清扫员
洪招弟（女）　景德镇市华风瓷厂班长
胡孝连　中国联通景德镇分公司总经理
肖　鹏　萍乡市邮政局投递员
何全任　萍乡市公路管理局上栗分局养护道班长
肖善香（女）　萍乡高等专科学校外语系主任
谢国华　萍乡市公共交通总公司总经理
练颂民　芦溪县南坑镇工会主席
周全保　新余市良山钢管有限责任公司机修班长
彭军明　新钢公司自动化部工控站站长
陈如华（女）　分宜县印刷厂华粮大酒店经理
孔　兴　新余前卫化工有限公司车间主任
李　平　江西贵溪化肥有限责任公司车间主任
王江议　江西省核工业地质局二六一大队勘查院工程师
谢晓明　九发（宁都）食品有限公司总工程师
黄君仲　鹰潭市邮政局局长

周 宏 江西赣南果业股份有限公司赣州酒业分公司配制车间主任
伍复女(女) 赣州市电信分公司部门经理
徐祖涛 定南县供电有限责任公司党总支副书记
曹岗龙 江西大吉山钨业有限公司装矿机工
杨伦华 会昌县审计局局长
曾剑峰 石城县国家税务局局长
李赣茂 赣州八五二台台长
曾康华(女) 赣州市妇幼保健院院长
刘小鹿 江西新世纪汽运集团有限公司董事长
张华荣 赣州华坚国际鞋城有限公司总经理
周武旺 樟树市齐灵药业有限公司新产品开发部主任
龚爱罩 江西铜安工程集团有限公司技术员
乐小榆 江西特种汽车有限责任公司技术质量部部长
熊小军 宜春通达路桥建设有限公司项目经理
万仁龙 英岗岭矿务局局长
邹 峰 万载县供电有限责任公司经理
李金元 宜春市万载县总工会主席
甘树林 奉新冶城职校教务处主任
梁建国 高安市人民医院副院长
刘建明 宜春市地方税务局副局长
艾志峰 弋阳江冶有色加工厂技术员
吴新华 国电黄金埠发电厂筹建处科长
王定水 江西省新厦建筑工程有限公司助理工程师
夏良俊 江西月兔集团有限公司文明办主任
杨发先 上饶县中学校长
刘光爱 波阳县自来水公司工程部部长
张帅貌(女) 上饶市商业总公司养老统筹服务部主任
项 英(女) 江西峰饶食品有限公司杀菌员
黄永久 峡江县公路分局砚溪养路队队长
李其煜 吉安市红耐金属材料有限公司电工
杨建军 江西电缆有限责任公司技术开发部部长
赖明远 江西机械化工厂车间主任
王见生 江西省安福中学教务主任
尹 翼 吉安市第三人民医院精神科主任
邓玉梅(女) 泰和县水产技术指导站站长
梁明云 中国国电集团公司万安水力发电厂厂长
刘省龙 江西金泰米业有限公司销售员
姜国亮 博雅生物制药股份有限公司生产部经理
孔云生 江西天施康中药股份有限公司珍视明药业分公司办公室干事
谢国发 临川一中教师
章 卫 抚州市公安局临川分局刑警大队教导员
游贵颖(女) 江西阿颖金山药食品有限公司董事长
魏 庐 抚州市临川区地方税务局信息中心主任
周卫平 江西抚州供电公司营销员
邹晓毛 江西景德镇发电有限责任公司电气运行班班长
江祥林 江西省交通科学研究院桥梁研究所所长
肖志坚 江西省地质调查研究院西藏区调队副队长
周石南 南昌铁路局宜春车务段段长
高志强 鹰潭车辆段检车工长
王文杰 中铁二十四局集团南昌铁路工程有限公司董事长
姜桂平 江铜集团贵溪冶炼厂车间主任
宋 涛 洪都集团公司试飞站组长
钟丽群(女) 新余市邮政局抱石东路支局局长
赵会安 江西省公安厅刑事科学研究所副所长
龚洪翰 南昌大学第一附属医院副院长
汤赛南 江西师大附中校长
毛德根 江西省第三建筑有限责任公司经理
刘合春(女) 九江市第一人民医院肝胆外科主任
陶四元(女) 江西赣粤高速公路股份有限公司副总经理

(省总工会经济部)

江西十大杰出青年

邓椿敏 男,1979年10月出生,共青团员,中专,下岗技术职工。从1998年起,他每年参加2~3次无偿献血,总量达3000毫升。2006年,当得知福建厦门一位21岁的小伙子身患白血病急需移植造血干细胞时,他于5月15~16日2天2次捐献了185毫升造血干细胞,拯救了一个同样年轻的生命。他的成功捐献,实现了江西省非血缘关系造血干细胞捐献工作零的突破。捐献后,他仍不断感召和呼吁更多的人加入到拯救生命、奉献爱心的行列。荣获福建省“红十字博爱金鼎”奖、“中国捐献造血干细胞荣誉证书”、江西省“志愿者贡献奖”,江西省“青年志愿者服务特别奉献奖”。

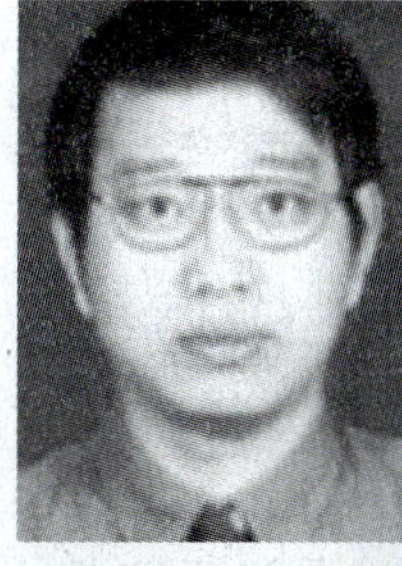

裴鸿卫 男,1966年8月生,中共党员,研究生,江西省委组织部干部四处副处长(兼部包村帮扶工作组组长,挂职高安市委副书记)。2004年至今,他带领省委组织部包村帮扶工作组,在高安市南坪村积极探索出了一套既符合中央政策,又切合农村实际的社会主义新农村建设模式,建设了江西目前最大的社会主义新农村建设群落之一。他多措并举打造南坪村“一村一品”示范基地,开通江西蔬菜网,使高安市上湖乡农村信息化工作走在了全省前列;组建村民理事会、娃娃理事会等一系列村民自我管理组织,探索出社会主义新农村建设长效机制。他积极探索的“南坪实验”得到中央、省领导的高度评价,得到了20余家中央及省级新闻媒体的高度关注,其经验在全省、全国得到推广。挂职期间分管的卫生工作获全国农村初级卫生保健先进单位、第三次国家卫生服务调查先进单位、全国先进卫协会等荣誉称号。分管的科普、科协工作获全国农村科普示范市等称号。

谢小英　女，1969年5月出生，中共党员，大专，吉州区习溪桥街道长岗岭社区居委会主任。8年来，她精心为社区居民营造温馨家园。上任伊始，上下求援，广泛筹集，解决了居委会无办公场所的难题，建成一幢126平方米的两层办公楼，购买了300平方米的4个门面作为居委会办公及服务设施用房。先后创办了长岗岭社区各类文艺演出队，开展丰富多彩的宣传活动，寓教于乐，树立新风。她在社区建立并完善了社区服务体系，为居民提供多项服务，安置下岗职工就业达1389人。社区连续4年被授予市级"一级居委会"和"文明居委会"等荣誉称号，被授予"全省社区建设示范社区"、"省先进基层党组织"称号。荣获中组部、民政部的"全国优秀社区工作者"。

王瑞兰　女，1966年8月出生，农工党员，博士研究生，南昌大学第二附属医院急诊科主任。近20年来，她一直在抢救急危重病人第一线，成功抢救病人2万多人，未发生一起医疗事故。积极在各种急性中毒、危重病救治领域开拓抢救技术，改进抢救方式。2000年，率先在江西省开展用二巯基丙磺酸钠治疗急性毒鼠强中毒，大大提高了毒鼠强中毒救治率。2005年又成功抢救江西省首例百草枯中毒患者。她参加国家科技部95公关课题、主持省级课题7项，在省级以上刊物发表论文20余篇。她撰写的论文在美国胸科年会上作大会宣读。被评为全国毒鼠强防治工作先进个人、江西省科协远航工程奖、江西省高校青年骨干教师。

何春富　男，1968年2月出生，高中，江西春龙控股集团董事长、新余市政协常委。20年来，他一直专注于发展反光材料行业，由当初600元起家，成为拥有资产5亿元的大型现代化民营企业主。集团年产反光材料1600万平方米，反光服饰上千万件，共上缴国家税费5000多万元，成为国内反光材料生产行业的排头兵。2004年落户新余后，他大力支持地方招商引资工作，经他介绍引进新余经济开发区投资的企业有8家，总投资上百亿元，安置就业1万多人；他热心公益事业，累计捐款捐物300多万元。被授予"新余市招商引资突出贡献奖"、新余市"十大杰出青年"及"江西省十佳杰出创业青年"、江西省"十五"技术改造先进工作者。

余立锋　男，1978年9月出生，共青团员，景德镇陶瓷学院设计艺术学院研究生。在大学本科学习期间，他有多幅作品和论文发表在《艺术与生活》等杂志及学术刊物上。成为景德镇陶瓷学院硕士研究生后，在学院培养下，他的设计水平突飞猛进。不到半年的时间，他在两个全国性的汽车设计大赛中力压群雄，获得最高奖。2005年11月，他接连获得了被称为设计界奥斯卡奖的德国红点和IF两项国际设计大奖，这是历年来中国大陆大学生首次获得这两个奖项。近几年来，先后在国际国内诸多手机、眼镜、自行车、汽车等设计大赛中，获得近20个奖。2006年，荣获第六届"瓷都十大杰出青年"称号。

曹伴好　男，1968年10月出生，中共党员，研究生，江西省委教育工委、江西省教育厅办公室副主任。作为一名教育系统普通的公务员，他十几年如一日，矢志不渝，持之以恒，从小事做起，从自己做起，模范践行一个普通公务员的职责和使命。他顾全大局，甘

于奉献，爱岗敬业，任劳任怨，勤奋好学，善于钻研，自费攻读了教育学硕士学位，在省级以上报刊发表论文、言论、散文160余篇计20余万字，发表新闻报道300余篇计10余万字。连续9年在厅机关公务员工作考核中获"优秀"等次，荣获"全省普通高中课程改革工作先进个人"、"全国普通高中课程改革工作先进个人"、省直"十大杰出青年"称号。2006年，荣获"江西省首届十佳青年道德楷模"。

邹　勇　男，1969年7月出生，大专，江西天宇燃料集团有限公司董事长。他从6年前开始白手起家，艰苦创业，诚信经营，从未出现偷税、漏税现象，成为萍乡市市委、市政府授予的纳税超500万元有突出贡献的民营企业之一，连续四年被评为萍乡市"AAA重合同、守信用单位"及工商免检企业。他立志回报社会，服务社会，安置500余下岗人员，捐助筑路建校等达100多万元，资助贫困户及贫困学生达32万元。先后被评为萍乡市"诚信经营会员"、发展环境群众满意单位和机关作风优秀单位"双十佳"评议员。2006年，被中共醴陵市市委、市政府授予"农村道路建设先进个人"称号。

夏唐辉　男，1970年10月出生，中共党员，大专，兴国县高兴镇长迳村党支部书记。作为一名农村党支部书记，几年来，他带领全村百姓大力发展产业、构建小康家园、倡导文明新风，彻底改变了过去产业单一、组织薄弱、村庄破旧、观念落后的现象，各项工作取得优异成绩。长迳村先后被评为赣州市"2005年度

新农村建设工作先进村”、“江西省文明村镇”；长迳村党支部被评为省“农村‘三培两带’先进党组织”；长迳村宜桂小区被评为“江西省十大文明村庄”。获得江西省创建安全文明铁道线活动先进个人、赣州市优秀共产党员、劳动模范称号。

廖　昶　男，1966 年 6 月出生，中共党员，硕士研究生，江西四特酒有限公司党委书记、董事长、总经理。近五年来，在白酒税收政策调整、假冒伪劣横行、地方保护严重、市场竞争激烈的情况下，他带领员工自我加压，求新思变，创造出了令人刮目的佳绩。2005 年与 2001 年相比，工业总产值由 3.02 亿元增加到 5.66 亿元，增长 87.42%；销售收入由 3.07 亿元增长到 5.29 亿元，增长 72.31%；上交税利由 0.56 亿元增加到 1.21 亿元，增长 114.84%。企业主要经济指标名列全国白酒行业前列，居江西省白酒行业之首。企业先后被授予“中国食品工业百强企业”、“全国酿酒行业百名先进企业”、“全国食品安全百佳企业”、“全国重合同守信用先进单位”等称号。四特品牌被国家工商总局认定为“中国驰名商标”。他被评为江西省优秀厂长（经理）、十大井冈之子、省“五一”劳动奖章获得者、省劳动模范。

（李超群）

江西省加大力度培育非公有制经济健康发展，非公有制经济为江西经济建设实现又好又快发展作出了显著贡献。2006 年 9 月，江西省召开个私、非公有制经济人士优秀建设者表彰大会，图为大会会场。

邓小勇供稿

专　　录

本栏编辑　李荣根

江西省人民政府印发江西省国民经济和社会发展第十一个五年规划纲要的通知

2006年3月1日

各市、县(区)人民政府,省政府各部门:

《江西省国民经济和社会发展第十一个五年规划纲要》已经江西省第十届人民代表大会第四次会议通过,现印发给你们,请认真贯彻执行。

江西省国民经济和社会发展第十一个五年规划纲要

(2006年2月12日江西省第十届人民代表大会第四次会议通过)

目　录

全省国民经济和社会发展第十一个五年规划，是加快江西在中部地区崛起、全面建设小康社会进程中的重要规划。科学编制并有效实施“十一五”规划，对江西未来发展具有重大意义。

第一章 全省经济社会发展总体要求和主要目标

第一节 发展基础

“十五”计划的有效实施为今后发展奠定了坚实基础。“十五”时期是江西发展史上不平凡的五年。我们以邓小平理论和“三个代表”重要思想为指导，树立和落实科学发展观，解放思想，开拓创新，走加快发展新路。成功战胜突如其来的非典疫情和频繁的自然灾害，着力解决发展中的突出矛盾。全省改革开放和社会主义现代化建设取得显著成就，提前一年完成“十五”计划主要发展目标，全面和超额完成“十五”时期的各项任务。

——经济进入快速发展新阶段。全省生产总值由2003亿元上升到4070亿元，按可比价年均增长11.6%，人均生产总值达到1140美元。财政总收入增长1.48倍。全社会固定资产投资翻两番。

——经济结构明显改善。国民经济三大产业的比例调整为18.9:47.4:33.7。工业成为推动经济快速增长的主导力量，在国民经济中的比重上升到33.7%；农业的基础地位更加巩固；服务业繁荣兴旺。所有制结构进一步改善。城市化率上升到37%。

——改革开放取得显著成效。农村税费改革、行政审批制度改革、财政体制改革、投资体制改革、国有企业改革、国有资产管理体制改革等取得重大进展。开放型经济取得重大突破，五年利用外资75.7亿美元，超过此前20年总和。外贸出口的产品结构和企业结构得到重大改善，稳定增长机制初步形成。

——发展环境发生巨大变化。城乡建设加快，面貌焕然一新。实现出省主通道和省会到设区市公路高速化。改造农村公路3.4万公里，是“九五”计划时期的5倍。生态环境得到有效保护，森林覆盖率达到60.05%，省级监控的地表水断面中Ⅰ至Ⅲ类水质占76.4%。政务环境建设深入推进，投资软环境明显改善。

——人民生活水平进一步提高。城镇居民人均可支配收入和农民人均纯收入年均分别增长11.1%和8.9%。价格总水平基本稳定。就业、社会保障和扶贫工作取得明显成效。城镇登记失业率控制在4%以下。

——社会事业全面发展。重点领域科技攻关取得新进展，科技成果转化加快。农村中小学办学条件明显改善，职业教育发展较快，高校在校生扩大到64.6万人，人才进出基本平衡。全省疾病预防控制体系和医疗救治体系得到加强。广播电视人口综合覆盖率进一步提高。全民健身运动蓬勃开展，成功举办第五届全国农民运动会。计划生育成效显著，低生育水平保持稳定。

——精神文明和民主法制建设深入推进。深入持续开展了主题鲜明的解放思想学习教育活动，“求新思变、开明开放、诚实守信、善谋实干”成为广大干部群众的自觉追求。基层民主建设不断加强，各级行政机关依法行政水平明显提高。社会治安和安全生产形势平稳，社会保持稳定。

事实表明，江西在中部地区崛起的态势已现端倪，全省经济社会发展处在一个新的历史起点上。

全省在实践中形成了推动发展的重要理念和经验。回顾过去五年，江西发展之所以比较快，在于坚持以邓小平理论为指导，忠实践行“三个代表”重要思想，牢牢把握发展这个第一要务，紧紧依靠4200万江西人民，激发广大干部群众的积极性、主动性、创造性，聚精会神搞建设、一心一意谋发展。在于探索并坚持实践证明正确的发展思路不动摇，以加快工业化为核心、以大开放为主战略，建设“三个基地、一个后花园”，在此基础上“对接长珠闽、融入全球化”。在实践中形成了新的理念：观念就是财富，思路决定出路，环境是最大的品牌，发展是永恒的主题。积累了不少重要经验：把解放思想贯穿于加快发展的全过程是必须长期坚持的发展之道；积极探索符合江西省情的发展新路是开创发展新局面的关键所在；全方位推进改革开放是推动经济发展和社会进步的力量源泉；在加快工业化同时加强农业基础地位是实现经济社会稳定快速发展的必然选择；把人民群众利益放在首位是正确处理好改革、发展、稳定关系的重要前提；优化发展环境是实现崛起必须常抓不懈的基础工程。这些理念和经验有助于推进经济社会又快又好发展,要继续坚持和完善。

第二节　发展环境

"十一五"规划时期具备又快又好发展的战略机遇和有利条件。经济全球化趋势增强,国际生产要素流动和产业转移步伐加快。国内居民消费结构逐步升级,产业结构调整和城镇化进程加快。社会主义市场经济体制不断完善,国家促进中部地区崛起的战略决策正在实施。全省已积累多年投入和发展能量,发展后劲显著增强。软硬环境极大改善,全省干部群众气顺、劲足、心齐、人和。这些都为我省今后发展创造了有利条件。同时,必须清醒认识到,我们所处在的既是"黄金发展期",也是"矛盾凸显期"。经济基础仍然比较薄弱,粗放型经济增长方式特征明显,结构性矛盾比较突出;国内外市场竞争激烈,资源环境约束加剧,资金、电力、运力供需矛盾较多;解决"三农"问题和就业问题任务艰巨,影响发展的体制机制问题亟待解决,处理好社会利益关系难度加大。总体上看,机遇大于挑战,国内外环境有利于江西又快又好发展。

加快崛起是全省"十一五"规划时期最紧迫的任务。我省经济社会发展取得了重要成就,但江西欠发达省份的地位尚未根本改变。"十一五"规划时期是全面建设小康社会的关键时期,也是江西在中部地区崛起的关键时期。在这一时期经济社会能否又快又好发展,对实现江西在中部地区崛起、全面建设小康社会的目标具有决定性意义。全省上下要紧紧抓住可以大有作为的重要战略机遇期,奋发有为,励精图治,积极应对各种挑战,认真解决长期积累的突出矛盾和问题,在新的起点上开创我省社会主义经济建设、政治建设、文化建设、社会建设的新局面。

第三节　总体要求

"十一五"规划时期经济社会发展的总体要求。以邓小平理论和"三个代表"重要思想为指导,全面贯彻落实科学发展观,紧紧抓住重要战略机遇期,着眼加快崛起、富民兴赣,立足科学发展,着力自主创新,完善体制机制,促进社会和谐,大力推进农业农村现代化、新型工业化、新型城镇化、经济国际化和市场化,建设创新创业江西、绿色生态江西、和谐平安江西,提升发展质量和层次,增强全省经济社会综合实力,为实现江西在中部地区崛起和全面建设小康社会宏伟目标打下坚实的基础。

科学发展观是指导发展的世界观和方法论的集中体现。做好"十一五"规划时期的各项工作,必须以科学发展观统领经济社会发展全局。为此,全省上下必须切实做到:

——坚持发展是硬道理的战略思想。我国正处于并将长期处于社会主义初级阶段,我省经济不发达的特征明显。要满足人们日益增长的物质文化需求,缓解就业的巨大压力,处理好各种社会矛盾,关键在于发展;要实现江西崛起、全面建设小康社会的目标,必须加快发展。要始终坚持发展是硬道理的战略思想不动摇,坚持以经济建设为中心不动摇,坚持抓好发展这个第一要务不动摇,坚持聚精会神搞建设、一心一意谋发展不动摇,坚持实践证明行之有效的正确发展思路不动摇。

——坚持在发展中提高、在提高中发展。发展必须是科学发展。要进一步转变发展观念,创新发展模式,提高发展质量,落实"五个统筹",把经济社会发展切实转入全面协调可持续发展的轨道,努力形成好中求快、快中求好的良性发展局面。必须加快转变经济增长方式,着力提高资源利用效率,降低物耗能耗,优化产业结构,提高国民经济整体素质;必须着力提高自主创新能力,积极推进原始创新、集成创新和引进消化吸收再创新,提高科技进步对经济增长的贡献率和经济的竞争力;必须大力促进城乡协调发展,把加快工业化、城镇化进程与解决好"三农"问题更紧密地结合起来,在致力于增强农业农村自我发展能力的同时,增强工业反哺农业、城市支持农村的能力;必须切实保护生态环境,坚持"既要金山银山,更要绿水青山",加快建设资源节约型、环境友好型社会,做到节约发展、清洁发展、安全发展,实现可持续发展。

——坚持用发展和改革的办法解决前进中的问题。发展中的问题要靠进一步发展来解决,改革中的矛盾要靠深化改革去化解。要深入实施大开放主战略,加快经济国际化进程,充分利用国际国内两种资源、两个市场,为经济发展拓展更广阔的空间;深入推进市场化改革,下更大决心、以更大力度清除制约经济社会发展的体制机制障碍,增强发展的活力和动力;深入推进全民创业,充分调动和发挥各方面的创造性,最大限度地激发全民创业的潜能,加快富民兴赣进程。

——坚持把最广大人民的根本利益作为一切工作的出发点和落脚点。贯彻以人为本的要求,坚持发展为了人民、发展依靠人民、发展成果由人民共享,大力加强和谐社会建设。更加注重经济社会协调发展,加快发展社会事业,促进人的全面发展;更加注重社会公平,在经济发展的基础上不断改善人民群众的生活,切实维护群众利益;更加注重民主法制建设,正确处理改革发展稳定的关系,保持社会安定团结。

第四节　主要目标

综合考虑我省发展的趋势和条件,"十一五"规划时期,我省在中部地区崛起进程中要有更大作为,完成全面建设小康社会的阶段性任务。主要目标是:

——经济实力进一步增强。全省生产总值按可比价年均增长11%,人均生产总值达到2000美元以上。财政总收入年均增长15%。全社会固定资产投资年均增长16%。社会消费品零售总额年均增长13%,价格总水平涨幅控制在年均3%左右。

——经济增长质量明显改善。资源利用效率显著提高,力争单位生产总值能耗降低20%。自主创新能力增强,全社会研究与试验开发经费支出占全省生产总值的比重达到1.2%。科研成果向现实生产力转化加快,科技进步对经济增长的贡献率达到50%以上。

——经济结构继续优化。国民经济三大产业比例调整为13:52:35。农业综合生产能力进一步提高,工业增加值占全省生产总值的比重达到40%以上,服务业层次上升。

所有制结构进一步改善。产品结构和企业组织结构更趋合理,形成一批拥有自主知识产权和品牌产品、市场竞争力较强的优势企业。

——市场经济体制比较完善。行政管理、国有企业、财税、金融、科技、教育、文化等领域的改革和制度建设取得突破。对外开放进一步扩大,实际利用外资年均增长10%,外贸出口年均增长15%,开放型经济达到新水平。

——统筹城乡发展取得重大进展。大中小城市和小城镇布局合理,城市功能全面提升,城市化率提高到45%以上。消除城乡二元结构的体制性障碍取得新进展,建设社会主义新农村取得明显实效。

——公共服务更加健全。九年义务教育普及和巩固,职业教育大力发展,高等教育质量明显提高。公共卫生和基本医疗服务进一步加强,公共文化服务体系比较健全。五年新增城镇就业230万人,城镇登记失业率控制在5%以内,基本养老保险参保人数扩大到550万人,新型农村合作医疗覆盖率达到80%以上。防灾减灾能力增强,社会应急体系基本健全,公共安全状况进一步好转。

——人民生活水平进一步提高。城镇居民人均可支配收入达到13000元,农民人均纯收入达到4600元。城乡居民恩格尔系数分别降到0.4和0.5以下。城镇人均住房使用面积达到30平方米,农村人均居住面积达到35平方米。城乡居民文化生活更加丰富,民主法制建设和精神文明建设取得新进展。

——可持续发展能力增强。人口自然增长率控制在8‰以内。耕地总量占补平衡。全省森林覆盖率达到63%。各类污染物排放得到有效控制和治理,城镇生活污水集中处理率达到60%,城镇生活垃圾无害化处理率达到70%,设区城市空气质量达到国家二级标准。江西环境优美、山清水秀,成为我国独具特色魅力的生态强省。

第二章 建设社会主义新农村 扎实推进农业农村现代化

贯彻工业反哺农业、城市支持农村的方针,走出一条以城带乡、以工促农、城乡共同发展的新路子。按照"生产发展、生活宽裕、乡风文明、村容整洁、管理民主"的要求,立足当前,着眼长远,统筹规划,因地制宜,量力而行,遵循客观规律,尊重农民意愿,注重实际效果,扎实推进社会主义新农村建设。按照"希望在山、潜力在水、重点在田、后劲在畜、出路在工"的思路,全面发展农村经济,着力提高农业综合生产能力,千方百计增加农民收入。依靠科技进步和机制创新,加快传统农业向现代农业转变。

第一节 巩固提高粮食生产能力

严格执行基本农田保护制度和耕地占补平衡制度,确保基本农田总量不减、用途不变、质量提高。加大土地整理复垦力度,加快中低产田改造和机耕道建设,大力实施沃土工程、标准农田建设、国家基本农田保护示范区建设,恢复绿肥生产,增强土壤肥力,提高复种指数。加强大中型泵站更新改造,推进大中型灌区续建配套及节水灌溉工程建设,完成病险水库除险加固,加强小型农田水利建设,扩大农田有效灌溉面积。进一步巩固我省粮食主产区地位,使全省粮食综合生产能力稳定在400亿斤以上。注重改善品质、优化布局、提高效益,大力实施优质粮食产业工程,重点完善鄱阳湖地区、赣抚平原、吉泰盆地和赣西等大型优质粮基地建设。

第二节 调整农业结构

按照高产、优质、高效、生态、安全的要求,优化农产品结构和农业区域布局,加强农业资源尤其是山水资源的综合开发,大力发展经济作物和畜牧水产业,力争经济作物产值占种植业产值的比重提高到65%,养殖业产值占农业产值的比重提高到65%。推进优质农产品基地建设,在全省形成一批各具特色,具有规模效益、品牌效应和产业集聚力的优质农业产业群。

种植业。扩大优质、专用粮食和优质高效经济作物生产,做优做大干鲜果、茶叶、蔬菜、药材等产业。发展工业原料林,培植毛竹、油茶、森林食品等产业。重点建设赣南脐橙、南丰蜜橘、广昌白莲、赣北早熟梨、双低油菜、绿色蔬菜、有机茶、花卉苗木、中药材、油茶等特色产业基地。

畜牧业。大力发展特色畜禽,积极推进规模养殖和生态畜牧小区建设,加快形成优势区域。做强生猪产业,着力建设赣东、赣中、赣南20个产值超5亿元的生猪重点县。做大家禽产业,着力发展具有特色和市场前景的宁都黄鸡、崇仁麻鸡、泰和乌鸡等地方肉鸡,以及肉鸭、肉鹅等优质水禽产业。积极发展草食畜禽,加大草地资源的保护和开发利用,发展人工牧草,积极推广种草养畜,着力建设赣中、赣北、赣南三大养牛优势区和赣西、赣东肉羊产业基地。

水产业。巩固发展常规渔业、特色渔业,着力扩大创汇渔业,重点培植鳗鱼、鮰鱼、珍珠、虾蟹、龟鳖五大产业。开发利用湖区宜渔低洼地、湖库大水面和宜渔稻田三大资源,改造中低产鱼池,重点建设环鄱阳湖水产养殖区,提高水面利用率。

第三节 转变农业增长方式

加快推进农业产业化。大力发展农业产业化龙头企业,从财政、信贷和税收等方面加大扶持力度,提高农产品精深加工水平和转化效益。重点在粮食、柑橘、畜禽、乳制品、水产品、茶叶、蔬菜、中药材、油茶和有机农产品等领域,做大一批辐射面广、带动力强的大型骨干龙头企业,力争形成5个销售收入超50亿元的龙头企业、10个超20亿元的龙头企业、10个超10亿元的龙头企业,加快培育名牌产品,积极争创中国驰名商标。完善龙头企业与农户的利益共享机制,建立企农双方长期稳定的互动型发展关系。增强集体经济组织服务功能,发展多种形式的农村专业合作经济组织,提高农业生产的组织化程度。

加大科技兴农力度。加强农技推广体系建设,培育多元化的农技推广服务组织,积极组建和发展农民专业技术协会和农业科技型企业,加快推进农业科技进村入户。建设一批农业科技园区和农业开发示范区,培养发展农业科技示范户。以良种繁育、节本增效为重点,加快先进适用技术的集成、示范和应用。实施良种工程,扩大优质品种的引进、繁育与推广，使农产品优质品种应用率达到99%。开展土壤地球化学背景值和土壤污染防治调查，引导农民科学使用肥料和农药，推广测土配方、平衡施肥。发展农机作业、维修和销售市场，力争全省综合农业机械化水平达到50%。大力推广以机械插秧为重点的先进农机技术，建设农机示范村。扶持农机合作组织，引导农机跨区作业。加强农业气候资源利用，实施空中云水利用工程，推进人工增雨作业基地建设，增强气象为农服务能力。推进农产品质量安全体系建设，大力发展无公害农产品、绿色食品和有机食品。加强农业标准化体系建设，加快农产品生产、加工、销售标准化步伐，重点建立和推行无公害农产品产地环境标准、生产技术规程和产品质量标准，加强农业标准化技术培训和示范。完善农产品质量检验检测体系，建立质量安全的生产监管体系和追溯制度。加强动植物保护体系建设，提高重大动物疫病、林业有害生物、农作物病虫害的预防、控制和扑灭能力。

第四节　加快农村基础设施建设

加大对农村基础设施建设支持力度，不断改善农村生产生活条件。加快农村公路建设，新建和改造农村公路5万千米。实施农村饮水安全工程，解决农村500万人饮水安全问题。积极发展农村清洁能源，大力普及农村沼气，新增大中型沼气工程450处、户型沼气池80万个，推广节柴节煤灶280万个。继续推进水电农村电气化县建设，不断提高农村电气化水平。大力推进小水电代燃料工程，新增装机15万千瓦，解决农村75万户燃料替代问题。加大改水改厕力度，农村自来水普及率达到50%，农村无害化卫生厕所普及率达到50%。改善人居环境，实现人畜分离，整治脏、乱、差现象，加快村庄和庭院的绿化、美化。坚持以规划为龙头，因地制宜搞好村镇规划建设，优化村庄布局，集约使用农村土地，引导有建房需求的农民在规划区内建房，促进农民向中心村镇集中。加大“空心村”整治力度，推进旧宅基地复垦种植。坚持以产业为基础，大力发展农村经济，积极推进“一村一品”，增强农村自主建设能力。

第五节　加强农村公共服务

大力发展农村教育事业，普及和巩固农村九年义务教育，对农村学生免收杂费，对贫困家庭学生提供免费课本和寄宿生活费补助。发展农民职业教育，整合农村教育资源，大力实施“农民知识化”工程，加强农民职业技能培训，提高农民科技素质。加强农村公共卫生和基本医疗服务体系建设，巩固和健全县乡村三级农村医疗卫生服务体系，提高乡镇卫生院服务能力和水平，加强行政村卫生所建设。基本建立新型农村合作医疗制度，逐步完善农村大病医疗救助体系。建立健全兽医卫生公共管理体系，加强人畜共患疾病的防治。加强农村文化工作，健全农村公共文化服务网络，实现县有文化馆、图书馆，乡镇有综合文化站，行政村有文化活动室。实施新一轮自然村广播电视“村村通”工程，广播、电视人口综合覆盖率均达到99%。扩大农村电影覆盖面，基本实现全省行政村一月放映一场电影的目标。加强农村社会保障，基本实现农村“五保”对象集中供养，推进农村敬老院建设，实现每个乡镇有一所标准化敬老院。

加大扶贫力度，采取易地搬迁、整村推进、以工代赈、社会扶助等多种扶贫措施，改善贫困人口生产生活条件。在深山区、库区、少数民族地区和地质灾害频发区完成搬迁扶贫安置15万人，因地制宜抓好1800个重点村整村推进扶贫的组织实施，建设扶贫公路4000千米。积极开展贫困地区劳动力转移培训，大力支持产业化扶贫龙头企业发展，加大对水库移民的扶持力度，努力开辟增收新途径。增加对少数民族地区的投入，促进民族经济发展。

大力倡导文明新风，培养有文化、讲道德、守法纪、懂技术、会经营的新型农民。以提高农民思想道德素质为核心，积极建设村落社区，深入开展“文明村镇”创建和道德、法律、文化、科普“四进农家”活动，增强农民的民主法制意识、生态环保意识、文明卫生意识。加强农村党组织和基层政权建设，增强农村基层组织的战斗力，完善村民自治，推进村务公开和民主管理，发展多种形式的农村合作互助组织，提高农民群众自我教育、自我服务、自我管理的水平。

第六节　全面深化农村改革

坚持“多予、少取、放活”的方针，建立保障农民利益和农村发展的长效机制。稳定并完善以家庭承包经营为基础、统分结合的双层经营体制，根据自愿有偿的原则依法流转土地承包经营权，发展多种形式的规模经营，支持土地向种养大户流转。巩固农村税费改革成果，基本完成乡镇机构、农村义务教育和县乡财政管理体制等改革任务，健全党政主要领导负总责的农民负担监督管理机制。逐步清理乡村债务，规范“一事一议”。加大惠农政策实施力度，建立稳定增长的支农资金渠道，在免征农业税和除烟叶外的农业特产税基础上，进一步贯彻落实粮食收购价格、粮食直补和良种补贴政策，继续加大对粮食主产县、小型农田水利建设、中低产田改造和农机购置补贴等方面的支持力度。改善农村金融服务，规范发展适合农村的金融组织，探索和发展“三农”保险，进一步完善农村小额信贷办法，扩大信贷支农服务范围。全面推进林业产权制度改革，明晰林业产权，减轻林农负担，促进林业发展。规范林业产权流转，加快建立产权交易市场。推进水利产权制度和水利管理制度改革，加快农村水利事业发展，推广农民用水户协会。深化粮食流通体制改革，建立规范有序的粮食购销市场，发挥国有粮食购销企业的主渠道作用，确保粮食安全，鼓励有收购资格的非国有粮食企业和个体工商户直接向农民收购粮食。健全对被征地农民的合理补偿机制，根据经济发展水平提高补偿标准，采取多种方式安置被征地农民。

第三章　加快产业结构优化升级　大力推进新型工业化

坚持以工业崛起加快江西崛起，着力做大工业规模，提高工业在经济总量中的比重。以提高自主创新能力为中心环节，遵循科技含量高、经济效益好、资源消耗低、环境污染少、人力资源充分利用和信息化带动的原则，注重发展循环经济，提升工业增长质量，在加快发展中优化工业结构。以重大项目为突破口，夯实基础产业，延伸产业链，构建原材料工业、加工制造业、高技术产业相互支撑、协调发展的工业体系。

第一节 推进产业技术升级

加快传统产业改造。加快以信息技术为代表的高新技术和先进适用技术的扩散和渗透，提升传统产业的技术装备水平、生产工艺水平和产品质量水平。冶金工业，运用高技术装备勘探、采矿和选矿作业，加快冶炼加工技术进步，推广应用资源综合利用技术、节能技术、清洁生产技术、自动控制技术和在线检测技术。机械工业，以推广高精密度数控技术、数显技术、微电子技术为重点，加大行业技术装备改造力度，大幅度提高企业技术装备水平。石化工业，推进使用新型催化、新型分离、节能及环保技术，提升化工新材料、农用化学品、精细化工、生物化工的产业技术水平。建材工业，运用建材新技术和新工艺，增强新型聚合物、玻璃及玻璃纤维复合材料、新型墙体材料研发加工能力。陶瓷工业，加快窑炉改造，扩大燃气利用，推进原料标准化，提升陶瓷成形技术水平。纺织工业，加快信息技术、机电一体化无梭织机等新技术、新工艺在棉纺、麻纺、针织等方面的推广应用，重点开发高仿真、抗静电、抗菌、防紫外线的新型功能性纤维，提高CAD设计打板技术在服装行业的应用。食品工业，加快先进加工技术和工艺在农产品深加工和功能食品制造领域中的应用，重点推广基因工程技术、真空浓缩技术、冷冻干燥技术、微波技术、膨化挤压技术。

加快发展高技术产业。加快高技术研发、孵化和产业化，力争在电子信息、生物医药、新材料、航空航天、计算机软件等重点领域取得新突破。实施新型显示工程，重点推进液晶覆硅和高清晰液晶显示产品生产规模化，加快硅衬底半导体发光材料与器件产业化、大功率芯片照明应用。实施集成电路工程，推进晶圆生产和集成电路设计制造。实施生物医药工程，重点发展基因工程治疗药物、可降解医用高分子材料、血液制品。实施新材料工程，重点发展稀土发光材料、电子陶瓷材料、高分子复合材料、铜精深加工材料、多晶硅光伏材料。做大软件产业，培育壮大软件研发企业，大力发展网络平台软件、嵌入式软件、信息化应用软件，积极开拓软件外包业务，建设南昌软件基地。

第二节 加快壮大支柱产业

突出优势领域，加快规模扩张，力争到2010年，六大支柱产业规模以上企业实现工业增加值1300亿元，占全省规模以上工业增加值的70%以上。

汽车航空及精密制造产业。做大规模，提升配套。依托江铃、昌河、洪都集团等优势骨干企业，推进产品开发和零部件配套，提升产品技术含量和规模效益。重点发展轿车、轻型客车、轻型汽车及车用发动机，加快江铃VM发动机和新系列车型、昌河九江基地发动机和轿车、昌河景德镇本部新型微型车、华翔富奇汽车、鑫新实业中高档客车等生产线建设，加强江铃变速箱与车桥、长力弹簧及其他汽车零部件生产能力建设，推进多种能源、混合能源汽车的技术研发。积极发展民用飞机，加强现有机种改进改型，研制开发高级教练机、多用途直升机。依托长江岸线，整合中船、银兴、东海造船企业设计制造资源，发展临港船舶制造业。

特色冶金和金属制品产业。延伸产业链，推进深加工。进一步提升有色金属产业优势，重点提高南昌有色金属高端产品生产研发能力、赣东北铜冶炼加工能力、赣南稀有稀土金属深加工能力，发挥江铜集团的龙头作用，大力发展铜板带、铜管、铜箔和漆包线等深加工产品。着力推进钢铁精品加工，重点建设新钢300万吨薄板工程。推进三大精品基地建设，重点形成以新钢为依托的板材、线材精品，以南钢为依托的优质线材、螺纹钢、汽车弹簧钢精品，以萍钢为依托的建筑钢材精品。

电子信息和现代家电产业。培植主导产品，推进产业升级。加快整机生产上规模、上水平，着力做大数字视听产品、家用空调器产业，积极发展通信终端。加强配套部件生产，推进无氟压缩机上档次，进一步发展通信电缆、光电器件、温控器件、永磁电机、电子继电器、电真空器件等特色产品。

中成药和生物医药产业。培植优势品种，提升产业层次。积极引进、吸收和应用先进的提取、纯化和制剂技术，加快产业化。加快名优中成药二次开发，着重在中药饮片、中药保健品等方面创特色、上规模，做强汇仁、江中、仁和、海欣、天施康、珍视明、济民可信、桑海济生、樟树药帮、进贤医疗器械10大品牌。加快一、二类新药开发，重点发展治疗肿瘤、乙肝、艾滋病、心脑血管疾病的新型药物。建立中药材生产质量管理标准体系，推广道地中药材规范化种植。

食品工业。培植骨干企业，打造知名品牌。推进粮食、油料、畜禽、水产、果蔬等农产品精深加工，发展绿色食品、有机食品、保健食品和功能性特色食品。整合重组卷烟生产企业，提升烟草工业竞争力。提高白酒的市场占有率，进一步发展果酒，稳定发展啤酒。重点扩大金圣、润田、四特、月兔、临川贡等品牌效应。

精细化工及新型建材产业。调整产品结构，提高附加值。推进石化深加工，支持九江石化百万吨延迟焦化装置和柴油加氢精制装置项目建设。提升有机硅单体技术，扩大规模，加快研发深加工产品，形成20万吨有机硅单体生产能力，尽快建成气相白炭黑项目。进一步扩大新型干法水泥，力争占水泥总产量的70%以上，大力推广散装水泥和预拌混凝土。加快新型建筑材料发展，大力开发新型墙体材料、新型建筑装修材料和防火材料。

发挥比较优势，突出骨干企业的带动作用，加强产业延伸配套，重点建设在中部地区乃至全国有影响的铜、有机硅、盐化工、轻型汽车、新型显示、钨生产加工、稀土生产加工、特色陶瓷研发加工、中药现代化、服装鞋帽10大工业基地。

第三节 发展重大基础工业

加强矿产资源地质勘察，充分挖掘矿产资源潜力，发展重大基础工业，使资源优势转化为产业优势。发挥现有地勘队伍的作用，鼓励各类资本参与矿产勘察，增加资金投入，加大基础性地质、战略型矿产、紧缺矿种和危机矿山接替资源的勘察力度。规范和完善矿业权依法取得、有偿使用和有序流转制度，推进矿产资源合理开采和综合利用。

加大资源整合力度，增强矿产资源保障能力，以重大项目为依托，提高冶炼加工水平，形成工业持续增长的骨架。突出资源深加工，提高产品附加值，提升资源开发利用的效益水平。

铜资源利用。加强富家坞、武山、城门山铜矿挖潜扩产建设，提高铜精矿自给能力，使年产铜精矿金属含量达到20万吨。积极利用外部铜资源，建立稳定的供应渠道。扩大江铜集团冶炼能力，达到70万吨。加强铜矿资源综合利用，积极发展硫化工和金、银、碲、铋等稀贵金属深加工产业。

岩盐和萤石资源利用。加大规模化开采力度，着力实行深度加工和系列产品开发。建设赣中百万吨盐化工项目，发展离子膜烧碱、纯碱，开发无机和有机氯产品，形成盐类产业链。建设赣南和赣东北氟化工项目，推进萤石深加工，形成萤石精粉、氢氟酸、氟化盐、聚四氟乙烯等氟化工产业链。

稀有稀土资源利用。稀土，以分离、冶炼为基础，重点发展稀土永磁材料、发光材料、储氢材料。钨，控制开采总量，提升采选、冶炼技术，推进深加工，扩展品种，重点发展超细钨粉体材料、新型硬质合金。钽铌，提升加工应用技术水平，建设宜春钽铌加工项目，重点发展高性能电容级钽粉、钽丝产品。

第四节　做优做强工业园区

充分发挥工业园区的产业集聚作用，加大投资力度，加快建设步伐，积极发展块状经济。建立健全以市场运作为主的开发机制、以完善服务体系为重点的协调推进机制，推进工业园区土地集约化经营、产业链式化延伸、项目集群式组合、资源循环式利用。提高工业园区投入强度，争取每平方公里固定资产投资额达到8亿元以上，国家级开发区达到15亿元以上。提高工业园区产出水平，力争每平方公里销售收入达到10亿元以上、税收达到7000万元以上。提高工业园区产业集中度，培育发展特色工业园，使主导产业产值占园区总产值的比重达到70%以上。提高工业园区的产业配套水平，积极承接外来企业联动转移配套，引导民营经济自主创业配套，推进国有企业改制转产配套，因地制宜建设产业配套协作区。加快形成规模大、综合竞争能力强的成长型工业园区，力争销售收入超过100亿元的达到20个。

第五节　做强昌九工业走廊

遵循生产力布局规律，以产业为纽带，以交通干线为主轴，加快形成若干定位明确、优势突出、错位发展的经济增长带。抓住时机加快昌九工业走廊建设，发挥省会南昌人才、科技优势和产业带动作用，积极利用九江沿江港口辐射作用，联动发展沿线城镇和工业园区，把昌九工业走廊建设成为产业集群式发展、内外资呼应、大中小城市功能互补的产业密集区，到2010年力争使昌九工业走廊工业增加值占全省的50%以上。加快长江岸线开发，实行统筹规划、整体布局，发展壮大石油化工、汽车机械、冶金建材产业，加快培育船舶制造、数字家电、现代物流产业，形成沿江产业带。

第六节　优化产业组织结构

促进大中小企业协调发展，推动产业协作配套，提升工业总体竞争力。

以市场为导向、资本为纽带、核心企业为龙头，培育大而强的龙头企业。鼓励工业龙头企业通过收购、兼并、控股、联合等多种方式实行低成本扩张，增强核心竞争力和辐射带动力。把建设大项目作为发展大企业的重要途径，把科技创新和技术进步作为提升企业核心竞争力的中心环节，加快形成一批规模迅速扩大、拥有自主知识产权的龙头企业。到2010年，争取江铜集团年销售收入超过300亿元，新余钢铁、江铃集团、九江石化、萍乡钢铁、昌河集团超过200亿元，新增5家超过100亿元的企业。

以市场为导向，发展一批“专、优、特、精”中小企业。放宽市场准入，加大政策扶持。汽车、冶金、机械制造、石油化工等行业，着力在产业延伸、产品配套和生产流通等方面，发展与龙头企业联系紧密、优势互补、分工协作的中小企业。食品加工、建材、纺织等行业，充分利用我省丰富的特色农产品资源和劳动力资源，培育引进一批资源加工型、劳动密集型中小企业。进一步拓宽中小企业融资渠道，建立健全中小企业信用担保体系。切实减轻中小企业负担，为中小企业发展创造更有利的发展环境。

第四章　提高城乡发展融合度　大力推进新型城镇化

按照产业集聚、功能完善，节约土地、集约发展，合理布局、各具特色的原则，积极稳妥地推进城镇化进程。适应经济发展水平，坚持大中小城市和小城镇有机结合、协调发展，积极培育城市群。

第一节　科学推进城镇发展

科学制定并切实执行城镇体系规划和城市规划，加强城市间分工协作和优势互补，推进城镇发展与区域发展协调统一。有序推进城市建设，注重城市内涵增长和质量提升，完善城市功能，加快产业发展和基础设施建设，有效提供良好的就业机会和人居环境。加强城市管理，在城市交通、环境卫生、公共秩序等方面建立长效机制，提高城市运行效率和水平。培育城市文化，突出历史文化、风土人情等地域特征，塑造城市特色，提升城市品位。有序推进小城镇建设，增强城市与小城镇的经济纽带联系，实现优势互补、联动发展。树立城镇可持续发展的理念，集约配置城镇建设用地，合理利用城市空间，切实落实环保措施，建设资源节约型、环境友好型城镇，走出一条新型城镇化路子。

第二节　强化中心城市集聚和辐射功能

增强中心城市产业基础和扩张能力，加快人口和生产要素集聚，实现城市规模和结构层次新跨越，强化对周边城乡辐射和带动作用。把南昌的发展置于重要位置，有效发挥京九线上省会城市和全国性综合交通枢纽的特殊作用，围绕建设区域中心城市和现代文明城市，扩大城市规模，完善城市功能，加快发展现代制造业和现代服务业，全面提高产业、人口、资源集聚和辐射能力，形成1小时都市圈，建成中部地区重要的制造业基地和物流商贸中心。九江，进一步发挥通江达海的区位优势，加快临港产业开发，积极发展商贸旅游业，建成我省北部的区域中心城市、具有特色的现代化港口旅游城市、区域性物流枢纽和沿长江重要的工业开发基地。赣州，充分发挥紧靠珠三角的区位优势，加快发展特色冶金产业和劳动密集型产业，增强城市实力，形成1小时城市经济圈，建成赣粤闽湘四省通衢的现代化区域性中心城市和对接珠三角的"桥头堡"。上饶，充分发挥毗邻长三角的区位优势，增强产业基础，集聚城市人口，推进半小时经济圈建设，建成我省东北部区域中心城市和对接长三角的前沿阵地。景德镇，努力打造赣东北工业重镇，做大旅游产业，建设现代瓷都和文化生态旅游特色城市。萍乡，加快资源型产业转型，大力发展新材料工业，发挥省际间纽带作用，建设湘赣边境区域中心城市和重要工业城市。新余，着力做强钢铁产业，积极发展职业教育、旅游业，建设赣西重要的中心城市和新型工业主导型城市。鹰潭，加快铜冶炼及铜精深加工业发展，发挥交通枢纽和旅游资源优势，建设赣东北物流中心和道教文化旅游城市。宜春，充分发挥赣西区域中心城市优势，着力发展医药、食品、机械和文化旅游体育产业，努力建设区域性现代物流中心，打造江南生态休闲城市。吉安，着力做强轻工电子和旅游产业，发挥连接南北的区位优势，建设赣中旅游商贸中心。抚州，融入南昌经济圈，接轨闽台经济区，着力发展特色农产品加工、医药轻纺和教育产业，创建文化名城。

加强各区域中心城市的合作与联系，以产业分工协作为基础，联动发展周边城镇，逐步形成以昌九景鹰饶为主的环鄱阳湖城市群，以赣吉抚为主的赣中南城市群，以新宜萍为主的赣西城市群。

第三节 做强做大县域经济

按照强化功能、突出特色、繁荣经济、集聚人口的要求，加快发展县城和实力强的中心镇，增强带动乡村发展的能力。强化城镇集聚功能，找准发展优势，培植特色产业，发展专业化集散市场，提高人口、资金、技术和资源的集中度，促进经济增长、财政增效、群众增收。统筹规划中心城市与周边的小城镇发展，增强大中城市与小城镇的产业联系，提高小城镇参与区域分工的能力，着力建设200个重点城镇。加快城镇供水、供电、交通等设施建设，优化空间布局，有序扩大规模，提高城镇对人口和产业的承载能力，把有条件的县城建成功能比较完善、人口和产业集聚能力较强的中小城市。健全激励机制，赋予县级更大的发展自主权和决策权，增强县域经济自主发展能力。大力培育县域经济强县，争取形成2个财政总收入超过20亿元、10个超过10亿元、20个超过5亿元的县市区。增强"造血"功能，使贫困县经济薄弱状况有实质性改变。

第四节 加强城镇基础设施建设

加快城市基础设施投融资体制改革和价格体系调整步伐，引导社会资金投向城市基础设施建设，逐步实现基础设施投资、建设、运营、管理的市场化和企业化运作。

加强城市道路建设，使人均城市道路面积达到11平方米。大力发展城市公共交通，使每万城市人口拥有公交车辆达到11标台。应用智能化技术提高城市交通管理水平。在有条件的大中城市建设快速环路，加快推进南昌城市公共快速轨道交通建设。

加强城镇供水能力建设。全面改造中心城市供水管网，加强县城自来水厂建设，在重点镇全部建成符合饮用水卫生标准的供水设施。全省新增城市日供水能力200万吨，自来水普及率达到98%；新增县城日供水能力100万吨，自来水普及率达到90%。改造老化漏损供水管网，提高安全供水能力。

改善城市工业和生活燃料结构，城市燃气普及率达到85%。

加强城市环保设施建设。实施生活污水、生活垃圾处理工程，在设市城市和人口规模较大的县城建设生活污水和生活垃圾集中处理设施，全省城镇新增日污水处理能力230万吨，日垃圾处理能力1.25万吨。加强重点废弃物收集和处置，建成省危险废物处置中心、省放射性废物库和各设区市医疗废物处置中心。建设规模合理的城市绿地，使城市人均公共绿地面积达到10平方米。

第五节 加快农村人口有序转移

逐步建立城乡统一的劳动力市场和公平竞争的就业制度，完善户籍和流动人口管理办法，加快农村人口向城镇有序转移，力争达到350万人。建立农民进城的全程服务体系，完善就业指导、技能培训、法律援助等各项措施，增强农民职业转换能力。对职业和住所稳定的进城农民，依其意愿转为市民，公平提供城市居民应有的保障。对承包地被征用、完全失去土地的农村人口，要妥善帮扶就业、提供就业培训和最低生活保障，逐步转为城市人口。对就业适应能力较差的临时进城务工农民，保留其土地承包权，继续实行亦工亦农、城乡双向流动，在劳动报酬、劳动时间、法定假日、安全保护和工伤保险等方面切实保障其合法权益。

第五章 进一步提高开放型经济发展水平 加快推进经济国际化

坚定不移地实施大开放主战略，加快"对接长珠闽、联结港澳台、融入全球化"，不断提高"三个基地、一个后花园"建设水平。主动对接国际经济，加快资本集聚、资源利用、市场开拓、技术引进的国际化进程。务实推进区域合作，加快与沿海地区体制机制接轨、产业合理分工、基础设施互通、人才交流互动。提升参与国际国内经济分工的能力，提高开放型经济对全省生产总值、财政收入、固定资产投资和新增就业的贡献率。

第一节 提高利用外资水平

进一步扩大利用外资规模。以中心城市、工业园区和经济强县为重点，努力扩大利用外资总量，力争5年实际利用外资160亿美元。大力引进外商直接投资，把承接台湾产业转移放在突出位置，进一步扩大港澳台来赣投资，积极利用东南亚、日韩资金，努力吸引欧洲、北美地区投资。加快融资国际化，积极利用证券、投资基金、项目融资等方式引进外资，支持有条件的企业境外上市。积极稳妥利用国际金融组织和外国政府优惠贷款，注重防范外债风险，促进公益性设施和生态环境建设。坚持对外开放与对内开放并举，加快承接沿海地区产业转移，大力引进省外资金。

进一步拓宽利用外资领域。在加快工业开放的同时，切实推进商贸、旅游、金融、文化、卫生、环保、农业和基础设施等领域的开放，允许外资通过特许经营、租赁、股权转让等方式参与投资、建设和经营。鼓励外资以合资、合作、参股、并购方式参与国有企业改组改造，盘活国有资产，增强企业活力。

提高利用外资水平，加强招商选资。实施重大项目带动战略，着力引进投资规模大、技术含量高、带动能力强的重大项目，鼓励外资项目加强零部件、原材料的本地化配套。以国家级和若干省级开发区为重点，积极吸引跨国公司和国内200强企业来赣投资，设立生产基地、投资性公司、研发中心、采购中心和地区总部，带动先进技术、管理经验和高素质人才的引进。结合我省资源优势和产业优势，积极吸引外商投资矿产资源深加工、劳动密集型产业、先进制造业、高新技术产业、现代服务业以及现代农业。

第二节　大力发展对外贸易

努力做大对外贸易规模，实施积极的对外贸易鼓励政策，进一步完善外贸促进服务体系，力争5年出口总额超过180亿美元。积极培育多元化外贸经营主体，引导更多的生产企业开展进出口经营，扩大外资企业和民营企业出口份额，增强国有企业出口能力，形成外贸企业、生产企业和外资企业三路大军共同推动出口稳定增长的机制。完善出口促进政策，注重培植具有先进技术水平、产品成长性好、市场竞争力强的出口龙头企业，到2010年，力争1家企业跻身全国200强出口企业、5家年出口超过1亿美元、20家年出口超过5000万美元。推进企业发展自主出口品牌和销售网络，增强企业核心竞争力和开拓国际市场能力，力争20%以上的出口企业拥有自主品牌。

优化出口产品结构，转变对外贸易增长方式，着力扩大技术含量高、附加值高的产品出口。做大机电产品、高新技术产品出口，在汽车、家用电器、工程机械等领域建立出口生产基地，形成主导产品，到2010年，机电产品出口占全省出口比重达到30%。加快农产品出口，发展创汇农业，建设鳗鱼、鮰鱼、蜜橘、脐橙等优势农产品出口基地，形成生产、加工、包装、外销一条龙服务机制，到2010年，农产品出口占全省出口比重达到10%。充分发挥出口加工区的带头作用，大力发展加工贸易，促进转型升级和产业延伸，力争加工贸易出口占全省出口比重达到35%。优化出口市场结构，巩固并扩大日本、韩国、东南亚等国家和港澳台地区的传统市场，积极拓展欧洲、北美、南美、非洲等新兴市场。

适应加入世贸组织后过渡期和人民币汇率形成机制改革的新形势，按照企业、中介组织和政府部门科学分工、有效协作的原则，建立高效灵活的贸易摩擦应对机制。加快出口产品质量认证体系建设，完善全省主要产品和敏感商品的出口监控和预警系统，增强应对技术壁垒和绿色壁垒的能力。加强政府与行业间的信息沟通和协商，形成通畅准确、反应快捷、运转协调的产业损害预警监测体系。积极运用WTO争端解决机制，合理运用反倾销、反补贴、保障措施等手段，有效应对不公平待遇和外来风险。

第三节　实施“走出去”战略

将资源开发作为“走出去”战略的重点，充分利用各项优惠政策，鼓励和支持有竞争力的重点骨干企业跨国经营，在非洲、大洋洲、南美洲和西亚等地区建立资源、能源基地。发挥资源加工型企业的优势，开发利用海外铜矿石、铁矿石、锆英砂等矿产资源。发挥竹木加工企业的优势，开发利用海外森林资源。发挥农产品种植和加工的优势，开发利用海外农产品资源。发挥各类勘探企业的技术优势，积极参与海外矿产资源勘探。加强人员培训，加快开放型人才队伍建设。健全对外投资的协调机制，加强对海外国有资产的监管。

利用我省在农田整治、水利工程、道路桥梁等方面的比较优势，发展大型承包工程企业，承揽国际工程设计、施工项目，并带动技术和成套设备出口。有序发展对外劳务合作业务，拓展劳务合作领域，大力提升劳务合作的层次和技术含量，规范劳务合作秩序，维护外派劳务人员的合法权益，加强出国劳务基地建设，创建江西劳务品牌。积极推进文化、教育、卫生等领域的国际合作与交流，扩大对外服务。

第四节　扩大开放平台

把优化投资环境作为扩大对内对外开放的关键环节，完善制度，稳定政策，提高办事效率，全力营造诚信、高效、安全的投资环境。根据国家涉外经济法律法规，完善相关政策措施，形成稳定透明的管理体制和公平可预见的政策环境。健全招商安商服务体系，建立健全省、市、县三级投诉中心，完善投诉处理机制，认真做好客商投诉处理工作，依法保护客商的合法权益。改善产业、劳动力、中介服务配套协作，降低商务成本。加强对重大项目的跟踪服务、调度推进，确保重大项目进展顺利。

加强口岸建设，完善口岸布局，推进铁公水联运，增加铁路、公路、水路口岸作业区，开辟航空口岸通道。建设电子口岸，建立“大通关”联络协调机制，实现跨部门、跨企业的口岸工作数据并网运行，提高通关能力。增加国际航线，扩大国际交流。加快建设九江出口加工区，争取设立南昌、赣州出口加工区，建设区域性物流保税中心。巩固提高赣台经贸合作研讨会、中国景德镇陶瓷博览会、中国“五会”经贸恳谈会的层次和水平，积极打造更多在国内外有影响的交流合作重要平台。

第六章　进一步深化经济体制改革　加快推进经济市场化

以转变政府职能和深化国有企业、财税、投融资等改革为重点，加快完善社会主义市场经济体制。更加注重改革的总体指导和统筹协调，更加注重把行之有效的改革措施规范化、制度化和法制化。

第一节 深化国有企业改革

坚持有所为有所不为,完善国有资本有进有退、合理流动的机制。调整国有经济布局和结构,积极推动国有资本向基础性、资源性产业和支柱产业、优势企业集中,积极组建一批具有自主知识产权和市场竞争力的大公司大企业集团,增强国有经济的控制力、影响力和带动力。完善公有制多种实现形式,大力发展国有资本、国际资本、集体资本和非公有资本参股的混合所有制经济。加快国有大型企业股份制改革,进一步完善公司治理结构,全面建立国有大型企业现代企业制度,形成有效的公司治理机制。继续深化企业内部劳动、人事、分配三项制度改革,切实转换企业经营机制。推进困难企业债务重组,做好债权打包收购工作,防止国有资产流失,切实维护职工的合法权益。

完善国有资产监督、管理和营运体制,加强国有资产监管。建立国有资本经营预算制度,完善国有企业年度经营和任期经营业绩考核责任制,规范国有企业负责人的薪酬和职务消费,建立有效的激励约束机制。支持具备条件的国有大型企业通过规范改制,实现境内外上市。加快推进国有控股上市公司股权分置改革,优化资本结构,提高公司整体质量。积极探索市场化选聘出资人代表和企业经营管理者的方式与途径,进一步扩大公开招聘范围。

第二节 大力发展非公有制经济

放开对非公有制经济的市场准入,允许非公有资本进入法律法规未禁入的所有行业和领域,并在投融资、税收、土地使用等方面与其他企业享受同等待遇。鼓励和支持非公有制企业参与国有企业改革,参与城市市政公用事业和城市基础设施的投资、建设、运营,进入科研、教育、文化、卫生、体育等社会事业领域。放宽非公有制经济融资渠道,支持符合条件的非公有企业发行股票和企业债券,支持有条件的非公有制企业到境外融资,支持民间资本参与组建股份制银行。引导非公有制企业以资产为纽带,积极开展企业联合,增强发展能力。切实落实鼓励、支持非公有制经济发展的政策措施,进一步完善私有财产保护的法规制度。改进政府对非公有制经济的监管,引导非公有制企业依法经营、照章纳税、保障职工的合法权益。

第三节 深化行政管理体制改革

围绕建设法治政府、全面推进依法行政,加快建立行为规范、运转协调、公正透明、廉洁高效的行政管理体制。依法界定和规范各级政府经济调节、市场监管、社会管理和公共服务的职能。继续推进政企分开、政事分开、政资分开、政府与市场中介组织分开,实行行政权力与责任紧密挂钩、与行政权力主体利益彻底脱钩,积极稳妥地推进事业单位改革。科学合理设置政府机构,核定人员编制,实现政府职责、机构和编制法定化。创新政府运行机制和管理方式,注重规划和政策调控,注重协调和信息引导,减少和规范行政审批。加快电子政务建设,推进政务公开,提高行政效率,降低管理成本。建立健全公众参与、专家论证和政府决定相结合的行政决策机制,实行依法决策、科学决策、民主决策。加快建立权责明确、行为规范、监督有效、保障有力的行政执法体制,继续开展相对集中行政处罚权和综合行政执法试点工作,积极探索相对集中行政许可权,减少行政执法层次,适当下移执法重心。加强行政执法监督,实行行政执法责任制、执法依据公开制、执法行为评议考核制和执法过错追究制,完善并严格执行行政赔偿和补偿制度,做到执法有保障、有权必有责、用权受监督、违法受追究、侵权须赔偿。

第四节 建设公共财政体系

合理界定各级政府的事权,建立健全与事权相匹配的财税体制。改革和完善省以下财政管理体制,逐步实行省级直接对县的管理体制,扩大"乡财县代管"。推进财源建设,强化财政激励机制,进一步激发各地发展活力,做大做强地方财政。进一步完善转移支付制度,加大对困难县区财政转移支付力度。深化部门预算、国库集中支付、政府采购和收支两条线改革,完善非税收入收缴管理制度,逐步实行全口径预算管理,规范土地出让收入管理办法。扩大公共财政覆盖面,加大重点领域投入。实行有利于增长方式转变、科技进步和能源资源节约的财政制度。

第五节 深化投资体制改革

按照"谁投资、谁决策,谁受益、谁承担风险"的原则,健全多元化的投资机制。完善投资管理制度,实行更加便捷有效的项目备案制、核准制和审批制。改进投资调控方式,健全以规划为依据,以土地和环保为约束,与财政、税收、金融等密切配合的投资宏观调控体系。科学合理界定政府投资范围,规范政府投资行为,提高投资决策的科学化、民主化水平,建立有效的重大投资项目稽查制度、投资项目评价制度、投资责任追究制度和社会监督机制。

第六节 加快现代市场体系建设

进一步打破行政性垄断和地区封锁,健全统一开放、竞争有序的市场体系。继续发展土地、矿产、技术、资本和劳动力等要素市场,规范发展各类中介组织,完善商品和要素价格形成机制。进一步规范土地和矿业权市场,全面推行经营性用地和矿业权招标拍卖挂牌出让制度。加快发展技术市场,建立健全技术商品交易活动规则,保障交易各方的合法权益。积极发展资本市场,鼓励金融产品创新。大力发展全省统一、规范的产权交易市场,维护全省产权交易市场的统一性和正常秩序。加快培育劳动力市场,逐步实现劳动力在城乡之间、不同所有制企业之间的合理有序流动,取消一切对外来劳动力就业的歧视性规定。

大力培育发展市场中介服务机构。支持中介服务机构整合、重组,拓展综合服务功能,提高专业化服务水平。积极探索促进行业协会发展的有效机制,推进行业协会、同业商会等自律性组织发展。

继续整顿和规范市场经济秩序。严格执法,加大监管力度,制止各类不正当竞争,依法打击制假售假、商业欺诈、偷税骗税等危害市场秩序的行为。加强知识产权保护,引导、鼓励企业拥有并用好商标权、专利权等知识产权,坚决打击各种侵权行为。完善重要商品和城市公共产品价格形成机制,发挥价格杠杆作用,调节市场供求关系。

第七节 加强诚信建设

加快建立以道德为支撑、产权为基础、法律为保障的社会信用体系,增强全社会信用意识,使诚实守信成为政府、企业、个人的行为准则。提高政府公信度,在服务、决策、执行、监督等各方面规范行为,遵守信用,带动全社会打造江西诚信品牌。强化企业信用,加快金融、税务、工商、环保、质监、海关、社保、安全等部门同业征信系统建设。以完善信贷、纳税、合同履约、产品质量的信用记录为重点,实现跨部门、跨行业企业信用信息交换,构建全省企业信用信息共享平台,建立企业信用信息查询发布系统,依法披露信用信息。培育现代信用服务机构,建立企业信用评估制度和信用担保制度。培育个人信用,加强公民诚信教育,加快建立个人信用信息数据库,强化行为约束,使良好的个人信用成为建设诚信江西的基础。建立信用惩戒和激励机制,对失信单位和个人实行记录、警告、处罚直至追究法律责任的惩戒方式,对信用良好的单位和个人给予政策性鼓励和服务的便利。

第七章 全面发展服务业 提升社会化服务水平

顺应需求结构变化和产业结构调整趋势,充分利用现代技术改造提升传统服务业,大力发展新型业态,形成机制灵活、功能完善、开放度高、辐射力强的现代服务业体系。

第一节 做强旅游业

旅游业是我省极具发展潜力的优势产业,要把旅游业培育成国民经济的新兴支柱产业,推动我省由旅游资源大省向旅游经济强省跨越。

充分保护、利用和优化整合各类旅游资源,着力打造“红色摇篮,绿色家园”旅游品牌。高起点建设以名山、名湖、名城、名村为重点的精品旅游区,着力形成南昌—吉安·井冈山—赣州—瑞金、南昌—九江·庐山—景德镇—婺源、南昌—龙虎山—龟峰—三清山、南昌—樟树—仙女湖—宜春—萍乡四条精品旅游线。抓住国家发展红色旅游的机遇,加快实现红色旅游上水平、上规模,重点建设南昌、井冈山、瑞金、赣西、赣东北等红色旅游基地。突出生态环境优势,积极有序发展人与自然和谐共生、交融合一的生态旅游,进一步扩展庐山、井冈山、三清山、龙虎山、婺源旅游规模,推进仙女湖、三爪仑、柘林湖、云居山、武功山、三百山、大觉山、瑶里等重点景区整体开发。

着力理顺主要风景名胜区的管理体制,推进区内一体化管理。加快旅游企业机制创新,进一步加强区域间旅游协作与联合,促进资源优化整合,积极组建大型旅游集团,推进旅游业向连锁经营、规模经营方向发展。加强旅游基础设施建设,进一步强化旅游景区生态环境保护,完善“游、住、行、食、购、娱”配套体系。加快旅游电子商务建设,提高旅游信息化水平。加大旅游教育培训力度,提高旅游行业服务水平和质量。

第二节 做大商贸物流业

以开拓城乡市场、支撑生产建设、扩大居民消费为重点,构建安全、便捷、畅通、高效的现代商贸物流体系。以大中城市为依托,形成“城内大商场、城中特色街、城郊大市场、城外大物流”的发展格局。加快建设规模大、集散能力强、功能齐全的现代物流园区,重点建设南昌、九江、赣州、鹰潭、宜春等区域性物流集聚中心。依托产业基地、商品主销区或集散地,努力发展特色鲜明、辐射力强、服务功能全的大型批发市场。加快建立和完善大宗农产品流通体系,因地制宜培育有地域特色的农副产品专业市场。推进工业企业分离物流业务,促进物流基本功能有机整合,发展一批大型化、社会化、专业化的第三方物流企业。积极发展多式联运、大型超市、连锁经营、特许经营、物流配送、电子商务等新型业态和营销方式,促进商品营销和流通方式现代化。增强城市社区商业服务功能,大力发展社区超市、专卖店、专业店、便民连锁店等方便居民生活的商业网点。加快完善面向农村的小城镇商业网络,积极推进农村商业网点建设,实施“万村千乡”市场工程。

第三节 有序发展房地产业

抓住消费结构升级和城市化加快的有利时机,以居民住宅为重点,分层次推进房地产业发展,使之成为服务业领域的新兴主导产业。以满足居民不同住房需求为目标,调整优化房地产供应结构。围绕解决广大中低收入家庭住房困难,重点建设分布合理、连片开发的普通商品住宅,扩大经济适用房和廉租房规模。围绕美化人居环境,合理发展风格多样、品味较高、功能完善的中高档商品房和住宅区。围绕适应人流物流扩大趋势和提升城市服务功能,积极推进设施配套、运行高效的现代商务区建设。

加强房地产一级市场调控,完善二级市场,培育、规范房屋租赁市场,扩大房地产有效需求,鼓励自住性购房,控制投资性购房,遏制投机性购房,促进房地产市场健康有序发展。完善征地拆迁制度、土地收购储备制度和土地使用权公开招标拍卖挂牌出让制度。加强城区整体规划设计,高起点、高标准搞好新区地块的房地产开发,注重提高建筑质量,改善综合品质,实施信用住宅、品牌小区和品牌企业工程。发展房地产中介服务、物业管理、装修服务等房地产服务业。

第四节 繁荣发展金融业

积极发展货币市场、资本市场、保险市场、期货市场,完善金融组织体系,增强金融服务功能,优化金融生态环境,防范金融风险。加快地方股份制银行、金融租赁公司、货币经纪公司、企业集团财务公司和法人保险公司等地方金融机构的发展步伐,创造条件组建农村合作银行,积极推动证券公司、信托公司成长壮大,形成全国性金融机构与地方金融机构互为补充的金融体系。加快金融对外开放,积极引进国内外金融机构来赣落户,努力吸引境外战略投资者参与地方金融机构的构建和重组。推动金融服务和金融工具创新,促进信贷、股票、债券、信托、票据等多种融资形式发展。积极依托资本市场，扩大直接融资，提高融资效益，大力培育上市公司后备资源，支持符合条件的企业加快上市，扶持上市公司做大做强，努力做大江西板块。利用债券融资，积极稳妥发行企业债券、建设债券。发挥信托投资功能，为基础设施建设和产业发展提供新的融资平台。发挥商业保险参与社会管理和服务的辅助作用，鼓励保险业发展责任保险、商业养老保险、医疗健康保险，鼓励开发保险新品种。按照政府扶持、企业运作、鼓励各方参与的原则，积极发展面向中小企业的省市县多层次的融资担保体系。

第五节 拓展新兴服务领域

适应城乡居民消费结构升级趋势，培育壮大文化娱乐、教育培训、体育健身、卫生保健等新的服务业增长点。围绕方便居民生活和增加就业，加快发展家政、维修、安全保卫、环境卫生、养老托幼、医疗保健、婚丧服务等社区服务业。围绕激活农村市场，加快农村交通运输、邮电通信业发展，增加服务内容，改善消费环境，建立适应农村发展、农民生活需要的多层次服务体系。适应生产经营活动变化趋势，有序发展会计、审计、律师、公证、资产评估和信用担保服务，加快培育有较大潜力的战略策划、经纪代理、投资顾问、形象设计等专业服务。顺应人流、物流、信息流加速的趋势，大力发展会展经济、广告展示服务，积极发展信息内容服务、信息技术服务、信息网络服务等现代信息服务业。强化行业自律，提高服务水平和技术含量，逐步形成客观、公正执业和管理规范的中介服务体系。

第八章 加强基础设施建设 为加快经济社会发展提供有力支撑

坚持统筹规划、合理布局、量力而行、适度超前的原则，进一步加大投资力度，推进交通、电力、水利、信息基础设施建设，使基础设施保障能力与经济发展水平相适应。

第一节 建设快速便捷的综合交通体系

按照客运快速化、物流现代化的发展趋势，加强各种运输方式相互衔接和协调发展，发挥组合效率和整体优势，基本形成较为完善的综合交通运输体系，全面提升综合交通能力。

公路。以高速公路和农村公路建设为重点，全面提高全省公路网通达深度，提升公路网等级，完善公路网结构。重点建设高速公路“三纵四横”主骨架、高速公路加密线和部分城市环城线。建成景婺黄（常）江西段、九江至瑞昌、景德镇至瑞金、武宁至吉安、吉安至临川、石城至泰和、瑞金至赣州、萍乡至上栗、南康至大余等高速公路，开工建设吉安至莲花、赣州至崇义、瑞金至寻乌等高速公路。积极推进九江至彭泽、德兴至上饶、上饶至分水关等高速公路前期工作。建成南昌、景德镇绕城高速公路，开工建设九江、吉安、赣州绕城高速公路。加快国、省道及县乡村公路改造和建设。到2010年，实现高速公路通车里程突破3000千米、一级公路1175千米、二级公路10600千米。实现设区市至各县市通二级以上公路，县至乡镇通三级以上公路，乡至行政村基本通油路或水泥路。

铁路。配合国家铁路规划建设，继续完善全省铁路网络，提高铁路技术等级。建成昌九城际轨道交通、向莆铁路、铜九铁路、井冈山铁路、赣韶铁路，完成京九铁路电气化改造。规划建设九景衢铁路，升级改造皖赣铁路，开展井冈山至衡阳铁路前期工作，积极推进九江沿江产业基地、樟树盐化工产业基地等重点产业基地铁路联络线建设。升级改造铁路枢纽和运输站场。到2010年，铁路营运里程达到2832千米以上，其中复线里程1670千米、电气化里程1662千米。

水运。发展长江和鄱阳湖航运，加快形成以九江为龙头、以鄱阳湖水系航道为脉络的干支直达、江海联运的水运网络。重点建设赣江、信江1000吨级航道水运主通道，推进袁河航运渠化工程，形成300～500吨级其他内河航道水运网。到2010年，全省内河通航里程达到5716千米，其中三级航道599千米。以市场为导向，整合现有港口资源，完善配套设施，扩大吞吐能力，建设与长江多式联运相配套的港口体系，力争建设九江转港物流区及80万标箱集装箱码头，加快建设南昌主枢纽港以及吉安、峡江、樟树等重要港口。

民航。加快完善机场设施，提高机场吞吐能力，形成全省完善的航空服务体系。扩建昌北国际机场，使之成为中型枢纽港。完成赣州黄金机场迁建和景德镇机场改扩建，规划建设赣东、赣西支线机场。加强国际国内合作，努力开辟昌北机场国际航线，利用井冈山、九江、景德镇、赣州四个支线机场大力发展旅游航线。

第二节 建设安全可靠的能源保障体系

坚持节能优先、煤为基础、多元发展、合理布局、保障安全，加强以电力为中心的能源建设，积极开发利用新能源和可再生能源，优化能源生产和消费结构，推进电力需求侧管理，促进能源可持续发展和有效利用。

煤炭。加强资源勘探，加大矿井改造力度，淘汰落后生产能力，有序开发新矿井。稳定萍乡、丰城、乐平三大煤炭基地产量，新建丰城石上井、乐平鸣西井、新余宜萍井和简家井等项目，提高矿井机械化水平，推广使用采煤新工艺，使原煤生产能力达到并稳定在2500万吨。加强省外煤炭调入，确保煤炭供应稳定安全。

电力。优化电源结构，促进电源多元化，合理增加火电，有序开发水电，努力推进核电，积极发展风电，保持发电能力适度超前，到2010年新增电力装机500万千瓦以上，总容量突破1200万千瓦。火电，重点建设黄金埠电厂、丰城电厂二期、瑞金电厂、分宜电厂扩建、井冈山电厂二期，积极推进新昌电厂新建、萍乡电厂扩建，加快景德镇电厂扩建、南昌燃气电厂、贵溪电厂以大代小工程、抚州电厂等项目前期工作。水电，重点推进万安、泰和水电梯级开发，新建洪屏抽水蓄能电厂；积极开发小水电。核电，力争开工建设江西核电一期工程2台百万千瓦核电机组。风电，积极开展前期工作，在环鄱阳湖区建设10万～20万千瓦风力发电站。

电网。围绕配合电源点建设和满足电力资源优化配置需要，加强电网建设，提高输变电能力和水平。重点建设新余—南昌—鹰潭—抚州—新余中部500千伏环网，完成向全省各地辐射，力争实现与湖南株洲500千伏联网。新建500千伏输电线路1887千米、220千伏输电线路3429千米，新增500千伏变电容量975万千伏安、220千伏变电容量945万千伏安。加快城市电网建设与改造，扩大农村电网改造面，促进各级电压网络协调发展，保障电网安全稳定运行，提高售供电水平。

石油天然气。加快实施天然气入赣工程，解决中心城市清洁能源利用问题，力争2010年南昌、九江、景德镇等中心城市用上天然气。建设九江—南昌—樟树成品油管线，增强成品油供应能力。积极推进鄱阳湖油气资源勘探。推进煤层气开发利用。

积极开发太阳能、生物质能，推广使用太阳能热水器。

第三节　建设调控有力的水利保障体系

坚持突出重点、合理布局、量力而行，以节约保护、综合利用水资源和确保防洪安全为重点，稳步推进水利建设。完善防洪减灾体系和水资源开发利用体系，保障人民群众生命财产安全，满足生产生活需要。

加强防洪体系建设。合理安排水利枢纽、重要堤防和分蓄洪区建设，不断完善综合防洪减灾体系。加强水利枢纽建设，强化调蓄能力，实施伦潭、山口岩等水利枢纽工程，规划建设峡江、浯溪口、四方井等水利枢纽，抓紧进行鄱阳湖控制工程前期工作。继续实施鄱阳湖区重要堤防、九江长江干堤建设，治理“赣抚信饶修”五大河流，加强干堤加固、河道整治、尾闾疏浚，使五河干流重要堤防都能达到防御五十年一遇以上洪水的标准。加强城市和重点区域防洪工程建设，南昌达到防御百年一遇洪水标准，九江达到防御1954年型洪水标准，其他设防中心城市达到防御五十年一遇洪水标准。继续实施鄱阳湖蓄滞洪区安全建设，加快泉港分洪区安全建设，完善箭江口、貊皮岭分洪道安全建设。完成省防汛指挥系统和防汛通信预警系统建设，提高预警预报能力。

合理利用水资源。坚持开源和节流并重，逐步构建全省水资源总体配置网络和区域型供水配置网络，提高抗旱能力。加强城市供水和农村人口饮水安全等基础设施建设，新增15亿~20亿立方米的年供水能力。基本完成现有大型灌区骨干工程续建，加快中小型灌区节水改造步伐，积极推进廖坊灌区工程。实施节水增效示范项目，开展好节水示范县市建设和推广工作。积极进行五大河流水权分配研究和实施准备。实行严格的地下水开采和保护政策，对地下水超采地区进行综合治理。

第四节　加快信息化进程

加快信息技术在经济社会各领域的普及应用，提高经济社会运行质量和效率。实行重点突破、以点带面、全面推进，加速政务信息化、企业信息化、公共服务信息化、农业农村信息化。

加强信息化基础工程建设。发挥多方面积极性，建设技术先进、性能完善、安全可靠、管理规范的现代信息基础工程。积极推进“三网融合”，完善高速信息传输骨干网，加快宽带信息网向企业、家庭以及学校等公共部门延伸。推动通信网络升级换代和移动通信新技术的应用，积极推进新一代互联网工程，基本实现网络数字化、宽带化和智能化。积极推进广播电视数字化，加快建设数字电视网，逐步实现城区有线电视数字化整体转换，增强信息交换和互联网接入功能。继续提高固定电话、移动电话普及率，不断扩展服务覆盖面，拓宽信息内容业务，完善信息服务产业链。加强涉密信息系统的密码技术应用，完善以数字证书认证为基础的网络信任体系，推行计算机系统等级保护。加强全省网络监控系统、通信应急指挥系统、广播电视监测网建设，保障信息网络安全稳定运行。

加快政务信息化。坚持统筹规划、协调发展、立足为民、注重实效，加快电子政务建设，促进政府职能转变、管理方式创新和服务水平提高。完善全省政务信息网，全面建立县以上政府部门门户网站，提高政务公开、网上办事和便民服务水平。以全省政务信息网络为依托，整合信息资源，开发信息应用系统，加快重点领域、重点单位公共信息资源库和业务系统建设。重点建设全省电子政务统一应用平台以及人口管理、法人单位、空间地理、自然资源、法律法规和宏观经济数据库。积极有序推进金字系列信息系统建设，建成国家电子政务内网、外网、专网江西分中心，实现我省与国家电子政务网络互联、信息共享、业务协同。

加快企业信息化。推进电子商务开发和应用，逐步建立电子商务基础平台及服务系统，推广网上贸易洽谈、网上采购、网上交易和网上支付，发展以电子商务为纽带的现代化物流业。开展龙头企业电子商务示范工程。推广面向消费者的电子商务应用，创新服务模式，大力发展银行卡产业。大力推进大中型企业信息化，力争100%的大型企业和50%以上中型企业实现产品设计数字化、生产流程自动化、企业管理信息化和营销商务电子化。加快推进中小企业信息化，发展面向中小企业的第三方电子商务和服务平台，积极开展示范工程建设。

加快公共服务信息化。推进社区服务、社会保障、城市管理、安全生产等领域信息化建设，提高公共服务水平和效率。推进社区信息化，在中心城市开展电子社区示范工程建设，实现户籍、治安、物业等社区管理信息化，推进劳动就业、生活救助等社区服务信息化。建成全省社会保障信息系统，建立覆盖各项业务的集中式资源数据库，实现资金收缴、发放及相关业务信息化。推进城市管理信息化，加快建立城市空间地理信息系统，实现数据交换与共享，提高城市综合管理能力。加快安全生产管理信息化，建设安全生产应急通信系统，加强重点领域的安全信息监测，提高安全生产的预警与急救能力。

加快农业农村信息化。以多种传媒网络与多终端为基础，建设覆盖农村的信息网络。提高农村电话普及率，基本实现全省自然村通电话。扩大互联网在农村的覆盖面，逐步推进宽带进乡入村。整合涉农网络系统、信息资源和信息服务体系，逐步建设综合化的农村信息服务平台，提高农情、农资、市场信息和灾情预报服务水平，逐步消除城乡数字鸿沟。

第九章 深入实施科教兴赣、人才强省创业富民战略 建设创新创业江西

坚持科学技术是第一生产力、人才资源是第一资源的战略思想，切实把科技教育放在更加重要的位置，以教育的优先发展培育造就一批创新型、创业型人才，推进自主创新，推动全民创业。

第一节 加速科技创新

坚持自主创新、重点跨越、支撑发展和引领未来的方针，加强重点领域原始创新、集成创新和引进消化吸收再创新，全面提升科技整体水平，提高科技进步对经济社会发展的贡献率。

构建创新体系。加快建立以企业为主体、以市场为导向、产学研结合的科技创新体系。推动大型企业普遍建立技术中心或研发机构，推动科技型中小企业发展和技术创新。支持科研院所深化改革，鼓励高等院校与科研院所建设高水平研发基地。在信息资源、实验检测等共性领域建设公共服务平台，实施重点科技基地工程、自然科技资源保护利用工程，建设科学数据共享和科技信息中心、大型精密仪器协作共用中心。在具有优势的关键性领域建设科技创新平台，重点建设中药现代化、稀土开发利用、发光材料、食品工程、陶瓷技术、动物生物技术国家和省级工程研究中心，大力支持省部共建景德镇陶瓷科技城。加强与国内外知名高校、科研机构和大企业的科技合作与交流，推进军民融合，积极引进国内外先进技术和关键设备。健全多层次的金融支持体系，重点扩大风险投资规模，促进风险投资主体多元化。完善国有风险投资机制，建立科学的投资决策评估制度和合理的责任追究制度，提高国有风险投资基金的运行效率。完善科技税收激励政策，更有力地支持科技创新。大力加强科普工作，提高全民科技创新意识。促进社会科学和自然科学融合，充分发挥社会科学在经济建设和社会管理中的重要作用。

加强重点突破。坚持有所为、有所不为的战略方针，重点围绕现代农业、先进制造业、人口科学、生态建设、环境保护、安全生产等重点领域开展基础研究与应用研究。在高效种养业、农产品深加工、农业生态安全、电子信息、生物技术、新材料、新能源、新医药和废旧资源综合利用等方面开展优先主题攻关。实施粮食丰产、半导体照明、新型功能材料、制造业信息化、生态安全等重大科技专项。发挥比较优势，在中药现代化、半导体照明、稀土开发应用、陶瓷及有机硅新材料等领域取得一批核心技术，形成自主知识产权。加强标准化、计量、认证认可、检验检测技术服务体系建设，在优势领域抢占技术标准制高点。

加快科技成果转化。引导和支持各类科技园区内的企事业单位开展科技成果孵化与产业化，使科技园区成为科技成果转化平台。重点支持江西北大科技园、清华科技园（江西）、浙大中凯科技园建设，提高南昌大学科技园、江西师大科技园运作水平。完善政府创新服务功能，积极组织开展科技成果推介、农业良种良法推广、科研院所和高等学校对口帮扶、农村科技特派员等活动。鼓励和支持技术经纪、技术转让、技术咨询、技术评估等各类科技中介服务机构的发展，加强面向基层的科技公共服务平台建设，推进技术交易、技术培训和技术普及。加大知识产权保护力度，完善知识产权交易制度，健全知识产权激励机制，坚决打击各种侵权行为。

第二节 加快教育改革发展

坚持教育优先发展，着力提高国民整体素质，把人口压力转化为人力资源优势。进一步完善基础教育、职业教育和高等教育相衔接的教育体系，完善继续教育和培养制度，建设学习型社会。整合优化教育资源，调整教育结构，加大教育投入，全面推进素质教育，形成与创新创业要求相适应的教育模式。

普及和巩固九年义务教育。推动义务教育均衡发展，提高农村义务教育水平，控制农村初中学生辍学率，重视残疾儿童九年义务教育。加大农村教育投入，建立农村义务教育投入保障机制，新增教育经费主要用于农村义务教育。进一步改善办学条件，加强农村师资队伍建设，消除农村中小学危房，更新农村中小学课桌椅，建立农村中小学校舍维修和改造的长效机制。逐步消化乡村办学债务，逐步提高农村中小学公用经费水平。实施农村寄宿制学校建设工程，改善住宿条件，解决学生饮水、学校厕所及体育运动场所等基础设施薄弱的问题。实施农村中小学现代远程教育工程，使农村小学基本具备卫星电视教学系统，农村初中基本具备计算机教室。城市义务教育要在全面普及的基础上，进一步改善教学条件，改造薄弱学校，不断提高教师素质和教育质量，并妥善解决进城农民工子女的受教育问题。

大力发展职业教育。把发展职业教育作为教育发展的战略重点，发挥全社会兴办职业教育的积极性，积极办好公办职业院校，大力发展民办职业院校。推进职业教育专项建设计划，实施示范工程，建设100所县级中等职业学校、100所示范性中等职业学校和10所示范性高等职业学院，建设20所重点高级技校、50个高技能人才培养示范基地。实施职业教育实训基地建设计划，建设100个职业教育实验实习培训基地和100个重点专业，建设公共实训中心。提高职业教育在高中阶段和高等教育中的比例。到2010年高中阶段毛入学率达到80%，办学规模达到180万人，其中中等职业教育达到90万人。到2010年高等教育毛入学率达到25%，办学规模达到100万人，其中高等职业教育规模达到60万人。

提高高等教育质量。大力加强高等学校内涵建设，加大专业结构调整力度，推进重点高校和重点学科建设，增强高校学生的创新和实践能力。集中力量建设若干有特色、高水平的高等院校，建设若干国内一流的重点学科、重点实验室和重点工程中心，提高高校培养人才、科学研究、服务社会的能力。积极实施南昌大学省部共建和“211工程”。创造条件建设研究型大学1所，教学研究型大学11所，特色鲜明的本科院校18所左右，专业结构合理的高职高专院校50所左右。

深化教育管理体制改革。完善高等教育管理体制，落实高校办学自主权。进一步放宽非义务教育的准入条件，

完善民办教育发展政策，加强民办教育管理，积极探索民办教育的多种实现形式，使民办教育占整个教育的比重明显上升。进一步完善职业教育管理机制，改革职业教育运行机制。深化学校内部管理体制改革，完善学校法人制度，积极推进以聘任制为基础的教师任用制度。建立教师教育质量保障制度，加强对教师的管理和培训，执行教师教育机构资质认证标准、课程标准和教师教育质量标准。切实提高农村教师水平，制定鼓励优秀教师和大学生到农村任教的政策。加快招生与考试评价制度改革。建立对弱势群体的教育资助体系，大力发展老年教育。

第三节 构筑人才高地

树立科学的人才观，实施人才强省战略，推进人才集聚工程、人才开发工程和领军人才建设工程，壮大人才队伍，提高人才素质，优化人才结构，完善用人机制，加快人力资源配置市场化进程。

加大人才培养力度。加强党政人才、企业经营管理人才、专业技术人才队伍建设，抓紧培养专业化高技能人才、农村实用人才，到2010年五类人才总量达到330万人，力争在若干重点领域形成人才比较优势。党政人才，建设一支创新能力强，具备领导科学、行政科学、经济管理和现代科学知识的高素质人才队伍，力争90%的人员具有大专以上学历。企业经营管理人才，培养有战略眼光、市场驾驭能力强的企业家和熟悉市场竞争规则、善于企业经营管理的职业经理人，力争达到25万人。专业技术人才，加快培养科技研发人才、工程技术人才、兼备经营和科研能力的复合型人才，力争达到170万人。高技能人才，以技师、高级技师为重点，大力加强各类人员职业技能培训，加快培养高级工以上的技能型人才，力争达到50万人。农村实用人才，加强农村企业经营管理人员、农民技术人员、种养能手、能工巧匠的培养，力争达到65万人。继续实施百千万人才工程，选拔主要学科学术和技术带头人、享受政府特殊津贴专家、有突出贡献的中青年专家，力争培养若干名两院院士、100名国内外有影响的高级专家。

加强人才引进。完善人才引进政策，强化对高层次、高技能人才的引进工作。推进引进人才的平台建设，积极创造条件搭建人才成就事业的物质平台和实现自我价值的精神平台，扩大博士后科研工作站和科研流动站数量，推进中国江西留学人员创业园建设。加强引进国外智力工作，建设引智示范基地，力争每年柔性引进1000名外国高级专家。从促进事业发展、提高生活待遇、提供医疗保障等多方面入手，努力营造人才"引得进、留得住、用得好、流得动"的良好环境。

完善用人机制。坚持党管人才原则，建立主要由市场配置人才资源、单位自主用人、人才自主择业、政府依法监管的人才管理机制，加强高级人才的信息管理，积极完善人事代理制度。深化党政干部选拔任用制度改革，坚持公开选拔和竞争上岗选拔领导干部，完善公务员考录制度，建立公开、平等、竞争、择优的用人机制。深化国有企事业单位人事制度改革，建立和完善劳动合同制、聘用制和岗位管理制。健全人才评价机制，建立党政人才重在群众认可、企业经营管理人才重在市场和出资人认可、专业技术人才重在社会和业内认可的人才考核评价体系，健全技能人才的职业资格证书制度。强化人才激励机制，完善各类人才以专利、发明、技术、资金、管理等生产要素参与收入分配的办法，建立技术、专利等知识产权入股制度和技术创新人员持股制度。加强人才市场建设，努力构建省、市、县三级人才市场网络体系，高水准建设中国江西人才市场，大力发展区域性人才市场、专业性人才市场和县级人才市场，发展企业经营管理人才市场、高新技术人才市场和农村人才市场，发展网上人才市场。

第四节 大力推动全民创业

把推动全民创业作为加快富民兴赣、实现江西崛起的重大举措。充分发挥各方面的积极性、主动性和创造性，形成全社会鼓励创业、支持创业、投身创业、和谐创业的良好氛围，营造百姓创家业、能人创企业、干部创事业的生动局面。

大力培育创业文化。充分发掘井冈山精神在新的历史时期的创业内涵，在全社会大力倡导创业有功、合法致富光荣的价值观念，大力培育吃苦耐劳、诚信至上、尊重规则的商业精神。加强创业宣传，在大中专院校开设创业课程和开展创业实践活动，在城市社区和农村开设创业宣传阵地。发挥广播、电视、网络、图书、报刊等多种传媒作用，在全社会形成人人思创业、谋创业、敢创业、善创业、发愤创业的文化氛围。

激活创业主体。大力发展本土创业队伍，鼓励支持社会各阶层、各类人才自主创业和各种经济实体二次创业，努力造就一支以创办企业、合资入股、知识技术入股等多种方式为切入点的本土创业队伍。鼓励城镇企事业单位失业人员、大中专毕业生、转业退伍军人，充分利用优惠政策自主创业。支持专业技术人员兼职兼薪，鼓励科技人才以技术、科研成果入股民营企业。鼓励国有企业、民营企业在现有基础上拓展业务，进行二次创业。积极吸引外来人员创业，坚持引资和引智并举，吸引省外人才和归国留学人员来赣创业，鼓励外出务工经商人员回乡投资创业，形成外来创业和本土创业良性互动的局面。着力教育激励各级干部立足本职、胸怀大志，精心谋事、专心干事，在组织、领导、服务全民创业的实践中创出一番事业。

拓宽创业领域。围绕加快工业化进程，鼓励和引导社会资源和创业者进入工业领域，开发新产品、开辟新产业。围绕发展现代农业，引导农民积极调整农业结构，发展多种经营，开辟农村创业新领域。围绕发展现代服务业，鼓励民间投资和有志者在参与物流、传媒、旅游、社区服务等领域的建设和经营中实现创业。降低创业准入门槛，着力消除影响非公有制经济发展的各种障碍。大力培育创业载体，依托各地特色优势产业，积极发展创业社区、创业园区。把创新与创业结合起来，以创新提升创业水平，以创业实现创新成果向现实生产力转化。

优化创业环境。充分发挥政府、社会、市场的作用，营造政府鼓励、社会支持、市场调节的充满活力的创业环境。强化各级政府在政策支持、信息引导、提供服务、营造环境等方面的职能作用，在行政审批、市场准入、劳动用工、信用管理等方面制定鼓励措施。加快完善以信息服务、技术服务、市场服务、资金服务、人才服务、政策服务为主要内容的创业支持和服务体系。优化创业融资环境，重点加强对中小创业企业和新兴领域创业的信贷扶持，加快小额担保贷款、中小企业发展专项资金、创业风险投资的发展步伐。加强政府对创业培训的投入和支持，加快创业基地和公共实训体系建设，促进创业培训与再就业培训、农民职业转换培训有机结合。鼓励创业者参与政府投资项目建设，对进入各地统一招投标中心参与招投标活动的投资创业者一视同仁。依法保护创业者的权益，鼓励和支持创业者合法致富。

第十章　加强资源节约和环境保护　建设绿色生态江西

贯彻节约资源、保护环境的基本国策，树立全民节约和全面环保意识，推行有利于资源节约和环境保护的生产模式、消费模式和城乡建设模式，发展循环经济，建设资源节约型、环境友好型的绿色生态江西。

第一节　加强资源节约

坚持开发与节约并重、节约优先，以节能、节水、节材、节地为重点，加快结构调整，推进技术进步，提高资源利用效率。健全监督管理体系，对资源消耗型项目实行省级集中核准。

加强节能。严格高能耗行业的准入标准，限制高能耗项目建设，突出抓好钢铁、有色金属、煤炭、电力、化工、建材等重点耗能行业的节能工作。推广先进的节能监控技术和能源计量检测，实现技术节能、管理节能。推动新建住宅和公共建筑节能，新建建筑严格实施节能50%的设计标准。

加强节水。推进工业生产中水回用及污水再生利用，工业用水重复利用率提高到70%。推进城市节水，城市供水管网平均漏失率控制在20%以下，节水器具普及率达到80%以上。推广农业节水灌溉设备应用，大力推进大中型灌区节水改造。调整水资源费标准，合理调节水资源的开发利用和保护。

加强节材。实施重点行业原材料消耗管理，延长材料使用寿命和节约木材。鼓励生产和使用节约性能好的消费品，在吃、住、行和公务活动各方面厉行节约，控制产品过度包装。严格控制木材消耗型加工项目。

加强节地。建立和实行建设用地定额标准，按土地利用总体规划和年度计划安排用地。在开发建设中推进土地节约利用和集约利用，推行节地型的住宅区、公共活动区和生产经营区。开展农村土地整理，推进工矿区和居民点废弃土地复垦和利用。大力推进殡葬制度改革，加强农村公益性墓地建设，整治乱葬乱埋。严格限制毁地烧砖，逐步禁止使用实心黏土砖。

第二节　大力发展循环经济

按照“减量化、再利用、资源化”的原则，探索发展循环经济的有效模式，实现由资源—产品—废弃物的单向线性过程，向资源—产品—废弃物—再生资源的反馈式循环过程转变。

加强资源综合利用。推进废旧资源以及工业废渣、废水、废气再利用。促进伴生矿、尾矿、废石综合利用，推进煤矸石、煤矿瓦斯有效利用，逐步建设煤矸石发电项目、尾矿利用项目和煤层气利用工程。推广洁净煤技术，在主要产煤区域兴建一批洗煤厂，提高原煤入洗率。提高粉煤灰、煤泥利用率，使其在建材领域更广应用。建立健全废旧家电、家具、纸张、玻璃制品、塑料制品和金属制品的回收网络，发展旧货市场，推进梯级利用和再生利用。加强余热利用，推进工业企业结合生产实际建设余热回收装置，与厂区、生活区供热相结合。推进木材代用工程，加快农业秸秆、林业“三剩物”向建材转化。实行鼓励资源综合利用和再生资源利用的税收政策。

加快重点行业循环经济发展，着力在钢铁、有色金属、化工等行业取得明显成效。钢铁工业，重点提高铁素资源利用效率、能源循环利用率、水循环利用率和固体废弃物利用率，改进生产模式。有色金属工业，提高矿山回采率、选矿回收率和冶炼回收率，充分利用铜精矿中的共生、伴生矿产资源，系统优化采矿选矿工艺，提高矿山的金属回收率，提高转炉渣选矿能力，增强回收有色金属能力。化工，建立企业内部的循环经济模式，延长生产链，减少生产过程中物料和能源的使用量，推进化工废渣利用，减少废弃物和有毒物质的排放。开展重点城市和工业园区循环经济试点，力争每个设区市建设1个以上的生态工业园。

积极推进农村循环经济发展。大力普及猪沼果、猪沼菜、猪沼鱼生产模式，推广猪珠共养、鸭珠共养、稻鸭共栖、鸭基鱼塘等生态养殖模式，在有条件的地区建设生态农业示范区。

第三节　加强生态保护和建设

继续实施山江湖工程，把治山、治江、治湖有机结合起来，做到保护优先、合理开发、综合治理，促进人水和谐、人地和谐。加强自然保护区和森林公园的保护和建设，加强水土保持和湿地保护。重点实施鄱阳湖、赣江源、东江源等生态保护工程。

加强林业建设。加快植树造林步伐，净增森林面积750万亩。提高森林质量，改善林分结构，保护和恢复森林系统生态功能。以生态公益林为重点强化森林资源保护，逐步禁止采伐天然阔叶林，加强天然阔叶次生林封育，大力营造人工阔叶林。大力发展平原林业，推进农田林网建设，在重点农田区发展防护林。坚持林业采伐量小于生长量，加快工业原料基地建设，依托大中型林产加工企业发展工业原料林，做到竹木原料基本自给，实现林纸、林板、林浆一体化经营。推进绿色通道建设，在交通干线两侧发展风景林。继续实施长江防护林、珠江防护林、退耕还林等林业重点工程。

加强水土治理。进一步强化江河源头区、水源涵养区、饮用水源区、防风固沙区、渔业水域等重要区域和生态脆弱区的保护和建设，在五大河流源头建设生态功能保护区。推进重点流域控制工程、河道整治和小流域综合治理。加快水土流失治理步伐，防止水土流失面积1400万亩。

维护生物多样性。实施珍稀动植物和古树名木保护工程,规范生物物种资源保护、采集、收集、驯养、繁殖、科研、进出口等活动,严厉打击各种涉及生物物种资源的违法犯罪行为。加强林业有害生物防治,防止外来有害物种的侵害,保护生态安全。

加快建立和完善生态补偿机制。坚持"谁开发谁保护、谁受益谁补偿、谁破坏谁治理",建立生态利益共享和生态环境破坏经济赔偿制度。加大生态补偿财政转移支付力度,实行生态补偿制度,提高生态公益林的补偿标准。引导社会各方参与环境保护和生态建设。积极开展国际碳汇贸易,引进外资投资造林。

第四节 强化环境保护

坚持预防为主、防治结合,切实保护好江西的绿水青山。推行清洁生产、清洁建设、清洁消费,从源头控制污染源总数和污染物排放总量。加强空气质量、水质断面自动监测和污染源在线监测,依法淘汰落后工艺技术,关闭浪费资源、破坏生态、严重污染环境和不具备安全生产条件的企业,综合治理生态脆弱地区,着力改善重点流域和区域的环境质量。加大环保执法力度,实行排放总量控制制度和排放许可制度,强化限期治理制度,严格执行环境影响评价和"三同时"制度。建立环境质量评估考核制度,落实环境保护责任,对各级领导实行环境质量一票否决制。

做好固体废弃物处理管理和综合利用,创造条件实现垃圾分类收集和资源化综合利用,安全处置医疗垃圾、放射性废物和危险废弃物。加强农村面源污染防治,科学施用化肥、农药,推行畜禽粪便资源化、无害化处理。

加强水环境保护,突出做好城乡饮用水源地保护和污染防治。加大污水处理力度,严格工业废水处理和排放管理,逐步实现城市雨污分流,提高污水集中处理率和利用率。建立健全水环境监测体系,建设五大水系市界断面、重要饮用水源地水质自动监测网络,保障全省主要江河湖泊水环境功能区基本达到水环境目标要求。加强血吸虫病地区的水环境治理。

加强大气污染综合防治,严格控制废气排放,强化废气处理。推进各类燃料、汽车尾气的环保处理,强制推行洁净煤燃烧技术,强制燃煤电厂脱硫,强制实行机动车尾气达标排放,整治锅炉及餐饮油烟污染。推行建筑工程领域无尘化、无害化管理。加强工矿企业、建筑工地、商业街区和交通的噪声控制和治理,合理调整工业区与生活区等其他区域的空间布局。

第十一章 统筹经济社会发展 建设和谐平安江西

坚持以人为本,把实现好、维护好、发展好人民群众的根本利益作为一切工作的根本出发点和落脚点,更加注重社会发展,更加注重社会公平,突出解决好就业、社会保障、医疗卫生和公共安全等人民群众最关心、最直接、最现实的切身利益问题。在推进改革发展的过程中,充分考虑群众的现实利益和长远利益,充分考虑群众的可承受能力,坚决防止和纠正损害群众利益的行为,营造人民群众气顺心齐的良好氛围,维护安定团结的社会局面,切实推进和谐平安江西建设。

第一节 着力扩大就业

坚持"就业优先"发展战略,建立扩大就业的长效机制。坚持劳动者自主择业、市场调节就业和政府促进就业的方针,实施积极的就业政策,建立政府扶助、社会参与的创业和就业促进体系。加快发展服务业,鼓励发展劳动密集型产业、中小企业和民营经济,不断扩大就业容量。加快发展工业园区和城市新区,使其成为吸纳就业的新增长点。强化政府促进就业的公共服务职责,实施小额贷款、税费减免及社会保险补贴等多项扶持措施,鼓励劳动者自主创业,积极采取灵活多样的就业形式。建立城乡协调发展的就业工作机制,改善农村劳动者进城就业环境,促进城乡劳动者公平就业。加强职业教育和技能培训,提高劳动者的就业能力、创业能力和职业转换能力。加强进城务工农民就业培训服务,促进农村富余劳动力转移,提高跨省劳务输出水平。支持并规范发展职业中介机构。加强对大专院校毕业生的就业指导,积极发展订单教育。加强劳动保障监察工作,规范企业用工和职业介绍行为,保障劳动者合法权益。

第二节 合理调节收入分配

完善按劳分配为主体、多种分配方式并存的分配制度,让各种生产要素按贡献参与分配。更加注重社会公平,着力提高低收入者收入水平,逐步扩大中等收入者比重。保护合法收入,整顿不合理收入,调节过高收入,取缔非法收入,努力缓解行业和部分社会成员收入差距扩大的趋势。逐步提高最低生活保障和最低工资标准,完善以工资指导线、劳动力市场工资指导价位、最低工资制度为主要内容的企业工资分配调控体系。推行企业工资集体协商制度,加强收入分配的监督,确保进城务工人员的工资按时足额发放。健全个人收入监测办法,强化个人所得税征管。

第三节 完善社会保障体系

基本建立与经济发展水平相适应的社会保障制度,提高财政对社会保障的投入,实现资金来源多渠道、保障方式多层次、管理服务社会化。以混合所有制、非公有制经济和灵活就业人员为重点,扩大养老、失业、医疗、工伤、生育等社会保险覆盖面。加强社会保险基金征缴,提高统筹层次,加强社会保险基金监督,保障社会保险基金安全。进一步完善城镇职工基本养老保险制度,逐步做实个人账户,改进养老金计发办法,健全基本养老保险省级调剂基金制度,完善省级统筹。推进机关事业单位养老保险制度改革,发展企业补充保险和商业保险,推动企业年金发展。加快建立外出务工人员、失地农民的社会保险制度。不断完善城镇基本医疗保险制度,建立适合不同人群特点和满足多层次医疗需求的医疗保险体系。完善困难企业和职工参加基本医疗保险办法,加快建立城乡医疗救助制度。进一步完善失业保险制度,充分发挥失业保险促进再就业的功能。完善工伤保险制度,建立健全工伤保险政策标准体系,形成工伤认定、劳动能力鉴定和工伤预防机制,建立工伤保险储备金制度。完善城市最低生活保障动态管理机制,认真解决低收入群众的住房、医疗和子女就学等实际困难。逐步建立农村最低生活保障制度,建立和完善土地保障、家庭赡养和社会扶持相结合的农村养老保障体系。

完善老龄人口服务体系,加强老年人养老服务设施、文体活动场所建设,积极推进多种老有所乐、老有所为、老有所学的活动制度化,切实落实面向老年人的优待政策,鼓励和支持多种形式发展老年产业。积极发展残疾人事业,保障残疾人权益,改善残疾人康复、教育、就业和社会保障状况,加快残疾人基础设施和无障碍设施建设,为残疾人平等参与社会生活创造条件。保障妇女儿童权益,切实贯彻男女平等基本国策,落实妇女平等获得就业、就学、社会保障和参与社会事务管理的权利。加强妇女儿童基础设施建设,积极发展幼儿教育。发展社会福利事业,完善社会救助体系,落实优抚安置政策,支持社会慈善、社会捐助、群众互助等社会扶助活动。

第四节 提高人民群众健康素质

坚持预防为主,防治结合。加大政府对卫生事业的投入,加强公共卫生服务体系建设,建立省市县乡村五级疾病预防控制体系和突发公共卫生事件医疗救治体系,建立卫生监督综合网络和卫生安全监测预警机制。深化城市医疗体制改革,合理配置医疗卫生资源,加强医疗专业队伍和医疗设施建设,提高疾病预防控制和医疗救治服务能力。加强艾滋病、结核病、血吸虫病、乙型肝炎等重大传染病的预防控制,积极防治职业病、地方病。完善城乡卫生服务网络,加强妇幼卫生工作,大力发展社区卫生服务。加强卫生人才队伍建设,提升医学科技水平和自主创新能力。加强中医药和中西医结合工作,提高中医服务能力,推进名医、名科、名院建设。强化卫生行业监管,提高医疗质量,整顿药品生产和流通秩序,控制医疗和药品价格,认真研究并逐步解决群众看病难、看病贵问题。大力开展全民健身活动,加强城乡体育设施建设,建成省奥林匹克体育中心一期工程,有重点地发展竞技体育,规范发展体育健身、竞赛表演、体育彩票等体育产业。

认真执行计划生育基本国策,稳定低生育水平。加强基层计划生育工作,完善以居住地管理为主的流动人口计划生育管理、服务体系。加快建设“奖励、优惠、保障、扶助”为主要内容的计划生育利益导向体系,建立独生子女死亡伤残家庭扶助制度,实施农村计划生育家庭奖励扶助政策,规范实施计划生育技术服务基本项目免费制度。综合治理出生人口性别比失调问题,加强法制建设,实施出生性别比干预工程,严厉打击非医学需要的胎儿性别鉴定和选择性别终止妊娠的行为。大力推进优生优育,加大出生缺陷干预力度,努力控制传染病、地方病等对出生人口健康的影响,提高出生人口素质。

第五节 丰富人民群众文化生活

建立新形势下党委领导、政府管理、行业自律、企事业单位依法运营的文化管理体制和富有活力的文化产品生产经营机制。发展文化事业,着力打造“红色文化”品牌。加强爱国主义教育基地建设,健全博物馆、图书馆、群艺馆、文化馆等文化公益设施,加强青少年校外活动场所建设,不断扩大人民群众的文化生活空间。积极抢救历史文化遗产,加强文物、古遗址、历史文化街区的有效保护和合理利用。推进公益性文化重点工程建设,建成江西艺术中心和井冈山一号工程。

发展文化产业,完善文化产业政策,形成以公有制为主体、多种所有制共同发展的文化产业格局和民族文化为主体、吸收外来有益文化的文化市场格局。做大做强一批文化企业集团,积极发展地方特色文化,扶持体现江西地域特色和较高水准的重大文化项目和艺术院团。扩大江西特色文化的影响力,办好江西艺术节、陶瓷艺术节、傩文化节等重大文化活动。推进江西出版集团、江西新华发行集团改革发展。积极发展文化策划咨询、演出、展览、影视、演艺制作等文化中介机构。繁荣新闻出版、广播影视、文艺创作,推出一批体现时代精神、民族气派、江西特色的各门类艺术精品。加强文化市场管理,形成发展先进文化、扶持健康文化、改造落后文化、抵制腐朽文化的社会环境。

第六节 激发人民群众精神力量

坚持正确的舆论导向,加强社会主义精神文明建设。加强理想信念教育和思想政治工作,大力弘扬以爱国主义为核心的民族精神和以创新创业为核心的时代精神,大力弘扬伟大的井冈山精神,激励广大干部群众爱祖国、爱江西、爱家乡,保持奋发进取、昂扬向上的精神风貌,树立新时期江西人新形象。加强社会主义道德建设,倡导爱国守法、明礼诚信、团结友善、勤俭自强、敬业奉献的基本道德规范,加强社会公德、职业道德、家庭美德教育,特别要加强未成年人教育,提高全省人民的思想道德素质。坚持马克思主义在意识形态领域的指导地位,充分发挥主流媒体正面引导、释疑解惑、理顺情绪、凝聚人心的舆论导向作用。积极探索和把握新形势下群众工作的特点和规律,善于组织群众、宣传群众、教育群众、服务群众,凝聚和激励群众共同前进。

第七节 加强社会主义民主政治建设

把坚持党的领导、人民当家做主和依法治省有机统一起来,积极推进社会主义民主的制度化、规范化、程序化。发展基层民主,保证人民群众依法有序参政议政,保障人民群众对重大事务的知情权和重大决策的参与权。加强统一战线工作,充分发挥政协和民主党派、工商联的积极作用,为加快崛起、富民兴赣献计出力。进一步发挥工会、共青团、妇联等人民团体联系群众的桥梁纽带作用。切实做好民族宗教工作、对台工作和侨务工作。拓宽社情民意表达渠道,建立和完善社会沟通机制,引导各阶层、各群体人员依法有序表达利益诉求,行使民主权利,维护合法权益。推进法制建设,加强普法教育,提高全民法律素质。规范司法行为,促进司法公正。加强司法监督,维护司法权威。

第八节 维护社会安全稳定

积极促进社会和谐。切实加强政府社会管理职能,健全党委领导、政府负责、社会协调、群众参与的社会管理格局。在改革和发展中妥善处理不同利益群体关系,正确处理新形势下的人民内部矛盾,完善社会利益协调和社会纠纷调处机制,切实做好信访工作。推进和谐社区、和谐村镇建设,倡导人们和睦相处。加强劳动保障监察,构建稳定和谐的劳资关系。积极开展法律援助工作,保障经济困难群众的合法权益。完善生活无着流浪乞讨人员特别是流浪儿童的管理和救助制度。深入开展"双拥"活动,巩固和发展军政军民团结。增强全民国防意识,提高国防动员能力,加强国防动员体系、民兵预备役部队、武警部队和人民防空能力建设。提高处置重大突发事件和群体性事件的能力,建立健全预警体系和快速反应机制、应急处置机制、应急救援机制。推进社会治安防控体系建设,健全社会治安综合治理机制,深入开展平安创建活动,依法严厉打击各种犯罪活动,维护国家安全和社会稳定,保障人民群众安居乐业。

保障公共安全。坚持安全第一、预防为主、综合治理,完善安全生产目标管理与考核机制,强化企业安全生产的自我约束和责任追究,健全高效运作的安全监管体系。加强安全生产设施建设,建成省安全生产应急救援指挥中心。严格安全执法,切实抓好煤矿、非煤矿山、危险化学品、烟花爆竹、道路交通等高危行业和重点领域的安全生产,有效遏制重特大事故,单位生产总值生产安全事故死亡率下降35%。加强交通安全监管,减少交通事故。加大消防监管力度,大力推进消防工作社会化,完善火灾隐患排查、挂牌督办和整改责任制,预防和减少火灾事故。强化对食品、药品安全和餐饮卫生等监管,完善监管体制,保障人民群众健康安全。加强环境安全监测、监管工作,建立环境安全应急防范处理机制,提高对突发事件造成环境影响的处置能力。加强地质勘探和基础测绘工作,完善气象、水文、地震等预警预报体系,加强防灾减灾设施和能力建设,提升自然灾害监测预报能力、防御能力和应急救援能力。

第十二章 建立规划实施机制 保障"十一五"规划任务顺利完成

加强政府引导,调动各方面的积极性,紧紧依靠各级干部和全省人民,从制度、政策、人力、物力等方面提供支持,保障规划有效实施。

第一节 加强政策和制度保障

创新规划实施机制,综合运用经济、法律和必要的行政手段,注重发挥市场机制作用,调控引导社会资源,有效配置公共资源,保障规划任务顺利完成。加强法律法规、行政管理、财税、统计监测和干部考核等方面的配合,为规划实施搭建制度平台。加大规划宣传力度,营造全社会关心规划、自觉参与规划实施的氛围。省直各部门要根据本规划纲要结合自身职能,制定相应的实施措施。各设区市、县(市、区)人民政府要在本地规划及实际工作中切实体现本规划纲要的要求。对于政府职责内的公共服务、社会管理、基础设施建设等规划要求,各地各部门要尽心尽职,确保完成。对于由市场推进的规划内容,各地各部门要努力创造良好的体制、政策、市场等环境,采取多种形式引导企业参与规划实施,促进规划目标实现。加强政策和规划之间的协调,使制定的政策措施与规划要求相一致。完善公共财政政策,合理配置公共资源,确保公共财政资源的投入符合规划发展重点。综合运用财政、税收、投资和价格等政策工具,合理引导资源,发展重点产业。

第二节 加强统筹协调

健全以国民经济和社会发展规划为龙头,专项规划和区域规划为支撑,各级规划互相衔接的科学的规划体系。加强各类及各级规划之间的协调衔接,下级规划要服从上级规划,保证规划的目标方向一致、任务措施落实。加强规划与年度计划的衔接,在制定和实施全省经济社会发展年度计划时,要结合实际,按年度分解和落实规划纲要提出的目标和任务。各有关部门要针对所担负的中长期发展任务,制定年度具体措施,切实组织落实。

第三节 加强重大项目实施

突出重大项目对规划实施的支撑作用,抓好项目的研究、调度和建设。建立省、市、县三级项目库,实行动态管理、滚动推进。落实项目实施主体,不同类型的项目要有不同的主体来运作。公益性项目由政府组织实施;经营性的基础设施项目,政府积极支持企业投资建设经营;竞争性的产业项目,企业为实施主体,政府提供服务。要精心抓好项目调度,落实项目建设责任制,解决项目建设中的实际困难和问题,促进项目早日开工、建设和投产见效。

第四节 健全监督评估机制

组织规划实施的各有关部门要加强监测、跟踪,特别要加强对经济增长、劳动就业、价格总体水平等宏观目标的监测预警。要自觉接受省人民代表大会及其常务委员会对规划实施情况的监督,注意听取社会各界、广大群众对规划实施的意见和建议。在规划实施过程中,要进行中期评估,向省人民代表大会常务委员会报告。在规划实施期间,当遇到环境发生重大变化,需要调整本规划时,应报请省人民代表大会常务委员会审议批准。

中共江西省委 江西省人民政府关于推进社会主义新农村建设的实施意见

2006年1月17日

建设社会主义新农村,是党中央统筹城乡发展的重大战略决策,是我国现代化进程中的重大历史任务。实现江西在中部地区崛起、全面建设小康社会,重点在农村,难点在农村,关键在农村。建设社会主义新农村,体现了统筹城乡发展的要求,也体现了农村全面发展的要求,对于在新的历史起点上实现全省经济社会又快又好发展,具有十分重要的意义。根据党的十六届五中全会和《中共中央国务院关于推进社会主义新农村建设的若干意见》(中发〔2006〕1号)精神,结合我省实际,现就社会主义新农村建设,提出如下实施意见。

一、指导思想、基本原则和目标要求

(1)指导思想。以邓小平理论和"三个代表"重要思想为指导,全面落实科学发展观,按照统筹城乡发展的要求,切实贯彻工业反哺农业、城市支持农村和"多予少取放活"的方针,加快推进农业现代化,大力发展农村社会事业,千方百计增加农民收入,促进农村文明进步,通过农民辛勤劳动和国家政策扶持,把广大农村建设成为生机勃勃、环境优美、和谐安康的社会主义新农村。

(2)基本原则。一是立足当前,着眼长远。既要从群众最关心、最迫切需要解决的现实问题入手,又要扎扎实实地做好各项打基础、管长远的工作。二是统筹规划,逐步推进。既要坚持规划先行,高起点搞好长远规划,统筹谋划好基础设施建设和生产生活等各项事业发展,又要从经济条件好、群众积极性高的乡村搞起,先易后难,分步实施,防止一哄而起、急于求成。三是因地制宜,量力而行。从不同乡村的实际出发,确定新农村建设的目标、任务、措施以及需要重点解决的问题,不搞齐步走、一刀切。四是依靠群众,惠及农民。充分考虑不同方面群众的切身利益和社会承受能力,尊重农民意愿,发挥农民的主体作用,维护好农民权益,使农民真正得实惠,不搞形式主义,坚决防止农民负担反弹。五是讲究科学,突出特色。坚持按农村经济社会发展规律和自然规律办事,注重体现农村特点,传承地方优秀历史文化,实现人与自然和谐相处,不搞一个模式,防止千村一面、脱离农村实际。

(3)目标要求。建设社会主义新农村总的目标要求是:生产发展、生活宽裕、乡风文明、村容整洁、管理民主。要通过10~15年的不懈努力,使广大农村逐步达到"五新一好"目标:发展新产业,农业现代化水平明显提高,农民收入持续增长,实现生活宽裕;形成新机制,以农业产业化龙头企业、产业协会等为主体的农村合作经济组织充分发展,合作经济组织覆盖农户明显增加,农民组织化程度逐步提高,乡镇政府职能得到切实转变;建设新村镇,村镇建设纳入规划管理,农村生产生活设施和公共服务更加完善,村容镇貌显著改观;树立新风尚,加强农村民主政治建设和精神文明建设,加快社会事业发展,形成健康文明新风尚,促进社会和谐稳定;培育新农民,农村人力资源得到有效开发,农民整体素质不断提高,逐步成为守法纪、有文化、懂技术、会经营的新型农民;创建好班子,农村基层组织建设进一步加强,党组织的凝聚力、战斗力、创造力明显提高,基层政权真正做到科学执政、民主执政、依法执政,村党组织领导的充满活力的村民自治机制更加健全,基层干部真正成为农民群众的贴心人、组织农民创造幸福生活的带头人。

二、推进现代农业建设

(4)大力提高农业科技成果转化和创新能力。针对农业生产的迫切需要,加快农作物和畜禽良种繁育、动植物疫病防控、节约资源和防治污染技术的研发、推广。把农业科研投入放在公共财政支持的优先位置,提高农业科技投入比重。鼓励企业建立农业科技研发中心,各级政府要在财税、金融和技术改造等方面给予扶持。改善农业技术创新的投资环境。加强农业高新技术研究,继续实施现代农业高新技术产业化项目。要加快农业技术推广体系改革和建设,积极探索对公益性职能与经营性服务实行分类管理的办法,完善农技推广的社会化服务机制。深入实施农业科技入户工程,扩大重大农业技术推广项目专项补贴规模。鼓励各类农科教机构和社会力量参与多元化的农技推广服务。加强农业气象服务,保障农业生产和农民生命财产安全。积极推进农业机械化,提高对重要农时、重点作物、关键生产环节和粮食主产区的机械化作业水平。

(5)积极推进农业结构调整。按照高产、优质、高效、生态、安全的要求,调整优化农业结构。坚持"希望在山、潜力在水、重点在田、后劲在畜、出路在工"的农业发展思路,在保护生态和节约资源的前提下,加大农业资源的综合开发力度,进一步提高农业综合生产能力。继续实施种子工程、优质粮食产业工程和粮食丰产科技工程,建设大型商品粮生产基地,不断提高粮食单产、品质和生产效益,稳定发展粮食生产。加快建设油料、棉花、水果、蔬菜、茶叶等生产加工基地。充分利用宜林荒山荒坡,大力发展工业原料林、毛竹、油茶等,加大对湖泊、大中小水库、易涝低洼田、宜渔稻田等资源的开发,进一步扩大全省水产养殖规模,发展各具特色的特种水产养殖。大力发展畜牧业,扩大畜牧良种补贴规模,推广健康养殖方式,安排专项投入支持标准化畜禽养殖小区建设试点。加强动物疫病特别是禽流感等重大疫病防控的基础设施建设,完善突发疫情应急机制,加快推进兽医管理体制改革,确保基层兽医队伍稳定。着力培养一批竞争力、带动力强的龙头企业，发展农业产业化经营。扩大龙头企业、合作组织与农户有机结合的组织形式，让农民从产业化经营中得到更多的实惠。各级财政要增加扶持农业产业化发展资金，支持龙头企业发展，建立中小企业信用担保机制，为产业化龙头企业和农业中小企业扩大融资渠道创造条件。抓好优质农产品出口基地建设，提高农产品国际竞争力，扩大园艺、畜牧、水产等优势农产品出口。加快发展循环农业，优化农业生产布局，形成“一县一业”、“一村一品”的发展格局，在全省形成一批各具特色，具有规模效益、品牌效应和产业集聚力的优质农业产业群。

(6)加强农村现代流通体系建设。积极推进农产品批发市场升级改造，促进入市农产品质量等级化、包装规格化。鼓励和支持商贸企业、邮政系统及其他各类投资主体通过新建、兼并、联合、加盟等方式，在农村发展现代流通业。积极发展农产品、农业生产资料和消费品连锁经营，建立以集中采购、统一配送为核心的新型营销体系，改善农村市场环境。继续实施“万村千乡市场工程”，引导各类大中型流通企业直接到试点县(市、区)的乡村投资建设连锁“农家店”。培育和发展农村经纪人队伍。加快农业标准化工作，健全检验检测体系。供销合作社要创新服务方式，广泛开展联合、合作经营，加快现代经营网络建设，为农产品流通和农民生产生活资料供应提供服务。

三、千方百计增加农民收入

(7)拓宽农民增收渠道。调整农村经济结构，推进跨地区劳务协作，组织和引导农村劳动力向非农产业转移和向城镇有序流动，不断增加农民的务工收入。鼓励和支持符合产业政策的乡镇企业发展，特别是劳动密集型企业和服务业。着力发展县城和在建制的重点镇，从财政、金融、税收和公共品投入等方面为小城镇发展创造有利条件。要着眼兴县富民，着力培育产业支撑，大力发展民营经济和乡镇经济，引导企业和要素集聚，改善金融服务，增强县级管理能力，发展壮大县域经济。

(8)保障务工农民的合法权益。建立健全城乡公共就业服务机构，为进城登记求职的农村劳动者提供免费政策咨询、就业信息、就业指导和职业介绍。严格执行最低工资制度，建立工资保障金等制度，切实解决务工农民工资偏低和拖欠问题。完善劳动合同制度，加强务工农民的职业安全卫生保护。逐步建立务工农民社会保障制度，依法将务工农民全部纳入工伤保险范围。认真解决务工农民的子女上学问题。

(9)加强扶贫开发工作。因地制宜抓好扶贫开发工作重点村整村推进扶贫规划的实施，加快改善贫困地区的生产生活条件，抓好贫困地区劳动力的转移培训，扶持龙头企业带动贫困地区调整结构，拓宽贫困农户增收渠道。继续实施以工代赈工程，积极组织贫困群众投工投劳，认真落实劳务报酬政策。继续增加以工代赈等扶贫配套投入，完善管理机制，提高使用效益。加快完成深山区、库区和地质灾害频发区贫困人口易地搬迁扶贫任务。

四、加强农村基础设施建设和人居环境治理

(10)加强农村基础设施建设。坚决落实最严格的耕地保护制度，切实保护基本农田。在搞好重大水利工程建设的同时，不断加强农田水利建设。继续搞好病险水库除险加固，加快滨湖地区的排灌设施改造，加强中小河流治理。大力加强耕地质量建设，实施新一轮沃土工程，科学施用化肥，引导增施有机肥，全面提升地力。增加测土配方施肥补贴，继续实施保护性耕作示范工程和土壤有机质提升补贴试点。按照建设环境友好型社会的要求，进一步加强生态建设，继续推进水土流失综合防治工程，切实搞好退耕还林、天然林保护等重点生态工程，稳定完善政策，培育后续产业，巩固生态建设成果。建立和完善生态补偿机制。建立和完善水电、采矿等企业的环境恢复治理责任机制，从水电、矿产等资源的开发收益中，安排一定的资金用于企业所在地环境的恢复治理，防止水土流失。加大农村能源、农村电网、农村公路和农村信息化建设力度。

(11)加强村镇规划管理。以乡镇为单位，搞好乡镇所在地、行政村、自然村规划。安排资金支持编制村镇规划和开展村庄治理试点。规划要体现节约发展、清洁发展、安全发展、可持续发展的要求，对产业发展、生产生活设施改善、生态环境建设、社会事业发展等全面进行规划。县(市、区)要加强对村镇规划的指导和管理，建立“村庄自愿申请、乡镇审核批准、县里统一备案”的自然村新村建设申报制度。自然村新村建设申报要充分尊重群众意愿，经村民会议或村民代表会议讨论通过，乡镇审核批准后才能开始实施。严禁未规划先建设、边规划边建设、违反规划乱拆乱建等现象。要加强乡镇所在地的小城镇建设，使乡镇成为辖区内的农业生产指导中心、教科文卫服务中心和社会管理中心；加强村委会所在地的中心村建设，使中心村更好地履行直接面向广大农民群众的服务和管理职能；加强自然村建设，使自然村成为农民群众安居乐业的美好家园。

(12)大力改善人居环境。抓好“六改”：一是改房，做到房屋整洁。有保留价值的房子可进行整修，有历史意义的建筑和名胜古迹要注意保护，没有保留价值的土坯房和“空心房”要逐步拆除。坚持“一户一宅”，引导有建房需求的农民在规划区内拆旧建新，引导独立户和散户集中建房。新建房屋要经济实用、安全美观，体现地方人文特色，注重节地、节材和节能。二是改栏，做到人畜分离。对猪牛栏进行改造，有条件的地方提倡发展畜牧小区。三是改水，做到逐步饮用上卫生安全的自来水。根据不同地方的水源条件，50户以上的村庄可以自然村为单位，使用小型供水设备抽取地下水或引山泉水，规模小的村庄和散居农户，可推广一家一户机械提水，基本实现自来水。自来水的水质要卫生安全，收费要规范，尽可能减轻农民负担。四是改厕，提倡使用水冲厕。既要推广适宜农户使用的“三格式”、“双瓮式”水冲厕，也可建设与沼气池相结合的水冲厕。五是改路，做到道路硬化。逐步做到进村道路和村内道路硬化，改善通行条件。六是改环境，做到林果成阴、环境优美。整治脏、乱、差，对水沟、水塘、垃圾进行全面清理，搞好农户家庭卫生。要与发展庭院经济相结合，宜林则林，宜果则果，搞好村庄绿化。推进“四普及”：一是普及沼气。在有条件的村庄普及沼气，推行“猪—沼—果(菜)”等生态农业模式。二是普及有线电视。在全面实现广播电视“村村通”的基础上，完善县、乡、村有线电视传输网络，提高农村的有线电视入户率。三是普及电话。加强农村通信网络和互联网建设，提高农村的电话普及率和网络覆盖率。四是普及太阳能。积极发展适合农村特点的清洁能源,在有条件的村庄和农户逐步推广太阳能热水器。

五、大力发展农村公共事业

(13)加快农村义务教育发展。普及和巩固农村九年制义务教育。深化农村义务教育经费保障机制改革,强化政府义务教育的保障责任。认真落实“一费制”、“两免一补”等政策,从2007年开始全省农村实行免费义务教育。完善农村中小学公用经费、教职工工资保障机制,继续改善农村办学条件,推进农村中小学现代远程教育。加强农村教师队伍建设,加大城镇教师支援农村教育的力度,促进城乡义务教育均衡发展。加大力度监管和规范农村学校收费,进一步减轻农民的教育负担。

(14)继续开展农村劳动力技能培训。以先进实用农业技术和务工职业技能培训为主要内容,加强新型农民科技培训,提高农民整体素质,增强农民科技致富能力和自主创业能力,培养造就守法纪、有文化、懂技术、会经营的新型农民。扩大农村劳动力转移培训阳光工程实施规模,提高补助标准。加快建立政府扶助、面向市场、多元办学的培训机制。各级财政要将农村劳动力培训经费纳入预算,不断增加投入。整合农村各种教育资源,发展农村职业教育和成人教育。

(15)全面发展农村卫生事业。结合实际制定农村卫生发展规划,加强农村公共卫生和基本医疗服务体系建设,每个乡(镇)要有一所政府举办的卫生院,每个行政村设立一所卫生所(室)。加强农村卫生基础设施建设,乡镇卫生院、村卫生所(室)要逐步达到相应的配置标准。积极推进新型农村合作医疗制度健康发展,稳步推进农村医疗救助试点,逐步完善农村医疗救助制度。进一步加强血吸虫病等地方病防治。加强农村计划生育服务设施建设,继续实施农村计划生育家庭奖励扶助制度,稳定农村低生育水平。

(16)繁荣农村文化事业。各级财政要增加对农村文化发展的投入,加强县文化馆、图书馆和乡镇文化站、村文化室等公共文化设施建设,继续实施广播电视“村村通”和农村电影放映工程,发展文化信息资源共享工程农村基层服务点,构建农村公共文化服务体系。积极开展多种形式的群众喜闻乐见、寓教于乐的文体活动,保护和发展有地方特色的优秀传统文化,创新农村文化生活的载体和手段,引导文化工作者深入乡村,满足农民群众多层次、多方面的精神文化需求,活跃农民文体生活。扶持农村业余文化队伍,鼓励农民兴办文化产业。

(17)逐步建立农村社会保障制度。逐步加大公共财政对农村社会保障制度建设的投入,加强农村敬老院建设,基本实现农村“五保”对象集中供养,扎实做好农村特困户救助工作,积极探索农村养老保险制度。2006年开始抓好建立农村最低生活保障制度试点工作,逐步建立比较完善的农村最低生活保障制度。

(18)积极倡导乡风文明。加强农村精神文明建设,强化农村思想政治工作,认真实施公民道德建设工程。深入推进文明村镇、和谐村组、和谐家庭等形式多样的创建活动。引导农民崇尚科学,抵制迷信,移风易俗,破除陋习,树立先进的思想观念,树立勇创家业的理念,大力倡导文明、科学、健康的生活方式。提倡健康文明的丧葬文化,逐步规范并加强农村墓地管理。继续推进农村社会治安防控体系建设,依法严厉打击各种犯罪活动,保障农民群众安居乐业。

六、加强农村民主政治建设

(19)不断增强农村基层党组织的战斗力、凝聚力和创造力。充分发挥农村基层党组织的领导核心作用,为建设社会主义新农村提供坚强的政治和组织保障。要以建设社会主义新农村为主题,加强农村基层组织的阵地建设,继续搞好农村党员干部现代远程教育,加大政策理论、法律法规和实用技术培训力度,引导农村基层干部发扬求真务实、踏实苦干的工作作风,广泛联系群众,增强带领群众增收致富的能力。关心和爱护农村基层干部,继续开展农村党的建设“三级联创”活动,加强基层党风廉政建设,巩固党在农村的执政基础。充分发挥农村共青团和妇联组织的作用。

(20)进一步推进村民自治,发挥农民群众的主体作用。健全村党组织领导的充满活力的村民自治机制,搞好村务公开和民主议事,完善村民“一事一议”制度,健全农民自主筹资筹劳的机制和办法。开展形式多样的宣传教育活动,深入细致地做好群众工作,用建设社会主义新农村的宏伟目标鼓舞农民,让农民群众真正享有知情权、参与权、管理权和监督权。积极发展农村村落社区组织,培育各类专业经济合作协会,推动农村志愿服务活动。积极推动和引导村民理事会的健康发展,使农民真正成为新农村建设的主体。

七、全面深化农村改革

(21)进一步深化以农村税费改革为主要内容的农村综合改革。积极稳妥地推进乡镇机构改革,切实转变乡镇政府职能,创新乡镇事业站所运行机制,精简机构和人员。按照强化公共服务、严格依法办事和提高行政效率的要求,切实加强政府社会管理和公共服务的职能。加快农村义务教育体制改革,建立和完善各级政府责任明确、财政分级投入、经费稳定增长、管理以县为主的农村义务教育管理体制,深化农村学校人事和财务等制度改革。推进和完善“乡财县代管”财政管理方式的改革。

(22)统筹推进农村其他改革。坚持农村基本经营制度,尊重农民的主体地位,不断创新农村体制机制。完善林业产权制度改革,促进林业健康发展。深化国有农(林)场改革,逐步剥离国有农(林)场办社会的职能,转变经营机制,在现代农业建设中发挥示范作用。完善粮食流通体制,深化国有粮食企业改革,建立产销区稳定的购销关系,加强国家对粮食市场的宏观调控。加快征地制度改革步伐,完善对被征地农民的合理补偿机制,加强对被征地农民的就业培训,拓宽就业安置渠道,健全对被征地农民的社会保障。抓紧推进水利工程管理体制和小型农田水利设施产权制度改革。按照中央的统一部署,加快推进农村金融改革。巩固和发展农村信用社改革试点成果,进一步扶持农村信用社减轻历史包袱,完善治理结构,优化经营机制,强化支农服务功能,实现国家支农政策与农村信用社信贷政策的良性互动。县域内各金融机构在保证资金安全的前提下,新增存款要保证一定比例投放当地,支持农业和农村经济发展。

八、加大对新农村建设的支持力度

(23)加大对农业的政策扶持力度。要紧紧围绕社会主义新农村建设的各项任务,继续坚持"多予少取放活"的方针,稳定、完善和强化行之有效的支农政策,重点在"多予"和"强化"上下工夫。总的要求:一是做到"三个终结",实现全面取消农业税、农业特产税(除烟叶外)和牧业税的目标。二是做到"三个高于",支农资金要按照法律规定高于经常性财政收入的增长,全省财政支农资金增量要高于上年,预算内资金用于农村建设的比重要高于上年(其中直接用于改善农村生产生活条件的资金要高于上年)。三是做到"三个强化",强化粮食直补力度,将对种粮农民直接补贴的资金总额提高到粮食风险基金的50%以上,同时强化良种补贴和农机具购置补贴,新增化肥储备利息补贴。四是做到"三个加大",加大财政对粮食大县和财政困难县的奖励补助力度;加大国有农(林)场税费改革力度,将农(林)业职工土地承包费中类似农村"乡镇五项统筹"的费用全部减除,财政给予适当补助;加大农业综合支持和服务能力建设力度,增加生态公益林补偿、农田水利、农业科技、扶贫开发和农业综合开发投入,完善减灾防灾体系、动物防疫体系、农技服务和农村流通体系,加强安全饮水等农村基础设施建设。五是实现"三个加快",加快普及农村九年义务教育和农民培训步伐,加快农村公共卫生设施和基本医疗服务体系建设,加快农村公共文化设施和服务体系建设。支持农村医疗改革,新型农村合作医疗试点县(市、区)扩大到40个。

(24)对自然村基础设施建设适当扶持。具体是"两补两免一简化":对改善自然村通村委会所在中心村和自然村内道路通行条件,给予水泥等实物补助;对农户改水、改厕、建沼气池,给予适当的资金或实物补助。免除自然村和农户改建生产生活基础设施的各种规费;免费向自然村提供规划图纸和向农户提供房型设计图纸。各有关部门要进一步简化审批手续,为新农村建设提供方便、快捷、规范的服务。

(25)统筹安排各种支农资金和项目。省直各有关部门实施乡村公路建设、农村"六小工程"建设、农村劳动力培训"阳光工程"、文明村镇建设、小康示范村建设、农村村落社区建设、定点扶贫和移民搬迁等项目,要纳入新农村建设的总体规划和要求,统筹安排。对中央和省分配以及来自其他渠道的各种支农资金,县(市、区)政府在不改变资金基本用途和管理渠道的前提下,可进行整合,捆绑用于新农村建设。对保农村基层组织正常运转和农村中小学教育正常开支的转移支付资金,以及给予农民的各种补助款,要及时拨付到位,不得截留、挤占和挪用。

九、切实加强对新农村建设的领导

(26)把新农村建设摆在重中之重的位置。各级党委、政府要全面理解和把握新农村建设的内涵和要求,坚持以发展农村经济为中心,以促进农村经济社会全面进步为目标,加快建立以工促农、以城带乡的投入机制,建立改变城乡二元结构的发展机制,建立促进城乡统筹发展的工作机制,建立社会各界支持社会主义新农村建设的参与机制,努力健全促进农村基层民主政治建设的治理机制,加强领导,统筹安排,精心组织,狠抓落实,扎扎实实把我省社会主义新农村建设推向前进。

(27)成立社会主义新农村建设领导小组。全省社会主义新农村建设领导小组,由省委书记任组长,省长任第一副组长,省委、省政府分管领导为副组长,各有关部门负责人为成员。领导小组下设办公室,负责对社会主义新农村建设的具体指导。各设区市、县(市、区)也要成立相应的领导机构和工作机构,落实领导和指导责任。领导小组各成员单位要立足自身职能,找准推进社会主义新农村建设的切入点,研究制订具体方案和措施,认真履行好工作职责,形成建设新农村的整体合力。

(28)动员全社会力量关心、支持和参与社会主义新农村建设。建设社会主义新农村是全社会的事业,需要动员各方面力量广泛参与。要因势利导,加大宣传力度,广泛发动群众,积极鼓励党政机关、人民团体、企事业单位和社会各界人士、志愿者以多种方式联系村庄和农户,进一步形成关心支持社会主义新农村建设的浓厚氛围。要顺势而为,调动一切积极力量,拓宽社会参与途径,引导人才、智力、资金等资源流向农村、支持农业、服务农民,开创各方面参与社会主义新农村建设的生动局面。

(29)抓点带面,逐步推进。先选择经济条件较好、工作基础扎实、农民积极性较高的村庄进行试点,由点到线、由线到面,逐年推进。各级党政机关和有关单位要建立新农村建设联系点,每年集中帮建1~2个自然村,搞好服务、协调、指导,从人财物等各方面帮扶联系点的基础设施建设和经济社会事业发展。

(30)求真务实,注重实效。各地要根据经济实力、村镇现状、人口结构、风俗习惯等方面的具体情况,制定新农村建设的目标任务和政策措施,明确工作重点,加强分类指导。自然村建设要从农民群众的生产生活实际需要出发,切忌贪大求洋,急于求成,不要搞进口草坪,不要建广场。坚决防止搞形式主义、搞举债建设。要尽可能降低村镇基础设施建设和农户改房建房的各种费用,千方百计减轻农民负担。物价、工商等有关部门要加强建筑建材市场监管,防止价格上涨抵消惠农政策给农民的好处,对借新农村建设之机乱涨价、以次充好、销售假冒伪劣建材等行为要依法从严查处。

(31)加强调查研究,推动新农村建设健康发展。各级领导干部要深入农村第一线,掌握新农村建设的进展情况,及时协调解决好农民群众关心并急切盼望解决的热点和难点问题。要认真总结各地的成功经验,总结推广好的典型,充分发挥典型的示范引导作用,不断扩大和巩固新农村建设的成果。

(32)围绕新农村建设做好农业和农村工作。2006年是实施"十一五"规划的开局之年,也是推进社会主义新农村建设、全面加强"三农"工作的重要一年。各级党委、政府一定要抓住难得的历史机遇和各种有利条件,以社会主义新农村建设为抓手,协调推进农村经济建设、政治建设、文化建设、社会建设和党的建设,确保农业农村各项工作全面发展,确保社会主义新农村建设有良好开局。

江西省人民政府关于加强节能工作的实施意见

2006 年 10 月 23 日

各市、县(区)人民政府,省政府各部门:

为贯彻《国务院关于加强节能工作的决定》(国发〔2006〕28 号),落实节约资源基本国策,加快建设资源节约型、环境友好型社会,确保实现全省"十一五"规划节能目标,促进全省经济社会全面、协调、可持续发展,现结合我省实际,提出如下实施意见。

一、充分认识加强节能工作的重要性和紧迫性

(一)节能是落实科学发展观的本质要求。以尽量少的资源投入和环境代价实现尽可能大的产出,走投入少、效益高、可持续的发展之路,是落实科学发展观的根本要求。煤炭、石油、天然气等都是宝贵的不可再生资源,最大限度减少能源资源的消耗及造成的环境污染,是实现可持续发展面临的最大课题。党的十六届五中全会提出把节约资源作为基本国策,"十一五"规划《纲要》进一步把单位 GDP 能耗降低 20% 左右作为约束性指标。各地、各部门一定要从战略和全局的高度,充分认识加强节能工作的重要性和紧迫性,把节能摆在更加突出的位置。

(二)节能是降低污染保护生态的必然选择。目前我省能源消耗主要以煤炭为主,石油、天然气、水、电等优质能源消费比例低于全国平均水平,环境污染状况依然严峻。主要表现在:二氧化硫排放形成的酸雨面积已占全省国土面积的三分之一,2005 年全省酸雨频率达到了 61.3%,有 7 个设区市酸雨频率高于 80%,被列为全国酸雨控制区和二氧化硫控制区,其中火电厂二氧化硫排放量所占比重达到 60% 左右。因此,加强节能工作是从源头上减轻环境污染,更好地保护生态环境,促进人与自然和谐共处的必然选择。

(三)节能是缓解能源瓶颈制约的重要举措。我省能源缺乏,地下煤炭资源蕴藏量少,开采难度大。2005 年全省原煤产量仅为全国总产量的 1%,电煤 60% 以上依靠省外调入。随着我省经济持续快速发展,工业化、城镇化步伐不断加快,能源资源需求量与日俱增,能源供需矛盾越来越突出,能源保障难度越来越大。解决我省能源问题,根本出路在于坚持"开发与节约并举、节约优先"的方针,大力推进节能降耗,提高能源利用效率。因此,加强节能工作是缓解能源瓶颈制约、保障能源安全,有效支撑全省经济可持续发展的重要举措。

二、深刻分析我省节能工作的现状和问题

(四)基本现状。近年来全省节能工作取得了新的进展和成效。节能法规和制度建设逐步完善,制定了《江西省实施〈中华人民共和国节约能源法〉办法》《江西省单位产品能耗限额》和《江西省电力需求侧管理办法》;重点用能企业节能管理得到加强,每年组织开展对 100 家重点用能企业进行节能监察;一大批小煤矿、小钢铁、小水泥、小火电等高耗能"五小"企业被取缔关闭,从源头上控制和减少了对能源的浪费;节能宣传活动广泛开展,全民能源忧患意识和节约意识有所提高,节能降耗社会氛围初步形成。2005 年全省万元 GDP 能耗为 1.06 吨标煤,比全国平均水平低 13.1%;万元 GDP 电耗为 966.3 千瓦时,比全国平均水平低 28.87%。节能工作为缓解我省能源紧张状况,保障经济高效稳定运行发挥了重要作用。

(五)主要问题。当前我省节能工作主要存在以下问题:一是对节能工作的重要性和紧迫性认识不足。一些地方和企业存在重开发、轻节约,重速度、轻资源节约综合利用的倾向,对节能在转变经济增长方式、实现可持续发展中的重要作用认识不足。二是工业能耗较高,能源利用效率较低,用能结构偏重。2005 年我省万元工业增加值能耗为 3.11 吨标煤,高出全国平均水平 20%;工业在国民经济中的比重为 35.9%,而能源消费量却占全社会能源消费总量的 70.8%。三是能源瓶颈制约进一步趋大。2005 年全省消费煤炭 4200 多万吨,比 2000 年用量接近增加一倍。如按目前能耗水平测算,到"十一五"规划期末全省能源需求总量还将增加一倍,大大超过省内年产 2500 万吨煤炭的生产能力。四是以经济杠杆推动企业节能降耗的机制尚未形成,缺乏具体的、操作性强的节能激励政策措施。五是节能监察机构及队伍不健全,节能监管力度有待进一步加强。

三、加强节能工作的指导思想、原则和目标省政府文件

(六)指导思想。以邓小平理论和"三个代表"重要思想为指导,树立和落实科学发展观,紧紧围绕建设创新创业江西、和谐平安江西、绿色生态江西的发展目标,坚持走新型工业化道路,以提高能源利用效率为核心,以转变经济增长方式、调整经济结构、加快技术进步为根本,强化全社会的节能意识,建立严格的管理制度,实行有效的激励政策,充分发挥市场配置资源的基础性作用,调动市场主体节能的自觉性,加快构建节约型的生产方式和消费模式,以能源的高效利用促进经济社会可持续发展。

(七)主要原则。坚持节能与发展相互促进;坚持开发与节约并举;坚持把节能作为转变经济增长方式的主攻方向;坚持发挥市场机制作用与实施政府宏观调控相结合;坚持源头控制与存量挖潜、依法管理与政策激励、突出重点与全面推进相结合。

(八)总体目标。到"十一五"规划期末,全省万元生产总值能耗(以 2005 年可比价计算)比"十五"计划期末降低

20%；其中，2006年降低5%以上，2007年再降低5%以上。初步建立与社会主义市场经济体制相适应的比较完善的节能法规和标准体系、政策保障体系、技术支撑体系、监督管理体系，形成市场主体自觉节能的机制。

四、切实抓好重点领域节能工作

（九）强化工业节能。突出抓好钢铁、有色金属、煤炭、电力、石油石化、化工、建材等高耗能行业和年耗能超过5000吨标准煤的重点用能企业的节能工作，树立一批节能示范项目、企业和园区，推动企业积极调整产品结构，加快节能技术改造，降低能源消耗。着力加强对100家重点耗能企业节能目标管理和节能监察，尤其对19家列入国家千家企业节能行动的重点企业，加强节能监督管理，做好跟踪服务工作，确保实现"十一五"规划期间节能目标。着力抓好1000台高耗能、高污染工业锅炉（窑炉）淘汰改造工作，加强锅炉运行管理，提高锅炉能效。

（十）推进建筑节能。严格执行新建建筑节能50%的设计标准，着力抓好100个房屋建设工地（小区）节能试点，大力推广绿色建材、新型墙体材料和散装水泥，依法禁止使用实心黏土砖和现场搅拌混凝土。对现有建筑逐步进行节能改造，重点是墙体节能系统、门窗、中央空调系统及配套供用能系统的综合节能改造，提高宾馆、饭店、大型商场、会场、办公楼等公用建筑整体用能效率。

（十一）加强交通运输节能。积极推进节能型综合交通运输体系建设，加快发展铁路和内河运输，优先发展公共交通；严格实施乘用车燃料消耗量限值标准，鼓励发展节能环保型汽车，推广车用代用燃料和清洁燃料汽车。加快淘汰老旧铁路机车、汽车和船舶。严格报废汽车回收管理，严禁报废汽车违规过户、销户、无证回收、改装上路。禁止无牌无证、拼装或已达报废标准的车辆承揽运输业务，增加运输能耗。

（十二）引导商业和民用节能。在公用设施、宾馆商厦、写字楼、居民住宅中推广采用高效节能的办公设备、家用电器、照明产品等。

（十三）抓好农村节能。加快淘汰和更新高耗能落后农业机械和渔船装备，加快以大中型机电泵站为主的农业提水排灌机电设施更新改造，大力发展农村户用沼气和大中型畜禽养殖场沼气工程，推广省柴节煤灶，因地制宜发展小水电、风能、太阳能以及农作物秸秆气化利用，发展小水电代燃料工程。

（十四）推动政府机构节能。各级政府部门和领导干部要从自身做起、厉行节约，在节能工作中发挥表率作用。重点抓好政府机构建筑物和空调、照明系统节能改造以及办公设备节能，推动政府节能采购。

五、构建节能型产业体系

（十五）大力调整产业结构。认真落实国家和省有关实施产业结构调整的政策措施，综合运用财政、税收、价格等经济杠杆，推动产业结构优化升级，促进经济增长向三次产业协同带动和优化升级带动转变，立足节约能源推动发展。合理规划产业和园区布局。充分发挥服务业能耗低、污染少的优势，努力提高服务业在国民经济中的比重。以专业化分工和提高社会效率为重点，积极发展生产服务业；以满足人民需求和方便群众生活为中心，提升生活服务业。

（十六）大力调整工业结构。严格控制新开工高耗能项目，对企业搬迁改造严格能耗准入管理。加快淘汰落后生产能力、工艺、技术和设备，不按期淘汰的企业，各级人民政府及有关部门要依法责令其停产或予以关闭。坚持以提高自主创新能力为中心环节，遵循科技含量高、经济效益好、资源消耗低、环境污染少、人力资源充分利用和信息化带动的原则，注重发展循环经济，提升工业增长质量，优化工业结构和用能结构，鼓励企业通过挖潜增效和技术改造等措施，提高企业节能水平。大力发展高效清洁能源，大力发展水能、太阳能、生物质能、地热能等可再生能源和替代能源。

（十七）大力推进节能技术进步。建立以企业为主体的节能技术创新体系，加快节能新技术的研发和推广，充分利用高等院校、科研院所的技术力量，大力开发、推广、使用高效节能新技术、新工艺、新产品和新设备，优先支持拥有自主知识产权的节能共性和关键技术示范，增强自主创新能力。采取多种方式加快高效节能产品的推广应用。对达到超前性国家能效标准、经过认证的节能产品可给予适当的补助，引导消费者使用。落实产品质量国家免检制度，鼓励高效节能产品生产企业做大做强。

（十八）大力实施重点节能工程。认真组织落实国家"十一五"规划纲要提出的燃煤工业锅炉（窑炉）改造、区域热电联产、余热余压利用、节约和替代石油、电机系统节能、能量系统优化、建筑节能、绿色照明、政府机构节能以及节能监测和技术服务体系建设等十大重点节能工程。积极争取国家资金扶持，落实相关政策措施，切实做好重点工程、重大项目实施情况的监督检查和跟踪服务工作。

（十九）大力培育节能服务体系。抓紧研究制定加快节能服务体系建设的指导意见，促进各级各类节能技术服务机构转换机制、创新模式、拓宽领域，增强服务能力，提高服务水平。加快推行合同能源管理，推进企业节能技术改造。积极引进国内外先进节能技术和管理经验，广泛开展与国际组织、金融机构及有关国家和地区在节能领域的合作。

六、强化节能监督管理

（二十）健全节能法律法规和标准体系。认真贯彻落实《江西省实施〈中华人民共和国节约能源〉办法》，严格执行国家和省有关能耗限额和节能标准，完善节能配套办法，加大监察力度。根据全省"十一五"发展规划纲要，抓紧研究制定本地区、本部门节能规划，充分发挥规划导向作用，确保节能工作有计划、有步骤、有重点地进行；有关部门要抓紧研究制定和完善我省主要耗能行业有关节能、节电、节材、节水、节地设计标准，逐步形成覆盖全省各领域的节能标准框架体系；抓紧研究制定与节能有关的资源综合利用、建筑节能、清洁生产以及固定资产投资项目节能评估和节能监察等法规和办法，完善节能法律法规体系。

（二十一）建立节能目标责任制和评价考核体系。“十一五”期间各设区市单位国内生产总值能耗要求降低20%以上，各设区市人民政府要将节能目标分解落实到市、县、区以及重点用能企业，实行严格的目标责任制。省政府建立全省能耗公报制度，省统计局、省经贸委、省发改委等部门定期联合公布全省能耗指标，各设区市也要建立本地区能耗公报制度。实行节能工作问责制，从今年开始，节能降耗指标作为约束性指标，纳入各地经济社会发展综合评价和年度考核体系，作为各级政府领导班子和领导干部任期内贯彻落实科学发展观的重要考核内容，作为重点用能单位和企业负责人年度和任期经营业绩的重要考核内容，对超额完成目标的要给予奖励，对未完成目标的要进行通报批评。省经贸委要严格按国家要求会同有关部门抓紧制定实施办法。

（二十二）建立固定资产投资项目节能评估和审查制度。固定资产投资项目（含新建、改建、扩建项目）要进行节能评估和审查，对未进行节能审查或未能通过审查的项目，一律不得审批、核准，从源头杜绝能源的浪费。对擅自批准项目建设的，要依法依规追究直接责任人的责任。凡新建、改建以及扩建的工业项目，未能通过节能审查的，各级财政及有关政府部门一律不得安排财政性资金进行补助或贴息。年耗能2000吨标煤以上的固定资产投资项目建议书、可行性研究报告或者初步设计必须有节能篇章，并报省经贸委、省发改委组织评估和审查；年耗能2000吨标煤以下的固定资产投资项目，按照审批权限由当地经贸委、发改委组织评估和审查。省经贸委、省发改委要会同有关部门抓紧制定我省固定资产投资项目节能评估和审查的具体办法。

（二十三）强化重点用能企业节能管理。企业是节能降耗的主体，省属集团公司、各重点用能企业要认真贯彻执行国家和省有关节能法律、法规、政策和标准，高度重视本企业的节能降耗工作，在技术节能、结构节能和管理节能上狠下功夫，完善用能管理制度、工作责任制度和能源利用状况分析制度，建立健全能源管理体系，强化能源计量基础管理；设立能源管理岗位，配备专职能源管理人员，将节能目标层层分解，落实到车间、班组和个人，并加强监督检查；每年安排一定数额的资金用于节能技术创新、技术改造以及培训和人员奖励；如实向当地统计局和经贸委上报企业能源利用和节能降耗情况，依法接受政府有关部门的监督。各级人民政府、各有关部门要加强对重点耗能企业节能情况的指导和监督，定期公布重点企业能源利用状况，加强企业能源管理人员培训。年耗能3000吨标煤以上的重点用能企业，每两年必须进行一次节能审计，并向当地经贸委报送节能审计报告。省经贸委要与各设区市政府签订百家企业节能目标责任书，强化全省100家重点用能企业节能目标责任和考核。

（二十四）完善能效标识和节能产品认证制度。加快实施强制性能效标识制度，积极引导社会消费行为，加大宣传和监督检查力度，扩大能效标识在家用电器、电动机、汽车和建筑上的应用，不断提高能效标识的社会认知度；积极推动自愿性节能产品认证，促进企业加快高效节能产品的研发。

（二十五）加强电力需求侧和电力调度管理。进一步加强电力需求侧管理，充分发挥电力需求侧管理的综合优势，引导用户改变用电方式，优化城市、企业用电方案，推广应用高效节能技术，推进能效电厂建设，提高电能使用效率，优化资源配置。改进发电调度规则，完善农村供电网络，优先安排水电等清洁能源发电，对燃煤火电机组进行优化调度，限制能耗高、污染重的低效机组发电，实现电力节能、环保和经济调度。

（二十六）控制室内空调温度。所有公共建筑内的单位，包括国家机关、社会团体、企事业组织和个体工商户，除特定用途外，夏季室内空调温度设置不低于26摄氏度，冬季室内空调温度设置不高于20摄氏度。有关部门要据此修订完善公共建筑室内温度有关标准，并加强监督检查。

（二十七）加大节能监督检查力度。各级人民政府和有关部门要加大节能工作的监督检查力度，重点检查高耗能企业及公共设施的用能情况、固定资产投资项目节能评估和审查情况、禁止淘汰设备异地再用情况，以及产品能效标准和标识、建筑节能设计标准、行业设计规范执行等情况。达不到建筑节能标准的建筑物不准开工建设和销售。严禁生产、销售和使用国家明令淘汰的高耗能产品。严厉打击报废机动车和船舶等违法交易活动。各级经贸委和质量技术监督部门要加大监督检查和处罚力度，对违法行为要公开曝光。

七、建立健全节能保障机制

（二十八）深化能源价格改革。积极推进能源价格机制改革。探索建立反映能源供求状况和体现能源稀缺程度、促进节能的价格形成机制。加强和改进电价管理，建立成本约束机制；完善电力分时电价办法，引导用户合理用电、节约用电；扩大差别电价实施范围，取消不利于节能的电价优惠政策，抑制高耗能产业盲目扩张，促进结构调整。严格执行国家能源价格政策，放开煤炭市场价格，统一全省燃煤电厂上网电价，鼓励耗能低的电厂多发多供，鼓励小水电和综合利用电厂发电上网。积极研究制定全省能耗超限额加价的政策，超过限额标准的耗能，实施累进加价，累进加价征收的资金作为节能资金，专项用于节能工作，具体办法由省经贸委、省发改委会同省财政厅、省物价局制定。

（二十九）建立节能专项资金。各级人民政府要对节能技术与产品推广、示范试点、节能监察、节能评估，宣传培训、信息服务和表彰奖励等工作给予支持，所需节能专项资金纳入各级政府财政预算。“十一五”规划期间，各级政府财政预算每年安排节能专项资金应当根据本地区上年度能源消费量计算，每吨标准煤不低于0.5元的标准，节能专项资金具体使用办法由当地财政部门和经贸委制定。省财政也将安排适当的节能专项资金，用于支持全省节能工作。

（三十）实行节能税收优惠政策。各级经贸委和税务部门要认真落实国家节能税收优惠政策，对生产和使用列入国家《节能产品目录》的企业，按国家有关规定实行税收优惠政策。严格执行国家控制高耗能、高污染、资源性产品出口的政策措施和控制高耗能加工贸易、抑制不合理能源消费的有关税收政策。

（三十一）拓宽节能融资渠道。切实加大对节能项目的信贷支持力度，推动和引导社会各方面加强对节能的资金投入。鼓励企业通过市场直接融资，加快进行节能降耗技术改造。

（三十二）实行节能奖励制度。对在节能管理、节能科学技术研究和推广工作中做出显著成绩的单位、个人给予表彰和奖励。能源生产经营单位和用能单位要结合本单位的实际情况，制定科学合理的节能奖励办法，对节能工作中作出贡献的集体、个人给予表彰和奖励，节能奖励计入工资总额。

八、加强节能组织领导和基础工作

（三十三）加强节能工作的组织领导。各级人民政府要对本地区节能工作负总责，把节能工作纳入政府重要议事日程，主要领导要亲自抓，并建立相应的协调机制，明确相关部门的责任和分工，确保责任到位、措施到位、投入到位。省政府成立全省节能工作领导小组，负责全省节能工作；领导小组办公室设在省经贸委，负责全省节能的日常管理工作。各设区市也要成立相应机构。各级经贸委作为节能行政主管部门要依法履行职责，切实加强本行政区域内节能执法和监督管理工作。各级发改、建设、交通、质监、财政、统计、科技、农业、教育、环保、税务等有关部门要各司其职，加强协同配合，在各自职责范围内做好节能工作。

（三十四）加强节能管理队伍建设。各级人民政府要加强节能管理队伍建设，加强节能执法和监察（监测）能力建设，配备专业人员，保障工作经费，及时更新仪器设备。节能机构监察任务由当地节能行政主管部门下达，所需经费由当地财政和节能行政主管部门负责安排，节能监察机构要按时完成监察任务，并向节能行政主管部门报告监察结果。

（三十五）加强能源统计工作。各级人民政府及有关部门要为统计部门依法行使节能统计调查、统计执法和数据发布等提供必要的工作保障。各级铁路、交通、民航、煤炭、石油、电力等部门要加强本系统能源购入、消费、销售、库存等指标统计，及时向统计等有关部门提供GDP能耗核算所需数据。各级统计部门要切实加强能源统计，充实必要的人员，完善统计制度，改进统计方法，建立能够反映各地区能耗水平、节能目标责任和评价考核制度的节能统计体系。要强化对单位国内（地区）生产总值能耗指标的审核，确保统计数据准确、及时。

（三十六）加强能源计量管理。各级质监部门要加强能源计量管理，严格按照国家强制性《用能单位能源计量器具配备和管理通则》，依法做好监督检查工作，定期对企业配备的能源计量器具进行检定、校准，指导、帮助企业建立和完善能源计量管理体系。

（三十七）加强节能宣传教育培训。新闻出版、广播影视、文化等部门和有关社会团体要组织开展形式多样的节能宣传活动，广泛宣传我国的能源形势和节能的重要意义，弘扬节能先进典型，曝光浪费行为，引导合理消费。各级教育部门要重视并加强对青少年的节能教育，将节能知识纳入基础教育、高等教育、职业教育培训体系。各级工会、共青团组织要重视和加强对广大职工特别是青年职工的节能教育，广泛开展节能合理化建议活动。有关行业协会要协助政府做好行业节能管理、技术推广、宣传培训、信息咨询和行业统计等工作。各级科协组织要围绕节能开展系列科普活动。各级经贸委要会同有关部门认真组织开展一年一度的全国节能宣传周活动，加强经常性的节能宣传以及重点用能单位能源管理人员和主要耗能设备操作人员的培训。要动员全社会节能，在全社会倡导健康、文明、节俭、适度的消费理念，用节约型的消费理念引导消费方式的变革。要大力倡导节约风尚，使节能成为每个公民的良好习惯和自觉行动。

本实施意见下发2个月内，各设区市人民政府、省有关部门要提出本地区、本行业节能工作方案。省经贸委要会同有关部门，加强指导和协调，认真监督检查本实施意见的贯彻执行情况，并向省政府报告。

江西省人民政府办公厅关于加强湿地保护管理的通知

2006年1月6日

各市、县（区）人民政府，省政府各部门：

我省湿地资源十分丰富，既有全国最大的淡水湖泊、国家重要湿地鄱阳湖，又有赣江、抚河、信江、饶河和修河五大江河及其支流形成的遍及全省的完整的水系，湿地面积达

365.17万公顷，占国土面积的21.87%。为贯彻落实《国务院办公厅关于加强湿地保护管理的通知》（国办发〔2004〕50号），推进绿色生态江西建设，切实加强全省湿地的保护管理，经省政府同意，现通知如下：

一、进一步提高对加强湿地保护重要性的认识

湿地与森林、海洋并称为全球三大生态系统，是国家生态安全体系的重要组成部分和经济社会可持续发展的重要基础，具有保持水源、净化水质、蓄洪防旱、调节气候和维护生物多样性等重要生态功能。保护好湿地，对于维护生态平衡，改善生态环境，实现人与自然的和谐，促进全省经济社会可持续发展，全面建设小康社会具有十分重要的意义。各地要从构建社会主义和谐社会的高度出发，牢固树立科学发展观，充分认识湿地在生态建设和促进社会发展中的重要作用，增强湿地保护管理的紧迫感和责任感，正确处理好湿地保护与开发利用、近期利益与长远利益的关系，绝不能以破坏湿地资源、牺牲生态环境为代价换取短期的经济利益。要广泛开展湿地保护宣传教育，进一步提高全民生态保护意识，增强保护湿地的自觉性。

二、切实加强对湿地保护管理工作的组织领导

湿地保护既是一项重要的生态公益事业，又是涉及面广的系统工程，做好湿地保护管理工作是各级政府的职能。各级政府要从法规制度、政策措施、资金投入、管理体系等方面采取有力措施，切实加强对湿地保护管理工作的组织领导。各有关市、县（区）政府要成立湿地保护管理协调机构，统筹研究和解决湿地保护管理工作中的重要问题，抓好辖区内湿地保护管理工作。要坚持和逐步完善综合协调、分部门实施的湿地保护管理体制，对湿地资源保护实行责任目标管理。各级林业主管部门要做好湿地保护管理的组织协调工作，对本行政区域内的湿地保护管理工作加强指导和监督。各有关部门要根据职责分工，发挥各自优势，团结协作做好相关的湿地保护管理工作。

三、坚决制止随意侵占和破坏湿地的行为

各地、各有关部门，要从维护经济社会可持续发展的长远利益出发，坚持保护优先的原则，加强对现有自然湿地资源的保护，坚决制止随意侵占和破坏湿地的行为。要严格控制开发占用自然湿地，凡列入国际重要湿地或国家重要湿地名录，以及位于自然保护区内的自然湿地，一律禁止开垦占用或随意改变用途。对违法开垦占用或改变湿地用途的，应责令立即停止，采取各种补救措施恢复湿地的自然特性和生态特征，并依法予以处罚。要依法做好湿地登记、确权、发证等基础工作，为湿地保护和管理提供依据。要强化对自然湿地开发利用的管理，对涉及向自然湿地区域排污或改变湿地自然状态，以及建设项目占用自然湿地的，行政审批部门要会同同级湿地保护管理等有关部门按照《中华人民共和国环境影响评价法》等法律法规进行环境影响评价和严格审批。为切实加强对自然湿地保护的监管，省里将定期组织力量，对违法占用、开垦、填埋以及污染等破坏和威胁自然湿地的情况进行全面检查，并依法查处破坏湿地环境和资源的重点案件。特别是要严格贯彻执行《江西省鄱阳湖湿地保护条例》各项规定，对破坏或威胁鄱阳湖湿地生态安全的违规采砂、盲目造林、私自筑坝围堤、酷渔滥捕、偷猎或毒杀候鸟等违法违规行为，要依法予以坚决制止和严肃查处。

四、科学编制湿地保护规划

湿地保护和开发利用是一项社会性、群众性和综合性很强的系统工程，涉及多部门、多学科、多产业，必须统筹兼顾，突出重点，合理布局，科学规划。省林业厅要会同有关部门抓紧编制全省湿地保护工程规划和鄱阳湖湿地保护与合理利用总体规划，组织开展环境影响评价，报省政府批准后，纳入全省经济和社会发展计划。省各有关部门的鄱阳湖专业规划必须与鄱阳湖湿地保护规划相衔接，要充分体现湿地保护措施方面的具体内容。编制湿地保护规划应以科学发展观为指导，以保护和改善湿地生态系统、维护湿地生物多样性为目标，以自然湿地保护为重点，坚持“全面保护、生态优先、突出重点、合理利用、持续发展”的方针，正确处理好湿地保护与开发利用、近期利益与长远利益的关系，协调好与农业生产和水利、交通建设等各有关方面的关系。根据我省湿地资源的现状，提出明确的保护目标、保护任务、建设重点、恢复和监管措施等。各地也要抓紧编制本地区的湿地保护规划，并纳入当地经济和社会发展计划，认真组织实施，把湿地保护规划提出的各项任务落到实处。要建立健全湿地资源监测网络体系，在重要湿地设立定位监测站，并加强湿地资源保护和开发利用的研究，为我省湿地资源的可持续发展提供科技支撑。

五、加快湿地自然保护区的建设

我省现有湿地类型和依托湿地生境的野生生物类型的自然保护区27处，保护面积仅有28.8万公顷，这与我省丰富的湿地资源极不相称。必须把扩大湿地保护面积作为当前我省湿地保护管理的一项重要任务，加快对生物多样性比较丰富的鄱阳湖区、大江大河和重要水库及江河源头地区的自然保护区的建设步伐。对其中面积较大、物种较丰富的湿地，要抓紧建立省级自然保护区，对符合条件的，要积极争取晋升为国家级自然保护区。对不具备条件划建自然保护区的，也要因地制宜，采取建立湿地保护小区、湿地公园或划定野生动植物栖息地等多种形式加强保护管理。省林业厅等有关部门和有关地方政府要协调解决湿地保护区的边界问题，明确湿地保护区内土地、水域、渔业等资源权属。各级政府要加大扶持力度，增加对湿地保护的投入。要通过保重点、创亮点、树示范点，积极争取国家支持，引导国外和社会各界共同投入我省湿地保护和建设。

江西省人民政府关于公布江西省第一批省级非物质文化遗产名录的通知

2006年6月6日

各市、县(区)人民政府,省政府各部门:

根据《国务院关于加强文化遗产保护的通知》(国发〔2005〕42号)精神,省文化厅确定的江西省第一批省级非物质文化遗产名录(共计62项)已经省政府同意,现予公布。

希望各地按照“保护为主、抢救第一、合理利用、传承发展”的方针,切实做好本地区内省级非物质文化遗产的挖掘、整理、保护、传承工作,并逐步建立市、县非物质文化遗产名录体系,为弘扬江西优秀传统文化,推动社会主义先进文化建设发挥积极的作用。

附件:江西省第一批省级非物质文化遗产名录(共计62项)

附件

江西省第一批省级非物质文化遗产名录(共计62项)

一、民间文学(共计2项)

序号	编号	项目名称	申报地区或单位
1	Ⅰ-1	麻姑仙女传说《沧海桑田》	抚州市南城县
2	Ⅰ-2	毛衣女下凡神话传说	新余市仙女湖风景名胜区管理委员会

二、民间音乐(共计3项)

序号	编号	项目名称	申报地区或单位
3	Ⅱ-1	兴国山歌	赣州市兴国县
4	Ⅱ-2	于都唢呐《公婆吹》	赣州市于都县
5	Ⅱ-3	万载得胜鼓	宜春市万载县

三、民间舞蹈(共计8项)

序号	编号	项目名称	申报地区或单位
6	Ⅲ-1	南丰跳傩	抚州市南丰县
7	Ⅲ-2	婺源傩舞	上饶市婺源县
8	Ⅲ-3	乐安傩舞	抚州市乐安县
9	Ⅲ-4	永新盾牌舞	吉安市永新县
10	Ⅲ-5	吉安灯彩	吉安市
11	Ⅲ-6	德安潘公戏(布帐傩)	九江市德安县
12	Ⅲ-7	崇仁跳八仙	抚州市崇仁县
13	Ⅲ-8	万载开口傩	宜春市万载县

四、传统戏剧(共计7项)

序号	编号	项目名称	申报地区或单位
14	Ⅳ-1	弋阳腔	上饶市弋阳县
15	Ⅳ-2	青阳腔	九江市湖口县
16	Ⅳ-3	广昌孟戏	抚州市广昌县
17	Ⅳ-4	婺源徽剧	上饶市婺源县
18	Ⅳ-5	宜黄戏	抚州市宜黄县
19	Ⅳ-6	赣南采茶戏	赣州市
20	Ⅳ-7	宁都中村傩戏	赣州市宁都县

五、曲艺(共计6项)

序号	编号	项目名称	申报地区或单位
21	Ⅴ-1	武宁打鼓歌(锄山鼓)	九江市武宁县
22	Ⅴ-2	新干摇钱树(莲花落)	吉安市新干县
23	Ⅴ-3	于都古文	赣州市于都县
24	Ⅴ-4	萍乡春锣	萍乡市
25	Ⅴ-5	宜春评话	宜春市袁州区
26	Ⅴ-6	永新小鼓	吉安市永新县

六、杂技与竞技(共计1项)

序号	编号	项目名称	申报地区或单位
27	Ⅵ-1	丰城岳家狮	宜春市丰城市

七、民间美术(共计4项)

序号	编号	项目名称	申报地区或单位
28	Ⅶ-1	婺源三雕	上饶市婺源县
29	Ⅶ-2	萍乡湘东傩面具	萍乡市湘东区
30	Ⅶ-3	南昌瓷板画	南昌市
31	Ⅶ-4	瑞昌剪纸	九江市瑞昌市

八、传统手工技艺（共计19项）

序号	编号	项目名称	申报地区或单位
32	Ⅷ－1	景德镇手工制瓷技艺	景德镇市
33	Ⅷ－2	景德镇传统瓷窑作坊营造技艺	江西省文物保护中心
34	Ⅷ－3	铅山连史纸制作技艺	上饶市铅山县
35	Ⅷ－4	歙砚制作技艺	上饶市婺源县
36	Ⅷ－5	金星砚制作技艺	九江市星子县
37	Ⅷ－6	乐平古戏台建筑工艺	景德镇市乐平市
38	Ⅷ－7	瑞昌竹编技艺	九江市瑞昌市
39	Ⅷ－8	会昌藤器制作技艺	赣州市会昌县
40	Ⅷ－9	上栗传统烟花制作技艺	萍乡市上栗县
41	Ⅷ－10	鄱阳脱胎漆器制作工艺	上饶市鄱阳县
42	Ⅷ－11	万载花炮制作技艺	宜春市万载县
43	Ⅷ－12	宜春袁州区脱胎漆器制作工艺	宜春市袁州区
44	Ⅷ－13	湖口草龙制作技艺	九江市湖口县
45	Ⅷ－14	万载夏布制作技艺	宜春市万载县
46	Ⅷ－15	进贤文港毛笔制作技艺	南昌市进贤县
47	Ⅷ－16	南丰蜜橘栽培技艺	抚州市南丰县
48	Ⅷ－17	李渡烧酒酿造技艺	南昌市进贤县
49	Ⅷ－18	萍乡花果手工工艺	萍乡市安源区
50	Ⅷ－19	安义黄洲宗山米粉制作技艺	南昌市安义县

九、传统医药（空缺）

十、民俗（共计12项）

序号	编号	项目名称	申报地区或单位
51	Ⅸ－1	全丰花灯	九江市修水县
52	Ⅸ－2	景德镇瓷业习俗	景德镇市
53	Ⅸ－3	樟树药俗	宜春市樟树市
54	Ⅸ－4	鄱阳湖传统渔业生产习俗	上饶市鄱阳县
55	Ⅸ－5	万年稻米习俗及贡米生产技术	上饶市万年县
56	Ⅸ－6	赣南客家民俗	赣州市
57	Ⅸ－7	赣南客家围屋习俗	赣州市龙南县
58	Ⅸ－8	上犹客家门匾习俗	赣州市上犹县
59	Ⅸ－9	婺源茶艺	上饶市婺源县
60	Ⅸ－10	石城灯会	赣州市石城县
61	Ⅸ－11	东林寺净土宗	九江市庐山区
62	Ⅸ－12	婺源乡村文化	上饶市婺源县

注：加　者已入选第一批国家级非物质文化遗产名录，共有19项。

统 计 资 料

本栏编辑　邓玉兰

国民经济主要指标

指　　标	单位	2005 年	2006 年	2006 年比 2005 年增长(%)
年末总人口	万人	4311	4339	0.6
年平均人口	万人	4297	4325	0.6
年末就业人数	万人	2277	2321	2.0
年末职工人数	万人	265	272	2.7
生产总值	亿元	4057	4671	12.3
第一产业	亿元	727	786	6.5
第二产业	亿元	1917	2321	16.3
# 工业	亿元	1456	1806	19.0
第三产业	亿元	1412	1564	9.9
财政总收入	亿元	426	519	21.8
地方财政收入	亿元	253	305	20.7
财政支出	亿元	564	694	23.3
农业总产值	亿元	1143	1228	6.1
规模以上工业增加值	亿元	882	1288	33.1
发电量	亿千瓦小时	373	436	16.6
用电量	亿千瓦小时	392	446	13.8
货物运输周转量	亿吨公里	882	948	7.5
全社会固定资产投资	亿元	2169	2686	23.8
# 城镇固定资产投资	亿元	1903	2377	25.0
# 工业固定资产投资	亿元	725	984	35.6
社会消费品零售总额	亿元	1236	1428	15.5
海关进出口总额	亿美元	40.6	61.9	52.6
# 出口额	亿美元	24.4	37.5	53.8
实际使用外商直接投资	亿美元	24.2	28.1	15.9
工业项目实际进资	亿元	472	583	23.4
金融机构年末存款余额	亿元	4445	5214	17.3
# 居民储蓄存款余额	亿元	2753	3152	14.5
金融机构年末贷款余额	亿元	3019	3461	15.0
居民消费价格指数	%	101.7	101.2	-
职工年平均工资	元	13688	15590	13.9
城镇居民人均可支配收入	元	8620	9551	10.8
农民人均纯收入	元	3266	3585	9.8
普通高等学校在校学生数	万人	65.59	78.27	19.3
普通中等专业学校在校学生数	万人	26.14	22.31	-14.7
学龄儿童入学率	%	99.01	99.64	
卫生机构数	个	10664	10210	-4.3
卫生技术人员数	人	115986	119761	3.3
# 医生	人	46093	51436	11.6
床位数	张	85086	88260	3.7

江西的一天

指标	单位	2005年	2006年	2006年比2005年增减
生产总值	万元	111144	127960	16816
第一产业	万元	19928	21538	1610
第二产业	万元	52533	63582	11048
第三产业	万元	38683	42840	4157
财政总收入	万元	11669	14208	2539
地方财政收入	万元	6929	8356	1427
财政支出	万元	15451	19026	3575
全社会固定资产投资	万元	59425	73577	14153
城镇固定资产投资	万元	52137	65123	12986
社会消费品零售总额	万元	33868	39123	5255
海关出口总额	万美元	668	1028	360
原煤生产量	吨	44405	58129	13724
发电量	万千瓦小时	9569	11056	1487
钢产量	吨	26389	31862	5473
货物运输量	万吨	90	98	8
旅客发送量	万人	114	118	3
报纸出版	万份	162	182	20
杂志出版	万册	15	15	0
图书出版	万册	46	42	-4
邮电业务总量	万元	7151	8767	1616
出生人数	人	1624	1635	11
死亡人数	人	702	712	10

主要指标年人均水平

指标	单位	2005年	2006年	2006年比2005年增减
生产总值	元/人	9440	10798	11.6
工业增加值	元/人	3387	4176	18.2
财政总收入	元/人	991	1199	20.8
地方财政收入	元/人	589	705	19.8
全社会固定资产投资	元/人	5047	6209	22.9
社会消费品零售总额	元/人	2877	3302	14.8
海关进出口总额	美元/人	94	143	51.6
#出口额	美元/人	57	87	52.8
实际使用外商直接投资	美元/人	56	65	15.4
工业项目实际进资	元/人	1099	1348	22.6
居民储蓄存款余额	元/人	6344	7264	14.5
城镇居民人均可支配收入	元/人	8620	9551	10.8
农民人均纯收入	元/人	3266	3585	9.8
发电量	千瓦小时/人	869	1007	15.9
用电量	千瓦小时/人	912	1031	13.0

国民经济主要比例关系

指　　标	单位	2005 年	2006 年	2006 年比 2005 年增减
生产总值(GDP)				
第一产业	%	17.9	16.8	-1.1
第二产业	%	47.3	49.7	2.4
第三产业	%	34.8	33.5	-1.3
财政总收入				
税收总额	%	80.7	81.3	0.6
非税收入	%	19.3	18.7	-0.6
财政支出				0.0
# 基本建设支出	%	7.4	7.0	-0.4
教育支出	%	15.6	14.9	-0.7
行政管理费	%	9.0	8.4	-0.6
农业总产值				
农业	%	44.7	45.3	0.6
林业	%	7.7	8.5	0.8
牧业	%	31.9	30.1	-1.8
渔业	%	14.2	14.5	0.3
服务业	%	1.5	1.6	0.1
规模以上工业增加值				
轻工业	%	34.6	32.5	-2.1
重工业	%	65.4	67.5	2.1

各地区户数、人口和土地面积

(2006 年)

地　　区	土地面积（平方千米）	年末总户数（户）	年末总人口（人）	人口自然增长率（‰）	人口密度（人/平方千米）
全省	166942	12875753	43391287	7.79	260
南昌市	7402	1340830	4545414	7.64	614
景德镇市	5248	459815	1544977	7.75	294
萍乡市	3819	509540	1829248	7.18	479
九江市	18823	1465370	4691492	7.67	249
新余市	3164	380657	1119131	7.68	354
鹰潭市	3554	341198	1085009	7.74	305
赣州市	39380	2388540	8240465	8.11	209
吉安市	25271	1454544	4727267	7.72	187
宜春市	18669	1623627	5374205	7.84	288
抚州市	18820	1084131	3837825	7.85	204
上饶市	22791	1827501	6396254	7.86	281

生产总值(GDP)

指　　标	2005年	2006年	2006年比2005年增减
生产总值(亿元)	4056.76	4670.53	12.3
第一产业	727.37	786.14	6.5
第二产业	1917.47	2320.74	16.3
#工业	1455.50	1806.15	19
第三产业	1411.92	1563.65	9.9
#交通运输邮电业	369.56	380.43	4.9
生产总值构成(%)	100	100	
第一产业	17.9	16.8	
第二产业	47.3	49.7	
#工业	35.9	38.7	
第三产业	34.8	33.5	
#交通运输邮电业	9.1	8.1	
人均生产总值(元)	9440	10798	11.6

就业人员情况

单位:万人

指　　标	2005年	2006年	2006年比2005年增减
全　　省	2276.71	2321.07	1.9
按城乡分			
城镇	637.96	668.00	4.7
#国有	199.33	199.69	0.2
集体	18.49	16.90	-8.6
股份合作	3.46	2.80	-19.1
联营	0.60	0.82	36.7
有限责任公司	26.96	28.06	4.1
股份有限公司	12.25	13.13	7.2
港澳台投资	6.95	8.43	21.3
外商投资	3.13	5.97	90.7
私营和个体	193.17	221.34	14.6
乡村	1638.75	1653.07	0.9
#乡镇企业	394.85	442.08	12.0
私营和个体	108.80	120.67	10.9
按三次产业分			
第一产业	907.50	907.38	0.0
第二产业	619.49	639.49	3.2
#工业	490.51	503.34	2.6
建筑业	128.98	136.15	5.6
第三产业	749.72	774.20	3.3

城镇固定资产投资

单位:万元

指　　标	2006年	2006年比2005年增长(%)
全　　省	23774053	25.0
一、按经济类型分		
国有	10065400	16.7
非国有	13708463	31.8
民间投资	11813799	31.1
港澳台投资	124787	53.6
外商投资	646794	11.2
二、按建设性质分		
新建	15580077	31.6
扩建	4030946	8.1
改建和技术改造	3065422	11.7
三、按构成分		
建筑工程	1363291	20.7
安装工程	1728906	51.0
设备工器具购置	5268087	29.4
# 用于更新设备	612647	31.1
其他费用	3143899	25.0

房地产开发主要指标

指　　标	单位	2006年	2006年比2005年增长(%)
房地产开发投资	万元	3459564	14.9
# 商品房建设投资额	万元	2392725	11.6
土地开发投资额	万元	3792725	64.5
住宅投资	万元	2645486	27.1
# 经济适用房	万元	61617	-42.5
办公楼	万元	30673	-31.6
商业营业用房	万元	398228	-12.8
其他	万元	385177	-10.0
本年新增固定资产	万元	1572808	5.8
房屋施工面积	万平方米	4626	2.6
房屋新开工面积	万平方米	2361	-5.2
房屋竣工面积	万平方米	1622	3.8
商品房屋销售面积	万平方米	1777	7.7
商品房空置面积	万平方米	236	3.2
竣工房屋价值	万元	1405253	7.3
商品房屋销售额	万元	303542	20.3

财政收入和支出

单位:万元

指　　标	2005 年	2006 年	2006 年比 2005 年增长(%)
财政总收入	4259230	5186139	21.8
地方财政收入	2529236	3055214	20.8
工商税收	1330304	1611913	21.2
农业四税	202958	228561	12.6
企业所得税及退税	173966	246651	40.6
其他收入	822008	968143	17.8
财政支出	5639525	6964361	23.5
基本建设支出	417475	488715	17.1
企业挖潜改造资金	162393	166598	2.6
科技支出	47156	57410	21.7
支农支出	456813	565540	23.8
教育支出	879253	1029273	17.1
医疗卫生支出	218381	282091	29.2
抚恤和社会救济	251831	281395	11.7
社会保障补助支出	393028	485544	23.5
行政管理费	509527	586668	15.1
城市维护费	280059	341464	21.9
政策性补贴支出	116081	250941	116.2
其他支出	1907528	2428722	26.7

金融机构收支情况

单位:万元

指　　标	2006 年末	2006 年比 2005 年增长(%)
金融机构存款余额	52137571	17.6
# 企业存款	12584464	20.3
财政存款	2238714	26.5
储蓄存款	31516842	14.5
农业存款	1187503	63.8
金融机构贷款余额	34608033	15.0
# 短期贷款	16575377	11.1
# 工业贷款	4569016	14.9
商业贷款	3547668	-6.4
农业贷款	3772941	11.5
中长期贷款	16236525	19.9
现金收入	131556828	14.6
#商品销售收入	9973910	4.7
服务业收入	5763258	12.4
储蓄存款收入	99898504	16.1
现金支出	128213500	14.4
#工资性支出	7678893	17.5
农副产品采购支出	2019766	0
行政企事业管理费支出	4215816	1.7
储蓄存款支出	98067965	14.8
货币净投放(+)或回笼(-)	-3343328	22.1

各类物价指数

(以上年价格为100)

指　　标	2005年	2006年
商品零售物价指数	100.9	101.2
城市	100.3	101
农村	101.4	101.4
居民消费价格指数	101.7	101.2
城市	101.5	100.9
农村	102.2	101.6
农业生产资料价格指数	107.9	101.1
服务项目价格指数	103.5	102.5
全部原材料	110	108.6
燃料、动力类	112.8	108.69
黑色金属材料类	105.3	94.99
#钢材	106.9	94.59
有色金属材料和电线类	125.7	143.95
化工原料类	109	101.65
木材及纸浆类	107.7	106.62
建筑材料及非金属矿类	113.1	108.36
其他工业原材料及半成品类	103.6	106.47
农副产品类	100.6	105.3
纺织原料类	102.4	102.85

居民消费价格指数

(2006年,以上年价格为100)

类　　别	全　省	城　市	农　村
居民消费价格总指数	101.2	100.9	101.6
服务项目价格指数	102.5	101.9	103.9
食品	101.1	101.3	100.7
#粮食	100.9	100.8	101.3
油脂	97.9	98.4	97.4
肉禽及其制品	94.4	94.4	94.5
蛋	97.1	95.4	99.7
水产品	97.2	97.7	95.6
菜	108.8	108.6	109.7
烟酒及用品	100.3	100.5	100
衣着	99.7	98.9	101.4
家庭设备用品及维修服务	101.5	101.6	101.2
医疗保健和个人用品	101.6	101.5	101.8
交通和通讯	99	97.4	102
娱乐教育文化用品及服务	99.6	99.6	99.4
#教育	100	100.1	99.8
居住	105.6	105.1	106.2
#水	104.1	102.8	106.3
电	102.6	102.6	102.6
液化石油气	113.8	113.8	114.1
管道燃气	102	102	100
其他燃料	101.4	102	101.1

商品零售价格指数

（2006年，以上年价格为100）

类别	全省	城市	农村
商品零售价格总指数	101.2	101	101.4
食品类	101.7	101.9	101.4
#粮食	100.9	100.8	100.9
油脂	98	98.7	97.2
肉禽及其制品	94.8	94.6	95
蛋	96.6	95.3	99.4
水产品	97.8	99	96
菜	108.8	108.4	109.5
饮料、烟酒	100.7	101.4	99.7
服装、鞋帽类	100.4	99.8	101.3
纺织品类	102.4	102.7	101.9
家用电器及音像器材	98.9	99.3	98.1
文化办公用品	98.5	97.9	99.5
日用品	101	101	100.9
体育娱乐用品	98.8	98	100.1
交通、通信用品	92.3	91.4	94.3
家具	98.7	97.4	101.3
化妆品类	100.5	100.4	100.6
金银珠宝类	124.8	120.7	134
中西药品及医疗保健用品类	97.4	98.1	96.3
书报杂志及电子出版物类	100.5	100.6	100.4
燃料类	110.5	111.1	109.7
建筑材料及五金电料类	102.6	101.9	103.1

城镇住户基本情况

指标	单位	2005年	2006年	2006年比2005年增减
调查户数	户	1280	1280	0
平均每户家庭人口数	人	2.89	2.86	-0.03
平均每户有收入者人数	人	2.04	2.04	0
平均每户就业人口数	人	1.52	1.53	0.01
平均每户就业面	%	52.60	53.50	0.9
平均每一就业者赡养人数	人	1.90	1.87	-0.03
平均每一有收入者赡养人数	人	1.42	1.40	-0.02
平均每人每月总收入	元	753.54	834.55	81.01
平均每人每月可支配收入	元	718.31	795.93	77.62
平均每人每月消费支出	元	509.12	553.80	44.68
平均每户使用面积	平方米	81.09	83.53	2.44
平均每人使用面积	平方米	27.87	29.10	1.23
平均每人每月消费支出	元	509.12	553.8	44.68
食品	元	207.92	219.74	11.82
#粮食	元	18.75	19.47	0.72
油脂类	元	9.7	9.81	0.11
肉禽及其制品类	元	46.44	44.22	-2.22
蛋类	元	4.73	4.56	-0.17
水产品类	元	11.71	11.72	0.01
蔬菜类	元	22.64	26.68	4.04
衣着	元	53.98	60.48	6.5
#服装	元	39.66	44.3	4.64
家庭设备用品及服务	元	35.58	37.61	2.03
#耐用消费品	元	17.23	17.57	0.34
医疗保健	元	27.21	29.75	2.54
交通和通信	元	47.29	50.01	2.72
#交通	元	15.95	15.75	-0.2
通信	元	31.35	34.26	2.91
教育文化娱乐服务	元	67.12	74.55	7.43
#文化娱乐用品	元	15.37	17.71	2.34
文化娱乐服务	元	19.01	21.79	2.78
教育	元	32.73	35.04	2.31
居住	元	53.85	61.91	8.06
杂项商品和服务	元	16.16	19.74	3.58

农村住户基本情况

指　　标	单位	2005年	2006年	2006年比2005年增减
调查户数	户	2450	2450	0
常住人口	人	4.34	4.30	-0.04
整半劳动力	人	3.14	3.15	0.01
劳动力负担人口	人	1.38	1.37	-0.01
年末生产性固定资产原值	元	4613.47	4696.68	83.21
年末住房面积	平方米	34.10	35.91	1.81
#砖木结构面积	平方米	11.52	10.74	-0.78
钢筋混凝土结构面积	平方米	19.94	22.33	2.39
全年纯收入	元	3265.53	3584.72	319.19
工资性纯收入	元	1318.58	1488.79	170.21
家庭经营纯收入	元	1821.70	1922.24	100.54
第一产业纯收入	元	1514.55	1288.15	-226.4
第二产业纯收入	元	114.15	135.98	21.83
第三产业纯收入	元	193.00	213.61	20.61
财产性纯收入	元	36.49	43.64	7.15
转移性纯收入	元	88.76	130.05	41.29
平均每人每年消费支出	元	2483.70	2688.84	205.14
食品	元	1220.53	1324.41	103.88
#谷物	元	288.97	314.68	25.71
在外饮食	元	171.90	219.91	48.01
衣着	元	124.52	131.09	6.57
居住	元	326.20	373.47	47.27
家庭设备、用品及服务	元	96.36	105.68	9.32
交通和通信	元	229.59	250.93	21.34
文化教育娱乐用品及服务	元	276.26	287.51	11.25
#学杂费	元	207.35	210.24	2.89
医疗保健	元	154.68	159.14	4.46
#药品	元	68.42	66.50	-1.92
其他商品和服务	元	55.57	56.62	1.05

在岗职工人数和工资

指　标	在岗职工人数（万人）	在岗职工工资总额（亿元）	在岗职工平均工资（元）
全　省	271.95	417.07	15590
按经济类型分			
国有单位	191.93	313.64	16491
# 企业	150.47	225.19	15248
事业	86.06	135.06	15906
机关	35.42	56.82	16267
集体单位	16.04	16.04	10102
其他单位	63.98	87.39	14220
按设区市分			
南昌市	51.84	98.62	19382
景德镇市	15.06	19.33	13106
萍乡市	12.57	19.18	15510
九江市	34.65	45.93	13590
新余市	8.66	16.04	18392
鹰潭市	8.68	14.21	16392
赣州市	37.71	48.17	13122
吉安市	20.71	25.20	12242
宜春市	25.71	34.89	13982
抚州市	19.89	21.86	10994
上饶市	29.21	39.20	13519

农业总产值

单位:万元

指　标	2005 年	2006 年
农业总产值(万元)	11429925	12283225
农业产值	5104715	5569243
# 粮食作物产值	2652805	2788679
多种经营产值	8777120	9494546
林业产值	873713	1046051
牧业产值	3650964	3682153
渔业产值	1625621	1786565
农林牧渔服务业产值	174912	199213
农业总产值构成(%)	100.0	100.0
农业产值	44.7	45.3
林业产值	7.7	8.5
牧业产值	31.9	30.1
渔业产值	14.2	14.5
农林牧渔服务业产值	1.5	1.6
多种经营产值	76.8	77.3

农作物播种面积

单位:千公顷

指　　标	2005年	2006年	006年比2005年增长(%)
农作物播种面积	5328.9	5375.6	0.9
粮食作物	3519	3547.1	0.8
谷物类	3224.7	3271.1	1.4
#稻谷	3187.7	3239.3	1.6
小麦	15.9	12.4	-22.1
其他谷物	21.1	19.4	-8.0
薯类	129.8	115.5	-11.0
豆类	164.4	160.5	-2.4
#大豆	98.9	98.6	-0.4
棉花	63.9	65.7	2.8
油料	577	585.8	1.5
#花生	135.1	132.6	-1.9
油菜籽	409.7	418.7	2.2
芝麻	30.6	31.7	3.7
黄红麻	0.5	0.5	0.0
苎麻	7.3	7.3	0.0
甘蔗	17.7	15.1	-14.7
烤烟	10.6	14.7	38.1
晒烟	1	0.9	-14.5

主要农作物总产量

单位:万吨

指　　标	2005年	2006年	006年比2005年增长(%)
粮食作物	1853.86	1896.52	2.3
谷物类	1768.94	1817.76	2.8
#稻谷	1758.85	1808.67	2.8
小麦	2.46	2.04	-17.3
其他谷物	7.62	7.05	-7.4
薯类	59.06	52.88	-10.5
豆类	25.87	25.88	0.0
#大豆	17.9	18.31	2.3
棉花	8.72	9.5	9.0
油料折油(含油茶籽)	26.22	27.62	5.3
油料	76.11	77.98	2.4
#花生	31.66	32.16	1.6
油菜籽	41.68	42.83	2.8
芝麻	2.53	2.71	7.0
黄红麻	0.09	0.09	0.0
苎麻	1.09	1.04	-5.0
甘蔗	78.31	70.13	-10.4
烤烟	1.98	2.99	51.6
晒烟	0.15	0.13	-10.1

林业、牧业生产情况

指 标	单位	2005 年	2006 年	2006 年比 2005 年增长(%)
造林面积	千公顷	47.59	64.01	34.5
零星(四旁)植树	万株	5225.73	9020.59	72.6
主要林产品产量				
油茶籽	吨	189020	230365	21.9
油桐籽	吨	16160	12526	-22.5
乌桕籽	吨	268	795	196.6
松脂	吨	93164	97098	4.2
棕片	吨	5140	4986	-3.0
板栗	吨	25706	26400	2.7
竹笋片	吨	6921	7624	10.2
牛年末存栏	万头	371.87	356.22	-4.2
猪年末存栏	万头	1485.37	1387.07	-6.6
羊年末存栏	万只	105.25	92.12	-12.5
兔年末存栏	万只	156.47	130.65	-16.5
家禽年末存栏	万只	18498.91	16884.62	-8.7
肉猪出栏数	万头	2333.14	2357.42	1.0
肉类总产量	吨	2448110	2500809	2.2
# 猪牛羊肉产量	吨	1940213	1987197	2.4
# 猪肉产量	吨	1822299	1852601	1.7
牛奶产量	吨	125094	138749	10.9
蜂蜜产量	吨	11361	8542	-24.8
禽蛋产量	吨	420869	432503	2.8

茶叶、蚕茧、水果及水产品生产情况

指 标	单位	2005 年	2006 年	2006 年比 2005 年增长(%)
年末茶园面积	千公顷	38.15	39.3	3.0
茶叶产量	吨	16691	17557	5.2
蚕茧产量	吨	8762	11086	26.5
年末果园面积	千公顷	295.81	302.04	2.1
# 柑橘	千公顷	215.05	229.29	6.6
水果产量	吨	1302821	1609336	23.5
# 柑橘	吨	1098239	1393788	26.9
水产品养殖面积	千公顷	374.28	379.53	1.4
水产品产量	吨	1686648	1799485	6.7
# 养殖产量	吨	1437719	1565273	8.9
# 鱼类	吨	1339887	1447298	8.0

主要农业机械年末拥有量

指　　标	单位	2005 年	2006 年	2006 年比 2005 年增长(%)
农业机械总动力	万千瓦(特)	1781.26	2137.09	20.0
大中型拖拉机	万混合台	8.83	9.93	12.5
	万千瓦(特)	171.44	198.23	15.6
小型及手扶拖拉机	万台	14.7	18.88	28.4
	万千瓦(特)	119.88	158.19	32.0
农用排灌动力机械	万台	62.27	73.14	17.5
	万千瓦(特)	435.15	521.99	20.0
# 柴油机	万台	43.68	51.67	18.3
	万千瓦(特)	300.3	331.87	10.5
电动机	万台	18.42	21.47	16.6
	万千瓦(特)	159.35	190.12	19.3
机动喷雾(粉)器	万部	7.3	8.65	18.5
农用水泵	万台	50.39	58.29	15.7

农业现代化水平

指　　标	单位	2005 年	2006 年	2006 年比 2005 年增长(%)
当年实际机耕面积	千公顷	1864.4	2008.6	7.7
占耕地面积比重	%	88.9	94.4	
有效灌溉面积	千公顷	1831.42	1836.1	0.3
旱涝保收面积	千公顷	1475.45	1477.7	0.2
占耕地面积比重	%	70.3	69.5	
农村用电量	万千瓦小时	451319	483143	7.1
每公顷耕地用电	千瓦小时	2151.1	2303.3	7.1
农用化肥施用量				
(实物量)	万吨	384.49	395.92	3.0
(折纯量)	万吨	129.4	132.6	2.5
每公顷耕地化肥施用量				
(实物量)	千克	1832.6	1861.7	1.6
(折纯量)	千克	616.7	623.4	1.1
农药使用量	吨	75305	75955	0.9
每公顷耕地农药施用量	千克	35.9	36.2	0.9
农用塑料薄膜使用量	吨	45010	40854	-9.2

工业增加值和构成

（2006年，当年价格）

分　类	绝对数（亿元）	比上年增长（%）	构　成（%）
合　计	1288.09	33.1	100.0
按注册类型分			
国有企业	231.66	16.6	18.0
集体企业	22.45	51.5	1.7
股份合作企业	17.21	1.1	1.3
股份制企业	428.18		33.2
私营企业	394.70	51.9	30.6
外商及港澳台商投资企业	193.09		15.0
按轻、重工业分			
轻工业	419.01	25.2	32.5
重工业	869.09	37.2	67.5
按企业规模分			
大型企业	373.31	34.8	29.0
中型企业	339.84	9.3	26.4
小型企业	574.93	51.2	44.6

注：统计范围为全部独立核算国有及年销售收入500万元及以上的非国有工业企业，下表同。

工业产品销售率

单位：%

分　类	2005年	2006年	2006年比2005年增长（%）
销售率	98.46	98.47	-0.18
1.按注册类型分			
国有企业	98.56	97.91	-1.84
集体企业	98.06	98.28	1.43
股份合作企业	98.64	97.71	-0.28
股份制企业	98.94	98.99	-0.08
私营企业	97.94	97.92	-0.09
外商及港澳台商投资企业	97.98	99.00	1.53
其他经济类型企业	97.50	92.39	-5.27
2.按轻、重工业分			
轻工业	97.96	98.12	0.42
重工业	98.66	98.61	-0.43
3.按企业规模分			
大型企业	99.14	98.99	-0.91
中型企业	99.02	98.73	0.48
小型企业	97.43	97.85	0.23

主要工业产品产量

品　　名	单位	2006 年	2006 年比 2005 年增长(%)
化学纤维	万吨	20.76	14.85
纱	万吨	25.51	19.8
布	万米	34136.95	23.62
服装	万件	52660.1	20.8
机制纸及纸板	万吨	91.3	39.23
家用电冰箱	万台	30.54	15.98
电风扇	万台	24.48	6.7
日用瓷	万件	54902.02	-9.04
合成洗涤剂	吨	20452.6	82.5
原盐	万吨	109.72	57.8
成品糖	万吨	0.21	8.51
精制茶	万吨	1.51	20.7
卷烟	亿支	449.02	10.3
罐头	万吨	2.72	98.29
白酒	万千升	7.93	19.76
啤酒	万千升	74.86	22.69
粗钢	万吨	1162.97	20.74
成品钢材	万吨	1235.77	21.16
生铁	万吨	949.6	15.8
铁合金(折合量)	万吨	1.14	5.5
十种有色金属	万吨	54.38	6.41
发电量	亿千瓦小时	403.5	14.4
原煤	万吨	2121.7	19.22
原油加工量	万吨	415.5	13.87
硫酸(折 100%)	万吨	134.53	16.1
烧碱(折 100%)	万吨	30.03	20.7
合成氨	万吨	47.34	15.6
化学肥料(折 100%)	万吨	55.8	15.02
化学农药(折 100%)	吨	17173	7.2
化学原料药	吨	8008.74	32.72
塑料树脂及共聚物	万吨	14.14	-9.1
金属切削机床	台	5020	17
汽车	万辆	23.39	12.9
发电设备	万千瓦	31.94	-1.9
彩色电视机	万台	64.22	-27.9
照相机	万架	4.38	-34.9
平板玻璃	万重量箱	682.84	12.4
水泥	万吨	4206.31	21.7

工业企业主要经济指标

（2006 年）

指　　标	单位	绝对值	比上年增长% 或增减百分点
企业单位数	个	5333	21.1
# 亏损企业	个	888	3.4
主营业务收入	亿元	4173.74	43.5
利税总额	亿元	423.71	51.5
利润总额	亿元	194.19	72.8
亏损企业亏损额	亿元	35.14	45.0
资产总计	亿元	3671.41	20.0
产成品存货	亿元	228.62	82.3
负债总计	亿元	2238.83	15.9
职工年平均人数	万人	125.79	12.2
工业经济效益综合指数	%	174.67	28.2
总资产贡献率	%	12.81	2.4
资本保值增值率	%	128.05	8.5
资产负债率	%	60.98	-2.2
流动资产周转率	次	2.79	0.4
成本费用利润率	%	5.04	0.9
全员劳动生产率	元/人	102394	30.1
产品销售率	%	98.46	0.0

运输线路长度

单位：千米

指　　标	2005 年	2006 年	2006 年比 2005 年 增长(%)
铁路营业里程	2307	2307	
公路通车里程	62300	64522	3.6
等级公路	43523	66664	53.2
高速公路	1559	1751	12.3
一级公路	565	812	43.7
二级公路	8555	8999	5.2
三级公路	6193	6681	7.9
等外公路	18777	61570	227.9
内河通航里程	5560	5716	2.8
# 等级航道	2271	2427	6.9
# 等外航道	3289	3289	0.0

全社会客、货运输量及周转量

分　类	单位	2005年	2006年	2006年比2005年增长(%)
旅客运输量	万人	41722	43239	3.6
铁路	万人	3906	4172	6.8
公路	万人	37253	38545	3.5
水运	万人	427	370	-13.3
货物运输量	万吨	33270	36759	10.5
铁路	万吨	4804	5330	10.9
公路	万吨	25025	27477	9.8
水运	万吨	3439	3950	14.9
旅客周转量	亿人千米	603.96	656.46	8.7
铁路	亿人千米	385.80	426.10	10.4
公路	亿人千米	203.72	214.60	5.3
水运	亿人千米	0.71	0.62	-13.1
货物周转量	亿吨千米	881.66	947.76	7.5
铁路	亿吨千米	609.90	637.40	4.5
公路	亿吨千米	186.45	224.18	20.2
水运	亿吨千米	85.12	85.99	1.0

邮 电 事 业

项　目	单位	2005年	2006年	2006年比2005年增长(%)
邮电业务总量	亿元	259.44	318.28	22.7
函件	万件	8983	10349	15.2
报刊累计数	万份	46048	46464	0.9
特快专递	万件	517	584	13.0
集邮	万枚	3328	3855	15.8
邮政储蓄年末余额	亿元	497	575	15.7
邮路长度	千米	75355	73243	-2.8
农村投递线路	千米	114673	110528	-3.6
电话交换机总容量	万门	2047	2925	42.9
固定电话到达户数	万户	829	881	6.3
移动电话	万户	798	933	16.9
长途光缆长度	千米	16252	17556	8.0
计算机互联网用户	万户	315.6	439.9	39.4

社会消费品零售总额

单位:万元

指　　标	2005 年	2006 年	2006 年比 2005 年增长(%)
社会消费品零售总额	12361674	14280151	15.5
按销售地分			
市的零售额	6399257	7488600	17
县的零售额	2722898	3126341	14.8
县以下的零售额	3239519	3665210	13.1
按行业分			
批发零售贸易业	10943705	12627012	15.4
餐饮业	1261471	1491074	18.2
其他	156498	162065	3.6
按设区市分			
南昌市	3074862	3584025	16.6
景德镇市	583007	680546	16.7
萍乡市	661116	767556	16.1
九江市	1210884	1395570	15.5
新余市	465251	540538	16.2
鹰潭市	364137	421833	15.8
赣州市	1606897	1846037	14.9
吉安市	861168	992780	15.3
宜春市	1149646	1314787	14.4
抚州市	1027162	1156401	12.6
上饶市	1357544	1580077	16.4

海关进出口货物总额

项　目	单位	2005年	2006年	2006年比2005年增长(%)
按人民币计算				
进出口总值	万元	3338761	4948598	48.2
出口总值	万元	2005931	3000716	49.6
进口总值	万元	1332830	1947882	46.1
差额(出超+入超-)	万元	673101	1052834	56.4
按美元计算				
进出口总值	万美元	405938	619356	52.6
出口总值	万美元	244004	375307	53.8
进口总值	万美元	161934	244049	50.7
差额(出超+入超-)	万美元	82070	131258	59.9
主要出口商品				
服装及衣着附件	万美元	54308	72377	33.3
机电产品	万美元	46918	63263	34.8
纺织纱线、织物及制品	万美元	19180	25425	32.6
钨及其化合物	万美元	8386	15792	88.3
高新技术产品	万美元	8099	15283	88.7
铁合金	万美元	6334	13999	121.0
鞋类	万美元	5906	9034	53.0
烤鳗	万美元	5087	6650	30.7
烟花、爆竹	万美元	4097	4577	11.7
稀土金属及化合物	万美元	3580	5661	58.1
塑料制品	万美元	3155	3508	11.2
家用或装饰用木制品	万美元	2840	3366	18.5
钢材	万美元	2702	26174	868.7
医药品	万美元	2415	3917	62.2
家用陶瓷器皿		1908	3362	76.2

利用外资情况

(2006年)

指　标	合同项目		协议金额		实际进资	
	(项)	比上年增长%	(万美元)	比上年增长%	(万美元)	比上年增长%
合　计	982	4.5	403068	4.0	280657	15.9
对外借款						
外国政府贷款						
国际金融组织贷款						
外国银行商业贷款						
外商直接投资						
中外合资企业	162	-7.4	40258	-31.8	33778	-30.5
中外合作企业	16	-30.4	17275	-36.8	7759	33.3
独资企业	803	8.4	344428	15.4	231194	18.5
股份制	1	0.0	1107	-62.8	7926	143.4
外商其他投资						
国际租赁						
补偿贸易						
加工装配						
对外发行股票						

对外劳务合作

指　　标	2005 年	2006 年	2006 年比 2005 年增长(%)
签订合同项目(个)	106	142	34.0
#承包工程	32	43	34.4
劳务合作	74	99	33.8
签订合同金额(万美元)	28518	40682	42.7
承包工程	19963	28477	42.6
劳务合作	8555	12205	42.7
实际营业额(万美元)	21167	30817	45.6
承包工程	14817	21572	45.6
劳务合作	6350	9245	45.6

全省旅游情况

指　　标	2005 年	2006 年	2006 年比 2005 年增长(%)
旅游总人数(万人次)	5095.18	6049.96	18.7
国内旅游	5057.93	6000.23	18.6
国际旅游	37.25	49.73	33.5
外国人	13.63	18.41	35.1
香港同胞	11.40	16.08	41.1
澳门同胞	4.09	5.77	41.1
台湾同胞	8.13	9.47	16.5
旅游总收入(亿元)	320.02	390.89	22.1
国内旅游收入	311.50	380.04	22.0
旅游外汇收入	8.52	10.85	27.3

注:外国人包括海外华侨。

各级各类学校数

单位:个

分　　类	2005 年	2006 年	2006 年比 2005 年增长(%)
普通高等学校	66	66	0
成人高等学校	11	11	0
中等职业学校	429	478	49
普通中专学校	59	65	6
# 中等技术学校	54	60	6
中等师范学校	5	5	0
成人中等专业学校	90	95	5
职业高中学校	280	318	38
普通中学	2801	2732	-69
高 中	617	587	-30
初 中	2184	2145	-39
职业初中学校	3	1	-2
技工学校	80	80	0
普通小学	14727	14244	-483
特殊教育学校	59	60	1
幼儿园	4851	5848	997
工读学校	1	1	0

各级各类学校招生数

单位:人

分　　类	2005 年	2006 年	2006 年比 2005 年增长(%)
研究生	4173	4863	16.5
普通高等学校	207882	232336	11.8
成人高等学校	43504	43239	-0.6
中等职业学校	240940	242953	0.8
普通中专学校	114849	80073	-30.3
# 中等技术学校	109471	74537	-31.9
中等师范学校	5378	5536	2.9
成人中等专业学校	2603	5320	104.4
职业高中学校	123488	157560	27.6
普通中学	957617	842335	-12.0
高中	312575	307160	-1.7
初中	645042	535175	-17.0
职业初中学校	229	259	13.1
技工学校	39360	41060	4.3
普通小学	669411	703789	5.1
特殊教育学校	2876	2579	-10.3
幼儿园	526960	594627	12.8

各级各类学校在校学生数

单位:人

分　类	2005 年	2006 年	2006 年比 2005 年增长(%)
研究生	9860	12149	23.2
普通高等学校	646086	770525	19.3
成人高等学校	101254	124793	23.2
中等职业学校	541604	573231	5.8
普通中专学校	261404	223070	-14.7
# 中等技术学校	247872	210894	-14.9
中等师范学校	13532	12176	-10.0
成人中等专业学校	14605	11786	-19.3
职业高中学校	265595	338375	27.4
普通中学	2861491	2676463	-6.5
高中	849204	869310	2.4
初中	2012287	1807153	-10.2
职业初中学校	1268	855	-32.6
技工学校	101252	114615	13.2
普通小学	3841576	3999286	4.1
特殊教育学校	18805	18625	-1.0
幼儿园	716760	806287	12.5

各级各类学校毕业生数

单位:人

分　类	2005 年	2006 年	2006 年比 2005 年增长(%)
研究生	1772	2370	33.7
普通高等学校	97781	141085	44.3
成人高等学校	39916	17075	-57.2
中等职业学校	120609	172836	43.3
普通中专学校	48084	87408	81.8
# 中等技术学校	45086	83532	85.3
中等师范学校	2998	3876	29.3
成人中等专业学校	8449	6852	-18.9
职业高中学校	64076	78576	22.6
普通中学	982235	951354	-3.1
高中	239755	256998	7.2
初中	742480	694356	-6.5
职业初中学校	685	412	-39.9
技工学校	26155	31675	21.1
普通小学	648849	538387	-17.0
特殊教育学校	1551	1527	-1.5
幼儿园	239218	280975	17.5

各级各类学校专任教师数

单位:人

分类	2005年	2006年	2006年比2005年增长(%)
研究生	2458	3195	30.0
普通高等学校	38587	42227	9.4
成人高等学校	1389	1502	8.1
中等职业学校	16407	18664	13.8
普通中专学校	3917	4358	11.3
#中等技术学校	3224	3647	13.1
中等师范学校	693	711	2.6
成人中等专业学校	1564	1417	-9.4
职业高中学校	10447	12549	20.1
普通中学	163133	162742	-0.2
高中	46565	66715	43.3
初中	116568	96027	-17.6
职业初中学校	81	40	-50.6
技工学校	4666	5134	10.0
普通小学	193484	195538	1.1
特殊教育学校	548	604	10.2
幼儿园	20742	24235	16.8

成人教育基本情况

(2006年)

单位:人

类别	学校数(所)	在校学生数	招生数	毕业生数	教职工数	#专任教师
成人高等学校	11	124793	43239	17075	2538	1502
广播电视大学	1	2276	654	2194	292	218
职工高等学校	5	2514	1037	1056	494	344
业余大学		26396	7923	3943		
函授部		71519	23571	3358		
成人脱产班		9774	11742	26878		
管理干部学院	2	1588	1022	420	810	336
教育学院	3	8999	2548	1432	942	604
成人高等学校其他学生		1300		15473		
成人中等专业学校	95	11786	5320	6852	2496	1417
成人中学	124	45858		14222	803	163
成人小学	777	57865		45860	1039	390
#扫盲班	253	18388		9270	455	98
成人技术培训学校	1409	191427		286954	3652	1817

文化、新闻出版、广播、电视事业

指　　标	单位	2005 年	2006 年	2006 年比 2005 年增　减
艺术表演团体	个/人	79/3495	78/3503	-1/8
艺术表演场所	个/人	58/709	56/673	-2/-36
文化馆	个/人	101/1378	101/1349	0/-29
群众艺术馆	个/人	12/322	12/311	0/-11
图书馆	个/人	104/1373	105/1409	1/36
博物馆	个/人	82/1333	87/1379	5/46
报纸出版	种/万份	70/59264	70/66587	0/7323
杂志出版	种/万册	163/5585	162/5603	-1/18
图书出版	种/万册	3011/16667	3076/15340	65/-1327
广播电台	个	12	12	0
中短波广播发射台和转播台	座	15	16	1
电视台	座	12	12	0
电视发射台	座	349	350	1
县广播电视台	个	80	80	0
广播人口覆盖率	%	93.22	94.49	1.27%
电视人口覆盖率	%	95.44	96.17	0.73%

卫　生　事　业

指　　标	单位	2005 年	2006 年	2006 年比 2005 年增　减
卫生机构	个	10664	10210	-454
# 医院、卫生院	个	2007	2032	25
# 医院	个	488	489	1
病 床 数	张	85086	88260	3174
# 医院、卫生院	张	79292	81585	2293
# 医院	张	59705	60998	1293
卫生机构人员	人	138697	142682	3985
# 卫生技术人员	人	115986	119761	3775
# 医生	人	49701	51436	1735
注册护士	人	35679	37870	2191
平均每千人拥有：				
病床数	张	1.97	2.03	0.06
#医 院	张	1.38	1.41	0.03
卫生技术人员	人	2.69	2.76	0.07
#医 生	人	1.15	1.19	0.04
医院病床使用率	%	64.20	70.26	6.06%

江西赣基集团

JIANG XI GAN JI JI TUAN

省委常委、常务副省长凌成兴在武吉高速赣基集团施工工地了解建设情况

江西赣基集团创办于2001年10月，是国家二级建筑施工企业，具有公路、市政、桥梁、隧道、电力、高速公路建设等总承包施工资质，员工568人，其中各类高、中级技术人员198人，施工机械设备齐全，已通过ISO9001国际标准质量体系认证，年施工能力在5亿元以上，在全国设有十余家分公司。自成立以来，江西赣基集团锐意进取，承接大量的国家和省、市级的重点工程项目，经济效益显著，纳税额保持高速增长，先后荣获“江西省百户重点民营企业”、“九江市百强民营企业”、“九江市特级诚信企业”和“非公有制经济纳税大户”等殊荣。 赣基集团为谋求企业更大的发展，投资4050万元，建设年产60万立方米商品混凝土研发和生产项目，相信此项目将为企业赢得高额利润的同时，将为九江城市建设、环境改善、提高建筑工程质量作出积极贡献。

近年来，赣基集团通过九江市慈善总会、九江市青年企业家协会和江西省光彩事业促进会等渠道，积极投身社会慈善事业，累计各项捐助达152万元，赢得了社会广泛的赞誉。

在未来的日子里，赣基人将秉持严谨管理、高效务实的经营理念，以开拓进取、团结奋斗的精神风貌，与社会各界携手合作，共创美好明天。

由赣基集团施工的武吉高速石竹坪隧道全线贯通

在全市推进“凝聚力工程”项目仪式上，市委书记陈安众为董事长沈泽民颁发奖牌

市委书记陈安众在市人大常委、江西赣基集团董事长沈泽民等人陪同下，在青岛考察海尔、海信、青啤等知名企业

赣基集团捐资26万元修建的共青双塘赣基环村公路，董事长沈泽民在项目奠基仪式上致辞

公司承建的武吉高速高架桥工程

江西江磷磷肥有限责任公司

全国工业产品生产许可证

公司董事长　吴传惠

江西江磷磷肥有限责任公司(原江西磷肥厂)是江西省最大的钙镁磷肥生产企业，拥有职工家属3000余人，中高级职称管理人员100余人。创建于1958年，位于江西省东乡县城东浙赣铁路旁，厂区占地面积2.47平方公里，有自备铁路专用线6股道6公里，320国道直通厂南大门，交通运输十分便利。江磷公司是一个生产钙镁磷肥的专业大型企业，生产历史悠久，技术力量雄厚，生产工艺先进，产品质量上乘。我国现使用的高炉冶炼法生产钙镁磷肥技术就是我厂首创于1964年试产成功，曾获得国家科委授于科技发明二等奖荣誉称号。从此，全国的钙镁磷肥生产技术均沿用我厂的高炉冶炼法生产钙镁磷肥。几十年来，我厂广大职工艰苦奋斗，奋力拼搏，与时俱进，不断创新，现年产优等品、一等品、和钙镁磷有机肥可达26万吨，创产值2.1亿元。2006年公司以江西省农科院土肥所联合开发，经科学研制，成功研发出“赣磷”牌及“江磷”牌钙镁磷有机肥。该产品含有丰富的有效五氧二化磷，有机物、钙、镁、钾、枯。肥效是普通钙镁磷肥的两倍。使用于各种经济作物。使用了钙镁磷有机肥的植物有着根茎粗壮，返青快，成活率高，成熟的瓜果具有个头大，果实饱满，光泽度好，味纯香甜等特点，是一种优质的新型绿色肥料。产品远销广东、浙江、福建、江苏及全省各地。在市场上深受各经销商和农民朋友的喜爱。

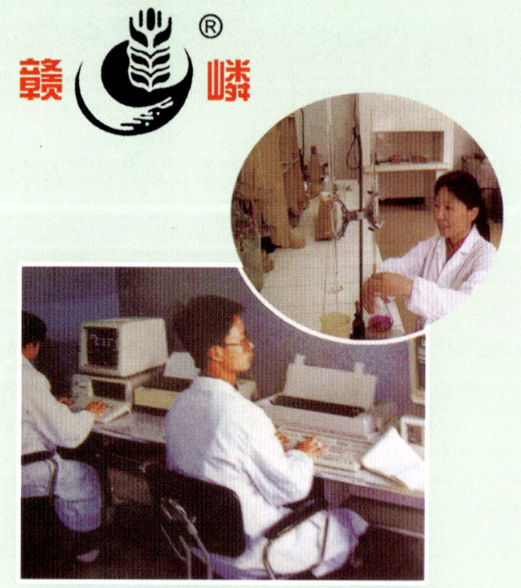
化验室

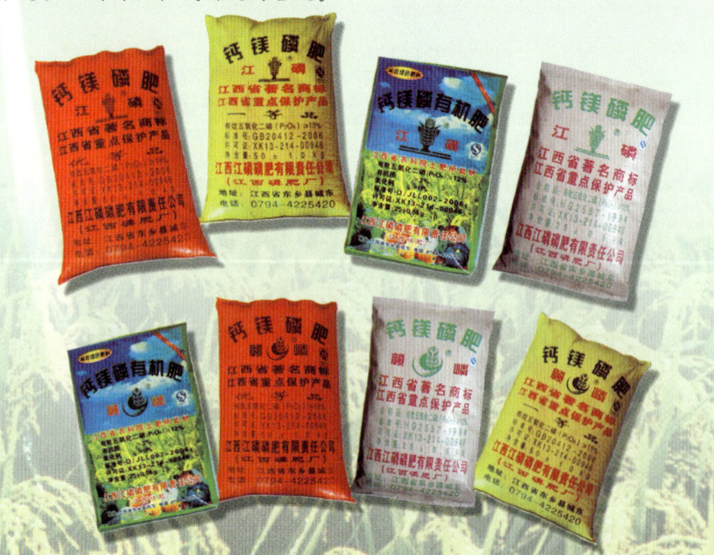

高货台

江西海扬纺织集团有限公司

董事长　田友海

总经理　柳亚西

江西海扬纺织集团有限公司是由中国海扬集团于2001年7月整体收购原江西九江一棉公司和九纺公司两家国有企业资产重组而成的，收制后的江西海扬纺织集团有限公司是江西省生产规模最大、职工人数最多、党员人数最多的大型民营纺织企业。

集团公司下属九江海扬友兴纺纱有限公司、九江海扬友旺纺纱有限公司、九江海扬友发纺纱有限公司、九江海扬友达织造有限公司、九江海扬友丰织造有限公司、九江海扬友信色织有限公司、九江海扬原料有限公司、九江海扬物资有限公司、九江海扬友强经贸有限公司、九江海扬友盛经贸有限公司等10家全资独立的法人子公司。注册资本1亿元整，拥有纱锭15万枚、线锭5万枚、各种布机1044台、清钢联1套、高档浆染联合机2套、自动络筒机10台，年产棉纱20000吨、坯布3500万米、牛仔布400万米。主要产品有纯棉、涤纶、腈纶、粘纤系列、涤棉、粘棉及麻棉混纺系列纱线；有布幅齐全的纯棉、涤棉、人棉、中长类等多种系列的坯布；有靛兰、兰包黑、硫化黑等深受欢迎的重、轻磅牛仔布，其中竹纤维轻磅牛仔布等多种新产品荣获国家级优秀创新奖。集团公司产品质量优良，品种齐全，主要销往华东、华南、西南、东北等地，并出口欧美、日本、东南亚、土耳其、非洲及我国的港澳等地区。集团公司是首批国家经贸委、外经贸部批准享有自营进出口权的企业。为提高企业的整体核心竞争能力，集团公司大力实施科技兴企战略，成立企业技术中心，技术中心配置成套纺织检测手段的先进仪器装备，其资产达1200万元，每年开发的新产品占集团产值的2 0%以上，创造利润占产品销售利润的2 0%。集团公司每年还投入1 000多万元加大设备技术改造，并建立健全了高新技术人才培训基地，目前科研人员占企业工程技术人员总数的40%。

江西海扬改制以来，十分注重企业文化建设，先后投资500万元整治厂容厂貌，实施美化亮化工程，精心培育具有海扬特色的党建工作品牌，积极培植“学习、创新、沟通、和谐”的海扬精神，通过打造以人为本的管理理念，有力地促进了企业持续、稳定、健康发展。企业先后荣获“江西省优秀企业”、“江西省先进私营企业”、“江西省百强企业”、“江西省特级诚信企业”、“江西省非公有制经济组织党的建设红旗单位”、“全国民营企业思想政治工作先进单位”等多种荣誉称号。

集团召开首次党代会

先进的剑杆织机

先进的自动络筒机

地址：江西省九江市官牌夹
电话：0792-7038373
传真：0792-8367190
Http：www.jxhiyoung.com
E-mail：jjhyxx@163.com

员工休闲场地

厂区远景

江西食品厂

桃酥是我国历史悠久的传统糕点类食品。它象征着吉祥、如意、幸福、美好。但如今人们对食品的态度却像“五月天，孩儿面，说变就变”。当众多传统糕点类食品在激烈的市场竞争中日渐衰微时，江西食品厂坚持与时俱进，以变应变，紧跟市场和消费者口味的变化的节拍，研制生产出香甜酥松、入口易化、风味口感极佳、极易被人体吸收的营养健康食品——人见人爱、百吃不厌的“安”牌桃酥。

“安”牌桃酥选用精练优质植物油替代动物油，不含饱和脂肪酸和胆固醇，并在传统桃酥风味的基础上进行了大胆的创新，开发出一系列蔬菜类和果仁类桃酥，在口味、造型、组合、包装等方面也进行了较大的改进，形成了自己的特色，使之更符合绿色健康食品的要求，以满足不同消费群体的需求。同时用机械化生产淘汰落后的手工制作方式，填补了国内机械化生产桃酥的空白。

创建于1958年的江西食品厂，是江西省食品生产重点企业之一，也是江西省农业产业化龙头企业，目前已形成年产2000吨桃酥的生产能力，曾先后荣获“全国商业先进企业”、“省级先进企业”等多种荣誉称号。其拥有的”安“牌商标为江西省著名商标，“安”牌桃酥以其上乘的选料、科学的配方和先进的工艺而居中国桃酥之首，被国内食品专家誉为“中国桃酥王”，为中国食品行业名牌产品。中国食品工业协会领导曾亲笔题词：“江南一绝，‘安’牌桃酥”。

“安”牌桃酥因用料讲究，制作精良、酥松可口、营养丰富等特点，先后荣获省优、部优和首届中国食品博览会金奖等8项桂冠，成为名副其实的“中国桃酥王”。多年来，“安”牌桃酥一直保持市场坚挺，畅销国内10多个省市区，并在一些大中城市设立了代销商和营销网络。

江西食品厂　法人代表：黄树森
厂　　址：江西省乐平市人民中路61号
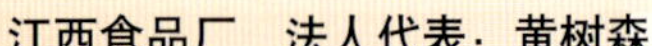
邮　　编：333300
订购电话：0798–6833396
传　　真：0798–6833396